安徽古籍叢書萃編

說文假借義證

四

清·朱珔 撰
余國慶 黄德寬 點校

黄山書社

說文假借義證卷十六目錄

弟八篇下

衣部文百十六　證四十六

衮 襃 褕 袗 衷 褆 裣 褘 袂

襲 襧 襘 襤 袪 褎 裹 裛 襘

袥 襗 褰 褅 襦 襢 襛 裻 袳

裼 褺 裴 襡 衿 褭 被 褻 袾

褌 裻 𧞣 裎 裝 袒 衺 卒 褫

褮

裘部文二　證一

毇

老部文十　證六

耋　耆　耇　䎛　考　孝

毛部文六　證二

毛　氍

毳部文二　證一

毳

尸部文二十三　證九

尸　居　屭　屆　屆　屖　屠　屋　屏

尺部文二　證一尺見赤部幷广部㡿虫部蠖下

尾部文四　證二

屬屈

履部文六　證三

履屨屩

舟部文十二　證四

俞艫舠般

方部文二　證二

方杭

儿部文六　證四

儿允兑充

兄部文二 證二

兄 兢

先部文二 證一

先

皃部文二 證二

皃 㒵

兜部文二 證二

兜 兜

先部文二 證一

先

秃部文二　證一　櫝見皀部附下

見部文四十五　證十八

視　覞　覘　䚕　觀　覺　題　覭　覬

覲　覛　覹　覞　覝　䙹　覬　覲　覷

覞部文三　證二

覞　覰

欠部文六十五　證二十八

歍　歗　歡　欣　㢮　歀　欲　歁　枚

歔　歊　歂　歎　欸　歐　歔　歞　㵋

歟　歔　歋　歜　歃　歈　歉　㰝　欪

光緒二十五年歲在己亥仲冬月族曾孫蔭成重校刊

說文假借義證卷十六　　涇朱珔學

弟八篇下

衣部

衮　天子亯先王。卷龍繡於下常幅一龍蟠阿上鄉。禮記衮字多作卷王制注卷俗讀也其通則曰衮。是以卷爲衮之假借衮卷古音同又荀子富國篇天子袾裷衣冕注裷與衮同蓋裷卽卷之異體○衛方碑將授緄職彞斁碑當窮台緄此以緄爲衮之假借緄已見日部昆下○各本衮从公公衮雙聲字段謂當从台聲台卽古文沇一作兖王純碑

中兖州字作袞蓋以袞爲兖之假借聲近也

襄 丹縠衣也

詩鄘風其之展也毛傳禮有展衣者以丹縠爲衣周禮內司服亦作展衣展當爲襄之假借○玉藻雜記作襢衣鄭注周禮云展衣以禮見王及賓客之服字當爲襢襢之言亶亶誠也如鄭說蓋以展爲襢之假借而許書有襄無襢則襢亦借字矣

褕 翟羽飾衣一曰直裾謂之襜褕

詩鄘風其之翟也毛傳翟揄狄闕狄也釋文揄字亦作褕周禮內司服及玉藻皆作揄揄當爲褕之

假借。揄已見臼部舀下。○又釋文揄音遙。以爾雅釋鳥。江淮而南。青質五彩皆備成章曰鷂。謂揄即鷂字。故音遙。是以鷂爲揄之假借。鷂已見鳥部。○鄭注周禮。謂揄翟即爾雅之搖雉。揄爲搖之假借。許書作褕。則搖又褕之轉借也。揄搖雙聲字。○下襦字云。短衣也。一曰㬮衣。方言。裺謂之襦。郭注。襦亦作褕。廣雅釋器。[illegible]襦謂之[illegible]褕。是襦與褕可爲通借。褕則本部所無也。

元服。重文爲。

士冠禮。兄弟畢袗元。注。古文袗爲均。似均爲袗之假借。但鄭注袗訓同，仍用均義。左氏僖五年傳均服振振。杜注亦然。儀禮疏云當從傳讀，則均非借字。又左傳釋文均字書作袀。文選吳都賦六軍袀服。是古有袀字。胡墨莊曰袀即說文之袗，从彡从勻，篆文易混耳。袗袀聲相近，故古文作均。鄭不從者，以均平非衣服之誼故也。段本乃於部內增袀字，與袗竝列，遂不定誰爲假借矣。○玉藻振絺綌不入公門。振當爲裖之假借。○論語袗絺綌。釋文袗本作袗。皇侃義疏本作縝。袗縝亦皆袗之假借。○孟子被袗衣。三國志魏文帝紀注引作被珍裘。

珍袞當卽袗衣。珍亦袗之假借。珍已見玉部。○[元]服。小徐本作袪服。引文選鄒陽上書袪服叢臺之下以爲袪服。然本部無袪字。殆卽[元]之異體假借也。

表　上衣也。古者衣裘。故以毛爲表。古文表从麃。借幖。已見巾部。○管子君臣上篇猶揭表而令之止也。注表謂以木爲標。有所告示也。又荀子大略篇水行者表深。注表標志也。此以標爲表之假借。卽幖之轉借也。標已見刀部剽下。亦見幖下。

裣　裣緣也。

糸部縺緶衣也重文爲綤。褩傳於褳下云。褳鍬緶之也。禮備緝字爲此。邵瑤圃曰。儀禮喪服傳賈疏緝字云。今人謂之爲緶。漢書賈誼傳。縺以偏諸。師古注。縺音妾。謂以偏諸緶著之也。是緝之正字當作縺。不作褳。褳葉如小徐本蓋以褳爲縺之通借。

𧙗 交衽也。

詩鄭風。青青子衿。漢石經作子裣。爾雅釋器。衣眥謂之襟。詩釋文。衿本亦作襟。衿與襟蓋卽裣字。許書作裣。非假借也。○下衾字訓大被。疑卽衿字亦从今。移衣於旁耳。子衿之衿。或爲裣之假借。○糸部有約字云衣糸也乃聯合衣襟之帶國語韋注帶甲者約鎧也約今本譌衿近人因之衿約不分若荀子非十二子篇其纓禁緩此以禁爲約之假借非衿之假借矣

褘 蔽厀也周禮曰王后之服褘衣謂畫袍

借翬已見羽部借幃見巾部○首義據方言云蔽厀江淮之間謂之褘或謂之袚廣雅釋器同蔽厀異字甚多已見市部而未及褘此可補也求義卽見翬下○王厚齋詩攷褘隋卽委蛇出韓詩內傳亦見辵部逶下○玉藻再命褘衣注褘當爲鞠衣

韗與鞠音隔注言字之誤則非假借鞠已見革部

袂　襲袂也

少儀劒則啟櫝蓋襲之加夫襓與劒焉鄭注夫襓劒衣也又云夫是發聲蓋不能定其說也廣雅釋器袂襓木劒衣也夫當爲袂之省借

襲　左衽袍籀文爲襲

借習已見習部○玉藻帛爲褶喪大記君褶衣褶衾又士喪禮襚者以褶注古文褶爲襲褶乃襲之通借許用古文禮故本部無褶字

襺　袍衣也以絮曰襺以縕曰袍春秋傳曰盛夏重襺

左氏襄二十一年。

糸部繭字云。蠶衣也。玉藻纊爲繭。此以繭爲襺之省借。繭已見日部㬎下。

襘　帶所結也。春秋傳曰。衣有襘。左氏昭十一年。今左傳杜注。襘領會也。段云。玉藻曲禮深衣皆謂交領曰袷。襘即袷。襘从會與从合一也。是袷可爲襘之通借。襘袷亦聲近也。

襤　裯謂之襤褸。襤無緣也。巾部艦。楚謂無緣衣也。艦可爲襤之通借。○上有褸字。云。衽也。方言曰。南楚凡人貧衣被醜弊。或謂之褸裂或謂之襤褸小爾雅廣服則曰布褐而紩之謂之藍縷左氏宣十二年傳篳路藍縷楚世家作藍蔞集解引左傳服注言衣敝壞其蔞藍藍然此藍縷藍蔞皆當爲襤褸二字之假借也

袪

衣袂也一曰袪褏也褏者褏也袪尺二寸春秋傳曰披斬其袪左氏僖五年

下裾字云衣袌也方言袿謂之裾郭注裾或作袪是裾可爲袪之假借○漢書兒寬傳注袪開也散也魯頌以車袪袪毛傳袪袪彊盛皃亦於从去得義唐石經正作袪今或从示作祛古無其字至集

韻始有之則異體假借矣祛已見肉部胠下○又
史記酷吏傳趙禹爲人廉倨漢書作廉裾注裾亦
傲也是裾爲倨之假借釋名云裾倨也則義亦通

袤 袂也从衣采聲俗作袖
詩旄丘褎如充耳毛傳褎盛服也漢書董仲舒傳
褎然爲舉首注褎進也褎一作裦漢書佞倖傳斷
裦而起注裦古袖字又班固敘傳樂安裦裦古之
文學注亦云盛貌此二義之通借也○下袤字云
衣博裾从衣保省聲保古文保今或書作褎中傷
采字與褎之中右从禾最易混近人多誤褎俗作

褒引伸爲褒美之義。詩崧高序褒賞申伯是也。邵謂其褒聚字。經典又作裒。易謙君子以裒多益寡。詩常棣原隰裒矣。此亦隸變。漢造橋碑一以裒賢君。與褒褎一字也。案裒字本部所無。雜記注招用裒衣也。釋文裒本作褒。而詩釋文則云褎本亦作裒。仲舒之褒然。今或作裒然。是又混裒於褒。展轉牽率。要皆異體假借耳。

褢 褎也。一曰臧也。

褢訓臧。與下褢字義近。可爲通借。○褢。俠也。一曰橐。段謂俠當作夾。今人用懷挾字。蓋褢夾之假借。

褱 褱也。

段云。論語。予生三年。然後免於父母之懷。馬融釋以懷抱。卽褱裒也。則懷抱二字當爲褱裒之假借。案心部。懷念思也。古亦多懷假爲褱者。○上袍字云。襺也。亦从包而移衣於旁。遂與此異。今袍字不作裒。

襜 衣蔽前。

爾雅釋器作幨。周禮巾車。皆有容蓋。鄭司農注。容謂幨車。幨卽襜也。凡巾部字與衣部多有通用者。○士昏禮。婦車有裧。雜記。其輤有裧。裧亦卽襜本部所無則異體假借也。○爾雅釋文云，襘方言作袹，案喪大記婦人復不以袹。注，袹，婦人嫁時上服也。方言之袹，蓋襘之假借。但襍記繭衣裳與稅衣纁袹爲一。注，裳下襈也，婦人蔽膝也，則袹與襘義通矣。本部亦無袹字。

（篆）衣衸。

繫傳云，字書祏張衣令大也，故引伸爲推廣之義。太[元]經，天地開闢，宇宙祏坦，今之開拓字當爲祏之假借。拓行而祏遂廢矣。

（篆）袴也。

詩秦風與子同澤毛傳澤潤澤也箋云澤褻衣近汗垢釋名曰汗衣近身受汗垢之衣也詩謂之澤此當以澤爲襗之假借澤已見采部釋矢部鉃下

褰絝也春秋傳曰徵褰與襦

詩鄭風褰裳涉溱曲禮暑毋褰裳俱作褰段以假爲騫衣者爲俗案許書字之本義旁出他義者甚多褰既从衣則訓絝而引伸爲褰衣未爲不可若騫字从馬義尤不合何轉取騫而斥褰郎左傳襄廿六年注拂衣騫裳也釋文謂摳衣不使盈滿也亦費斡旋實則手部攓摳衣也褰爲攓之省借騫

乃轉借耳。

𧝓 緥也。詩曰載衣之𧝓。

今斯干詩作裼。毛傳裼緥也。裼乃𧝓之假借。裼𧝓音相近。釋文引韓詩作褅。褅卽𧝓之省。裼巳見

部賜下。

褍 衣正幅。

邵瑤圃曰。左傳昭元年。吾與子弁冕端委。服虔注。衣端正無殺。故曰端。周禮司服。其齊服有[元]端素端。司農注以衣有襦裳者爲端。後鄭謂端者取其正也。蓋凡冕服皆正幅。袂二尺二寸。故稱端。其字

統宜作襦。今作端。假借字。

𧝗 重衣皃。爾雅曰。𧝗𧝗襀襀。

今爾雅無此文。惟釋訓。洄洄惛也。釋文。洄本或作𧝗。引字林。𧝗重衣皃。𧝗即𧝗也。玉篇作佪佪。洄與佪皆當爲𧝗之假借。○段謂潛夫論佪佪潰潰。蓋用爾雅文。本部無襀字。似襀爲潰之假借。但周禮夏采。以乘車建綏。注。故書綏爲䙡。杜子春云。當爲綏。䙡即襀也。是襀爲綏之假借。許不用故書耳。綏

襛 衣厚皃。詩曰。何彼襛矣。

已見艸部薇下。蓺下。

今召南作穠，禾部所無字之誤也。毛傳穠猶戎戎也，襛戎疊韻，此以義通。韓詩作茙茙，則或體耳。戎已見艸部茸下。

裻　新衣聲。一曰背縫，讀若督。

子虛賦翕呷萃蔡，張揖曰萃蔡衣聲也。段謂萃蔡讀如碎裻二音，裻亦雙聲字，粲裻从叔聲，故與裻音轉，是可通借。此首義也。○其次義，則前有𧝓字云衣躬縫，亦讀若督，與此音義皆同，通借字也。𧝓方言作䘴，襓循謂之䘴裺，郭注衣督脊也。䘴乃或體。莊子養生篇緣督以為經，則督為𧝓之假借。裻亦作督。六書故云。人身督脈。當身之中。衣縫當背之中。亦謂之督。攷工記匠人堂涂十有二分。注。分其裻旁之修。以一分爲峻也。今本作督。五經文字引作裻。是督爲裻之假借。故檀弓注。司馬裻。釋文裻本作督。左氏昭二十二年傳同。督已見目部。

袳 衣張也。春秋傳曰。公會齊侯于袳。

所引見桓十五年左氏經。作袲。袲卽袳也。公羊經作侈。侈當爲袳之假借。侈已見人部。○表記衣服以移之。注。移讀如禾氾移之移。猶廣大也。少牢饋食禮。主婦被錫衣移袂。注。移者。蓋半士妻之袂以

益之此以移爲移之假借移已見禾部

𧟨　短衣也春秋傳曰有空𧟨

段謂曰字疑衍空疑作公郎昭二十五年左傳之季公鳥也是以鳥爲𧟨之省借錢氏非之但傳既無考此以聲借殆亦近是

𧝇　重衣也巴郡有𧝇江縣

內則寒不敢襲注襲謂重衣後漢書東平憲王傳楊賜傳注並云衣單複具曰襲襲皆當爲𧝇之假借段謂𧝇讀如重疊之疊文選王命論思有短褐之𧝇李注引說文𧝇重衣也蓋襲本作𧝇漢書敘

傳作短褐之褻師古釋以親身之衣不知爲褺之誤也褺與褻竝从衣而褺从執褻从埶相近而異襲已見上○地理志郡國志巴郡下皆作墊江縣孟康音重疊之疊是以墊爲褺之假借也褺墊亦音轉

裴 長衣皃

段云此卽子虛賦之裶字也案上有衯字亦曰長衣皃賦語本衯衯裶裶連言裶與衯雙聲字則衯卽可爲裶之通借又毳部⿱非毳字云毛紛紛也錢謂裶衣長毳毛長音義俱同則二字亦可通借○裴

爲裶。當芳非切。今以裴爲薄回切。史記子虛賦。弭節裴回。漢書郊祀志。神裴回若畱放。乃長衣引伸之義。後漢書蘇竟傳注。裴回謂縈繞淹畱是也。今作俳佪徘徊者。當爲裴回之假借字。○裴又爲人姓。邑部有䢐字。云河東聞喜縣。廣韻云。伯益之後封于䢐鄉。因以爲氏。後徙封解邑。乃去邑而从衣。是裴本爲䢐之假借矣。

襡　短衣也。讀若蜀。

釋名。襡屬也。玉篇廣韻皆以襡與襩爲二字。義亦別。韻會乃合而一之。本部亦別無襩字。玉篇又以襩爲襹。襩爲上文褫之重文。殆數者皆可通借與。

袷 衣無絮。

邵瑤圃曰。經典多以袷爲交領曲領義。而衣無絮義作裌。玉藻帛爲褶。釋文褶裌也。史記漢書作袷。見匈奴傳。服繡袷綺衣。小司馬小顏注竝以爲衣無絮。此正字。則裌當爲袷之假借。袷已見前禬下。

襄 漢令解衣而耕謂之襄。古文爲𤕦。

借讓。已見言部。○爾雅釋言襄除也。段謂周書謚法云。辟地有德曰襄。凡攘地攘夷狄皆襄之假借字也。案詩出車。玁狁于襄。釋文襄本或作攘。此攘除之義。又馬注皋陶謨曰：襄，因也。謚法：因事有功曰襄。乃攘之假借。蓋有因而盜曰攘，故凡因皆曰攘也。是亦攘奪之義，則襄爲省借。攘亦見讓下。○釋言又曰：襄，駕也。詩大叔于田：兩服上襄。箋用雅義。此以襄爲驤之省借。故漢書韓彭英盧傳：雲起龍襄，化爲侯王。亦襄借驤也。○漢書高帝紀：上襄侯王陵。降注引韋昭曰：襄當爲穰。此又以襄爲穰之省借。穰已見禾部。

〔篆〕鸃衣，長一身有半。

借韎。已見革部。○離騷經：何桀紂之猖被兮。此以被爲披之假借。若左氏襄十四年傳被苫蓋。今被字有去聲。爲覆被之義也。亦可與披通借。披已見木部柀下。

褻 私服。詩曰。是褻袢也。

今鄘風褻作紲。毛傳。是當暑袢延之服。本部袢字下亦引詩是紲袢也。紲當爲褻之假借。○糸部紲下引論語紲衣長。今論語作褻裘長。玉篇紲堅也。其訓異者。紲蓋褻之同音假借字。○廣雅釋言。褻狎也。方言則曰。媟狎也。褻當爲媟之假借。

袾 好佳也。詩曰。靜女其袾。

今鄁風作姝。女部姝。好也。祩當爲姝之假借。○又姣下亦云好也。引詩靜女其姣。姣姝疊韻可通借。其字異者。或兼采三家詩與。

裨　接益也。

上部埤。增也。與此音義同。段謂覲禮侯氏裨冕注。裨之爲言埤也。天子六服大裘爲上。其餘爲裨是本謂衣。引伸爲凡埤益之偁。埤當爲裨之假借。會部𩟄。益也。凡單言益者當作𩟄。今俱用裨字。裨行而𩟄廢矣。○俾亦益也。可通借。已見人部。

[illegible]　敝衣。

易既濟繻有衣袽虞注袽敗衣也本部無袽字蓋卽絮之或體○巾部帤一曰敝巾繫傳引易繻有衣帤是袽亦帤之或體帤與絮可爲通借若子夏易傳作衣茹則同音假借字矣○糸部絮亦云敗絮也引易需有衣絮是絮又可爲絮之通借

裸 袒也袒當作但重文爲倮

左傳僖二十三年欲觀其裸此用重文也月令其蟲倮大戴記曾子天圓篇唯人爲倮匈而後生也字作倮人部所無當卽裸之異體假借或省作果已見木部○左傳昭三十一年趙簡子夢童子羸

而轉以歌哀七年羸以爲飾又王制羸股肱鄭謂
羸本聲也而又加果聲殊非羸亦見果下案莊子
田子方篇羸君曰可矣釋文羸本作羸羸既俗體
則當爲羸之假借雙聲字也羸已見羊部

程 袒也

孟子袒裼裸裎士喪禮注作倮程此以程爲程之
假借程已見口部呈禾部秩下○後糸部有綎字
云糸綬也方言曰佩巾謂之裎郭注所以系玉佩
帶也錢謂裎即綎字案裎當爲綎之假借裎从呈
綎从廷韻部通也若以裎綎爲一則混於此裎字

矣。

裝 裹也。

詩出車箋使裝載物而往。釋文本又作莊莊當爲裝之假借○左傳襄廿四年注轉衣裝釋文裝一本作奘囊。所以裝衣義可通借○女部妝飾也文選謝惠連西陵遇風詩注引淮南許注亦曰裝飾也。此以裝爲妝之假借○借壯已見士部。

裋 豎使布長襦。

史記秦始皇本紀贊寒者利裋褐。集解裋徐廣作短音豎索隱引趙岐曰衣短而狹故謂之短褐亦

日豎褐褧以衣短日短褐以豎使所服日豎褐是皆可爲通借裋豎曡韻字短亦从豆聲也

衰　艸雨衣秦謂之萆从衣象形古文爲𧘧萆已見艸部○衰衣字後人加草爲蓑而以衰爲盛衰字又以爲等衰字皆假借也○糸部縗云喪服衣長六寸博四寸直心左氏襄廿三年傳墨縗冒經釋文縗本作衰經傳凡斬衰齊衰皆爲縗之省借又等衰衰經字亦見疒部㾓下

卒　隸人給事者爲卒卒衣有題識者

借踤已見足部借猝見踤下○詩小雅山冢崒崩

釋文崒本亦作卒漢書劉向傳引作卒崩箋云崒者崔嵬山頂崔嵬者崩仍从崒訓正義亦以卒爲崒王伯申曰卒當讀爲猝猝急也暴也言山冢猝然崩壞也是崒爲卒之誤卒乃猝之借○詩彤弓箋乃末席坐卒爵釋文卒本或作啐卒爲啐之轉借啐已見口部啐下○歺部𣨛云大夫死曰𣨛曲禮白虎通俱作卒卒亦𣨛之省借○周禮諸子掌國子之倅注故書倅爲卒鄭司農讀如物有副倅之倅人部倅字在新附則倅當卽卒字爲之若車僕掌戎路之萃鄭注萃猶副也亦當借萃爲倅

卒巳見艸部亦見踤下

襚 衣死人也春秋傳曰楚使公親襚

下有稅字云贈終者衣被曰稅與此義同音亦近可爲通借邵瑤圃曰襚稅事雖一類而亦有別如士喪禮君使人襚雜記諸侯相襚以後路與冕服先路與褒衣不以襚襚者曰寡君使某襚此處所引爲左氏襄二十九年傳又定十年傳公三襚之此類襚爲正字其指行此禮之物如少儀臣致襚于君春秋文九年秦人來歸僖公成風之襚昭九年傳且致閻田與襚又見公羊穀梁隱元年傳此

類據義皆當爲祱漢書朱建傳遁奉百金祱鮑宣傳祱以衣衾史記又作祱見酈生陸賈傳乃祱字之譌索隱亦誤引說文作稅蓋祱字廢不用矣惟陸氏釋文於文九年左傳能引說文糾正案如邵說則禭祱自宜兩存而段因其通借臆斷祱字爲淺人所增殆不然禭借說已見言部

鬼衣讀若詩曰葛藟縈之一曰若靜女其袾之袾段謂之袾當作之靜但靜音仍縈音也似不必複舉鬼部魃鬼服也魃袾雙聲字疑可通借○士喪禮幎目幎讀若縈與此正同則幎可爲褮之通借

幎已見巾部今云冥衣又幎之省耳

裘部

裘皮衣也从衣象形與衰同意古文爲求

求旣加衣爲裘而求專爲干請之用詩大東熊羆是裘箋云裘當作求聲相近故也是巳以裘求爲二字矣○求借逑已見辵部借賕見貝部○周禮大司徒以求地中注故書求爲救杜子春云救當爲求是以救爲求之假借救亦見逑下○周禮赤犮氏注貍蟲䗪肌求之屬釋文求本作蛷䖵部蛷多足蟲也或作蛷亦可省借求字爲之

老部

䎛年九十曰䎛。

今字作耄。从老省毛聲。而經典耄字則老不省。借眊。已見目部。○禮記射義旄期稱道不亂者。孟子反其旄倪。旄皆䎛之假借。旄亦見眊下。又見㫃部。

耆老也。

借䎏。已見邑部。○周頌耆定爾功。毛傳耆致也。此以耆爲致之假借。又爲厎之假借。厎亦訓致也。致已見夊部。厎見貝部。○口部嗜。喜欲之也。王制嗜欲不同。周禮大行人注引作耆慾不同。荀子非十

二子篇無廉恥而耆飲食注耆與嗜同此以耆爲
嗜之省借嗜已見尗部豉下○儀禮士喪禮士虞
禮竝云魚進鬐注鬐脊也古文鬐爲耆彡部鬐字
在新附當即借耆字爲之文選羽獵賦兗鋋瘢耆
注瘢耆馬脊創瘢處也蓋鬐訓脊亦以耆爲鬐矣
○禮記少儀夏右鰭注鰭脊也又上林賦揵鰭掉
尾郭注鰭背上鬣也魚部無鰭鰭即耆之今字則
亦假借也

老人行才相逮从老省易省行象讀若樹
段謂此與駐聲義略同今俗語尚如此則駐可爲

耈之假借。

壽 久也。从老省。𠃬聲。段謂𠃬見口部。今篆體作𠷎誤。

案翯字隸變作壽本書竹部籌火部燾言部譸邑部鄯並从翯聲而酉部醻巾部幬則从𠷎聲者翯之省也。今凡从壽字。篆俱作𠷎。又𠷎之省也。○左氏文六年傳。魏壽餘。史記秦本紀作魏讎餘。案春秋繁露循天之道篇云。壽之爲言猶讎也。是讎可爲壽之通借。讎已見雔部。又見人部仇下。○新序有尹壽。荀子大略篇作君疇。君通尹。已見又部。壽當爲疇之省借。

考老也。

部首老考也與此爲轉注考借槀已見木部〇攴部攷敂也廣雅釋詁攷擊也考攷異字詩山有樞弗鼓弗考毛傳則云考擊也此以考爲攷之假借經傳凡言考校考問者皆借攷字槀乃轉借耳〇阮芸臺曰淮南說林訓白璧有考又氾論訓夏后氏之璜不能無考考即朽朽即玉謂玉之斁也案考字朽字皆从丂聲故古音相同考爲朽之假借實則當爲玉之假借也玉已見王部〇又釋名釋長幼云老朽也是老亦可通朽矣

孝 善事父母者从老省从子子承老也

子部有孶字云效也邵謂與孝字迴殊經典或借孶爲孝蓋由戴氏侗六書故亂之○祭統曰孝者畜也順於道不逆於倫是之謂畜孝經正義引援神契云庶人行孝曰畜畜言能躬耕力農以畜其德而養其親也廣雅釋言孝畜也疏證謂孝畜古同聲故孝訓爲畜畜亦訓爲孝孔子閒居無服之喪以畜萬邦鄭注畜孝也使萬邦之民競爲孝也則畜可爲孝之假借字矣○漢書古今人表有孝成子列子作老成子此人號不定誰借○史記燕世

家孝公人表作考公案周書謚法解巳有曰孝四
端後復出大慮行節曰孝公羊隱元年疏引此作
考考成也與注言成其節合是孝與考每以字形
相涉而異或亦可假借與

毛部

毛 眉髮之屬及獸毛也象形

借苗借芼俱已見艸部借旄見㫃部○儀禮既夕
記馬不齊髦注今文髦爲毛周禮司儀王燕則諸
侯毛釋文毛劉本作髦此皆以髦爲毛之假借髦
亦見旄下○水經㶟水注引地理風俗記燕語呼

毛爲無。後漢書馮衍傳注。毛字作無。今俗語猶然
者。或古亦通。此蓋以毛爲無之假借。無已見林部。

毴 毛盛也。虞書曰。鳥獸毴髦。
今書作毨毛。釋文。毨。徐而允反。毴則而尹切。又人
勇切。是二字音同。本部無毨字。當即毴之或體。髦
已見上。若周禮司裘注引書鳥獸毛毨。作毴毴毴
即毴之省。殆後人因涉此毴毛而誤。未必以毴爲
毛也。

毳部

毳 獸細毛也。

借毳已見穴部○詩烝民箋柔猶濡毳也釋文毳本作脃荀子議兵篇是事小敵毳則偷可用也注毳讀爲脃是毳爲脃之假借脃亦或从毳老子其脃易泮釋文脃河上本作膬○史記河渠書泥行乘橇漢書溝洫志作乘毳師古曰毳讀如本字朮部無橇殆卽借毳字爲之如湻曰毳音茅蕝之蕝書正義引尸子作蕝引愼子爲毳者患塗之泥也是蕝又轉借字矣蕝毳聲近蕝已見艸部若木部樏下引書澤行乘輴段謂輴當讀同毳則毳本輴之假借輴與毳亦一聲之轉也

尸部

尸 陳也。此祭祀之尸。郊特牲注。尸神象。當從主訓之本部屍。終主也。曲禮。在牀曰尸。則以尸爲屍之省借。○周禮淩人。大喪共夷槃冰。注。夷之言尸也。謂夷卽尸之假借。故夷亦訓陳。○詩鵲巢序。德如尸鳩。釋文。尸本作鳲。尸鳩字見鳥部鵴下。其作鳲者。後人加鳥耳。非假借也。

居 蹲也。从尸。古者居从古。俗作踞。繫傳作尻。几部。尻處也。从尸得几而止。經傳多借居爲尻處字遂於蹲居字別作踞如襄三十四年左傳皆踞轉而鼓琴論語原壤夷俟馬融注夷踞也之類而凥字廢矣○借其已見箕部○詩羔裘自我人居居毛傳居居懷惡不相親比之皃釋文居音據漢書郅都傳丞相田蚡至貴居注居與倨同此以居爲倨之省借倨已見衣部裾下○禮運天子以德爲車注車或爲居莊子徐無鬼篇若乘日之車釋文車元嘉本作居居當爲車之假借釋名云古者曰車聲如居言行所以居人也則義亦通

𡱂　轉也

借㠭已見㠭部借㐱見貝部賑下借襄見衣部○爾雅釋詁展誠也又展信也段謂展當爲㠭之假借音相近○廣雅釋訓展轉反側也今詩作輾卽展之或體

屆 行不便也一曰極也

舟部艐船著不行也與行不便義合爾雅釋詁艐至也孫炎注艐古屆字方言郭注同是二字可爲通借屆从凷聲艐讀若䕵與屆爲雙聲字

𡲕 𡲕從後相臿也

文選吳都賦𡍬塌鱗接注𡍬塌枝柯相重疊皃也

與此屠层字音義皆同可爲通借案土部墀下入
也與层義近別無墀字

犀 犀遲也

玉篇云今作栖栖卽棲字詩衡門可以棲遲棲與
犀可爲通借○漢書馮奉世傳器不犀利晁錯傳
作犀利犀可爲屖之通借然訓利者本爲屖之假
借厂部屖石利也讀若枲犀屖雙聲字○牛部犀
云南徼外牛一角在鼻一角在頂似豕此與犀字
本形似易混詩碩人齒如瓠犀毛詩瓠犀瓠瓣也
正義引釋草云瓠棲瓣也是犀亦借棲而廣韻又

作瓠犀世遂罕知犀犀爲二字矣

屠

刳也

借杜已見木部借都見邑部○邑部鄜者在馮翊鄜陽亭詩韓奕出宿于屠毛傳屠地名宋濂水李氏謂地在同州鄜谷是也是屠爲鄜之省借顧氏方輿紀要作荼谷渡則轉借也荼已見艸部○詩卷耳我馬瘏矣毛傳瘏病也亦見疒部詩釋文瘏本作屠鴟鴞予口卒瘏同此以屠爲瘏之假借○水經河水注屠申澤闞駰謂之窳渾澤矣本書窳下云朔方有窳渾縣此音近假借字也窳已見穴

部窗下

屋居也从尸尸所主也一曰尸象屋形从至至所至止室屋皆从至籀文爲屋古文爲屋

邵瑤圃曰此首義乃帷屋之本字本義方是室屋之屋經典有以屋爲帷幄之義詩抑篇尚不愧于屋漏鄭箋屋小帳也喪大記畢塗屋注屋殯上覆如屋者也是幄即借屋爲之故說文巾部不別出幄字○爾雅釋言握具也詩秦風夏屋渠渠鄭箋亦曰屋具也是握與屋義通故易一握爲笑釋文云鄭讀爲夫三爲屋之屋此古文叚字實握之古

文錢謂淮南子有臺簡卽握簡蓋借屋爲握其作臺者形似而誤也○周禮司烜氏邦若屋誅注屋讀如其刑剭之剭此讀如疑是讀爲否則屋不須讀如剭也屋當爲剭之省借刀部無剭字乃異體耳

屛蔽也

庰字在广部亦云蔽也邵謂據六書之義正字當作庰庰从广因广爲屋象對刺高屋之形故有隱蔽義屛从尸無義文選洞簫賦處幽隱而奥庰兮李善注庰與屛同是屛爲庰之通借

尾部

屬　連也。

借祝。已見示部。借族。見㫃部。○儀禮既夕記。茵先入屬。引注古文屬爲燭。燭當爲屬之假借。若左氏昭廿七年傳。吳子燭庸。史記刺客傳作屬庸。此人名不定。誰借。○女部。𡤔字云。謹也。祭義。洞洞乎屬屬乎。如弗勝。廣雅釋訓。洞洞屬屬。敬也。屬當爲𡤔之省借。○書梓材。至于屬婦。釋文。屬婦妻之事妻也。女部引作嫋婦。嫋婦人妊娠也。嫋當爲屬之假借。嫋屬雙聲字。○孟子。乃屬其耆老而告之。書大傳作贅其耆老是以贅爲屬之假借屬與贅音之轉。

屈無尾也。隸省作屈爲退屈之義本借字也借詘已見言部。廣雅釋詁詘屈也義亦通○荀子非相篇緩急嬴絀注猶言屈伸也絀蓋屈之假借又周語爲之六間以揚沈伏而黜散越也王伯申曰黜讀爲屈屈收也謂收斂散越之氣也爾雅曰斂屈收聚也詩泮水屈此羣醜毛傳屈收也聘禮屈繅鄭注屈繅者斂之屈與黜聲近故義通說苑立節篇將軍子

囊黜兵而退謂收兵而退也沉伏者發揚之散越
者收斂之此陰律所以間陽律成其功也韋注訓
黜爲去失之矣是以黜爲屈之假借紬黜並見説
下○玉藻君命屈狄注周禮作闕内司服釋文屈
音闕疏云上二翟刻繒爲雉形又畫之闕狄亦刻
爲雉形不畫爲之彩色故名闕狄也此以屈爲闕
之假借○老子虛而不掘釋文引顧注掘猶竭也
河上本作屈此以掘爲竭之假借屈又掘之轉借
也○史記陸賈傳乃欲以新造之越屈彊於此蓋
以屈爲倔之省借後漢書王劉等傳注倔强謂强

猍也但人部無倔字○又後漢書朱景等傳注屈
起猶勃起也屈當爲㟴之省借文選西京賦注引
埤蒼曰㟴特起也○段云短頭船曰撅頭撅乃屈
之假借

履部

履足所依也从尸服履者也从彳夊从舟象履形古
文爲𩕡
詩長發率履不越韓詩作率禮不越漢書宣帝紀
蕭望之傳引竝同是禮爲履之通借禮已見前示
部○詩氓篇體無咎言釋文引韓詩體作履此以

履爲體之假借體亦見禮下○詩樛木福履綏之毛傳履祿也履當爲祿之假借履祿雙聲字○下文屨履也一曰鞮也玉藻乃屨進飲釋文屨本作履左氏僖十五年傳登臺而履薪焉釋文履本作屨是二字本通借若文選羽獵賦屨般首注屨謂踐履之也史記季布欒布傳身屨典軍集解引孟康曰屨履蹈之也則屨當爲履之假借矣○詩賓筵屢舞僛僛說苑反質篇引作屨舞是以履爲屢之假借履屢雙聲字又樂記臨事而屢斷注屢數也蓋以屨爲屢之假借屨从婁聲尸部無屢字屢

卽婁之或體也。

⿸尸歷 履下也。

段謂行地經歷者。今人言履歷。當用此字。則歷爲⿸尸歷之省借也。○邵瑤圃曰。周禮注作礫。見屨人下。鄭司農引禮家說。繶亦謂以采絲礫其下。繫傳云。履牆下連底處。采編刺之歷歷然。當作此⿸尸歷字。礫乃⿸尸歷之假借。亦借歷矣。歷已見止部。

屩 屐也。

史記孟嘗君傳。躡屩。虞卿傳及漢書王褒傳作蹻。此以蹻爲屩之假借。釋名云。屩。蹻也。出行著之。蹻

蹻輕便因以爲名則義亦通𨇨蹻雙聲字

舟部

俞空中木爲舟也从亼从舟从巜巜水也

借棆借楡借朱已見木部借愈見疒部瘉下○淮南竅木之竅已見穴部錢云竅卽俞字案竅訓空正合俞義則竅可爲俞之通借與彼處段說宜並存○莊子天運篇無爲則俞俞然注俞俞然從容自得之貌與論語愉愉如也義合論語之愉愉聘禮亦作俞俞俞當爲愉之省借

艫舳艫也一曰船頭

方言舟首謂之閤閭郭注今江東呼船頭屋謂之飛閭是也釋名云舟其上屋曰廬象廬舍也段謂即此所稱船頭曰艫是閭與廬皆當爲艫之假借閭已見肉部胠皿部盧下廬見盧下

𦨶船行不安也讀若兀

方言說舟曰𦨶謂之扤扤不安也扤乃刖之假借書之阢隉易之臲卼皆卽此義亦通借也

服用也一曰車右騑所以舟旋（舟當作周）古文爲𦨈

借𩌏已見玨部璶下借𤛆見牛部○左傳定四年備物典策正義引服虔說備物國之儀物之備也

當謂國君威儀之物若今織扇之屬備賜魯也王
伯申曰備物卽服物服物也經傳多言服物以具
服物周語亦唯是𠨕生之服物采章是也服與備
古字通趙策騎射之服史記趙世家作騎射之備
漢書王莽傳所征殄滅盡備厥辜卽盡服厥辜皆
其證此當以備爲服之假借○詩邶風匍匐救之
檀弓引作扶服救之史記蘇秦傳嫂委蛇蒲伏亦
與扶服音同竝見人部伏下又文選陸士衡吳王
郎中時從梁陳詩誰謂伏事淺注伏與服古字通
伏當爲服之假借○攷工記車人牝服二柯有參

分柯之二先鄭注服讀為負是服為負之假借服
負音之轉負已見貝部
方部
併船也象兩舟省總頭形重文為
借旁已見丄部借謗見言部○詩邶風方之舟之
爾雅釋言方作舫通俗文連舟曰舫舫以舫為方
之假借舫已見木部榜下○詩大田既方既皁箋
云方房也謂孚甲始生而未合時也此以方為房
之假借故書序汝鳩汝方史記殷本紀方作房房
亦見旁下○方字引伸為比方之義詩黃鳥百夫

之防毛傳防比也此以防爲方之假借故孔子世家防叔古今人表作方叔防已見邑部邡下○文選景福殿賦屯坊列署注引聲類曰坊別屋也方與坊古字通當是賦本作方以方爲坊之省借坊土部所無○詩鵲巢維鳩方之毛傳方之方有之也段謂方有之猶甫有之也方通甫猶荒之通幠王伯申曰方當讀爲放天官食醫凡君子之食恒放焉論語放於利而行鄭孔竝云放依也墨子法儀篇放依以從事放亦依也放依之放通作方猶放命之放通作方也則詩語蓋謂維鳩依之也是

亦以方爲放之省借。二義備參。方放俱已見放部。

○荀子富國篇。汸汸如河海。注。汸讀爲滂。此以汸爲滂之假借。

𣃔 方舟也。禮。天子造舟。諸侯維舟。大夫方舟。士特舟。詩河廣。一葦杭之。杜篤論都賦。造舟于渭。北杭涇流。章懷後漢書注作北斻。段謂地名餘杭者。乃秦政舟渡處也。杭蓋斻之假借。杭本抗之重文也。若方言舟或謂之航。航又斻之或體。○水部。𤅊。小津也。一曰以船渡也。方言又云。方舟謂之𤅊。郭注。揚州人呼渡津舫爲杭。荆州人呼𤅊。廣雅。𤅊。筏也。是灘可爲航之通借矣。

儿部

兀 高而上平也。从一在儿上。讀若夐。茂陵有兀桑里。錢云。讀若夐者。凡夐絶夐大字義皆應作兀也。是以夐可爲兀之假借矣。段謂夐今韻在四十四諍。古音在元寒部。今韻十月者。元之入也。兀音同月。故跀亦作䟡。其平聲讀如涓。案諍韻爲耕青等部之去聲。有通先韻者。說見巾部幎下。元先本通。元

允 信也。正从兀聲也。

後本部有粇字云進也。引易粇升大吉。今易作允升。荀爽曰謂一體相隨允然俱升。段謂允然者升之皃。允不訓信。蓋古本作粇。又㫃部旞下云全羽以爲允。允進也。允皆爲粇之省借。○詩十月之交仲允膳夫。漢表作中術。術可爲允之假借。粜術有遂音。與允通者。脂微合真文之例。故允从㠯聲。㠯允正相近。段謂㠯非聲。殆未然。術已見行部。○詩韓奕籩爲狁。允所逼。釋文允本作狁。允當爲狁之省借。但犬部無狁字。

兄說也。

借說已見言部○老子塞其兌閉其門兌蓋閱之假借濶與穴同字从兌閱亦見說下○史記天官書隨北端兌索隱云星形尖邪也漢志作銳是兌爲銳之省借銳亦見說下○荀子議兵篇仁人之兵兌注兌猶聚也與隊同是兌爲隊之假借隊已見辵部遂下此爲行隊字音同兌

充長也高也

禮記儒行不充詘於富貴注充詘歡喜失節之貌充或爲統案充有滿義故云歡喜失節統當爲充之假借統本从充也○漢石門頌八方所達益域

爲充。此以充爲衝之假借。衝已見臼部舂下。

兄部

兄長也。

兄訓長。本長益之義。即可爲長幼之長。詩常棣。兄也永歎。毛傳。兄茲也。二雅中兄字多同茲。一作滋。皆益也。段謂兄字今音許榮切。古音讀如荒。轉爲去聲許訪切。用況者於古爲假借。又別出貺字。禮記聘義。北面拜況。釋文。況本作貺。貺乃俗字耳。案白虎通三綱六紀篇。兄者況也。況父法也。是兄弟字本亦從況得義。○書無逸篇。無皇曰。漢石經作毋兄曰王肅本皇作況注云況滋是以皇爲況之假借皇卽兄之假借也皇已見王部○釋名曰兄荒也荒大也故青徐人謂兄爲荒此以荒爲兄之假借荒已見艸部○借怳已見倉部

兢競也讀若矜一曰兢敬也

詩雲漢兢兢業業又左氏僖廿二年傳宣十六年傳兩引詩戰戰兢兢釋文竝云兢本亦作矜此以矜爲兢之假借而無羊篇矜矜兢兢毛傳以言堅彊也則矜與兢可爲一義兢已見誩部亦見人部倞下

先部

先首笄也。从儿匕。象形。俗爲簪。

簪卽今之先字。許旣出或體。是漢時已有簪。竹部笄。簪也。二字爲轉注。豈本作先也。而後人以今字易之與。王厚齋述晁景迂說。古禮冠未有簪名。○易豫九四。朋盇簪。王注。盇。合也。簪。疾也。釋文。簪。徐側林反。鄭云。速也。王肅祖感反。京作撍。蜀才本依京義。從鄭。王伯申曰。作撍者正字。作簪者借字也。玉篇。撍。急疾也。廣韻。撍。速也。集韻。撍。疾也。通作簪。是也。震爲躁卦。又爲決躁。故有急疾之象。而侯果

乃云朋從大合若以簪篸之固括也殊爲臆說○
撍字手部所無段謂實寁之轉借字張揖古今字
詁㢃作撍埤蒼云撍疾也寁㢃撍同字寁已見止
部疌下王亦云爾雅寁速也釋文寁子感反子感
與上祖感同是撍即寁也又通作憯墨子明鬼篇
鬼神之誅若是之憯遬也遬即速字撍亦速也皆
音近通借字矣○邵謂釋文引埤蒼簪速也速恐
是連之誤士喪禮簪裳于衣鄭注簪連也釋名曰
簪兟也以兟連冠于髮也段則云金部鐕可以衣
著物者簪爲連當是鐕之假借此足備一義○又

案易釋文晉古文作貨馬作臧荀作宗虞作檝乃相傳異字異義非必盡假借也

皃部

皃頌儀也从儿白象面形或體爲貌籀文爲貌書呂刑惟貌有稽某氏傳惟察其貌以貌爲如字非也本書糸部引作惟緢有稽緢旄絲也蓋謂審細也貌當爲緢之假借緢已見㫃部旄下○荀子禮論篇疏房檖貌越席牀笫几筵所以養體也注貌廟也又云貌讀爲邈案讀爲當是讀若邈从貌故聲近貌蓋廟之假借白虎通宗廟篇廟者貌也

廣雅釋言廟皃也則廟亦從貌得義

覍冕也周曰覍殷曰吁夏曰收从皃象形或體亦爲

弁籒文爲[illegible]

借變已見攴部借辨見刀部借冕見冃部〇借昪已見日部又弁字古音同盤小弁傳之弁樂卽衞風傳之盤樂盤本般之借字則盤般亦弁之轉借矣士冠禮記周弁注弁名出於槃槃大也言所以自光大也是弁本亦从槃得義槃已見木部般見槃下亦見昪下〇弁字俗作卞卞莊子以爲姓左氏定三年傳邾莊公卞急卬玉藻弁行釋文卞急

也今爲二字案心部有辡字云憂也一曰急也急
卽急字則左傳之卞急禮記之弁急皆當爲辡之
假借○周禮司服凡弔事弁絰服注故書弁作絣
鄭司農絣讀爲弁案糸部無絣字惟緐之或體从
籒文之緐殆以緐爲弁之假借與○漢書嚴延年
傳吏皆股弁言其悚懼也弁當爲戰之假借注以
弁爲撫手則與股不合○又甘延壽傳試弁爲期
門注引孟康曰弁手搏此以弁爲拚之省借

兆部

𠑹廱蔽也从儿象左右皆蔽形讀若瞽

晉語在列者獻詩使勿兜韋注兜惑也王伯申曰兜當爲兆兆之爲言猶蠱也蠱惑也爾雅蠱疑也疑亦惑也昭元年左傳女惑男謂之蠱是也兆與兜形相似世人多作兜少見兆故兆譌爲兜矣案據此則兆可爲蠱之通借○荀子成相篇如兆無相兆當爲瞀之假借瞀已見目部

兜　兜鍪首鎧也从兆从皃省皃象人頭也

韓策甲冑鞮鍪漢書楊雄傳鞮鍪生蟣蝨師古曰鞮鍪卽兜鍪也革部鞮革履也則鞮當爲兜之假借鞮有低音與兜爲雙聲字○借吺已見口部○

海外南經。讙頭國。注。讙兜。堯臣。是以頭爲兜之假借。故史記年表。宋景公頭曼。古今人表作兜欒。經又云。或曰讙朱國。則朱亦兜之假借。兜與朱虞尤合韻。㞢朱已見木部。○見部有覴字。云目蔽垢也。讀若兜。段以爲目部眵下所謂蔑兜也。兜卽覴字。是以兜爲覴之假借。

先部

前進也。

易繫辭。聖人以此先心。集解引韓康伯曰。先讀爲洗。此以先爲洗之省借。漢書百官公卿表有先馬。

太子出則前驅注引如淳曰先或作洗案越語句踐親爲夫差先馬荀子正論篇諸侯持輪扶輿先馬注先馬導馬也則洗又爲先之假借矣○文選神女賦西施掩面四子講德論毛嬙西施西或作先注云先施西施一也先當爲西之假借西先一聲之轉

見部

視 瞻也古文爲眎又爲眡

借示已見示部○邵謂諸經作視惟周禮多作眡亦或作眂疑眂之脫筆案目部眂云視皃也馬融

長笛賦。特麏昏髟。李善注。昏。視也。昏卽眡字。眡从氏。承旨切。與此从氏。神至切。有別。但同爲視義。固可通借。今人罕知氏聲氐聲之爲二字矣。

[illegible]旁視也。

繫傳作內視也。段謂與目部睨音義皆同。錢云義異。據左傳。余與褐之父睨之。是旁視卽此篆。睨爲衺視。[illegible]爲旁視。皆非正視也。義正相類。睨可爲[illegible]之通借。睨已見人部倪下。

覝察視也。讀若鎌。

漢書高帝紀。廉問有不如吾詔者。當重論之。師古注。廉察也。字本作覝。其音同耳。是以廉爲覝之假借。今廉行而覝廢矣。

覠 外博衆多視也。讀若運。

錢云。國語廣運百里。注。南北爲運。此字也。是以運爲覠之假借。運已見辵部。

觀 諦視也。古文爲⿱雚囧。

借。鸛已見雈部。雚下。借館見食部。○禮緇衣引書。周田觀文王之德。今書作割申勸。釋文。觀依注讀爲勸。管子七法篇。立少而觀多。注。觀當爲勸。是觀爲勸之假借。觀與勸俱从雚聲也。○周禮司爟注。

爟。讀如予若觀火之觀。今燕俗名湯熱爲觀。此擬其音。觀爲爟之假借。且云湯熱。又水部涫之假借。亦音同。

㝵 取也。从見寸。寸度之。亦手也。彳部已有得字。云行有所得也。古文爲㝵。是得㝵本一字。而許書分出兩部。則義雖少異。固通借矣。得已見彼處德下。

䚂 顯也。从見是聲。杜兮切。玉篇亦達麗切。邵瑤圃曰。䚂與題音同。形亦相似。左傳襄十年。舞師題以旌夏。杜注。題。識也。商頌譜孔疏引契握湯說契云。賜姓子氏。以題朕躬。注。題名也。趙岐注孟子。有孟子題辭。所以題號孟子之書。此等皆表顯之義。於䫄爲近。說文長箋云。題本訓頟。今人顯頟字若作題。直是兩頟矣。奚可乎。則題當爲䫄之假借。

䫄小見也。爾雅曰。䫄髳弗離。

今爾雅作茀離。郭注。茀離。卽彌離。彌離猶蒙蘢耳。蓋皆一聲之轉。郝謂䫄髳雙聲。茀離疊韻。案䫄蒙亦雙聲也。數者可爲通借。此謂草木之叢茸翳薈。視之未易明。故曰小見。如溟之爲小雨。於冥取意也。

覾 內視也。

目部眈字云。視近也。引易頤虎視眈眈。眈與覾音同。視卽視近之義。隸釋載張壽碑覾覾虎視。不折其節。是覾爲眈之通借也。

覯 遇見也。

借遘。已見辵部。借講。見言部。○詩草蟲亦既見止。亦既覯止。毛傳。覯。遇也。蓋謂覯同遘。鄭箋以覯卽見。無俟重言。故云既覯謂已昏也。引易男女覯精。今繫辭作構精。是以覯爲構之假借。構亦見遘下講下。又見冓部。

覘 闚視也。春秋傳曰。公使覘之信。左氏成十七年。

檀弓我喪也斯沾。注。沾讀爲覘。此以沾爲覘之假借。○學記呻其佔畢。注。佔視也。佔當爲覘之假借。人部無佔字。又方言云。凡相竊視。南楚謂之貼。貼亦目部所無。當卽覘之或體。

覹 司也。

錢云。史記微捕得李牧斬之。大戴記君子行自微也。皆此字。是以微爲覹之省借。微已見彳部。

覢 暫見也。春秋公羊傳曰。覢然公子陽生。

今哀六年文。䫄作闖。何注。闖。出頭貌。案門部闖。馬出門皃。从馬在門中。闖當爲䫄之假借。䫄爲失丹切。與闖音相近也。○目部睒。暫視皃。與此音義皆合。是可通借。

覎 病人視也。讀若迷。

錢云。楚辭志眘迷而不知路。莊子迷陽。司馬彪注謂詐狂。此字也。是以迷爲覎之假借。

䚃 下視深也。讀若攸。

錢云。此悠深字。孟子攸然而逝。趙注。迅走趨水深處也。當作此。是以攸爲䚃之假借。攸已見攴部。

覬 钦㱃也。

欠部钦㱃也。一曰口不便言。此以钦釋覬。音義皆同。即可通借。其次義則口部吃。言蹇難也。亦通借字矣。○借幾。已見ⅇ部。借冀。見幾下。○段云。覬字。漢人或作𩥉。亦作冀。案𩥉字本書馬部所無。玉篇𩥉同驥。禮文王世子注。卿士𩥉于邑。孔疏。𩥉謂仰冀之也。此以𩥉爲覬之假借。○下覦字云。欲也。左傳。下無覬覦。漢書廣陵王胥有覬欲心。則覬欲即覬覦之通借。

覲 諸侯秋朝曰覲。勞王事。

荀子正論篇。琅玕龍茲華覲以爲實。注。覲當爲瑾。此以覲爲瑾之假借。○呂覽長見篇。至於覲存。注。覲。裁也。此以覲爲僅之假借。國策齊策。邯鄲僅存。注。僅。裁也。僅已見人部。

覕 蔽不相見也。

目部瞥云。又目翳也。與此義合。一曰財見也。莊子徐無鬼篇。是以一人之斷制利天下。譬之猶一覕也。司馬彪注。覕。暫見皃。與財見義亦同。是瞥可爲覕之通借。若莊子郭象注。覕。割也。萬物萬形。以一劑割之也。則以覕爲割之假借矣。覕割聲相近。割已見刀部。○玉篇。𥈤覓也。覓字本部所無。殆卽借𥈤字爲之。𥈤覓亦聲近。覓別見後爪部。

䚀部

䚀竝視也。从二見。弋笑切。

祭義。見以蕭光。注。見當爲覸。又目部瞯下引祭義。見閒以俠甒。依注見閒二字當合爲覸字。段云。覸不見於許書。蓋卽䚀字。謂蕭光與燔燎竝見俠甒與肝肺首心竝見也。見者視也。是覸爲䚀之異體假借。

覹很視也。齊景公之勇臣有成覹者。

今孟子作成覸。趙注。成覸。勇果者也。廣韻亦作覼。是覸爲覼之假借。○段謂淮南齊俗訓作成荆。覼爲荆。猶攷工記故書顧或作牼也。案荆爲覼之假借。覼荆音之轉。

欠部

⿰或欠 吹气也。

錢云。潘岳笙賦。郁𡒄劫悟。應用此。是以郁爲⿰或欠之假借。案⿰或欠字於六切。故與郁通。疑當从𢦏。玉篇火麥切者。以从或也。郁巳見邑部。又見有部𩠫下。

歙 翕气也。

錢云高唐賦脅息增欷應此字是以脅爲歙之省
借。脅已見肉部。

歡 喜樂也。

借驩。已見虍部虞下。○心部懽喜歀也。與此音義
皆略同。可爲通借。○樂記鼓鼙之聲讙。注讙或爲
歡。歡蓋讙之假借。若坊記言乃讙。注讙當爲歡聲
之誤也。記本引書無逸語。鄭注讙喜悅也。則讙又
爲歡之假借矣。讙已見吅部言部。

欣 笑喜也。

借睎。已見目部。○口部听笑皃也。上林賦亡是公

听然而笑。與此義近。可爲通借。○心部忻。闓也。史記管晏傳贊爲之執鞭所忻慕焉。忻蓋欣之假借。○漢書萬石君傳僮僕訢訢如也。晉灼云。訢許慎曰。訢古欣字。是以訢爲欣之通借。○本部歆。神食气也。此歆饗之義。詩皇矣無然歆羨。毛傳釋爲貪羨。生民首章鄭箋云。心體歆歆然。周語民歆而德之。韋注。歆猶欣欣喜服也。此皆以歆爲欣之假借矣。○心部憲。敏也。大雅天之方難。無然憲憲。毛傳憲憲猶欣欣也。此以憲爲欣之假借。音近。○墨子耕柱篇。譬若築牆然。能欣者欣。畢秋帆曰。說文掀

舉出也與欣同此以欣爲掀之省借案睎下已引

當從彼處○左傳成十三年曹公子欣時古今人

表作郗時此人名不定誰借郗已見邑部

弞 笑不壞顏曰弞式忍切

論語夫子哂之哂字口部所無葢即弞之異體假

借也案此處說文本無誤廣韻集韻類篇竝同而

段氏强改爲吹殆未然也余曩有釋哂篇已入文

藁茲不具錄

款 意有所欲也重文爲款

段謂古款與窾通用窾者空也款亦訓空空中則

有所欲也。爾雅釋器。款足者謂之鬲。小司馬引舊說。款足。謂空足也。是以款爲窾之省借。但穴部無窾字。此款字从窾省。大徐云。欵。塞也。意有所欲而猶未塞。款款然也。則窾款亦可爲款之通借矣。窾已見宀部。

欲 貪欲也。

今字或作慾。論語。棖也慾。大戴禮保傅篇。嗜慾不異。曾子立事篇。嗜慾思恥。此類甚多。慾心部所無蓋卽欲之或體。非省借也。○易損。君子以懲忿窒欲。釋文。欲孟作浴。晁說之引釋文作谷。云谷古文

欲字浴本欲之假借欲从谷故又省借耳○詩有
聲匪棘其欲禮器作匪革其猶周禮小行人其悖
逆暴亂作慝猶犯令者大戴記朝事篇猶作欲是
猶可爲欲之假借猶猶已見言部詧丂部粤疒部瘉
下

惡 心有所惡若吐也
邵瑤圃曰經典凡惡字讀平聲者蓋卽此孟子惡
是何言也兩見趙注惡者深嗟歎又曰惡者不安
事之歎辭也其他用爲於何義者甚多皆爲欸之
假借又有嗚字亦歎辭集韻欸卽嗚然口部無嗚

字當作歙。淮南覽冥訓。孟嘗君爲之增欷歍唈流涕。文選拜中軍記室辭隋王牋。或以歍唈。是也。是嗚爲歍之異體假借也。○又案史記淮陰侯傳。項王喑噁叱咤。噁字加口爲異體。仍歍之轉借矣。

欶 愁然也。孟子曰。曾西欶然。

今公孫丑篇作蹵然。趙注。蹵然猶蹵踖也。蹵踖與踧踖同。趙意葢以蹵爲踧之假借。如許說。則蹵當爲欶之假借。蹵與踧踖並已見足部。蹵卽蹴字。

歋 人相笑相歋瘉。

後漢書王霸傳。市人皆大笑。舉手邪揄之。邪揄當爲歋瘉之假借。集韻。歋音移。又音耶。耶與邪同。邪已見邑部。揄見衣部褕下。瘉或作歈。

歊

歊歊气出皃。

祭義。焄蒿悽愴。鄭注。蒿謂气蒸出皃也。蓋以蒿爲歊之假借。蒿已見艸部。○漢書敘傳。曲陽歊歊。師古曰。氣盛也。歊當爲歊之或體。

欪

欪欪戲笑皃。

此卽今之嗤笑字。與嘻通。嘻已見人部僖下。亦與咥通。詩釋文。咥一音熙。咥已見口部。又廣雅。欪笑也。楚辭吳都賦作咍。呼來切。集韻。欪一音咍。是欪者皆音義相近可通借也。

歎 吟也。謂情有所悅吟歎而歌詠。籒文爲歎。

口部嘆吞歎也。一曰太息也。段謂二字義本異。歎近於喜。嘆近於哀。如樂記云一唱而三歎。又云長言之不足。故嗟歎之。論語喟然歎曰。皆是此歎字。檀弓曰戚斯歎。歎斯辟。詩云而無永歎。嘅其嘆矣。愾我寤嘆。皆是嘆字。桉歎與嘆經典多通借用之。今遂無別。

欸 訾也。訾當作呰。呰訶也。

段謂口部有唉字。譍也。與欸義別。項羽本紀亞父

受玉斗拔劒撞而破之曰唉豎子不足與謀此正
怒聲字當作欸案唉與欸俱从矣聲殆以唉爲欸
之假借若方言欸然也南楚凡言然者曰欸此又
以欸爲唉之假借矣○欸烏戒切又於開切或音
哀上聲唐元結有欸乃曲蓋湖中節歌聲也上文
款字俗作欵與欸形相近因作欵乃者誤又項氏
家訓云劉蛻文集有湖中靄廼曲劉言史瀟湘詩
問歌曖廼深峽裏案此本無正字故靄曖皆可爲
欸之通借或遂以欸乃爲襖靄之音亦非

㰦 吐也

殳部毆捶毄物也史記留侯世家良愕然欲毆之是以毆爲敺之假借敺又爲姓讀平聲若鄭固碑初受業於毆陽則又以毆爲敺之假借矣○檀弓注㖃謳也釋文謳本亦作嘔嘔卽敺之或體漢書朱買臣傳歌嘔道中三公山碑百姓敺歌皆以敺爲謳之假借○後有欲字云歔鼻也讀若爾雅曰麐䴢短脰廣雅釋詁欲吐也左氏哀二年傳吾伏弢嘔血杜注嘔吐也釋文嘔本作欲此蓋以欲爲敺之假借○口部㱿敺皃引左氏哀廿五年傳君將㱿之今俗語以敺爲㱿音近惡與敺爲雙聲則

㱁可爲歐之通借也。

盛气怒也。

歜之本音尺玉切。錢云今與觸字同用。俗云觸怒人。是觸可爲歜之通借。○歜字音轉。又在感反。左氏僖三十年傳。饗有昌歜。杜注。昌蒲葅也。此上文有歜字。云歔歜也。歔歜。口相就也。玉篇歜亦徂感切。昌蒲葅也。則昌歜或作昌歜。歜可爲歜之假借矣。

言意也。讀若酉。

錢云依義此卽經所用猶字也。爾雅。猶言也。又若也。訓相近。莊子。宋榮子猶然笑之。崔李並云。猶。笑皃。亦應用此。是以猶爲歋之假借。猶已見上欲下。

欲㱃也。

水部。渴。盡也。音與竭同。今飢㵣字借渴字爲之。而㵣之本字廢矣。○左氏昭元年傳。翫歲而愒日。心部。忨下引作忨歲而㵣日。晉語作忨日而㵣歲。韋昭曰。㵣。遲也。愒乃今之憩息字。則愒當爲㵣之假借。亦見習部翫下。又公羊隱三年傳。不及時而葬曰愒。注。愒。急也。一作渴。此與爾雅釋言愒。貪也。皆借愒爲㵣矣。

所歌也。讀若噭呼。

段謂所乃楚之誤。上林賦。激楚結風。文穎曰。楚地風氣漂疾。歌樂者復依激結之急風爲節。其樂促迅哀切也。激楚古蓋作噭楚。窾歕字古弔切。玉篇公的切。則音如激。噭當爲歕之假借。

監持意。口閉也。

玉篇廣韻俱作堅持。監當爲堅之誤。歛本爲肩固之義。而又云口閉者。錢謂此三緘其口字也。蓋以緘爲歛。歛之通借。緘已見口部咸下。

指而笑也。讀若蜃。

呂覽舜爲天子轉轉啟啟莫不載悅高注啟啟動而喜也又作陳陳般般案啟即啟字轉寫从文耳般當爲啟之假借般已見身部又多異字見貝部賑下○吳都賦東吳王孫賑然而咍劉注賑大笑皃引莊子齊桓公賑然而笑本書無賑字當即啟之異體

[illegible]昆干不可知也

邵瑤圃曰禹父名鯀見書堯典及洪範國語楚辭作鮌列子楊朱篇釋文鮌本又作[illegible]考史記夏本紀索隱云鯀字熙蓋古人命名往往對文生義如

春秋衛公子黑背字析鄭公孫黑字子晳楚公子黑肱字子晳白部晳人色白也析卽晳之省皆以白與黑對歔昆干不可知故字曰熙亦其例也則其字作歔爲正魚部有鯀字乃魚名殊無意義案歔亦从魚而義異此以鯀爲歔之假借而鯀散又或體轉借矣

歃

歠也春秋傳曰歃而忘

隱七年左傳作歃如忘古如而通用○下有欲字亦曰歃也集韻欲與歃同嘗也廣雅歃嘗也是欲可爲歃之通借○漢書高帝紀唼血而盟後漢書

馮衍傳。噊血昆陽。唼噊皆口部所無。當即歃之異
體假借。

欿

欲得也。讀若貪。

借坎。已見夂部竷下。又孟子。如其自視欿然。張鎰
曰。欿音坎。內顧不足而有所欲也。是亦以坎爲欿
之假借。段云。孟子假欿爲坎。謂視盈若虛也。義異
若左氏襄廿六年傳。欿用牲。太[元]經曰。雷推欿窞。
此則以欿爲坎之假借。窞乃窞之或體耳。坎亦見
穴部空下。

口部呦鹿鳴聲也或體作㘬而此處別出一義篇韻讀上聲於糾切則㘬雖呦之重文實可爲呦之叚借字矣○今之憂愁字與此音義皆同則㘬亦可爲憂之通借憂已見夊部

咄歔無惡一曰無腸意讀若中

口部咄字云相謂也段謂凡言咄嗟咄唶者皆取猝乍相驚之意李善注曹植贈彪詩引說文咄叱也案廣韻歔訶也葢以歔同咄是歔可爲咄之假借音亦近也

詮詈也詩曰昄求厥寍

今有聲篇欥作遹。遹當爲欥之假借。欥余律切。音同。遹遹已見辵部。○班固幽通賦欥中龢爲庶幾兮。文選欥作聿。與漢書敘傳異。聿亦欥之假借。聿見辵部述下。○欥字从曰，曰爲部首，已見五篇。王詩語詞多用曰。曰當爲欥之省借。○欥既通曰，而詩之曰彧厥國、見睍曰消、及于曰有疏附四語，韓詩曰俱作聿。又曰嬪于京，爾雅注引作聿嬪。錢謂曰求厥寍，正與欥求厥寍同。是聿曰通借，實亦欥之轉借也。

次 不前不精也。古文爲[illegible]。

借趀已見走部借趑見趀下借佽見人部○莊子徐無鬼篇黃帝將見大隗于具茨之山釋文一本作次同此以次爲茨之省借○段謂琴操魯漆室之女或作次室故周禮巾車軟字杜子春讀爲桼也桼次七四切古音亦讀如漆是次可爲漆之假借漆已見桼部○康誥勿庸以次女封荀子致士宥坐二篇竝作勿庸以卽女家語始誅篇作勿庸以卽女心是以次爲卽之假借次卽聲相近卽已見皀部

㱃部

之正字皆作次六書正譌云从水从人會意俗作涎

羽獵賦曰爾雅釋言羨延也郭注流涎出涎沫涎

㳄慕欲口液也重文作[illegible]籀文作[illegible]

㳄部

今作羨飲是飲貪饜之假借

飲正義曰飲是饜又正字通古醫方有淡飲之疾

饜之假借饜已見身部殷下○周禮酒正注后致

傳遽以飲韋注飲猶隱也今匿名文書此以飲爲

漢書朱家傳飲其德猶隱其德也又後漢書蔡邕

㱃歠也古文爲[illegible]爲[illegible]

非案賈誼新書壹涎相告即用此涎字又木華海賦洟涎入商别爲相漣之義是涎爲次之異體假借也○爾雅釋文出唌字云當作次口部唌字云語唌嘆也是唌爲次之假借

羨貪欲也从次从羑省羑呼之羑文王所拘羑里詩皇矣無然歆羨此用本義若板篇及爾游衍釋文出羨字云本作衍毛傳羨溢也又周禮小司徒以其餘爲羨鄭司農云羨饒也此皆以羨爲衍之假借故漢書溝洫志然河災之羨溢注云羨讀與衍同衍巳見行部衍下○攷工記玉人璧羨注羨

猶延。此以羨爲延之假借。鄭司農注。羨。徑也。典瑞璧羨。注。羨。長也。則因延之訓長而推其義。延已見延部。○史記衛世家。共伯入釐侯羨自殺。索隱曰。羨。音延。墓道也。案墓道之名亦爲埏。羨似爲埏之假借。但土部無埏字。殆仍借羨字爲之。○漢書地理志。江夏郡沙羨。晉灼曰。羨。音夷。段謂此係方語。案羨有延音。延夷雙聲字。故或音夷。而郭忠恕佩觿以地名作羨。卽羨字少一點。然字書無从次之字。惟異其音耳。不得爲假借也。

旡部　今作旡。从反欠。於未切。此則與先字易混。

[illegible]屰惡驚詞也。讀若楚人名多夥。

漢書五行志。敷其[illegible]福。叉敘傳。每生爲[illegible]。[illegible]即禍也。此以[illegible]爲禍之假借。

𧳋事有不善言𧳋也。爾雅。𧳋。薄也。

今爾雅無此文。獨詩桑柔。職涼善背。毛傳。涼。薄也。左傳莊三十二年。虢多涼德。昭四年。君子作法於涼。杜注。涼。薄也。小爾雅義同。本書水部。涼字亦云薄也。邵謂涼之訓薄。專是酒𩱦味薄。周禮𩱦人。掌共王飲水𩱦醴涼醫酏。司農注。涼以水和酒是也。若作事之薄。據說文作𧳋爲近。廣韻引字統云。事有不善曰㝐薄。卽此㝐字。今廢㝐字不用。凡當作㝐者。並作涼。惟郭忠恕汗簡兄部有㝐字。釋字云㝐。力向切。見古爾雅。夏竦古文四聲韻同。則未知其曾見古爾雅。或卽據說文言之也。案此㝐字本爲事有不善之言。而別訓薄。是涼可爲㝐之通借。廣雅釋詁。㝐薄也。薄又薄之假借耳。涼已見言部諒下。○徐氏鉉曰。㝐今俗隸書作亮。是以㝐爲亮之本字。然本書無亮字。經典多有之。而絕無薄義。則非亮爲㝐之假借也。亮亦見諒下。○今寒涼字或从仌作凉者。非。錢謂仌部之𠗨訓寒。卽今涼字。

此以雙聲取義亦可通借。稟已見㐭部。

說文假借義證卷十六

嘉興張鳴珂
族曾孫彝　同校

說文假借義證卷十七目錄

弟九篇上

頁部 文九十二 證四十四

百部 文二 證一 併證一

圓部文四　證四

面　靦　䩉　醮

丏部文一　無證

首部文三　證一併前百部

県部文二　證二

県　縣

須部文五　證二

須　頿

彡部文九　證四

形　㐱　彰　彫　、

彡部文二　證二

彡　彦

文部文四　證三

文　斐　辬

髟部文三十八　證十五

髟　鬗　鬑　鬈　髾　髮　鬋　鬌　鬏

髻　鬢　髤　鬜　鬎　鬆

后部文二　證二

后　垢

司部文二　證二

司 詈

卮部文三 證二

卮 膊

卪部文十三 證五

令 𠨍 卷 卻 卸

印部文二 證一

归

色部文三 證二

色 艴

𠨍部文二 證二

鬼 魋 魄 魁 鬽 魌 魖 醜

由部 文三 證二

畏 禺

厶部 文三 證二 厶見禾部私下 羑見羊部美下

嵬部 文二 證二

嵬 魏

光緒二十五年歲在己亥仲冬月族曾孫蔭成重校刊

說文假借義證卷十七　　涇朱珔學

弟九篇上

頁部

頁頭也。从百从儿。古文䭫首如此。

案此謂古文以頁爲䭫之假借也。䭫字在後文。已見禾部稽下。

頭䭫也。

邵瑶圃曰。肉部脰。項也。公羊文十六年傳何注。殺人者刎頭。釋文頭本又作脰。儀禮士相見。贄冬用雉。夏用腒。左頭奉之。又上大夫相見以羔。左頭如膚執之鄭注竝云今文頭爲脰士虞禮用專膚爲折俎取諸脰膉鄭注古文脰膉爲頭益也是當從頭者作脰當從脰者乃作頭矣案脰本與頭連兩字俱从豆聲故可互借○爾雅釋鳥鵅頭鵁釋文頭字或作投是投當爲頭之假借○左傳僖廿四年注豎頭須一曰里鳧須此人名不定誰借頭鳧之音則虞尤韻部通也

頌 皃也籒文爲額

邵謂此卽容皃之本字今作容蓋从切則已爲後人讀作歌頌而變音也周禮鄉大夫四曰和容杜

子春讀爲和頌。然曰能爲樂也。則仍以爲歌頌字。惟漢書王式傳摳衣登堂。頌禮甚嚴。毛公傳魯徐生善爲頌。師古曰。頌讀與容同。若漢書惠帝紀有罪當盜械者。當頌繫。刑法志當鞠繫者。頌繫之。此皆寬容之義。亦借作頌也。又古從容字亦有作從頌字。見史記魯仲連傳。案今頌字專系之六詩。而頌之本義廢。段謂鄭詩譜曰。天子之德無不覆燾。無不持載。此之謂容。於是和樂興焉。頌聲乃作。而毛詩序。頌者美盛德之形容。以其成功告於神明者也。則知假容爲頌。其來已久矣。容已見宀部。○

借訟見言部借庸見用部

顱 頊顱首骨也

骨部曰髑髏頂也廣雅頊顱謂之髑髏是二字可爲通借音相近○漢書武五子傳贊頭盧相屬於道史記作頭顱盧乃顱之省借盧已見皿部

顛 頂也

借瑱已見玉部借嗔見口部借闐亦見嗔下借蹎見足部借瘨見疒部○木部槇木頂也蓋人頂曰顛木頂曰槇故異字段謂秦風有馬白顛毛傳的顙也馬以顙爲頂也唐風首陽之顛山頂亦曰顛

今或加山作巔者，則山部所無。○次義一曰仆也。如詩蕩篇顛沛之揭，乃以木為喻，顛當為槙之假借。書般庚若顛木之有由蘗，借亦同。今統用顛，顛行而槙廢矣。○文選上林賦文成顛歌，注顛與滇同，是顛為滇之假借。○唐書李石傳，晉以東曠致顛覆，顛乃顛之異體。

頂，顛也。重文為𩠐，籒文為𩕄。

詩周南麟之定，一本毛傳作頗，顛也。此以定為頂之假借，亦見宀部定下。○段云，今顛倒字樂府或作丁倒，案丁顛音相近，蓋以丁為顛之假借，又頂

之省借也。丁已見玉部玎下。○莊子大宗師肩高
于頂。釋文頂。崔本作釘。是釘爲頂之假借。

題 頟也。
借諟。已見言部。借睇。見目部。借睼。亦見睇下。借題。
見見部。○王制。雕題交趾。白虎通禮樂篇作雕踶。
足部踶。躗也。踶當爲題之假借。○毛詩義疏云。隼
鷂屬。齊人或謂之題肩。廣雅釋鳥作鶙鵳。鶙字本
書所無。則異體假借。鵳亦後人加鳥耳。

頟 顙也。
今隸作額。蓋一字。而下別出額字。云鼻莖也。重文

爲鶡。書益稷。罔晝夜額額。某氏傳。額額。肆惡無休息。今本或作額額。乃以額爲額之假借矣。用額不用鶡。以字形相近也。史記蔡澤傳。唐舉相之曰。先生曷鼻巨肩。魋顏蹙齃。段謂既言鼻。又言額者。曷同過。過鼻言其內不通而齃蹙。齃則言在外鼻莖中斷也。曷亦過之省借。過已見辵部。

頯　權也。

權已見木部。又易夬。九三。壯于頄。王弼注。頄面權也。謂上六也。最處體上。故曰權也。釋文。頄顴也。翟云。面顴頰間骨也。鄭作頯。頯夾面也。案玉篇亦云。

頄面顴也頄顴二字俱本部所無當卽頯之異體頯渠追切頄讀如逵音正合權則爲顴之假借矣○方氏通雅云馗頄骨也又作頯爾雅釋宮九達謂之逵釋文逵本作馗馗爲頯之假借實卽頄字耳从首與从頁同

頰 面旁也籒文爲[illegible]易咸咸其輔頰舌釋文頰孟本作俠俠乃頰之假借○左氏定十年傳公會齊侯于夾谷公羊穀梁作頰谷頰當爲夾之假借

顄 頤也

祁謂詩行葦嘉肴脾臄毛傳臄函也釋文引通俗文口下曰函又作䐄同蓋函本借爲顄肉部䐄食肉不猒也讀若陷義異是䐄乃函之轉借函已見马部〇上文頷顄也與此音義皆同可爲通借公羊宣六年傳祁彌明逆而踆之絕其頷何注頷口也玉篇引作絕其頷案本部頷字云面黃也非此義則頷當爲頷之假借故淮南氾論訓與於牛頷之下注頷讀如合索之合即頷之音也若方言云頷頤頷也南楚謂之頷秦晉謂之頷此既頷頷並舉是頷實爲顄之假借漢書王莽傳作顄乃正字

也。

領 項也。

段謂龜策傳用領爲蓮。巽部假借。案史記龜千歲乃遊蓮葉之上。集解引徐廣曰蓮。一作芩。疑領爲誤字。或別本與芩蓮已見艸部。○漢書嚴助傳輿轎而踰領。注引項昭云領山嶺也。案嶺字在新附中。許即以領字爲之。

項 頭後也。

詩小雅四牡項領。毛傳項大也。項當爲琟之假借。隹部琟。鳥肥大琟琟也。引伸可爲凡大之稱。琟戶工切。項亦从工聲。○淮南説林訓。項託童子逢盛碑作后橐。后當爲項之假借。以漢碑多借字也。后項音之轉。橐已見橐部。

頵

頭頵頵大也。

史記楚世家。成王名頵。公羊傳作髡。頵从君聲。髡或爲頵之假借。髡已見髟部完下。○穀梁襄七年傳。鄭伯髡頑如會。釋文髡本作頵。又作郡。史記十二諸侯年表作惲。惲郡與頵音尤近。亦轉借也。○下有顅字云無髮也。一曰耳門也。重文作髡。邵瑶圃曰。二字音同。而義亦相近。今經典髡有作顅者。

恐顚字之譌左氏文元年經楚世子商臣弑其君頵公羊穀梁俱作髠春秋繁露滅國引左傳楚王頵作楚王髠竊謂此等頵字當時必皆作顚因與髠音同義近而相通由顚誤爲頵由頵而又誤爲郡輾轉相變亦有由也案此說似得之則頵當爲顚之假借

䫲面色顚顚皃讀若隕

禮記儒行不隕穫于貧賤注隕穫困迫失志之皃錢云卽此字又詩其黃而隕是以隕爲䫲之假借

○小徐曰詩芸其黃矣古詩黃花葉衰芸亦或音

運與此義近是芸可爲顛之假借芸已見艸部

顲　頭頪長也（當作頭陝面長）

文選解嘲顉頤折頞韋昭曰面長曰顉玉篇引蒼頡云顉面長銳頤之皃此皆以顉爲顲之假借本部顉顲皃顲者齒差也

碩　頭大也

莊子外物篇無石師而能言釋文石本作碩此以石爲碩之省借文選爲曹公作書與孫權明棄碩交注碩與石古字通則碩又爲石之假借蓋二字本互借也石已見禾部𥝩下

頒大頭也一曰鬢也詩曰有頒其首

所引魚藻篇用正字若苕之華牂羊墳首毛傳墳大也此以墳爲頒之假借墳已見貝部賁下○下文有顛字亦云大頭也口幺切小徐曰詩牂羊顛首今作墳扶云反不知何據○攴部攽分也引周書乃惟孺子攽讀與彬同今洛誥作頒頒當爲攽之假借馬注頒猶分也正攽之訓○借班已見玨部又玉藻笏大夫以魚須文竹段云須乃頒之誤（頒字左半分作艸書與須形似）故釋文音班崔靈恩作魚班知唐初故作頒須無音班之理魚頒者謂魚頰骨考工

記注之而頫頌也是也。據此則又以班爲頒之假借矣。

顒 大頭也。詩曰其大有容。口部喁魚口上見。一切經音義十三喁古文容同。是二字亦可通借。

顝 大頭也。讀若魁。錢云史記始以薛公爲魁然也。應作此。是魁大字當爲顝之假借。○段云思元賦顝羈旅而無友。舊注顝獨也。此與九辨塊獨守此無澤之塊同。則顝與塊可爲通借。

願 大頭也。

前有顯字。顯項也。玉篇廣韻竝云。顯願二字同是顯爲願之通借。邵謂經典多省用願。然古人似止作顯。故廣雅釋詁顯欲也。而漢隸亦有顯無願。如楊統碑。顯從贖其無由。其他如夏承碑。意願未止。唐公房碑。固所顯也。史晨後碑。咸所顯樂。筆蹟雖不同。要皆从𩠐之變。案顯从𩠐者。大部𩠐讀若雋魚怨切。音亦合也。○丂部寍願詞也。用部甯所願也。心部憖肯也。三字與願皆音之轉。故可通借。而願字从頁之本義廢矣。○邶風願言思子。衛風願言思伯箋竝云。願念也。則願當卽念之假借。

頎 頭佳皃。大徐無此篆。此從小徐本。从頁斤聲。渠希切。讀又若鬢。

禮記檀弓頎乎其至也。釋文頎音懇。惻隱皃。又考工記輈人輈欲頎典。注。堅忍皃。鄭司農云頎讀爲懇。此皆以頎爲懇之假借。正讀若鬢之音也。本書懇字在新附。

顎 面前岳岳也。

文選靈光殿賦。神仙岳岳於棟間。李注。岳岳立皃。岳蓋顎之省借。○錢云。漢書五鹿嶽嶽。卽此字。則以嶽爲顎之假借。

額 頭蔽額也。

錢氏大昕曰：春秋戰國人名有蒯聵者，疑即此蔽額字。是額與聵可爲通借，蔽即蒯，已見艸部蕢下。

頑 梱頭也。

左氏襄七年經「鄭伯髡頑如會」，公羊作「髡原」。此人名不定誰借，頑从元聲，與原音同。○孟子「頑夫廉」，韓詩外傳、漢書王貢傳序竝作「貪夫廉」，此自以義通，非必假借也。○髡頑已見前頯下。

䫏 小頭蕨蕨也。讀若規。

錢云：莊子「規規然求之以察，索之以辯，不亦小乎」。

應用此是以規爲䂓之假借若張表碑頛槼未合則䂓又規之假借矣女部有嫢字云媞也讀若癸秦晉謂細嫢桼方言嫢細也莊子庚桑楚規規然若喪父母釋文規規細小皃是規規爲嫢之省借本䂓之通借也規已見言部謀佳部雟下

顆小頭也

漢書賈山傳蓬顆蔽冢晉灼曰東北人名土塊爲蓬顆顆當爲堁之假借淮南齊俗訓或堁之也注堁坋塵也亦見說山說林又宋玉風賦有堁字堁與顆音同○顏氏家訓書證篇北土呼物一凷爲

一顆顆讀裹結之裹是裹與顆亦可通借。

順 理也。

借訓已見言部。○馬部馴馬順也。引伸爲凡順之偁。故馴與順可爲通借。其字皆从川。馴亦見訓下。○易履霜堅冰至蓋言順也。春秋繁露作蓋言遜也。遜順義同。亦可通借。遜已見辵部。又見訓下。○禮器。順之至也。釋文順本作愼。荀子彊國篇爲人上者。不可不順也。注順當爲愼。是順爲愼之假借。又仲尼篇能耐任之則愼行此道也。注愼讀爲順。是愼又爲順之假借。其餘經典順愼異者。或音同而訛。○大射儀。順左右隈。注。今文順爲循。順循聲義竝同。可爲通借。循已見彳部。

顉 低頭也。春秋傳曰。迎于門顉之而已。

今左氏襄廿六年傳作頷。頷當爲顉之假借。釋文。頷本又作頜。頜頷亦假借也。頜頷竝見上顄下。

頓 下首也。

借敦。已見攴部。○段云凡言供頓頓宿者皆取屯聚意。是頓爲屯之假借。字本从屯。屯已見屮部。亦見敦下。○禮記檀弓注。魯頓也。釋文頓本作鈍。史記屈原賈生傳。莫邪爲頓。索隱曰。頓讀爲鈍。此以

頓爲鈍之假借○又漢書匈奴傳單于太子曰圖頓注冒音墨頓音毒音皆相轉豈假借字與

頫低頭也太史卜書頫仰字如此楊雄曰人面頫重文爲俛

見部覜字云諸侯三年大相聘曰覜覜謂今經典多作頫周禮大宗伯殷頫曰視典瑞以頫聘大行人三歲徧頫左傳昭五年享頫有璋齊語以驟聘頫於諸侯五經文字云覜石經作頫此皆以頫爲覜之假借據說文頫祇是俛仰字桼廣韻頫他弔切音糶是頫从逃省亦聲也故可通覜覜已見目

部眺下。○禮記表記。俛焉日有孳孳。釋文。俛音勉。蓋以俛爲勉之假借。故毛詩。黽勉。李善注文選引皆作僶俛。俛或作俯者。俗也。○管子小問篇。至其成也。由由乎茲免。何其君子也。程易疇九穀考。茲免云者。免俯也。茲。益也。謂其穗益俯而向根。淮南繆稱訓注。禾穗垂而向根。故君子不忘本是也。王懷祖曰。禾成而穗益俯。若君子之德高而心益下也。趙策。馮忌接手免首。欲言而不敢。韓策。免於一人之下。而信於萬人之上。漢書陳勝傳贊。免阡陌之中。是俛字古通作免矣。案以免爲俛。省借字也。

免見後兔部。

䪼頭頷頔也。从頁出聲。讀又若骨。

史記漢書。高祖隆準。服虔曰。準音拙。玉篇作隆頔。是準當爲頔之假借。準頔雙聲字。

䫄好皃。詩所謂䫄首。

今碩人詩作螓首。螓當爲䫄之假借。○史記扁鵲倉公傳。其尺索刺麤而毛美奉髮。索隱曰。秦謂螓首。是秦又螓之省借也。

頨頭妍也。讀若翩。

錢云。此翩翩公子字。是以翩爲頨之假借。○小徐曰。書傳多言孔子圩頂。字作此。頯字云。頭頂四崖峻起。象尼邱山也。案頯當紕延切。此謂圩爲頯之假借。蓋以翩省聲認爲从羽聲也。故唐韻集韻並王矩切。

頢

頭鬓少髮也。周禮。數目顧脰。髟部。髯鬓秃也。與此音義皆同。可爲通借。又明堂位鄭注。齊人謂無髮爲秃楬。釋名曰。毼頭生瘡曰瘕毼。亦然也。段謂楬與毼皆卽髯字。然二字各有本義。當爲顧之假借也。○考工記故書顧或作牼。鄭司農曰。牼讀爲鬜。音之轉。是牼爲鬜之假借。卽顱之假借。又左傳襄十七年。邾子牼卒。穀梁作瞯。瞯與𩑓音亦同。則轉借矣。○考工記鄭注。顱長脰也。與許義異。莊子德充符。其脰肩肩。釋文引簡文注。肩肩。直兒。是肩爲顱之省借。肩已見肉部。

𩑋頭不正也。从頁耒。耒頭傾。亦聲。讀又若春秋陳夏齧之齧。

爾雅釋魚。左倪不類。周禮類作靁。類與靁皆當爲頛之假借。段謂又有若齧之音者。郎與左倪右倪之倪同也。倪齧音相轉。則倪亦頛之假借矣。倪已見人部。

顡 司人也。司卽伺字。一曰恐也。讀若禊。段謂當作楔。本書無禊字。
楚辭執契契而委楨注契契憂皃錢云卽顡字是
以契爲顡之省借契已見㓞部栔下與此義得兩
通。

頗 頭偏也。
言部詖辯論也古文以爲頗字是謂詖爲頗之假
借故楚辭靈懷篇不從俗而詖行兮注詖猶傾也
傾與頗義正合○今洪範無偏無陂釋文陂舊本
作頗呂氏春秋貴公篇史記宋世家並同唐書藝
文志開元十四年詔改尙書頗字作陂陂有祕音。

與義協。蓋明皇昧於古音，不知義之爲俄，正與頗協也。近段氏又謂匡謬正俗及文選劉公幹贈徐幹詩注引書作陂，據爲詔改以前古本作陂之證。然彼時如有古本尚存，無緣不知，疑顏書選注皆後人所改。張平子思元賦「行頗僻而獲志兮」，注云：「頗，傾也。」蕭該音本作陂，下引易「无平不陂」，而不以洪範爲證。知洪範本不作陂矣。即釋文舊作頗，齊氏召南謂陸在唐初，安知後之改陂而預爲之音注，此當是宋開寶中陳鄂等校定釋文所增入者。亦其例也。案：陂與頗俱从皮，皮有婆音，故二字音無別。詩彼澤之陂有蒲與荷。陂韻荷。然則頗陂原可通借耳。○公羊襄三十年傳蘧頗來聘。釋文頗本作跛。此人名不定誰借。頗有上聲。與跛同。

顑 飯不飽面黃起行也。讀若戇。面顑顲皃。

離騷長顑頷亦何傷。王注顑頷不飽皃。頷當爲顲之假借。但頷下已云面黃。則亦通顑也。頷已見上顑下頷下。

煩 熱頭痛也。

借番。已見烏部鷭下。○廣雅釋詁繁眾也。大戴記少閒篇列五王之德煩煩如繁諸乎。注煩眾也。是煩爲緐之通借。故釋名卽云。煩，緐也。緐已見艸部緐下蕃下。

䫏 醜也。今逐疫有䫏頭。

女部娸，人姓也。杜林說，娸，醜也。杜蓋以娸爲䫏之假借。○荀子非相篇，仲尼面如蒙倛。廣韻，𩕾同倛。○周禮方相氏注，如今魌頭也。倛𩕾魌皆䫏之或體。○靈光殿賦，仡欺猥以雕眈。李注，欺猥，大首也。欺當爲䫏之誤，或亦假借字與。

籲 呼也。讀與籥同。商書曰，率籲衆戚。

今書傳籲，和也。蓋謂籲同龢。龢以和衆聲也。似籲可爲龠之通借。姚氏泒駁其說。但本書讀爲籥。與今音在七遇。爲羊戍切者異。實亦雙聲字耳。龠已見龠部。

顯　頭明飾也。

借韅。已見革部。借㬎見日部。○詩假樂顯顯令德。中庸引作憲憲。此以憲爲顯之假借。憲已見欠部欣下。○史記魯世家穆公名顯。漢書律曆志作衎。此人名不定誰借。顯衎則疊韻字也。

百部

𦣻　頭也。象形。

儀禮士喪禮左首進鬐又大射儀後首注竝云古文首爲手此以手爲首之假借故左氏宣二年傳見其手釋文手本作首莊子達生篇則捧其首而立釋文首本作手本書攴部敂首古今人表作敂手皆互借也○左氏成五年經會晉荀首于穀公羊作荀秀此人名不定誰爲假借首秀音相近若公羊成二年經曹公子手釋文手本作午則傳寫各異非必假借也

𦣻 古文百也巛象髮謂之鬊鬊卽巛也

段云此謂巛卽山川字古音同春故可假爲鬊字

後髟部有鬊字則云鬋髮也○案本書首別爲部
以下有从首之字也今古文行而小篆廢百首實
一字故併於此

面部

面 顏前也从百象人面形

借偭已見人部○書召誥面稽天若又立政謀面用丕訓德某氏傳俱以面本字釋之殊非王伯申曰面當讀爲勔爾雅勔勉也即説文之愐勉也勔稽天若者勉力上考天心而順之也謀勔用丕訓德者謀於乃事乃牧乃準勉用大順德之人也此

以面爲勔之省借。

靦面見也。詩曰。有靦面目。重文爲䩄。

女部。婚面醜也。爾雅毛傳竝云。靦。姡也。是婚爲靦之通借。○心部云。青徐謂慙曰惧。與此音義皆同。亦可通借。

䩉頰也。

易咸上六。咸其輔頰舌。艮六五。艮其輔。釋文。輔。虞作䩉。詩碩人。巧笑倩兮。毛傳。倩。好口輔也。凡此輔字。皆當爲䩉之假借。玉篇面部引春秋傳。輔車相依。亦作䩉。別見後車部。

𩈣面焦枯小也。

今人用憔悴字。憔本書所無。悴則訓憂也。當以此𩈣爲正。或作顦顇。顇見頁部。亦無顦字。玉篇引楚辭云。顏色𩈣顇。乃正字也。若漢外戚傳。嫶妍太息。晉灼曰。三輔謂幽愁面省瘦曰嫶冥。嫶妍猶嫶冥也。嫶蓋卽𩈣字。其餘如左氏成九年傳引詩。雖有姬姜。無棄蕉萃。班固荅賓戲。朝而榮華。夕而焦瘁。則皆當爲𩈣顇字之假借矣。蕉已見艸部。焦亦見蕉下。

県部

県到首也。賈侍中說此斷首到縣県字。

廣韻引漢書曰三族令先黥劓斬左右趾県首葅其骨。今漢書刑法志作梟首。又史記秦始皇本紀二十人皆梟首。集解曰縣首於木上曰梟。梟皆當爲県県之假借。案木部梟不孝鳥也。日至捕梟磔之从鳥在木上。既曰磔。又在木上。則義亦可通也。県梟竝古堯切。

縣繫也。

此即縣挂本字也。後人以縣爲郡縣字。別製从心之懸。分平去二音。而縣挂字轉似爲懸之假借矣。

○匡謬正俗曰州縣字本作寰後借縣字爲之案釋名云縣懸也縣係於郡也則本義之引伸正通

須部

須 面毛也

今人以須爲所須之物而須髮字別製鬚乃俗體也○詩邶風卬須我友爾雅釋詁疏引作卬頿立部頿立而待也重文爲竢是須當爲頿之假借○易象上傳需須也歸妹以須虞注須需也凡須待字亦當爲需之假借○女部嬃女字也引楚辭女嬃之嬋媛賈侍中說楚人謂姊爲嬃詩正義引

周易鄭注。屈原之妹名女須。是須爲嬃之省借。○易歸妹釋文。須。荀陸本作嬬。陸云。嬬。妾也。是以須爲嬬之假借。女部。嬬。弱也。一曰下妻也。○段謂須之引伸爲凡下垂之偁。如上林賦之鶡蘇。吴都賦之流蘇。今俗云蘇頭。皆卽須字。是以蘇爲須之假借。蘇已見艸部。○爾雅釋草。臺夫蕦。又蕦。葑蓯。釋文竝云。蕦本作須。蕦字艸部所無。蓋卽須字。而後人加艸耳。○借疏。已見足部延下。借諝。見言部。

須 須。髮半白也。

孟子。頒白者不負戴於道路矣。趙注。頒者。頭半白斑斑然也。王制祭義俱作斑白。案頒从卑。卑與斑雙聲。漢書地理志。卑水縣。孟康音斑。蓋古讀頒如斑。轉作頒。是斑頒皆當爲頒之假借。頒斑已見玨部班下。須又見頁部。○王制。諸侯曰頖宮。段謂頖乃頒之異體。故假爲泮水之泮。是頒可爲泮之借字矣。○髟部鬈。臥髻也。廣韻以爲頒之假借。

彡部

形　象形也。

形本从开。今多書作开。字體近井。與丹之古文爲形易混。形見丹部。形借刑。見井部。○左傳昭十二年。形民之力。疏云。鑄冶之家。作器而制其模謂之爲形。此以形爲型之假借。型亦見刑下。○列子湯問篇。太形王屋二山。注。形當作行。此以形爲行之假借。○侯成碑。惟想形景。孔耽碑。消形瘦腊。皆以形爲形之假借。○莊子養生主。若新發於硎。釋文。硎。崔本作形。是以形爲硎之假借。但石部無硎字。

稠髮也。詩曰。㐱髮如雲。重文爲鬒。今鄘風正作鬒。用或字也。又左傳昭二十八年。昔有仍氏生女。黰黑而甚美。此黑部所無。則異體通借矣。

彰 彣彰也。

經典於彰采之義。惟學記。以五采彰施於五色。用本字。餘如書臯陶謨五服五章。月令黼黻文章以爲旗章。考工記。赤與白謂之章。左傳昭廿五年。爲九文六采五章以奉五色。周語。亦唯是死生之服物采章。章皆彰之省借。又廣雅釋詁。彰明也。書畢命彰善癉惡。用本字。若彰厥有常。傳亦訓明。而史記夏本紀作章其有常。泰誓。厥類惟彰。墨子非命下篇作其行甚章。亦並借章字爲之。章已見音部。

彰 清飾也。

上林賦。靚莊刻飾。段云。靚莊卽彰妝之假借字。靚已見言部請、青部靜下。莊見士部壯下。

彡部

彣 䛼也。

䛼已見有部。彣彰見上彰下。今凡稱文章皆當爲彣彰之省借。而近世習慣。殆罕知之者矣。

彥 美士有文。人所言也。

大學。人之彥聖。注。彥或作盤。此以盤爲彥之假借聲相通也。盤已見木部槃下。

文部

文錯畫也象交文
書洛誥咸秩無文前後兩語王伯申曰文當讀爲紊紊亂也盤庚曰若網在綱有條而不紊釋文紊徐音文是紊與文古同音故借文爲紊謂自上帝以至羣神循其尊卑大小之次而祀之無有殺亂也漢書翟方進傳咸秩亾文風俗通山澤篇亦云咸秩無文文皆紊之省借也○孝經言不文釋文文本作閔易晉注閔乎幽昧釋文閔本作文是文與閔互爲借也○史記六國年表魯文侯集解引徐廣曰一作湣又魯世家文公索隱曰系本作湣

此人之證不定誰爲假借。○易繫辭遂成天地之文。釋文文陸本作㸚。案文爲㸚遺。與㸚訓交合。此以義通。非必假借。㸚已見㸚部效下。

斐　分別文也。易曰君子豹變其文斐也。

今易斐作蔚。艸部蔚牡蒿也。古多借爲茂鬱字。凡艸木茂郁有文采。故可爲斐之假借。斐蔚疊韻。○借非。已見艸部。○左氏文十三年經鄭伯會公于棐。公羊作斐。又公羊宣元年經會晉師于斐林。春秋繁露隨本消息篇作斐林。此地名。皆不定誰爲假借。棐已見木部。○詩淇奧有匪君子。禮記大學爾雅釋訓皆作有斐匪當爲斐之假借匪已見前竹部篚下若詩釋文引韓詩作邲美皃邲疑爲貣之假借貣亦文也貣邲音同殆相傳各異耳貣已見貝部邲从邑非非段謂當作邲下部邲宰之也其義未聞

辨駁文也

繫傳曰今作斑檀弓貍首之斑然段云辨之字多或體易卦之賁字上林賦之編字史記璸編漢書文選玢豳俗用之斑字皆是今乃斑行而辨廢矣案諸字並音近假借編字則本書所無餘已見玨部班虍部虨貝部賁須部彣下

彡部

彡長髮猋猋也。

段謂馬融廣成頌曰。羽旄紛其髟𩮗。蓋旚𦗁之假

借字也。髟必凋切。

鬗髮長也。讀若蔓。

段謂漢郊祀歌。掩回轅。鬗長馳。鬗猶今言道里曼

曼也。是以鬗爲曼之假借。曼已見又部。

髮髮好也。

爾雅釋詁。嗟咨。𨂂也。鄭樵注。𨂂作鬘。讀與嗟同。是

以鬘爲𨂂之假借也。

鬈髮好也。詩曰。其人美且鬈。盧令毛傳。鬈好皃。蓋本髮好。引伸爲凡好之偁。又澤陂。碩大且卷。傳亦云。卷。好皃。是以卷爲鬈之省借。若釋文。卷。又作婘。則婘字女部所無。當卽借卷也。○盧令箋義見後手部。

⿱髟周髮多也。此卽彡部㐱下稠髮字。蓋稠借爲⿱髟周。○詩都人士。綢直如髮。毛傳。密直如髮也。綢亦⿱髟周之假借。

鬏髮至眉也。詩曰。紞彼兩鬏。重文爲髳。漢令有髳長。

今詩紞作髧釋文云本又作优髧优皆本書所無髮今詩作髦又內則拂髦旣夕記主人脫髦皆以髦爲髮之假借本部但云髦髮也○段謂髳即髮字而羌髳字祇从矛書牧誓庸蜀羌髳小雅如蠻如髦鄭箋髦西夷別名是詩髦即髳髦乃髳之假借已見牛部犛於部旄下又見毛部

鬋女鬢垂皃也

楚辭招魂篇盛鬋不同制張揖注上林賦云刻畫鬋鬢此竝用本義曲禮不蚤鬋注鬋鬋鬢也下鬋字若爲本義則鬋即鬢不應重出疏云鬋鬋剔治鬚

髮也吉則治鬋鬋爲飾凶故不鬋也引士虞禮蚤鬋證之是以鬋爲翦之假借翦已見羽部

鬄髲也重文爲髢詩鄘風不屑髢也周禮追師注引作不屑鬄也是通用左傳哀十七年衛莊公見己氏之妻髮美使髡之以爲呂姜髢字亦作髢髢已見聿部肄下○詩采蘩被之僮僮箋云禮主婦髲鬄少牢饋食禮主婦被錫注被錫讀爲髲鬄是以被爲髲之假借被已見衣部而義異錫見貝部賜下此又借鬄

□用梳比也

周禮追師爲副編次。次卽髮也。彼注云。次者。次弟髮長短爲之。與此用梳比義合。則次爲髮之省借。次已見欠部。

鬠 潔髮也。

士喪禮主人髺髮。注。髺古文作括。喪服小記正作括髮。括當爲髺之假借。○又士喪禮鬠笄用桑。注。鬠古文爲括。本部無鬠字。蓋卽髺之異體。括亦鬠之假借。○又士喪禮鬠用組。周禮注引作撍。手部無撍字。廣雅釋詁。撍收也。與髺爲束髮之義合。亦假借也。

鬕帶結頭飾也。

文選西京賦。朱鬕。薛注。以絳帕額也。方言云。絡頭。南楚江湘之閒曰帞頭。其偏者謂之鬕帶。鬕下云。屈髮也。正謂帞頭。帞與鬕音同。可爲通借。

髺簪結也。

曹憲注。廣雅曰。說文髺字卽籒文髻字也。一切經音義。髻。古文作髺。是髻爲髺之異體借字。○左氏襄四年傳注。髽。麻髮合髻也。釋文。髻本作紒。又作結。綮士冠禮。采衣紒。注。古文紒爲結。段謂許書皆作結。鄭注經皆作紒。鄭依今文。許依古文。故糸部有結無紒也。是紒本與結爲通借。段又云。髺蓋即今文禮之紒。則紒仍當爲髺之通借矣。

鬌　髮墮也。

內則擇日翦髮爲鬌。段謂鬌本髮落之名。因以爲存髮不翦之名。方言廣雅有毻字。江賦注引字書有毻字。皆謂落毛。案此鬌之異體假借也。

鬀　鬄髮也。

詩召南釋文。髢字。張參五經文字作鬄。鬄是也。鬄當爲鬀之省借。又周頌狄彼東南。釋文。狄韓詩作鬄。除也。鬄亦鬀之借。鬀他歷切。與狄音近。後人多以鬄鬀爲一字誤也鬄已見上○士喪禮特豚四鬄注鬄解也今文鬄爲剔（鬄當作鬄）案剔字本書所無而漢時原有之鄭亦不廢故周頌之狄箋云當作剔大雅攘之剔之釋文剔又作鬄漢書司馬遷傳鬄毛髮鬄文選作剔剔旣俗體則當爲鬀之省借剔已見辵部逷下○郊特牲腥肆爓腍祭疏云肆解也亦見詩楚茨箋周禮小子羞羊肆羊殽肉豆注肆讀爲鬄是以肆爲鬀之假借也肆鬀亦音之轉肆卽隸亦見隸下○下鬄字云鬀髮也大人曰髡小兒曰鬄盡及身毛曰鬀是鬄可爲鬀之通借

[篆]髮也。忽見也。髮俗作𩮴。从髟彖聲。彖，籀文魅，亦忽見意。鬼部：魅，老精物也。重文爲魅，古文爲彖，籀文爲㲹。是魅、魅、彖本一字，而彖亦忽見意，則與髮可通借。髮芳未切，音正近也。

后部

[篆]繼體君也。象人之形。施令以告四方。

彳部：後，遲也。古文爲逡。大學凡而后字俱作后。其先後字作後，是后當爲後之假借。鄉射禮而后下射，射注引孝經說：后者，後也。是古通用。○王伯申曰：潛夫論志氏姓篇：魯之公族有后氏。檀弓后木。

鄭注。魯孝公子惠伯鞏之後。正義引世本。鞏作革。蓋惠伯革字厚。革之孫以王父字爲字。說文厚古文作垕。垕與后通。故厚氏亦稱后氏。左傳襄十四年。公使厚成叔聘于衞。厚孫歸復命。風俗通義過譽篇作后成叔。文選幽憤詩注引左傳同。又后昭伯。古今人表作厚昭伯。是后爲厚之借字。厚已見㫗部。後亦見厚下。○王又云。昭二十五年傳。言季郈者一。言郈氏者二。言郈昭伯者二。言郈孫者四。郈字皆當作后。而元和姓纂引風俗通。魯大夫郈昭伯食采於郈。因氏焉。乃以后孫之后爲郈邑之郈。水經汶水注。無鹽縣之郈鄉。魯叔孫昭伯之故邑也。禍及鬭雞矣。又以后昭伯爲叔孫昭伯。皆非。蓋郈者叔孫氏之食采。非后氏也。后旁加邑。直傳寫之誤耳。案左氏旣屢言郈。襄十四年釋文。厚本或作郈。殆以同音。亦可假借與。○又案鄭氏通考氏族略。魯郈氏在以邑爲氏之中。云亦作后。魯孝公八世孫成叔爲郈大夫。因以爲氏。又云。是孔子弟子后處之邑。漢有少府后倉。且及班表作厚。此旣知后之爲厚。而不以字爲氏。仍合后郈爲一。殊紊其言。成叔爲郈大夫。未知何所據也。

㖃 厚怒聲。

經典作呴。左傳僖三十二年。柩有聲如牛。杜注。如牛呴聲。呴字口部所無。聲類云呴嗥也。此異體假借。今俗作吼。

司部

司 臣司事於外者。

借嗣。已見冊部。○今之伺察字。本書所無。段謂見部䚄。司也。覗。司人也。人部伺。司也。候。司望也。頁部䫇。司人也。犬部獄。司也。豸下云欲有所司殺。皆即借司字爲之。俗又作覗。

𧧒 意內而言外也。

段謂𧧒與後辛部辭義別，不可混一。邵謂周禮大行人協辭命，鄭注故書作叶詞命，曲禮不辭費，釋文辭又作詞，同。曾子問其辭于賓曰，陸氏本作其詞云，詞告也。易繫辭釋文，辭本亦作詞，依字應作詞說也。引說文曰，詞者，意內而言外也，是以詞爲文辭字之通借，案詞借祠，已見示部，彼以爲多文詞，則許意固以詞爲即文辭矣，而今詞林詞館詞臣字正文辭之義，皆作詞，不作辭。

卮部

卮 圜器也。一名觛。所以節飲食。象人卪在下也。易曰。君子節飲食。

借支。借梔。已見支部。○文選三都賦序。劉注卮一名觶。酒器也。漢書高帝紀集注引應劭曰。紙古卮字。是觶紙皆爲卮之通借。二字已見角部瓦部下。

膞 小卮有耳蓋者。

段謂急就篇皇象本槫榼椑榹。槫卽膞也。又下䏑字。小卮也。讀若捶擊之捶。顏師古注本椯榼椑榹。椯卽䏑也。是皆異體通借矣。

卪部

令　發號也。

詩韓奕箋旣令居釋文。令命也。左氏僖九年傳令不及魯釋文。令本作命。是令爲命之通借。命已見口部。○人部伶弄也。莊子山木篇眞泠禹曰釋文。泠或爲命。又作令。蓋伶本通泠。卽借伶爲令也。○詩箋多言令善也。書皋陶謨何畏乎巧言令色。史記夏本紀作善色。段謂古文尚書言靈。見般庚多士多方般庚正義引釋詁靈善也。蓋今本爾雅作令。非古。凡令訓善者。靈之假借字也。靈已見玉部。亦見命下。○史記齊世家北伐山戎離支孤竹集解引地理志。遼西令支縣有孤竹城。疑離支卽令支。令離聲相近。是離爲令之假借。離已見隹部。索隱又云。離支音零支。亦假借也。零亦見靈下。

𠨍 輔信也。虞書曰。𠨍成五服。今皐陶謨𠨍作弼。弼亦訓輔也。玉篇以𠨍爲古文弼字。則弼可爲𠨍之通借。故史記夏本紀卽作輔。用訓詁字也。

卷 厀曲也。借建。已見廴部。借衮。見衣部。借鬈。見髟部。○角部觠字云。曲角也。爾雅釋畜角三觠。徐舊注觠卷也。

一切經音義二引聲類曰卷亦膋字是膋可爲卷之通借以卷爲厀曲膋爲膝曲本一義也○檀弓執女手之卷然釋文卷本又作拳是以卷爲拳之假借中庸一卷石之多疑亦借拳若莊子人間世其細枝拳曲釋文拳本作卷則拳可爲卷之通借又漢書賈捐之傳目疣竭卷卷顏注卷讀與拳同貢禹傳不勝拳拳廣韻云拳拳勤懇也卷卷當爲拳拳之假借中庸拳拳服膺義亦然惟劉向傳惓惓之義惓字心部所無乃或體也

節欲也宜从玉篇作節卻也

士昏禮。贊啟會。卻於敦南。注。古文卻爲綌。胡墨莊曰。謂啟其蓋。退於敦南。卽卻爲郄之義。卻正字。綌借字。案卻與郤易混。經籍纂詁多誤引。綌音隙。當爲郤之假借。非卻之假借。卻去約切。郤綺戟切。也古音陌藥部通。書之宅爲度。詩緇衣之蓆。無衣之戟。皆叶作是也。

卸

舍車解馬也。讀若汝南人寫書之寫。

方言。發。舍車也。東齊海岱之間謂之發。宋趙陳魏之間謂之稅。郭注。今通言發寫。段謂發寫卽發卸也。寫者卸之假借字。曲禮。器之溉者不寫。其餘皆寫。義正同御。

印部

𢑏 按也。俗从手爲抑。

借億。已見人部。○詩十月之交。抑此皇父。鄭箋。抑之言噫。噫有所痛傷之聲也。是以抑爲噫之假借。釋文引韓詩。抑意也。意又噫之省。故周語。敢問天道。抑人故也。賈子禮容篇作意人故也。漢書五行志亦云。抑人故也。注以抑爲發語辭。論語。抑與之與。漢石經作意。若易繫辭。噫亦要存亡吉凶則居可知矣。釋文。噫王肅於力反。辭也。馬同。王伯申曰。馬王注是也。噫與抑通。噫亦卽抑亦也。二字連讀。或作意。大戴禮武王踐阼篇。黃帝顓頊之道存乎。意亦忽不可得見與。荀子修身篇將以窮無窮。逐無極與。意亦有所止與。則轉以噫意爲抑之假借矣。正義以爲噫乎發歎。失之。○後漢光武紀。情存損挹。挹。退也。卽損抑也。挹當爲抑之假借。○史記河渠書。禹抑鴻水。索隱云。漢書溝洫志作堙。堙爲抑之通借。堙抑雙聲字也。

色部

色 顏气也。古文爲𢒈。

公羊哀六年傳諸大夫見之皆色然而駭何注色然驚駭貌釋文色然如字本又作垝或作危王伯申曰危與色形似而譌垝又誤加土耳色當作𢻃一切經音義九𢻃所力反埤蒼云恐懼也通俗文小怖曰𢻃公羊傳𢻃然而駭是也集韻𢻃恐懼也亦引春秋傳𢻃然而駭與何本不同蓋出王愆期高龍孔衍三家注也是色爲𢻃之假借案欠部𢻃悲意義未合據玉篇類篇出歁字釋爲悲意段謂今本說文有舛奪當是也

縹色也

文選神女賦。頩薄怒以自持。玉篇引楚辭。玉色頩以脕顏。今遠遊篇作頩。頩字頁部所無。葢異體借字也。○莊子逍遙游。世世以洴澼絖爲事。注。絖絮也。洴澼絖者。漂絮于水上。錢云。頩卽洴。縹卽漂。洴字水部所無。則亦借耳。

卯部 卯與卯部形似易混。

事之制也。从卩𠃌。上卩部有𠃌字。从反卩。段云。卩𠃌。今人讀節奏合乎節奏。乃爲能制事者也。是隸體節奏字當爲卩𠃌之假借。節已見竹部。○錢云。卯古法制字如此。

能有卪有耳則事有所制矣是制爲卪之通借制已見刀部作刺○錢叉云廣韻以此爲濟攷詩濟濟多士濟濟多威儀也又濟濟蹌蹌箋威儀敬愼也玉藻濟濟翔翔注敬莊皃也古濟制同聲同字而義亦相成自宋後讀作去京切而古義晦矣是濟爲卪之假借本書卪字本闕音讀濟亦見刺下

章也六卿天官冢宰地官司徒春官宗伯夏官司馬秋官司寇冬官司空

書大傳百工相和而歌卿雲注卿當爲慶是以卿爲慶之假借史記項羽紀號爲卿子冠軍集解引

徐廣曰，卿一作慶，據漢書高帝紀注，卿子，時人相褒尊之辭，則慶又當爲卿之假借矣，慶已見芇部羌下。

辟部

辟 法也，从卩辛，節制其辠也，从口，用法者也。

案辟字韻部分爲二，一法也，卽此所說，一君也，見爾雅釋詁，如書洪範，惟辟作福，馬注，詩桑扈之百辟，棫樸之辟王等箋皆是，許書則祇一字，蓋君者用法者也，義亦正通，其餘假借甚多，○借璧，已見玉部，借避，見辵部，借卑，見𠂇部，○周禮內饔，馬黑脊而般臂。釋文臂本作辟。禮記少儀臂臑。釋文同。
肉部臂手上也。是辟爲臂之省借。若公羊莊十二
年傳臂搬仇牧。釋文臂必賜反。本又作辟。婢亦反。
王伯申曰。臂短不可以擊人。作辟者是也。爾雅郭
注。辟謂椎胷也。是辟有椎擊之義。則臂轉爲辟之
假借矣。又左傳說此事曰。遇仇牧于門。批而殺之。
玉篇引作摢。說文摢反手擊也。批辟聲之轉。是批
亦辟之假借。○詩板篇民之多僻。左傳昭廿八年
引作多辟。疏云。古僻辟字同。音異耳。僻普擊切。辟必益切。又
詩葛屨宛然左辟。人部僻下引作宛如左僻。是辟

爲僻之省借。凡便辟僻僻遠字。經傳多作辟。僻已見人部俾下。若荀子儒效篇事其便辟。注。辟讀爲嬖。則與僻異借。○爾雅釋訓。辟。拊心也。釋文。辟本作擗。詩栢舟寤辟有摽。釋文。辟本作擘。擘卽擗之移手于下者。是辟爲擗之省借。又內則麕爲辟雞。注。聶而切之也。廣韻。辟音百。卽巨擘字之音。是辟亦擘之省借。擘已見刀部劈下。○書舜典闢四門。史記五帝紀作辟四門。辟乃闢之省借。若本書門部作闢。卽闢之古文。故書序東郊不開。馬本作闢。○曲禮注。軍辟也。釋文。辟本作壁。爾雅釋天。營室東辟也。釋文亦云。辟本作壁。釋名曰。壁。辟也。所以辟禦風寒也。是辟爲壁之省借。卽其義也。○荀子富國篇。辟之若屮木。注。辟讀爲譬。禮坊記。辟則坊與。中庸。辟如行遠。辟皆爲譬之省借。○衣部襞。韏衣也。卽子虛賦襞積字。孟子。妻辟纑。注。緝績其麻曰辟。是辟亦襞之省借。○止部躄。人不能行也。今字从足。漢書賈誼傳。又類辟且病痱。注。辟足病。故荀子正論篇。不能以辟馬毁輿致遠。注。辟與躄同。是辟亦躄之省借。○禮玉藻。素帶終辟。注。辟讀如裨冕之裨。裨謂以繒采飾其側。釋文。辟依注爲裨。是以辟爲禆之假借。禆亦見卑下。又集韻。辟。音同紕。帶之緣飾也。玉藻。縞冠素紕。注。紕。緣邊也。紕。讀如埤益之埤。此但擬其音。正與禆同。冠之緣。帶之緣。皆可通。是辟亦爲紕之假借。○禮郊特牲。有由辟焉。注。辟。讀爲弭。是以辟爲弭之假借。辟弭雙聲字。○公羊莊十三年傳。摽劒而去之。注。摽。辟也。釋文云。辟。劒置地。是以摽爲辟之假借。摽辟雙聲字。○史記灌夫傳。辟睨兩宮間。注。與睥睨同。邪視也。是以辟爲睥之假借。但睥字本書所無。此卽人部俾下僻倪之借俾倪也。○春秋繁露五行五事篇。霹

靂者。金氣也。其音商也。霹靂二字。兩部所無。釋名
曰。辟歷。辟析也。所歷皆破析也。蓋卽借辟歷字爲
之。○書金縢。我之弗辟。我無以告我先王。齊氏召
南曰。周公居東。此條爲千古疑案。由經文辟字孔
讀作刑辟之辟。故以居東爲東征。鄭讀作避地之
避。故以居東爲避謗。以詩豳風證之。毛傳小序說
與孔同。而鄭箋獨異。宋儒以孔傳爲是者林之奇。
以鄭箋爲是者項安世。至朱子。則初取孔傳以爲
詩傳。晚年又駁孔傳而從鄭箋。蔡氏傳則朱子晚
年說也。獨怪孔穎達於詩疏曲從鄭箋。於書疏不

能力主孔傳。卽辟之訓法。祇以釋詁文三字解之。何哉。案說文辟字从辟井。注云。治也。引書。我之不辟。徐氏錯繫傳曰。井。法也。書釋文辟。必亦反。治也。說文作辟。扶亦反。法也。此治法二字互訛。上辟字已云法也。則辟當訓治可知。玉篇亦云。辟。治也。知今本說文不誤。訓辟爲治者。當如漢武帝時淮南王安反。帝遣宗正持節治安之。治作案驗解。非卽誅殺也。孔疏云。管蔡與商奄共叛。故東征鎮撫之。案驗其事。二年之閒。罪人斯得。蓋謂周公初聞流言。未知所由。而顯有謀危宗社之意。乃往居東土。

桒驗此事亦以收地險靖人心陰爲鎭撫而管蔡
閱而自懼遂挾武庚叛然後因而征之逸周書作
雒解曰武王既歸乃歲十二月崩鎬肂于岐周周
公立相天子三叔及殷東徐奄及熊盈以略（疑當作畔）
周公召公內弭父兄外撫諸侯元年夏六月葬武
王于畢二年又作師旅臨衞政殷（政釋史作攻是或曰政與正古文通當讀爲征）殷大震潰據此則流言之明年即東征先
爲鎭撫後乃誅討次第井然故必作治字解方得
情理之中今孔鄭二說相持不下竊意皆非也鄭
作避居而云待罪以須君之察已直與後世大臣

引咎角巾歸第者比（此本尚書埤傳）是周公以身繫王室之重一閧飛語即倉皇無措釋位遯野置宗社於不問固決無此事況跧伏二年之久乎至以罪人爲周公之屬黨與知居攝者周公出皆奔二年盡爲成王所得尤未免謬戾孔傳訓辟爲法則謂誅殺似成王方疑流言未明而周公即曰我當以辟三叔爲事亦爲不倫蔡仲之命於羣叔流言下即云乃致辟管叔于商此僞書不足信也觀說文辟法也而引書則从擘擘與辟不容混合可知惟孔疏云居東者遂東往征也雖征而不戰故言居東

也推原疏意亦疑言誅殺之太速故又以鎮撫案驗調停其說齊氏乃謂仍以鄭箋解孔傳亦非然則折衷諸論辟字總以說文作辥字爲正既可免書言居東不言東征之疑又所云周公上無稟命遽忿懥興師以朕同氣者汪雙池紱之說蓋本蔡傳可無庸置辨矣若金氏前編謂古文尚書辟字作辥辥辟諸聲从辵从并皆屏避之義古文凡君辟刑辟之辟皆作侵唯此作辥必孔壁書本是辥字也不知說文辟部辵部是兩字何得以辥爲避而又誤以从井爲从并但因此亦足見書之本寍作辥耳且攷

避之爲説。詩豳風正義以爲周公避居東都。史記
東無其事。惟墨子耕柱篇云。古者周公旦作關叔。
辭三公東處於商蓋。近人多援以爲證。然按翟語。
祇以居攝勢近偪君。故出征卽爲辭位。非竟棄其
官職。等于匹夫。何以知之。以下言處商知之。凡言
避居者。都未詳其地。馬鄭以爲東都。而其時雒邑
未營。亦不得云都。或以爲居魯。則曲阜爲奄地。奄未
滅。禽父無緣就封。或以爲居畿內之國。安得謂之
居東。蔡傳。居國之東。殊爲牽强。近徐位山又據魯
世家周公奔楚之文。引國策王季葬於楚山之尾。

及括地志終南山一名楚山。武王墓在焉。謂周公當因流言出居依於王季武王之墓。皆妄爲揣測。全非事實。而無言處商者。豈不以三監方謀周公。公不當隻身投必死之地乎。墨子獨言處商。葢商葢即商奄。葢奄謚同。正可徵公之居要地以爲控扼也。越絕書又云。管蔡讒周公。周公乃辭位出巡狩於邊。此辭位與墨子辭三公一例。非天子而稱巡狩者。蓋本周公踐祚之說。既云出巡于邊。則亦非去官待罪。即此二條。不特避居之說不得藉口。且可與許義相印證。由是而知以辥爲治之義。節節開通。無復可疑。甚矣。說文之有功於經學也。

⿱辟乂 治也。虞書曰。有能俾⿱辟乂。

今堯典作乂。丿部乂。芟艸也。重文爲刈。乂訓治者。當爲⿱辟乂之省借。乂行而⿱辟乂廢矣。乂已見艸部。

勹部

匔 曲脊也。

段謂此論語鄉黨聘禮禮記鞠躬之正字也。聘禮鞠躬亦作鞠窮。鞠當爲匔之假借。鞠已見革部。與此所說義可兩參。

匊 在手曰匊。

今俗作掬。手部所無。禮運注。手掬之也。釋文。掬本作臼。則臼當爲匊之假借。玉篇云。匊古文作臼。非也。

徧也。十日爲旬。古文爲。易豐。雖旬无咎。釋文。旬荀作均。周禮均人。豐年則公旬用三日焉。注。旬均也。讀如營營原隰之營。易坤爲均。今書亦有作旬者。內則。旬而見。注。旬當爲均。是旬與均音義略同。可爲通借。若豐釋文。旬。劉眪作鈞。則又均之轉借矣。女部姰字云。鈞適也。男女併也。讀若旬。錢謂內則之旬。卽此姰也。是姰亦

旬之通借。○詩桑柔、其下侯旬。毛傳、旬、言陰均也。而箋云、旬當作營。是以旬爲營之假借。營已見宮部。○詩江漢、來旬來宣。正義云、旬作徇、音義同。又太元昆、奚足旬也。注、旬猶徇也。是以旬爲徇之假借。徇本書作徇、已見彳部。○管子入國篇、入國四旬。注、卽巡也。是以旬爲巡之假借。巡已見辵部。

勹 覆也。

段謂此當爲抱子抱孫之正字。今俗作抱、乃手部捊字之或體。則抱當爲勹之假借。抱已見衣部褎下。

匌　帀也。錢云。此合沓字。文選海賦。磊匒匌而相豗。合當爲匌之省借。合已見亼部。○爾雅釋詁。郃合也。段謂郃乃地名。於義無取。當爲匌之假借。郃亦見合下。

匓　飽也。民祭祀曰厭匓也。祀當作祝。餼字已又切。又乙庶切。已又是也。錢謂此卽今猒飫字也。則飫當爲匓之假借。

包部

包　象人裹妊。巳在中。象子未成形也。借苞。已見艸部。○易姤。包有魚。虞注。在中稱包。又云。或以包爲庖廚。釋文。包亦作庖。此當從虞前說。以庖爲包之假借。若繫辭。包犧氏之王天下也。釋文。包本作庖。書孔序疏引顧氏讀包爲庖。則以包爲庖之省借矣。庖亦見苞下。○又易包犧氏。漢書律[麻]志作炮。注云。炮與庖同。是炮爲庖之假借。亦當爲包之轉借也。周禮太祝。三曰炮祭。先鄭云。炮祭。燔柴也。是用正義。後鄭謂炮當爲包。包猶兼也。兼祭者。有司徹曰。宰夫贊者取白黑以授尸。尸受兼祭于豆祭是也。則以炮爲包之假借。二說各異。○邑部。郇。地名。錢云。包姓當以邑爲氏。則包可爲

郛之省借○左氏隱八年傳公及莒人盟于浮來
公羊作包來大抵左傳多正公穀多借則包爲浮
之假借與包浮韻部通○左氏定四年傳申包胥
鶡冠子備知世賢兩篇作麃胥此人各不定誰爲
假借

兒生裹也

借脬已見肉部○禮祭統胞者肉吏之賤者也莊
子庚桑楚湯以胞人籠伊尹釋文胞本作庖漢書
百官公卿表胞人都水均官三長丞注胞與庖同
是皆以胞爲庖之假借庖已見上

茍部

茍自急敕也。古文爲茍。

茍字上从羊省，與艸部茍字異，今多混。○爾雅釋詁：亟，疾也。釋文：亟又作茍，同，居力反。經典亦作棘。同。是以亟棘爲茍之假借。棘已見朿部，亟見棘下。

敬肅也。

敬字从茍从攴，本亦姓也。後或分之，一爲茍，一爲文，皆誤。○借警，已見言部。○詩大雅：既敬既戒。周禮夏官序官注作既儆既戒。儆爲敬之通借，儆亦見警下。○史記魯世家：敬復之。集解引徐廣曰：敬作振。振本與祗通。祗敬也。故振可爲敬之假借。祗已見示部振見祗下。○左氏文十八年傳敬嬴公穀作頃嬴。昭七年傳南宮敬叔。說苑襍言篇作頃叔。頃當爲敬之假借。頃已見人部傾下。

鬼部

鬼 人所歸爲鬼。从儿。由象鬼頭。古文爲𩲡。

禮明堂位。腩鬼侯。史記殷本紀作九侯。集解曰。九一作鬼。據易既濟高宗伐鬼方。虞注。鬼方國名。則九當爲鬼之假借。禮疏云。九與鬼聲相近。○莊子天地篇。門无鬼與赤張滿稽。釋文司馬本鬼作畏。

畏亦从由。可爲鬼之通借。

魁 神也。

段謂魁神。許意非一字。中山經青要之山。魁武羅司之。郭注魁卽神字。是魁爲神之通借。○郭忠恕汗簡又以魁爲坤字。亦假借也。

魄 陰神也。

借薄已見上部旁下。借霸見月部。○莊子天道篇古人之糟魄已夫。釋文魄本作粕。蓋以魄爲粕之假借。米部粕字在新附。○列子仲尼篇是若欺魄焉。釋文欺魄字書作欺䫏。人面醜也。頁部無䫏字。

廣韻顙音粕面大貌○一切經音義引廣志虎魄生地中其上及旁不生草木深者八九尺大如斛削去上皮中成虎魄翻譯名義引作珀似魄爲珀之假借珀亦玉部所無

魃 旱鬼也周禮有赤魃氏除牆屋之物也詩曰旱魃爲虐

今秋官作赤犮鄭注赤犮猶言捇拔也是犮與拔皆當爲魃之假借○山海經大荒之中有山曰不句有黃帝女妭本天女也黃帝下之殺蚩尤不得復上所居不雨妭在女部云婦人美皃則妭當爲

魅之假借。

[seal]老精物也。重文爲[seal]。古文爲[seal]。籒文爲[seal]。立部彖。見鬼彪皃。从立从彖。讀若虙羲氏之虙。彖彖音如密。與鬽密秘切音相近。則亦可通借矣。○列子力命篇鬼媚不能欺。釋文媚或作魅。此以媚爲魅之假借。媚已見眉部。

[seal]鬼俗也。淮南傳曰。吳人鬼。越人𩲡。今人間訓作荆人鬼越人禨。史記五宗世家不好治宮室禨祥。集解引服虔曰。禨祥求福也。蓋讀禨同祈。禨當爲𩲡之假借。禨已見示部。祈口部。嘰下。

○又史記正義引顧野王云禨祥吉凶之先見也是讀爲知幾其神之幾音同而字異當爲禨之假借幾亦見示下又見丝部

魋 見鬼驚詞讀若詩受福不儺

段云魋爲奈何之合聲凡驚詞曰那者即魋字如公是韓伯休那是也左傳棄甲則那那亦是奈何之合聲是那當爲魋之假借○詩桑扈受福不那毛傳那多也此作儺當是那之假借○錢云魋即論語鄉人儺字也方相氏只用儺則以儺爲魋之假借儺巳見鳥部鷬下

醜可惡也。

段云。鄭風。無我魗兮。鄭箋。魗亦惡也。是魗卽醜字。凡云醜類也者。皆謂醜卽疇之假借。疇者今俗之儔類字也。○內則。鼈去醜。鄭注。醜謂鼈竅也。謂卽爾雅白州驠之州字。案釋畜注。州。竅。是以醜爲州之假借。郝又謂北山經云。倫山有獸如麋。其川在尾上。郭注。川。竅也。川卽州字。然州川爲竅。亦假借字耳。○武梁祠堂畫像。無鹽媿女。醜作媿。莊子德充符。寡人醜乎。釋文引崔注。醜。愧也。是愧可爲醜之通借。愧已見食部餽下。

由部

畏 惡也。从由虎省。鬼頭而虎爪，可畏也。古文爲[illegible]。

借鬼已見鬼部。○書臯陶謨天明畏，釋文馬本作威。呂刑德威惟畏，墨子尚賢下篇作德威惟威。畏與威本通借字。○考工記弓人恆當弓之畏，注畏讀如秦師入隈之隈，是以畏爲隈之省借。○莊子庚桑楚以北居畏壘之山，釋文畏本作猥，又作㟪。猥㟪皆當爲畏之假借。山部無㟪字，蓋卽隈之異體。

禺 母猴屬。頭似鬼。

借偶。已見人部。○爾雅釋獸。寓屬。郭注。謂獮猴之屬。六書故云。卽說文所謂禺也。是寓爲禺之假借。寓亦見偶下。○山海經。夸父追日景。逮之于禺谷。注。禺淵。日所入也。淮南天文訓。日入于虞淵之汜。禺當爲虞之假借。虞亦借也。已見虍部。○左氏哀十六年傳。公叔務人。檀弓作禺人。案禺人乃公爲之字。爲者。母猴也。古名字相配。則務當爲禺之假借。務已見人部侮下。

鬼部

嵬　高不平也。

爾雅釋山。石戴土謂之崔嵬。楚辭初放篇。高山崔巍兮。是巍爲嵬之通借。巍从嵬委聲。非从山魏聲也。今多未知。○詩谷風。維山崔嵬。釋文。嵬本作峞。文選琴賦。確嵬岑嵓。鄘閣頌。高山崔隗兮。方氏通雅云。漢書作嶊隗。又作摧嗺。皆崔嵬之異體也。○莊子齊物論。山林之畏佳。釋文引李注。畏佳。山阜貌。方氏謂畏佳倒用字。即崔嵬之假借。畏已見上。

魏　高也。

借鬼。已見上。○淮南俶眞訓。神遊魏闕之下。注。王者門外闕。魏魏高大。故曰魏闕。經典凡稱象魏者。

皆當爲魏之省借。說文別無魏字也。魏已見彳部
微下。○爾雅釋畜有犩牛。郭注。即犪牛也。犪字牛
部所無。故郝據中山經注作夔。彼注云。晉太興元
年。此牛出上庸郡。人弩射殺之。得三十八擔肉。即
爾雅所謂犩牛。是牛部無犩。犩亦魏也。高大之稱。
正合論語注巍巍之訓。魏與夔支微疊韻。可爲假
借。而犩則異體假借矣。

說文假借義證卷十七

嘉興張鳴珂
族曾孫彝同校

說文假借義證卷十八目錄

广部文四十九 證二十三

府廱廬庭廇序廉序廦

廣廞庰廁廉庫庶廙廔

廢庮庢厗廞

厂部文二十七 證十一

厰厤厎厥厤厲厗厞厤

厝厭

九部文四 證一

爪

危部文二 證二

危 㩻

石部文四十九　證二十五

磺 碭 碝 碣 礫 碧 碌 碩 硞

硍 砮 磛 确 磽 砦 磬 碏 碎

破 研 礦 碓 礩 碥 磊

長部文四　證三

長 肆 镾

勿部文二　證一

勿

冄部文一　證一

冄

而部文二　證二

而

耏

豕部文二十二　證七

豕　豥　豤　豩　豯　𧱓　豪

彑部文五　證四

彑　𦣻　䵣　彘

𢑚部文五　證一

象

𧰼部文二　證一

豨

豸部文二十　證八

豸　貐　貙　貀　豻　貆　貍　貁

㣇部文一　無證

易部文一　證一

易

象部文二　證二

象　豫

光緒二十五年歲在己亥仲冬月族曾孫蔭成重校刊

說文假借義證卷十八

涇朱珔學

第九篇下

山部

峱山在齊地詩曰遭我于峱之閒兮

漢書地理志引詩峱作嶩師古曰亦作巙音皆乃高反案二字本部所無則異體假借也峱嶩雙聲字

嶧葛嶧山也在東海下邳夏書曰嶧陽孤桐

魯頌保有鳧繹謂魯國鄒縣之繹山也字从糸與此从山不同詩釋文繹本作嶧初學記引詩正作

嶧史記秦始皇上鄒嶧山刻石頌功德漢書地理志魯國騶縣嶧山在北當是以嶧爲繹之假借

封嵎之山也在吳楚之閒汪芒之國

土部堣下云堣夷在冀州陽谷立春日日值之而出引書宅堣夷今書作嵎嵎當爲堣之假借或曰衛包所改也○堯典釋文云尚書考靈耀及史記作禺鐵禺當爲嵎之省借禺已見由部○魯語守封隅之山者也注隅隅山此以隅爲嵎之假借若爾雅釋地齊有海隅釋水注河出昆侖西北隅釋文竝云隅本作嵎孟子虎負嵎後漢書馬融傳注

引作隅。嵎又當爲隅之假借。堯典馬注。嵎。海隅也。

列子周穆王篇西極之南嵎有國焉釋文嵎與隅

同。則本可通借矣。

[篆]九嶷山也。舜所葬在零陵營道。

漢書武帝紀祀虞舜于九疑。離騷經九疑繽其竝

迎。段謂諸書多作九疑。惟山海經作嶷音疑而郭

注亦作九疑疑當爲嶷之省借繫傳云言山九峯

相似可疑也。則義本通。○借嶷已見口部。

[篆]山在蜀湔氐西徼外。

此字省作㟭。隸變作岷作峧作𡵓作崏。○禹貢

岷山夏本紀作汶山段謂漢蜀郡有汶江道元鼎六年置汶山郡亦作文山郡汶文皆當爲㱌之假借文已見文部其作㟭者見漢書地理志若楚辭漁父篇安能以身之察察受物之汶汶者乎集韻以爲汶濛字案汶旣通㟭而㟭字从昏疑汶爲昏之假借與察察字正對

𡵓山也或曰弱水之所出

中山經岷山之首曰女几之山即此𡵓山也几當爲𡵓之省借○南山經有雞山黑水出焉與弱水同是𡵓山也雞爲𡵓之假借雞已見隹部

崋山在弘農華陰。

西嶽字各書皆作華。華當爲崋之假借。風俗通山澤篇：崋者華也。水經渭水注：華山遠而望之，又若華狀，則義亦通。

崵山在遼西。

玉篇云：首崵山也。論語及他書俱作首陽。陽當爲崵之假借。陽已見𨸏部，亦見日部暘下。

屺山無草木也。詩曰：陟彼屺兮。

爾雅釋山作無草木峐。疏云：峐當爲屺，是假借字也。字林、辟類則俱云：峐即屺字，音起。

嶨山多大石也。嶅山多小石也。
爾雅釋山多大石礐。多小石磝。字皆从石。而本書石部有礐。訓石聲。與此義別。則釋山之礐當爲嶨之假借。磝亦宜从山。段謂魯有具敖二山。敖卽嶅字。是以敖爲嶅之省借。敖已見放部。若釋山釋文。礐字或作确。确爲嶨之假借。又作墧。則異體耳。确已見角部。

岡山脊也。
𨸏部阬。閬也。漢書楊雄傳。陳衆車于東阬。兮注。阬。大阜也。讀與岡同。是以阬爲岡之假借。○一切經音義廿二云，岡，籀文作㟠，同。古㵎反。蓋假借字也。

陖 高也。重文爲峻。

借俊。已見人部。○詩崧高，駿極于天。毛傳，駿，大也。中庸孔子閒居注皆曰，峻，高大也。則駿當爲陖之假借。駿亦見俊下。○自部陖字云，陗高也。與此專言高稍别而同音，自可通借。○邶風新臺有洒。毛傳，洒，高峻也。案爾雅釋邱，望厓洒而高，岸，夷上洒下。漘，李巡注云，洒而高，謂體斗直而頂高出也。夷上洒下，謂頂平不高出而體亦斗直也。陖爲陗高，正斗直之義。則毛以洒爲峻之假借，實當爲陖之假借矣。洒與陖峻亦雙聲字。

隓 山之隋隋者。讀若相推落之墮。

周頌。嶞山喬嶽。毛傳。山之嶞嶞小者。案嶞本擬其聲。此即作嶞。當爲隋之假借。○士冠禮注。隋方曰篋。釋文。隋謂狹而長。一作橢。爾雅。蟦貝小而橢。隋與橢皆可爲隋之通借。隋已見肉部。○上。巒字云山小而銳。爾雅釋山。巒山墮。郭注引周頌。蓋許意巒隋二物。而說者合爲一。則巒亦可爲隋之通借。巒隋一音之轉。○下有隓字云山皃。與此聲義相同。段謂隓者小篆文之墮也。隋从阜者。从墮之省也。是隋𨻳亦可通借。疑其複出。

巖岸也。太平御覽引作厓也。一切經音義引作峯也。段謂此上舊有峯篆。乃大徐所增古祗用夆。夆者啎也。○借嚴。已見吅部。○下有喦字。云山巖也。讀若吟。爾雅釋山注。巉喦。釋文本又作巖。是巖與喦可爲通借。○石部礹字。云石山也。詩節南山。維石巖巖。毛傳。巖巖。積石皃。又文選高唐賦。登巉巖而下望兮。注。巉巖。石勢不生草木。巖皆當爲礹之假借。

嶭嶭也。嶭山皃。

西京賦。上林岑以壘嵬。壘當爲絫之假借。嵬从辠。辠即古罪字。見网部。則辠嵬一也。

峌 谷也。

廣韻。峌或作硎。谷名。在麗山。昔秦密種瓜處。硎字石部所無。當作峌。異體之假借也。○段謂秦時冬月種瓜峌谷中溫處。瓜實。因使諸生往視。說之。發機。阬諸生事見尚書正義所引及漢書儒林傳注。而師古作阬谷。阬當爲峌之假借。阬已見上岡下。○借陘。已見彳部徑下。

嵍 山名。

顏氏家訓柏人城東有山世呼爲宣務山予讀漢桓帝時所立碑銘云上有巏嵍王喬所仙巏字遂無所出嵍字依諸字書即旄邱之旄也嵍字字林一音忘付反今依附俗名當音權務是以務爲嵍之假借務已見由部禺下

崇嵬高也

詩大雅崧高維嶽爾雅釋山山大而高曰崧孔子閒居引詩崧作嵩釋名作山大而高曰嵩崧嵩二形許書所不取蓋即崇之異體假借也段謂中嶽禹貢謂之外方秦名大室漢武帝始謂之崇高山

據東觀漢記後乃改爲嵩高也。又漢地理志郊祀志竝作崈。體小異耳。○詩鳧鷖福祿來崇毛傳崇重也。此即以崇爲重之假借。重已見重部。○鄉飲酒禮鄉射禮皆有崇酒禮記樂記六成復綴以崇。注竝云。崇充也。此以崇爲充之假借。充已見儿部。○書牧誓是崇是長漢書谷永傳作是宗。宗當爲崇之省借。宗已見宀部。

屾部

嵞會稽山也。一曰九江當涂也。民俗以辛壬癸甲之日嫁娶。虞書曰。予娶嵞山。

今皋陶謨作塗山。左傳禹會諸侯于塗山。是會稽之山亦作塗。塗當爲嵞之假借。土部塗字在新附。

屵部

屵　岸高也。

爾雅釋山重甗隒。王風釋文引李注。隒阪也。孫曰。山基有重岸也。郭謂山形如累兩甗。甗甑也。上大下小。山狀似之。因以名。王伯申曰。孫說是也。下文左右有岸。厒。與此句相連。皆謂山之厓岸也。說文隒。厓也。釋邱云。重厓。岸。此云重甗。隒。文義相合。皆厓岸之名。但不重者謂之甗。重者謂之隒耳。甗當讀爲屵。說文。屵。岸高也。從山厂。呼旱切厂亦聲。玉篇牛桀牛割二切。廣韻又語偃切。語偃之音與巘同。屵。正字也。巘。借字也。郭未達借字之義。而以爲山形如累兩甗。案釋邱云。如覆敦者。敦邱。又云。如乘者乘邱。如陼者陼邱。此篇亦云。山如堂者密。如防者盛。重甗之巘。若果爲甗。則當云。如重甗者。隒。文義乃明。何得徑省其文而云重甗隒乎。

岸　水厓而高者。

詩小宛。宜岸宜獄。毛傳。岸。訟也。釋文引韓詩。鄉亭之繫曰犴。本書豸部犴。胡地野狗。重文爲豻。亦引

詩宜犴宜獄是以岸爲豻犴之假借犴已見干部

岸高邊也

厂部有厓字云山邊也與崖可爲通借○詩北山傳濱涯也釋文涯本作崖又公劉傳芮水涯也釋文涯本作厓水部涯字在新附蓋即借崖厓字爲之故爾雅釋水滸水厓孫注直云厓水邊也

崔高也

繫傳云崔今俗作崔省厂也大徐本於山部末加崔字是崔爲崔之通借○玉篇崔亦作陮本書𨸏部陮隗高也義同字異可爲通借○正字通崔與

雈同。漢書溝洫志。鑿離雈。注。雈古堆字。是堆亦雈之通借。堆已見辵部追下。

广部

府文書藏也。

今臟腑之腑。肉部所無。蓋即借府字爲之。而漢書劉向傳。臣幸託肺附。即肺腑也。則又以附爲腑之假借。○曲禮。俯而納屨。鄭注。俯俛也。公羊宣六年傳。俯而窺其戶。何休注。俯俛頭也。是其字本係假借。故何鄭以正字解之。又荀子非相篇。府然若渠匽。楊倞注。府與俯同。匡謬正俗引張揖古今字詁云頫府。今俯俛也。說文本無俯。蓋卽借府字爲之。

俯已見頁部頫下。○疒部㾈俛病也。當亦可通借。

廱 天子饗飮辟廱。

借雝。已見隹部。借邕。借饔。見雝下。○穀梁傳。梁山崩壅遏河三日不流。漢書五行志引作廱遏。是以廱爲壅之假借。若王莽傳。邕河水不流。則又借邕爲壅矣。壅亦見雝下。

廬 寄也。秋冬去春夏居。

借籚。已見竹部。借盧見皿部。○考工記。秦無廬。司農注。廬讀爲纑。謂矛戟竹欑柲。或曰摩鋼之器。正

義云纑縷之屬取細長之義也此以廬爲纑之假
借與廬異說纑亦見廬下至彼處釋文廬本作盧
又轉借矣盧亦見盧下○莊子讓王篇而自沈于
廬水釋文廬本作膚膚即臚字當爲廬之假借

庭　宮中也

𠂈部廷中朝也段云朝不屋故不从广凡經有謂
堂下爲庭者如三分庭一在南正當作廷庭爲廷
之假借○唐風子有廷內廷當爲庭之省借周頌
陟降庭止漢書匡衡傳引作廷止則庭廷本通借
也○孫叔敖碑霆堅禹稷不能踰也此以霆爲庭

之假借。

廇中庭也。

雨部霤。屋水流也。釋名云。室中央曰中霤。古者複穴。後室之霤。當今之棟下直室之中。古者霤下之處也。月令中央土。其祀中霤。皆以霤爲廇之通借。

○水部溜爲水名。出鬱林郡。左氏宣二年傳。三進及溜。正義云。溜謂簷下水溜之處。則正是中霤矣。是以溜爲霤之假借。若漢書枚乘傳。泰山之霤穿石。霤又爲溜之假借。

庌廡也。周禮曰。夏庌馬。

夏官圉師職注。故書序爲訝。鄭司農云。當爲序。是以訝爲序之假借。訝已見言部。

廡 堂下周屋。籒文爲廡。

借舞已見舛部。借無見林部。○士冠禮士虞禮既夕禮特牲饋食禮。諸篇有甒字。注竝云古文爲廡。是以廡爲甒之假借。而瓦部無之。

序 東西牆也。

借謝已見言部。○向書大傳諸侯疏杼。鄭注。杼亦牆也。李善文選注引雒書天準聽天球河圖在東杼。此以杼爲序之假借。杼已見木部柔下。○鄉射禮豫則鉤楹內注今文豫爲序是以豫爲序之假借○射義序點又揚觶而語注序點或爲徐點詩常武傳舒序也釋文序本作徐此以序爲徐之假借徐已見彳部○攴部云次弟謂之敘周禮儀禮序字注多釋爲次弟文言與四時合其序論衡感虛篇引作合敘其書之惇敘丕敘諸文史記皆作序序當爲敘之假借○周頌繼序思不忘毛傳序緒也此序爲緒之假借○易繫辭上傳易之序也釋文序本作象序當爲象之假借序象雙聲字

廦牆也

錢云此廦壁字也經典作辟當爲廦之省借辟已見辟部○土部之壁與此音義同則牆壁字可爲通借壁亦見辟下

廣 殿之大屋也

借唐已見口部借桄見木部又周語熙廣也注廣當爲光是廣爲光之假借光亦見桄下○荀子王霸篇人主胡不廣焉注廣或讀爲曠列子湯問篇不思高林廣澤釋文廣一本作曠是廣爲曠之省借○家語困誓篇自望其廣注廣宜爲壙是廣爲壙之省借○易說卦爲廣顙釋文鄭作黃則黃當

爲廣之省借。

庾 水漕倉也。一曰倉無屋者。

考工記弓人謂之夾臾之屬。釋文音庾。注作庾云

夾臾之弓合五而成規。庾當爲臾之假借。

庰 蔽也。

尸部屏亦云蔽也。廣雅。釋詁。謂之屏。卽今屏風字

也。又曰。圂圂庰廁也。則庰廁字當作庰。屏而急就篇

屏廁淸溷糞土壤。戰國策宋王鑄諸侯之象使侍

屏匽。周禮注。匽路廁也。是以屏爲庰之假借。文選

思[元]賦。坐太陰之庰室兮。注。屏與庰古字通。洞簫

三

賦處幽隱而與屏兮注屛與屏通葢二字同爲蔽義故可通借○屏又爲屏棄之義荀子彊國篇倂已之私欲必以道此則借倂爲屏不得借屛矣

廁 清也

借菑已見艸部借哉見口部○史記張釋之傳居北海臨廁集解引蘇林曰廁邊側也漢書汲黯傳上踞廁視之注引孟康曰廁牀邊側也又劉向傳居霸陵北臨廁注引服虔曰廁側近水也此皆以廁爲側之假借側亦見菑下又見人部

㕎 仄也

借斂。已見人部侈下。○論語古之矜也廉。鄭注魯讀廉爲貶。今從古。是貶可爲廉之假借。貶已見刀部。辨。巢部𢍏穴部窆下。○火部𤎗。火㸟車网絕也。引周禮。㸟牙外不𤎗。今考工記輪人作外不廉。廉當爲𤎗之假借。

庳 中伏舍。一曰屋卑。或讀若逋。

借卑。已見𠂇部。借俾。見人部。○孟子象至不仁。封之有庳。漢書東平王傳。昔象封有鼻。蓋其地有鼻亭也。鼻當爲庳之假借。鼻已見比部。○荀子宥坐篇。天子是庳。注庳讀曰毗。輔也。是以庳爲毗之假

庶屋下衆也从广炗炗古文光字

借眦亦見比下

尙書後案云五刑臏宮劓割頭庶剠者臏即刖割頭即大辟庶剠即墨庶煮也秋官庶氏以藥物熏攻毒蠱故以名官彼注庶讀如藥煮之煮司刑注墨黥也先刻其面以墨窒之言刻額爲瘡以墨塞瘡孔令變色則墨須煮故云庶剠也王伯申曰考御覽刑罰部黥下引尙書刑德放曰涿鹿者笮人顙也黥者馬羈笮人面也又引鄭注涿鹿黥皆先以刀笮傷人墨布其中故後世謂之刀墨之民然

則㓞刑在面謂之黥在額謂之涿鹿涿古讀若獨涿鹿疊韻字也頭㡳刻即涿鹿黥頭涿古同聲㡳則鹿之譌耳案此說固通但本係借字則後案亦可竝存○顏氏家訓音辭篇北人以庻爲戍是庻爲戍之假借

𢊁行屋也

錢云玉篇亦作㢞此屋宇四阿之㢞字也是㢞當爲𢊁之假借段云篇韻皆曰𢊁敬也是用爲小心翼翼字故魏丁𢊁字敬禮則𢊁又爲㢞之假借矣

翼已見羽部翄下

廔　屋麗廔也。一曰穜也。

麗廔字已見囧部。長門賦、靈光殿賦皆作離樓。是以離樓爲麗廔之假借。麗見佳部，離下。樓見木部。玉篇作螽廔，則螽字又轉借也。○段云：穜者，謂以廔貯穀，播穜於地也。木部㭉，穜樓也。廣韻耬，穜具也。樓與耬亦當爲廔之假借。

㢠　屋頓也。

廣雅釋詁：廢，置也。公羊宣八年傳：去其有聲者，廢其無聲者。鄭曰：廢，置也。左傳廢六關，家語作置六關。是置可爲廢之通借。段云：廢爲置者，猶徂之爲存苦之爲快亂之爲治去之爲藏也置已見木部植下○考工記梓人則於眡必撥爾而怒注故書撥作廢司農云廢讀爲撥是以廢爲撥之假借○疒部癈固疾也凡廢疾字當爲癈之省借若爾雅釋詁廢稅赦舍也釋文廢本作癈則癈又廢之假借矣○史記淮陰侯傳千人皆廢索隱引孟康曰廢伏也是以廢爲伏之假借廢伏音相近伏已見人部○論語廢中權釋文鄭作發發當爲廢之省借發已見癶部癹下

庮　久屋朽木周禮曰牛夜鳴則庮云臭如朽木

周禮內饔文與內則同。彼注引春秋傳。一薰一庮。今僖四年傳作蕕。注。蕕臭草也。是蕕可爲庮之通借。蕕已見艸部。

宜

人相依宜也。

呂氏春秋誠廉篇。阻邱而保威也。注。阻依也。文選東京賦。邪阻城洫。薛注。阻依也。此以阻爲宜之假借。

㡿

郤屋也。

今字作斥。莊子逍遙游。斥鷃笑之曰。釋文。斥本作尺。又引司馬注。斥小澤也。案文選對楚王問注。尺澤言小也是尺可爲斥之通借故文選七啟山鷄斥鷃注斥與尺古字通○史記晉世家虜秦將赤索隱曰赤郎斥是以赤爲斥之通借○書禹貢海濱廣斥史漢俱作瘠瀉案文選魏都賦注引倉頡曰斥廣也似廣斥連文爲順但管子地員篇乾而不斥注云斥瀉鹵禹貢鄭注亦云斥謂鹹鹵則作瀉正通而瀉字水部所無或省作舄文選海賦襄陵廣舄注斥爲舄古今字也漢書溝洫志終古舄鹵兮生稻粱注舄即斥鹵也是舄爲斥之假借舄斥疊韻字舄已見烏部斥亦見舄下

【廞】陳輿服於庭也。讀若歆。

周禮司裘。大喪廞裘。司服。廞衣服。大師。大喪帥瞽而廞。注竝云。故書廞爲淫。司農讀淫爲廞。餘類此者倘多。是以淫爲廞之假借。

【厰】崟也。一曰地名。

厂部　厂呼旱切。

段云。蓋公羊傳殽之嶔巖是也。案嶔字山部所無。惟崟字云。山之岑崟也。此以崟釋厰。則崟可爲厰之通借。

【𠩺】仄出泉也。讀若軌。

小雅有洌氿泉毛傳側出曰氿泉爾雅釋水氿泉穴出穴出仄出也段云側出泉之字詩爾雅作氿許作厬水醮之字今爾雅作厬許作氿正互相易水部氿篆下引爾雅水醮曰氿知許所據與今本異是氿與厬可爲通借

厎 柔石也重文爲砥

詩大東周道如砥孟子引作厎是砥厎一字後人謂砥爲正字而厎與砥異用非也○广部底山居也一曰下也與此厎俱从氐聲而底爲都禮切厎爲職雉切段云厎與底爭首筆之有無末筆則從

同五經文字石刻譌作氐少一畫不可從案氐字引伸之訓致也至也小雅伊于胡氐箋云氐至也俗本多作胡底直是誤混爲一字非必假借底已見邑部邸下

厥發石也

借鱖見角部○山海經相柳之所抵厥郭注抵觸厥掘也此以厥爲掘之假借○木部橜一曰門梱也荀子云和之璧井里之厥也是以厥爲橜之省借又明堂位俎夏后氏以嶡注謂中央橫木也通橛集韻音蹶此猶鱖之亦有蹶厥兩音也因本書

無嶡字，故附於此。○左氏宣十二年傳，韓厥。公羊襄元年經作韓屈。又春秋文十年經，楚子蔡侯次于厥貉。公羊作屈貉。是屈爲厥之通借。屈已見尾部。○尙書凡厥字，史記多作其。爾雅釋言，厥，其也。此假借厥爲語詞，非以聲轉。

厂旱石也。重文爲厈。今字作厲。段云，俗以義異異其形，凡砥厲字作礪，凡勸勉字作勵，惟嚴厲字作厲。○借迣。已見辵部。借利。借列。借剌。見刀部。○詩都人士，垂帶而厲。厲謂帶之餘也。爾雅釋詁，烈，餘也。鄭箋則云，厲字當作裂。衣部裂。繒餘也。是厲當爲裂之假借。而烈其轉借也。烈裂亦見列下。○山部𡾊。巍高也。呂氏春秋。厲人主之節。注厲高也。楚詞。徐弭節而高厲。是厲爲𡾊之通借。○水部砅。履石渡水也。引詩。深則砅。今詩作厲。厲當爲砅之假借。若禹貢厲砥。一切經音義引作砅砥。則砅又爲厲之假借矣。○砅之重文爲濿。爾雅釋水。深則厲。釋文厲本作濿。司馬相如大人賦。橫厲飛泉以正東。厲當爲濿之省借。○春秋穀梁序。鬼神爲之疵厲。釋文厲本作癘。段云。凡經傳中有訓爲惡訓爲病訓爲鬼者。謂厲即癘之假借。癘已見疒部瘕下。公羊傳作痢。痢乃癘之或體。○論語。未信則以爲厲已也。鄭注。厲讀爲賴。史記刺客傳。豫讓又漆身爲厲。索隱曰。厲賴聲相近。蓋賴又厲之轉借。段云。今義別製癩字。訓爲惡瘡。訓厲爲癘疫。非古也。

𠪚

厱諸。治玉石也。讀若藍。小徐讀若監。

淮南說山訓。玉待礛諸而成器。高注。攻玉之石。今之寶砂也。是礛爲厱之通借。石部無礛。繫傳則云淮南亦作監諸。又以監爲厱之假借。監已見臥部。○又淮南注。礛讀曰廉氏之廉。石部磏。厲石也。一

曰赤色讀若鐮此與厱音義略同則亦可通借也
又漢修堯廟碑石䃂階陛欄楯案堂廉字祇作廉
䃂當爲廉之假借廉已見广部

厗 唐厗石也
玉篇厗古銻字金部云鎕銻火齊也是銻可爲厗
之通借厗杜兮切从辛聲古讀辛如今西則銻厗
疊韻字也

砬 石聲也
吳都賦拉攦雷硠玉篇砬亦拉字是手部之拉可
爲砬之通借拉者折也木折如石砌之聲木部柆

折木也。則亦可通。

⿸厂甫 石間見也。讀若敷。

魏書北史溫子昇傳皆云。子昇詣梁客館。不修容止。謂人曰。詩章易作。逋峭難爲。段云字當作⿸厂甫。是以逋爲⿸厂甫之假借。

厝 厲石也。詩曰。佗山之石。可以爲厝。

今鶴鳴詩作錯。錯當爲厝之假借。錯已見辵部遣下。○考工記梓人則必如將廢措。注。故書措作厝。杜子春云。當爲措。孝經而安厝之。釋文厝本作措。又漢書賈誼傳。夫抱火厝之積薪之下。厝皆爲措之假借。

厭 笮也。一曰合也。

借猒。已見甘部。○段云。竹部笮。迫也。凡喪服言尊之所厭。皆此義。喪冠謂之厭冠。謂冠出武下也。周禮巾車王后厭翟。注。次其羽使相迫也。今字作壓。土部壓。訓壞也。一曰塞補。無笮義。又謂厭與壓義尙近。案荀子彊國篇。如牆厭之。注。厭讀爲壓。左氏襄廿六年傳。楚晨厭晉軍而陳。又卅一年。僑將厭焉。釋文竝云。厭本作壓。而魯語。吾懼壓焉。韋注。壓笮也。卽用厭訓。則壓正可爲厭之通借。○心部懕安也。引詩。懕懕夜飲。今湛露詩作厭厭。是以厭爲懕之省借。釋文謂韓詩作愔愔。小戎篇厭厭良人。列女傳亦作愔愔。則又厭之轉借也。厭愔雙聲字。古韻侵覃鹽部通。而本書無愔字。○手部擪。一指按也。荀子解蔽篇。厭目而視者。視一以爲兩。注。厭指按也。文選笙賦。厭焉乃揚。注。厭亦作擫。謂指擫也。是厭爲擪之省借。若莊子外物篇。壓其顪。釋文。壓本作厭。則又以壓爲擪之假借矣。○黑部黶。中黑也。大學見君子而後厭然。注。厭讀爲黶。黶者閉藏皃。其引伸之義也。是厭爲黶之省借。又孟子。閹然媚於世，闇然卽厭然。爾雅釋天，太歲在戊曰闇茂。孫注，萬物皆蔽冒，故曰闇茂。與閉藏義通，則闇乃厭之轉借也。○鄉飲酒禮，賓厭介升。注，今文厭皆爲揖。是以厭爲揖之假借。注又云，推手曰揖，引手曰厭。疏曰，厭字或作撎者，古字義亦通也。此說段駁之。○西山經，有鳥名鵸鵌，服之使人不厭。郭注，不厭夢也。引周書，服者不眯。㝱部寐下云，寐而厭也。今鬼部新附中有魘字，古祇借厭字爲之。○玉篇靨字引淮南，靨輔在頰前則好。又引楚辭，靨輔奇牙。鈕非石曰，淮南修務訓作醶酺。據楚辭東方朔七諫云厭白玉以爲面疑本大招後人涉酺并力面今面部新附中有靨字古亦當祇借厭字爲之案女部有㜸字好也廣雅訓同疏證引淮南高注酺頰邊文婦人之媚也正謂面之好㜸靨酺同義則以㜸爲靨不必借厭字固可通矣

丸部

丸圜傾側而轉者从反仄今字作丸商頌松栢丸丸毛傳丸丸易直也大雅松栢斯兌傳亦云兌易直也段謂兌與丸古蓋音同而義同案兌从㕣聲故與丸近是兌可爲丸之通借兌已

見儿部。○又松栢尣尣。白帖引作桓桓。尣亦爲桓之通借。故塞外有山曰烏桓。魏志作烏尣。桓已見木部。○考工記冶氏爲殺矢。刃重三垸。司農注。垸讀爲丸。淮南時則訓員而不垸。注。垸轉也。又列子黃帝篇。痀僂承蜩。累五垸不墜。垸皆當爲丸之假借。垸見後土部。

危部

危 在高而懼也。从厃。自卪止之。

厂部。厃。仰也。人在厂上。一曰屋梠也。方氏通雅以爲卽危字。人在厂上危也。案喪大記中屋履危。注。

危。棟上也。史記魏世家。痤因上屋騎危。集解同此。當以危爲𡰪之假借。○莊子繕性篇。危然去其所而反其性已。釋文。危。崔本作垝。司馬本作恑。案土部垝。毀也。禮儒行。有比黨而危之者。注。危。欲毀害之也。恑訓變。義亦合。則危當爲垝恑之通借。恑已見言部詭下。○又漁父篇。苦心勞形以危其眞。釋文。危本作僞。是危亦僞之通借。僞已見言部譌。

攲

攲。嘔也。攲今作敧。或作攲。皆俗體。

周禮宮正。去其淫怠與其奇衺之民。注。奇衺。譎觚非常。段謂奇正攲之假借字。奇已見可部。○文選

蜀都賦山阜猥積而踦嶇注傾側也或作崎嶇踦崎爲敧之假借嶇乃䧢之或體𨸏部䧢亦云敧也

石部

磺　銅鐵樸石也讀若穬丱古文磺周禮有丱人丱人注丱之言礦也金石未成器曰礦賈疏曰經所云丱是總角之丱字此官取金玉於丱字無所用故轉從石邊廣之字是丱當爲磺之假借非古文磺字也

碭　文石也

漢書地理志梁國碭縣山出文石粲傳云漢高祖

所隱。亦曰崵山。是崵爲碭之通借。崵已見山部。○

莊子庚桑楚。吞舟之魚。碭而失水。釋文。謂碭溢也。

蓋以碭爲蕩之假借。

碝 石次玉者。

禮玉藻。士佩瓀玟。玉部無瓀。當即碝之假借。蓋耎

多譌需。故山海經作礝。而玉藻遂作瓀也。惟子虛

賦。碝石武夫。則用本字。

碣 特立之石也。東海有碣石山。

文選景福殿賦。於是碣以高昌崇觀。注。碣揭同。是

以碣爲揭之假借。○文選封燕然山銘。封神丘兮

建隆碣。注碣與碣同。山部無碣。蓋卽借碣字爲之。

礫 小石也。

左氏襄二十五年傳數疆潦。正義從鄭衆之說以爲疆界內有水潦者。孫毓讀爲疆潦。注云砂礫之田也。王伯申曰。水潦所集。不必在疆界。且上文之山林藪澤京陵淯鹵。下文之偃豬原防隰皋衍沃。皆二字平列。此疆潦不應獨異。鄭說非也。孫毓讀爲疆潦。蓋礓礫之譌。爾雅山多小石。磝。郭注多礓礫。釋文礓居羊反。引字林云礫也。玉篇磥同礫。力的切。衆經音義引通俗文地多小石謂之礓礫。是礩磺者有石之地。逸周書文傳篇所謂礫石不可穀。樹之葛木以爲絺綌。以爲材用者也。不可樹穀。故計數減其租入也。孫說爲長。

⿱巩石

水邊石也。春秋傳曰。闕⿱巩石之甲。

今左傳昭十五年定四年皆作鞏。杜注闕鞏國所出鎧。是⿱巩石爲鞏之通借。鞏已見革部。

隊

隊也。

𨸏部隊。從高隊也。左氏僖廿八年傳。俾隊其師。注隊隕也。是隊爲磢之通借。今字隊作墜。在土部。新附。中而以隊爲隊伍之訓矣。左傳以成一隊是也。

漢書天文志星䃍至地則石也注引如淳曰䃍亦墜也不借隊而借或體之墜殊非○石經論語殘碑未墜于地文選幽通賦眷峻谷曰勿墜此以墜爲墜之假借實當爲隊之假借卽䃍之通借也

磒落也春秋傳曰磒石于宋五

今僖公十六年經作隕石自部隕從高下也爾雅釋詁隕磒落也注磒猶隕也方俗語有輕重耳是隕爲磒之通借隕已見員部○左氏傳作實石穀梁同與許所據左傳作磒異又莊七年經夜中星隕如雨公羊作霣雨部霣云齊人謂靁爲霣一曰

雲轉起也。讀若昆。古文爲䨓。文選上林賦。瀺灂霣墜。注。霣即隕字也。是霣爲磒隕之假借。○潘岳秋興賦。槁葉夕殞。別作隕。歺部無殞字。葢即借隕字爲之。

硞石聲。

下有硞字云。石堅也。一曰突也。爾雅釋言。硈。鞏也。邢昺曰。硈。苦學切。當从告。說文別有硈。苦八切。段以爲剖別甚精。且謂硞之與鞏。音切近而硈與鞏不相關。如是則兩字訓辭宜互易。余疑硈堅殆以雙聲得義。硞原爲苦學之音。硈原爲苦八之音。爾雅自釋硞故云㸷也。㸷固義正與堅合。非以㸷爲音切也。惟注中若學一切誤耳。何緣轉改正文。段說㝎更考要之硞。硞形似音偶譌亂。此不得爲假借矣。

硍　石聲。他本作硠。此從段改。周禮典同高聲硍。注。故書硍或作硠。杜子春讀硍爲鏗鎗之鏗。鄭大夫讀硍爲袞冕之袞。此當硠爲硍之假借。杜鄭音各異也。

硻　餘堅者。論語。鄙哉硻硻乎。硻硻然小人哉。段謂其字皆當作硻硻是硜爲硻之假借○又謂鏗爾舍瑟而作亦當爲硻爾則鏗亦硻之假借○釋名云磬者其聲磬磬然堅緻當作硻硻然則磬亦硻之假借○錢云此卽公羊僖十六年傳實石碩然字碩本部所無殆卽借硻字爲之

磛 礹石也

小雅漸漸之石毛傳山石高峻也漸漸當爲磛之假借○文選高唐賦登巉巖上林賦嶄巖嵾嵯巉與嶄俱山部所無當卽用磛字爲之

确 礊也重文爲㱿 今俗作確已見凡部隺下

借角見角部借嵒見山部○土部塙堅不可拔也
與此音義同可爲通借段謂凡部隺引鶴辭義如
其字若文言確乎其不可拔則字作隺而義从塙
○詩邱中有麻毛傳邱中墝埆之處也墝埆字土
部所無蓋卽與此磽确通借也○犾部獄确也召
南毛傳獄埆也段謂堅剛相訟其引伸之義則此
只釋其義非假其字正字通乃云埆爲獄周制無
此名一說說文埆訓女牢埆卽埆之譌非也○管
子地員篇剛而不觳注觳薄也段云當是嗀之誤
余疑觳亦在覺部或以觳爲嗀之假借觳已見角

部。

磽 磬也。

土部墽下云，磽也。孟子，地有肥磽，趙注，磽薄也。是墽可爲磽之通借。音義同也。故王制注，肥磽有五等。釋文磽本作墽。

碞 磛碞也。周書曰，畏于民碞。讀與巖同。

碞當爲磛之誤。今召誥正作碞。非以碞爲碞之假借。段謂某氏傳碞僭也。蓋碞卽僭之假借。棗僭从朁聲，覃咸韻通也。僭已見言部譖下。

磬 樂石也。段謂樂石二字宜倒。轉案西山經，小華之山多磬石，注，磬石可以爲樂石，則作樂石亦可通从石岩象縣虡之形殳所以擊之也古者毋句氏作磬籒文爲[seal script]古文爲[seal script]樂記石聲磬磬以立辨史記樂書作石聲硜硜以立別蓋硜本古文磬後以爲堅确之義則史記爲假借字矣磬硜並見上豎下磬借罄見缶部借俔見磬下○大射儀至乏之聲止注古文聲爲磬策聲本从殸故致誤耳

硩 上摘山巖空青珊瑚墮之周禮有硩蔟氏周禮鄭司農注硩讀爲擿是擿爲硩之通借摘卽擿也

碎　䃺也。

段謂䃺當作䊳。䊳䃺所以碎物而非碎也。䊳已見米部。○瓦部甄。破也。與此音義同。可爲通借。○列子黃帝篇其碎之之怒也。釋文碎一本作決。是決可爲碎之通借。碎決一音之轉。

破　石碎也。

詩坻篇隰則有泮。毛傳泮坡也。亦作陂。亦作破。是破可爲坡之假借。

研　䃺也。

手部揅。摩也。易繫辭極深研幾。蜀才作揅。與此可爲通借。○文選江賦緑苔鬖髿乎研上。注。研與硯同。本部硯字云。石滑也。是以研爲硯之假借。今人研墨之石曰硯。

𥗊石磑也。

今字省作磨。段謂引伸之義爲研磨。俗乃分別其音。石磑則去聲。模臥切。研磨則平聲。莫婆切。○詩淇奥如琢如磨。釋文磨本又作摩。樂記陰陽相摩。釋文摩本又作磨。是二字本互爲通借。○下磑字云。𥗊也。古者公輸班作磑。是磑與磨原一物。太元經陰陽相磑。物咸雕離。注。磑音摩。則字亦通借也。

碓舂也。

碓亦與磓通。史記河渠書。鑿離碓。晉灼注。碓古堆字。是以碓爲堆之假借。堆已見𡵂部𡶇下。

䃴斫也。

爾雅釋器。斫謂之鐯。釋文又作櫡。郭注云。钁也。金部钁大鉏也。是䃴與钁可爲通借。钁必用金。故鐯从金。其从石者。或上古始爲之用石歟。

䃒石地惡也。

厂部厤與此音義略同。可爲通借。故類篇云。䃒厤石地。又管子云。沙土之次曰五塥。塥亦當即䃒。凡从石从土字往往通借。

磊 眾石也。

爾雅釋木注盤結磈磊本作㑩此以㑩爲磊之假借。㑩已見人部。段謂磊落猥切古音在紙韻故亦作䃬。

長部

長 久遠也。

引伸爲滋長長幼之義。穀梁隱元年傳注隱長釋文長本作丈是以丈爲長之假借。○莊子山木篇而王長其間。釋文長本作張。張亦當爲長之假借。

肆極陳也。重文爲𨽸。

借肆。已見聿部借隸。見隶部借殺。見殺部借鬄。見髟部。○小爾雅廣言。肆。遂也。尙書肆類于上帝。肆覲東后。史記肆皆作遂。是肆爲遂之假借。遂已見辵部。○禮表記。安肆日偷。注。肆或爲褻。褻可爲肆之通借。音義皆相近。○公羊莊廿二年傳。肆大眚。釋文。肆本作佚。案肆訓放。與佚義同。公羊傳肆者何。跌也。穀梁曰。肆。失也。皆佚之義。書眚災肆赦。史記作眚裁過赦。過亦失也。故竝可通借。○書多士。予惟率肆矜爾。論衡雷虛篇作予惟率夷憐爾。肆訓陳夷亦陳也支寘韻平仄通用故夷可爲肆之假借矜卽憐義也○爾雅釋詁肆故也肆今也毛詩緜傳思齊傳曰肆故今也此借肆爲語詞也○別見後希部

镾 久長也

段謂镾今作彌蓋用弓部之彌代镾而又省王也則彌本假借字○儀禮士喪禮巫掌招彌以除疾病釋文彌本作弭漢書王莽傳彌射執平注彌讀與弭同案弓部弭云弓無緣可以解轡紛者解紛故訓止重文爲兒段謂周禮彌災兵漢書弭亂卽

弭字也。是彌可爲弭之通借。弭已見㢸部。○耳部𨽸乘與金耳也。史記禮書有彌龍。彌爲𨽸之假借。若荀子禮論篇絲末彌龍所以養威也。注。彌讀爲弭。當又𨽸之轉借矣。○穆天子傳。六彌旗以節之。注。彌猶低也。此殆如左傳之旗䡖。彌當爲䡖之假借。故段謂弭節亦作靡節。○周禮眡祲七曰彌。注。故書彌作迷。鄭司農曰。彌者白虹彌天也。彌有竟義。謂竟天也。迷當爲彌之假借。○爾雅釋詁覭髳茀離也。注。茀離卽彌離。彌離猶蒙蘢耳。橥茀彌音之轉。彌離當爲迷離之假借。迷與蒙離與龍皆雙聲字。故可通借。○左氏宣二年傳。提彌明。史記晉世家作眯明。桓五年。高渠彌。秦本紀作眯。此人名不定誰借。

勿部

勿 州里所建旗。（據周禮本大夫士所建此偶誤）象其柄有三游。襍帛幅半異。所以趣民。故遽稱勿勿。重文爲㫚。

周禮司常。襍帛爲物。經傳亦多作物。物爲勿之假借。或曰物蓋㫃之訛。物已見牛部。○段謂經傳多借勿爲毋。亦借爲沒字。禮記勿勿乎其欲其饗之。勿勿即沒沒。猶勉勉也。案爾雅釋詁。蠠沒勉也。黽

勉卽密勿已見宀部宓下○顏氏家訓勉學篇故
𢗫遽者稱爲勿勿方氏通雅以爲𢗫𢗫亦作忽忽
或省作匆不定爲勿勿也勿蓋忽字之殘缺卽恍
惚也闕喜一宇篇勿勿乎似而非也可證案此本
禮記恍惚以與神明交固通但忽字从勿廣雅釋
詁忽疾也疾正遽之義可假借也○大戴禮曾子
立事篇君子終身守此勿勿也盧注勿勿猶勉勉
王伯申曰盧以勿勿爲勉勉義本禮器祭義注非
此所謂勿勿也此言勿勿者猶忽忽也晏子春秋
外篇忽忽矣若之何㦃㦃矣若之何忽忽㦃㦃皆

憂也。史記梁孝王世家意忽忽不樂。忽與勿聲近而義同。上文君子終身守此悒悒。又曰君子終身守此憚憚。下文君子終身守此戰戰。悒悒憚憚勿勿戰戰。皆憂懼之意。後曾子制言篇君子無悒悒於貧無勿勿於賤。無憚憚於不聞。是其明證矣。

冄部

毛冄冄也。象形。

借那。已見邑部。○離騷。老冄冄其將至兮。段謂此借冄冄爲冘冘也。案冄或作苒。文選悼亡詩荏苒冬春謝。注。冄冄歲月流貌也。蓋卽離騷之義。艸部

無茸字。冄借冘者。楊雄羽獵賦。三軍芒然。窮冘閼與。孟康曰。冘。行也。如淳曰。冘。㑬怠也。言入歲月之行怠忽不覺也。冘。余箴切。與冄韻部可通也。冘已見五篇冂部。○廣雅釋訓。冄冄。進也。王懷祖曰。吳語。日長炎炎。韋昭注。炎炎。進皃。炎與冄聲相近。是炎可爲冄之通借。

而部

而。頰毛也。象毛之形。周禮曰。作其鱗之而。

而字經傳多假借爲語詞。或爲然。儀禮聘禮記。君還而后退。注。而後。猶然後也。或爲如。易象下傳。用晦而明。虞注。而如也。左氏昭四年傳。牛謂叔孫見仲而何。注。而何。如何也。或爲若。周禮旅師而用之。注。而讀爲若。聲之誤也。若已見艸部。如見若下。或爲乃。禮記檀弓而曰然。注。而猶乃也。乃已見乃部。或爲汝。小爾雅廣詁。而汝也。凡經傳所用甚多。汝亦見若下。乃下。或省作女。中庸抑而强與。注。而之言女也。女即汝矣。○易屯宜建侯而不寍。釋文。鄭讀而曰能。淮南原道訓。行柔而剛。用弱而强。注。而能也。是以而爲能之假借。段謂古音而與能同。

耏 罪不至髡也。重文爲耐。云諸法度字从寸。

禮運故聖人耐以天下爲一家注耐古能字此以耐爲能之假借耐有忍義詩漸漸之石箋豕之性能水釋文能本作耐漢書食貨志能風與旱鼂錯傳其性能寒趙充國傳漢馬不能冬注並云能讀曰耐則又以能爲耐之假借矣

豕部

豕彘也竭其尾故謂之豕象毛足而後有尾讀與豨同古文爲豕

下豨字云豕走豨豨也古有封豨脩蛇之害左傳申包胥曰吳爲封豕長蛇史記天官書奎曰封豕

漢書天文志作封豨。爾雅釋草。菥蓂。豕首。疏云。江東呼爲豨首。是豨與豕本相通借。故讀同。

豰小豚也。

左傳。晉有先豰。字彘子。古人名字必相配。則豰當爲豰之假借。○犬部豰。犬屬。䐿已上黃。䐿已下黑。食母猴。讀若構。郭璞上林賦注則云。豰似䶂而大。䐿以後黃。一名黃䐿。食獮猴。出北囂山。而犬首馬尾。卽獨狢也。廣韻十八藥引說文。豰。玃。亦作豰。玃。據此。豰爲小豕。與豰非一物一字也。豰。步角切。豰。火屋切。音相轉。或可假借與。

豤 懇也。

考工記。髻豤薜暴不入市。注云。豤頓傷也。本引伸之義。今本作墾。則當爲豤之假借。○漢書劉向傳。豤豤數奸死亾之誅。師古注。豤豤。款誠之意。此以豤爲懇之假借。

豢 以穀圈養豕也。

口部。圂。豕廁也。圂俗作溷。禮少儀。君子不食圂腴。注。周禮圂作豢。謂犬豕之屬。食米穀者也。是以圂爲豢之假借。段謂豢以人之豢養而言。圂以牢中溷濁而言。即不改字亦通。○莊子人間世。荀子及古今人表之關龍逢。王符潛夫論志氏姓作豢龍。據左傳有豢龍氏。則關當爲豢之假借也。

豖　豕絆足行豖豖也。从豕繫二足。孟子。如追放豚。旣入其苙。又從而招之。注。招。罥也。罥之謂絆其足。則招當爲豖之假借。豖與招音相近。

豦　鬬相丮不解也。从豕虍。豕虍之鬬不解也。司馬相如說。豦封豕之屬。一曰虎兩足舉。據淮南子注。梟羊遽類。上林賦。擽蜚遽。遽當爲豦之假借。遽已見辵部。

豙　豕怒毛豎也。一曰殘艾也。

殳部毅，妄怒也。一曰決也。故錢謂此殘艾字亦與毅通用。

希部

㣇　脩豪獸。一曰河內名豕也。从彑，下象毛足。讀若弟。籒文爲□，古文爲□。

爾雅釋獸：貄，脩豪。貄即㣇之或體。段謂或作肆者，假借字也。

豪　豕鬣如筆管者。出南郡。籒文爲豪。

史記自序：穆公思義，悼豪之旅。索隱曰：豪即嚆之異音。是豪爲嶠之假借。○書旅獒序釋文。獒。馬作豪。鄭注。獒讀曰豪。鹵戎無君。名強大有政者爲酋豪。國人遣其酋豪之長來獻見于周。案此注乃王西莊尙書後案所輯古說。是獒當爲豪之假借。若犬部獒云。犬知人心可使者。引左氏宣二年傳。公嗾夫獒。東晉古文以借字爲正字。譌爲此篇。實不足憑也。○漢書食貨志。不得豪奪吾民矣。注。豪謂輕侮之也。字本作勢。力部勢。健也。讀若豪。是勢爲豪傑正字。豪乃勢之假借。○禮記經解。差若豪氂。釋文。豪依字作豪。段謂凡言豪俊豪毛。皆豪字引伸之義。今豪俊字从豕。豪毛字从毛。○莊子秋水篇。游于豪梁之上。釋文豪本亦作濠。濠字水部所無。蓋即借豪字爲之。

彙 蟲似豪豬者。重文爲蝟。俗亦作猬。易泰卦。拔茅茹以其彙。鄭云勤也。以爲謂之假借也。案爾雅釋詁。謂勤也。詩摽有梅。迨其謂之。北門。謂之何哉。隰桑。遐不謂矣。箋皆訓謂爲勤。爾雅釋木。樸。枹者謂。檄。采薪。釋文謂舍人本作彙。絕句。檄字下屬。此又以謂爲彙之假借。彙即蝟。蝟與謂俱从胃聲。故可通。○又泰之彙字。虞注。類也。王弼注同。段以爲會之假借。會已見會部。案廣雅釋詁彙類也。則即可爲類之假借。故易疏亦以類釋之。○彙之義尚多。易釋文彙古偉字。又古文作蕢。葢本作彙。詩大雅。草不潰茂。箋云。潰當作彙。茂貌。漢書叙傳。音義引晉灼曰。彙音近卉。皆假借也。惟彙字非聲。疑形似而譌。

𧰨 希屬。古文爲𧰩。虞書曰。𧰨類于上帝。段謂許所據葢壁中古文也。伏生尚書及孔安國以今文讀定之古文尚書皆作肆。是𧰨當爲肆之假借。肆已見長部。

彑部

豕走也。

錢云。繫傳無此字。本作豕豖挩也。玉篇作豕走悅也。悅當是說借爲脫。即遯字。義同。漢書遂逃。即遯逃。惠徵君以爲易彖詞當作希。从絲省之肆。而非此字。其說可謂卓然矣。案。姚嚴校議亦云。彖宋本作希。即上部首字也。毛本改作彖。亦即希字。要之皆假借也。○彖从彑从豕省。本部別有彖。豕也。从彑从豕。讀若弛。多一畫。與此異。○手部掾。緣也。玉篇云。公府掾史也。段謂掾訓緣。易之卦辭曰彖。言文王緣卦以得其

義則彖者掾之假借此說亦未的蓋掾緣皆从彖
聲不應先有掾有緣而後有彖字也

豚部

小豕也从彖省象形从又持肉以給祠祀篆文爲
曲禮豚曰腯肥釋文腯亦作豚既云豚曰不應
又作豚肥蓋下豚字乃腞之形似而誤是腯爲腞
之通借腞腯音之轉腯已見辵部遁下○易中孚
豚魚吉釋文豚黃本作遯遯爲豚之假借遯亦見
遁下○穀梁桓八年傳注薦尙黍肫釋文本又作

豚。晉書王濟傳。蒸肫甚美。卽蒸豚也。肫皆爲豚之假借。肫已見肉部。○詩閟宮毛傳。毛炰豚也。釋文。字又作豘。莊子德充符。適見豘子。釋文。本又作豚。晉書謝混傳。每得一豘。以爲珍膳。豘字犬部所無。蓋豚之或體也。○廣雅。鯸鮐魨也。其肝殺人。注。正今人名爲河豚者也。魚部無魨字。當卽借豚字爲之。○石鼓文。射其猬蜀。釋文作豚。又體如肩。釋文亦作豚。猬字本書所無。疑不足據。肩或借豚。卽還詩之肩與肩已見肉部。○魏志蔣濟傳。豫作土豚。遏絕湖水。土豚者。土墩也。豚或爲墩之假借。而士部無墩字。

豸部

豸　獸長脊行豸豸然欲有所司殺形。

據爾雅豸爲蟲類而此云獸者。獸名多从豸。獸之長脊。行與無足之蟲身橢長行而穹隆其脊同。故可通借。○史記黃帝紀淳化鳥獸蟲蛾。索隱曰。蛾一作豸。正義。蛾音豸。直起反。則蛾爲豸之假借。○通廌見下卷。

貐　貏貐。似貙。虎爪。食人。迅走。

爾雅釋獸貏貐。釋文貐本作窳。文選西京賦批窳狻。薛注。窫窳也。類貙虎。是以窳爲貐之假借。窳已見穴部窊下。

貗（篆）猛獸也。

獌見上林賦。郭璞曰。獌似牛。領有肉堆。即犎牛也。獌犎疊韻字。固可通借。字亦作獌。而漢書作庸。則獌之省借矣。庸已見用部。

貀（篆）獸無前足。漢律。能捕豺貀購百錢。韓詩外傳。西方有獸名曰蟨。前足鼠。後足兔。錢云。古字通用。貀即蟨也。是蟨可爲貀之通借。蟨在虫部。

貈似狐善睡獸論語曰狐貈之厚以居

今鄉黨篇作貉豳風一之日于貉同下貉字云北方豸種孔子曰貉之爲言惡也經典多以貉爲貈之假借而蠻貊字別爲貊上有貘字云似熊而黃黑色出蜀中貊乃貘之別體亦作狛貉貊已見示部禡下貊又見茻部莫下○鼠部鼦字云鼠出胡地皮可作裘錢謂卽狐貉字則鼦亦爲貈之通借

貆貈之類

本部有貒字云獸也似豕而肥又貛字云野豕也與此貆三者各列周禮草人鹹潟用貆注貆貒也

按爾雅云。貑子。貒。或曰貆。是貒爲貆之通借。類篇又云。貆與貛同。𠆢部引爾雅。狐貍貒貑醜。貒作貛。錢云。今以貒曰狗貛。貑曰豬貛。是貛與貒通借。亦可與貆通借也。○西山經名曰毫彘。注。貆豬。吴楚呼爲鸞豬。鸞乃貆之假借。鸞已見鳥部。

貍 伏獸。似貙。

借薶。已見艸部。借犁。見牛部。○集韻有貅字。本作貍。玉篇。貅貍別名。大射儀奏貍首。注。貍之言不來也。史記封禪書。貍首者。諸侯之不來者。貅字本部所無。蓋卽借貍字爲之。音同。俗作狸。

狖 鼠屬善旋。

虫部蜼字云如母猴卬鼻長尾。周禮爾雅山海經俱有蜼字。爾雅郭注云零陵南康人呼餘。建平人呼相贈遺之遺。又音余救切。皆土俗輕重不同耳。吳都賦劉注引異物志。說狖與郭說蜼同。狖者貁之省。余幼切。是蜼可爲貁之通借。○又鼠部鼬云鼠屬。从穴聲。或讀余救切。錢謂廣雅䝤。貁也。疑卽此。則鼬與狖亦可通借。

易部

易 蜥易。蝘蜓。守宮也。象形。祕書說。日月爲易。象会易

也一曰从勿

借逷已見辵部逷下借施見㫃部○爾雅釋魚榮

螈蜥蜴蜴虫部所無蓋易之或體段謂蜴卽蜥小

雅胡爲虺蜴釋文蜴又作蜥虫部引詩正作虺蜥

則蜴乃蜥之異體也○人部傷輕也一曰交傷樂

記易慢之心入之矣注易輕易也國語貴貨而易

土注易輕也易皆傷之省借○疒部瘍脈瘍也段

謂脈瘍者善驚之病也漢書王子侯表樂平侯訢

病狂易易當爲瘍之省借○易大壯六五喪羊于

易釋文易陸作埸謂壃埸也朱子語類曰喪羊于

易不若解作疆場之場漢食貨志疆場之場正作易後有喪牛于易旅上九亦同此義王懷祖曰凡易言同人于野同人于門同人于宗伏戎于莽同人于郊拂經于邱遇主于巷末一字皆實指其地喪羊于易喪牛于易文義亦同荀子富國篇觀國之治亂臧否至於疆場而端已見矣周頌載芟傳曰畛場也漢書禮樂志安世房中歌吾易久遠晉灼曰易疆易也漢沛相楊統碑疆易不爭魏橫海將軍呂君碑愼守畺易是古疆場字多作易故說文無場字案易者平易之地也則與場亦通○公

羊僖三十二年。匹馬隻輪無反者。何注曰。隻。踦也。

糫文。隻如字。一本又作易輪。董仲舒云車皆不還。

故不得易輪轍。隻。踦也。一本作易。踦。王伯申曰。隻。

本字也。易。借字也。易古音神石反。與隻聲相近。故

借易爲隻。公羊古本蓋作易。何氏讀易爲隻。故云

易。踦也。踦與隻同義。易。踦也者。正以明易之爲隻

也。董仲舒不知易爲隻之假借。而以爲易輪轍。其

説雖於文義未安。然即此可見古本之作易矣。臧

氏經義雜記乃謂易爲誤字。又謂傳文當作踦輪。

注當作踦。隻也。非是。案易隻疊韻字。踦者。奇也。奇

亦隻也。則以義通。○管子戒篇。易牙。大戴記保傅篇論衡譴告篇俱作狄牙。案易牙管子同時人。不應誤。諸書亦多作易牙。則狄當爲易之假借。狄亦見遜下。又見羽部翟下。

象部

象，長鼻牙。南越大獸。三秊一乳。象耳牙四足之形。

人部像。象也。讀若養字之養。易繫辭。象也者。像也。釋文。像孟京虞董姚作象。凡經傳稱形象法象者。皆當爲像之省借。○太元守。象艮有守。注。象。似也。象亦卽像。故堯典。象恭滔天。史記作似恭漫天。似已見人部。○周禮掌染草。注。藍蒨象斗之屬。釋文。象本作橡。木部繇橡字。蓋即借象字爲之。

豫　象之大者。賈侍中說不害於物。古文爲[illegible]。

借荼。已見艸部。借舒。見荼下。借譽。見言部。借與。見舁部。借序。見广部。○又爾雅釋地。河南曰豫州。李注。其氣著密。厭性安舒。故曰豫。豫。舒也。釋文引春秋元命苞曰。豫之言序也。言陽氣分布。各得其處。其氣平靜多序也。此亦借舒借序之證。○禮學記。禁於未發之謂豫。說苑建本篇作禁於其未發之曰預。預字頁部所無。故凡未事而逆爲之者。如易。

君子以思患而豫防之。中庸。凡事豫則立。皆卽借豫字爲之。預亦見與下。○書五子之歌。以逸豫滅厥德。金縢。王有疾弗豫。釋文竝云。豫本作忬。心部無忬字。爾雅釋詁。豫樂也。又安也。逸豫是樂義。弗豫是安義。當皆借豫字爲之。又案心部。悆忘也。嘾也。周書曰。有疾不悆。悆喜也。所引卽金縢文。喜樂義同。豫當爲悆之假借。其作忬者。予余竝訓我。又移心於旁。遂有此異體耳。故悆字廣雅亦作悇。

說文假借義證卷十八

嘉興張鳴珂
族曾孫 同校

說文假借義證卷十九目錄

第十篇上

馬部　文百十五　證四十三

隲　馬　駒　騏　驪　驖　騂　駁　驐

驥　驍　驕　媽　駣　駕　騑　駢　驂

駟　駥　篤　驅　馮　驟　颿　駾　⿱畀馬

騫　駗　驙　騺　馻　騷　馽　駘　駔

騶　驛　騰　駉　駃　騠　騱

廌部　文四　證三

廌　薦　灋

鹿部 文二十六 證八

鹿 麟 麛 麋 麐 麇 麃 麗

麤部 文二 證二

麤 䴥

㲋部 文四 無證

兔部 文五 證四

兔 冤 娩 㕙

莧部 文一 證見艸部莧下

犬部 文八十三 證二十九

尨 狡 獫 猗 默 𤞞 㺒 狠 猲

火部 文百十二 證三十七

焜 焌 㷉 然 烈 炪 烰 熯 𤎅

爚 爆 熇 烄 羙 燋 烓 爑 熹

炮 炙 爂 㸒 灼 焠 烸 燓 爟

烖 熅 燂 㷯 燿 煇 爛 㷋 爟

熙

炎部 文八 證三

炎 㷋 燅

黑部 文三十七 證十四

黯 黶 黵 黲 黕 點 黚 黥 黮

光緒二十五年。歲在己亥。仲冬月。族曾孫藴成重校刊。

說文假借義證卷十九　　涇朱珔學

第十篇上

馬部

騭　牡馬也讀若郅

書洪範惟天陰騭下民馬注騭升也此以騭爲陟之假借○方言郅登也魯衛曰郅郭注爾雅引之郅作騭是郅爲騭之轉借○洪範某氏傳騭定也蓋謂騭爲質之假借廣雅釋詁質定也質見貝部

馵　馬一歲也从馬一絆其足讀若弦小徐作絃非一曰若環

爾雅釋嘼元駒釋文元字林作駥音同廣韻駥胡涓切馬一歲是以元爲駥之假借但本部無駥字當即馬之或體蓋字林始變馬爲駥也○錢云馽即絆字詩傳重足曰絆釋名作靽云拘使半行不得自縱也左傳靷靽應作此是絆與靽皆可爲馽之通借

駒　馬二歲曰駒三歲曰駣

詩陳風乘我乘駒釋文作驕引沈重云或作駒案詩駒字四見惟角弓老馬反爲駒用駒之本義而漢廣株林皇華三篇義皆當作驕其改作駒者殆

以駒與蔞株濡諏爲韻。驕則非韻耳。段謂驕之本字音在二部。於四部合韻。不必易字也。則駒驕蓋雙聲。駒亦可爲驕之假借矣。○周禮廋人教駣攻駒。本部無駣字。不應於解中出之。段疑周禮故書本作兆。或借羊部挑爲之。

騏

馬青驪文如博棊也。如博棊當作如綦。段依七發注一切經音義改。

借祺。已見示部。借璂。見玉部。○書顧命四人綦弁。釋文。綦。馬本作騏。詩鳲鳩其弁伊騏。周禮弁師注引作伊綦。騏當爲綦之假借。○荀子性惡篇驊騮騹驥。注騹讀爲騏。謂青驪文如博綦。本部無騹字。

當爲騏之或體。驔騏音之轉。

驪 馬深黑色。引伸爲凡黑色之偁。

借犂。已見牛部借離。見隹部。又凡黑色字亦假黎爲之。俱前見。○漢書地理志秦曰驪邑。史記始皇紀作麗邑。又詩渭陽序晉驪姬。左氏宣二年傳穀梁僖十年傳俱作麗姬。麗蓋驪之省借。麗亦見離下。若淮南說林訓作孋姬。則或體也。○漢書平帝紀定婚禮立軺併馬。服虔曰。併馬驪駕也。爲伉儷之義。木部楢下讀若驪駕是也。則驪可爲儷之假借。儷已見隹部離下。

驖 馬赤黑色。詩曰。四驖孔阜。

月令。駕鐵驪。注。鐵驪色如鐵。鐵當爲驖之假借。○

漢書地理志。車轔四戴。小戎之篇。戴乃驖之省借。

騂 馬頭有白發色。

廣韻釋其義曰。騂䮴。馬行。與玉篇同。文選東京賦

作牛漢。蓋假借字。

駁 馬色不純。

下駁字云。獸如馬。倨牙食虎豹。邵瑤圖曰。近代字

書多謂駁與駮同。而經典頗有別。如易說卦傳。乾

爲駁馬。詩東山。皇駁其馬。爾雅釋畜。駵白駁。皆作

駮。詩晨風。隰有六駮。毛傳。駮如馬。倨牙。食虎豹。爾雅釋畜郭注引山海經。有獸名駮。如白馬。黑尾。倨牙。音如鼓。食虎豹。皆作駮。是也。然詩有客。鄭箋。故言亦駮而美之。指白馬而言。義當作駮。而今作駁。爾雅釋木。駁赤李。因李青子赤而言。駁乃正字。而釋文云。駁字亦作駮。則舛亂矣。案駁駮聲同形尤近。故駮可爲駁之假借。非必誤也。又有客釋文。駁雜也。太[元]睟云。冥駁冐睟。注。駁不純也。是亦借駮爲駁。○附案。詩之六駮。毛傳爲獸。然以上章及此章苞櫟例之。殊不倫。陸氏詩疏云。駮馬。木名。梓榆也。說當是以獸名爲木名。亦假借也。

駿 駿馬。以壬申日死。乘馬忌之。

大射儀注。騶夏亦樂章也。段謂騶夏蓋取翱翔之意。則騶與翱亦可通借。○又云。凡奇士儁豪俊者。可作騶俊。如尙書。嫯可爲酋豪字也。是騶亦豪之通借。豪已見希部。

驥 千里馬也。孫陽所相者。天水有驥縣。

案地理志。天水郡冀縣。不作驥。左傳。冀之北土。馬之所生。亦不卽儁馬爲冀也。此驥縣字或爲冀之假借。

驍　良馬也。詩曰。驍驍牡馬。

魯頌。駉駉牡馬。釋文。駉說文作驍。段謂堯聲同聲相去甚遠。惟大雅崧高四牡蹻蹻。傳云蹻蹻壯皃。魯頌泮水傳。蹻蹻言彊盛也。此處當是引詩崧高作四牡驍驍。而轉寫致譌。蹻驍音義近。固可通借。蹻已見夭部嬌下。○廣韻。驍驍武也。漢書有梟騎。後漢劉焉傳注。梟卽驍也。是梟爲驍之假借。梟已見県部。

驕　馬高六尺爲驕。詩曰。我馬維驕。皇華篇作駒。當是驕見前。一曰。野馬。

驕之引伸爲凡驕恣字今旁義行而本義廢矣○詩抑毛傳蹻蹻驕貌則蹻亦驕之通借○樂記齊音敖辟喬志注喬音驕坊記富斯喬釋文喬本作驕中庸居上不驕釋文驕亦作喬喬皆爲驕之省借若詩甫田維莠驕驕揚子修身篇作喬喬則驕又喬之假借喬已見木部橋下○後犬部獢云猲獢也引爾雅短喙犬謂之猲獢秦風作歇驕蓋猲獢二字之假借○北山經晉水多鮆魚食之不驕注驕或作騷騷臭也則驕爲騷之假借○女部嬌驕也心部怚驕也皆驕之旁義今俗作嬌憍○公

羊僖四年傳袁僑如。釋文僑一作驕。案春秋時多名僑如者。驕當爲僑之假借。

䮅 馬赤鬣縞身。目若黃金。名曰吉皇之乘。周成王時犬戎獻之。春秋傳曰。媽馬百駟。畫馬也。西伯獻紂以全其身。案所引傳見左氏宣二年。今傳作文馬。許以爲畫馬。則非周書之媽馬也。此處字亦作媽。當爲文之假借。若海外西經奇肱之國乘文馬。注文馬卽吉量也。文又爲媽之省借矣。

駜 馬肥盛也。詩曰。四牡駜駜。

段謂魯頌駉駉牡馬釋文駉說文作駫同此處當是引作駫駫牡馬玉篇駫古熒切駉同案彼毛傳云良馬腹榦肥張也與許解正合則駉當爲駫之假借

駕 馬在軛中也籀文爲𩣪

中山經青要之山北望河曲是多駕鳥注駕宜爲鴐是以鴐爲駕之假借左氏定元年傳榮駕鵝古今人表作鴐鳥部無鴐字然已見子虛賦○借假已見人部

驂 驂旁馬

左氏襄十年傳盜殺鄭公子騑公羊作斐案公子騑字子駟見襄八年傳則斐當爲騑之假借斐已見文部○少儀車馬之美匪匪翼翼釋文匪讀爲騑是匪爲騑之假借匪亦見斐下又見竹部篚下

駢　駕二馬也

借骿已見骨部○論語駢邑三百地理志臨朐有伯氏駢邑郡國志作郱邑邑部郱地名駢當爲郱之假借○春秋元命包禹之時民大樂其駢注駢讀曰頻頻猶竝也竝正駢之義駢頻雙聲字可爲通借頻已見目部矉下又見比部○史記高祖功

臣侯年表。以駢鄰從索隱。曰駢鄰。猶比鄰也。比音毘。與駢音近。故可通借。

驂 駕三馬也。

左氏文十八年傳。齊懿公使閻職驂乘。史記張釋之傳。召釋之參乘。漢書作驂。孫叔敖碑。自曹臧孤竹。吳札子罕之倫。不能驂也。郎中郭君碑。追顏驂冉。參皆作驂。驂本从參。故可通借。

駟 一乘也。

小雅四牡。騑騑。儀禮既夕疏引作駟牡。左氏定十年傳。公子池有白馬四。漢書五行志引作白馬駟。

又詩大明駟騵公羊隱元年疏作四騵秦風駟驖本部作四驖蓋駟本四馬故通借惟樂記夾振之而駟伐注駟當爲四聲之誤也此則駟爲假借字耳

駊 駊騀馬搖頭也

段謂駊騀於頗俄皆近則可通借頗見頁部俄見人部○楊雄甘泉賦崇邱陵之駊騀注與岥峩義通峨見俄下岥山部所無

篤 馬行頓遲也

書微子之命曰篤不忘釋文本又作竺二部竺厚

也。篤本竺之假借。今經傳訓厚之字皆作篤。篤行而竺廢矣。篤竺俱已見㞢部毒目部督下。又左氏昭廿二年傳司馬督。古今人表作司馬篤。亦同音通借也。

馺 馬行相及也。讀若爾雅小山馺。

馺。爾雅作岌。山部所無。當卽借馺字爲之。以馬之行狀山勢。如西京賦馺娑駘盪。皆以馬行皃臺之高也。

馮 馬行疾也。

段謂馮字引伸之義爲盛也大也滿也懣也皆畐

字之合音叚借畐者滿也見畐部案馮義輾轉他用而本義廢矣○莊子盜跖篇富人侅溺于馮氣釋文馮音憤是馮爲憤之假借案馮在東韻唐韻集韻俱音逢與憤近○段又云凡經傳馮依字皆當爲凭之假借俗作憑非也凭已見几部𠘨下○易泰卦詩小雅及論語之馮河皆當爲淜之假借水部淜無舟渡河也玉篇淜古文馮今直不知有此字

驟　馬疾步也

段謂今字驟爲驟疾之詞古則爲屢然之詞凡左

傳國語言驟者皆與屢同義。如宣子驟諫。公子商人驟施於國是也。是驟可爲屢之通借。驟屢亦音轉。○淮南原道訓。縱志舒節。以馳大區。可以步而步。可以驟而驟。注。驟音趨。是驟爲趨之假借。趨已見走部。○曲禮。車驅而騶。注。騶音驟。是以騶爲驟之假借。騶亦見趨下。

驟 馬疾步也。

玉篇釋颿字又云。風吹船進也。左思吳都賦。樓船舉颿而過肆。劉注。颿者。船帳也。是今之帆。古祇借颿爲之。颿从風聲。風本从凡聲也。但釋名釋船云。

隨風張帳曰帆。帆，汎也。使舟疾汎汎然也。劉熙漢人，已云爾。杜注左傳亦用此字，則其來已久矣。

駾 馬行疾來皃也。詩曰：昆夷駾矣。

孟子梁惠王下注作昆夷兌矣。兌蓋駾之省借。○文選魯靈光殿賦張載注作昆夷突矣。案緜詩毛傳：駾，突也。箋亦云：混夷惶怖驚走，奔突入柞棫之中。則義本通。駾、突亦雙聲字。餘見口部喙下、呬下。

馯 馬突也。

淮南氾論訓而御馯馬也。高注：馯馬，突馬也。馯乃騂之省借。玉篇馯與騂同。

騫　馬腹縶也。縶當作墊。

借騫已見衣部。○漢書酷吏楊僕傳非有斬將騫旗之實也。注騫與搴同。拔取之。案手部搴拔取也。南楚語。楚辭曰朝搴阰之木蘭。是騫當爲搴之假借。搴乃攓之省。莊子至樂篇。攓蓬而取之。方言攓取也。攓殆俗字。○廣雅釋詁騫飛也。鳥部鶱飛皃。騫當爲鶱之假借。今以飛騫字入先韻非也。○楚辭大招王虺騫只。注騫舉頭皃也。案手部舉對舉也。當從玉篇作擧。邱言切。擧也。騫乃擧之假借。○詩假樂不愆不忘。春秋繁露郊語篇作不騫不忘。

文選劉越石扶風歌惟昔李騫期。注。騫與愆通。此以騫爲愆之假借。

駗 馬載重難也。驙 駗驙也。易曰。乘馬驙如。

段謂周易屯六二。屯如亶如。乘馬班如。許所據蓋上句作駗如驙如。乘馬二字誤文。是屯當爲駗之假借。亶當爲驙之省借。屯已見屮部。○走部趁趙也。讀若塵。又趙趁也。錢云。與此義異。殆謂易上句未及馬耳。然釋文於邅如下引馬注云。難行不進之皃。正與駗驙合。則自人言之爲趁趙。自馬言之卽爲駗驙。固可通借也。又楚辭邅吾道夫崑崙。注。

邅轉也。楚人名轉曰邅。邅卽䞴。辵部與走部通。是䞴爲轉之假借矣。

驇 馬重皃也。

史記晉世家。惠公馬騺不行。騺乃驇之譌。非假借也。故秦本紀作馬驇。不誤。段謂車之前重曰摯。與此義正通。廣雅。騬駤。止也。玉篇。騬駤。馬𨇤躅不前也。駤當爲驇之或體字。

馻 系馬尾也。

段謂廣韻作馬尾結也。太[元]經。車軨馬馻。可以周天下。馻與⿱髟介音義同。則亦可通借矣。⿱髟介已見髟部。

○段又引詩駰介左傳不介馬而馳疑介即古文

駖是介當爲駖之省借介已見八部彼處亦引二

經義異可互參

騷　擾也一日摩馬

借驕已見前○史記李斯傳竈上騷除又黥布傳

大王宜騷淮南之兵漢書作宜埽淮南之衆此以

騷爲埽之假借○心部慅動也一日起也詩常武

徐方繹騷毛傳騷動也此本爾雅以騷爲慅之假

借二字義相近今騷行而慅廢矣手部搔括也吳

志陸凱傳所在搔擾更爲煩苛是以搔爲騷之假

借搔。已見又部叉下。

馽　絆馬足也。从馬。○其足。春秋傳曰。韓厥執馽前。讀若輒。重文爲䩻。

案所引左傳見成二年。今作執縶馬前。又小雅縶之維之。馽與縶爲一字。則非假借矣。○前馬字隸變爲馽。又有馵字。云馬後左足白也。从馬二其足。讀若注。隸變爲馵。易說卦震爲馵足。詩秦風駕我騏馵。此馽字隸書作馵。字各異。不相假借。

駘　馬銜脫也。

借台。已見口部。○左氏昭九年傳。魏駘芮岐畢。吾西土也。注。駘在始平武功縣。釋文。駘本作邰。案此駘既爲西土。疑卽邰之假借。邰已見邑部。若哀六年傳。遷孺子於駘。注。駘。齊邑。則非一地。不得借邰矣。○又昭元年傳。臺駘。論衡別通篇及水經注竝作臺台。台亦當爲駘之省借。○又此駘皆作平音。若漢有臺名駘盪。及春色駘蕩。則入賄韻。與本義絕不相涉。非必假借字也。

駔　牡馬也。牡當作壯。一曰馬蹲駔也。段本依後漢郭太傳注所引。改作一曰。駔。會也。○駔从且聲。篇韻皆徂古切。大徐子朗切。相傳下文別一義之音也。今駔字入養韻。

借駔。已見玉部。○周禮典瑞。駔圭璋璧琮琥璜之渠眉疏云駔讀爲組與組同聲之誤也糸部組云綬屬其小者以爲冕纓此以駔爲組之假借組亦見珇下○錢云牡馬應作牝馬爾雅釋畜牝曰騇騇即駔字耳似以騇爲駔之通借但本部所無攺牝亦無據郝蘭皋謂騇俗字當作[牜舍]廣雅[牜舍]特牡雌也則已有異義矣

馭廄御也

借趨已見丕部借鄒借郰見邑部借郰見鄒下○段謂周禮周書及詩之趣馬月令左傳謂之騶案鄭七騶注云謂趣馬主爲諸官駕說者也是趣爲

騶之假借。趣亦見趣下。又見丕下。○漢書鼂錯傳。材官騶發。注引蘇林曰。騶音馬騶之騶。此亦以騶爲騶之假借。騶巳見前。師古曰。騶謂矢之善者也。左傳作菆。音同。騶發。發騶矢以射也。蘇音失之。是又以騶爲菆之假借。菆巳見艸部。

驛 置騎也。

下駟字云。驛傳也。分言之則駟用車。驛用騎。驛駟音同。亦可通借。故今字即用駟爲驛。左氏文十六年傳注。又成五年以傳召伯宗注。傳驛也。驛皆作駟。○玉藻注云。傳遽以車馬給使者也。車謂傳馬

謂遽是遽卽驛矣驛遽音亦近故可通借遽已見

辵部○借圉已見口部

騰 傳也一曰犗馬也

上文犗馬謂之騬是騰爲騬之假借字也○月令

乃合累牛騰馬注累騰皆乘匹之名則騰亦乘之

假借乘卽椉已見桀部○水部滕字云水超涌也

小雅百川沸騰玉篇引作沸滕蓋以騰爲滕之假

借○借騰已見人部倂下彼處亦借滕也

駉 牧馬苑也詩曰在駉之野

今魯頌作在坰段謂坰或同字从古文同字詩言

牧馬在坰故偁爲从馬冋會意之解則詩之駉當作冋非必假借

駃　駃騠馬父驘子也

尸子云黄河龍門駃流如竹箭駃流快流也駃或爲快之假借俱从夬聲也

驢　似馬長耳

鄉射禮閭中注云閭獸名如驢一角或曰如驢歧蹄引周書北堂以閭閭囿非驢也曰如驢或亦可假借與○驢字不見經傳或曰秦人造之

騱　驒騱也

驒騱。野馬也。一曰。驒馬青驪白鱗。文如鼉魚也。漢
書何奴傳奇畜則橐駝驒奚。師古曰。驒奚駏驉類。
奚乃騱之省借。

廌部

解廌獸也。似山牛。一角。古者決訟。令觸不直。象形。
从豸省。

解廌字以許書爲正。廣韻引字林及漢書司馬相
如傳。弄解廌注引張揖同。太[元]難云角解豸終注。
解豸直獸也。外如廣雅釋器冠名。續漢書輿服志
蔡邕獨斷。皆以豸爲廌之假借。而獨斷與陸法言

切韻解作獬則加犬旁耳若廣雅又作貑貐乃或體也○左氏宣十七年傳庶有豸乎釋文作廌引方言廌解也正義本作豸亦引方言豸解也是郎訓廌豸爲解蓋解廌疊韻豸音池爾切又宅買切也故可通其義矣解已見角部

薦獸之所食艸古者神人以廌遺黃帝帝曰何食何處曰食薦夏處水澤冬處松柏

借荐已見艸部又段謂凡注家云薦進也者皆荐之假借案列子湯問篇穆王薦之注薦當作進薦進雙聲亦可通借進已見辵部○水部瀳云水至

也。讀若尊。周易。水洊至。習坎。又洊雷震。洊者瀳之
異文。詩雲漢。饑饉薦臻。是以薦爲洊之假借。亦卽
瀳之省借也。與荐下義可竝存。○史記五帝紀。薦
紳先生難言之。徐廣曰。卽縉紳也。又孝武紀。薦紳
之屬。索隱云。薦搢。挺也。是以薦爲縉搢之假借。搢
字在新附。○魯峻石壁殘畫象云。廌士生。廌本薦
之省借。而易豫。殷薦之上帝。釋文出廌字。竟以獸
名訓之。殊爲失義。○易觀。盥而不薦。釋文。薦王又
作𧁾。詩那箋。𧁾饌。則又敬也。釋文本又作薦。蓋𧁾
爲薦之或體。

灋刑也。平之如水，从水。廌所以觸不直者去之，从廌

去。今文爲法，古文爲佱。

經典中惟周禮作灋，餘無不用法者。廣雅釋詁廌，

灋也。疏證謂廌與灋同意，則亦可爲通借字矣。

鹿部

鹿獸也。象頭角四足之形。鳥鹿足相比，从比。

借麓巳見林部。○吳語而囷鹿空虛注圓曰囷方

曰鹿，巳見口部。鹿善聚善散，故囷同鹿，俗作簏。案

竹部簏竹高篋也，重文爲箓，是鹿當爲簏之省借，

非俗字也。○荀子成相篇，刭以獨鹿棄之江，注獨

鹿與屬鏤同。是獨鹿可爲屬鏤之假借。鹿鏤音之轉。○借轆。見止部歷下。

大牝鹿也。牝當作牡。

上麐字云牡鹿也。玉篇麟大麐也。子虛賦射麋腳麟。案此下麒字云仁獸也。麇身牛尾一角。又麐字云牝麒也。經典仁獸字皆作麒麟。惟爾雅从吝。而亦云本又作麟。如許義則麟當爲麐之假借。○文選劇秦美新炳炳麟麟。注麟麟光明也。麟與燐古字同用。是麟爲燐之假借。燐已見邑部鄰下。○左氏定九年傳注若麟爲田獲。穀梁序麟感化而來。

釋文並云麟本又作驎馬部無驎字則異體假借耳。

麛 鹿子也。

王制不麛不卵。釋文麛本作麑。玉藻麛裘青豻褎。論語作麑裘。是麑爲麛之通借。本部有麑字則不云鹿子。然从兒義正合也。○左氏宣二年傳鉏麑。古今人表作鉏麛。說苑立節篇作鉏爾。此人名不定誰爲假借。

麋 鹿屬。冬至解角。

借蘪已見艸部蘪下。借睂見眉部。○詩小雅居河之麋。毛傳。水草交謂之麋。釋文。麋本作湄。又左氏僖廿八年傳。余賜女孟諸之麋。麋並爲湄之假借。○楚辭招魂。麋散而不可止些。注。麋碎也。麋當爲糜之假借。糜已見米部。○素問氣厥論。上爲口麋。注。麋謂爛也。麋當爲糜之假借。糜亦見糜下。○米部。卷潰米也。交阯有卷泠縣。地理志。交阯郡麊泠。注。音麋。零。後郡國志同。麊疑卷之誤。或亦可假借與集韻麊與卷同。

麐 牝麒也。

詩吉日。其祁孔有。箋云。祁當作麎。麎。麋牝也。是以祁爲麎之假借。祁爲麎音者。此脂微通眞文之例。祁已見邑部。○周禮大司馬注。鄭司農曰。五歲爲慎。後鄭云。慎讀爲麎。則又以慎爲麎之假借。慎已見言部謓。覔部順下。

麇麞也。籀文爲𪊋。

公羊哀十四年傳。有麏而角者。麏與麇麏字通用。○借稛。已見禾部。借窘。見宀部。○左氏昭元年經。楚子麇卒。公穀作卷。別見貝部。又文十一年傳。楚子伐麇。公羊作圈。此人名地名。所傳各異。不定爲假借。

（篆）麠屬。小徐本作麋屬。韻會本作麐屬。

借穮。已見禾部。○詩清人。駟介麃麃。毛傳云。武貌。

此以麃爲儦之省借。儦已見人部俟下。○水部瀌

云。雨雪瀌瀌。本詩角弓語。韓詩外傳作雨雪麃麃。

麃乃瀌之省借。○詩吉日釋文。儦本又作爊。爊火

部所無。而玉篇有之。則異體假借也。

（篆）旅行也。鹿之性。見食急則必旅行。禮麗皮納聘蓋

鹿皮也。古文爲丽。籒文爲丽。

借離。已見隹部。借儷。見離下。借驪。見馬部。○艸部

䕻云。艸木生著土。引易百穀艸木䕻於地。今易作

麗乎土段謂此說字形會意之恉經當作麗然易釋文巳云說文作蘼不宜輙改是麗爲蘼之省借○辵部邐行邐邐也錢謂西京賦邐倚薛注一高一下一曲一直也大人賦容以骫麗張揖曰左右相隨貌卽邐字是麗亦邐之省借○攴部𢿱數也蓋本方言詩大雅其麗不億毛傳麗數也是麗爲𢿱之省借○士喪禮設決麗于掔注古文麗亦爲連是連爲麗之通借麗連雙聲字連巳見辵部○周禮小司寇以八辟麗邦灋注麗附也杜子春讀麗爲羅是羅爲麗之通借麗羅亦音近羅亦見連

下。又見网部。○唐韻集韻。欐音例。梁棟別名也。列子湯問篇。雍門鬻歌。餘音遶梁欐。而力命篇作居則連麗。亦見莊子秋水篇。梁麗可以衝城。是麗爲欐之省借。案木部無欐字。惟欚字云。江中大船也。段謂越絕書。欐溪城者。闔廬所置船宮也。欐欚可通用。○又集韻引蕭該說。彭蠡澤名古作彭麗。是麗爲蠡之假借。亦欐通欚之例也。

麤部

麤行超遠也。亦作粗。俗作麄。

公羊莊十年傳。觕者曰侵。何注。觕。麤也。大司馬注引作粗者曰侵米部粗疏也月令其氣高以粗呂覽粗作觕是觕爲粗之通借卽麤之通借也案角部觕角長皃讀若粗段謂觕从牛聲古蓋讀如倉經史皆譌爲觕今字別觕觕爲二觕音士角切又集韻獸角長曰衛鋤庚切或作觕衛又觕之異體耳○文選辯亡論下百度之缺粗修注粗古粗字似粗爲粗之假借案粗已見木部此粗字當是粗之形似而譌○集韻類篇有麆字音粗與麤同似麆爲麤之假借但鹿部無之惟爾雅釋獸麔下云其子麆借字亦不見他證恐未足據○樂記其聲

粗以厲。說苑修文篇引作壯以厲。此以義通。壯已

見士部。

𪋻鹿行揚土也。今省作塵。籒文爲𪋻。

書盤庚。陳于茲。疏云古者塵陳同也。段謂寘塡塵

陳四字同音。當是塡爲正字。塡者寘也。寘則安定。

寘與塡同。塵陳皆假借字。寘已見穴部。

兔部

兔獸名。象踞。後其尾形。兔頭與㲋頭同。㲋別爲部。云獸也。似兔。青色而大。象形。頭與兔同。足與鹿同。丑略切。

詩瓠葉有兔斯首。後漢書注作有菟。菟。左氏隱十一

年使營菟裘漢地理志有元菟郡又左傳楚人謂虎爲於菟竝音徒案本書無菟字當卽借兔字爲之又新附中有𪁉字方言云虎江淮南楚之間或謂之於𪁉𪁉亦通作兔漢書敘傳別作於檡檡亦木部所無○錢竹汀云娩兔當是一字漢人作森誤分之段謂未然俛从兔自是會意因於此部未補兔字云兔逸也从兔不見足會意案後子部有㝃字云生子免身也小徐曰說文無免字疑此字从𠂈省以兔身之義通用爲解免之免晚冕之類皆當从㝃省此別一說注中明出免字似可從○

禮記公儀仲子之喪檀弓免焉注免音問大傳亦云五世袒免又內則堇荁枌榆免薧注免新鮮者薧乾陳者此皆免字假借之義也

冤屈也免在冂下不得走益屈折也

段謂古亦假宛爲冤案宀部宛云屈艸自覆也重文爲惌與屈義正合冤本於袁切玉篇云大宛西域國宛亦於袁切也宛已見艸部菀下蘊下〇一切經音義古文冤惌二形今作怨同則怨亦可爲冤之假借矣〇又案宛與冤俱有惌形是知其通也

𡝩兔子也。一曰㚟疾也。

爾雅釋獸。兔子㚟。㚟本或作𡝩。女部𡝩㚟生子齊均也。是𡝩爲㚟之假借。

㚟疾也。

玉篇廣韻皆曰急疾也。今作趯。少儀毋拔來毋報往。注云報讀爲赴疾之赴。案赴趯皆卽㚟字。是可通借。今字㚟趯俱廢矣。

犬部

尨犬之多毛者。詩曰無使尨也吠。

借蒙。已見艸部茸下。借牻。見牛部。○此所引詩召南文御覽六百九十六作無使龐也吠广部龐高屋也龐卽龐是以龐爲尨之假借○周禮牧人凡外祭毁事用尨可也注故書尨作庬杜子春云庬當爲尨謂雜色不純广部庬則曰石大也是庬當爲尨之假借庬亦見艸部蒙下○易說卦傳震爲龍鄭注作尨云取日出時色雜也又攷工記玉人上公用龍司農注作尨謂雜色是以龍爲尨之假借韻部通也故左氏襄四年傳尨圉古今人表作庬圉史記夏本紀正義作龍圉○周禮巾車駹車雚蔽注故書駹作龍杜子春云龍讀爲駹是以龍

爲騩之假借案馬部騩馬面顙皆白也則騩仍當爲尨之轉借矣

狡 少犬也匈奴地有狡犬巨口而黑身

樂記血氣狡憤釋文狡本作交釋名狡交也與物交錯也是義可通借交已見人部佼下○莊子大宗師美妖釋文引崔本作狡狡當爲妖之假借實則姣之轉借也姣亦見佼下

獫 長喙犬也一曰黑犬黄頭

詩采薇玁狁之故釋文玁本作獫又韓奕爲獫狁所追釋文獫本作玁此處祇作獫則玁乃或體非

假借也本部亦無猶字故漢書匈奴傳作猶尤

猗、犗犬也

借兮已見兮部○猗有用爲歎詞者詩齊風猗嗟昌兮與周頌猗與漆沮商頌猗與那與同猗之爲歎辭似當爲吁之假借吁猗音近吁已見言部謌下訏下若齊風釋文猗或作欹則又轉借矣○衞風毛傳猗猗美盛皃檜風傳猗儺柔順也集韻猗或作阿猗儺字見木部橠下又詩小雅有實其猗鄭箋猗倚也是以猗爲倚之假借倚已見人部王伯申曰毛傳訓猗爲長無所指實箋云畎谷旁倚

何得卽謂之倚猗當讀爲阿古音猗與阿同故通用漢外黃令高彪碑稽功猗衡卽商頌之阿衡也魯頌實實枚枚傳曰實實廣大貌有實其阿者言南山之阿實然廣大也阿爲山隅乃偏高不平之地而其廣大實然亦如爲政不平之師尹勢位赫赫然也此與大雅有卷者阿文義正相似是皆以猗爲阿之假借○詩伐檀河水清且漣猗下二章猗字同釋文猗本亦作漪乃水部所無蓋猗仍爲兮之假借耳○衞風猗重較兮釋文猗依也又漢書孔光傳猗違者連歲卽依違也猗皆依之假借

依亦見人部○小雅猗于畒丘毛傳猗加也是以猗爲加之假借支韻有入歌部者歌麻本通○豳風猗彼女桑毛傳角而束之曰猗猗疑爲掎之假借索手部掎偏引也小雅伐木掎矣左傳譬如捕鹿晉人角之諸戎掎之義可通

默犬暫逐人也讀若墨

借穆已見禾部○漢書竇嬰傳墨墨不得志墨墨與默默同是默爲墨之通借默已見冃部冒下墨亦附見

獿獿也獿犬獿獿咳吠也

樂記獶雜子女釋文乃刀反依字亦作猱案夊部夒貪獸也一曰母猴詩小雅作猱毛傳猱猨屬是猱可爲獿之假借○錢云莊子膠膠擾擾應作此依玉篇字同擾是擾可爲獿之通借擾已見牛部獿下

狠 犬門聲彳部很不聽從也一曰行難也一曰盭也許書與狠義别今俗用狠爲很以形近假借耳

獡 犬獡獡不附人也南楚謂相驚曰獡讀若愬式略切讀如朔

集韻。猲。本作猚。七約切。少儀。乃問犬名。注。若韓盧宋鵲之屬。正義謂桓譚新論云。犬道韓盧宋猚。猚鵲音同字異耳。本部無猚字。猚即猲。則鵲爲猲之假借也。鵲已見烏部舄下。○後立部踖云。驚皃七雀切。與方言之相驚曰猲音義同。可爲通借。

獚 犬獚獚不可附也。漁陽有獚平縣。

段謂呂氏春秋。荆文王得茹黃之狗。說苑作如黃。廣雅犬屬有楚黃。廣韻作楚獚。經典釋文作楚獚。實一字也。據此。獚爲獚之省。黃又爲獚之省。皆可通借矣。○下猛字云。健犬也。後漢光武紀。又驅諸

猛獸注猛或作獷是獷爲猛之通借獷古猛切

狧　犬食也讀如比目魚鰈之鰈

漢書吳王濞傳狧穅及米史記狧作䑛舌部䑛以舌取食也重文爲䑛段謂䑛食爾反狧則讀如荅異字異音而同義故亦可通借也○案集韻狧或作猎玉篇狧作猎同䑜䑛本神紙切或作舐皆異體耳

狎　犬可習也

引伸爲凡相習之偁詩芄蘭能不我甲毛傳甲狎也韓詩作能不我狎又書多方因甲于內亂正義

云。鄭王皆以甲爲狎。是甲爲狎之省借。

狃 犬性驕也。驕，段本作忕。小爾雅廣言。狃，忕也。

荀子議兵篇。忸之以慶賞。注。忸與狃同。書五子之歌。顏厚有忸怩。忸心部所無。葢卽借狃字爲之。故晉書音義云。忸當作狃也。○左傳定五年。公山不狃。今論語作公山弗擾。則擾與狃可通借。擾已見上擾下。

㹤 多畏也。杜林說。㹤从心。作怯。

今字皆用怯。㹤之通怯。與狃之爲忸同。○史記廉頗藺相如傳。然士或怯懦。集解引徐廣。一作㥦懦。

愜當爲怯之假借。

獜　健也。詩曰。盧獜獜。今詩作令令。毛傳。纓環聲。許作獜。蓋取諸三家。獜令音同。而義各異。不得爲假借。玉篇亦作獜。

戾　曲也。从犬出戶下。戾者身曲戾也。弦部盭。弼戾也。从弦从盭。盭了戾之也。讀若戾。今乖戾字皆當爲盭之假借。史記漢書多用盭字。又素問五常政大論。戾了。戾也。戾當爲盭之假借。又有媧字。云不成。遂急戾也。讀若瘞錢。謂此違戾字。則媧亦戾之通借。○艸部。莨。艸也。可以染留黃。漢書匈奴傳下。黃金璽綬注。戾草名也。後漢南匈奴傳注亦云。盭草名。以戾草染綬。因以爲名。是戾與盭皆爲[艸/戾]之假借。○糸部綟帛戾艸染色也。續漢輿服志下。諸國貴人相國皆綠綟注。綟亦作盭音同也。是綟亦盭之通借。注又引徐廣曰。綟草名也。綟又[艸/戾]之通借矣。○大學一人貪戾。鄭注。戾之言利也。依上文言財則戾當爲利之假借。利已見刀部。注又云戾或爲吝。此自異義非借音也。吝已見口部。

獨　犬相得而鬥也。羊爲羣犬爲獨。一曰北嚻山有獨

貐獸如虎白身豕鬣尾如馬

方言云一蜀也南楚謂之獨爾雅釋山獨山蜀管子形勢篇抱蜀不言猶抱獨也是蜀爲獨之省借○周禮秋官序官壺涿氏司農注獨讀爲濁是以獨爲濁之假借又序官蝈氏疏獨音與涿相近書亦或爲濁濁已見口部噣下○又借屬見前鹿部下

禰秋田也重文爲祢宗廟之田也故从豕示

爾雅釋天秋獵爲獮釋詁云獮殺也獮蓋𤢺之省前示部有禰字在新附中繫傳云禰秋畋也玉篇

又出𤣥字，亦作禰。郝謂作禰是也。禰从示爾聲，與此从𤣥聲者音近義同，是禰可爲𤣥之通借。案重文𤣥正从示，則禰之从示非無據，故鈕氏疑𤣥當是祢也。○獮借省，已見㣇部。

獵　放獵逐禽也。

荀子議兵篇，不獵禾稼。注，獵與躐同。足部無躐字，惟䟴下云，步行獵跋也。則獵即今之躐字。豳風毛傳，跋，躐也。是躐獵通借。

獠　獵也。

爾雅釋天，宵田爲獠。釋文，獠或作燎。宵田必持火，故詩伐檀正義引郭注云獠猶燎也今之夜獵載鑪照者也是燎爲獠之通借○集韻獠西南夷名或作獠豸部無獠字蓋卽借獠字爲之○又伐檀箋云宵田曰獵不言爲獠郝謂獠獵聲轉義同故鄭引獠卽作獵是獠亦與獵通借也

獻 宗廟犬名羹獻犬肥者以獻之引伸爲凡薦進之偁

借犧巳見牛部借莎見犧下又周禮司尊彝獻尊釋文獻本或作戲注作犧同禮器釋文亦云獻本作戲蓋獻本通犧犧又轉借戲也若風俗通皇霸篇戲者獻也則以戲爲獻之通借矣獻戲雙聲字

戲亦見犧下。又見兮部羲。口部呼下。○論語。文獻鄭注。獻。猶賢也。段謂獻可以訓賢者。司尊彝。獻酌鄭司農云。獻讀爲儀。書大誥。民獻有十夫。伏生大傳作民儀。咎繇謨。萬邦黎獻。漢孔宙碑。費鳳碑。斥彰長田君碑皆用黎儀字。班固北征頌亦用民儀字。是以獻爲儀之通借。案明堂位。周獻豆。疏云。獻音娑。娑是希疏之義。大射儀。兩壺獻酒。注。獻讀爲沙。沙卽娑音。儀則本俄音也。儀已見人部。○內則。其一獻之州史。注。獻猶言也。此以獻爲言之假借。但獻本訓進。卽作進義亦可通。○文選景福殿賦

注引孟子劉注云獻猶軒軒在物上之稱也是以獻爲軒之通借○周禮庖人賓客之禽獻注獻古文爲獸杜子春云當爲獻此疑形近致異非必假借

狾　狾犬也春秋傳曰狾犬入華臣氏之門

今左氏襄十七年傳作瘈狗入于華臣氏又哀十二年傳國狗之瘈杜注瘈狂也瘈蓋狾之通借廣部無瘈字當從此作狾集韻或作猘與狾同

狂　狾犬也古文从心作㤮

書微子我其發出狂史記宋世家狂作往集解引

鄭注云我其起發出往也是狂爲往之假借○水經注泗水篇又東合黃水時人謂之狂水蓋狂黃聲相近也是狂爲黃之假借○爾雅釋鳥狂茅鴟又狂寢鳥集韻作鵟亦作𤟹此本書所無乃異體耳

類　種類相似唯犬爲甚

借頪已見示部○頁部頪難曉也一曰鮮白皃从粉省段云難曉謂相似難分別也頪類古今字是頪爲類之通借後類行而頪廢矣○糸部纇絲節也左氏昭十六年傳刑之頗類服虔讀類爲纇云

不平也。是類爲類之假借。○南山經亶爰之山有獸焉。其名曰類。注。或作沛。案類字从犬。故名沛从市聲。與類音近。疑沛爲類之假借。○楚語齊桓晉文以類德音。類善也。王伯申曰。類之言率也。率循也。言其心常循乎德音也。下文觀射父曰使心率舊典爲之宗。語意與此同。率與類古同聲同義。而字亦通用。攷工記梓人注。是取象率。譸率音類。本又作類。又音律。凡釋文內率字之音多如此。是類爲率之假借。率已見率部。

狄　赤狄。本犬種。狄之爲言淫辟也。

借逖。已見辵部。借遏。見逖下。借翟。見羽部。借翯。借剔。見彡部鬄下。借易。見易部。○周禮秋官序官象胥注。西方曰狄鞮。疏云。狄即敵也。是狄爲敵之通借。○樂記狄成滌濫之音作。疏云。狄滌皆往來疾速也。是狄爲滌之通借。疏又云。詩踧踧周道字雖異。與此同。則狄亦踧之通借。滌踧竝見艸部蓨下。○荀子非十二子篇。狄狄然。注。狄讀爲趯。走部。趯躍也。趯趯字見詩召南。狄當爲趯之假借。

猶　玃屬。一曰隴西謂犬子爲猶。

借猶。已見艸部。借由。見马部甹下。借欲。見欠部。○

爾雅釋詁猷道也猷由音同繇由釋詁繇道也故
詩巧言秩秩大猷漢書敘傳作大繇繇已見辵部
邎下案猷卽猶今字分猷謀字犬在右語助字犬
在左經典無此例○檀弓詠斯猶注云猶卽繇古
今字耳釋詁繇喜也注又云猶當爲摇聲之誤也
秦人猶摇聲相近摇謂身動摇也是以猶爲繇之
假借亦爲摇之假借矣摇已見玉部瑶下又集韻
䚻或作猶是亦借字䚻已見言部○詩斯干箋鼓
鐘其德不猶箋竝云猶當作瘉是以猶爲瘉之假
借斯干疏云猶瘉聲相近○爾雅釋獸猶如麂善

登木。釋文。猶舍人本作𪈌。郭音育。𪈌與猶音轉。𪈌當爲猶之假借。○莊子大宗師。而我猶爲人猗。釋文。猶崔本作獨。此以義可通借。其音則猶之借獨。卽猶之借𪈌也。獨已見上。

狙

玃屬。一曰。狙犬也。暫齧人者。一曰。犬不齧人也。史漢竝傳狙擊秦皇帝。伏虔應劭徐廣皆曰。狙伺也。方言。自關而西曰㯻。或曰狙。郭注亦云。狙伺也。此以狙爲覰之假借。故周禮蜡氏注。蜡讀如狙司之狙。狙司卽覰伺也。見部覰。拘覰。未致密也。上覞字云。覞覰。闚觀也。俱窺伺之義。

獌　狼屬。爾雅曰。貙獌似貍。

釋獸。貙獌。郭注。今山民呼貙虎之大者爲貙豻。是謂二條一物。則豻可爲獌之通借。豻已見干部及屵部岸下。若郭注子虛賦。蟃蜒大獸。似貍。長百尋。因獌通蟃。而以西京賦巨獸百尋者合爲一。殆非。

猋　犬走皃。

後風部飈。扶搖風也。爾雅釋天。扶搖謂之猋。郭注。暴風從下上。漢書五行志。厥風大猋發屋。注。猋。疾風也。是猋爲飈之省借。○又禮月令。猋風暴雨總至。注曰。風爲猋。釋文。猋本又作飄。是以猋爲飄之假借。飄巳見㫃部旟下。

㹜部

獄司空也。復說。獄司空。段謂上空字衍。司卽今之伺字。獄从㹜者。㹜語斤切。兩犬相齧也。與下獄字从二犬正同。案玉篇獄字注云。察也。今作伺覗。是伺覗爲獄之通借字。獄息茲切。

鼠部

鼠穴蟲之總名也。象形。爾雅釋詁。寫繇憂也。郭注。有憂者思散寫也。王伯

申曰有憂者待於散寫不得卽以寫爲憂邶風泉
水篇駕言出游以寫我憂散寫之謂也若卽以散
寫之寫爲憂則是以憂我憂矣其可通乎寫當讀
爲鼠小雅雨無正篇鼠思泣血箋曰鼠憂也義本
爾雅鄭所見本蓋作鼠故據以釋經耳寫字古讀
若零露湑兮之湑與鼠字聲近而通是以寫爲鼠
之假借鼠或作癙爾雅上文癙病也釋文引舍人
注癙心憂憊之病也癙爲憂憊之病故又訓爲憂
小雅正月篇癙憂以痒傳曰癙痒皆病也痒既訓
病則癙不得復訓爲病癙與憂連文癙亦憂也㾓

憂猶鼠思耳。案疒部無癙字。癙即鼠之通借。○史記灌夫傳首鼠兩端。後漢鄧訓傳首施兩端。注首施猶首鼠也。西羌傳亦作首施。是以施爲鼠之假借。施音弛。與鼠音轉。施已見㫃部。

鼢　地行鼠。伯勞所作也。一曰偃鼠。重文爲蚡。

莊子逍遙游。偃鼠飲河。正字通作鼴。俗作鼹。陶隱居云。鼹鼠一名隱鼠。蓋偃之言隱也。皆音近通借字。若方言謂之犁鼠。犁即犁字。乃別名耳。○周禮草人。墳壤用麋。故書墳作蚠。鄭司農云。多蚠鼠也。是以墳爲蚠之假借。墳蚡皆房吻切也。墳已見貝部賁下。蚡見林部棼下。

鼫 五技鼠也。能飛不能過屋。能緣不能窮木。能游不能渡谷。能穴不能掩身。能走不能先人。

詩魏風碩鼠箋云。碩大也。不言五技。非鼫鼠矣。而易晉如鼫鼠。子夏本作碩鼠。則以碩爲鼫之假借。

碩已見頁部。

鼨 豹文鼠也。籀文爲[illegible]。

爾雅釋獸。鼨鼠豹文鼮鼠。郭注讀鼨鼠屬上。鼮鼠爲類。豹文屬下。鼮鼠爲類。段謂他人讀爾雅皆豹文鼮鼠爲句。漢終軍賞攸唐辛怡諫從之。許書鼮讀鼨鼠豹文爲句，唐盧若虛從之，其是非亦難定也。許有鼨無鼮，疑爾雅六字爲一物，案冬廷音隔，似不得爲假借，惟上有鼮云鼮令鼠也，平聲與廷聲庚青合韻，或爲通借，故錢云鼮即鼮鼠字，此義可參。

鼲 鼠出丁零胡，皮可作裘。

魏志引魏略云，丁零國出名鼠皮，青昆子白昆子皮，王伯申云，昆子即鼲子也。案鼲本平昆切，故昆可爲鼲之假借，昆已見日部。○段謂今俗語通曰灰鼠，聲之轉也。如揮翬皆本軍聲，則亦可通借矣。

鼲又讀如徽。

䶂 斬䶂鼠。黑身。白膂若帶。手有長白毛。似握版之狀。

類蝯蜼之屬。

見上林西京賦。其字或作螹胡。或作獑胡。或作獑

猢。或作䶂鶘。皆同音異體通借字耳。

熊部

能 獸。似豕。山居。冬蟄。

上有能部云。熊屬。足似鹿。从肉。㠯聲。能獸堅中。故

偁賢能。而彊壯。偁能傑也。今用能字。皆假借之義。

又案左傳國語竝云。晉侯夢黃能入於寢門。韋注。

能。似熊。黃能。或作黃熊。能本熊屬。則可通借矣。其音。能爲奴登切。熊爲羽弓切。而王劭云。古人讀雄與熊皆于陵反。是舊音一也。故左傳正義引張叔反論。緜化爲熊。熊與騰蠅韻。若黃能字入於咍。爲奴來切者。音之轉。能已見口部台下。台从㠯聲。能亦从㠯聲。正相類。○左氏宣六年經。小君敬嬴。公穀作頃熊。敬已見茍部。熊嬴蓋雙聲通借字。○易繫辭正義引帝王世紀。伏羲曰皇雄氏。月令正義作黃熊。又左氏文十八年傳。仲熊。潛夫論五德志作仲雄。此同音互借也。○周禮庖人注。六獸。釋文干

注熊作狚此相傳異物非必假借狚已見豸部

火部

㷄火也詩曰王室如㷄

今汝墳詩作如燬字亦云火也引春秋傳衛侯燬

燬爲㷄之通借段謂燬㷄實一字

焌然火也周禮曰遂籥其焌焌火在歬以焞焯龜

春官菙氏曰凡卜以明火爇燋遂龡其焌契以授

卜師注杜子春云焌讀如英俊之俊書亦或爲俊

後鄭讀如戈鐏之鐏此似但擬其音而正義謂讀

爲俊者意取荊樵之中英俊者爲楚焞用之灼龜

也讀爲鍥者意取銳頭以灼龜也易讀如作讀爲
則俊與鐫亦可爲焌之通借矣俊已見人部
尞 今作尞 柴祭天也从火从㫗㫗古文愼字祭天所以
愼也
下燎字云放火也書盤庚若火之燎於原是也與
此異義木部槱積木燎之也重文爲𥛩柴祭天神
也是周禮之槱燎當作𥛩尞字可通借故漢郊祀
志尞禋有常用師古注尞與燎同燎已見犬部獠
下
然 燒也重文爲𦶜

大徐云艸部有蘸字此重出段謂當作爇或本作爇轉寫奪火耳漢五行志巢爇墮地廣韻引陸佐公石闕銘刋酷爇炭案汗簡以爇爲古文則非借字也○管子七臣七主篇當春三月萩室熯造鑽燧易火杼井易水所以去茲毒也王懷祖曰輕重已篇云教民樵室鑽鐩墐竈泄井所以壽民卽此鑽燧杼井也樵與萩古字通萩室卽樵室也公羊桓七年傳焚咸邱焚之者何樵之也樵之者何以火攻也樵室與熯竈同意熯古然字霸形篇楚人燒焫熯焚鄭地論衡感虛篇熯一炬火熯𤇾與然

同淮南天文訓陽燧見日則然而爲火華嚴經音義引然作熯說林訓一膊炭熯文子上德篇熯作然據此諸文是然熯可爲通借墐與熯字相似故熯譌作墐耳案造卽竈字已見辵部熯見下樵亦見後燋下○然假借爲語詞謂如此也故詩魏風宛然左辟人部引作宛如左辟○史記貨殖傳計然漢書敘傳作計研越絕書作計倪吳越春秋作計硯徐靈府文子注作計銒此人名皆音近通借

烈 火猛也

借列已見刀部借梸見木部借厲見列下借裂見

厂部厤下。○下㸌字云。火皃。引逸周書。味辛而不㸌。呂覽本味篇作辛而不烈。方言注亦云。痨瘌皆辛螫也。此與㸌烈並雙聲字義正同。可爲通借。又口部嘌字云。食辛嘌也。玉篇謂伊尹曰。酸而不嘌。酸乃辛之譌。則嘌與㸌烈亦同義。聲相近。假借字也。○栗烈見後仌部。

炪

火光也。類篇作火不光也。此脫字。商書曰。予亦炪謀。讀若巧拙之拙。

今盤庚篇正作拙謀。段謂許所據蓋壁中古文。以炪爲拙之假借也。

烰　烝也。詩曰。烝之烰烰。

今生民詩作浮。爾雅同。浮當爲烰之假借。○呂覽本味篇。令烰人養之。注。烰猶庖也。是以烰爲庖之假借。庖已見艸部苞。包部胞下。

熯　乾皃。詩曰。我孔熯矣。

所引詩見楚茨篇。毛傳。熯。敬也。此當以熯爲戁之假借。戁訓敬。在心部。○日部暵。乾也。耕暴田曰暵。引易。莫暵乎火。今說卦傳作莫熯。熯爲暵之通借。从火猶从日也。○詩中谷有蓷。暵其乾矣。水部引作𤅩其乾矣。釋文亦云。暵本作灘。灘𤅩一字。當爲暵之假借。即熯之假借也。

㷳火色也。讀若鴈。

韓子。齊伐魯索讒鼎。以其鴈往。段謂鴈葢贗之假借。如今之作僞古物曰燒瘢貨是也。俗作贋。鴈已見隹部雁下。

爚火飛也。一曰爇也。

下燿字云。照也。荀子致仕篇。夫燿蟬者。務在明其火。振其樹而已。呂氏春秋作爚蟬。是爚爲燿之通借。○漢書藝文志。燿金爲刃。注。燿與鑠同。謂銷也。是燿爲鑠之通借。金部。鑠。銷金也。莊子胠篋篇。釋文引司馬崔注。爚散也。散即消。與飛義亦近。又引三蒼云。爚火光銷也。則爚亦可爲鑠之通借矣。鑠或作爍。本部在新附。集韻爍音藥。本作爚。

熛 火飛也。讀若摽。

文選答賓戲其餘猋飛。景附注。猋通熛。是猋爲熛之假借。猋已見犬部○下有爂字。亦云火飛也。此與熛音義皆同。可爲通借。集韻類篇韻會二字竝合爲一。惟玉篇分載。爂隸作票○周禮草人輕爂用犬注。謂地之輕脃者。正義云。爂脃二音相近。故知爂即脃也。是以脃爲爂之假借。案此音未審。集

韻作祖𦬇切則正胞音矣○許又云與與譽同意段謂譽卽舁之或體舁訓升高火飛亦升高故爲同意案此以義通非假音也舁已見辵部遷下

熇火熱也詩曰多將熇熇

所引見大雅板篇毛傳熇熇然熾盛也繫傳引作多將嗃嗃易家人嗃嗃鄭注苦熱之意嗃字口部所無蓋卽熇之異體假借也易釋文云劉本作熇荀本作確確又熇之轉借矣確已見冂部隺石部确下○爾雅釋訓謞謞崇讒慝也疏正引板詩言部亦無謞仍當爲熇之假借耳

烄 交木然也。下有窔字。云交灼木也。讀若狡。與此音義皆同。可爲通借。但玉篇廣韻竝云窔同烄。疑本重文而誤分之。

羙 他本作羙 小爇也。詩曰。憂心羙羙。段本作如羙。謂節南山憂心如惔。古本毛詩作如羙。故傳曰。羙燔也。是惔爲羙之假借。又云。羙不从干。當从羊聲。羊讀若飪。郭璞曹憲音淫。入鹽韻。則直廉切也。今作羙者誤。○正字通曰。說文引詩憂心羙羙。今詩無此語。或是炎炎之異文。陳氏九經考異。憂心如惔。韓詩作炎。說文作𤇾。如惔如焚。韓詩。漢書並引作如炎。以此足證。案惔爲炎之假借固通。然詩亦無憂心炎炎之語也。錢本引正月篇憂心慘慘。借慘慘爲𤇾。音相近。與此處𤇾𤇾連文較合。義可參。

爑所以然持火也。周禮曰。以明火爇爑也。

借爇。已見艸部。借譙。見言部。○周禮本華氏文。杜子春曰。爑讀爲細目爑之爑。或曰如薪樵之樵。謂所爇灼龜之木也。樵當爲爑之假借。樵已見艸部。

爑下。亦見譙下。○又疏云。後鄭依音爲雀。取莊子爝火之義。爝下云。苣火祓也。呂不韋曰。湯得伊尹。

爝以爟火。是爝爲燋之通借。集韻以爲一字。非。○

內則。濡炙之舉燋。釋文出𤓰字。云又作燋。漢書霍

光傳。燋頭爛頟。皆爲焦之假借。焦已見面部𪏭下。

○淮南氾論訓。燋而不謳。注。燋悴也。一切經音義

六引三蒼。燋悴作顦顇。竝見醮下。燋乃假借字。○

士喪禮。燋火燋。釋文。燋本作爝。是以爝爲燋之通

借。音相近。爝已見尾部屬下。

烓 行竈也。煁烓也。

詩白華。卬烘于煁。毛傳。煁烓竈也。烓讀若同。煁从

甚聲音近。故煁爲炷之通借。○段謂左傳裨諶字竈。知諶卽煁字。是以諶爲煁之假借。古今人表作卑湛。湛又諶之轉借也。諶已見言部。

熹　炙也。

借熹已見喜部。○文選歸去來辭。恨晨光之熹微。注。熹亦熙字也。是以熹爲熙之通借。又漢靈臺碑。神龍所熹。以熹爲嬉之假借。熙嬉竝亦見喜下。○樂記。天地訢合。注。訢讀爲熹。熹熹烝也。疏云。訢熹聲相近。是以訢爲熹之假借。訢已見欠部欣下。○左傳。或叫于宋太廟曰。譆譆出出。杜注。譆譆。熱也。譆當爲䵻之假借。

炮 毛炙肉也。

借包。見包部。借庖。見包下。○周禮壺涿氏以炮土之鼓敺之。注。故書炮作泡。杜子春讀炮爲苞。後鄭云。炮土之鼓。瓦鼓也。案炮者燔也。瓦鼓乃燒土所爲。鄭義長。泡與苞皆當爲炮之假借。苞巳見艸部。○炮字移火於下。即爲炰。詩韓奕炰鼈鮮魚。疏引字書曰。炰毛燒肉也。又閟宮傳。毛炰豚也。周禮封人毛炰之豚。鄭注。爓去其毛而炮之。是古皆以炮炰爲一字。連毛燒之曰炮。去毛熟之亦曰炮。炮字不妨兼二義。段氏補炮注。乃判爲二。而謂炰字爲說文所佚。殆未然。○韓奕之炰。徐仙民音甫九反。大射儀注。或有炮鼈。釋文。炮或作炰。炰同缶聲。包聲古音最近。是炰與炰可爲炮之通借。○漢書楊惲傳。亨羊炰羔。注。炰。毛炙肉。卽今所謂爊也。爊已見鹿部麃下。本部無爊字。疑爲鏖之假借。金部。鏖。溫器也。則正爊物之器。與玉篇爊。溫也。亦合義。似可通借。○詩蕩篇。女炰烋于中國。毛傳。炰烋。彭亨也。箋云。自矜氣健之貌。蓋意釋其義。文選魏都賦。吞滅咆烋。注引詩。咆烋于中國。是以炰爲咆之通借。咆已見口部。嗥下。以類求之。本部無烋字。疑爲哮之假借。哮亦見口部。

衮 炮肉。以微火溫肉也。

段本依廣韻所引。作炮炙也。以微火溫肉。謂爊炮炙爲毛燒。故又足之。言不必毛燒。微火溫肉。所謂炰也。案衮兼異義。與炮之兩義正同。衮又卽炰。則與炰亦可以義通借矣。○衮从衣聲。烏痕切。乃微文通韻之例。故錢云。今俗炖字如此。

煏 以火乾肉也。籀文爲煏。

周禮籩人注。鮑者。於楅室中糗乾之。此當作煏。與詩閟宮夏而楅衡鄉射禮設楅于中庭不同木部楅云以木有所逼束也周禮釋文楅本又作偪偪爲楅之假借實則楅宜爲㷼之假借也陸氏亦誤○漢書貨殖傳注引邐人注作於煏室乾之煏卽㷼之省可爲通借○方言云凡以火而乾五穀之類隴冀以北謂之㷼㷼亦㷼之通借也

𡰥从上按下也从𡰪又持火所以申繒也

荀子禮論無帾絲萬縷翣其須以象菲帷幬尉也注尉讀爲罻是以尉爲罻之省借案网部罻捕鳥网也與帷幬竝言未審○通俗文火斗曰尉漢書

王莽傳有威斗。卽尉斗也。是威爲尉之假借。威巳見由部畏下。○漢書車千秋傳。尉安黎庶。師古曰。慰安之字本無心。蓋卽借尉字爲之。詩車舝。以慰我心。今毛傳。慰安也。釋文則云。慰怨也。韓詩作以慍我心。慍恚也。案尉慍合音。如微之通文。平去一也。怨亦音近。但其義相反。正義謂孫毓載毛傳云慰怨也。王肅曰。新昏謂褒姒也。大夫不遇賢女而徒見褒姒讒巧。故其心怨恨。據此異說。則以慰爲怨慍字之假借矣。○莊子盜跖篇。貪財而取慰。釋文。慰本作畏。慰當爲畏之假借。

灼 炙也。段本作灸。下焯字云，明也。引周書焯見三有俊心。今立政篇作灼。見。又詩桃夭灼灼其華。灼皆當爲焯之假借。○士喪禮注。所以鑽龜者。釋文。鑽一本作灼。又荀子王制篇鑽龜陳卦注。鑽龜謂以火爇荆菙灼之也。此以鑽爲灼之假借。鑽灼音之轉。○詩大明箋。徵應照晢見于天。釋文。照本作灼。案照晢宜爲昭晢。灼則照之轉借。又越絕書卷八龜山下云。以炤龜。卽灼龜也。此以炤爲灼之假借。雙聲字。照炤已見日部昭下。

焠　堅刀刃也。

水部淬。滅火器也。史記藏子虛賦。將割輪淬。漢書作焠。又王褒傳。清水焠其鋒。文選作淬。師古曰。焠謂燒而內水中以堅之也。是用火兼用水。故淬可爲焠之通借。

煣　屈申木也。

易繫辭。揉木爲耒。漢書食貨志作煣木。攷工記輪人。揉輻必齊。注。揉謂以火槁之。是揉爲煣之假借。手部無揉字。若詩釋文於大雅。揉此萬邦。云亦作柔。柔遠能邇。又云本作揉。則揉當爲柔之假借矣。

柔已見木部。

𤐫（篆）燒田也。

集韻本作焚。類篇同。是焚與𤐫爲一字。○借棼。已見林部。借僨。見人部。○詩雲漢。如惔如焚。釋文。焚本作𤐫。案𤐫當爲焚之形似而誤。非必借𤐫爲字也。

𤓯（篆）火所傷也。重文爲𤓯（篆）。

借蕉。已見艸部。借周。見口部。借譙。見言部。借鷦。見鳥部。借醮。見面部。借燋。見上。○上𤓯字云。灼龜不兆也。引春秋傳。卜戰。龜𤓯不兆。讀若焦。今左氏哀二年傳作龜焦。宋凡火傷曰焦。龜焦則曰龜焦。傳蓋以焦爲龜燋之通借。○周禮菙人注以責諸鐎中釋文作焦。中云本又作鐎。金部鐎。鐎斗也。卽刁斗。陸氏所見本蓋以焦爲鐎之省借。集韻鐎通作焦。○淮南主術訓。擒之焦門。注焦或作巢。巢當爲樵之轉借。巢亦見譙下。又見巢部。

烖 天火曰烖。重文作灾。籀文爲災。古文爲𡿧。借菑已見艸部。○史記秦始皇紀。菑害絕息。又冀州從事郭君碑。降此殘菑。菑當爲災之假借。卽菑之轉借也。甾或甾之譌。○川部𡿧害也。从一雝川。

引春秋傳川雝爲澤凶見宜十二年左傳段謂𢦏

害字本如此作玉篇天反時爲𢦏今凡作灾災菑

皆假借字也裘从火之字當爲火災其他傷害則

爲𢦏疑分別如此而𢦏字廢矣

煴 鬱煙也

段謂鬱當作𩰪𩰪與煴聲義皆同可爲通借𩰪已

見鬯部○鬱借薀已見艸部薀下○東都賦降烟

煴卽絪緼也孔羨碑和氣烟煴同是二字可通借

○漢書禮樂志后土富媪昊斗南曰媪當作煴賈

誼新書天清澈地富煴言天地合氣也是媪爲煴

之假借。女部媼。母老偁也。从女𥁕聲。讀若奧。萊𥁕聲。故可借媼。媼亦𥁕聲也。其讀如奧者。段謂方俗語音之轉耳。

燂　火爇也。

內則五日則燂湯請浴。釋文。燂溫也。集韻。燂本作爇。是燂爲爇之假借。爇已見寸部尋下。○攷工記弓人。撟角欲孰於火而無燂。注。故書燂或作朕。是以朕爲燂之假借。案朕在寑韻。與感炎通。即平聲侵之通覃鹽也。賸亦从朕聲。賸燂音尤近。

焯　明也。春秋傳曰。焯燿天地。

所引本鄭語文今作淳燿敦大天明地德。淳當爲焞之假借。淳已見攴部敦下○詩采芑嘽嘽焞焞。毛傳焞焞盛也。此引伸之義。釋文焞本作啍。啍當爲焞之假借。啍已見口部○漢書韋元成傳引詩作推推。焞推雙聲字。集韻焞有通回切。故推可爲焞之假借○集韻焞祖管切。音纂。灼龜也。又徂悶切。音鐏。然火以灼龜。或作焌。是以焌爲焞之通借。焌已見上○周禮華氏注引士喪禮楚焞。疏與釋文皆作燉。似燉爲焞之通借。但本部無燉字。漢時有敦煌郡。不作燉。至唐乃爲燉煌。見元和郡縣志。

則嫩爲唐人俗字矣。

燿 照也。

攷工記梓人、大胷燿後、注、燿讀爲哨、哨、頎小也。後漢馬融傳引作大胸哨後、是以燿爲哨之假借。○穀梁序、七燿爲之盈縮、釋文本又作曜。日部無曜字、蓋即借燿字爲之。一切經音義、燿、古文曜。

煇 光也。

日部暉亦曰光也、與此音義皆同、可爲通借。○漢書司馬相如傳、煥炳煇煌、集韻本作焜、下焜字云、煌也。焜煌連文、煇當爲焜之假借。○禮祭統、有畀煇胞翟閽者注煇周禮作韗謂韗磔皮革之官煇當爲韗之假借韗已見革部○借熏已見中部借暈借運並見辵部運下又秦暉煇旣同暉字移日於上卽爲暈其字俱从軍聲也

爓　火門也

文選蜀都賦高爓飛煽於天垂李注引說文云爓火焰也焰蓋爓之省借○段謂今人云光燄者作此字爲正是以燄爲爓之通借○漢書五行志其氣炎以取之本引左傳今傳作氣燄此以炎爲燄之轉借若司馬相如傳末光絶炎楊雄傳景炎炘

炘。皆以炎爲燗之假借。又郊祀歌。長離前掞光耀明。晉灼曰。掞即光炎字。亦假借也。炎已見前炎下。

煖 溫也。

易說卦傳。日以晅之。段謂晅亦作烜。蓋即煖字也。案廣韻。煖本作晅。是晅爲煖之通借。故煖亦或从日。○下有煗字。亦曰溫也。是煗爲煖之通借。疑本爲一字。○淮南墜形訓。煖溼生容。注。煖一讀燠。煖可爲燠之通借。燠已見前。○莊子徐無鬼有暖姝者。釋文。暖本作安。安或爲煖之假借。○戰國策齊人有馮煖者。史記作讙。又鶡冠子。龐煖。韓子飾邪

篇作援此人名皆不定誰爲假借

爟　取火於日官名段謂日當作木舉火曰爟周禮曰司爟掌行火之政令重文爲烜繫傳烜字在部末云或與爟同小徐疑爲傳寫之誤案秋官司烜氏與司爟所職不同此則謂烜卽爟字

借觀已見見部○呂覽本味篇注爟讀曰權衡之權贊能篇注同史記封禪書通爟火索隱曰爟火官漢書郊祀志作通權火又曰權火舉而祠據張晏注權火燓火也狀若井挈皋其法類稱故謂之權火是以權爲爟之通借權已見木部亦見髟部髮下○周禮司爟注故書爟爲燋杜子春云燋當

爲爟。書亦或爲爟。此似以燋爲爟之假借。但音隔疑子春特以形近正其字耳。燋已見上。○司烜氏注。烜讀如衞侯燬之燬。故書烜爲垣。鄭司農云。當爲烜。是垣爲烜之假借。其讀如燬者。但擬其音。非必謂燬與烜通也。烜已見上煨下。

熙 燥也。

借禧。已見示部。借𢍰。見廾部。借喜。見五篇部首。借熹。見上。○女部嬰。說樂也。老子。史記。天下熙熙。當爲嬰之假借。嬰已見人部僖下。○漢書翟義傳。熙我念孺子。注云。熙。歎辭。熙當爲嘻之假借。嘻見喜

部爲笑聲古人多反語大戴記少間篇公曰嘻注
嘻歎息之聲後人行文多用之

炎部

炎火光上也
借冄已見冄部借燄見火部尞下借爓亦見火部
○莊子齊物論大言炎炎釋文炎李作淡云同是
非也意蓋以炎爲淡之省借淡已見口部啖下

燄火行微燄燄也
借庸已見用部借爓見火部○下有燄字云火光
也錢謂此後人光燄萬丈字是以燄爲燄之通借

燅於湯中爚肉也。重文爲𤏗。

借尋。已見寸部。又郊特牲血腥爓祭注。爓或爲尋。爓當爲燅之假借。而尋其轉借也。爓已見火部。若釋文於爓祭下云。爓或爲腍。於三獻爓下復云。爓或爲膶。二字皆肉部所無。俗體也。○借燂。見火部。○上𤉹字云。火行也。楚詞𤉹鶉隞只注。𤉹爚也。集韻。燅或作𤉹。是𤉹爲燅之通借。

黑部

𪒠沃黑色也。

書大傳。山龍青也。華蟲黃也。作繢黑也。宗彝白也。

璪火赤也此以作繒爲黑則繒當爲黵之假借繒
巳見會部叉女部媘云女黑色亦以黵之从會而
通也

黳小黑子

漢書高帝紀左股有七十二黑子師古注黑子今
中國通呼爲黶子黶當爲黳之假借黶黳雙聲字
也黶巳見厂部厭下○錢謂周禮巾車鷖總注鷖
總者青黑色卽此字則鷖當爲黳之假借鷖巳見
鳥部

黰雖晢而黑也古人名黰字晢

段謂仲尼弟子列傳曾蒧字皙奚容箴字子皙蒧箴皆點之省借論語曾皙名點則同音假借字也

黲 淺青黑也

錢云通俗文色暗曰慘玉篇今謂物將敗時顏色黲黲也王粲登樓賦天慘慘而無色應用此黲文選注本云慘與黲通是慘爲黲之假借慘已見火部羙下

黗 黃濁黑也

段謂廣雅黗黑黇黃也二字音義同偏傍異耳檀弓有黇字廣韻曰曾公子名亦黃色也然則黇字

亦同。是以黇䵋皆可爲黗之通借。但黃部所無。

點　小黑也。

借黬。已見上。○文選補亾詩莫之點辱注。點與玷古字通。是以點爲玷之通借。玷已見刀部刮下。○爾雅釋器滅謂之點。釋文點李本作沾。孫本作坫。沾乃點之假借。坫爲玷之譌。

黚　淺黃黑也。讀若染繒中束緅黚。

讀若八字有譌。段云。未聞。錢謂當作如紺緅。案糸部紺云。帛深青而揚赤色也。賈氏攷工疏云。纁人赤汁則爲朱。不入赤汁而入黑汁則爲紺。論語皇疏。紺是元色也。則紺與黚相近。疑紺可爲黚之通借。○易說卦傳。爲黔喙。黔。鄭注作黚。漢書地理志。犍爲郡黚水水部作黔水。音同。則黔亦可爲黚之通借矣。

黦 黑有文也。讀若飴登字。登當作登。見豆部。於月切

王懷祖曰。淮南時則訓。天子衣苑黃。高注。苑讀登飴之登。春秋繁露。民病心腹宛黃。並與黦字異而義同。是苑宛皆爲黦之假借。苑已見艸部菀蘊下。宛見宀部。菀又見宛下。○黦亦作黫。周處風土記。梅雨霑衣服皆敗黦。周禮染人。夏纁元注。故書

纆作黨。黨當爲纆之假借。黨卽黮也。

黬　黑皴也。

戰國策。墨子百舍重繭。往見公輸般。淮南子曰。申包胥累繭重胝。七日七夜至於秦庭。繭當爲黬之假借。繭已見衣部襺下。〇借趼。已見足部。

黕　滓垢也。

荀子解蔽篇。湛濁在下。而清明在上。楊注。湛讀爲沈。是以湛爲沈之假借。但其釋云。湛濁。謂沈泥滓也。則湛當爲黕之假借。湛已見火部烓下。

黯　不鮮也。

借仇。巳見爪部爪下。○釋名曰。五百家爲黨。黨。長也。一聚所尊長也。段云。此謂黨同尙。是以尙爲黨之通借。○邑部⿰尚阝。地名。廣韻作⿰黨阝。段云。今以⿰尚阝爲鄉黨字。⿰尚阝乃黨之假借。黨字从黑。與鄉黨義未合。疑當从邑尙聲。而黨爲假借也。○手部攩。朋羣也。朋已見四篇鳥部鳳下。今之朋黨字。當爲攩之省借。○楚詞遠游篇。時曖曖其曭莽。王注。日月晻黮而無光也。段謂黨曭古今字。則曭爲黨之通借。日部無曭字。○荀子非相篇。博而黨正。注。黨與讜同。謂直言也。言部讜字在新附。蓋卽借黨字爲之。

黨宜借曭。已見日部。○莊子田子方篇。魏文侯儻然終日不言。釋文引司馬注。儻然。失志貌。文選射雉賦。畟映日之儻朗。徐爰注。儻朗。不明之貌。錢謂與不鮮義近。人部儻字在新附。卽可借黨字爲之。故莊子天地篇。儻然不受。釋文。儻本又作黨。漢書董仲舒傳。黨可得見乎。伍被傳。黨可以徼幸乎。師古注。黨。讀曰儻。儻亦見人部俶下。

儵　青黑繒發白色也。

漢書楊雄傳載甘泉賦。電儵忽於牆藩。文選作儵忽。犬部倏。犬走也。引伸爲忽疾之義。則儵當爲倏之假借。○爾雅釋訓。儵儵嘒嘒。罹禍毒也。釋文儵。樊本作攸。攸乃悠之省。詩悠悠我里。毛傳悠悠憂也。或作儵者。郝謂儵與儵形相亂。儵悠音同。又俱从攸聲。故假借通用也。攸已見攴部。悠見攸下。釋文又云。儵郭徒的反。蓋以儵爲踧之假借。據詩踧踧周道。鞫爲茂草而言。故注云。悼王道穢塞。但毛傳踧踧平易也。與禍毒未合。郝謂樊義爲長。

緎　羔裘之縫也。

詩羔羊。素絲五緎。毛傳。緎縫也。緎可爲黬之通借。糸部則無緎字。蓋許所據詩卽作黬。

黰　黰謂之垽。垽，滓也。

爾雅釋器：澱謂之垽。水部：澱，滓垽也。是澱爲黰之通借。與上黕字亦同義。○錢云：今又以爲淀字。或謂本書無靛字，當卽此。皆俗體通借。○垽與涅義近，可爲通借。

說文假借義證卷十九

嘉興張鳴珂
族曾孫　彝　同校

說文假借義證卷二十目錄

第十篇下

大部文十八 證九

奎 夾 奄 査 奯 戴 奃 奄 夷

亦部文二 證二

亦 夾

夨部文四 證二

奊 吳

夭部文四 證三

喬 奔 奔

交部文三 證二

交 㝉

尢部文十二　證五

尢　𡯂　𡯁　𡰂　尥

壺部文二　證二

壺　壼

壹部文二　證一

壹　懿

㚔部文七　證五

睪　執　圉　盩　報

奢部文二　證二

奢　奲

亢部文二　證一

亢

夲部文六　證三

𠦬　桒　皋

夰部文五　證一

昦

大部文八　證四

奕　奚　耎　[illegible]

夫部文三　證二。夫見衣部袪下。規見言部謀佳部㚋。頁部䫎下。

立部文十九　證八

篤 怞 㤅 悚 惂 憯 惆 恝 㥛

懁 [illegible] 慈 恁 怚 忒 怴 懝 像

情 怫 忿 憧 悝 𢥠 憿 鍲 愆

慊 怟 怓 惷 懲 忌 懿 瘱 懏

感 惙 愵 慽 憚 悼 愓 愖 忍

㤴

惢部 文二 證一。綮見隹部巂下。

光緒二十五年。歲在己亥仲冬月。族曾孫蔭成重校刊。

說文假借義證卷二十

弟十篇下　涇朱珔學

囪部

在牆曰牖在屋曰囪象形古文爲或體亦爲

穴部窻通孔也兩部分隸似爲通借但窗既从穴不應復有加心之字段謂彼處宜刪是也

多遽悤悤也

今或作怱漢書郊祀志下怱明上通注怱與聰同是以悤爲聰之省借悤亦見勿部

焱部

[焱] 火華也

段謂古書焱與猋多互譌如曹植七啟風厲猋舉當作焱舉班固東都賦焱焱炎炎當作猋猋炎炎王逸曰猋去疾皃李善注幾不別二字則是形似致誤未可爲假借也猋巳見犬部

[熒] 屋下鐙燭之光也

借營巳見宮部○莊子齊物論是黃帝之所聽熒也釋文熒本亦作瑩案聽熒卽熒惑之義瑩當爲熒之假借○爾雅釋蟲熒火卽炤釋文熒本今作

螢。又火星爲熒惑。論衡變虛篇作螢惑。天罰也。虫部無螢字。蓋卽借熒字爲之。

炙部

炙炮肉也。籀文爲[illegible]。

詩桑柔。反予來赫。毛傳。赫炙也。蓋其義爲逼近熏炙。此以赫爲炙之假借。赫炙疊韻字。赫已見赤部奭下。○詩生民。載燔載烈。毛傳。傅火曰燔。貫之加於火曰烈。楚茨正義釋炙字云。謂以物貫之而舉於火上以炙之。是烈卽炙也。生民此語與行葦或燔或炙正同。則烈爲炙之假借。音相近。烈已見火部○史記刺客傳置匕首魚炙之腹中集解引徐廣曰炙一作炮此以義通非假音也炮已見火部○繫傳火部有炙字云炙也从火夕聲似與炙可爲通借但玉篇廣韻俱無之

䊢宗廟火孰肉春秋傳曰天子有事䊢焉以饋同姓諸侯

所引見左氏僖廿四年傳今作膰襄廿二年作與執燔焉火部燔爇也則燔當爲䊢之假借膰肉部所無是又俗體之轉借也○公羊定十四年傳孰曰燔釋文本亦作膰又作繙穀梁釋文膰本作煩

繙與煩又皆燔之轉借矣。

爒炙也。讀若䝤燎。

錢云：後漢書光武于竈下燎衣，應作此字。本繫傳說是以燎爲爒之假借。燎已見犬部獠、火部尞下。

赤部

赤南方色也。古文爲烾。

借斥。已見广部㡿下。○段謂俗借爲尺。集韻會尺通作赤。是二字可相假借。尺亦見㡿下。○周禮秋官赤犮氏注：赤犮猶言捇拔也。手部捇，裂也。是以赤爲捇之省借。

赭 赤土也。

詩秦風顏如渥丹。釋文丹。韓詩作沰。音撻各反。赭也。段謂卽邶風之赫如渥赭。蓋古秦風毛亦作渥赭。沰與赭音義皆同。則沰可爲赭之通借。此水部所無。

赫 火赤皃。

借奭。已見皕部。借炙。見炙部。○詩桑柔反予來赫。釋文赫本亦作嚇。口距人也。莊子秋水篇仰而視之曰嚇。釋文引司馬注。嚇怒其聲。但口部無嚇字。鄭箋云口拒人謂之赫。則卽借赫字爲之。又詩江漢。赫赫明明。釋文。赫本作爀。亦火部所無。○錢謂公羊傳。赫然死人。義當作捇。是赫爲捇之假借。○女部嫼字云。怒皃。錢謂詩王赫斯怒。應作此。則赫可爲嫼之通借矣。

大部

奎　兩髀之間。肉部胯字云。股也。廣韻。胯兩股之間也。段謂奎與胯雙聲。是奎可爲胯之通借。若奎宿十六星。則以像似得名。胯已見足部跨下。

夾　持也。从大俠二人。

借介。已見八部。借逵。見辵部。借顏。見頁部。○八部
俠。僗也。郎史記游俠字華山亭碑吏卒俠路。俠爲
夾之假借。俠已見僗下。又見頰下。○書多方因甲
于內亂。正義云。夾聲近甲。古文甲與夾通用。甲當
爲夾之假借。若周禮射鳥氏。則以并夾取之。司農
注。夾讀爲甲。是又以夾爲甲之假借矣。甲已見犬
部狎下。○禮記檀弓賓主夾之也。釋文夾本作挾。
是挾爲夾之通借義本近。○邑部郟頰川縣大戴
記諸侯遷廟篇郟室割雞于室中。注。郟室。門郟之
室。一曰東西廂也。案經典多言夾室。釋名曰。夾室

在堂兩頭故曰夾也是郟爲夾之假借若史記吳
世家楚夾敖左氏襄廿九年傳作郟敖則疑夾爲
郟之省借○金部鋏字云可以持冶器鑄鎔者讀
若魚人筴魚之筴一曰若挾持莊子說劍篇韓魏
爲夾釋文夾本作鋏是夾爲鋏之省借○後漢書
東夷傳其地東西夾南北長此以夾爲今寬狹字
之省借狹犬部所無

奄 覆也大有餘也又欠也从大申申展也
借弇已見廾部借掩見弇下借郁見邑部○人部
俺大也與奄義略同可爲通借○詩召旻箋而近

任刑奄之人釋文奄本作閹門部閹豎也宮中奄閽閉門者周禮酒人奄十人注奄精氣閉藏者奄葢閹之省借○漢書禮樂志神奄留注奄讀曰淹水部淹爲水名爾雅釋詁淹久也奄當爲淹之省借桼此欠也段云未聞錢疑當作久也詩奄觀銍艾毛傳奄久也依此則奄與淹可爲通借○武班碑晻忽徂逝日部晻不明也葢晻爲奄之假借也○西山經玉山注奄山卽崦嵫山似奄爲崦之省借但山部無崦字當係後人所加○衡方碑庵離寑疾庵本奄之假借或因此謂奄卽庵字庵亦見

弇下。

𡘋 奢查也。

商頌箋釋桓撥云，廣大其政治。檀弓桓楹注亦云大楹。周禮桓圭同。周書謚法解辟土服遠曰桓。又辟土兼國曰桓。亦是大義。諸桓字皆當爲查之假借。桓已見木部丸部。○詩淇奧毛傳釋咺兮云威儀容止宣著也。段謂宣著者光大之意，咺卽查之假借。咺已見口部。彼處借義與此可兩存。

奯 空大也。讀若詩施罟濊濊。

槩傳作泧泧。今詩作濊濊。毛傳以爲施之水中。姚嚴校議云目部䀴讀若施詩施罛濊濊网部罛引施罛濊濊水部濊引施罟濊濊此處宋本作濊濊案水部濊礙流也別有濊字云水多皃司馬相如傳湛恩汪濊是也錢謂濊應爲濊濊又同𡘋則此數字皆可通借○馬融釋詩以爲大魚網目大豁豁一切經音義云豁古文𡘋廣雅豁空也錢謂此是豁閜字則豁亦𡘋之通借

𢧵 大也讀若詩𢧵𢧵大猷

借秩已見禾部借驖見馬部○少牢饋食禮勿替引之鄭注古文替爲秩𦆃云今本作袟字之誤也秩或作𢧵𢧵替聲相近是𢧵爲替之假借○錢謂此鄆隆字桼

邑部鄄北地郁郅縣。史記司馬相如傳。爰周郅隆。索隱曰。郅大也。盛也。集解云。郅或爲晊。爾雅釋詁。晊大也。是郅本晊之假借。而晊又載之通借也。晊字日部所無。

㚊 瞋大也。

錢云。此亦駭異字。莊子外物篇。聖人之所以駭天下。釋文引王注作駴。謂改百姓之視聽也。是以駭爲㚊之假借。駭已見人部侅下。

[illegible] 大也。讀若鶉。

書洛誥。惇大成裕。錢謂字當如此。心部惇。厚則大矣。是惇爲奄之通借。惇已見攴文部敦下。

夷 平也。从大从弓。東方之人也。

詩出車節南山桑柔召旻傳皆曰。夷易也。同意。夷卽易之假借。易亦訓平也。易已見𠃓部𣃦下。又見易部。○詩風雨云胡不夷。那亦不夷懌。節南山旣夷旣懌。箋竝云。夷說也。段謂夷悅也。者平之意也。案夷訓說。當爲台之假借。疊韻字尤合。台已見口部。○易序卦傳。夷者傷也。豐遇其夷主。虞注同。外經傳甚多。漢書婁敬傳集注。夷創也。創亦傷也。此皆以夷爲疒部痍之省借。○淮南原道訓。昔者馮夷大丙之御也注夷或作遲馮夷字亦見他書則遲當爲夷之假借○借尸已見尸部義皆爲陳故左氏僖元年經邢遷于夷儀公羊作陳儀其借音則脂微通眞文之例若喪大記奉尸夷于堂釋文夷本作侇則夷仍當訓陳侇乃人部所無也○白虎通禮樂篇夷者僔夷無禮義論語原壤夷俟集解引馬注夷踞也又荀子脩身篇不由禮則夷固僻違注夷倨也此僔夷當爲蹲居之假借亦見尸部○借睇見目部借弟見睇下借荑借薙見艸部借雉見隹部借鵜見鳥部借鴺見鳥部○爾雅釋

木無姑其實夷郭注云所謂無夷釋文夷舍人本作桋案木部桋赤桋也別一物則桋當爲夷之假借○漢書樊噲傳與司馬尼戰碭東注尼讀與夷同孝經仲尼居釋文尼古夷字是尼夷爲一非假借也而尼又爲仁之古文見人部○左氏昭十五年經夷末古今人表作餘眜此人名不定誰借餘已見八部余下○堯典宅嵎夷土部引同山部嵎下一曰嵎銕嵎谷也又見嵎下案金部銕古文鐵段謂夷蓋弟之譌下有銻鎕銻也从金弟聲杜兮切與夷音近故可假借其作銕者殆因從夷而借

或用今字作鐵。而尙書正義遂云。夏侯等書宅嵎夷爲宅嵎鐵。夏本紀索隱云。嵎夷。今文尙書及帝命驗並作禺鐵矣。

亦部

亦人之臂亦也。从大。象兩亦之形。

大徐云。亦今別作腋。段謂俗借亦爲語詞。乃別造此。此肉部所無。非古也。○玉篇。亦。今作掖。手部掖云。以手持人臂投地也。一曰臂下也。詩衡門序。誘掖其君。掖。石經作亦。是亦爲掖之通借。○漢書成帝紀。闌入上方掖門。注。掖門。在兩傍。言如人臂掖

也此用掖之後一義仍卽亦之借字矣○詩豐年
亦有高廩噫嘻亦服爾耕箋竝云亦大也噫嘻疏
曰亦作奕音義同又詩文王不顯亦世後漢袁術
傳作不顯奕代此皆以亦爲奕之省借且二字互
借武榮碑亦世載德以亦爲奕而帝堯碑奕孔禎
純則以奕爲亦也○列子黃帝篇二人亦知釋文
亦本作易是亦爲易之假借而素問氣厥論謂之
食亦注亦易也又骨空論易髓無空注易亦也則
互借矣易已見上夷下○借躲已見矢部

夾 盜竊褱物也从亦有所持俗謂蔽人俾夾是也宏

農陜字从此。

案大部夾从二人夾从二入書者易混此云有所持與夾訓持亦通未審音何以異且手部挾云俾持也卽此處俾夾之義挾从夾聲篆體正从二人今人言懷挾亦曰褱夾疑夾與夾字稍別而義同遂以形似誤讀失冉切弁爲古狎切與段氏欲改挾爲夾聲从二入乃仍作胡夾切與夾字同列八部未免矛盾挾夾並見衣部褱下○後漢書列女曹世叔妻傳視聽陜輸注云陜輸不定貌段疑陜卽夾字是可通借矣案趙壹傳作閃揄注云傾佞

之貌也。褕音輸。與不定意近。則陜當爲閃之假借。段引趙傳爲陜褕。今檢范原書正之。○又女部婜字云不媚前卻婜婜也。卽陜輸之義。陜爲婜之省借。則亦可爲夾之通借矣。

矢部

奊　頭衺骫奊態也。

借謑已見言部。○左氏襄廿八年傳。齊有慶奊。卽慶繩。蓋以頭衺爲名。以繩直爲字。上有奊字云頭傾也。欒傳謂慶奊字繩。亦用此爲結字也。是以奊爲結之假借。結已見髟部髳下。但今傳實作奊。非奊字也。奊亦胡結切。廣韻渠迫切。皆與結近。

吳姓也。亦郡也。一曰吳，大言也。古文爲𡗿。姚嚴校議曰：詩絲衣不吳，釋文引說文作吴，舊本篆作吴，說解作吳，今重文作𡗿，據汗簡所引則𡗿舊作吠，即吳，故何承天據以爲說。鼎彝器銘吳亦從大。小徐詆爲謬甚，非也。錢云：據何承天說，則本書應有吴字，與此爲二。古詩自作吳，今謂詩借吳以當吴耳。以吳爲吴之古文者，乃後人所改。案段氏亦斥吴字爲妄。然又云古文𡗿从口大，則正吴字矣。既古文即吴，而錢氏欲特立一篆，可以不必。

兩者似皆未得其平。○吳借虞。已見虍部。又詩。不吳。孔氏正義作不娛。娛从吳。卽爲吳之假借。娛亦見虞下。○段謂周頌絲衣。魯頌泮水。皆曰不吳。傳箋竝云。吳譁也。言部譁。讙也。則大言卽謂譁。桒吳譁雙聲字。是譁可爲吳之假借。吳音胡化反。正譁之去聲。則亦可通借也。借吾已見口部。

天部

𩫖高而曲也。

借橋。已見木部。借驕。見馬部。○詩清人。二矛重喬。毛傳。重喬。累荷也。釋文引韓詩作鷮。鷮當爲喬之假借○周頌時邁及河喬嶽淮南泰族訓引作嶠岳爾雅釋山銳而高嶠嶠字山部所無蓋即借喬字爲之故釋名云山銳而高曰喬形似橋也○左氏文十二年傳長狄僑如釋文僑本又作喬穀梁成二年傳叔孫僑如釋文同鄭公孫僑後漢陳寵傳呂覽下賢篇注竝作喬人部僑高也喬可爲僑之省借又字林有寯字云寄客爲寯今多作僑寓而僑之本義廢矣○漢書劉向傳與王褒張子僑等竝進對注僑字或作蟜或作喬喬通僑蟜則假借字僑亦見驕下蟜見矢部矯下

幸吉而免凶也天死之事故死謂之不㚔

隸變作幸今僥倖字人部所無蓋即幸之或體○女部婞字云很也引楚詞鯀婞直案孟子悻悻然見於其面悻字亦心部所無即婞字也很也下小徐有一曰見親四字則凡親幸嬖幸之義皆當爲婞之省借

夰走也漢書多作奔注云古奔字

借賁已見貝部借僨見人部又一切經音義四古文驤今作奔亦見玉篇乃本書馬部所無當仍即賁之假借也○木部本字云木下曰本一在其下

古文爲㚔詩緜篇予曰有奔走釋文出本字云本作奔又書君奭傳胥附奔走釋文奔本作本是以本爲奔之假借○內則奔則爲妾注奔或爲衒案行部衒行且賣也从言言亦聲重文爲衒从元元亦聲元先合韻廣韻衒自媒也漢書東方朔傳武帝初士多上書自衒鬻者鬻賣也此作衒則爲妾卽曲禮買妾不知其姓也故衒可爲奔之通借○淮南覽冥訓姮娥竊以奔月注奔月或作坌肉奔坌音近月冃形似故或異字其假借之義未審

交部

交 交脛也。

借逘已見辵部遣下又彼處逘字云會也段謂今人假交脛之交爲逘會字借鵁見鳥部借高見高部借校見木部借佼見人部○詩桑扈彼交匪敖漢書五行志中作匪儌匪傲儌字人部所無玉篇有之集韻以爲儌幸字則儌爲交之異體假借也○漢書高帝紀則見交龍于上史記作蛟蛟龍異類不應竝見疑蛟爲交之假借淮南原道訓蛟龍水居注蛟讀人情性交易之交○莊子漁父篇須眉交白釋文交一本作皎案交兼須眉言之皎則

渾言之。交皎音同。未必即以爲假借也。

（篆）衺也。

廣雅釋詁。回。衺也。詩鼓鐘。其德不回。召旻。謀猶回遹。毛傳竝云。回。邪也。回當爲𡚁之假借。回已見口部。○國語周語。以逞其違。晉語。若有違質。注竝云。違。邪也。違當爲𡚁之假借。違已見辵部。彼處亦借回爲違。違實則𡚁爲正字。而違又轉借也。今違行而𡚁幾廢矣。

尣部 尣與乙部尢形似而異。

（篆）𡯁。曲脛也。从大。象偏曲之形。凡尣之屬皆从尣。今作尢。古文尣从㞷。

借彭。已見壴部。○荀子正論。是猶傴巫跛匡大自以爲有知也。此以匡爲尪之假借。又王霸篇。百姓賤之如尪。尪亦尪之假借。人部無尪字。

尯

蹇也。下有𡯨字云。尯𡯨。行不正也。

足部跛。行不正也。跛乃尯之俗。而以𡯨字之訓合之。段以爲後人沾入。當是也。王制公羊穀梁傳皆作跛。是與尯一字。非假借矣。○易履卦。跛能履。釋文。跛本作破。破當爲尯之假借。破已見石部。○左氏昭四年傳。不亦左乎。杜注。左。不便也。錢引之蓋以左爲𡯨之省借。

𡰸 𡰸𡳐，不能行，爲人所引，曰𡰸𡳐。

𡰸𡳐與提攜義相近，可爲通借，皆疊韻字也。𡰸玉篇作𡰸。

尪 股尪也。

段云：尪之言紆也，紆者詘也，是紆可爲尪之通借。

○錢謂此迂邪字，國語不度而迂求，注：迂，邪也。尪

亦可爲迂之假借。

壺部

壺 昆吾圜器也，象形，从大，象其蓋也。

借瓠，已見瓠部。○易睽：後說之弧，釋文：弧亦作壺。

京馬鄭王肅翟子元作壺。又周易會通引陸績注。弧一作壺。惠定宇曰。說猶置也。兌爲口。离爲大腹。坤爲器。大腹有口。坎酒在中。壺之象也。故後說之壺。俗作弧。案上文先張之弧。故下句從之。今依古作壺。壺弧疊韻。亦或可假借與。○史記弟子傳。壺黶。即左氏哀十五年傳之盂黶。古今人表作狐黶。又呂覽下賢篇。壺邱子。人表作狐邱子林。此人姓不定。誰爲假借。

壹　壹壺也。从凶。从壺。不得泄凶也。易曰。天地壹壺。今易作絪縕。文選典引。魯靈光殿賦。思[元]賦。竝作烟熅。已見火部熅下。又絪縕。一作氤氳。廣韻。集韻韻會俱云。氤氳。氣也。數者以壹壺。爲正字。餘皆假借也。○段謂虞翻以否之閉塞釋絪縕。正與許合。其轉語爲抑鬱。亦通借字。絪已見艸部茵下。

壹部

懿 嫥久而美也。

案懿訓嫥美者。以懿从壹。壹專壹也。則亦通借壹已見一部。○借宜已見宀部。○楚語。衞武公作懿戒以自警。卽今之抑篇也。抑抑威儀。正美意是懿爲抑之通借。抑見印部。○書金縢。對曰。信。懿公命。

馬注懿猶噫也是以懿爲噫之假借詩瞻卬懿厥
哲婦鄭箋借亦同噫已見人部億下亦見抑下
本部本尼輒切五經文字曰說文从大从羊羊
音干今依漢石經作幸隸體亦同非也
睪司視也令吏將目捕辠人也
錢謂此睪其後字今人睪捕罪人猶曰眼目此以
睪爲睪之通借故廣韻睪音聶○荀子正論篇載
睪蘭以養鼻楊倞注睪當爲澤澤蘭也又孫叔敖
碑收九睪之利澤作睪是皆以睪爲澤之省借○
古書多以睪爲皐虞書皐陶列女傳作睪左氏哀
廿六年傳越皐如春秋繁露九作大夫睪荀子大

略篇皋如也注高貌列子天瑞篇家語困誓篇並作睪如又後漢馬融傳皋牢陵山注皋牢猶牢籠也荀子作睪牢案皋本爲澤睪亦借澤形又相近家語孔子學琴於師襄有間孔子有所睪然高望而遠眺焉則睪之言高卽皋之言高也故荀子正論篇代睪而食注睪讀爲蘖王霸篇注睪讀如以嫭荼蓼之嫭此殆以義相通非假音字也○睪與皋或作宰已見宀部

執 捕罪人也

楚辭靈懷篇執組者不能至兮注執組猶織組也

是以執爲織之假借。○漢書朱博傳。豪强執服。注。謂畏威懾服也。與慹同。又陳萬年傳集注。執讀曰慹。心部慹。悑也。悑。惶也。廣韻音讋。是執爲慹之省借。○月令。則執騰駒。釋文。執。蔡本作槷。執當爲槷之省借。槷已見馬部馵下。○莊子人間世。吾食也執粗而不臧。釋文。執。簡文本作熱。似執爲熱之假借。但㷉从執。非从執也。執熱亦聲之轉。○姚嚴校議云。地理志北海郡瓡縣。師古曰。瓡卽執字。據此。則漢志當作𤓯。𤓯。𤓯也。案瓡字本書所無。瓡爲執之變。或亦可假借與。

㚔

圉，圉所以拘罪人。一曰圉，垂也。一曰圉人，掌馬者。

借禦。見示部。借梧。見木部。○月令飭鍾磬柷敔。釋文敔本作圉。樂記注謂柷圉也。釋文圉本作敔。是圉爲敔之假借。敔亦見禦下、梧下。又見辵部遐行部衙下。○口部圄爲囹圄字。云守之也。漢書地理志天水郡冀注圉讀與圉同。淮南人閒訓馬圉。論衡逢遇篇作馬圄。圄乃圉之通借。小徐本有圉無圄。○詩召旻我居圉卒荒。毛傳圉垂也。韓詩外傳圉作御。御當爲圉之假借。段云敔亦借作御。御亦見禦下。又見彳部。○荀子彊國篇在魏者乃據圉津注圍當爲圍圍津或作韋津圍與圍非假借殆字形相似而誤韋又圍之省耳故史記陳杞世家文公圍杜預春秋世族譜作韋一作幸作幸者以圍之隸體中从今幸字又與韋形近也圍已見口部韋見辵部違下圍韋又見韋部

盩 引擊也从夲攴見血也扶風有盩厔縣

盩張流切厔陟栗切正字通云山曲曰盩水曲曰厔因以名縣段謂卽周旋折旋字之假借也

報 當辠人也从夲从𠬝𠬝服辠也

禮記少儀毋報往喪服小記報葬者報虞注竝云

報讀爲赴疾之赴是以報爲赴之假借赴从走卜聲卜報雙聲字也

奢部

奢張也籀文爲奓（奓或以爲侈字非也）

荀子賦閭娵子奢莫之媒也注子奢當爲子都韓詩外傳正作閭娵子都國策作閭姝子奢奢當爲都之假借虞麻合韻都已見邑部○韓詩外傳石奢呂覽高義篇作石渚此不定誰爲假借奢與渚俱从者聲也渚亦見都下

奲富奲奲皃

詩桑扈那毛傳皆云那多也爾雅釋詁同國語富都那豎韋注那美段謂那不知其本字以許書折衷之則奲爲本字那爲假借字那已見邑部又見鬼部魖下○奲與朶同音故小徐云謂重而垂也俗用嚲字訓垂下皃疑奲之變體當爲朶之假借○玉篇奲大寬也詩巷伯哆兮侈兮毛傳哆大皃義與奲同是哆可爲奲之通借

亢部

亢 人頸也从大省象頸脈形重文爲頏

史記張耳陳餘傳乃仰絕肮漢書作亢肮亦或作

吭皆本書所無則亢爲正字○楊雄解嘲鄒衍以頡亢而取世資漢書作亢文選作頏此亢頏同字非假借也○下有䟘字云直項莽䟘皃段謂淮南書有嚴志頡頏之行頁部曰頡直項則頏卽䟘字也䟘爲頏之通借○楊雄甘泉賦魚頡而鳥䀏文選注頡䀏猶頡頏也是䀏爲頏之假借漢書譌作盻䀏已見肉部脛下○辵部迒獸迹也重文爲𨔶廣雅釋詁亢迹也釋名云鹿兔之道曰亢行不由正亢陌山谷草野而過也亢當爲迒之省借○人部伉人名論語有陳伉今論語作陳亢亢固可通

伉但爾雅釋鳥亢鳥嚨也樊光注亢星鳥也舍人注亢鳥高飛也陳亢字子禽蓋取此是當亢爲正字伉爲假借字伉乃伉儷之義左氏成十一年傳已不能庇其伉儷而亾之注伉敵也穀梁桓九年傳伉諸侯之禮桓十八年傳以夫人之伉釋文並云伉本作亢則亢又當爲伉之省借也若詩緜皋門有伉毛傳伉高皃釋文伉本作亢廣雅釋詁亢高也伉當爲亢之假借而釋文引韓詩作閌文選西京賦高門有閌注伉與閌同門部閌字在新附殆因其爲門而加門耳○心部忼慨也忼慨壯士

不得志於心也。引易忼龍有悔。今易作亢。案子夏傳云。亢。極也。極者高也。是當亢爲正字。忼爲假借字。許所據殆孟氏易。○火部炕。乾也。漢書王莽傳引易。亢龍作炕龍。炕亦亢之假借。又楊雄甘泉賦。炕浮柱之飛榱。師古曰。炕與抗同。舉也。此則以炕爲抗之假借矣。○手部抗。扞也。左氏宣十三年傳。而亢大國之討。十五年傳。結草以亢杜回。昭元年傳。可無亢乎。注竝云。亢。禦也。案禦與扞義同。列子黃帝篇。而道以道與世抗。釋文。抗或作亢。漢書陳勝項籍傳贊。不亢於九國之師。注。亢讀與抗同。是皆亢爲抗之省借。若周禮服不氏。則抗皮。司農注。
抗讀爲亢。其𤯝之亢。據左氏僖廿八年傳。以亢其
𤯝。注亢猶當也。則仍是抗義。不得轉借抗爲亢也。
○糸部綱字云。維紘繩也。周禮馬質綱惡馬。司農
注。綱讀爲以亢其𤯝之亢。書亦或爲亢。是以綱爲
亢之假借。壘韻字。○水部沆云。莽沆大水也。一曰。
大澤皃。水經注。巨馬河又東逕督亢澤。荆軻傳之
督亢地圖也。下引風俗通。沆莽也云云。是沆亦可
爲亢之通借。○田部畂云。境也。一曰。陌也。趙魏謂
陌爲畂。錢引淮南高注云。常山人謂陌爲亢。亢卽

吭。是亢亦吭之省借。又廣雅釋地。吭。池也。疏證謂王逸七諫注。陂池曰坑。或作阬。又作亢。是坑阬皆可通吭。亢亦坑阬之省借也。惟廣韻。䴚。鹽澤也。一作䣭。竝與吭同。則䴚䣭二字。鹵部酉部所無。乃異體耳。○禮記明堂位。崇坫康圭。注。康讀爲亢龍之亢。又爲高坫。亢是以康爲亢之假借。亦疊韻也。康巳見禾部穅下。○莊子庚桑楚。釋文引司馬云。楚名庚桑姓。太史公書作亢桑。亢庚韻通。是亦假借矣。○亢又借稉。巳見木部。

本部　本讀若滔。與本字異。

㚏疾也从夲卉聲呼骨切𢱢从此

艸部卉艸之總名也文選上林賦藰莅卉歙又卉然興道而遷義郭璞曰卉猶勃也西京賦奮隼歸鳧沸卉軿訇薛注奮迅聲也卉皆當爲㚏之省借又漢書載上林賦作芔芔然顏注芔古卉字芔然猶欻然也欻訓忽則卉爲欻之假借仍㚏之轉借也

奏奏進也从夲从𠬞从屮屮上進之義古文爲𡙸爲𢍜

借走已見走部○周禮合方氏注津梁相奏釋文奏本作湊水部湊云水上人所會也引伸爲凡聚

集之偁。奏當爲湊之省借。○鄉飲酒禮。皆右體進奏。釋文。奏本作腠。公食大夫禮。載體進奏。注。奏謂皮膚之腠理也。奏亦謂腠。肉部無腠字。爾雅釋獸豕奏者豱。釋文。奏本作湊。郭注則云。豱。豬短頭皮豱理腠蹙。是湊與腠同。文心雕龍養氣篇。湊理無滯。卽腠理也。蓋腠字本借湊字爲之。而奏其轉借也。

皋 气皋白之進也。禮 句 祝曰皋。登謌曰奏。故皋奏皆从本。周禮曰。詔來鼓皋舞。皋告之也。皋今作皐。所引。爲樂師職文。先鄭云。皋當爲告。太祝注同。又本草綱目寒皋鸖鴰別名皋告也天寒欲雪羣飛如告故名寒皋是皋爲告之假借告已見告部○借嗥已見口部借獋見嗥下獋卽嗥段謂漢書高祖告歸之田服虔曰告音如嗥東觀漢記田邑傳作號歸蓋古告皋嗥號四字音義竝同皆可通借故樂師皋舞注又云皋之言號號亦見嗥下○小雅鶴鳴傳曰皋澤也後大部有臭字云大白澤也古文以爲澤字段謂澤當作皐古澤皐字多相亂惠定宇以詩之九皐當作九臭俗作皐失之二說未知孰是案臭字廣韻集韻竝古老切與皋近而

廣韻又昌石切。集韻又昌石施隻二切。皆訓白澤。音亦正爲澤。然則皋爲澤。臭亦爲澤。九皐即九臭。義固相通矣。皋之通澤者。左氏襄十七年傳。澤門之晳。釋文本或作皋門。又如史記武帝紀。祀皋山。用牛。封禪書作澤山。逸周書。文翰若皋雉。注。皋雉。似鳧。冀州謂之澤特。皆是。故水經潁水注。皋澤字相近。澤巳見采部釋下。又見本部睪下。睪亦借臯也。若史記[厤]書。秭鳺先滜。索隱曰。子鳺鳥先出野澤而鳴也。意蓋以滜爲澤。或因先澤字似不辭。遂从皋音爲嗥。然天官書又云。其色大圜黃滜。滜。明與澤通。且穆天子傳。舍于漆㵒。下郎云。獵于滲澤。
漆滲形相近。疑是一地。澤本通皋。遂有此異體。非
假借。玉篇集韻俱不載。○左氏莊十年傳。蒙皋比
而先犯之。注。皋比。虎皮。樂記。倒載干戈。包之以虎
皮。名之曰建櫜。皋當爲櫜之假借。櫜已見橐部。○
檀弓。季子皋葬其妻。疏云。史記弟子傳及論語作
子羔。與此文不同者。古字通用。案子皋名柴。其字
皋與羔俱非相配。不定誰爲假借。○爾雅釋訓注。
皋皋。不治之貌。與詩召旻傳。皋皋。頑不知道也。義
略同。爾雅釋文。皋。樊本作浩。浩當爲皋之假借。但

左氏定四年經。盟于皋鼬。穀梁作浩油。則亦通用矣。浩已見日部晧下。○借聲已見鼓部。借高見高部。借皥。借昊。亦見晧下。借欲。見人部。

夰部 夰。古老切。

㚖 嫚也。虞書曰。若丹朱㚖。讀若傲。論語。㚖湯舟。所引書。今皋陶謨作傲。傲爲㚖之假借。九篇豕部豷下引春秋傳。生敖及豷。敖乃傲之省借。左氏襄四年傳作澆。敖字或借顤。顤澆音同。則澆又傲之轉借也。敖已見放部。傲顤並見敖下。

大部 亣即古文大。別爲部。

奕大也。詩曰。奕奕梁山。

借亦已見亦部。○詩閟宮。新廟奕奕。周禮隸僕注作繹繹。獨斷云。宗廟奕奕。言相連也。漢書楊雄傳集注。繹繹。相連貌。又文選秋懷詩注引韓詩章句。奕奕。盛皃。甘泉賦注亦引韓詩章句。繹繹。盛皃。是奕與繹音義俱同。可爲通借。○馬部驈云。馬行徐而疾也。此下王伯厚詩攷引說文。有詩曰四牡驈驈六字。段謂今詩無此句。小雅車攻大雅韓奕皆云四牡奕奕。古音奕之平聲讀弋魚切。蓋即其異文也。則奕當爲驈之假借。

奚大腹也。

借貕。已見馬部。○豕部豯云。豚生三月。腹豯豯皃。周禮職方氏。貕養。杜子春讀貕爲奚。本書艸部作奚養。是貕爲奚之通借。○女部嫨云。女隸也。周禮春官序官。奚四人。注。奚女奴也。是奚爲嫨之省借。男亦通偁。禁暴氏。凡奚隸聚而出入者。則司牧之。注。奚隸女奴男奴也。○孟子。百里奚。史記秦本紀作傒。管子小問篇作徯。左傳郈奚。大戴記衛將軍文子作傒。史記晉世家作傒。此人名不定誰爲假借。徯已見彳部。傒見人部侯下。

大（篆）稍耑大也。讀若畏偄。

人部偄，弱也。此讀若偄，則耎爲偄之省借，義亦通也。○古需聲字與耎聲字多相亂。攷工記鮑人「脂之則需」注：故書作𠛖，鄭司農讀爲柔需之需，即耎字也。又輈人「馬不契需」司農讀爲畏需之需，即畏偄也。案此處釋爲稍前大，是出物有漸之意。史記天官書：其已出三日而復有微入，二三日乃復盛出，是謂耎。注云：耎，退之不進。蓋與易雜卦傳「需，不進也」義同。然則需直可爲耎之假借，不必通音也。○耎與偄竝而沇切，俗作輭，譌作軟。王懷祖云：軟當㑖之譌。集韻。輭通作耎。是輭可爲耎偄之假借。○女部媆字云。好皃。蓋謂柔耎之好也。是亦耎之通借。而正字通以爲俗作嫩。則形聲俱非。然今人多用之。○心部懦。駑弱也。當從玉篇作愞。乃亂乃過二切。皆訓弱也。段謂因形近或譌爲懦。再譌遂爲儒矣。案愞通作耎。通俗文。物柔曰耎。補選謂之選耎。漢書西南夷傳。恐議者選耎。是也。而後漢書章帝八王傳。選懦之恩。西羌傳。公卿選懦。又左氏穀梁僖二年傳注云。達心而懦。懦皆卽愞字。是愞當爲耎之通借。○史記律書。選蝡觀望。注。與巽懦同虫部蠕動也魏大武攺柔然爲蠕蠕亦當作蝡。是蝡爲愞之假借則又爽之轉借也。

𦥛壯大也从三大三目二目爲𥄎三目爲𦥛益大也。一曰迫也讀若易虙羲氏詩曰不醉而怒謂之𦥛

此𦥛𦥛之省

所引爲大雅蕩篇内𦥛于中國毛傳語文選西京賦巨靈贔屓注云作力之貌也吳都賦亦曰巨鼇贔屓贔乃𦥛之俗作力貌與壯𦥛義迫義皆近毛傳略同故可通借屓當爲尸部之屓義訓臥息殊未合疑作力者必稍息而益壯遂假借用之與屓已

見口部哂下。

立部

亣 住也。住當作侸，與人部侸字爲轉注。本書無住字也。从大立一之上。

借位。已見人部。○周禮司市市師立焉。鄉師及窆執斧以立匠師。司農注竝云立讀爲涖。此以立爲涖之假借。涖亦見位下。○詩思文立我烝民箋云立當作粒。是以立爲粒之省借。王伯申曰粒當讀爲周頌立我烝民之立。立者，成也定也。管子七法篇不明於則而欲出號令，猶立朝夕於運均之上，搖竿而欲定其末。立亦定也。言均運則不能定朝夕。竿搖則不能定其末也。烝民乃立。即承上文言之答也昏墊。而今也安定。故史記夏本紀作衆民乃定也。烝民乃立。非專指艱食言之。則非米粒之粒可知。鄭訓粒爲米。烝民乃米。爲不辭矣。王制曰。有不粒食者矣。使去食字。而日有不粒者矣。其可乎。愚文箋反破立爲米粒之粒。米我烝民。愈不辭矣。則粒當轉爲立之假借。

𨽻 臨也。

經典莅字或作涖。注家皆曰臨也。道德經釋文云。古無莅字。說文作𨽻。案涖字見廣韻。上林賦。涖涖

下瀨亦水部所無則莅湴皆或體爲埭之假借今莅湴行而埭廢矣

竢直也

借褍已見衣部○耑部云物初生之題也周禮磬人已下則摩其耑此用本義左傳履端于始假端爲耑也今凡發端端緒字皆當爲耑之假借耑借專已見寸部○角部觿字云角觿獸也狀似豕角善爲弓史記載上林賦角觿文選作端是端爲觿之假借但以角端正爲名則義亦通○荀子勸學篇端而言注端讀爲喘口部喘云疾息也此以端

爲喘之假借。

䢜（篆）等也。春秋國語曰䢜本肇末。所引見齊語。韋注。䢜等也。肇正也。謂先等其本以正其末。段謂孟子不揣其本而齊其末。揣葢䢜之假借是也。而又以趙注訓揣量爲失之。殆未然。

靖（篆）立竫也。一曰細貌。次義已見言部諞下。○書盤庚。則惟汝衆自作弗靖。馬注。靖安也。某氏傳。靖謀也。是汝自爲非謀所致。王懷祖曰。靖善也。言是汝自作不善所致也。不善。卽上文所云先惡于民也。靖通作竫。又通作靜。

蓺文類聚引韓詩曰東門之栗有靜家室靜善也廣雅曰竫善也堯典靜言庸違史記五帝紀作善言漢書王尊傳作靖言是靖與善同義可通也靜已見青部竫見靜下○左氏昭元年傳不靖其能其誰從之杜注安靖賢能則衆附從王伯申曰靖當讀爲旌旌表也言魯使本當戮以其能而免所以表章之表其能即下文賞其賢也僖二十四年傳以志吾過且旌善人哀十六年傳猶將旌君以狗于國竝與此同義靖從青聲青從生聲主即生字旌亦從生聲故旌字得通作靖是以靖爲旌之假借

旌巳見米部精下。

竭負舉也。

禮運。五行之動。迭相竭也。注。竭猶負戴也。正此處之義。釋文。竭本亦作揭。揭當爲竭之假借。揭已見桀部。又見木部楬下。○爾雅釋訓。注。小國困竭。釋文。竭本亦作渴。又釋詁。涸渴也。釋文。本或作竭。則渴可爲竭之通借。竭渴並見欠部潵下。

竣偓竣也。春秋國語曰。有司已事而竣。

偓竣二字不可解。疑誤。段謂偓爲促之譌。而倒竣字於下。似可通。所引齊語。韋注。竣。退伏也。文選西京賦作已事而踆。薛

注亦云䟻退也郭注山海經徐廣史記音義見貨殖傳皆曰䟻古蹲字足部無䟻蓋卽䟻也是䟻與蹲音義皆同可爲通借蹲巳見尸部居下

竨　短人立竨竨皃

段謂竨之字或作䍗周禮司弓矢庳矢注鄭司農讀爲人罷短之罷又典同注陂讀爲人短罷之罷釋文罷本作㶏案竨罷音相近罷當爲竨之假借

罷巳見网部

竝部

竝　併也

人部併竝也兩字互訓儀禮士昏禮士喪禮聘禮公食大夫禮諸竝字注皆云今文竝爲併併儒行竝立則樂釋文竝本亦作併是可通用○人部傍近也古多借竝爲之如史記始皇紀竝河以東武帝紀竝海是也竝傍雙聲字傍已見上部旁下○借普已見日部

㬱廢一偏下也从竝白聲重文爲㬱从曰又文爲朁从兟从曰此與日部普爲普偏義者字異而形易混○魏三體石經左傳不敢替字从或體隸變作替毛鄭亦

皆作替。而訓廢則同。○借䡔。已見大部。○書大誥。不敢替上帝命。漢書翟方進傳。作予不敢僭。僭亦从替也。故可假借。僭已見言部譖下。

囟部

𦡕人臍也。从囟。囟取气通也。

借膍。已見肉部。急就篇。𦡕字本作膍。借庳。見广部。○詩節南山。天子是𦡕。箋云。𦡕。輔也。𦡕从比。當即爲比之假借。易象傳。比輔也。比已見比部。○詩釋文。𦡕。王肅作埤。隋書律[麻]志作天子是禆。案𦡕訓厚。見膍下。詩北門。政事一埤益我。毛傳。埤。厚也。埤亦通䘫。廣雅。埤。益也。鄭語注。益也。覲禮。侯氏䘫冕。鄭注。䘫之爲言埤也。蓋毗本借字。埤。䘫。又毗之轉借矣。○爾雅釋詁。毗劉。暴樂也。釋文。毗。樊本作庇。庇亦毗之轉借。庇見比下。

思部

思 容也。

周禮。司市。上旌于思次。注。思次。若今市亭也。思當爲司。此以思爲司之假借。司已見冊部嗣下。○思多借爲語辭。如詩。不可求思。神之格思等是也。魯頌。思樂泮水。禮器疏作斯樂。小雅。言歸思復。唐石

經作斯復是斯爲思之通借斯亦語辭也

[慮]謀思也

漢書雋不疑傳每行縣錄囚徒還顏注錄囚今云慮囚唐書百官志大理寺凡繫囚五日一慮是錄與慮可爲通借慮錄雙聲字○爾雅釋木諸慮山櫐釋文慮本作攄此與釋蟲之奚相同彼處慮或作蠦特後人加虫旁則攄當爲慮之假借抑櫐慮聲轉卽可借慮爲櫐與

心部

[意]志也察言而知意也

借臆。已見肉部。借億。見人部。借抑。見印部。○莊子在宥篇。意治人之過也。釋文。意本作噫。意蓋噫之省借。噫已見言部。該下亦見億下。抑下。又見壹部懿下。○孟子。不以辭害志。文心雕龍作害意。本同訓。可爲通借。○莊子駢拇篇。意仁義其非人情乎。釋文。意本作醫。醫當爲意之假借。陸氏於他意字亦多音醫。○管子內業篇。此氣也。不可呼以聲。而可迎以音。王懷祖曰。音卽意之借字。言不可呼之以聲。而但可迎之以意也。若讀爲聲音之音。則失之矣。下文音以先言。亦謂意在言之先也。小徐本意字从心音聲。故意或通作音。史記淮陰侯傳。項王喑啞叱咤。漢書作意烏猝嗟。喑之通作意。猶意之通作音矣。案王說是也。聲卽音也。呼以聲不得又言迎以意者。與孟子以意逆志義同。逆迎也。音已見音部。○左氏昭十年傳。季孫意如。穀梁作隱如。隱當爲意之假借。意隱聲之轉。○意之訓記者。今人云記憶是也。憶字本書所無。

慎謹也。古文爲眘。釋文序錄傳眘徽五典。是陸氏本从古文。

借謹已見言部。借順見頁部。借麇見鹿部。○禮弓上。其慎也注。慎當爲引。此以慎爲引之假借。○漢書地理志汝南鄭愼陽闞駰曰本作滇此以愼爲滇之假借二字俱从眞聲也滇已見頁部顚下○古今人表魯愼公史記魯世家作眞公此當是省借詩譜序疏作貞公左傳文十六年疏作順公則以聲近而通也

㦪謹也

據韻會大司寇注愿慤愼也檀弓下般已慤釋文慤本作殼禮器注致誠慤釋文字又作慤殼皆爲慤之省借○下㥶字云敬也引春秋傳以陳備三㥶今左傳作恪謚法解行見中外曰慤今亦作恪

是二字可爲通借。

㥷 靜也。

爾雅釋詁。忥靜也。錢謂應作此本部忥字云。癡皃。其義絕異。忥當爲㥷之假借。㥷於計切。忥許旣切。音略同也。○文選神女賦。澹清靜其愔嫕兮。李注引說文。嫕靜也。五臣本作懕。錢竹汀云。懕卽㥷之譌。作嫕者。後人加女旁耳。後漢書后妃傳。梁貴人姊嫕。嫕音一計反。又嫕之轉譌矣。

怡 龢也。

借台。已見口部。○易雜卦傳。謙輕而豫怠也。釋文。

怠虞作怡史記始皇紀視聽不怠劉歆烈女贊言行不怠注並音怡是怠可爲怡之通借怠亦从台聲也方氏通雅云怡怠古本一字一音而二義後分別之始專以怡爲悅怠爲懈耳○後有愉字云薄也引論語私覿愉愉如也論語鄭注愉愉容色和也即兄弟怡怡如也之義唐風他人是愉毛傳愉樂也禮記有和氣者必有愉色是愉爲怡之假借若唐風箋云愉讀曰偷偷取也偷即愉之俗字愉已見穴部窬疒部瘉舟部俞下○史記魯世家煬公熙索隱云一作怡此人名不定誰借熙已見

火部

惡也。

借茲。已見艸部。○書召誥。天迪從子保。傳云。天道從而子安之。王伯申曰。子當讀爲慈。古字子與慈通。墨子非儒篇。不可使慈民。晏子外篇慈作子。文王世子。庶子之正於公族者。教之以孝弟睦友子愛。謂教之以孝弟睦友慈愛也。緇衣。故君民者子以愛之。則民親之。謂慈以愛之也。又曰。故長民者章志貞教尊仁以子愛百姓。謂慈愛百姓也。天迪從子保者。言天用順從而慈保之也。周語曰。慈保

庶民親也此以子爲慈之假借案樂記易直子諒之心生子諒當爲慈良

怟　愛也

爾雅釋訓怟怟愛也郝謂釋文郭徒啓反與愷悌音同是借音兼借義也又云李余之反怟怟和適之愛也則與怡怡音義同漢書敘傳云姼姼公主孟康注姼音題姼姼愛也姼或作娗與爾雅怟字之音近是姼可爲怟之假借○又爾雅釋言恀怙恃也恀卽土部之垑云恃也廣韻云恃土地也通作恀是恀爲怟之通借也

憖　問也。謹敬也。一曰說也。且也。春秋傳曰。昊天不憖。又曰。兩軍之士皆未憖。

借願。已見頁部。○後所引傳見左氏文十二年。杜注。憖。缺也。釋文。憖。魚覲反。又魚轄反。段謂是憖與𢢽雙聲假借。即方言所云憖傷也。○後漢書張衡傳注引張揖字詁。又文選思元賦。戴勝憖其旣歡兮。舊注並云。憖。笑貌也。案口部听。笑皃。廣韻音𢢽。疑憖爲听之假借。○左氏昭十一年傳。會于厥憖。公羊作屈銀。此地名。不定誰爲假借。

懬　闊也。一曰廣也。大也。一曰寬也。

部末有憬字。云覺悟也。引詩憬彼淮夷。而詩釋文云。憬。説文作懬。則許所據毛詩本作懬。今作憬者。或以三家詩改之也。憬當爲懬之假借。又瞿部矍字。讀若詩獷彼淮夷之獷。文選注引韓詩正作獷。亦懬之假借也。憬獷已見囧部。○大學心廣正此寬之義。則廣爲懬之省借。廣已見广部。○漢書元帝紀。衆僚久懬。未得其人。此以懬爲曠之假借。曠亦見廣下。

𡨄　實也。虞書曰。剛而𡨄。

今書作塞。蓋假塞爲𡨄。夏本紀作剛而實。則用訓詁字也。又今文尚書堯典。文塞晏晏。及詩之其心塞淵。秉心塞淵。王猷允塞。鄭箋云。塞充實也。皆當爲寋之假借。塞已見㠭部𡫳下。

恂 信心也。

借迿。已見辵部。借悛。見迿下。借眴。見目部旬下。○詩溱洧釋文。洵韓詩作恂。羔裘。洵直且侯。韓詩外傳作恂直。又漢書地理志下引詩。洵訏且樂。作恂盱。餘如鄭風。洵美且仁。洵美且都。陳風。洵有情兮。毛傳竝云。洵信也。皆以洵爲恂之假借。洵已見辵部迿。旻部夐。邑部郇下。○爾雅釋詁。詢信也。注引方言宋衛曰詢此借詢爲恂也若詩擊鼓與靜女釋文洵本作詢又恂之轉借矣詢字在新附中○兮部㝱字云驚詞也重文爲㥚莊子徐無鬼恂然弃而走釋文引司馬注恂遽也又齊物論惴慄恂懼崔注恂戰也恂當爲㥚之假借○大學恂栗也恂本亦借㥚而注云恂或作峻讀如嚴峻之峻言其容貌嚴栗也是峻又爲恂之轉借矣峻已見山部

惟 凡思也

借唯已見口部段又謂經傳多用惟爲發語詞皆

作唯。古文尚書作惟，唐石經可證。今文尚書皆作雜，濮石經竣字可證。是三字可爲通借。

[illegible] 深也。穴部：㴱，深遠也。一切經音義云：㴱，古文深同。蓋从穴者爲室之深，从心者爲意思之深也。是可通借。宊，集韻[illegible]亦作[illegible]。

慉 起也。詩曰：能不我慉。今谷風作不我能慉。傳：慉，養也。我行其野：爾不我畜。傳：養也。蓼莪：拊我畜我。箋：起也。畜當爲慉之省借。

[illegible] 慶也。

廣韻引詩傳悹悹無所依繫。卽大雅板篇靡聖管管之釋語也。管當爲悹之假借。若爾雅釋訓痯痯。病也。痯亦悹之假借。疒部無痯字。管已見竹部。○後懽字引爾雅。懽懽愮愮。憂無告也。今釋訓作灌灌。卽板篇之老夫灌灌。灌當爲懽之假借。而玉篇廣韻皆云。悹悹憂無告也。則悹與懽可通借矣。懽已見欠部歡下。

愯

懼也。春秋傳曰。駟氏愯。

∴今左氏昭十九年傳作聳。又六年傳聳之以行。漢書刑法志引作愯。蓋从雙不省也。晉灼曰。古悚字。

此本部所無，即㥄字矣。耳部云：生而聾曰聳。其義迥異，聳當爲㥄之假借。○後有愯字，云：驚也，讀若悚（段謂悚當作竦）。驚懼義相近，愯當爲㥄之通借。又方言云：自關而西，秦晉之間，相勸曰聳。今旁人勸語謂之慫慂，亦假借字也。○立部有竦字，云：敬也。爾雅釋詁：竦，懼也。詩長發：不戁不竦。毛傳同。此以竦爲㥄之假借。

憮　愛也。韓鄭曰憮。一曰不動。

爾雅釋言：憮，撫也。方言：憮，哀也。此訓愛，並與撫循義近。又周禮大行人注：撫猶安也。安與不動義近。

是撫爲憮之通借。撫已見虍部虞下。○漢書張敞傳。京兆眉憮。憮當爲嫵之假借。嫵已見言部詡下。○後楳字云。憮也。讀若侮。方言。楳。憐也。憐與愛同義。音亦合。則楳可爲憮之通借。○借憮已見巾部。

㤅 惠也。古文爲。

夊部。㥚行皃也。今惠㤅字皆借愛字爲之。而㤅廢。即㥚之本義亦廢矣。○段謂古文㤅字。唐人乃用爲伊余來塈。民之攸塈之塈。非也。塈已見口部呬下。○樂記。肆直而慈㤅者宜歌商。注。㤅或爲哀。案哀憐與㤅憐義同。音亦近。承上慈字言。哀當爲㤅之假借。○㤅已見竹部篗。人部僾下。

篤 篤箸也。

段謂箸疑當作足部之𨇤。猶今人所用躊躇也。案莊子外物篇。聖人躊躇以興事。後漢書張衡傳注。躊躇。猶徘徊也。躊躇爲篤𨇤之通借。

妯 朗也。詩曰。憂心且妯。

今鼓鐘詩作妯。毛云。動也。鄭云。悼也。方言。人不靜曰妯。則朗疑恨之誤。廣雅釋親。兄弟之妻相呼曰妯娌。詩之妯當爲怞之假借。女部妯。動也。與毛合。

忞 自勉彊也。周書。在受德忞。

今立政篇作敃。爾雅釋詁。敃强也。是敃爲忞之通借。敃已見攴部。

⿰忄隶　肆也。錢謂廣雅。⿰忄隶緩也。曹憲讀爲退。方言正云。退緩也。此云肆者。肆亦从隶。有解肆之義。肆緩亦卽退緩也。案⿰忄隶與退疊韻字。⿰忄隶可爲退之通借。退已見辵部逡下。

慆　說也。詩東山。慆慆不歸。毛傳言久也。楚辭謬諫篇。年滔滔而日遠兮。卽久之義。案滔滔當謂如水流不返。

故云久慆乃滔之假借若左氏昭十七年傳天命不慆久矣注慆疑也文選西京賦作天命不滔則滔轉爲慆之假借○又左氏昭廿六年傳天命不謟不貳其命注謟本又作慆蓋言部無謟卽借慆字爲之故廣韻謟疑也此與謟字从臽者異

憺　安也

人部倓字亦云安也與此音義皆同可爲通借○下怕字云無爲也文選子虛賦怕乎無爲憺乎自持李注憺與澹同怕與泊同是澹泊當爲憺怕之假借若今人以怕爲怕懼字者乃迫之語轉耳泊

已見艸部薄下。

㥩 懽也。琅邪朱虛有㥩亭。

案懽讀如歡。歡娛字當用此。是娛爲㥩之假借。娛已見虍部虞下。○此字與移心於下作愚者各字。義亦別。不得爲通借也。

㤰 疾利口也。詩曰相時㤰民。

案詩無此語。書盤庚相時憸民。集韻引說文作商書相時㤰民。則詩字誤也。立政兩言憸人。釋文憸本又作㤰。是憸爲㤰之假借。憸已見言部譣下。○段謂㤰从册。盡从刪省聲。漢石經尚書殘碑此字

作散散卽散疑古文般庚作愍今文般庚作散異字同音殆亦可以散爲愍之假借與

㥛 疾也一曰謹重皃

段謂爾雅釋言悈褊急也釋文悈本或作極極乃㥛之誤㥛字不見於經有借亟爲之者如詩經始勿亟箋云亟急也是也有借戒爲之者如鹽鐵論引六月我是用戒謝靈運撰征賦作用棘是也有借悈爲之者如釋言悈急也是也有借棘爲之者如素冠傳六月出車文王有聲箋皆曰棘急也是也有借革爲之者如禮器非革其猶檀弓夫子之

病革矣注皆曰急也是也案諸借字各散見極已見木部亟見極下戒已見廾部悈見戒下革已見革部𩏂見革下彼處又借𩋞字則𩋞與悈亦可通借也○錢謂此急疾之急與苟同故又云謹重是悈亦苟之通借苟已見九篇苟部

㥦急也讀若絹

犬部獧下一曰急也與此音義同論語狷孟子作獧實當爲㥦之假借後有悁字云忿也史記魯仲連傳棄忿悁之節凡狷急者皃似于忿故廣韻云悁急也是悁亦可爲㥦之通借猶狷之卽獧矣○

段謂齊風子之還兮毛傳還便捷之皃走部趯疾也其義皆近案還趯字俱从睘當爲儇之假借還已見辵部趯見走部

【悻】恨也

孟子悻悻然見於其面趙注以恚怒釋之本部無悻字蓋卽此悻字也趙注又引論語悻悻然小人哉今論語作硜硜當爲悻之假借硜已見石部硻下聲下○悻一作婞楚辭曰鯀婞直以亾身女部婞很也婞可爲悻之通借

【㤓】急也河南密縣有㤓亭

素問平人氣象論毛而有弦曰春病注弦春脉木氣也又陰陽別論鼓陽勝急曰絃絃即弦字錢謂弦脉字當用此是弦為慈之省借

恁 下齎也釋語未詳

廣雅恁弱也此與詩之荏染柔木論語之色厲內荏音義皆同則荏與恁可為通借

怚 驕也

此與女部嫭驕也音義皆同可為通借嫭下今本作嬌乃驕之俗字耳又淮南子矜怚生于不足矜怚即矜驕也○史記王翦傳秦王怚而不信人集

韻類篇並云。怚音䌫。心不精也。與驕義亦合。當是
粗之形近假借也。粗已見麤部。

𢘓 更也。

上有忒字云。失常也。忒从弋聲。代亦从弋聲。疑本
一字。王懷祖曰。忒或作忒。曹風其儀不忒是也。又
作貸。月令宿離不貸是也。又作貣。易豫四時不忒。
京房忒作貣。洪範衍忒。史記宋世家作貣。管子正
篇如四時之不貣。是也。貣以形似譌爲貳。大射儀
注引周語平民無忒。今本忒作貳。緇衣引詩其儀
不忒。釋文本或作貳。音二。非也。至月令宿離不貸

毋或差貸。毋有差貸。呂覽竝作忒。釋文皆音二。失

甚矣。案忒忒可通貸。貣假借字。貳則誤字誤音也。

○周語。有過慝之度。韋注。慝。惡也。王懷祖曰。慝當

讀爲忒。忒。差也。上文狂與悖。眩與惑。轉與易。義竝

相近。過忒卽過差也。事差其度。故曰過忒之度。若

以慝爲惡。則別爲一訓。且與之度二字義不相屬

矣。洪範。民用僭忒。漢書王嘉傳引忒作慝。董仲舒

雨雹對。以此推移。無有差慝。是慝爲忒之通借。案

本部無慝字。忒旣通慝。則慝疑卽忒之或體。

㑥　輕易也。商書曰。以相陵㑥。今商書無此文。

易剝蔑貞凶鄭注蔑輕慢蓋謂蔑即懱之省借字。又國語王而蔑之亦當借蔑爲懱蔑已見苜部蔑下。

懝　騃也一曰惶也。

懝騃即方言之癡騃。疒部癡不慧也是癡爲懝之通借。○言部譺亦云騃也集韻或作懝是譺爲懝之通借。○雜記皆爲疑疚注疑猶恐也惶恐義同則疑爲懝之省借。

愓　放也。

錢謂此放蕩字。愓徒朗切正蕩之音蕩當爲愓之假借。○後有愓字，亦云放也。錢謂此淫蕩字。方言。婬愓遊也。江沅之間謂戲為婬，或謂之愓。廣韻作婸。是蕩又愓之假借。愓與像音義皆同，亦可通借矣。○愓一日平也。此為蕩平字。論語坦蕩蕩，皆當為愓之假借。玉藻行容愓愓。注直而疾皃也。或誤為愓。厲之愓形相近。

不敬也。傳曰執玉憜。左氏僖十一年傳執作受。重文省作

古文為。

大戴記盛德篇無度量則小者偷墮。注墮解墮也。

文選七發注引方言注。墮，懈墯也。此以墮為惰之假借。又方言云。隋。易也。則以隋爲㣫之假借。隋已見肉部。○漢書韋元成傳無媠爾儀。張敞傳被輕媠之名。此正㣫之本義。若方言媠。美也。南楚之外曰媠。注云。媠言婑媠也。乃義之借也。又廣雅釋詁隋。好也。媠亦借隋矣。爾雅釋鳥。䳜鶇。鴟鴞。郭注引或說一名𪃐𪈀。釋文𪃐本作隋。此與廣雅借字同。

㣌 鬱也。

漢狐子歌曰。魚弗鬱兮柏冬日。弗者。㣌之省借字也。弗已見丿部。祓下。又見人部佛下。

忿 忽也。孟子曰。孝子之心不若是忿。

今萬章篇作恝。恝字本部所無。集韻云。忦與恝通。案後有忦字。移心於左。訓憂也。與此義異。集韻誤。當是恝爲忿之假借。

憧 意不定也。

足部踵之義爲往來皃。是謂行之往來。易咸卦。憧憧往來。則心之往來。可相假借。或謂憧卽踵字。非。踵已見足部。○集韻。憧。書容切。音舂。與惷同。騃昏也。是以憧爲惷之假借。

悝 啁也。春秋傳有孔悝。一曰病也。

口部啁。嘐也。啁卽今嘲字。悝卽今詼字。自詼嘲行而悝啁遂廢矣案詼字言部所無漢書枚皋東方朔傳俱用之其作悝者僅見東京賦悝繆公於宮室悝从里聲而苦回切者支灰韻合也次義見後里部。

懏有二心也。手部攜提也。左氏僖七年傳招攜以禮。廿八年傳不如私許復曹衛以攜之杜注並云攜離也。又周語百姓攜貳。晉語亦固太子以攜之韋注亦同此皆以攜爲懏之假借。

[illegible][illegible]也。

彳部微循也。又爲邊徼字。說苑敬愼篇。微幸者伐性之斧也。微當爲徼之假借。○玉篇。徼行也。此本書所無。集韻音澆。徼幸。覬非望也。徼亦徼之假借。○人部僥云焦僥人長三尺。莊子在宥篇此以人之國僥倖也。釋文。僥或作徼。又文選陳情表庶劉僥倖。保卒餘年。注。僥與徼同。實則僥爲徼之轉借也。

懖 歫善自用之意也。歫字依書釋文 商書曰。今女懖懖。古文爲𢘅。書鄭注。懖讀如聒耳之聒。今書遂作聒。聒當爲懖之假借。宋人或訓聑聑爲譊譊多言。非也。

愆過也。重文爲𡩟。籒文爲諐。案𡩟與𡫳異。𡫳从㠭工。𡩟从㠭屮。㠭字隸體作寒。𡩟从寒省。遂作𡩟。與𡫳作𡫳無別。其作㥶者。俗也。○借諐。已見馬部。○詩抑篇。不愆于儀。禮緇衣作不諐于儀。此本一字而異體耳。非假借也。○辵部𨘇過也。蓋經過之過。此則爲過失之過。漢書劉輔傳。元首無失道之𨘇。𨘇當爲諐之假借。○左氏昭廿一年傳。豐愆。釋文愆本或作衍。衍爲愆之省借。

懝疑也。

女部嫌不平於心也一曰疑也是嫌爲慊之通借今嫌疑字概不作慊矣嫌慊俱見言部謙下慊亦見口部嗛下○易文言爲其嫌于无陽也鄭本作爲其慊于陽注云慊讀爲羣公溓之溓古書篆作立心與水相近讀者失之故作慊溓雜也上六爲蛇得乾氣雜似龍也此以慊爲溓之假借溓已見食部傔下

怋怓也怓亂也詩曰以謹惛怓今民勞篇作昬昬當爲怋之假借○下有惽字云不憭也凡怓亂者必無知之人此所引作惽則惽

可爲恨之通借。

𢡔亂也。春秋傳曰王室日惷惷焉。一曰厚也。

今左氏昭廿四年傳作王室實蠢蠢焉。䖵部蠢蟲動也。古文爲𢦔。引周書我有𢦔于西。蓋臬楷大誥。有大艱于西土。西土人亦不靜。越茲蠢之文。魏三體石經遺字作𦾔茲𢦔。案惷字从舂。鄉飲酒義。春之爲言蠢也。蠢亦叚春爲之。攷工記。張皮侯而棲鵠。則春以功。注春讀爲蠢。作也。出也。此引左傳蠢蠢作惷惷。則蠢當爲惷之借字。○前惷字云愚也。丑江切。又贛字云愚也。陟絳切。二字音義同。可爲

通借若惷乃尺允切音義俱別而惷从春與惷从
舂形似今惷愚字亦作惷音淮南氾論訓愚夫惷
婦注惷惷愚無知之貌惷惷或譌作惷惷近輯經籍纂詁
者遂引于惷字下直誤認惷惷惷爲一字矣惷已見
上憧下惷蠢亦雙聲

讆 讆言不慧也

左氏哀廿四年傳是躗言也釋文引字林作衞蓋
以躗爲衞之假借躗已見足部○錢謂衞字與譪
字義同案言部譪誠也廣韻云譪誇誕也凡誇誕
之言多不足信是譪可爲衞之假借衞譪一聲之

轉○又廣韻衞字魚祭切與寱同來㝱部寱瞑語
也與此處㝱言義正同則寱可爲衞之通借廣雅
釋言衞寱也集韻字寱或作囈者俗也

憎惡也
借碁已見言部○詩大叔于田叔善射忌箋云忌
讀如彼己之子之己蓋忌爲語辭與作記作其同
並見箕部○國策田忌竹書作田期此人名不定
誰爲假借

怨也周書曰凡民罔不憝
今康誥作罔弗憝卽譈之省借字孟子引作罔不

譈言部無譈字蓋異體耳○後有憝字亦云怨也與譈俱徒對切是音義竝同今以爲一字許分箸之則可通借矣

愾大息也詩曰愾我寤嘆

所引見曹風下泉楚辭九歎注引愾作慨通借字也慨已見木部概下○金部鎎怒戰也引春秋傳諸侯敵王所鎎今左氏文四年作愾杜注愾恨怒也訓與許異鎎爲愾之通借○詩谷風不念昔者伊予來塈毛傳塈息也塈之爲息已見口部呬下邶風塈字王伯申曰當讀爲愾愾怒也此承上有

洸有潰言之毛傳洸洸武也潰潰怒也言君子不
念昔日之情而惟我是怒也與大雅反予來赫同
意赫亦怒也則壂有二義一借呬一又可借愾也
若墍字即壂之移土於下者而音義俱別墍見後
土部○禮記哀公問則愾乎天下矣注愾至也此
以愾爲訖之假借訖已見言部

𢝊 𢝊存也

爾雅釋訓存存萌萌在也玉篇廣韻俱引作蕄蕄
卽此𢝊字玉篇又云蕄或作萌萌或可爲𢝊之假
借而蕄音莫耕切與𢝊讀若簡迥異蓋沿習之誤

也。萌已見艸部。○論語簡在帝心。簡當爲𥳑之假借。簡已見束部柬下。

感 動人心也。

左傳宣二年。以其私感。成二年。釋感于敝邑之地。襄廿九年。美哉。猶有感。釋文竝云。感本作憾。許書無憾字。蓋卽借感字爲之。又昭廿一年傳。窕則不咸。注。不充滿人心。釋文。咸本作感。戶暗反。蓋亦以感爲憾。易彖傳。咸。感也。是咸爲感之通借。又憾之轉借也。咸已見口部。○詩召南。無感我帨兮。毛傳。感。動也。釋文。又戶坎反。則撼之音也。是感爲撼之

省借手部摵搖也亦動也摵即撼字

惙𢝊也詩曰憂心惙惙一曰意不定也

口部啜嘗也一曰喙也詩中谷有蓷啜其泣矣毛傳啜泣貌韓詩外傳作惙其泣矣釋名云啜惙也心有所念惙然發此聲也是啜爲惙之通借○手部掇拾取也易訟患至掇也釋文鄭本作惙云憂也掇當爲惙之假借○莊子秋水篇匡人圍之數匝而弦歌不惙釋文惙亦本作輟是以惙爲輟之假借掇亦借輟文選魏都賦剞劂罔掇注輟掇古字通掇已見刀部剟下

愵 㥁皃讀與惄同

前惄字云飢餓也一曰㥁也引詩惄如輖飢案惄如韓詩作愵如方言愵憂也自關而西秦晉之間或曰惄是惄爲愵之通借

慽 憂也

繫傳云春秋傳晉人戚憂以重我憂近心之戚也後漢書明帝紀小人長戚戚注戚戚常憂懼也戚當爲慽之省借○詩小明政事愈蹙蹙字在新附中鈕非石曰攷工記不微至無以爲戚速也注云齊人有名疾爲戚者又引春秋傳蓋以操之爲已

戚矣是㦤字即借戚爲之粲禮器不然則已慼釋文慼本亦作慼此憾之移心於下者則慼當借慽而戚其轉借也慼已見足部蹙下

憚 忌難也一曰難去聲也

借嘽已見口部借癉見疒部○左氏昭十三年傳憚之以威周禮大司馬䑋內陵外則壇之注云壇鄭司農讀從憚之以威之憚書亦或爲憚是以壇爲憚之假借○考工記矢人亦弗之能憚矣注故書憚或作怛鄭司農讀爲憚通俗文旁驚曰憚或用憯怛字爲之是怛爲憚之假借○荀子王霸篇

是憚憚非變也。注。憚與坦同。則憚爲坦之假借。○憚字或移心於下作愳。地名。史記周本紀。遷西周公于愳狐。可爲通借。

懼也。陳楚謂懼曰悼。

檜風。中心是悼。毛傳。悼動也。小雅。上帝甚蹈。傳亦曰。蹈動也。箋云。蹈讀曰悼。是以蹈爲悼之假借。

敬也。

漢書王商傳。卒無怵悐。注。悐古惕字。此處重文作悐。非假借也。○易夬惕號。虞注。惕懼也。釋文惕荀翟本作錫。錫當爲惕之假借。

𢘎毒也。周書曰。來就惎惎。

段謂今尙書無此文。蓋卽秦誓未就予忌也。王伯申曰。傳以則曰未就予五字連讀而以忌字別爲一句。文義未安。案說文引此忌作惎。廣雅惎意志也。今本志字譌在意上。廣韻諅志也。諅與惎同。未就予惎者。未就我之志也。謂穆公志在襲鄭。而蹇叔不肯曲從。當時憎其未就已意。故云未就予惎。今之謀人曲從其意。是就予惎者也。當時誤親信之。故云姑將以爲親。云未就予惎。則疏遠之可知。云姑將以爲親。則喜其就予惎可知。此以忌爲惎之假借。忌

已見上○左氏宣十二年傳晉人惎之脫扃注云惎教也此以惎爲諅之假借言部諅誡也

忍 能也(能當作耐)

周禮山虞注柔忍月令納材葦注作柔刃又詩將仲子傳彊忍之木抑篇柔忍之木釋文並云忍本作刃葢忍字从刃刃刀堅也刃可爲忍之假借

㳽 厲也一曰止也讀若沔

段謂左傳弭兵之弭周禮獮與兵之獮郊特牲有由辟焉之辟皆當作此字是三字並爲㳽之假借

辟已見辟部彼處亦引郊特牲借弭實則㳽之轉

借矣。

說文假借義證卷二十

嘉興張鳴珂
族曾孫炎　同校

說文假借義證卷二十一目錄

第十一篇上

水部　文四百六十五　證百六十七

潚　渙　滮　減　瀏　湝　沖　汎　沄
浩　沇　洸　波　瀾　淪　瀚　汋　渾
洌　潤　漏　漼　潏　澤　淫　泆　潰
沴　淺　洔　淯　溽　沙　瀆　滑　沸
氾　滎　洼　瀆　灟　濼　注　措　澅
沿　游　潛　汓　湛　淒　瀑　濩　涿
瀧　滈　潎　沈　瀀　渥　洽　消　洿
污　準　濊　泧　泊　渜　洒　涚　汏
澆　溲　浚　潘　滓　淦　滫　淡　液
汁　溢　洒　瀸　洱　潄　洞　沫　澡

汲 湒 濯 潎 染 瀵 湩 洟 涑

瀻 渝 滅 泮 漏

光緒二十五年。歲在己亥。仲冬月。族曾孫蔭成重校刊。

說文假借義證卷二十一

第十一篇上　　涇朱珔學

水部

汃　西極之水也。爾雅曰。西至於汃國。謂之四極。今釋地作邠國。釋文。邠本或作豳。說文作汃。同是邠豳皆當爲汃之假借。邠已見邑部。豳見邠下。○南都賦。砏汃輣軋。李注。汃音八。此假借之義。汃八雙聲字。○韓昌黎征蜀聯句。獠江息澎汃。注。與澎湃同。是湃爲汃之通借。此與砏汃皆作八字音也。

河　水出焞煌塞外昆侖山。發原注海。

詩元鳥景員維河箋云河之言何也釋文河本或作何隸釋載童子逢盛碑無可奈河即奈何也案何本儋何字假借爲語辭此又轉借矣何已見艸部荷下

涷 水出發鳩山入于河

山海經只有漳水出發鳩山無涷水水經注濁漳篇云漳水又東涷水注之此所傳各異非假借也○爾雅釋天暴雨謂之涷郭注今江東呼夏月暴雨爲涷雨離騷使涷雨兮灑塵是也涷音東西之東案文選思元賦涷雨沛其灑塗注引舊注云巴

郡謂纂爲凍雨字作仌部之凍傳寫誤也則涷本水名假借爲纂雨之稱耳

沱　江別流也出㟭山東別爲沱

左氏襄九年傳而何敢差池釋文池本作沱案本部無池字大徐云池沼之池通用江沱字段考初學記引說文池者陂也𠂤部陂下一曰池也據此則許書當有池篆後佚之耳池與沱本可通借○沱本水名假借爲纂雨小雅俾滂沱矣史記仲尼弟子傳作俾滂池矣又假借爲涕流之狀易離出涕沱若釋文沱荀作池一本作沲是亦沱之借池

也○廣韻云滹沱水名在信都北入海周禮職方氏作虖池本部無滹字當即借虖字爲之又禮器必先有事於惡池注惡當爲呼聲之誤也釋文惡本作虖案呼與虖通惡池蓋滹沱之假借惡已見烏部呼見口部虖見兮部平下

浅

水出蜀汶江徼外東南入江

漢書地理志作溅水云出徼外南至南安東入江水經注引呂忱曰溅水出蜀許愼以爲浅水也蓋哉字古作𢦏與我形相似故浅水誤作涐水非假借也○下有沬字云水出蜀西南徼外東南入江

段謂漢志不言沫水但云大渡水入涐是凡唐宋史云大渡河者皆謂地理志之涐水即司馬相如傳之沫水二者爲一不宜兩列案涐與沫音亦略近或可假借許書若併爲一條則得之矣

湔 水出蜀郡緜虒玉壘山東南入江一曰手瀚之

段謂瀚衣不全濯之僅濯其垢處曰湔水經注引字林手作半案文選廣絕交論翦拂使其長鳴注翦拂湔拔音義同也是翦爲湔之通借翦已見四篇羽部

溫 水出犍爲符南入黔水

借薀已見艸部○溫本水名今以爲盈煖字案皿部盈字云仁也从皿从囚以皿食囚也溫當爲盈之假借○酉部醞釀也引申爲醞藉漢書匡張孔馬傳贊皆曰醞藉顏注謂如醞釀及薦藉道其寬博重厚也段云今人作蘊藉失之案詩小宛飲酒溫克釋文溫蘊藉也則蘊當作醞溫乃醖之假借矣

沮 水出漢中房陵東入江

左氏定四年傳楚子涉睢又哀六年傳江漢睢漳楚之望也睢當爲沮之假借睢已見目部○顧氏

祖禹曰。沮字後譌爲租。讀曰租。今襄陽沮水左右地皆曰沮中。亦謂之租中。吳志赤烏四年。諸葛瑾取柤中。與魏志正始四年諸葛瑾攻沮中正是一事。則沮與柤可爲通借。一言水。一言地也。柤已見艸部苴。木部樝下。又見𪊨部。○後有濾字。云水出北地直路西。東入洛。地理志作沮。乃禹貢渭水又東過漆沮之沮。與出房陵者異。沮當爲濾之省借。

涂 水出益州牧靡南山。西北入澠。

借余。已見八部。○論語。遇諸塗。釋文。塗本作涂。爾雅。堂塗謂之陳。攷工記匠人注引作堂涂。土部塗

字在新附古道塗塗塈字皆卽借涂字爲之○晉書宣帝紀王陵詐言吳人塞涂水卽滁水也滁字亦在新附卽借涂字爲之

溺 水自張掖刪丹西至酒泉合黎餘波入于流沙桑欽所説

禹貢弱水旣西又云道弱水弱爲溺之省借○玉篇引孔子曰君子休於口小人休於水禮記休作溺後休字云沒也溺當爲休之假借○莊子道在溲溺溺當爲𡱁之假借

洮 水出隴西臨洮東北入河

書顧命王乃洮頮水鄭注洮頮爲濯言澣衣成事三國志虞翻傳注引翻別傳駁之實非也據廣韻濯有棹音在三十六效故洮可爲濯之假借又一切經音義七引通俗文淅米謂之洮汰此亦近濯義也○借桃已見木部

漾 水出隴西豲道東至武都爲漢古文爲瀁漢書作養蓋瀁之省借淮南書作洋高誘注洋或作養洋又養之轉借詩邶風中心養養正義引爾雅釋訓洋洋思也洋養音義同案後別有洋字云水出齊臨朐高山東北入鉅定乃水經注之巨洋

水非此也○後有潒字云水潒瀁也讀若蕩段謂今之蕩漾字是亦潒瀁之通借也

【沔】水出武都沮縣東狼谷東南入江或曰入夏水沔本水名爲東漢水之別稱小雅沔彼流水毛傳沔水流滿也則以沔爲瀰之假借○後有湎字云沈於酒也引周書罔敢湎於酒史記樂書流沔沈佚此以沔爲湎之假借

【潦】水出右扶風鄠北入渭

上林賦酆鎬潦潏史漢文選皆作潦惟封禪書正作澇李善曰潦卽澇水也此以潦爲澇之假借後

潦字云雨水大皃乃行潦字也今旱潦亦作澇則澇又爲潦之假借矣

洛

水出左馮翊歸德北夷畍中東南入渭左馮翊當作北地段

錢同

周禮職方氏豫州其川滎雒雍州其浸渭洛二字本別邵謂詩清廟釋文云後漢都洛陽以火德爲水尅火故改爲各旁佳漢書地理志師古注魚豢云漢火德忌水故去洛水而加佳如魚氏說則光武以後改爲雒字也案魏志引注引魏略曰黃初元年詔以漢火行也火忌水故洛去水而加佳魏

於行次爲土。土水之牡也。水得土而乃流。土得水而柔。故除隹加水。變雒爲洛。自是經典雒洛錯出。或彼此互借。抑或後人所改。雒已見隹部。○莊子大宗師洛誦之孫注。誦通也。苞絡無所不通也。是以洛爲絡之假借。絡亦見雒下。又見艸部落下。○史記王子侯者年表洛陵索隱一作路陵。路當爲洛之假借。與穀梁洛姑釋文洛本作路同。路見足部。亦見落下。

汝

水出宏農盧氏還歸山東入淮。

汝本水名。經傳多借爲爾汝字。書益稷安汝止。史記夏本紀作安爾止詩蕩篇咨汝殷商文選潘安仁贈陸機詩注作咨爾殷商是二字又通借也○漢書地理志女陽女陰注女讀曰汝左氏昭二十六年傳使女寬守闕塞公羊文十年經盟于女栗釋文竝云女本作汝此地名人姓皆當汝爲正字女爲假借字若仲尼燕居女三人者孝經女知之乎釋文亦云女本作汝而書舜典汝陟帝位史記五帝紀作女登帝位汝作秩宗周禮春官序官司農注作女作秩宗彼此互異女皆汝之轉借至詩大明纘女維莘水經注四引作纘汝維莘則汝乃

女之假借矣。汝已見艸部。若下亦見而部。

汾 水出大原晉陽山。西南入河。或曰出汾陽北山。冀州浸。

詩韓奕。汾王之甥。毛傳。汾大也。段謂汾卽墳之假借。案厲王居汾。故稱汾王。宜汾爲正字。○莊子逍遙遊。汾水之陽。釋文。汾司馬崔本作盆。盆乃汾之假借。

澮 水出河東彘霍山。西南入汾。

尙書。濬畎澮距川。谷部引畎澮字同。而川部引作く巜。此古今文之異。可通借也。周禮巜作澮。○又巜部云，水流澮澮也。本部活字云，活活，水流聲也。澮亦活之通借。

沾

水出上黨壺關，東入淇，一曰沾，益也。邵謂後人沾益字作添，韻書別出添字，於是沾但爲水名，或爲沾滯之沾，竟不復知有沾益義矣。惟禮記檀弓國昭子曰，我喪也斯沾，已見見部覘下。邵又謂作沾益解，言我爲齊之大家，有事當有加禮，不當一循夫舊，蓋欲求異于人之意，則不必改字而義亦通。○雨部霑，雨霖也。史記滑稽傳，置酒而天雨，陛楯者皆沾寒，又陳丞相世家，汗出沾背。

此以沾爲霑之省借。

蕩　水出河内蕩陰東入黄澤。

艸部有葛字。玉篇謂卽遂葛也。蕩字从水葛聲。後湯字云。熱水也。从水昜聲。今書蕩字作蕩。入艸部。以蕩爲从艸湯聲矣。非也。○蕩陰者。見漢地理志河内郡。續志同。段謂蕩音湯。古音也。後人省艸。今爲湯陰縣。案蕩字借爲浩蕩字。又借爲蕩逸字。蕩逸之義亦作湯。詩陳風子之湯兮。毛傳湯蕩也。箋言游蕩無不爲是也。湯亦或作蕩。秦本紀甯公二年伐蕩社。徐廣云。蕩一作湯。皇甫謐以爲周桓王時自有亳王號湯非殷也是蕩與湯互借矣徐廣又曰社一作杜考封禪書于杜亳有三杜主之祠杜之借社已見示部○周禮掌節以英蕩輔之蕩已見竹部簜下杜子春云蕩當爲帑謂以函器盛此節或曰英蕩畫函後鄭未別釋則同杜可知釋文蕩如字又吐黨反帑吐黨反是以蕩爲帑之假借也○皿部盪滌器也凡動盪摩盪字從之樂記天地相蕩釋文蕩本作盪易繫辭八卦相盪釋文又云盪本作蕩實則蕩當爲盪之假借若漢書丙吉傳不得令晨夜去皇孫敖盪注盪讀與蕩同是

盪又爲湯之假借矣。湯亦借盪。論語奡盪舟。宋本
說文夰部奡下引作奡湯舟。

[沇篆]水出河東垣東王屋山東爲泲。古文爲[古文]。
沿當作㕣。大徐謂口部已有此重出。桼口部㕣下
云。山間陷泥地。是古文以㕣爲沇之假借也。故儿
部兌下云。㕣古文沇字。若作沿。則本部有沿字。豈
古文亦以沿爲沇之假借與。○禹貢兖州。漢書天
文志角亢氐。沇州。甘石星經兖州亦作沇州。錢竹
汀曰。古文从水者。或用立水。如江河之類。或用橫
水。如益頻之類。沇本立水。或从橫水作兖。而隸變

爲兖爾此論甚諦惟兖借衮已見衣部○水經濟
水注衍水卽沇水也衍沇聲相近此以衍爲沇之
假借

洭 水出桂陽縣盧聚山洭浦關爲桂水
水經注引山海經作湟水今經湟作潰湟潰皆當
爲洭之假借音相近也漢書作下湟水錢云史記
有湟溪門亦此字

灌 水出廬江雩婁北入淮
今以爲灌溉灌注字○借祼已見示部借懽見心
部寬下又彼處引詩灌灌案板傳云灌灌猶款款

也。是灌亦可爲款之假借。款款已見欠部。○爾雅。灌木叢木。又云木族生爲灌。釋文灌本作樌。樌字木部所無。乃異體假借也。

浙 水出丹陽黟南蠻中東入海。

前有浙字。云江水東至會稽山陰爲浙江。集韻浙或作漸。地理志水經皆以浙江爲漸江。段謂浙江者。崏江之委。漸江者。錢唐江源流之總稱。二水古於山陰相合。故可統名曰浙江。後世水道絕不通。而錢唐江猶冒浙江之名。此自名之沿襲致誤。非假借也。浙已見刀部制下。○走部趣。進也。易卦名之漸。當爲趣之假借。今凡訓進字俱作漸。而趣廢矣。○艸部蔪云。艸相蔪苞也。引書艸木蔪苞。重文爲藪。今禹貢作漸包。釋文漸本作蔪。是漸爲蔪之假借。若廣韻引埤蒼云。蔪麥秀皃。此又蔪之或體矣。史記宋世家麥秀漸漸兮。則仍作漸。○又史記李斯傳隋塹之勢異。段謂斗直者與陂陀者之勢不同也。塹乃漸之假借。案塹亦本作壍。○書洪範沈潛剛克。宋世家作沈漸。又列子黃帝篇至人潛行不空。釋文潛或作漸。漸當爲潛之假借。○漢書郊祀志漸臺在池中。爲水浸。故曰漸。顏注云。三輔黃圖或爲瀸字。又漢樊毅復民租碑。瀸潤宿夌。華嶽碑。瀸潤品物。瀸皆爲漸之假借。案下瀸字云。漬也。引爾雅。泉一見一否爲瀸。瀸既有漬訓。與廣雅釋詁。漸。漬也。義正可通。而漢書鼂錯傳注。漸讀曰瀸。則又以漸爲瀸之假借矣。瀸已見歺部殲下。○詩小雅。漸漸之石。釋文。漸漸。亦作嶃嶃。山部無嶃字。集韻云。漸與巉通。高也。是漸當爲巉之假借。○詩敬之箋。言當習之以積漸也。疏云。定本集注漸作浸。是以浸爲漸之通借。侵韻可通覃鹽也。

泠 水出丹陽宛陵。西北入江。

左氏成九年傳。泠人也。昭廿一年傳。泠州鳩。釋文竝云。泠或作伶。呂覽古樂篇。伶倫氏。說苑及古今人表。伶竝作泠。泠當爲伶之假借。伶已見卩部令下。

溱 水出桂陽臨武入匯。

漢書地理志作秦。本部湞字云。西入溱。應劭則曰。湞水西入秦。是溱亦作秦。秦當爲溱之省借。○下溍字云。水出鄭國。引詩。溍與洧。方渙渙兮。今詩作溱。段謂褰裳涉溱。溱與豈無他人爲韻。似不當作溍。但此處及水經皆云溍在鄭。溱出桂陽。二字古分別如是溱當爲潧之假借。異部合韻耳。○借蓁。巳見艸部。亦見蓁下。又漢書王莽傳。聖瑞畢溱。王襃傳。萬祥畢溱。注。溱與臻同。溱乃臻之假借。至部。臻。至也。

潭 水出武陵鐔成玉山。東入鬱林。

○漢書揚雄傳上林賦。浸潭促節。漢書作浸淫。潭當爲淫之假借。又解嘲云。或橫江潭而漁。集韻。潭音蕁。旁深也。此以潭爲潯之假借。下潯字正旁深之訓。案潭既借淫。又借潯。而淫亦借潯爲之。文選難蜀父老云。浸淫。上因江潭。而淮記兮。注。潭。水邊也。

淫衍溢。史記作浸潯是也。○淮南原道訓。以曲隈深潭相予。注。潭讀葛覃之覃。又墜形訓。介潭生先龍。注。潭讀譚國之譚。棻楚詞抽思篇。泝江潭兮。注。潭淵也。則此深潭正當作潭而讀覃者。漢書楊雄傳。潭思渾天。注。潭深也。書孔安國序。研精覃思。釋文亦云。覃深也。義可通借。潭讀譚。則祇擬其音耳。覃已見㫗部。譚見覃下。

𤃬水出豫章艾縣。西入湘。

上有汨字。云長沙汨羅淵。屈平所沈水。段以爲後人所增。云水經言湞。不言汨。諸書多言汨。不言湞。

依廣韻廿三錫汨淢潩三形同春秋莒君密州左傳密作買是買聲近密之證據此則淢與汨或可通借與○案汨字从日與書之汩作汨陳从曰者音骨異字今以形似多混

𤄷 水出鬱林郡

左氏宣二年傳三進及溜釋文溜屋霤也又爾雅釋水注從上溜下釋文溜作霤已見广部廇下○錢云鬱林有中畱縣應作此溜又魏都賦林藪石畱而蕪穢劉注畱或作溜是畱爲溜之省借若戰國策成皋石溜之地注古作石畱則溜爲畱之假

借矣。○靈樞經所溜爲榮注。溜流同是溜爲流之
通借。蓋今訓溜爲水急流也。

瀷 水出河南密縣東入潁。

前有潩字云水出河南密縣大隗山南入潁。水經
注曰。時人謂之敕水。敕潩音相類。故可通借。案漢
書水經。潩瀷祇一水。則潩卽瀷之省借耳。而淮南
書。澤受瀷而無源。許注。瀷湊漏之流也。是許君以
潩瀷爲二字矣。

淮 水出南陽平氏桐柏大復山東南入海。

左氏昭十二年傳。有酒如淮。釋文。淮。四瀆水也。是

用本義而又云淮讀曰潍則以淮爲潍之省借也○周禮職方氏其川淮泗鄭司農注淮或爲睢睢當爲淮之假借睢已見上沮下○史記南越傳及江淮以南徐廣曰淮一作滙又唐扶頌滙夷來降滙皆當爲淮之假借滙字本从淮也而五帝紀三苗在江淮荆州正義云淮讀曰滙尚書東滙澤爲彭蠡是也本屬荆州是轉以淮爲滙之省借矣郎南越傳作滙亦通

𣳾水出南陽魯陽堯山東北入汝

左氏僖三十三年傳楚人與晉人夾泜水而軍杜

注謂泜即滍也。是泜爲滍之通借。又襄十八年。楚伐鄭。涉於魚齒之下。杜注及水經注皆謂所涉即滍水。亦因滍與菡音近而異其名。

灃 水出南陽雉衡山。東入汝。

段謂此灃水非入洞庭之灃水。禹貢。江又東至於醴。衛包始改爲灃。鄭注醴爲陵。夏本紀地理志皆作醴。是今禹貢之灃當爲醴之假借。而此處正作灃。若水經注以出雉衡山者从酉。出武陵者从水。乃互譌耳。又禮運。地出醴泉。釋文。灃本作醴。爾雅釋天。謂之醴泉。釋文。醴本作灃。此亦以灃爲醴之假借也。醴已見示部禮下。○邵謂書禹貢有灃字。又有灃字。說文有灃無灃。史記夏本紀漢書地理志述禹貢作酆。邑部酆。周文王所都。在京兆杜陵西南。當卽借邑名爲水名。後人遂作灃耳。

澧　水出汝南弋陽垂山。東入淮。

水經注云。泚水字或作淠。漢志有泚無淠。而本部無泚字。則泚當爲淠之假借。○借茷已見艸部。

濄　水受淮陽扶溝浪湯渠。東入淮。

漢志作渦。爾雅釋水。過爲洵。釋文。過。又作渦。本或作過。又過辨同川。釋文。過本或作渦。同。棨渦旋流也。過爲渦之假借。而渦與過皆過之省借也。○浪湯。漢志作浪湯。水經作蒗蕩。集韻作蒗蕩。皆同音通借字耳。湯蕩已見前蕩下。

泄

水受九江博安洵波。北入氐。博安。漢志作博鄉。洵波當從水經作芍陂。氐當爲泚。氐泚音相近。

莊子人間世。小枝泄。釋文引崔注。泄洩同。是洩爲泄之通借。○易井卦。井渫不食。史記屈賈傳引作井泄。莊子秋水篇。尾閭渫之而不虛。渫亦泄之通借。○荀子榮辱篇。橋泄者。人之殃也。注。泄與媟同。是泄爲媟之假借。方言。媟。狎也。孟子。武王不泄邇。

注亦云泄。狎媟已見辵部遺下。○借呭。見口部借
詍。見呭下。

汳 水受陳畱浚儀陰溝。至蒙爲雝水。東入於泗。
漢志作卞。後漢書作汴。卞者汴之省。案變汳爲汴。
不知起於何代。而兩漢已有之。汴汳音相近。亦或
可假借與。

濼 齊魯閒水也。春秋傳曰。公會齊侯于濼。桓十八年。
一切經音義曰。凡陂池山東名爲濼。幽州呼爲淀。
音殿。荼淀與濼聲不合。當是方言各異。段謂濼泊
古今字。如梁山泊是也。則泊可爲濼之通借。泊已

見艸部蕛下。○公羊昭三十一年傳，會荀櫟于適歷，釋文，櫟本作躒，又作濼，亦滴濼也。案陸云滴濼，當爲適歷字之假借，而以屬櫟疑誤，已見木部。

瀞 魯北城門池也。

公羊閔二年傳，自鹿門至于爭門，爭門至于吏門，爭即淨之省借也。段謂廣韻埩字云，魯城北門池也。蓋古書有作埩者，埩當爲淨之假借，土部埩，治也。○後有瀞字，云無垢薉也。今字以淨爲瀞，蓋省借也。黄氏韻會曰，楚辭收潦而水清，注作瀞，是又以清爲瀞之通借，即爲淨之假借矣。

濕水出東郡東武陽。入海。桑欽云。出平原高唐。
漢隸借濕爲㬎溼字。乃以漯爲沸濕字。今禹貢孟
子俱作漯。而人遂不知濕之本字。邵謂漢碑尚有
作濕者。韓勑碑陰。平原濕陰。是又濕之誤。漯亦從
漢隸始。鄐閣頌醳散關之嶃漯。是也。濕之變累。蓋
卽㬎之省。而譌日爲田耳。若顧亭林金石文字記
言魏建成鄉侯劉靖碑。隰字作隰。則又變體矣。○
集韻。濕與漯溼竝同。似可假借。案下文別出溼水。
又出漯水。溼漯與濕俱非合音。段謂濕水。水經注
作濕水者。㶟水卽漯水。漯作漯。又譌濕也。溼水字

應亦放此。

菏

菏澤水在山陽湖陵。禹貢浮于淮泗。達于菏。今書菏作河。乃僞孔所改。非假借也。○五經文字云。菏見夏書。古本亦作荷。案史記漢書水經注竝作荷。荷當爲菏之假借。又導菏澤。周禮職方氏疏引作道柯澤。柯亦菏之假借。荷已見艸部。柯見荷下。○段謂應劭曰。尚書荷水。一名湖陵。韋注漢書曰。荷胡阿反。是湖陵以荷水得名。荷與湖語之轉。

案此處湖陵或作胡陵。淮南說山訓譬若樹荷山上。注荷讀如燕人強秦言胡同也。是亦可通借矣。

沂水出東海費東西入泗。一曰沂水出泰山蓋青州浸。

段謂漢人多以爲圻堮之圻。案杜篤論都賦。遏溯於泗沂。班固荅賓戲。張良受書於邳沂。皆以沂爲圻之假借也。○爾雅釋樂。大篪謂之沂。釋文沂或作齗。又作𥰭。是異體之借字。

濰水出琅邪箕屋山東入海。徐州浸。夏書曰。濰淄其道。

借淮。已見前。○左氏襄十八年傳。東侵及濰。釋文。濰本作維。又禹貢濰淄其乂。釋文旣云。濰本作維。

又云本作維漢志東萊郡禹貢亦作惟甾其道蓋維爲
濰之省借又維之轉借也惟已見心部甾見
艸部菑下。
治　水出東萊曲城陽丘山南入海。
左氏昭二十年傳姑尤以西注姑水尤水皆在
城陽郡東南入海段謂尤古音讀如貽故與治通
後有沈字云沈水也段亦謂盩即左傳尤水上文
之治水也是尤爲治之假借又沈之省借奐尤已
見宀部寑下。
浸　水出魏郡武安東北入呼沱水。

漢書地理志揚州𣶒曰五湖注𣶒古浸字葢浸爲𣶒之隸變凡浸漬浸淫沈浸字皆借此若內則湛諸美酒湛又浸之轉借也浸已見前𣶒下○土部有壜字云地也錢謂易剛浸而長應作此文王世子注有積浸之語是壜可爲浸之通借

泲

水出常山房子贊皇山東入泜

爾雅濟河閒曰兖州釋文濟本又作泲此泲之省今作濟○前泲字云沇也東入于海乃四瀆之一與此泲異詩邶風出宿于泲士虞禮注作出宿于濟惟漢書地理志俱作泲餘經傳多用濟字而風

俗通遂以常山所出之水列入四瀆誤也四瀆作
濟者當爲泲之假借○濟有去聲爲濟渡字見爾
雅釋言及邶風濟有深涉毛傳濟渡也方言過度
謂之涉濟則濟當爲渡之假借渡已見又部度下
○書洪範曰霽周禮太卜注史記宋世家皆作曰
濟濟止也雨止則爲霽書鄭注霽兆之光明如雨
止則濟當爲霽之假借○𣎵部𣎵字云止也从𣎵
盛而一橫止之也即里切詩載馳不能旋濟毛傳
濟止也莊子齊物論厲風濟則萬竅爲虛向注亦
云濟止也是濟爲𣎵之通借與刀部刺下借制義

同。○晉語二帝用師以相濟也。韋注濟當讀爲擠。此以濟爲擠之假借。○借齊已見齊部。借明見明部。

沽 水出漁陽塞外。東入海。

酉部酤。一宿酒。一曰買酒也。詩伐木。無酒酤我。鄭箋酤買也。今以沽爲沽買字。則酤可爲沽之假借。○論語求善價而沽諸。漢石經論語作賈。諸貝部賈市也。坐賣售也。沽當爲賈之假借。賈已見貝部。亦見人部家下。附案賈字別音假。人姓也。入馬韻。價字在新附。入禡韻。古祇作賈。○借𠬪已見夂部。

沛　水出遼東番汗塞外西南入海今字作沛
邑部郝云沛郡也郝沛古今字是可通借○段謂本部潦下云沛之也即孟子沛然莫之能禦意蓋勃然之假借也沛勃一音之轉○易豐其沛釋文沛本作旆謂幡幔也是以沛爲旆之假借旆巳見㫃部又借芾見市部芾亦見艸部茀下○孟子沛然下雨初學記御覽引作霈然雨部無霈字蓋即借沛字爲之○借跋巳見足部借類見犬部

滱　水起北地靈邱東入河滱水即漚夷水并州川也
職方氏并州其川虖池嘔夷班志滱河并州川是

亦即嘔吏也。段謂古寇聲匽聲同部。則嘔爲謳之
通借。此作漚。又嘔之轉借矣。

泥 水出北地郁郅北蠻中。
今用爲塗泥字。○爾雅釋邱。水潦所止爲泥邱。釋
文。泥字作尼。又作坭。尼蓋泥之省借。已見北部。坭
下。坭乃或體。○左氏僖七年經。盟於甯母。注。高平
方與縣東有泥母亭。讀如甯。甯是泥爲甯之假借。泥
甯雙聲字。甯已見用部。○史記屈原傳。皭然泥而
不滓。注。泥音涅。蓋即論語之涅而不緇也。下涅字
云。黑土在水中也。正與泥義合。泥涅亦雙聲。涅已

見黑部⿰黑異下。

洵

過水中也。

見上過下。過字當是省借。段正誤云。自過出也。○借迵。已見辵部。借郇。見邑部。借恂。見心部。借詢。見恂下。○詩羔裘。洵直且侯。毛傳。洵均也。本爾雅釋言。與恂下各出一義。又桑柔。其下侯旬。釋文。旬音荀。均也。常璩漢中志。洵陽縣。洵水所出。漢書作旬。此以洵爲均。而洵又通旬。亦訓均。則洵爲均之假借。旬乃轉借也。○魯語。無洵涕。卽檀弓。孔子泫然流涕。洵當爲泫之假借。

汈，汈水也。
集韻引此云出上黨。段謂沴汈與渿認同，沴汈涇相箸也，亦垢濁也。是假借通用字矣。

⿰氵乳，⿰氵乳水也。
酉部醹字云厚酒也，引詩酒醴維醹。集韻⿰氵乳音乳，與醹同，是⿰氵乳可爲醹之假借。

洦，淺水也。
此卽今之泊字，借薄已見艸部。○段謂犬部狛下云讀若淺泊，淺水易停，故爲停泊，今人言泊舟是也。又以爲憯怕字，見心部憯下。

汘 汘水也。

錢謂此汘洦應卽今之阡陌字。案𨸏部阡字在新附。玉篇云。南北曰阡。東西曰陌。或作𢓍佰。鈕氏據管子四時篇。正千伯。房注。卽阡陌也。漢書食貨志商君開仟伯。師古曰。仟伯。田閒之道也。仟字後人加人。余謂田必有水。疑可借汘字爲之。陌字亦本書所無。可卽借洦字爲之。集韻。洦或作㴒。則知可借爲陌矣。

海 天池也。以納百川者。

上澥下稱勃澥。他書多作勃海。蟹賄韻通。是海可爲澥之同字。澥已見角部解下。○老子。澹兮其若海。釋文。海本作晦。古微書引考靈曜曰。海之言昏晦無所睹也。是義本通借。

洪洚水也。洚水不遵道。一曰下也。

借鴻。已見鳥部。○孟子。兩言洚水者。洪水也。以洪釋洚。此則以洚釋洪。是二字可通借矣。洚已見言部訌下。○後一義又與降同。則降亦洚之借字。見後𨸏部。

衍水朝宗于海也。

借衎。已見行部。借羨。見㳄部。借沇。見前。○詩。椒聊𧽈衍盈升。一切經音義十九引作𧽈延。周禮大祝二曰衍祭。男巫掌望祀望衍。注並讀衍爲延。是延爲衍之通借。延已見延部。亦見羨下。○易繫辭大衍之數。王弼注云。演天地之數也。是以演爲衍之假借。

淖 水朝宗于海也。

今朝覲字本借朝旦字爲之。倝部𣉻下未及。而云朝宗。正周禮之春見曰朝。夏見日宗也。○本部無潮字。集韻潮淖同。文選江賦注引抱朴子。潮者據朝來也。仍從朝得義。又無濤字。見新附中。云濤大波也。乃文選注引倉頡篇，非許語也。段謂淖者古文，濤者秦字。枚乘七發觀濤即觀淖。然則潮與濤皆淖也。廾朝覲字亦可通借矣。

濥 水脈行地中濥濥也。

下演字云長流也。文選江賦潛演之所汩淈。又蜀都賦演以潛沫。劉注水潛行曰演。潛行正濥之義，是演爲濥之省借。演已見上。

涓 小流也。爾雅曰汝爲涓。

今爾雅作濆。疑濆爲涓之假借。文元韻與先通也。

○漢書禮樂志涓除也。廣雅釋詁亦云蠲除也。漢書陳勝傳注涓潔也周禮宮人除其不蠲注蠲猶潔也是以蠲爲涓之假借○金部鋗鋗小盆也史記楚世家王行遇其故鋗人注今之中鋗萬石君傳作中涓是以鋗爲涓之假借但涓亦借字耳

汭　水相入也

禹貢涇屬渭汭鄭注汭之言內也釋文汭本作內漢書溝洫志及盟津雒內注內讀曰汭是內爲汭之省借○左傳閔二年虢公敗犬戎於渭隊服虔注隊同汭此以隊爲汭之假借○借芮已見艸部

潚　深清也

水經注湘水篇，二妃出入瀟湘之浦。瀟者，水清深也。是瀟湘猶云清湘耳。今作瀟，以爲二水，瀟字在新附。鄭風風雨瀟瀟，殆後人加艸，非必假借。

𣶒流散也。

前㶁下引詩，方渙渙兮。詩釋文，渙渙，韓詩作洹。說文作汎。段謂音義俱非。蓋汎與洹不相合耳。案陸氏所見說文本作汎，爲毛詩渙之異字，非韓詩洹之異字也。渙與汎則雙聲字。汎可爲渙之假借矣。段改作洪。玉篇洹洪同。渙與洹洪韻俱合。是洪可通借。洹洹洪並可爲渙之通借也。漢書地理志又作灌。灌亦渙之假借。灌已見前。○詩訪落。繼猶判渙。與卷阿之伴奐。奐疑可通借。

淲 水流皃。詩曰。淲池北流。今小雅作滮池。蓋淲从滮省。或不省耳。○集韻淲荒胡切。與滹同。蓋以淲爲从虎聲也。滹或淲之假借。滹已見前沱下。

淢 疾流也。詩文王有聲。築城伊淢。箋云。方十里曰成。淢其溝也。廣深各八尺。釋文淢韓詩作洫。箋所訓正洫義也。是以淢爲洫之假借。○文選江賦。溭淢濜涓。李

注參差相次也減卽𡿧字是減爲𡿧之通借从川
與从水同也𡿧已見有部𣻎下

瀏 流清皃詩曰瀏其清矣
韓詩作漻其清矣下漻字云清深也是漻爲瀏之
通借漻瀏音相合

汪 深廣也一曰汪池也
水經注潢水一名汪水與泒水合下潢字云積水
池也與汪音義竝同潢可爲汪之通借

沖 涌搖也
召南毛傳忡忡猶衝衝也段謂忡與沖聲義皆略

同是沖可爲忡之假借若史記滑稽傳一飛沖天則沖又當爲衝之假借矣○皿部盅字云器虛也引老子道盅而用之凡經傳沖虛字義皆當爲盅之假借

氾 浮皃

借渙已見上○後浮字云氾也廣雅釋言汎汎氾氾浮也是氾爲汎之通借而氾下云濫也義別楚辭卜居將氾氾若水中之鳧乎王逸注氾氾普愛眾也論語汎愛眾乃以汎爲氾之假借左傳慶封氾祭正義亦引論語○又有泛字云浮也段謂邶

風汎彼柏舟亦汎其流上汎謂汎汎浮皃也下汎當作泛浮也左氏僖十三年傳汎舟之役汎當爲泛之假借泛已見西部覂下

【沄】轉流也讀若混

下澐字云江水大波謂之澐張衡思元賦水沄沄而涌濤是沄爲澐之省借○楊雄長楊賦汾沄沸渭注汾沄與紛紜同是以汾沄二字爲紛紜之假借惟紜字乃與體耳汾已見前

【浩】澆也虞書曰洪水浩浩

段謂澆當作沆下沆字云莽沆大水也案浩沆雙

聲字。亦可通借。沆已見亢部。○借鴇已見鳥部。借晧。見日部。借昦見晧下。借臯見本部。○下有灝字。云豆汁也。楊子法言。商書灝灝爾。注。灝灝猶漫漫也。上林賦。灝溔潢漾。郭注。灝溔。水無涯際也。文選魏都賦注。浩溔。大也。是灝當爲浩之假借。今假借行而豆汁之義遂廢。○漢書地理志。金城郡浩亹縣。孟康注。浩亹音合門。今俗呼此水爲閤門河。蓋疾言之耳。是以閤爲浩之假借。浩閤雙聲字。○公羊定四年經。浩鼬。鹽鐵論和親篇作誥鼬。此地名。不定誰借。誥已見告部。

泬　水從孔穴疾出也。

爾雅釋水，氿泉穴出。穴出爲泬之省借，義本通，若韓詩之回泬，楚詞之泬寥，則假借字也。

洸　水涌光也。詩曰，有洸有潰。

詩江漢，武夫洸洸。鹽鐵論繇役篇作武夫潢潢，是以潢爲洸之假借。潢已見上涯下。○荀子宥坐篇，其洸洸乎不淈盡，似道。注，洸讀爲滉。是洸爲滉之省借。○司馬相如大人賦，西望昆侖之軋沕洸忽。洸當爲恍之假借。

波　水涌流也。

禹貢。滎波既豬。夏本紀作滎播既都。書正義云。馬鄭王本皆作滎播。又周禮職方氏。其浸波溠。注。波讀爲播。是以波爲播之假借。案水經注濟水篇引字林曰。播水在滎陽。播水卽本部之潘水。見後潘當爲正字。播其假借。而波則轉借也。播已見艸部蕃下。○漢書江都易王傳。後游雷波。注。波讀爲陂。諸侯王表。波漢之陽。注引鄭氏及灌夫傳貨殖傳注竝同。是以波爲陂之假借。

瀾　大波爲瀾。重文爲漣。

詩伐檀。河水清且漣猗。爾雅釋水引作瀾。瀾漣本一字。而作瀾者。後有瀾字。云潘也。與瀾別。則瀾當爲瀾之假借。若周禮稾人注。雖其潘瀾戔餘不可褻。內則注。潘米瀾也。是又借瀾爲瀾。蓋亦可通用矣。○漢書息夫躬傳。泣涕流兮萑蘭。卽汍瀾也。侯成碑。泣涕汍蘭。瀾亦作蘭。此以蘭爲瀾之假借。蘭已見艸部。○心部。漣云。泣下也。引易泣涕漣如。今易屯卦作泣血漣如。漣當爲漣之假借。又王粲詩。涕流漣洏。漣爲漣之假借。亦漣之轉借也。漣已見辵部。洏者。下洏字云。洝也。義未合。洏當省作而。而與如通。洏亦假借矣。

淪小波爲淪。詩曰。河水清且淪漪。一曰。沒也。借薰。已見艸部。○爾雅釋言。淪。率也。詩。淪胥以鋪。淪當爲率之假借。古率讀如律。於淪爲雙聲。率已見辵部遳下。○周禮大宗伯。謂神在渾淪者也。釋文。淪本又作崘。案山部無崘字。祇當作侖。侖爲淪之省借。侖已見言部論下。

瀿大波也。錢謂卽翻字。翻在新附。○淮南俶眞訓。樹木者灌以瀿水。許注。楚人謂水暴溢曰瀿。本部無瀿字。當卽借瀿字爲之。瀿與緐義異。

汋

激水聲也。井一有水一無水謂之瀱汋。

汋已見示部礿、鬻部鬻下。○詩酌序釋文，酌本作汋，左傳宣十二年、荀子禮論皆作汋，是汋爲酌之假借。故公羊僖八年傳鄭伯乞盟，蓋酌之也，穀梁作汋。○釋名云：汋，澤也，自臍以下曰水腹，水汋所聚也。胞主以虛承汋也，蓋皆以汋爲液之假借。液已見采部釋下。○段謂楚辭汋約，即莊子之淖約，是汋與淖可爲通借。下淖字云泥也，則汋淖俱假借字矣。○又釋名云：瀱，竭也。正說瀱汋之義，而字不从水，則罽爲瀱之省借。

渾 混流聲也。一曰。洿下皃。

借混。已見戈部敦下。借昆。見日部。蓋混爲渾之通借。昆乃混之省借也。又前混字云。豐流也。孟子。源泉混混。古音讀如袞。俗字作滾。山海經。其源渾渾泡泡。則渾轉爲混之假借矣。○心部。惲。重厚也。今凡作渾厚者。皆當爲惲之假借。

洌 水清也。易曰。井洌寒泉食。

案易語下有寒字。則洌爲清矣。而詩毛傳。洌彼下泉云。洌寒也。有洌氿泉云。洌寒意。字皆作冽。而冫部無冽。豈二字可通借用之與。

浼　水流浼浼皃。

段謂浼之本義訓污。邶風之浼浼。卽潣潣之假借。免聲古讀如門。與潣相近。案詩河水浼浼。韓詩作浘浘。則浘又浼之轉借矣。支微與佳灰韻通也。

淈　濁也。一曰滒泥。一曰水出皃。

錢謂淈與汩同。案楚辭天問之汩鴻。謂治洪水。爾雅釋詁。淈治也。注淈書序作汩。是淈爲汩之通借。汩已見前潰下。○詩泮水屈此羣醜。箋云屈治也。正義謂爾雅某氏注引作淈此羣醜。是音義同也。又荀子宥坐篇。不淈盡。注淈讀爲屈。是淈與屈可爲通借。屈已見尾部。○下有滑字。云利也。段謂古多借爲汩亂之汩。淈既通汩。則滑亦可轉借。滑从骨聲也。

漼 深也。詩曰。有漼者淵。

後有滜字。云新也。錢謂與韓詩新臺有漼字同。是滜可爲漼之假借。音亦正合也。別見玉部玼下。

濇 不滑也。

止部歰亦云。不滑也。歰與濇雙聲同義。可爲通借。歰已見羽部翜下。○後車部轖。車籍交錯也。文選七發云。邪氣襲逆。中若結轖。此以轖爲濇之假借也。

澤　光潤也。

借釋已見釆部。借鞢見矢部。借襗見衣部。借睪見卒部。借皋見夲部。○上澥字云、土得水沮也。錢謂此陂澤字。爾雅澤當用此。是以澤爲澥之假借。澥讀若䊮。○郊特牲舊澤之酒。注澤讀爲醳。是以澤爲醳之假借。醳亦見釋下。○曲禮共飯不澤手。注澤或爲擇。正義云、以手宜潔淨不得臨食始挼莎也。則擇當爲澤之假借。○莊子則陽篇比于大澤。釋文澤本作宅。是宅與澤可通借。宅已見宀部。○

素問疏五過論。令澤不息。注。澤者液也。又經絡論。熱多則淖澤。注。澤潤液也。是澤爲液之通借。液見上汋下。○史記河渠書。漑澤鹵之地。索隱曰。澤一作舄。本或作斥。是澤與舄斥皆可通借。舄已見烏部。斥見舄下。

淫　浸淫隨理也。一曰久雨爲淫。

借䢾。已見寸部。借冘。見儿部。借㢜。見广部。借潭。見前。借潯。見潭下。○女部。婬。私逸也。今之奸婬字多叚借淫爲之。淫行而婬遂廢矣。○列子黃帝篇。朕之過淫矣。注。淫當作深。是以淫爲深之假借。○孜工記㡧氏湅帛涅之以蜃杜子春云涅當爲湼書亦或爲湛湼音未詳疑以字形致異湛則借湼爲之○集韻云巴東有灩澦堆古歌涅預大如馬涅當爲灩之假借雙聲字也○山海經爰有涅水其清洛洛注涅音遙與瑤同是以涅爲瑤之假借涅瑤亦雙聲

泆 水所蕩泆也

借佚已見人部○今禹貢溢爲滎溢本當作泆史記水經注皆作泆則溢爲泆之假借漢書地理志作軼軼泆義同是可通借軼亦見佚下○書多士

大淫泆有辭。釋文。泆作佾。馬本作肩。佾肩當皆爲泆之假借。佾亦見佚下。肩則从肙聲也。○左傳。迭我殽地。迭亦泆。軼之假借。故文選陽給事誄。軼我河縣。注。迭與軼古字通。迭已見辵部。所引傳義可兩存。

㵎 漏也。

借讀。已見言部訌下。借彙。見希部。○心部。憒。亂也。大雅。潰潰回遹。毛傳。潰潰。亂也。此以潰爲憒之通借。○詩小雅。是用不潰于成。大雅。草不潰茂。毛傳竝云。潰。遂也。此以潰爲遂之假借。遂已見辵部。○

素問五常政大論。分潰癰腫。注。潰。爛也。歺部殨亦曰爛也。是以潰爲殨之通借。

沴水不利也。五行傳曰。若其沴作。其當作六。大傳鄭注。沴。殄也。集韻。沴音徒典切。以聲得義。則沴可爲殄之通借。殄已見歺部。○今五行傳作六厲。厲爲沴之假借。厲已見厂部。○沴今音郎計切。漢書五行志注引如淳曰。沴音拂戾之戾。又臣張孔馬傳音義引韋昭曰。沴謂皇極五行之氣相沴戾不和。是戾亦沴之假借。戾已見犬部。

淺不深也。

借籟。已見羽部。借戩借踐。見食部餞下。借竊。見米部。又攷工記以博爲帴。段謂帴者淺之假借。亦見籟下。○士虞禮注。盤以盛棄水。爲淺汙人也。淺音箭。與濺同。又楚辭九歌。石瀨兮淺淺。集韻云。淺淺水疾流貌。淺音箋。與濺同。是淺爲濺之假借。○後自部有隧字。云水自也。錢謂此水淺深字。則隧可爲淺之通借矣。

𣹢

水暫益且止未減也。

爾雅釋水。小陼曰沚。釋文。沚本作𣹢。穆天子傳。飲於枝𣹢。注。水歧成𣹢。𣹢。小渚也。是𣹢爲沚之通借。

沚已見止部○錢謂今滯字當用此案水暫益且止正滯之義故可假借滯已見疒部癉下

渻少減也一曰水門又水出邱前謂之渻邱

段謂今減省字當作渻女部云媘者減也媘渻音義同是省爲假借媘與渻則通借也○又渻邱出爾雅釋名作阯邱阯疑作杫古杫字同故渻邱亦爲㮐邱是㮐可爲渻之通借附案木部㮐云木參交以枝炊籅者集韻㮐肉几也玉篇㮐斯義切同杫亦肉几也是㮐杫相通之證

溽溼暑也

月令上潤溽暑釋文出辱字云本作溽是辱爲溽

之省借。辱已見蓐部。○易之需卦。古歸藏易作溽字同。濡是溽爲需之假借。溽又濡之轉借也。濡辱蓋雙聲字耳。

沙　水散石也。从水从少。水少沙見。楚東有沙水。重文爲𣲡。譚長說。

詩魚麗鱨鯊。毛傳鯊鮀也。爾雅同。郭注今吹沙小魚也。是鯊本作沙。沙爲鯊之省借。此與魚部魦魚出樂浪潘國。从魚沙省聲者迥別。○豳風六月莎雞振羽。釋文莎本作沙。沙亦莎之省借。○內則鳥皫色而沙鳴。注沙猶嘶也。是沙爲嘶之假借。嘶沙音相轉。○周禮內司服。素沙注。素沙者。今之白縳也。今世有沙穀者。名出于此。沙穀卽紗穀。禮記雜記素沙注。若今紗穀之帛也。是紗爲沙之通借。糸部無紗字。○借疏。已見疋部。借疋下。借桑。見叒部。借獻。見犬部。借麥。見獻下。

瀆　水厓也。詩曰。敦彼淮瀆。今詩作鋪敦。

借賁。已見貝部。借涓。見上。○周南。遵彼汝墳。毛傳。墳。大防也。與此各別。而周禮大司徒職。邱陵墳衍原隰。注云。水涯曰墳。常武箋亦訓瀆爲大防。是鄭意以瀆墳二字古經假借通用也。故汝墳。爾雅釋水注作汝瀆墳亦見賁下。○水經汝水注云。瀆者。汝別也。瀆水。世亦謂之大㶏水。瀆㶏聲相近。則㶏爲瀆之通借。本部作濦。水出潁川陽城少室山東入潁。濦乃㶏之省。或作溵。皆通借字也。

漘 水厓也。詩曰。寘河之漘。伐檀篇釋文。漘本作脣。與乾鑿度鄭注引詩正同。肉部脣。口耑也。古文爲𦣞。脣乃漘之省借。○後自部有陙字。云水自也。錢謂詩漘字應作此。則陙可爲漘之通借。

沸 畢沸。濫泉也。

上林賦作滭弗。司馬彪注。盛皃也。弗爲沸之省借。
弗已見丆部祓下。○下涫字云。瀋也。鬲部瀋。涫也。
互相訓。此言湯之涌起也。今瀋字多借沸爲之。又
春秋繁露。燔以涫湯。韓詩外傳作沸湯。蓋瀋旣借
沸。故沸與涫卽以義通矣。涫已見見部覲下。

𣲵

水別復入水也。詩曰。江有汜。一曰。汜窮瀆也。
此所引爲毛詩。前洍字云。水也。引詩江有洍。蓋三
家詩也。是洍與汜可爲通借。○漢書留侯世家。閒
從容步游下邳汜上。服虔讀爲圯。音頤。楚人謂橋
曰圯。應劭曰。汜水之上。蓋謂窮瀆無水之上也。則

圯爲汜之假借。

滎絕小水也。

上滎字云。滎濘也。李善注七命引說文。濘。絕小水也。是濘與滎可爲通借。段謂甘泉賦。梁弱水之淵濴。服虔曰。崑崙之東有弱水。渡之若淵濴耳。善注。汀濴。小水也。引字林。濴。絕小水也。是濴與淵汀亦皆滎之通借。濴濘義同。濴卽許之滎字。一爲熒省一不省耳。○禹貢沇水泆爲滎。釋文。滎本或作熒。段謂此釋文經宋開寶中妄改。而經典史記漢書水經注皆爲淺人任意竄易。以爲水名當作滎。考周禮其川熒雒左傳閔二年宣十二年杜預後序熒澤鄘風箋熒澤左傳杜注熒陽玉篇熒字下曰亦熒陽縣漢韓勑後碑劉寬碑陰鄭烈碑皆云熒陽唐盧藏用紀信碑亦作熒陽隋書王邵傳上表言符命曰龍鬬於熒陽者熒字三火明火德之盛也則熒澤熒陽古無作滎者邵瑤圃曰胡東樵不解絕小水之義以問閻百詩百詩曰爾雅正絕流曰亂邢昺疏正直也孫炎所謂横渡是也以濟水截河南過爲滎故以絕字解滎至小水二字則唐許敬宗曰瀆之言獨也不因餘水獨能赴海者也

濟潛流屢絕狀雖細微細獨而尊也許君以絕小水解滎得百詩之言而始顯蓋滎从水熒从火水與火形相近故傳寫多誤漢碑如韓勑劉寬鄭烈等滎陽已多从火作熒而經典古本又多歧出陸氏不能糾正如左隱元年釋文熒或作滎滎乃正字反以爲或作殊不思自古地名亦有意義滎澤滎陽俱以水得名滎波滎雒更不必言若作熒成何意義而岳珂九經三傳沿革例乃云左傳衞懿公及狄人戰于熒澤及杜預注自隱元年以來所引熒陽者不一熒字卒多從火校書者因之遂改

滎爲熒，此不講六書之病也。案此處似從邵說爲正。段以尼从水者俱後人所改，未免臆揣。若隋書修自唐人，古義已多茫昧，王劭見熒陽字世多从火，故爲此言，殆不足憑。然則熒澤熒陽从火者，當爲滎之假借。熒已見焱部。○又案百詩之說，段亦駁其謬，竊謂許意倘祇以滎爲小水，不必加絕字。云絕小水爲極小之水，殊屬勉强。大抵讀古書各執所論，難以盡一，姑就鄙見剖斷，俟明者定之。

洼　深池也。

下漥字云：清水也。一曰窊也。案方言云：洼，洿也。自

關而東或曰洼老子窪則盈釋文引顧注亦曰窪洿也則窪與洼可爲通借而窪下一曰窊宜從窊亦可通借窊已見穴部此云清水未審

瀆 溝也一曰邑中溝

借遺已見辵部借贖借嬻見遺下借竇見穴部○自部隫云通溝以防水者也讀若洞古文爲䜳段謂四瀆字當是隫隫爲瀆之通借又皇象碑本洞作隫則隫亦洞之假借矣○前溉字云水出東海桑瀆段謂瀆當作犢北海郡桑犢見漢志今萊州濰縣有桑犢故城水經注之桑犢亭也是瀆爲犢

之假借。犢已見牛部特下。

灘　水濡而乾也。詩曰。灘其乾矣。俗作灘。今詩作暵。暵亦乾也。可爲通借。疊韻字也。○爾雅釋水。潬沙出。注云。江東呼水中沙堆爲潬。是灘潬同字。可爲通借。○爾雅釋天。太歲在申曰涒灘。李注。灘單盡也。釋文。灘本作攤。攤字在新附。漢孔廟禮器碑作涒歎。皆假借也。歎已見欠部。

灓　屚流也。戰國策。王季歷葬於楚山之尾。灓水齧其墓。蓋謂水之屚下也。灓屚音轉。是可通借。孔衍春秋後語作䜌水。則字形之誤。○廣韻集韻竝云。䜌。盧玩切。音亂。沙邱絕水橫流也。一日舟絕流渡日䜌。通作亂。案䜌亂音近。禹貢亂于河是䜌爲亂之假借也。

注 灌也。

借祝。已見示部。借咮。見口部喝下。借柱。見木部。○今之注釋字多作註。此言部所無。蓋古人祗借注字爲之。取辭意相灌注之義。段謂記註與注釋別似亦未的。○士昏禮酌[元]酒三屬于尊。鄭注。屬注也。左氏成六年傳有韎韋之跗注。賈服注云。注屬也。是屬爲注之通借。故荀子禮論篇注。纊聽息之時注云注續卽屬續也又攷工記函人犀甲七屬注云屬讀如灌注之注匠人水屬不理孫注亦云屬讀爲注此以屬爲注之假借若戰國秦策一舉眾而注地於楚文選魯靈光殿賦上崎嶬而重注兩注竝云注屬也則當以注爲屬之假借屬已見尾部

湝

所以攤水也漢律曰及其門首洒湝

錢謂史記貨殖傳質氏以洒削而鼎食卽洒湝同是以削爲湝之假借湝从昔與削音近削已見刀部

津　水渡也。古文爲𣶒。

血部𦅸，气液也。與本部液，𦅸也。互相訓。周禮，其民黑而津。注，津，潤也。素問湯液醪醴論，津液充郭。注，津液者，水也。皆以津爲𦅸之假借。若周禮釋文，津本亦作㶑。廣韻，㶑音津，氣之液也。是㶑卽𦅸之或體。而水經注，襄陽有㶑水，徐忍切。則以爲二字。津已見聿部𦘒下。

沿　緣水而下也。春秋傳曰，王沿夏。左氏昭十三年。

借巡。已見辵部。借沇。見前。○禹貢，沿于江海。鄭本沿作松。此字形相似而誤，非假借也。馬本依今文

尙書作均均當爲沿之假借眞先韻通也均已見前洵下

逆流而上曰泝洄泝向也水欲下違之而上也重文爲借愬已見言部訴下○此泝洄爾雅釋水作泝洄泝卽泝之省今字也違之而上乃洄字从回之義○中庸素隱鄭注素讀爲攻城攻其所傃傃猶鄉也鄉卽向是泝與傃音義同可爲通借但人部無傃字中庸之素隱素當借索已見朩部索下

涉水也一曰藏也一曰漢水爲潛

借漸。已見前。○又前潛字云。水出巴郡宕渠西南入江。水經則云。潛水出巴郡宕渠縣。又南入於江。禹貢。沱潛既道。及浮于江。沱潛漢等。漢地理志俱作灊。是灊爲潛之通借。○下涔字云。潰也。一曰涔陽渚。在郢。後一義卽楚辭所謂望涔陽兮極浦也。詩。潛有多魚。韓詩作涔。又禹貢。沱潛。史記夏本紀作沱涔。是涔爲潛之假借。涔已見米部糂下。○詩潛序釋文。小雅作槮。槮與椮通。亦潛之假借字。竝見糂下。

汓　浮行水上也。古文或以汓爲沒字。重文爲泅。

下沒字云沈也與此音義形皆別而古文假借段謂善水者或沒或浮無不可則不妨同字同音也○錢謂此浮游字韓非子越人善游應作此是以游爲汓之假借汓似由切游已見㫃部

湛　沒也一曰湛水豫章浸（章當作州）古文爲𣶒

借甚已見甘部借諶見火部煁下借黕見黑部借浸見前寑下借淫亦見前○大徐以湛爲宅減切入𣵀韻詩之湛湛露斯是也周禮職方氏其浸潁湛杜注湛讀當爲人名湛之湛亦宅減切矣○呂覽仲冬湛饎必潔注湛漬也湛讀瀋釜之瀋而淮

南時則訓注則讀審釜之審下瀋字云汁也是以湛爲瀋之假借審即瀋之省瀋審皆寑韻字可通湛亦从甚聲也餘俱當爲直林切○集韻湛音淫與霪同久雨也王充論衡云變復之象以久雨爲湛但雨部無霪字仍當爲淫之通借耳○段謂古書浮沈字宜作湛詩小雅載沈載浮廣雅釋詁沈没也與此同訓則沈可爲湛之通借○攷工記鍾氏染羽以朱湛丹秫注湛讀如漸車帷裳之漸集韻湛音尖漬也與漸瀸同是通借字矣漸亦見前瀸見漸下○詩賓筵子孫其湛毛傳湛樂之久也

廣韻。湛與耽同。書無逸。惟耽樂之從。衞風。無與士耽。鹿鳴。常棣。釋文竝云。湛又作耽。案女部。媅。樂也。湛當爲媅之假借。耽則轉借也。若詩抑。荒湛于酒。韓詩作㵸。集韻。㵸與媅同。此或體字。媅亦或从冘作妉矣。

淒　雲雨起也。詩曰。有渰淒淒。

今大田詩作萋萋。當爲淒之假借。但呂覽漢書玉篇廣韻皆作淒淒。疑今本乃傳寫之誤。○子虛賦。儵眒淒浰。徐廣讀漢書及文選作倩浰。倩或作猜。倩當爲淒之假借。淒倩雙聲字。

瀑　疾雨也。詩曰。終風且瀑。一曰沬也。一曰瀑賈也。所引詩。今邶風作暴。毛傳。暴疾也。即指風言。中有且字。當兼雨言之。則暴為瀑之省借。此殆據三家詩與。

濩　雨流霤下皃。言部。護。救視也。周禮大司徒。大濩。下釋文。濩本作護。白虎通禮樂篇。湯曰大護者。言湯承衰能護民之急也。亦見風俗通聲音篇。是濩當為護之假借。濩或作護。則本書所無。○玉篇。濩。煑也。詩周南。是刈是濩。爾雅釋訓云。是刈是鑊。鑊。煑之也。金部。鑊。

鑴也。謂貪物之器。則濩當爲鑊之假借。頀鑊皆已見禾部穫下。○廣雅釋詁。濩汚也。疏證謂下文獲辱也。史記屈原傳。不獲世之滋垢。獲與濩義近。故濩亦訓辱。是獲爲濩之通借。又楚辭漁父。安能以皓皓之白。而蒙世之溫蠖乎。蠖與濩義亦相近。則並可通借矣。

涿 流下滴也。上谷有涿鹿縣。奇字爲𣳅。

借椓。已見殳部。○涿一作沰。廣雅釋言。沰䃧也。崔寔書。上火不落。下火滴沰。是沰爲涿之通借。又周禮掌舍注。柜受居溜水涑橐者也。橐借沰。即涿之轉借矣。橐已見橐部。○莊子盜跖篇。與蚩尤戰于涿鹿之野。釋文涿本或作濁。是濁爲涿之假借。濁已見犬部獨下。○左氏哀廿七年傳。顏涿聚。古今人表作顏燭雛。淮南氾論訓作顏喙聚。說苑正諫篇作顏燭趨。晏子春秋作顏燭鄒。或又謂即孟子之顏讎由。孔子世家作顏濁鄒。此人名。以形聲相近各異。不定誰爲假借矣。

瀧　雨瀧瀧也。

廣雅釋訓。浪浪。流也。讀平聲。與瀧瀧爲音轉。今人稱大雨亦云淋浪。雙聲字也。是可通借。○廣韻集韻皆云瀧涷沾漬也。即方言所謂瀧涿。一曰涷瀧。

已見東部。

滈 久雨也。

吳都賦。滈汗六州之域。淮南俶眞訓。浩浩瀚瀚。注。

廣大貌也。滈汗即浩瀚。是可通借。浩已見本部臯

下。亦見前。○荀子議兵篇。古者湯以薄。武王以滈。

注。滈與鎬同。是滈爲鎬之假借。鎬者。京兆水名也。

鎬已見邑部鄗下。

溦 小雨也。

今人詩文凡言微雨者。皆當爲溦之假借。故廣韻

集韻並云。湀瀓。又爾雅釋邱。谷者瀓。水經注溰水篇引作微。郝謂微瀓同。疑作微是也。則本可通借矣。微已見彳部。○爾雅釋文瀓本又作湄。郭景純曰。微水邊通谷也。湄正水邊之稱。是亦可爲通借。

湄已見鹿部麋下。

沇

陵上滈水。一曰濁黕也。

錢謂莊子陸沈作此解。陸者陵也。案古書沈字惟此爲正義。餘多假借。○借湛。已見前。借黕。亦見黑部。○漢書陳勝傳。夥涉之爲王沈沈者。注引應劭曰。沈沈。宮室深邃之貌。文選西京賦。大厦耽耽。薛

注亦云。耽耽。深邃之皃也。沈義與深近。則耽當爲
沈之假借。故詩賓筵序。沈湎淫液。釋文。沈字或作
耽。耽亦見湛下。○史記陳涉世家注又引劭語曰。
沈。通作潭。亦作湛。案潭訓深。今人稱巨室猶曰潭
潭。集韻沈有覃音。是潭可爲沈之通借。潭已見前。
湛乃耽之轉借也。若史記索隱云。沈沈猶談談。則
尤爲轉借矣。○沈之入寢韻者。禮記檀弓爲榆沈。
故設撥。注云。以水澆榆白皮之汁。有急以播地。於
引輴車滑也。此以沈爲瀋之假借。沈本人姓。左傳
沈姒蓐黃之沈。正作邥音矣。瀋亦見前湛下。

瀀 澤多也。詩曰。既瀀既渥。

今信南山詩作優。優當爲瀀之假借。若金石錄楚相孫叔敖碑。優游作瀀喏。又度尚碑持重瀀於營平。則瀀轉爲優。優之假借矣。優已見口部嚘。夊部憂下。

渥 霑也。

上漚字云久漬也。攷工記㡛氏。渥[湻]其帛。注。渥與漚同。左傳。鄁人漚菅者。周禮注引作繒人渥菅。是渥爲漚之通借。漚渥音之轉。○詩終南顏如渥丹。釋文。渥。韓詩作沰。沰當爲渥之假借。沰已見上涿下。○易萃一握爲笑。釋文握傅氏作渥。渥當爲握之假借。○漢修堯廟碑赫赫如屋赭𧾷釋以屋爲渥。是省借也。屋已見尸部。握見屋下。○易鼎其形渥。釋文渥鄭作剭。渥既爲剭。則彡當爲荆。已見井部。剭亦見屋下。○攷工記鮑人欲其柔滑而腥脂之。注。腥讀如沾渥之渥。是以腥爲渥之通借。肉部無腥字。見廣韻。

洽

霑也。

借合。已見亼部。○詩大明在洽之陽。釋文洽水名。馮翊有郃陽縣。應劭曰在郃水之陽也。邑部引詩正作在郃之陽是郃爲洽之通借郃亦見合下○詩正月洽比其鄰左氏僖廿二年傳襄廿九年傳引俱作協比其鄰江漢洽此四國禮記孔子閒居引作協此四國是協爲洽之通借協亦見合下○顔氏家訓音辭篇云以洽爲狎則亦通借矣狎已見犬部

消盡也

借削已見刀部○玉篇瘠渴病也漢司馬相如有瘠渴疾本傳作消渴是消爲瘠之通借瘠亦見削下○詩鴟鴞予尾翛翛正義作消消是消爲翛之

假借。○檀弓消搖于門。注又作逍遙。辵部逍遙字在新附。當即借消搖爲之。

洿 濁水不流也。一曰窳下也。下汙字云。薉也。一曰。小池爲汙。一曰涂也。

服虔注左傳云。水不流謂之汙。汙即洿之假借。孟子梁惠王作洿。滕文公作汙。汙已見穴部窊下。○錢謂左傳潢汙與杅同用。故曰涂。案木部杅字云。所以涂也。是杅爲汙之假借矣。○糸部紆字云。詘也。一曰縈也。案詰詘即今之屈曲字。左傳序及成十四年傳皆云。盡而不汙。釋文汙曲也。此以汙爲紆之假借。

準平也。

周禮質人壹其淯制。釋文淯音准。淯當爲準之假借。○管子君臣篇丈尺一綧制。注准節律度量也。綧古准字。綧當爲準之假借。糸部無綧字。見集韻。綧制蓋卽淯制也。○後土部有埻字。讀若準。廣韻埻周禮或作準。埻卽𡍬之隸省。是準爲𡍬之假借也。𡍬已見亯部𩫖下。○攷工記㮚氏權之然後準之。注準故書或作水。杜子春云當爲水。金器有孔者水入孔中則當重也。後鄭不從。謂準擊平正之。

又當齊大小輈人利準解同案廣雅釋言水準也疏證謂管子水地篇云水者萬物之準也白虎通亦曰水之爲言準也養物平均有準則也蓋水與準古同聲通用是水可爲準之假借矣○借肫已見肉部借頢見頁部

瀎拭滅皃下泧字云瀎泧也讀若椒椴之椴小徐云左傳三數叔魚之惡不爲瀎泧即此字今作末假借也段謂巾部幭下曰讀如末殺之殺末殺字林作抹摋即瀎泧也是抹摋亦瀎泧之假借案釋名云摩挲猶末殺也手上下之言也則又借

摩𢯱字矣。

洎（篆）灌釜也。

集韻云。洎與溉通。周禮士師。洎鑊水。注。洎謂增其沃汁。左傳。去其肉而以其洎饋。正義曰。洎者。添釜之名。蓋以洎爲溉之通借。彼後一義也。溉已見前。○東京賦。百僚師師。於斯胥洎。注。言百官於此相逮及而來朝賀也。是以洎爲及之假借。

湯（篆）湯也。

士喪禮。渜濯棄于坎。注云。沐浴餘潘水。古文渜作涿。荆沔之閒語。是涿爲渜之通借也。○段謂今北

方灤河漢志水經作濡水乃官切濡正渜之誤也
案渜字从水耎聲乃管切故可爲灤之假借
洏 洝也一曰煑孰也
上洝字云渜水也洏與渜音近耎从而聲也段謂
洝渜猶日部之安㬈皆疊韻字則是可通借矣○
煑孰之訓與肉部胹爛也同字俱从而洏當爲胹
之假借內則作濡亦誤字
涚 財温水也周禮曰以涚漚其絲
所引見攷工記注云故書涚作湄鄭司農云湄水
溫水也後鄭則曰涚水以灰所泲水也段謂湄當

作湨。集韻。湨或作湄。是也。是湄爲湨之假借。而浼

亦轉借也。湄已見前潎下。

汏　淅𣽽也。

郭忠恕佩觿集云。汰音太。沙汰也。汏音大。濤也。二

字別然。本部別無汰字。今人凡大宰王大子加點

爲太者。皆俗字。則郭說非也。○後泰字云。滑也。左

氏宣四年傳。伯棼射王汏輈。段謂傳又云。汏輈以

貫笠轂。皆滑之意。是以汏爲泰之假借。泰亦引伸

爲泰侈之義。左氏昭三年傳。伯石之汏也。蓋借汏

爲泰。而檀弓。汏哉叔氏。釋文。汏或作大。此則因今

之泰山或作太山或不加點爲大故假借用之但世謂人之奓泰者爲自大固亦可通矣

滰　浚乾漬米也孟子曰孔子去齊滰淅而行今萬章篇作接淅音義俱未協許所見本爲是接當爲誤字非假借也

溲　浸渼也

借叜已見又部借潘見叜下○今以溲爲溲溺字國語少溲于豕牢而得文王本是借字○士虞禮記明齊溲酒注今文溲爲醙胡墨莊曰鄭注引郊特牲明水涗齊疏云涗猶清也五齊濁泲之使清

與說文浚洪義合故鄭不從今文案聘禮醙黍清皆兩壺注醙白酒也彼處似當作醙但酉部無醙字疑仍借溲字爲之○莊子則陽篇內熱溲膏釋文溲本或作廋廋當爲溲之假借○內則滫瀡注秦人溲曰滫此是湯液之類與本部滫云久泔也異義則溲可爲滫之假借

浚　抒也

詩噫嘻駿發爾私釋文出浚字云本亦作駿毛傳駿大也鄭箋駿疾也皆用駿義則浚當爲駿之假借駿已見人部俊下○劉歆遂初賦鳥脇翼之浚

浚或說浚與踆通伏也蓋以浚爲踆之假借踆已見立部竣下

潘　淅米汁也一曰水名在河南滎陽

借審已見釆部宷下借播借波見前波下○一切經音義十六引蒼頡云潘作瀋同敷緣反泔也瀋當爲潘之假借瀋已見前○周禮稾人注之潘灡釋文潘本作藩蕃亦潘之假借蕃已見艸部○列子黃帝篇鯢桓之潘爲淵釋文潘洄流也又云潘本作水之瀊案本部無瀊字瀊洄者蓋言水之盤旋也故正韻潘蒲官切音盤此與淵字訓回水也

合於義爲允則潘當爲盤之假借矣盤已見皿部莊子與列子異見審下○錢謂潘水即播水亦云汴水左傳鄭地之邲亦與水相近古聲潘播汴邲竝同蓋以四字皆可通借矣此義未知的否汴已見前汳下邲見玉部璲下

滓　澱也

史記屈原傳泥而不滓注滓音淄釋名曰緇滓也泥之黑者曰滓是滓可爲緇之假借引史記已見前泥下不滓即不緇矣

淰　濁也

禮運魚鮪不淰家語作不諗諗固假借字濁亦非義惟鄭注淰之言閃也正義云淰水中驚走也閃者忽有忽無與驚走意合釋文淰有審閃二音則淰可爲閃之假借矣諗已見言部閃見亦部夾下

湑 莤酒也一曰浚也一曰露皃詩曰有酒湑我又曰零露湑兮

案有酒湑我見伐木篇是用首一義零露湑兮見蓼蕭篇是用末一義伐木毛傳云湑莤之也與許合莤音縮縮湑雙聲字則莤可爲湑之通借莤已見艸部蓨下○中一義與漉同前漉字云浚也一

曰。水下皃也。重文爲湑。攷工記作盝。乃皿部所無。周禮甸師注
莤讀爲縮。縮。浚也。又前有灑字。云。釃酒也。一曰浚
也。讀若夏書天用勦絶。廣雅。灑。湑也。錢謂卽縮字。
左傳無以縮酒。應作此。是湑浚雙聲字。漉縮曡韻
字。後世言漉酒。正此義。灑亦訓湑。同縮。數者俱合
則並可通借也。○手部揟。取水沮也。武威有揟次
縣。段謂沮今之渣字。集韻九麻。粩滓也。亦作渣。取
水渣者必浚之漉之。如釃酒然。今所謂濾水也。然
則揟與湑音義皆同。亦通借字。揟已見疋部延下。

淡 薄味也。

借啖。已見口部。借炎見炎部。○前有澹字云水搖也。今澹泊字或借淡爲之。淡當爲憺之轉借。憺已見心部。澹見憺下。又憺字俗與惔同。莊子列禦寇注。以恬惔爲上者。釋文。惔作淡。是惔爲憺之假借。亦轉借淡也。惔已見火部。芡下。○揚雄甘泉賦秬鬯泔淡。應劭曰。泔淡。滿也。段云。泔淡訓滿。謂淡爲贍之假借。案文選高唐賦。濆淡淡而竝入。注。淡淡。安流平滿貌。既云安流。則仍兼借憺義矣。○華嚴經音義下引文字集略云。淡。謂胷中液也。又引方言。痰。師注。淡字又作痰。與黃伯思東觀餘論同。案歺部無殔字。蓋卽借淡爲之。

液 盡也。

案繫傳盡作津。字當爲盡。盡盡形似而誤。○借釋。見釆部。借汋。見前。○攷工記弓人春液角。鄭司農注。液讀爲醳。醳謂重釋治之。此以液爲釋之假借。而轉借醳也。正義云。醳酒之醳。亦漬液之義。則又通借矣。醳釋亦見釋下。醳又見上澤下。○漢書王莽傳。液庭尉滕未充。小顏注。液與掖同。古字通用。是液爲掖之假借。

汁 液也。

禮記月令注、叶光紀釋文、叶本作汁、大傳注同案周禮大行人司農注、叶當爲汁、據許義訓液、則汁當爲叶之假借、叶或从日十爲叶、○爾雅釋天、太歲在未爲協洽、史記作汁洽、方言云、自關而東曰協、關西曰汁、又齊語、論比協材、管子小匡篇作論比汁、制汁或譌爲計、汁亦當爲協之假借、協已見亼部合下、亦見前洽下、○邑部郃下云、什郃廣漢縣也、前後漢志俱作汁郃、是漢縣名本作汁、什乃假借字、或後人以其音改之、幷改說文矣、

瀊器滿也、

借泆。借軼。見前泆下。○周頌。假以溢我。廣韻七歌引說文作謐。我。大徐本仍作溢爾雅釋詁。溢謐靜也。詩釋文。溢徐邈音謐。謐亦訓靜。是皆通借矣。左傳作恤我。其借義見言部謐。人部侐下。○儀禮喪服傳。朝一溢米。釋文。滿手曰溢。孟子。雖萬鎰。又七十鎰。五十鎰。金部無鎰字。卽借溢字爲之。故荀子儒效篇藏千溢之寶。漢書食貨志。黃金以溢爲名。○漢書郊祀歌。千童羅舞成八溢。注。溢與佾同。是以溢爲佾之假借。佾已見人部佚下。亦見泆下。○禹貢某氏傳。以殺其溢。釋文。溢本作隘。隘皆爲溢之假借。

洒　滌也。古文爲灑埽字。

毛詩洒埽凡四見。傳云。洒。灑也。鄭注周禮隸僕韋注國語同。皆釋假借之例。莊子庚桑楚。洒然異之。注云。驚貌。洒或作灑。亦通借也。○下洗字云。洒足也。川洒義而専屬足言。段謂洗讀如跣足之跣。後人以洗代洒滌字。讀先禮切。案左氏襄廿一年傳。洒濯其心。集韻。洒與洗同。鄭令景君闕銘。㒸邪洒心。洗亦作洒。是皆通借矣。洗已見疒部痒下。亦見先部。○又下文灑。汛也。汛。灑也。兩字互訓。楊雄劇秦美新。況盡汛埽前聖數千載功業。汛埽卽灑埽通借字。段謂經典用洒爲灑之假借。然謂洒卽汛之假借。則於古音尤合。蓋洒从西聲。西古音如詵也。小顏注東方朔傳洒埽云。洒音信。此謂卽汛字也。云又山豉反。此謂卽灑字也。案汛卽今之潮汛字。疑爲信之假借。潮之往來時有信也。信已見言部。○孟子。願比死者一洒之。音義引丁音云。洒之。謂洗雪其恥也。呂覽不苟篇。故雪殺之恥。淮南說山訓。流言雪污。注並云。雪除也。謂滌除其恥污也。是雪亦當爲洒之假借。洒雪雙聲字。○洒借陵。已見山部陵下。

濈　和也。

錢謂與䵷字同。段謂小雅爾羊來思其角濈濈傳曰聚其角而息濈濈然也。毛意言角之多，蓋聚而和也。如䵷之訓聚兼訓和，是濈爲䵷之通借。䵷已見十部䵷下。

湎　飲也。

繫傳作飲歠也。周禮小宗伯王崩大肆以秬鬯湎。杜子春注讀湎爲泯，蓋以秬鬯浴屍也。惠半農曰：湎非飲也，或後人亂之，案杜注以湎爲泯之假借。義未審。集韻湎美隕切音閔，則正泯之音也。

漱，盪口也。

下有涑字云，澣也。河東有涑水。案公羊莊廿二年傳，臨民之所漱浣也。何注，無垢加功曰漱，去垢曰浣。內則，冠帶垢，和灰請漱，衣裳垢，和灰請澣，義與何同。又曲禮，諸母不漱裳。漱皆非盪口之訓，此蓋以漱爲涑之假借也。漱涑雙聲字。

洞，滄也。

玉篇廣韻有洞字，訓冷。本書仌部有滄字，與此下滄，寒也，音義同。而洞則無之，蓋即用从水之洞也。

滄已見倉部。○借迴已見辵部。○高士傳卞隨投洞水而死。朱謀瑋曰。穎洞通用。是以洞爲穎之假借。○集韻云。洞澤。地名。卽熒澤也。是以洞爲熒之假借。熒已見焱部。

沬 洒面也。古文爲湏

書顧命。王乃洮頮水。釋文曰。說文作沬。古文作頮。今本說文脫去从廾。篆遂作頮。又水旁爲氵。竟作湏。升須待字亦作湏。則誤之甚者矣。○內則。燂潘請靧。靧字見玉篇廣韻。而本書面部無之。葢卽頮之或體也。从貴聲。不从頁。與頮之作頮同。○沬之異解已見日部昧下。○檀弓。瓦不成味。鄭注。味當作沬。靧也。段謂此沬謂瓦器之釉如洗面之光澤也。是以味爲沬之假借。味亦見眛下。○詩鄘風沬之鄉矣。釋文沬音妹。卽書酒誥明大命于妹邦也。妹當爲沬之假借。妹亦見昧下。○漢郊祀歌霑赤汗。沬流赭。引應劭曰。流沬如赭也。李奇曰。沬如靧面之靧。小顔以爲沬沬兩通。沬者言被面如頮也。字从水傍午未之未。音呼內反。沬者言汗流沬出也。字从水傍本末之末。音亦如之。據此知二字可以通借。蓋字形極相似。遂各出一說耳。案晉灼云。沬古靧字。此義爲長。否則汗卽沬矣。不必重言也。

沬已見前湏下。

澡 洒手也。

禮記雜記緦冠繰纓，鄭注繰當爲澡，是以繰爲澡之假借。○荀子正論篇慅嬰，注慅當爲澡，謂澡濯其布爲纓，是慅爲澡之假借，嬰亦纓之省借矣。慅已見馬部騷下。○儀禮喪服傳澡麻經帶，注澡者治去莩垢，而禮記喪服小記帶澡麻，釋文澡本作藻，則藻亦澡之假借。藻已見玉部璪下。

汲 引水於井也。

廣雅釋訓，汲汲，劇也。一切經音義引作彶彶，彳部彶急行也則凡古書言汲汲者皆當爲彶之假借○莊子盜跖篇狂狂汲汲釋文汲本作彶人部伋但云人名未釋義案孔氏子思名伋仲尼弟子燕伋亦字子思古人名必與字配則伋當有思義莊子之汲汲假借爲伋仍是彶之轉借矣○書顧命齊侯呂伋左氏昭十二年傳作呂級釋文級本作汲此以同音所傳各異至史記齊世家集解引徐廣曰伋一作及則省借字耳○攷工記匠人大汲其版注汲引也此汲之本義故書汲作没杜子春云當爲汲此疑字形相似而誤非必假借也

淳淥也。

借敦。已見攴部。借純。見敦下。借焞。見火部。借準。見前。○内則攷工記注皆曰。湻沃也。段謂帗氏而沃之。卽上文之渥。湻其帛也。内則。湻熬。湻模之名。因沃之以膏也。案此疑以湻之訓淥。淥沃曡韻。故可通借其義也。○莊子繕性篇。澆醨散朴。釋文。醨本作湻。廣雅釋詁。醨厚也。淮南齊俗訓。澆（澆與澆同）天下之湻。注亦曰。湻厚也。是醨爲湻之通借。故詩終南箋。渥。湻漬也。釋文。卽云。湻本作厚。醨亦見𦎧下。○特牲饋食禮。湻沃。注。今文湻作激。釋文。激一本作涥劉本作徽王伯申曰潡與湻聲不相近潡當爲敦蓋因湻字而誤加水旁形與潡近故譌爲潡又譌爲徽也敦湻聲相近故今文湻作敦據此則湻仍是敦之通借矣案釋文湻或作涥涥亦與湻形似而誤

濯 澣也

借洮已見前○周禮守祧注故書祧作濯鄭司農曰濯當讀爲祧此以濯爲祧之假借與洮之借濯同○爾雅釋魚蠃小者蜬釋文蜬衆家本皆作濯郝謂蜬从兆聲與濯音近故可通借則洮祧亦類

是。○漢書百官表有輯濯丞。顔注。輯與楫同。濯與櫂同。又元后傳。輯濯越歌。亦見劉屈氂傳鄧通傳。皆以濯爲櫂之假借。○孟子。江漢以濯之。濯丁音作瀹。瀹亦濯之假借。已見鬻部鬻下。

潎　於水中擊絮也。

手部撆。㪣也。一曰擊也。潎既訓擊。又與撆同音。則撆可爲潎之通借。○史記淮陰侯傳。釣於城下。諸母漂。漂與潎雙聲。是潎亦謂之漂。可爲通借。○攷工記注。湖漂絮。莊子逍遥遊。世世以洴澼絖爲業。注云。漂絮者。潎與澼音最近。亦通借也。澼字見廣

頭本部所無殆即以瀎字爲之與

染以繒染爲色

詩大雅之荏染荏字已見木部栠下染者與姌通女部姌弱長皃又云嫋姌也廣雅釋訓栠栠嫋嫋姌姌弱也染與姌音同是染當爲姌之假借姌或省作冄小徐繫傳於冄字下亦云冄冄弱也則義竝可通矣冄已見冄部○又案文選子虛賦割鮮染輪郭注染擩也本書手部擩染也互相訓凡从需之字俱當从耎本段說耎在介部有柔義抩从耎聲染又訓抩聲亦同疑因此亦可得假借也○爾

部䨬字云濡也上霑字云雨䨬也與此染異義今人多用霑染濡染是以染爲䨬之假借染行而䨬廢矣

灒 污灑也一曰水中人也

一切經音義曰江南言灒山東言湔湔已見前曰手瀚也史記藺相如傳請得以頸血濺大王濺卽湔字是湔爲灒之假借而濺又轉通也若楊泉物理論作唛則字書未見有此字濺已見前淺下

湩 乳汁也

借重已見重部○管子輕重篇湩然擊鼓士忿怒

此以湩爲蠶之假借○集韻湩音同湩容車帷也卽毛詩傳之童容是湩爲童之假借童已見辛部

洟　鼻液也

下涕字云泣也易萃上六齎咨涕洟鄭注自目曰涕自鼻曰洟檀弓待於廟垂涕洟正義說同內則不敢唾洟注洟本又作涕是二字亦通借也涕已見口部圂下○詩陳風涕泗滂沱毛傳自目曰涕自鼻曰泗是泗爲洟之假借○段謂古書弟夷二字多相亂蓋篆文形似也於是謂自鼻出者曰洟亦曰涕而自目出者別製淚字許所不取然素問

謂目之水爲淚，謂腦滲爲涕，則淚之字已古矣。

湅 瀾也。

周禮染人：凡染春暴練。注云：練其素而暴之。段謂練當作湅，湅其素。素者質也。卽㡛氏之湅絲湅帛也。已湅之帛曰練。糸部練下云：湅繒也。是也。湅之以去其瑕，如瀾米之去康粊，故以瀾釋湅。又練之引伸爲精簡之偁，如漢書練時日、練章程之類。戰國策蘇秦得太公陰符之謀，伏而誦之，簡練以爲揣摩。簡練者，瀾湅之假借也。案大戴記小辨篇：通道必簡。注：簡，約也。卽所謂精簡也。則國策簡練字

正作簡亦可通矣○又案文選月賦絲桐練響注練與揀音義同引埤蒼練擇也蓋揀亦擇也而手部無揀字仍當爲簡練已見木部柬下簡亦見柬下

[illegible] 讞議辠也从水獻與灋同意

案灋下云平之如水讞義亦同文王世子獄成有司讞於公讞从言鄭注讞之言白也小徐以讞爲讞然从水从言於義俱合許鄭各箸未必定許是而鄭非固可通用矣○廣雅釋言讞疑也疏證引漢書鼂錯傳通關去塞不孽諸侯如淳注孽疑也

去關禁明無疑於諸侯是孽與讞音義俱近孽當爲讞之假借

渝　變污也一曰渝水在遼西臨渝東出塞

左氏隱六年經鄭人來渝平傳云更成也公羊穀梁竝作輸平傳云輸墮也案廣雅輸更也更者變也墮壞亦變更之義則輸可爲渝之假借又呂刑獄成而孚輸而孚王伯申曰成與輸相對爲文輸之言渝也謂變更也獄成或有不實又察其曲直而變更之後世所謂平反也獄辭定而人信之其有變更而人亦信之所謂民自以爲不寃也故曰

獄成而孚。輸而孚。秦詛楚文。變輸盟刺。謂變渝也。是輸與渝通。豫上六。成有渝。是渝與成相反。先言成而孚。後言渝而孚。取相反之義。正義失之。是輸亦渝之假借矣。○易訟九四。渝安貞。釋文。渝。變也。馬同。鄭云。然也。據鄭義。殆以渝爲俞之假借。爾雅釋言。俞。然也。俞已見舟部。○詩板篇。敬天之渝。無敢馳驅。後漢書楊震傳子秉上疏。引詩敬天之威。不敢驅馳。此殆以詩上文敬天之怒。怒與威義近。故作威。又倒用驅馳。與威叶韻。乃義通。非假借也。但不知有別本否。○爾雅釋言。渝。變也。釋文。渝。舍

人作𤎅𤎅字見玉篇本書赤部所無蓋淪之或體耳

㓕盡也

借𥹸已見𠂤部○火部威滅也从火戌火死於戌陽氣至戌而盡引詩赫赫宗周褒姒威之此見小雅正月篇毛傳亦云威滅也是威爲滅之通借○周禮戎右贊牛耳桃茢司農注故書茢爲滅杜子春云滅當爲厲案茢滅疊韻字厲與列烈通故皆可爲茢之假借其正義本當作茢後鄭注云茢苕帚所以埽不祥是也厲已見厂部㕟下○左氏哀

二年傳欲擅晉國而滅其君釋文滅本亦作烕此字不相借特以義通也

泮 諸侯鄉射之宮西南爲水東北爲牆

禮記王制天子曰辟廱諸侯曰頖宮周禮大司樂注泮宮周學也釋文本亦作頖禮器必先有事于頖宮釋文又云本亦作泮是二字通用明堂位鄭注頖之言班也於以班政教也從頖字取義甚大則雖許書所無而禮家傳授不得爲俗矣若禮器注頖郊之學也字或爲郊宮此特因其在郊而傳之非假借也頖卽𩔖借泮已見須部○詩邶風迨

冰未泮毛傳泮散也又史記陸賈傳自天地剖泮是皆以泮爲判之假借或从冫爲泮字者非也判已見半部胖刀部辦下○衞風隰則有泮毛傳泮坡也鄭箋泮讀爲畔是又以泮爲畔之假借也畔已見半部叛下

漏以銅受水刻節晝夜百刻

漏从水屚本取屚下之義雨部屚字云屋穿水入也从雨在尸下尸者屋也今多以漏爲屚之假借而屚廢矣惟漢書地理志交趾郡苟屚用屚字注亦云屚與漏同屚已見前欒下○爾雅釋宫西北

隅謂之屋漏。詩抑篇。屋漏。箋云。漏。隱也。葢本釋言。

陋。隱也之文。荀子修身篇。少見曰陋。亦隱義也。是

鄭箋以漏爲陋之假借。漏陋聲同。○內則。馬黑脊

而般臂漏。注。漏當爲螻。言如螻蛄臭也。周禮正作

螻。是漏爲螻之假借。

說文假借義證卷二十一

嘉興張鳴珂
族曾孫彝同校

安徽古籍叢書萃編

說文假借義證

三

清・朱珔 撰
余國慶 黄德寬 點校

黄山書社

說文假借義證卷十一目錄

弟六篇上

木部　文四百二十二　證百六十九

枖驫槮橣槮枎梟格機
槀樸柔榜材柴栽築模
桴極柱楹樘楮櫨栵橑
㮒樢檐植槏樓杇槾楣
梱梢楗機楔柚桓橦枕
樍苿椶欘杵槩槃棻械
枓櫑榯桍槤暴檷膝椱
棧槶棖栠樴柯棁柲欑
枸臮梧臬桶樹枑櫌楇
櫐椎橋梁楫校采梳橫

光緒二十五年歲在己亥仲冬月族曾孫藴成重校刊

說文假借義證卷十一　涇朱珔學

第六篇上

木部

樝　果似棃而酢

本部後有柤字云木閑也此非爲木名而内則柤梨曰攢之鄭注柤棃之不臧者又山海經洞庭之山其木多柤是皆以柤爲樝之省借柤亦見艸部苴下

梅　柟也可食重文爲楳

詩召南摽有梅釋文韓詩作楳案梅楳一字實則

召南之梅當作某。本部某字云。酸果也。从木从甘古文爲槑。經典凡以梅爲酸果者。皆某之假借。今既作梅。而忘梅之本爲柟。乃專以某爲某。在斯之某。不知某之亦假借也。蓋借義行而本義廢矣。柟俗作楠。

李　果也。古文爲杍。

借理。已見玉部。○史記魏世家李克。韓詩外傳作里克。里亦李之假借。若呂覽舉難篇作季充。則當以形似而誤。○本部梓。楸也。重文爲梓。書梓材序釋文本亦作杍。又橋梓字書大傳亦作杍。杍蓋梓之假借。

桃 果也。

左氏僖廿四年傳頽叔桃子。定十四年桃甲。釋文竝云。桃本又作姚。桃當爲姚之假借。○莊廿七年經。公會杞伯姬于洮。水經注。洮城亦曰桃城。因桃墟得名。又襄十年經圍桃。公羊作洮。是洮爲桃之通借。○艸部有萄字。今之葡萄也。一切經音義九引通俗文云。西域出葡萄。或作蒲桃。桃當爲萄之假借矣。

楙 冬桃。讀若髦。

爾雅釋木旄冬桃旄乃楙之假借釋文云字林作楙今本譌爲楙楙卽爾雅之楙木瓜錢因以楙楙爲一字冬桃與木瓜爲一物殆不然

棠牡曰棠牝曰杜

爾雅唐棣栘詩召南毛傳同本部栘棠棣也文選甘泉賦注引爾雅正作棠棣藝文類聚引詩亦作棠棣是唐爲棠之假借唐已見口部○爾雅又云常棣棣詩小雅毛傳同文選求通親親表及謝宣遠答靈運詩華萼相光輝注引詩竝作棠棣亦見漢書杜鄴傳棠當爲常之假借段謂常棣與唐棣

爲一物。恐未的。惟郭注唐棣云。江東呼夫栘。類聚八十九引小雅作夫栘之華。或段所本如此說。則棠亦棠之假借。究與爾雅分箸不合。又齊語桓公反魯侵地棠潛。管子小匡篇棠作常。則二字亦通用矣。○列子黃帝篇而遊于棠行。注。棠當作塘。此以棠爲塘之假借。塘亦見唐下。○文選上林賦亭柰厚朴。史記亭作楟。郝謂初學記引序志上黨楟棃小而甘。或云孝子尹伯奇采楟花以爲食。楟花即棠棃花。楟棠一聲之轉。案本部無楟字。則當以亭爲棠之假借。亭已見血部甹下。

杜　甘棠也。

借社。已見示部。借敷。見支部。○詩緜篇。自土沮漆。毛傳。土居也。正義。謂土地人之所居。漢書地理志引作自杜。王伯申曰。志言右扶風杜陽。杜水南入渭。顏注。自杜。本齊詩也。沮當爲徂。徂往也。言公劉去邠適邠。自杜水往至於漆水也。徂與沮相似。又因漆字而誤作水旁耳。邠地有漆無沮。故下章率西水滸。專指漆水而言。是借土爲杜。并借沮爲徂也。案長發篇相土。荀子解蔽篇作乘杜。注。與土同。䳓鴞。徹彼桑土。釋文引韓詩作桑杜。方言云。東齊謂根曰杜。蓋二字古通用。○水經沔水篇。過江夏雲杜縣。注云。禹貢所謂雲土夢作乂。故縣取名焉。是也。又楚語雲連徒洲。段云。卽雲土也。徒土杜音皆相近。則徒亦假借字矣。○左氏莊十四年傳。生堵敖。釋文。史記作杜敖。古今人表楚杜敖。注云。卽堵敖。杜當爲堵之假借。○檀弓杜蕢。白外來。注。杜蕢或作屠蒯。杜屠皆姓。未定誰爲假借。蕢已見艸部。

𣐚 木也。讀若芟刈之芟。

今爲私閭切。後有栩。木也。南都賦栩栩爲一木。上林賦作胥邪。史記作胥餘。胥者楈之省借。餘與邪則枒之假借也。胥已見艸部蘇下。亦見疋部。枒見牙部。餘見八部余下。

楑 木也。一曰度也。

此與手部揆音義皆同。可爲通借。書納于百揆。孟子上無道揆也。並作揆。而楑廢矣。○攷工記玉人。大圭長三尺。杼上終葵首。本部椎。擊也。齊謂之終葵。廣雅釋器。柊楑。椎也。柊爲終之或體。楑乃葵之通借。葵已見艸部。揆見葵下。

𣐊 木也。讀若皓。

正字通烏桕木名本作烏㯉爾雅補郭引集韻云㯉桕也唐本草作烏臼是臼爲㯉之假借桕乃俗體○稽部䅳木名字亦从咎當爲㯉之通借音正同○爾雅狄臧槔釋文槔舍人作皐樊作㯉又類篇桔槔機器或作桔㯉槔字在新附淮南氾論訓作桔皐是槔爲俗體皐乃㯉之假借皐卽臯與咎通也臯已見口部嗥下

樗木也

後樗字云木也以其皮裹松脂讀若華重文爲樓段以檴篆與樗篆注文爲互譌是也○檴卽爾雅

之檴落也。詩大東無浸檴薪。鄭箋云：檴落木名也。則字當从木。今與下薪是檴薪俱从禾。當為檴之假借。○上林賦樺作華。漢書注：華即今之樺皮貼弓者。華為樺之假借。樺乃俗體。○段又云：豳風小雅毛傳皆曰：樗惡木也。即今之臭椿樹。桼椿字本部所無。椿樗雙聲。椿又以為杶字。莊子逍遙游上古有大椿者。釋文引司馬注：椿木一名櫄。集韻則以櫄為橓。亦或體也。○史記樗里子傳索隱引紀年作楮里疾。此人名未定誰為假借。

蘽木也。籀文為藟。

艸部藟，艸也。引詩莫莫葛藟。藟與虆皆爲藤，段云，其物在艸木之閒，近於艸者則爲艸部之藟，詩之藟也。近於木者則爲木部之虆，釋木之諸慮，山櫐，欇虎櫐也。案藟可爲虆之通借，櫐乃虆之省借，與本部櫐字異。○中山經，卑山其上多櫐。郭注，今虎豆貍豆之屬，櫐爲虆之假借。

栟，栟櫚也。

下椶字亦云栟櫚也。上林甘泉賦皆作并閭，本部無櫚篆，則并爲栟之省借，櫚卽借閭字爲之，此作櫚者，殆後人因栟字从木而同之耳。西山經注作

栟閭是也閭已見皿部盧下○正字通栟櫚葉下有毛如髮故謂之鬉櫚鬉字髟部所無

檟

楸也春秋傳曰樹六檟於蒲圃

此見左傳襄四年爾雅釋木槐小葉曰榎郭注槐當爲楸楸細葉者爲榎下云大而皵楸小而皵榎又稻山榎榎乃檟之或字借夏已見夊部○又釋木檟苦荼郭注以爲茗一名荈案荼即茶也與艸部荼字異陸羽茶經名有五一荼二檟晏子春秋雜下篇有茗菜御覽載入茗事今本作苔誤也荼與荼虞麻韻通亦可假借○楸梓也楸借萩已見

艸部梓亦見前李下又後有榗字云榗木也書大傳南山之南有木名橋高高然而上父道也南山之陰有木名梓晉晉然而俯子道也段謂高與橋晉與榗皆疊韻則梓當是榗今人知有梓不知有榗矣

檍梓屬大者可爲棺椁小者可爲弓材

前有檍字云杶也案舊爲今之意字是榗卽檍不應複出又不得爲假借詩唐風隰有杻毛傳杻檍也本之爾雅攷工記弓人爲弓取榦檍次之注亦引爾雅杻檍則許書不應無杻字當因杻與古文

杶字形似遂誤作杶固非而段本刪檍篆謂杻或借紐字爲之恐亦非也余疑此處乃後人亂其次弟而又改誤檍杶也本宜作杻檍也與槒相廁斯得之矣○後有杼字云柍也廣韻以杼爲杻之古文胡墨莊謂木名之杻或卽借杼字爲之亦通○管子地員篇黃唐其木宜櫄擾桑王懷祖謂三者皆木名擾讀爲隰有杻之杻蓋擾讀若狃故與杻通左傳公山不狃論語作弗擾是其證也是擾爲杻之假借擾已見牛部犪下○又攷工記檍下大鄭注檍讀如億萬之億詩陸疏今官園種之正名

曰萬歲取名于億萬則億殆亦可爲檍之假借與。

柀 檆也。一曰折也。段本作析。段云本草有彼子即柀子也引蘇恭說陶隱居木部出之是彼爲柀之假借○左氏成十八年傳而披其地注披猶分也昭五年傳又披其邑注披析也。棐分析之義當爲柀。韓非子數披其木。戰國策范睢引詩曰木實繁者披其枝。史記魏其武安傳不折必披。諸披字皆爲柀之假借。

榛 木也。一曰菆也。

前有亲字云果實如小栗引春秋傳女摯不過亲

栗。今莊廿四年傳作榛。詩鄘風樹之榛栗。曲禮婦人之摯椇榛。周禮籩人榛實。皆當爲亲之假借。○文選蜀都賦樼栗罅發。注。榛與樼同。實亦亲之或體也。○詩簡兮山有榛。毛傳。榛木名。釋文。榛本作蓁。蓁當爲榛之假借。又莊子徐無鬼篇。逃於深蓁。楚辭招魂注。蓁蓁。積聚貌。則與榛義亦通。蓁已見艸部。○淮南原道訓。木處榛巢。注。聚木曰榛。正合禮運橧巢鄭注。則橧爲榛之假借。橧已見八部曾下。與此並存。

𣓧山樗也。

爾雅栲山樗詩唐風山有栲小雅南山有栲毛傳並同陸疏云許以栲讀爲糗今人言考失其聲耳是栲當爲杻之重文似此朓○廣雅釋木杻茱萸也疏證云諸書無以杻爲茱萸者杻當讀爲樧樧蔓椒也樧杻古音正同蓋以杻爲樧之假借矣

杶木也夏書曰杶榦栝柏重文爲櫄古文爲杶錢云古文非从丑蓋即屯之變文當爲毌玉篇無之或二徐所加既加此字又刪从丑之杻檍字耳說似得○下有楯字云杶也左氏襄十八年傳孟莊子斬其楯以爲公琴楯可爲杶之通借正疊韻

字也。

栩　柔也。其實皁。一曰樣。

莊子齊物論栩栩然蝶也。釋文栩崔本作翮。疑翮爲是。栩乃字之誤。非假借也。釋文又云栩栩喜貌。而於天道篇俞俞者憂患不能處。引廣雅俞俞喜也。俞栩龤合。或以栩爲俞之假借。又詡字訓大字亦从羽。詡者有侈然自喜之意。易林離之中孚云魴鱮詡詡魚蝶皆物類。正同則栩亦或爲詡之假借。詡已見言部。

柔　栩也。讀若杼。

此與後杼字以下形上聲左形右聲分別而爾雅栩杼宋嘉祐本草引孫炎云栩一名杼詩唐風陸疏今柞櫟也徐州人謂爲杼皆以杼爲柔之通借○艸部芧艸也可以爲繩莊子齊物論狙公賦芧司馬彪注橡子也列子黃帝篇與若芧釋文同是芧爲柔之假借

樣 栩實

俗作橡周禮掌染草鄭注藍蒨象斗之屬此以象爲橡之省借實樣之假借也○段云今人用樣爲式樣字者像之假借也案人部像象也象本獸名

亦爲像之通借。

桔

桔梗。藥名。一曰直木。

莊子徐無鬼篇桔梗也。釋文。桔本亦作結。是以結爲桔之假借。○曲禮注。井上挈皐。釋文依字作桔槔。是以挈爲桔之假借。蓋取直木之義。手部挈。縣持也。桔槔此俯彼仰。與縣持義合。則作挈亦通。挈已見㓞部。

樣

樣。羅也。詩曰。隰有樹樣。

爾雅釋木。檖。蘿。秦風毛傳曰。檖。赤羅也。蘿者羅之誤。陸疏郭注皆云。今之楊檖也。是樣爲檖之省借矣。

楛木也。詩曰。榛楛濟濟。荀子勸學篇問楛者勿告也。注。楛與苦同。謂濫惡也。是以楛爲苦之假借。苦已見艸部。○又彊國篇。其百吏肅然而不楛。注。楛讀爲王事靡盬之盬。不堅固也。是以楛爲盬之假借。○禹貢。惟箘簵楛。某氏傳。楛中矢幹。本部枯下引書作簵枯。與竹部引異。鄉射禮注。肅愼貢楛矢。釋文。又作楛。枯皆當爲楛之假借。盬枯亦見苦下。

机木也。榎木也。

上林賦有仁頻。頻當爲櫇之省借。錢云。論語仍舊貫。魯讀作仁。是仁仍通用。仍之爲仁。猶仁之爲朷也。此以仁爲朷之假借義近是。

樸 棗也。

詩大雅有棫樸篇。王伯申曰。樸亦木名。說文作樸。棫與棗皆叢生之木。故類言之。芃芃棫樸。榛楛濟濟。俱二木竝稱也。爾雅。樸枹者。彙。謂樸是棗之一種。其如苞者則曰彙也。毛鄭誤讀樸枹者爲句。而以枹爲樸屬而生。失之矣。案樸已見業部僕下。彼處與此王說義可兩存焉。

木也。

爾雅。梢。梢擢。釋文。梢。郭音朔。段謂梢擢字蓋本从手作捎。是以梢爲捎之假借。捎已見竹部箾下。箾下郝云。梢讀如輪人揱爾而纖之揱。言其揱擢長而翹出也。是以梢爲揱之通借。正與音朔合。又爾雅下文無枝爲檄。郭注。檄擢直上。則檄亦可爲梢之假借。聲相近也。○甘泉賦。被雲旓。漢書注。旓與梢同。又云。旓旗之旒也。一曰燕尾。司馬相如傳曳彗星而爲髾。注引張揖曰。髾。燕尾也。案旓髾皆本書所無。當卽借梢字爲之。

枸 木也。可爲醬。出蜀。

史記漢書有枸醬。蜀都賦華陽國志作蒟醬。艸部蒟果也。蓋本一物。或从木。或从艸。猶蔦之爲樢也。是二字可爲通借。此與後枸杞字及枳枸字皆不相涉矣。

樜 木。出發鳩山。

北山經發鳩之山。其上多柘木。本部柘桑也。是柘可爲樜之通借。廣韻則直以爲一字。柘已見艸部藷下。

枋 木。可作車。

周禮內史掌王八柄之法釋文柄本作枋士冠禮面枋士昏禮皆南枋注並云今文枋爲柄少牢饋食禮南柄注又云古文柄皆爲枋是古文作枋今文作柄枋乃柄之假借蓋古音方聲丙聲相合卽陽庚之通韻也柄已見又部秉下○史記張儀傳枋船載卒卽爾雅釋水之方舟也枋當爲方之假借

楊木也藝文類聚引作楊蒲柳也段本從之

詩揚之水毛傳揚激揚也釋文或作楊木之字幽風以伐遠揚白帖八十三引作遠楊釋名云揚州

界多水水波揚也古書州名多作楊楊皆爲揚之
假借揚已見言部詳下○左氏文八年傳晉解揚
史記十二諸侯表作解楊古今人表作解陽爾雅
釋地秦有楊陓呂覽淮南楊竝作陽蓋楊既通揚
卽與陽可爲通借陽已見芊部

栭

小楊也从木亦聲亦古文酉
三國志虞翻傳云古栭亦同字今文尙書栭谷卽
亦谷也是栭爲亦之假借故段引海昌錢廣伯說
古多假栭爲酉如鄭印癸字子栭栭卽亦名癸字
酉也仲尼弟子傳顏幸字子栭栭亦卽亦亦幸者辛

之謂也○周禮縫人衣翣柳之材注故書翣柳作接槓鄭司農讀爲歰柳本部無槓字當卽柳之或體

欒木似欄禮天子樹松諸侯柏大夫欒士楊借鸞已見鳥部借臠見肉部又攷工記鳧氏注故書欒作樂此當以字形相似而誤○古今人表宋景公兜欒史記宋世家作頭曼二字皆音近是可通借曼已見又部

楓木也厚葉弱枝善搖一名欇爾雅楓欇欇本部後欇字云木葉搖白也楓尤善

摇獨重言曰欇欇爾雅又有欇虎櫐郭注今虎豆纏蔓林樹而生莢有毛刺江東呼爲欑欇郝謂虎櫐即今紫藤大覩本草江東呼爲招豆藤古今注虎豆似貍豆而大中山經卑山其上多櫐郭注今虎豆貍豆之屬櫐一名縢縢與藤櫐與櫐竝古字通謝靈運山居賦欑涉蔓莫自注欑涉字出爾雅是欑涉即欑欇皆同音假借字也〇上林賦楓一作氾蓋風有凡音與氾近故可借耳

權 黄華木一曰反常

爾雅釋木作權黄英英華一也釋艸一云權黄華

是州木同名可爲通借○文義曰反常者論語可與立未可與權孟子執中無權猶執一也蓋權與經對經常也故公羊傳曰權者反於經然後有善者也○易夬注面權也釋文權字書作顴頁部無顴字當卽借權爲之文選赭白馬賦兩權協月洛神賦靨輔承權皆言顴也○廣雅釋器錘謂之權月令鄭注稱錘曰權孟子權然後知輕重是也此別一義通借也餘凡言權術言權數言權勢及暫時攝官者謂之權皆權字引申假借之義

榖楮也

小雅毛傳。穀字从𣪊。从木。惡木也。陸疏。江南以其皮擣爲紙。謂之穀皮紙。隸體穀字从𣪊从木。與五穀字下从禾形似。易混。○山海經傳曰。穀亦名構。與楚子文名穀。音同構。論語公冶長釋文。穀本作穀。一例。屋韻字多通宥韻。構可爲穀之假借。構已見冓部。

杞 枸杞也。

上檵字云。枸杞也。一曰。堅木也。段謂堅檵雙聲。如蘮與䔰也。案杞檵亦同聲。檵可爲杞之通借。○爾雅。杞。枸檵。郝謂廣雅。𣘴乳。苦杞也。枸𣘴同。又作苟。

南山經虖勺之山其下多荆杞郭注杞苟杞也亦作句左氏昭十二年傳我有圃生之杞乎正義引舍人曰句杞也釋文枸又作狗禮表記豐水有芑注芑枸檵也正義引孫炎云即今枸杞本草一名枸忌御覽引吳普一名枸已是狗苟句狗芑忌己供聲同假借字也案艸部芑白苗嘉穀此正義也左氏襄廿三年傳杞梁文選洞簫賦注引琴操作芑梁此芑借杞之證餘竝如郝說○上柜字云柜木也孟子趙注杞柳柜栁也杞爲柜之假借聲相轉爾雅釋文柜郭音舉故或作櫸又以爲鬼柳鬼

梠亦聲轉也○後有梠字云臿也一曰徙土轝重文爲梩而集韻梩又巳巳切同杞卽枸杞也是以梩爲杞之假借○左氏桓二年經杞侯來朝公羊穀梁俱作紀案左傳下文九月入杞以爲杞來朝不敬而討之自當作杞而公羊何注天子將娶于紀穀梁范注隱元年紀稱子今稱侯蓋時王所進則此乃相傳之異非必假借杞紀蠱韻字若秦風有紀有堂毛傳紀基也堂畢道平如堂也王伯申曰終南何有設問山中所有之物非謂山形也考全詩之例凡首章言草木者下數章亦皆言草木

此首章言木而二章乃言山殊未合今棻紀讀爲杞堂讀爲棠條梅杞棠皆木名也白帖終南山類引詩正作有杞有棠唐時齊魯詩皆亾惟韓詩尚存則所引葢韓詩也亦見栖子厚終南山祠堂碑是紀當爲杞之假借堂當爲棠之假借棠已見前

櫟 櫟木也

陸疏秦風山有苞櫟云秦人謂柞櫟爲櫟河內人謂木蓼爲櫟故說者或曰柞櫟或曰木蓼此秦詩也宜從其方土之言柞櫟是也棻前有柞字云柞木也段謂柞櫟非柞大雅鄭箋則曰柞櫟也已以

柞與柞櫟合爲一。郝注爾雅亦云櫟卽柞也。與栩杼皆一物。今東齊人通謂櫟爲柞。或曰樸樕亦曰槲櫪。皆苞櫟之聲轉。是可假借矣。○水經河水注引周處風土記。舜所耕田于山下多柞樹。吳越之間名柞爲櫪。故曰歷山。文選南都賦注亦云櫪與櫟同。此櫪爲櫟之假借。非後文櫪㯕字也。○周頌柷圉疏云。圉狀如伏虎。背上有二十七鉏鋙刻以木長尺櫟之。櫟或作擽。手部所無。蓋卽借櫟字也。又史記楚元王世家。嫂詳爲羹盡櫟釜。索隱曰。櫟謂以杓歷釜旁。使作聲。漢書作轑釜。櫟轑亦音轉。

假借字也。○左氏昭五年傳。張骼輔櫟。釋文。櫟本作䟏。昭十五年晉荀櫟。如周。釋文亦云。櫟本作䟏。此人名不定。誰借音同耳。

梂

梂櫟實。一曰鑿首。

借荥已見艸部荥下。云鑿首者。豳風。又缺我錡。又缺我銶。毛傳。鑿屬曰錡。木屬曰銶。釋文引韓詩云。錡木屬。銶鑿屬。與毛異。許蓋用韓詩說也。鑿首謂鑿柄。柄必以木爲之。故字从木。許所據詩作梂。而金部逑不列銶字。銶乃爲梂之假借矣。

楝

楝木也。

攷工記㡛氏湅帛以欄爲灰本部無欄篆卽楝字也今爲闌檻字之或體玉篇欄木欄也謂階際木勾欄段本因上欒下有云木似欄遂改楝作欄案楝正欄之省固可通借廣韻集韻欄竝郎電切音練明是楝字淮南時則訓七月官庫其樹楝爾雅翼曰楝木高丈餘花紅紫色實如小鈴名金鈴子又東皋雜錄花信風二十四番楝花風最後據諸書所紀疑欄卽楝之重文考工記之欄當亦作楝他處無以欄爲木名者惟廣雅釋木云木欄桂蘭也疏證謂欄與蘭同離騷所云朝搴阰之木蘭也

是蘭假借爲欗耳。然則部內不得轉增欗而去楝矣。○莊子秋水篇言鵷雛非練實不食。此以練爲楝之假借。○中山經歷兒之山多欗木，其實如楝。郭注：楝或作簡。案楝既借練，離騷苟余情其信姱以練要兮，注：練，簡也。故簡亦爲楝之假借。簡已見竹部。

檿　山桑也。詩曰：其檿其柘。

禹貢厥篚檿絲，史記夏本紀所載檿作酓。酉部：酓，酒味苦也。是以酓爲檿之假借，蓋音同也。

檼　檼味稔薾也。

爾雅釋木還味棯棗棯作棯郭注還味短味也釋文云還字林作櫏不言出說文還乃櫏之省借還已見辵部

梧

梧桐木一曰櫬

水部浯水出琅邪靈門壺山東北入濰淮南本經訓曲拂邅回以像浯浯注浯蒼梧是梧爲浯之通借○周禮大司樂注合止柷敔釋文敔本作梧是梧爲敔之假借敔已見示部禦下○爾雅釋天太歲在丁曰強圉史記歷書作強梧是梧爲圉之假借圉亦見禦下○荀子勸學篇梧鼠五技而五窮

梧本借爲𪋻。注云。當作䶊。○艸部菩。艸也。楚辭有菩蕭。段云。今楚辭無菩蕭。惟宋玉九辯。白露既下降百艸兮。奄離披此梧楸。蓋許所見作菩蕭。正百艸之二也。案梧楸二木名。菩蕭二艸名。上言百艸。自當作菩蕭。然則今本作梧楸者。苣同音假借字與。○集韻。梧亦音悮。史記留侯世家。魁梧奇偉。應劭曰。魁梧。邱墟壯大之意。又言其警悟也。此以梧爲悟之假借。

桐 榮也。

漢書禮樂志。安世房中歌。桐生茂豫。顏注。桐讀爲通言草木通達而生也是以桐爲通之假借○莊子讓王篇自投桐水釋文司馬本作洞云洞水在潁川一云在范陽郡界是以桐爲洞之假借○廣雅釋詁恫與桐並云痛也疏證云恫桐痛聲義並相近是桐與恫痛俱可通借故白虎通喪服篇亦言桐者痛也

榆 榆白枌

周禮疾醫注岐伯榆柎釋文榆本作俞榆當爲俞之假借俞已見上棚下○左氏襄廿三年傳次于雍榆公羊作雍渝此地名不定誰爲假借○古今

人表定王揄。史記作瑜。周語注作揄。揄此人名。亦未定誰借。○素問骨空論折使揄臂齊肘。注揄讀爲搖。索揄亦或作揄。玉藻夫人揄狄。正義云。揄讀如搖。翟揄既通揄。故揄亦可爲搖之假借。一聲之轉也。

梗山枌榆。有朿莢可爲蕪荑也。

借𩨨。已見骨部借鯁見𩨨下。○周禮女祝掌以時招梗禬禳之事。注。鄭大夫讀梗爲亢。謂招善而亢惡去之。是以梗爲亢之假借。又云。杜子春讀梗爲更。則梗爲更之假借。風俗通祀典篇梗者更也。歲

終更始受介祉也是義本通叀已見叀部○爾雅釋詁梗直也廣雅釋詁梗略也此亦借義

檜 柏葉松身

禹貢作栝音近通借字又借爲國名已見會部○樅字云松葉柏身大雅巨業維樅毛傳崇牙也釋文衡牙也崇衡與樅皆疊韻亦通借也

柏 鞠也（案爾雅柏椈椈即鞠之俗）

穆天子傳河宗之子孫蒯柏絮注古伯字多以木故青之伯與左氏昭廿八年傳之伯封周語之逢伯陵列子之伯益尸子之伯陽古今人表伯皆作

柏此以柏爲伯之假借若左氏定四年傳戰于柏
舉公羊作伯舉此地名未審誰爲正字伯已見攴
部攴下○漢書溝洫志魚弗鬱兮柏冬日注柏與
迫同是柏爲迫之假借公羊文二年傳注柏猶迫
也史記張耳陳餘傳柏人者迫於人也則柏本從
迫得義迫亦見攴下

𣕙 榙樑果似李讀若嚃
史記上林賦有榙樑漢書文選皆作荅遝省借字
也○段謂口部無嚃卽舌部𦧇之異文惟曲禮云
毋嚃羹

䌛崐崘河隅之長木也

西山經櫰江之山其陰多槠木郭注槠木大木引國語槠木不生危槠當卽䌛之省借○穆天子傳天子釣于河以觀䌛之木郭注姑䌛大木䌛亦䌛之省借䌛已見玉部瑤下○前柚字云條也似橙而酢引夏書厥包橘柚案爾雅釋木柚條釋文柚本作䌛此以䌛爲柚由本通䌛故䌛可爲柚矣

樹木生植之總名籀文爲尌

壴部尌立也从壴从寸持之也讀若駐孟子無易樹子趙注樹立也今之建樹字皆尌之假借樹本

从尌聲。惟周禮注多用尌字。○又豆部豋。豎立也。與尌可爲通借。樹亦豎之假借。故鄉射禮則皮樹中。注。今文皮樹爲繁豎。皮繁皆有婆音。豎俗作豎。

柢 木根也。

借蔕已見艸部。○詩節南山。維周之氐。毛傳。氐本也。是氐爲柢之省借。○手部抵。擠也。周禮泉府買者各從其抵。注。抵實柢字。封禪文。犧雙觡共抵之獸。史記集解引漢書音義。抵本也。此以抵爲柢之假借。抵已見牛部牴下。○肉部胝。腄也。士喪禮。進柢。士虞禮。𦽅猶進柢。注竝云。今文柢皆爲胝。柰注言柢本也則胝當爲柢之假借○邑部邸屬國舍也攷工記玉人兩圭五寸有邸以祀地注邸謂之柢蓋本爾雅釋器又釋言柢本也周禮典瑞注引作邸是邸爲柢之假借

朱赤心木松柏屬从木一在其中

借喌已見吅部借及見殳部○糸部絑純赤也虞書丹朱如此是丹朱字當作絑也今經典凡言赤色者皆以朱爲絑之省借惟淮南子而絑弗能統也用正字○左氏襄廿一年經邾庶其古今人表作朱庶其朱亦邾之省借○列子湯問篇離朱文

選琴賦注引慎子作離珠此人名未定誰借○大
荒南經赤水之東有離俞注離俞即離朱是朱
與俞本通借若莊子達生篇紫衣而朱冠釋文云
司馬本作俞冠俞國之冠也別一義但連紫衣言
似俞當爲朱之假借俞已見前愉下○論語朱張
釋文鄭作侏侏張左氏襄四年傳朱儒是使釋文本
或作侏人部無侏字則即借朱字爲之此與書大
傳舞株離周禮鞮鞻氏注及蔡邕獨斷俱作侏離
正同侏亦只當作株矣侏已見言部譸下

末 木上曰末从木一在其上

段云末與蔑莫無聲義皆通案蔑莫卽無義也論語末由也已吾末如之何皇疏公羊隱六年傳吾與鄭人末有成也何注並云末無也是末爲無之假借又檀弓末之卜也注末之猶微哉微亦無也○中山經末山末水出焉注末水經作沫是末爲沫之假借○左氏昭十五年傳吳夷末公羊作夷昧古今人表作餘眛此人名不定誰爲假借

果木實也从木象果形在木之上

∴借祼已見示部○女部婐妮也一曰女侍讀若騧引孟子二女婐今孟子作果果乃婐之省借○周

禮龜人東龜曰果屬注杜子春讀果爲贏是以果爲贏之假借○爾雅釋魚龜前弇諸果釋文果本作裹此當與龜人義同而作裹者郝云裹有斂藏之意弇在前故曰裹露在後故曰贏案弇覆也贏露也一言其前一言其後義實相成則果亦爲裹之省借矣○顏氏家訓書證篇引三輔決錄云果當作魏顆之顆是以果爲顆之省借又云顆讀裹結之裹則顆與裹亦通頁部顆小頭也木之實正形似○莊子至樂篇若果養乎予果歡乎釋文引元嘉本果竝作過是果爲過之通借故晉語知果

古今人表作知過○爾雅釋詁惈勝也釋文惈本作果文選魏都賦風俗以韰果爲嬉注引方言惈勇也惈與果古字通但惈字心部所無當卽借果字爲之而女部婐下小徐本有一曰果敢也五字婐不應有果敢之義論語正作果敢豈許說婐字卽以爲假借與

條　小枝也

借蓨已見艸部借脩見肉部○周禮巾車條纓五就注條讀爲絛是以條爲絛之假借○條狼氏杜注條當爲滌器之滌是條爲滌之省借滌已見艸

部攸下亦見脩下。又樂記。感條暢之氣而滅平和之德。鄭注。動人條暢之善氣使失其所。王褒祖曰。條暢讀爲滌蕩謂逆氣也。史記樂書及說苑脩文篇並作感滌蕩之氣。上文滌濫之音作。呂覽音初篇作慆濫之音出。慆濫卽滌濫也。慆蕩卽滌蕩也。聲皆相近。故字通。是條借爲滌。而慆又其轉借也。○爾雅釋訓。條條智也。釋文條舍人本作攸。郝云條字兼暢達分理諸義。皆與智近。則攸當爲條之省借。條亦从攸聲也。攸已見攴部。

枚榦也。从木攴。可爲杖也。詩曰。施于條枚。

借微。已見彳部。借徵。見徵下。○左氏襄廿一年傳。識其枚數。釋文。校本作版。案杜注。識門版數。在十八年。則枚當爲版之假借。彼傳云。以枚數闔。因稱枚數耳。枚爲馬箠。不得計其數。枚版聲之轉。版已見片部。牉下。

栞　槎識也。从木𢀶。闕。夏書曰。隨山栞木。讀若刊。篆文爲𣐺。

今禹貢作刊。漢書地理志引作栞。刊當爲栞之假借。刀部。刊。剟也。與栞訓槎識。異而義亦近。

栠　弱皃。

艸部荏桂荏蘇也詩小雅巧言篇大雅抑篇皆言荏染柔木論語色厲而內荏荏當爲栠之假借○廣雅釋詁恁弱也恁亦當爲栠之假借心部恁下齎也王云齎與資同謂下劣之資也則與弱義差近故廣雅恁栠竝訓

枖木少盛皃詩曰桃之枖枖

女部媄巧也一曰女子笑皃亦引詩桃之媄媄字異者當出三家詩今詩作夭夭毛傳夭夭其少壯也凱風棘心夭夭傳又云夭夭盛皃夭部云屈也从大象形段謂物初長者尙屈而未申假令不成

遂則終于夭而已故左傳國語注短折曰夭據此以初長尙屈言之夭與祅可通若以夭折言之則祅當爲夭之假借娸之曰笑皃言桃之色如女子是又可爲祅之通借矣史記周本紀所棄妖子集解引徐廣曰妖一作夭夭幼少也是夭與妖亦可通借妖已見示部祅下

⿱驫木衆盛也逸周書曰疑沮事闕

案玉篇引作⿱驫木疑沮事當從之今周書文酌解七事三聚疑沮事段謂⿱驫木从驫聲驫甫虬切聚古讀如驟則與⿱驫木音近⿱驫木疑沮事猶言蓄疑敗謀也是

作聚亦可通借。○段又謂驫从三馬。訓盛。與焱从三火訓盛同意。㷱字讀若莘。莘征夫之莘。大徐以驫爲所臻切。雖與許云驫聲者不合。而玉篇廣韻皆然。則亦可通借矣。㷱在後焱部。

樛

下句曰樛。段本無此字。

詩南有樛木。毛傳。木下曲曰樛。釋文。樛馬融韓詩並作朻。爾雅釋木。下句曰朻。釋文又云。朻本作樛。繫傳謂爾雅借朻爲樛。依詩爲正。或遂以樛朻卽一字。朻已見艸部茮下。○禮記檀弓衣衰而繆經。注。繆當爲不樛垂之樛。案樛爲句曲。與繆繞義近。

故繆爲樛之假借

木檹施賈侍中說檹卽椅木可作琴

前有椅字云梓也據賈說則與檹可爲通借○㫃

部旖下云旗旖施也於旗爲旖施於木爲檹施亦

通借也楚辭九辨紛旖旎乎都房王注引詩旖旎

其萃今檜風作猗儺上林賦張揖注旖旎猶阿那

漢書文選竝作猗柅皆同音假借字當以此處爲

正旎卽施之俗○後女部婐字云婐妮也與旖施

音義皆同可爲通借今作婀娜者亦俗也

木長皃詩曰槮差荇菜

下橚字云長木皃九辨萷橚椮之可哀橚卽橚之加艸者上林賦紛容蕭蔘蕭乃橚之假借蔘與椮同蕭已見艸部○所引詩今作參差謂長短不齊也竹部曰篸差糸部曰參縒皆通借字差已見左部○林部森木多皃讀若曾參之參而文選文賦注引字林云多木長皃後漢書馬融傳注掺與森字同掺當爲椮是森亦椮之通借也

杕

樹皃詩曰有杕之杜

毛傳杕杕特皃段謂樹當作特但杕爲樹特立之狀卽作樹皃亦通杕特雙聲字可爲通借特已見牛

部○詩杕杜序釋文本或作夷狄字顏氏家訓書證篇云詩有杕之杜杕音次第之第江南本竝木傍施大而河北本皆爲狄讀亦如字此大誤也案杕狄音相近狄當爲杕之假借狄已見辵部遾羽部翟下○淮南說林訓心所說毀舟爲杕注杕舟尾讀詩有杕之杜之杕也今作柁作舵皆俗字當卽借杕字爲之亦聲之轉

㯃木葉陊也讀若薄

小徐云此亦蘀字詩十月隕蘀毛傳蘀落也陊亦落也是蘀與㯃可爲通借蘀已見艸部○廣雅釋

木蘀落也疏證謂蘀之言剝也馬融注易剝卦云剝落也艸部無蘀則異體假借矣

格木長皃

借挌已見古部○手部挌擊也後漢陳寵傳斷獄者急於篣格酷烈之痛注引手部文周禮朝士注無故入人室宅上人車船牽引人欲犯法者格殺之無罪公羊莊卅一年注方伯征伐不道諸侯交格而戰者誅絕其國逸周書武稱解窮寇不格注格鬬也淮南覽冥訓身枕格而死注格搒楚也格皆挌之假借史記梁世家竇太后被格索隱曰格

䇆閣也。漢書義縱傳注。格讀曰閣。是格爲閣之假借。○史記酷吏傳。置伯格長。集解引徐廣曰。古村落字亦作格。是格爲落之通借。集韻格或作落。落即落字。落字已見艸部。○易略例。語成而後有格。釋文格本作括。格當爲括之假借。音相近。○左傳昭七年。叔父陟恪。在我先王之左右。杜注。陟登也。恪敬也。王伯申曰。恪讀爲格。爾雅格陟登陞也。陟格。謂魂升於天也。言陟又言格者。古文自有複語耳。恪與格古字通。論語有恥且格。漢山陽太守祝睦碑。格作恪。後漢書班固傳。用討韋顧黎崇之不格。

文選格作恪。逸周書小開武解非時罔有恪言。恪皆格之假借。○案經典格之借義甚多。段謂爾雅釋詁格至也。抑詩毛傳同。如書之格于上下。格于藝祖。格于皇天。格于上帝是也。亦曰來。鄭注大學格來也。如書之格爾衆庶。格汝衆是也。又有摩杚之義。如孟子格君心之非是也。餘別見後人部假下土部垎下。

槸木相摩也。重文爲槷。

攷工記輪人牙得則無槷而固。鄭司農云槷。榝也。後鄭謂槷讀如涅。此本假借字。前文云轂大而短

則摯。先鄭讀摯爲槷。此以摯爲槷之假借。後鄭謂
輻危槷也。危槷即危隉。則槷又隉之轉借。隉與涅
音同。○又匠人置槷以縣。注。故書槷或作弋。杜子
春云。槷當爲弋。讀爲杙。是以槷爲弋之假借。後鄭
則謂槷乃古文臬之借字。案爾雅釋宮。樴謂之杙。
在牆者謂之臬。蓋杜鄭二義通也。○士冠禮布席
于門中闑西。注。古文闑作槷。士喪禮特牲饋食同。
是以槷爲闑之假借。又穀梁昭八年傳以葛覆質
以爲槷。注。槷門中臬。則槷亦爲臬之假借。質闑之
轉借矣。

槀木枯也。

易說卦爲科上槀。釋文。槀干作熇。火部熇火熱也。熇當爲槀之假借。熇音臛。與槀聲轉。集韻熇亦音考。○文選河陽縣詩頗如槀石火。注引詩弗擊弗考。云槀與考古字通。是槀爲考之假借。○莊子列禦寇篇。槀項黃馘者。釋文。槀本作𥎊。𥎊當爲槀之假借。𥎊巳見矢部。○周禮地官槀人。鄭司農注。槀讀爲犒師之犒。小行人若國師役。則令槀禬之。注。槀當爲犒。謂犒師也。案牛部無犒字。古祇借槀字爲之。故左氏僖卅三年傳注引服虔曰。以師枯槀

故饋之飲食○夏官槀人先鄭注槀讀爲芻槀之槀箭幹謂之槀此以槀爲槀之假借魯語稽魚鱻以爲夏犒注犒乾也犒又爲槁之假借槀見艸部苛下

樸 木素也

借僕巳見業部借樸見前○上文朴木皮也史記文帝紀示敦朴爲天下先此以朴爲樸之假借○爾雅釋器注治樸之名釋文出璞字又作樸玉部無璞只借樸爲之

柔 木曲直也

借擾已見牛部擾下借胅見肉部○百部脜面和也讀若柔案玉篇脜今爲柔字謂柔色以藴之也是內則之柔本借脜柔行而脜廢矣○周頌懷柔百神釋文柔本亦作濡濡當爲柔之假借義亦通烝民柔則茹之箋云柔猶濡毳也淮南說山訓厲利劍者必以柔砥注柔濡○爾雅釋天太歲在丙曰柔兆史記[厤]書作游兆案一切經音義引孫炎曰萬物柔婉有條兆也則游爲柔之假借徐廣曰一作游桃桃亦兆之假借桃已見前兆字見八部兆下○田部畯字云畯田也鄭有畯地名也段謂

攷工記車人爲耒堅地欲直庛柔地欲句庛柔地
卽穌田也柔可爲睬之省借○樂記其聲和以柔
說苑修文篇作和以調調義與柔可爲通借亦聲
轉調已見言部○海外北經柔利國一云留利之
國此不定誰爲假借柔留疊韻字

㭊 判也易曰重門擊㭊

後㯿字云夜行所擊者亦引易重門擊㯿易有異
文故兩引之㭊當爲㯿之假借周禮作㯿○判爲
㭊之本義土部㽵裂也㭊與㽵可相通借故廣雅
釋詁坼開也淮南原道訓柝八極注亦云柝開也

柝讀重門擊柝之柝也。

材

木梃也。

易繫辭。兼三才而兩之。學記注引作三材。材是材爲才之假借。才已見口部哉下。材亦借哉。論語無所取材。集解引鄭注。古字材哉同。○孟子有達財者。財當爲材。文選魏都賦。財以工化。注。財與材古字通。案周禮太宰百工飭化八材。是財爲材之假借。財亦借才。漢書李廣利傳。士財有數千。注。財與才同。○喪大記東衾質殺之裁。猶冒也。注。裁猶制也。字或爲材。是以材爲裁之假借。裁亦借才。漢書王貢兩龔鮑傳序裁日閱數人注裁與才同○漢書杜欽傳迺爲小冠高廣材二寸注材與纔同古通用廣韻纔所銜切與材音近故今灰韻有纔字材本借才纔爲材之借即才之借也纔亦借財史記孝文紀太僕見馬遺財足索隱曰財字與纔同纔亦借裁漢書高惠高后文功臣表裁什二三注裁與纔同

柴 小木散材

通柴已見示部借骴見骨部借荤借積見骴下○易說卦爲瘠釋文京荀作柴云多筋幹是以柴爲

爲瘠之假借。瘠亦見骴下。又見肉部膌下。○上林賦柴池。史記集解引徐廣曰參差也。案柴池卽左傳之差池。柴爲差之假借。差已見左部。又見前槮下。若文選作偨池。甘泉賦作偨傂。此人部所無。乃或體耳。

栽（篆）築牆長版也。春秋傳曰。楚圍蔡。里而栽。

此爲左氏傳哀元年文。莊廿九年。水昏正而栽。杜注。樹版榦。定元年。城成周。庚寅栽。注設版築。皆本義也。惟中庸栽者培之。鄭注栽猶殖也。段謂今人名艸木之殖曰栽。築牆立版亦曰栽。蓋以義通。○

又中庸上天之載鄭注載讀曰栽此以載爲栽之
假借矣載已見口部𢦏下

築　擣也古文爲篁

書金縢盡起而築之釋文築本亦作筑筑當爲築
之省借○方言築娌匹也廣雅釋親妯娌先後也
築亦假借字

模　法也讀若嫫母之嫫

手部摹規也漢書高帝紀規摹宏遠矣注引鄧展
曰摹若晝工規模物之摹文選東京賦薛注摹法
也是摹爲模之通借若韋元成蕭望之傳作橅則

當爲模之或體無與莫通也○內則[㴀]毋注毋讀
曰模模模象也此以毋爲模之假借

桴𦾔棟名

借茉已見艸部借孚見爪部○本部枹擊鼓杖也
左氏成二年傳右援桴而鼓禮運蕢桴釋文竝云
桴鼓槌是桴爲枹之假借枹已見艸部苞下○水
部有泭編木以渡也詩漢廣釋文泭本作游又作
桴或作柎論語乘桴浮于海集解引馬注桴編竹
木也是桴與柎皆泭之假借游乃別體耳○明堂
位疏引匠人注城隅謂角桴思也今攷工記注作

浮思。是桴與浮可通借。別見後网部。若陸游老學庵筆記。浮炭者。謂投之水中而浮也。今人謂之桴炭。則以桴爲浮之假借矣。浮亦見孚下。

極 棟也。

借㥛。已見攴部。○書大誥予不敢不極卒寍王圖事。某氏傳以爲極盡文王所謀之事。王伯申曰。傳意蓋訓極爲終。然卒已是終。不得復以極爲終也。極當讀爲亟。爾雅。亟。速也。謂速終文王所謀之事也。古字極與亟通。案荀子賦篇出入甚極。又反覆甚極。注。極讀爲亟。是極爲亟之假借。亟已見革部。

〇左氏昭十五年傳費無極，史記楚世家作費無忌。索隱曰，極忌聲相近，是忌可爲極之假借。忌已見前杞下。

柱

楹也。

列子湯問篇，柱指鉤絃。注，柱一本作住，是住爲柱之通借。〇漢書天文志注引晉灼曰，柱音注，解之注，是以柱爲注之假借。

楹

柱也。春秋傳曰，丹桓宮楹。

公羊昭廿三年傳，沈子楹。穀梁作盈，盈卽楹之省。未知誰借。〇本部桯，牀前几。攷工記，輪人爲蓋達常圜三寸。桯圜倍之。注。桯蓋杠也。此以桯爲楹之假借。段云。如晉欒盈。史記作欒逞。是其比也。逞已見彳部徎下。

樘　衺柱也。

止部𣥺距也。廣雅釋器作樘。距也。此以樘爲𣥺之假借。○樘。今或作橕。文選魯靈光殿賦。枝橕杈枒而斜據。注。橕或作棖。字。此以棖爲樘之假借。

榰　柱氏古用木。今以石。易曰。榰恆凶。

今恆上六作振恆。釋文。張璠作震。者聲辰聲合韻最近。故可通借。此所引當出孟氏易。振震已見示部祇下。○漢書項羽傳。枝梧。一作楮梧。楮梧卽楮柱之意。枝當爲楮之假借。枝巳見支部。

櫨　柱上柎也。伊尹曰。果之美者箕山之東青鳧之所。有櫨橘焉。一曰宅櫨木出宏農山也。明堂位注。刻欂盧。釋文盧本作櫨。又上林賦盧橘夏孰。盧皆櫨之省借。盧巳見皿部。○段謂鄭注周禮說染艸之屬有橐蘆。未知是否。案宅字有託音。正與橐合。文選南都賦注引郭璞曰。櫨橐櫨。則橐蘆當卽爲此處宅櫨之假借。宅見後宀部。橐見後橐部。蘆見盧下。○管子經說上篇。櫨間虛也者兩木之間謂其無木者也王伯申曰纑當作櫨一切經音義引三倉云櫨柱上方木也櫨以木爲之兩櫨之間則無木故云然是以纑爲櫨之假借纑亦見盧下○廣雅釋宮曲枅謂之欒文選魏都賦欒櫨疊施注欒櫨一也有曲直之殊耳是欒爲櫨之通借欒櫨雙聲欒已見前

栭 栭也詩曰其灌其栵

皇矣篇毛傳亦云栵栭也正義引爾雅栵栭郭注栭樹似槲樕而痺小子如細栗江東呼爲栭栗已非栭之本義段謂栭與灌爲類非木名蓋小木叢

生者。如魚子名鯤鮞也。王伯申曰。下文檉椐櫟柘。方及木名。菑翳灌栵。則汎言木之形狀耳。栵讀爲烈。烈烈枿也。斬而復生者也。爾雅。烈枿餘也。方言同。此以栵爲烈之假借。烈已見刀部列下。

橑

橑。椽也。

車部。轑。車蓋弓也。一曰輻也。漢書張敞傳。果得之殿屋重轑中。注引蘇林曰。轑。椽也。是轑爲橑之假借。攷工記輪人注。弓。蓋橑也。所以庇車者。大戴記保傅篇。二十八橑以象列星。注亦云。橑。蓋弓也。此又以橑爲轑之假借矣。轑已見牛部牢下。

【桷】榱也。椽方曰桷。春秋傳曰：刻桓宮之桷。

上構字云：蓋也。杜林以爲椽桷字。此說假借也。段謂桷古音如穀。案：穀有構音，故通。已見上穀下。

【櫋】屋櫋聯也。

淮南本經訓：縣聯房植。注：縣聯，聯受爵頭著桷者。與釋名：櫋，緜也，緜連榱頭使齊平也。上入曰爵頭，形似爵頭也。正合。縣當爲櫋之假借。

【檐】㮰也。

下樀字引爾雅：檐謂之樀。橝傳本有樀朝門三字，而門部闍下又云：闍謂之樀，樀，廟門也。朝廟雖異義自通。則檐當可爲閻之通借。○爾雅釋天注。今荆楚人呼牽牛星爲檐鼓。檐者荷也。楚辭哀時命篇。負檐荷以丈尺兮。注。荷曰檐。此以檐爲儋之假借。

植 戶植也。重文爲橦。

借蒔。已見艸部。借殖。見蒔下。亦見歺部。借犆。見牛部。○祭義。夫孝。置之而塞乎天地。正義云。置謂措置也。王伯申曰。非也。置讀爲植。植。立也。以上下言之也。下文。敷之而横乎四海。敷。布也。以四旁言之也。大戴禮曾子大孝篇。淮南原道訓語同。莊子外物篇草木之到植者過半釋文植立也本亦作置。案書金縢鄭注。植古置字。論語植其杖而芸。漢石經作置其杖。商頌置我鞉鼓。箋置讀曰植。皆以置爲植之假借。○金縢植璧秉珪。史記魯世家作戴璧。案喪大記皆戴綏。注戴之言值也。爾雅釋地北戴斗極。注亦云。戴值。值植音同。戴从𢦏聲。𢦏在戈部。𢦔𢧜皆以爲聲。𢦔𢧜與置並音近。故戴可爲植之假借也。

𣙻戶也。

通俗文云。小戶曰㞑。口減反。集韻𣙻㞑㮙三同本書𡱂爲古文戸。與㮔異。但㮔訓戸。苦減切。音亦近。
則二字固可通借矣。

樓 重屋也。

借蔞。已見艸部蔞下。○士喪禮。牢中旁寸。注。牢讀爲樓。樓訓削約。握之中央以安手也。正義云。讀從樓者。取摟斂狹少之意。案爾雅釋詁。摟聚也。釋文。摟亦或作樓。是牢本爲摟之假借。而樓其轉借也。牢已見牛部。○注又云。今文樓爲緌。案經上文云。鬠笄用桑長四寸。緌中。注。緌笄之中央以安髮。與此義合。則樓緌亦可通借。但糸部無緌字。玉篇有

之。蓋本鄭注。○釋名曰。樓謂牖戶之間諸射孔樓
樓然也。段訓樓樓當作婁婁。婁空也。本空婁之義。
亦可爲穿空之義。則樓爲婁之假借。婁見後女部。
○後楔字云。穜樓也。段謂樓者今之樓字。廣韻云。
樓。種具也。今北方謂所以耩者曰樓。是樓當爲耬
之假借。小徐本樓即作楔。

杇 所以涂也。秦謂之杇。關東謂之槾。又**槾**杇也。

金部有鏝字云。鐵杇也。重文爲槾。此處旣列槾字。
則彼从木之槾爲複出。爾雅釋宮鏝謂之杇。釋文
鏝。本或作槾。是二字可通借。若孟子作墁。土部無

之乃異體也○集韻槾音𣚍與樠同上樠字云松心木左氏莊四年傳楚王卒于樠木之下是也此以槾爲樠之假借

梱

門梱訓之槾

段云槾猶淵也宛中爲梱所居也桼大射儀順左右隈注隈弓淵也攷工記弓人恆當弓之畏後鄭謂畏讀如秦師入隈之隈是畏者隈槾之省借隈訓水曲可爲槾之通借也

楣

門梱之横梁

爾雅釋宫楣謂之梁與本書以楣爲梠異彼釋文

楷以悲反或作楫以報反經典相俱作楷如公食大夫禮公當楷北鄉是也楫楷聲相轉則或以楷爲楫之假借楷已見眉部

梱 門橛也

晏子春秋諫篇作井里之困困乃梱之省借○大射儀既拾取矢梱之注梱齊等之也又下文揚觸梱復注竝云古文梱作魁是以魁爲梱之假借魁梱雙聲字○爾雅釋宮宮中衖謂之壼本書作壼云宮中道引詩室家之壼既醉箋云壼之言梱也釋文壼毛廣也鄭捆致也捆卽梱字是以壼爲梱

之通借。○曲禮。外言不入於梱。釋文。梱本又作閫。閫字門部所無。則即梱之或體。又廣雅釋宮。橜機閫。朱也。朱亦梱之異體。

榍　限也。

漢書外戚傳。切皆銅沓冒。黃金塗。注。切。門限也。切爲榍之假借。切已見刀部。○爾雅釋宮。柣謂之閾。郭云。榍从屑聲。古音同切。經典榍通作柣。柣當爲榍之或體。○匡謬正俗曰。俗謂門限爲門蒨。蒨是柣聲之轉耳。則蒨當亦榍之假借。蒨即艸部茜字。

柣　限門也。

文選南都賦注引作歫門。案楗卽今木鎖。或用金。故經典多作鍵。如月令修鍵閉是也。金部鍵鉉也。一曰車轄。別一物。則鍵當爲楗之假借。鍵已見爻部。○周禮司門。掌授管鍵。先鄭注。鍵讀爲蹇。段謂此誤倒。當是本作蹇。讀爲鍵。蓋以蹇爲鍵之假借。實楗之假借也。若攷工記輈人左不楗。杜注。楗讀爲蹇。則楗又蹇之假借矣。

櫼　楔也。

∴段云。櫼亦作鉆。戰國策。蘇秦謂趙王曰。吾所苦夫鐵鉆然。自入而出夫人者。案用鐵用木不同。皆楔入之義。則銛可爲櫼之假借。銛已見竹部䉀下。

楔 櫼也。

攷工記輪人牙得則無槷而固。先鄭注槷榝也。蜀人言榝曰槷。後鄭謂槷讀如涅。段云槷榝皆假借字。榝卽楔之假借也。槷已見前。

杝 落也。讀若阤。

詩小弁析薪杝矣。毛傳析薪者必隨其理。段謂隨木理之迆袲而析之也。案杝訓落。本爲籬落之義。而杝籬又爲疊韻字。集韻杝鄰知切。故杝籬可爲通借。如段說。則詩以杝爲迆之假借。○後文椃槃也。爾雅釋木梡桃字正如是作。卽山桃也。夏小正則云梡桃也者山桃也。是梡與榹可爲通借。

桓 亭郵表也。

借。瓛已見玉部。○水經桓水注引禹貢和夷鄭注。和讀曰桓。又漢書尹賞傳寺門桓東。如淳曰。陳宋之間言桓聲如和。今猶謂之和表。是以和爲桓之假借。師古曰。卽華表也。華又和之通讀。亦假借字。○犬部狟犬行也。引周書尚狟狟。今牧誓作桓桓。爾雅釋訓桓桓威也。則狟當爲桓之假借。許蓋用壁中古文。

橦　帳極也。

新附幢字云，旌旗之屬。案玉篇，橦，竿也。引西京賦都盧尋橦。後漢書馬融傳注，橦者，旗之竿也。是幢字可借橦爲之。幢已見辛部童下。邵氏瑛曰，冃部背，幢也。黃氏曰，其飾也，苦江切。此乃旌幢之本字，則橦亦幢當矣。○詩皇矣，與爾臨衝。毛傳，衝，衝車也。衝，行部作衝，通道也。後漢光武紀注，衝，橦車也。晉書宣帝紀，輜轒鉤橦，發矢石雨下。衝與橦皆當爲幢之假借，見後車部幢衝字引申爲衝突。淮南汜論訓，隆衝以攻，注云，衝，所以臨敵城，衝突

壞之則臨衝本亦從此得義臨隆通借字

枕 臥所薦首者

易坎險且枕干注枕安也釋文引鄭注木在首曰枕是當作枕矣而又謂古文作沈九家本作玷此相傳互異非必假借枕沈盤韻玷亦韻部通

櫝 匱也一曰木名又曰大梡也（繫傳作木枕也）

匚部有匱字論語韞匱而藏諸又龜玉毀於櫝中蓋二字通用○文選劇秦美新布濩流衍而不韞韣注櫝與韣古字通韋部韣弓衣也韞韣字本用論語則韣當為櫝之假借

芣　兩刃臿也。从木。𠁧象形。宋魏曰芣也。重文爲釫。

方言。臿。宋魏之間謂之鏵。芣鏵古今字也。亦作鋘。吳越春秋。夫差夢兩鋘殖吾宮牆是也。芣互瓜切。與鏵鋘音合。是可通用。而金部無之。○段謂釫卽鏵字。䔢聲。䔢亏聲也。但此處本非鏵篆。似未合。集韻云。涂工之具或作釫。疑釫爲杇之重文而後人誤入于此。

櫌　摩田器也。論語曰。櫌而不輟。

漢石經亦作櫌不輟。五經文字云。經典皆作耰。鄭注。櫌。覆種也。案齊語。而疾櫌之芔。注。摩平也。與許合。則櫌耰可通借矣。

斸　斫也。齊謂之茲箕。一曰斤柄性自曲者。爾雅釋器。斫謂之定。釋文。斸本或作欘。斤部亦有斸字。可通用。○晉語。比異鉏耨。注。耨。鎡錤也。耨即前槈字。薅器也。重文爲鎒。是槈可爲欘之通借。○錢謂攷工記一宣有半謂之欘。倉頡篇。柯欘。是斤柄之說。斤部。斸。斫也。同。

杵　舂杵也。書武成。血流漂杵。文選過秦論作漂櫓。檄吳將校部曲文作漂櫓。本部。櫓。大盾也。重文爲樐。榮輝中不應有杵臼。杵亦非可漂之物。則杵當爲櫓之假借。史記漢書作鹵。又櫓之轉借也。○左氏僖十二年經。陳侯杵臼卒。公羊作處臼。齊世家立莊公異母弟杵臼。集解引徐廣曰。史記多作著臼。處與著皆當爲杵之假借。

杚斗斛也。

下杚字云。平也。文選曹子建贈丁儀王粲詩。承露槩泰清。李善注引廣雅。杚摩也。云槩與杚同。今誤从手作扢。是杚爲槩之通借。杚已見刀部刉下。○周禮大宗伯注。滌濯溉祭器。釋文。溉本作概。文選七發。於是溉概胷中注概與溉同案本書溉爲水名手部摡滌也引詩摡之釜鬵今詩作溉是概本摡之假借溉亦假借也又泂酌篇可以濯溉毛傳溉清也王懷祖曰上章濯罍爲祭器此章之溉當讀爲概春官鬯人凡祭祀社壝用大罍下用瓢齊及脩蜃概散鄭注謂皆漆尊也概尊以朱帶者罍與概皆尊名故二章言濯罍三章言濯概也與天官世婦之濯概不同此則以溉爲概之假借○左氏定四年傳吳夫槩廣韻作既既乃槩之省借既已見皀部○心部慨云忼慨壯士不得志也莊子至樂篇

我獨何能無概然釋文引司馬注概感貌概當爲慨之假借

槃承槃也古文爲鎜籀文爲盤

借胖已見半部借盤見革部○舟部般字云辟也象舟之旋从舟从殳殳所以旋也古文从攴作般詩考槃在澗毛傳槃樂也書無逸盤于游田皆當爲般之假借若漢書何武傳召見槃辟雅拜注槃辟猶言槃旋正般辟之本義矣其餘通借甚多如書盤庚釋文本作般庚君奭甘盤燕世家作甘般爾雅釋水鉤般釋文本作盤皆是般已見珏部班

下亦見胖䃑下。○易屯。磐桓。釋文。磐本作盤。又作
槃。案石部無磐字。故鴻漸于磐。史記孝武紀漢書
郊祀志竝作于般。漸卦疏山中石磐紆。故稱磐。與
般義合。盤槃亦假借字。至張表碑作畔桓。則又轉
借也。○喪大記士併瓦盤。士喪禮注引作瓦槃。盆
與槃音義皆相近。可爲通借。○莊子秋水篇注或
以槃夷之事。釋文。槃夷本作瘢痍。疒部瘢字云瘢
痍也。是槃爲瘢之假借。○史記賈生傳大專槃物
兮。索隱云槃猶轉也。與播義同。漢書正作播物。播
从番聲。番槃音近。故可通借。播已見釆部番下。○

後漢書班彪傳注。槃屈也。今多作蟠屈。是又以蟠爲槃之假借。○爾雅釋蟲注。蜚卽負盤。臭蟲。釋文。槃本作盤。案虫部𧍟。盤蝥毒蟲也。別一物。郝云。蜚圓薄如盤。故名負盤。是盤爲槃之假借。而蟲部以臭蟲爲負蠜。蠜盤音近。則盤又蠜之假借矣。

案　几屬。

手部按。下也。史記司馬相如傳。案衍壇曼。索隱曰。案衍。窳下也。又扁鵲倉公傳。案扤毒熨。謂按摩而玩弄身體使調也。漢書王嘉傳。內侍案脈。案皆當爲按之假借。按已見辵部過下。

槭　篋也。

從匚部有匧字云藏也。繫傳作槭藏也。廣雅釋器匧謂之槭。匧槭一聲之轉。是可通借。廣韻分匧篋爲二字。匧藏也。篋箱篋也。今多用篋。○漢書天文志。閒可槭劒。蘇林曰。槭音函容也。此以槭爲函之假借。而函訓容。實含之轉借也。含已見口部。函見含下。

枓　勺也。

凡升斗字與此異。而音同。史記趙世家。使廚人操銅枓。張儀傳作金斗。喪大記。沃水用枓。周禮鬯人

作斗。又詩大東。維北有斗。行葦。酌以大斗。皆當爲
料之省借。
櫑
龜目酒尊。刻木作雲雷象。象施不窮也。古重文爲
罍。爲𥂕。籒文爲𦉾。
玉部瓃。玉器也。漢書雋不疑傳。帶櫑具劒。晉灼曰。
長劒首以玉作井鹿盧形。上刻木作山形。如蓮花
初生未敷時。是以櫑爲瓃之假借。○詩卷耳。我姑
酌彼金罍。漢書文三王傳。孝王有罍尊。注引詩作
金罍。蓋用籒文。而顏師古以爲罍古雷字。誤也。古
雷字中从二回。與此左从缶異。惟周禮司尊彝注。

山罍亦刻而畫之爲山雷之形。正義。罍字雖與雷別。以聲同。故以雲雷解之。是義本通。漢禮器碑雷洗觴觚。乃以雷爲罍之假借。

梼 槌也。

月令。具曲植。鄭注。植。槌也。方言云。槌。宋魏陳楚江淮之間謂之植。梼植音同。可爲通借。植已見前。○呂覽季春紀。具挾曲高注。挾讀曰朕。三輔謂之挾。關東謂之得。淮南時則訓作具撲曲。高注。薄持也。三輔謂之撲。段謂持乃梼之誤。得卽梼之假借字也。案梼。陟革切。與得音近。故玉篇廣韻竝云。梼一

作棏一作㯖棏㯖皆或體字

栚

槌之橫者也關西當是東字謂之栚

方言云槌其橫關西曰栚宋魏陳楚江淮之間謂之𣙜音帶齊海岱之間謂之絼相卞反段謂栚榺朕三同栚當同簨虡之簨橫者曰簨方言作絼亦同音也案此字形各異皆可通借中亦兼或體耳

槤

胡槤也

論語禮記皆作瑚璉而分屬夏殷說者各異蓋所據戴記不同也案瑚字雖見玉部乃珊瑚非謂此也惟左氏哀十一年傳胡簋之事杜注胡簋禮器

名夏曰胡賈服注並合是作胡爲長矣【璉】字玉部所無當依許从木而明堂位音義本作四連則以連爲槤之省借連已見辵部○又周禮管子以連爲輦韓勑禮器碑胡輦器用即胡連也特連與輦互相假借耳段因疑取車爲名似涉牽强

椇 舉食者

椇俱燭切即梮字梮爲人舉與此食輿形製同段謂或駕馬或人舉皆宜用之從土則謂之土舉即公羊之筍史記之篋輿也案本部有椇無梮則梮爲借字口部局一曰簙所以行棊象形方言云所

以行棊謂之局或謂之曲道廣雅釋詁曲道椇也是椇通作局又以爲人舉之名矣別見後車部輂下

[seal]絡絲柎也讀若昵

易姤繫於金柅釋文云說文作檷本部前有柅字云木實如梨後又有杘字云籰柄也重文爲柅杘與檷雖相近亦爲二物則柅乃檷之假借

[seal]機持經者又[seal]字云機持繒者

淮南氾論訓後世爲之機杼勝複以便其用又王逸機賦勝複回轉勝複二字卽縢複之假借複已

棧

見彳部復下。

棚也。竹木之車曰棧。

公羊哀四年傳。勝國之社。掩其上而柴其下。周禮

喪祝注。作奄其上而棧其下。段云。棧其下。謂以竹

木布於地也。是柴爲棧之通借。柴棧雙聲字。柴已

見前。○爾雅釋樂。大鐘謂之鏞。小者謂之棧。釋文

引李巡曰。棧淺也。案人部俴淺也。則棧爲俴之假

借。○山部𡾊。尤高也。文選西京賦。棧齴巉嶮。注。棧

嶮皆高峻貌。是棧爲𡾊之省借。錢謂𡾊與棧道字

同。則本通也。○儀禮既夕。賓奠幣于棧左服。出注。

今文棧作輚案輚字在車部新附蓋即此竹木之車詩亦云有棧之車是也此奠幣者通俗文板閣曰棧乃皮物之所故曰棧左其作輚則異體假借兌○又集韻云輚臥車也通轏與玉篇車部同左氏成二年傳逄丑父寢于轏中注轏士車正義謂轏與棧字異義同本書無轏字蓋仍爲棧之假借左傳亦亦當作棧

槶 匡當也

槶一作蔮亦作簂士冠禮注滕薛名蔮爲頍又釋名云簂魯人曰頍案槶古悔切與頍聲相轉頍可

爲楓之假借。頍已見缶部缺下。○蜀志諸葛亮遺司馬懿巾幗。幗卽槶也。巾部幗字在新附。

棖 杖也。一曰法也。

借橙。已見上。○詩丰俟我乎堂兮。箋云堂當爲棖。棖門梱上木近邊者。此以堂爲棖之假借。故論語申棖史記亦作申棠。○金城記欲以棖子臣櫻桃。但恨不同時耳。蓋以棖爲橙之假借。

桊 牛鼻中環也。

呂覽重已篇使烏獲疾引牛尾。尾絕力勯而牛不行。逆也。使五尺童子引其棬。而牛恣所以之。順也。

案棬爲孟子桮棬字。玉篇棬同丞。丞本居倦切。集韻棬與丞竝驅員切。則棬正可爲丞之假借。

樴　弋也。

借殖。已見歺部。○鄉射禮薦脯五職。注。職猶脡也。段云脡當作挺。古文職爲截。今文或爲植。案釋文職本作樴。是職爲樴之假借。肉部無職字。職亦見殖下。截植皆樴之假借。截樴聲相近。植見上。○周禮須于職人。又牛人以授職人而芻之。注竝云職讀爲樴。蓋樴謂之杙。可以繫牛也。是職爲樴之假借。

柯　斧柄也。

借荷已見艸部○左氏襄十九年經諸侯盟于祝柯公羊作祝阿桼杜注祝柯縣今屬濟南府江愼修謂禮記武王封黄帝之後于祝卽此漢爲祝柯縣則與祝阿當爲一地特字有通借耳○漢書地理志牂柯郡柯一作牁玉篇作牂戕謂繫船大杙也牁與牂戕皆本書所無王懷祖曰字本作牂柯牂者杙長大牂牂然也柯亦長大之名猶木大枝謂之柯也則牁當爲柯之假借字牂戕又或體矣

棁　木杖也

玉篇棁同棳梁上楹也禮器山節藻棁釋文依字

當作檝。是以棿爲檝之假借。但本部檝木也。益州有檝縣。則檝亦假借字耳。○老子揣而棿之。釋文棿音銳。河上作銳。似以棿爲銳之假借。俱从兌聲也。而義未明。○荀子禮論篇。凡禮始乎棿。史記作始乎脫。棿脫皆當爲捝之假借。脫已見肉部。捝見脫下。

柲 欑也。

儀禮既夕記。有柲。注。柲弓檠。此引申之義也。又云古文柲作柴。柴卽柲之移木于下者。乃或體耳。下引詩竹柲緄縢。今小戎篇作竹閉緄縢。毛傳訓閉

爲紲胡罌莊曰小雅角弓傳言不善紲檠巧用則
翩然而反蓋檠者藏弓定體之器檠紲同物以其
能持弓謂之檠以其能縛弓謂之紲紲又名閉以
竹爲之故曰竹閉紲亦作柲荀子非相篇接人則
用柲注柲者檠柲也正弓弩之器也後人以柲爲
楫者以楫輔船舷如柲之輔弓弩也棐據所說則
閉與紲柲竝音近柲皆可爲假借字又詩釋文閉
一本作⿰革必⿰革必已見革部音義亦與柲近若攷工記
弓人譬如終紲鄭注引詩作竹⿰韋必⿰韋必字韋部無之
乃異體假借而角弓釋文亦云紲弓⿰韋必也蓋从革

與从韋可通用矣○又左氏昭十二年傳君王命剝圭以爲鏚柲謂爲戚柄也此别一義柄柲音轉亦可通借柄已見前柨下

欑 積竹杖一曰穿也一曰叢木

借鑽已見竹部又金部鑽所以穿也與此音義皆同可爲通借○喪大記欑至于上欑之于西序士喪禮作攢手部無攢字凡从手者皆當从木內則柤梨曰攢之釋文攢本作鑽正義曰一一攢看其蟲孔也此正用穿義與鑽爲通借故爾雅作鑽之至文選西都賦列刃鑽鍭注云鑽字與攢同攢聚

也則以鑽爲欑之假借矣○喪大記欑字注云猶菆也菆亦可爲欑之假借音相轉菆已見艸部桼此乃欑之後一訓叢與菆俱有聚義又人部儹字云冣也廣韻儹聚也冣聚古通用則儹亦可爲欑之假借○文選笙賦歌棗下之纂纂注纂與攢古字通攢聚貌是以纂爲欑之假借○士喪禮注大夫殯以幬欑置于西序釋文欑劉本作挫挫當爲欑之假借欑挫亦音轉

榜 所以輔弓弩也

舟部舫船師也明堂月令曰舫人習水者文選子

虛賦。榜人歌。張揖注。榜。船也。禮記月令。命榜人。榜人。船長也。此以榜爲舫之假借。○手部。搒。掩也。北孟切。卽今搒笞字。後漢陳寵傳注。篣。卽榜也。古字通。聲類曰。笞也。是搒亦借榜爲之。見竹部。篣下。○廣雅釋詁。榜。輔也。疏證。引楚辭九章。有志極而無旁。王逸注。旁。輔也。旁與榜通。榜輔一聲之轉。榜之轉爲輔。猶方之轉爲甫。旁之轉爲溥矣。是旁爲榜之省借。輔又可爲榜之假借也。旁已見上部。○後世言標榜。及科名列榜。皆榜字引申借義。

檃 栝也。又栝 檃也。一曰。矢栝。檃弦處。

書盤庚。尚皆隱哉。某氏傳相隱括共爲善政。公羊何序。隱括使就繩墨。漢書刑法志隱之以勢臣瓚注。秦政急峻。隱括其民於隘狹之法。凡此隱括字。皆當爲檃栝之假借。檃即今之安穩字。○栝借萿。已見艸部。借檜見前。○書太甲。往省括于度。正義。括謂矢末。是矢栝字亦借括爲之。或作筈。括已見骨部。䯤下。○下栝字云。炊竈木。即廣韻㮇字。他念切。今栝隸變作栝。則亦假借矣。段云。栝當从西。譌爲舌耳。

臬射準的也。

借劓已見刀部借槷見前○文選上林賦槷殪仆文穎曰所射準的爲槷左傳文九年陳之槷極皆以槷爲臬之假借○𨸏部隉字引賈侍中云法度也蓋以隉爲臬之假借隉亦見槷下

桶　木方受六斗

月令角斗甬注甬今斛也爾雅釋樂注柷如漆甬甬皆爲桶之省借呂覽淮南竝作桶史記商君傳亦云平斗桶马部甬字云艸木華甬甬然也則甬之本義與此異

柎　闌足也

詩常棣。鄂不韡韡。箋云。不當作柎。柎。鄂足也。古聲不柎同。是不爲柎之假借。不已見艸部芣下。○樂記。治亂以相。注。相卽柎也。柎本書之拊。拊字从手。是柎爲拊之通借。又攷工記弓人有柎焉。故剽少儀。削受柎。柎亦作拊。弓把也。曲禮左手承弣。弓部無弣字。蓋卽借柎字爲之。○後有楄字云。楄部方木也。引春秋傳楄部薦榦。今左氏昭廿五年傳作楄柎藉榦。杜注。楄柎。棺中笭牀也。是部當爲柎之假借。○柎借泭。已見前桴下。

柸　柸桮也。

上梐字云。梐枑。行馬也。周禮曰。設梐枑再重。此掌舍文。注云。故書枑爲柜。杜子春讀爲梐枑。桒枑與柜音形皆相近。或以柜爲枑之假借。今之行馬所以止人。柜正止義。則亦通。

橾　車轂中空也。讀若藪。

攷工記輪人。以轂圍之防捎其藪。鄭司農注。藪讀爲蜂藪之藪。謂轂空壺中也。段云。記文蓋本作捎其橾。大鄭乃易爲藪。故云讀爲。後人直用大鄭說改記文耳。余謂如許義。則藪當爲橾之假借。讀爲當是讀如。藪已見艸部。

楇盛膏器。

史記孟荀傳。炙轂過髡。集解云。劉向別錄過字作輠。輠者。車之盛膏器。案車部無輠字。輠當即楇之或體。過乃楇之假借。過已見前果下。

欙山行所乘者。

段云。欙與梮一物異名。梮已見前暴下。○孟子蓋歸反虆梩而掩之。趙注。虆籠屬。籠謂土籠。即梮也。虆當爲欙之假借。艸部無虆字。與藟通。藟已見前虆下。

榷水上橫木所以渡者。

前杠字。㳘前橫木也。爾雅釋宮。石杠謂之徛。孟子。徒杠成。杠當爲榷之假借。杠與榷雙聲字。○漢書武帝紀。榷酒酤。注引韋昭曰。以木渡水曰榷。師古曰。禁民酤釀。獨官開置。如道路設木爲榷。獨取利也。段云。凡言大榷。揚榷。辜榷。當作此字。桉手部推。敲擊也。漢書敘傳。揚推古今。唐書食貨志。推利借商。凡从手者。皆當爲榷之假借。惟漢書五行志。高后於戚夫人推其眼。此則推之本義耳。○又辜榷。晉書南蠻傳作估較。較亦榷之假借。較音角。

橋　水梁也。

借嬌已見矢部○詩漢廣南有喬木釋文喬本亦作橋鄭風山有橋松釋文橋本亦作喬橋皆喬之假借○士昏禮記加于橋注橋所以庪笲其制未聞今文橋爲鎬鎬乃溫器非庪笲之物橋者高也庪笲必於稍高處或如說苑文質篇所言爲機重其前輕其後之命曰橋與其假借則鎬从高聲與橋韻可通

梁　水橋也古文爲𣿄

借涼已見言部諒下○借粱見高部○詩小戎五楘梁輈漢書地理志引作𣪠輈是以𣪠爲梁之假

借故左氏桓六年傳季梁古今人表亦作季良良
畗部作茛○書大傳故爾梁遠鄭注梁讀掠此以
梁爲掠之假借梁掠音之轉掠見後田部略下

楫舟櫂也

本部無櫂字當作擢手部擢引也楫所以引舟而
行○漢書百官表輯濯注云船官也又元后傳輯
濯越歌注輯與楫同此以輯濯爲楫擢之假借若
兒寬傳統楫羣元注輯楫與集三字竝同則楫爲
輯之假借矣輯已見十部卄下亦見習部靃部○
爾雅釋訓注無舟楫釋文出檝字云本或作楫又

作接檝卽楫之或體接乃楫之假借下引說文檝
舟棹也棹亦或體字殆誤本耳

校木囚也

周禮校人注校之言挍也手部無挍字凡比挍考
挍當卽借校字爲之段云蓋無正文較㩁等皆可
通借○攷工記廬人細則校弓人今夫茭解中有
變焉故校司農注竝云校讀爲絞而婉之絞是以
校爲絞之假借絞已見竹部茭下○列子周穆王
篇幡校四時釋文校讀作交是校爲交之假借○
莊子說劒篇王乃校劒士釋文校本作教孟子校

者教也則校與教本可通借教已見教部○校借骹已見骨部

采 捋取也

借菜已見艸部○詩卷耳毛傳采采事采之也蓋上采訓事下采訓取爾雅釋詁采事也書云載采采史記作始事事此假借之義也○高誘注淮南本經訓云杼采實也史記李斯傳采椽不斲徐廣曰采一名櫟漢書司馬相如傳沙棠櫟櫧應劭曰櫟采木也是采爲柔之假借柔即杼字已見前采柔雙聲字案詩小明采與負韻有部通語麌猶尤

之通魚虞也○曲禮問大夫之富曰有宰食力鄭注宰邑士也食力謂民之賦稅王懷祖曰宰當讀爲采言有采地也采地之租稅民力所供而有采者食之故曰有采食力與上數地以對義相近是宰爲采之假借古字采與宰通爾雅尸寀也郎主宰之宰○曹風采采衣服此言光采也凡文采之義俱借此今字則手采作採五采作彩非古也○又史記周本紀召公奭贊采正義曰采幣也漢書貨殖傳文采千匹注帛之有色者曰采今字作綵綵字糸部所無蓋亦借采字爲之○爾雅釋詁寀

官也。漢書刑法志注引作采書疇咨若予采。馬注。
采官也。史記司馬相如傳以展采錯事集解亦云。
采官也。是寀即借采。宀部無寀也。○段謂此與采
同意。采禾部采云禾成秀人所收者也。收即采取
意。秀即文采意。采徐醉切。與采亦音轉。是可通借
矣。

柿削木札樸也。陳楚謂櫝爲柿。
槃傳作陳楚謂之札柿。段云漢書中山靖王劉向
田蚡傳多言肺附。謂斫木之柿札也。已於帝室親
近。猶柿札附於大木材也。案史記武安侯傳正義

云。肺碎木札也。漢書注略同。此皆以肺爲柿之假借。而索隱及小顏引舊解竝云。如肝肺相附著。似用肺之本義。亦通。故附字或作腑。若後漢書楊由傳風吹削肺。則肺定爲柿之借字矣。肺已見艸部茷下。

橫　闌木也。

借衡。已見角部。○水經渭水注。長安北出西頭第一門名橫門。如淳曰。音光。故曰光門。又雎水注。橫亭世謂之光城。蓋光橫聲相近。是光爲橫之假借。○淮南墬形訓。玉橫維其西北之隅。注。橫。光也。橫或作彭。是橫又爲光之假借。而彭則橫之轉借也。橫彭疊韻字。彭已見壴部。○大戴禮小辨篇治政之樂。皇於四海。孔注。皇大也。王懷祖曰。皇充也。訓充滿於四海也。皇與橫光古同聲而通用。孝經光於四海。卽祭義橫乎四海也。是皇爲橫之假借。亦可轉借光矣。皇已見王部。

桄充也。

書光被四表。漢書王莽傳作橫被。東晉古文某氏傳。光充也。樂記號以立橫。鄭注。橫充也。充爲桄本訓。則光乃桄之省借。橫亦桄之假借矣。又藝文類聚樂部引五經通義作廣被四表。廣遠義與充近。是廣可爲桄之通借。廣亦通光。水經濟水注有光里。即春秋傳之廣里也。○棻昔之光被。諸家皆借字。惟鄭注以爲光耀。即用本義亦通。尚書中如明光于上下。迪惟前人光。以覲文王之耿光。皆可旁借矣。

檇 以木有所擣也。春秋傳曰。越敗吳於檇李。左氏定十四年傳杜注。檇李地名。吳郡嘉興縣南醉李城是。公羊傳正作醉李。醉當爲檇之假借。

朾 撞也。

三蒼作儆。周禮職金注作捊。或又作𢿥。字體各異。皆可通借。今作打。蓋从木从手。多互用而入梗韻。德冷切。則仍朾音也。近代讀爲荅上聲。字變而音亦變矣。

[篆文] 伐木餘也。商書曰。若顚木之有甹櫱。重文爲[篆文]。古文爲[篆文]。从木無頭。又古文爲[篆文]。櫱。今盤庚作櫱。釋文本又作枿。枿此處不載枿字。而马部甹下引書作枿。是枿亦櫱之異文。案本部别有檗字。云黄木也。本草檗或作蘗。遂多與櫱混。○詩長發苞有三櫱。毛傳櫱餘也。汝墳伐其條肄。肄

亦餘也。櫱肄語之轉，是可假借。肄已見聿部。○後
辛部：辥，辠也。廣雅釋詁：櫱，辠也。是櫱爲辥之假借。
漢書司馬遷傳：媒孽其短。注：謂生其罪釁。則辥亦
借孽矣。○玉藻：公子曰臣孽。注：孽當爲枿，聲之誤。
案子部：孽，庶子也。記語似可用孽本訓。正義云：注
從枿者，枿是樹生之餘。釋文出臣孽，亦云依注音
枿。是皆以孽爲枿之假借。但詩白華疏：孽者，櫱也。
樹木斬而復生謂之櫱，則義亦通。○呂覽通理篇：
宋王築爲櫱臺。注：櫱當作巘，其音同耳。是以櫱爲
巘之假借。

枰　平也

前有枰字一云枰木出蒙山卽廣韻之黃枰木可染
者形與枰相似錢謂枰爲枰之誤此處枰字誤增
疑非○文選上林賦華楓枰櫨郭注枰平仲木也
吳都賦平仲君遷字亦作枰是平可爲枰之省借
平已見亏部史記作檘櫨前獻字一云黃木也檘卽
檗之發木於右者檘从辟詫與枰聲轉則檘可爲
枰之假借

槎　衺斫也春秋傳曰山木不槎

國語山不槎蘖漢書貨殖傳作茬蘖段謂茬爲㞷

之譌。荖乃古㮆字。然無所據。案艸部茬。艸皃。濟北有茬平縣。仕甾切。以㲋聲例之。麻韻㲋字。卽爲參㲋之㲋。入支韻。則茬字或亦可爲㮆之假借與。○周禮柞氏掌攻草木。周頌載芟載柞。毛傳除木曰柞。柞與槎音近。柞乃槎之假借。柞已見言部詐下。○集韻槎與查同。廣韻查水中浮木。博物志仙查犯牛斗。又拾遺記堯時巨查浮海上。名貫月查。一作槎。案本書無查字。當卽柤之移木于上者。字从且。不从旦。柤以木爲闌。與浮木義近。槎則假借也。柤已見前櫨下。

柮　斷也。讀若爾雅貀無前足之貀。

下檮字云。斷木也。引春秋傳檮柮。今左氏文十六年傳有檮杌。杜注。凶頑無疇匹之皃。段云。蓋取斷木之可憎爲惡人名也。出聲兀聲同部。案孟子亦云楚之檮杌。杌當爲柮之假借。玉篇杌木無枝也。與柮訓斷義近。本書有扤無杌。則杌即扤矣。

析　破木也。一曰折也。

禹貢析支。大戴記五帝德篇作鮮支。後漢書西羌傳作賜支。鮮與賜皆當爲析之假借。音相近。○書大傳名曰晳陽。注。晳當爲析。春厥民析。是晳爲析

之假借○史記田完世家弓膠昔幹索隱曰椇昔音相近椇即析字是以昔爲析之假借

休 息止也从人依木重文爲庥

借茠已見蓐部薅下○攷工記弓人麼於剄而休於氣注休讀爲煦煦是以休爲煦之假借聲相轉○書呂刑雖休勿休某氏傳休宥之也我雖以爲宥爾惟勿宥蓋以休爲宥之假借宥已見又部

㮓 竟也古文爲亙

攷工記弓人注恆讀爲𣓌𣓌竟也生民恆之秬秠毛傳恆徧也段云徧與竟義相足又漢書敘傳恆

以年歲注引如淳曰恆音亙竟之亙是皆以恆爲
極之省借○文選西都賦北彌明光而亙長樂注
亙與絙古字通後漢書蔡邕傳折絙地之基注絙
與亙同案糸部絙緩也从亙胡官切與亙从二間
舟本別隸變亙从日絙亦从亙遂以絙爲亙之假
借

梏

手械也

詩抑篇有覺德行禮記緇衣引作有梏梏當爲覺
之假借毛傳覺直也爾雅釋詁亦云梏直也則義
本通又釋名曰覺告也梏正从告○孟子有梏亾

之矣趙注梏亂也王伯申謂梏當从手作捁與攪通手部攪亂也案後漢馬融傳注捁古文攪字是攪可爲梏之假借矣○前有桺字云角械也一曰木下白也廣雅釋器梏桺也是桺可爲梏之通借桺从丣音亦近次義未詳

櫪 櫪㯕椑指也

借歷巳見止部○厂部厤治也莊子曰罪人交臂厤指此以厤爲櫪之省借○文選南都賦楓柙櫨櫪注櫪與櫟同是櫪爲櫟之假借與前櫟下有櫪字非借義異櫟亦見前朶下

檻　櫳也。一曰圈。櫳　檻也。

釋名曰。檻車上施闌檻。以格猛獸。亦四禁罪人之車也。今假借以檻爲凡闌檻字。櫳亦爲凡簾櫳字。○水部濫。氾也。一曰。濡上及下也。引詩畢沸濫泉。爾雅釋水濫泉正出。今詩采菽及瞻卬俱作檻泉。檻乃濫之假借。故莊子則陽篇同檻而浴注一作濫。濫已見攴部斂下。○詩王風大車檻檻。五經文字引作轞轞。廣雅釋水。艦舟也。舟部無之。當卽檻字。文選吳都賦巨檻接艫。劉注。船上下四方施版者曰檻也。又廣雅釋訓轞轞聲也。御覽引通

俗文車聲曰轞轞字亦車部所無即詩之檻檻耳

楬　楬桀也韻會作楬櫫也春秋傳曰楬而書之段云未見疑引周禮職金楬而璽之

借遏已見辵部借桀見桀部○漢書酷吏傳楬著其姓名今多作揭著當爲楬櫫之假借揭亦見桀下○石部碣云特立之石東海有碣石山今之碑碣字當爲楬之假借

棐　輔也

借篚已見竹部○漢書翟方進傳王莽擬大誥於尙書之棐忱俱作輔誠此以義通棐輔音之轉亦

可爲借字也。輔已見前楠下。○又燕剌王旦傳，毋
作棐德。注，棐薄也。此以棐爲菲之假借。坊記不以
菲廢禮。釋文，菲薄也。菲已見艸部。○書呂刑，明明
棐常。墨子尚賢篇引作不常。此以棐爲匪之假借。
周語。莫匪爾極。注，匪不也。但匪亦借字。見後匸部。

說文假借義證卷十一

嘉興張鳴珂
族曾孫黎　同校

說文假借義證卷十二目錄

弟六篇下

之 㞷

帀部 文二 證二

帀 師

出部 文五 證一

𣏟

𣎵部 文六 證六

𣎵 𡧍 索 孛 𣐺 南

生部 文六 證四

生 丰 產 隆

乇部 文一 證見宀部宅下

𠂹部文一　證見土部垂下

𠌶部文二　證一　𠌶見華部

華部文二　證二

　華　曄

禾部文三　證三

　禾　積　穊

稽部文三　證二

　稽　𥡴

巢部文二　證二

　巢　𢀜

桼部文三　證二

桼　髹

束部文四　證二

束　柬

橐部文五　證五

橐　囊　櫜　𣝈　𣝋

口部文二十六　證十一

口　圜　圓　圓　回　圖　困　圈　囿

因　囮

員部文二　證二

員 販

貝部 文五十九 證二十三

貝 賄 貨 資 購 賑 賁 賀 貢

貸 賸 賜 貤 負 貯 賓 質 貿

費 賤 貪 賕 賣

邑部 文百八十一 證六十七

邑 邦 都 鄰 竆 鄚 部 郟 郱

鹵 郁 鄠 扈 鄘 鄜 部 郖 鄒

郗 邶 邛 邕 鄍 鄉 鄈 祁 邦

郇 鄃 鄗 鄛 鄭 郝 鄖 郎 鄯

鄰𨛦郢鄹鄙郳鄖郉郝

郲𨟖鄱邛鄒郰鄜郗郎

鄴鄨鄫邪郭鄲截鄝郤

鈘鄭鄸郁

𨛜部　文三　證二

𨛜䢼

光緒二十五年歲在己亥仲冬月族曾孫蔭成重校刊

說文假借義證卷十二　　涇朱珔學

弟六篇下

東部

[東]動也。官溥說。从日在木中。

荀子議兵篇。隴種東籠而退耳。注。東籠與涑瀧同。此以東籠字爲假借。涑瀧蓋古語也。○韓子說疑篇。董不識古今人表作東不訾。疑東爲董之假借。董已見艸部。

林部

[林]平土有叢木曰林。

本部棽。木枝條棽儷也。漢書司馬相如傳載大人賦。麗以林離。張揖曰。林離。摻攡也。此以林離爲棽儷之假借。摻攡亦棽儷也。摻攡又作襂纚。音竝合。皆可通借。離已見隹部。儷見離下。○史記匈奴傳。大會蹛林。索隱曰。林。襤音相近。或以林爲襤。卽林爲襤之假借。○左氏定八年傳。林楚御桓子。公羊作臨。南臨。疑林之假借。

無　豐也。从林奭。或說規模字。从大卌。數之積也。林者。木之多也。卌與庶同意。商書曰。庶草繁無。

今洪範作蕃廡。與晉語黍不爲黍不能蕃廡同。廡乃橆之假借。庶已見舛部舞下。○爾雅釋詁橆豐也。此以艸部蕪字爲橆之假借。○亾部無亾也。自橆字隸變作無。爲今之有無字。遂以無爲橆之假借。橆字从亾。亾亦訓亾。如論語亾而爲有。日知其所亾等皆是。亾又爲無之通借。無亾雙聲。無已見彳部微木部末下。○橆之奇字爲无。云通於无者。虛无道也。王育說天屈西北爲无。今易作无。是無亦无之通借。○後有毋部云止之也。从女有奸之者。士昏禮記夙夜毋違命。士相見禮毋上於面。毋下於帶。注古文毋爲無。經傳中似此甚多。皆以無爲毋之假借。若史記宋世家引洪範。無字十五見俱作毋。則又以毋爲無之假借。葢二字每以同聲通用也。無亦見舞下。○荀子禮論篇。無帾絲歶。注。無讀爲幠。是無爲幠之省借。幠已見虍部虞下。○水經灅水注引地理風俗記。燕語呼毛爲無。漢書馮衍傳。飢者毛食。注。無字作毛。今俗語猶然。是毛爲無之假借。毛已見艸部苗下。○莊子伯昏瞀人。列子作無人。疑無爲瞀之假借。集韻。瞀有微夫切。故漢書地理志上谷郡雊瞀縣。孟康音句無。瞀已見目部。○公羊莊卅二年傳。飲之無傫氏。釋文無本作巫左氏宣十五年經仲孫蔑會齊高固于無婁公羊作牟婁此人與地未定誰爲假借巫已見竹部笄下牟見牛部牟無音之轉○借叜已見又部借烏見烏部

麓守山林吏也一曰林屬於山爲麓春秋傳曰沙麓崩古文爲𣠿

今三傳僖十四年經竝作沙鹿崩又左傳山林之之木林鹿守之易屯卽鹿无虞虞注山足稱鹿鹿林也詩旱麓釋文麓本亦作鹿此皆鹿爲麓之省借○書舜典納于大麓釋文引王注麓錄也正義

云麓聲近錄。此蓋以麓爲錄之假借。與史記五帝本紀及馬鄭注俱異。解魏受禪表書陳納于大鹿。麓亦借鹿。

棼　複屋棟也。

借紛。已見屮部芬下。○爾雅釋天。焚輪謂之穨。釋文焚本或作棼。棼當爲焚之假借。史記魯世家。獲喬如弟棼如。左傳亦作焚如。○文選七命。棼棋嵯峩。注。棼與枌通。是枌爲棼之假借。○周禮巾車。棼蔽。注。棼讀爲薠。薠麻以爲蔽。是棼爲薠之假借。薠已見艸部蕃下。○楚策。棼冒勃蘇。鮑注。棼冒卽蚡

冒左氏文十六年傳先君蚡冒似棼爲蚡之假借䖵虫部無蚡蚡疑蚡之形似而誤蚡所以冒也連下冒字於義爲近蚡或作鼢亦鼠部所無

叒部

叒日初出東方暘谷所登榑桑叒木也象形籀文爲

叒

離騷總余轡乎扶桑折若木以拂日扶若卽榑若之假借字也叒音若遂偁若木矣若已見艸部

桑蠶所食葉木

後漢書楚王英傳注桑門卽沙門桑當爲沙之假

偕桑沙雙聲字○水經漯水注桑乾泉卽溹涫水者也桑溹雙聲乾涫疊韻此亦假音字溹蓋索之加水傍者耳又河水注索郎反語爲桑落亦雙聲字也○爾雅釋蟲諸慮奚相郭注未詳釋文相舍人本作桑郝謂當是名奚桑與上文蠰齧桑相次疑卽其類據此則相爲桑之假借矣相已見目部

出部

𡳿出也象艸過屮枝莖益大有所之也一者地也論語孟之反莊子大宗師篇作孟子反左氏僖廿四年傳介之推呂覽介立篇作介子推之當爲子

之假借子已見口部哦下○之又爲語辭書無逸惟耽樂之從後漢書鄭崇傳作是從詩殷武四方之極後漢書王充傳潛夫論浮侈篇俱作是極凡之子之人等並爲是之通借是已見是部亦見只部○詩伐檀寘之河之側兮漢書地理志作寘諸孟子封之有庳後漢書袁紹傳注作封諸之諸雙聲字故可通借若二字連用則諸爲疑詞之爲決詞論語請禱孟子問囿問湯武皆曰有諸曰有之是也諸已見言部○呂覽音初篇之子是必大吉注之其也孟子皆悅而願爲之氓矣周禮載師注

作爲其是之爲其之通借其已見箕部○孟子夫
然後之中國文選注作歸中國又不之益而之啟
書疏之俱作歸是之爲歸之假借歸者歸往也之
有往訓則義亦通歸已見止部

㞢 艸木妄生也从㞢在土上讀若皇繫傳本有古文
爲㞢字

錢云此疑卽易无妄字說卦震爲大塗崔憬王廙
云大塗萬物所出塗者土也萬物所出出卽之義
又爲反生反生則妄矣許君以妄解㞢明㞢卽妄
耳是以㞢爲妄之假借義亦通古文盖下从壬段

云从㞢从王會意也

帀部

〔帀〕周也从反㞢而帀也周盛說

勹部匊帀偏也則周當作匊匊帀雙聲字可爲通借○易繫辭恒雜而不厭孔疏言恒卦雖與物雜碎並居而常執守其操不被物之厭薄也王伯申曰孔說非雜當爲帀恒之爲道終始相巡而無已時故曰帀而不厭左傳襄廿九年復而不厭杜注常日新復猶帀也案淮南詮言訓以數襍之壽注襍帀也從子至亥爲一帀此以襍爲帀之假借周

禮典瑞注用韋衣而畫之正義曰一采爲一帀五采則五帀與衣部襍字云五采相合義正通襍已見雥部

師二千五百人爲師从帀从𠂤𠂤四帀衆意也古文爲

漢書鼂錯傳注師或作帥帥當爲師之假借周禮地官序官注云師之言帥也義亦通○史記匈奴傳黃金胥紕一索隱引延篤戰國策注師比胡革帶鉤也似師爲胥之假借案周禮黨正旅師閭胥皆長也則亦可通胥已見肉部借義當從彼處而

此爲轉借矣。○公羊文十六年經盟于師邱。穀梁作犀邱。此地名未定誰爲假借。惟師犀韻部通耳。犀亦見胥下。

出部

𣠔 槷䵝不安也。易曰槷䵝。

今困九五劓刖。荀王作䠊𨈐。鄭注當爲倪仉。上六于䠊𨈐。釋文云說文作劓䵝。䵝與此同。而槷劓則異。小徐本作劓䵝。劓卽劓同。於釋文案自部陧下云危也。引周書邦之阢陧。讀若虹蜺之蜺。與此處所列各字又異。蓋皆音近通借耳。劓已見刀部。槷見木部。陧見𣈄下。亦見臬下。阢今作杌。杌見柮下。

𣎵部

𣎵 艸木盛𣎵𣎵然。象形。八聲。讀若輩。

𣎵普活切。與艸部茷音義皆同。可爲通借。彼處借旆借沛借伐。正亦𣎵之假借也。惟玉篇𣎵作市。引毛傳蔽市小貌。則是以市爲𣎵。辨在後市部。

𣐺 艸木𣐺孛之皃。

易泰拔茅茹以其彙。釋文彙古文作𣐺。段云𣐺即𣐺字之異者。彙則假借字也。又云鄭注勤也。以爲謂之假借也。爾雅釋詁謂勤也。又釋木謂櫬采薪。釋文謂本作彙。王弼注類

七

也。以爲會之假借也。𧰨希部彙。蟲似豪豬者。从希。胃省聲。重文爲蝟。此處經文作彙。其爲假借無疑。𠷎既爲艸木𠷎孛。茅茹正艸類。是彙可爲𠷎之假借。餘者釋義各別。所借遂異。釋文又引傳氏注。彙古偉字。美也。則亦一借字矣。○大雅草不潰茂。釋文。潰。鄭作彙。茂貌。此以潰爲彙之假借。實當爲𠷎之假借。若爾雅釋獸彙毛刺。釋文彙本作𠷎。𠷎乃轉爲彙之假借也。

艸有莖葉。可作繩索。从𣎵糸。杜林說。𣎵亦朱𣎳字。杜說未詳。

借桒已見叒部○宀部索入家按也今求索字多作索是索爲索之省借索又訓盡者段謂入室按索有盡意也○左氏昭十二年傳八索九邱釋文索本作素正義引張平子說索空也則素當爲索之假借索素音相近若釋名以爲素王之法用素本字恐非中庸索隱行怪今亦作素又索之轉借矣○檀弓吾離羣而索居注索猶散也梁武帝詩瑟居超七序瑟乃索之假借瑟已見玉部瑟下○莊子徐無鬼篇子綦索然出涕索當爲潸之假借潸散音同索潸音轉○易震索索釋文馬注索索

内不安皃索疑爲縮之假借縮有蹴訓卽曾西蹵然曰之蹵是不安也詩緜正義云縮束物之名用繩束板故謂之縮與索義合索縮音相近縮已見艸部蕭下蹵見足部蹜下

孛 𣎵也从𣎵人色也从子論語曰色孛如也今鄉黨篇作勃如與孟子王勃然變乎色同勃當爲孛之假借○色部艴下又引論語色艴如也當是古魯齊之別則艴可爲孛之通借○借艴已見艸部

𣏟 止也从𣎵盛而一横止之也

𣎵隸變作朩如𣎵之本爲𡈼也𡈼巳見𠕎部𣎵又或誤作胏而木部赤實果之柹俗乃从市井之市字體迥異直不啻假借矣因近人罕知者故附箸焉

南 艸木至南方有枝任也古文爲𡴌

左氏昭十三年傳鄭伯男也賈注男當爲南謂南面之君也周語正作伯南而注引鄭司農云南謂子男案白虎通五行篇南者任也爵篇嫁娶篇又曰男者任也是二字音訓皆同可以互借故書酒誥侯甸男衞爵篇引作任衞即以任爲男之假借

任與南男韻本通○方言東齊海岱之間謂之戴南南猶儒爲也注此亦聲轉是南爲儒之假借鳥部無儒字呂覽季春作戴任月令作戴勝並通借也○左氏定四年傳聃季白虎通姓名篇作南季南當爲聃之假借疊韻字也猶枏之亦作楠矣

生部

[seal]進也象艸木生出土上

借牲已見牛部○周禮大司徒辨五地之物生注杜子春讀生爲性是以生爲性之省借呂覽知分篇以全生也注生性也則義亦通若周語懋正其

德而厚其性韋注性情性也王愼祖曰性之言生
也樂記則性命不同矣鄭注性生也命生之長短
也昭八年左傳莫保其性謂莫保其生也十九年
傳民樂其性謂樂其生也又文六年傳時以作事
事以厚生七年傳正德利用厚生謂之三事尤與
此文相合懋正其德即正德也厚其性即厚生也
下又云阜其財求而利其器用即利用也皆厚性
爲厚生之證則性轉爲生之假借矣○左氏定四
年經蔡公孫生鄭師滅沈釋文生本又作姓書汩
作序別生分類某氏傳生姓也是可通借○呂覽

當染篇王生。墨子作王胜。此人名。未定誰爲假借。胜已見肉部腥下。○逸周書王會篇都郭生生欺羽。生生若黃狗人面能言。生生當爲猩猩之假借。犬部猩猩。犬吠聲。曲禮猩猩能言。海內南經作狌狌。

丰　艸盛丰丰也。从生上下達也。

詩鄭風子之丰兮。毛傳丰豐滿也。是豐爲丰之假借。豐已見豐部。釋文方言作妦。蓋云好或謂之妦也。妦女部所無。則異體假借矣。○廣雅釋宮丰階也。義未詳。

產生也

牛部⿰牛產畜生也今畜⿰牛產字多即借產字為之○水部滻云水出京兆藍田谷入霸上林賦終始灞滻史記漢書皆作產是產為滻之省借賦又云蹇產溝瀆張揖曰蹇產詰曲也本假借之義蜀都賦作蹇滻則轉借滻為產矣廣韻作巉嵼山部所無乃後人加偏旁耳

隆豐大也

漢志河內郡隆慮應劭曰隆慮山在北避殤帝名改曰林慮是以林為隆之假借林與隆合韻林已

見林部。○詩之臨衝。釋文引韓詩作隆衝。已見木部橦下。臨亦見林下。○降本从降聲。故與降通。書大傳隆谷。鄭注。隆讀爲厖降之降。是也。如墨子尚賢中篇。稷隆播種。用呂刑語。非攻篇天命融隆火于夏之城。喪服小記注。以不貳降。釋文降一本作隆。荀子賦篇。皇天隆物。以示下民。此皆以隆爲降之假借。而荀子天論篇。隆禮尊賢而王。韓詩外傳隆作降。封禪文。業隆於繈緥。漢書隆作降。淮南泰族訓。攻不待衝降而拔。則降又爲隆之假借。本王懷祖說。

𠌶部

𠌶榮也。

上有𠌶部云艸木華也。重文爲荂。爾雅釋草𠌶荂也。𠌶荂榮也。是𠌶與荂音義皆同。可爲通借。故𠌶部韡字云盛也。引詩𠌶不韡韡。今詩从華作韡。若藝文類聚引詩𠌶不煒煒。則煒乃韡之假借矣。○周禮形方氏無有華離之地。注華讀爲㼌哨之㼌。是以華爲㼌之假借。而人部無㼌字。惟爾雅釋木瓜曰華之。曲禮鄭注華中裂之不四析也。孔疏謂半破也。郝云華猶刳也。華離字與此同。案刀部刳。

判也。音義正合。則華當爲刳之假借。

曄 艸木白華皃。

文選西都賦曄曄猗猗。注引說文。是字當从白。今本及後漢書俱从日。蜀都賦同。則日部之字云光也。當爲曄之假借矣。

禾部

禾 木之曲頭止不能上也。

此與後禾部字形最易混。禾頭左出而𥝌禾頭右出而平。禾古兮切。玉篇亦作𥝌。因有古溉一切。然音迴隔。殆非也。禾又與𥝌部字略同。

𥝌多小意而止也。一曰木也。又𥠻積椒也。一曰木名。

小雅南山有枸。毛傳。枳枸也。宋玉風賦。枳句來巢。淮南書云。燕枝拘數者皆當爲積椒之假借。枸已見木部。拘見句部。枝見支部。枳見辵部迟下。○明堂位。俎殷以椇。注。椇之言枳椇也。椇亦椒之假借。而木部無椇字。○爾雅釋地。有枳首蛇焉。郭注。歧頭蛇也。釋文。枳本或作積。此枳積並當爲歧之假借。歧已見足部跂下。

稽部

稽

畱止也。

卜部引書卟疑。今洪範作稽疑。稽當爲卟之假借。

○旨部䭫䭫首也。射義再拜稽首。釋文稽徐本作䭫。是稽爲䭫之假借。但稽首者稽遲其首也。與畱

止義亦通。○水經漸江水注於會稽山云禹合諸

侯計於此。命曰會稽。會稽者會計也。周禮大司馬

簡稽鄉民。注稽猶計也。是稽爲計之假借。○木部

棸傳信也。吳語擁鐸拱稽。注稽唐尙書云棨戟也。

是稽可爲棸之假借。

[illegible]稽首上也。故若䀮。賈侍中說稽䅡稽三字皆木

名。

橀㰖與前椷㰖義同。椷㰖雙聲字。橀㰖疊韻字。則亦可爲通借矣。橀已見木部榕下。

巢部

巢 鳥在木上曰巢。在穴曰窠。从木。象形。

木部樔。澤中守艸樓。禮運夏則居橧樔。釋文樔本作巢。巢當爲樔之省借。○車部轈。兵車高如巢以望敵也。引春秋傳楚子乘轈車。今成十六年左傳作登巢車。巢爲轈之省借。○邑部鄛。南陽棗陽鄉。漢書項籍傳居鄛人范增。注鄛字亦作巢。是巢亦鄦之省借。○借譙，已見言部；借剿，見刀部。

[illegible] 傾覆也。从寸，臼覆之。寸，人手也。从巢省。杜林說以爲貶損之貶。

周禮哲蔟氏掌覆天鳥之巢。王制不覆巢，正此義。上林賦適足以㝵君自損，晉灼曰㝵古貶字。但貶見貝部，云以爲者，㝵爲貶之假借也。

桼部

桼 木汁，可以鬃物。象形。桼如水滴而下。

水部漆水出右扶風杜陵岐山，東入渭。一曰入洛。經典桼多作漆。周禮載師漆林之征，注引杜子春

云當爲桼林是漆爲桼之假借桼已見刀部切下○書大傳八音七始漢書律厤志同史記作來始乃桼始之誤蓋以桼爲七之假借本草藥山桼即三七

髤桼也

漢書趙皇后傳殿上髤漆注以桼桼物謂之髤今關東俗謂之捎桼髤者髼之省捎乃髼之假借髼許尤切與捎聲之轉捎已見木部梢下

束部

束縛也

糸部縛束也二字互訓經傳束字皆謂束縛物別無通字惟大射儀進束反位注束整結之示親也論語束脩後漢劉般傳注謂謹束脩潔也又文選魏都賦由重山之束阸注拘束其民由於湫厄也此皆爲束之引申借義耳

柬 分別簡之也从束八八分別也

爾雅釋詁柬擇也荀子脩身篇安燕而血氣不惰柬理也注柬與簡同言柬擇其事理所宜邶風簡兮簡兮鄭箋亦云簡擇也是簡爲柬之假借若漢書湯誓世傳久廢不簡注簡謂選揀揀乃手部所

無蓋東之或體今之俑帖字亦作東則東又轉借爲俑矣俑已見木部棟下

㯻部

㯻 橐也从東圂聲胡本切

木部梡棞木薪也棞梡木未析也玉篇二字同梡亦胡本切棞胡昆切齊語棞蔥而歸棞當爲㯻之假借○糸部緷緯也爾雅釋器百羽謂之緷緷古本反段謂此緷字當爲㯻之假借玉篇云緷大束也是其義矣

橐 囊也 囊 橐也

橐借託已見言部借確見凡部寉下○韋部韜下云橐紐也一曰盛虜頭橐也呂覽北郭騷告其友曰盛吾頭於笥中奉以託以白晏子退而自刎其友因奉以託託乃橐之假借託已見言部○詩斯干椓之橐橐釋文橐本作柝柝即欜字廣雅釋訓欜欜聲也橐當爲欜之省借欜已見木部榜下○廣雅釋器云橐囊也疏證謂大雅于橐于囊毛傳小曰橐大曰囊史記陸賈傳索隱引埤蒼有底曰囊無底曰橐橐與囊對文則異散文則通故此處亦兩者互訓橐即今之囊字其用本一可通借不

必假音也。

櫜車上大橐。詩曰載櫜弓矢。

周禮大司徒其植物宜膏物。後鄭注膏當爲櫜。蓮芡之實有櫜韜。是以膏爲櫜之假借。膏已見高部。○士喪禮設冒櫜之。注今文櫜爲橐。橐本从櫜省。與櫜義近。櫜橐亦雙聲。故可通借。○周禮翦氏掌除蠹物。注故書蠹爲橐。釋文本或作櫜。是櫜爲橐之誤。蠹从橐聲。或以橐爲蠹之假借。

㯻㯻張大皃。

段謂石鼓文其魚隹可。隹鱮隹鯉。可以橐之。隹楊及柵。櫜讀如苞苴之苞。案佳者維之省。可者何之省。苞有包裹之義。此云櫜之。當卽易姤之包有魚也。櫜符宵切。音亦相轉。則櫜讀如苞。卽可爲苞之假借。苞已見艸部。

口部

囗 回也。象回帀之形。

下有圍字。云守也。段謂圍繞週圍字當用此。則圍爲口之假借。今圍行而口廢矣。

圜 天體也。囩 規也。圓 圜全也。

段云。依許意言天之體帀當作圜。言平圓當作圓。

言渾圜當作圜今多作圓或作圜而圜字廢矣○列子說符篇圜流九千里釋文圜與圓同文選西京賦圜闕竦以造天注圜亦圓字也是二字通借○攷工記輪人取諸圜也注故書圜或作員易繫辭圓而神釋文圓本又作員是員爲圓圜之假借○錢云圜爲周旋中規之旋字莊子旋而蓋矩注旋圓也書大傳注外規謂玉衡也玉衡即旋機此以旋爲圜之假借旋已見玉部璿下

回　轉也中象回轉形古文爲𡆨

借違已見辵部又古今人表楚靈王圍楚世家作

回當依左傳作圛。回爲圛之假借。圛亦見辵下。州見韋部。○爾雅釋水。過辨回川。郭注。旋流。釋文。回本作洄。水部洄。遡洄也。則洄當爲回之假借。○周禮典同。回聲衍。注。謂其形微圜也。冕服十二章。火以圜。文選思[元]賦。焱回回其揚靈。舊注。回回。光明貌。回當爲圜之假借。圜有戶關切。與回音之轉。圛已見上。

【圛】回行也。尙書曰。日圛。句 圛升雲半有半無。讀若驛。段云。此某氏傳。氣落驛不連屬。王肅注。霍驛消滅如霧陰之所本也。驛當作釋。如許說則書圛字正繹之假借。桒今洪範作驛。蓋因讀若而通之。又圛之假借矣。○詩齊風齊子豈弟。箋云。古文尚書以弟爲圛。是弟爲圛之假借。史記宋世家作涕。又弟之轉借。皆音近也。

囷 稟之圜者。从禾在口中。圜謂之囷。方謂之京。管子云。新成囷京。急就篇。門戶井竈廡囷京。皆囷京竝言。史記索隱引本書作方謂之稟。呂覽仲秋修囷倉。注則以爲圓曰囷。方曰倉。倉之爲京。或陽庚韻通而吳語囷鹿空虛。注。圓曰囷。方曰鹿。鹿當爲簏之省借。竹部。簏。竹高篋也。重文爲箓。若廣雅。

京庾廪鹿倉也。鹿鹿竝無其字。此等殆相傳名各異。
非必假音矣。京已見京部。

圈 養畜之閑也。

公羊文十一年傳楚子伐圈。釋文云。圈說文作圈。集韻願部圈圈同。類篇則兩字分出。殆陸氏所據作圈。而今本作圈。音義俱合。固可通借。

囿 苑有垣也。一曰禽獸曰囿。籀文爲𡈀。

段云。凡分別區域曰囿。常道將引洛書曰。人皇始出。分理九州爲九囿。九囿卽毛詩之九有。韓詩之九域也。案御覽引風俗通。囿者。畜魚鼈之處也。囿猶有也。詩靈臺王在靈囿。毛傳囿所以域養鳥獸也。是有與域可爲囿之通借。有已見。又部。域與囿音之轉。○禮器。詔侑武方。注。云。武當爲無聲之誤也。又云。詔侑或爲詔囿。囿乃侑之假借。侑已見口部右下。釋文。侑本或作宥。宥亦借字也。

大

就也。

詩我行其野。不思舊姻。白虎通嫁娶篇引作舊因。因當爲姻之省借。一切經音義古文婣姻二形。今作因。左氏襄四年傳伯因。史記夏本紀正義引世紀作伯姻。○齊世家。威王名因齊。趙策作嬰齊。此人名。未定誰借。

囮 譯也。率鳥者。繫生鳥以來之。名曰囮。讀若譌。重文爲𡇈。

文選射雉賦。恐吾游之晏起。又良游呃喔。徐爰注。雉媒。江淮間謂之游。游乃圝之假借。○唐呂溫有由鹿賦。由卽繇字。葢圝之省借耳。○元包經羣類囮育。注。囮與吪同。案囮育當卽化育之義。方言。譌化也。囮殆譌之假借。譌又通吪。譌已見言部。吪見譌下。

員部

員（篆）物數也。籀文爲員（篆）。

借運。已見辵部借圛。借圓。見口部。○書秦誓。若弗員來。詩鄭風。聊樂我員。員皆爲云之假借。詩釋文。韓詩作我魂。魂从云。又轉借也。○詩元鳥。景員維何。毛傳。員。均也。長發。幅隕既長。傳亦云。隕。均也。箋。於景員作云。幅隕謂當作圓。圓。周也。是員本圓之假借。隕又員之轉借也。○古今人表。員公辛。小顏注。員讀曰鄖。是以員爲鄖之省借。故左氏成七年傳。囚鄖公鍾儀。襄九年傳。使皇鄖命校正出馬。釋文並云。鄖本作員。○水部。溳水出南陽蔡陽。東入夏水。左氏莊四年傳注。東北入員水。是員爲溳之省借。○邑部鄖。河內沁水鄉。左氏文十二年經。季孫行父帥師城諸及鄆。杜注。城陽姑幕縣南有員亭。員卽鄆也。是以員爲鄆之假借。鄆亦見運下。○史記楚世家。子員立。索隱曰。左傳作麇。此人名不定誰借。

䞓

物數紛䞓亂也。讀若春秋傳曰。宋皇鄖。

此今之紛紜字也。糸部無紜字。惟楚辭九章紛緼宜修。姱而不醜兮。注。紛緼盛貌。廣韻云。紛緼亂也。是緼可爲䞓之叚借。○老子。夫物芸芸。各歸其根。

芸當爲䡋之假借。芸已見艸部。○漢書禮樂志六紛員。注。紛員多貌也。員爲䡋之省借。○又司馬相如傳。威武紛云。注。紛云盛貌。云亦䡋之省借。○繫傳云。禮記儒行。不隕穫于貧賤。當作此䡋。是以隕爲䡋之假借。隕已見上。

貝部

貝海介蟲也。居陸名猋。在水名蛹。象形。古者貨貝而寶龜。周而有泉。至秦廢貝行錢。

李時珍本草云。貝。雲南人呼爲海肥。肥貝聲之轉。卹爾雅蚆。博而頯也。肥蚆皆本書所無。則異體假借。㚒。爾雅作賸。亦後人加偏傍。

賄財也。

聘禮記。賄在聘于賄。注。古文賄皆作悔。是以悔爲賄之假借。悔已見言部誨卜部𠧪下。

貨財也。

孫淵如曰。書之有無化。居化。卽古貨字。古布以化爲貨。案廣韻引蔡氏化淸經。貨者化也。變化反易之物。故字从化聲。是可通借。○下賖字云。貲也。或曰此古貨字。段謂爲化二聲同部。貨之作𧶠。猶訛之卽爲譌也。則亦可假借矣。

資貨也。

借躋已見足部○本部齎持遺也聘禮記問幾月之資注古文資作齎周禮外府注引亦作齎是齎爲資之通借齎已見皿部齍下○又貲字云小罰以財自贖也漢律民不繇貲錢二十二廣雅釋詁貲貨也則貲爲資之通借貲見言部訾下○禮記緇衣資冬祈寒注資當爲至齊魯之語聲之誤是以資爲至之假借與今尚書君牙資作咨上屬怨字讀者異○表記事君先資其言注資謀也此以資爲咨之假借易蒙注不諮于闇釋文諮本作資

諮卽咨字。咨已見艸部茲口部嗞下。○攷工記或通四方之珍異以資之。注。故書資作齊。杜子春云。當爲資。資讀如冬資絺之資。是齊爲資之假借。齊已見示部齋艸部薺口部嚌下。亦見躋下齍下。別詳後𠫤部。○後水部濟字云。久雨涔濟也。一曰。水名。錢謂漢地理志。資水出零陵郡梁侯國。應作此。是資爲濟之省借也。

賸 貨也。

段云。十千爲萬。萬無正字。借蟲名之萬爲之。錢謂數千萬字當是賸。蓋以萬爲賸之省借。亦通。唐人作万或遂誤作方。

賑 富也。

匡謬正俗云。振給振貸字皆作振。振舉救也。俗作賑。非。但古多借字。則賑亦可爲振之假音。振已見示部祇下。○文選西京賦。鄉邑殷賑。與羽獵賦之隱隱軫軫同。殷訓衆盛。是隱軫當爲殷賑之假借。隱已見木部檃下。又西京賦隱隱展展。展軫展韻通。則展乃軫之轉借也。

賁 飾也。

借番。已見釆部。借鼖。見鼓部。○易賁釋文云。賁古

斑字文章皃桼賁訓飾正文章之義則斑可爲賁
之通借斑賁聲相轉斑已見珏部班下○孟子虎
賁三千人丁音云虎賁先儒謂如猛虎之奔是以
賁爲奔奔之假借故詩鶉之奔奔表記引亦作賁賁
而呂覽壹行篇孔子卜得賁不吉注賁色不純也
詩云鶉之賁賁則賁又爲正字矣桼易釋文引鄭
注賁變也釋名亦云奔變也義本通食部饙重文
爲饙又爲餴𠦪从卉聲賁奔俱从卉聲也奔已見
木部本下○段謂賁一音墳亦音肥文與微合韻
最近桼左氏昭十二年傳是能讀三墳五典而王

政碑研典賁張納功德敘綜賁典賁皆爲墳之省借又左氏僖四年傳覆酒于地而地墳穀梁僖十年傳作地賁釋文賁沸起也則賁亦墳之省借也墳已見艸部蕡下若漢書英布傳中大夫賁赫注賁音肥此音轉非必假借○公羊昭五年敗莒師于濆泉傳濆泉者何直泉也直泉者何涌泉也穀梁作賁泉是賁爲濆之省借左傳作蚡泉亦借字也蚡已見林部棼下又左傳苗賁皇國語作棼皇別見艸部苗下○樂記奮末廣賁之音作注賁讀爲憤憤怒氣充實也是賁爲憤之省借○大學一言

賁事。釋文賁本作僨。射義賁軍之將。注賁讀爲僨。是賁爲僨之省借。○左氏宣三年傳楚子伐陸渾之戎。穀梁作賁渾。釋文賁舊音六。亦音奔。此殆相傳各異。非必通用。其音未審。疑本作陸。賁。賁與渾音近。賁可爲渾之假借。而傳寫致誤耳。

賀以禮物相奉慶也。

借嘉。已見壴部。○廣韻賀擔也。勞也。段云此謂假賀爲儋。何字也。擔乃儋之俗。案方言賀儋也。自關而西隴冀以往謂之賀。唐書郝處俊傳。羣臣皆賀

散。侍。何。已見艸部荷下。

貢獻功也。

易繫辭。六爻之義。易以貢。釋文。貢。京陸虞作工。荀作功。王伯申曰。爾雅。功成也。莊子天道篇。帝王無爲而天下功。荀子富國篇。百姓之力。待之而後功。皆謂成爲功。六爻之義。剛柔相易。乃得成爻。故曰易以功也。作工作貢。竝借字耳。韓注以貢爲告人吉凶。非也。周易述從作工之本。亦失之。桼周禮太宰。賦貢以馭其用。注。貢。功也。卽此獻功之義。是功本貢之通借。工又功之省。工已見工部。功見工下。

〇本部贛。賜也。籒文爲贑。爾雅釋詁。貢。賜也。此以貢爲贛之假借。故論語子貢名賜。釋文本作贛。案端木子之字惟樂記子贛見師乙而問焉。字作贛。其餘經典無不作子貢者。非古人名與字相配之例也。○書顧命冒貢于非幾。釋文馬鄭王作贛。據馬注。贛陷也。則贛當作贑。贑與坎通。故爲陷。作贛者。借字而又轉借也。贛从贑省聲。盖音轉。贑已見夂部。

貣施也。

下貣字云。從人求物也。是予者爲貸。借者爲貣。段疑本一字而誤分之。五經文字則云。貸或相承借爲貣案周禮泉府凡民之貸者注謂從官借本賈也廣韻貣下語同其所據周禮正作貣是貣與貸通餘義別見後心部忒下○後有貰字亦云貸也泉府以凡賒者與民之貸者竝言蓋貰爲賒貸爲借其事相類故貰與貸訓同亦可通借也

賸物相增加也一曰送也副也

副爲副益與增加義近訓送則與倂音義皆同可通借倂作媵賸亦从𠔳聲也○賸今作剩爲餘剩字借義也

賜予也

借析已見木部亦見前贛下○燕禮以賜鐘人於門內霤注古文賜作錫又覲禮天子賜舍注今文賜作錫經傳凡言錫者皆當爲賜之假借今通用爾雅釋詁錫賜也○聘禮裼降立注古文裼皆作賜此則以賜爲裼之假借錫裼與賜並从易聲也○方言賜盡也此蓋以賜爲澌之假借廣雅釋詁澌盡也水部澌水索也索亦盡義索已見宋部今訓盡者字作儩

貤 重次弟物也

借延已見延部○段謂漢武帝詔受爵賞而欲移

賣者無所流貤應劭訓貤爲移是移可爲貤之通借○又云毛詩施于中谷施于孫子皆當作貤則施爲貤之假借也施亦見延下別見後㫃部

負恃也从人守貝有所恃也一曰受貸不償

借丕已見一部借背見肉部○禹貢至于陪尾陪史記作負索隱云負音陪漢書地理志作倍顔注倍讀曰陪是以負與倍皆爲陪之假借又漢書高祖紀讎數倍倍與負同是通用也○爾雅蟠鼠負釋文負又作蝜是負爲蝜之假借史記陳丞相世家張負索隱曰負婦人老宿之稱則亦通

貯積也。

目部眝，長眙也。一曰張目也。漢書外戚傳，飾新宮以延貯。又文選弔魏武帝文，眝美目其何望。注引廣雅，眝，視也。又云，貯與眝同。是皆以貯爲眝之假借。○周禮廛人注，謂貨物𡩟藏于市中。釋文，𡩟本作貯。又作褚。𡩟乃貯之俗。褚則貯之假借。故左氏襄卅年傳，取我衣冠而褚之。呂氏春秋引作貯之。○史記貨殖傳，廢著鬻財。著，漢書作貯。是以著爲貯之假借。著已見竹部箸木部杵下。

賓所敬也。古文爲賓。

詩北山率土之濱白虎通喪服篇引作之賓漢書王莽傳同濱本瀕之或體賓則濱之省借○周禮大宰九貢一曰祀貢二曰嬪貢注嬪故書作賓鄭司農云祀貢犧牲包茅之屬賓貢皮帛之屬疏以嬪婦化治絲枲因謂絲枲爲嬪貢非也王伯申曰祀與賓相對爲文其爲賓客之事明甚上文九式一曰祭祀之式二曰賓客之式地官鄉師閒共祭器州共賓器是其例也賓本字嬪借字先鄭說爲長又秋官大行人侯服其貢祀物甸服其貢嬪物嬪亦當爲賓故書作頻物頻即賓之借字上林賦

仁頻并閭注。仁頻。賓根也。頻與賓同聲而通用。案頻見後頻部。仁頻見木部杒櫕下。○人部儐。導也。重文爲擯。周禮司儀賓使者如初之儀注。賓當爲儐。又大行人相其禮賓而見之釋文引劉注。賓應言擯。是賓爲儐擯之省借。○莊子說劍篇。皆蓬頭突賓。釋文引司馬注。賓讀爲鬢。是賓亦鬢之省借也。

質以物相贅。从貝。从所。闕。

段謂質贅雙聲。以物相贅。如春秋交質子是也。是質爲贅之叚借。○孟子。不傳質爲臣。又出疆必載贄。此以質爲贄之假借。質贄音轉也。○公羊襄二十七年傳。執鈇鑕。注。鑕亦作質。金部無鑕字。蓋即借質字爲之。○周禮質人。凡賣價者質劑焉。司農注。質大賈。劑小賈。案質劑皆謂券契。分言之。曰質曰劑。合言之。則劑亦質也。故總言質人。質劑雙聲字。可爲通借。○曲禮。獻田宅者操書致。王伯申曰。致讀爲質。劑之質。質劑。今之券書也。此謂獻田宅者操書契以呈於尊者之前。若上文獻粟者執右契也。淮南要略訓。約重致。重致卽重質也。質與致古字通。質通致。故又通至。史記蘇秦傳。趙得講於

魏至公子延索隱曰至當爲質謂以公子延爲質
也致見後夂部至見至部○質借晢見日部○
呂覽古樂篇乃命質爲樂注質當爲夔此自相傳
之異非假借字○案經傳中凡言質性質幹質直
質樸質證及畫家質地等皆引申借義也

貿　易財也

借瞀已見目部借瞀見瞀下○尙書懋遷有無化
居漢書刑法志作楙遷皆當爲貿之假借懋楙並
見艸部茂下○左氏成元年經王師敗績于茅戎
公穀作貿戎貿當爲茅之假借茅貿音之轉茅巳

見艸部萌下苗下茆下

費 散財用也

禮記緇衣口費而煩注費猶悳也費或爲哼或爲悖悖當爲費之假借哼乃異體若墨子魯問篇豈不費哉王懷祖曰費與悖同即上文之豈不悖哉則費又爲悖之假借悖已見言部誖下○中庸費而隱釋文費本作拂案鄭注費猶佹也詩皇矣四方以無拂鄭箋亦云拂猶佹也是費與拂訓同其字並从弗則可通借矣拂已見示部祓艸部茀下○左氏莊八年傳徒人費史記齊世家作主屨

者茀。又成六年鄭悼公費。鄭世家作濆。竹書紀年
晉繆侯名費生。世本作弗生。此皆人名不定誰借。
濆即費之加水旁者。弗爲費之省。弗亦見祓下。○
費別音祕。爲魯季氏邑。書有費誓。米部粊下引
粊誓。段以衞包改費爲非。棐粊爲惡米。何以名誓。
費正魯地。伯禽時固屬公。蓋擇殷賑之區以誓眾。
疑書古本粊爲費之假借。史記作肸。已見十部。若
徐廣注史記云。一作鮮。一作獮。則鮮音如斯。獮音
如徙。皆與肸近而異其字耳。

賦 斂也。

論語可使治其賦也釋文引梁武帝注賦會論作傅傅乃賦之假借傅已見寸部尃用部甫下叉見畐部○書益稷敷納以言左氏僖廿七年傳引作賦納賦當爲敷之假借敷亦見尃下

貪欲物也

後漢書郭躬傳論捨狀以貪情注貪與探同也是以貪爲探之假借釋名釋言語貪探也探取入他分也則貪亦從探取義○心部惏女部婪皆訓貪

賕以財物枉法相謝也一曰戴質也

二字通借

書呂刑五過之疵惟來釋文馬本作惟求云有請賕也此以求爲賕之省借作來者字形相似而異案漢律盜篇諸爲人請求于吏以枉法而事已行者皆爲司寇按受賕枉法之科是賕本從求會意錢云凡經傳求取求索之字皆借此

賣衒也从貝𧶠聲𧶠古文睦讀若育出部有賣字云出物貨也即今之賣字自隸變賣字作賣與賣相混不知其爲二字矣○人部價字大徐本云賣也蓋本之周禮胥師飾行價慝賈師貴價者即賣字也而鄭傳作見也則爲論語私覿

字本書別無覿字也是賣爲余六切儥爲徒歷切義異音亦異乃字體相亂非必假借儥从賣聲者段謂古音徒谷切也○左氏昭三年傳有鬻踊者楚辭疾世篇欲衒鬻兮莫取王制不粥於市粥即鬻之省皆爲賣之假借鬻已見㽽部粥見鬻下

𠃛部

𠃛國也从口先王之制尊卑有大小从卪

心部悒不安也荀子解蔽篇無𠃛憐之心注𠃛與悒同大戴記曾子立事篇君子終身守此𠃛𠃛注𠃛𠃛憂念也漢書谷永傳忿𠃛非之注𠃛於𠃛也

邑皆爲悒之省借○禮記緇衣惟尹躬天見于西邑夏注邑或爲予予當是邑之假借古文尙書太甲亦作邑邑予音相近

邦 國也古文爲𡉚

論語且在邦域之中矣而謀動干戈於邦內釋文邦俱本作封詩烈祖邦畿千里文選西京賦注引作封畿桑釋名釋州國云邦封也封有功於是也邦从丰聲與封音同古文邦从㞢田封亦从㞢土故封可爲邦之通借

都 有先君之舊宗廟曰都周禮距國五百里爲都

借諸已見言部○禹貢至于豬野及言既豬者數
處夏本紀皆作都檀弓洿其宮而豬焉注豬都也
南方謂都爲豬是豬爲都之假借或从水作瀦乃
俗字在新附中豬亦見諸下若水經涑水注都野
澤即休屠澤也古文以爲豬野則都與屠亦通借
字矣屠已見木部杜下○尙書臯陶曰都夏本紀
都作於正義云於歎美之辭爾雅釋詁都於也是
都當爲於之假借於已見烏部○秦策大破荆襲
郢取洞庭五都韓非子作五湖五湖屬洞庭疑都
爲湖之假借史記作五渚亦借字也

鄰 五家爲鄰。

借粦。已見炎部粦下。○列子天瑞篇。馬血之爲轉鄰也。釋文。粦。說文作𠈌。又作燐。皆鬼火也。此以鄰爲粦之假借。燐乃異體。○詩秦風有車鄰鄰。釋文。鄰本作轔。漢書地理志引詩序正作轔。車部轔字在新附中。案鄰鄰。祇狀其聲。非必從車取義。疑卽借鄰字爲之。○攷工記鮑人則雖敝不甐。注。甐故書或作鄰。鄭司農云。鄰讀爲磨而不磷之磷。案瓦部無甐。鄰爲磷之假借。而石部亦無磷。○集韻。鄰古作𠫤。漢書敘傳亦从𠫤。而助信注引劉德曰。

近也此蓋古文異體若孫根碑至于東吅衛立[illegible]
彭祖爲吅从二口者乃形似致誤音不合非假借
也吅別見吅部

竆夏后時諸侯夷羿國也
穴部竆極也左氏襄四年傳引夏訓有竆后羿據
此處則竆當爲竆之假借形相近竆已見艸部营
革部鞠下

郲周封黃帝之後於郲也讀若薊上谷有郲縣
樂記作封黃帝之後於薊艸部薊芺也郲薊同聲
薊當爲郲之假借地理志廣陽國薊即此郲縣也

或易其名與若樂記注薊或作續則異本不知何
據
邰 炎帝之後姜姓所封周棄外家國右扶風斄縣是
也詩曰有邰家室
借斄已見犛部又段云郡國志郿下有邰亭杜預
謂之釐鄉徐廣謂之斄鄉案釐與斄音形竝相似
釐或斄之假借又邰之轉借矣釐已見來部○水
部斄順流也一曰水名史記樊噲傳從攻雍斄城
索隱云斄音胎后稷所封是斄亦邰之借字與斄
釐音同○左傳襄十二年圍台穀梁作邰邰與鄫

邌疑台之假借台見口部

郊周文王所封在右扶風美陽中水鄉重文爲岐郊因岐山以名之也古文爲嶅段謂邑旣因山得名是郊岐畫爲二字岐當入山部據此則經傳稱岐周者可爲郊之假借字矣惟漢志郊鄠作郊岐山作岐分別不混

邠周太王國在右扶風美陽又豳美陽亭即豳也民俗以夜市有豳山此處邠豳二字段云古地名作邠山名作豳而地名因山名同音通用是以周禮籥師經文作豳注

作邠遂爲一字矣○人部份文質備也引論語文質份份重文爲彬大戴記公冠篇遵竝大道邠或邠或即彬或又太元文夾四斐如邠如注邠者文盛貌是皆以邠爲彬之假借也份彬亦借幽字爲之上林賦玢幽文鱗是也若潘岳藉田賦之頒斌即玢幽斌乃俗字幽已見虍部虨下

郁 右扶風郁夷也

借萸已見艸部借鬱見鬯部○地理志引詩周道郁夷師古曰毛詩周道倭遲韓詩作郁夷是郁夷當爲倭遲之假借委聲有聲相轉即甫田詩有與

旨否韻之例也。遲夷疊韻字。○文選廣絕交論。鬱
溫郁則寒谷成暄。注。郁與燠古字通。郁爲燠之假
借。
鄠右扶風縣也。又扈。夏后同姓所封。戰於甘者。在
鄠。有扈谷甘亭。古文爲扈。
此鄠與扈分系。書之有扈氏。地理志作鄠。夏本紀
正義作戶。姚察史記訓纂。以戶扈鄠三字爲一。案
夏之有扈。在漢爲鄠縣。是鄠爲扈之通借。戶乃扈
之省借也。小爾雅廣詁。扈止也。與左傳屈蕩戶之
之戶同。莊子大宗師篇子桑戶。楚辭風俗通俱作

戹戹已見隹部〇人部俁大也引詩碩人俁俁案簡兮釋文韓詩作戹戹是以戹爲俁之假借也

鄘 右扶風鄠鄉沛城父有鄘鄉讀若陪

段云漢鄘成侯周緤即鄘城楚漢春秋作憑城案憑當爲鄘之假借鄘从崩聲而讀若陪者周緤傳顏注憑陪聲相近蓋猶能之轉入灰韻也憑即馬部之馮

鄜 左馮翊縣

漢書地理志作鄜隸省也史記封禪書秦文公作鄜畤鄜甫無切孟康音敷則與鄜音同是可通借

秦始皇本紀有厲公應劭曰厲秦邑考秦邑別無名厲者當亦郎鄘之省矣

部 天水狄部

借樹已見木部借篰見竹部○墨子旗職篇冠御解輯部職王懷祖曰部讀爲踣言踣其識也周官大司馬弊旗鄭注弊仆也仆踣與部古字通是部爲踣之假借亦仆之假借皆音轉也踣已見足部仆附見職識今字作幟○荀子王霸篇名聲部發於天地之閒注部當爲剖猶分布也是以部爲剖之假借○淮南說山訓羿死桃部詮言訓作桃棓

注。棓大杖。桃木爲之。以擊殺羿。部當爲棓之假借。木部無棓字。卽手部之掊。亦或从木。○廣韻部署也。許敘目曰。分別部居。此部之引申借義也。

郖 宏農縣庾地。庾當作渡。

水經注河水篇曰。宏農縣故城東。河水於此有浢津。以河北有浢水名也。穆天子傳。天子乃次於浢水之陽。入於南鄭。考其沿歷路直斯津。是知袁豹之徒。實津之說非矣。案魏志杜畿傳亦云。詭道從郖津渡。蓋水部無浢字。故卽借地名之郖爲之。實又郖之轉借耳。

䣎 周邑也。

左氏昭十二年傳祭公。穆天子傳作鄒公。又隱元年祭伯來。莊廿三年祭叔來聘。祭皆鄒之省借。祭本祭祀字。假音爲側介切。○段謂禮記葉公之顧命以周書祭公解正之。葉乃祭之誤。葉祭亦聲轉。

郗 周邑也。在河內。

左氏隱十一年傳王與鄭人蘇忿生之田。溫原絺樊隰郕欑茅向盟州陘隤懷。杜注。絺在野王縣西南。此以絺爲郗之假借。○下郤字云。晉大夫叔虎邑也。俗作郄。因與郗混。見正字通。

邶故商邑自河內朝歌以北是也竹書紀年祖乙自耿遷于庇王氏夫之曰庇邶也汲縣之邶城也是庇可爲邶之假借庇邶音相近庇已見示部祕下亦見肉部腓下○案左氏襄二十八年傳齊與晏子邶殿非此邶也名同而地異惟詩邶風正合廣韻邶同鄁

邘周武王子所封在河內野王是也从邑于聲又讀若區

本部邗國也今屬臨淮一曰邗本屬吳此乃左氏哀九年傳所謂吳城邗溝通江淮者與邗異而字

形相似。今左傳邗晉應韓武之穆也。邗或誤讀作邢。

𨞾 殷諸侯國。在上黨東北。从邑㸒聲。㸒古文利。商書。西伯戡𨞾。

許所據古文尚書作𨞾。戈部𢦔下引作𢦔。黎今書作黎。戈部引亦作黎。黎當爲𨞾之假借。○書大傳作耆。周本紀同。殷本紀作飢。宋世家作阢。數者皆𨞾之假借。阢殆卽本部之邔。从卪與从卩相似。互易耳。

鄈 晉邑。春秋傳曰。伐鄈三門。

服注晉地與許合杜云虞邑或本屬虞後入晉僖二年入自顛軨穆天子傳作寘軨顛寘通也此與定四年冥阨地甚遠而彼釋文冥本或作寘疑陸有誤○郡國志有鄍聚郎博物志諸侯會于溟亭晉地也溟當爲鄍之假借

鄇 晉之溫地春秋傳曰爭鄇田

左氏成十一年傳晉郤至與周爭鄇田杜注今河內懷縣有侯人亭亭因邑而名侯爲鄇之假借一作鄇人○上鄐字云晉邢侯邑昭十四年晉邢侯與雍子爭鄐田段謂劉歆遂初賦越侯田而長驅兮釋

叔向之飛患下皆述叔向事則侯田正邢侯所爭
者章樵以鄇田說之疑非案鄇不應與鄐混兩事
相類歆或誤記耳矦當爲鄇之省借矦已見矢部
𨛬河東臨汾地卽漢之所祭后土處
漢書武帝紀元鼎四年立后土祠於汾陰脽上師
古曰地本名鄈音與葵同彼鄉人呼鄈如誰因轉
而爲脽字此以脽爲鄈之假借○水經汾水注徑
鄈邱北故漢氏之方澤也是因方澤邱而稱鄈邱
與齊桓公會于葵邱爲宋地在外黃縣者異繫傳
亦言之而漢舊儀乃云葵上則以葵爲鄈之假借

耳。葵已見艸部。又見木部棙下。

祁 太原縣。

借祈。已見示部。○公羊宣六年傳祁彌明。左傳作祇。釋文本作提。晉世家作示眯明。祁。姓也。提。祇示疑爲祁之假借。祇亦見示部。○爾雅釋地燕有昭餘祁。釋文。祁孫本作底。底或祁之假借。○詩采蘩被之祁祁。毛傳。祁祁。舒遲也。又大田興雨祁祁。徐也。韓奕祁祁如雲。徐。靚也。此當以聲得義。祁。即爲徐之假借。音相近。若毛於吉日訓大。七月訓衆多。皆與本義不相關。蓋亦借字矣。

郱 鄭地有郱亭从邑井聲

上邢字云周公子所封地近河内懷从邑幵聲大徐本俱戸經切今字竝作邢遂不知爲二字矣○玉篇郱子省切廣韻子郢切殷本紀祖乙遷于邢索隱曰邢音耿近代本亦作耿是以耿爲郱之通借但耿與郱或謂非一地又謂殷所遷卽後周公子所封之邢則不定爲假借耳○段疑郱卽常山郡之井陘縣是以井爲郱之省借故井陘山穆天子傳亦作鈃山也說近是

郇 周文王子所封國在晉地讀若泓

詩下泉郇伯勞之周書王會解作荀伯左氏僖二年傳荀息潛夫論志氏姓作郇息艸部荀字在新附則荀當爲郇之假借○史記蘇秦傳北有陘塞郇陽索隱曰郇陽當是新陽聲相近此以郇爲新之假借○文選北征賦息栒邠之邑鄉注栒與郇同是以栒爲郇之通借栒見地理志右扶風栒邑而木部無之當卽郇也

鄃 清河縣

前後漢志清河俱有鄃史記河渠書田蚡奉邑食鄃又呂嬰欒布皆封俞侯案逸周書王會解有俞

人木部朱下亦云俞國之冠當是俞本爲國縣治其名今作鄃則俞爲省借字也俞已見舟部

鄗常山縣也世祖所即位今爲高邑

荀子王霸篇武王以鄗注鄗與鎬同後金部鎬云溫器也武王所都在長安西上林苑中字亦如此是與鄗非一地鄗當爲鎬之假借鎬已見木部橋下○史記秦本紀取王官及鄗左傳文三年作郊郊疑爲鄗之假借郊已見高部

鄡鉅鹿縣也

前後漢志同段謂前志作鄡縣與梟一字如縣首

之爲梟首也。但前志鉅鹿鄡縣。豫章鄡陽縣。玉篇廣韻皆鄡與鄡陽二縣字別。案本部有鄡無鄡而鄡屬鉅鹿。不屬豫章。疑許所據與志異。抑或偶誤舉與。鄡與鄡本亦可通借也。

鄦　炎帝太嶽之[允]甫侯所封。在潁川。讀若許。

史記鄭世家。鄦公惡鄭於楚。用本字。其餘經傳國與姓俱作許。蓋以許爲鄦之假借。○甫侯所封國亦稱甫。鄦甫疊韻。是甫爲鄦之通借。詩王風旣言戍甫。又言戍許。則甫與許亦通也。甫已見用部。

郋　潁川縣。

廣韻餘邟縣在吳興今作杭是杭爲邟之假借與此名同而地異杭見後方部斻下

鄎 姬姓之國在淮北今汝南新息是也

左氏隱十一年傳鄭息有違言杜注鄎國汝南新息縣又莊十年息嬀隋書列女傳作鄎嬀息乃鄎之省借息已見聿部肅下

郋 汝南邵陵里讀若奚

前後漢志作召陵闞駰曰召者高也左氏僖四年傳盟于召陵亦見昭十四年定四年案邵與召雖可通借而字各有屬此召陵不當作邵前有邵字

云晉邑也。則宜从邑。今周召字作邵。又非也。

鄱 汝南鮦陽亭。

此鮦陽縣之亭名鄱也。段疑即左傳襄四年定四年之緐陽。案緐有婺音。亦通作鞶。婺與鞶皆鄱之雙聲。故可通借。緐在後糸部。

鄴 今南陽穰縣是。

南陽穰。前後漢志同。史記韓襄王十一年。秦取我穰。又秦武王封魏冄爲穰侯。蓋穰者漢縣名。許所見古籍作鄴。可爲通借。穰在禾部。

[illegible] 南陽舞陰亭。

漢志南陽郡有舞陰水經潕水出潕陰縣西北棨鄦字从邑而以名亭殆卽舞之通借字舞已見舛部亦見林部橆下水經以水名稱潕陰潕與舞音合亦可通也○段謂庾子山賦云栩陽亭有離別之賦乃漢藝文志之別栩陽賦也栩陽亭疑卽鄦亭栩亦从羽音相近則栩可爲鄦之假借栩已見木部

郢　故楚都在南郡江陵北十里重文爲郢

∴段云孟子文王生於岐周卒於畢郢郢者程字之假借也案帝王世紀文王居程路史云程在今咸

陽。與畢陌接。所謂畢程。而闞氏釋地言在渭水南之畢原。一名畢郢。周文王墓在焉。是畢郢卽畢程矣。程已見口部呈下。○顏氏家訓音辭篇謂郢州爲永州。蓋議其誤。亦以音同假借言之耳。永已見言部詠下誕下。

郾 南郡縣。孝惠三年。改名宜城。

春秋經傳。鄭伯克段于鄢。晉及楚鄭戰于鄢陵。謂潁川郡地也。前漢志作傿陵。人部無傿字。則異體假借也。若前有鄔字。太原縣。本从烏聲。釋文乃云从焉作鄢。蓋形似而誤。

䣕（篆）江夏縣。

䣕戰國策史記或云黽塞或云鄳阸一也黽𪓰鄳之省借○左氏定四年傳塞大隧直轅冥阨冥當爲鄳之假借段云黽古音讀如忙與冥字爲陽庚之轉最近○隋書地理志義陽郡鍾山縣舊曰鄳魏世家正義引水經注作䣕䣕者鄳之變也

鄂（篆）江夏縣。

借遻已見辵部○詩常棣鄂不韡韡𠌶部引作萼然艸部所無則俗體也祇當作咢咢已見吅部咢乃借字耳○文選甘泉賦紛披麗其亾鄂注鄂垠

鄂也。七發注作圻堮。堮亦土部所無。仍當借鄂字爲之。鄂从邑而長笛賦注引字林始从𠂆非也。○又垠鄂。西京賦作垠鍔。注引淮南許注垠鍔端厓也。鍔亦鄂之轉借。與體爲壃。

䣕漢南之國。漢中有䣕關。

借員。已見員部。䣕或作郧。猶員之爲云也。○左氏哀十二年傳。公會衛侯宋皇瑗于䣕。公羊作運。運當爲䣕之假借。運已見辵部。○史記貨殖傳䣕關。正義云。當作洵關。在金州洵陽縣。案䣕關東南通今䣕陽府。西通今陝西興安府洵陽縣。其關隘延

長則洵闕即鄖闕也音亦近是可通借若酈商傳之旬關又洵之省借矣

那 西夷國安定有朝那縣

史記西南夷傳自笮以東北君長以什數冄駹最大冄即那之省借字案那从冄聲而音諾何切者段云雙聲合韻也○左傳定四年那季賈逵韋昭國語注皆云國名史記管蔡世家作冄索隱曰冄或作那蓋䎃亦从冄聲故可通借䎃已見米部南下○那訓有與本義無關者已見木部橠下又如詩桑扈受福不那毛傳那多也以那為多之假借

左氏宣二年傳棄甲則那杜注那猶何也以那爲何之假借皆疊韻字若爾雅釋詁那於也則借爲語辭矣

郲今桂陽郲陽縣

漢書地理志桂陽郡有耒陽耒爲郲之省借但耒陽由耒水得名與下鄞爲會稽縣以赤堇山得名正同耒已見耒部堇見言部謹下

邴宋下邑

借祊已見示部鬃下○段謂左傳邴歜邴意茲邴泄邴夏皆非宋人公羊隱八年歸邴入邴九年會

齊侯于郱。皆非宋地。惟十年取防。防者宋地。疑當作郱。桼郱與防音轉。即陽庚之通。祊借郱是已。又如柄之爲枋也。○莊子大宗師郱郱乎其似喜乎。釋文引簡文注。郱郱明貌。此以郱爲炳之假借。○晉書音義中郱與丙同。左氏文十八年傳郱歜。史記齊世家作丙。桼郱當以邑爲氏。丙乃省借也。漢書丙吉。或亦作郱吉。

鄼　沛國縣。今酇縣。

前鄼字云。百家爲鄼。鄼聚也。南陽有鄼縣。字異地亦異。段云。在沛者後亦作酇。直由莽曰贊治而亂。

南陽酇音讚。沛鄼及改作酇字皆音嵯。錢氏竹汀謂蕭何始封于鄼。高后乃封之南陽之酇是也。案酇字本音與鄼亦相轉。沛國縣之作酇。當爲鄼之假借。○水經涣水注。春秋襄公十年。公會諸侯及齊世子光於鄼。今其地鄼聚是也。而左氏公穀三經皆作柤。柤當爲鄼之假借。柤已見木部樝下槎下。○周禮盎齊鄭注。盎猶翁也。成而翁翁葱白色。如今酇白矣。釋文酇白今之白醝酒也。酇當爲醝之假借。

鄫 曰宋魯間地。

左氏莊元年傳齊師遷紀郱鄑郚杜注三邑也北海都昌縣有訾城蓋謂訾即鄑也案鄑从晉聲今爲即移切正因杜以訾城當之而同其讀是假借也集韻類篇則皆有即刃切訾已見言部

邛 邛成濟陰縣

前漢志山陽郡郜成侯國宋子京曰郜當作邛外戚侯表邛成屬濟陰與山陽相距不遠水經注泗水篇云又東逕邛城縣故城南王莽更之曰郜城案此後世易名不爲假借惟今本漢志作莽曰告成則郜省作告耳若上有郜字云周文王子所封

國左傳隱十年取郜傳二十年郜子來朝則是郡國志所云成武有郜城者非一地也○文選蜀都賦邛竹緣嶺劉注邛竹出興古盤江以南竹中實而高節可以爲杖竹部無笻字蓋卽借邛字爲之故集韻笻通作邛○邛借蛩已見虫部又爾雅釋詁邛榮勞也郝謂邛與劬同意劬訓勞劬邛一聲之轉是邛爲劬之假借餘如廣雅釋詁邛病也詩陳風邛有旨苕毛傳邛邱也皆邛之借義也

鄒 魯縣古邾國帝顓頊之後所封

前後漢志竝作騶是周時邑作鄒漢時縣作騶騶

當爲鄒之假借。𨟻已見走部趨下。○左氏穀梁之
邾。公羊檀弓作邾婁。蓋邾婁之合聲爲鄒。故邾可
爲鄒之通借。若本部邾字云。江夏縣。即今黃州府
地。當非魯之邾婁。水經江水注。謂楚宣王滅邾。徙
居於此。合而爲一。殆不然。又史記吳世家九年。爲
騶伐魯。索隱云。騶。邾聲相近。則騶亦邾之假借也。
邾已見木部朱下。

郰　魯下邑。孔子之鄉。
論語鄹人之子。左氏襄十七年傳亦作鄹。叔紇鄹
从聚。聚本从取。實一字也。故通用。○史記孔子世

家生於魯昌平陬邑陬乃郰之假借○此與上鄒字分列許意蓋不以爲一而水經泗水注鄒山左傳所謂嶧山也故邾婁之國叔梁紇之邑也則謂鄒卽郰又古今人表鄒衍史記孟子傳作騶衍周禮司爟注書禹貢釋文竝作鄹衍是郰亦與鄒騶爲通借矣

郕魯孟氏邑

春秋經三傳皆作成成爲郕之省借左氏隱五年傳衞人入郕文十二年郕伯來奔此文王子所封字亦作郕公羊郕國之字則作盛傳明云管蔡郕

霍文之昭也是盛當爲郕之假借

⿰奄阝　周公所誅⿰奄阝國在魯

書序踐奄歸自奄孟子伐奄左氏昭元年傳周有徐奄奄皆⿰奄阝之省借奄已見廾部弇下○墨子耕柱篇周公旦辭三公東處于商蓋商蓋即定四年傳所謂商奄蓋當爲⿰奄阝之假借奄蓋義同聲亦相轉也

郎　魯亭也

左傳昭十八年注今琅邪開陽縣釋文琅本或作郎此二字互異可爲通借○周書作雒解重亢重

郎郎卽今之廊也广部廊字在新附故借郎爲之
○借㐭已見亩部

郳臨淮徐地春秋傳曰徐郳楚
左氏昭六年傳徐儀楚聘于楚楚子執之杜注儀
楚徐大夫許所據作郳以邑爲氏則儀可爲郳之
通借

酅東海之邑
左氏莊三年傳紀季以酅入于齊釋文酅本作攜
攜爲酅之假借○又僖廿六年公追齊師至嶲釋
文嶲本作酅公羊作嶲嶲與嶲皆當爲酅之省借

鄫 姒姓國在東海。

曾子之姓。當以國爲氏。曾乃鄫之省借。曾已見八部。○左傳公羊之鄫。穀梁及國語作繒。左釋文鄫亦作繒。地理志東海郡繒故國。蓋漢縣名。从糸。繒當爲鄫之假借。繒亦見曾下。

邪 琅邪郡也。

借徐。已見彳部。借與。見舁部。借梋。見木部梋下。借釾。見茻部莫下。○衣部衺𧝓也。爾雅釋器注禕邪交落帶。釋文邪字亦作衺。邪乃衺之假借。凡衺僻字俱借邪字爲之。○斗部斜抒也。讀若荼。漢書司馬相如傳注邪讀爲斜是以邪爲斜之假借斜已見八部余下○左氏文元年傳歸餘於終史記厤書作歸邪注邪餘分也是邪爲餘之假借餘亦見余下又見稍下○邪多借爲語辭俗作耶樂記中正無邪釋文邪字又作耶是轉借耶爲邪正字矣耶已見矢部躲下○顏氏家訓音辭篇邪者未定之辭北人即呼爲也是也爲邪之假借音相轉段謂今人文字邪爲疑辭也爲決辭古書則多不分別如子張問十世可知也也當作邪是已又邪也二字古有兩句竝用者如漢書龔遂傳今欲臣勝

之邪將安之也韓昌黎文其眞無馬邪其眞不知
馬也皆也與邪同
郣海地一曰地之起者曰郣
漢書地理志薊南通齊趙勃碣之間師古曰勃渤
海也史記河渠書有勃海本書水部澥下亦言勃
澥是勃爲郣之通借蓋本稱勃海以其爲郡故亦
从邑耳段因小徐本無海字遂謂地名非郡名然
玉篇引說文已作郣海郡且又云其地未聞則何
所徵實此殆空言肊斷說恐非也○南山經丹水
南流注于渤海文選子虛賦浮渤澥水部無渤字

渤卽勃之加水偁者若武帝紀作敦海史記封禪書作潡海乃相傳異體矣○周禮草人勃壤用狐鄭注勃壤粉解者正與此後一義合郣又當借爲勃廣雅垺塵也垺亦郣勃之別故文選風賦勃鬱煩寃注勃鬱風迴旋之貌蓋風旋必塵起也與今人用蓬勃字尤近

鄿國也齊桓公之所滅

左氏莊十年傳齊師滅譚公穀同詩大東序譚大夫作此詩本書無譚字而引通人說有譚長則譚當卽鄿可通借矣史記齊世家作郯郯別爲東海

縣。少昊後所封非此也。或借字。抑以同音而譌與。

○譚又借爲談。莊子則陽篇。夫子何不譚我于王。

釋文引李注。譚說也。卽言部之談。說也。譚已見邑

部覃下。

𢦏 故國在陳留。

春秋隱十年經。宋人蔡人衛人伐載。三傳同。釋文

於左氏引字林亦作𢦏。此從段本今亦作戴於穀梁云。載本

或作戴。載與戴皆當爲𢦏之假借。○地理志梁國

甾。故戴國。續志陳留郡考城故菑。段謂漢之甾縣。

古之𢦏國也。甾與𢦏古音同。是甾菑皆當爲𢦏之

假借。菑已見艸部。甾見菑下。𢦏亦見菑下。戴見木部植下。

鄝地名。

左氏文五年傳。楚滅蓼。釋文。字或作鄝。穀梁宣八年經。楚人滅舒鄝。釋文本又作蓼。是蓼爲鄝之假借。○坊記。陽侯繆侯。鄭注淮南氾論訓之陽侯蓼侯也。繆爲蓼之假借。實當爲鄝之轉借。繆亦从翏聲。

郐地名。

玉篇引春秋。徐人取郐。杜注。今廬江舒縣。左氏僖三年經作舒。公穀同。魯頌亦作舒。獨此作郐。舒郐

俱从舍聲故可通借舒已艸部荼下

𨛬 地名

音胡蠟切字从盇即漢之盇縣字也二志泰山郡皆有盇縣孟子有盇大夫又盇祿閻百詩四書釋地以爲一地廣韻盇爲人姓字書作郃古盇切則是盇與郃可爲通借也盇已見皿部盇下

𨞷 地名臺古文堂

段云玉篇鄭鄶同引續漢書廣陵鄭邑也今續志作堂邑春秋時曰堂考左傳襄十四年楚子囊師于棠以伐吳昭二十年棠君伍尚字皆从木而廣

韻引風俗通。堂楚邑大夫伍尚爲之。其後氏焉。字从土蓋左傳或誤也。堂已見土部。棠見堂下。

⿰馮阝姬姓之國。

廣韻。馮姓也。畢公高之後。食采於馮城。因而命氏。是本爲⿰馮阝。而省借作馮也。馮已見上部下。

䣃汝南安陽鄉。

春秋傳。衛世子蒯聵。石經作䣃。此人名不定誰爲假借。蒯已見艸部蕢下。○段云。漢書鄃成侯服虔音菅蔽之蔽。則服作鄃成侯。茱漢書當不誤。此殆以形近所傳各異。而音遂從之。非必假借。史記索隱亦作郕成侯而音裴是以兩字爲一字矣郕巳見上。

䖒部

鄉治之。

鄉國離邑民所封鄉也嗇夫别治封圻之内六鄉六借響已見音部借饗見食部○宀部向北出牖也引詩塞向墐戶明堂位刮楹達鄉注鄉牖屬謂夾戶窻也士虞禮記啟牖鄉如初注鄉牖一名也此以鄉爲向之假借經傳凡向背字多借鄉爲之又多作嚮嚮卽向之或體嚮亦見響下饗下○日部

鼂不久也引春秋傳鼂役之三月又曩鼂也二字同可爲通借案鼂下所引傳乃左氏僖廿八年文今傳作鄉又穀梁成二年傳注然則鄉之驕昭七年傳鄉曰齊衞惡論語鄉也吾見于夫子諸處釋文竝云鄉本作鼂是以鄉爲鼂之省借○鼂亦通向左氏昭十一年傳注鄉四月之師穀梁僖七年傳以鄉之逃歸釋文竝云鄉本作向此鄉借向實借鼂也故今人稱向年向時向者皆即鼂字若詩伐木箋謂鄉時之鳥燕禮西鄉設加席釋文竝云鄉本作鼂則又鄉借鼂實當借向矣○莊子應帝

王篇鄉吾示之地文釋文鄉本作鄉亦作向同崔本作康云向也是本借鄉爲鄉又轉借康

里中道也从𨛜从共皆在邑中所共也篆文从邑省爲

爾雅釋宮宮中衖謂之壼衖即𨛜也今字作巷乃巷之省段云十七史言弄者皆即巷字語言之異也案弄爲巷之假借字故𨛜从共共亦聲送絳韻通

說文假借義證卷十二

嘉興張鳴珂
族曾孫彝同校

說文假借義證卷十三目錄

弟七篇上

日部文七十　證三十七

旻　時　𣅀　曶　昧　晢　昭　晤　的

旭　暘　昫　晛　景　晧　暤　暁　晒

昏　㬙　暗　皆　曀　㫐　昨　暇　昪

昌　暍　㬎　㬥　昝　曬　晳　昆　普

昕

旦部文二　證二

旦　暨

倝部文三　證二

倝　榦

㫃部文二十三　證十六

㫃旗旆旌旝旃施旟

游旋旋旄旛旅族

冥部文二　證一

冥

晶部文五　證三

晶曑曟

月部文八　證二

說文假借義證卷十三目錄 二

多 㹤

毌部 文三 證二

毌 貫

㔾部 文五 證三

㔾 圅 甹

東部 文二 無證

鹵部 文三 證二

鹵 㮚

齊部 文二 證一

齊

禾秀稼穜種稑稙稠稀
穆稷秫稌秏秜移穎采
稱秠穮秄稯積秩稛稃
穅稭梨穰秊穀租稅稾
秋科穋秳
秝部文二　證一秝見止部歷下
黍部文八　證一
黏黎
香部文二　證二香見黍部并只部馨下馨見皀部
米部文三十六　證十二

糕 粲 糳 糂 糟 粗 糭 粹 粔

糱 糒 糯

毇部文二 無證

臼部文六 證四

臼 舂 臿 舀

凶部文二 證二 凶見言部訩下訟下兇見訩下

光緒二十五年。歲在己亥。仲冬月。族曾孫蔭成重校刊。

說文假借義證卷十三

弟七篇上　涇朱珔學

日部

旻　秋天也。从日，文聲。虞書說：仁閔覆下，則稱旻天。周禮大祝注引左氏哀十六年傳：旻天不弔。作閔天不淑。是以閔爲旻之假借。釋名釋天：秋曰旻天。旻，閔也。物就枯落可閔傷也。蓋義本通。若平輿令薛君碑：遘此芸旻。則又以旻爲閔之假借矣。閔巳見攴部敃下。

時　四時也。古文爲旹。

借是已見是部借待見彳部○詩緜篇曰止曰時

王伯申曰時亦止也古人自有複語耳爾雅爰曰

也曰止曰時猶言爰居爰處也玉篇云爾雅室中

謂之跱跱止也今本爾雅跱作時跱與峙同玉篇

峙止不前也莊子逍遙遊猶時女也司馬彪注時

女猶處女也處亦止也是時爲跱之通借○堯典

百揆時敘康誥惟時敘曰時敘傳皆訓時爲是王

又云時敘者承敘也承敘者承順也大戴禮少閒

篇時天之氣謂承天之氣也承時一聲之轉楚策

仰承甘露而飲之新序褋事篇承作時蓋時詩聲

相近。故詩亦訓承。特牲饋食禮。詩懷之。鄭注。詩猶承也。內則。詩負之。鄭注。詩之言承也。是時與承同義。爾雅。順敘也。周語。周旋序順。白挨時敘。謂百挨莫不承順也。時敘卽承敘。洛誥。王伻殷。乃承敘。楚語。倚相將奔走承序。然則敘當訓順。順時爲承之假借矣。順已見言部訓下。承見廾部丞下。○土部云。雞棲於垣爲塒。本之爾雅。鑿垣而棲爲塒。釋文。塒本作時。時爲塒之省借。王云。棲止謂之時。與居止謂之時。其義一也。則亦通。

𣅀 晨也。从日在甲上。

今作早借草已見艸部○儀禮士相見禮問日之早晏注古文早作蚤詩七月四之日其蚤王制注作其早又越語蚤晏無失必順天道孟子蚤起施從良人之所之皆以蚤爲早之假借蚤已見又部叉下

昒　尙冥也

與曰部曶字或作曶異大徐作昒通昒已見目部○漢書郊祀志辛巳朔旦冬至昒爽史記封禪書作昧爽蓋昒與昧本可通借故韋昭云昒字昧忽兩音昧亦見昒下

昧
昧爽，旦明也。一曰闇也。
通昧已見目部通昒見上。○易豐日中見沬，釋文引服虔曰：「日中而昏也。」韻會引新字林曰：「昧，从日从未，斗杓後星也。」是以沬爲昧之假借。又易略例明微故見昧，釋文昧本作妹，妹亦昧之假借。○白虎通禮樂篇西夷之樂曰味，味之爲言昧也，是味爲昧之假借。明堂位「昧，東夷之樂也」，周禮韎師注引作韎，則昧又當爲韎之假借。○左傳襄二十四年「何沒沒也」，杜注：「沒沒，沈滅之言。」王懷祖曰：「沒沒，貪也。」故下句云將焉用賄，晉語「不沒爲後也」，韋注。没貪也。又不没於利也。注。不貪利國家也。史記貨殖傳。没於賂遺。没亦貪也。重言之則曰没没矣。釋文。没一音妹。妹與昧同音。昧亦貪也。二十六年傳。楚王是故昧於一來。杜注。昧猶貪冒。二十八年傳。貪昧於諸侯。以逞其願。昧與没古同聲通用。故史記趙世家昧死以聞。趙策作没死。以此以没爲昧之假借也。○荀子議兵篇。兵殆於垂沙。唐蔑死。注。昧與蔑同。案國策作唐昧。蔑當爲昧之假借。昧蔑雙聲字。蔑已見苜部。

𣉻 昭晢。明也。禮曰。晢明行事。

洪範明作晢鄭注君視明則臣昭晢段云昭晢皆从日本謂日之光引伸之爲人之明晢是二字可爲通借故今本洪範作晢晢已見口部○士冠禮宰告曰質明行事此所引作晢案禮器昏義兩言質明質當爲晢之假借晢質雙聲字○後白部晢字云人色白也今昭晢字亦从析从日讀如晢此形似而誤晢已見木部析下

昭 日明也

借韶已見音部借釗見刀部○老子俗人昭昭釋文昭一本作照照當爲昭之假借故左氏僖廿七

年傳齊孝公名昭穀梁亦作照○中庸斯昭昭之多又亦孔之昭釋文竝云昭本又作炤炤卽照之省亦假借也○人部佋云廟佋穆父爲佋南面子爲穆北面今經典多作昭穆繫傳云說者多言自晉文帝名昭故改昭穆爲佋穆據說文則爲佋音作韶其非晉以後改明矣郭忠恕佩觿引李祭酒涪說爲漢諱昭改音韶失之也邵瑤圃曰說文自有佋穆字玉篇廣韻亦以佋爲廟佋穆而昭之本義止爲明爲光與說文同然則昭當爲佋之假借而段謂昭取陽明穆取陰幽皆本無正字假此爲

之人部侶字乃後人竄入殆不然矣○周語好盡
言以招人過韋注招舉也舊音音翹王伯申曰後
漢書鍾皓傳昔國武子好昭人過以致怨本魏志
鍾繇傳注引先賢行狀同字皆作昭昭者明著之
詞言好盡已之言以明著人之過也賈子禮容語
篇作好盡言以暴人過暴亦明著之詞則其作昭
甚明韋本作招者借字耳案左氏襄廿八年傳楚
康王昭史記作招又昭元年傳陳公子招史記索
隱作昭是昭與招古字通用招亦見韶下釗下若
家語正論篇祭公謀父作祈昭注昭宜爲招實則

宜爲韶耳。○樂記蟄蟲昭蘇。鄭注。昭曉也。蟄蟲以發生爲曉。更息爲蘇。似以昭爲曉之假借。本部曉明也。義亦通。

晤

明也。詩曰晤辟有摽。

今詩作寤辟。晤當爲寤之假借。○陳風可與晤言。毛傳晤對也。或謂晤當爲寤之假借。寤相當也。然寤字說文所無。見辵部選下列女傳又引作寤言。蓋皆通借也。○文選泛湖歸出樓中翫月詩晤言不知罷。一本作悟言。善注。悟與晤古字通。案本書悟與寤皆訓覺。覺明也。故亦可通借。

旳 明也。易曰。爲旳顙。俗从白作的。引伸之義爲射的。詩賓之初筵。發彼有的。釋文本作勺。此以勺爲旳之省借。○馬部馰。馬白頟也。亦引易語。則馰爲旳之通借矣。○火部㶴。望見火皃。从火皀聲。讀若馰顙之馰。段謂皀讀若逼。又讀若香。於馰不協。當从本部皀聲。與勺聲古音合。錢云。㶴即小人之道的然字。是㶴亦的之通借。

旭 日旦出皃。讀若勖。一曰明也。爾雅釋訓。旭旭。憍也。此本引伸假借之義。疏引詩驕人好好。釋之好當爲旭之假借。案邶風旭日始旦。釋文。旭說文讀若好。則今作讀若勖者誤也。旭好同音。故借用。若易釋文。姚氏引詩作旴日始旦。本部旴晚也。與始旦不合。音亦不近。非假借矣。○頁部項頭項項謹皃。莊子天地篇項項然不自得。釋文。項本作旭。旭當爲項之假借。

暘

日出也。書曰。暘谷。

後山部云。嵎銕。暘谷也。乃今文尙書。此所引則本古文尙書。二者不定誰爲假借。○土部又引作陽谷。洪範時暘若。漢書五行志作陽若。是暘與陽本可通借。若祭義。殷人祭其陽。鄭注。陽讀爲日雨曰

暘之暘則以陽爲暘之假借。段謂孟子秋陽以暴
之亦當作秋暘。暘已見木部楊下。〇此泥於隱云。
暘谷者本作湯谷。引淮南子日出湯谷。是湯與暘
亦可通借也。

昫 日出溫也。北地有昫衍縣。

火部有煦云烝也。一曰赤皃。一曰溫潤也。與此義
略同。樂記煦嫗覆育萬物。淮南子引作昫嫗。是昫
爲煦之通借。

晛 日見也。詩曰見晛曰消。

韓詩作曣晛聿消。曣爲見之假借。此處下有蔫字。

云星無雲也廣雅釋詁曣晛煥也則曣又爲晛之通借○荀子非相篇引詩宴然聿消宴然亦曣晛之通借故封禪書曣嗢郊祀志作宴溫

景光也

借蔭已見艸部借京見京部○周禮大司徒正日景釋文本或作影案說文無影字疑當作景非假借也○士昏禮姆加景注景之制如明衣加之以爲行道禦塵令衣鮮明也今文景作憬憬當爲景之假借○詩二子乘舟篇汎汎其景釋文景如字或音影王伯申曰景讀如憬魯頌憬彼淮夷毛傳

憬。遠行貌。下章言汎汎其逝。正與此同意。憬景古字通。是景又爲憬之省借矣。

晧

日出皃。皞晧旰也。

文選李少卿與蘇武詩。晧首以爲期。注。晧與顥古字通。案頁部顥。白皃。引楚詞天白顥顥。又商山四顥。白首人也。是晧當爲顥之假借。段云。天下惟絜白者最光明。故晧字引伸爲凡白之偁。而今从白作皓。則義亦合矣。○孟子。皜皜乎不可尚已。列子湯問篇。皜然疑乎雪。釋文。皜又作晧。蓋皜即晧之或體。○漢書載封禪文。肇自顥穹生民。注。顥言氣顥汗也顥汗當爲晧旰之假借但顥㝏連言顥本爲昦之假借又上林賦采色澔旰澔卽浩字亦晧之假借也○文選荅賓戲孟軻養晧然之氣注引項岱曰晧白也今孟子作浩然晧當爲浩之假借項說非○夰部昦云春爲昦天元气昦昦也今作昊荀子賦篇晧天不復注晧與昊同詩蓼莪昊天罔極漢書鄭崇傳作皡天又漢修堯廟碑恩如浩蒼童子逢盛碑頫天不惠此晧皡浩顥皆當爲昦之假借○月令太皡少皡古今人表俱作昊段云古者太皡少皡蓋以德之明得偁是昊當爲皡之

假借。○荀子解蔽篇皋皋廣廣注皋皋讀爲皞皞是皋爲皞之假借。又左傳僖卅二年夏后皋之墓也皋竹書作昊。當依左傳則昊爲皋之假借。

暆 日行暆暆也。樂浪有東暆縣讀如酏。史記賈生傳庚子日施兮服集余舍施蓋暆之省借。漢書作日斜。斜暆亦聲轉義可通借。

昃 日在西方時側也。易曰日昃之離。今易離九三爻辭作昃亦作㫙。小徐本别有㫙篆在夨部云日西也。是㫙爲昃之通借。部首夨字云傾頭也。錢謂即昃字同則夨又㫙之省借。○又易豐日中則昃釋文昃孟本作稷左氏定十五年經日下昃穀梁作稷稷蓋昃之假借稷已見聿部肅下亦見夊部畟下○書無逸自朝至于日中昃釋文昃本作仄是仄爲昃之假借○周禮司市注日仄昳中也儀禮既夕記日側注側昳也謂將過中之時是側爲仄之假借

昏

日冥也从日氐省氐者下也一曰民聲

書牧誓昏棄厥肆祀弗荅昏棄厥遺王父母弟不迪王伯申曰昏蔑也續曰泯昏棄卽泯棄也左傳昭廿九年若泯棄之泯棄猶蔑棄也周語不共神

祇而蔑棄五則，泯蔑聲之轉，傳以昬爲亂，失之，是昬爲泯之假借。

曫

日且昏時也，从日，䜌聲，讀若新城䜌中。

段謂他書作蠻中，䜌卽蠻之省也。○上昏字訓日冥，茻部莫訓日且冥，則曫卽莫也。集韻曫謨還切，音蠻。蠻莫音之轉，義亦合，是曫可爲莫之通借。○段又謂曫之言蠻也，蠻者文皃，日將入而色有異也。案漢書地理志，三百里蠻，注謂以文德蠻幕而覆之，故禹貢言三百里揆文教也，此蠻爲文皃之證，則曫亦可爲蠻之假借矣。

暗 日無光也。

上晻字云不明也。漢書多以晻爲暗，是可通借。集韻類篇直謂一字。○周禮眡祲掌十煇之法，五曰闇。注：日月食也。祭義夏后氏祭其闇。注：昏時也。他如曲禮孝子不服闇，禮器逮闇而祭，中庸闇然而日章，闇皆爲暗之假借。闇已見皿部盦下。

𣉻 埃𣉻，日無光也。

班固終南山賦曖⿰日對晻靄。廣雅釋訓曖曃，翳薈也。通俗文雲覆日謂之靉靆。數者皆當爲埃𣉻之假音字，本書竝未載。

曀　陰而風也。詩曰。終風且曀。

此本之爾雅。太平御覽引作天陰沈也。○土部壇。天陰塵也。引詩壇壇其陰。今詩亦作曀。釋名云曀。翳也。言掩翳日光使不明也。董氏引韓詩作壇。是壇爲曀之通借。

𣅜　望遠合也。从日匕。匕。合也。讀若窈窕之窈。

素問徵四失論。窈窈冥冥。孰知其遠。窈當爲𣅜之假借。○木部杳。冥也。楚詞懷沙篇。眴兮杳杳。甘泉賦。杳旭卉兮。杳爲𣅜之通借。○文選謝[元]暉敬亭山詩。歸徑窅如迷。注引聲類曰。窅。遠望也。窅當爲巳之假借。眢已見目部。

昨

絫日也。

周禮司几筵。昨席莞筵紛純。又司尊彝。諸臣之所昨也。注竝云。昨讀爲酢。是昨爲酢之假借。○爾雅釋天。夏曰復昨。釋文。昨本作胙。昨爲胙之假借。胙已見肉部。

暇

閒也。

荀子。其爲人也多假日。文選登樓賦。聊假日以銷憂。注。假或爲暇。引楚詞。聊暇日以消時。是假爲暇之假借。假已見壴部嘉下。○書無逸。不遑暇食。漢

靈臺碑作不夏又多方須暇之子孫詩皇矣疏引
作須夏是以夏爲暇之假借

昪 喜樂皃
詩小雅弁彼鸒斯毛傳弁樂也弁爲昪之省借○
爾雅釋詁般樂也般當爲昪之假借般已見木部
槃下

昌 美言也一曰日光也詩曰東方昌矣籒文爲⊙▽
借倡已見口部唱下借相見目部○臯陶謨禹拜
昌言孟子趙注引作讜言蓋本今文尚書也又逸
周書祭公解拜手稽首讜言是以讜爲昌之假借

或作讝者後人加言旁耳。

暍 傷暑也。

下有㬎字。云安㬎溫也。廣雅釋詁暍㬎煗也。安當爲暍之假借。安暍聲之轉。又水部有洝字。云渜水也。洝與安亦可通借。

㬎 衆微杪也。从日中視絲。古文以爲顯字。或曰衆口皃。讀若唫唫。或以爲繭。繭者絮中往往有小繭也。

段云。經傳顯微字皆當作㬎。㬎者本義。顯者借字。載籍既皆作顯。乃謂古文作㬎。㬎爲假借矣。案顯訓明。㬎訓微。以相反而借用之。故云古文以爲顯字。

段說似迂曲與他處文義不合。顯已見革部鞶下。○錢云。此禮言容蔮蔮字。喪容也。故讀若唫唫。皆謂聲之微杪。桉或以爲蔮者。亦假借也。㬎蔮疊韻字。

㬥　晞也。古文爲㬥。

借。剝已見刀部。○本部㬥疾有所趣也。與此形似而義異。今隸一之。經典又作暴。遂無所爲假借矣。○火部爆。灼也。爾雅釋詁。毗劉。㬥樂也。釋文。㬥本又作爆。詩桑柔。捋采其劉。毛傳。劉。爆爍而希也。是以㬥爲爍之通借。○衣部襮。黼領也。引詩素衣朱

襮今表暴字或作襮襮蓋暴之假借

㫺乾肉也从殘肉日以晞之與俎同意籀文爲𦠆棨籀文之譌隸作腊專用諸脯腊乃以㫺爲今昔字而㫺之本義廢矣○穀梁莊七年經辛卯昔釋文昔夜也莊子齊物論今日適越而昔至也釋文引崔注昔夕也此以昔爲夕之假借○考工記弓人老牛之角紾而昔注昔讀爲交錯之錯謂牛角㥠理錯也此以昔爲錯之省借錯已見辵部遣下○荀子大略篇臨患難而不忘細席之言注細當讀爲昔尸子作昔此以細爲昔之假借細昔音近

暱日近也春秋傳曰私降暱燕左氏昭廿五年重文爲昵攷工記有人凡昵之類不能方注故書昵或作樴或爲䵒杜子春讀爲不義不昵之昵案黍部䵒黏也亦引傳不義不䵒重文爲䵒今隱元年傳作不暱是䵒爲暱之通借樴則昵之假借也○爾雅釋詁卽尼也郭注引尸子悅尼而來遠是尼爲昵之通借○書高宗肜日典祀無豐于昵釋文引馬云昵考也謂禰廟也或以昵爲禰之假借但禰字在新附中錢竹汀云考於七廟爲取近故稱禰後人加示旁古讀爾如昵然則昵者爾之通借與

㬅 日狎習相嫚也。

衣部褻私服。引詩是褻袢也。與小雅曾是㬅御之㬅音同而義異。廣雅釋言褻狎也。檀弓君之褻臣也。注褻嬖也。論語雖褻。褻必以貌。集解引周生烈注。褻謂數相見也。此數者皆當爲㬅之假借。

昆 同也。

弟部𡥉云。周人謂兄曰𡥉。今昆弟字當爲𡥉之假借。○䖵爲部首。云蟲之總名也。讀若昆。今昆蟲字當爲䖵之假借。惟夏小正昆小蟲。傳曰昆者衆也。王制昆蟲未蟄。鄭注昆明也。明蟲者得陽而生。得陰而藏。則作昆義亦通也。○詩采薇序。西有昆夷之患。釋文。昆本作混。漢書鼂錯傳注亦云。昆。讀曰混。詩緜篇正作混夷。是昆本混之省借。皇矣篇。串夷載路。鄭箋。串夷卽混夷。西戎國名也。串音貫。釋名云。來孫之子曰昆孫。昆。貫也。恩情轉遠。以禮貫連之耳。則串本貫之借字。又轉借昆也。○段氏校尉碑。以示後緄。緄爲昆之假借。又史記匈奴傳。自隴以西有緜諸緄戎。注。字當爲混。則亦混之假借也。○火部焜。煌也。文選甘泉賦。樵蒸昆上。注。昆或爲焜。引字書。焜。燿火皃。是昆爲焜之省借。○太元經昆侖旁薄幽注昆渾也昆侖當爲渾淪之假借。又史記惠景閒侯者年表公孫昆邪漢書作渾邪。亦通借也渾已見攴部敦下若禹貢崑崙二字俱山部所無祇當作昆侖不得爲假借矣。

㬜 日無色也。

借敷已見寸部尃下○詩北山溥天之下孟子及漢人引詩皆作普天普爲溥之假借溥亦見尃下。○嵩山石闕銘竝天四海竝爲普之省又轉借也。易井九三王明竝受其福亦謂天下普受其福也。普可借竝者小徐本普从日竝聲段云竝古音同

倣以雙聲爲用也○衣部䘽云無色也讀若普玉篇作衣無色䘽與普音義皆同亦可假借

昕　旦明日將出也讀若希

齊風東方未晞本部晞乾也於義不合據毛傳晞明之始升蓋以晞爲昕之假借昕讀若希此文微之合韻也○爾雅釋天疏四曰昕天昕讀曰軒言天北高南下如車之軒禮記月令目疏同是以昕爲軒之假借

旦部

旦　明也从日見一上一地也

心部怛憯也重文爲悬引詩信誓悬悬今氓篇作旦旦爲悬之假借○革部靼柔革也莊子大宗師其有夜旦之常天也釋文旦崔本作靻靼當爲旦之假借又云有旦宅而無情死釋文李本作怛悼崔作靼靼又怛之假借○郊特牲所以交於旦明之義也注旦當爲神篆字之誤也此不以爲假借

暨 日頗見也

乑部臮眾詞與也引書臮咎繇今書作暨又禹貢蠙珠暨魚朔南暨漢書地理志並作臮暨爲臮之假借若讓於稷契暨皋陶暨稷播奏暨益奏庶等

史記夏本紀暨皆作與此又泉之以義通者與已見畀部○暨既訓及或轉作洎水部洎灌釜也漢書王莽傳左洎前七部注洎亦泉字是洎實泉之假借矣○喪大記塗不暨于棺注暨及也士喪禮文同釋文暨劉本作塈土部塈仰涂也塈當爲暨之轉借塈已見口部呬下○禹貢厥篚[元]纁璣組某氏傳璣珠類王伯申曰[元]也纁也組也皆女紅所爲璣則珍寶之屬廁於其閒殊爲不倫篇內凡言厥篚無及珍寶者徐州厥貢蠙珠之下乃言厥篚[元]纖縞不得云厥篚[元]纁璣組也璣當讀爲暨

暨者與也及也謂厥篚所貢則有[元]纁及組也徐州淮夷蠙珠暨魚文義正合璣與暨同音璣从幾聲暨从旣聲璣之通暨猶幾之通旣也此蓋以璣爲暨之假借璣已見玉部

倝部

倝日始出光倝倝也

下𠦝字云闕小徐本有且从三日在㫃中七字李陽冰以爲籒文倝字○日部晫下晧旰也段云旰非訓晩之旰當同倝則彼旰字爲倝之假借

朝旦也

隷作朝。借譋。已見言部。借輖。見調下。○文選羽獵賦。天子乃以陽鼂。注。朝鼂古字同。鼂乃鼂之或體。漢書景帝紀。御史大夫鼂錯。本傳作鼂。鼂部鼂匽鼂也。讀若朝。楊雄說。匽鼂蟲名。杜林以爲朝旦。非是。古文爲鼂。案楚詞甲之鼂吾以行。王逸注。鼂旦也。是鼂爲朝之假借。故左氏昭七年傳。衛史朝。又廿二年王子朝。古今人表並作鼂。○又昭十五年經。蔡朝吳出奔鄭。公羊作昭吳。昭當爲朝之假借。昭已見日部。

放部

㫃 旌旗之游㫃蹇之皃从中曲而下垂㫃相出入也讀若偃古人名㫃字子游古文爲㫃象形及象旌旗之游

史記仲尼弟子傳言偃字子游左傳晉有籍偃荀偃鄭有公子偃駟偃皆字游則偃當爲㫃之假借又此云㫃蹇之皃如王逸九歌注偃蹇舞皃長卿大人賦說旌旗曰掉揺撟以偃蹇偃亦㫃之假借也

旗 熊旗五游以象罰星士卒以爲期周禮曰率都建旗

旗本與旂異後人以音同或相通借明堂位旂十有二旒釋文本又作旗左氏桓二年傳注畫於旂旗疏云旂旗是九旗之總名亦渾言之○荀子富國篇壽于旗翼注旗讀爲箕是以旗爲箕之假借箕已見箕部○史記弟子傳魯巫馬施字子旗家語作子期期當爲旗之假借但此云士卒以爲期是作期義可通也若射義耄期稱道不亂者釋文期本作旗則旗又期之假借期亦見箕下

旆 繼旐之旗也沛然而垂

借茇借筏已見艸部○詩長發武王載旆荀子議

兵篇作載發注發讀爲旆後土部坺下又引作坺坺與發疊韻解者多謂發坺爲旆之假借王伯申曰發正字也旆坺皆借字發謂起師伐桀也豳風七月箋載之言則也載發猶則發也漢書律厤志述周武王伐紂事曰癸巳武王始發正發之義史記殷本紀湯自把鉞以伐昆吾遂伐桀蓋本此詩把鉞即秉鉞而不言載旆則所見本不作旆可知○士喪禮書銘於末曰某氏某之柩注今文末爲旆末當爲旆之假借末已見木部

旂 旗有衆鈴以令衆也

通旗已見上○明堂位有虞氏之旂正義云旂當爲綏但注旄竿首未有旒縿此以旂爲綏之假借綏已見夊部

旞導車所載全羽以爲允允進也重文爲𣄴

周禮夏采以乘車載綏復于四郊注故書綏爲䙡杜子春云當爲綏蓋本以䙡爲綏之假借段云䙡當爲旞以旞或作𣄴形似也是以䙡爲旞之假借矣又引雜記諸侯大夫士死於道以其綏復綏皆旞之譌則綏亦旞之假借說與古異而義可通

旝建大木置石其上發機以追敵也春秋傳曰旝動

而鼓詩曰其旝如林

今大明詩作其會鄭箋以盛合其兵眾釋之是會爲如字若許所稱則會爲旝之省借會已見會部

旃旗曲柄也所以旃表士眾周禮曰通帛爲旃重文从亶作旜

毛傳氊撚毛也漢書蘇武傳齧雪與旃毛王褒傳荷旃被毳者旃皆爲氈之假借○詩陟岵尙慎旃哉毛傳旃之也此以旃爲之之假借之旃雙聲字○聘禮載旜注古文旜爲膳是以膳爲旜之假借凡从亶之字音與善近膳已見誩部譱下○爾雅

釋天太歲在乙曰旃蒙史記作端蒙端爲旃之通借。

㫊 旗皃。齊欒施字子旗。知施者旗也。

借延已見延部。借矢見矢部。借貤見貝部。借暆見日部。借旎見㫃部。借鷊見鳥部鷊下。○攴部敊敷也。經傳凡施設施予字皆當爲敊之假借。今概作施而敊之正字廢矣。○周禮小司徒遂人遂師土均皆有施舍字。注並云施讀爲弛。又詩泮水傳鯀施皃。釋文施本作弛。此以施爲弛之假借。弛亦見矢下。○孟子施從良人之所之。注施者邪施而行。施當爲迆之假借。迆已見辵部遹下。○史記田叔傳。如有移德於我。集解引徐廣曰移猶施也。此以移爲施之轉借。又萬石張叔傳。劒人之所施易。集解引如淳注。施讀曰移。則以施爲移之假借。移亦見貤下迆下。○論語。君子不施其親。集解引孔注云施易也。小雅何人斯我心易也。釋文易韓詩作施。又淮南俶眞訓施及周室之衰。注施讀難易之易。蓋施音異。與易疊韻。故彼此俱可通借也。○方言矛謂之鍦。史記禮書作鐵施。施爲鍦之省借。但金部無鍦字。惟鉈字云短矛也。集韻鉈與鍦並時遮切。則當爲

鍦之假借矣○爾雅釋草卷施草釋文施本作葹艸部所無葹卽借施字爲之

旚　旌旗旚繇也

旚繇卽今之飄搖字○錢云霍去病爲嫖姚校尉亦以此得稱是嫖姚當爲旚繇之假借○馬融廣成頌羽旄紛其髟䙤髟䙤爲旚繇之假借

游　旌旗之流也古文爲𨒪

周禮省作斿借遴已見玉部游俗作遊假借爲出游字又借圝見冂部○前有㫃字亦云旌旗之流也㫃可爲游之通借錢云㫃卽詩攸攸旆旌字旱

以攸爲旃之省借別具一義攸已見攴部○游或作斿者俗字公羊襄十六年傳君若贅旒然釋文本又作流詩長發爲下國綴旒玉篇田部引作畷流流乃游之通借○又詩綴旒郊特牲注引作畷郵郵亦游之假借郵已見言部訧下○周禮師氏凡國之貴游子弟學焉鄭注游無官司者此正義也又引杜子春云游當爲猶言雖貴猶學是以游爲猶之假借然貴猶字殊不辭

旇 旌旗披靡也

今之披靡字當爲旇之假借此亦云披靡者以借

字釋正字也○艸部蘢艸也爾雅旄謂之蘢集韻類篇皆作麾謂之旇是蘢爲旇之假借又周禮序官旄人注旄牛尾舞者所持以指麾也則蘢亦可爲麾之假借蘢旇麾皆疊韻字

旋 周旋旌旗之指麾也从㫃从疋疋足也

借璿已見玉部借還見辵部借圓見口部○列子黄帝篇鯢旋之潘爲淵釋文旋音桓云盤桓也是以旋爲桓之通借桓已見木部○水部漩回泉也是凡水之回旋當爲漩之假借文選神女賦注引字林旋回也○又糸部縼字云以長繩繫牛也長

笛賦植特縱纏綫謂此旋繞字則旋亦可爲縱之省借

旄幢也

借犛巳見牛部借眊見目部借檄見木部○詩孑孑干旄中說作干髦書牧誓右秉白旄戉部引司馬瀶作右把白髦是髦爲旄之假借若爾雅前高旄邱釋名作髦邱云如馬舉頭垂髦也則旄又髦之假借髦亦見犛下○公羊宣十二年傳鄭伯執茅旌以逆莊王何注茅旌祀宗廟所用王伯申曰茅之薦物或曰藉或曰苴無稱旌之文茅當讀爲

旄。蓋旌之飾或以羽。或以旄。用旄者。爾雅注旄首曰旌是也。地官掌節道路用旌節。桓十六年左傳。壽子載其旌以先。邶風二子乘舟傳作竊其節而先往。正義引史記盜其白旄而先。云或以白旄爲旌節也。周語敵國賓至。行理以節逆之。則鄭伯之執旄旌。其自比於行人執節以逆賓與。是茅爲旄之假借字矣。茅已見艸部茀下。○禹貢羽毛齒革。史記夏本紀漢書地理志竝作羽旄。毛當爲旄之省借。毛已見艸部苗下。○賈子容經。跘旋之容。旄如濯絲。旄當爲緢之假借。言細如濯絲也。○魏風

公路箋主君之軞車庶子爲之左氏宣二年傳趙盾爲旄車之族釋文旄一作軞是以旄爲軞之假借但車部無軞字疑仍當作旄耳

旛 幅胡也

段據葉石林抄宋本作旛胡韻會作幡胡巾部幡書兒拭觚布也與此異義漢書鮑宣下獄諸生舉幡太學下曰欲救鮑司隸者會此幡乃旛之假借但釋名云旛幡也其貌幡幡然也則義亦通○吳語建肥胡韋注肥胡幡也肥乃旛之假借肥旛雙聲微元之合韻也肥已見肉部

旅軍之五百人爲旅从㫃从从从俱也古文作𣄼

以爲魯衛之魯。

通魯已見白部借莒見艸部借臚見肉部借盧見竹部籚下○小雅旅力方剛毛傳旅衆也蓋如字讀方言膂力也則旅爲膂之省借又考工記函人權其上旅與其下旅注謂要以上要以下亦借旅爲膂也○段云凡言羈旅義取乎廬廬寄也故大雅廬旅猶處處也是旅爲廬之通借廬亦見籚下又見皿部盧下○後漢光武紀野穀旅生注不因播種而生故曰旅旅寄也今字書作稆音呂古字

通桼既訓寄則旅如字不得爲稽之假借禾部亦
無之

族　矢鋒也束之族族也
借叢巳見丵部○金部鏃利也今矢族字皆用鏃
釋名云鏃族也言其所中皆族滅也是鏃爲族之
通借○魏風殊異乎公族毛傳以爲公屬齊語工
立三族注族屬也是本借族爲族類字屬乃族之
通借○月令律中太蔟漢志作太族白虎通宗族
篇族者湊也聚也又五行篇蔟者湊也言萬物始
大湊地而出也書大傳蔟以爲八注蔟猶聚也是

蔟本從族得義故族可爲蔟之通借蔟已見艸部

或作太簇簇亦見蔟下○書大傳貢正聲而九族

具成注族當爲奏是以族爲奏之假借族訓湊奏

乃湊之省也

冥部

冥幽也从日六从冖日數十十六日而月始虧幽也

易豫上六爻辭冥豫釋文引馬注冥昧耽於樂也

王廙云深也鄭讀爲鳴鳴當爲冥之假音字若作

鳴則與初六複矣○莊子逍遙游北冥有魚釋文

冥本亦作溟又引東方朔十洲記水黑色謂之冥

案今人謂海爲溟正以水黑與海晦義同水部溟小雨溟溟也則溟當爲冥之假借○又列禦寇而甘冥乎無何有之鄉釋文冥本或作瞑冥可爲瞑之通借瞑已見目部○又逍遙遊楚之南有冥靈者釋文冥本或作榠榠木部所無見玉篇則異體假借也冥已見邑部鄍下溟見鄍下

晶部

曐 精光也

錢云此凡物晶明字亦通用精案易林陽晶隱伏晶乃精之假借讀書通水精卽水晶水晶以其明

得稱亦水之精所成也。是可通借。若史記天精而見景星。則精爲晶之假借矣。

曑 商星也。當作曐重文爲曑。

借槮。已見木部。○公羊襄十五年傳參見義疏云。參讀爲二三之三。經傳以參爲三者甚多。是參爲三之假借。○周禮射人則以貍步張參侯。又大射儀參七十注。參讀爲槮。槮雜也。是以參爲槮之省借。○後漢禰衡傳漁陽參撾古歌云。邊城晏開漁陽摻摻。摻本魏風摻摻女手字而讀爲七鑒反。是以摻爲參之轉借。○孫叔敖碑自曹臧孤竹吳札子

罕之倫不能驂也驂亦參之轉借

疊揚雄說以爲古理官決罪三日得其宜乃行之从晶宜亡新以从三日太盛改爲三田

詩時邁莫不震疊毛傳疊懼也疊乃慴之假借心部慴懼也讀若疊慴已見言部讋下又漢書張湯傳羣臣震讋震疊卽震讋也則疊亦可爲讋之假借矣○史記貨殖傳索隱引吳錄曰有九德郡布名曰白疊一切經音義十三引字林㲲毛布也然毛部無㲲字蓋卽借疊字爲之

月部

霸月始生魄然也。承大月，二日；承小月，三日。周書曰：哉生霸。古文或作[illegible]。

所引書見康誥、顧命，今皆作魄。鄉飲酒義：月者三日則成魄。鬼部：魄，陰神也。是魄爲霸之假借。但既云始生魄然，則義亦通。魄已見上部旁下。○漢書共工氏伯九域注：伯讀與霸同。霸當爲伯之假借。伯，長也。言爲諸侯之長。論語霸諸侯鄭注：霸者，把也。言把持王者之政教，蓋因而通其義。伯霸雙聲字。伯已見攴部敀、木部柏下。

期會也。古文爲𣅡。

借其已見箕部借旗見㫃部○禾部稘復其時也引虞書稘三百有六旬今書作朞與期年期月字同期朞皆當爲稘之假借○周禮質人邦國基釋文本或作朞士虞禮朞而小祥注古文朞皆作基此以基爲朞之假借若士喪禮度茲幽宅兆基注古文基作期則期又爲基之假借矣○荀子富國篇期文理又正論篇期臭味注並云期當爲綦此以期爲綦之假借○又禮論篇足以別吉凶明貴賤親疏之節期止矣注期當爲斯此以期爲斯之假借○射義旄期稱道不亂注旄期或爲旄勤此

文義可通，非必假借。其音則脂微與眞文合也。

有部

戫 有文章也。从有𢦏聲。

段云：戫古多假彧字爲之，彧者𢦏之隸變。川部𢦏，水流皃。今本論語郁郁乎文哉，古多作彧。彧案廣雅釋詁：彧，文也。郁爲彧之假借，實當爲𢦏之轉借也。郁已見邑部，彧見𢦏下。

龓 兼有也。讀若聾。

吳都賦：沇虎潛鹿，馬龓僒束。馬龓者，縶而籠其頭也。今之牢籠字，當爲龓之假借。

朙部

朙照也古文爲明

借萌已見艸部借命見口部○冀州從事郭君碑卜商號咷喪子失名此以名爲明之假借名亦見口部○文選運命論里社鳴而聖人出注明與鳴古字通是以鳴爲明之假借案此鳴當如字若陸士衡樂府欲鳴當及晨則鳴爲明之假借耳鳴已見冥部○周禮職方氏注望諸明都也釋文禹貢作孟豬是望與孟皆可爲明之通借望孟已見艸部芒下○詩黃鳥不可與明鄭箋明當作盟是以

明爲盟之省借。

翌也。

段云翌當作昱。朚即今之忙字。亦作茫。一切經音義。茫又作朚。遽也。方言茫。遽也。是忙與茫皆朚之或體。忙茫亦見芒下。○目部盲字云目無牟子。字亦從亡而義異。月令盲風至。鄭注盲風疾風也。疾遽義近。當是以盲爲朚之假借。

囧部

窗牖麗廔闓明也。象形。讀若獷。賈侍中說讀與明同。

書囧命序穆王命伯囧爲周大僕正釋文囧本作臩本書夰部作伯臩書大傳同案臩下云驚走也一曰往來皃古文以爲囧字是臩爲囧之通借若臩字字書所無此與古今人表作伯臩疑皆臩之形似而誤○錢云詩憬彼淮夷韓詩作獷章句曰獷覺悟之皃古囧卽憬字故憬獷互用而囧讀如獷憬當爲囧之通借韓詩之獷則憬之假借也憬已見日部景下

盟 周禮曰國有疑則盟諸侯再相與會十二歲一盟北面詔天之司愼司命盟殺牲歃血朱盤玉敦以

立牛耳。篆文爲。古文爲。

借明。已見前。○禹貢東至于孟津。史漢竝作盟津。水經河水注武王與八百諸侯咸同此盟。故曰盟津。是以孟爲盟之假借。孟盟聲近。故禹貢孟豬漢志亦作盟豬。則本可通借也。孟亦見明下。

夕部

莫也。从月半見。

借射。已見矢部。借䈼。見日部。○穴部窀穸云葬之厚夕也。引春秋傳窀穸從先君於地下。孔宙碑作窀夕。夕爲穸之省借。但穸既訓夕。杜注訓夜。則穸

本迺。

夜 舍也。天下休舍也。

借射。亦見矢部。○左氏莊七年經。辛卯夜。恆星不見。穀梁作辛卯昔。昔本借夕。夜卽夕也。夜夕亦聲轉。○洪範五行傳。時則有脂夜之妖。注。夜讀曰液。是以夜爲液之省借。液已見釆部釋下。○齊策。今將軍東有夜邑之奉。說苑作掖邑。夜亦掖之省借。

夢 不明也。

借蒙。已見艸部。○㝱。寐而有覺也。周禮占夢釋文。本作㝱。是夢爲㝱之假借。今槪作夢。而㝱廢矣。○

史記夏本紀雲夢土爲治索隱云夢一作瞢漢書叙傳棄於瞢中注瞢與夢同是瞢爲夢之通借瞢已見目部瞀下○穀梁昭廿年傳自夢釋文本作薨薨爲夢之假借夢薨雙聲字薨已見苜部

夤敬惕也易曰夕惕若夤籀文爲夤

借胂已見肉部○易艮列其夤釋文夤荀本作腎此別以夤爲腎之假借○寅爲辰名尙書凡寅字訓敬者皆爲夤之省借○吳都賦夤緣山嶽之岊夤緣卽延緣夤爲延之假借延已見延部○淮南墜形訓九州之外乃有八夤夤亦埏之假借皆雙

聲字也。○敬阮君神祠碑。於是敬阮以爲之賓。賓葢限之假借。賓限亦聲之轉。

夝

雨而夜除星見也。

今字作晴。漢書天文志作暒。孟康曰暒者精明也。精當爲姓之假借。精亦見晶部。○衛風星言夙駕。韓詩曰星者精也。精卽姓。韓非子荆伐陳雨十日夜星。夜星亦夜姓也。是星爲姓之假借。

夙

早敬也。持事雖夕不休早敬者也。古文爲𠈐爲𠈐。

詩生民。載震載夙。鄭箋。夙之言肅也。此以夙爲肅之假借夙本有敬義則亦通肅已見聿部〇周書寤儆解戒維宿注宿古文夙案宀部宿止也从㑊卽夙之古文魯連子曰宿沙瞿子善煮鹽說苑云夙沙之民自攻其主而歸神農錢謂齊有夙沙氏同蓋宿旣从㑊故與夙可通借也宿已見足部蹴下亦見肅下

多部

多重也从重夕夕者相繹也故爲多重夕爲多重日爲曡古文作𡖈

左氏襄廿九年傳祇見疏也正義云古人多祇同

音是祇爲多之通借。祇已見示部。○文選景福殿賦。厥庸孔多。注。多當爲趍。是以多爲趍之通借。趍已見走部趍下。○左氏哀七年傳魏曼多。史記晉魏世家作魏侈。趙世家作魏哆。侈哆皆多之省借。

㚇 大也。

錢云。此老子天網恢恢字。案心部恢大也。與此音義皆同。是二字本可通借。

毌部

毌 穿物持之也。从一橫貫。象寶貨之形。讀若冠。貫

錢貝之貫也。

貫已見辵部遺下。○段云齊風射則貫兮毛傳貫中也。與箋義異。又詩及爾如貫易貫魚以宮人寵左傳使疾其民以盈其貫。數貫字皆當爲毌之假借。今概作貫而毌字惟見於史記田完世家宣公取毌邱。○鄉射禮大射儀不貫不釋注竝云貫猶中也。是當作毌注又云古文貫作關則關爲貫之假借實毌之轉借矣。○詩碩鼠三歲貫女漢石經作宦女宦事也貫當爲宦之假借。○詩皇矣串夷載路串卽毌之隸變毛傳串習也是以串爲摜之假借。串已見日部晛下。○史記陳涉世家士亦不敢貫弓而報怨文選過秦論作彎弓貫乃彎之假借○穀梁昭十九年傳羈貫成童注羈貫謂交午翦髮以爲飾蓋卽詩之總角丱兮也貫當爲丱之假借案丱卽卝部之卝見後石部磺下非二字

𢎘部

𢎘 嘾也艸木之𠣬未發函然象形讀若含

邵瑤圖曰艸部菡萏䕄也芙蓉華未發爲菡萏䕄菡卽𢎘字竝乎感切是菡爲𢎘之通借

圅 舌也象形舌體𢎘𢎘从𢎘𢎘亦聲俗作肣

借含借咸已見口部借椷見木部○詩行葦毛傳

臄。圅也。通俗文云。口上曰臄。口下曰圅。圅當爲頤之假借。

𢎘木生條也。从𢎘。由聲。商書曰。若顛木之有𢎘枿。古文言由枿。

引書已見木部𣡌下。段云。今書作由。由卽𢎘之假借。案古文省𢎘作由。故本書不別出由字。似不得爲假借。惟今以爲因由行由等字。則義之假借耳。由已見辵部遙下迪下。又借融。見鬲部。○文選詠懷詩。素質游商聲。沈約注。游字應作由。是以游爲由之假借。若左氏成十六年傳。蓋由基。後漢班彪傳作游基此人名不定誰借游已見㫃部○孟子由反手也音義引丁音云由義當作猶猶如也是以由爲猶之假借故戰國策知伯欲伐厹由漢志由作猶猶已見艸部猶下亦見游下○大戴禮文王官人篇喜色由然以生注由當爲油是由爲油之省借○孟子由由然不忍去也韓詩外傳作愉愉然不去也心部愉訓薄於義未合當爲怡之轉借由與愉怡竝聲轉○呂覽下賢篇就就乎其不肯自是高注就讀爲由與之由是以就爲由之假借○丹鉛錄曰呂氏春秋堯使后稷爲大由注大

由大農也又錢譜神農幣文農作由是以由為農之假借農之借由猶融之借由也案束晳勸農賦以農叶曹音猱尤豪韻亦通農已見晨部

卤部

卤艸木實垂卤卤然象形讀若調錢云此調鬯字莊子而不見調調之刁刁乎案調調即卤卤調為卤卤之通借調已見言部○書洛誥秬鬯二卣詩江漢秬鬯一卣卣者卤之隸變也此義之假借音亦通

㮚木也其實下垂故从卤古文㮚从西从二卤

徐巡說木至西方戰栗

借犂已見牛部借歷見止部借離見隹部○玉部瑮云玉英華羅列秩秩逸論語曰玉粲之璱兮其瑮猛也聘義說玉縝密以栗栗當爲瑮之省借西山經注引作縝密以栗栗形似而義亦通○考工記弓人菑栗不迤注栗讀爲裂繻之裂詩東山烝在栗薪箋栗析也古栗裂聲同是皆以栗爲裂之假借裂已見刀部列下又詩釋文韓詩作蓼薪此非必假借義自各通栗蓼亦聲轉○孟子齋栗音義云栗當作慄心部無慄字蓋卽借栗字爲之

亝部

亝禾麥吐穗上平也象形今作齊

所借諸字已見貝部賫下○下有蘭字云等也案
妻者齊也故从妻今齊等字當爲齋之假借齊行
而蘭廢矣○郊特牲壹與之齊終身不改注齊或
爲醮王伯申曰作醮是也醮與釂同釂見後酉部
蓋凡卒爵謂之醮士昏禮贊洗爵酌酳主人主人
拜受酳婦亦如之卒爵皆拜再酳如初三酳用巹
亦如之婦與夫皆卒爵故曰與之醮也列女傳賢
明傳宋鮑女宗曰婦人一醮不改夫死不嫁貞順

傳蔡人之妻曰適人之道壹與之醮終身不改是齊當爲醮之假借齊醮雙聲字○樂記故先王之喜怒皆得其儕焉鄭注儕猶輩類王又云儕當讀爲齊爾雅齊中也詩小宛毛傳齊正也當喜而喜當怒而怒則得其中正矣管子正世篇治莫貴於得齊亦此義荀子樂論史記樂書白虎通禮樂篇作齊是儕爲齊之假借○韭部䪢齏也重文爲韲周禮醢人有五齊齊爲韲之省借○衣部齌緶也裳下緝論語攝齊及凡禮經齊衰字皆爲齌之省借○詩大田此有不斂穧爾雅釋詁穧穫也釋文

穧本作齊齊亦穧之省借○左氏莊六年傳後君噬齊注若口嚙腹臍是齊爲臍之省借肉部𦝫毗臍也段云凡居中曰臍釋言及呂刑馬注齊中也本臍字假借之義○漢書郊祀志而事化丹沙諸藥齊爲黃金矣注齊藥之分齊也又藝文志百藥齊和注齊與劑同是齊爲劑之省借刀部劑齊也則義本通劑已見羽部翦刀部辦下○虫部蠿蠀蠀也詩碩人領如蝤蠐釋文本亦作蠐又作齊齊亦蠐之省借○莊子逍遙游注其濟一也釋文濟本作齊荀子王霸篇以國齊義注齊當爲濟此以

齊爲濟之省借。風俗通山澤篇云濟者齊齊其度量也則義亦通。○儀禮既夕記馬不齊髦注齊翦也蓋以齊爲翦翦之通借齊翦亦聲轉翦已見羽部。○金部鍗利也周易喪其資斧子夏傳及眾家竝作齊應劭曰齊利也則齊當爲鍗之假借。

朿部

𣏟 小棗叢生者。

借茦已見茦部茦又借亟棘之爲亟如詩棘人欒欒兮玁狁孔棘維其棘矣孔棘且殆我是用棘等皆謂急也。亟亦見木部極下借瘠見肉部。○詩

斯干如矢斯棘毛傳棘稜廉也韓詩作斯朸朸隅
也木部朸木之理也段云抑詩維德之隅毛傳隅
廉也箋謂如宮室之制內有繩直則外有廉隅知
斯干詩言如矢之正直則得其理而廉隅整飭矣
是朸爲正字棘爲假借字○戈部戟有枝兵也今
省作戟周禮掌舍爲壇壝宮棘門司農注以棘爲
門明堂位越棘注棘戟也詩斯干疏云古者謂棘
爲戟是棘爲戟之假借○王制西方曰棘釋文棘
本作僰人部僰楗爲蠻夷也是棘爲僰之省借若
鄭注棘之言偪使之偪寄於夷戎則仍從亟得義

而棘爲借字矣。○詩素冠傳棘急也。疏云棘作戒。音義同。江漢疏又作悈。是以棘爲戒悈之假借。䇂聲字也。戒已見廾部。○水經洧水注棘水自新野縣東南流入于淯水。謂之力棘。力聲相近。當爲棘口也。是以力爲棘之假借。

片部

片判木也。

借半。已見半部。○儀禮喪服傳夫妻牉合也。莊子作㸤雄。片合。周禮媒氏掌萬民之判。鄭注判半也。得耦爲合。主合其半。成夫婦也。段謂牉當作片。片卽媒氏判字。是牉與判皆爲片之通借。判亦見半部牉下。

牏 築牆短版也。讀若俞。一曰若紐。史漢萬石君傳石建取親中帬廁牏身自浣滌。蘇林曰牏音投。孟康曰東南人謂鑿木空中如曹謂之牏。牏蓋竇之假借字。徐廣讀牏爲竇。則牏亦竇之假借義。竝通竇與投音正合也。

鼎部

鼎 三足兩耳。和五味之寶器也。易卦巽木於下者爲鼎。象析木以炊也。籀文以鼎爲貞字。

漢書賈誼傳春秋鼎盛又匡衡傳無說詩匡鼎來注鼎猶言當也此以鼎爲丁之假借丁當也丁已見玉部玎下○籒文以爲貞葢亦假借廣雅釋詁貞當也義正通

鼒鼎之圜掩上者詩曰鼐鼎及鼒重文俗作鎡史記武帝紀封禪書引絲衣詩竝作及哉是以哉爲鼒之假借哉已見口部○鎡已見艸部茲下訓田器者亦假借爲之

鼏以木橫貫鼎耳而舉之从鼎冂聲周禮廟門容大鼏七箇即易玉鉉大吉也

此字今音莫狄切如許所釋則當音古熒切觀引周禮可知段錢皆謂宜兩字竝有鼏所以扛鼎鼏所以覆鼎一从冂冂古同字一从冖冖字形相似遂混爲一耳○攷工記匠人作大扃七箇扃乃鼏之假借士冠禮設扃鼏注今文扃爲鉉鉉者音近義同字也故金部鉉下云舉鼎具也易謂之鉉禮謂之鼏鼏卽扃與鼏爲二物○士冠禮注又云古文鼏爲密密乃鼏之假借密已見言部謐下○古者鼎有鼏尊彝有幂少牢饋食禮皆有幂注今文幂作鼏又禮器犧尊疏布幎釋文幎本作幂亦作鼏

是愼羃皆鼏之通借

克部

□肩也象屋下刻木之形古文爲□爲□

後力部勊云九極也段謂克與勊不同如春秋所書辛巳雨不克葬戊午日下昃乃克葬晉人納捷菑于邾弗克納此克之義也如鄭伯克段于鄢傳曰得儁曰克此勊之義也勊字今从刀作剋經典有克無勊他書克剋不分而勊乃廢矣案爾雅釋言克能也卽釋詁肩克也之義公羊傳克之者何殺之也此以相勝爲義當作剋而穀梁傳克者何

能也何能也能殺也仍用能訓是克劾本亦可通若洪範曰克周禮大卜注作曰尅左氏閔二年傳鄭高克詩清人釋文作尅則尅之轉變也又淮南說山訓至伐大木非斧不尅注尅截也語與詩之匪斧不克同依淮南高注當作剋訓南山毛傳則曰克能也禮坊記引詩鄭注亦曰克能也是皆用克之本義矣○書呂刑其審克之漢書刑法志引作其審核之管子七臣七主篇數出重法而不克其罪則姦不爲止王伯申曰克讀爲核核謂不核其罪之虛實也是克爲核之假借核見後而部○詩

雲漢后稷不克箋云克當作刻案許既有刻木之義釋名亦曰克刻也刻物有定處人所克念有常心也是刻可爲克之通借刻已見刀部○左氏文十六年傳而後可克釋文克本作𠠲𠠲與剋義相近錫職韻古亦通則𠠲可爲剋之假借𠠲已見攴部𣪊下

禾部

禾嘉穀也以二月始生八月而孰得之中和故謂之禾禾木也木王而生金王而死从木象其穗

晉書音義上和本作禾又音義下禾一作和案許

解巳云得之中和書歸禾序正義亦曰禾者和也管子小閒篇故命之曰禾注禾以其調和人之性命是和可爲禾之通借和已見龠部亦見木部桓下

上諱

秀本作禿从人與果實中有仁同仁者人也玉篇集韻類篇皆有禿字而鄰切自隸書秀从乃而禿遂別讀幾不知秀之本爲禿矣○許書以避光武諱故未箸篆改稱秀才爲茂才但廣雅釋言秀茂也是義本通秀茂字又疊韻則茂可爲秀之通借

茂已見艸部○艸部莠禾粟下揚生莠也讀若酉
孟子曰惡莠恐其亂苗也詩鄭風有女如荼箋云
荼茅秀也釋文秀本作莠是以莠爲秀之假借矣

稼禾之秀實爲稼莖節爲禾一曰稼家事也一曰在
野曰稼

大戴禮五帝德篇陶家事親或改爲陶漁或改家
爲稼王懷祖曰家即稼字也詩桑柔好是稼穡釋
文稼作家是其證則家本稼之通借○周禮司稼
注種穀曰稼如嫁女以有所生稻人注略同是稼
與嫁以義通也○又周禮司尊彝祼用斝彝司農

注斝讀爲稼稼彝書禾稼也正義曰諸尊皆物爲飾今云斝於義無取故破讀此以斝爲稼之假借音同也

穜埶也

此與下種字一从童一从重隸書互易之見張參五經文字○今於穀之種子音之隴切而種樹字音之用切上去腫宋各韻乃後人分別也○左氏昭三年傳余髮如此種種注種種短也釋文徐本作董董是董爲種之假借董巳見艸部○莊子讓王篇顏色種噲釋文種噲剝錯也本亦作腫種當

爲腫之假借腫已見足部踵下

穜先穜後孰也下稑字云疾孰也詩曰黍稷種稑

重文爲穋

今七月及閟宮種皆作重是重爲穜之省借故毛傳後孰曰重周禮內宰注作穜段謂轉寫以今字易之也稑字周禮如此作毛詩作穋二經各異似近假借矣

稹穜概也周禮曰稹理而堅

攷工記輪人注稹致也致今之緻字釋文本又作縝縝密與緻同義是縝爲稹之通借亦與鬒爲稠

髮同故字皆从眞聲。○又輪人司農注。稹讀爲奠祭之奠。蓋以稹爲奠之假借。義未審。奠已見丌部。○詩鴇羽傳。苞稹也。釋文稹本作槙。案爾雅釋言注。物叢生爲苞。齊人曰稹。則槙爲稹之假借。槙已見木部。

稠 多也。

借䊕。已見言部。○詩都人士。綢直如髮。釋文。綢密也。此則以綢爲稠之假借。糸部。綢。繆也。○莊子天下篇。可謂稠適而上遂矣。釋文。稠本作調。稠當爲調之假借。調亦見言部。又見卤部。○古今人表魯昭公稠。左傳作裯。史記集解引徐廣曰。一作袑。此人名未定誰借。

稀 疏也。論語鼓瑟希。皇疏云。希。疎也。希即稀之通借。故鮑明遠詠史詩。明星晨未稀。曹子建朔風詩。朱華未希。文選注。希與稀通。希已見目部睎下。○周禮澤虞。水希曰藪。疏云。希。乾也。此當爲日部晞。乾也之省借字。晞已見日部晞下。

穆 禾也。借睦。已見目部。○彡部㣎。細文也。引伸爲凡精美傳經典言穆穆於穆昭穆等皆當爲𥎊之假借○禮大傳序以昭繆注繆讀爲穆檀弓穆公召縣子而問然注穆或作繆史記魯世家集解引徐廣曰古書穆字多作繆是又以繆爲穆之假借繆穆疊韻字繆已見木部穋下○犬部默犬暫逐人也或作嘿今以爲靜默者本假借字文選非有先生論於是吳王穆然注穆猶默靜思貌也則穆又爲默之通借

稷齋也五穀之長古文爲𥞫兒乃古文畟字

借齋已見聿部借畟見夊部借厄見日部○詩楚

茨既齊既稷毛傳稷疾也鄭箋稷之言即也此以稷爲即之假借正毛義也即已見皀部○下有穄字云穈也此謂黍之不黏者穄與稷雙聲蘇恭謂穄即是稷蓋誤認不得爲假借也程氏易疇九穀考辨之最悉

𥝢稷之黏者从禾朮象形重文爲朮

廣雅釋草秫稬也案稬爲黏稻與秫本二物而崔豹古今注亦云稻之黏者爲秫則稬得假借稱秫矣○爾雅有衆秫注謂黏粟也此亦通其名非借字惟朮爲省借耳

稌　稻也。周禮曰。牛宜稌。

爾雅釋草郭注。稻今沛國呼稌。而此下稬字云。沛國謂稻曰稬。稌稻雙聲。稬奴亂切與稌亦聲之轉。則稌稬本一語可通借矣。稻已見辵部道下。

秏　稻屬。伊尹曰。飯之美者。元山之禾。南海之秏。

借眊。已見目部。○漢書景帝紀。詑於孝武後元之年。靡有孑遺。秏矣。孟康曰。秏音毛。無有秏米在者也。此用毛爲無。見後毛部。又有用秏者。案無有模音。秏讀莫報切。一聲之轉。則秏亦爲無之假借。俗改从耒旁作耗。爲消耗之義。讀呼到切。然無其字。

詩秏斁下土亦當作秏段云秏者乇之無之謂故韓詩曰惡也余謂若景帝紀注讀與眊同當是言其音非言其義耳

秜

稻今年落來年自生謂之秜

淮南子離先稻孰而農夫耨之疑離爲秜之假借秜離音同離已見隹部○後漢獻帝紀尚書郎以下自出采稻古作旅當皆爲秜之假借音相近旅已見㫃部

移

禾相倚移也一曰禾名

借貤已見貝部借施見㫃部○攻工記鄭司農注

兩引倚移從風今上林賦作旖旎從風是旖旎可爲倚移之通借亦見木部檹下○玉藻手足毋移注移之言靡迆也移當爲迆之假借迆亦見旎下○辵部迻遷徙也書多士移爾遐逖齊語則民不移注移徙也凡遷移字皆當爲迻之假借○孟子貧賤不能移注移易其行也周書文政解幼子移成注移成謂易子而教也是以移爲變易字之假借故廣雅釋詁移斁也斁即易字○攷工記輿人飾車欲侈梟人侈弇之所由輿注竝云故書侈爲移孟子放辟邪侈音義侈作移移皆爲侈之假借

○郊特牲其蜡乃通以移民也鄭注移之言羡也羡者多也此當以移爲多之假借移从多聲多已見多部

穎　禾末也詩曰禾穎穟穟今詩作禾役段云古音支清二部互轉役在支部卽穎之入聲是役爲穎之假借

采　禾成秀人所收者也俗爲穗下穗字云禾采之皃重文爲蓫書禹貢某氏傳謂禾穗釋文穗本作穟又歸禾傳合爲一穗釋文同是穟爲采之通借音義皆相近繫傳以穟蓫與采

竝爲一字。桀已見木部采下。

䅥禾舉出苗也。

手部揭高舉也。衛風葭菼揭揭，葭菼之舉與禾之舉類也。䅥揭音義略同，可爲通借。揭已見桀部。

秠一稃二米。詩曰誕降嘉穀，惟秬惟秠。天賜后稷之嘉穀也。

王云管子地員篇剽土之次曰五沙，其種大蓘小蓘。蓘讀爲秬秠之秠。上文其種大秬小秬，此云大蓘小蓘，是蓘卽秠。蓘字从艸負聲，負古讀若倍，與秠近。秠之通作蓘，猶丕之通作負也。蓘艸部蓘王蕡也。此以蕡爲秠之假借。蕡已見艸部萉下。

䅘 耕禾閒也。釋文引作耨鋤田也。此訓則出字林。春秋傳曰是䅘是蓘。

詩載芟緜緜其麃。毛傳麃耘也。麃乃䅘之省借。

秄 壅禾本。

漢書食貨志引詩或芸或芓。而下說詩作秄。艸部芓麻母也。一曰芓卽枲也。是秄爲正字。芓乃秄之假借。今詩作耔。則秄之或體也。

穫 刈穀也。

詩臣工傳。銍穫也。釋文穫本作鑊。鑊爲穫之假借。

○犬部獲獵所獲也。爾雅釋詁注。穫禾爲穫。釋文穫本作獲。獲當爲穫之假借。集韻。穫音獲。蓋穫之言獲也。義可通。故禮記儒行不隕獲于貧賤。釋文獲。本又作穫。○爾雅釋地周有焦穫。釋文穫又作護。詩六月亦作穫。則護當爲穫之假借。

積 聚也。

上積字云。積禾也。引詩積之秩秩。今良耜詩積作積。稽即夷切。與積爲雙聲。義亦同。故可通借。○借皆已見目部。借簀見竹部。借即見皀部。○後漢鄧晨傳南匈奴傳注竝云。積與迹同。是迹爲積之通借。迹已見辵部。○荀子禮論篇。積厚者流澤廣。積薄者流澤狹也注積與績同績當爲積之假借績亦見迹下○公羊莊十七年傳瀸積也釋文積本作漬水部漬漚也積當爲漬之假借故文選邱遲侍宴樂游苑詩雨息雲猶漬漬一作積漬亦見眥下

秩 積也詩曰積之秩秩

今詩作栗栗栗當爲秩之假借栗已見卤部○爾雅釋鳥秩秩海雉釋文秩本又作失蓋失爲秩之省借○豊部豑爵之次弟也引書平豑東作今書作平秩秩豑可爲秩之通借次序義同也○大部戴

字下舉詩語截截大猷。今巧言篇作秩秩。毛傳秩
秩進知也。秩當爲截之假借。○堯典平秩。史記作
便程。程有法度。亦秩序之意。則程可爲秩之通借。
案戈部截从呈聲而截卽从戜聲。故程與秩音合。
程已見口部呈下。○借逞。已見辵部。

稛 絭束也。

左氏哀二年傳。羅無勇麇之。及潞麇之。此以麇爲
稛之假借。集韻稛字亦音麇。

稃 稽也。重文爲粰。

詩大田箋。謂孚甲始生。正義云。孚者。米外之粟皮。

此以孚爲稃之省借孚已見爪部○詩角弓如塗塗附箋云附木桴也疏云木表之麤皮也附與桴皆爲稃之假借附桴亦見孚下桴又見木部○漢書中山靖王傳非有葭莩之親注莩葭裏之白皮也莩爲稃之假借莩已見艸部○史記律書萬物剖苻甲而生索隱曰苻甲猶莩甲也蓋以苻爲莩之假借實稃之轉借也艸部無苻字當卽竹部之符符見孚下

穅穀之皮也重文爲康

今人惟穅秕字作糠而凡康安康樂字皆不从禾

蓋一字分爲二字矣○康借荒已見艸部通漮見荒下借鄉見鄉部○宀部㝩屋㝩㝗也文選長門賦委參差以槺梁注㝩與槺同案槺梁當爲㝩㝗之假借方言十三注㝩㝗空貌與康之訓虛正通○欠部歞飢虛也穀梁襄廿四年傳四穀不升謂之康廣雅釋天作四穀不升曰歞康當爲歞之省借○爾雅釋器康瓠謂之甈釋文康李本作光光當爲康之假借光已見木部横下桄下又釋文引埤蒼康作㼩此乃或體別引字林作𤭢則亦以康通荒而加瓦耳○急就篇顏注曰䡉謂輿中空處

所用載物也車部無轅字其言中空正合康義是

亦可假借矣

稭　禾稾去其皮祭天以爲席

禹貢三百里納秸服禮器稾鞂之設秸鞂俱稭之

或體又或作[illegible]○漢書地理志引書作戛服郊祀

志集注亦引如湻曰稭讀如戛戛爲秸之假借卽

稭之假借也稭秸竝與戛音近故可通

⿰黍列　黍穰也

艸部莿莿芀也檀弓君臨臣喪以巫祝桃莿執戈注

莿萑苕可埽不祥左氏襄廿九年傳使巫以桃莿

先祓殯注莿黍穰是二物皆可用莿爲梨之通借○詩生民禾役穟穟毛傳役列也列乃梨之省借列已見刀部

黍梨已治者

借穰已見亓部借鄭見邑部○詩執競降福穰穰鹽鐵論論菑篇引作瀼瀼蓋以瀼爲穰之假借水部瀼字在新附○列子天瑞篇三年大壤莊子庚桑楚居畏壘三年大壤釋文竝云壤本作穰是以壤爲穰之假借壤已見肉部臁下

秊 穀孰也春秋傳曰大有秊

今作年左氏襄三十年經天王殺其弟佞夫公羊作年夫年當爲佞之假借年佞雙聲字

穀　續也百穀之總名也

借譽已見告部○堯典昧谷周禮縫人注作栁穀穀當爲谷之假借又爾雅釋天東風謂之谷風漢書王莽傳穀風迅疾谷亦作穀而釋天孫注谷之言穀則義本通○詩正月蔌蔌方有穀後漢書蔡邕傳作方轂轂爲穀之假借○左氏莊三十年傳鬭穀於菟釋文引漢書叙傳穀作㝅㝅當爲穀之假借屋韻字多與宵韻通○左傳穀梁晉郤穀士

穀釋文竝云穀本作穀此人名不定誰借

租 田賦也

借祖已見示部○周禮司巫及葙館注葙之言藉也書或爲祖祖當爲葙之假借葙已見艸部

稅 租也

借說已見言部借脫見說下○左氏襄廿七年傳如稅服終身釋文稅讀曰繐此以稅爲繐之假借○史記禮書凡禮終乎稅注稅作悅是稅爲悅之假借悅卽說字○又陸賈傳平原君母喪辟陽侯奉百金往稅注稅贈終服也此以稅爲襚之假借

禭亦見說下。

䆃禾也。司馬相如曰䆃一莖六穗。所引見封禪文史記索隱引鄭德云䆃擇也漢書百官表後漢書殤帝和帝紀皆有導官注云導官主擇米導當爲䆃之假借導已見示部禫下。

秋禾穀孰也。籀文爲龝。荀子解蔽篇鳳皇秋秋注秋秋猶蹌蹌謂舞也此以秋爲蹌之假借秋蹌雙聲字蹌已見足部蹩倉部牄下。

科程也。从禾斗。斗者量也。

孟子盈科而後進注科坎也科當卽坎之假借科坎雙聲字又不盈科不行注科欲也欲與坎同○易說卦傳爲科上槁釋文科空也案科之訓空當爲窠之假借俱見艸部薖下釋文又云科虞作折疑是異字異義非必假借

稯

布之八十縷爲稯籀文作稯

聘禮記十筥曰稯注古文稯作緵糸部無緵字蓋卽借稯字爲之許從今文也○莊子則陽篇是稯稯何爲者釋文字亦作緵周禮掌客注十筥曰緵緵當爲稯之假借詩羔羊素絲五緵亦同若莊子

䄷　釋文又云稷一本作稷殆以形似而譌。百二十斤也。稻一䄷爲粟二十斗。禾黍一䄷爲粟十六斗大半斗。斗字宋刻譌升今從段改。禮月令仲春鈞衡石此以石爲䄷之省借。楚辭九章悲任䄷之何益則又假䄷爲山石字也。

黍部

黏　相箸也。攷工記輪人雖有深泥亦弗之溓也。鄭司農注溓讀爲黏。此以溓爲黏之假借。水部溓薄冰也義異。

黎　履黏也。从黍㓾省聲。㓾古文利作履黏以黍米也。

爾雅釋詁黎眾也此義行而黎之本義廢矣○借藜已見艸部借犂借棃見牛部犂下借剺見刀部借𨞼見邑部○楚辭逢紛篇顏黴黧以沮敗兮注黧黑也黑部無黧字蓋轉借黎字爲之廣雅釋器黎黑也案疒部癘癰也一曰瘦黑讀若隸錢謂此面目𤺌黑字則黎當爲𤺌之假借○禹貢厥土青黎史記作青驪驪亦黎之假借○文選舞賦黎收而拜注黎與邌同是黎爲邌之省借邌亦見犂下○文選辨亾論丁奉離斐以武毅稱注黎與離音相近黎姓也離爲黎之假借離已見隹部○孔子

世家黎鉏左氏定九年傳作犂彌意林引韓子作黎沮此皆音近未定誰借

米部

糕早取穀也一曰小

內則稰穛注孰穫曰稰生穫曰穛穛卽糕字楚辭大招文選七發皆稱穱麥爵焦同音則糕與穱可爲糕之通借而禾部竝無之

粲稻重一柘爲粟二十斗爲米十斗曰毇爲米六斗大半斗曰粲

借餐已見食部○粲米最白故引伸爲鮮好之稱

詩大東粲粲衣服文選注引韓詩作采采采爲文
采之義可爲粲之通借采粲雙聲字采已見木部
亦見艸部菜下○詩綢繆如此粲者何毛傳三女
爲粲釋文引字林粲作㛮許書女部作㛮云三女
爲㛮㛮美也則粲當爲㛮之假借

糱 米牙米也

月令麴糱必時注古者穫稻而漬米麴至春而爲
酒漢書司馬遷傳有媒孽字注云孽如麴糱之糱
是以麴孽爲麴糱之假借孽已見木部櫱下○下
糱字云炊米者謂之糱李巡爾雅注飯米半腥半

糪曰檗與此異而形易混

糂以米和羹也一曰粒也籀文爲糣古文爲糝

詩潛有多魚毛傳潛槮也爾雅釋器槮謂之涔郭注謂積柴水中令魚依之止息故槮字从木舍人李巡皆云以米投水中養魚曰涔則當从米作糝其作槮者殆假借用之又网部罧字云積柴水中以聚魚也淮南子罧者扣舟罧與槮兩字兩義投米水中爲糝積柴水中爲罧槮乃罧之假借同韻字也槮已見木部○墨子藜羹不糂十日呂覽作不斟斟當爲糂之假借同甚聲也史記張儀傳歠

吸。索隱云斟謂羹勺故因名羹曰斟斟於義得通。

䊩 酒滓也。籀文爲䊩。

周禮酒正注引內則清糟字皆作䣼。云糟聲與䣼相似。記之者各異耳。是䣼可爲糟之通借。而本書別無䣼字。

粈 糅飯也。

食部有飷字。亦曰糅飯也。是二字通借。儀禮鄉射禮記旌各以其物。無物則以白羽與朱羽糅。糅字本部所無。當卽借粈飷爲之。

䊖 粽也。

䴹即末字。玉篇作䴹也。廣雅釋器。䴷謂之䴹。麥部䴹下云。麥末也。是䴹爲䴷之通借。䴷䴹聲之轉。

粹 不雜也。

荀子儒效篇。力少而任重。舍粹折無適也。注。粹讀爲碎。此以粹爲碎之假借。○淮南原道訓。則純白不粹。又時則訓。視肥臞全粹。注竝云。粹讀禍祟之祟。此當擬其音。非借其字。

粠 陳臭米。

漢書賈捐之傳。太倉之粟。紅腐而不可食。師古曰。粟久腐壞則色紅赤也。紅當爲粠之假借。紅已見

工部

𥻘𥻨𥻘散之也

左氏昭元年傳周公殺管叔而蔡蔡叔釋文上蔡字音素葛反說文作𥻘正義曰𥻘爲放散之義故訓爲放此似以蔡爲𥻘之假借蔡𥻘音相近抑或形似而譌孟子殺三苗於三危殺乃𥻘之省借段云齊民要術凡言𥻘米者皆𥻘米也殺已見殺部

䊳碎也

廣雅釋器糜饘也又曰糜糏也糏當卽上文𥻨𥻘之𥻨古聲義並同糜之訓饘卽本部糜糝也之義其訓糏則此䊳字

段云糜與䊳音同義少别凡言糜碎者皆當爲䊳之假借糜已見食部○火部有爢字云爛也與䊳義近楚詞精瓊爢以爲粻注爢屑也爢當爲䊳之通借若孟子糜爛其民則當爲爢之假借矣○漢書東方朔傳至則靡耳注靡碎滅也又文選盧子諒荅劉琨詩靡軀不悔靡皆當爲䊳之假借亦可爲爢之假借若少儀國家靡敝正義云靡爲糜謂財物糜散凋敝糜散卽䊳碎靡亦䊳之假借而糜其轉借也○禮記問喪鄰里爲之𩞄粥釋文本亦作糜集韻𩞄忙皮切與糜同此乃異體之通借耳

竊盜自中出曰竊从穴米禼廿皆聲也廿古文疾禼古文偰

虎部云竊淺也爾雅釋鳥夏鳸竊元秋鳸竊藍冬鳸竊黃棘鳸竊丹昭十七年左傳正義云竊古之淺字竊元淺黑也竊藍淺青也竊黃淺黃也竊丹淺赤也又釋獸虎竊毛謂之虦貓此皆以竊爲淺之假借淺竊雙聲字淺已見食部餞下案今爾雅冬扈竊黃下更有桑扈竊脂邵氏正義辨爲後人羼入是也蓋此語別見上文與扈鴳相接義亦不同彼郭注云俗謂之青雀觜曲食肉好盜脂膏詩

小宛鄭箋云竊脂肉食則用竊之本義非假借矣○荀子哀公篇竊其有益與其無益注竊宜爲察莊子齊物論竊竊然知之釋文竊竊猶察察也是竊爲察之假借竊察亦聲轉○莊子馬蹄篇詭銜竊轡釋文竊轡齧轡也此以竊爲齧之假借竊齧疊韻字齧已見齒部齧下

臼部

舂也古者掘地爲臼其後穿木石象形中象米也

案此字下不開而稍圓其九切與三篇臼部叉手也从𦥑下不連居玉切形似易混故箸之

舂擣粟也。从廾持杵臨臼上。午，杵省也。古者雝父初作舂。

史記魯世家舂其喉。集解引服虔曰：舂猶衝也。衝引伸之義爲衝擊，故以舂爲衝之假借。但行部衝通道也，殊未合。○釋名：舂，撞也。手部撞，刊擣也。則舂當爲撞之假借。冬江韻合，又舂字爲持杵擣米，與持戈擊人亦通也。若左氏文十一年傳富父終甥摏以戈，注亦云摏猶衝也。手部無摏字，卽舂之加手旁耳。○穆天子傳示女舂山之瑤，注：山海經舂字作鍾，音同耳。是舂爲鍾之假借。

臿 春去麥皮也。从臼干，所以臿之。

今以臿爲鍫臿字，本是假借之義。亦作鍤。鍤又臿之假借。○示部𥜽下云：讀若春麥爲橇之橇。今示部作𥜽，則讀若字將何解，故從段本。廣雅釋詁：橇，春也。疏證改从木爲从示，疑非。橇可爲臿之通借，臿橇雙聲字。○手部：插，刺肉也。戰國策：坐而織蕢，立則杖插。是以插爲臿之假借。若上林賦：赤瑕駁犖，雜臿其間。則臿又插之省借矣。

舀 抒臼也。詩曰：或簸或舀。重文爲抭，爲𦥃。

○別見後臼部。

今生民詩：或春或揄，或簸或蹂。此簸字爲春之誤。

揄當爲舀之假借。舀以沼切。今語也。古讀如由。與揄音同。手部揄。引也。惟韓非子云。麗援揄兵而南。是用揄之本義。○周禮舂人女舂抌二人。鄭注。抌抒臼也。引詩或舂或抌。是亦以揄爲抌之假借。○儀禮有司徹二手執挑匕枋以挹湆注于疏匕。鄭云。挑謂之歃。讀如或舂或抌之抌。字或作挑者。秦人語也。今文挑作抌。案言讀如。但擬其音。而今文作抌。直以挑爲抌之假借。抌音如由。與挑聲轉。此尤韻之合蕭豪也。卽以沼切爲遙上聲。亦與挑叶。今人挹彼注此謂之舀。則挹注之器亦可偁舀。舀卽抗。秦人以爲挑。故云執挑匕枋以挹湆也。挑已見又部叏下。

說文假借義證卷十三

嘉興張鳴珂
族曾孫　彝　同校

說文假借義證卷十四目錄

耑部文一　證見寸部專立部端下

𧮫部文六　證一齎見㱩部

瓜部文七　證二

瓜　瓞

瓠部文二　證一

瓠

宀部文七十一　證三十四

家　宅　官　寏　宛　宸　宇　寏　宏

定　宓　宴　宋　察　完　富　實　容

寶　宭　宰　守　宥　宜　宵　寑　寡

寠 宊 寒 寇 宕 宋 宗

宮部文二 證二

宮 營

呂部文二 證二

呂 躳

穴部文五十一 證十六

窔 邃 突 竇 窊 空 窌 窬 窺

竀 窋 窴 窒 窕 竄 窆

㝱部文十 證一

寐

疒部文百二　證二十

疾　瘣　瘨　疵　痒　瘍　㾷　瘚　痤

瘜　疥　瘕　癘　㾫　瘇　瘒　𤻲　瘥

痕　瘉

冖部文四　證二

冣　託

冂部文四　證一

同

冃部文五　證三

冃　冕　冒

㒳部文三　證一

兩

网部文三十四　證十二

网　羅　罪　罾　罠　羅　罬　罿　罣

置　罷　罵

襾部文四　證三

覂　覆　覈

巾部文六十二　證二十六

帥　幅　帨　幘　常　帴　幒　幎　幬

幏　帷　帳　幕　帔　幓　帖　微　幖

幭　幠　幝　席　幨　幔　帑　布

市部文二　證二

市　韐

帛部文二　證一

帛

白部文十一　證二

皎　皤

㡀部文二　證二

㡀　敝

黹部文六　證五

黹 黻 黼 𪓐 黺

光緒二十五年歲在己亥仲冬月族曾孫蔭成重校刊

說文假借義證卷十四

弟七篇下　　涇朱珔學

朩部

朩　分枲莖皮也。从屮，八象枲皮。讀若髕。

案：六篇已有朩部，義各異。朮匹刃切，朩普活切，音亦迴隔，而字形酷似，恐讀者易混，故特著之。

枲　麻也。籀文从林从辝，爲𦬟。

艸部芓，麻母也。一曰芓卽枲也。枲胥里切，與芓疊韻。芓爾雅作莩。艸部又有萁字，云芓也。是芓一名萁，皆可爲通借也。○廣雅釋草：常枲，胡枲，枲耳也。

疏證謂常枲名醫別錄一名常思思枲古聲相近又胡枲御覽引博物志作胡葸葸枲同音是思與葸皆爲枲之假借○淮南覽冥訓瞽師庶女位賤尙葈王謂尙葈卽周官典枲葈謂麻枲非寃耳也案艸部無葈葈亦枲也蓋借字耳此與楚辭哀歲篇葈耳兮充房同其餘別體不悉舉○禮記閒傳曰斬衰貌若苴齊衰貌若枲注枲或爲似枲字上从已篆文與以同枲似亦同韻故可假借

𣏟部 𣏟匹卦切

𣏟葩之總名也葩當作𦰡𣏟之爲言微也微纖爲功象形

下接𣏟部𣏟與林古蓋同字故春秋說題辭亦曰𣏟之爲言微也是林爲𣏟之通借○孟子妻辟纑趙岐劉熙注皆云緝績其𣏟曰辟段謂今俗語緝𣏟析其絲曰劈卽林也是以辟爲林之假借辟林亦聲轉

檾枲屬詩曰衣錦檾衣

衛碩人鄭丰皆作褧衣衣部褧檾也下引詩亦作褧衣是褧爲檾之通借○玉藻禪爲絅中庸引詩衣錦尙絅糸部絅急引也絅當爲褧檾之假借書大傳作尙蘔則異字○周禮掌葛徵草貢之材注

蹟紵之屬蹟卽蘏之省禮雜記如三年之喪則旣潁其練祥皆行鄭云潁草名無葛之鄉去麻則用潁士昏禮被潁黼注潁禪也正義云讀如詩褧衣之褧中庸釋文亦云絅本又作潁案蘏蹟潁三字竝本書所無惟潁見廣韻而音義皆同則爲異體之通借矣○段云褧衣者以檾所績爲之蓋士昏禮所謂景也是以景爲褧檾之假借音同也景已見日部又云今之檾麻本草作苘麻其皮不及枲麻之堅韌案苘爲貝母已見艸部唐韻苘有武庚切故亦可借檾也

麻部

麻枲也。从𣏟。从广。𣏟人所治也。在屋下。

已見上𣏟下。又爾雅釋樂大鼓謂之麻。郝謂麻之言靡。緻密之意。郭注。麻者音概而長也。概居器反。即稠密之義。是靡可爲麻之假借。靡亦从麻也。故呂覽任數篇西服壽靡注。靡一作麻。○周禮土訓幽并地宜麻。釋文麻一本作𪎊。劉沇皆作𪎊。音紀倫反。案注辨土所宜。荆揚皆言穀。幽并不應獨言獸。紀倫之音恐非。𪎊當爲𪎊之譌。因誤作音。𪎊𪎊皆麻之假借。𪎊从麻聲。𪎊則因𪎊而異其字與麻亦音轉糜縻並已見肖部糜又見米部䊳下○詩九月叔苴毛傳苴麻子也儀禮喪服傳苴經釋文苴有子之麻是苴卽麻苴可爲麻之假借麻韻亦有苴也苴已見艸部

𣏟未練治纑也

廣雅釋器後麻絹也疏證謂論衡量知篇云無染練之治名曰縠纑卽生絲也縠與縠通案縠曹憲音苦木反正縠之同部段亦謂後之入聲如斛大雅垢與谷韻是也則縠可爲縠之假借

朩部

尗 豆也。尗象豆生之形也。

今字作菽。經典皆同。○詩采菽序釋文。菽本亦作叔。詩生民蓺之荏叔。禮檀弓啜叔飲水。春秋定元年經隕霜殺叔。釋文竝云。叔本或作菽。是叔爲菽之省借。叔已見又部。○廣雅釋草。豆葉謂之藿。疏證云。或即謂之菽。詩小宛中原有菽。毛傳。菽藿也。豳風亨葵及菽。釋文亦云。菽藿也。是藿爲菽之假借。音可轉通也。藿已見雔部靃下。

枝 配鹽幽尗也。俗从豆爲豉。

釋名云。豉嗜也。五味調和須之而成。乃可甘嗜。故

齊人謂鼓聲同嗜也是以嗜爲鼓之通借

瓜部

瓜 蓏也象形

爾雅釋草有蕻菇菇亦作姑卽王瓜也古讀瓜如姑姑乃瓜之假借姑已見夂部○三國志管寧傳注引魏略云焦先及楊沛並作瓜牛廬止其中瓜當作蝸謂圜舍形如蝸牛蔽也此以瓜爲蝸之假借瓜蝸疊韻字○論語雖疏食菜羹瓜祭瓜本可如字解鄭注魯讀瓜爲必此或以瓜瓜必篆形略似而誤因改讀不定爲假借必已見革部柲華部畢

角部鷽下.

瓝 小瓜也.

爾雅毛詩傳竝作瓟.段謂交聲勺聲同部.是可通借.案爾雅又有瓝.九葉釋文謂樊光本瓝作駮.則假借字矣.○下瓞字云.瓝也.引詩緜緜瓜瓞.瓞重文爲𤬪.案釋草云.瓞瓝.其紹瓞.瓞亦訓瓝.蓋三者同物.瓞又可爲瓝之通借.瓝.蒲角切.瓞.徒結切.聲相轉也.

瓠部

瓠 匏也.

豳風八月斷壺。毛傳。壺。瓠也。爾雅釋器。康瓠謂之甈。注。瓠壺也。鶡冠子中流失船。一壺千金。壺皆爲瓠之假借。○爾雅釋草。瓠棲。瓣釋文引舍人本瓠又作觚。是以觚爲瓠之假借。觚已見角部。○禮記郊特牲。天子樹瓜華。注。華。果蓏也。郝謂是讀華爲瓠。古音同。瓠與𠌶部荂俱从夸聲。此其證。案華郭注音敷。與瓠近。虞遇韻通。故可假借。華已見荂部。○莊子逍遙遊。瓠落無所容。釋文引梁簡文注。瓠落猶廓落也。瓠从瓜聲。與廓近。故瓠爲廓之假借。廓已見𩫏部。

宀部

尻也古文爲

莊子列禦寇單千金之家釋文家本亦作賈又作價此以家爲賈之假借價卽賈已見貝部○左氏桓八年傳家父古今人表作嘉父此人名未定誰借嘉已見壴部

所託也古文爲爲

借度已見又部○士相見禮宅者注謂致仕者去官而居宅或在國中或在野今文宅爲託王伯申曰託字爲長蓋羈旅之人寄託於此國者也襄廿

七年左傳衛子鮮出奔晉託於木門終身不仕是其證則宅爲託之假借宅本訓託託宅俱从乇聲○易解百果草木皆甲坼釋文坼馬陸作宅此以宅爲坼之假借文選蜀都賦百果甲宅注宅居也又引易鄭注皮曰甲根曰宅則宅爲如字王又云宅乃乇之假借乇部乇字云艸葉也從垂穗上貫一下有根象形字乇宅坼古㕯同聲故又通作坼周易述乃以坼爲古文宅字之譌非也○書五流有宅史記宅亦作度鄭注宅讀曰咤懲刈之器則以宅爲咤之省借字咤即口部之吒也

宎戶樞聲也。室之東南隅。

爾雅釋宮。東南隅謂之宎。又作窔。儀禮既夕記埽室聚諸窔。鄭注。室東南隅謂之窔。是經典宎多作窔。邵瑤圃曰。說文無窔字。穴部宎云。宎。窔深也。又宎。冥也。義皆相近而不同。古人嘗言奧窔。荀子非十二子篇奧窔之間簟席之上。淮南主術訓責之以閨閤之禮奧窔之間本部宎與奧聯文則正字當作宎。而窔爲宎之假借矣。

奧宛也。室之西南隅。

借𡩜已見𡩜部借𡩜見𡩜下。○爾雅釋宮。西南隅謂之奧。仲尼燕居室無奧阼。釋文並云奧本或作隩。自部隩。水隈厓也。隩爲奧之假借。若禹貢四隩既宅。史漢俱作四奧。則奧又隩之省借矣。○水部澳云隈厓也。其內曰澳。其外曰隈。衛風瞻彼淇奧。大學引作淇澳。是詩以奧爲澳之省借。若大學釋文澳本又作隩。則澳與隩音義皆同。自可通借也。○火部燠。熱在中也。洪範時燠若。史記宋世家漢書五行志並作奧若。是奧爲燠之省借。而堯典厥民隩。史記作其民燠。此又燠之借隩。實燠之通爲奧也。鄭注。奧。內也。在內則暖。故爲燠。燠正與熱在中之訓合。㶇已見邑部郁下。

宛屈艸自覆也。重文爲惌。

借薀。已見艸部。○攷工記函人欲其惌注。惌小孔皃。讀爲苑彼北林之苑。是以惌爲苑之假借。菀亦見艸部。○內則。兔爲宛脾注。宛或作鬱。史記倉公傳。寒溼氣宛。宛亦鬱也。宛卽菀之音。菀鬱音同。是可通借。鬱亦見菀下。又見鬯部鬱下。○詩唐風宛其死矣。秦風宛在水中央。釋文並云。宛本作苑。段謂凡狀皃可見者皆曰宛然。則苑當爲宛之假借。苑亦見艸部苑下菀下薀下。

宸 屋宇也。

文選甘泉賦日月纔經於柍桭注引服虔曰柍中央也桭屋梠也木部無桭字當卽宸之異體假借○尸部屒云伏皃一曰屋宇也亦義與此音義皆同是可通借

宇 屋邊也易曰上棟下宇籀文爲寓

借芋已見艸部借訏見言部○墨子非樂上篇非以高臺厚榭邃野之居爲不安也王伯申曰野卽宇字古讀野如宇見唐韻正楚辭招魂及鹽鐵論竝有高堂邃宇語野則不得言邃且與上下文義

不屬。是以野爲宇之假借。若招魂又云。其外曠宇些。注。宇。野也。則宇轉爲野之假借矣。案曠宇或作宇宙字。亦可通。

寏 周垣也。重文爲院。皀部又有院字。云堅也。蓋因从完得義。已見於此。則後爲重出。今以院爲院落字。正周垣之義。與艸部苑字可通借也。

宏 屋深響也。下有宖字。云屋響也。與此音義皆同。可爲通借。或疑爲一字。段云深下響字衍。案響或是廣雅之誤耳。○弓部弘弓聲也。法言云。其中弸。深其外肅括。弸當爲宏之假借。○漢書司馬相如傳。崇論閎議。史記作閎議。閎與閎皆當爲宏之假借。○考工記梓人。其聲大而宏。司農注。宏讀爲紘綖之紘。案此疑本作紘讀爲宏。紘乃宏之假借。否則讀爲當是讀如。○後水部浤字云。下深貌。此與宏及閎義略同。則亦可假借矣。

宓 安也。

借帝借寞。已見丄部。寞亦見丌部。○堯典。以閏月定四時。史記作正四時。定本从正。即訓正。可爲通借正已見正部○爾雅釋器斫斵謂之定郭注鋤屬也釋文定本作錠案金部錠鐙也與鋤未合或取其形似以名之而定則省借字與○爾雅釋言頞題也注引詩麟之定頁部無頞字當卽借定字爲之定頞雙聲字○周語及定王注定當爲貞此王謚或聲近而誤釋名貞亦訓定則本通貞已見鼎部

宓安也

借謐已見言部借虙見虍部借伏見虙下○山部云山如堂者密本之爾雅今凡密靜字皆當爲宓

之假借。密亦見謐下。○樂記。陰而不密。漢志作不集。廣雅釋詁。集。安也。是集爲宓之通借。集已見雥部。○漢書劉向傳。密勿從事。注云。猶黽勉從事也。是密勿與黽勉可爲通借。○春秋襄三十一年經。莒人弑其君密州。左氏傳作買朱鉏。段云。買卽密如瀆水卽汨水是也。朱鉏卽州。如郝婁卽鄒是也。則亦音近假借字矣。

宴　安也。

借曣。已見日部晛下。○又日部。晏。天清也。移日於宀下。卽爲宴。今凡晏安字當爲宴之假借。但晏从安聲亦得安義故堯典文思安安今文尙書作晏晏左傳安孺子古今人表作晏孺子並可通借也○詩北山或燕燕居息漢書五行志作宴宴凡燕饗燕間字皆爲宴之假借○女部嬿女字也邶風燕婉之求毛傳燕安婉順也文選西京賦注引韓詩作嬿婉云好皃燕當爲嬿之省借後有婉字云宴婉也婉卽婉可通借也○女部又有晏字云安也引詩以晏父母卽周南歸寍父母之異文寍亦安也宴从晏聲義卽同則晏爲宴之省亦通借矣○詩氓篇言笑晏晏釋文晏晏本作丱丱蓋晏與宴通

卝則假借字也。晏卝音尤近。卝已見毌部。

宋 無人聲。重文爲諔。

口部作啾。見嘆字下。○邵瑤圃曰。易繫辭寂然不動。韓詩章句。寂無聲之貌也。見文選西征賦注。正字當作宋。案方言作家。云靜也。江湘九嶷之郊謂之家。乃宋之異體假借也。

察 覆也。

借竊。已見米部。○言部詧。言微親察也。與此可爲通借。顏氏家訓書證篇曰。詧古察字。○中庸言其上下察也。鄭注。察著也。謂著明於天地也。王懷祖曰廣雅察至也此明君子之道之大上至於天下至於地也故下文言及其至也察乎天地察與際古同聲淮南原道訓高不可際注際至也彼處施四海際天地文子道原篇作施於四海察於天地是察當爲際之假借○鄉飲酒義愁以時察守義者也注察猶察察嚴殺之貌也察或爲殺殺當是察之假借殺已見殺部亦見米部𥻘下

完全也

借元已見一部○本部寬屋寬大也此處則云古文以爲寬字蓋言古文假借以完爲寬也○漢書

惠帝紀。皆完之。注引孟康曰。完。不加肉刑。髡鬄也。
周禮掌戮。髡者使守積。漢刑法志作完者。是以完
爲髡之假借。元寒韻合也。而先鄭轉云。髡當作完。
蓋漢時祇用完字矣。

畐

備也。一曰。厚也。
書呂刑。典獄非訖于威。惟訖于富。傳云。世治貨賂
不行。王伯申曰。非也。富讀曰福。易之福謙。京房福
作富。郊特牲。富也者。福也。詩瞻卬。何神不富。毛傳。
富。福也。此威福相對爲文。下文一人有慶。兆民賴
之。是訖于福之義。案富福俱从畐聲。故富可爲福

之通借亦見食部饛下

實富也从宀貫貫貨貝也

本部寔止也詩韓奕實墉實壑實畝實籍箋云實當作寔趙魏之東實寔同聲覲禮伯父實來注今文實作寔周語咨於故實卽故寔韋注故事之是者也此皆以實爲寔之假借寔已見是部○禮雜記使某實注云實當爲至此讀周秦之入聲之誤也是以實爲至之假借古讀至如質○詩椒聊實大且篤唐石經作碩大實碩本雙聲可通借爾雅釋詁碩大也疊字義亦合與上章同○周禮大宗

伯以賓柴祀日月星辰。司農注。故書或作賓柴。此疑字形相似而誤。非必假借。

容盛也。古文爲㝐。

借訟。已見言部。借庸。見用部。○頁部。頌。皃也。籒文爲額。經典凡言儀容者。本當爲頌之假借。今俱作容。而以頌爲頌美字。並非正義。若漢書刑法志頌繫。注。頌讀曰容。謂寬容之。不桎梏。此又以頌爲容之假借。頌亦見訟下。庸下。○伏生五行傳。思心之不容。注。容當爲睿。案洪範。思曰睿。古睿字作容。與容形相似。但古文尚書作睿。今文尚書自作容。取義各別，非必假借。又春秋繁露五行五事篇云：思曰容，容者言無不容。則義亦可通矣。○金部：鎔，冶器法也。漢書食貨志注：鎔，形容也，作錢模也。則容亦可爲鎔之省借。

寶 珍也。古文爲宲。

借葆，已見艸部。○本部：宲，藏也。引書：陳宲赤刀。今顧命作寶。宲爲寶之通借。禮器：家不寶龜，宜作宲，與藏義合也。○易繫辭：聖人之大寶曰位。釋文：寶，孟喜本作保。保當爲寶之假借。保亦見葆下。○莊子庚桑楚：正得秋而萬寶成。釋文：元嘉本作萬實。

此以義通。○左氏莊六年經齊人來歸衛俘。注俘，四也。公穀作寶。疑經誤。疏云或用古保字與俘相似。案人部俘，軍所獲也。段謂俘从孚聲，寶从缶聲，古音同。經用假借字，傳則用正字，皆非誤也。

宭

羣尻也。

論語羣居終日。羣當爲宭之通借。○左氏昭五年傳求諸侯而麇至。注麇，羣也。此蓋以麇爲宭之假借。麇已見禾部穪下。

宰

辠人在屋下執事者。从宀，从辛。辛，辠也。

公羊僖三十三年傳宰上之木拱矣。注宰，冢也。小爾雅廣名同又列子天瑞篇宰如也釋文宰如言如冢也此蓋以宰爲冢之假借宰冢雙聲字○荀子大略篇孔子望其壙皋如也注皋當爲宰又王霸篇睪牢天下新序作宰牢二者疑字之形似而誤非假借也說見後夲部○借采見木部

守 守官也从宀寺府之事也从寸法度也

犬部狩火田也火字今誤作犬引易明夷于南狩易釋文狩本作守象傳南狩之志集解云冬獵曰狩左氏僖二十八年經天王狩于河陽亦作守守皆爲狩之省借若尙書東巡守釋文守本作狩經典甚多

孟子巡狩者巡所守也則狩當爲守之假借但詩叔于田及伐檀正義引爾雅李巡注曰冬圍守而取禽無所擇也左氏隱五年傳冬狩注狩圍守也是狩亦从守取義本可通矣

宥　寬也

借又已見又部借休見木部○聘禮朝服致之以侑幣有司徹乃議侑于賓注竝云古文侑作宥此蓋以宥爲侑之假借若管子法法篇文有三侑注侑寬也則侑轉爲宥之假借矣侑已見口部圍下○易解君子以赦過宥罪釋文宥京本作尤尤當

爲宵之假借。尤已見言部訧下。

所安也。从宀之下一之上。多省聲。古文爲。亦爲。

漢石經作宜。今皆如此作。詩假樂宜君宜王。釋文作且君且王。蓋从石經而又省借也。○太元狩好是宜德注宜美也。此乃用烝民詩以宜爲懿之假借。

夜也。从宀。宀下冥也。肖聲。

借肖已見肉部。○學記宵雅肄三注。宵之言小也。是宵爲小之假借。○士昏禮姆纚笄宵衣在其右。

注。宵讀爲詩素衣朱綃之綃。又特牲禮纚笄宵衣。釋文。宵依字作綃。是以宵爲綃之假借。

寑　臥也。籀文爲𡩠。㾕部㾕。病臥也。故其字从疒。與寑本異義。今㾕省作寑。而凡宮寑寑息之字皆用寑。惟禮記問傳㾕苫枕塊。釋文本亦作寑。爲通借耳。

寡　少也。从宀頒。頒分也。宀分故爲少也。禮記緇衣。故君子寡言而行以成其信。注云。寡當爲顧。聲之誤也。是以寡爲顧之假借。寡顧雙聲字。顧已見隹部雇下。○易說卦。爲寡髮。釋文。寡本作宜。考工記車人牛矩謂之宜。釋文。宜本或作寡。案寡與宜音未合。疑寡字从頒。頒亦聲。頒宜音近。乃通韻也。易釋文又云。黑白雜爲宜髮。正孟子之所謂頒白者。則宜可爲寡之假借矣。

寠 無禮居也。

爾雅釋言。寠貧也。字从穴。他書亦多作窶。當从說文。詩北門傳。窶者。無禮也。貧者。困於財。一切經音義引字書云。窶。空也。郝謂窶从婁聲。婁訓空。故以空言。是假借也。婁見後女部。

宂 貧病也。詩曰。煢煢在宂。

今周頌作嬛嬛在疚。毛傳。疚。病也。段云。毛萇本作宊。釋以病者。謂宊爲疚之假借。案疒部無疚字。則疚卽宊之或體。非假借也。若詩雲漢疚哉冢宰。釋文疚本作宊。又作宄。宄音軌。乃今之奸宄字。特以从久與从九同聲。故亦假借耳。

凍也。从人在宀下。以茻薦覆之。下有仌。

文選曹子建名都篇寒鼈炙熊蹯。七啟寒芳苓之巢龜。注並云。寒與韓同。案韓寒二字本通用。故左氏襄八年傳寒浞。古今人表作韓浞。呂覽觀表篇寒風。淮南作韓風。

𥨊 塞也。讀若虞書曰𥨊三苗之𥨊。

今書作竄。段云：此處二𥨊字宜作竄。凡言讀若者，例不用本字也。但陸贄闕中事狀，倘有賊臣盜𥨊，正用竄義。則𥨊亦可爲竄之通借。𥨊竄取切，字林竄七外反，故音近。書語已見米部𥹻下，是竄當爲𥹻之轉借耳。

宕 過也。一曰洞屋。汝南項有宕鄉。

段謂洞屋者，通迵之屋，四圍無障蔽也。凡道家言洞天是也。洞蓋宕之假借，宕洞音之轉。○又云：之宕，故碭也。穀梁文十一年傳長狄兄弟三人佚

宕中國宕當爲蕩之假借

宋 凥也讀若送

讀若者但取其音而釋名釋州國云宋送也地接淮泗而東南傾以爲殷後若云滓穢所在送使隨流東入海也是宋亦送之通借

宗 尊祖廟也

左氏成五年傳晉侯以傳召伯宗穀梁作伯尊又莊子胠篋篇尊盧氏外紀引六韜金樓子作宗盧是尊爲宗之通借音亦相近○儀禮喪服傳注布八十縷爲升疏云八十一縷謂之宗宗卽古之升

也。案宗當爲稯之同音假借。而叉通借升也。古東冬韻多與蒸通。稯已見禾部。○王制有圭璧金璋。不粥於市。圭璧璋三者皆瑞名。雜入金字殊不倫。王伯申曰金當作宗。篆書宗作𡧍金作金。形似而譌也。宗者琮之省借字。琮从宗聲。而借用宗。猶璋从章聲。而省用章耳。家語刑政篇載此文作圭璋璧琮。不粥於市。易林需之井。珪璧琮璋。執贄見王。其次序正與王制合也。

宮部

宮　室也。

周禮小宰掌建邦之宮刑杜注宮當爲官此以宮爲官之假借宮官雙聲字故穀梁桓十四年傳內之三宮釋文宮本作官官已見食部館下○書君奭南宮括釋文引馬本作南君括廣雅釋詁宮君也音亦轉君已見口部

營 市居也

借禜已見示部借縈見禜下借環見玉部借還見辵部借營見言部○易象上傳不可營以祿虞注營或作榮王伯申曰營字是也漢書叙傳四皓遯秦古之逸民不營不拔嚴平鄭眞應劭引易不可

營以祿。又婁壽碑。安貧守賤。不可營以祿。老子銘。樂居下位。祿執弗營。費鳳碑。退已進弟。不營榮祿。是兩漢相傳多作營惑之營。其作榮者。假借字也。

○荀子宥坐篇言談足以飾邪營眾。注。營讀爲熒。是以營爲熒之假借。史記孔子世家。匹夫而熒惑諸侯者。索隱云。熒惑謂經營而惑亂也。則義亦通。

○老子載營魄。注。營魄魂魄也。是營爲魂之假借。魂已見員部。

呂部

呂 膂骨也。象形。昔太嶽爲禹心呂之臣。故封呂侯。篆文爲旅。

膂借旅。已見㫃部。又左氏宣十八年經楚子旅卒。穀梁作呂。旅卽膂之省。呂膂同字。楚世家作侶。字在新附中。案呂覽律中大呂。注。呂旅也。所以旅陰卽養助其成功。則呂與旅義亦通。○書呂刑大傳作甫刑。周本紀呂侯。古今人表作甫侯。案書疏呂侯子孫改封爲甫侯。甫呂疊韻。則亦可通借。甫已見邑部郙下。

躳　身也。重文爲躬。

借竆。已見革部鞠下。○公羊宣十五年傳。潞子之善也。躬足以亾爾。何注。躬身也。王伯申曰。躬當讀爲窮。蓋潞子去俗歸義而無黨援。遂至窮困也。孔氏通義以躬屬下讀云足以亾其躬。案經言以潞子嬰兒歸未嘗殺之也。不得云亾其躬。古人字多假借。躬者窮。躬之假借也。○論語吾黨有直躬者。釋文。躬鄭本作弓。案鄭以直弓爲人姓名。今釋爲直其躬而行。則弓乃躬之省借。○書牧誓其于爾躬有戮。周本紀作爾身。躬身一也。即以音如易之震不于其躬于其鄰。亦東眞合韻。身已見言部信下。○楚語余左執鬼中右執殤宮。韋注。殤宮殤之居也王褒祖曰韋說非煬之居則不可言執故又云把其祿籍制服其身知其居處殆迂矣宮讀爲躳中躳皆身也執煬躳猶言執鬼中耳蓋宮爲躳之假借宮已見上

穴部

穾深也一曰竈突从穴从火从求省繫傳云讀若禮三年導服之導

段云水部㴱下但云水名不言淺之反是古㴱淺字作穾則㴱當爲穾之假借此處乃以今字釋古字也○詩殷武罙入其阻毛傳罙深也鄭箋以字

形相似易罙爲罙訓爲冒此二字二音釋文以罙罙爲一非也案网部罙周行也引詩亦作罙與鄭同而與毛異今詩作罙卽罙字也○廣雅釋宮竈窻謂之埃埃下謂之下闕一字段云當是突字突卽浚不宜有異音蓋竈突可讀如禫與突爲雙聲耳

寮穿也論語有公伯寮

詩大東百僚是試釋文字又作寮同左氏文七年傳同官爲寮釋文本又作僚段謂同官者同居一域如俗云同學一處爲同窗也至僚字則在人部

云好也。陳風皎人僚兮，毛傳：僚，好皃。今借爲同寮字，而僚之本義廢矣。○高彪碑：遼黨感慟。楊統碑：百遼歎傷。遼爲寮之假借，遼已見辵部。若公伯寮，史記弟子傳作僚，索隱作繚，又作遼，此以同音通用。○廣雅釋詁：寮，空也。案广部：廫，空虛也，今字作寥，則寮訓空，當爲寥。寥之假借，但穿與空義亦近，故衆經音義引倉頡篇云：寮，小空也。

突 穿也。

後闚部䆘字云：阜突也。蓋謂兩阜間空闕處也。是突可爲䆘之通借。○廣雅釋詁：突，空也。本書肉部

胅孔也空孔同此以窦爲胅之假借

窦空也

借腧已見片部○周禮大宗伯注不見四竇者又大司樂注四竇五嶽釋文並云竇本作瀆此以竇爲瀆之假借若左氏襄三十年傳伯有自墓門之瀆入徐音豆則瀆又爲竇之假借○禮記儒行篳門圭竇竇一作窬家語作窬左傳作竇是窬爲竇之通借古音同窬亦見腧下

污邪下也

孟子汙不至阿其所好汙作窪音是污可爲窊之

通借○下有窳字云污窬也與窊義同窊烏瓜切窳以主切虞麻韻亦通是窊與窳本可通借惟窳字引伸爲惰嬾之義或省作窳○爾雅釋詁愉勞也郭注勞苦者多惰愉今字或作窳此以愉爲窳之假借

空 竅也

借孔已見上突下又乚部孔通也周禮函人眡其鑽空漢書張騫傳鑿空注空孔也孔當爲空之通借案孔字云从乚子乚請子之候鳥也乚至而得子嘉美之也故古人名嘉字子孔是孔爲嘉美之

義。以其訓通。可借爲空矣。○詩白駒。在彼空谷。韓詩作穹谷。攷工記韗人。穹者三之一。司農注。穹讀爲空。是以穹爲空之假借。本部穹。窮也。與空亦通用。史記殷本紀注。伊尹生於空桑。呂覽作穹桑。○風俗通。坎侯或曰空侯。取其空中。是以坎爲空之假借。空坎音轉。詳見文選集釋箜篌引。箜篌字竹部所無。坎已見夊部䕺下。○論語子罕。空空如也。釋文。鄭本作悾悾。泰伯篇。悾悾而不信。同。悾一作倥。竝本書所無。

窌　窖也。

下窖字云地藏也呂覽穿地窌月令淮南皆作窖是窌爲窖之通借○窌从丣聲段謂宜从丣爲雙聲字韻會補則云窌从寅丣之丣與窌从申丣之丣不同窌音溜左氏成二年傳與之石窌是也然本部別無窌字若史記衞青傳封公孫賀爲南窌侯漢表作南奅奅後大部有奅字云大也奅可爲窌之假借二字俱宜从丣聲力救切

窬 穿木戶也一曰空中也

借牏已見片部借竇見上○論語穿窬之盜釋文本作踰踰卽辵部逾之或體集解引孔注窬窬牆

也蓋謂穿壁踰牆窬乃踰之假借若漢書胡建傳穿窬不繇路注窬小竇也則作窬義亦通○淮南氾論訓古者窬木方版以爲舟航高注窬空也段謂窬木爲舟即易繫辭刳木爲舟刀部刳判也窬當爲刳之假借但取空義作窬亦通窬刳合韻○文選勸進表狡寇窺窬諸淵碑文窺窬神器注竝云窬與覦同窬當爲覦之假借見部覦欲也

窺小視也

門部闚閃也論語窺見室家之好玉篇作闚列子黃帝篇夫至人者上闚青天釋文闚同窺此以闚

爲窺之假借○漢書息夫躬傳雖有武蠭精兵未有能窺左足而先應者也注窺音跬半步也是以窺爲跬之假借跬已見走部趌下

竀 正視也从穴中正見也

赤部䞓赤色也引詩魴魚䞓尾今詩作頳赬本䞓之重文或作䞍又作浾云䞓棠棗之汁浾亦从正作泟貞一字也左氏哀十七年傳如魚竀尾賈注竀赤也爾雅釋器再染謂之赬攷工記鍾氏注引作再入謂之竀釋文本又作䞓是皆以竀爲䞓之假借○錢云此貞字也案貞問也字在新附中鉦

氏謂偵通作貞故易恒其德貞禮記緇衣引作偵亦假借也貞已見鼎部

【窋】物在穴中皃

上窡字云穴中見也文選魯靈光殿賦窋窡垂珠一作窡吒是窡與窋可爲通借○史記專諸傳公子光伏甲士于窟室吳越春秋作窋室本部別無窟字則窟即窋之或體小爾雅廣獸兔之所息謂之窟土部堀兔堀也是窟當爲堀之假借

【窴】塞也

漢書溝洫志負薪窴決河又貢禹傳以塡後宮注

塡讀與窴同。玉篇窴今作塡。土部塡亦曰塞也。是塡爲窴之通借。塡已見丌部奠下。○詩桑柔倉兄塡兮。毛傳塡久也。瞻卬孔塡同。釋文塡音塵。爾雅釋詁塵久也。常棣東山箋竝云古聲塡窴塵同。是塵爲塡窴之假借。○窴借顚。已見邑部鄭下。

窒 塞也。

借咥。已見口部。○論語惡果敢而窒者。鄭注魯讀窒爲室。今從古。室蓋窒之省借。○易損君子以懲忿窒欲。釋文窒鄭劉作懫。懫止也。本書無懫字。殆爲躓之或體。躓已見足部。音義與窒同。是可假借。

釋文又云孟作侄陸作眘侄當卽垤字眘未審○易豐闃其無人釋文闃姚作閴孟作窒並通門部闃字在新附錢竹汀曰許君不收此字蓋依孟氏易作窒窒訓爲空猶亂訓治徂訓存也是可通借鈕氏疑闃爲閴之形似而譌小徐謂義當用具非○周禮司刑注先刻其面以墨窒之釋文窒本又作涅則窒當爲涅之假借音相近但謂刻而墨窒其孔義亦通也○广部庢礙止也段謂庢礙字今作窒礙非也是窒當爲庢之假借

窕深肆極也讀若挑徒了切

左氏成十六年傳楚師輕窕此以窕爲佻之假借○荀子禮論篇其立文飾也不至于窕冶注窕讀姚姚冶妖美也是以窕爲姚之假借方言美狀爲窕則義亦通○淮南原道訓脊窕之野注與蕭條同是脊窕爲蕭條之假借窕或作霱雨部無此字殆因上脊字而誤

竁穿地也一曰小鼠聲周禮曰大喪甫竁所引爲冢人文小宗伯同注云鄭大夫讀竁爲穿杜子春讀竁爲毳皆謂葬穿壙也今南陽名穿地爲竁聲如腐脃之脃案本部穿通也从牙在穴中

竁亦穿也。故可通借。穿竁雙聲字。至竁則擬其音。讀爲當作讀如。亦省借字。

窆

葬下棺也。周禮曰。及窆執斧。所引爲鄉師文。先鄭云。窆謂葬下棺。春秋傳所謂傰。禮記所謂封也。案易繫辭下傳不封不樹。虞注封。古窆字。封當爲窆之假借。段云。堋窆封三字分蒸侵東三韻而一聲之轉。○周禮朝士。慮刑貶注。故書貶爲窆。此以窆爲貶之假借。貶已見刀部辨巢部甹下

㝱部

寐　寐而未厭。篇韻作寐。小徐本無未字。
目部眯。艸入目中也。莊子天運篇。彼不得夢。必且數眯焉。司馬彪注。眯。厭也。又通鑑。劉曄曰。臣得與聞大謀。常恐眯夢漏泄。段謂語本裴松之引傅子。胡身之引說文寐字解之。此皆以眯爲寐之假借。
○詩陟岵。行役夙夜無寐。王伯申曰。寐讀爲沬。猶上章之無已也。離騷。芬至今猶未沬。又招魂。身服義而未沬。王逸注竝云。沬。已也。是寐當爲沬之假借。沬見後。

廾部　廾。女尼切。

疾病也。古文爲𤕫。籀文爲𤻮。

前䆢字下曰廿古文疾。𥫔字下曰廿古文以爲疾。玉篇廿二十幷也。人汁切。以爲疾者。言古文之假借也。故𤕫亦从廿。○人部㑵姎也。一曰毒也。重文爲嫉。易旅注衆之所嫉也。釋文嫉本亦作疾。荀子不茍篇不上同以疾下。性惡篇生而有疾惡焉。注竝云疾與嫉同。經典如君陳爾無忿疾于頑。秦誓冒疾以惡之。疾皆爲嫉之省借。

痛病也。詩曰譬彼瘣木。一曰腫旁出也。

今詩小弁作壞木。毛傳壞瘣也。謂傷病也。是以壞爲瘣之假借。檀弓梁木其壞乎則作壞。義亦通。○詩卷耳我馬虺隤。釋文云虺說文作瘣。爾雅釋詁。虺頹病也。釋文又云字林瘣病也。今經注並無此字。郝謂詩及爾雅之虺俱瘣之假音是也。案本部亦無瘣字。則當卽瘣之形似而誤。邵氏正義以爲爾雅舊文必有作瘣頹者。疑屬肊斷。○上林賦嵬磈嵔瘣。史記正義瘣高峻皃。此當以瘣爲嵬之假借。

瘨 病也。一曰腹張。

廣雅瘨狂也。今之顚狂字當爲瘨之假借。顚已見足部蹎宂部窴下○詩小宛哀我填寡朱子集傳填病也與瘨同此以填爲瘨之假借填亦見窴下○詩雲漢瘨我以旱釋文瘨韓詩作疹肉部胗曆瘍也籀文爲疹疹當爲瘨之假借其音則眞與先之合韻也○又魯語固民之殄病是待王懷祖曰韋注依爾雅訓殄爲絕絕病字頗不辭蓋殄亦病也周官稻人夏以水殄草而芟夷之鄭注殄病也詩瞻卬邦國殄瘁殄之言瘨也疹也是殄與瘨疹聲近而義同亦可通借

㾓病也

借玼已見玉部借呰見口部借訾見言部借鷲見鳥部䲜下○本部痳瑕與此音義略同可爲通借○史部弟子傳江東人矯疵字子庸漢書儒林傳作橋庇子庸此形似音亦相近凡从疒字或省作从广非必假借

瘁 寒病也

晉語狐突曰玦之以金鉠寒之甚矣韋注鉠猶洒也洒洒寒貌唐人舊音洒或爲洗凡靈樞素問本草言洒洒洗洗者其訓爲寒皆瘁之假借音近也

瘍 頭創也

詩泮水不吳不揚毛傳揚傷也釋文作不瘍蓋傳意揚瘍通借○詩巧言既微且尰毛傳骭瘍爲微釋文瘍本亦作傷又左氏襄十七年傳以杙抉其傷釋文一本作瘍是瘍爲傷之通借○曲禮身有瘍則浴釋文瘍本作痒下文痒瘍也是痒亦瘍之通借

㾷散聲也

漢書王莽傳大聲而嘶口部無嘶字當即㾷之或體○內則鳥皫色而沙鳴鬱注沙猶嘶也釋文嘶本作斯正義云嘶謂酸嘶古之嘶字單作斯耳是

沙爲㾾之假借。㾾與沙一聲之轉。斯則㾾之省借也。故大戴記文王官人篇其聲斯醜。注斯當聲誤爲斯。○周禮內饔注作猶澌也。澌爲嘶之假借。實㾾之假借也。

瘚 屰气也。重文爲欮。

釋名曰。厥逆氣從下蹷起上行入心脅也。高誘呂覽注曰。蹷逆寒疾也。厥蹷皆當爲瘚之假借。此與足部蹷下義竝存。

痤 小腫也。一曰族絫。

左氏桓六年傳。謂其不疾瘯蠡也。釋文引說文云。

瘯瘰皮肥也然今本無之當是瘯瘰即族絫之俗體但瘥昨禾切族有簇音與瘥近疑即瘥之假借蠡絫曡韻字蠡亦絫之假借

瘜 寄肉也

肉部腥下云星見食豕令肉中生小息肉也息當爲瘜之省借

疥 搔也

後漢書烏桓傳手足之蚧搔蚧爲疥之假借○左氏昭二十年傳齊侯疥遂痁釋文疥舊音戒梁元帝音該依字則當作痎顏氏家訓同又袁狎云痎

小瘧痁大瘧段王竝非之案痎古諧切與疥音近疑疥亦可爲痎之假借本部痎二日一發瘧也

瘕女病也下云癘惡疾也詩思齊烈假不瑕鄭箋云厲假皆病也蓋以厲爲癘之假借假爲瘕之假借錢竹汀曰唐公房碑癘蠱不遐卽鄭箋之癘瘕不瑕也假有瑕音故蠱爲假之轉借瑕已見古部厲見辵部迾刀部列下

⿸疒扁半枯也書大傳禹其跳湯扁鄭注扁者枯也蓋言湯體半小偏枯此以扁爲⿸疒扁之省借扁已見冊部

尰　脛氣腫。詩曰。既微且尰。籀文爲𤻮。

今詩作尰。从重與从童一也。爾雅釋木注。瘿腫無枝條。釋文。腫本或作瘇。肉部。腫。癰也。瘇可爲腫之通借。

癉　勞病也。

詩大東。哀我憚人。小明。憚我不暇。毛傳竝云。憚。勞也。釋文。憚本作癉。此以憚爲癉之假借。憚已見口部嘽下。○周禮泉府。貨之滯於民用者。注。故書滯爲癉。杜子春云。癉當爲滯。是以癉爲滯之假借。滯从帶聲。癉滯雙聲字。○下疸字云。黃病也。西山經。

服之已癉郭注癉黃癉病也漢書藝文志癉十二病方四十卷顏注癉黃病此以癉爲疸之假借若素問黃疸云疸勞也則又以癉訓爲疸訓互相借而淆惑矣

𤻲 治也讀若勞重文爲療

詩衡門可以樂饑鄭箋作𤻲饑是以樂爲𤻲之假借唐石經亦作𤻲𤻲从樂聲療樂雙聲字也

瘥 瘉也

段云通作差凡等差字皆引伸於瘥是差可爲瘥之通借差已見左部○詩節南山天方薦瘥毛傳

訓瘥爲病。田部暛字云。殨田也。引詩天方薦暛。暛當爲瘥之假借。或出三家詩。與錢謂槩傳於暛下有殁也二字。左氏昭十七年傳。寡君之二三臣札瘥夭昏。賈逵注。小疫曰瘥。然則殁當爲疫。卽毛之病義也。

𤺊 減也。一曰耗也。

段云。等𤺊字亦引伸於𤺊。凡喪服曰衰者。謂其有等衰也。是以衰爲𤺊之假借。錢謂此衰老字。

瘉 病瘳也。

段云。凡訓勝訓賢之愈。皆引伸於瘉。案漢書藝文志不猶瘉於野乎汲黯傳亾以瘉人注竝云瘉與愈同心部別無愈即瘉字也○荀子君子篇心至愈注愈讀爲愉是以愈爲愉之假借愉已見穴部窳下○莊子列禦寇篇所治愈下釋文愈本作俞荀子榮辱篇淸之而俞濁者又儒效篇比周而譽俞少注竝云俞讀爲愈愈是皆以俞爲愈之省借○詩斯干無相猶矣鼓鐘其德不猶箋云猶當作瘉是猶爲瘉之假借虞九合韻猶見马部甹下

冖部 冖莫狄切

冖 積也

通叢已見丵部。○史記殷本紀大冣樂戲於沙邱。冣一作聚。張釋之馮唐傳誅李牧令顏聚代之。漢書聚作冣。是冣爲聚之通借。聚亦見叢下。○此冣才句切。月部最犯取也。祖會切。音義皆別。詩葛覃釋文。叢最一作最。最當爲冣之譌。今人蓋不知冣與最爲兩字矣。○莊子秋水篇鴟鵂夜撮蚤察毫末。釋文。撮崔本作最。最撮古音同。故撮从最。是最爲撮之通借。

詫 奠酒爵也。周書曰王三宿三祭三詫。

今顧命詫作咤。詫从託聲。當故切。與咤音轉。釋文

月部

不定謂爲假借桐已見木部

左氏成二年傳蕭同叔子史記齊世家作蕭桐此

作六律六鍾鍾亦同之假借鍾已見金部童下○

和注故書同作銅當爲同之假借漢書郊祀志

周禮春官序官注同陰律也典同掌六律六同之

同 合會也

冃部 冃莫保切

故與詫近宅已見宀部咤見宅下

一作詫一作宅三字皆當爲詫之假借宅有度音

冃 小兒及蠻夷頭衣也。从冂二，其飾也。

荀子哀公篇古之王者有務而拘領者矣。楊注務讀爲冒。此葢以務爲冃之假借。務从敄聲，與冃近。淮南子作鍪而綣領。鍪亦从敄。又冃形也。故通冃即帽。務已見牛部牟、目部瞀下。

冕 大夫以上冠也。邃延垂瑬紞纊。古者黃帝初作冕。

重文爲絻。

管子君臣篇衣服緷絻。注緷絻古袞冕字。荀子正名篇乘軒帶絻。注絻與冕同。此皆用或體。○古今人表師冕。師古曰即師免。案說文無免字而俛勉

竝从免聲今論語作師冕則免皆爲冕之省借○
玉藻天子[元]端而朝日于東門之外諸侯[元]端以
祭注竝云端讀如冕此以端爲冕之假借上聲旱
猶絻即平聲之寒刪先也故音通○論語竝冕衣裳
者見冕者釋文竝云冕鄭作弁弁本冕之屬冕與
弁亦聲相近可爲通借弁已見攴部𢿱刀部辨下

冒　冡而前也古文爲[古文]

借瑁已見玉部借媢見目部○此假冒于言冒字也
凡言覆字當作部首之冃詩邶風下土是冒言冒爲
冃之假借今經典無不作冒者言訓冡而前冡者

褒也。義亦可通。若漢書溝太后以冒絮提文帝。則冒直爲月之假借矣。○女部媢夫妒婦也。書秦誓冒嫉以惡之。大學引作媢。呂覽明理篇夫妻相冒。注。冒嫉。冒皆媢之省借。○文選七發冒以山膚。注。冒與芼古字通。芼菜也。謂以菜調和之也。案內則雉兎皆有芼。鄭義芼之以蘋藻。則冒當爲芼之假借。芼已見艸部。○顧命爾毋以釗冒貢于非幾。釋文冒馬鄭王作勖。勖當爲冒之假借。勖音如懋。正與冒近。○漢書匈奴傳單于太子冒頓。注。冒音墨。頓音毒。此音異。非必假借。但集韻冒有默音。家語

正論篇貪以賂官爲默語本左傳注云默猶冒今貪默亦作貪墨墨冒爲雙聲字殆義亦可通借矣

㒳部

㒳二十四銖爲一兩

部首㒳再也引易參天㒳地段云凡物有二其字作㒳不作兩則經傳作兩者皆當爲㒳之假借今兩行而㒳廢矣○糸部緉字云履兩枚也一曰絞也詩齊風葛屨五兩則兩爲緉之省借○左氏宣十二年傳兩馬掉鞅而還釋文兩徐注本作⿰木兩周禮環人注引同木部無⿰木兩玉篇有之則異體假借

也。

网部

网 庖犧所結繩以漁。从冂，下象网交文。廣韻引作以田以漁。重文爲𦉪，爲𦊃，古文爲𠕳，籀文爲𦉲。

古羅网字，後人別作網，而以网之或體从亾。亾與無通，遂借罔爲無之義，與下罕网也經傳借爲[illegible]義正同。史記引書，如罔有攸赦，罔敢知吉，乃罔恒獲，王其罔害等，罔皆代以無。又罔水行舟，乃罔畏畏等，罔俱作毋，則無之轉通也。無毋已見林部橆下。○文選思[元]賦，棫汩飄淚沛以罔象兮。注，罔象卽仿像也。罔爲仿之假借。○下彝字云：𦊓中网也。楚辭招魂作网户。王逸注：网户，綺紋鏤也。网當爲彝之省借。

羂　网也。一曰綰也。

糸部綰下云：絹也。絹之本義爲繒，如麥稍。此與周禮冥氏注：弧張罿罦之屬，所以扃絹禽獸。翨氏注：置其所食之物於絹中，皆以絹爲羂之假借。○文選西京賦：罝羅之所羂結。薛注：羂，係也。聲類云：罥以繩係取鳥獸也。羂罥皆卽羂之或體。

罪　捕魚竹网。秦以爲辠字。

後辛部辠云犯法也从辛从自自卽鼻也言辠人蹙鼻苦辛之憂秦以辠似皇字改爲罪錢云詩畏此罪罟罪罟不收天降罪罟凡言罪罟者皆與辠辜相近是罪罟連文當爲辠辜之假借惟民之犯辠如陷於羅网則用罪罟本義亦可通借矣

罶 曲梁寡婦之笱魚所畱也重文爲䆉春秋國語日溝罛罶溝今魯語作講詩苕之華三星在罶釋文罶本作罾罶乃畱之假借罶別見後广部廇下

罠 釣也

糸部緡釣魚繁也詩召南其釣維何維絲伊緡緡爲罠之通借○爾雅釋器彘罟謂之羉釋文本或作罠案張協七命布飛羉張修罠是羉罠非一字眞寒合韻或羉可爲罠之通借若廣韻罠彘網吳都賦罠蹄連罔注罠麋網與此義別則所傳各異耳

羅 以絲罟鳥也古者芒氏初作羅

借連已見辵部借離見隹部○周禮委人注苑囿藩蘿之材釋文蘿本亦作羅案藩蘿當是藩籬集韻類篇引廣雅欏籬也欏字木部所無當卽羅字

而雜其借音也。若詩頍弁蔦與女蘿，文選注廿五引作女羅，則羅又蘿之省借。

罬　捕鳥覆車也。重文為輟。又罿罬也。罦覆車也。詩曰雉離于罦。重文為雹。爾雅釋器罿罿罬也。罬謂之罦。罦覆車也。後糸部繴下與爾雅正同。郭注云展轉相解，廣異語。是數者義同而字各別。惟罦下引詩，今王風作罦。罦雹音轉，可通借，本重文也。

罝　兔网也。重文為罝，籀文為𦋺。魯語水虞於是禁罝罜麗。韋注罜當作罣。案本部罜字云罜麗小魚罟也此屬水虞之事與罝爲兔网不合且罜麗連文作罜是也殆字形相似而誤罜从主聲虞麻韻通或亦可假借與○上罟字云兔罟也郭注子虛賦罘罝也罘者罟之省月令注獸罟曰罝罘是也郝謂玉篇有罤字徒犂切兔网也則罤又罝之異名棻顧亭林日知錄云莊子寓言篇得兔而忘蹏蹏古罤字通前罠字下引左思賦罠蹄連网同是蹏爲罤之假借蹏已見足部蹏下罤當即罟字亦音轉也○又廣雅疏證謂莊子胠篋篇削格罝罘之知多釋文罘本作罦罦[illegible]罟

桀竝同。則亦借音矣。

罷　遣有辠也。从网能。言有賢能而入网。而貫遣之。周禮曰。議能之辟。

罷。薄蟹切。引伸之義爲止也。休也。段云。亦讀如疲。而與疲義殊。案。罷从罷聲。正疲之音。經傳疲多作罷。如周禮之罷民。少儀師役曰罷。鄭注。罷之言疲勞也。左氏成十六年傳罷民以逞。釋文。罷本作疲。楚語。國民罷焉。韋注。罷通作疲。此皆以罷爲疲之假借。○左氏襄三十年傳。楚子使薳罷來聘。公羊作薳頗。案。疲讀如婆。故與頗音通。此人名。則未定

譙爲假借○借䚷已見刀部副下

馬絡頭也从网馽馽絆也重文爲

案今字作羈俗作覊而韻書遂分爲二字羈是羈

絆羇是羇旅○王制東方曰寄正義云是寄託之

意宀部寄託也呂覽愼勢篇不用象譯狄鞮注引

東方曰羇是以羇爲寄之假借周禮遺人以待羇

旅注故書羇爲寄杜子春曰寄當作羇此以寄爲

羇之假借廣雅釋詁羈寄也蓋義本通若委人以

甸聚待羇旅注故書羇作奇則又轉爲寄之省借

矣奇已見可部○穀梁昭十九年傳羈貫釋文羈

本作輢此又爲輢之省借或體也

襾部 襾讀若晉呼訝切

覂 覆也

漢書武帝紀泛駕之馬師古曰泛覆也音方勇反廣韻正作覂駕又食貨志大命將泛玉篇作方覂覂泛皆从乏之聲泛當爲覂之假借

覆 覂也一曰蓋也

借復已見彳部此爲芳福切也訓蓋者則敷救切一爲覆被萬物之義一爲掩覆細故之義若孟子所云顚覆仍從反覆字引申部首襾覆也从冂上

下覆之段謂反覆者倒易其上下如而从冂而反之爲凵也是可爲顛覆之借義或作傾覆亦同

覈實也攷事而笮邀遮其辭得實曰覈重文爲覈

覈既訓實引申爲果中之實周禮大司徒其植物宜覈物注李梅之屬今易覈爲核案本部核字云蠻夷以木皮爲匧狀如籢尊之形其義未詳惟漢書五行志孕毓根核注核古荄字此借核爲荄古哀切也若玉藻賜果於君前其有核者懷其核則核當爲覈之假借○詩賓筵肴核維旅文選引作肴覈蔡邕注同是核爲覈之借字蜀都賦肴槅四

陳。亦用詩之肴核。此又轉借矣。槅已見鬲部。○莊子人間世篇。刻核太甚。漢書宣帝紀。綜核名實。正宜用覈之本義。許釋甚明。蓋笮之言迫。迫卽近刻也。今作核。尢不合。

巾部

帥　佩巾也。重文爲帨。

帥借逵。已見辵部。借衛。見行部。借率。竝見逵衛下。又左氏桓二年傳。藻率鞞鞛。正義引服虔說。率爲刷巾。杜以刷巾無名率者。蓋率爲帥之假借也。若東京賦作藻繂。詩采菽正義引孫炎爾雅注。繂爲絺繂大索也說似非殆繂又率之轉借耳○帨借說已見言部借㕞見又部別通挩字亦見㕞下○段云帥帨二篆今人久不知爲一字其率說㕞刷四字皆通用後人帨訓巾帥訓將帥而帥之本義廢矣

幅 布帛廣也

上帔字云一幅巾也後漢書馮異幅巾降光武幅當爲帔之假借義亦通帔已見羽部翇下○喪大記紟一幅爲三釋文本作一畐畐乃幅之省借○內則偪屨著綦釋文本又作幅幅當爲偪之假借

詩采菽邪幅在下毛傳幅偪也所以自偪束也則義亦通偪亦見畐下可竝存

㡛　設色之工治絲練者一曰㡛隔讀若荒

詩周南葛藟荒之毛傳荒掩也喪大記帷荒注荒蒙也在旁曰帷在上曰荒荒皆當爲㡛之假借廣韻㡛蒙掩郎隔之義也荒已見艸部○後糸部有絖字云絲曼延也案考工記㡛氏亦曰湅絲則絖亦可爲㡛之通借矣或謂㡛與絖古蓋爲一字

幘　髮有巾曰幘

齒部齰下云齒相値也一曰齧也引春秋傳晳幘

今左氏定九年傳作晳幘而衣貍製注亦云幘齒
上下相值也是以幘爲齰之假借○急就篇注幘
者韜髮之巾所以整嫧髮也女部嫧齊也是整嫧
即整齊嫧亦可爲幘之借義

常 下裠也重文爲裳

常與裳本一字後人分裳爲衣裳字常爲倫常字
周之越裳氏論衡作越常遂不啻假借矣○常借
棠已見木部○少儀馬不常秣釋文本亦作嘗常
當爲嘗之假借若詩閟宮居常與許箋云常或作
嘗則地名未定誰借○士虞禮記曰薦此常事注

古文常爲祥。祥當爲常之假借。祥已見示部。○漢書禮樂志周流常羊思所并。注。常羊猶逍遙也。文選西京賦相羊乎五柞之館。上林賦消搖乎襄羊。注皆云猶彷徉也。相羊襄羊皆與逍遙爲雙聲字。常則轉借也。亦見芊部。○周頌陳常于時夏。箋謂陳久長之功。是以常爲長之假借。○呂覽有常之巫。管子小稱篇作堂巫。齊世家索隱作棠巫。此人名不定誰借。○外君周禮司常云日月爲常。是旂名。廣韻倍尋曰常。是數名。皆常之借義也。

帬也。一曰帔也。一曰婦人脅衣。

借䎘已見羽部○衣部襪幭也玉篇作幭廣雅釋器襪祓襪幭也凡从巾从衣之字往往互用是皆可通借矣○晉書張方傳軍人爭割流蘇武帳爲馬幭幭蓋𩋾之假借𩋾馬鞁具也革部在新附○幭从巾蔑聲讀若末殺之殺見後水部㶓下錢謂當是讀若末殺之末婦人脅衣今曰末匈也但此爲時俗名目恐未足據證耳

幒 幝也一曰帗重文爲𥘎

方言云褌陳楚江淮之間謂之𥘎故上幝字云幒也重文爲褌此自是同物而異名方俗語相近耳

或亦雙聲字。

幎　幔也。周禮有幎人。

借冪。已見鼎部。○周禮注。以巾覆物曰幎。前有冂。爲部首云覆也。从一下巫。廣韻八引文字音義云。以巾覆。是冂與幎可爲通借。○少牢饋食禮皆設扃冪。注。古文冪皆爲密。是以密爲冪之假借。若考工記輪人。欲其幎爾而下迤也。注。幎均致貌。致即緻密也。則幎又當爲密之假借。密亦見冪下。○士喪禮。幎目用緇。注。幎讀若詩葛藟縈之之縈。古文幎爲絹。案幎讀若縈。蓋从冥聲也。古文作絹。當爲幎之假借。或疑音隔。胡墨莊曰。此幎目荀子禮論作價目。古从𢆶从瞏从肙之字。以聲近每多通借。如詩獨行瞏瞏。釋文本亦作焭。本書心部懁从瞏聲。讀若絹。玉篇。獧重文作狷。皆是也。○下幔字云。幕也。段本作幎也。廣雅釋詁。幎幔並訓覆。疏證云。覆謂之幎。亦謂之幔。幔幎語之轉。猶爾雅李巡注。鏝塗工之作具也。左氏襄三十一年傳。圬人以時塓館宮室。杜注。塓。塗也。故塗謂之鏝。亦謂之塓。與此正同。是幔卽可爲幎之通借。鏝已見木部槾下。

[illegible] 禪帳也。

幬隸變作幬。爾雅釋訓幬謂之帳。釋文云幬本或作幬。詩召南抱衾與裯。箋云裯牀帳也。此以裯爲幬之假借。○中庸無不覆幬。注幬或作燾。左氏襄廿九年傳如天之無不幬也。吳世家作燾。火部燾溥覆也。廣韻燾作幬。此以燾爲幬之假借。燾已見攴部敦下。○後漢書班固傳撫鴻幢。注引廣雅幢謂幬。此以幬爲翿之假借。翿已見羽部。○喪大記大夫殯以幬。注幬或作錞。或作埻。皆當爲幬之假借。釋文錞徒對反。與幬爲雙聲。埻亦音同。○幬既與燾通用。公羊文十三年魯公燾。釋文燾本作濤。

濤又燾之轉借。水部無濤字。○考工記輪人。欲其幬之廉也。鄭注。幬幔轂之革也。史記禮書大路之素幬也。索隱曰。謂車蓋以素帷。則凡幬皆訓覆。不獨屬帳言。是又幬之引申通義也。

㡘 帷也。

借簾。已見竹部。○錢詡慊即幨字。通俗文。障床曰幨。又即帘字。韓非子有酒帘。案本部無幨。見後衣部。襜下。帘則本書無之。蓋異體假借矣。

帷 在旁曰帷。古文為[古文]。

詩氓篇。漸車帷裳。士昏禮疏引作幃裳。文選七發。

帷蓋之張。注。帷或爲幃。幃皆帷之假借。今人遂帷幃不分。○門部闈宮中之門也。本之爾雅釋宮。考工記匠人注又謂廟中之門曰闈。雜記云夫人至。入自闈門。注。闈門或爲帷門。是以帷爲闈之假借。○莊子漁父篇孔子遊乎緇帷之林。釋文帷本作惟。惟又帷之假借。

帳 張也。

史記高祖紀。復留止張。集解引張晏曰。張帷帳也。又袁盎傳刀決張道。索隱云。張軍幕也。張皆爲帳之假借。帳本訓張。則義亦通。故漢書鼂布傳張御

食飲從官注若今言張設卽供張也而文選東都賦供帳置乎雲龍之庭注帳帷幄也二字俱可用蓋供張必設帳矣

莫帷在上曰幕

借莫已見茻部○水部漠字前一義云北方流沙也史記衞將軍傳不能度幕索隱曰幕卽沙漠漢書五行志絕大幕注幕沙磧也幕當爲漠之假借但匈奴於沙漠之地張幕居之則作幕亦通漠亦見莫下○檀弓布幕衞也注幕或爲幦釋文幕本作羃羃卽幂之俗士喪禮記注古文幦爲幂則幦

爲冡之假借幕亦爲冡冡覆其上之義音又相近故可通也冡已見上○漢書西域傳幕爲人面注幕即漫耳無勞借音文選嘯賦注幕漫也是幕漫同義漫可爲幕之通借矣漫已見又部曼下

幓 幓裂也又[illegible]殘帛也

急就篇曰帗幓囊橐不直錢注帗幓裂也二字連讀可爲通借亦聲轉○方言器破而未離南楚之間謂之𢾅聲同義近亦作帗皆異體假借○廣韻幓縷桃花集韻今時翦繒爲花段謂幓與碎音義略近則亦可借也

帖 帛書署也。

王逸楚辭序義多乖異，事不妥帖。陸機文賦：或妥帖而易施。又釋名云：牀前帷曰帖，言帖帖而垂也。此皆帖之借義。後人別製貼字，爲相附之義，製怗字爲安服之義，竝異體耳。

徽 幟也。以絳徽帛箸於背。春秋傳曰：揚徽者公徒。若今救火衣然也。

所引見左氏昭廿一年。今傳作徽。又禮記大傳：殊徽號。注：徽號，旌旗之名也。徽皆爲徽之假借。若文選東京賦：戎士介而揚揮。當即用傳語，注乃云：揮

與徽古字通不借微而借徽蓋經傳多叚以徽爲
微故誤也徽已見彳部微下揮見羽部翬下

幖 幟也

周禮肆師表䉛盛告絜注故書表爲剽剽表皆謂
徽識也二字竝當爲幖之假借剽已見刀部段云
今字多作標榜標行而幖廢矣標亦見剽下

幭 蓋幭也一曰禪被

詩韓奕鞹鞃淺幭毛傳幭覆式也曲禮素簚注簚
覆笭也釋文簚本又作幭簚乃幭之假借○詩疏
云幭禮記作幦周禮作𧜀字異而義同案下幦字

云髼布也此本義也經典用爲車覆笭之字玉藻有羔幦鹿幦巾車有犬⿰衤冥豹⿰衤冥幦當爲幭之假借幦已見上幕下⿰衤冥即幎字从衣與从巾通也幎亦見上段謂幭之言幎也幎幭雙聲字則幎亦幭之通借

幠覆也

借芋借荒已見艸部借虞見虍部借無見林部○爾雅釋詁幠大也詩亂如此幠毛傳同蓋覆冒亦爲大義公食大夫禮及周禮腊人注竝云膴大也是以膴爲幠之假借膴已見肉部腜下○禮記投

壺。毋嫵毋敖。注。嫵敖皆慢也。釋文。嫵一作憮。敖也。案嫵憮竝與敖慢字異。其假借義未詳。

幃　囊也。

借帷。已見上。○爾雅釋器。婦人之幃謂之縭。釋文。幃本作褘。又作徽。案郭注。幃卽今之香纓。女子既嫁之所著。示繫屬於人。孫炎注則云。帨巾也。二義皆與此處之囊異。詩新結其縭。毛傳。縭婦人之褘也。是褘爲正字。幃以音同或可相通。其作徽者。雖疊韻而義迥殊。尤爲借字矣。徽已見徽下。褘見羽部翬下。

席　藉也。禮天子諸侯席有黼繡純飾。古文爲𠩄。

艸部蓆，廣多也。鄭風緇衣之蓆兮，毛傳蓆，大也。蓋本爾雅釋詁。漢書賈誼傳非有仄室之埶以豫席之也，應劭注亦云席，大也。是席爲蓆之省借。○漢書賈捐之傳相枕席於道路，注席卽藉也。席本訓藉，亦疊韻，故可通借。○大射儀賓升就席，注今文席爲筵，亦見士虞禮記。案祭統鋪筵設同几，正義云設之曰筵，坐之曰席，是筵席一也。又詩行葦肆筵設席，楚辭章句作肆筵設机。机卽几，几卽席也。此皆以義通，非假音字。

幡　以囊盛穀大滿而裂也。

段謂幡之言璺也。璺者隙也。幡與璺音叶。固可通借。錢云。射義僨軍之將。詩箋作奮。古僨奮通用。此言幡裂者。謂僨事也。是以僨爲幡之假借。僨已見貝部賁下。

㡝　墀地也。以巾撋之。讀若水温㬲。一曰箸也。

段云。此字从夒聲。夒者古文婚字。車部轗以爲聲。亦讀若閔。今本篆作㡝。从夒聲。而漢書楊雄傳㡝人亾。則匠石輟斤而不斲。㡝字今竟作獶。莊子釋文又作慢。皆誤也。○讀若水温㬲。字从難。難字从堇與墐之从堇亦同。據此。則墐可爲嫚之通借。聲相近。○錢又云。嫚人。莊子以爲郢人。郢非楚郢之郢。古郢與塓聲相近。左傳塓館宮室。塓卽郢。亦卽塗也。是郢當爲嫚之假借矣。塓乃俗字。郢已見邑部。

帑 金幣所藏也。

詩常棣。樂爾妻帑。左氏文十三年傳。秦人歸其帑。字皆作帑。書甘誓。予則孥戮汝。孟子。罪人不孥。則已改爲孥。帑孥皆奴之假借也。○帑字本从奴聲。乃都切。今帑藏字音他朗切。以別於妻帑。

布 枲織也。

借尃已見寸部。借敷見尃下。布敷借字見鳥部鳹下。○檀弓而布材與明器疏曰布班也是以布爲班之假借。班布雙聲字。班已見玨部。○封氏聞見記露布亦謂之露版。版布亦音近是可通借。○漢書中山靖王傳塵埃抪覆。又王莽傳詩國十五抪徧九訓賦布之訓陳及爾雅釋天祭星曰布周禮地官諸職謂布爲泉並布之引申通義也。

市部

巿 韠也。从巾象連帶之形。篆文爲韍。

借芾已見艸部○詩候人三百赤芾采菽赤芾在股此等芾字古文當祇作巿後人加艸耳案巿與市異凡普活北末甫味博蓋四切竝巿之音義非巿之分勿切也自隸變譌巿爲市遂無別而芾之見於艸部者詩之蔽芾廣雅之芾芾皆作巿字音矣特附識於此○易豐其沛子夏傳作芾鄭注以爲蔽䊮是以沛爲市之假借但沛本从巿不从市則音已淆矣○明堂位有虞氏服韍注韍或作黻是以黻爲韍之假借若論語黻冕當用黻之本義非蔽䊮也黻亦見芾下○白虎通紼冕篇引詩朱

芾赤芾皆作紱是以紱爲市之假借紱亦見弗下○衣部有袚字云蠻夷衣一曰蔽厀此後一義亦可爲韍之通借○周易乾鑿度有朱紱赤紱倉頡篇曰紱綬也紱乃韍之異體○錢謂秦方士徐福一作徐市福市音同故可通借後人因形似而以爲市井之市非也

韐

士無市有韐其色韎賤不得與裳同重文爲韐士喪禮設韐帶注古文韐爲合合乃韐之省借士冠禮疏云韐者韋旁著合謂合韋爲之則義亦通合已見亼部

帛部

帛，繒也。

左氏隱二年經，紀子帛莒子盟于密。公穀帛作伯。案杜注，紀子帛字裂繻，著伯字則不辭。伯當爲帛之假借。若史記伍子胥傳伯嚭，吳越春秋作白喜。論衡作帛喜。此又當以白帛爲伯之假借。伯已見示部禡。攴部敀。木部柏下。嚭見喜部。○玉藻，大帛不緌。注，帛當爲白，聲之誤也。或亦以帛爲白之假借。詩六月，白旆央央。爾雅釋天孫注引作帛旆。同。而釋名云，白旆，殷旌也。以帛繼旐末也。則義亦通。

○士昏禮。酬以束錦。注。古文錦皆作帛。敖氏繼公曰。聘禮使介行禮用錦。不用帛者。辟主君之幣也。此無所辟。不當用錦。宜從古文。案錦亦从帛。則帛即錦也。而用之各異。是非假音矣。

白部 白古文爲帛

皎

月之白也。詩曰。月出皎兮。

今詩作皦。釋文。皦本作皎。皦當爲皎之假借本部皦。玉石之白也。若王風有如皦日。釋文亦云。皦本作皎。此則皦與皎竝當爲曉之假借本部曉。日之白也。○楚詞漁父篇安能以皎皎之白。史記屈原

傳作皓皓二字自可通借皓卽晧已見日部

皤 老人白也易曰賁如皤如重文爲𩑔

借蕃已見艸部借番見釆部○易之皤如釋文鄭陸作蹯又引董注馬作足橫行曰皤是以皤爲蹯之假借與許異蹯亦見番下若釋文又云荀作波則總爲同音借字矣

㡀部

㡀 敗衣也从巾象衣敗之形敝帗也一曰敗衣

㡀之本訓與敝後一義同則二字本可通自敝專行而㡀廢矣敝更無用帗義者○廣雅釋詁㡀小

也。疏證謂詩召南毛傳。㡚㡀小貌。㡀與蔽同。禮記緇衣。必見其㡀。釋文引庾注。㡀隱蔽也。又攷工記弓人。長其畏而薄其㡀。注。㡀讀爲蔽塞之蔽。是㡀亦與蔽同。故漢書東方朔傳。主自執宰㡀膝。顔注云。㡀膝。䠒者之服。即以爲蔽膝字。然則㡀㡀皆可爲蔽之通借。蔽已見艸部。○犬部。獘。頓仆也。重文爲斃。今字作斃。借爲利獘字。禮郊特牲。玉藻兩言冠而㡀之。及詩緇衣。㡀予又改爲兮。釋文竝云。㡀本作獘。獘當爲㡀之假借。獘亦見蔽下。

䊮部

黹 箴縷所紩衣。

臯陶謨絺繡。鄭本作希。讀爲黹。周禮司服。希冕。注引書希繡。云希讀爲黹。或作絺。字之誤也。是絺爲黹之假借。其作希者。段謂許多云希聲而無希篆。疑希者古文黹也。希已見禾部稀下。○衣部有𧝑字與此音義皆同。可爲通借。

䌙 合五采鮮色。詩曰。衣裳䌙䌙。

今蜉蝣詩作楚楚。蓋以楚爲䌙之假借。䌙音創舉切。當是三家詩有作䌙䌙者。

黼 白與黑相次文。

周禮司几筵王位設黼依明堂位作斧依爾雅釋器斧謂之黼又釋言孫注黼文如斧形蓋半白半黑似刃白而身黑是斧爲黼之通借

綷會五采繒色

史記載大人賦綷雲蓋而樹華旗如淳曰蓋有五采也又吳都賦孔雀綷羽以翱翔綷或爲辭之假借糸部無綷字而此云从辭綷省聲

黺袞衣山龍華蟲黺畫粉也衛宏說

今皋陶謨作粉米鄭連粉米爲一事此分爲二既云畫粉是粉爲黺之通借糸部絲云繡文如聚米

書亦作糸，則糸亦絲之通借。釋文引說文作緜，

本部有緜無緜，殆誤以絲爲緜矣。

說文假借義證卷十四

嘉興張鳴珂
侯官孫　龢　同校

說文假借義證卷十五目錄

弟八篇上

人部文二百四十五　證百四

保仁仞佼俅佩儒俊伊
僎伀儇倓佝傛僷侅傀
僚佖儚儠偠俟侗俾倞
仡儼僇俚倜偏俶傭僾
佛佗儋偫位儐倫偕傅
侙倚依佽傾側侐付傳
侁佰作假侵價僅儀似

說文假借義證 卷二十

僖 傛 侻 偭 俾 倪 僾 傳 併

倍 儗 佃 㑌 侊 佻 伎 侈 伯

佝 佚 俄 僐 御 侮 債 偃 傷

伏 係 伐 但 傴 僂 僇 仇 [illegible]

僔 倦 偶 弔 儽

匕部 文四 證三

匕 化 眞

匕部 文九 證四

匕 匘 卬 卓

从部 文三 證三

从毖弁

比部　文二　證二

比毖

比部　文二　證二　北見比部弁八部兆月部朔下　冀見豈部弁丝部幾馬部驥下

些部　文三　證三

些虛蚍

从部　文四　證三

从眾聚

𡈼部　文四　證二

𡈼徵

𡋿部 文二 證一

重

臥部 文四 證一

監

身部 文二 證一 身見申部 㫃一部 天言部 信呂部 躳人部 傳下

㐆部 文二 證二

㐆 殷

光緒二十五年歲在己亥仲冬月族曾孫蔭成重校刊

說文假借義證卷十五

弟八篇上　　　　涇朱珔學

人部

保　養也。从人，从𤓽省聲。𤓽，古文孚，見爪部。古文不省作𠊷，又爲𤓽。

借葆。已見艸部。借寶。見宀部。○禮記月令「保介之御間」注：「保，猶衣也。」正義云：「保，即褓保。」保，謂小被。後漢書桓郁傳注：「保，小兒被也。」後系部作緥。古字通。是保爲緥之省借。○漢書古今人表「保申」，呂氏春秋作「葆申」。淮南說山訓作「鮑申」。此人姓不定，誰爲假借。○左氏昭八年傳。莫保其性。漢書五行志作莫信其性。案漢書功臣表出庸保之中。注。保可安信也。此以義通。

仁親也。古文爲忎爲𡰥。古文夷亦作𡰥。易繫辭。何以守位。曰人。釋文。人王肅本作仁。禮記禮運注引同。中庸。仁者人也。釋名云。人。仁也。仁生物也。兩字互訓。是義本相生。故可通借。論語。井有仁焉。集注。謂仁當作人。然即作仁亦不背也。○表記。以德報怨。則寬身之仁也。注。仁亦當言民。聲之誤也。蓋經典民字多與人通用。又以人爲仁耳。○

借杒。已見木部。

仞伸臂一尋八尺。

列子天瑞篇。天地萬物不相離。仞而有之。皆惑也。注。仞即認。案認字本書所無。言部訒。頓也。六書正譌借爲識訒字。此與淮南人間訓非其事者。勿仞也。漢書儒林傳孟喜因不肯仞。並當爲訒之轉借。又論語仁者其言也訒。釋文訒本作仞。仞正訒之假借。〇書旅獒爲山九仞。左氏昭卅二年傳仞溝洫。論語夫子之牆數仞。釋文並云。仞本作刃。刃皆仞之省借。〇牛部牣。滿也。文選子虛賦充仞其中。

仞爲牣之假借。○車部軔。礙車也。孟子。掘井九軔。

軔又仞之假借。

佼 交也。

詩小雅。交交桑扈。箋云。交交猶佼佼。飛往來皃。管子明法解。羣臣皆忘主而趨私佼。又曰。小臣持祿養佼。史記趙世家。齊之事王。宜爲上佼。其義皆交也。易繫辭。交易而退。公羊莊十三年傳。何以不日易也。何注。易猶佼易也。佼本訓交。故諸佼字皆可爲交之通借。交已見辵部逪下。又見鳥部鵁木部校下。○詩陳風。佼人僚兮。釋文。佼本作姣。女部姣好也。是佼爲姣之假借。但荀子成相篇君子由之佼以好。注佼亦好也。則佼爲交好好字。卽可爲美好字。姣或作嬌在新附中。○淮南覽冥訓草木不搖而燕雀佼之。注燕雀自以爲能佼於鳳皇也。佼或作詨。案注意佼爲健義。卽月令所謂養壯佼也。詨當爲佼之假借。詨已見攴部效下。

俅 冠飾皃。詩曰戴弁俅俅。

爾雅釋訓俅俅服也。釋文俅本亦作絿。同絿當爲俅之假借。○玉篇頁部引詩戴弁頯頯。此本書所無。蓋卽俅之或體。

佩大帶佩也佩必有巾故从巾巾謂之飾

荀子大略篇蘭茝稾本漸於蜜醴一佩易之注佩或爲倍倍當爲佩之假借釋名云佩倍也言其非一物有倍貳也則義亦本通倍已見肉部背下

儒柔也術士之稱

漢衡方碑少以濡宗濡蓋儒之假借禮記儒行目錄疏儒者濡也以先王之道能濡其身則義亦通

〇子部孺字注一曰輸孺尚少也段謂孺讀如儒方言云儒輸愚也郭注儒輸猶愞選也輸孺即儒輸也是孺爲儒之通借又荀子脩身篇偷儒轉脫

注。儒謂懦弱畏事。此以儒爲懦之假借。儒訓柔。與懦義本近。懦別見後大部耎下。

俊 材過千人也。

書堯典。克明俊德。鄭注。俊德。賢才兼人者。此用本義。大學引作峻德。下云。自明則非賢俊之解。似俊爲峻之假借。但中庸注。峻。高大也。夏小正。時有俊風。傳。俊者。大也。是義本通。若史記作馴德。馴。順也。乃以俊爲順之假借。疊韻字也。○洪範。俊民用章。宋世家作畯民。田部。畯。農夫也。是畯爲俊之假借。但詩七月。田畯。疏云。選俊人主田。謂之田畯。蓋畯亦从俊得義故甫田之田畯至喜釋文畯本作俊。俊又可爲畯之假借也若漢樊毅碑作穡民用章。爾雅釋言注畯今之嗇夫是也特因俊之借畯而轉借其義耳○史記屈原傳誹駿疑傑此以駿爲俊之假借但詩長發爲下國駿厖箋云駿之言俊也則義亦通○俊或作儁亦省作雋左氏宣十五年傳酆舒有三雋才注雋絕異也案隹部雋肥肉也从弓所以射隹長沙有下雋縣此以雋爲俊之假借惟漢書蒯通傳通自序其說號曰雋肥肉也言所論甘美而深長也則用雋之本義○戰國策世無東郭俊盧氏之狗。注。俊又作逡。逡當爲俊之假借。逡已見辵部。其作鋔者。字在新附俗體也。○借舜。已見舜部。

伊　殷聖人阿衡也。尹治天下者。古文爲[illegible]。

爾雅。伊。維也。鄭風。伊其相謔。箋云。伊。因也。皆語辭通借用之。伊維聲韻。伊因雙聲。○洪範。鯀陻洪水。漢石經作伊鴻水。伊爲陻之假借。亦雙聲字也。○後漢書楚王英傳注。伊蒲塞。卽優婆塞也。伊與優蒲與婆。皆雙聲。但未定誰爲假借。

俊　高辛氏之子。堯司徒。殷之先。

詩[元]鳥燮始合祭于契之廟釋文契本又作偰同此以契爲偰之省借契已見㓞部絜下○舜典契漢書古今人表作卨前米部竊下云卨古文偰言古文假借字也案後厹部卨蟲也从厹象形讀與偰同古文爲卨段以殷[元]王之名從漢書爲正俗改用偰契字顯與許背殆不然

伀

志及衆也

錢謂謚法解立制及衆曰公禮運天下爲公淮南子與民同出于公皆應用此字是公與伀可爲通借公已見八部伀見公下○方言云征伀遑遽也

伀當爲忡之假借。玉篇作怔忪。則二字心部所無。

儇　慧也。

借還。已見辵部。○荀子禮論篇。設掩面儇目。注。儇與還同。是以儇爲還之假借。還見辵部。○詩還篇。揖我謂我儇兮。毛傳。儇。利也。韓詩作嬛。云好皃。王褱祖曰。韓是也。二章言好。三章言臧。臧與好同義。則嬛亦同。廣雅云。嬛。好也。義本韓詩。此以儇借爲嬛。嬛已見彡部鬈下。

倓　安也。讀若談。重文爲惔。

後漢書南蠻傳。殺人者得以倓錢贖死。注引何承

天纂文云倓蠻夷贖罪貨也玉篇作賧亦言蠻夷以財贖罪也賧字貝部所無則是異體假借矣

侚 疾也

史記五帝紀黃帝幼而侚齊集解云侚疾齊速也疾與齊音義俱近侚今本作徇又墨子年踰五十則聰明思慮不徇通矣徇皆當爲侚之假借若爾雅釋言宣徇徧也徇本亦作侚則侚轉爲徇之假借徇見彳部彴下○大戴禮作慧齊亦作慧齊叡有濬音可爲假借慧則以義通耳

傛 不安也一曰華

華上當有傛字漢書外戚傳注婦官十四等第三等傛華今通用容華蓋傛之省借容已見宀部○叚謂傛與水波溶溶意義略同皆動盪皃也是可假借

僷 宋衞之間謂華僷僷

方言云奕僷容也宋衞曰僷陳楚汝潁之間謂之奕奕僷音同是可通借傛與奕亦音轉漢書顏注傛傛猶奕奕便習之意也則奕爲傛之假借○邵氏瑛曰僷今作偞又變作偞玉藻爲巳偞卑孔疏偞厭也爲太厭降卑微也卽此僷字謂華僷僷者

繫傳云亦輕薄之皃侏當作傑說文無傑字則侏傑皆傑之異體假借矣

侅　奇侅非常也

漢書藝文志有五音奇胲史記倉公傳作奇咳胲與咳皆當爲侅之假借胲已見言部該下咳見口部○淮南兵略訓奇賌之數賌亦侅之假借○左氏隱二年經無駭師師入極穀梁作無侅段云此奇侅與今云奇駭音義皆同是駭可爲侅之通借○莊子盜跖篇侅溺于馮氣又曰飲食至咽曰侅段云據徐音是以侅爲礙之假借

傀 偉也。周禮曰：大傀異災。重文爲瓌。

所引見大司樂。鄭注：傀猶怪也。是以傀爲怪之通借。○莊子天下篇其書雖瓌瑋，瓌卽瓌字。西京賦作瑰瑋。玉部：瑰，玫瑰。一曰圜好。則瑰當爲瓌之假借。○漢書張陳王周傳贊：魁梧奇偉。魁亦當爲傀之假借字。

僚 好皃。

借寮。已見穴部。○詩陳風佼人僚兮，釋文：僚本又作嫽。女部：嫽，女字也。方言云：青徐之間謂好爲嫽。則嫽爲僚之通借。

佖 威儀也。詩曰：威儀佖佖。

今賓筵篇作怭怭。毛傳：媟嫚也。此亦當爲威儀媟嫚之義。心部無怭字，玉篇有之，則怭卽佖之異體假借矣。

僝 具也。讀若汝南洊水。水部無洊。虞書曰：旁救僝功。

辵部逑下引作孱功，與此異。孨部：孱，迮也。从孨在尸下。一曰呻吟也。孱當爲僝之假借。今書作僝，蓋俗字。

儠 長壯儠儠也。春秋傳曰：長儠者相之。

今左氏昭七年傳作長鬣，楚語同。鬣當爲儠之假借髟部鬣髮鬣鬣也重文爲獵爲獵杜韋注因以鬣爲須非也獵已見羽部翜下若後囟部又有鬣字云衆髮在囟上及毛髮鬣鬣之形則與鬣爲通借矣〇段謂辭賦家多用獵字當作儠儠儠取長壯之皃獵葢儠之假借

倭順皃詩曰周道倭遲

四牡篇毛傳倭遲歷遠之皃韓詩作威夷當爲倭遲之假借案倭遲與逶迆委蛇竝通已見辵部逶下〇漢書地理志有倭國廣韻倭烏禾切此假借字歌韻固可與支韻通也

俟 大也。詩曰。伾伾俟俟。

今吉日篇作儦儦俟俟。前有儦字。云行皃。儦伾雙聲字。故可通借。西京賦李注引韓詩作駓駓騃騃。薛君章句曰。駓行曰駓。此當爲假借字。○立部竢。待也。詩齊風俟我於著乎而。漢書地理志引作竢我。俟當爲竢之假借。今竝竢字多作俟。而俟之本義廢矣。○列子楊朱篇俟易及之。釋文。俟一本作俟。俟即徯。待也。已見彳部。亦當爲竢之假借。

○俟竢又借㑘。已見來部。

侗 大皃。詩曰。神罔時侗。

今思齊篇作神罔時恫毛傳恫痛也此作侗於義未合侗當爲恫之假借○借詞已見言部

僤　疾也周禮曰句兵欲無僤

攷工記廬人作彈注故書彈爲但先鄭讀彈丸之彈謂掉也許意彈爲僤之假借但已見肉部膻下○詩大雅逢天僤怒毛傳僤厚也釋文僤亦作亶案僤訓疾疾怒義正合亶當爲僤之假借亶已見亩部又見吅部單下○上林賦象輿婉僤於西清注僤音善婉僤行動皃史記司馬相如傳僤作蟬蟬與蟺同婉僤蓋蜿蟺之假借○左氏哀八年傳齊

人取讙及闡闡公羊作僤此地名不定誰爲假借

倞彊也

借諒已見言部○詩大雅秉心無競周頌無競維人毛傳皆云競彊也此以競爲倞之假借倞亦作傹競傹竝見誩部○力部勍彊也引春秋傳勍敵之人見左氏僖廿二年與倞字音義俱同可爲通借

仡勇壯也周書曰仡仡勇夫

借訖已見言部○土部圪牆高皃引詩崇墉圪圪今皇矣詩作仡仡仡仡當爲圪之假借若文選魯靈

光殿賦。張注引作屹屹。則山部所無。殆卽屹之或體。○虎部虓虎皃。錢云。漢書楊雄傳。金人仡仡其承鍾虡兮。卽此字。是虓可爲仡之通借。

儼　昂頭也。一曰。好皃。借儼已見吅部。○詩澤陂。碩大且儼。本書女部引作且嬒。蓋本韓詩。見太平御覽。嬒下云。含怒也。一曰。難知也。皆非其義。嬒當爲儼之假借。惟廣雅釋詁。嬒。美也。則亦可通借。若釋文。儼本作曮。此日部所無。乃或體耳。

傪　好皃。

錢云義與詩摻摻女手字同葢以摻爲傪之通借○方言云傪憯也猶惡也此又以傪爲慘之假借慘已見日部朁下

俚 聊也

訓與方言同漢書季布傳贊其畫無俚之至晉灼曰計畫無所聊賴聊葢俚之通借音相轉○廣雅釋言俚賴也漢書注引蘇林同段謂此聊當作賴俚賴聊賴俱音轉孟子稽大不理於口趙注理賴也是理可爲俚之假借故莊子盜跖篇勝子不自理釋文理本作俚理已見玉部○一切經音義引

蒼頡曰國之下邑曰俚是以俚爲里之假借○文選嵇叔夜幽憤詩對荅鄙訊注鄙俚也又魏都賦非鄙俚之言劉注俚鄙也二字互訓則亦可爲通借

僩

武皃詩曰瑟兮僩兮

左氏昭十八年傳令執事撊然授兵登陴杜注撊然勁忿皃方言撊猛也晉魏之間曰撊撊字手部所無當卽僩字而許所作異耳不必爲假借也○論衡云璵璠寶物也魯人用斂姦人僩之此以僩爲瞯之假借瞯已見目部

傓 熾盛也。詩曰。豔妻傓方處。

今十月之交篇傓作煽。煽字在新附。葢卽傓之或體。魯詩作扇。乃傓之省借。方言扇助也。廣雅釋詁扇疾也。與傓義亦通。

俶 善也。詩曰。令終有俶。一曰始也。

借叔。已見又部。○水部。淑清湛也。爾雅釋詁訓淑爲善。當是俶之假借。今淑行而俶之本義廢矣。又聘禮俶獻注。古文俶作淑。則訓始者。亦得假淑爲之。淑亦見叔下。○土部。埱一曰始也。此與俶之訓始正同。是可通借。埱見艸部茮下。○詩大田。俶載南畝箋云俶讀爲熾此以俶爲熾之假借音相轉亦見艸部菑下熾見食部饎下○玉篇引司馬相如封禪書倜儻窮變史記作俶儻倜他激切與俶亦音轉如蹴之从叔聲有狄音也倜儻二字俱在新附○詩崧高有俶其城毛傳俶作也釋文俶本又作㑜此當因叔字艸書形似升而誤非假借也

傭　均也直也

借庸已見用部○詩節南山昊天不傭韓詩作庸庸易也毛傳傭均也本之爾雅釋言皆與許合若廣雅傭役也謂役力受直曰傭此乃假借之義○段云周禮

典同正聲緩先鄭謂正者不高不下鍾形上下正傭攷工記搏身而鴻注鴻傭也此謂鴻卽傭之假借也鴻已見鳥部

僾 仿佛也詩曰僾而不見

借薆已見竹部○所引詩今靜女篇作愛愛當爲僾薆之省借愛亦見薆下○詩桑柔亦恐之僾毛傳僾唈也僾當爲㤅从反欠於未切之假借㤅部云飲食屰气不得息先古文㤅字段謂僾从愛聲愛从㤅聲㤅从旡聲可得其同音假借之理矣

佛 見不審也

借茀已見艸部借咈見口部○髟部髴若似也與此義同是髴可爲佛之通借髴亦見茀下○詩敬之佛時仔肩毛傳佛大也段謂此以佛爲廢之假借爾雅釋詁廢大也佛廢音近廢已見广部箋云佛輔也此以佛爲弼之假借論語佛肸召佛亦同弼音韓詩作弗弗又佛之省借弗已見示部祓下案佛借廢取義頗遠後大部有奰字云大也讀若予違汝弼則毛傳訓大當以佛爲奰之假借讀若弼又與鄭箋音合蓋廢亦奰之假借字也段於此處專舉廢似不備即韓詩之弗殆本奰之省

佗 負何也。

段云。今駝馱字。隸變作他。用為彼之偁。案它部云。上古艸居患它。即蛇字。故相問無它乎。語言轉移。則以無別故當之。而其字或為佗。經典多作它。易比卦。終來有它。吉。禮檀弓。或敢有它志以辱君義。是佗當為它之假借。詩召南釋文。素絲五它。它數也。本又作他。同。或作佗。今詩作紽。紽字糸部所無。當即借它字為之。○史記龜策傳。醮酒佗髮。索隱曰。謂被髮也。蓋以佗為拕之假借。○委佗已見辵部透下。

儋 何也。

借檐。已見木部。○古今韻會引字林。儋耳作瞻耳。儋當爲瞻之假借。○史記貨殖傳。醬千儋。方言。甇謂之甔。注。甔或作儋。瓦部無甔字。蓋卽借儋字爲之。故史記淮陰侯傳。守儋石之祿者。蘇林注。齊人名小甖爲儋石。○後儃下亦云。儃。何也。儃。徒干切。與儋音近。當可假借。段謂或作儃回。楚辭九章。欲儃佪以干傺。又曰。入溆浦余儃佪。王逸注。儃佪。猶低佪也。義亦通。

儃 待也。

广部庤儲置屋下也。詩臣工庤乃錢鎛。庤可爲偫之通借。○詩崧高以峙其粻。書費誓峙乃糗糧。峙皆峙之誤。峙者。峙躇不前也。卽詩之踟躕。今以爲具義。爾雅釋詁供峙共具也。峙乃偫之假借。

位

列中庭之左右謂之位。

周禮小宗伯掌建國之神位。注云。故書位作立。古文春秋公卽位爲公卽立。此以立爲位之省借。又左氏昭廿二年傳子朝有欲位之言。釋文位本作立。則位爲立之假借。蓋古者立位同字。合韻亦近。故互通也。○周禮肆師凡師甸用牲于社宗。則爲

位注故書位爲涖是涖爲位之假借孝經疏引廣雅曰位莅也義亦通莅卽涖

儐導也重文爲擯

經典凡擯相字多作擯史記作賓廉藺列傳設九賓於廷是也此以賓爲擯之省借鄭注周禮則司儀賓亦如之賓使者如初之儀皆云賓當爲儐是賓又儐之省借賓已見貝部○今別出擯斥之義字从手不从人莊子徐無鬼篇注擯棄也蓋擯之言屏也而漢書主父偃傳相與排儐不容於齊婁機謂儐讀作擯不知儐擯直一字也

倫 輩也一曰道也
借論已見言部○儀禮既夕記倫如朝服注古文倫爲輪此以輪爲倫之假借若易說卦爲弓輪釋文輪本作倫則倫又爲輪之假借矣○呂覽古樂篇伶倫氏漢書律厤志作伶綸氏古今人表作泠淪此人名不定誰爲假借綸亦見論下

偕 彊也一曰俱也詩曰偕偕士子
案北山毛傳偕偕強壯皃此首義也下俱字借也借皆已見白部王懷祖曰廣雅皆嘉也皆與偕古字通小雅魚麗維其嘉矣又曰維其偕矣賓筵飲

酒孔嘉。又曰。飲酒孔偕。偕亦嘉也。語之轉耳。是偕爲嘉之假借。嘉已見壴部。○左氏莊七年傳。星霣如雨。與雨偕也。論衡說日篇作與雨俱也。是俱爲偕之通借。○詩大叔于田。火烈具舉。毛傳。具俱也。具蓋俱之省借。

傅

相也。

借敷。已見寸部。專下。借甫。見用部。借偪。見畗部。借賦。見貝部。○周禮朝士注。以其比畔爲證也。疏謂其云地傳者。先鄭皆以音附爲傳。近讀之。又漢書五行志傳。以洪範注。傳謂附著。是傅爲附之假借。

附已見爪部孚木部桲禾部稃下。○周禮士師正。之以傅別約劑司農注。傅或爲符。又小宰注。傅別。鄭大夫讀爲符別。則傅當爲符之假借。符亦見孚下。○史記夏本紀。與人徒以傅土。索隱曰。傅即付也。謂付功屬役之事。此以傅爲付之假借。付亦見孚下。○周禮小行人則令賻補之。注。故書賻作傅。貝部賻字在新附。當即借傅字爲之。

忕

愓也。春秋國語曰。於其心忕然。

令吳語。夫越王之不忘敗吳。於其心也戚然。服士以司吾間。韋注。戚猶愓也。是以戚爲忕之假借。案

嵜訓戚爲惕與忕訓惕正同蓋本亦作忕故玉篇人部忕下即引此文爲證戚惕疊韻忕又音近殆三字皆可通借矣戚已見辵部速下

倚 依也

倚依互訓自可通借借踦已見足部借奇見可部又穀梁莊三十一年築臺于秦傳或曰倚諸桓也桓外無諸侯之變內無國事越千里之險北伐山戎爲燕辟地魯外無諸侯之變內無國事一年罷民三時虞山林藪澤之利惡內也王伯申曰倚讀爲奇奇異也古字倚與奇通奇諸桓者異於桓也

卽傳所云是也。范注謂譏公倚依齊桓，則未達倚字之義。○莊子天下篇南方有倚人焉，釋文倚本或作畸。又大宗師篇敢問畸人。曰畸人者畸於人而侔於天。釋文畸，李云奇異也。是奇異字本可借畸爲之，而倚又轉借也。畸亦見奇下。彼處借爲奇零。此則借爲奇異義不同。○爾雅釋草倚商活脫。釋文倚本作猗。此草名不定誰爲假借。猗已見兮部。

𠊳倚也。

戶部扆下云，戶牖之間謂之扆。曲禮天子當依而立。釋文本又作扆。是依爲扆之假借。○書顧命。設黼扆。漢石經作黼衣。衣爲扆之省借。案衣部云依也。釋名曰扆。倚也。在後所依倚也。是衣本訓依。扆與依義亦通矣。○康誥。紹聞衣德言。傳用衣之本義。謂服行其德言。非也。王伯申曰衣讀若少儀士依於德之依。作衣者假借字耳。學記不學博依注。依或爲衣。是衣與依通矣。○無逸篇先知稼穡之艱難。乃逸則知小人之依。王又云依隱也。古音微與殷通。故依隱同聲。白虎通義衣者隱也。後衣部曰衣依也。此謂知小人之隱也。周語勤恤民隱韋注。隱痛也。云隱者。猶今人言苦衷耳。下文舊爲小人。爰知小人之依。以其爲小人之隱衷。故身爲小人。備嘗艱苦。乃得知之。傳釋上依字爲依稼穡。下依字爲依仁政。昧於古訓。前後異義。不知依爲隱之假借也。又康誥兄亦不念鞠子哀。言不念稚子之隱也。古聲哀如依。故依亦作哀。是哀與依同爲隱義。哀即可爲依之假借。隱見後𨸏部。○女部妶女字讀若依。案漢婦官有充依。依之名。依當爲妶之假借。

佽　便利也。詩曰。決拾既佽。一曰遞也。

假借。

案毛傳佽利也是前一義鄭箋謂手指相次比也用後一義佽與次通故周禮繕人注引作既次以次爲佽之省借次已見走部趑下○漢書宣帝紀募佽飛射士注佽飛謂輕疾若飛也亦作茲飛如湻曰茲佽音相近是茲爲佽之假借茲已見艸部呂覽作次非亦省借字荀子注荆有佽飛得寶劒於干越則以爲古劒士漢取爲武官名佽當卽佽之或體字也

傾　仄也

自部陝仄也與此音義皆同可爲通借○匕部頃

頃不正也引伸爲凡傾仄不正之偁是頃與傾本通今傾行而頃專爲俄頃頃畝之用惟漢書地理志隴西郡西頃山禹貢作西傾五行志婦人擅國玆謂頃又文帝紀頃皇后注諸諡爲傾者漢書例作頃字此皆以頃爲傾之通借若呂覽過理篇築爲傾宮注築作宮牆滿一頃田中淮南墜形訓注同則仍即頃畝之義爲傾之通借矣頃已見走部趌穴部窺下

側旁也

借昃已見日部○書中候舜至于日下稷注稷讀

側下之側。是稷爲側之假借。稷亦見昃下。又見禾部。○厂部仄。側傾也。籀文爲庂。是仄本訓側。攷工記。行山者仄輮。注。故書仄爲側。爾雅釋水。穴出仄出也。釋文。仄本作側。則仄爲側之通借。○書顧命。立側階。疏。側猶特也。士冠禮。側尊。曲禮。側席而坐。注亦竝云。側猶特也。是特爲側之通借。側特疊韻字。特已見牛部。

侐 靜也。詩曰。閟宮有侐。

文選注六引魯頌作有洫。莊子齊物論。以言其老洫也。洫本溝洫字。以爲侐之假借。又別賦注引作有恤。恤亦當爲卹之假借。若莊子釋文。洫本作溢。此猶周頌假以溢我。而左傳作恤我也。恤已見言部謐血部卹部卹下。

尃

予也。从寸持物對人。

借孚。已見爪部。借傅。見上。○書梓材。皇天旣付中國民。釋文。付。馬本作附。附當爲付之假借。附亦見傳下。○周禮大祝。付練祥。注。付當爲祔。示部祔云。後死者合食於先祖。付乃祔之省借。爾雅釋詁注。祔。付也。付新死者於祖廟。則義亦通。○又大師。摯拊。注。付當爲拊。是付爲拊之省借。拊已見木部柎下.

俜使也.

錢云.小徐作俠也.然使義亦通.蓋俜即伻字耳.案伻字本部所無.已見丂部平下.亦或即借俜字爲之.○丂部甹亟詈也.或曰甹.俠也.三輔謂輕財者爲甹.則從俠義.甹可爲俜之通借.甹已見彳部俜

下.

侁行皃.

楚辭招魂.往來侁侁.注.侁侁.行聲也.引詩侁侁征夫.與此正合.而今皇華詩作駪駪.毛傳.衆多之貌.

馬部駪云馬衆多也蓋用毛傳是駪爲侁之通借

○晉語華華征夫韓詩外傳及說苑奉使篇引詩竝同又呂覽本味篇有侁氏楚辭天問作有莘卽大雅纘女維莘毛傳莘太姒國也孟子亦云伊尹耕于有莘之野而艸部無莘則莘當爲侁之假借若女部姺云殷諸侯爲亂疑姓也引春秋傳昭元年商有姺邳姺當卽有侁可爲通借至古今人表作有㜪則女部無之

侸

立也讀若樹

邵瑤爾曰此字經典作佇如詩燕燕佇立以泣爾

雅釋詁伫久也之類其他騷賦亦或作竚然說文無竚字伫在新附則伫立伫久恐當爲侸之異體假借段謂立部云住也侸讀若樹與尌豎音義同不當作住今用住字乃駐逗二字之俗又謂侸玉篇作侸云今作樹廣韻侸同尌蓋樹行而侸尌豎廢幷侸亦廢矣案段說與邵各出並存之廣異義也

作 起也

禮記內則魚曰作之疏云郭氏爾雅今本作斮之是以作爲斮之假借〇士喪禮卜人坐作龜與注

作猶灼也郊特牲作龜於禰宫疏同是以作爲灼之假借○月令毋或作爲注今月令作爲爲詐僞是作爲詐之假借○詩蕩篇侯作侯祝釋文作本作詛是作爲詛之假借作詛雙聲字○淮南天文訓歲名曰作鄂注作讀昨似作爲昨之假借但注云作鄂零落也萬物皆陊落則作昨字義俱未明昨已見日部○詩皇矣作之屏之其菑其翳毛鄭皆不解作字正義云攻作之王懷祖曰作讀爲柞作有斬削之義即作之爲斮也故可通柞是以作爲柞之假借案如此方與屏之爲類屏除也謂屏

除共莤騶也柞巳見木部櫟下槎下

假

非眞也一曰至也虞書曰假于上下

借瑕已見玉部借椵見古部借嘉見壴部借暇見日部○又部叚借也古文爲㕚叚字云譚長說叚如此此與非眞之義略同本書序說六書假借居末則叚與假可爲通借今但用假字叚亦見瑕下○彳部徦至也與此訓至正同是假爲徦之通借假亦見瑕下○所引書今堯典作格于上下詩楚茨毛傳格來也抑傳格至也格當爲徦假之借字从叚與从各音相近段氏本以假爲徦之借字遂

刪去此處一曰至也四字。但易豐王假之虞注、詩雲漢泮水毛傳、烝民元鳥長發鄭箋、皆云假至也。尙書之來格、格王、格人、格于皇天、史漢俱作假。公羊隱八年注、歸格于禰祖。釋文格本作假。而史記五帝紀卽作歸至于祖禰廟。似不得謂假之無至訓矣。故段於格下仍云或借假爲之。格已見木部。○曲禮天王登假。卽登遐也。遐亦見瑕下。○淮南主術訓假輿馬者、足不勞而致千里。注假或作駕。是以假爲駕之借字。○詩思齊烈假不瑕。漢唐公房碑作厲蠱不遐。卽鄭箋假病也之義。其借音者。

廣馬韻通也。

侵 漸進也。从人又持帚。若埽之進。

史記武帝紀。始巡郡縣。侵尋於泰山矣。索隱曰。侵
尋卽浸淫也。故封禪書侵尋作浸尋。漢書郊祀志
作寖尋。蓋浸爲侵之通借。寖水部作濅。乃隸省耳。
○穀梁襄廿四年傳。五穀不升謂之大侵。後漢光
武紀注作大祲。案韓詩外傳蚤子七患篇廣雅釋
天俱作侵。則祲當爲侵之假借。示部祲。精氣感祥。
周禮眂祲。陰陽氣相侵也。是義本通。祲借侵。亦見
示部祥下。○易謙卦利用侵伐。釋文。侵。王廙作寑。

是寑爲侵之假借而莊廿九年左傳正義引釋例曰寑鐘鼓以入其竟曰侵蓋義亦通若漢書田蚡傳貌侵注短小曰侵亦作寑則侵爲寑之假借矣

儥 見也

貝部賣下云衙也衙者行且賣也賣卽周禮之儥今之鬻字也然儥訓見別爲覿字則賣鬻之義爲假借而覿爲正爾雅釋詁覿見也公羊穀梁傳士昏禮聘禮論語鄭注國語韋注皆同儥既是覿故見部不別出覿字今經傳通作覿覿行而儥廢矣案儥舊爲余六切覿則爲徒歷切音之轉也〇見

部有覞字云目赤也才的切音與靚近集韻覞或作靚亦可假借

僅 才能也（才即纔字之義）國語余一人僅亦守府注僅猶劣也公羊僖十六年傳是月者何僅逮是月也何注在月之幾盡故曰劣及是月广部廑字與此義略同廑可爲僅之通借○又公羊定八年傳公斂處父帥師而至僅然後得免禮記射義蓋勵有存者僅勵皆本書所無當即僅之或體

儀 度也

借獻已見犬部儀義誼三字已見言部誼下今以儀爲威儀字義爲仁義字誼爲情誼字○爾雅釋詁儀善也詩文王宣昭義問毛傳義善也此以義爲儀之省借故周禮大司徒典命注並云故書儀爲義義讀爲儀詩楚茨禮儀卒度韓詩作禮義卒度○左氏昭六年傳昔先王議事以制不爲刑辟王伯申曰議讀爲儀儀度也制斷也謂度事之輕重以斷其罪不豫設爲定法也易繫辭擬之而後言議之而後動議陸績姚信本並作儀九經古義曰儀度也將舉事必先度之說是也儀與擬皆度

也。作議者。假借字耳。鄭語。伯翳能議百物以佐舜
者也。漢書地理志作儀。晏子春秋外篇博學不可
以儀世。墨子非儒篇儀作議。是儀度之儀古通作
議也。○儀禮有司徹其脅體儀也。注。今文儀爲曦
或爲議。是曦議皆爲儀之假借。曦已見兮部羲下。
○書大傳。儀伯之樂舞饗哉。注。儀當爲義。義仲之
後也。此以儀爲義之假借。義已見牛部犧下。又見
兮部。○詩角弓。如食宜饇。釋文。宜韓詩作儀。文王。
宜鑒于殷。大學引作儀監。是儀爲宜之假借。烝民。
我儀圖之。毛傳。儀。宜也。則義亦通。宜已見宀部。○

木部檥榦也爾雅釋詁作儀榦也是儀又爲檥之假借

㠯

象也

詩斯干裳裳者華卷阿江漢毛傳並云似嗣也此以似爲嗣之假借嗣已見冊部亦見口部台下○又斯干似續妣祖箋云似讀爲巳午之巳續妣祖者謂已成其宮廟也蓋漢人讀巳午之巳與已然之義無二音也此以似爲巳已之假借○特牲饋食禮注娰㛹于其娰婦釋文娰本作似案娰爲夏姓乃女部所無吳越春秋及論衡奇怪篇並云禹

母呑薏苢而生禹。遂以爲姓。吕郎令以字。苢爲似音。據儀禮舊本。㚰旣爲似。是夏姓祇應作似。或因姬嬀之例。从女傍。故周太㚰。文王之配。幽王后褒㚰。而春秋亦屢書夫人㚰氏薨也。漢司農劉夫人碑。偁古德。配任似。竝列。㚰作似。通志氏族略於㚰氏下云。按官氏志。㚰改爲似。此蓋改復其初。然則㚰當爲似之假借字矣。别見後弋部。○又案古有巳姓。从戊巳之巳。與似之通巳字。形易相混。當是二。非一。見攴部改下。

僖樂也。

僖之繇變爲嬉女部所無文選洞簫賦注引說文嬉樂也蓋卽謂此則嬉當爲僖之異體假借嬉已見喜部○女部嫛字云說樂也與此僖訓樂音義皆同是嫛可爲僖之通借○蔡邕獨斷論諡法云小心畏忌曰僖列子力命篇齊僖公釋文僖或作釐史記齊世家魯更立釐公徐廣曰釐僖也漢書古今人表注釐讀曰僖是釐爲僖之假借

偆富也

白虎通曰春之爲言偆也偆動也禮記鄉飲酒義曰春之爲言蠢也衆蠢訓動偆本訓富則當偆爲

蠢之假借。偆亦尺允切。

俒 完也。逸周書曰。朕實不明。以俒伯父。

段云。以俒伯父。俒當爲溷之假借。經史亦作慁。儒行。不慁君王。注。慁猶辱也。史記酈陸傳。無久慁公爲也。范睢蔡澤傳。是天以寡人慁先生。語意皆同。案俒爲胡困切。正溷字之音。與梡之音胡本切一也。

偭 鄉也。禮少儀曰。尊壺者偭其鼻。

今禮記作面。蓋偭之省借。故彼注云。鼻在面中。言鄉人也。又周禮撢人。使萬民和說而正王面。攷工

記匠人面朝後市注並云面猶鄉也與此借偭同
邵瑤圃曰以此類推玉藻唯君面尊士冠禮士昏
禮面葉鄉射禮燕禮面鼓鄉射禮大射儀面鏃之
類面皆本是偭字矣○偭又有以相反見義者離
騷經偭規矩而改錯賈誼弔屈原文偭蟂獺以隱
處王逸應劭皆云偭背也此乃廢爲置徂爲存之
例非假借也又漢書項羽傳馬童面之張晏曰背
之也亦借偭而訓背

俾 益也一曰俾門侍人
借卑已見ナ部借辯見刀部辦下借畀見丌部○

莊氏述祖曰門侍人當是門持人之誤挾下俾持也正用此義則以俾爲持之通借持已見彳部待下○詩皇矣克順克比樂記作克順克俾注俾當爲比此以俾爲比之假借故詩漸漸之石俾滂沱矣論衡變動篇作比滂沱矣○爾雅釋魚注行頭左俾釋文俾本作庳案俾當是啤字目部所無或卽借俾字爲之庳又俾之轉借實則庳與俾皆非當爲頓之假借頁部頓頊首也一切經音義引蒼頡篇頓頭不正也又引淮南子左顊右倪是也庳亦見卑下畀下○左氏宣十二年傳注陴城上僻

倪疏云：俾倪者，看視之名，是睥亦俾之假借。

俾也。

睥倪已見上。又爾雅釋魚：左倪不類，右倪不若。此皆以倪爲睨之假借。○孟子反其旄倪，趙注：倪，弱小繫倪者也。女部：娩，嬰娩也。釋名：曰人始生曰嬰兒。或曰嫛倪。是緊倪當爲嫛娩之假借。又雜記云：中路嬰兒失其母焉。注：嬰猶鷖彌也。鷖彌則嫛娩之轉借矣。○莊子齊物論：和之以天倪。釋文：倪，崔本作霓。霓當爲倪之假借。○又大宗師：不知端倪。段云：借倪爲題也。○又莊子王倪，古今人表作王兒漢倪寬史記作兒寬兒葢倪之省借○邑部郳齊地引春秋傳齊高厚定郳田見襄六年先是莊五年郳黎來來朝公羊作倪倪葢郳之假借又莊十五年宋人齊人邾人伐郳公羊作兒兒本借倪此又轉借矣

億安也

借臆已見肉部○心部意滿也一曰十萬曰意詩楚茨我庾維億豐年萬億及秭王制為田九萬億畝餘類此者尙多皆以億為意之假借○口部噫飽食息也今義為痛傷之聲易震卦億喪貝釋文

億本作噫干注億歎辭此以億爲噫之假借若鄭注十萬曰億則又借意字其訓不同噫已見言部該下○禮記少儀毋測未至鄭注測意度也釋文意本作億又詩桑柔曾是不意王伯申曰意與億通億度也論語先進篇億則屢中何注億度是非漢書貨殖傳億作意子罕篇無意無度也其餘意當訓度者尚多皆以意爲億之省借○荀子賦篇暴至殺傷而不億忌者與注億與抑同此以億爲抑之假借

傳 遽也

此本義爲乘傳字。今讀去聲。又與傳疏字讀同。引伸爲傳述之義。則作平聲。○論語。傳不習乎。鄭注。魯讀傳爲專。今從古。是以專爲傳之省借。專已見寸部。○王懷祖曰。呂氏春秋必巳篇。人倫之傳。高注。傳猶轉。莊子天運篇。無方之傳。應物而不窮。漢書劉向傳。禹稷與咎繇傳相汲引。傳竝與轉同。故淮南主術訓。死無轉尸。逸周書大聚篇轉作傳。襄廿五年左傳注。傳寫失之。釋文。傳一本作轉。此皆以傳爲轉之假借。○覲禮。四傳擯。注。古文傳作傳。周禮訓方氏。誦四方之傳道。注。故書傳爲傳。杜

子春云傳當作傳書亦或爲傳案此當以字形相似而誤非假借也傳已見上

㑞送也呂不韋曰有侁氏以伊尹㑞女古文以爲訓字

㑞今作媵儀禮燕禮大射儀竝云媵觚于賓注今文媵作騰公食大夫禮衆人騰羞者注騰當作媵是以騰爲媵之假借○易咸象滕口說也疏云所競者口無復心實也葢用爾雅釋詁滕虛也之義釋文滕虞作媵云送也則以滕爲媵之假借○檀弓杜蕢洗而揚觶注云舉爵於君也禮揚作媵揚

舉也。媵送也。揚近得之。段謂禮經作媵。記作揚。燕禮注。媵讀或爲揚。若今文禮媵作騰。騰正與揚義協。棻媵與揚音轉。漢書揚雄傳注。騰舉也。或媵爲騰之假借。遂以義通揚與至此云古文以爲訓字。段遽定訓乃揚之譌。未的。惟胡墨莊云媵讀爲揚者。釋名媵承也。承與繩通。詩抑子孫繩繩。韓詩外傳作承承。繩本从蠅省聲。方言蠅東齊謂之羊。郭注。今江東呼羊聲如蠅。讀媵爲揚。此其聲例也。然則媵可通揚。而騰亦借媵。古人字義展轉通借。非博考卽莁如矣。

倍 反也。

大學而民不倍中庸爲下不倍緇衣信以結之則民不倍論語斯遠鄙倍孟子子倍子之師皆用本義引伸爲倍文之倍周禮大司樂注倍文曰諷謂不面其文而讀之也惟此一見而注家於本義倍字俱借背倍誦字亦作背誦背已見肉部併出或體作偝見坊記投壺及荀子其餘尊爲加倍字書呂刑惟倍倍差孟子兩言倍蓰本假借也此外不勝數今乃借義行而正義廢矣借負見貝部

儗 僭也一曰相疑。

手部擬度也與此誼同惟史記說卓王孫田池射獵之樂儗於人君乃本義也邵瑤圃曰由禮儗人必於其倫止是擬度而字作儗緇衣鄭注度謂所擬射也周禮射人注行則止而擬度焉釋文並云擬本又作儗同擬擬直爲一字非也案漢書溝洫志注儗比也何武等傳贊注擬比也義亦通借○又食貨志疑於南夷注疑讀曰儗疑本後一義也○艸部薿下引甫田詩黍稷薿薿食貨志引作儗儗此以儗爲薿之假借

佃 中也春秋傳曰乘中佃一轅車也

今左氏哀十七年傳渾良夫乘衷甸兩牡注衷甸一轅卿車是甸爲佃之通借甸已見攴部畋下又見糞部棄下○詩齊風無田甫田上田字即佃之省借故信南山箋則又成王之所佃釋文本亦作田田亦見畋下○攴部畋平田也引周書畋尒田漢書韓安國傳方佃作時注佃治田也又田獵字易繫辭以佃以漁呂覽直諫篇以畋於雲夢畋皆爲佃之通借

㐰 小皃詩曰㐰㐰彼有屋

今正月篇作仳仳毛傳亦云仳仳小也漢石經作

徙徙。方氏密之通雅曰。漢之方言徙徙。卽些些。亦小義也。是皆可通借矣。

侊

小皃。春秋國語曰。侊飯不及一食。段云。小當作大。字之誤。案今越語諺有之曰。觥飯不及壺飧。韋注。觥大也。觥蓋侊之假借。觥見角部。乃觵之或體。引詩兕觵其觩。

佻

愉也。詩曰。視民不佻。今鹿鳴詩作不恌。恌字心部所無。毛傳。恌。愉也。愉乃偷之俗。愉卽偷之義。故此處古本亦或作愉也。○詩大東。佻佻公子。行彼周行。釋文引韓詩作嬥嬥。王懷祖曰說文嬥直好皃廣雅嬥好也嬥嬥猶言茗茗西京賦狀亭亭以茗茗是也故楚辭九歎注引詩作茗茗公子大東釋文佻佻本或作窕窕方言美狀爲窕窕亦好皃也若毛傳因行彼周行而訓爲獨行韓詩因下既往既來而訓爲往來皆緣詞生訓非詩人本意也是佻佻當爲嬥嬥之假借茗茗窕窕義相近亦通借字矣○手部挑撓也小徐本一曰摷爭也引國語卻至挑天此周語單襄公之言韋本作佻天注佻偷也段云佻天之功以爲已力與左傳天實置之而二三子以爲已力語正同。卽許撡爭之意。則佻當爲挑之假借。挑已見叉部。𠬝曰部㕣下。○荀子王霸篇。佻其期日。注。佻與傜同。緩也。傜當爲佻之假借。傜卽下文㑥字。

忮

與也。詩曰。鞫人忮忒。今瞻卬詩作忮。毛傳。忮害也。心部忮很也。害卽很義之引伸也。此作忮。當爲忮之假借。○詩小弁。鹿斯之奔。維足伎伎。毛傳。伎伎舒皃。此與彳部徥徥字音義皆同。可爲通借。○手部技巧也。秦誓無他技。釋文本亦作伎。法言君子篇。通天地而不通人曰伎。伎皆技之假借。技已見足部跂下。○女部妓字讀若跂。今用爲支伎字。亦假借也。

侈　掩脅也。一曰奢也。

借。侈已見禾部。○广部。廖。廣也。引國語俠瀸而侈我。今吳語韋注。旁擊曰侈。與此掩脅義合。則侈可爲侈之通借。段又云。廣雅。侈大也。今人曰侈斂古字作侈。廉是。侈斂當爲侈廉之假借。○史記魏世家魏侈。趙世家作魏哆。此人名不定誰爲假借。耄伯侈。侈哆侈義略同。

佁　癡兒。讀若騃。

莊于山木篇。侗乎其無識。儻乎其怠疑。即大人賦之佗以佁儗。張揖曰。佁儗。不前也。錢云。佁儗卽佁癡。則莊子語亦假借字矣。

佝務也。

務與瞀音通。瞀巳見目部。段云。佝瞀二字多有或體。子部㝅下作㝅瞀。荀子儒效篇作溝瞀。漢五行志作區霿。文作傋霿。楚辭九辯作怐愗。玉篇引作佝愗。應劭注漢書作𢿱霿。山海經郭注作㲄瞀。其義皆謂愚蒙也。郭注㲄字。蓋有誤。案此皆同音通借字。論語集解。楚子文名穀。釋文穀本作㝅。屋部字多與宥部通者。則郭未必誤也。○漢書司馬遷傳注。拘曲礙也。集韻拘或作佝。是佝爲拘之假借。
拘已見句部。

佚

佚民也。一曰佚忽也。
借迭已見辵部。○兔部逸失也。从辵兔。兔謾訑善逃也。論語逸民。與此佚民正合。逸當爲佚之假借。孟子遺佚而不怨。則用本字。若周禮廋人以阜馬佚特杜注。佚當爲逸。漢書外戚傳熊佚出圈。注佚與逸同。又公羊成二年傳注。佚獲者已獲而逃亾也。此皆以佚爲逸之假借。餘如皋陶謨無教逸欲有邦。漢書王嘉傳作佚欲。孟子以佚道使民。三國

志諸葛亮傳作逸道此類往往通借遂無甚別○
書多士誕淫厥泆曾世家作厥佚坊記淫泆而亂
于族釋文泆又作逸則逸亦泆之通借○車部軼
車相出也文選蕪城賦佚周令注佚與軼通漢書
王襃傳因奏襃有軼材注軼與逸同廣雅釋詁軼
過也爾雅釋言亦云逸過也公羊宣十二年傳令
之還師而佚晉寇注佚猶過是逸佚皆可爲軼之
通借軼亦見迭下○手部失縱也周禮大宗伯注
以防其淫失釋文本亦作佚荀子哀公篇其馬將
失注失讀爲逸是失亦佚逸之假借○大戴禮衛

將軍文子篇不佚可佚盧注不釋佚字王伯申曰佚當讀爲怢怢輕忽也可輕忽者不輕忽之所謂君子無衆寡無小大無敢慢也文選四子講德論美玉蘊於碔砆凡人視之怢焉李注引廣倉怢忽忩也說文作詄云忩也怢詄並與佚通案心部無怢字則佚爲怢之假借祇當爲詄之假借矣〇書五子之歌以逸豫滅厥德釋文逸本亦作佾佾爲逸之假借若楊雄蜀都賦其佚則接芬錯芳解者謂佚與佾同行列也是又以佚爲佾之假借佾已見十部肸下〇書無逸乃逸乃諺漢石經作乃劮

一切經音義古文佚佚今作妷。劮妷皆本書所無。則或體耳。

俄 行頃也。詩曰。仄弁之俄。

漢書孝成班倢伃傳。始爲少使。蛾而大幸。如淳曰。蛾。無幾之頃也。此以蛾爲俄之假借。○公羊定八年傳。陽虎弑不成。卻反舍于郊。睋而曰。彼哉彼哉。何注。望見公斂處父之師也。王懷祖曰。睋字从目。故訓爲望。實非也。睋讀爲俄。謂須臾之頃也。虎舍于郊而說。然息。謂魯人必不來追也。俄而思公斂處父必來追。故曰彼哉彼哉。遂趣駕。非望見師而

後篤也俄而字傳屢見桓二年俄而可以爲其有
矣莊三十二年俄而牙弑械成作睋者假借字耳
○書立政則乃宅人茲乃三宅無義民王又云古
者俄義同聲故義或通作俄賓筵鄭箋俄傾貌廣
雅俄衺也此言居賢人於官而任之則三宅皆無
傾衺之民也呂刑鴟義姦宄義亦傾衺之意馬注
鴟輕也鴟者冒沒輕儳義者傾衺反側也大戴禮
千乘篇說司冦治民煩亂之事中云誘居室家有
君子曰義即鴟義之義也則義爲俄之假借傳於
義字皆訓爲仁義之義殆不可通矣○山部巖字

云嵯峩也。詩棫樸奉璋峩峩。毛傳峩峩壯盛也。蓋本借爲容儀之皃。釋文峩本又作俄。是峩之轉借也。

傜 喜也。自關以西。物大小不同謂之傜。

王風君子陶陶。毛傳陶陶和樂皃也。陶當爲傜之假借。後欠部有歈字。云歈歈气出皃也。段謂詩之陶陶正字疑當作歈。鬱陶字亦當作此。是歈與傜通。陶又歈之假借。陶已見缶部匋下。○爾雅釋詁繇喜也。前口部云嗂喜也。與此音義同。則繇嗂竝可爲傜之通借。繇已見言部䛗下。○今之傜役字

說文假借義證 卷八篇上

卽借之隸變是與喜義亦借也。

御 徼御受屈也。

語本子虛賦御字彼作𠭥郭注𠭥疲極也𠬞部𠭥相踦𠭥也𠭥當爲御之假借御𠭥皆其虐切○心部𢙢𢙢勞也與此音義竝同可爲通借○史記匈奴傳漢書趙充國傳皆云徼極與此徼御義同則極亦爲御之假借御與極亦音之轉極已見木部

侮 傷也今作傷誤古文爲㑄

詩常棣外禦其務箋云務侮也蓋本爾雅左氏僖廿四年傳及周語竝作外禦其侮務當爲侮之假

借務。已見冃部。○女部娒女師也。讀若母。同禮記音義亦作姆。漢書張良傳上所不能致者四人皆以上嫚娒士。故逃匿山中。集注。娒古侮字。是娒為侮之假借。

僨 僵也。

借賁。已見貝部。○大學一言僨事。注。僨猶覆敗也。或作奔。案集韻奔字。有方問切。覆敗也。此以奔為僨之假借。奔亦見賁下。○左氏襄廿四年傳象有齒以焚其身。服注。焚讀曰僨。僵也。此以焚為僨之假借。焚見林部焚下。○周語高位寔疾僨。漢書五

行志作疾顛音義俱近故可通借

㥯　偃也

借㫃已見㫃部○匸部匽匿也周禮宮人爲之井匽先鄭云匽路廁也吳語兩君偃兵接好注偃匿也莊子庚桑楚觀室者周於寢廟又適其偃焉偃皆當爲匽之假借今匽瀦字作堰後人加土旁耳○衣部褗褗領也士昏禮注卿大夫之妻刺黼以爲領如今偃領矣此以偃爲褗之假借○詩魚麗傳士不隱塞釋文隱本作偃此以偃爲隱之假借故古今人表徐隱王師古曰即偃王也隱已見木

部鄍見邑部鄍下。○左氏僖元年經。公敗邾師于偃。公羊作纓。疑纓爲偃之假借。偃纓聲之轉。

傷 創也。

借𥏫。已見疒部。○矢部𥏫。傷也。謂矢之所傷。引伸爲凡傷之偁。與此可爲通借。○心部慯。憂也。詩卷耳。唯以不永傷。毛傳。傷思也。思與憂義近。慯可爲傷之通借。故方言傷字。廣雅作慯。

伏 司也。从人犬。犬司人也。司即伺字。

借虙。已見虍部。借偪。見畐部。○勹部匍。手行也。匐伏地也。左氏昭十三年傳。奉壺飲冰以蒲伏焉。蒲伏爲匐匍之假借。○淮南說山訓千年之松下有茯苓。史記龜策傳伏靈者千歲松根也。艸部無茯字。茯乃爲糸部紱之重文。則茯苓字蓋即借伏爲之。亦言伏於地而生也。靈見艸部苓下。

係 絜束也。

易同人注。心无繫吝。兌注。無所黨繫。釋文竝云繫本作係。此借繫爲係也。案凡相聯屬謂之係。係既借繫。釋名又云。系。繫也。相聯繫也。則系與係亦可通借矣。○易坎係用徽纆。穀梁宣二年傳注引作繫用徽纆。爾雅釋詁。係。繼也。繼當爲係之假借。若後漢書鄭[宏]傳。沈湎相係。袁紹傳。不得踵係。又續晉陽秋云。許詢劉眞長造膝賞對。夜以係日。則係又當爲繼之假借矣。○莊子山木篇正廉係履而見魏王。此以係爲曳之假借。係曳疊韻字也。

伐 擊也。从人持戈。一曰敗也。繫傳云。亦斫也。

借筏。已見艸部。○洪範五行傳。時則有下人伐上之痾。鄭注。伐宜爲代。蓋字形相涉而異。非必假借。○門部新附有閥字。玉篇云。在左曰閥。在右曰閱。案左氏成十六年傳。郤至驟稱其伐。又史記高祖功臣侯年表。明其等曰伐。積日曰閱。則閥字非古。

祇當借伐字爲之。今功伐字正引伸之義也。今轉借爲矜伐洗伐字。○廣雅釋詁。罰伐也。史記律書云。北至于罰。罰者言萬物氣奪可伐也。案攷工記輈人熊旗六斿以象伐也。注。伐屬白虎宿。後漢書郎顗傳。作罰者白虎。其宿主兵。罰伐音同。是可通借矣。○太[元]斷。勇侏之傠。注。反義爲傠。集韻。伐或作傠。傠當卽罰之或體。罰本从刀从詈。俗作罰也。又以伐从人。遂加人而省四耳。

但 裼也。

借膻。已見肉部。○衣部袒。衣縫解也。卽今之綻字。

內則衣裳綻裂是也。引伸爲飽綻之義。經典多作袒裼。袒當爲但之假借。袒亦見膻下。○繫傳於裼也下有一曰徒三字。廣雅釋詁。徒。袒也。疏證謂徒袒一聲之轉。韓非子初見秦篇。頓足徒裼。韓策云。秦人捐甲徒裎以趨敵。是徒爲袒之假借。實但之轉借也。今但字訓徒。專爲語辭。無用裼之本義者矣。○語詞之但。已見言部誕。亶部亶下。又見弟部并前僤下。

偃　僂也。

借踽。已見足部。○莊子人間世。以下傴拊人之民。

釋文引李注傴拊謂憐愛之也案樂記云煦嫗覆育萬物此蓋以傴爲嫗之假借女部嫗字云母也亦以慈愛得名

僂　尫也周公韈僂或言背僂

公羊莊廿三年傳夫人不僂何注僂疾也齊人語夫人稽留不肎疾順公荀卿書亦兩言僂訓疾段云此以僂爲婁之假借婁即屢與驟通驟訓數亦訓疾也○莊子達生篇痀僂承蜩僂別作瘻疒部瘻頸腫也則瘻當爲僂之假借

僇　癡行僇僇也讀若雡一曰且也

書甘誓不用命戮于社。夏本紀作僇于社。荀子非相篇爲天下大僇。注僇與戮同。此以僇爲戮之假借。〇一曰且者。卽今所用聊字。廣雅釋詁聊且也。則聊當爲僇之假借。僇力救切。與聊近。聊已見上俚下。

仇 讎也。

借逑。已見辵部。〇仇訓讎。爲怨讎字。則仇與讎可爲通借。讎已見雔部。〇詩賓筵賓載手仇。董子作手斞。鄭箋亦云。仇讀曰斞。斞斗部。斞挹也。仇當爲斞之假借。

咎災也从人各各者相違也

借舊已見雈部○下有俗字云毀也方言咎謗也謗與毀義同是咎爲俗之通借○心部⿱咎心怨仇也廣韻作怨⿱咎心謂怨惡之也書西伯戡黎序殷始咎周鄭注咎惡也咎當爲⿱咎心之假借今咎行而⿱咎心廢矣○士昏禮贊見婦于舅姑注古文舅皆作咎荀子臣道篇晉之咎犯注咎與舅同是咎爲舅之假借○周本紀宜臼國語作宜咎韓世家屆宜臼說苑作宜咎咎亦當爲臼之假借臼卽七篇臼部字○書序皐陶釋文皐本又作咎言部謨下亦作咎

綹是以咎爲皋之假借皋與咎通者蓋綹从咎聲之例皋亦見榕下又鼛鼓之鼛亦以咎得聲攷工記作皋鼓皋即皋字後漢書馬融傳作咎鼓廣雅釋草⿱艹皋蘇白䓘也⿱艹皋即䓘也○左傳哀二十一年魯人之皋數年不覺杜注皋緩也王伯申曰訓皋爲緩於古無據皋當讀爲咎前十七年公及齊侯盟于蒙不知荅稽首故齊人咎之下文唯其儒書以爲二國憂正謂魯人拘守儒書數年不知其咎也左傳多古字後人失其讀耳此則以皋爲咎之假借矣

僔 聚也。詩曰：僔沓背憎。
今詩十月之交作噂沓。口部噂，聚語也。引詩亦作噂。彼訓聚語，故从口。此訓聚人也，故从人。二字可爲通借。○曲禮：君子恭敬撙節。撙字手部所無，荀子仲尼篇：主尊貴之，則恭敬而僔。注：僔與撙同。僔旣通撙，則撙卽可借僔字爲之。○廣雅釋詁：蕁，聚也。與僔訓聚同。艸部蕁，叢艸也。卽聚之義，則蕁亦可爲僔之通借。

倦 罷也。
力部券，勞也。表記：不繼之以倦。釋文本又作勌。論語居之無倦釋文亦作劵是劵爲倦之通借案劵字从力與契券字从刀者異○攷工記輈人終日馳騁左不楗故書楗或作劵鄭云劵即倦字也是楗爲劵之假借亦倦之假借也楗已見木部○魏元丕碑施舍弗卷是卷爲倦之省借○力部勸勉也莊子天運篇淫樂而勸釋文勸司馬本作倦是勸爲倦之假借

偶 桐人也

借遇已見辵部○上有俑字云痛也禮檀弓謂爲俑者不仁孟子始作俑者注皆云俑偶人也此以

偊爲偶之假借偊可通偶者段謂如禺亦禺聲而讀魚容切也假借行而本義廢矣○史記封禪書本禺龍郊祀志作寓禺寓皆當爲偶之假借○耒部耦字云耕廣五寸爲伐二伐爲耦左氏襄廿九年傳射者三耦注二人爲耦是耦爲人耦之偁莊子齊物論嗒焉似喪其耦釋文耦本作偶偶當爲耦之假借○段又云俗言偶然者當是俄字之聲誤則亦假借字也俄已見上

㑗神也

玉篇㑗妊身也大雅大任有身身爲㑗之省借身

已見言部信呂部躳下。○一切經音義引詩大任有娠。女部娠。女妊身動也。是娠爲身之通借。

僊 長生僊去。

漢書郊祀志。僊人羨門。注。古以僊爲仙。此上偓佺。仙人也。字作仙。釋名亦曰。老而不死曰仙。是漢時本有仙字。當即此下文之仚。移人於旁耳。則二字可通借。○仚字云。人在山上皃。段謂引伸爲高舉皃。顏元孫引鮑昭書勢鳥仚魚躍。案詩小雅。屢舞僊僊。蓋言舞袖飛揚之意。正與高舉義近。僊殆仚之假借。若正韻別有从入之仚。疑因篆體人字似

入而誤本書所無也又𠓜音軒今人稱軒舉者當亦𠓜之假借僊已見辵部遷下又案文選蜀都賦注引詩屢舞僊僊足部䙴字在新附故借僊字爲之

匕部 此與下匕部形似易混

匕 變也从到人下化字云教行也據許意變匕當作匕教化當作化今統作化化行而匕廢矣

真 僊人變形而登天也从匕从目从乚乚音隱八所以乘載之古文爲真

段謂慎字古訓誠。小雅。慎爾優游。予慎無罪。毛傳皆云。誠也。又慎爾言也。大雅。考慎其相。箋皆云。誠也。慎訓誠者。其字从眞也。如毛鄭所說。諸慎字可謂即眞之假借。案韓非子解老篇。眞者。慎之固也。是眞爲慎之義。○班固兩都賦。邱陵爲之搖震。後漢書注。震讀曰眞。此擬其音。非假借也。則讀曰當是讀若。

匕部

匕 相與比敘也。从反人。匕亦所以用比取飯。一名柶。

邵瑤圖曰。匕字有作朼者。士喪禮。乃朼載。又曰卒朼。又曰。朼者特牲饋食禮。乃朼。少牢饋食禮。長朼。有司徹。朼羊朼豕朼魚。又有作枇者。禮雜記。枇以桑。皆即此匕字。故說文別無朼枇。士喪禮少牢饋食禮注竝云。古文朼爲匕。足徵古止作匕。枇又朼之譌。據此。則朼亦假借異體耳。

𡿺　頭䯝也。从匕相匕箸也。巛以象髮。囟象𡿺形。攷工記弓人。蹷於𠛬而休於氣。釋文𠛬本又作腦。刀部無𠛬字。此非必假借。當即𡿺之或體。今作腦。

卬　望。欲有所庶及也。詩曰。高山卬止。今車舝詩作仰止。人部仰舉也。仰當爲卬之假借。

今通用。大雅。瞻卬昊天。亦作仰。○詩卷阿之卬卬。毛傳。盛皃。韓詩作盎盎。當爲卬之假借。盎已見皿部。彼處卽借盎爲盛。不如此義爲長。○詩匏葉。人涉卬否。爾雅釋詁。卬我也。此以卬爲我之假借。卬我雙聲字。○馬部駠云。駠駠馬怒皃。楊雄解嘲。激卬萬乘之主。如湻注。卬怒也。錢云。當卽此字。是卬可爲駠之通借。○穀梁昭八年傳注。卬車以其轅表門。釋文卬本又作昂。一切經音義四引卷阿詩亦作昂昂。昂字在新附中。是異體假借也。

卓高也。早匕爲卓。匕卪爲卬。皆同義。古文爲卓。

借趠。已見走部。○莊子秋水篇。吾以一足趻踔而行。釋文。踔本亦作踔。此以踔爲踔之省借。趻踔謂腳長短也。若說苑君道篇。踔然獨立。則又以踔爲卓之假借矣。踔亦見趠下。○覲禮。匹馬卓上。注。卓猶的也。以素的一馬爲上。卓當爲的之假借。廣雅釋詁。卓明也。亦同。旳已見日部。○左氏莊廿八年傳卓子。史記秦本紀集解作倬子。晉世家作悼子。此不定誰爲假借。倬已見艸部。䓍下。若齊世家作淖子。集解引徐廣曰。史記卓多作淖。則以淖爲卓之假借矣。○稽部䅭云。特止。繫傳曰。特止。卓立也。

是褘可爲卓之通借。

从部

从相聽也。从二人。從隨行也。隸變爲從。周禮司儀客從拜辱於朝。釋文。從本作从。案許書凡言从某者。大徐作从。小徐作從。邵瑤圃曰。據說文義。如易益卦。告公從。書益稷。汝無面從。說命。惟木從繩則正。后從諫則聖。左傳隱元年。公從之。昭二十六年。姑慈而從。此類竝當作从。蓋謂與相聽義合也。今作從。是通借字矣。其餘皆隨行之義。從又讀去聲。論語。從者見之。孟子。從者數百人。音異而字同固無甚別也○從之引申爲操從爲放從字作縱亦讀去聲論語從之純如也集解從讀曰縱吳語故婉約其辭以從逸王志韋注從順隨也王懷祖曰非也從讀爲縱縱逸猶放逸也是皆從爲縱之假借其讀平聲者今之縱横字亦與齊風衡從其畝可通○樂記待其從容注從讀如富父舂戈之舂案從訓順順適義與從容近舂者擬其音今亦卽作舂則舂爲從之假借舂已見臼部又學記待其從容注從或爲松墨子號令篇松上不隨下王懷祖亦云松與從同是松爲從之假借而

音異。一俗誦音。一爲從之本音也。松已見言部誦下。

幵 相從也。从从幵聲。一曰从持二爲幵。

邵瑤圃曰幷爲兼幷之義。王制輕任幷是也。釋文幷本又作併。人部併竝也。祭義行肩而不併是也。玉藻幷紐約用組。孔疏謂幷竝也。天子以下至弟子之等其所紐約之物竝用組爲之義當作併而字作幷。案二字音義俱近故可互借。

比部

从 密也。二人爲从。反从爲比。古文爲𣏟。

借俾已見人部○周禮世婦比其具大胥比樂官注竝云鄭司農讀比爲庀此以比爲庀之假借玉篇庀具也广部無庀字蓋從周禮故書即以比爲之○又世婦釋文比本作庀公羊哀五年傳城比釋文比本作庇又作芘芘即庇之異體左氏作毗此地名不定誰爲假借庇已見示部祕肉部腓邑部郿下○莊子天地篇不推誰其比憂釋文比司馬本作鼻鼻始也則比當爲鼻之假借○史記有比余字已見八部余下索隱引廣雅比櫛也此以比爲篦之假借但竹部篦字在新附當祇借比爲

之廣韻六至有紕字訓細櫛則或體耳○班固與竇憲牋賜犀比金頭帶亦作鮮卑楚辭大招篇若鮮卑只注鮮卑帶頭也犀鮮雙聲字故通用卑當爲比之假借卑已見ナ部史記作胥紕漢書作犀毗皆同音字耳○海內北經舜妻登比氏一曰登北氏比與北字形相似聲亦近未審誰爲正字○漢書成帝紀郡國比比地動猶言頻頻也比當爲頻之假借比頻雙聲字

毖慎也周書曰無毖于卹

詩邶風毖彼泉水毛傳泉水始出毖然流也毖當

爲泌之假借水部泌俠流也文選魏都賦溫泉毖涌而自浪注泌與毖同詩之毖韓詩作祕本書目部引作眥彼泉水亦皆同音借字祕已見示部

丠部

丠 土之高也非人所爲也从北从一一地也人凥在丠南故从北中邦之凥在昆侖東南一曰四方高中央下爲丘象形古文爲𡉳

邑部有邶字云地名今定制諱孔子之名曰邶詩旄邱序釋文邱或作古丠字是通借也○釋名云九丠丠區也區區別九州之土氣也區亦可爲丠之

通借。匡謬正俗曰古語丘區同聲。

虛　大丘也。昆侖丘謂之昆侖虛。古者九夫為井。四井為邑。四邑為丘。丘謂之虛。

丘與虛音之轉。是可通借。段又謂虛本大丘。大則空曠。故引伸之為空虛。丘亦訓空。如漢書丘亭是也。○禮檀弓虛墓之間。釋文虛本作墟。墟乃虛之或體。

屔　反頂受水丘也。

爾雅釋丘水潦所止泥丘。釋文依字又作屔。案孔子世家叔梁紇與顏氏女禱於尼丘。得孔子。生而首上圩頂故因名曰丘字仲尼是泥爲昵之通用尼乃昵之假借又後尸部尼字云從後近之段謂孟子止或尼之尼止也與論語致遠恐泥同省借字也尼已見日部昵下

从部

𠈌眾立也从三人讀若欽崟段謂山部崟山之岑崟也欽崟卽岑崟公羊傳及上林賦又皆有嶔巖字从讀如崟魚音切錢云此左傳人三爲眾字則从與眾義本可通

眾多也从从目眾意

詩載馳。衆穉且狂。毛傳。是乃衆幼穉且狂。王伯申曰。衆當讀爲終。終猶既也。終溫且惠。既溫且惠也。終風且暴。既風且暴也。終窶且貧。既窶且貧也。終和且平。既和且平也。終善且有。既善且有也。則此終穉且狂。謂既穉且狂也。穉。驕也。見管子重令篇注。狂。妄也。言女子善懷。亦各有道。是我之欲歸未必非也。而許人偏見輒以相尤。則既驕且妄矣。此以衆爲終之假借。若祭法堯能賞均刑法以義終。鄭注。賞。賞善。謂禪舜封禹稷等也。義終。謂既禪二十八載乃殂也。王懷祖以爲承上文法施於民而言此篇自聖王之制祭祀以下皆魯語文彼云堯能單均刑法以儀民單盡也均平也儀善也謂堯能盡平刑法以善其民即法施於民之事也賞當爲亶隸書賞字作賞與亶形似而誤亶與單通義與儀終與與眾通眾亦民也鄭語又云堯能單均刑法以儀眾文正同是則終轉爲眾之假借眾之通終者易襍卦大有眾也荀爽本眾作終詩振鷺以永終譽後漢書崔駰傳終作眾士相見禮眾皆若是今文眾爲終皆其證也義借儀見人部終已見口部周下○文選吳都賦效獲眾注眾一作潨水

部云小水入大水曰㴛㴛字从眾故可爲眾之假借

聚會也一曰邑落曰聚

借叢已見丵部借取見又部借冣見冂部又樂記會以聚眾注聚或爲最最當作冣亦見冣下○莊子達生篇聚僂之中則爲之釋文聚當作蕞是以聚爲蕞之假借蕞已見艸部○周禮獸醫注節趨聚之節也釋文聚本作驟是以聚爲驟之省借○土部堅積土也白虎通曰琮之爲言堅也今譌爲聖象萬物之宗堅也錢云此積聚字則堅爲聚之通借

也。

𡈼部𡈼今作壬他鼎切與後壬部爲天干之名異字。

𡈼善也。从人士。士事也。一曰象物出地挺生也。月令。荔挺出。即此𡈼字之義。是可通借。下𡈼字云。从𡈼。𡈼朝廷也。此别一義。蓋廷亦从𡈼。即以𡈼爲廷之假借。𡈼已見乚部𡈼下。

徵召也。从𡈼。从微省。𡈼爲徵。行於微而聞達者。即徵之。古文爲𢿱。

∴韻會以𡈼爲古徵字。是徵即可爲𡈼之通借。○左氏昭卅年傳。且徵過也。釋文。徵本或作懲。詩閟宮。

荆舒是懲。史記建元以來侯者年表作荆荼是徵。此皆以徵爲懲之省借。○易損卦君子以徵忿窒欲。釋文徵劉作澂。蜀才作澄。案澄即澂字。鄭注徵猶清也。蓋以徵爲澂之假借。今易作懲忿。疏云懲者息其既往心部懲忿也。此則仍借徵爲懲矣。○借證已見言部。

重部

重厚也。

借穜已見禾部。○櫂弓與其鄰重注。鍏往注。重當爲童。此以重爲童之假借。童已見辛部。○漢書匈奴傳不如重酪之便美注乳汁也本作湩此以重爲湩之省借○心部憅字云遲也凡遲重字當作此今皆以重字爲之蓋亦省借也但漢郭仲奇碑悲憅剝裂北海相景君碑驚憅傷裒憅卽今之慟字則可通借矣心部無慟在新附中○糸部緟字云增益也段謂經傳統借重爲之如易之重卦象傳言重巽皆謂緟之也今則重行而緟廢矣案重字有平聲正當作緟緟直容切也

臥部

監臨下也古文爲[illegible]

借監。已見目部。○詩文王。宜鑒於殷。大學作儀監。皇矣。監觀四方。漢書敘傳引作鑒觀。他如烝民。天監有周。敬之。日監在茲。書酒誥。人無於水監。當於民監。監皆當爲鑒之假借。○春秋傳闞止。史記田齊世家作監止。又封禪書。蚩尤在東平陸監鄉。索隱引皇覽作闞鄉。此當以監爲闞之假借。闞亦見目部瞯下。

㐆部

㐆 歸也。

㐆从反身。而爲於機切者。亦脂微通眞文之例。錢

云此依歸字同文舉要以爲卽依字是依與月可爲通借依已見人部

殷 作樂之盛稱殷易曰殷薦之上帝

所引易釋文殷京本作隱此以隱爲殷之假借已見貝部賑下若詩召南殷其靁殷當爲隱邶風如有隱憂韓詩作殷憂則殷又爲隱之假借矣隱亦見人部偃下○詩北門憂心殷殷釋文殷本作慇爾雅釋訓慇慇惸惸釋文慇本作殷殷爲慇之省借今殷勤字亦作慇懃○中庸壹戎衣鄭注衣讀如殷齊人言殷聲如衣虞夏商周氏者多矣今姓

有衣者殷之胄與綮康誥之殪戎殷即此壹戎衣注不言尚書文當從中庸是義各著也字則壹爲殪之省衣乃殷之假借衣亦見人部依下○左氏成二年傳左輪朱殷注殷音近煙赤黑色是殷當爲黳之假借本書黑部無黳字玉篇廣韻俱有之則或黳也

說文假借義證卷十五

嘉興張鳴珂

族曾孫彝同校

安徽古籍叢書萃編

說文假借義證

二

清·朱珔 撰
余國慶 黄德寬 點校

黄山書社

說文假借義證卷五目錄

弟三篇上

只部文二 證二

只 𠷎

㕯部文三 證二

矞 商

句部文四 證二

句 拘

丩部文三 證一

丩

古部文二 證二

古 嘏

講 謍 譜 詸 詐 詒 譏 誣 誹

謗 譸 訓 詛 誃 諄 誒 訾 訢

諞 訌 誂 諅 誕 詪 訌 讀 譏

讙 譌 譽 譎 訏 讋 誣 詾 訟

訶 訴 譖 讓 譙 誶 詭 證 詘

訧 譎 誒 詬 諜 該

誩部文四 證二

譱 競

音部文六 證四

音 響 韶 章

共部 文二 證一

共

異部 文二 證二 異見廾部弇下戴見六部植邑部䣛下

舁部 文四 證二

與 興

臼部 文二 證一

𡨄

晨部 文二 證二

晨 農

爨部 文三 證二

爨　釁

光緒二十五年歲在己亥仲冬月族曾孫蔭成重校刊

說文假借義證卷五　　涇朱珔學

第三篇上

㗊部

㗊　眾口也讀若戢又讀若呶

錢云魯靈光殿賦芝栭攢羅以戢香哉眾貌當即

此是以戢爲㗊之假借

囂　聲也气出頭上从㗊从頁頁首也重文爲嚻

借嗸已見口部○文選養生論則囂然思食注囂

然飢意也囂當爲枵之假借木部枵木根也引春

秋傳歲在元枵枵虛也案左氏襄廿八年傳下云

虛中也虛中正飢意故今人稱枵腹枵亦或作呺○詩板篇聽我囂囂毛傳囂囂猶警警也箋云女聽我言警警然不肯受蓋以囂爲警之假借言部警不省人言也段本作不省人言警亦見警下

嘂高聲也一曰大呼也春秋公羊傳曰魯昭公叫然而哭

今公羊作噭口部噭吼也吼當作口一曰噭呼也又叫嘑也與此音義同則噭叫皆可爲嘂之通借○言部有訆字亦云大嘑也引春秋傳或訆于宋太廟此左氏襄三十年文今傳作叫訆既與口部叫同

則亦㗊之通借矣。

舌部

䛐 歠也。

曲禮，毋嚃羹。廣韻，嚃，歠也。段云，嚃卽䛐也。案口部無嚃字，當爲䛐之或體。還沓同聲。

干部

干 犯也。从反入，从一。

借於已見丨部。○戈部，戰，盾也。論語而謀動干戈，集解引孔注，干，楯也。經典多作干，葢皆戰之假借。○詩兔罝，公侯干城。毛傳，干，扞也。左氏襄廿五年傳陪臣干掫釋文引徐注干讀曰扞此以干爲扞之假借案攴部敔止也引周書敔我于艱今文侯之命作扞敔扞古今字則干借扞實當爲敔之假借也○詩小雅斯干篇毛傳干澗也易漸卦鴻漸于干釋文引荀注及王肅注干山間澗水也是干當爲澗之假借故衞風考槃在澗釋文引韓詩作干通韻字也○成十六年左傳奸時以動釋文奸本作干又昭二十年傳是再奸也注奸犯也葢奸爲干之假借○辵部迂字云進也讀若干今干求字當爲迂之省借○荀子王制篇南海則有曾青

丹干焉。注。干當爲玕。是干爲玕之省借。○大射儀。干五十。注。干讀爲豻。干亦豻之省借。○莊子田子方。方將被髮而干。釋文。干本作乾。是干爲乾之假借。○凡支榦字。亦書作干。而音榦。是干爲榦之通借。令作幹。非。

谷部

𧮫口上阿也。从口。上象其理。重文爲㖆。爲臄。文選羽獵賦。遙噱乎紘中。晉灼曰。口之上下名爲噱。口部。噱。大笑也。則噱當爲臄之假借。

只部

只 語已詞也。从口象气下引之形。

小雅樂只君子。箋云只之言是也。蓋以只爲是之假借。左氏襄廿四年、昭十三年傳作樂旨君子。是借旨爲只也。○莊子大宗師而奚來爲軹。釋文引崔云軹辭也。李云是也。此本只之義增偏旁爲假借字。

䛊 聲也。讀若聲。

段云晉宋人多用聲字。若冷如鬼手聲、何物老嫗生此寧聲兒是也。此以聲爲䛊之假借。

㕯部

矞㠯錐有所穿也。一曰滿有所出也。

借趫。已見走部。○漢書司馬相如傳載大人賦。前長離而後矞皇。注矞皇神名也。史記相如傳作潏湟。潏湟當爲矞皇之假借。又太元經云物登明堂。矞矞皇皇。文選思元賦。察二紀五緯之綢繆遹皇。注遹皇往來貌也。矞當爲遹之通借。遹已見辵部。○荀子非十二子篇。矞宇嵬瑣。注矞同譎。是以矞爲譎之假借。若文選魏都賦。矞雲翔龍。劉注矞雲者。外赤內青也。淮南覽冥訓注。日旁五色气在兩邊外向爲譎。則譎又矞之假借。

商從外知內也古文爲𧷸爲𠻱籀文爲𧸘

借上已見上部借唐見口部○貝部賁行賈也今商賈字當爲賁之假借白虎通云商之爲言章也章其遠近度其有亡通四方之物故謂之商則義本通○夏小正有鳴倉庚傳倉庚者商庚也商庚者長股也爾雅釋鳥倉庚商庚是商爲倉之通借

句部

句曲也

下鉤字亦曰曲也與此義有虛實而凡紫宮外星爲鉤陳西南夷爲鉤町矛有小枝爲鉤釨皆一作

句。是二字通借。惟句芒句股不作鉤。鈎鉤帶鉤不作句。今以爲章句字。○樂記區萌達。注屈生曰區。區蓋句之假借。○周禮屨人青句。注句當爲絇。是句爲絇之假借。糸部絇纑繩絇也。○爾雅釋器斪斸謂之定。攷工記車人注引作句欘。是句爲斪之假借。斤部斪斫也。○左氏僖廿二年傳取須句。公羊作須朐。朐當爲句之假借。肉部朐脯脡也。○明堂位無句作磬。釋文句本作劬。劬亦从句。故通借。○淮南墬形訓句嬰民。注句嬰讀爲九嬰。北方之國也。是以句爲九之假借。句與九聲近。○車部軥。

軥下曲者左氏襄十四年傳射兩軥而還集韻通作鉤即夏后氏之鉤車是以鉤爲軥之通借○莊子田子方篇履句履者知地形釋文句音矩李云方也蓋以句爲矩之假借○疒部痀曲脊也玉部玖下云讀若人句脊之句是句爲痀之省借○刀部釗鐮也方言云刈鉤自關而西或謂之鐮是鉤亦釗之通借

拘 止也

荀子哀公篇古之王者有務而拘領者矣注拘與句同是拘爲句之假借○周禮巾車金路鉤注故

書鉤爲拘杜子春讀爲鉤是拘爲鉤之假借○莊子逍遥游注能令手不拘坼釋文拘本作跔是拘爲跔之假借足部跔天寒足跔也○易説卦傳艮爲拘虞注拘舊作狗又隨卦拘係之注艮手爲拘則不從作狗之本狗亦从句聲○素問大筋緛短小筋弛長緛短爲拘弛長爲痿拘亦痀之假借

丩部

丩 相糾繚也一曰瓜瓠結丩起象形

魏風糾糾葛屨毛傳糾糾猶繚繚也糾當爲丩之假借本部糾繩三合也引申爲糾察爲糾聚皆借

義也字亦作糺書大傳糺縵縵兮糺或作禮者以糺形近譌爲礼因轉譌爲禮也○段云眞誥一卷爲一弓當卽是弓字一丩猶言一縛丩卷雙聲桊今借弓爲書卷字又或从二作弓

古部

古 故也从十口識前言者也古文爲[illegible]爾雅釋草紅蘢古郭注俗呼紅草爲蘢鼓語轉耳是以鼓爲古之假借本草及類篇又作鴻藚郝云藚讀若戛蘢藚與蘢古聲亦相轉也

嘏 大遠也

借瑕。巳見玉部。○爾雅釋詁。假大也。詩中假字凡訓大者。皆當爲嘏。嘏之借字。故詩䟫假無言。昭二十年左傳作䟫嘏。曾子問。不旅不假。注。假讀爲嘏。假亦見瑕下。○書呂刑。庶有格命。王伯申曰。格讀爲嘏。逸周書皇門篇。用能承天嘏命。爾雅。嘏大也。君奭。其集大命于厥躬。與此同義。古字格與嘏通。士冠禮。孝友時格。注。今文格爲嘏。少牢饋食禮。以嘏于主人。注。古文嘏爲格。是也。訓登訓至皆失之。案格爲嘏之假借。猶格之借假也。○周禮。鬱人。大祭祀受舉斝之卒爵而飲之。注。斝受福之嘏。又量人注𡋲讀如㡰尸之㡰。是𡋲爲㡰之假借。

十部

肸 響布也。（響當爲蠁。）

蜀都賦景福肸蠁而興作。一切經音義引作翕響。翕當爲肸之假借。○書費誓米部作粊誓。魯世家作肸誓。肸粊音近。肸當爲粊之假借。○漢書禮樂志問不肸飾。蘇林注。肸音塈。塗之塈。塈飾也。是以肸爲塈之假借。師古曰。肸振也。謂振整而飾之也。肉部⿱八月小徐本振也。則以肸爲⿱八月之通借。⿱八月即今佾字。

卙　卙卙盛也汝南名蠶盛曰卙

詩螽斯宜爾子孫蟄蟄兮毛傳蟄蟄和集也蟄當爲卙之假借

博　大通也从十从尃尃布也

詩泮水戎車孔博箋云博當作傅蓋以博爲傅之假借繫傳於此云尃亦聲博與傅竝从尃○攷工記車人其博三寸注故書博或爲搏杜子春云當爲博是搏爲博之假借○公羊莊十二年傳與閔公博釋文博字書作簙案竹部簙局戲也經典多祇借博字爲之

咠 詞之咠矣。

今板篇咠作輯。毛傳。輯和也。輯爲咠之假借。又抑篇輯柔爾顏。曾語契爲司徒而民輯。輯皆當作咠。○新序雜事篇引詩辭之集矣。此處玉篇廣韻亦云詞之集也。則集爲咠之通借。

言部

言 直言曰言。論難曰語。

玉藻二爵而言言。注。言言和敬貌。疏引皇氏言讀曰誾。蓋言爲誾之省借。○詩皇矣。崇墉言言。箋云。言言猶孽孽。是以言爲孽之假借。言孽雙聲字。○

爾雅釋詁言間也卽口部𢦏字所謂言之間也蓋語辭詩大東睠言顧之後漢書劉陶傳作眷然顧之荀子宥坐篇作眷焉顧之然焉皆言之通借○爾雅釋樂大簫謂之言釋文言本作管竹部無管字蓋秖借言字爲之

諒

信也

詩柏舟不諒人只釋文出亮字云本作諒爾雅釋詁亮信也書亮采惠疇亮采有邦孟子君子不亮凡訓信者皆諒之假借亮則明也此本書所無諸葛武侯以爲名應闕疑段氏直補篆○詩大明涼

彼武王釋文涼本亦作諒是涼爲諒之假借論語高宗諒陰文選閒居賦序注諒闇今謂凶廬裏寒涼幽闇之處則諒又當爲涼之假借喪服四制諒闇注諒古作梁梁亦涼之轉借○書說命王宅憂亮陰釋文亮本作諒亮又諒之異體轉借也○郊特牲祊之爲言倞也注倞猶索也或爲諒是倞爲諒之通借

詵　致言也詩曰螽斯羽詵詵兮

毛傳詵詵衆多也釋文詵說文作𬦪是詵爲𬦪之假借今多部無𬦪字陸所據舊本當可信也○詩

桑柔甡甡其鹿。毛傳。甡甡衆多也。桒生部。甡衆生竝立之皃。引詩亦作甡。則義正通。無須借兟爲之。正義曰。甡卽詵字。詵詵羣聚之皃。詵當爲甡之假借。若先部。兟進也。五經文字儿部云。兟色巾反。見詩。卽指桑柔詩所言矣。段謂竝先蓋衆進之意。是兟可爲甡之通借。

請 謁也。

荀子成相篇。聽之經。明其請。注。請當爲情。列子說符篇。唯請。注同。又墨子尙同中篇。上下請通。迎敵祠篇。巫卜以請報守。從王校本。皆以請爲情之假借○

見部靚召也廣韻云古奉朝請亦作靚是靚可爲請之通借史記漢書俱作朝請今但以靚爲靚妝字

讎 猶譍也

書召誥讎民釋文讎或作酬詩抑篇無言不讎韓詩外傳作不酬酬蓋讎之通借○書微子用乂讎斂釋文讎馬本作稠云數也與禾部稠多也訓同是以讎爲稠之假借○詩抑篇箋云物善則其售賈貴釋文售本作讎史記高祖紀讎數倍如淳曰讎亦售也口部售在新附案邶風賈用不售與上

反以我爲雝不應連用雝字疑售字古有之

諸辯也

借諸己見艸部○內則桃諸釋名云諸儲也藏以爲儲待給冬月用之也是以諸爲儲之省借正義引王肅曰諸菹也則以諸爲菹之假借菹已見艸部○爾雅釋地宋有孟諸禹貢作孟豬史記夏本紀作明都都爲諸之迻借豬乃諸之假音○左傳僖九年以是藐諸孤王伯申曰諸與者古字通郊特牲或諸遠人乎或諸即或者爾雅釋魚龜前弇諸果後弇諸獵與上俯者靈仰者謝一例諸亦者

字。藐者孤猶周語言羸者陽耳案此以諸爲者之假借若秦詛楚文者侯卽諸侯也泰山刻石者產得宜卽諸產也是者又爲諸之省借矣○吳語有諸稽郢史記越世家作柘稽柘當爲諸之假借諸柘雙聲○爾雅釋魚蟾蠩釋文蠩本作諸則虫傍乃後人所加或又作蜍虫部亦無之皆俗體也

詩 志也古文爲𧥺

特牲少牢禮詩懷之注詩猶承也內則詩負之注詩之言承也正義引含神霧云詩持也蓋以詩爲持之假借承又持之轉借也承持聲相轉○邑部

邿附庸國在東平亢父邿亭引春秋傳取邿漢書地理志詩亭故詩國則詩當爲邿之假借

諷 誦也

周禮大司樂注倍文曰諷瞽矇疏引作背文曰風左氏桓十三年傳風諫釋文風本作諷蓋風爲諷之省借詩序風風也釋文云用風感物則謂之諷是義亦正通

誦 諷也

史記呂后本紀未敢訟言誅之漢書高后傳訟作誦是訟爲誦之通借史記集解引徐廣曰訟一作

公漢書注亦引鄧展曰誦言公言也則誦與訟皆當爲公之假借公已見八部○韓詩外傳赤松子淮南齊俗訓作赤誦子誦蓋松之假借○史記周本紀成王名誦竹書紀年作名庸當依史記庸爲誦之假借○武梁祠堂畫像祝誦氏無所造爲即祝融氏也誦爲融之假借

讀　誦書也

周禮巾車歲時更續注故書續爲讀杜子春云讀當爲續是讀爲續之假借○文選長笛賦察度於句投注說文逗止也投與逗古字通今句讀字音

豆爲逗之通借投乃逗之轉借矣

訓 說教也

書洪範是彝是訓于帝其訓史記宋世家訓俱作順大戴禮保傅篇師道之教順賈誼新書順作訓順當爲訓之假借若詩烈文四方其訓之哀廿六年左傳引作順之訓又當爲順之假借廣雅釋詁訓順也蓋義本通○周禮稻人司農注訓讀爲馴是以訓爲馴之假借故史記五帝紀能明馴德徐廣曰馴古訓字魯世家聲公名訓索隱作馴○虞書五品不遜後漢書周舉傳引作不訓訓爲遜之

假借。遜亦順也。故通遜。已見辵部。○漢書律𠩺志。七始詠。隋志引作七始訓。段謂詠當爲訓。據班云順以歌詠五常之言。則訓仍爲順之假借。

䜋（篆）曉教也。

論語。吾未嘗無誨焉。鄭注。誨魯讀爲悔。今從古。易繫辭。慢藏誨盜。釋文。誨虞本作悔。是悔爲誨之假借。

譔（篆）專教也。

論語。異乎三子者之撰。鄭注。撰讀曰譔。譔之言善也。是撰爲譔之假借。撰已見辵部選下。案今釋文引鄭譔作詮。本部詮具也。撰亦作僎。詮乃假借字。

○集韻譔述也。或作籑。通作撰。籑撰皆譔之假借。

竹部無籑字。明堂位雕籑注籑邊屬也。○楚辭大

招篇聽歌譔只注。譔具也。言觀聽衆樂無不具也。

譔乃僎之假借。人部僎具也。

諄　告曉之孰也。讀若庉。

借啍。已見口部。○中庸肫肫其仁。注讀爲誨爾忳

忳之忳。今板篇作誨爾諄諄。鄭云忳忳懇誠貌。而

心部無忳字。則肫雖借忳。當轉爲諄之假借。告曉

孰。正懇誠之義。洪範五行傳又引作誨爾純純。亦

諄之假借也。○襄三十一年左傳：年未盈五十，
而諄諄焉如八九十者。王伯申曰：諄諄，眊亂也。仰
昭元年傳謂趙孟老將至而耄及之者也。諄或作
訰，又作忳。爾雅：訰訰，亂也。楚辭九章：中悶瞀之忳
忳。並字異而義同。案爾雅釋文：訰訰，之閏、之純二
切。或作諄，音同。本部亦無訰字，則仍當借諄爲之。
○方言：諄，辠也。又宋魯凡相惡謂之諄憎。此諄以
諄爲敦之假借。

詻 論訟也。傳曰：詻詻孔子容。
爾雅作諤，漢書天文志諤作詻，是詻爲諤之假借。

譀已見吅部嚴下。

謀 慮難曰謀。古文爲𢘻。亦爲𧥺。

土冠禮。某有子某。注。古文某爲謀。段云。蓋古文禮某作謀也。謀當爲某之假借。○小雅周爰咨謀。淮南脩務訓作謀諏。史記陳杞世家。謀娶公。徐廣曰。謀一作諆。諆蓋謀之通借。諆已見丌部其下。○淮南主術訓。是故心知規而師傅諭導。注。規謀也。從漢書趙熹傳注同。此以規爲謀之假借。謀亦音謨

悲切也。

諏 聚謀也。

特牲饋食禮不諏日注今文諏爲詛諏與詛義別詛當爲諏之假借○左氏襄廿五年傳陪臣干掫杜注干掫行夜也釋文掫服本作諏云謀也今傳本或作諏案如杜說則諏爲掫之假借如服說掫又當爲諏之假借矣掫已見走部趣下

論議也

詩靈臺於論鼓鐘毛傳論思也呂覽直諫篇所以不可不論也注論猶思也案亼部侖思也此以論爲侖之假借又心部惀欲知之貌義亦可通○詩箋云論之言倫也王制必即天論注論或爲倫是

論亦倫之假借。荀子儒效篇。人倫盡矣。注。倫當爲論。則倫又論之假借。○易繫辭。彌綸天地之道。京房注。彌徧也。綸知也。王伯申曰。綸讀曰論。淮南說山訓。以小明大。以近論遠。高注。論知也。則彌綸者。謂徧知天地之道也。古字綸多與論通。屯象傳。君子以經綸。中庸。經綸天下之大經。釋文竝云。論。本亦作綸。樂記。使其文足論而不息。史記樂書。論作綸。是綸當爲論之假借也。

詳　審議也。

借祥。已見示部。○鄘風。不可詳也。釋文引韓詩。詳作揚義亦正合是揚可爲詳之通借○史記吳世家公子光詳爲足疾索隱曰詳卽僞也又田叔傳以爲任安爲佯邪徐廣曰佯或作詳蓋以詳爲佯之假借案人部無佯字檀弓下鄭注何佯者善之正義云外貌爲陽陽或若佯者字相假借則佯狂字當作陽

諟　理也

楚語王弗是韋注是理也蓋以是爲諟之假借是已見是部○大學顧諟天之明命注諟或爲題題乃諟之假借題與諟俱从是聲○文選甘泉賦猶

仿佛其君夢注引說文曰仿佛相似視不諟也謂諟與諦同魯靈光殿賦注亦引之是諟爲諦之通借諦已見口部嚔下

識常也一曰知也

案識訓常段謂常當爲意之誤錢云常卽司常之常日月爲常凡㫃旂之屬皆屬司常說近是然則識爲幟之本字而別一義爲知識歟○左氏昭廿一年傳注徽識也釋文識本作幟周禮司常掌九旗之名各有屬注屬謂徽識也漢書高祖紀旗幟皆赤師古曰史家字或作識或作志音義皆同本

書巾部無幟字惟見注中新附有之是幟當作識後漢書虞詡傳以采綖縫賊裾爲幟注幟記也幟乃識之假借○詩六月織文鳥章箋云織徽織也漢書食貨志治樓船加旗織於其上織皆當爲識之假借○士喪禮注故以其旗識之釋文識本作試試亦識之假借○墨子書凡旗識字作旗職其云舉一職至舉六職皆同又史記叔孫通傳百官執職傳警注職音幟是職爲識之假借樊毅修華嶽碑云周禮識方氏則識又爲職之假借也○易大畜君子以多識前言往行釋文識劉作志周禮

保章氏以志星辰日月之變動注志古文識字記也是志爲識之通借本書無志字惟見前詩字注又左傳昭廿六年宣王有志而後效官九經古義云有志謂長而有知識也王伯厚以爲有撥亂之志恐非王伯申曰惠說是也大戴禮保傅篇成王有知而選太公爲師周公爲傅彼言成王有知猶此言宣王有志也哀公問寡人惷愚冥煩子志之心也鄭注志讀爲識識知也子之心所知也緇衣云爲上可望而知也爲下可述而志也注志猶知也是皆以志爲知之通借

訊問也古文爲𧦝
樂記訊疾以雅注奮訊也詩雄雉箋奮訊其形貌
七月傳羽成而振訊之釋文竝云訊本作迅是訊
爲迅之假借○學記多其訊注訊猶問也訊或爲
訾訾蓋訊之假借訾訾與訊聲相轉猶訊之爲誶也
○荀子賦篇行遠疾速而不可託訊者與注訊書
問也訊本或作訓訓當爲訊之假借訓已見上○
文選王僧達和琅邪王詩聊訊與亡言注訊與信
通是訊爲信之假借

謹愼也

詩抑篇謹爾侯度襄廿二年左傳引作慎爾本可通借○內則塗之以謹塗注謹當爲墐土部墐涂也謹乃假借字○管子五行篇修槩水土以待天菫注菫誠也菫當是謹之省借誠謹義合

諶　誠諦也詩曰天難諶斯

今詩大明諶作忱韓詩作訦又蕩篇其命匪諶心部引作匪忱韓詩亦作匪訦案下文訦字云燕代東齊謂信訦也心部忱誠也是諶與訦忱音義皆同故通借用之○楚辭哀郢篇諶荏弱而難持注諶誠也書大誥天棐忱辭漢書孔光傳作天棐諶

辭翟方進傳作天輔誠辭是誠亦諶忱之通借

信　誠也古文爲㐰爲訫

借訊已見上○易繫辭以求信也釋文信本作伸又引而伸之釋文伸本作信詩擊鼓不我信兮釋文信古伸字蓋經典多以信爲伸之假借伸亦省作申儒行竟信其志注信讀如屈伸之伸信或爲申是又伸之轉借也○周禮大宗伯侯執信圭注信當爲身信圭躬圭皆象以人形爲瑑飾欲其愼行以保身是信爲身之假借○漢書王莽傳信鄉侯佟上言注古者新信同音是以信爲新之假借

○易文言體仁足以長人釋文仁荀京董本作信此相傳各異非必假借○表記引詩信誓旦旦釋文信本作矢矢可爲信之通借信矢雙聲字

誠信也

借正已見正部借謹借諶見上○小雅成不以富論語成作誠禮記經解繩墨誠陳注誠或作成是成爲誠之省借○墨子尚同篇今天下之王公大人士君子請將欲富其國家又節葬下篇請可以富貧衆寡定危治亂乎王校謂請即誠字也是以請爲誠之假借請已見上○又尚同下篇今天下

王公大人士君子中情將欲爲仁義求爲上士王

亦謂情即誠字他如齊策臣知誠不如徐公美劉

本誠作情呂氏春秋具備篇三月嬰兒慈母之愛

諭焉誠也淮南繆稱訓誠作情漢書禮樂志正人

足以副其誠漢紀誠作情皆古書誠情通用之證

是以情爲誠之假借情亦見請下案情本通請故

俱可借爲誠矣

諭　問也周書曰勿以諭人

本部讖驗也竹部籤驗也段謂驗爲馬名云徵驗

者於六書爲假借諭其正字也○所引書今立政

作勿用憸人。心部憸。詖也。憸利於上佞人也。是譣爲憸之假借。

詁 訓故言也。詩曰。詁訓。

今烝民詩古訓是式。古爲詁之通借。○抑篇告之話言。毛傳話言。古之善言也。釋文話。戸快反說文作詁。是話爲詁之假借。詁話聲相轉。如毛義當本作詁言。○爾雅釋詁釋文。詁本作故。故即詁之訓。故通借。

諝 知也。

周禮天官。胥十有二人。注。胥讀爲諝。謂其有才知爲什長小雅君子樂胥箋胥有才知之名也胥皆爲諝之假借○心部㥠知也知當作才智之智此與諝音義皆同可爲通借○易歸妹以須釋文引鄭注須有才智之稱天文有須女蓋以須爲諝之假借

証　諫也讀若正月

呂覽誣徒篇不可證移注證諫也證蓋証之假借本部證告也今證驗字亦或借証爲之○廣雅釋詁諍諫也蓋以諍爲証之假借本部諍止也止者止其失則與諫義亦通若孝經昔者天子有爭臣

注。爭謂諫也。是又諍之轉借。故左傳僖廿四年注。鬩。訟爭也。釋文。爭本作諍。

諗 深諫也。春秋傳曰。辛伯諗周桓公。

此左氏閔二年文。桓十八年。諗作諫。諫爲諗之通借。義同。亦音之轉。○詩四牡。將母來諗。毛傳。諗念也。盖本爾雅。此即以諗爲念之假借。諗从念聲也。

䚻 徒歌。

爾雅釋樂。徒歌謂之謠。䚻與謠古今字。○漢書李尋傳。人民繇俗。注。謂童謠及與人之誦。是繇爲䚻之假借。凡占易繇辭。當即此䚻矣。繇已見辵部遙下。

[篆文 說] 說釋也。一曰談說。

段云。說釋卽今之悅懌。悅懌二字。許書所無。說釋者。開解之意。故爲喜悅。是悅卽說之或體。○易蒙用說桎梏。干注。說解也。大有輿說輹。馬注同。案說訓爲釋。釋解也。卽解說字。今音脫。詩瞻卬女覆說之。毛傳。說赦也。赦亦釋也。後漢書王符傳注引詩汝覆脫之。實則脫爲說之轉借。見後肉部。○凡游說字音稅。或借稅。士昏禮。說服。鄉飲酒禮。說屨。注竝云。今文說作稅。文王世子。不稅冠帶。少儀注。降稅屨。釋文並云。稅本作蛻。又作說。同音他活反。此亦皆轉相借。非稅之本義也。○書呂刑。閱實其罪。王伯申曰。閱當讀用說。桎梏之說。說者解釋也。上言赦。下言說。其意一也。百鍰既納。則釋其罪。經義甚明。解者謂檢閱核實其所犯之罪。非也。案齊風掘閱。毛傳。容閱也。正義云。閱者悅懌之意。是閱字兩借。一爲解釋義。一爲怡悅義。閱說古通。故詩谷風。我躬不閱。襄廿五年左傳作我躬不說。昭七年傳。南宮說。檀弓作南宮閱。○學記文王世子引書兌命曰。注。兌當爲說。是兌爲說之省借。易兌爲說。

說从兌兌亦聲也○荀子臣道篇巧敏佞說注說或作倪倪人部無倪字當爲說之假借魏志王粲傳劉表以粲通倪不甚重又以倪爲脫○郊特牲明水說齊釋文說本作涚是說爲涚之假借○有司徹坐帨手注古文帨作說說亦帨之假借○史記魯仲連鄒陽傳以資說士索隱曰劉氏讀說士爲銳士義竝通則說爲銳之通借○詩定之方中說于桑田釋文引鄭志說或曰述釋名說述也宣述人意也是說可爲述之通借述已見辵部○詩碩人說于農郊說說爲稅音箋云說當作襚禮春秋之

禭。蕢皆宜同。蓋以說爲禭之假借。

調和也。

詩汝墳。怒如調飢。毛傳。調。朝也。心部引正作朝飢。蓋以調爲朝之假借。釋文。調又作輖。則調之轉借也。○世說。王丞相每調之。調爲嘲義。口部嘲字在新附。當即借啁字爲之。言部字與口部多通。故啁或作調。嘲亦或作謿。

話會合善言也。傳曰。告之話言。籀文爲譮。

周禮大祝。作六辭。四曰會。鄭司農云。會謂王官之伯命事於會。後鄭亦謂會同盟誓之辭。王伯申曰。

會乃譮之假借譮古話字書盤庚乃話民之弗率馬注話告也言也文六年左傳著之話言杜注話善也爲善言遺戒葢譮爲告戒下民之辭與誥相近故三曰誥四曰譮會已見會部

諈 諈諉累也下諉字亦云累也此本之爾雅釋言釋文引孫炎云楚人曰諈秦人曰諉是二字通借疊韻也○女部娷諉也娷與諈音義皆同亦可通借若今人遇事推諉當爲委之假借廣雅委棄也孟子委而去之委已見辵部逶下

警 戒也

人部儆戒也與此音義皆同周禮隸僕注若今時儆蹕釋文儆本作警是儆爲警之通借字○詩常武既敬既戒箋敬之言警也敬乃警之假借故雞鳴序夙夜警戒釋文警本作敬○詩車攻徒御不驚毛傳不驚驚也觀傳義知驚當爲警之假借故史記司馬相如傳祝融驚而蹕御漢書作警若文選歎逝賦節循虛而警立注警猶驚也則又以警爲驚之假借矣

謐 靜語也一曰無聲也

虞書惟刑之恤哉史記徐廣注引今文恤作謐觀史記本文以靜代謐則恤當爲謐之假借爾雅愼謐俱訓靜殆取愼義也○周頌夙夜基命宥密賈子禮容篇作宥謐密卽宓蓋謐之通借矣

謙敬也

借嗛已見口部○大學此之謂自謙鄭注謙讀爲慊是謙爲慊之假借慊亦見嗛下○易坤爲其嫌于无陽也釋文嫌鄭本作謙謙當爲嫌之假借○樂記禮主其減史記樂書引作禮主其謙是謙爲減之假借謙乃謙損之意則與減省義亦本通減

見冂部咸下。○墨子明鬼下篇。齊君由謙殺之。恐不辜。猶謙釋之。恐失有罪。王懷祖曰。謙與兼同。言欲兼殺之兼釋之也。此蓋以謙爲兼之假借。

誼 人所宜也。

周禮肆師司農注。古者書儀但爲義。今時所謂義爲誼。案中庸義者宜也。與仁者人也一例。誼从宜。故爲宜訓。則今之仁義字本爲誼之假借。邵瑤圃云。說文我部義。己之威儀也。从我羊。與今仁義字異。

詡 大言也。

廣雅釋訓詡詡大也與詩韓奕毛傳訏訏大也同是訏爲詡之通借○漢書張敞傳注引孟康曰北方人謂媚好爲詡女部嫵媚也詡當爲嫵之假借○白虎通紼冕篇殷冠曰冔者十二月時施氣受化詡張而後得牙故謂之冔冔本書所無當借呼爲之呼詡音同故可通借呼已見口部呼下

諓善言也一曰謔也

秦誓戩戩善諞言公羊傳作諓諓王逸注楚詞九歎同戩當爲諓之假借戩戩與巷伯詩之捷捷音同則亦可通借本書戈部引書作戔戔叉諓之省

借也。

誐嘉善也。詩曰。誐以溢我。

今周頌作假以溢我。毛傳。假。嘉也。假爲嘉之假借。此作誐。則嘉之通借。誐嘉疊韻。○左傳襄二十七年作何以恤我。何當爲誐之假音字。何已見艸部荷口部台下。

詷共也。周書曰。在后之詷。一曰譀也。

今顧命作在後之侗。釋文馬本作詷。共也。則侗當爲詷之假借。○祭統。鋪筵設同几。注。同之言詷也。案注語當是以同釋詷。經文本作詷。同乃詷之通借。

諰 思之意。

荀子議兵篇諰諰然常恐天下之一合而軋已也。漢書諰作鰓蘇林注鰓懼皃也讀如愼而無禮則葸之葸鰓蓋諰之假借葸或作偲文選魏都賦誰勁捷而無偲注偲與葸同葸偲皆本書所無則或體耳。

託 寄也。

論語可以託六尺之孤玉篇引作侂人部有侂字。亦云寄也則二字音義俱同可爲通借○淮南脩務訓訦林訓有項託。論衡實知篇亦作託。惟漢書董仲舒傳孟康注作項橐。則橐或託之假借與。

譽稱也。

詩蓼蕭。是以有譽處兮。王伯申曰。集傳引蘇氏譽豫通是也。爾雅。豫樂也。豫安也。則譽處安處也。裳裳者華之譽處同。呂覽孝行篇注。豫樂也。詩車舝。式燕且譽。韓奕。韓姞燕譽。皆安樂之意。箋悉以名譽訓之疏矣。案昭二年左傳。季武子有嘉樹。韓宣子譽之。服注引孟子一游一譽。今孟子譽作豫。豫亦樂也。則譽當爲豫之假借矣。

譒 敷也。商書曰：王譒告之。

今盤庚作王播告之脩。敷布也。播亦訓布，則播爲譒之通借。

謝 辭去也。

爾雅釋魚：龜俯者謝。釋文：謝本作射。射蓋謝之省借。謝从射聲。○詩崧高：于邑于謝。毛傳：謝，周之南國也。潛夫論志氏姓篇作于邑于序。序當爲謝之假借。又既入于謝，楚辭注作既入于徐。徐亦謝之假借。徐謝聲相轉。徐已見彳部。○左氏宣十六年傳：成周宣謝火。釋文：謝本作榭。木部無榭字。凡臺榭字祇借謝字爲之。

詠 歌也。重文爲咏

詩碩鼠誰之咏號。釋文咏本作永。永當爲咏之省借。虞書歌永言。聲依永。漢書禮樂志永並作咏。注咏者永也。是義本通。

訖 止也。

書秦誓仡仡勇夫。釋文馬本作訖訖。云無所省錄之皃。訖當爲仡之假借。○孟子無過羅。穀梁僖九年傳作無訖羅。過訖俱訓止。可爲通借。過已見辵部。云微止也。

訝 相迎也。周禮曰。諸侯有卿訝。重文爲迓。

借御。已見彳部。亦見牙部。○左氏僖十五年傳。梁由靡虢射。輅秦伯。宣二年。狂狡輅鄭人。注竝云。輅迎也。釋文音迓。是輅爲訝之假借。○聘禮。訝受几于筵前。注。今文訝爲梧。梧本作啎。逆也。訝亦逆也。則梧可爲訝之假借。梧見後木部。

詣 候至也。

左氏昭廿九年經。叔詣卒。公羊穀梁俱作叔倪。此人名。不定誰爲假借。○關中記。建章宮有枍詣殿。西都西京賦竝同。三輔黃圖注。枍詣。木名。言宮中

美木茂盛也因之詣或作指木部所無乃誤字非假借也

講 和解也

漢書曹參傳講若畫一文穎曰講或作較史記世家作顜本書所無惟有斠字今以爲校讎字顜或爲斠之異體較亦與校通鄭語擇臣取諫工而講以多物韋注講校也是較校斠與講竝音轉可爲通借而小顏云講和也則以講爲正索隱又云漢書作講講亦作顜顜乃講之假借疑史記顜字本爲顜之譌○史記卄茂傳樗里子與魏講罷兵索

隱引鄒氏云講讀曰媾媾猶和又虞卿傳不如發重使爲媾集解云求和曰媾索隱曰媾亦講講亦和也案媾字義未合講明訓和解媾當爲講之假借索隱說非也講媾俱从冓聲古音同○左氏僖十五年傳注則講虛而不經釋文講本又作構此則講當爲構之假借矣構已見辵部遘下

營 小聲也詩曰營營青蠅

今小雅作營營毛傳往來皃此當是用三家詩蠅之往來必有小聲義亦合則營可爲營之通借

諮 大聲也讀若笮重文爲唶

周禮典同侈聲筰杜子春讀爲行扈唶唶是以筰爲唶之假借攷工記鳧氏爲鍾侈則柞注柞讀爲咋咋然之咋聲大外也柞之爲咋亦唶之假借若輪人轂小而長則柞司農注柞讀爲迫唶之唶實則筰訓迫唶當爲筰之轉借是柞咋唶皆借筰矣咋已見辵部迮下○爾雅釋鳥唶唶下釋文云說文之借字也人部無借他訓解有之或卽以唶爲借亦假音字耳

詠　誘也

繫傳云賈誼鵩賦怵迫之徒兮或趨西東當作此

訹字。案漢書孟康注。怵爲利所誘怵。是怵爲訹之假借。○晉語里克不鄭告公子重耳曰。吾請爲子鉥。鉥當爲訹之假借。金部鉥。綦鍼也。

詐　慙語也。

心部怍。慙也。與此義略同。論語其言之不怍。段錢竝云。當作詐。所謂大言不慙也。是怍爲詐之通借。

詒　相欺詒也。一曰遺也。

借嗣已見冊部。○方言云。汝南人呼欺亦曰詒。郭注音殆。穀梁僖元年傳。惡公子之紿。注。紿。欺紿也。史記樊酈滕灌傳。紿呂祿。索隱。紿。欺也。糸部紿云絲勞卽紿，則紿爲詒之假借。○詩思文，詒我來牟，漢書劉向傳引作飴我，注，飴，遺也。飴蓋詒之假借。○書金縢，公乃爲詩以詒王，鄭注，詒，說也。段云，說當讀輸芮切，正義改爲怡悅字，是以詒爲台之假借，別見口部。○詩靜女，貽我彤管，斯干，無父母貽罹，釋文竝云，貽本作詒，貽字在新附，則卽詒之或體。○爾雅釋魚，元貝，貽貝，釋文，貽本作胎，字形相似，未審誰爲正字，其音要可通借。

譏 誹也。

譏字引伸爲訶察之義，孟子，關譏而不征，周禮司關注引作幾而不征。又宮正。幾其出入。大司徒。六曰去幾。幾皆爲譏之省借。

誣 加也。

論語。君子之道。焉可誣也。漢書薛宣傳引作焉可憮也。晉灼曰。憮同誣。蓋以憮爲誣之假借。

誹 謗也。謗 毁也。

荀子解蔽篇。百姓怨非而不用。注。非或爲誹。史記平準書。張湯奏顏異腹誹。漢書作腹非。非皆誹之省借。非已見乛部。微下。○少儀。不窽狎。鄭注。妟相服習。貉或爭訟。王伯申曰。書傳無訓窽爲妟者。窽疑啚讀爲謗。人與己不相習。則其過失無由知。而相狎者其人之善惡皆所素知。易生謗訕。但旣謂之狎。則與己親近。謗加於親近之人。非所以全恩也。故戒之曰不謗狎。襄六年左傳宋華弱與樂轡少相狎。長相優。又相謗也。是謗狎之明證。此以𢀩爲謗之省借。謗又轉借㫄。已見上部。○論語子貢方人。釋文方鄭作謗。段云謗之言㫄也。㫄溥也。大言之過其實。故方爲謗之假借。方亦見㫄下。○書大傳舞謾或注。謾或爲謗。謗謾固音轉。但注本云謾猶曼也。則謗疑誤。

譸 詶也。讀若疇。周書曰：無或譸張爲幻。

爾雅釋訓：侜張，誑也。注引書：無逸，即作侜張。是侜爲譸之假借。人部侜，有廱蔽也。引詩：誰侜予美。廱蔽與誑義亦通。○釋訓釋文：侜本或作倜。从舟與从周往往互用。是倜爲侜之通借，即譸之假借也。○車部輈，轅也。後漢董皇后傳：汝今輈張，輈蓋譸之假借。文選劉越石荅盧諶詩序：自頃輈張。注云：楊雄國三老箴：姦寇侏張。輈與侏古字通。是侏亦譸之假借。侏已見示部裯下。又文選注：輈張，驚懼皃。吳都賦：周章夷猶。正謂禽獸驚懼也。則亦譸張之轉借。○西征賦。譸一姓之或在。注引聲類曰。譸亦疇字。爾雅。疇誰也。是譸爲疇之轉借。○後漢書虞詡傳。以詡譸之知其無能爲也。注。譸當作嚋。是譸爲嚋之假借。

詶 譸也。

南史謝瀹傳。彼上人者難爲詶對。一切經音義引蒼頡解詁。詶亦酬字。詶報也。玉篇。詶答也。蓋詶爲酬之假借。酬已見前醮下。○魏元丕碑。詶咨羣僚。劉寬碑。詶咨儒林。皆卽書之疇咨。譸既借疇。故詶亦可爲疇之轉借。

詛　詶也。

漢書外戚傳孝成許后祝謯後宮有身者。注謯古詛字。本部謯謯娽也。是謯本詛之假借。又五行志劉屈氂復坐祝𧜼要斬。此𧜼字示部所無。當即謯之或體。○詩蕩篇侯作侯祝。毛傳作祝詛也。釋文作本或作詛。是作爲詛之假借。○晉語狂夫阻之衣也。注阻古通詛。將服是衣必先詛之。是阻爲詛之假借。釋名詛阻也。使人行事阻限於言也。則阻本詛之義。周禮詛祝。注詛謂祝之使沮敗也。沮亦與阻同。○借謯已見前。

誃　離別也。讀若論語跢予之足。周景王作洛陽誃臺。文選東京賦。謻門曲榭。集韻謻與誃同。○爾雅釋宮。連謂之簃。郭注。今呼簃廚連觀也。簃借誃者。殆以別義。因爲別室之稱。而竹部簃字在新附。惟宀部宧云。室之東北隅。誃宧音同。或可借誃爲宧耳。○爾雅釋言。斯誃離也。郭注。誃見詩。邢疏引巷伯哆兮侈兮。案口部哆。張口也。郝云。張開與分離義近。是誃可爲哆之假借。段疑小弁析薪扡矣。容有作誃者。據邢疏。斯析誃張皆分離也。彼旣言析薪或以誃爲扡之假借。亦近是。○集韻誃音待可切。

欺罔也與詑訑竝同本部詑云沇州謂欺曰詑詑誃音通是誃爲詑之假借孟子訑訑之聲音顏色訑音移卽詑字也

誖亂也重文爲悖籒文爲□从二或左氏莊十一年傳其興也悖焉釋文悖一作勃呂覽當染篇注漢書陳蕃傳注竝引作勃悖當爲勃之假借而五經文字轉云俗作勃非也又爾雅釋詁疏引此傳作浡然卽孟子所謂浡然興之也水部無浡蓋亦借勃字矣

誒可惡之辭一曰誒然春秋傳曰誒誒出出

所引爲左氏襄三十年傳今作譆譆下譆字云痛
也繫傳曰痛而呼之言也則誒當爲譆之假借方
氏通雅謂當作嘻嘻口部無嘻字○口部唉應也
讀若埃與此後義同文選韋孟詩勤唉厥生漢書
唉作誒師古曰歎聲史記項羽紀亞父曰唉豎子
不足與謀索隱云唉歎恨發聲之辭皆與此前義
合是唉爲誒之通借○欠部欸訾也與前義近而
方言欸然也南楚凡言然者曰欸廣雅欸曆也與
後義同是欸亦誒之通借○楚辭大招誒笑狂只
注誒猶强也或曰笑樂也謂得人而憙也誒一作

娛據此當是以誒爲娛之假借

訾 不思稱意也詩曰翕翕訿訿

借茈已見艸部借呰見口部借訊見前○訾既通呰故呰借疵訾亦借疵莊子山木篇無譽無訾徐邈讀訾爲疵疵亦見呰下○呰借呰呰訾亦借呰呰訓疏大雅皋皋訿訿毛傳訿訿疏不供事也但小雅傳云訿訿然不思稱其上爾雅釋訓翕翕訿訿莫供職也則正訾之本義非必爲呰之假借○分野略例云自危十六度至奎四度於辰在亥爲諏訾諏訾歎息也十月陰氣始盛陽氣伏藏萬物失

發肎之氣。故哀愁而歎息。呰字。爾雅釋天作背。背
當爲呰之假借。○漢書禮樂志日出入章。呰黃其
何不徠下。師古曰。呰嗟歎之辭也。黃乘黃也。呰當
爲嗞之假借。嗞已見口部。○荀子非十二子篇。離
縱而跂呰者也。注。呰讀爲恣。蓋以呰爲恣之假借。
又呰然。注未詳。或曰與孳同。柔弱之貌。是呰亦孳
之假借矣。○漢書司馬相如傳。以呰爲郎。注。呰讀
與貲同。是呰爲貲之假借。

訮 諍語訮訮也。
段云。劉祥言事。蒙遜曰。汝聞劉裕入關。敢研研然

也。魏書作妍。妍皆訮。訮之同音也。是研與妍爲訮之假借字矣。

諞 便巧言也。周書曰。戩戩善諞言。論語曰。友諞佞。書釋文。諞。馬本作偏。偏當爲諞之通借。莊子人間世。巧言偏辭。釋文亦云。偏本作諞。偏已見彳部徧下。○所云論語。今本作便佞。集解引鄭注。便。辯也。與便巧義合。人部。便。安也。人有不便。㪅之。从人㪅。非此義。則便爲諞之假借。○書之諞言。伏生今文作竫言。見公羊傳文十二年。釋文。竫。撰也。本或作諞。又作諓。是諓亦諞之假借。諞諓音相近。諓已見上○王逸注楚辭引作竫言段謂竫言者小人巧言也大荒東經有小人國名竫竫一曰細皃正謂細小之人也案靖訓立竫也是竫與靖合竫靖借徧皆以義通非假音字矣竫見彸青部靜下靖見彸立部

𧦝扣也如求婦先𧦝叕之

本義未詳𧦝卽今之叩字錢引楚辭行叩誠而不阿繁欽詩何以致叩叩皆爲𧦝之通借○𧦝訓扣手部扣牽馬也於義未合惟史記伯夷傳叩馬而諫叩當爲扣之假借○攴部㪙擊也亦與叩通論

語以杖叩其脛學記叩之以小者則小鳴叩之以大者則大鳴叩皆爲攷之假借○公羊隱四年傳公子翬謟桓曰吾爲子口隱矣何注口猶口語相發動也王伯申云注蓋讀口爲叩論語我叩其兩端孔注發事之終始兩端以語之釋文叩音口發動也是其證此以口爲叩之省借下又引學記二叩字謂叩亦發動之意案王意承上待問說固可通但記以撞鐘爲喻故有小鳴大鳴似當從擧義

誂　相呼誘也

秦策楚人有兩妻人誂其長者後語作挑列子楊

余篇釋文引替頡挑謂招呼也。挑乃誂之假借。

諅 忌也。周書曰上不諅于凶德。今書多方諅作忌。忌即諅之通借。○本部別有諆字。欺也。與此同从其聲而義異。又女部娸。人姓也。杜林說。娸。醜也。漢書李陵傳注引服虔曰。娸謂相詆欺也。是以娸爲諆之假借。

誕 詞誕也。籀文爲𧬮。淮南說山訓媒但者。非學謾也。注。但。詐也。是以但爲誕之假借。繫傳云。誕者妄爲大言。正此義。唐書儀衞志。一品鹵簿有誕馬。程氏演繁露謂誕馬猶徒馬卽但馬也。誕又爲但之假借。文選四子講德論注引聲類曰：但，徒也。

詪　很戾也。

彳部：很，不聽從也。一曰行難也。一曰盭也。左氏襄廿六年傳：美而很。御覽引服注云：很，戾不從教。與此義同，是二字可爲通借。

訌　讀也。詩曰：蟊賊內訌。讀，中止也。司馬法曰：師多則人讀。讀，止也。

詩抑篇：實虹小子。爾雅釋言：虹，潰也。虹乃訌之假借。○爾雅釋文：虹，顧作訌，李本作降。郝云：降與洚同，讀若洪。玉篇：洚，潰也。故李巡以降爲訌。是降與洚皆爲訌之通借。○毛傳訌與虹俱訓潰，經典多作潰者，訌亦潰之通借。

䛟聲也。詩曰：有䛟其聲。

段云：詩雲漢有嘒其星，毛傳嘒，衆星皃。此蓋三家詩，或曰聲當是星之誤，如天官書天鼓有音，天狗有聲之類。案口部嘒，小聲也。引詩嘒彼小星，毛傳嘒，微皃。只取小義，不以爲聲。雲漢傳亦同，不必以有聲附會詩之或作䛟，當爲嘒之假借。惟廣韻作暳，云小星。詩亦作嘒，疑詩有作暳之本。暳从日，則言其光。但此字説文所無。嘑已見口部嗁下。

讙　譁也。

借吅。已見吅部。借諠。借誼。見吅下。○馬部驩。馬名。堯典。驩兜。史記作讙。古今人表同。驩當爲讙之假借。驩已見口部嚾下。○邑部酄。酄下。邑引春秋傳齊人來歸酄。今左氏定十年經作讙。讙當爲酄之假借。

譌　譌言也。詩曰。民之譌言。

今沔水正月二詩俱作訛。訛爲俗體。當作譌。采芑篇人之爲言。苟亦無信。箋曰。爲言。謂爲人爲善言以兩爲之正義云人之詐僞之言君誠亦勿得信之王肅諸本皆作僞言定本作僞言王伯申曰正義說是序云獻公好聽讒則人之爲言卽民之譌言也沔水箋訛僞也言小人好詐僞爲交易之言正月箋訛僞也人以僞言相陷入晉語僞言誤衆是其義也○書平秩南訛今本史記作南譌索隱本作南爲漢書王莽傳周禮馮相氏鄭注引俱作南僞爲與僞皆譌之通借譌僞竝从爲聲○詩無羊或寢或訛毛傳訛動也正口部吪動也之訓是訛爲吪之誤釋文引韓詩作譌云覺也覺與動義

通則譌當爲吪之假借○一切經音義十二訛古文蔿譌吪三形同蔿亦譌之假借蔿已見艸部

謈　大呼自勉也

廣韻引此勉作冤當是也漢書東方朔傳郭舍人不勝痛呼謈鄧展曰謈音瓜瓝之瓝又田蚡傳蚡疾一身盡痛若有擊者謼服謝罪晉灼曰服音瓝關西俗謂得杖呼及小兒啼呼爲呼瓝是服與瓝皆爲謈之假借瓝即瓜部瓝字爾雅瓞瓝釋文瓝步角反故與服近服已見玨部𤤴牛部犕下

譎　權詐也益梁謂謬欺天下曰譎

口部刖出噊字。王伯申曰。凡字从言者或从口。噊當爲譎之重文。○借譎已見冏部。○易睽卦王注。恢詭譎怪。釋文。譎詐也。乖也。本亦作沒。是沒爲譎之假借。荀子儒效篇。譎德而定次。注。謂斷沒其德。譎與沒同。則譎又爲沒之假借矣。○心部有憰字。亦云權詐也。與此音義皆同。从心从言。言亦從心出。可爲通借。

訏 詭譌也。一曰訏着。齊楚謂信曰訏。

段云。信當作大。方言。訏。大也。中齊西楚之間曰訏。

許語本楊棻。訏者爲大言以欺人。與詭譌義通也。

○後一義通吁。詩生民實覃實訏。訏當如毛訓大。口部引作實吁。則吁爲假借矣。○借芋。已見艸部。借詡。見上吁亦見詡下。○詩韓奕川澤訏訏。御覽卉七引作㳘㳘。當爲訏訏之假借。○鄭風洧訏且樂。釋文。訏韓詩作盱。漢地理志亦引作恂盱且樂。盱義可通。字則假借也。○周語郤犨見其語迂。單子曰。迂則誣人。韋注。迂回加誣於人。王懷祖曰。迂。賈子禮容語篇作訏。蓋詭譎之言。以無爲有。故曰迂則誣人。漢五行志引亦作迂。顔注。迂。夸誕也。義正合。是迂爲訏之假借。○上譌字云。妄言也。法言

問明篇譊言敗俗譊可爲訏之通借○王又云苟子非十二子篇欺惑愚衆矞宇嵬瑣矞僞同譎宇亦與訏同皆古字假借也宇見後宀部

讋　失气言一曰不止也傅毅讀若慴籀文爲讋史記項羽紀一府中皆慴伏漢書作讋伏是慴本讋之通借○心部懾失气也與此訓同爾雅釋詁慴懼也注慴即懾也是懾亦讋慴之通借

⿰言亞　相毀也一曰畏⿰言亞今好惡字與善惡字無別則畏惡之惡當爲⿰言亞之假借○書秦誓冒疾以惡之王懷祖曰惡字若爲

好惡之惡則與目疾意復惡當讀爲證證廣韻作譩烏路切亦云相毀也漢書衡山王傳注惡謂讒毀之也是證與惡通大學疏以爲憎惡失之左傳襄廿六年太子痤美而狠合左師畏而惡之昭廿七年郤宛直而和鄢將師與費無極比而惡之並謂讒毀之也呂氏春秋韓子戰國策史記皆謂相毀爲惡惡蓋證之假借○集韻證音乙格切與啞同从言从口之字多可通口部啞字云笑也引易笑言啞啞是證爲啞之假借聲亦相轉今人以啞爲瘖

訩說也重文爲詾爲𧬊
案說字疑誤六書故據唐本作訟也○諸書詾字
異體史記高祖紀漢書東方朔傳作匈爲詾之省
後漢書蔡邕傳作凶爲訩之省漢書翟方進傳作
兇爲𧬊之省呂覽樂成篇荀子解蔽篇並作恟惟
後漢書何敞傳論議洶洶焦氏易林爭訟恟恟則
皆訩之假借也恟字亦心部所無
訟爭也一曰歌訟古文爲䛌
借誦借公已見前○繫傳云古雅頌字多作訟是
頌本訟之假借今畝頌鮮有作訟者惟脩華嶽碑

刊石作誦別爲誦字訟之他義亦借頌史記吳王濞傳佗郡國來捕亡人者訟共禁弗予漢書作頌仍皆公義也○書堯典嚚訟可乎史記作頑凶不用凶通訩訩訓訟故凶爲訟之通借釋文引馬本作庸則義下屬訟爲庸之假借矣○淮南泰族訓訟繆胸中高注訟容也蓋以訟爲容之假借

訶（篆）大言而怒也

借苛已見艸部○訶爲今呵問字漢書衞綰傳不孰何綰賈誼過秦論陳利兵而誰何何皆訶之假借人部何一曰誰也則義本通何亦見艸部荷下

訴告也。論語曰。訴子路於季孫。重文爲𧦅。爲愬。
水部泝篆下重文爲遡。詩桑柔。如彼遡風。文選月
賦注引遡作愬。又西征賦。愬黃巷以濟潼。注。愬與
遡同。是愬爲遡之假借。戰國策。衛君跣行告遡於
魏。則遡又爲愬之假借也。

譖愬也。
詩桑柔。朋友已譖。瞻卬。譖始竟背。箋並云。譖不信
也。釋文。譖本作僭。人部。僭假也。正不信之義。則譖
爲僭之假借。○詩巷伯。取彼譖人。緇衣注及後漢
書馬援傳並引作取彼讒人。讒爲譖之通借。

讓　相責讓

曲禮左右攘辟注攘古讓字案漢書禮樂志盛揖攘之容藝文志堯之克攘司馬遷傳小子何敢攘皆用本字其餘則攘爲攘除攘奪擾攘而推攘之義經典轉借此責讓字爲之○周禮保氏五射一曰襄尺釋文襄音讓本作讓則襄當爲讓之省借公

譙　嬈譊也讀若嚼古文爲誚周書曰王亦未敢誚

史記衛綰傳景帝立歲餘不譙呵綰索隱曰譙呵音誰何然譙爲本義誰蓋譙之通借○譙又爲平

聲音樵漢書陳勝傳守丞與戰譙門中顏注譙或呼爲巢所謂巢車者於兵車上爲樓以望敵也是巢爲譙之通借亦借爲樵漢書趙充國傳部曲相保爲壍壘木樵注樵與譙同○詩鴟鴞予羽譙譙毛傳譙譙殺也卽噍殺見口部噍下本是借字釋文譙或作燋則又轉借也○左傳僖廿三年取焦夷注焦譙縣也又譙敏碑其先故國師譙贛漢書作焦贛焦乃譙之省借焦已見口部周下

誶 讓也國語曰誶申胥

今吳語誶作訊詩墓門歌以訊之訊亦當作誶段

錢皆以爲誤但如詩正月訊之占夢毛傳訊問也釋文訊本作誶凡斷獄曰訊卽責讓之意漢書王子侯表安檀侯福訊未竟注訊謂考問之又鄒陽傳卒從吏訊注訊謂鞫問也則誶可爲訊之通借非必盡誤王伯申曰小雅雨無正莫肯用訊與退遂瘁爲韻張衡思元賦愼竈顯於言天兮占水火而妄訊與內對爲韻左思魏都賦翩翩黃鳥銜書來訊與匱粹篲字爲韻則訊讀若誶故墓門詩亦以萃訊爲韻於古音未嘗不協非譌字也訊已見前○莊子徐無鬼篇察士無淩誶之事則不樂釋

文。誶本作說。列子力命篇亦云凌誶。則說爲誶之假借。說有稅音。故與誶通。說亦見上。蓋仍是說之義。非稅義也。

詭 責也。

心部恑變也。與此異義。今詭爲詭詐字。文選辯亡論古今詭趣注。詭與恑同。蓋以詭爲恑之假借。○緇衣則民言不危行。而行不危言矣。鄭注。危猶高也。言不高於行。行不高於言。言行相應也。王伯申曰。危讀爲詭。詭者違也。反也。呂覽淫辭篇言行相詭。不祥莫大焉。謂言行相違也。古字詭與危通。漢書天文志司詭星出正西史記詭作危淮南說林訓尺寸雖齊必有詭高注詭不同也文子上德篇作危又幽通賦注詭反也史記李斯傳今高有危反之行危反即詭反也爾雅釋詁嶠危也危亦即詭是危皆爲詭之省借○史記齊世家衛姬生無詭左傳作無虧此人名不定誰借

證 告也

借証已見前○廣雅釋詁證諭也諭今作驗中庸無徵不信釋文徵或作證大戴記文王官人篇愼用六證注六證六徵也是徵爲證之通借

詘詰詘也一曰屈襞重文爲誳

左傳譆譆出出前詠下引之周禮庭氏注作詘詘通雅謂當作咄咄詘與咄皆从出可爲出之通借○易繫辭往者屈也周髀算經作往者詘文選長楊賦迺展人之所詘注詘古屈字是詘爲屈之通借○射義進爵絀地注內則以前作絀明堂位以後作詘又戰國策彼公仲者秦勢能詘之注詘貶下也案絀通黜書之黜陟幽明史記作絀陟黑部黜貶下也則詘與絀皆當爲黜之假借○聘義其終詘然注詘絕止貌也詘當爲訖之假借訖已見

前。

訧 罪也。周書曰。報以庶訧。今呂刑作尤。詩載馳。許人尤之。釋文尤本亦作訧。綠衣俾無訧兮。釋文訧本或作尤。凡經傳從尤字。皆當爲訧之省借。乙部尤異也。與此義別。○爾雅釋言郵過也。詩賓筵不知其郵。箋王制郵罰麗於事。注並同。又荀子議兵篇罪人不郵其上。注郵怨也。郵亦或借尤。實皆訧之假借。若郊特牲郵表畷。釋文郵本亦作尤。則尤又郵之假借矣。

讄 禱也。累功德以求福。論語云。讄曰禱爾于上下神祇。亟文爲讄。

今論語作誄。本部誄謚也。曾子問注。誄絫也。絫列生時行迹讀之以作謚。說云。讄施于生者。誄施于死者。是也。則論語誄字當爲讄之假借。

謑 耻也。亟文爲謑詬。謑詬耻也。重文爲訽。

漢書賈誼傳。奊詬亡節。奊爲謑之省借。○莊子天下篇。謑髁無任。髁乃詬之假借。○詩桑柔。征以中垢。毛傳。中垢言闇冥也。箋云。征行也。不順之人則行闇冥。王伯申曰。中得也。見齊策高注。垢當讀爲詬。詬耻辱也。不順之人。行不順之事。以得耻辱。故

曰征以中詬又宣十五年左傳國君含垢釋文垢本或作詬與此同是以垢爲詬之假借棻垢有汙辱之義則亦可通

諜　軍中反間也

史記三代世表余讀諜記黃帝以來皆有年數漢書禮樂志披圖案諜蘇林曰諜譜第之也諜皆爲牒之假借○史記張釋之馮唐傳嗇夫諜諜索隱曰喋喋多言也蓋以諜爲喋之假借喋已見足部蹀下

該　軍中約也讀若心中滿該

楚辭招魂招具該備注該亦備也日部晐兼晐也廣雅釋詁晐備也是該爲晐之通借○錢云心中滿該者律厤志該藏萬物孟康曰該藏塞也段云口部噫飽食息也噫亦作餩見廣雅玉篇廣韻淮南高注垓讀如人飲食太多以思下垓之垓思下垓乃息上餩之誤高注多言心中滿該亦謂此也據此則餩爲該之通借卽噫可假借也噫於介切故音近○史記正義引許書賅軍中約也廣雅釋詁賅備也肉部胲足大指毛也非此義是以賅爲該之假借○借咳已見口部

誩部

譱吉也从誩羊此與義美同意篆文爲善

易略例善邇而遠至注善脩治也釋文善本作繕

則善爲繕之省借糸部繕補也補即脩治之義○

莊子至樂篇具太牢以爲善善亦膳之省借周禮

膳夫注膳之言善也則本因此得義○漢書匈奴

傳單于曰善于善蓋單之假借單已見吅部

競彊語也一曰逐也今字作競

詩執競周禮鍾師注引作執傹傹即競之或體苟

子仲尼篇可吹而傹也注傹當爲僵言可以氣吹

之而僵仆也則以僨爲僵之假借說本讀如殭

音部

音 聲也生於心有節於外謂之音宮商角徵羽聲絲竹金石匏土革木音也

左氏文十七年傳鹿死不擇音注音所茠蔭之處古字聲同蓋以音爲蔭之假借蔭已見艸部

響 聲也

漢書天文志鄉之應聲董仲舒傳如景鄉之應形聲也注並云鄉與響同是鄉爲響之省借○易繫辭其受命也如嚮漢書藝文志引亦作嚮注嚮與

響同是嚮爲響之假借○漢書楊雄傳薌呹肸以

棍根兮注薌讀與響同是薌爲響之假借段云下

連肸字卽肸蠁之義薌當爲蠁之假借亦通艸部

薌在新附

韶 虞舜樂也書曰簫韶九成

部周禮作磬一切經音義韶古文磬同案革部鞀

字籀文作磬此以同韻爲韶之假借○書大傳招

爲賓客樂叶圖徵舜曰大招注招繼也孟子徵招

角招左傳祈招招皆韶之假借故大司徒注大招

釋文招本作韶○史記李斯傳昭虞象武索隱云

昭。一作韶。昭亦韶之假借。春秋繁露楚莊王篇韶者昭也。

章　樂竟爲一章。从音从十。十數之終也。禹貢至于衡漳。漢地理志作衡章。是章爲漳之省借。○詩棫樸追琢其章。周禮追師注引作其璋。管子牧民篇不璋兩原則刑乃繁。注璋當爲章。二字通借。白虎通瑞贄篇南方之時萬物莫不章。故謂之璋。璋本因章得義。○王制注不得章。管釋文本作障。雜記四面有章。釋文本作鄣。鄣與障同。是章爲障鄣之省借。○攷工記山以章。注讀爲獐。獐山物也。是章爲獐之省借。鹿部作麞。○爾雅釋木注。似豫章。釋文或作樟。木部無樟。卽借章爲之。○漢書廣川惠王傳。背尊章。注。關中俗婦呼舅爲鍾。鍾章聲之轉。鍾乃章之假借。鍾已見八部公下。

辛部

童 男有辠曰奴。奴曰童。女曰妾。籀文爲童。童中與竊中同。从廿。廿以爲古文疾字。

人部。僮。未冠也。段云。今人童僕字作僮。以此童爲僮子字。廿本二十幷也。古文爲疾者。亦不同音之假借也。○一切經音義引埤蒼。瞳。目珠子也。漢書項籍傳贊舜目重童子目部無瞳字蓋祇借童字爲之莊子知北游篇汝瞳焉如新生之犢釋文引李注瞳未有知貌則又以瞳爲僮之假借矣○易大畜童牛之牿釋文引劉注童妾也以童爲正字虞注無角之牛也是爲僮之假借釋文又云廣蒼作犝牛部犝字在新附云古通用僮則犝亦當爲僮之假借○水經淇水注千童縣史記建元以來王子侯者年表曰故重也一作千鍾是鍾爲童之假借○周禮巾車注或曰幢容釋文本亦作潼詩注作童釋名云幢容幢童也施之車蓋童童然以

隱蔽形容也。小爾雅廣服亦曰。襜褕謂之童容。是幢潼皆當爲童之假借。幢在巾部新附。○列子黃帝篇。狀不必童而智童。注。童當作同。是以童爲同之假借。

丵部

叢 聚也。

借菆。已見艸部。○叢。一作蕺。亦作藂。皆或體也。後漢書馮衍傳。惡叢巧之亂世兮。注。叢或作聚。義亦通。聚又藂之省借。○顏氏家訓書證篇。詩葛覃傳云。灌木。叢木也。古叢字似取。近世儒者因改爲取。

解爲木之冣高長者。段謂詩傳本是作冣木。冣與叢義同。蓋古通用。○書大傳卿雲菆菆注。菆或爲族。族當爲叢。叢之假借。部首丵。叢生艸也。象丵嶽相竝出也。讀若浞。段云。丵嶽或作族嶽。族與浞疊韻字。○公羊僖三十三年。取叢。叢亦作鄒。左傳作訾婁。菆訾婁卽鄒之合音。鄒乃叢之通借。芻聲與取聲近。故冣菆字亦鄒之音也。

菐部

菐　瀆菐也。从丵从廾。廾亦聲。

孟子書子思以爲鼎肉使已僕僕爾亟拜也。趙注。

僕僕煩猥皃此正是業之義僕當爲假借字○又攵部有菐字云行菐菐也从攵䦧讀若僕段謂卽今人所稱僕僕道途者是僕亦爲菐之假借與業可通也菐或作𡲬

僕 給事者古文爲䑑

詩既醉景命有僕毛傳僕附也管子地員篇纍然如僕累注同文選子虛賦注引廣雅僕謂附著於人正與給事義近段云大雅芃芃棫樸毛曰樸枹木也攷工記樸屬此皆取附著之義字當作僕是以僕爲樸之假借案莊子則陽篇是聖人僕也釋

文。僕，司馬本作樸。樸亦僕之假借。故爾雅釋木「樸，枹者」，釋文「樸」又作「僕」。攷工記司農注「樸讀如子南僕之僕」。

𢍏　賦事也。从菐、八。八，分之也。讀若頒。一曰讀若非。周禮「匪頒之式」，司農注「匪，分也」。𢍏既兩音，則匪頒二字皆當爲𢍏之假借。頒从分聲，與非音之轉。○錢云「讀若頒，卽班布字」。此左傳「辰嬴賤，班在九人之班」，是班亦𢍏之通借。班已見玨部，頒亦見班下。

廾部

奉　承也。

曲禮凡奉者當心內則長者奉槃釋文竝云奉本作捧案奉既从手不應復加手傍此本書所無則捧卽奉之或體○手部捀奉也敷容切釋名云捀逢也兩手相逢以執之也捀逢皆从夆聲則捀字當卽捀字與奉通借○周禮太宰注祿若月奉也釋文奉本或作俸人部亦無俸字廣雅釋詁奉祿也蓋祇借奉字爲之○聘禮加其奉於左皮上注古文奉爲卷卷蓋奉之通借卷有袞音與奉近

丞　翊也从廾从卪从山山高奉承之義

孝經注前疑後丞釋文本亦作承是承爲丞之通

借○易明夷用拯馬壯吉釋文拯本作丞蓋以丞爲拯之省借○列子天瑞篇舜問于烝曰烝當爲丞之假借蓋卽謂疑丞烝已見艸部蒸下

盇也古文爲

皿部盦字與此音義皆同可爲通借盦借爲庵巳見彼處段謂庵蓋弇之別體後人所增則或卽此處之重文與○詩閟宮奄有下國箋云奄猶覆也正義引孫炎曰弇覆覆亦盇之義爾雅釋言弇同也詩執競毛傳亦云奄同也是奄爲弇之通借又方言掩同也文選懷舊賦注引埤蒼掩覆也則掩

亦可爲弇奄之通借矣。○水部渰字云，雲雨皃。詩大田有渰淒淒，釋文渰本作弇，是弇爲渰之省借。

畁　舉也。春秋傳曰，晉人或以廣隊，楚人畁之。黃顥說，廣車陷，楚人爲舉之。杜林以爲麒麟字。

所引傳爲左氏宣十二年文，今傳畁作惎，心部惎，毒也，杜注訓教，蓋誋之假借，與此異義，其音則杜伯山讀畁爲麒，廣韻七志畁音其，惎正从其聲也。

异　舉也。虞書曰，嶽曰异哉。

書釋文，异音異，蓋以异爲異之假借，孔王音怡，已也，又以异爲已之假借，許則用本義，自較勝，惟列子楊朱篇。何以异哉。正借異字。異是部首。分也。引申爲驚異怪異。若謂四嶽聞堯言而驚愕。非其義矣。

摶飯也。从廾。釆聲。釆古文辨字。讀若書卷。

錢云。此即曲禮毋摶飯字。謂以飯作摶易致飽也。與書卷之卷義亦近。是摶爲𢍏之通借。𢍏摶疊韻字。

持弩柎。从廾肉。讀若逵。

錢云。攷工記。方其峻而高其柎。長其畏而薄其敝。鄭司農曰。敝謂工人所握持者。敝即𢍏。則敝當爲夅之假借字。

戒 警也。从廾戈。持戈以戒不虞。

言部誡敕也。警敕義略同。左氏桓十一年傳鄖人軍其郊。必不誡。此警備之義。當作戒。宣十二年傳。軍政不戒而備。注戒敕令。則當作誡。是二字可爲通借。○心部悈飭也。引司馬灋有虞氏悈於中國。今本作戒。是戒爲悈之通借。○又言部諽云飭也。讀若悈。與戒音義亦同。則諽爲悈之通借。卽戒之轉借也。○列子力命篇動若械。釋文械本又作戒。戒可爲械之省借。○周禮太僕始崩戒鼓注故書戒爲駭。是駭爲戒之假借。猶祴之爲陔也。○史記天官書。星茀于河戒。唐書天文志。江河爲南北兩戒。戒蓋界之假借。界已見八部介下。○詩烈祖。既戒既平。毛傳。戒至也。戒當爲屆之假借。正義謂恭肅敬戒而至。非訓戒爲至。是以箋意釋傳意也。廣韻。屆音戒。

龏 愨也。

此與心部恭音義皆同。可爲通借。其部龔。給也。義別。春秋楚恭王。呂覽權勳篇作龔王。書象恭滔天。漢書王尊傳作象龔。竝宜作龏爲是。龔殆假借字。

今則知有龔而龔幾廢矣

𠬜部

𠬜引也重文爲攀

今字作攀惟漢書司馬相如傳仰𠬜橑而捫天揚雄傳𡑞既𠬜乎傳說用本字若公羊傳諸大夫扳隱而立之莊子馬蹏篇可攀援而窺釋文攀本作扳則又攀之異體也

樊鷙不行也

詩青蠅止于樊叉部引作止于棥則樊爲棥之假借又借藩已見艸部○周禮巾車樊纓注樊讀如

鞶帶之鞶是樊爲鞶之假借又曲禮注馬樊纓也釋文樊本作繁繁樊音同故俱可借鞶也繁亦見艸部蕃下○邑部鄻京兆杜陵鄉棻鄻鄉即樊川見史漢樊噲傳樊乃鄻之省借

共部

共 同也古文爲𢀜

案同字之訓本去聲今或作上聲則通拱或作平聲則通恭○詩長發受小共大共毛傳共法也王伯申曰共讀爲拱廣雅拱法也淮南本經訓高注蛩讀詩受小拱之拱則詩共字古本或作拱共乃

拱之省借。又論語而衆星共之。釋文。共鄭作拱。鄰
飲酒禮。退共。注。共拱手也。卽手部拱斂手也之義。
詩抑篇。克共明刑。韓奕。虔共爾位。毛傳竝云。共執
也。此亦借共爲拱矣。拱已見玉部玒下。○詩小明。
靖共爾位。箋。共具也。周禮羊人。共其羊牲。注。共猶
給也。曲禮。共給鬼神。左氏隱九年傳。不共王職。論
語。子路共之。釋文竝云。共本作供。是皆共爲供之
省借。○漢書百官公卿表。古今人表。律厤志。刑法
志。郊祀志注竝云。共讀曰龔。是共可與龔爲通借。
龔義本同供。故借供。供亦借龔也。○詩巧言。匪其止

其韓詩作止恭韓奕虔共爾位箋古之恭字或作共其餘諸經釋文共本作恭者不勝數是共可爲恭之假借段謂尙書毛詩史記恭敬字皆不作共以衞包改尙書爲非亦未盡然惟甘誓牧誓龔行天之罰謂奉行也漢魏晉唐人引無不作龔與供給義近不應作恭耳龔恭俱已見前龔下○禮記緇衣匪其止共釋文共皇本作躬則躬又其之轉借矣

與黨與也古文爲𢍁

舁部 舁以諸切

勺部与賜予也一勺爲与此与與同案与與同當是與予同予爲部首云推予也詩干旄何以予之論衡卒性篇作何以與之采菽何錫予之白虎通攷黜篇作何錫與之凡施與字皆爲与予之假借予巳見八部余下○心部懇趣步懇懇也論語與與如也馬注威儀中適之皃與當爲懇之省借皇疏則云與與猶徐徐也與亦可爲徐之假借徐見彳部○欠部歟安气也今爲語辭荀子子道篇衣與僇與不女聊注與讀爲歟是與爲歟之省借○莊子天地篇其亂而後治之與釋文與本作邪呂

覽自知篇可反歟注歟邪也蓋邪爲歟之通借而與又轉借也邪亦見徐下○虡書伯與漢書人表作柏譽伯柏通用與乃譽之通借廣雅釋詁與譽也義正合射義引詩則燕則譽注譽或爲與譽本借豫與又譽之省借譽已見言部○爾雅與頸鵅也釋文與本作鸒是與爲鸒之省借○曲禮定猶與也釋文與本作豫儀禮注古文與作豫屢見蓋與讀去聲爲豫之假借豫已見艸部荼下亦見譽下案猶豫或作冘豫楚辭九歌君不行兮夷猶王逸亦以猶豫解之段謂皆雙聲字狀其遲疑之皃正

義分猶豫二獸竝進退多疑者非○穀梁僖八年傳注乞得與之釋文或作預預在新附千預字借與爲之○山海經苦山之首曰休與之山注與或作輿左傳成十一年伯與昭十四年展與釋文竝云與本作輿此山名人名不定孰爲假借蓋以音同通用

興 起也从舁从同同力也

文選顏延年和謝監詩注引說文興說也訓見女部嬹下是以興爲嬹之省借故學記不興其藝注興之言喜也歆也亦嬹義也此興讀去聲○文王

世子既興器用幣注興當爲釁蓋興爲釁之假借○堯典庶績咸熙史記作衆功皆興興可爲熙之通借周頌時純熙矣箋云熙興也是義本合興熙雙聲字

臼部

要身中也象人要自臼之形古文爲要

案要卽今之腰字肉部不別出引伸爲要約簡要之義○文選西京賦徼行要屈薛注要或爲徼呂覽悔過篇要門而窺之注要徼也是徼爲要之通借又莊子寓言篇老聃西遊於秦邀於郊釋文邀

要也。一切經音義。邀字書作徼。同本書有徼無邀。則邀乃或體。○詩葛屨。要之襋之。毛傳。要。褼也。玉篇。褼。襻也。本書衣部無褼字。蓋祇借要字爲之。○漢書地理志。沾縣大黽谷。水經注之大要谷。志或作黽。蓋形似而譌。若後漢書趙岐傳。作要子章句。要又黽之誤。孟字从皿聲。與黽近。故以黽爲孟之假借。

晨部

晨 早昧爽也。从臼。从辰。辰。時也。丮夕爲㚇。臼辰爲晨。皆同意。

晶部曟房星爲民田時者重文爲晨今之晨夕字當爲晨之假借○左氏僖五年傳丙之晨疏云晨謂夜之將旦漢書律曆志引作丙之辰是辰爲晨之省借若周語辰馬農祥又農之省借矣○爾雅釋鳥晨風鸇釋文晨本或作鷐本書鳥部引詩鴥彼鷐風是晨爲鷐之省借○周禮赤犮氏以蜃炭攻之注故書蜃爲晨鄭司農云晨當爲蜃晨乃蜃之假借蜃已見示部祳下○襄廿三年左傳齊侯伐衞有大殿正義云服虔引司馬法謀軍帥篇大前驅啟乘車大晨倅車屬焉大晨大殿也音相似

此以晨爲殿之假借。殿音如臀。見屮部屯下。

農　耕人也。从晨囟聲。籒文爲𨑳。古文爲𦦵。又爲

辳。

書洪範。農用八政。鄭注。農讀爲醲。蓋以農爲醲之

假借。王懷祖則曰。農用當是勉用。廣雅釋詁。農勉

也。呂刑。農殖嘉穀。謂勉殖也。襄十三年左傳。小人

農力以事其上。管子大匡篇。耕者用力不農有罪

無赦。皆古人謂勉爲農之證。案方言。薄勉也。南楚

之外曰薄努。郭注。如今人言努力也。努力者勉力

也。農猶努也。語之轉。是農字可爲努之通借。故農

有勉義。

㸑部

㸑齊謂之炊㸑。臼象持甑。冂爲竈口。廾推林内火。籀文㸑。㸑。

左氏宣十五年傳。析骸以㸑。公羊作析骸而炊之。是炊爲㸑之通借。炊已見口部吹下。○禮器。燔柴于奧。注。奧當爲㸑。或作竈。案奧从𢍏聲。𢍏讀若卷。已見廾部𢍏。音正與㸑近。故奧可爲㸑之假借。或爲竈者。周禮亨人注。㸑之竈。疏云。周禮儀禮皆言㸑。論語云竈。祭法七祀亦言竈。是㸑之祭或呼爲竈。

竈與奧疊韻奧為竈之假借竈乃爨之通借也竈見
辵部造下。
釁血祭也象祭竈也从爨省从酉酉所以祭也从分
分亦聲。
借熏已見屮部借興見舁部○周禮鬯人其釁
鬯雞人面禳釁司農注竝云釁讀為徽案兩處皆
言釁事而作徽者正義謂以徽為莊飾義也是非
假釁為徽其借音則分聲讀徽段云即煇旂入微
韻之比是已○樂記車甲衅而藏之府庫注衅釁
字也此血部所無殆即釁之或體又凡坼罅謂之

釁方言作璺周禮太卜注其象似玉瓦原之璺釋文璺本作璺璺字玉部亦無之璺乃俗字耳

說文假借義證卷五

嘉興張鳴珂
族曾孫彝同校

說文假借義證卷六目錄

第三篇下

爪部 文四 證三

孚 爲 爪

丮部 文八 證五

丮 䋞 孰 䳐 巩

鬥部 文十 證四

鬭 鬮 鬩 鬨

又部 文二十八 證十五

又 厷 叉 叏 燮 曼 尹 㕡 秉

反 㕛 叔 取 友 度

𠂇部 文二 證一

畫 晝

隶部文三 證三

隶 隸 隷

臤部文四 證三

臤 緊 堅

臣部文三 證一

臧

殳部文二十 證九

殳 祋 殸 毃 殶 毅 殴 段 殺

殺部文二 證二

變叜敕斂𢽷數攸敉斁

敦敵斂攻敲敯敲牧赦

教部文二　證二

教斆

卜部文八　證四

卜卦𠧞兆

用部文五　證五

用甫庸葡甯

爻部文二　證二　爻見攴部并攴部效下　𤕛見𠔏部樊下

㸚部文三　證一

光緒二十五年歲在己亥仲冬月族曾孫蔭成重校刊

說文假借義證卷六

弟三篇下　　涇朱珔纂

革部

革　獸皮治去其毛革更之。象古文革之形。𠦶古文革从三十。三十年爲一世而道更也。臼聲。

言部諽，飾也。一曰更也。讀若戒。錢云此易革卦字。从言者，革言三就義也。案諽亦訓更，則與革可爲通借。○本部勒，馬頭絡銜也。即爾雅轡首謂之革，則革爲勒之省借。○詩斯干如鳥斯革，釋文革韓詩作翱。羽部翱，翅也。與毛傳革翼也義同。是革爲

⿰革亟之省借音亦同○檀弓夫子之病革矣注革急也又曰若疾革釋文革本作亟本部⿰革亟急也是革當爲⿰革亟之省借亟亦⿰革亟之省也若詩有聲匪棘其欲禮器作匪革其猶則棘又爲革之轉借故論語棘子成古今人表作革子成

⿰革各　生革可以爲縷束也

詩斯干約之閣閣毛傳約束也閣閣猶歷歷也段云蓁風五楘傳五束歷錄此生革縷束曰⿰革各者謂束之歷錄也則閣當爲⿰革各之假借○糸部絡絮也一曰麻未漚也楚辭招魂鄭緜絡些注絡縛也縛

正輅之義則絡當爲輅之假借今二字通用絡已
見艸部落下
鞄柔革工也讀若朴周禮曰柔皮之工鮑氏鞄即鮑
也
攷工記鮑人之事注鮑故書或作鞄是以鮑爲鞄
之假借先鄭云鮑讀如鮑魚之鮑此與讀若朴者
音異耳非必謂鮑爲正字也○墨子節用中篇凡
天下羣百工輪車鞼匏陶冶梓匠此匏字當爲鞄
之假借
韗攻皮治鼓工也讀若運重文爲韗

攷工記注先鄭云韗書或爲鞠皋陶鼓木也後鄭云鞠以皋陶名官也鞠卽陶字从革案本部鞠字不別出葢用韗不用鞠與先後鄭兩存者異鞠亦不得爲韗之通借○本部鞼字云韋繡也上鞄下所引墨子語王懷祖曰輪車梓匠爲攻木之工陶爲搏埴之工冶爲攻金之工然則鞼鞄爲攻皮之工鞼當爲韗之假借非謂韋繡也凡文吻問與脂旨至古音多互相轉

鞶　大帶也易曰或錫之鞶帶男子帶鞶婦人帶絲借樊借縏已見兆部○內則男鞶革女鞶絲注鞶

小囊盛帨巾者。說與許異。又施鞶袠注。鞶。小囊也。糸部無縏字。當即鞶之或體。故士昏禮。施鞶字不从糸。○巾部幋字云。覆衣大巾。或以爲首幋。則幋可爲鞶之通借。○左氏定六年傳。定之鞶鑑。釋文。鞶。又作幋。據莊廿一年傳。作鞶鑑注云。鞶帶而以鏡爲飾。是盤爲鞶之假借。盤即槃字。故易訟釋文。王肅亦作槃。○穀梁桓三年傳。諸母般申之曰。釋文。般本作鞶。是般爲鞶之省借。

鞏 以韋束也。易曰。鞏用黃牛之革。

爾雅釋詁。鞏。固也。史記平準書。欲擅管山海之貨。

集解引或曰管固也管與肈一聲之轉則管可爲肈之假借管見後竹部筿彼引漢志與史記可並存

鞹 小兒履也讀若沓

錢云釋名鞹韋履深頭者之名也長楊賦革鞜不穿服虔曰鞜履也即此字蓋以鞜爲鞹之通借本部鞜字不別出

鞠 蹋鞠也重文爲𩍐

借营借蘜已見艸部借告見告部借趜見走部○廣雅釋訓躹躹謹敬也玉篇同疏證云聘禮記執

圭。入門。鞠躬焉。如恐失之。釋文作鞠窮。論語。鞠躬如也。鞠躬與上跛踖皆雙聲。以形容之故皆言如。皇侃疏。鞠曲斂也。躬身也。失之。案漢書馮奉世傳贊。鞠躬履方。顏注。鞠躬。謹敬貌。羣經音辨云。鞠窮。容謹也。亦引鄭康成說禮。孔子之執圭。鞠窮如也。正本釋文是鞠窮與躹躳音義竝同。惟躹躳二字本書所無。字祇當作鞠窮。而鞠又作鞫。見營下。鞠躬則鞫窮之假借也。○書盤庚。鞠人謀人。詩蓼莪。母兮鞠我。鞠皆訓養。鞠當為毓之假借。故鳲鳩正義引郭璞曰。鞠一作毓。爾雅釋言。鞠生也。生與養義同。又云。鞠。穉也。○一切經音義五引詩母兮鞠我。勹部有匊。手部有掬。略相類。今作掬。似合兩字爲一字。又鞠之轉借也。○書盤庚爾惟自鞠自苦。詩南山曷又鞠止。鞠皆訓窮。釋言。鞠。窮也。釋文。鞠。又作𥶄。案本書宀部。𥥈。窮也。从𥥈聲。𥥈與𥨍同。夲部。𥨍。窮理罪人也。今作鞫。是單訓窮者當作𥥈。鞫者𥥈之假音。鞠者鞫之轉借。○詩公劉芮鞫之卽。毛傳。鞫。究也。釋言。鞫。究。竝訓窮。則究亦窮也。鞫究同聲。釋邱。厓內爲芮。外爲鞫。殆指水之窮盡處言之。亦當作𥥈。漢書地理志作鞠亦鞫之轉借矣。若周禮職方注作坈，廣韻作阬，玉篇作泦，音同鞫字，義雖合，爲說文所無。而漢志右扶風汧下作阬，又阬之形譌。○周禮內司服鞠衣注：色如麴塵。月令釋文作麴塵。鞠乃𥩦之假借。釋名云：鞠衣，黃如鞠華色。又以爲𥩦之假借。說異，故借字亦異。

鞎

車革前曰鞎。

周禮司弓矢椹質注：故書椹爲鞎。案鞎卽詩載驅之朱鞹也。毛傳：諸侯路車有革之質而羽飾。是鞎亦爲質，故椹爲鞎之假借，音近。椹已見艸部甚下。

𩍼車軸束也。

木部楘車歷錄束文也。引詩五楘梁輈。案小戎釋文楘本又作鞪。玉篇鞪亦作楘。楘爲輈之束。鞪爲軸之束。略同。是鞪可爲楘之通借。○巾部又有帑字。云鬃布也。一曰車上衡衣。讀若項。此與鞪楘義略同。則亦可通借也。○漢書韋延壽傳。被甲鞮鞪。師古曰。鞮鞪。即兜鍪也。是以鞪爲鍪之假借。

𩊱車束也。

方言。車下鉄。陳宋淮楚之間謂之畢。畢乃𩊱之假借。○攷工記。天子圭中必。注。必讀如鹿車縪之縪。

糸部縪止也縪蓋韠之假借必又韠之省借也

鞁車駕具也

晉語吾兩鞁將絕吾能止之韋注鞁靷也當如左傳作靷靷本鞁之一物亦可通借鞁之爲靷猶辛夷之爲辛引也○史記封禪書雍五畤路車各一乘駕被具被乃鞁之假借

鞥轡鞥讀若譍一曰龍頭繞者

玉篇作籠頭續漢書輿服志獵車重輞縵輪繆龍繞之一曰闟豬車錢云闟即鞥也蓋闟爲鞥之假借翕弇俱从合聲相轉

韅 著掖鞥也。

案掖小徐本作腋。掖乃假借字。腋又亦之俗體。左氏僖廿八年傳韅靷鞅靽。韅卽韅之省。○段云。檀弓子顯公子鰲也。盧氏植曰古者名字相配。顯當作韅。是顯爲韅之省借。

靳 當膺也。

詩小戎游環。毛傳靳環也。釋文靳本作靷。左傳韅靷。杜注在胸曰靷。靷竝爲靳之誤。錢說謂靷環爲靷。是左氏定九年傳如驂之靳義當爲靷。殆非。靳靷音相近或可通借。○左氏莊十一年傳宋公靳之

靳當爲吝之假借吝已見口部○後漢書崔寔傳悔不小靳注靳固惜之也靳或作鄿鄿又靳之轉借也○借靳已見艸部

靷引軸也籀文爲𩋾

借鞁借靳已見上○荀子王霸篇縣縣常以結引馳外爲務注引讀爲靷是引爲靷之省借詩小戎陰靷鋈續毛傳靷所以引也則本從此得義

鞙大車縛軛靼

釋名鞙縣也所以縣縛軛也義與此同廣韻鞙瑚畎切亦鞙之音本部無鞙字則即鞙之或體○詩

大東鞙鞙佩璲毛傳鞙鞙玉皃釋文鞙或作琄爾雅釋訓琄琄刺素食也玉部無琄字當卽借鞙字爲之

𩋡 馬尾乾也今之般緧

方言云車紂或謂之曲綯綯字亦作鞫段謂乾鞫音相似乾蓋鞫之轉語鞫已見上韗下則綯可爲

軶之假借矣。

鬲部

鬲鼎屬也。實五瀫斗二升曰瀫。象腹交文，三足。重文爲𩰲，又漢令爲㽁。

借歷。已見止部。○史記楚世家：武公曰：居三代之傳器，登三翮六翼，以高世主。索隱云：翮亦作鬲，同。音歷。三翮六翼，謂九鼎。空足曰翮，翼即耳。爾雅：鼎款足謂之鬲，附耳外謂之釴。是翮爲鬲之假借，翼又釴之假借。○攷工記車人：凡爲轅，鬲長六尺。注：鬲謂轅端壓牛領者。是以鬲爲軶之假借。案木部輻大車枙也鬲乃輻之省借耳○漢書五行志鬲閉門戶注鬲與隔同是以鬲爲隔之省借故爾雅釋水鬲津注云水多阨狹可隔以爲津但隔閉字似不辭鬲疑爲扃之形近而譌○士喪禮苴絰大鬲注鬲搤也中人之手圍九寸絰之差自此出釋文鬲又作搹是鬲亦搹之省借

錡三足鍑也一曰滫米器也

詩采蘋維錡及釜釋文錡三足釜也方言鍑江淮陳楚之間謂之錡是錡爲敧之通借音亦同○王云詩大東跂彼織女毛傳跂隅貌孫毓曰織女三

星跋然如隅義與蹳同是跋可爲蹳之通借跋已見足部

鬷　釜屬

商頌長發百祿是總釋文總本作鬷烈祖鬷假無言毛傳鬷總也又陳風越以鬷邁毛傳鬷數也段謂數讀如數罟之數茶數罟字幽風作緵罟魚麗作緵罟是鬷可爲緵之假借矣若中庸引詩奏假無言奏又當爲總之假借總奏雙聲○書序遂伐三朡朡卽艐字續漢書郡國志濟陰定陶有三鬷亭注湯伐三鬷據左氏昭廿九年傳封諸鬷川則

服當爲𣪘之假借或三𣪘與九𤕫同義因山名國。爲𤕫之假借與史記殷本紀又省作𤕫。

融 炊气上出也。籀文作融。

借誦已見言部。○書高宗肜日詩絲衣箋商謂之肜釋文肜本作融。舟部彤船行也。段云取船行延長之意。卽肜祭字。爾雅釋詁融長也。方言亦云肜長也。是肜爲融之通借。左氏隱元年傳其樂也融融當亦謂樂之長。文選思玄賦展泄泄與彤彤注融與彤古字通。若杜注融融和樂也。則以融爲雍之假借矣。○文選笙賦泫泫融融注融融聲長貌。

文海賦沖瀜沆瀁注深廣之皃瀜卽融字後人加水傍耳○左氏昭五年傳吳蹶由韓子說林篇作蹷融蹷融是融可爲由之假借由融雙聲字也由已見辵部䌛下

鬺 煑也

詩采蘋于以湘之毛傳湘亨也韓詩作鬺史記封禪書皆嘗亨鬺上帝徐廣曰鬺亨煑也漢書郊祀志作鬺亨蓋湘爲亯之假借鬺玉篇作䰞皆當爲亯之或體○煑本鬻之重文鬻亯也亯卽經傳烹字也與亯義同當可假借

䰜部 䰜亦古文鬲也以多从䰜之字故別立部

䰜部

𩱦鬻也重文爲餰爲飦爲𩱦

食部饘糜也周謂之饘宋衛謂之餰荀子禮論篇酒醴餰鬻郎左氏昭七年傳饘于是鬻于是也檀弓饘粥之食釋文饘本又作飦是饘爲餰與飦之通借音亦相近

鬻健也从䰜米聲

段云聲字誤衍大徐以爲武悲切非也今讀同祝省作粥又爲余六切本部鬻鬻也重文爲鬻與此可通借○樂記毛者孕鬻淮南原道訓作孕育夏

小正雞桴粥傳云粥養也鬻粥皆育之假借故孟
子太王事葷鬻史記殷本紀作薰育○爾雅釋獸
猶如麂善登木釋文猶舍人本作鬻鬻亦猶之假
借音相轉○錢云此字从米聲爲是後人以鬻代
鬻耳楚之姓芈芈音與米同古假借用鬻故稱芈
熊爲鬻熊義亦通○爾雅釋言鬻糜也旣夕禮歠
粥鄭注同如錢說則糜亦鬻之假音與大徐合並
存之

[illegible]健也

食部餬寄食也左氏隱十一年傳使餬其口於四

方與爾雅釋言餬饘也義別玉篇鬻或作糊糊卽
餬之或體則餬可與鬻爲通借廣雅作粘
𩱛五味盉羹也詩曰亦有和羹重文爲𩱛爲羹
小篆爲羹
今詩作羹從小篆俗省作羹爾雅釋器肉謂之羹
釋文羹又作臛亦或體也○聘禮記唯羹飪筮一
尸注古文羹爲羔羔羔羹羹之省借羔羹雙聲字○
左氏昭十二年傳城陳蔡不羹正義曰古者羹臛
之字音亦爲郎釋文羹漢書地理志作更更當爲
羹之假借聲同○左氏宣二年傳羊斟史記宋世

家作羊羹。此人名。不定誰爲假借。

餗鼎實。惟葦及蒲。陳留謂健爲鬻。重文作餗。今詩韓奕。其蔌維何。維筍及蒲。艸部無蔌字。當即鬻之或體。蔌亦見辵部遬下。段云。筍作萁者。三家詩。爾雅。其萌虇。今蘆筍可食者也。是葦可謂之筍。如从軍从斤字入微韻之例。則音亦通借矣○易鼎覆公餗。釋文引馬注。餗。健也。此用後一義。又繫辭釋文。餗馬本作粥。上文鬻亦訓健。故以粥爲餗之通借。王伯申曰。馬注爲長。昭七年左傳正考父鼎銘曰。饘於是。鬻於是。以餬余口。杜注。於是鼎中

爲饘鬻是健爲鼎實古有明文博古圖有宋公䜌
餗鼎餗鼎者鬻鼎也若筍與蒲乃醢人加豆之實
非鼎實也又曰古人謂鬻爲鬻鬻从䰜䰜鼎屬也
與蔌訓爲菜者殊義自許君以筍蒲爲鼎實而鄭
注易覆公餗之餗遂爲筍因之易詩餗蔌字兩淆
紊矣案王說甚是細核之詩詠筍蒲而稱其蔌字
不作餗本無誤說文若但云鬻鼎實以餗爲重文
則亦非誤惟本書不出蔌字而鬻下兼及葦蒲轉
借蔌爲鬻故致參差實則鬻餗固與蔌別也

䰞 粉餅也重文从餌

周禮肆師及其祈珥注杜子春讀珥當爲餌玉部珥瑱也蓋以珥爲餌之假借與後鄭說異○內則去其皾注皾謂皮肉之上魄莫也釋文皾本作餌皮部無皾字廣韻皾音展假借未詳廣雅釋詁皾離也或以聲得義離有去聲則與餌近

鬻內肉及菜湯中薄出之段云今俗所謂煠也一切經音義江東謂瀹爲煠鬻以勺切今字作瀹通俗文曰以湯煑物曰瀹亦作汋水部瀹漬也孟子瀹濟漯言浚治其污濁也瀹鬻音同故瀹爲鬻之假借汋又轉借也案鬻从

翟省可借爲濯與洽污濁義通淪汋已見示部礿下濯見足部躍下

爪部

卵孚也一曰信也古文爲从禾禾古文保

夏小正雞桴粥傳桴嫗伏也桴蓋孚之假借○方言北燕朝鮮洌水之間謂伏雞曰蓲蓲與嫗同艸部蓲烏蓲也文選吳都賦異荂蓲蘛注爾雅蓲華也蓲與敷同蓋蓲爲敷之假借而孚敷疊韻嫗从區亦同韻也則蓲嫗亦皆孚之假借○通俗文雞伏卵北燕謂之菢菢即孚字因孚有保音而變也

是拖爲孚之通借。艸部無拖字。當卽以抱爲之。○易需有孚光亨。釋文孚信也。又作㚿。㚿亦孚之假借。○聘義孚尹旁達。注孚讀爲浮。或作姇。或爲扶。正義云孚浮也。浮者在外之名。是孚爲浮之省借。姇字女部所無。當卽付字。姇扶乃孚之轉借。又文選蜀都賦符采彪炳。劉注符采玉之橫文也。則孚亦借符字爲之。○商書天旣孚命。史記作附命。漢書孔光傳及石經作付命。附付亦孚之假借。○竹部筟。筳也。通俗文織纖謂之維孚。孚又筟之省借。

爪 母猴也。其爲禽好爪。下腹爲母猴形。王育曰。爪象形也古文作象兩母猴相對形

案經傳罕有用爲字本義者凡作爲字本屬假借其餘皆轉借也借譌已見言部○荀子性惡篇人之性惡其善者僞也注僞爲也是以僞爲爲之假借詩采苓人之爲言正義引定本作僞言月令毋或作爲注今月令作爲爲詐僞左氏成九年傳爲將改立君者釋文爲本作僞則爲又僞之假借矣僞亦見譌下○論語不圖爲樂之至於斯也釋文爲本作媯案韶是舜樂舜媯姓也故以爲爲媯之省借○詩天保吉蠲爲饎周禮蜡氏注作吉圭惟

饎惟䇾爲之通借惟已見口部唯下

亦丮也从反爪闕

案部首爪丮也覆手曰爪反之即爲掌楊雄河東賦爪華蹈衰水經河水篇注文選西京賦注引之爪俱作掌是掌爲爪之通借○廣韻爪爲仉孟子母姓錢云仉通于黨左傳公衆臺臨黨氏釋文音掌後世因有黨姓則黨又轉借字也

丮部

持也象手有所丮據也讀若戟

詩鴟鴞毛傳拮据撠挶也釋文撠本或作戟戟蓋

丮之假借。

埶 種也。从坴丮。丮持而種之。詩曰。我埶黍稷。

今詩楚茨。埶作蓺。段云。唐人樹埶字作蓺。六埶字作藝。說見釋文。然二字許書俱無之。是六藝字亦借埶字爲之。○攷工記弓人。射遠者用埶。司農注。埶謂形埶。禮運。在埶者去。注。埶。埶位也。釋文本亦作勢。力部勢字在新附。則古祇借埶字爲之。○上林賦。蓺殪仆。注。蓺謂射的。字亦作臬。是蓺爲臬之假借。蓺臬聲之轉。

䭊 食飪也。易曰。孰飪。

鼎象傳以木巽火亨飪也亨當作亯亯部亯孰也此以義通○詩匪風誰將西歸說苑善說篇引作孰將烝烝誰能執熱墨子尚賢中篇引作孰能孰皆誰之假借雙聲字爾雅釋詁孰誰也亦通其義誰已見口部曷言部譙下○素問疏五過論五藏菀孰注孰熱也是孰爲熱之假借○釋名云荆豫人謂長婦曰孰孰祝也祝通作築築見後木部

𩰫設飪也讀若載

詩旱麓清酒既載文選西征賦注引薛君韓詩章句載設也士冠禮載合升注在俎曰載士昏禮北

面載載皆𢧵之假借○廣雅釋言𢧵設也疏證云𢧵爲陳設之設又爲假設之設法言先知篇或曰載使子草律李軌注載設也是載亦𢧵之假借○又釋詁云𢧵詞也石鼓文𢧵西𢧵北詩載馳毛傳載辭也𢧵又載之轉借薛氏書古文訓凡載字俱作𢧵載已見口部哉下

巩　袌也重文爲𢀜

𢀜字別見手部云擁也又擁袌也是二字音義皆同爲複出○穀梁僖三十三年傳子之冢木已拱矣注拱合抱也淮南繆稱訓交拱之木注拱抱也

是拱爲巩之假借。拱已見玉部玒下。又見共部。

門部

鬭 遇也。

段云周語。穀洛鬭。謂二水本異道而忽相接合爲一也。是凡鬭合字用此。今以作戰鬭字。當爲鬥之假借。

鬮 鬮取也。讀若三合繩糾。

今拈鬮字。殆古藏彄之遺。荆楚歲時記有藏彄之戲。辛氏三秦記以爲鉤弋夫人所起。藝經庾闡郎用鉤字。案弓部彄。弓弩端弦所居也。則彄當爲鬮之假借。鉤又彄之轉借也。鉤已見句部。

𩰲闠連結闠闠相牽也。𩰚闠也。讀若賓。

離騷佩繽紛其繁飾兮。又時繽紛其變易。王逸注。繽紛亂也。當爲闠闠之假借。糸部無繽字。小徐本於此作讀若繽。

又部

又手也。象形。三指者手之列多略不過三也。左氏隱十有一年經正義引干寶曰。十盈則更始以奇從盈數。故言有也。穀梁成三年傳又有繼之辭也。是有爲又之假借。○王制王三又。注。又當作宏蓋以又爲宏之假借。

臂上也。古文爲。象形。重文爲。鄉射禮記。侯道五十弓。注。今文改弓爲肱。蓋以弓爲肱之假借。故公羊昭三十一年傳。黑弓以濫來奔。二傳作黑肱。弓肱古音同。○易豐。折其右肱。釋文。肱。姚作股。案肱屬手。股屬足。非必假借。然亦通用。史記侯表。魯成公名黑肱。世家集解作股。股肱雙聲字。

手足甲也。从又。象叉形。

此卽今之爪字。爪部有爪。義微別。○喪禮。蚤揃如

他日。曲禮大夫士去國不蚤鬋。䖵部蝨。齧人跳蟲也。重文爲蚤。是以蚤爲叉之假借。鄭注蚤讀爲爪。則爪即叉也。又攷工記輪人欲其蚤之正也。注蚤當爲爪。○士虞禮記沐浴櫛搔翦。注今文或爲蚤揃。是搔又蚤之轉借也。○玉部瑵云車蓋玉瑵。續漢書輿服志作華蚤。蔡邕獨斷作金華爪。文選東京賦葩瑵曲莖。薛注爪與瑵同。是蚤爪皆瑵之假借。但其制作爪形。則與叉亦通。以其用玉爲之故从玉耳。

叜老也。籀文爲叜。重文爲叜。

獨斷云五更或爲叜叜老稱與三老同義案㛐字从叜亦或从更作㛐此以更爲叜蓋義通非聲借也叟已見𤕦部𤕦下○叜隸變作叟或讀平聲詩生民釋之叜叜毛傳叟叟聲也釋文叟又作溲溲即浚字士虞禮明齊溲酒注明齊新水也言以新水溲釀此酒也是叟當爲溲之省借又爾雅釋訓溞溞淅也樊光注引詩釋之溞溞叟溞聲相轉水部無溞字錢謂爾雅之溞應作浚亦假借字案此狀淘米之聲本無正字故沖水束矢其搜正義云搜爲矢行之聲字又作捘也○禹貢渠搜漢書地

理志作渠叟。蓋以叟爲搜之假借。莊子寓言篇。搜搜也。乃景稱罔兩之詞。搜又爲叟之假借。搜已見艸部蒐下。藪下。叟亦見藪下。

燮 和也。从言从又炎。讀若溼。籀文爲燮。

炎部燮。大孰也。从辛與从羊相似。音同。飪訓孰。與此訓和異。大徐云。从言者。言語以和之也。但廣韻謂燮字出曹憲文字指歸。則非許書之舊。段錢說竝同。○左傳襄八年。獲蔡公子燮。穀梁作公子溼。溼當爲燮之假借。燮本讀若溼也。

爰 引也。

借謾。已見言部謾下。○漢書王莽傳。延曼連州。注。曼與蔓同。案蔓延本亦作曼延。是曼爲蔓之通借。蔓已見艸部蒙下。蕃下。○莊子馬蹏篇。澶漫爲樂。釋文。漫本作曼。文選長門賦。夜曼曼其若歲。注。一作漫漫。水部無漫字。當借曼字爲之。○荀子正論篇。曼而饋。注。曼當爲萬。是以曼爲萬之假借。曼亦音萬。○廣雅釋言。曼。無也。疏證云。法言寡見篇。曼是爲也。五百篇。行有之也。病曼之也。皆謂無爲曼。是曼爲無之假借。曼無聲之轉。○漢書高帝紀。韓王信亾走匈奴。其將曼邱臣。注。曼邱。毋邱。本一姓。

語有緩急耳是曼爲毋之假借曼毋雙聲字。

尹 治也从又丿握事者也古文爲[illegible]。

左氏隱三年經君氏卒公穀皆作尹氏卒此處說者紛然各有所據殆相傳本異非必假借若昭二十年傳棠君尙謂其弟員釋文君本作尹則尙不應稱君楚多縣尹棠邑名也伍尙或爲其縣之尹可以君爲借字與君已見口部○聘義孚尹旁達注尹讀如竹箭之筠竹部筠在新附釋文尹依注音筠則尹當爲筠之假借尹筠疊韻字。

㕞 拭也从又持巾在尸下。

手部無拭字蓋卽飾之或體○刀部刷刮也謂除去其穢與此可爲通借今多用刷○大射儀公食大夫禮有司徹皆言帨手注帨拭也帨當爲㕞之假借拭手必以帨義亦通○周禮司尊彝盎齊涚酌大鄭讀爲涗云拭勺而酌也是涚涗皆爲㕞之假借後鄭云盎齊差清和以清酒泲之而巳水部涗財溫水也一曰泲灰汁則涗非借字○家語子路初見篇黍者所以雪桃呂覽觀表篇吳起雪泣而應之注並云雪拭也雪當爲㕞之假借又呂覽不苟篇故雪殺之恥淮南說山訓流言雪污注並

云雪除也則雪亦刷之假借故史記貨殖傳雪會
稽之恥漢書作刷

秉　禾束也

周禮鼓人注無舌有秉釋文秉本作柄左傳哀十
七年國子實執齊秉服注秉權柄也是秉爲柄之
假借柄之重文爲棅故莊子天道篇天下奮棅○
詩大田秉畀炎火釋文秉執持也韓詩作卜卜當
爲秉之假借雙聲字○文選魏文帝與吳質書古
人炳燭夜游注引古詩何不秉燭游炳可爲秉之
通借○士冠禮恐不能共事以病吾子古文病爲

秉。是以秉爲病之假借。音相近。

反 覆也。古文爲反。

辵部。返。還也。引商書祖伊返。段本。春秋傳作彶。今書西伯戡黎作反。經傳中凡訓還之字。多借反字爲之。○漢書谷永傳注。反讀曰幡。張安世傳注。反讀曰翻。似以反爲幡翻之假借。然幡亦借字。羽部翻字則在新附。○詩猗嗟。四矢反兮。韓詩作變兮。變可爲反之通借。韻亦通。○莊子秋水篇。反衍。釋文。亦作畔衍。反爲畔之假借。畔已見半部。叛下案。反爲反背之義。故與叛通。即反之爲變也。變又爲變亂。荀子賦篇。願聞反辭。注。反覆敘說之辭。猶楚辭亂曰。是反亦亂之假借。音竝同。○詩賓筵。威儀反反。毛傳。言重愼也。韓詩作昄昄。日部。昄。大也。昄當爲反之假借。○執競。威儀反反。毛傳。難也。難正重愼之意。潛夫論正列篇引作板板。板卽片部之版。大雅。上帝板板。毛傳。板板。反也。是版亦反之假借。○易說卦。爲反生。釋文。戴莩甲而出也。虞作坂。云陵坂也。坂卽𨸏部之阪。是以反爲阪之省借。又引陸注。阪當爲反。則仍以阪爲反之假借矣。○水經河水篇注。蒲坂縣。地理志注。縣故蒲也。秦人還蒲

于魏人喜曰蒲反矣故曰蒲反反當爲返坂又反之轉借○荀子儒效篇積反貨而爲商賈注反讀爲販是反爲販之省借

叏 滑也詩云叏兮達兮一曰取也今鄭風叏作挑辵部達下引亦作挑此當兼采三家詩毛傳挑達往來相見皃與滑義近是挑當爲叏之假借叏土刀切

叔 拾也汝南名收芌爲叔重文作𡬶詩之叔苴毛傳用本義今爲伯叔字釋名仲父之弟曰叔父叔少也叔卽少之假借雙聲字○書九

征。俶擾天紀。釋文。俶亦作叔。叔爲俶之省借。○尗部云。豆也。今作菽。詩生民。藝之荏叔。釋文。叔或作菽。後漢順帝紀。以叔粟當賦。叔皆菽之省借。

取　捕取也。周禮。獲者取左耳。司馬法曰。載獻聝。聝者耳也。

易。需勿用取女。詩伐柯。取妻如何。釋文竝云。取本作娶。取葢娶之省借。○易萃。聚以正。釋文。聚荀作取。左氏昭二十年傳。取人於萑苻之澤。是皆以取爲聚之假借。聚已見㐺部叢下。○莊子齊物論。趣舍不同。釋文。趣本作取。釋名。取。趣也。是趣爲取之通借。趣亦見辵部趣下。

友　同志爲友。从二又相交。古文爲𠬪。爲𦫳。論語。有朋自遠方來。釋文。有本作友。鹽鐵論殊路篇引春秋傳。季友作季有。釋名。友有也。相保有也。是有爲友之通借。有已見部首。

度　法制也。檀弓注。邸封之度。釋文。度本作數。數蓋度之通借。○邶風毛傳。濟渡也。方言云。過度謂之涉濟。凡過其處曰度。又漢書賈誼傳。猶度江河無維楫。度皆爲渡之省借。○書盤庚。度乃口。釋文。度本作渡。疑非度當爲戲之省借○度又音徒落切堯典宅西周禮縫人注作度西釋文古文庑與度字相似又詩有聲宅是鎬京坊記宅作度是度爲宅之假借音亦通○左氏隱十一年傳山有木工則度之爾雅釋器注引度作剫詩閟宮是斷是度度當爲剫之省借

𠂇部

卑賤也執事者从𠂇甲

易繫辭天尊地卑知崇禮卑釋文並云卑本作埤埤卽自部之陴陴蓋卑之假借○詩正月謂天蓋

卑釋文卑本作庳庳亦卑之假借○詩菀柳俾予靖之釋文俾本作卑節南山俾民不迷荀子宥坐篇作卑民不迷卑乃俾之省借經典內似此者甚多若書無逸文王卑服卑宜如字釋文卑馬本作俾使也則義異○荀子禮論篇卑絻黼黻注卑與裨同卑亦裨之省借又富國篇裨冕注裨之爲言卑也以事尊卑服之是裨本從卑得義左氏襄廿九年傳裨諶古今人表亦作卑諶○管子封禪篇東馬懸車上卑耳之山注卑耳即齊語所謂辟耳是卑爲辟之通借卑辟雙聲字

史部

史 記事者也从又持中中正也

雜記客使自下由路西注使或爲史漢書霍光傳使樂成注使字或作史是史爲使之假借○士冠禮注羣吏有事者正義吏史亦一也詩靜女傳必有女史彤管之灋正義定本集注云女吏皆作女史是吏爲史之通借吏本从史史亦聲故周禮府史後漢書楊震傳注史謂府吏也

事 職也古文爲事

借士已見士部○詩有聲武王豈不仕毛傳仕事

也。晏子春秋諫上引作豈不事。是仕爲事之通借。故荀子大略篇移而從所仕。注。仕與事同。仕亦見士下。○漢書蒯通傳。不敢事刃於公之腹者。史記張耳陳餘傳作傳刃。事乃傳之省。字亦或作剚。管子輕重篇。春有以剚耕。夏有以剚耘。但傳剚皆本書所無。事亦假借字。別見後攴部敕下。若周禮太宰。事典以任百官。注。任猶傳也。釋文。傳猶立也。案仲尼燕居。雖在畎畝之中。事之聖人已。注。事之謂立置於位也。是傳卽事之或體。

支部

支 去竹之枝也。从手持半竹。古文爲𢻻。

借祇。已見示部。借跂。見足部跂下。○詩文王本支百世。左氏莊六年傳引作本枝。衛風芄蘭之支說苑修文篇引支作枝。枝爲支之通借。枝亦見跂下。○肉部胑體四胑也。亘文爲肢。易文言暢于四支。孟子。四體。注。體者。四枝股肱也。又折枝按摩折手節解罷枝也。是支枝皆爲胑肢之假借。○木部梔。黃木可染者。上林賦以爲鮮支。支蓋梔之假借。史記貨殖傳。千畝巵茜。巵本酒巵字。爲梔之省借。集解引徐廣曰。鮮支也。亦巵之轉借。下地饒巵巵薑云

巵。煙支也。紫赤色。煙支字不作巵。又莊子寓言篇
巵言日出。釋文引司馬注。謂支離無首尾言也。則
巵爲支之假借矣。○水部汥字云。水都也。錢謂卽
度支字。度支者。泉府所出納也。泉爲水。故汥可爲
支之通借。

⿰奇支 持去也。

荀子宥坐篇。孔子觀於魯桓公之廟。有敧器焉。注。
傾敧易覆之器。危部⿰危支。⿰危支傴也。玉篇云。敧今作不
正之⿰危支。是敧當爲⿰危支之假借。

聿部

肄習也籀文爲𦘔篆文爲肄

今肄字从聿○周禮小宗伯肄儀爲位注故書肄爲肆杜子春讀肆當爲肄是肆爲肄之假借故曲禮大夫與士肄學記宵雅肄三釋文竝云肄本作肆○曲禮斂髮毋髢注髢髲也毋垂餘如髲也髢或爲肆案釋文肆餘也注亦訓垂餘是以肆爲髢之假借○禮檀弓孺子𪏆之喪節下注云士掘肂釋文肂本又作肆案歺部肂瘞也以音同得義肂肆亦音同又形近故肆爲肂之假借

肅持事振敬也从聿在𣶒上戰戰兢兢也古文从心

下。爲肅。
借遬。已見辵部速下。又爾雅釋詁。肅疾也。齊語。父
兄之教不肅而成。注同。詩小星。肅肅宵征。毛傳。疾
皃。肅皆速之假借。故釋詁又云。肅速也。○特牲饋
食禮。乃宿尸。注。宿讀爲肅。是宿爲肅之假借。禮器。
三日宿。正義云。宿之言肅。肅敬之義也。肅既通宿。
亦通速。故注又云宿或作速。記作肅。宿已見足部
蹴下。○釋詁。肅進也。曲禮。肅客而入。注同。桼肅訓
進。羞羞之假借。釋詁。羞進也。因之宿亦通羞。少牢
饋食禮注。古文宿皆爲羞。則當爲肅之轉借。羞肅

聲相近○豳風九月肅霜毛傳肅縮也霜降而收縮萬物月令草木皆肅注亦云肅謂枝葉縮栗是肅爲縮之假借縮已見艸部蕭下○書序肅慎來賀史記周本紀作息慎息乃肅之通借雙聲字又周書王會解正北方稷慎注稷慎肅慎也稷亦肅之假借○唐風肅肅鴇羽毛傳肅肅羽聲也釋文肅本或作翿翿羽部無翿字爾雅釋言翿纛也蓋即借肅字爲之

聿部聿下增一則爲部

聿所以書也楚謂之聿吳謂之不律燕謂之弗

下筆字云。秦謂之筆。是聿本筆之省借。爾雅釋器。不律謂之筆。則法律字亦可爲聿之假借。律見後彳部。

𦘔聿飾也。俗語以書好爲𦘔。讀若津。也。段謂今人所云津津稱道者。蓋出此。歎羡其好。則口流盡液。是𦘔與盡可爲通借。津亦借字。見後水部。盡見津下。

書箸也。此即訓釋字爲假借。書與箸俱从者聲。今字作書。○許自序云。箸於竹帛謂之書。書者如也。古微書

引孝經援神契曰書者舒也皆[illegible]以通其義

畫部

畫界也象田四界聿所以畫之古文省爲畫亦爲

劃

刀部有劃字云錐刀畫曰劃劃似即古文之劃則爲重出但此以聿畫彼以錐刀畫義不同故分箸之亦可通借也○畫本胡麥切爲界畫字又胡卦切卽今之圖畫字而圖畫字或作畵與界畫別實則二切亦音轉耳○公羊桓六年傳實來化我也注行過無禮曰化齊人語穀梁作以其畫我畫當

爲化之假借。晝化音同也。

晝 日之出入與夜爲界。籀文爲晝。

論語宰予晝寢。七經小傳曰。寢當爲内寢之寢。非眠寢之寢。古者君子不晝夜居于内。晝居于内。則問其疾。所以異男女之節厲人倫也。宰予晝亦居内。故夫子責之。而韓李筆解以爲晝作畫。似謂畫飾其居寢非也。若孟子去齊宿於晝。閻氏百詩云。史記田單傳燕初入齊。聞晝邑人王蠋賢。即此。則晝當作畫。形似而譌。非必假借正義。又引括地志。澅邑。蠋所居。水部無澅字。殆後人加偏傍矣。

隶部

隶 及也。从又从尾省。又持尾者。從後及之也。

此與逮字音義皆同。可爲通借。今逮專行而隶廢矣。逮已見辵部。

𨽿 及也。詩曰。隸天之未陰雨。

今鴟鴞篇作迨。迨字辵部所無。則或體也。○段謂隸與歺部殆音義皆同。殆危也。危猶及也。是殆可爲隸之假借。

隸 附箸也。篆文隸。从古文之體。

史記叔孫通傳。酒令羣臣隸習。索隱曰。隸亦習也。

音異。蓋以隸爲肄之假借。肄已見聿部。○周禮師氏使其屬帥四夷之隸。注。故書隸作肄。鄭司農讀爲隸。是肄爲隸之假借。肄亦見肄下。○廣雅。篗。其杘謂之隸。集韻類篇引作棣。木部有棣。隸乃棣之省借。

臤部

臤 堅也。从又臣聲。讀若鏗鏘。古文以爲賢字。國三老袁良碑。優臤之寵。蓋用今文尚書。優臤揚歷之語。臤即賢字。此正古文之假借也。案尚書分今文古文者。猶言今本古本也。許書偁用古文者。

謂蒼頡古字也今文尚書非不用蒼頡古字如般庚以臤爲賢漢書從今文者也而地理志引禹貢厥艸惟繇厥艸惟夭俱作屮若執此以作臤作屮者爲古文尚書則失之矣

緊　纏絲急也

左氏宣四年傳鄭襄公堅公羊成四年作臤疏引穀梁作賢玉篇引作絽段云絽當爲緊之譌集韻一先有絽字云緊也案絽乃緊之省絽从臣聲與臤从臣聲同故入先韻然則緊可爲臤之假借雙聲字

堅 剛也。

古今人表。懿王堅。史記周本紀作囏。公羊定十四年。公會齊侯衞侯于堅。釋文堅本又作掔。左傳作牽。此人名地名不定誰爲假借。其音則皆通。

臣部

臧 善也。籒文爲𦣝。

易繫辭釋文。藏諸用。鄭作臧。知以藏往。劉作臧。漢書禮樂志注。古書懷藏之字本皆作臧。艸部藏字在新附。蓋祇借臧字爲之。○廣韻。納賄曰贓。古亦借臧字爲之。故漢書尹賞傳。其羞辱甚於貪污坐臧○周禮廛人注謂貨物諸藏于市中釋文藏劉本作葬檀弓葬者藏也荀子禮論篇與藏而馬反注藏謂埋之也葬埋同義故葬可爲藏之假借○易豐自藏也釋文衆家作戕鄭注戕傷也是藏爲戕之假借又詩十月之交曰予不戕箋云戕殘也此用本義釋文王本作臧善也則以戕爲臧之假借臧本从戕聲

殳部

[篆] 以杸殊人也禮殳以積竹八觚長丈二尺建於兵車旅賁以先驅

尙書殳斯古今人表作朱斯是以朱爲殳之假借。殳市朱切音同。

祋 殳也。或說城郭市里高縣羊皮有不當入而欲入者暫下以驚牛馬曰祋。詩曰何戈與祋。案曹風毛傳正此前一義則引詩當在或說之前。樂記注作荷戈與綴。云綴表也所以表行列也。蓋本韓詩。綴乃祋之假借。祋丁外切音近綴。綴訓表與或說亦可通。故祋从示。但如其義則不得云何矣。

毄 相擊中也。如車相擊。故从殳从軎。

段云攷工記毄兵同強又和弓毄摩注毄拂也此用本義若司門祭祀之牛牲毄焉校人三皁爲毄六毄爲廄釋文毄本作繫是以毄爲繫之省借若易之繫辭傳釋文繫亦作毄則本繫字而又爲毄之假借矣○郭仲奇碑鷹偫雷毄毄可爲擊之通借毄亦有擊義

㱿從上擊下也一曰素也

心部愨謹也檀弓釋文愨本又作㱿是㱿爲愨之省借○手部搉敲擊也㱿搉音同義亦可爲通借今以搉爲㱿搉字則義別○㱿俗作殼以爲卵殼

字或作敲此後一義之引伸俗謂空殼子是也

殶 繇擊也古文殺如此篆玉篇作古文投是今本殺字誤也然手部投下不以殶爲亞文則殶當爲投之通借繇即遙字遙擊與投云擿也義亦近投已見言部讀下

𣪍 椎毄物也攴部有敎木部有椓皆云擊也與此音義竝同可爲通借若周禮壺涿氏注涿擊之也則涿乃此三字之假借矣

殹 擊中聲也

段云此字本義未見秦人以爲語詞薛尚功所見秦權銘其於久遠殹殹或作𦬙案𦬙卽也字殹也聲之轉故融匜等字皆从也聲

段　椎物也

今人以段爲分段字當爲斷之假借○金部鍛小冶也繫傳云椎之而已不銷故曰小冶廣雅釋詁鍛椎也是鍛爲段之通借○左氏襄二十年傳鄭印段字子石又襄三十年傳公孫段字伯石段當爲碫之省借石部碫段石也碫亦通鍛詩公劉取厲取鍛釋文鍛本又作碫○士昏禮受笲段脩釋

文段本作腶有司徹取糗與腶脩釋文腶本作段肉部無腶字葢卽以段字爲之故內則腶脩注捶脯而施薑桂也義亦通鍛昏義棗栗段脩釋文段本作鍛

殽　相襍錯也

今人凡混殽字作淆此水部所無祇當用殽字○肉部肴啖也廣雅釋器肴肉也經典中如詩既醉爾殽既將賓筵殽核維旅曲禮左殽右胾等皆以殽爲肴之假借○禮運殽于地正義殽效也葢殽爲效之假借殽既通肴肴从爻易繫辭爻也者效

此者也義轉通○左氏僖卅二年傳晉人禦師必於殽釋文殽本作崤崤亦山部所無蓋山本名殽後人因而从山若公羊釋文殽本作肴又省借耳

殺部

殺 戮也古文爲□爲□爲□爲□

借䝁已見足部䟃下○廣雅釋詁肆殺也肆蓋殺之假借錢氏竹汀云殺當从㣇㣇本古文肆字肆與殺聲相轉故論語肆諸市朝卽以肆爲殺段云古文𣏂卽杀字轉寫譌變耳案古文𣏂與古文㣇形相似錢說自通本書無杀字而殺从杀聲疑卽

从杀聲也。○攷工記云。矢人殺矢七分。注。殺當爲蔽。此殆以殺爲誤字。非必假借。○殺又音所界切。降也。減削也。攷工記匠人弓人矢人俱有鎩字。釋文。鎩本作殺。鎩字本書所無。不得云假借。段謂小徐本有籀文殺。知从閃爲从殳之譌。當是也。今大徐本亦有籀文殺。蓋後人依鍇本增之。宋刻無此字。○殺又音所賣切。樂記。噍殺之音。說苑脩文篇作憔悴。憔悴與噍殺二字可爲通借。憔悴已見口部噍下。

弒

臣殺君也。易曰。臣弒其君。

左氏僖九年經。晉里克殺其君之子奚齊。公羊作弒他經注釋文多有殺亦作弒者是殺可爲弒之通借音相轉故西都賦徒搏獨殺與上噬韻段謂殺與弒音不相通殆未然○石經公羊殘碑何隱爾試也試蓋弒之假借漢書五行志受命之臣專征云試注云試與弒同白虎通引春秋讖曰弒者試也欲言臣子殺其君父不敢卒候間司事可稍試之則弒本從試得義

寸部

寺　廷也有法度者也

詩車鄰寺人之令釋文本或作侍左氏僖廿四年

傳寺人披昭廿五年傳寺人僚柤釋文竝同人部侍承也周禮寺人注寺之言侍也則凡言寺人者皆當爲侍之省借

將 帥也

將讀去聲是正字讀平聲有卽良切借壯已見士部○周禮鬯人注蚌曰合將釋文將本又作漿是將爲漿之省借○漢書衡山王賜傳注將讀曰漿是將爲漿之省借○莊子天地篇將閭葂見季徹曰釋文將一本作蔣則將亦蔣之省借蔣讀平上二音○內則炮取豚若將注將讀爲牂牂牡羊也

是將爲牂之假借○將又讀七羊切經典中凡以將將爲聲者皆假借字已見玉部瑲足部蹡下○詩緜篇應門將將崔炎述初賦觀秦門之嶈嶈西都賦亦云激神嶽之嶈嶈此山部所無殆後人因其言高遂加山耳

尋 繹理也从工口从又寸工口亂也又寸分理之也彡聲此與𠭥同意度人之兩臂爲尋八尺也

有司徹乃爇尸俎注古文爇皆作尋記或作燖又引左氏哀十二年傳若可燖也今傳作尋尋當爲爇之假借作燖者誤○史記張儀傳塞斜谷之口

徐廣注斜一作尋索隱曰尋斜聲相近是尋可爲斜之假借○史記孝武紀侵尋於泰山矣索隱曰尋與淫聲相近蓋以尋爲淫之假借○左氏襄四年傳斟尋氏哀元年傳作鄩邑部鄩周邑也則尋當爲鄩之省借

專 六寸簿也一曰專紡專

詩斯干毛傳瓦紡塼也釋文或作甎皆專之異體○女部嫥壹也今以爲專壹當是嫥之省借又訓擅訓獨則引伸之義○易繫辭其靜也專注專專一也釋文陸作摶左氏昭二十年傳若琴瑟之專

壹釋文專本作摶摶又專之轉借也○周禮大司徒其民專而長注專圜也專蓋圜之省借○漢書諸侯王表顓作威福注顓與專同是顓亦專之轉借○左氏襄廿七年經衞侯之弟鱄出奔晉穀梁作專鱄字子鮮則專爲鱄之省借○史記吳世家勇士專諸索隱曰專一作剸又漢書蕭何傳上以此剸屬任何關中事注剸讀與專同專本借字剸乃轉借也○廣雅釋言專齊也刀部制字云斷齊也則專當爲制之假借又釋詁𨍏齊也𨍏亦專之轉借○文選鵩鳥賦大鈞播物兮史記作大專專

當爲鈞之假借。眞先韻通也。○易說卦傳。震爲尃。釋文。鄭虞姚皆同。王肅干寶作専。此字形相近。傳本異而義遂別。非必假借。

尃 布也。

隸變作尃。通作敷。借字。已見爪部。○攴部敷。㪂也。引周書。用敷遺後人。與此音義皆同。可爲通借。敷亦見字下。○史記司馬相如傳。尃結縷。徐廣曰。尃古布字。漢書正作布。是布爲尃之通借。書文侯之命。敷聞在下。晉世家作布聞。詩長發。敷政優優。左傳成二年。昭廿年。竝作布政。敷旣同尃。故亦通作布矣○祭義溥之而横乎四海釋文溥本或作尃同是溥爲尃之假借○臯陶謨翕受敷施史記夏本紀作普施普溥音同故又轉借○禹貢敷土苟子作溥土溥借尃即借敷也夏本紀作傅土傅亦敷之假借

皮部

皮 剝取獸革者謂之皮从又爲省聲古文爲皮籒文爲皮

古今人表司徒皮毛詩作番皮蓋番之假借番音婆皮亦有婆音故詩羔羊皮與紽韻左氏宣二年

傳。牛則有皮。與下多那韻。皮从爲聲。爲又有譌聲

也。番已見釆部。○鄉射禮注。今文皮樹爲繁豎。繁

蕃皮之假借。皆音同。繁亦見番下。又見𣎆部樊下。

毳部

𣯽 羽獵韋絝。重文爲𧝐。从衣从朕。虞書曰。鳥獸𧝐

毛。

今堯典作氄毛。氄字本書所無。蓋俗體也。段謂毛

部引作𣬛。云盛毛也。豈彼古文。此今文與。案韋絝

之義與𧝐毛不相涉。若爲二字。則𧝐不从毳。當入

衣部矣。此部大徐文三重二。小徐文二重三。本有

參差。但許君兩字並引。而䍃从毛。疑褎爲䍃之假借耳。

攴部

攴 小擊也。經典多从手作扑。卽攴字。又者手也。或作撲。又誤从木作朴。○史記周本紀秦破韓魏扑師武。徐廣曰。扑一作仆。仆仆葢扑之假借。人部仆。頓也。音赴。亦或音攴。與扑形相近。○幽風八月剝棗。毛傳。剝擊也。剝乃攴之假借。

敟 通也。古文爲䌛。

玉篇轍車行迹本書車部新附字祇當作徹攻工記匠人應門二徹參个老子善行無徹迹○有司徹釋文徹又作撤論語以雍徹釋文同力部勶發也徹蓋勶之假借段謂禮之客徹重席詩之徹我牆屋皆當作勶其作撤者俗也○喪大記賓出徹帷注徹或爲廢廢从發聲亦勶之義故可通非必聲借徹也○詩揚之水毛傳粼粼清澈也釋文澈本亦作徹水部無澈字蓋即借徹字爲之

敏 疾也

詩生民履帝武敏爾雅釋訓敏拇也敏蓋拇之假

借。从每與从母音同。釋文引舍人本作畝。亦拇之聲借。○中庸人道敏政。注。或爲謀。謀乃敏之假借。从某與从每聲近。故左傳戰于城濮。輿人之誦原田每每。與謀韻。又洪範聽作謀。董劉馬鄭諸儒皆以爲謀事。王伯申曰。非也。謀與敏同。敏古讀若每。謀古讀若媒。聲近故字通。晉語知羊舌職之聰敏肅給也。小雅民雖靡膴。或哲或謀。毛傳人有明哲者。有聰謀者。傳以聰謀連文。猶晉語以聰敏連文。五行傳聽之不聰。是謂不謀。不謀卽不敏。若以爲不能謀事。則謀上須加能字。其義始明。是毛公解

或哲或謀伏生解聰作謀皆以謀爲敏正與經指合何晏景福殿賦克聰克敏卽本洪範謀已見言部

敃 彊也

爾雅釋詁暋强也强卽彊本部暋冒也是暋當爲敃之假借玉篇則訓敃暋同字○書盤庚不昬作勞鄭注昬讀爲暋勉也案勉者强勉也强讀上聲與剛强之强義正相成爾雅昬亦訓强書正義引孫炎曰昬夙夜之强也郝云昬一从民聲故从民之字音同字通則可爲敃暋之假借○暋下引書

敃不畏死。孟子引康誥作閔。閔亦敃之假借。

敀 迮也。周書曰。常敀常任。

今立政作常伯。漢人所用無不作伯者。許殆據壁中古文。蓋以敀爲伯之假借。若淮南子陽貨舉劒而伯頤。注。伯。迫也。迫迮義相近。此當以伯爲敀之假借。一切經音義。迫古文敀同。是迫本敀之通借。伯已見示部禡下。

整 齊也。

左氏隱五年傳。入而振旅。杜注。振。整也。穀梁莊八年傳。入曰整旅。是整爲振之通借。○公羊昭十二年經公子整出奔齊釋文整本作憖是整亦憖之通借音形俱相近也○穀梁莊廿四年傳注斷斷自脩飭釋文飭或作整易雜卦傳蠱則飭也注飭整治也是飭可爲整之通借整飭雙聲字

效象也

借敎已見攴部○易繫辭效法之謂坤釋文出爻法云本作效廣雅釋詁爻效也是效爲爻之通借爻亦見敎下○詩鹿鳴君子是則是傚傚蓋效之或體故角弓民胥傚矣左傳引作胥效儀禮注引詩是則是詨言部無詨字當與訓通山海經馬成

山有鳥名鶌鶋其鳴自詨卽自訆也則訆爲效之假借訆已見㗊部㗊下○莊子列禦寇篇而效我以功釋文效本作校廣雅釋言效考也學記中年考校校當爲效之假借校見後木部

故 使爲之也

借詁已見言部○周語而咨於故實魯世家引作固固蓋故之假借凡掌故字亦作掌固○史記屈原賈生傳亦夫子之辜也索隱云漢書作故又引李奇曰亦夫子不能如麟鳳翔逝之故則辜爲故之假借○墨子尙賢中篇故不察尙賢爲政之本

也。王懷祖曰。故與胡同。下文胡不察尙賢爲政之本也。正是胡字。管子侈靡篇。公將有行。故不送公。故亦爲胡。故者胡之假借。胡見後肉部。

改 更也。

此从戊己之己。本部別有攺字。云毅攺。大剛卯。以逐鬼魅也。讀若巳。巳。小徐作㠯。改古亥切。攺余止切。人或不審爲二字。故附箸之。非可爲通借也。

變 更也。

易文言。由辯之不早辯也。釋文。辯。荀作變。又禮運大夫死宗廟謂之變。注。變當爲辯。辯猶正也。孟子。

萬鍾則不辯禮義而受之。音義云。辯本作變。於義當爲辯。此皆以變爲辯之假借。辯已見彳部徧下。○書。於變時雍。漢孔宙碑作於卞。卞乃弁之俗體。顧命。率循大卞。山井鼎考文作辯。則當是辯爲變之假借也。漢書成帝紀引作於蕃。蕃亦變之假借。變蕃聲轉。蕃已見艸部。

𠬪（篆） 改也。

借䢃。已見㽞部。借㝅。見又部。○列子黃帝篇。心庚念是非。注。庚當作更。是庚爲更之假借。晉語。姓利相更。注。更續也。庚本有續訓。則義亦通。

𢽿誡也。臿地曰敕。

力部勑字。後人用爲敕。又或作勅。易噬嗑象辭。君子以明罰勑法。勑亦爲勅。勅勅皆當爲敕之假借。○詩楚茨旣匡旣敕。毛傳敕固也。敕蓋飭之假借。呂覽孟春田事旣飭。注。飭讀作勅。漢書宣帝紀。飭躬齋戒。注。飭與敕同。則又以飭爲敕之假借。釋名。敕飭也。使自警飭不致廢慢也。是義亦通。飭已見整下。○段云。臿地。別一義。凡植物地中謂之菑。或作傳事剸鏄。側吏初吏二切。敕與初吏一切正同。部雙聲也。臿者今之插字。是菑與臿可爲敕之通

借案畨通敹是巳本部後有敳字云剌也錢謂史記剸刃公腹之剸卽敳字似較段說爲長事乃敳之假音餘皆或體亦見叀部畨又見艸部

斂收也

孟子而不知檢漢書食貨志引作知斂本部檢云書署也亦爲檢察之義書伊訓檢身若不及正義云檢謂自攝斂也是檢可爲斂之通借○呂覽不屈篇門中有斂陷注斂讀曰脅漢書王莽傳動靜辟脅注脅收斂也此葢以義通借矣○淮南氾論訓至刑不濫注濫讀收斂之斂是以濫爲斂之假

借。濫斂音相近。

敶列也。

周禮肆師。展器陳告備。司市以陳肆辨物。注皆訓陳爲列。又爾雅釋宮。堂途謂之陳。釋名云。言賓主相迎陳列之處也。陳皆爲敶之假借。○詩信南山維禹甸之。甸與田通。周禮稍人注引作敶之。蓋本韓詩。爾雅釋地釋文引李巡本。郊外謂之田。云田。敶也。謂敶列種穀之處。或作敕者。敶之省。是田可爲敶之通借。廣雅釋詁。田陳也。因之田亦通陳。史記田敬仲世家。以陳氏爲田氏。索隱云。陳田聲相近○文選上秦始皇書飾後宮充下陳注下陳猶後列也陳讀去聲又論語衞靈公問陳漢書刑法志善師者不陳注戰陳之義本因陳列爲名而音變耳是皆當爲敶之假借其作陣者俗字也

斁解也詩云服之無斁斁厭也一曰終也

禮記緇衣引詩服之無射又詩振鷺在此無斁韓詩作無射射乃斁之假借○斁又音當故切歺部殬敗也引商書彝倫攸殬今洪範作斁斁蓋殬之假借亦通射詩雲漢耗斁下土春秋繁露郊祀篇引作耗射○詩思齊古之人無斁釋文鄭作擇蓋

本韓詩以斁爲擇之假借與毛訓異若書呂刑敬
忌罔有擇言在身王伯申曰擇讀爲斁鄭注洪範
訓斁爲敗此言必敬必戒罔有敗言出乎身也孝
經口無擇言身無擇行亦謂無敗言無敗行也説
者多以爲無可擇殆以迂回失之此又借擇爲斁
○詩泮水徒御無斁釋文出無繹云本作射又作
斁或作懌皆音亦厭也是以繹射懌竝爲斁之假
借懌當是釋釋訓解與此義同可爲通借釋已見
釆部○那篇庸鼓有斁毛傳斁斁然盛也文選甘
泉賦注引韓詩章句繹繹盛貌此鄭箋云斁斁然

有亦緒亦與繹義合是斁當爲繹之假借○後漢
書張衡傳惟盤遊之無斁兮注斁古度字也蓋以
斁爲度之假借亦作妒音但此語卽用本義如孟
子從獸無厭正可通章懷本東晉古文盤游無度
之文非平子所及見度已見又部○書梓材塗塈
茨塗丹雘正義皆言斁古塗字類篇引書斁丹雘
羣經音辨引書斁塈茨是塗本作斁錢云說文塈
已訓塗丹雘亦塗義則斁不必以塗解之斁之別
義爲終也書意若作室家旣勤垣墉當終之以塈
茨若作梓材旣勤樸斲當終之以丹雘是終義爲

更近。據此。則丹部矱下引書。惟其斁丹矱。本以斁爲塗之假借。實當爲斁之假借也。或今文古文之異。抑作塗者俗字耳。斁亦見攴下。

攸行水也。重文爲汥。秦刻石嶧山文攸字如此。借逌。借逐。已見辵部。○禹貢陽鳥攸居。漢書地理志作逌居。又洪範彝倫攸敘。五行志作逌敘。逌蓋攸之假借。逌已見辵部逌下。○史記秦始皇紀德惠脩長。索隱曰。王劭按張徽所錄會稽南山秦始皇碑文。脩作攸。段云。用此知小雅大雅毛傳皆云。脩長也。脩乃攸之假借。絫脩本从攸聲。以聲得義也。○爾雅釋詁悠遠也。中庸徵則悠遠。疏悠長也。悠與攸通。衛風毛傳滺滺流貌。滺即攸。文選吳都賦悠悠旆旌者。劉注悠悠流貌。又常沛沛以悠悠。注悠悠亦行貌。是悠爲攸之假借。故左氏昭十二年傳疏引詩車攻作攸攸旆旌。若御覽引詩子衿作攸攸我思。爾雅釋文引詩十月之交作攸攸我里。今二詩俱作悠悠。心部悠憂也。則攸當爲悠之省借矣。悠亦見逐下。○洪範五行傳與聽於怵攸。注攸讀如風雨所飄搖之搖。蓋以攸爲搖之假借。攸搖聲之轉。搖已見玉部瑤下。

敉　撫也。周書曰：亦未克敉公功。讀若弭。重文爲𢼸。洛誥鄭注：敉，安也。此訓撫，撫亦安也。周禮小祝「彌烖兵」注：彌，安也。讀曰敉。是以彌爲敉之假借。

𢾺　戾也。離騷經：紛緯繣其難遷。王注：緯繣，乖戾也。廣韻作徽繣。緯與徽皆當爲𢾺之假借。徽已見彳部徽下。

敦　怒也，詆也。一曰誰何也。借諄，已見言部。借屯，見屮部。又逸周書武順解：一卒居後曰敦。注：敦，猶殿。蓋殿爲臀，臀省，臀音若屯，故借屯。又借敦也。臀亦見屯下，又見晨部。○周禮內宰出其度量淳制注故書淳爲敦杜子春讀敦爲純是以淳與敦皆爲純之假借純亦見屯下諄下又見牛部牷下○詩行葦序箋敦史受之釋文本又作惇敦乃惇之假借經典中凡敦訓厚者皆當爲惇○淮南天文訓困敦之歲注敦沌也左氏文十八年傳天下之民謂之渾敦正義曰混沌與渾敦字之異耳蓋以敦爲沌之假借但水部無沌字當卽作屯莊子天地篇渾沌氏蕭該引風俗通作渾屯○詩有客敦琢其旅釋文敦徐音彫敦當爲彫之假借彫已見玉部琱辵部追下敦琢亦卽追

琢也○荀子禮論注敦讀爲頓蓋以敦爲頓之假借爾雅釋邱一成爲敦邱正義即引衞風至于頓邱亦敦頓通用○又釋邱注今江東呼地高堆者爲敦敦當爲𠂤之假借亦見追下詩東山敦彼獨宿敦音堆蓋借以形之敦旣爲土𠂤或因从土作墩者俗字○內則敦牟注黍稷器也敦音對明堂位兩敦同此當如冠之稱牟追象𠂤之形故假借敦字爲之而音變爲對雙聲字也亦見牟部牟下○又正義云周禮有玉敦今之杯盂也殆其類與○幽風有敦瓜苦毛傳敦猶專專也專卽團字己見

寸部又大雅敦彼行葦敦亦音團故毛傳云聚貌此皆以敦爲團之假借敦團聲相轉○周禮司几筵每敦一几注敦讀曰燾燾覆也是以敦爲燾之假借敦燾亦音轉○史記蒙恬傳帝以高之敦於事也徐廣曰敦一作敏是以敦爲敏之假借敦敏音相近敏已見前○錢云漢書不孰何李奇曰孰誰也何呵也合之本書則不孰何應作不敦何矣過秦論之誰何亦卽敦何也古讀敦同誰此從一曰之訓以誰爲敦之通借誰已見風部孰下誰何見言部訶下

𣀦閉也。讀若杜。重文為𣀦。

已見前斁下。書費誓杜乃擭。周禮雍氏注引作𣀦乃擭。又大司馬犯令陵政則杜之。及凡杜門字。皆當為𣀦之假借。杜已見示部社下。

𢾊塞也。周書曰𢾊乃穽。

士喪禮。隸人涅廁。注。涅塞也。涅與𢾊音義皆同。涅當為𢾊之假借。𢾊奴叶切。亦音乃結反。○說文新附手部有捻字。一切經音義六捻箭注云。又作𢾊。同。是捻為𢾊之或體。

攻擊也。

廣雅釋詁工巧也西周策是攻用兵注攻巧也攻當爲工之假借○荀子議兵篇械用兵革攻完便利者强注攻當爲功是以攻爲功之假借○書甘誓左不攻于左右不攻于右某氏傳攻治也墨子明鬼下篇攻俱作共是共爲攻之假借但作共義亦可通

敲 橫擿也

擿或作擿敲口交切殳部有㪣字擊頭也口卓切音同㪣二字本異而形甚近義亦略通淮南脩務訓救敲不給高注老人敲其頭似以敲爲㪣之假

借注又云敲横也則已混于敲左氏定二年傳閽乞肉焉奪之杖以敲之杜注奪閽杖以擊閽頭也釋文云說文作㱿似謂敲亦㱿之假借而出音二切竝舉則又混○公羊宣二年傳以斗摮而殺之何注摮猶㩜也㩜謂旁擊頭項集韻摮與敲同一作搞是摮搞可爲敲之通借然二字俱本書所無手部㩜旁擊也據何注屬頭項言當爲敲之通借但既云旁擊則與横義近何亦以㩜釋摮遂難分別後人幾不識㱿敲爲二字矣

㓱 去陰之刑也周書曰刖劓㓱黥

今書作椓正義云賈馬鄭作劉大雅昏椓靡共箋云椓椓毀陰者也椓蓋斀之通借若喪大記注所以椓著裏釋文椓本又作琢則琢又椓之假借也

𣪘

棄也周書以爲討詩云無我𣪘兮周書無討字始即虞書天討有罪蓋謂𣪘爲討之假借𣪘亦音導與討近○今鄭風無我魗兮釋文魗本亦作𣪘魗當爲𣪘之通借箋讀爲醜云惡也則義與毛異正義云魗與醜古今字

牿

養牛人也詩曰牧人乃夢通牲已見牛部○土部坶云朝歌南七十里地引

周書武王與紂戰于坶野。今書作牧。詩大明牧野洋洋。水經注引作坶野。是牧爲坶之假借。棻書正義引鄭注云牧野。禮記及詩作坶野。古字耳。蓋鄭所見本如此。坶又从每者。每亦毋聲也。

敇　擊馬也。

此與前敕字形相似。敕从朿聲力切。敇从朿楚革切。錢謂論語策其馬。當用此。蓋策本擊馬之物。亦可處用則爲敇之通借。策已見冊部。

教部

教　上所施下所效也。古文爲𢽈爲𤕝。

書皋陶謨無教逸欲漢書王嘉傳引作亾敖敖當
爲教之假借
斆覺悟也从教从冂冂尚矇也臼聲篆文爲學
書盤庚斆于民某氏傳斆教也說命惟斆學半學
記引兌命作學學半上學字謂教言教人乃益已
之學半段云學所以自覺斆所以覺人古統謂之
學案書洛誥悉自教工大傳引作學功文王世子
凡學世子以下數學字正義引盧植皆以爲教學
記善教者使人繼其志釋文教本作學是學與教
通故周官都司馬以國灋掌其政學注政謂賦稅

也學修德學道王伯申曰征稅與學道並舉殊不倫政當讀政事之政學當讀爲敎政學卽政敎也今則以盤庚之斆爲敎之假借允命上學字易爲斆亦敎之假借并分別斆爲胡孝反學爲胡覺反不知斆學爲一字矣○莊子逍遙游篇蜩與學鳩笑之釋文學本又作鷽或作鸒鳥部鷽雗鷽山鵲知來事鳥也是學爲鷽之假借鸒殆鷽之形似而譌釋文又引崔注學鳩鶻鵰也學讀爲滑鶻鵰與雗鷽爲二物鶻音同滑故以學爲滑之假借滑學亦聲轉

卜部

卜 灼剥龜也。象灸龜之形。一曰象龜兆之縱衡也。古文爲𠧆。

借隶已見又部。○檀弓卜人師扶右。注卜當爲僕。卜蓋僕之假借。僕已見菐部。○左傳閔元年卜偃。晉語作郭偃。呂覽當染篇作郄偃。不定誰借。聲皆相轉。郄郭又形近。墨子所染篇作高偃。殆因郭本作𩫏而誤。

卦 筮也。

手部挂。畫也。特牲少牢二禮並云。挂于季指。注古文挂作卦是卦爲挂之假借案挂既訓畫而士冠禮卦者在左注卦者有司主畫地識爻者也釋名亦曰卦賣卦挂也自挂於市而自賣之則義本通若易繫辭再扐而後掛釋文掛京本作卦掛乃挂之俗手部扐下引此語作卦則掛爲卦之假借矣

𠧞易卦之上體也商書曰曰貞曰𠧞

今書作悔心部悔恨也則悔當爲𠧞之假借悔已見言部誨下

𠧟灼龜坼也古文爲兆

兆已見八部兆下○攴部肇擊也字當從戈部作

肇爲正。爾雅釋詁。肇始也。肇既訓擊。則凡始義皆當爲兆之假借。○孝經。卜其宅兆。釋文。兆字書作垗。爾雅釋言。兆域也。釋文本又作垗。土部。垗畔也。爲田時界。祭其中。引周禮。垗五帝于四郊。今周禮亦作兆。是兆爲垗之省借。○詩生民。以歸肇祀。表記引作兆祀。箋云。肇郊之神位也。正義謂肇宜作兆。案毛傳訓始。肇固借兆。如箋義則肇之借兆。仍爲垗之轉借。又烈祖。肇域彼四海。箋。肇當作兆。亦轉借也。○莊子天下篇。兆于變化。釋文。兆本作逃。蓋以兆爲逃之省借。

用部

用可施行也从卜中衛宏說古文爲用

虞書三十徵庸論衡氣壽篇作徵用又五刑五用哉後漢書梁統傳作五庸哉是庸與用可爲通借○仲虺之誥用爽厥師墨子非命上篇作龔喪是以龔爲用之假借龔从共與用音近龔已見廾部龔下共部共下

甫男子之美稱也

士冠禮曰伯某甫注甫字或作父士相見禮若父注今文父爲甫他經凡稱某甫者亦通用父父皆

甫之假借○又士冠禮記章甫注甫今文爲斧斧亦甫之假借○詩車攻東有甫草毛傳甫大也釋文引韓詩作圃草亦訓大是以圃爲甫之假借左氏定四年傳及甫田之北竟釋文甫本作圃周禮職方氏其澤藪曰圃田又公羊定八年傳將殺我于蒲圃釋文竝云圃本作甫則又以甫爲圃之省借○左傳有傅瑕鄭世家作甫瑕是甫爲傅之假借傅已見寸部尃下

庸 用也从用庚庚更事也易曰先庚三日

借誦借訟已見言部借用見上○亯部𩫖用也从

亯从自自知臭香所食也讀若庸是亯與庸可爲
通借今惟作庸而食之爲亯罕見○周禮司勳民
功曰庸書舜典疇庸馬注詩崧高以作爾庸箋竝
云庸功也是功爲庸之通借功已見攴部攻下○
周語服物昭庸采飾顯明韋注庸功也王伯申曰
庸與融通釋名融明也大雅既醉篇昭明有融昭
五年左傳明而未融皆是也此篇之昭庸顯明即
下篇之顯融昭明作庸者假借字耳融已見鬲部
○大射儀頌磬東面注古文頌爲庸周禮眡瞭擊
頌磬笙磬注頌或作庸案大司樂疏引鄭注云西

方之樂謂之庸庸功也西方物孰有成功亦謂之頌是頌其成也則頌可爲庸之通借頌亦見訟下○後漢書左雄傳容容多厚福注容容猶和同也今人語作庸庸以爲凡庸之庸是庸可爲容之通借故莊子胠篋篇容成氏六韜大明篇作庸成氏容亦見訟下○詩那篇庸鼓有斁毛傳大鐘曰庸釋文庸本作鏞爾雅釋樂大鐘謂之鏞是庸爲鏞之省借○士喪禮注疾時處北庸下釋文庸牆也本作墉左氏襄九年傳祝宗用馬于四庸釋文庸本作墉城也是庸爲墉之省借○邑部鄘南夷國

書牧誓。有庸蜀。左氏文十六年傳。庸人率羣蠻以叛楚。庸當爲鄘之省借。若漢書地理志詩邶鄘衛國是也。注。鄘字或作鄘。今詩作鄘。段謂作鄘者非。未審。○漢書司馬相如傳。與庸保雜作。注。庸卽謂賃作者。是庸爲傭之省借。故公羊莊卅二年傳。庸得若是乎。注。庸猶傭傭無節目之辭。○書洛誥。無若火始燄燄。某氏傳。火始然燄燄尚微。漢書梅福傳引作始庸庸。注。庸庸微小貌。庸乃燄之假借。庸燄音之轉。

葡 具也。

人部備愼也是防備之義若周禮小宗伯告備于王注謂餼具特牲饋食禮宗人舉獸尾告備注備具也凡訓具者皆當爲葡之假借今通用備備巳見彳部徧下○曾子問殤不祔祭注祔當爲備正義云備祔聲相近則祔可爲備之假借○易釋文於遯有疾憊也云荀作備既濟憊也陸作備備當爲憊心部憊𢡈也是備爲憊之省借遯釋文又云王肅作𢡈𢡈備同音𢡈亦憊之假借

甯所願也

丂部[寍]願詞也與此音義皆同可爲通借故左氏

傳七年經盟于甯毋穀梁作寍毋宣十一年傳孔寍公羊作孔甯○附宀部寍安也與丂部字義異今凡訓安者皆卽借丂部字爲之

叕部

爽明也篆文爲爽

周語晉侯爽二注爽當爲喪亦見前用下引伸𢶾之詁廣雅釋詁爽敗也周語實有爽德注爽亾也是爽可爲喪之通借爽喪音同○鳥部鷫鷞讀平聲左氏定三年傳唐成公有兩肅爽馬正義云爽或作鷞賈逵曰色如霜紈是霜爲爽之通借馬

融說肅爽其羽如練高首而脩頸馬似之高注淮南作鷫鷞則肅爽二字本爲鷫鷞之省借而鷫又因霜加鳥矣肅字已見聿部○史記屈原賈生傳贊又爽然自失矣徐廣曰爽一作奭案爽與奭音隔當爲形近之譌非必假借但段謂爽與朋部奭大部奭略同皆从大會意則義亦通也

說文假借義證卷六

嘉興張鳴珂
族曾孫彝　同校

說文假借義證卷七目錄

第四篇上

盾 瞂

自部文二 無證

白部文七 證三

皆 魯 𦏧

鼻部文五 證一 鼻見比部并丌部畀广部庳下

皕部文二 證一

奭

習部文二 證二

習 翫

羽部文三十四 證十六

苜部文四 證三

苜 莧 蔑

羋部文二十六 證七

羋 挑 牂 羸 美 羌 羑

羴部文二 證一

羴

瞿部文二 證二

瞿 矍

雔部文三 證二

雔 靃

雥部文三 證一

雧

鳥部文百十六 證三十一

鳥 鳳 鷀 鴋 鴃 鵻 鶝 鷬 鴰

鴻 鴚 鶩 鷖 鶃 鸏 鷮 鴔 鴇

鷗 鳷 鶂 鶇 鵁 鸃 鳶 鷸 鸕

鴝 鸜 鷽 嫣

烏部文三 證三

烏 舄 焉

光緒二十五年歲在己亥仲冬月族曾孫蔭成重校刊

說文假借義證卷七

涇朱珔學

弟四篇上

目部

眚 目病生翳也。

書盤庚惟干戈省厥躬。釋文省本作眚。洪範王省惟歲、史記宋世家作眚。是眚爲省之假借。左氏莊二十二年傳肆大眚。公羊作省。是省又爲眚之假借。○周禮大司馬馮弱犯寡則眚之。注眚瘦也。四面削其地。猶人眚瘦也。眚瘦或爲瘠瘦。一切經音義引字苑作瘠。疒部所無。釋名云。眚省也。如病者省瘦也。則眚仍爲省之假借。據注訓損。殆亦可爲損之假借矣。

䁾目不正也。見部覞視也。義本爾雅。段云。月令可以遠眺望。眺當爲覞之假借。惟文選射雉賦衺眺旁剔注謂視瞻不正。乃用本義。案周禮大宗伯殷覜曰視。故覜下云。諸侯三年大相聘曰覜。今覜聘字用覜而遠視之義。遂不作眺者。思元賦流目覜夫衡阿。或轉以爲眺之借字矣。

㦤惑也。

淮南俶真訓思慮不營本經訓則目不營於色高注營惑也蓋以營爲營之假借又漢書禮樂志以營亂富貴之耳目吳王濞傳營惑天子劉向傳所以營惑耳目竝同顏注用營之本義訓爲回繞非也營見營下○營或爲熒熒者火光不定之貌故火星稱熒惑荀子宥坐篇言談足以飾邪熒衆注熒衆惑衆也孔子世家匹夫而熒惑諸侯者熒皆爲營之通借若莊子人閒世而目將熒之釋文熒崔本作營是熒借營與營借營一也而齊物論黃帝之所聽熒也釋文熒本亦作瑩則瑩又熒之轉

借矣。

睇目小視也。南楚謂眄曰睇。

易明夷夷于左股。釋文夷于作睇。鄭陸同云旁視曰睇。蓋以夷爲睇之假借。又京作眱。眱亦睇字也。篆文弟夷最相似。坎渙卦匪夷所思。釋文夷荀本作弟。○詩小宛題彼脊令。箋云題之爲言視睇也。是以題爲睇之假借。毛傳但云題視也。本部前有睼字。迎視也。讀若珥瑱之瑱。段謂題爲睼之假借。題睼俱从是聲。義尤近。睼他計切。亦與睇近也。

題已見言部諟下。

盻 恨視也。

孟子使民盻盻然。與韓非子盻然環其眼義正同。孟子音義引丁音作肹肹，則肹當爲盻之假借。音同肹，已見十部。

䀠部

䀠 目圍也。讀若書卷之卷。古文以爲醜字。

醜當從繫傳作䩄。面部䩄，面見也。重文爲靦。䩄與卷音相近，故以䀠爲䩄之假借。○詩何人斯有䩄面目，毛傳䩄，姡也。女部姡，面醜也。醜亦當作䩄。姡可爲䩄之通借。

𥄉部

𥄉 目上毛也。从目象𥄉之形。上象頟理也。木部楣秦名屋櫋聯也。齊謂之㦰。楚謂之梠。而於桴下釋爲眉棟。是眉爲楣之省借。眉棟者。謂棟之近前若眉者也。則義亦通。○士冠禮眉壽萬年注。古文眉作麋。攷工記梓人注。讀麋衡也。正義云。麋卽眉也。又漢書王莽傳赤麋聞之。不敢入界注。麋眉也。古字通用。是皆以麋爲眉之假借。○少牢饋食禮注。古文眉爲微。微蓋眉之假借。微已見彳部。○仲定碑不眉近戚。眉乃媚之省借。

省 視也。古文爲[illegible]。

借眚。已見目部。○女部有媘字。減也。水部有渻字。少減也。今以省察字爲減省字。皆當爲媘渻之假借。而經傳多用省。○玉藻。惟君有黼裘以誓省。明堂位。冬祭秋省。注竝讀獮。蓋以省爲獮之假借。獮省聲相轉。○方言。迹迹屑屑。不安也。秦晉或謂之省省。尸部屑。動作切切也。廣雅釋詁。屑。勞也。則省當爲屑之假借。省屑亦聲轉。

盾部

盾 瞂也。所以扞身蔽目。象形。

詩篤公劉箋干盾也釋文字又作楯禮檀弓郊特牲明堂位樂記釋文竝同木部楯闌檻也是楯爲盾之假借○漢書敘傳敷遣中盾請問近臣注盾讀曰允今作中允是以盾爲允之假借故淮南俶眞訓引楯萬物注亦云楯讀允恭之允

瞂　盾也

詩小戎蒙伐有苑毛傳伐中干也伐蓋瞂之假借伐已見艸部茷下○詩釋文伐本或作瞂文選吳都賦去瞂自閭瞂乃瞂之或體○戰國策革抉㕧芮亦見史記蘇秦傳索隱曰㕧與瞂同此以㕧爲

敝之假借。口部無吹字。

白部白疾二切。與七篇白部旁陌切爲潔白字

白部者異。

皆 俱詞也。

書湯誓予及女皆亡。孟子作偕亡。詩無衣與子偕行。漢書地理志作皆行。是借爲皆之通借。○文選蜀都賦百果甲宅。注引周易百果草木皆甲拆。鄭注。皆讀如人倦之解。蓋以皆爲解之假借。

魯 鈍詞也。論語曰。參也魯。

下魯字云从白𤉣聲。𤉣古文旅。又㫃部云。𣃨古文旅。錢謂書序旅天子之命。史記作魯。是𤉣爲古文旅亦即古文魯也。案左氏隱元年傳生而有文在手曰爲魯夫人。正義引石經古文魯作𢼸者之偏旁亦从𢼸。蓋者讀如煮。與魯旅曡韻也。○文選贈五官中郎將詩。小臣信頑鹵。注。鹵與魯同。是鹵爲魯之假借。

𥏼 識詞也。古文爲𥏼。

此與矢部知音義皆同。可爲通借。經典多用知爲𥏼。閒用智字以别之。○詩崧高箋皆以賢知釋文。本或作哲。是哲爲智之通借。亦音轉。

皕部

奭盛也。此燕召公名。讀若郝。史篇名醜。古文爲奭

詩出車。赫赫南仲。毛傳。赫赫盛貌。又常武傳亦云赫赫然盛也。赫當爲奭之假借。故爾雅釋訓赫赫。釋文引舍人本作奭奭。若小雅韎韐有奭。路車有奭。毛傳並云奭赤貌。奭又當爲赫之假借。白虎通爵篇引詩韎韐有赩。赤部赩字在新附。則赫之或體也。○史記魏其武安侯傳有如兩宮螫將軍。漢書作奭。索隱曰奭即螫也。此以奭爲螫之假借。虫部螫蟲行毒也。

習部

習 數飛也。

古文大禹謨卜不習吉。文選楊仲武誄注引作襲吉。案金縢一習吉。左氏襄十三年傳不習則增修德而改卜。皆作習。似襲爲習之假借。但左氏哀十年傳卜不襲吉。注襲重也。易習坎釋文亦曰習重也。金縢某氏傳習因也。中庸下襲水土。注亦曰襲因。是二字義本可通借矣。若周禮胥師襲其不正者。注故書襲爲習。杜子春云當爲襲。謂掩捕其不正者。則習乃襲之假借也。○文選補亡詩輯輯和風。注引詩習習谷風。謂輯與習同。蓋以習爲輯之假借。

翫習厭也。春秋傳曰。翫歲而愒日。

心部忨貪也。亦引傳作忨歲。是忨爲翫之通借。○玉部玩弄也。易繫辭而翫其辭。虞注。翫弄也。是以翫爲玩之假借。樂記注。玩習之久。釋文又作翫。則以玩爲翫之假借。二字義亦相近。故荀子非十二子篇而好治怪說。玩琦辭。注。玩與翫同。

羽部

翰天雞赤羽也。逸周書曰。文翰若翬雉。周成王時蜀人獻之。

爾雅釋鳥鶾天雞釋文鶾本又作翰此以鶾爲翰之假借鳥部鶾雉（段本作雞）肥鶾音者也魯郊以丹雞祝曰以斯鶾音赤羽去魯侯之咎則易之翰音登於天禮之雞曰翰音翰當爲鶾之假借○隹部又有雗字云雗鷽也與鶾各物釋鳥則曰雗雉鶾雉郭注今白鶾也西山經播冢之山多白翰注白翰白鶾也是翰亦爲雗之假借○爾雅釋蟲螒天雞釋文螒字林作螒翰當爲螒之假借庶與此處有別但出自字林本書所無○爾雅釋詁楨榦也釋文榦本作幹又作翰詩桑扈之屏之翰有聲王后

維翰。板。大宗維翰。崧高。維周之翰。毛傳竝云。翰。幹也。是皆以翰爲楨榦字之假借。又魯世家集解釋楨榦云。楨在前。榦在兩旁。左氏成二年傳。棺有翰檜。杜注。翰。旁飾。王氏疏廣雅。言義與脅榦同。案肉部脅。兩膀也。是脅骨稱榦。亦稱翰。段謂脅榦乃翰之假借。胳肋如鳥之羽翰分布也。然曰如鳥翰。則仍爲借字矣。榦已見干部。○毛部𣮉。獸豪也。文選長楊賦。藉翰林以爲主人。韋昭曰。翰。筆也。李善引說文。毛長者曰翰。然則文筆稱翰。當爲𣮉之假借。又馬部鶾。馬毛長者也。段以爲李善所引卽此文。

翰字蓋鶾之假借說並通。

翟 山雉也。尾長。

借過已見辵部逖下。○周禮內司服揄狄闕狄注狄當爲翟。又禹貢羽畎夏翟。漢書地理志周禮染人注並作夏狄。狄皆翟之假借。檀弓注。是時在翟釋文本作狄。他書凡言戎翟者。又皆狄之假借。狄亦見逖下。○爾雅釋鳥鸐。山雉。鸐即翟俗加鳥耳。或誤以爲鶾字。

翦 羽生也。一曰矢羽。

借踐。已見足部。○案古之歬後字。今借前爲之。刀部𠝣斷齊也。今借翦爲之。○莊子人間世。且幾有翦乎。釋文。翦。崔本作前。此正以翦爲前之假借。○詩甘棠。勿翦勿伐。翦本借前。釋文引韓詩作剗。刀部無剗字。見玉篇。漢書王吉傳注作勿鬋。鬋亦翦之轉借。○閟宫。實始翦商。毛傳。翦。齊也。則亦借𠝣字。段謂周至太王。氣象始大。可與商竝。故曰齊。非翦伐也。戈部引作戩商。戩。滅也。戩當爲翦之轉借矣。○士虞禮。搔翦。注。翦或爲揃。手部。揃。搣也。揃亦翦之轉借。與史記成王病。周公自揃其蚤正同。○既夕禮。緇翦。注。翦。淺也。今文翦作淺。是以翦爲淺之假借○攷工記鮑人則是以博爲帴也注鄭司農讀帴爲翦翦謂以廣爲狹也翦者如俴淺之俴或讀爲羊豬戔之戔案帴固借字人部俴淺也翦當爲俴之假借淺狹義同易東帛戔戔亦狹小之意則戔可爲俴之通借而翦總爲轉借矣○莊子在宥篇而佞人之心翦翦者釋文引李注翦翦淺短貌是翦爲淺之假借又引司馬注翦翦善辯也則以翦爲諓之假借諓已見言部○爾雅釋言劑翦齊也注南方人呼翦刀爲劑刀是翦本借𠝹劑乃𠝹之通借劑翦雙聲字俗作翦刀○漢書趙充國

傳。先零豪封煎等通使匈奴。注。煎讀曰翦。是煎爲翦之通借。○又嚴助傳。劗髮文身之民也。注。劗與翦同。此以劗爲翦之轉借。刀部無劗字。亦見玉篇。

翁 頸毛也。

方言。凡尊老。周晉秦隴謂之公。或謂之翁。今稱翁者。蓋公之假借。○水部。滃雲气起也。周禮酒正。盎齊注。盎猶翁也。成而色翁翁然。葱白色。翁當爲滃之省借。

翄 翼也。重文爲翅。

借啻。已見口部。○本部。翨鳥之彊羽猛者。周禮翨氏注。鄭司農讀翟爲翅翼之翅。是翟爲翅之通借。
○文選魏都賦狐狐精衞注。狐狐。飛皃也。詩小弁
歸飛提提。釋文。提提。羣飛皃。提當爲翍之假借。提。
是移切。

䩭羽本也。一曰。羽初生皃。

金部鏃云。金鏃翦羽謂之鏃。周禮司弓矢有鏃矢。
既夕禮記作䩭矢一乘。蓋鏃本翦羽爲之。故䩭可
爲鏃之通借。○下翮字云羽莖也。段謂唐風肅肅
鴇行。毛傳。行。翮也。於雙聲求之。上文鴇羽鴇翼以
類相從。不得釋爲行列。胡墨莊曰。爾雅釋器。羽本

謂之翩。是翩與獙同。疑行爲獙之假借。獙行雙聲之轉。案羽埜即羽本說較勝。翩已見鬲部。

羿 羽之羿風。亦古諸侯也。一曰射師。

弓部有芎字。云帝嚳䠶官。夏少康滅之。引論語芎善䠶。今論語作羿。是羿芎一也。本書既分列。不以爲重文。或通借字耳。○海內西經。赤水之際。非仁羿莫能上岡之巖。注。羿一或作聖。郝云。古仁仍字通。羿爲羽之羿風。則羿羽義近。此仁羿即楚詞遠遊篇仍羽人於丹邱也。是以羿爲羽之假借。說固可通。羿羽亦聲轉。案郭言非仁人及有才藝如羿

者不能登以羿與仁人並言似不倫其作聖者但言其得道正稱佛爲西方聖人之比傳本各異非必假借也

翕起也

借肸已見十部借吸見口部○漢書辛慶忌傳與歙侯戰注歙即翕字是歙爲翕之通借○淮南墜形訓其人翕形注翕讀脅榦之脅是以翕爲脅之假借案肉部脅兩膀也孟子脅肩劉注聳體也非脅之義楊雄解嘲作翕肩翕訓起與聳體合則脅當爲翕之假借後漢書張衡傳作歙肩又因翕通

歛而轉借之。若詩抑篇箋作胎肩胎字肉部所無。乃或體耳。

翬大飛也。一曰伊雒而南雉五采皆備曰翬。詩曰。有翬斯飛。

周禮內司服注。褘衣畫翬者。正義云。褘當爲翬。以翟衣例之。褘本翬之假借。○文選西征賦終奮翼而高揮。注。揮與翬古字通。是以揮爲翬之假借。故左傳隱四年公子翬。魯世家亦作揮。

翊飛皃。

華嚴經音義引書大傳。翊輔也。今虞書汝翼。夏本紀作汝輔之是以翼爲翊之通借○翊即翌字爾雅釋言翌明也經典凡言翌日者皆訓明日蓋以翌爲昱之假借翌昱同立聲今尚書作翼日則又翌之轉借也○翊或轉羽于左吳都賦之㹢𤟹廣雅云飛也本部翾飛盛皃是㹢𤟹即翊翾之通借○書夙夜浚明有家史記作翊明此以義通非借字也

翺　翺翔也　翔　回飛也

∴吳仲山碑出入敖詳乃翺翔之假借釋名云翺敖也言敖游也是義亦通漢書西域傳其土地山川

翔實矣。注。翔與詳同。則又借翔爲詳。詳已見言部。○易豐。天際翔也。釋文。鄭王肅作祥。祥蓋翔之假借。祥已見示部。○玉藻。朝廷濟濟翔翔。釋文。翔本作洋。案翔翔注訓莊敬皃。此與曲禮注行而張拱曰翔。本引伸假借之義。洋又翔之假借。○淮南時則訓。羣鳥翔。注。翔或作養。卽月令羣鳥養羞。翔當爲養之叚借。

翯 鳥白肥澤皃。詩云。白鳥翯翯。

孟子引作鶴鶴。蓋以鶴爲翯之假借。文選景福殿賦作皠皠。注。翯與皠音義同。是皠爲翯之通借。白部翟鳥之白也。賈子禮篇作皜皜。乃白部所無。皜亦通鶮。漢書司馬相如傳鶮然白首。注。鶮或作翯。日部亦無鶮字。則皜鶮皆即翯之或體耳。

翇 樂舞執全羽以祀社稷也。讀若紱。

周禮樂師帗舞。注。故書帗作翇。鄭司農云。翇舞者全羽。是帗爲翇之假借。後鄭從今書作帗。帗从巾。故云析五采繒也。則又以翇爲帗之假借。

翿 翳也。所以舞也。詩曰。左執翿。

案篆作翳。引詩作翿。是翳即翿也。爾雅釋言。翢。纛也。纛。翳也。周禮鄉師。及葬執纛。注又云。匠人執翿。

是翿爲翢之通借。翿與翢本書皆無之。周與壽聲通。故或作翢。上翌下云樂舞。以羽翢自翳其首。翢乃翳之省。若爾雅釋文翿本作翳。翳或翳之譌。抑因訓翳而爲翳。皆可。○人部儔翳也。廣韻儔字有徒到一切。與翳音同。可爲通借。今但以爲儔侶字。遂失其本義矣。

翣棺羽飾也。天子八。諸侯六。大夫四。士二。下𠂹。借蔞。已見艸部。○周禮縫人衣翣柳之材。注。故書翣作接。接乃翣之假借。○左氏襄廿五年傳。四翣不蹕。縫人注又引作四翣。鄭司農讀接爲翣。并引檀弓周人牆置翣。翣亦翣之假借。○明堂位。周之璧翣。少儀。不翣也。釋文並云。翣本又作萎。萎亦翣之假借。翣本通篴。故篴之重文卽爲箑。周禮巾車有翣注。故書翣爲毼。杜子春云。當爲翣。故書亦或爲毼。並音獵。二字俱本書所無。蓋卽獵之或體也。隸體多假翦爲鬣。

隹部

雗 鵖鴔也。爾雅釋鳥。鴽。鵖鴔。鴽卽雒字。从隹與从鳥或通用。郭注。江東呼鶬鶊爲鵖鴔。一切經音義引舍人曰。

一名忌欺是爾雅音義本作忌欺鴡鳩字鳥部所無當卽借忌欺字爲之○詩駉篇有騅有雒釋文雒本或作駱是以雒爲駱之假借而上句言有駱者一白身黑鬣一黑身白鬣段云二物相似而同名也古今人表大雒秦本紀亦作大駱○莊子馬蹏篇刻之雒之釋文雒謂羈雒其頭也雒當爲絡之假借駱絡並見艸部落下○史記建元以來侯者年表龍頟韓說所封索隱曰屬平原劉氏音額崔浩音洛漢書韓嫣傳作雒則雒爲頟之假借也

雟 雟周燕也从隹屮象其冠也冏聲一曰蜀王望帝

姪其相妻慙亡去化爲子巂鳥故蜀人聞子巂鳴皆起云望帝

子巂即今子規一作姊歸餘異名甚多皆展轉相借茲不悉舉○曲禮立視五巂注巂猶規也謂輪轉之度正義云巂規聲相近是巂爲規之假借注又云巂或爲㒸則巂之轉借也集韻作轙車部所無○左氏僖廿六年經公追齊師至巂釋文巂本作酅邑部酅東海之邑是巂爲酅之省借又莊三年經紀季以酅入于齊釋文酅本作攜亦借音字也○爾雅釋獸騸如馬一角釋文騸本又作巂馬

部無𩦤字。當卽借巂字爲之。逸周書王會解。俞人雖馬。孔晁以爲卽巂。則雖爲巂之轉借。巂有髓音。故與雖近。雖已見口部唯下。

雉有十四種。盧諸雉。喬雉。鳪雉。鷩雉。秩秩海雉。翟山雉。翰雉。卓雉。伊洛而南曰翬。江淮而南曰搖。南方曰𠮶。東方曰甾。北方曰稀。西方曰蹲。古文爲𨾔借薙。已見艸部。○左氏昭十七年傳五雉爲五工正。服注。雉者夷也。正義。雉夷聲近。文選甘泉賦新雉。注謂卽辛夷。是夷爲雉之通借。夷亦見薙下。○檀弓注。乃雉經。正義云。雉牛鼻繩也。此以雉爲紖之假借。雉音通䊵。猶本草辛夷亦稱辛引也。○史記諸侯表曹惠伯名雉。世家作兕。此人名。未定孰爲假借。音同。○古文从弟者。春秋感精符曰。雉之言弟也。一切經音義八。雉古文鴩同。又以从隹與从鳥通用。然鴩爲鶙之重文。則在此爲假借字矣。

雊

雄雉鳴也。雷始動。雉鳴而句其頸。

夏小正。正月雷震雉雊。雊也者。鳴鼓其翼也。段謂此讀雊爲敂。敂擊也。動也。案所說與句頸異。乃通其義。敂仍當爲雊之假借。○史記殷本紀。有飛雉登鼎耳而呴。正義引詩雉之朝呴。今小弁作雊。口部無呴字。玉篇呴，噓吹之也。集韻與嘔同，則呴當爲嘔之假借。○顏氏家訓音辭篇云，徐仙民毛傳音反嘔爲在遘，是以遘爲嘔之假借。遘已見辵部。

雞　知時畜也。籀文爲鷄。

禮記問喪，雞斯徒跣。注，雞斯當爲笄纚。二字皆同音假借。後漢書隗囂傳，王孟塞雞頭道。注亦云，雞或作笄。○水經鍾水注，雞水即桂水也，聲相近。案桂从圭聲，與雞同韻，故云相近。雞當爲桂之假借。○莊子田子方篇，數稱谿工。釋文引李云，谿工，賢人也。司馬本作雞。雞當爲谿之假借。

𨾴（篆）鳥大雛也。一曰雉之莫子爲𨾴。

鳥部鷚天鸙也。與此別。呂覽以雛嘗黍高注。雛春鷚也。吳都賦鷚鶅無鸝鷚。鷚當爲𨾴之假借。爾雅釋鳥鷚天鸙釋文鸙說文作𪈬則鸙爲或體李壽本作龠乃𪈬之省借也。

離（篆）離黃倉庚也。鳴則蠶生。

借離借荔借藜。已見艸部。借犂見牛部。犂下○下有貍字云貍黃也。一曰楚雀也。其色黎黑而黃。與此一物則雖分二字而可通借。字林省作翟。又作鸝乃或體也。○竹書紀年成王三十年。離戎來賓。

沈約注。離戎。驪山之戎。此以離爲驪之假借。月令注。倉庚驪黃也。則驪又爲離黐之假借。驪亦見黐下。○詩旄邱。流離。正義云。爾雅離或作栗。栗可爲離之通借。猶黃離留作黃栗留也。栗已見止部歷下。○墨子天志中篇。磿爲日月星辰以昭道之。與大戴記五帝德篇磿離日月星辰語正相同。又非攻下篇。磿爲山川。別物上下。卽淮南精神訓所謂別爲陰陽離爲八極也。兩磿字今誤作磨。王懷祖曰。離與磿皆分別之義。是磿可爲離之假借。磿亦見歷下。磿本通歷。則歷又通離也。○易離王公也。

釋文鄭作麗詩月離于畢淮南原道訓注論衡說日篇俱引作麗離當爲麗之假借文選潘安仁詩婉婉長離離或作麗則麗又離之假借若因麗通離而離黃字玉篇作鸝亦或體耳○月令宿離不貸注離讀如儷偶之儷蓋以離爲儷之假借○周本紀如豺如離徐廣曰離與螭同案内部离山神獸形歐陽喬說离猛獸也其从虫者乃螭龍字是史記如離當爲离之通借螭又离之假借也○王風黍離釋文離如字說文作䅻今禾部無䅻字或有脫逸則以離爲䅻之假借○子虚賦䴈離注離

山梨也爾雅作山樆樆字木部所無當卽借離字爲之○左氏昭十三年傳注藩離也釋文離本作籬是離爲籬之省借○詩兔爰雉羅于羅斯干毋父母詒罹釋文竝云罹本作離案書湯誥罹其凶害釋文罹本亦作羅羅罹字在新附罹當卽羅之別體从惟與从維一也但兔爰詩不應兩言羅蓋古祇借離字爲之與新臺鴻則離之正同羅已見辵部連下

雝 雝渠也

案經典多借雝爲雝和字其作雍者卽雝之隸變

也○广部廦字他經或作辟雝或作辟雍皆當爲廱之假借○川部邕云四方有水自邕成池者是也籒文爲邕段謂凡四面有水皆曰邕周頌于彼西雝毛傳雝澤也大雅於樂辟雝鎬京辟雝傳水旋邱如璧曰辟雝皆邕字之假借據此則辟廱字亦可與邕爲通借若晉桑虞傳閨門邕穆則又借邕爲雍和字矣○禹貢雍州爾雅釋地作雝州書顧命某氏傳雍州所貢釋文雍本作邕是雍爲邕之假借釋名云州在四山之内雍翳也釋地釋文雍者擁也又以雍爲擁之通借擁手部作𢹣云

抱也漢書夏侯嬰傳面雍樹馳蘇林曰南方人謂抱小兒爲雍樹此亦雍爲擁之假借○詩無將維塵雝兮箋云雝蔽也逸周書大戒衆匿乃雍注雍閉塞不行也蓋以爲壅之假借土部所無内則必擁蔽其面注擁猶障也障蔽同義則仍當爲擁之假借但與雍聲合與擁抱異○周語佐雝者嘗焉注雝亨煎之官也卽周禮之雍人職義設雍饎釋文雍本作饔食部饔孰食也是雝雍皆爲饔之省借若漢書百官表有廱太宰文穎曰廱主孰食官則又轉借辟廱字爲饔矣○易井甕敝漏本作雍

鄭注作甕釋文云說文作罋今缶部罋汲缾也是雝爲罋之假借故北山經縣雝之山水經晉水篇亦作縣甕也○禹貢灉沮會同夏本紀作雍沮水部灉河灉水在宋是雍亦灉之假借○孟子主癰疽孔子世家作雍渠韓非子作雍鉏說苑至公篇作雍雎是癰與雍可爲通借疽與渠鉏雎亦假音字也若莊子庚桑楚擁腫之與居又卽疒部癰腫也擁乃借字俗作臃○詩卷阿雝雝喈喈爾雅釋訓作噰噰喈喈邶風雝雝鳴鴈太平御覽三及楚辭補注俱引作嗈嗈口部無噰嗈字則非假借後

人加口旁耳。爾雅釋文。噰又作雝。乃假借也。

雁 鳥也。讀若鴈。

鳥部鴈。鵝也。即爾雅及內則所稱舒鴈。而此爲鴻雁。經典多借鴈爲雁。昏禮贄鴈。蓋用鴈諸替或以爲隨陽之鳥。是二字不分久矣。○鹽鐵論結和篇引詩雝雝鳴鳱。鳥部無鳱字。廣韻鳱鵲。知未來事。則即鳥部之鷽。鳱一作乾。淮南子所謂乾鵲。或作鳱鵠以爲小而難中之鳥。廣雅鴚旦亦省作鳱。數者皆非鴈。當爲鴈之假借。而集韻鳱音贗。五經文字鴈又音岸。直以爲一字矣。

雇 九雇。農桑候鳥。扈民不婬者也。春雇頒盾。夏雇竊
元。秋雇竊藍。冬雇竊黃。棘雇竊丹。行雇唶唶。宵雇
嘖嘖。桑雇竊脂。老雇鷃也。重文爲雽。籀文从鳥
爲鳸。
小雅兩言交交桑扈。左氏昭十七年傳。九扈爲九
農正。扈當爲雇之假借。而此處及傳文竝言扈民。
是雇本從扈得義。○廣韻云。雇相承借爲雇賃字。
漢書食貨志。公得顧租。注。謂顧庸之直。又鼂錯傳。
斂民財以顧其功。顧皆雇之轉借。○史記馮唐傳。
注。故彼不行。索隱曰。故與雇同。是故亦雇之轉借。

故已見攴部。

奞部

奪手持隹失之也。

今作奪从又與从寸皆謂手也。義同。○攴部敓彊取也。引周書敓攘矯虔。呂刑作奪攘。凡爭奪字當爲敓之假借。○鄭康成說禮記曰編簡爛脫。脫音奪。凡遺脫字當爲奪之假借。脫已見言部說下。○檀弓下齊莊公襲莒于奪。注襄廿三年傳杞殖華還載甲入且于之隧。隧奪聲相近。或爲兌。釋文奪徒外反。是奪與兌皆當爲隧之假借。兌亦見說下。

萑部 萑字从竹不从艸隸變無別

雚 小爵也詩曰雚鳴于垤

今東山作鸛蓋後人加鳥攷工記鸜鵒不踰濟釋文鸜本作鸛左氏昭五年傳鸜鵒來巢公羊亦作鸛鸛音權與鸜聲相轉則鸛爲鸜之假借○穆天子傳鸛雞飛八百里注鸛雞即鵾雞鵲屬也鸛當爲鵾之假借鸛鵾聲相近案鳥部無鵾字惟鶤字云鶤雞也爾雅雞三尺爲鶤釋文字或作鵾則鵾本鶤之借字鶤亦音昆上林賦亂昆雞昆又鵾之省借也但所說殆非一物○莊子寓言篇如鸛雀

蚊虻。釋文。鸛本作觀。觀乃鸛之假借。○爾雅。萑芄蘭。以雀名爲艸名。艸部芄云。芄蘭莞也。引詩芄蘭之枝。芄蘭與香艸爲類。莞乃蒲屬。則莞本芄之假借。萑亦芄之假借。又莞之轉借矣。莞已見艸部。○穆天子傳。爰有萑葦莞蒲。萑當爲雈之假借。雈亦見艸部。

舊　雖舊。舊留也。重文爲鵂。

舊留即鵂鶹。經典新舊字借此爲之。○書無逸。舊勞于外。舊爲小人。魯世家。舊皆作久。蓋以久爲舊之通借。音義皆合。○淮南氾論訓。不必循舊。注。舊常也。舊或作咎。此以咎爲舊之假借。

眚部

苜　目不正也。莧从此。讀若末。

楚辭天問中央共牧。后何怒。注。牧。艸名也。本草苜蓿一名牧宿。謂其宿根自生。可飼牧牛馬。此以苜爲牧之假借。牧已見攴部。然苜本从丫。乃誤从艸耳。漢書大宛傳作目宿。則又苜之省借也。

𥄎　火不明也。周書曰。布重𥄎席。織蒻席也。讀與蔑同。

今顧命作蔑席。蔑之義引伸爲細。故木細枝謂之蔑。或作篾。竹部所無。作蔑者。以蔑爲𥄎之假借。

也。

蔑 勞目無精也。从𥄕人勞則蔑然。从戍。

借蒙。已見艸部。○目部瞢目眵也。文選風賦得目爲蔑。蔑乃瞢之假借。呂覽氣鬱處。目則爲䁾。即瞢字也。○易剝蔑貞凶。釋文蔑荀本作滅。是以蔑爲滅之假借。鄭注訓蔑爲輕慢。心部懱輕易也。則又以蔑爲懱之省借。○左氏文七年經晉先蔑奔秦。公羊作先眛。是眛爲蔑之通借。眛已見目部眛下。○論語。亾之命矣夫。漢書楚孝王傳作蔑之。亾本通無。詩板喪亂蔑資。毛傳蔑無也。無有模音與蔑爲雙聲，故蔑可爲亾之假借。○文選甘泉賦：浮蠛蠓而蔽天。漢書作蔑蠓。虫部蠛字在新附，當即借蔑字爲之。

𦫳部

羊　祥也。从𦫳，象頭角足尾之形。孔子曰：牛羊之字以形舉也。

借祥。已見示部。○左氏成十七年傳：晉夷羊五。晉語作夷陽午。古今人表：樂陽。注云：即樂羊。是陽爲羊之通借。陽已見言部詳下。○易說卦：兌爲妾，爲羊。羊，鄭本作陽，讀爲養。云无家女行賃炊爨，今時有之。賤於妾也。陽本通羊。以陽爲養之假借。則羊又轉借矣。釋文引虞注作羔。臧在東曰。羔者養之誤。豢羔與羊一物。而云女使也。正同鄭義。是羔亦借字。養已見羽部翔下。○楚辭惜誓篇託回飈乎尙羊。注。尙羊。遊戲也。一切經音義引字林作彷徉。吳都賦風賦俱作倘佯。又或作相羊。此以音近通借。非必有義。

羠羊未卒歲也。或曰夷羊百斤左右爲羠。讀若春秋盟于洮。

小徐釋以殷紂時夷羊。段非之。改夷爲羠。案下羠

字云騬羊也。急就篇牂羖羯羠䍫羝羭。亦羠䍫竝

列。則羠或爲夷之假借。

牂　牡羊也。

借將已見寸部。○左氏昭十四年傳楚滅頓以頓子牂歸。牂公羊作牄。是牄爲牂之通借。○牂本臧音。又音戕。史記西南夷傳道西北牂牁。正義引崔浩曰牂牁繫船杙也。廣雅釋宮作牂牁。杙也。玉篇同。然二字本書所無。牁亦當從漢書作柯。是牂牁爲牂柯之假借或體也。

羸　瘦也。

易大壯。羸其角。釋文。羸。虞作纍。張作虆。王肅作縲。蜀才作累。案四字音義皆同。馬注。羸。大索也。是以羸爲假借字。○左氏昭元年傳注。而體羸露。正義云。羸露是露骨之名。義與倮近。又莊子田子方。羸君曰可矣。釋文。羸本作羸。盡羸爲羸之假借。倮乃或體。人部所無。

美甘也。羊在六畜主給膳也。美與善同意。

女部媄。色好也。左氏桓元年傳。美而豔。美當爲媄之省借。義亦通。○周禮大司徒。媺宮室。師氏。以媺詔王。媺當爲美之通借。六書統云。媺即媄之重文。

○陳風誰侜予美。釋文美韓詩作娓。娓葢美之假借。錢竹汀又以媺爲卽娓字。

羌 西戎牧羊人也。古文爲[illegible]。

離騷。羌內恕己以量人兮。注。羌楚人語辭也。漢書敘傳。慶未得其云已。又楊雄傳。厥高慶而不可虖疆度。注竝云。慶發語辭也。讀曰羌。此以慶爲羌之假借。

羑 進善也。文王拘羑里在湯陰。

厶部。𨑖相詸呼也。重文爲誘。爲䛻。古文爲羑。大徐云。𨑖與羑同。彼處重出。是今導誘引誘字皆羑之通借○殷本紀紂囚西伯羑里書大傳作牖里蔡邕獨斷同是牖爲羑之通借蓋傳聞異辭不定誰爲正字○易坎納約自牖釋文牖陸本作誘詩板牖民孔易韓詩外傳作誘民樂記同又天之牖民御覽八百七引作誘民此以牖爲誘之假借即羑之假借也段氏以羑字从厶則誘不必以正似板傳牖爲正字但牖訓窗明非義也羑既爲古文羑即訹呼之義亦該猶香之稱臭也論語善誘人非進善之意乎仍當誘爲正字牖爲借字段說疑非○書康王之誥誕受羑若馬王注羑道也正義云

羑聲近猷。故訓之爲道。此以羑爲猷之假借。

羴部

羴 羊臭也。重文爲羶。

列子周穆王篇。王之嬪御膻惡而不可親。膻蓋羶之假借。膻見後肉部。○郊特牲。故既奠然後焫蕭合羶薌。鄭注。羶當爲馨。聲之誤也。匡謬正俗以爲迂曲而讀羶爲腥羶之羶。王懷祖曰。顏非也。馨羶聲相近。故禮記馨薌字多作羶。祭義。燔燎羶薌。又亨孰羶薌。詩信南山傳。血膋合之黍稷實之於蕭合馨香也。生民傳。既奠而後爇蕭合馨香也。毛公兩用此篇之文。而其字皆作嚳。則擢爲謦之借字甚明。

瞿部

瞿　鷹隼之視也。讀若章句之句。

借遽。已見艸部。○前眀部云。左右視也。讀若拘。又若良士瞿瞿。段云。凡詩齊風唐風禮記檀弓曾子問雜記玉藻。或言瞿。或言瞿瞿者。皆眀之假借。蓋自人言之爲眀。自物言之爲瞿。瞿本从眀。故卽以瞿爲眀。今尟用眀者。案後大部有奭字云。舉目驚奭然也。則雜記之目瞿心瞿。及唐風良士瞿瞿傳曰瞿瞿然顧禮義也。凡驚瞿字皆當爲䀠之假借。而眀又其轉借矣。○前走部趯云。走顧皃。讀若劬。西京賦駭瞿奔觸。薛注。駭瞿。走皃。瞿當爲趯之省借。○莊子在宥篇崔瞿問于老聃曰。釋文瞿。崔本作臞。此以臞爲瞿之通借。○素問靈蘭祕典論消者瞿瞿。注瞿瞿。勤勤也。殆以瞿爲劬之假借。力部劬字在新附。當爲勮之假借矣。○爾雅釋草注。音同氍毹。釋文。氍本作瞿。毛部氍字亦在新附。葢卽借瞿字爲之。○書顧命一人冕執瞿。廣韻作戵云戟屬。此戈部所無。又金部有鑺字。在新附。當卽借瞿字爲之。○曲禮注。閒名心瞿。檀弓。公瞿然失席。釋文竝云。瞿本作懼。漢書惠帝紀贊。聞叔孫之諫則懼然。注。懼讀曰瞿。是懼爲瞿之通借。○楊升庵丹鉛錄引楚辭天問靡湃九衢。衢本作瞿。蓋以瞿爲衢之省借。衢已見彳部。

矍 隹欲逸走也。从又持之。矍矍也。讀若詩云穬彼淮夷之穬。一曰。視遽皃。

莊子徐無鬼。子綦瞿然喜曰。釋文。瞿本作矍。是矍爲瞿之假借。矍本从瞿。故可通。瞿見上。○萑部。蒦。規蒦。商也。重文爲彠。卽矩彠字。而一曰視遽皃。則與矍形聲皆相似。亦可爲通借矣。故攫或作擭。○廣雅釋詁。矆視也。王云。說文矆大視也。東都賦矍然失容。矍矆竝與䂂同。是䂂與矆皆可爲矍之通借。案魏都賦矆然相顧。即東都賦之矍然。亦即莊子之瞿然也。蓋竝通。目部有矆無䂂。○魏策秦王戄然。文選非有先生論吳王戄然易容。戄字心部所無。蓋即矍之加心傍者。

雔部

雔　雙鳥也。讀若醻。

爾雅釋詁。讎匹也。讎蓋雔之通借。○錢云。此儔類字。爾雅郭注。雔猶儔也。儔亦雔之通借。儔已見羽部翿下。

靃 飛聲也。雨而雔飛者。其聲靃然。

今省作霍。靃本呼郭切。楚辭招隱士。薠草靃靡。則音選委切。蓋以假借字而音隨之變矣。○艸部𧅩。尗之少也。史記自序。藜藿之食。正義。藿豆葉也。漢書鮑宣傳。漿酒霍肉。注亦云。霍豆葉也。是藿乃𧅩之省。霍則爲𧅩之假借。○史記周勃世家。降下霍人。正義。霍音瑣。又蘇寡反。樊噲傳。自霍人以往。正義。先果反。又蘇果反。霍人當作葰人。地理志葰人縣屬太原郡。是以霍爲葰之假借。綦葰即綏。瑣者綏之轉音。綏从妥聲。正蘇果之音也。先果即選委之音。呼郭與蘇寡音相近。寡郭雙聲。然則霍本兩音。亦展轉可通耳。葰已見艸部。○公羊僖廿一年傳。會于霍。穀梁作會于雩。此以从雨致異。非必假借。白虎通巡狩篇。霍之爲言護也。爾雅釋天釋文。雩于句切。則其音即護之疊韻字。

雔部

雧羣鳥在木上也。重文爲集。

借卝已見十部。○漢書禮樂志。陰而不集。注。集謂聚滯也。東方朔傳。集上書囊以爲殿帷。注。集謂合聚也。史記秦本紀。幷諸小鄉聚。正義。聚猶村落之類。今北方名村落爲集。蓋皆以集爲聚之假借。○左氏成十六年傳。集睦以事君。釋文。集本作輯。此以集爲輯之假借。漢書地理志。故輯而論之。藝文志。故有輯略。注。並云輯與集同。則輯又爲集之假借。輯已見咠下。又見習部。○小雅。是用不集。韓詩作不就。是集爲就之假借。集就雙聲字。○衣部褋本从集聲。今作雜。呂覽仲秋。四方來雜。漢書谷永傳。雜焉同會。注。雜焉。總萃貌。蓋以雜爲集之假借。

方言雜集也義亦通襍已見艸部造下

鳥部

鳥　長尾禽總名也象形

山部㠀云海中往往有山可依止曰㠀禹貢鳥夷皮服正義云孔讀鳥爲㠀蓋以鳥爲㠀之假借案史漢俱作鳥夷馬鄭注同今本作㠀殆衛包所改也釋名云海中可居曰㠀㠀到也人所奔到也亦言鳥也人物所趣如鳥之下也是其義原可通借

鳳　神鳥也古文爲朋象形鳳飛羣鳥從以萬數故以爲朋黨字又古文爲鵬

易復朋來无咎漢書五行志作崩來齊世家隰朋
徐廣曰朋或作崩蓋以崩爲朋之假借易釋文朋
京作崩當即崩之或體○周禮士師七曰爲邦朋
注故書朋作傰鄭司農讀如朋友之朋傰即倗字
人部倗輔也讀若陪位蓋倗爲朋黨正字而朋乃
假借其从崩者猶朋之作崩也別見土部

鷲 鳥黑色多子師曠曰南方有鳥名曰羌鷲黃頭赤
目五色皆備
中山經纍山其鳥多就郭注就雕也漢書匈奴傳
生奇材木箭竿就羽注云就大鵰就蓋鷲之省借

○吳都賦彈鸞鶁劉注引師曠語則鶁當卽鴋之省借而李注音京未審

澤虞也

爾雅鶭澤虞釋文鶭本或作鴋是鶭卽鴋之或體下引字林作鸅鶭亦或體也御覽九百廿五引爾雅作紡則又鶭之省借○集解引字林鸅鴋鳥名東京賦鴋作方方乃鴋之省借方已見丄部旁下

鋪豉也

爾雅鴩餔敊廣韻作鵏敊鵏敊字皆本書所無蓋或體也餔乃鋪之通借此當以鳥聲爲名非必有

正字。

雒 鷦鷯。桃蟲也。方言桑飛。即鷦鷯也。鷦與鷯爲通借字。呂覽求人篇作㖩噍。又鷦鷯之假借也。○前鸛下說神鳥有焦明。廣雅作鷦明。是鷦爲焦之通借。焦已見艸部蕉下。明或作鷯者。後人加鳥傍耳。○玉篇云。鷦鷯亦作鵃鷯。似以鵃爲鷦之假借。鶆本部鵃字云。刀鷯。剖葦。爾雅作鵃鷯。鳭者刀之俗。鳭又鵃之誤。且本二物。不應與鷦通。

鶹 鳥少美長醜爲鶹離。

此本爾雅釋鳥郭注引詩畱離之子今邶風作流離畱者鶹之省流者又畱之轉借也以畱爲鶹猶鵂鶹之鶹本作畱矣

鷬鷬鳥也重文爲難古文爲䳈爲䧳爲䧴今借爲難易字又轉借爲患難字或以爲儺人部儺行有節也引詩佩玉之儺此本訓也郊特牲注謂時難釋文本亦作儺周禮占夢遂令始難敺疫注故書難或爲儺杜子春讀爲難問之難淮南時則訓天子乃儺注儺讀躁難之難是敺疫字作儺本爲難之假借而子春又云其字當作儺則轉以

難爲儺之假借矣。○詩隰桑，其葉有難。毛傳，難然盛貌。此當與萇楚猗儺其華義同。猗儺乃扵部旖施之假借也。楚辭注引作旖旎其華。旎與施通。○禮儒行，儒有居處齊難，其坐起恭敬。鄭注，齊莊可畏難也。王伯申曰，難讀爲戁。說文戁，敬也。戁難聲相近，故字通。齊難與恭敬義亦相近也。鄭義殆失之迂。是以難爲戁之省借。戁別見後火部熯下。

鵠 鴻鵠也。

莊子天運篇，鵠不日浴而白。又庚桑楚，越雞不能伏鵠卵。釋文並云，鵠本作鶴。是鵠爲鶴之假借。詩家或稱黃鶴者皆當作黃鵠則鶴又鵠之假借古書二字多相亂音亦通唐風從子于鵠與樂韻鶴已見羽部翯下○周禮巾車前樊鵠纓注杜子春云鵠或爲結正義引馬氏曰謂再重樊纓在前有結在後往往結革以爲堅後鄭引之得通一義此以鵠爲結之假借結鵠雙聲字○呂覽下賢篇鵠乎其羞用智慮也注鵠讀如浩浩昊天之浩是鵠爲浩之假借鵠浩竝从告聲

鴻 鴻鵠也

隹部琟鳥肥大琟琟然也重文爲鳿案雁之大者

爲鴻當爲鳿之假借○書洪水滔天鯀湮洪水洪範九疇史記洪竝作鴻是鴻爲洪之通借○集韻云鴻通作澒水部澒字云丹沙所化爲水銀也澒即今之汞字淮南俶眞訓以鴻濛爲景楚辭遠遊篇貫澒濛以東揭兮是澒爲鴻之通借俱非本義○淮南精神訓澒濛鴻洞注鴻讀子贛之贛此以鴻爲贛音非必假借

鴚鵝也

子虛上林賦反離騷南都賦竝作鴐鵞古加聲與可聲同音故鴚或作鴐中山經青要之山多鴐鳥

則駕爲鶩之假借，即駙之假借也。左傳魯大夫榮駕鶩，今作駕鵞。

鶩　舒鳧也。

曲禮：庶人之摯匹。注云：說者以匹爲鶩。士相見禮注正作庶人之摯鶩。是匹爲鶩之假借，音之轉。○淮南道應訓：乃去其瞀而載之木。注：木，鶩鳥冠也。知天文者冠鷸。鶩、木聲同，是木亦可爲鶩之假借。木已見牛部牡下。

鷖　鳧屬也。詩曰：鳧鷖在梁。當作在涇。

周禮巾車：彫面鷖總。故書鷖或爲緊。鄭司農云：緊讀如鳧鷖之鷖。是縶爲鷖之假借。○詩九罭箋。不宜與鳧鷖之屬。釋文。鷖本作翳。翳亦鷖之假借。翳已見羽部翳下。

鸂　鸂鶒。鳧屬。

錢云。玉篇作溪鳿。案本部鳿字在新附。溪鳿當卽鸂鶒之假借。二字音皆相近。鈕氏非石據陸佃埤雅。溪鳿浮游。雄者左。雌者右。羣伍皆有式度。葢卽借式字爲之。亦通。又鳿之重文爲鶩。本部所無。音與鶒尤近。

𪅝　水鳥也。

段云史記上林賦說水鳥有煩鶩徐廣曰一作番鷃凡矛聲孜聲之字音多轉讀如蒙是煩鶩當即番鷃之假借番已見釆部○錢云此荀子蒙鳩字案集韻類篇並以鷃爲鳩屬荀子言其爲巢繫之葦苕葦苕正水濱之物似近之則蒙可爲鷃之省借蒙已見艸部

鷸知天將雨鳥也禮記曰知天文者冠鷸重文或从遹爲鶐

莊子天地篇皮弁鷸冠釋文鷸本又作鷸續漢書輿服志引記作冠述述者鷸之省述鷸皆當爲鷸

之假借。述已見辵部。○匡謬正俗謂爲術氏冠。鷸字音聿。亦有術音。是以術爲鷸之假借。術已見行部。○說苑。知天道者冠鉥。蓋以鉥爲鷸之假借。卽鷸之假借也。鉥已見言部訹下。○詩鴥彼晨風。韓詩外傳作鷸彼。文選海賦。鷸若驚鳧之失侶。注。鷸疾貌。蓋以鷸爲鴥之假借。

鳱 鳱鴠也。爾雅作鴠鳱。戴鵀說文倒之。段謂當從爾雅。但二字本一聲之轉。自可兩通。郝錢說竝同。方言又謂之鶡鴠。亦卽鳱鴠之雙聲假借也。○戴鵀月令作戴勝。呂覽作戴任。御覽引春秋考異郵作載絍。方言謂之戴南。或謂之戴鵀。諸書傳述各異。實皆音近通借字耳。

鴇 鳥也。肉出尺胾。重文爲䳰。

內則鵠鴞判。謂脅側薄肉也。注云。鵠或爲鴇。似與此所釋合。則鵠可爲鴇之假借。鵠从告聲。告亦入號韻。與鴇近。鵠已見上。○漢書司馬相如傳。鳿鷛鵠鴇。注。鴇即今俗呼爲獨豹者也。豹者鴇聲之訛。易林亦云文山鴻豹。是豹爲鴇之假借。○爾雅釋畜。驪白雜毛。駂。詩大叔于田。乘乘鴇。鴇蓋駂之假借。

鷗水鴞也。

列子黃帝篇有好漚鳥者。釋文。漚鳥。水鴞也。水部

漚則曰久漬也。是以漚爲鷗之假借。

䳊䳊鳥也。讀若撥。

文選江賦說鳥有鳺。注引山海經。鳺其狀如鳧。郭

璞曰。音鉗鈇之鈇。本部無鳺字。繫傳於此引江賦

即作鳺。是鳺當爲䳊之假借字。玉篇云䳊。大鳥也。

殆亦以䳊爲鳺。鳺字从大故與。

鶂鶂鳥也。春秋傳曰。六鶂退飛。重文爲鷊。司馬相

如說作鶃。

僖十六年經。穀梁作鶂。宋世家同。左傳作鷁。子虛賦浮文鷁。上林賦濯鷁牛首。並同。相如之文乃不作鶃。是鷁爲鶂之通借。若文選七命乘艗舟兮爲水嬉。艗又鷁之或體也。

鵜

鵜胡。污澤也。重文爲䳘。

東山經。沙水其中多鵹鶘。鵹即鵜之假借。聲相近。鶘。加鳥耳。○段謂吳語盛以鴟夷而投之於江。宋明道本作鴟鵜。注云革囊。陸璣詩疏。鵜胡頷下胡大如數升囊。故革囊名鵜。楊雄酒箴亦云鴟夷滑稽。腹如大壺。作夷者。蓋鵜之省借。○污澤。爾雅作鴮鸅。或體也。毛傳作洿澤。洿即污字。

䴔 䴔䴖也。一曰䴔鸕也。

史記上林賦。䴔䴖旋目。漢書作交精。爾雅。鳽鵁鶄。釋文。䴔本作交。郝謂白帖引禽經云。交目其名鳽。是鵁鶄以交目得名。故又云睛交而孕也。則交精乃䴔䴖之通借。交已見辵部遒下。

鷏 鷏鴜也。

文選上林賦作箴疵。箴即鷏之省。疵乃鴜之假借字也。疵已見玉部玼言部訾下。史記索隱引鄒誕生作鵝雌。雌亦鵻之假借。

鳶 鷙鳥也。

此卽今之鴞字。咢本作噩省吅从屰。故爲鳶。詩四月匪鳶。上鷻字注引作匪鵰。詩正義亦云鳶作鵰。引孟康曰。鵰大雕也。推之旱麓鳶飛戾天。曲禮載鳴鳶。皆當作鵰。段謂夏小正鳴弋。弋卽雕也。弋變爲鳶。讀與專切。鳶下廁鷳字云雕也。鳶與鷳疊韻而又雙聲。詩正義引倉頡解詁鳶卽鴟也。是倉頡有鳶字。从鳥弋聲。此蓋以鳶當爲鷳之假借也。王疏廣雅謂鳶字說文未載。以諧聲求之。當從鳥戈聲而書作鳶。鳶字古音在元部。古从戈，聲之字多有讀入此部者。故閔从戈聲而讀若縣。虔从戈聲而讀若環。鳶亦猶是也。鳶字上半與武字上半同體。隸書滅之則譌爲鳶。增之又譌爲鷲。昭十五年左傳。以鼓子鳶鞮歸。釋文。鳶本又作鳶。是也。此以鳶不當从弋。又一說也。錢訓爾雅烏鳶醜其飛也翔。烏鳶連舉。與鷹隼醜不類。穆天子傳烏鳶。郭注鳶鵶也。鵶乃雅之俗字。郭意直以鳶爲雅。此以鳶爲雅之假借。鳶雅雙聲字也。數家各有所據。要其辨鳶之非鳶則同。蓋字形既殊。而音又誤。并不得爲假借矣。

鷂 鷙鳥也。

爾雅。鷣負雀。郭注。鷣鷂也。音淫。淫鷂聲之轉。故廣韻鷣字音燿。本部所無。則當即鷂之假借。○廣雅釋鳥屬有鷸子。郝謂鷂與鷸亦聲相轉。鷸子即鷂子也。是鷸可爲鷂之假借。鷸已見上。

鸇 鷐風也。籒文爲𪈞。

借隼已見上。○羽部翰下別云一名鷐風。翰鷐聲相近。是翰可爲鷐之通借。翰已見上。○戰國策。宋康王之時。有雀生鸇於城之陬。新序作鷐鸇字本

部所無則當即鸜之假借鸜或誤作鸆
鴝鴝鵒也古者鴝鵒不踰泲鵒之重文爲雂
今攷工記作鸜鵒本部不別出鸜字則當即鴝之
假借从瞿與从句音同鸜借鸛已見雈部雚下○
爾雅鴝鵒鵙鶪郭注亦謂之鉤鵒釋文鉤本作鴝是
鉤爲鴝之假借鉤已見句部○鵒或从臾者段謂
如鬼臾區亦爲鬼容區也蓋容亦从谷矣
鸚鸚䳇能言鳥也
今曲禮作鸚鵡能言釋文嬰本或作鸚母本或作
鵡是經文原作嬰母蓋即鸚䳇之省借其作鵡者

又鴨之假借也。

鼺鼠形。飛走且乳之鳥也。籒文爲[籒文]。

段云。此物似鳥似獸似蟲似鼠。故其字史記作鸓。本草經作鼺。在獸部。上林賦作蠝。或作𤢖。皆字之通借也。

鴳雇也。

前雇下云。老雇鷃也。此亦以雇釋鴳。知爲一物。一切經音義引纂文云。關中有鴳濫堆。顏師古急就篇注亦有鷃爛堆。莊子逍遙遊斥鴳笑之。釋文鴳本作鷃。是鴳與鷃可爲通借矣。

烏部

孝烏也。象形。孔子曰。烏盱呼也。取其助气。故以爲烏呼。古文爲[illegible]。象形。又爲[illegible]。古文之[illegible]即今之於字。烏爲烏呼。亦爲於乎。已見口部呼下。又借以爲語辭。○子虛賦烏有先生言無有此人也。蓋以烏爲無之假借。○公羊桓六年傳。惡乎淫。釋文。惡音烏。烏乎猶於何也。史記大宛傳。惡睹本紀所謂崑崙者乎。漢書酷吏傳序。惡能勝其任而媮快乎。訓竝同。是以惡爲烏之轉借。○呂覽明理篇烏聞至樂注。文選吳都賦烏聞梁岷有陟方之館劉注竝云烏安也是烏爲安之通借又漢書西域傳烏秅國注烏急言之聲如鵶今誤作鷃是烏爲鵶之假借鵶卽安音鵶已見鳥部○漢書賈誼傳及匡衡傳贊注竝云烏何也是烏亦何之假借烏何聲之轉○士昏禮記至於某之室大射儀士御於大夫注竝云今文於爲于是于爲於之通借○孟子必形諸外說苑諸作於是諸爲於之通借諸已見言部

舄鵲也象形篆文爲䧿

經典多借爲履舄字文選西京賦玉碣景福殿賦

作玉舄石部無磶字蓋卽借舄字爲之屋柱下之有礩猶人足下之有履也○詩閟宮松桷有舄毛傳舄大貌魏都賦墳衍斥斥注引蒼頡斥大也則舄亦斥之假借又典引舄奕乎千載蔡注舄奕光曜流行貌東京賦六[元]虬之奕奕薛注奕奕光明舄奕者舄從大義而引伸之○焉下云舄者知太歲之所在博物志鵲背太歲此正今之喜鵲占晴之鳥也則舄爲鵲之假借或亦借雀字爲之

焉 焉鳥黃色出於江淮象形

今多借爲語辭而鳥名罕知者○呂覽季春天子

焉始乘舟注焉猶於也公羊隱二年傳託始焉爾注焉爾猶於是也是焉爲於之通借○漢書司馬相如傳烏謂此乎注烏猶焉也是焉亦烏之通借○焉既通烏因亦通惡通安通何公羊襄廿九年傳僚焉得爲君乎釋文焉本亦作惡論語焉知來者之不如今也新序雜事篇作安知孟子爾焉能浼我哉韓詩外傳作安能左氏昭九年傳則戎焉取之注焉猶何也皆音轉通借字○三年問焉使倍之釋文焉猶然也孟子則眸子瞭焉白帖引作瞭然是然亦焉之通借○爾雅釋天太歲在甲曰

閼逢。李巡曰。萬物鋒芒欲出。擁遏未通也。史記作焉逢。又鵩鳥賦單閼之歲。史記索隱引孫炎作蟬焉。是焉爲閼之假借。閼从於聲。焉於聲之轉。閼已見辵部遏下。○周禮行夫居于其國則掌行人之勞辱事。焉使則介之。釋文焉劉音夷。注云夷使之於四夷。則行夫主爲之介。是焉字下屬以焉爲夷之假借。○古今注。燕支西方土人以染紅中國人謂紅藍。以染粉爲婦人面色。亦作焉支。是焉爲燕之假借。但西河舊事匈奴歌。失我焉支山。使我婦女無顏色。則當因出此山而名。燕又爲焉之假借

矣或作胭脂非支已見三篇部首

說文假借義證卷七

嘉興張鳴珂
族曾孫彝 同校

說文假借義證卷八目錄

弟四篇下

叀部 文三 證二

叀 惠

玄部 文二 證一

兹

予部 文三 證二 予見邑部舒見八部余下

放部 文三 證二

放 敫

𠬪部 文九 證四

𠬪 爰 受 𤔔

𣦼部 文五 證二 叡見井部阱下叡見宀部容下 部向下

肉部文百四十　證四十七

膜　胚　胎　臚　肫　腠　肝　膽　脬

肌　背　脅　脾　脢　肩　胳　胠　腹

脛　腓　肖　膻　臞　脫　臠　膌　脊

肬　膢　朓　胙　隋　腞　胡　膍　胵

脩　膊　胥　膴　胹　腥　散　膞　脞

膠　肥

筋部文三　證二

筋　笏

刀部文六十四　證七

光緒二十五年歲在己亥仲冬月族曾孫蔭成重校刊

說文假借義證卷八

第四篇下　　涇朱珔學

華部

華　箕屬所以推弃之器也象形官溥說

華北潘切竹部箒甫煩切集韻又逋潘切廣雅釋器箒箕也則華與箒可爲通借若玉篇廣韻皆音畢乃古今音不同耳箒已見艸部藩下

畢　田罔也从華象畢形微也或曰由聲

借蹕已見革部○攴部斁盡也爾雅釋詁亦云畢盡也畢當爲斁之省借○爾雅釋器簡謂之畢釋

文畢李本作箄郝云畢用竹故李巡从竹宷竹部箄藩落也亦非正義箄蓋畢之通借○荀子正論篇共艾畢注云畢與韠同韠紱也是畢爲韠之省借○弓部彈䠶也引楚辭曰夫羿焉彈日也今天問作畢日畢當爲彈之省借○儀禮喪服冠六升外畢士喪禮記畢作繹注云繹謂縫著於武也廣雅釋詁繹縫也是畢爲繹之省借繹已見鞸下○廣雅釋天木神謂之畢方法苑珠林引白澤圖作必方必乃畢之通借必亦見鞸下

糞棄　捐也从廾推華棄之从㐬㐬逆子也古文爲𠫺

籀文爲㚔。易夬注棄失情累。釋文棄本作去。孟子舜視棄天下。廣韻引作舜去天下。去蓋棄之假借。

冓部

冓　交積材也。象對交之形。

錢謂詩中冓之言。毛傳中冓內冓也。應劭云材冓在堂之中也。此構造字。案構卽木部之構。淮南氾論訓築土構木。注構架也。又本經訓大構駕興宮室。與交積材義合。是構可爲冓之通借。構已見辵部遘。言部講下。○詩之中冓。玉篇引作中篝。謂中夜也。漢書文三王傳注晉灼引魯詩亦云：冓，夜也。是以冓爲寓之省借。宀部無寓字，義亦與毛異。

𠙻　并舉也。

此與人部偁，揚也；禾部稱，銓也，各異。段云：凡手舉字當作爯，凡偁揚當作偁，凡銓衡當作稱，今通用稱。案：廣雅釋詁：稱，度也；又偁，譽也。此用本義。爾雅釋言：偁，舉也。書君奭丕單稱德，正義及孟子稱貸趙注、莊云：稱，舉也。偁、稱皆當爲爯之假借。牧誓稱爾戈，釋言注作偁爾戈，實當作爯，惟揚與舉義相近，故單言舉不言手舉者，偁可通爯。若稱述、稱道聲稱名稱之類。又當爲偁之假借矣。

幺部

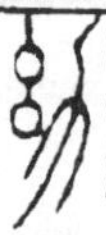少也。

部首幺。小也。象子初生之形。爾雅釋獸。幺幼。郭注。最後生者俗呼爲幺豚。幼幺聲義同。故幼字从幺。是幺卽可爲幼之通借。○詩斯干毛傳。冥幼也。釋文。幼本作窈。是幼爲窈之省借。漢書元帝紀贊。窮極幼眇。注。幼讀曰要。要字是聲。非義。此與文選長門賦。聲幼妙而復揚。亦當借窈。○史記厤書。明者孟也。幽者幼也。幽明者雌雄也。此本大戴記誥志

篇孔子稱周太史之語以孟釋明孟長也以幼釋幽幼少也雌雄則雌小而雄太是以幼爲幽之通借

丝部

幽 隱也

借幼已見上○部首丝微也爾雅幽微也樂記極幽而不隱則不以隱釋幽是丝本幽之通借○玉藻幽衡注幽讀爲黝又詩隰桑其葉有幽毛傳幽黑色是幽爲黝之假借若周禮牧人陰祀用黝牲司農注黝讀爲幽幽黑也則當是正文作幽注中

黝幽二字互易方合○荀子王霸篇公侯失禮則幽呂覽驕恣篇刼而幽之注並云幽囚也蓋以幽爲囚之假借○漢書楊雄傳旣亾鸞車之幽藹兮注幽藹猶晻藹也蓋以幽爲晻之通借幽晻聲之轉晻藹與隱義亦近

𢆶 微也殆也从𢆶从戍戍兵守也𢆶而兵守者危也借祈已見示部借譏見言部借迉見後丌部○易屯君子幾釋文鄭本作機云弩牙也是以幾爲機之省借繫辭極深而研幾也釋文幾本作機書臯陶謨一日二日萬幾漢書王嘉傳作萬機機又幾

之假借。木部機云。主發謂之機。大學其機如此注。發動所由也。繫辭幾者動之微。則幾機本通。機已見玉部璣下。○人部僟精謹也。引明堂月令數將僟終。今月令及呂覽皆作幾終。鄭高二注訓幾爲近。僟當爲幾之假借。○易屯釋文。幾子夏作近。中孚月幾望。釋文。幾京作近。爾雅釋詁。幾近也。是幾爲近之通借。凡从斤之字多入微韻。近已見辵部。亦見丌部近下。○歸妹月幾望。釋文。幾荀本作旣。中孚釋文同。是旣爲幾之假借。○歸妹虞注。幾其也。否其亾。集解其與幾同。近也。是其爲幾之假借。

○詩楚茨如幾如式毛傳云幾期期會也左氏定
元年傳易幾而哭注幾哭會也繫辭惟幾也注適
動微之會則曰幾是幾爲期之通借○書孔序庶
幾有補於將來正義幾冀也幾又讀去聲左氏哀
十六年傳日月以幾釋文幾本或作冀漢書注多
讀幾爲冀凡幾幸字亦借冀爲之實當爲覬之假
借○荀子大略篇幾爲知計哉注幾讀爲豈史記
黥布傳人相我當刑而王幾是乎徐廣曰幾一作
豈蓋以幾爲豈之假借○郊特牲丹漆雕幾之美
注謂漆飾沂鄂也沂本借字幾又沂之轉借○大

學邦畿千里。釋文畿本作幾。是幾爲畿之假借。○周禮犬人幾珥。鄭司農注幾讀爲庪。庪即爾雅祭山曰庪縣之庪。公羊僖三十一年疏引李巡曰祭山以黃玉及璧以庪置几上。遥遥而視之若縣。是以幾爲庪之假借。庪亦見祈下。○莊子天道篇幾乎後言。釋文幾司馬本作頎。云頎長也。是以幾爲頎之假借。頎亦見祈下。別見後豈部譏下。

叀部

叀專小謹也。从幺省。屮。財見也。屮亦聲。古文爲𠀒[illegible]。

此當作叀叀。小謹也。與女部嫥可爲通借。今祇借專爲之。專已見寸部。嫥見專下。○頁部顓。頭顓顓謹皃。與叀訓小謹義合。可爲通借。顓亦見專下。

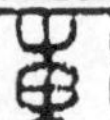仁也。古文爲。

論語。好行小慧。鄭注。魯讀慧爲惠。今從古。小慧謂小小之才知。後漢書孔融傳。將不早惠乎。注。惠作慧。是惠爲慧之假借。○書無逸。能保惠于庶民。魯世家作能保施小人。施有異音。與惠近。皆賜予之義。是施可爲惠之通借。○莊子逍遙游。蟪蛄不知春秋。釋文出惠字。云本作蟪。虫部蟪字在新附。當

卽借惠字爲之○爾雅釋詁惠順也史記司馬相如傳義征不憓集解憓順也漢書作譓二字並本書所無蓋卽惠之或體

𢆶

黑也从二元春秋傳曰何故使我水兹

元部

今哀八年傳作滋釋文滋音元本亦作兹子絲反濁也字林云黑也段據宋本釋文滋兹字互易是也當是傳本作兹而別本有作滋者故陸氏音義如此後人改傳因改釋文以致音誤耳此兹與艸部茲从絲省聲截然不同水部滋正从艸部之茲

堯典方命圮族馬融注方放也此以方爲放之省

放 逐也

放部

卯从血與从二冗之爲兩字兩音矣

假音盜自音孜拉自音聯特近八循習相傳直不

洴與使木盜義亦合故曰漏曰黑盖此二字非爲

者或以盜爲䌛之假借䌛名䌛淬也沉之黑者曰

木部盗蘇从二冗之字何得音盜爲䌛繇或作盜

字祇當音應不當音放拚議隨誤合二字爲一案

宣音于緣反陸氏音各別未嘗混也而段謂盜盜

借。漢書傳喜傳朱博傳引書正作放命圮族。若荀子子道篇。不放舟不避風則不可涉也。注。放讀爲方。集韻。方或作放。併船也。則又以放爲方之假借矣。方已見上部旁下。○公羊隱二年傳。始滅昉於此乎。昉。石經作放。又列子黃帝篇。衆昉同疑。注。昉始也。釋文。昉或作放。是放爲昉之假借。○廣雅釋詁。放。效也。禮器。有放而不致也。正義。放。法也。皆以放爲仿之假借。放今作倣。仿亦作彷。○周禮方相氏注。方相。猶言放想。釋文。放本作瓬。是方本仿之假借。而放爲轉借。瓬又放之轉借也。攷工記陶瓬注。旊讀如放於此乎之放。是旊爲放之轉借。實昉之假借也。故先鄭讀旊爲甫始之甫。旊甫聲之轉。甫已見用部。

敖 出游也。出部重見。

借嗸已見口部。借翶見羽部。○詩柏舟以敖以游。釋文。敖本亦作遨。此辵部所無。蓋卽敖之或體。○詩桑扈彼交匪敖。漢書五行志作匪傲。樂記齊音傲辟驕志。釋文。字又作敖。曲禮敖不可長。凡視於面則敖。投壺毋敖。敖皆傲之省借。人部傲倨也。女部又出嫯字云侮傷也。與敖傲竝可通借。○詩緜衣不吳不敖史記五帝紀作不驁敖本傲之借驁又敖之轉借也馬部作驐周禮鍾師有驁夏○衛風碩人敖敖毛傳敖敖長貌敖當爲顤之假借頁部顤顤高也玉篇高大也卽長之義○荀子富國篇天下敖然若燒若焦注敖讀爲熬蓋以敖爲熬之假借火部熬乾煎也重文爲鏊熬亦見螯下○爾雅釋訓敖敖傲也釋文敖本又作嗸又作謷同嗸借謷已見㗊部敖乃嗸之省借也若左氏桓十一年傳楚莫敖漢書五行志淮南修務訓竝作莫囂則謷爲敖之假借嗸謷又見嗸下○虫部蟛云

有二敖八足敖有大義故其大腳曰敖荀子勸學篇蟹六跪而二螯注引說文作螯螯皆當爲敖之俗

𠬪部

[illegible]物落上下相付也讀若詩摽有梅

毛傳摽落也其本義則手部摽擊也蓋本以摽爲𠬪之假借○艸部莩爲艸名孟子塗有餓莩音義引丁公箸云莩有梅韓詩也莩蓋𠬪之假借莩从孚孚有保音故通𠬪孚已見爪部○漢書食貨志野有餓莩鄭氏德音莩爲蔈有梅之蔈段謂莩者

𠬪之俗莩者𠬪之假借莩已見艸部芔下○段又云鄭風風其漂女毛傳漂猶吹也意亦以漂爲𠬪之假借○廣韻有殍字同莩鹽鐵論引孟子語作野有餓殍似可爲𠬪之通借然歺部所無則或體也

爰 引也籀文以爲車轅字

借趣已見走部借延見延部○爰訓引轅者所以引車故車轅字即以爰爲之此本義已說假借又左氏僖四年傳齊人執陳轅濤塗公羊穀梁轅作袁廣韻作爰爰既借轅故亦爲袁之通借○衣部

袁長衣皃亦爲姓左氏成二年傳及齊國佐盟于袁婁穀梁作爰婁漢之袁盎或作爰盎是爰亦袁之假借○爰又借爲語辭爾雅釋詁爰粤于也爰从于本雙聲字爰粤亦聲之轉故可通借○史記六國年表義渠來賂繇諸乞援集解一作爰是以爰爲援之省借音義亦本同○方言爰恚也廣韻作㖦玉篇作㥟王謂楚辭九章曾傷爰哀言哀而不止也蓋與咺通用案齊策負郭之民有孤狐咺者呂覽貴直篇作狐援古今人表作狐爰是援爰皆爲咺之假借咺已見口部○爾雅釋鳥爰居雜

𩿧釋文爰本作鶢鶋文選吳都賦鶢鶋避風此皆後人加鳥耳

受 相付也

周禮大司徒使之相受司書受其幣掌葛以權度受之注竝云故書受爲授當作受蓋授者授之於人受者受之於已皆相付之義故或通借○周禮巾車歲時更續杜注受當爲更蓋本作受也特牲饋食禮主人更爵注古文更爲受夏本紀受豕韋之後徐廣曰受一作更此以受爲更之假借更卽叜字故與受音近叜已見又部更見攴部○書酉

伯戡黎序，奔告于受。馬注：受讀曰紂。凡書紂字古文尚書作受。受蓋紂之假借。立政：其在受德敃。某氏傳以受德爲紂之字，非也。

𤔌有所依據也。讀與隱同。

錢云：此孟子隱几字。檀弓：其高可隱也。注：隱，據也。當用此。是隱爲㥯之通借，義亦相近。今或作安穩者，蓋㥯之俗。案：莊子齊物論：隱几而坐。與孟子正同。彼釋文云：隱，憑也。憑亦據也。

歺部

殙瞀也。

左氏昭十九年傳札瘥夭昏注短折曰夭未名曰昏晉語君子失心鮮不夭昏注昏狂荒之疾昏皆當爲婚之省借

殊死也漢令曰蠻夷長有罪當殊之史記蘇秦傳不死殊而走集解引風俗通殊者死也與誅同指又匡謬正俗引應劭曰殊者死之也義與誅同案言部誅討也則祇謂誅責與殊死有別今殺戮字作誅蓋殊之假借

殛殊也虞書曰殛鯀于羽山書洪範鯀則殛死多方大罰殛之釋文竝云殛本

又作極周禮太宰廢以馭其罪注廢猶放也舜極
鯀于羽山是也段謂殛當爲極之假借非殊殺也
與鄭志荅趙商鯀放居東裔至死不得反於朝義
合案大射儀贊設決朱極三注極放也以朱韋爲
之所以韜指利放弦也則極有放訓故爲放流之
義

殪死也古文爲㱌

借翳已見艸部蘙下○書康誥殪戎殷中庸作壹
戎衣鄭注衣讀爲殷聲之誤也壹戎衣者壹用兵
伐殷也是以殪爲壹之假借壹已見一部○後漢

書光武紀弃兵相騰踐奔殪注殪仆也或作噎是噎可爲殪之假借

殣道中死人人所覆也詩曰行有死人尚或殣之今小弁詩作墐毛傳墐路冢也墐乃殣之假借墐已見言部謹下○文選王命論餓饉流隸注饉或爲殣案餓饉卽饑饉饉義本通左氏昭三年傳道殣相望注餓死爲殣則殣亦可爲饉之通借矣

殆危也借隸已見隶部○豳風殆及公子同歸毛傳殆始也正義云釋詁胎訓始說者皆以爲生始然則胎

殆義同。故爲始也。此以殆爲始之假借。實胎之轉借。故列子黃帝篇殆矣夫。釋文殆一本作始。○論語思而不學則殆。釋文殆本作怠。老子周行而不殆。釋文殆怠也。是怠爲殆之通借。○公羊襄五年傳莒將滅之。故相與往殆乎晉也。何注殆疑。疑讞于晉。王懷祖曰。非也。殆讀爲治。治謂訟理也。以鄫子欲立異姓爲後。故往訟理於晉也。古謂訟理爲治訟。周官小宰聽其治訟是也。僖廿八年傳。叔武爲踐土之會。治反衛侯。成十六年傳。公子喜時外治諸京師而免之。皆與此傳同義。案殆治音相近。

荀子彊國篇。彊殆中國。注。殆或爲治。故殆可爲治之假借。

殃　咎也。

吳仲山碑。而遭禍央。央乃殃之省借。○荀子榮辱篇。憍泄者人之殃也。注。殃或爲祆。書伊訓降之百殃。墨子非樂篇作百殾。二字皆本書所無。蓋即殃之或體。

殘　賊也。

本部歺。禽獸所食餘也。引伸爲凡物之餘。呂覽權勳篇。達子又帥其殘卒。注。殘餘也。殘當爲歺之假借列昨干切與殘同○易賁束帛戔戔釋文引子夏傳作殘殘當是殘爲戔之假借廣雅釋詁戔傷也戔又爲殘之假借昔周禮稿人注雖其潘瀾戔餘釋文戔本亦作殘則戔乃殘之轉借實亦殂之假借也戔已見言部諓下

盡也古文爲

詩新臺籧篨不殄箋云殄當作腆腆善也與毛義異此以殄爲腆之假借故燕禮注古文腆皆作殄○穀梁隱五年傳誅不塡服范注來服者不復塡厭之王伯申曰誅謂殺戮非特塡厭之而已塡讀

爲殄。謂殄戮之也。不殄殄服猶言不殺降也。作塡者。假借字耳。案詩小宛哀我塡寡。毛傳塡盡也。與此殄訓同。集韻殄或作塡。塡巳見口部嗔下。

殲

微盡也。春秋傳曰齊人殲于遂。

此莊十七年經文。左傳及穀梁作殲。公羊作瀸。蓋以瀸爲殲之假借。傳云瀸漬也。何注瀸之爲死積死非一之辭。故曰漬。則通其義。○文王世子其刑罪則纖剸。注纖讀爲殲。是以纖爲殲之假借。

殖

脂膏久殖也。

借蒔。已見艸部。○攷工記弓人凡昵之類不能方。

注故書昵或作樴樴讀爲脂膏膱敗之膱段謂膱即殖字字林云膱膏敗也亦作膱廣雅膱臭也是昵與樴膱皆當爲殖之假借○詩斯干殖殖其庭毛傳殖殖言平正也平正非殖義廣雅釋詁直正也詩大東其直如矢楚辭章句九作其平如砥是直兼平正二義殖當爲直之假借

歺部

薨 公侯卒也

曲禮諸侯曰薨正義云薨者崩之餘聲也此雖與天子曰崩別言之而音義亦可通借崩已見鳥部

鳳下○詩螽斯薨薨兮毛傳衆多也爾雅釋訓薨薨衆也釋文舍人本作雄雄此言其狀非必正義雄可爲薨之通借東蒸合韻○人部儚惽也惽有亂義故云衆多薨當爲儚之省借爾雅作儚儚釋文儚或作懜儚乃儚之或體儚又儚之假音也

薨死人里也

樂府相和曲有蒿里歌譙周崔豹皆云起於田橫自殺從者作蒿當爲薨之假借蒿已見艸部○周禮𢿱人辨魚物爲鱻薨注薨乾也釋文本又作槁內則免薨同蓋以薨爲槁之假借槁已見艸部𢿱

下。

冎部

𠛬分解也。

隸變作別。後人以分別爲彼列切。離別爲憑列切。今屑識兩字。非也。別通八。已見八部。○康誥。別求聞由古先哲王。王伯申曰。別讀先飯辯嘗羞之辯。古字別與辯通。樂記禮辯異。荀子樂論辯作別。又其治辯者其禮具。史記樂書辯作辨。一作別。辯者偏也。書語蓋謂偏求聞於古先哲王也。與往敷于殷先哲王文義正合。敷亦偏也。傳訓由爲用。別求爲又當別求失之誥下文乃別播敷別亦讀爲辯言引惡之臣偏播其私恩於民也傳謂汝當分別播布德教亦失之案周禮小宰聽稱責以傅別司農注故書別作辯士師注同大戴記小辨篇大夫學德別義注別猶辨也是別爲辨之通借辨辯同辯已見攴部變下○禹貢某氏傳條列所治水釋文列本亦作別呂覽孝行篇列文章注列別也是列爲別之通借

骨部

骿　骿脅并榦也晉文公骿脅

此見左氏僖廿三年傳。今傳作駢。史記管蔡世家同。晉語作骿。又春秋元命苞。頡項駢幹。駢當爲骿之假借。○論衡骨相篇作仳脅。仳亦骿之假借。左傳正義駢訓比也。仳从比。比則義與駢通。○孟子章指。故禹稷駢蹞。音義云。史記作胼胝。荀子子道篇。手足胼胝。以養其親。注。胼謂手足勞。駢併也。肉部無胼字。借駢爲胼。實骿之或體。

髀股也。古文爲䠋。

段云。周禮典同鄭司農注。鍾形下當䠋。䠋當是庳之假借。庳。卑也。庳已見广部。○又云。列女傳古者婦人寢不側坐不邊立不蹕蹕當是跛之假借聲相轉○士昏禮髀不升士喪禮載兩髀于兩端注古文髀爲脾肉部脾土藏也此以脾爲髀之假借○公羊桓四年傳注自左脾射之脾亦髀字釋文本又作膘肉部膘牛脅後髀前合革肉也讀若繇是膘屬髀言故可通借膘敷紹切與髀雙聲

屍骨也

廣雅釋親脺臀也脺即睟字呂覽本味篇雋燕之翠高注翠厥也厥乃臀之省借○素問骨空論灸橛骨注云尾窮謂之橛骨橛亦臀之假借

骹 脛也。

段云。士喪禮記。綴足用燕几。校在南。注。校。脛也。祭統。夫人薦豆執校。注。豆中央直者也。此皆以校爲骹之假借。○莊子在宥篇。焉知曾史之不爲桀紂嚆矢也。釋文引向注。嚆矢。矢之鳴者。本亦作嗃。口部嗃字在新附。嚆又或體。唐六典注引通俗文。鳴箭曰骹。則嗃嚆皆假借字矣。

骭 骹也。

甯戚飯牛歌。短布單衣適至骭。九經韻覽亦作幹。蓋以幹爲骭之假借。幹已見羽部翰下。○爾雅釋

訓骬瘀爲瘀癥釋文骬本作扜扜亦骬之假借扜已
見于部

⿰骨易 骨閒黃汁也讀若易曰夕惕若厲
汗簡及古文四聲韻竝云𩪘出古周易是於此處
作夕𩪘以𩪘爲惕之假借蓋讀若二字小徐本無
之遂引易爲夕𩪘耳

骾 食骨留咽中也
魚部鯁魚骨也漢書杜欽傳胡無骨骾之臣注骾
亦鯁字二字虛實微異鯁可爲骾之通借○內則
注食之鯁人釋文鯁本作哽口部哽語爲舌所介

也蓋哽咽字如此其訓塞者當作骾哽乃骾之假借○後漢書段熲傳始服終叛至今爲鯁注鯁與梗同引大雅至今爲梗梗實則詩之梗亦當爲骾之假借而鯁又其轉借也

骴

鳥獸殘骨曰骴骴可惡也明堂月令曰掩骼薶骴

重文爲胔

小徐本無骴或从肉之語則胔爲或體骨部字與肉部每通用○詩車攻助我舉柴手部引作𢩦云積也與毛傳同𢩦當爲骴之假借而柴又𢩦之轉借柴从此聲也段謂柴爲積之假借義得兩通柴

己見示部祡下○曲禮四足曰漬注漬謂相瀸污而死也積亦漬義漬蓋骴之假借○周禮蜡氏掌除骴注故書骴作脊鄭司農讀脊爲殰殰卽漬之或體脊乃骴之假借脊已見辵部迹下○公羊莊二十年傳大災者何大瘠也大瘠者何痢也漢書食貨志國亡捐瘠孟康曰肉腐爲瘠脊者瘠之省瘠亦骴之假借○淮南說林訓橫海不受流胔注骨有肉曰胔是脊亦可爲骴之假借故今月令埋胔釋文引蔡氏云有肉曰胔西京賦亦於詩之槩柴作槩胔○呂覽作䰰髊注髊讀曰漬髊蓋骴之

或體此差音同

骩 骨耑骩䯄也

漢書淮南厲王傳皇帝骩天下正法注骩古委字

廣雅釋詁骩曲也言委曲也又枚皋傳其文骩骳

曲隨其事骩骳當卽委靡之假借本部無骳字

䯤 骨擿之可會髮者詩曰䯤弁如星

今淇奥詩作會弁毛傳所以會髮箋以會爲弁之

縫中周禮弁師會五采玉璂注故書會作䯤先鄭

讀如馬會之會謂以五采束髮也案䯤本會髮之

物字卽從會得義則會可爲䯤之通借○先鄭引

士喪禮檜用組乃笄檜讀與髻同以組束髮乃箸笄謂之檜是以檜爲髻之假借今士喪禮字作鬠注古文鬠皆爲括髟部無鬠字是鬠爲髻之或體括乃髻之假借若髟部鬠潔髮也玉篇作絜髮士喪禮士人髻髮注髻古文作括戴記正作括髮案鬠髻古文俱作括是鬠與髻通髻髻雖各部而髻髮猶言束髮與會髮同義聲又相轉則髻亦可爲髻之通借與○左氏僖廿八年傳注引會弁如星釋文會本作璯此玉部所無當爲髻之異體呂氏春秋上農篇注又作冠弁如星殆因冠爲弁類遂

作冠非必假借冠龠亦雙聲字也

肉部

腜 婦始孕腜兆也

魏都賦腜腜坰野李善注引韓詩周原腜腜今緜篇作膴膴小雅民雖靡膴釋文亦引韓詩作腜膴當讀如梅爲腜之通借又左氏僖廿八年傳原田每每並與腜腜同蓋引伸爲肥美之義

肧 婦孕一月也

爾雅釋詁注肧胎未成釋文肧本作衃衃蓋肧之假借血部衃凝血也衃已見艸部芣下○淮南精

神訓一月而膏二月而肤錢疑肤即脒字本部肤骨差也从失與从不音近肤或爲脒之假借

胎 婦孕三月也

借殆已見歺部○方言胎養也段云此假借胎爲頤養也胎从台音與頤同○方言又云胎逃也廣雅同余疑胎爲脫之轉借漢書吾邱壽王傳所謂盜賊免脫者衆也今逃人亦謂之免脫○爾雅釋詁肇祖元胎釋文胎本作台台乃胎之省借

臚 皮也籒文爲膚

晉語聽臚言於市漢書叔孫通傳臚句傳蘇林曰

上傳語告下爲臚。段謂此讀爲敷。敷奏以言之敷。蓋以臚爲敷之假借。敷已見寸部尃下。○史記六國表。臚於郊祀。索隱。臚陳也。漢書敘傳。大夫臚岱注引鄭氏云。季氏旅於泰山是也。師古曰。旅陳也。臚亦陳也。臚旅聲相近。是以臚爲旅之假借。○段又謂釋名言鴻臚。腹前肥者曰臚。以京師爲心體。王侯外國爲腹腴以養之也。此讀爲頁右腴之腴。蓋以臚爲腴之假借。案劉熙此義似迂。故韋昭辨之。○唐書和逢堯傳。鴻臚作鴻盧。盧又爲臚之省借。○史記司馬相如傳。攄之無窮。徐廣曰。攄一作臚。

廣雅釋詁攄舒也爾雅舒敘也臚亦敘也手部無攄字蓋卽舒之假借而作臚者又其轉借也舒已見艸部荼八部余下○禮記投壺室中五扶注扶與膚同又公羊僖卅一年傳膚寸而合注側手曰膚書大傳作扶寸膚乃扶之假借○易剝牀以膚釋文膚京本作簠簠當爲膚之假借

肫面頯也

借諄已見言部○士昏禮腊一肫注肫或作純純全也少牢禮正作腊一純是肫乃純之假借純亦見諄下又見屮部屯牛部牷攴部敦下○史漢本

紀。高祖隆準。應劭曰。準。頯權準也。段謂準者肫之假借。儀禮釋文引說文肫之允反是也。服虔曰。準音拙。蓋肫之入聲。廣雅作𩑳是也。戰國策。準頯權衡。則以準爲鼻。

[篆文]頯肉也。讀若譏。

漢書東方朔傳。樹頰胲。注。胲頰肉。是以胲爲⿰月幾之假借。微灰韻通。胲已見言部該下。○廣韻。頯。頯頯也。頯亦當爲⿰月幾之假借。頁部頯醜也。頯或作頭。音改。假音與胲同。

[篆文]木藏也。

少牢饋食禮上佐食舉尸牢幹注幹正脅也古文幹爲肝是以肝爲幹之假借釋名肝幹也廣雅釋親同則義亦通幹已見羽部翰下

膽 連肝之府

淮南原道訓膽分其若深淵注膽定不動之貌膽當爲澹之轉借澹已見八部詹下○覽冥訓川谷不膽注膽溢又云故東風至而湛溢則膽當爲湛之假借

脬 旁光也

淮南說林訓旁光不升俎高注旁光胞也胞蓋脬

之假借。胞兒生裹也。在包部。○公羊桓四年傳注。射中腸胃污泡。泡亦脬之假借。

胷肉也。重文爲。

鵩鳥賦。請對以臆。漢書作意。意蓋臆之通借。漢平都侯相碑。傑悲憑億。億當作臆。是以億爲臆之假借。○內則。漿水醷濫。釋文。醷本又作臆。周禮酒正注作臆。釋文本作醷。臆當爲醷之假借。而酉部無醷字。

背也。

通北。已見八部𠔁下。○人之背在後。故以爲違背

字凡物負之於背故又以爲負荷字爾雅釋邱邱
背有邱曰負邱是負爲背之通借夏本紀負命毀
族注作背命此違背字之通借也又明堂位天子
負斧依注負之言背也魯世家作倍依則倍借背
亦借負也負已見一部丕下

兩膀也

借翕已見羽部借歙見翕下○周禮醢人豚拍注
謂脅也是拍爲脅之假借○士喪禮特豚兩胉注
胉脅也今文胉爲迫本部無胉字當以迫爲脅之
假借段謂脅之正字爲迫恐非○西山經有窮鬼

居之各在一搏。郭注。搏猶脅也。言羣鬼各以類聚。處山四脅。是搏亦脅之假借。

胂 夾脊肉也。

易艮。列其夤。馬注。夤夾脊肉也。虞注同。鄭本作䐜。咸釋文。胂音以人反。即夤之音。蓋以夤爲胂之假借。本部無䐜字。或謂假借夂部之夤。非也。○下脟字云。瘢也。一曰遽也。玉篇廣韻皆云。脟脊肉。是以脟爲胂之假借矣。

脢 背肉也。

易咸其脢。釋文。脢。武杯反。又音每。內則。取牛羊麋

鹿麢之肉必胲胲乃脢之通借本部不別出胲字○周禮內饔刑膴先鄭謂夾脊肉膴亦脢之假借膴之借脢與借腜同已見上

肩髆也象形俗作肩

詩還篇竝驅從兩肩兮豕部引作兩豜是肩爲豜之假借○騶虞正義以從兩肩爲麉爾雅釋獸麢鹿皆云絕有力者麉肩麉字雖異音實同也是肩又爲麉之假借○史記弟子傳公堅子古今人表作公肩子釋名肩堅也是肩爲堅之通借堅已見敃部○漢書李廣傳自以大黃射其裨將注引晉

灼曰黃肩卽黃間也是以肩爲間之假借

胳 亦下也

亦卽今之腋字深衣云袼之高下可以運肘謂衣袂當腋處也釋文袼本作胳衣部無袼字當卽借胳字爲之○骨部云禽獸之骨曰骼少牢饋食禮注膞骼股骨有司徹羊骼一注古文骼爲胳是以胳爲骼之假借又肩臂肫胳臑釋文胳本作骼

胠 亦下也

南山經柢山有魚其羽在魼下魼蓋胠之假借○莊子胠篋篇注從旁開爲胠廣雅釋詁祛開也莊

子秋水篇公孫龍口呿而不合呂覽重言篇君呿而不唫注並云呿開也是祛與呿皆可爲胠之通借口部無呿字○左氏襄廿三年傳齊侯伐衞有啟有胠胠者人左右兩腋也腋卽亦字故軍左右翼亦謂之胠逸周書武順解左右一卒曰閭是以閭爲胠之假借胠閭疊韻字

腹　厚也

詩蓼莪出入腹我初學記引作復我月令水澤腹堅呂覽季冬紀作水澤復此亦假借字可補彳部復下之所未備○一切經音義引國語賈注皁厚

肛也。阜與腹義同。音又相近。可爲通借矣。

肛　胻也。下胻字云。脛耑也。段謂史記龜策傳壯士斬其胻。即斮朝涉之脛也。是胻爲脛之通借。○漢書楊惲傳。脛脛者未必全也。注。脛脛。直貌。案釋名。脛。莖也。直而長。似物莖也。脛本有直義。廣韻脛又音悻。論語硜硜然。孟子作悻悻然。離騷經鯀婞直以亡身。悻即婞字。是脛與硜皆當爲婞之假借。石部無硜字。

脛　脛腨也。

借葹已見艸部○易咸其腓釋文腓荀本作肥又艮其腓釋文腓本作肥肥乃腓之假借肥亦見葹下○詩四月百卉具腓毛傳腓病也玉篇引作具痱是腓爲痱之假借○采薇小人所腓箋云腓當作芘言戎車爲小人之所芘倚芘卽庇蔭字是以腓爲芘之假借實庇之轉借也腓庇聲之轉○明何氏楷詩經世本於采薇云腓卽厞字說文厞隱也禮記取廟之西北厞薪用爨之楚辭隱思君兮厞側皆訓隱言戍士亦藉是車以自隱蔽也此以腓爲厞之假借厞已見艸部茀下菲下○齊策云

徐子之狗攫公孫子之骴而噬之骴亦胔之借字

此骨部所無

肖骨肉相似也不似其先故曰不肖也

淮南要略訓浸想宵類注宵物似也又漢書刑法志夫人宵天地之額注宵義與肖同是宵爲肖之假借○列子楊朱篇人俏天地之類釋文俏本或作肖蓋亦借俏爲肖而人部無俏字

膻肉膻也詩曰膻裼暴虎

今鄭風作襢釋文又作袒衣部無襢字蓋即袒之異體袒當爲膻之假借段云惟肉袒字作膻袒裼

字宜作但，見後人部。案此云膻裼，則膻與但可爲通借。

益州鄙言人盛，諱其肥，謂之𦢅。文選鄒陽上書，壞子王梁代注引方言，梁益之間所愛諱其肥盛曰壤。蓋以壤爲𦢅之假借。李善曰，諱方言作瑋，則諱亦瑋之假借。

消肉臞也。借說，見言部。又借稅，借倪，見說下。借奪，見奞部。○手部挩，解挩也。段云，凡分散之義當用挩，今多作脫，蓋挩之假借。或作說，亦通。而挩爲正字，罕用者。

捝亦見又部㕞下○女部娧好也淮南精神訓則脫然而喜矣注脫舒也舒卽好義召南舒而脫脫兮脫乃娧之假借○文選北山移文屣萬乘其如脫脫與外韻蓋以脫爲蛻之假借與史記屈原傳蟬蛻於濁穢同意

臠 臞也一曰切肉臠也詩曰棘人臠臠兮今檜風作欒欒是以欒爲臠之假借故莊子在宥篇乃始臠卷傖囊釋文亦云臠崔本作欒欒已見鳥部鸞下○本部脟脅肉也一曰脟腸間肥也一曰膫也呂覽察今篇嘗一脟肉而知一鑊之味淮

南説山訓䐪作臠。子虛賦䐪割輪焠。皆以䐪爲臠之假借。此後一義也。臠䐪雙聲字。

䐪 瘦也。古文爲 䐪。

今字作瘠。露骨曰瘠。卽骴字。已見骨部。若漢書婁敬傳徒見羸胔老弱。注胔讀曰瘠。瘠瘦也。則胔又爲瘠瘦字之假借矣。○孟子寺人瘠環。説苑至公篇作脊環。脊乃䐪之省借。脊亦見骴下。又見辵部迹下。○呂覽任地篇凡耕之大方棘者欲肥肥者欲棘。高注。棘羸瘠也。是以棘爲䐪之假借。棘已見革部。○公羊傳大瘠者何。釋文本或作瘠。爾雅釋詁。瘠病也。玉藻。親瘠色容不盛。瘠乃膌之通借。疒部無瘠字。○莊子天下篇。其道大觳。郭注。義與瘠同。是觳可爲膌之假借。釋文。觳苦角反。殆以義通。

脀騃也。讀若丞。

燕禮。有脀無脀。特牲饋食禮。宗人告祭脀。周禮內饔注。鼎實曰脀。賈疏。脀升也。脀皆爲烝之假借。烝已見艸部蒸下。

肬贅也。籀文爲黕。

公羊襄十六年傳。君若贅旒然。詩長發。爲下國綴旒。旒當爲肬之假借。

膢　楚俗以二月祭飲食也。一曰祈穀食新曰離膢。風俗通云：嘗新始殺食曰貙膢。續漢書禮儀志：立秋之日，始斬牲以薦陵廟曰貙劉。劉當爲膢之假借。漢書武帝紀：五日膢。注：膢、劉義各通耳。廣雅釋天作𦢊，蓋或體字。

朓　祭也。示部新附有祧字。廣雅：祧，祭也。當作朓。周禮守祧注：故書祧作濯。濯有權音，故爲祧之假借，實當爲朓之假借也。○段云：玉篇通堯、他召二切，鉉本作土了切，蓋誤以月部之朓當之。宋玉篇祧重文爲禮。則因濯而易示傍。是亦祧之或體。

胙 祭福肉也。

詩既醉。永錫胙允。釋文。胙本作祚。示部祚字在新附。則祚卽胙之或體。○荀子哀公篇。登自胙階。注。胙與阼同。𨸏部阼。主階也。是胙爲阼之假借。

隋 裂肉也。

周禮太祝。隋釁注。血祭也。小祝。大祭祀。贊隋守祧。既祭。則藏其隋。特牲少牢禮今文作綏。古文作挼。或作妥。鄭注周禮作隋。隋與挼讀同。是綏挼妥皆當爲隋之假借。隋本徒果切。故與妥近。周禮釋文。

隋。許規反。故又與綏挼近。綏亦从妥聲也。○案隋文帝本封隨。及有天下。以隨从辵。周齊奔走不遑。故去辵作隋。不知辵部隨。從也。固無弊而隋爲裂肉。殊非佳兆。後帝見弑於子廣。廣亦爲人所弑。豈骨肉分裂之驗與。

腬　嘉善肉也。

內則。柔其肉。晉語。若克有成。無亦晉之柔嘉。是以甘食。柔皆當爲腬之省借。

胡　牛顄垂也。

廣雅釋詁。胡。何也。與詩日月胡能有定風雨云胡不夷毛傳同胡蓋何之假借音相轉何巳見艸部荷言部訶下○左氏哀十一年傳胡簋之事注夏曰胡卽明堂位之六瑚胡乃瑚之省借○胡爲凡垂下之稱周禮立當前疾注車轅前胡下垂柱地者是以疾爲胡之假借亦聲之轉

膍牛百葉也一曰鳥膍胵重文爲肶

胵鳥胃也一曰胵五藏總名也

周禮醢人脾析司農注牛百葉也亦見旣夕禮注脾析蓋膍胵之假借脾巳見骨部髀下胵本處脂切集韻又䟐栗切與析近○詩采菽福祿膍之毛

傳。腜厚也。釋文引韓詩作肶。腜訓厚。本假借之義。節南山天子是毗。毛傳亦云。毗厚也。是又以毗爲腜之通借。

脩　脯也。

借攸。已見攴部。○書說命厥修乃來。周禮師氏注引作厥脩。彡部修。修飾也。廣雅釋詁修。治也。經傳凡修飾修治字多假借脩。脩字爲之。曲禮以脯脩置者。正義云。脩訓治。治之乃成。是脩與治義亦通。○周禮鬯人廟用脩。注脩。滌尊也。讀曰卣。卣。中尊。謂獻象之屬。是以脩爲卣之假借。○司尊彝凡酒脩酌。

注。儵讀如滌濯之滌。蓋以儵爲滌之假借。滌从條聲。儵與條俱从攸聲也。滌已見艸部莜下。○漢書恩澤侯表序。孝景將侯王氏。儵侯犯色。注。儵讀曰條。則儵本條之假借。條已見艸部蓨下。又詩王風暵其儵矣。釋文。儵本或作蓨。蓨當爲儵之假借。○山海經。賈超之山。其中多龍儵。郭注。龍須也。是以儵爲須之假借。須儵聲之轉。

膊 薄脯。膊之屋上。

周禮掌戮。斬殺賊諜而搏之。注。搏當爲膊諸城上之膊。左氏成二年傳。謂去衣磔之。是以搏爲膊之假借。搏已見前脅下。○骨部髆，肩甲也。鄉飲酒禮：介俎脊脅胳肺。注：後脛骨二膊胳也。少牢饋食禮：不升肩臂臑膊骼，皆以膊爲髆之假借。又周禮豚拍，注：或曰豚拍，肩也。杜子春以拍爲膊，則膊既借髆，拍又膊之轉借矣。拍亦見脅下。

胥 蟹醢也。

借蘇，已見艸部。借諝，見言部。○借疋借疏，已見疋部。○魏策：東有無疏。史記作無胥。詩緜篇：予曰有疏附。或作胥附。是胥與疏爲通借也。○長楊賦：以爲儲胥。漢書注：胥，須也。儲蓄以待所須。蓋以胥爲須之假借。然須本借字。史記廉藺傳。胥後令。索隱曰。胥須古人通用耳。須亦見疏下諝下。又見上○書大誥。誕鄰胥伐于厥室。漢書翟方進傳作相伐。公羊桓三年傳。胥命者何。相命也。是胥爲相之假借。雙聲字。相又讀去聲。詩公劉。聿來胥宇。新序雜事篇作相宇。則相視之相亦借胥字爲之。相已見目部。○虫部蝑。蜙蝑也。廣韻。蝑司夜切。鹽藏蟹。是以蝑爲胥之假借。○士師。以比追胥之事。注。胥讀如宿偦之偦。偦謂司搏盜賊也。又脩閭氏。而比其追胥者。注。胥讀爲偦。蓋以胥爲偦之省借。令人部無胥字。○史記匈奴傳黃金胥紕一。索隱曰。漢書作犀毗。胥犀聲相近。胥當爲犀之假借。○胥又爲諝。辭。詩角弓。民胥傚矣。潛夫論班祿篇作民斯效矣。是胥爲斯之通借。亦聲相近。

[篆]乾魚尾䏰䏰也。周禮有腒䏰。

今庖人職作腒鱐。又籩人膴鮑魚鱐。注。鱐者析乾之。出東海。內則夏宜腒鱐。釋文。鱐本作䏰。魚部無鱐字。蓋以其爲乾魚。故从魚。則二字可通借也。○廣雅釋器。鱐與脩俱訓䏰。二字聲近而義同。是䏰亦可爲脩之通借。

胹爛也。

本部。臑臂羊矢也。讀若襦。楚辭招魂。臑若芳些。注。臑若。熟爛也。是以臑爲胹之假借。聲相轉。○又腝字云。有骨醢也。重文爲𦛩。方言云。秦晉之郊謂熟曰胹。或作腝。集韻。腝人之切。與胹同。爛也。則腝亦胹之假借。○內則。濡豚濡雞注。濡謂亨之以汁和也。濡乃胹之假借。

腥星見食豕令肉中生小息肉也。

借牲。已見牛部。○周禮內饔。豕盲眡而交睫。腥。注。腥當爲星。肉有如米者似星。內則注同。此以腥爲星之假借與許異○上胜字云犬膏臭也一曰不孰也內則膳膏腥論語君賜腥腥皆當爲胜之假借○廣雅釋器鮏鱢臭也卽腥臊之通借字魚部鮏魚臭也與腥之爲胜正同別無鮏字又鱢鮏臭也引周禮膳膏鱢今周禮作臊是在肉爲胜臊在魚卽爲鮏鱢義正通矣

散 雜肉也

林部㪔分離也凡離散字皆當爲㪔之假借經傳多作散而㪔不行惟淮南精神訓不與物散注散雜亂皃太元元瑩晝夜散者注散猶雜也與本義

合。

膞切肉也。

段云。儀禮說牲體前有肩臂臑。後有肫胳骼。不升於俎。故多言肫胳。肫亦作膞。經肫膞錯出。皆當爲腨之假借。本部腨。腓腸也。肫已見前。○攷工記旊人。器中膞。注。膞讀如車輇之輇。賈疏取音同也。則非以膞爲輇之假借。案注云埶膞其側以擬度。又釋下句豆中縣爲縣繩正豆之柄。疑中膞者謂外埒如切肉之厚。遂以膞名。用本義矣。○集韻。膞鳥胃也。此殆以膞爲胵之假借。膞胵雙聲字。胵已見前。○淮南繆稱訓。故同味而嗜厚膞者。必其甘之者也。注。膞厚切肉也。今膞字多作膊。蓋形似而誤。非假借也。

𦙶 食所遺也。易曰。噬乾𦙶。重文爲胏。楊雄說。今噬嗑作胏。釋文引鄭注云。胏簀也。蓋以胏爲第之假借。又云子夏作脯。字林𦙶一曰脯也。此以義通。

膠 昵也。作之以皮。

王制。周人養國老於東膠。注。膠之言糾也。膠或作絿。是學之名膠。本取糾繳之義。絿與糾音義略同。

故可通借。糸部絿急也。引詩不競不絿。○漢書司馬相如傳雜遝膠輵以方馳。注。膠輵猶交加也。蓋以膠爲交之假借。○詩風雨雞鳴膠膠。玉篇引作嘐嘐。口部嘐誇語也。鳴宜从口。則膠爲嘐之假借。

肥　多肉也。

借萉。已見艸部借腓。見上。○易遯上九肥遯無不利。九師道訓作飛遯。文選思元賦利飛遯以保名。注亦引易飛遯飛遯者。蓋鴻飛冥冥之意。是肥當爲飛之假借。○列子黃帝篇目所偏視晉國爵之。口所偏肥晉國黜之。段云古肥與非通。口所偏肥。

猶云口所偏非耳。是肥可爲非之假借。○詩泉水。我思肥泉。釋文肥本作淝。釋名云。所出同所歸異曰肥泉。本同出時所浸潤少。所歸各枝散而多。似肥者也。則肥爲本義。淝乃肥之加水偏者。水部所無。非假借矣。○字林引爾雅。異出同流爲瀵。今爾雅作異出同流肥。瀵當爲肥之假借。瀵肥聲相轉。

筋部

肉之力也。从肉力。从竹。竹物之多筋者。

攷工記弓人强者在內而摩其筋。注。故書筋或作薊。鄭司農云。當爲筋。是薊爲筋之假借。筋薊雙聲字。

笏 筋之本也。重文爲腱。集韻笏一音斤。與筋同。蓋以其爲筋之本。故卽爲筋。是二字亦可通借。筋腱聲相轉。

刀部

刀 兵也。象形。詩河廣曾不容刀。釋文。刀字書作舠。說文作𦨴。正義引說文𦨴小船也。是刀爲𦨴之假借。今本說文無之。殆漏也。○爾雅釋魚。鮤鱴刀。釋文。刀亦作魛。此魚部所無。玉篇蔑。刀魚。蓋謂魚形似刀也。則魛爲或體。

釗刀握也。

玉篇廣韻皆云。釗同弣。案曲禮左手承弣。弓部無弣字。少儀。弓則以左手屈韣執拊。又削受拊。是弓與刀之把並稱拊。拊當爲釗之假借。釗从缶聲。方九切。玉篇孚主切。與拊音相近。攷工記弓人。夫角之本蹙于剸而休于氣。集韻。剸乃老切。與腦同。此本部所無。而角之本正近拊也。當卽釗之形似而譌。音亦非。

[illegible]刀劍刃也。籒文爲[illegible]。

借号。已見叩部。○爾雅釋詁。䂓。利也。周頌有略其耜。毛傳。略。利也。張揖古今字詁云。略古作䂓。是略爲䂓之假借。卽剟之假借也。

削 鞞也。一曰析也。

革部。鞞。刀室也。又鞘。刀室也。漢書貨殖傳。質氏以洒削而鼎食。注。削謂刀劍室也。是鞘爲削之通借。鞘。小爾雅作鞘。○邑部。䣁字云。國甸。大夫稍。稍。所食邑。周禮曰。任䣁地。在天子三百里之內。案太宰。家削之賦。釋文本亦作稍。又作䣁。載師。以家邑之田任稍地。注。故書稍或作削。是䣁爲正字。稍乃假借而郁本因稍得義則亦通削又轉借字或卽郁之誤○易剝注剝猶削也釋文削本作消削乃後一義消可爲削之通借又莊子讓王篇削然反琴而弦歌釋文引本注削然反琴聲削如字或作梢音消此以聲借也○漢書司馬相如傳刻削崢嶸注引蘇林曰削音陗峻之陗又文選四子講德論宰相刻削注削與峭同削爲陗之假借峭則陗之或體釋名云刀室曰削削陗也其形陗殺裹刀體也是義亦通○周禮疾醫有痟首疾注痟酸削也正義云人患頭痛則有酸嘶酸削則酸嘶也蓋以

俐爲嘶之假借。嘶俐雙聲字。嘶口部所無。卽疒部凘之或體。

利 銛也。刀和然後利。从刀。和省。易曰。利者義之和也。

古文爲𥝢。

荀子正名篇。利而不流。注。利或爲和。此以義通又非十二子篇。綦谿利跂。注。利與離同。利蓋離之假借。離已見佳部。○史記陳杞世家。是爲厲公。索隱曰。卽利公。厲利聲相近。利當爲厲之假借。

剡 銳利也。

爾雅釋詁。剡。利也。詩大田。以我覃耜。毛傳。覃。利也。

此以覃爲剡之假借。故淮南氾論訓古者剡耜而耕。文選東京賦介馭間以剡耜。注。剡與覃同。○漢書藝文志。剡木爲矢。注。剡謂銳而利之也。易繫辭釋文。挾木爲矢。本亦作剡。是挾爲剡之假借。○顏氏家訓書證篇引蔡邕月令章句曰。鍵。關牡也。所以止扉。或謂之剡移。又云。剡。聲類作扊。或作扂。案剡移卽百里奚妻琴歌之扊扅也。扊扅與扂皆戶部所無。剡亦當卽鍵之假借。剡鍵聲相近。鍵已見又部建下。○離騷皇剡剡其揚靈兮。注。剡剡。光貌。剡當爲燄之假借。

則等畫物也从刀貝貝古之物貨也古文爲𠟢又爲𠟢籒文爲𠟭

王制凡制五刑必卽天倫注卽就也卽或爲則此以則爲卽之假借則亦爲語辭廣雅釋言則卽也詩終風願言則嚏一切經音義十五引作卽嚏是二字本可通借○荀子勸學篇口耳之間則四寸耳注則當爲財與纔同是以則爲財之轉借則財聲相近○書多士傳不則德義之經釋文則本作測測當爲則之假借○莊子列禦寇篇醉之以酒而覩其側釋文側或作則則當爲側之省借○禮

運故百姓則君以自治也注則當爲明此承上君者所明也非明人者也注明尊也故以則爲明明則形相近則乃尊之入聲是則可爲明之假借○徐云則節也取用有節刀所以裁制之也是則可以爲節之假借節則雙聲字○玉篇則法也爾雅釋詁則常也疏謂常禮法也周禮天官冢宰以八則治都鄙鄭注則法也是則可爲法之假借　下缺

嘉興張鳴珂
族曾孫彝　同校

說文假借義證卷八

說文假借義證卷九目錄

第五篇上

竹部 文百四十四 證五十三

竹 箭 箘 筱 簜 筍 節 篆 籀

篇 籓 笧 篰 箅 笸 筵 笮 簾

簣 第 簏 簧 籔 籍 筥 箄 箸

籫 箣 篕 筩 竽 筊 笠 簴 籚

笄 籋 箱 篚 箠 籣 笘 箙 箾

笙 筒 管 簍 𥶠 篽 筭 算

箕部 文二 證一

箕

丌部 文七 證五

近 典 畀 巽 奠

左部 文二 證一

𢀩

工部 文四 證四

工 式 巧 巨

㠭部 文二 證二

㠭 𡨄

巫部 文二 證二 巫見竹部筮林部𣡌下覡見手部𢰸下

甘部文五　證四

甘　甛　猒　甚

曰部文七　證六

曰　曷　㬰　朁　沓　曹

乃部文三　證一

乃

丂部文四　證三　丂見亏部并工部巧下甹見人部傷下寍見用部甯見部顧下

可部文四　證三

可　奇　哥

兮部文四　證三

兮 義 乎

号部文二 證二

号 號

亏部文五 證三

亏 虧 平

旨部文二 證一 旨見只部下

喜部文三 證二

喜 嚭

壴部文五 證三

尌 彭 嘉

號

虍部 文九 證五

虞 虔 虔 𧇡 虡

虎部 文十五 證七

彪 𧇾 虢 虒 虩 虪 虓

虤部 文三 證一

贙

皿部 文二十五 證十

皿 盂 盌 盧 盎 盨 益 盈 盦

盥

光緒二十五年歲在己亥仲冬月族曾孫蔭成重校刊

說文假借義證卷九

弟五篇上　涇朱珔學

竹部

竹　冬生艸也。象形。下垂者。箁箬也。

借薵已見艸部。又爾雅釋艸。竹。萹蓄。釋文。竹本作筑。筑蓋竹之轉借。○楊雄蜀都賦。獨竹孤鶬。竹乃屬之假借。即屬玉也。

箭　矢也。

周禮職方氏注。故書箭爲晉。杜子春曰。晉當爲箭。儀禮大射儀亦云。古文箭作晉。晉當爲箭之假借。

晉箭雙聲字吳越春秋晉竹十廋晉竹卽箭竹矣又木部榗下引書竹箭如榗蓋禹貢篠簜史記作竹箭謂箭之音讀如榗也段云榗亦箭之假借

箘 箘簬也一曰簙棊也楚辭招魂昆蔽象棊王注昆或言箟簬今之箭囊也箟卽箘之或體昆又箟之省借昆已見玉部琨下○簬之古文爲簵簵與禹貢合本部引作簵而木部引又作輅輅卽簵輅之省傳寫或異非必假借

筱 筱箭屬小竹也禹貢作篠古今字猶篠之爲莜也列子湯問篇荆

篠爲幹。釋文。篠本作條。條又篠之省借。○文選長笛賦。林箾蔓荆。注。箾與篠通。是箾爲筱之假借。

簜 大竹也。夏書曰。瑤琨筱簜。簜可爲幹。筱可爲矢。

周禮掌節之英蕩。釋文。蕩如字。是當从艸。干氏寶曰。簜。竹箭也。刻書所事。以助使節之信。乃以簜爲蕩之通借。後人詩有用簜節者。殆本此。○後又有⿱竹昜字云。大竹筩也。大射儀。簜在建鼓之間。注。簜謂笙簫之屬。則字當作⿱竹昜。簜蓋⿱竹昜之通借。

筍 竹胎也。

借尹。已見又部。笱或作筠。亦見尹下。○明堂位。簨虡也。釋文。簨本作筍。廣韻簨與簴同。又作栒。三字皆本書所無。攷工記梓人司農注。簴讀爲竹筍之筍。則當卽借筍字爲之。若周禮典庸器杜注。筍讀爲博選之選。此以簨與選皆从巽。故擬其音。非借字也。○攷工記。妢胡之笴。注。故書笴爲筍。杜子春云。當爲笴。案筍當是誤字。非假借。笴已見艸部苛下。○下筤字云。竹膚也。書顧命。敷重筍席。鄭注。筍。析竹青皮也。是筍可爲筤之通借。○公羊文十五年傳。筍將而來也。釋文。筍音峻。史漢張耳傳。貫高箯與前服虔曰。箯音編。編竹木如今峻。可以糞除也。是卽以峻爲笥之假借。而公羊何注。竹篗一名編輿。則編亦篗之通借矣。

節 竹約也。

後卪部云。瑞信也。引周禮掌卪之文。今周禮作節。當爲卪之假借。○孟子。若合符節。後漢書注作若合符契。契有屑音。當爲節之轉借。義則作契亦通。契已見韧部栔下。○明堂位。山節藻棁。注。山節刻欂廬爲山也。節蓋楶之假借。木部。楶。欂櫨也。○詩節彼南山。毛傳。節高峻貌。釋文。節在切反。又音截。山部。巀。巀嶭山也。文選上林賦。九嵕巀嶭。郭注。巀嶭。高峻貌也。是節當爲巀之假借。又山部岊。陬隅。高山之節也。則節與岊亦可通借。○大戴記保傅篇。進退節度無禮。注。節度或爲卽席。又詩卷阿正義引白虎通。鳳雄鳴曰節節。論衡講瑞篇引禮記瑞命作雄鳴曰卽卽。是節與卽可爲通借。卽已見刀部則下。○士冠禮贊者奠纚笄櫛于筵南端。注。古文櫛爲節。是節爲櫛之省借。○借遏已見辵部。

䇾引書也。

周禮巾車。孤乘夏篆。注。故書篆作緣。鄭司農云夏赤也。緣。緣色。此釋緣字。不謂緣當爲篆。是以篆爲綠之假借。或曰篆讀爲圭瑑之瑑。後鄭云。夏篆謂五采畫轂約也。下卿乘夏縵亦五采畫。無瑑爾。則以篆爲瑑之通借。

籀 讀書也。春秋傳曰卜籀云。

鄘風毛傳。讀抽也。方言。抽。讀也。抽乃籀之假借。○糸部紬大絲繒也。太史公自序。紬史記石室金匱之書。如淳注。抽徹舊書故事而次述之也。此蓋以紬爲抽之假借而漢書注。紬音胄。則紬亦籀之假借。二者竝通。○左傳卜筮皆云繇辭。服虔曰。繇。抽也。抽出吉凶也。此云卜籀。蓋以繇爲籀之假借。聲相轉。

篇書也。一曰。關西謂榜曰篇。

榜卽今之門堂額也。此以榜爲篇。則篇爲扁之通借。扁已見冊部。○易泰六四。翩翩不富。釋文出篇篇。云子夏傳作翩翩。古文作偏偏。又引向注。翩翩。輕舉貌。是以篇偏皆當爲翩之假借。翩亦見扁下。偏見彳部。徧言部諞下。

籥書僮竹笘也。

借龠。已見龠部。○門部闢。關下牡也。今字作鑰。月令。慎管籥。注。管籥。搏鍵器也。文選鮑明遠樂府注引易鄭注。齊魯之間名門戶及藏器之管曰籥。史記仲尼弟子傳。弟子人投其籥。正義。籥。鑰匙也。籥皆當爲闟之假借。若晉金縢啟籥見書。馬融注。籥開藏卜兆書管也。鄭王同。此以籥爲闟。少儀。執策籥。尚左手。注。籥如笛。三孔。又以籥爲龠。廣雅疏證謂金縢言書者。占兆之辭。籥者僻處。故必啟籥然後見書也。少儀策。蓍也。籥。占兆之書所載也。故并言之。竊策之策不應與羽籥之籥連文。則二處籥字皆當用本義。説是也。○上列箕字云籥也。箕與籥一聲之轉。義正同。可爲通借。今書一紙謂之一頁。或作葉，則當爲箕之假借矣。

簡　牒也。

左氏成八年傳引詩是用大簡，杜注：簡，諫也。大雅正作諫，是簡爲諫之假借。○爾雅釋詁：簡，大也。本引伸之義。尚書大傳：閒尾倍其身，鄭注：閒，大也。是閒爲簡之省借。故莊子天運篇食于苟簡之田，釋文亦云：簡，司馬作閒。○文選魏都賦注引韓詩章句：閑，大也。是閑亦簡之假借。○淮南說山訓：周之簡圭生於垢石，高注：簡圭，大圭也。簡當爲玠之假借。玠簡雙聲字，玠亦訓大，則義可通。玠已見玉部。

○詩簡兮釋文簡本作蕑是蕑亦簡之假借但竹部艸部每相混不必定借耳○攷工記弓人欲小簡而長鄭司農注簡讀爲撊然登陴之撊此本左氏昭十八年傳文蓋以簡爲撊之假借後鄭讀如簡札之簡謂筋條也則不易字撊亦手部所無

篰　萬[?]爰也

廣韻云篰篓簡也篰牘也篰篓从竹乃後人所加○錢云今書之部分字急就篇分別部居是部爲篰之省借案廣韻部署也部从邑則州郡之部界及軍之部伍不必借篰字爲之○上籍字云簿也

而部內無簿字。段謂當作薄。又謂節蓋今之簿字。案簿書字祇當作節。不必又借薄矣。薄已見艸部。

筮 易卦用蓍也。从竹𢍰。𢍰古文巫字。今字省作筮。借簭。已見口部噬下。○周禮簭人。九簭之名。巫更巫咸等。釋文巫皆音筮。蓋筮既从巫。古者卜筮亦用巫。故卽借巫爲筮。此以義通。○又部敹云。楚人謂卜問吉凶曰敹。从又持祟。祟亦聲。讀若贅。錢云。卽筮字。特牲饋食禮注。筮問也。士冠禮注。筮所以問吉凶。楚辭注。筮卜問也。凡蓍曰筮。筮之爲敹。是以敹爲筮之通借。敹筮曡韻字。

笸取蟣比也。

八部余下引史記遺單于比余。此以比釋笸。段云。比。密也。引伸爲櫛髮之比。是比爲笸之通借。今作篦者。在新附。廣雅及廣韻作枇。

筳維絲筦也。

文選荅客難以筳撞鐘。漢書作莛。筳當爲莛之假借。艸部莛。莖也。五臣注引說苑撞之以梃。梃當亦爲莛之譌。

笮迫也。在瓦之下。棼上。

借迮。已見辵部。借唶。見言部譜下。○爾雅釋宮屋上薄謂之筄。郭注。屋笮也。本部無筄。錢云。筄卽笮字。又廣雅釋宮。樒謂之笮。樒笮一聲之轉。則笮可爲樒之通借。樒已見前節下。○後有筰字。云筊也。廣韻。笮筰同。竹索也。西南夷尋之以渡水。故卭筰卽卭笮。是笮爲筰之通借。或从艸作莋。非也。筰亦見譖下。○晉語。其次用鑽笮。韋昭注。臏刑也。漢書刑法志作鑽鑿。亦引韋昭注。笮當爲鑿之假借。聲相近。○後漢書耿恭傳。笮馬糞汁而飲之。注。笮謂壓笮也。廣韻。醡。壓酒具也。榨。打油具也。二字皆本書所無。蓋卽借笮字爲之。故廣雅釋詁。笮。盞也。○

又釋詁窄陿也穴部所無當亦借笮字爲之

簾　堂簾也

後巾部有㡘字訓帷繋傳譌帷宜作㡘不作簾案以布爲之故从巾作㡘以竹爲之故从竹作簾釋名㡘廉也自障蔽爲廉恥也㡘或作幨亦作簾是㡘與簾可爲通借故御覽引通俗文戸幃曰簾玉篇亦云㡘帳也施之戸外也今人凡布帷竝稱簾○堂簾者謂堂上之簾也其云堂廉廉則指堂之隅言之廉棱也作簾者非

簀　牀棧也

詩淇奧綠竹如簀毛傳簀積也文選西京賦芳草如積注引韓詩章句簀綠蕃盛如積也是簀爲積之假借賦語蓋本詩而用本字○淮南說山訓死而棄其招簀注簀讀功績之績也是簀亦爲績之假借

笫 牀簀也

借胏已見肉部𦞦下○儀禮既夕記設牀笫注古文笫爲茨茨葢笫之假借茨已見艸部薺下

簁 竹器也可以取麤去細

下簁字云簁箄竹器也乃所以盛物與此異廣韻

簁下物竹器。別作簁。此當爲籭之假借。漢書賈山傳作篩。則俗體也。錢謂廣雅釋器。籮箕也。即此字。亦非。箕所以簸揚。其用不同。本部無籮。

籅 漉米籔也。籔 炊籅也。

籅籔音之轉。可爲通借。方言。炊籅謂之縮。或謂之𥱇。𥱇與籔同。縮乃籔之假借。亦可爲籅之假借。縮即籔之入聲。籅縮蝕韻。縮已見艸部蕭下。○聘禮車秉有五籔。注。籔讀若不數之數。今文籔或爲逾。逾當爲籔之假借。○漢書東方朔傳。是寠藪也。注引蘇林曰。藪讀數錢之數。藪爲籔之假借。本亦作

籔師古曰窶籔以盆盛物戴于頭者則以窶籔薦之又楊惲傳鼠不容穴窶銜窶籔也是二字通矣窶即窶字籔已見艸部

𥳓　飯筥也受五升秦謂筥曰𥳓下䈰字云陳留謂飯帚曰䈰一曰飯器容五升一曰宋魏謂箸筩爲䈰中一義葢言䈰與𥳓可爲通借也論語斗筲之人筲又𥳓之省〇文選長笛賦纖末奮䈰注方言捎動也䈰與捎同是以䈰爲捎之假借今本或作莦則𥳓之誤从艸者

筥　𥳓也

方言。簇。南楚謂之筲。本部無箷字。簇卽筥之或體。猶莒之爲旅也。○周禮掌客米百有二十筥。注。筥讀爲棟梠之梠。謂一稯也。桼木部梠。楣也。不應以爲量名。此殆擬其音。非必假借。讀爲當是讀若。梠與簇音同。

簞 笥也。漢律令。簞。小匡也。傳曰。簞食壺漿。廣雅釋器。匴。笥也。疏證云。匴通作簞。案匸部匴字云宗廟盛宔器也。引周禮司巫祭祀共匴主。蓋盛主之器亦笥屬。故簞可爲匴之通借。而簞又爲盛飯之小匡。當是別一義耳。

箸　飯攲也。

今字作筯。凡著作、著明及藥韻著落字皆卽借箸字爲之。艸部無著字。○木部櫡字云：斫謂之櫡。爾雅釋器作鐯。俗字也。廣雅：櫡謂之钁。从著，亦非。史記周勃世家：又不置櫡。索隱曰：箸者，食所用也。漢書正作箸。是以櫡爲箸之假借。

簣　竹器也。讀若纂。一曰叢也。

喪大記：食於篹者盥。注：篹，竹筥也。本部無篹字。集韻：篹亦纂。音與簣同。則篹疑卽簣之或體。惟廣雅釋器：簣，箸筩也。此殆其器各異，而字可通借。且許

未嘗分別也○木部櫝下一曰叢木與此後一義同是贊可爲櫝之通借

𥳑竹器也

匚部匴渌米籔也而士冠禮爵弁皮弁緇布冠各一匴注匴竹器名今之冠箱也廣雅𥳑笥也笥亦箱也是匴當爲𥳑之假借𥳑穌旰切匴穌管切音相近○又士冠禮注古文匴爲篹篹已見上訓竹筥一切經音義十五引聲類云筥箱也是篹亦可爲𥳑之通借矣○史記鄭當時傳其餽遺人不過算器食算卽匴之省則算與𥳑亦同而算乃假借

字也。○廣雅。匪笥也。玉篇匪又作笲。士昏禮婦執笲。注。笲竹器有衣者。匪笲皆本書所無。錢云笲即簈字。蓋音相近。是笲亦可爲簈之通借。

簋　黍稷方器也。古文爲𠥩。爲匭。爲朹。

易損二簋。釋文。簋蜀才本作軌。儀禮公食大夫禮。宰夫設黍稷六簋。注。古文簋皆作軌。軌蓋古文匭之省借。○周禮小史。以書敘昭穆之俎簋。注。故書簋或爲几。鄭司農云。几讀爲軌。書亦或爲簋。古文也。段謂几當爲九。案几九形近。亦音轉。簋軌音皆如九。是以九爲簋之假借。但易渙。奔其机。惠氏九經古義云。机當爲杌。宗廟器也。而釋文机音几。則几机不必定誤字。机或可爲杌之假借。几亦可爲杌之假借與。○段又云。匭字後世用爲匭匣字。尚書包匭菁茅。鄭注。匭纏結也。蓋以匭爲糾之假借。案吳都賦職貢納其包匭。劉注。既包裹而又纏結之。一曰。匭柙也。前一義正本於鄭。糾九音同。糾已見丩部。

簠黍稷圜器也。古文爲𠤱。易剝牀以膚。釋文膚京作簠。謂祭器。此以膚爲簠之假借。與諸家說異。

竿　竹挺也。

借干。借於已見一部。又後漢書董卓傳。時號爲竿摩車。注。竿摩謂相逼近也。今俗以事干人者謂之相干摩。此亦竿爲干之假借也。干已見干部。○莊子列禦寇篇。不離苞苴竿牘。注。竿牘謂竹簡爲書以相問遺。竿牘卽簡牘也。是竿爲簡之假借。猶干之爲澗。○文選鮑明遠樂府。歲秋筋竿勁。注。竿箭幹也。是竿爲幹之假借。幹已見羽部翰下。

筊　竹索也。

史記河渠書。搴長茭兮沈美玉。索隱曰。茭竹葦絙也。漢書臣瓚注同。芟當爲筊之假借。芟已見艸部。

○爾雅釋言。絢。絞也。絞亦索也。則絞可爲筊之通借。

笠可以收繩也。从竹。象形。中象人手所推握也。重文爲互。

互借牙。已見牙部。○周禮脩閭氏。掌比國中宿互欜者。注。故書互爲巨。鄭司農云。巨當爲互。謂行馬所以障互禁止人也。又司會。故書以參巨攷日成。杜子春讀爲參互。是巨可爲互之假借。音相近。

籧飤牛匡也。方曰匡。圜曰籧。

呂覽季春具栚曲籧筐注員底曰籧此用本字淮南時則訓具樸曲筥筐又詩采蘋維筐及筥筥蓋籧之通借今月令具曲植籧筐籧乃籧之假借若爾雅釋訓籧篨釋文籧本作籧則轉以籧爲籧之假借矣籧篨亦見艸部籧下

䈪積竹矛戟矜也春秋國語曰朱儒扶䈪

攷工記廬人注盧矛戟矜柲也盧乃䈪之假借○所引胥語今本朱作侏䈪作盧韋注盧矛戟之柲是盧亦䈪之省借○凵部云凵盧飯器以柳爲之凵之重文爲笑士昏禮注笲如今之筥笑䈪矣此

又以籚盧爲盧之假借。方言。箃。趙魏之間謂之笶箃。箃亦爲筥之名。已見上筥下。笶箃卽笶籚也。與凵盧同。廣雅。籚。筐也。疏證云。古者盧旅同聲。士冠禮注。古文旅作臚。周書盧弓。左傳作玈弓。皆其例也。臚已見肉部。旅見臚下。玈者俗字。

箝　籋也。

手部拑。脅持也。金部鉗。以鐵有所劫束也。拑鉗皆可爲箝之通借。故鬼谷子飛箝篇注。箝謂牽持緘束。令不得脫也。後漢書袁紹傳。百姓鉗口。注。鉗或作拑。○金部鉆。鐵銸也。一曰膏車鐵鉆。周禮典同注。飛鉆。涅闍。疏引鬼谷子。飛鉗卽飛箝也。是鉆亦箝鉗之通借。○又金部鈐鏅。大犂也。一曰。類相。今用爲鈐東字。則箝鉗之假借也。

籋 箝也。繫傳云。今俗作鑷。○金部銸。鉆也。陟葉切。與籋尼輒切。音相近。義亦同。則銸可爲籋之通借。○漢書禮樂志天馬歌。籋浮雲。晻上池。籋當爲躡之假借。

箱 大車牝服也。

爾雅釋宮。室有東西廂曰廟。左氏昭四年傳注。今東西廂也。釋文本又作箱。广部廂字在新附。古祇借箱字爲之。

篚車笭也。

爾雅釋器。輿。革前謂之鞎。後謂之笰。竹前謂之禦。後謂之蔽。笰與蔽。其實一也。詩之簟笰。載驅从竹。與爾雅同。碩人作茀。从艸。茀是也。段云。周禮巾車蒲蔽棼蔽等。蔽卽茀也。故鄭引翟茀以朝作翟蔽以朝。余謂毛傳茀蔽也。蔽爲茀之通借。而要皆爲篚之假借也。茀蔽俱已見艸部。○廣韻。篚竹器。韻會篚亦作棐。漢書食貨志。歲入貢棐。注。應劭云。方曰箱。橢曰棐。師古云。棐與篚同。是棐可爲篚之假借○孟子篚厥元黃音義出匪厥引丁音云匪義當作篚篚以盛贄幣作匪者古字借用案匪爲正字篚乃借字此轉以匪爲借誤也若士冠禮有篚注篚竹器如笭者則本當作匪而通其義於篚

箠擊馬也

段謂假借爲杖人之稱漢書定箠令是也周禮假垂爲箠垂氏掌共燋契是也案垂氏釋文本又作菙注云用荆菙之屬菙當爲箠竹部艸部通用耳

○下箠字云箠也左傳文十三年繞朝贈之以策杜注馬檛亦作簻箠檛俱陟瓜切故可通木部無

櫝則異體假借矣。

籣所以盛弩矢人所負也。

西京吳都魏都賦皆云蘭錡。蘭卽籣之假借。蘭已見艸部。○史記信陵君傳平原君負韊矢。玉篇作韊。蓋籣之或體。从竹从革。與與之革前竹前正相類。

笘折竹箠也。潁川人名小兒所書寫爲笘。

廣雅。笘籥也。疏證云學記呻其佔畢。佔與笘同。籥雅。簡謂之畢。笘亦簡之類。故佔畢連文。鄭注以佔爲視。於文爲不辭矣。案人部無佔字。當卽笘之或體。鄭意蓋以佔爲覘之假借。覘在見部。○春秋齊陳書字子占。古者命字必與名相配。則占當爲笘之省借。

[illegible]榜也。

殺。徒魂切。玉篇大昆切。廣雅釋詁。殺。擊也。疏證云。急就篇盜賊繫囚榜笞臀。臀亦殺字也。顔師古注以臀爲脽。失之。是臀爲殺之假借。○殳部殿。擊聲也。殿爲殺之省借。義同。

箾以竿擊人也。虞舜樂曰箾韶。

音部引書作簫韶。此從左傳。箾當爲簫之假借。簫已見上筱下。○左傳下文象箾南籥。釋文。箾音朔。與韶箾異。正義引賈逵云。箾舞曲名。言天下樂削去無道。殆以箾爲削之假借。故西京賦飛罕潚箾。卽潚削也。削已見刀部。正義又引上林賦拂鷖鳥。捎鳳皇。棻捎與拂同。正合以竿擊人之義。捎朔亦音轉。則箾可爲捎之通借。但以釋象箾之樂恐非。捎已見上箾下。

笙 十三簧象鳳之身也。笙正月之音。物生故謂之笙。書。笙鏞。鄭注亦云東方之樂謂之笙。笙生也。是笙本从生得義。左氏莊九年傳。乃殺子糾于生竇。史記齊世家作筵瀆。生乃筵之省借。○又宣十八年傳。歸父還自晉。至筵。釋文筵本作樫。亦作杅。據江氏地理考實。筵卽筵瀆。則樫杅皆假借字。但春秋地名有樫有杅。或所傳非一處與。

筒　通簫也。

通簫卽洞簫。筒亦徒弄切。則洞可爲筒之通借。○本部箾。斷竹也。一切經音義二引三蒼郭注。箾竹管也。又廿二引三蒼云。筒竹管也。是以筒爲箾之通借。

管　如篪。六孔。十二月之音。物開地牙。故謂之管。重文爲琯。古者玉琯以玉。

本部筦。箏也。詩執競磬筦將將。釋文本亦作管。筦當爲管之假借。亦通用。故左傳管仲。淮南子說苑漢書藝文志竝作筦仲。○聘禮。管人布幕于寢門外。注。管猶館也。館人。謂掌次舍帷幕者也。士喪禮管人汲。注。管人。有司主館舍者。管當爲館之假借。○聘禮注。古文管作官。官又管之省借。竹書穆天子傳。官人陳牲。官人設几。與此正同。○左氏宣十二年傳。次於管。釋文。熒陽管城。管叔所封。本或作菅。菅當爲管之假借。○書金縢。管叔。墨子作關叔。

關亦管之假借。○樂記管乎人情矣。史記樂書正
義引作貫乎人情。案風俗通聲音篇物貫地而牙。
故謂之管。則貫可爲管之通借。貫已見辵部遦下。
管見革部鞏下。

薆　蔽不見也。

爾雅釋言薆隱也。他書亦多从艸。當依此从竹。○
詩烝民愛莫助之。毛傳愛隱也。愛當爲薆之省借。
又邶風愛而不見。郭注方言引作薆而。薆卽薆字。
郝云。說者以愛爲可愛。非也。○廣韻僾隱也。與爾
雅薆訓正同。則僾又薆之通借矣。○文選上林賦

晻䨴㗖茀。注。䨴與䒥音義同。是以䨴爲䒥之假借。

香部無䨴字。當作藹。艸部藹。盍也。義與䒥近。可通

借。

䉷 惟射所蔽者也。

漢書元帝紀。嚴籞池田。晉灼注。嚴籞。射苑也。蓋以

嚴爲䉷。嚴之假借。嚴已見吅部。○管子戒篇。桓公弋

在廩。廩當爲䉷。䉷之假借。廣雅釋器。作篻。篻字本部

所無。篻與䉷。侵鹽韻通。廩在寢韻。亦侵之上聲也。

籞 禁苑也。春秋傳曰。澤之自篽。重文爲魰。

漢書宣帝紀。詔池籞未御幸者。假與貧民。蘇林曰。

折竹以繩綿連使人不得往來律名爲籞籞卽篽字今亦稱禦苑禦禁也是禦可爲篽之通借禦已見示部○段云自篽之自當作舟舟左氏昭二十年傳澤之萑蒲舟鮫守之鮫葢敍之誤許所據竟作舟篽耳魯語有舟虞是篽虞亦可通借

筭 長六寸計厤數者从竹从弄言常弄乃不誤也又

算 數也讀若筭

段云筭爲算之器算爲筭之用二字本音同義別案爾雅釋詁算數也釋文字又作筭古書通借用之多不分算已見上筭下○示部祘祘明視以筭之

逸周書曰。士分民之祘。均分以祘之也。讀若筭。一切經音義三。筭古文祘。是祘可爲筭之通借。○詩柏舟。不可選也。車攻序。因田獵而選車徒。選皆訓數。蓋以選爲算之假借。故論語何足算也。漢書公孫劉田等傳贊及鹽鐵論雜事篇。算俱作選。選已見辵部。○易繫辭雜物撰德。釋文。撰。鄭作算。數也。周禮大司馬羣吏撰車徒。注。撰讀曰算。算謂數擇之也。是以撰爲算之假借。撰亦見選下。○論語八佾篇。集解引馬融云。多筭飲少筭。釋文。筭本今作算。籌也。筭乃筭之或體。○既夕禮執算從柩東。注。古文算皆爲筴。案筴即策。易乾之策坤之策。謂策數也。錢云。筴即此筭字。筴筭音隔。則以義通借。策筴見冊部。

箕部

箕簸也。从竹。𠀠象形。下其丌也。古文爲𠀠爲𠥱爲𠤳。籀文爲𠁍爲匪。案本書無其字。經籍通用籀文之𠀠爲語辭。又丌部云。下基也。薦物之丌。象形。讀若箕同。玉篇以丌爲其字。而墨子書其字多作丌。丌與丌同也。是丌可爲籀文箕之通借。其借幾已見丝部。○易明夷六五。箕子之明夷。釋文。蜀才箕作其。劉向云。今易。箕子作荄滋。惠氏周易述曰。西漢蜀人趙賓述孟喜之學。以爲箕子明夷。陰陽氣无箕子。古文作其子。其子者。萬物方荄滋也。見漢書喜傳。荀爽亦本之。其與荄。子與滋。字異而音義同。淮南子。爨萁燧火。高注。其音該備之該。該荄同物。荄與亥通。三統厤。該閡於亥。孳萌於子。是也。據此則箕子作其子。當爲荄滋之假借矣。○艸部萁。豆莖也。曲禮。粱曰薌萁。釋文。其本作箕。鄭注則曰。其。辭也。蓋不用箕之本義。而以其爲籀文之其。故周禮太祝注引作粱曰杳其此以其爲其之假借其亦或借爲箕尙書箕子北魏孝文帝弔比干碑作萁子○書立政丕丕基漢石經殘碑作丕丕其又周頌夙夜基命宥密釋文出其命云本作基是以其爲基之省借而丌訓下基則基正丌之通借也○詩揚之水彼其之子箋云其或作記或作已讀聲相似是記已皆可爲其之假借故詩候人彼其之子表記作彼記之子晉語作彼已之子○郊特牲何居注居讀爲姬語之助也蓋以居爲其之假借其音渠之切或居之切今支韻有居字○易繫辭死其將至釋

文其本作期是其爲期之省借故春秋郱庶其漢書地理志作庶期期亦見幾下○左氏襄廿四年傳注計其城是也釋文漢書作斤桼地理志計斤縣如[湆]曰斤音基是其爲斤之通借斤其雙聲字

丌部

𨒪古之遒人以木鐸記詩言讀與記同

詩崧高往近王舅箋云近聲如彼記之子之記蓋本迈字譌爲近迈以爲語辭乃記之假借實其之轉借也記已見上又易中孚月幾望京房幾作近已見幺部鐖云京當作迈是亦以近爲迈之誤但

易作近可通詩作近則不辭矣

典 五帝之書也从冊在丌上尊閣之也莊都說典大冊也古文爲𠀍

攴部𢾅主也段云凡典法典守字皆當作𢾅是典本𢾅之省借今經傳概用典○易繫辭行其典禮釋文典京本作等案竹部等齊簡也从竹寺寺官曹之等平也是等有等平法度之義故爲典之通借聲相轉○攷工記輈人輈欲頎典注頎典堅刃貌鄭司農云典讀爲殄漢讀考謂讀爲當是讀如注下言典不言殄也則典之爲殄殆擬其音非借

字。㞄典義未審。疏亦無釋。殄已見歺部。

畀相付與之。約在閣上也。

逸周書祭公篇付俾于四方。孔晁注。付與四方也。此以俾爲畀之假借。○孟子。封之有庳。漢書鄒陽傳作有畀。庳蓋畀之通借。字亦作㽼。庳已見广部卑下。又漢書昌邑王傳魏志諸王傳竝作有鼻。後漢書東平王蒼傳象封有鼻。注。有鼻國名。在今永州營道縣北。水經湘水注。有鼻墟。象所封也。括地志鼻亭神在營道縣。是諸書皆作鼻。畀與庳當爲鼻之假借。鼻部云。引气自畀也。則鼻本從畀得義。

音亦同。故左氏襄廿三年經。邾畀我來奔。公羊及春秋繁露觀德篇皆作鼻我。穀梁昭廿七年傳注。邾畀我。釋文畀本作鼻。今經典或以畀與廾部之畁混而無別。

巺　具也。古文爲巺。篆文爲巽。

借遜。借選。已見辵部。○上奠字巽也。此易奠卦爲長女爲風者。是卦名當作奠。孔子作傳。但言卦德字爲巺。巺蓋奠之通借。○易曰。巺入也。廣雅釋詁。巺順也。順故善入。巺當爲遜之假借。遜亦見遜下。

奠　置祭也。从酋。酋。酒也。下其丌也。禮有奠祭者。

借帝。已見上部。借定。見帝下。又周禮司市展成奠賈。攷工記弓人寒奠體。注竝云。奠讀爲定。此亦奠爲定之假借也。○匠人凡行奠水。司農注。奠讀爲停。是以奠爲停之假借。釋名。喪祭曰奠。奠停也。言停久也。則義亦通。○郊特牲。既奠。然後焫蕭。注。奠或爲薦。薦本奠之假借。廣雅釋言。奠薦也。亦通。○太元經。天地㞟位。尸部。㞟待也。此以㞟爲奠之假借。○公食大夫禮。坐奠于鼎西南。注。今文奠爲委。胡墨莊曰。詩采蘋。于以奠之。毛傳。奠置也。荀子大略篇。錯質。猶言委置也。高誘注呂覽。置猶委也。是奠與委近。案奠委音隔。此以義通。○檀弓。主人既祖。填池。注。填池。讀爲奠徹。聲之誤也。是以填爲奠之假借。此鄭說。與盧植讀如字異。填已見口部嗔足部蹎下。○士喪禮。幂奠用功布。注。古文奠爲尊。惠云。古尊字作奠。與奠相似。故譌。則非借字。

左部

差　貳也。左不相值也。籀文爲𢀩。

詩東門之枌。穀旦于差。釋文。鄭初佳反。韓詩作嗟。沈云。毛意不作嗟。案毛無改字。宜從鄭讀。此蓋以嗟爲差之假借。嗟已見口部嗞下。

工部

工 巧飾也象人有規榘與巫同意古文爲𢒄

借攻見已攴部○臯陶謨天工人其代之漢書律厤志作天功周禮肆師凡師不工注古者工與功同字是工爲功之通借功亦見攻下○詩靈臺矇瞍奏公毛傳公事也楚辭章句引作奏工是以工爲公之假借卽作工義亦通若陳球碑公子完適齊爲公正則公正當作工正公又爲工之假借公已見八部○堯典允釐百工漢志作百官工當爲官之假借周頌嗟嗟臣工毛傳工官也則義亦通

工官雙聲字○漢書鄭食其傳董仲舒傳注並云紅讀曰工文選在元城與魏太子牋女工吟詠於機杼注工與紅同紅當爲工之假借

式 法也

後車部軾車前也漢書李廣傳登不式服虔曰式者車前横木也式或作軾是式爲軾之省借故詩小戎箋拚軌在軾釋文亦云軾本作式○詩式微箋式發聲也蕩篇式號式呼釋文式本作或或與式皆借作語辭故通用○詩賓之初筵式勿從謂箋云式讀曰慝言醉者有過惡女毋就而謂之也

此以式爲歷之假借。式歷疊韻字。○漢書王莽傳天文郎按栻于前。注。栻所以占時日。周禮太史。抱天時。注云抱式。木部無栻字。蓋卽借式字爲之。故史記日者傳。旋式正棊。索隱云。式卽栻也。○又管子輕重篇。桓公使使者式璧而聘之。荀子禮論篇。不浴則濡巾三式而止。注。式與拭同。式皆當爲飾之假借。飾已見又部㕞下。○玉篇。鴏。溪鴏也。重文爲鷘。鈕云。埤雅引建州圖經。溪鴏於水渚宿。先少若有敕令也。亦其浮游。雄者左。雌者右。皆有式度。則義當作式。案鳥部鶒字在新附。無鷘字。蓋卽借式字爲之敇又式之通借。

巧 技也。

後丂部云气欲出丂上礙於一也古文以爲巧字。此同音之假借也。○書金縢予仁若考史記作且巧王云考巧古字通予仁若考者予仁而巧也是以考爲巧之假借。○莊子徐无鬼見巧於王釋文巧崔本作攻攻當是攷之形似而譌亦借攷爲巧也。

巨 規巨也从工象手持之重文爲榘从木矢矢者其中正也古文爲巨。

今字作矩矩已見止部歫下大學絜矩之道注矩
或爲巨此古字也管子宙合篇成功之術必有巨
矱注巨矱作矩矱是矩亦作巨矱當爲矱之譌○
攷工記輪人凡斬轂之道必矩其陰陽注故書矩
爲距鄭司農云當作矩謂規矩也是距爲矩之假
借距亦見歫下○又萬之以眡其匡也注故書萬
作禹司農云讀爲萬書或作矩此本以萬爲矩之
假借禹又萬之轉借也萬已見艸部○莊子達生
篇工倕旋而蓋矩釋文矩司馬本作瞿瞿當爲矩
之假借瞿已見瞿部○漢修堯廟碑圖象規柜又

以柜爲矩之假借。

㠭部

㠭 極巧視之也。

㠭知衍切與展音同。周禮肆師展犧牲注展省閱也。祭僕展而受之注展謂錄視其牲體數。又檀弓展墓而入注展省視之。少儀主人展之以授使者注展省具也。此與凡展布字皆爲㠭之假借。○尸部展轉也。段謂毛傳展誠也。方言展信也。此因展與㠭音近假借也。○詩關雎輾轉反側釋文輾本亦作展。字林作輾。案車部無輾。惟報字云轢也。从

車㞋聲。㞋者尸部云柔皮也。又申尸之後也。人善
切。故與輾近。錢謂輾卽輾字。則亦可假借矣。

𡫳 窒也。从㠭从廾窒宀中。㠭猶齊也。
土部塞字與此異義。既夕記塡塞耳注。塞充窒。是
以塞爲𡫳之假借。凡塡塞字當用𡫳。今通作塞。

甘部

甘 美也。从口含一。一道也。
艸部苷甘艸也。今作甘蓋省借字。若上林賦黃甘
橙楱。甘卽柑也。柑字木部所無。亦借甘字爲之。○
文選蜀都賦甘至自零。劉注甘至言熟也。莊子徐

無鬼。酣寢。謂熟寢也。亦作甘寢。酣當爲甘之假借。

甛　美也。从甘舌。舌知甘者。

周禮酒正。醴齊注。醴若今之恬酒矣。恬蓋甛之假借。心部。恬。安也。

猒　飽也。重文爲猒。

猒飽字引伸爲猒倦猒憎之義。今猒飽字作饜。俗體也。周語。豈敢猒縱其耳目心腹。注。猒。足也。猒與厭同。厭當爲猒之假借。猒倦猒憎今亦皆作厭。

甚　尤安樂也。从甘匹。匹。耦也。古文爲𠯑。

錢云。此湛樂字。詩和樂且湛。傳。樂之久也。箋。樂之甚也。是以湛爲甚之假借。故莊子天下篇。沐甚風。釋文。甚本作湛。○秦策。左右皆曰甚然。注。甚者謂誠也。甚卽誠之假借。音相近。誠已見言部。○炎部𤎩字云。侵火也。讀若桑葚之葚。錢謂此火甚字。見左氏昭十八年傳。蓋以甚爲𤎩之假借。○周禮司弓矢。甲革椹質。弓部引作甚質。甚爲椹之省借。椹已見艸部。甚下革部鞎下。

曰部

曶

曶也。从口。乙聲。亦象口气出也。

段云。爾雅釋詁。粵于爰曰也。此謂詩書古文多有以曰爲粤者。故粤于爰曰四字可互相訓。以雙聲疊韻相假借也。案粤曰疊韻。于爰皆與曰爲雙聲。粤已見走部越下。爰見受部。○曲禮。玉曰嘉玉。幣曰量幣。周禮太祝注引曰作云。云曰亦雙聲。可爲通借。蓋經傳多假云爲曰。如詩云卽詩曰是也。

曷　何也。

借過。已見辵部。○詩葛覃。害澣害否。毛傳。害。何也。害乃曷之假借。故書湯誓時日曷喪。孟子作害喪。漢書翟義傳載王莽擬大誥。亦以害爲曷。害已見刀部割下。○爾雅釋言。曷。盍也。盍爲曷之假借。盍

何不也急言之則但曰曷○史記蔡澤傳先生曷鼻巨肩索隱曰曷鼻如蝎蟲也是曷爲蝎之省借蝎亦見過下

曶出气詞也从曰冋象气出形春秋傳曰鄭太子曶

籀文爲曶一曰佩也象形

段云心部忽忘也與此音同義異漢書楊雄傳於時人皆曶之乃以曶爲忽之假借若所引鄭太子曶左傳作忽論語仲忽古今人表作中曶則人名不定誰爲借字○虞書在治忽史記作來始滑漢書作七始詠相傳各異非必假借裴駰集解引鄭

注尙書作曶云曶者臣見君所秉書思對命者也君亦有焉是又以忽爲曶之假借矣曶卽笏字竹部笏在新附士喪禮竹笏注今文笏作忽忽本亦借字釋名云笏忽也君有教命及所啟白則書其上備忽忘也乃通其義○木部榴高皃上連杺字玉篇云杺木忽高也蓋以榴字之解解杺是杺訓榴榴从曶義卽忽也亦可通借矣

朁　曾也詩曰朁不畏明

今民勞詩作憯又節南山憯莫懲嗟十月之交胡憯莫懲毛傳竝云憯曾也爾雅字亦作憯心部憯

痛也。憯當爲朁之假借。○釋文於民勞篇出憯字云本作憯。於十月之交篇云。憯亦作慘。家語正論解慘不畏明。注。慘曾也。則慘又憯之轉借。

沓 語多沓沓也。遼東有沓縣。

言部誻字云。誻誻也。荀子正名篇。愚者之言誻誻然而沸。誻爲沓之通借。○詩車攻。赤芾金舄。毛傳。舄達屨也。段云。達屨卽沓屨。所謂複下曰舄也。是達爲沓之假借。達已見辵部。

曹 獄之兩曹也。在廷東。从棘。治事者。从曰。

書呂刑。兩造具備。史記作兩遭。造與遭皆當爲曹之假借。造已見辵部。○殷本紀曹圉。索隱引系本作糟圉。糟當爲曹之假借。祭法疏引作遭圉。○木部。槽畜獸之食器。詩篤公劉。乃造其曹。段云曹蓋槽之假借。謂造於飤豕之處也。

乃部

乃曳詞之難也。象气之出難也。古文爲𠄎。籀文爲𠄏。下迺字云。驚聲也。从乃省。卤聲。籀文迺不省。或曰。迺往也。讀若仍。古文爲卤。段云卤與乃音義俱別。詩書史漢發語多用此字作迺。而流俗多改爲乃。

案爾雅釋詁仍迺俱訓乃仍亦从乃聲故迺爲乃之假借○周禮司几筵凶事仍几注故書仍爲乃鄭司農讀爲仍仍因也是乃爲仍之省借○洪範謀及乃心宋世家作女心廣雅釋言乃汝也汝乃語之轉故乃爲汝之假借猶爾之爲汝也爾乃音尤近○孟子爾何曾比予于管仲趙注何曾猶何乃也錢云何乃應是何仍是曾爲乃之假借曾仍音同曾已見八部音異

可部

可 肎也

下哿字云可也引詩哿矣富人哿葢可之通借○內則異爲孺子室于宮中擇其諸母與可者鄭注諸母衆妾也可者傅御之屬王伯申曰鄭葢讀可爲阿後漢書順沖質帝紀贊注保安也阿倚也言可依倚以取安傅姆之類也說本於鄭列女傳節義傳用內則語可者作阿者是其證也是可爲阿之省借

奇 異也一曰不耦

借踦已見足部○公羊文十二年傳注奇巧異端也釋文奇本作琦荀子非十二子篇玩琦辭注琦

讀爲奇異之奇。是琦爲奇之假借。玉部無琦字。○周禮媒氏注。參天兩地而奇數。釋文奇本作倚。今易作倚。釋文引馬云。依也。蜀才本作奇。是奇爲倚之省借。荀子榮辱篇。飾邪說文姦言爲倚事。注。倚事。怪異之事。此以倚爲奇異字之假借。若修身篇。倚魁之行。注。倚讀爲奇偶之奇。則又以倚爲奇偶字之假借矣。故穀梁僖卅三年傳。匹馬倚輪無反者。注。倚輪。一隻之輪。正謂其不耦也。倚亦見踦下。○田部畸字云。殘田也。段謂殘田者。餘田不整齊者也。凡奇零字皆應於畸引申用之。今則奇行而畸廢矣。

哥聲也。古文以爲歌字。欠部歌詠也。重文爲謌。漢書多用哥字。蓋從古文。哥爲歌之省借。

兮部

兮語所稽也。从丂八象气越亏也。詩伐檀河水清且漣猗。漢石經猗作兮。大學斷斷兮。正義云古文尙書兮爲猗。猗乃兮之假借。○史記樂書高祖過沛詩三侯之章。索隱曰卽大風歌有三兮。兮侯古韻通。是侯爲兮之假借。

羲气也。

借儀。已見牛部。○月令注。宓戲。釋文。戲本作羲。又作虧。戲爲羲之假借。戲亦見犧下。虧殆形似而誤。○堯典羲和。論衡是應篇作曦和。日部無曦字。即借羲字爲之。故文選游仙詩朱羲將由白。注。朱羲。日也。

兮語之餘也。从丂象聲上越揚之形也。

後虍部虖云。哮虖也。通俗文作哮唬。漢書多以虖爲乎之假借。亦見口部呼下。

号部

号 痛聲也。號 嘑也。嘑從段本。

案痛者必嘑。則二字義可通。此皆平聲。惟名號號令字去聲。不可作号。○爾雅釋言。號。謼也。魏風毛傳。號。呼也。謼呼皆嘑之通借。

亏部

亏 於也。气象之舒亏。从丂从一。一者其气平也。

借蕍。已見艸部。借於。見烏部。借曰。見曰部。○丂部云。古文以爲亏字。段云。亏與丂音不同。而字形相似。字義相近。故古文借丂爲亏。○論語孝乎惟孝。釋文。于本作乎。乎乃于之通借。乎亦見烏下。○文王世子況于其身以善其君乎注于讀爲迂是于爲迂之省借迂已見言部訏下○書呂刑吁來釋文馬作于詩召南于嗟乎騶虞箋云于嗟者美之也于皆爲吁之省借吁亦見訏下又見目部盱下○聘禮記賄在聘于賄注于讀曰爲是以于爲爲之假借爲已見爪部○荀子儒效篇是杅杅亦富人矣注杅杅即于于也自足之皃是杅爲于之假借○衣部衧諸衧也後漢書光武紀諸于繡𧝓注引前書音義曰諸于大掖衣此以于爲衧之省借

虧气損也亏文爲虧

借詖。已見言部。借義見兮部。〇易謙天道虧盈。釋文。馬本作毀盈。爾雅釋詁。虧毀也。是毀爲虧之通借。

亐 語平舒也。从亐八。八分也。爰禮說古文爲平。

借䓛。已見艸部。借辨。見刀部。〇案古文采字與釆部之采形相近。惠氏因堯典平章今文尚書作辯章。遂謂平爲采之誤。殆不然。辯訓治。平亦訓治。音又相轉。則平與辯通借。卽與釆可通借耳。辯亦見辨下。〇堯典平章平秩。史記平皆作便。便當爲平之假借。故漢書武帝紀作便門橋。注。卽平門也。古平便同字。便已見言部諞下。亦見辨下。○洛誥伻來以圖。羣經音辨引作平來。是平爲伻之假借。而人部無伻字。蓋本借手部之抨爲之。○淮南時則訓是故上帝以爲物平。注平正讀評議之評。是平爲評之省借。

喜部

喜樂也。古文爲歖。从欠。與歡同。

下憙字云說也。謂心好之。故从心。段云口部嗜憙欲之也。憙與嗜義同。與喜樂義異。案史記封禪書天子心獨喜其事。漢書郊祀志作憙。是喜爲憙之通借○漢書地理志河東聞喜縣劉寬碑陰作聞憙又韓仁銘作聞憙是憙憙皆喜之假借○堯典庶績咸熙文選劇秦美新作咸喜是喜爲熙之假借熙已見示部禧异部與下○左氏昭廿八年傳注夏以妹喜釋文喜本作嬉是嬉爲喜之通借○易家人婦子嘻嘻釋文引馬注嘻嘻笑聲陸本作喜喜張本作嬉嬉嘻嬉二字皆本書所無是當從陸本矣

嚭大也春秋傳吳有太宰嚭

檀弓陳太宰嚭古今人表作太宰喜史記伍子胥

傳伯嚭。論衡逢遇篇嚭作喜。文選廣絕交論注作否。皆爲嚭之省借。

壴部

鼜 夜戒守鼓也。禮昏鼓四通爲大鼓。夜半三通爲戒晨。旦五通爲發明。讀若戚。

周禮从鼓作鼜。或遂以鼜爲鼓名。非也。眂瞭。鼜愷獻。亦如之。注。杜子春讀鼜爲憂戚之戚。謂擊鼓聲疾數。故曰戚。是鼜有疾義。攷工記注。齊人有名疾爲戚者。是戚亦疾也。則此讀若戚。戚可爲借字矣。若掌固夜三鼜。注。杜讀爲造次之造。但擬其音。非必假借。○左傳賓將掫。掫與鄹義同音近。可爲通借。

掫已見走部趣下。

彭 鼓聲也。

借逢。已見辵部。○馬部騯下引詩四牡騯騯。今詩作彭彭。是彭爲騯之假借。詩中如出車彭彭。駟騵彭彭。以車彭彭。並同。又鄭風駟介旁旁。即彭彭之異文。旁亦騯之省借也。段以騯字从旁。謂馬部所引乃清人詩。改四牡爲駟介。似可不必。○易大有匪其彭。釋文引干注。彭亨。驕滿皃。子夏作旁。虞作尪。案齊風行人彭彭。毛傳。多皃。廣雅釋訓。彭彭。

盛也。皆與驕滿義近。正義云。彭。旁也。可爲通借。𠈁則假音字矣。旁已見上部。○左氏成十八年經。晉侯使士魴來乞師。公羊作士彭。是彭當爲魴之假借。

嘉美也。

詩大雅。假樂君子。毛傳。假。嘉也。中庸引作嘉。是假爲嘉之假借。假已見玉部瑕古部嘏言部諕下。○覲禮。余一人嘉注。今文嘉作賀。賀亦嘉之假借。嘉賀竝从加聲。○詩正月。哿矣富人。哀此惸獨。王懷祖曰。哿與哀相對爲文。與雨無正哀哉不能言哿矣能言正同哀省憂悲哿者歡樂也樂與嘉同義禮運以嘉魂魄鄭注嘉樂也王肅注家語問禮篇嘉善樂也哿嘉俱以加爲聲而義亦相近故昭八年左傳引詩哿矣能言杜注哿嘉也是哿爲嘉之通借哿已見可部

鼓部

鼓 郭也春分之音萬物郭皮甲而出故謂之鼓从壴支象其手擊之也籒文爲鼓

段云弓部弢字从屮又屮垂飾與鼓同意則鼓宜从屮凡作鼓作皷者皆誤也案攴部鼓擊鼓也从

支壴。壴亦聲。繫傳云。讀若屬。而大徐讀公戶切。音
既譌異。今鼓字从支。與从攴形似。遂致鐘鼓之鼓
與擊鼓之鼓無所分別。南宋毛晃又謂鼓舞字從
文與鼓不同。胥失之。○借古。已見古部。借瞽。見目
部。○漢書陳湯傳。雖斬宛王母鼓之首。注。西域傳
作母寡。聲相近。蓋戎狄之言不甚諦也。此未定誰
是正字。余疑鼓當爲寡之假借。○詩長發。韋顧既
伐。漢書古今人表作韋鼓。案鄭箋云。顧昆吾皆已
姓也。則鼓當爲顧之假借。顧已見隹部雇下。

鼖 大鼓也。詩曰。鼖鼓弗勝。

周禮鼓人以鼖鼓鼓役事鞞人爲皋鼓皋乃鼛之假借。

鼖　大鼓謂之鼖鼖八尺而兩面以鼓軍事从鼓賁省聲重文爲鞼。鼓人以鼖鼓鼓軍事大司馬作賁鼓鞞人謂之賁鼓釋文賁本作鼖詩靈臺賁鼓維鏞同賁讀鞼之省借。

鼙　騎鼓也。

革部鞞刀室也并頂切卽詩鞞琫之鞞廣韻又部迷切本作鼙詩有瞽應田縣鼓毛傳應鞞鼓也月

令命樂師修鞀鞞鼓此以鞞爲鼙之假借案鞞从卑聲今入迴韻與鼙亦聲之轉

鼘 鼓聲也詩曰鼘鼓鼘鼘

今那篇作淵淵又采芑伐鼓淵淵同淵皆鼘之假借○魯頌有駜鼓咽咽毛傳咽咽鼓節也咽亦鼘之假借古淵咽聲同

鼞 鼓聲也詩曰擊鼓其鼞

今邶風作鏜鏜字从金堂當爲鏜聲金部鏜鏜鼓之聲也亦引詩作鏜段云鏜鼓誤倒當是鼓鏜謂擊鐘也則鏜爲鼞之假借○史記上林賦鏗鎗鐺

鼛鐺蓋鏜之誤文選作闛闛當爲鼞之假借○周禮注引司馬法鼓聲不過閶閶當爲闛之轉借實鼞之假借也若羽獵賦西馳閶闔漢書閶作闛則又借闛爲閶矣

𪔂 鼓聲也段作鼛鼛古文爲鞈司馬法鼛聲不過闛闛爲鼛之假借晉摯虞思游賦闟昜兮識故居昜又闟之省借○投壺禮魯鼓薛鼓之圖圖者爲鼛釋文引鄭云其聲下其音楊楊𦤎楊亦鼛之假借○潘尼釋奠頌鏗鏘闛閤是音沓是亦鼛之假借○上林賦鼛字漢書文選作

䩡。淮南兵略訓。若鍏之與䩡。革部䩡字云。防汗也。是䩡當爲鼛之假借。今作古文鼛。疑有誤。○下鼛字云。鼓聲。从鼓缶聲。土盍切。玉篇作𪔋。七盍切。缶去形相近。音與鼛近。可爲鼛之通借。

豈部

豈還師振旅樂也。一曰。欲也。登也。

下愷字云。康也。周禮大司樂。王師大獻。則令奏愷樂。左氏僖廿八年傳。振旅愷以入于晉。愷當爲豈之假借。若詩蓼蕭孔燕豈弟。毛傳。豈。樂也。魚藻豈樂飲酒。箋云。豈亦樂也。則豈又爲愷之省借。○詩旱麓釋文豈本作凱孔子閒居及表記釋文凱本作愷又凡奏豈或奏凱凱乃俗體字爾雅釋天南風謂之凱風李注凱樂也文選幽通賦作颽風颽又凱之變體○詩載驅齊子豈弟箋豈讀爲闓正義云闓開也即門部闓下之訓豈爲闓之省借文選封禪文昆蟲闓澤注闓樂也闓又愷之假借史記作凱澤則亦異體○廣雅釋詁豈詞也蓋後義之引伸假借借幾巳見𢆶部又孟子其好惡與人相近也者幾希趙注作豈希言不遠也豈爲幾之通借○文選朔風詩豈云其誠注引蒼頡篇豈冀

也。覬本借字。亦見幾下。見部覬。欲幸也。此豈字當爲覬之通借。

𧯣 𢆻也。訖事之樂也。

段云。本書無𢆻字。當作汔。訖與汔通。案爾雅釋詁。𧯣汔也。詩民勞。汔可小康。箋云。汔幾也。是𧯣爲汔之通借。幾乃𧯣之假借。幾已見𢆶部。○錢云。𧯣卽今之既字。如易既雨既處。詩既見君子等。古皆訓已。已者。汔事之詞。又公羊傳。既者何。盡也。與汔義同。是既爲𧯣之假借。既亦見幾下。○爾雅釋文。𧯣音祈。又音沂。郭音剴。邢疏亦云。郭讀爲剴。疏意似

以幾爲剴之通借但幾从豈故音可同剴非必借
其義剴已見刀部剀下

豆部

豆古食肉器也从口象形古文爲

下梪字云木豆謂之梪東晉尙書武成執豆籩釋文豆本作梪詩生民卬盛于豆毛傳木曰豆豆亦當作梪梪本豆之通借○攷工記梓人一獻而三酬則一豆矣又飲一豆酒注竝云豆當爲斗是以豆爲斗之假借斗豆聲相近○周禮腊人凡祭祀共豆脯注當爲羞是以豆爲羞之假借尤宥韻平

去通。

𢍚蠡也。已部卺，謹身有所承也。讀若詩云赤舄几几。士昏禮四爵合卺，注：合卺破匏也。昏義合卺而酳，正義云：以一瓠分爲兩瓢。此皆以卺爲𢍚之假借。

豋禮器也。从廾持肉在豆上。讀若鐙同。詩生民于豆于登，爾雅釋器瓦豆謂之登。登乃豋之假借。今俗別製登字，幷改詩及爾雅，非也。登已見癶部。○公食大夫禮太羹湆不和實于鐙，鐙亦豋之假借。金部鐙，錠也。鐙卽今之燈字，膏鐙之製其形蓋與豆相似或假爲鞍鐙字。

豐部

豐 豆之豐滿也。从豆象形。一曰鄉飲酒有豐侯者。古文爲𧯷。

大射儀注。豐字从豆。幽聲。近似豆大而卑矣。錢云鄭蓋以豐滿字作幽豐侯字作豐也。案本書無幽字。此處明以豐滿釋豐。錢説殆未然。○生部。丰。艸盛丰丰也。从生上下達也。鄭風子之丰兮。毛傳。丰。豐滿也。此以丰爲豐之假借。○宀部。寷。大屋也。引易寷其屋。今易作豐。是豐爲寷之省借。○詩有聲。

作邑于豐。文選西征賦注引作于酆。邑部酆。周文王所都。在京兆杜陵西南。是酆爲豐之通借。故左氏文七年傳酆舒。古今人表作豐舒。又人表酆侯。律[曆]志引逸書作豐。○詩豐水東注。禹貢作灃水。水部無灃字。則水旁乃後人所加。亦作酆。漢書地理志引禹貢俱作酆水。○水經淮水注。豐水亦曰窮水。音戎竝聲相近。是以窮爲豐之假借。○史記五帝紀陳鋒。古今人表作陳豐。大戴記帝繫篇作隆。此人名。音同字異。不定誰爲假借。○借逢。已見辵部。

豔好而長也从豐豐大也春秋傳曰美而豔

詩十月之交豔妻煽方處毛傳美色曰豔顔注漢書引魯詩作閻見五行志及谷永傳詩正義引中候擿雒戒作剡閻與剡皆當爲豔之假借但鄭箋以此詩屬厲王遂謂閻剡爲后姓剡一作郯郯豔古今字似可兩存○郊特牲而鹽諸利注鹽讀爲豔使欣豔也釋文鹽依注音豔是以鹽爲豔之假借古樂府昔昔鹽神雀鹽並讀作豔

䖒部

𧯞土鎣也讀若鎬

金部鍪。鍑屬也。廣雅釋器。鍑鍪鏊鬴也。鍪卽鑪字。鍪以金爲之。壚則土爲之。周禮鄭注所謂黃鍪也。是鍪爲鍪之通借。鍪已見牛部牟於部旇下。○鬲部云。秦謂土釜曰鬲。讀若過。卽今鍋字。此名之異也。

虍部

虞騶虞也。白虎黑文。尾長於身。仁獸也。食自死之肉。詩曰。吁嗟乎騶虞。

借吾。已見口部借牙見吾下。○詩絲衣不吳不敖。史記孝武紀作不虞。虞當爲吳之假借。二字每通用。公羊定四年傳。帥師伐鮮虞。釋文虞本作吳。左氏僖五年傳。虞仲。漢書地理志吳越春秋作吳仲。吳亦見吾下。○孟子。驩虞如也。丁音云當作歡娛。古字通用。是驩虞二字當爲歡娛之假借。凡虞字訓樂訓安者。皆借爲娛也。驩已見口部吅言部讙下。○列子湯問篇。隅谷之際。注。隅谷。虞淵也。虞當爲隅之假借。○詩文王。有虞殷自天。毛傳。虞。度也。又抑篇。用戒不虞。傳。不虞。非度也。虞即度之假借。毛以正字釋借字也。度見又部。○詩雲漢六章。則不我虞。與四章則不我助同。虞爲助之假借。故廣雅釋詁虞助也義本疏證○又廣雅虞詐也疏證云淮南繆稱訓卽鹿無虞左氏宣十五年傳爾無我虞虞皆謂詐蓋虞與詿誤之誤古聲義竝同逸周書官人解營之以物而不誤大戴禮作虞是虞爲誤之假借故詩閟宮無貳無虞毛傳虞誤也亦以正字釋借字○又廣雅虞有也文王世子君王其終撫諸注撫猶有也虞當爲撫之假借撫與幠通爾雅亦云幠有也

虙虍兒

顏氏家訓書證篇引孟康漢書注虙今伏羲字也

尚書序釋文伏古作虙古今人表作宓律[麻]志宓羲氏注宓讀與伏同段云虙房六切古音讀如密密與宓同其爲伏者語之轉也柰孔門弟子宓不齊蓋謂宓羲之後是虙爲宓之假借而伏乃轉借矣

虔虎行皃讀若矜

穀梁昭十一年傳楚子虔釋文虔或作乾左傳亦作虔則乾當爲虔之假借○爾雅釋宮椹謂之榩釋文榩本亦作虔木部無榩字蓋即借虔字爲之故詩殷武方斲是虔箋云椹謂之榩

虨　虎文彪也。

虎部彪下云：虎文也。虨彪雙聲字，可爲通借。彪已見艸部苞下。○漢書敘傳：楚人謂虎班。班乃彪之假借。班已見玨部。文選上林賦：被班文。史記作幽文。幽亦彪之假借也。○錢竹汀曰：易象傳大人虎變，其文炳也。與下蔚爲韻。蔚讀如鬱，轉移最近。炳當爲彪，則音義皆近。案：炳彪亦聲近，炳當本爲彪之假借。

虡　鐘鼓之柎也。飾爲猛獸。从虍，異象其下足。重文爲鐻。篆文爲𧇊。

檀弓有鐘磬而無簨虡。既夕禮注引作簨簴。簨巳見竹部筍下。簴亦竹部所無。○詩靈臺虡業維樅。樅學部引作巨業維樅。巨當爲虡之假借。巨巳見工部。○漢書司馬相如傳立萬石之虡。史記虡作鉅。鉅亦虡之假借。其从金者。正鐻之異體也。○玉部新附有璩字。云環屬。見山海經。今東山經穿耳以鐻。郭注。鐻金銀器之名。蓋借鐻字爲之。一切經音義四引埤蒼曰。渠耳。渠也。則又鐻之假借。

虎部

[illegible] 白虎也。讀若鼏。

爾雅釋獸甝白虎釋文引字林甝下甘反又亾狄反亾狄卽虪之音非甝之一字兩音也說文有虪無甝玉篇廣韻甝虪互見惟吳都賦有甝字郝謂篆文甘作口與日形近而誤衍甝字此不得爲假借然則甝皆虪之譌耳下有虦字云甝屬段謂虩卽甝也桼徐鼎臣言去非聲乃牽合去之音爲呼濫切殆未然不如從郝說矣

[篆]黑虎也

爾雅釋獸亦云虪黑虎釋文出虪字云本今作虪海內經幽都之山其上多玄豹玄虎郭注黑虎名

儵是𧇖與儵皆虪之省借若後又有虪字云黑虎也此則黑虎之異名不得以爲虪之假音也

虦　虎竊毛謂之虦苗竊淺也

苗爾雅作貓已見艸部詩韓奕鞹鞃淺幭毛傳淺虎皮淺毛也竊戔淺音竝同故可通借竊見後米部淺見後水部

虓　虎鳴也一曰師子

借哮已見口部又口部唬字云虎聲也虓與唬雙聲同義是可通借○鹿部云狻麑獸也犬部又云狻麑如虦苗食虎豹此本之爾雅郭注卽師子也

郝謂狻麑合聲爲師故郭云然師或作獅俗字也惟見後漢書順帝紀及彼注東觀漢記郭又引穆天子傳狻猊日走五百里猊犬部所無蓋與麑同麑亦見後鹿部麛下

虩 易履虎尾虩虩恐懼也一曰蠅虎也

今履九四作愬愬釋文愬山革反馬本作虩虩愬當爲虩之假借虩許逆切革有赫音故通愬已見言部訴下

虢 虎所攫畫明文也

左氏昭元年經會于虢杜注鄭地江氏考實云故

東虢國也。穀梁作郭。是郭爲虢之假借。二字每通用。故書君奭虢叔。公羊僖二年傳及秦策周書王會解俱作郭叔。虢郭音相近。○公羊昭元年作會于漷。水部漷水在魯。則漷亦虢之假借。

虒　委虒。虎之有角者也。

爾雅釋獸。委夷長脊而泥。委夷卽委虒。夷當爲虒之假借。夷已見目部睇下。○左氏襄十年傳狄虒彌。古今人表作斯彌。此人名。不定誰爲假借。○左氏襄廿一年傳。而何敢差池。注。差池。不齊一。文選上林賦。偨池茈虒。注。茈虒。不齊也。是茈虒可爲差池之通借。上條池當亦即蓏㡿之義。複語耳。

虤部

贙　分別也。从虤對爭貝。讀若回。贙。今音胡畎切。魏都賦蔌蔌荗贙。段謂蒹葭茂密若爭地而生也。案此從爭貝之義引伸之。但茂密中仍有分別。方合。若爾雅釋獸。贙有力。郭注。出西海大秦國。廣韻贙獸名。似犬。乃相傳異義。律以說文本訓。則爾雅爲假借字矣。

皿部

皿　飲食之用器也。象形。與豆同意。讀若猛。

顏氏家訓音辭亦云讀皿爲猛孟子牲殺器皿趙注皿所以覆器者此以皿爲幎之假借幎見後巾部但以皿爲覆器之物非許義亦非孟意疑趙誤

盂飯器也繫傳本作飲器

木部椲木也可屈爲杅者杅當爲盂之假借玉藻出杅注杅浴器也杅已見亏部若既夕禮兩杅注杅盛湯漿釋文杅本作芋芋乃杅之轉借也芋已見艸部又既夕注今文杅爲椲椲則杅之或體○左氏僖廿一年經會于盂注宋地彙纂云今河南歸德府睢州有盂亭穀梁作雩當爲盂之假借

齍黍稷在器以祀者。

禾部齋稷也。重文爲秶。今从米作粢。周禮小宗伯六齍。注。齍讀爲粢。六粢謂六穀。段云。齍粢古今字。案黍稷曰粢。黍稷在器曰齍。故齍盛字可與粢通。但食部餈餅也。重文爲𩟄爲粢。則齍盛之作粢。本假借字也。粢已見艸部薺下。○祭統。以其齊盛。注。齊或爲粢。此以齊爲粢。即齍之轉借。與周禮鬱齊。故書爲齍。杜讀爲粢正同。後鄭讀齍爲齊和之齊。則從今文。不以齊爲借字。又與禮運粢醍在堂注。粢讀爲齊同。齊已見示部齋下。而齊讀去聲。非平聲之本義。○詩甫田以我齊明。釋文本作齎。又作齍。同此當以齊爲齍之省借。齎尤齍之假借也。若鬯人禜門用瓢齎。杜子春讀齎爲粢。蓋以齎爲粢之假借。而後鄭謂齎讀爲齊。取甘瓠割去柢以齊爲尊。又以齎爲齊之假借矣。

盧 飯器也。籒文爲盧。

借籚。已見竹部。凵盧及玈附見。借臚。見肉部。○艸部蘆。蘆菔也。即蘆菔葦字。子虛賦蓮藕觚盧。史記作菰蘆。盧爲蘆之省借。○鳥部鸕。鸕鷀也。史記上林賦鱵鴜鵁鸕。漢書作盧。亦省借。○金部鑪。方鑪也。

或作罏或作爐漢書司馬相如傳文君當盧史記作當鑪食貨志令官作酒率開一盧以賣注盧者賣酒之區也趙廣漢傳椎破盧罌盧皆鑪之省借○又相如傳注累土爲盧以居酒瓮四邊隆起其一面高形如鍛盧後漢書孔融傳注略同盧作鑪云鑪字或作壚晉書王戎傳作酒壚爾雅釋天注即今夜獵載鑪照也釋文鑪本作壚土部壚剛土也是鑪本借壚而盧又轉借也○後由部𠙴云𦉼也讀若盧籀文爲鑪篆文爲𥂝盧本从𠙴聲𠙴亦讀同盧籀文之𦉼又鑪之重文是可通借○糸部

纑布縷也書牧誓微盧彭濮人史記周本紀作微纑纑當爲盧之假借○荀子富國篇君盧屋妾注盧當爲廬是盧爲廬之省借故左氏昭二十年傳蔡侯盧卒釋文盧本作廬廬亦見籚下○黑部黸字云齊謂黑爲黸釋名土黑曰盧後漢書光武紀注水黑曰盧凡經傳黑色作盧者皆當爲黸之省借○文選甘泉賦玉女無所眺其清矑漢書作盧目部無矑字矊下云盧童子也是矑本借盧爲之又矑者目中黑子則仍爲黸之借字故方言作黸童之子○諸葛武侯出師表五月渡瀘水部瀘字

在新附。凡水稱盧者甚多。皆謂其水黑也。則亦借
盧字爲之。○詩齊風盧令令毛傳。盧田犬。張華博
物志韓國有黑犬名盧。廣雅釋嘼有韓獹。獹犬部
所無。亦借盧字爲之。○五代史突厥傳。牛蹏突厥。
其水曰瓠𤬪河。宋史河渠志作胡盧河。瓜部無𤬪
字。亦當借盧字爲之。○喪大記注。以紼繞碑間之
鹿盧。輓根而下之。廣韻云。轆轤圓轉木也。二字竝
車部所無。祇當借鹿盧爲之。○周禮職方氏其浸
盧維。鄭注。盧維當爲雷雍。禹貢。雷夏既澤。雍沮會
同。案維雍當以形似而誤。盧雷雙聲字。則盧可爲

雷之假借。故水經注漢封劉豨爲盧縣侯國。漢書王子侯表作雷侯豨。○荀子性惡篇辟閭注。閭盧聲相近。是二字本通用。又漢書霍去病傳濟弓盧注。水名。史記作弓閭。水名盧音近閭。借字也。閭已見肉部胠下。

盎　盆也。重文爲㼜。

孟子盎於背。趙注其背盎盎然盛。段云。凡言盎然者。皆謂盛。以音假借也。案盎之爲盛。猶望之爲孟。皆音轉。○酉部醠。濁酒也。周禮酒正有盎齊。禮器祭義祭統皆作盎。盎當爲醠之省借。淮南說林訓。

清酖之美。酖亦醓之省。

盨 櫝盨。負戴器也。漢書東方朔傳。是寠數也。顏注。寠數。戴器也。段云。寠數字其羽山羽二反。櫝盨字渠往相庾二反。櫝與寠。雙聲。盨與數。雙聲疊韻。一語之轉也。是寠數當爲櫝盨之假借矣。

益 饒也。从水皿。皿益之意也。借恭已見口部嗌下。又虞書之益。史記秦本紀作𦤎。漢書地理志注。𦤎。聲相近。是𦤎爲益之假借。

盈 滿器也。

文選古詩盈盈樓上女注。盈與嬴同。案廣雅釋訓。嬴嬴容也。卽釋詁之嬴好也。嬴旣从女。不應復加女旁。此本書所無。則嬴當爲盈之假借。亦以音同通用。左氏宣四年傳伯嬴。呂覽知分篇注作伯盈。○越語。嬴縮轉化。注。嬴縮進退也。史記蔡澤傳作盈縮進退。盈亦嬴之通借。○公羊昭廿三年經。沈子楹。穀梁作盈。釋文。盈本亦作逞。盈者楹之省。不定誰借。逞从呈。與盈疊韻。故逞爲盈之假借。左氏襄廿三年傳。晉欒盈。晉世家亦作欒逞。逞巳見彳部。徥下。

盦 覆蓋也。

六書索隱借以爲庵舍字。案釋名草圓屋曰庵。庵，奄也。所以自覆奄也。後漢書皇甫規傳親入菴廬。菴與庵同。庵菴皆本書所無。喪服四制引書高宗諒闇注。闇謂廬也。則當爲闇之假借。

盥 澡手也。从臼水臨皿也。春秋傳曰奉匜沃盥。

易觀盥而不薦。馬注。盥者。進爵灌地以降神也。蓋以盥爲灌之假借。灌已見示部祼下。○士冠禮贊者盥於洗西。鄉射禮盥洗。注竝云古文盥作浣。左氏襄十九年傳范宣子盥而撫之。論衡論死篇作浣而撫之。水部瀚。濯衣垢也。重文爲浣。是禮與傳之盥。或作浣者。皆當爲盥之假借。

血部

𧖴 定息也。讀若亭。

文選謝靈運初去郡詩。止監流歸停。注。停與亭同。古字通。蒼頡篇。亭。定也。釋名亦云。停。定也。錢謂卽此𧖴字。是亭停皆當爲𧖴之假借。停在新附。

衄 鼻出血也。

段云。諸書用挫衄者。縮朒字之假借也。縮朒者。退卻之意。案文選求自試表。師徒小衄。注。衄猶挫折也。廣雅釋言。衄。縮也。衂卽衄之俗體。

䀋血醢也。禮有䀋醢。以牛乾脯粱䉶鹽酒也。禮記周禮皆作醓醢。醓與䀋字同。肉部肬。肉汁滓也。段謂醢多汁曰肬醢。以血爲醢則曰䀋醢。其多汁汪郎相似也。是此䀋字當爲假借。案䀋从肬。肬亦聲。許所釋有牛乾脯。雖非血亦肉類。宜有血者。則肬與䀋固可通矣。

衈以血有所刏涂祭也。周禮士師。凡刏衈則奉犬牲。注。釁禮用牲。毛者曰刏。羽者曰衈。刏乃衈之通借。聲相近。刏已見刀部。

○肆師注。禨衈者。釁禮之事。雜記。成廟則釁之。雍人刲羊血流于前。是禨謂羊血也。本書無禨字。當卽鐖之或體。鐖已見示部祈口部嘰下。

卹

憂也。一曰鮮少也。

借璱。已見玉部。○心部恤憂也。收也。比部引周書無毖于卹。潘岳藉田賦惟穀之卹。李注引書惟刑之卹。今尙書皆作恤。是恤爲卹之通借。恤已見言部謐下誐下。○後一義。段謂卹與借雙聲。鮮少可借也。是卹爲借之通借。○文選上林賦眇閻易以卹削。史記作戌削。漢書注引張揖曰。戌鮮也。蓋以戌爲卹之假借。

衋傷痛也。周書曰。民罔不衋傷心。讀若憘。

段謂心部無憘。喜部有憙。而義不合。當作譆。案言部譆。痛也。音義皆近。是可以譆爲衋之假借。

盇覆也。

借爲曷。已見曰部。○艸部蓋。苫也。小爾雅廣詁。蓋覆也。苫亦覆義。蓋本从盇會意。卽可爲盇之通借。若檀弓子蓋言子之志於公乎。注。蓋當爲盇。則以蓋爲盇之假借矣。蓋已見刀部割下。○易豫朋盇簪。釋文。盇。合也。此卽以盇爲合之假借。○莊子天地篇夫子闔行耶釋文闔本作盇是闔爲盇之假借。又列禦寇篇闔胡嘗視其良釋文闔語助也蓋亦省借作盇矣。

丶部

主 鐙中火主也。

主已見示部祏下○部首丶字云有所絕止丶而識之也段謂凡主人主意字本當作丶今以主爲丶之假借而別造鐙炷字○宀部宔宗廟宔祏也。左氏昭十八年傳使祝史徙主祏于周廟主當爲宔之省借○詩大田箋今天主雨于公田釋文主本作注。荀子宥坐篇。主量必平。似法。注云。主讀爲注。是主爲注之省借。○周禮大司徒。而樹之田主。注。田主。田神。詩人謂之田祖。主當爲祖之假借。祖已見示部。○曲禮。居不主奥。正義云。主猶坐也。坐土部作㘸。止也。與主訓絶止義近。聲亦相轉。故主爲㘸之假借。○周禮凌人。掌冰注。杜子春讀掌爲主。廣雅釋詁。掌。主也。是掌可爲主之假借。義通。主掌亦雙聲字。

說文假借義證卷九

嘉興張鳴珂　同校
族曾孫彝

說文假借義證卷十目錄

第五篇下

䰜 𩰪 䰞 𩰲

食部 文六十二 證二十六

食 飪 飴 餳 餱 養 饎 餐 養

饡 餔 餐 餅 饟 饗 饒 餞 館

饑 饐 餲 饑 餧 餽 餟 餘

亼部 文六 證二

合 舍

會部 文三 證二

會 朇

倉部 文二 證二

倉　牄
入部　文六　證二
内　仝
缶部　文二十一　證六
匋　䍃　罃　[illegible]　缺　罄
矢部　文十　證五
矢　䠶　矯　矰　矦
高部　文四　證四
高　𩫖　亭　亳
冂部　文五　證五

説文假借義證卷十　目録　二

冂 市 冘 央 寉

𩫏部 文二 證二

𩫏 𩫖

京部 文二 證二

京 就

亯部 文四 證三

亯 𦎫 管

㫗部 文三 證二

㫗 厚

畗部 文二 證二

夂 夌 致 憂 䙲 夎 夏 夓 夔

舛部 文三 證三

舞 舝

舜部 文二 證二

䑞 䑝

韋部 文十六 證十

韋 韜 韝 韘 韣 韍 韓 韏 韤

韠

弟部 文二 證一

弟

光緒二十五年歲在己亥仲冬月族曾孫蔭成重校刊

說文假借義證卷十

第五篇下　　　　涇朱珔學

青部

青　東方色也。木生火，从生丹。丹青之信言必然。古文爲[illegible]。

詩淇奧綠竹青青，釋文青本或作菁。又子衿青青子衿，釋文同。菁當爲青之假借。菁已見艸部菁下。○爾雅釋蟲虹蟶，郭注或曰即蜻蛉也。釋文出青字，云本今作蜻。淮南說林訓水蠆爲蟌，高注蟌青蛉也。古今注一名青亭。青皆爲蜻之省借。○呂覽

序意篇有青荓子水經注六作清洴清洴爲青荓
之通借故白虎通八風篇清明者青芷也二字皆
音同

靜　審也

堯典靜言庸違漢書王尊傳論衡恢國篇竝作靖
言詩小明靖共爾位韓詩外傳作靜春秋繁露
祭義篇作靜共是二字可以互借義本通也靖巳
見足部踐下○樂記云樂由中出故靜禮自外作
故文鄭注文猶動也是鄭意以靜爲動靜之靜王
伯申曰靜當讀爲情情者誠也實也樂由中出故

誠實無僞。下文和順積中而英華發外。唯樂不可以爲僞。正此義也。古静與情通。大戴禮文王官人篇飾貌者不情。逸周書情忠而寛兩書語並同。而情静互見。且表記文而静。鄭注。静或爲情。情正字也。静借字也。情與文相對。下文知禮樂之情者能作。識禮樂之文者能述。又曰情深而文明。正義乃云文而静者。臣皆有文章而又清淨。失其指矣。情已見言部請下。○儒行静而正之。釋文静如字。徐本作諍。正義謂静退自居而尋常守正。不傾躁也。則諍當爲静之假借。諍已見言部証下。○漢書外

戚傳神眇眇兮密靚處又賈誼傳濬乎若深淵之
靚注並云靚與靜同案靚當爲靜之假借文選甘
泉賦稍暗暗而靚深注靚卽靜字非也靚亦見請
下○周書謚法解靜安也安本非靜之訓惟立部
竫云亭安也則靜當爲竫之通借

丼部

丼

八家爲一丼象構韓形●罋象也古者伯益初作
丼

易丼卦初六舊丼无禽王弼注久丼不見渫治禽
所不嚮而況人乎干寶崔憬說相似王伯申曰易

爻凡禽字皆指獸言。井當讀爲阱。阱以井爲聲。故通。此與上井泥不食各一義。柴誓杜乃擭敜乃穽。鄭注。山林之田。春始穿地爲穽。或投擭其中以遮獸。秋官雝氏。春令爲阱擭溝瀆之利於民者。秋令塞阱杜擭。又冥氏爲阱擭以攻猛獸。以靈鼓敺之。注。敺之。使驚趨阱擭。魯語。鳥獸成。於是乎設穽鄂以實廟庖。韋注。穽。陷也。鄂。柞格。所以誤獸。是阱爲陷獸之處。舊阱者。湮廢之阱也。阱久淤淺。不足以陷獸。故无禽也。所以无禽。由於阱不可用。故曰舊阱无禽時舍也。卦體上坎下巽。坎爲陷。巽爲入。故有禽獸陷入於阱之象。初六陰爻體坤。坤土塞阱。故湮廢而不用也。若干氏之解爲水禽。崔氏之讀禽爲擒。則井中安得有水禽。又有何物可擒獲乎。此以井爲阱之省借。義甚確。特備錄之。

⿱𤇾井　突池也。玉篇作澤地。不言出說文。廣韻云。洴滎小水也。滎⿱𤇾井俱从熒省聲。滎當卽⿱𤇾井之通借。

阱　陷也。重文爲穽。古文爲汬。前𣦵部有𣦹字。云阬也。與阱俱疾正切。或謂音同義異。非也。𣦹訓阬。廣雅釋言亦曰。穽阬也。是𣦹與阱可爲通借。

㓝　罰辠也。从井从刀。易曰井法也。井亦聲。

刀部刑到也。从刀幵聲。與此音義各異。今槪作刑。遂使兩字無別。○借徑。已見彳部。○土部型。鑄器之法也。荀子彊國篇刑范正。注刑范。鑄劒規模之器也。刑乃型之省借。凡典型儀型字。經典亦多作刑。○易鼎其刑渥。虞注兌爲刑人。集解云今本刑作形。孝經形于四海。釋文形本又作刑。左傳昭十二年。形民之力而無醉飽之心。注言國之用民當隨其力任。如金冶之器。隨器而制形。王伯申曰。杜解迂迴。形當讀爲刑。後漢書陳蕃傳注引正作刑民之力。刑猶成也。桓六年傳聖王先成民而後致力於神正義云。養民成就。然後致孝享。是其義也。之猶是也。力猶務也。言惟成民是務。而無縱欲之心也。大雅烝民篇。威儀是力。文義正與此同。一曰廣雅。刑。治也。刑民之力者。治民是務也。案上所列皆以形爲刑之假借。若孫叔敖碑。辟患害于無刑。則刑轉爲形之假借矣。又越語。宛生因天地之刑。韋注。刑。法也。殺生必因天地之法。王懷祖曰。刑讀爲形。形。見也。天地之刑。謂宛生之兆先見於天地者。

生與殺必因乎此。下文天地形之聖人因而成之。又曰天地未形而先爲之征。其事是以不成。管子勢篇。死死生生。因天地之形。天地形之。聖人成之。皆其證也。形刑古多通用。

皀部

皀 穀之馨香也。象嘉穀在裹中之形。匕。所以扱之。或說。皀。一粒也。又讀若香。

此言又讀則有兩音可知。顏氏家訓引通俗文。皀方力反。○黍部香云芳也。引春秋傳黍稷馨香。馨者。香之遠聞也。詩生民。其香始升。釋文。一本作馨。

馨香雙聲字。此亦云馨。是香與皀俱與馨通。又士虞禮釋文。香本亦作薌。曲禮黍曰薌合。粱曰薌萁。俱主穀言。則香皀竝可借薌。但今芬芳字祇作香。無作皀者。馨已見羴部。

卽　卽食也。

借則已見刀部。借節見竹部。○詩常棣。脊令在原。釋文。脊本作卽。又作鵻。左氏昭七年傳作鶺鴒在原。卽乃鶺之省。脊則鶺之假借也。脊已見𠦬部。迹骨部骴。肉部膌下。○漢書禮樂志。美芳礩礩卽郎。注引孟康曰。卽卽充實也。此蓋以卽爲積之假借。

積已見竹部簣下○水經沐水注郎邱縣故春秋之祝邱也郎祝魯之音蓋字承讀變此以郎爲祝之假借祝已見示部○喪服記傳惡笄者櫛笄也王伯申曰櫛當讀爲郎郎柞木也柞木粗惡故以爲喪笄爾雅櫬采薪采薪郎薪舍人云櫬名采薪又名郎薪樊光云荆州柞木曰采木是采薪郎薪皆柞木之別名也單言之則或曰采或曰郎櫛乃郎之假借字辨詳經義述聞

既小食也論語曰不使勝食既

通嘰已見口部借𧯷見豈部○所引論語今本作

氣氣乃气之假借字已見气部既當又爲氣之轉借段引或説謂不使肉勝於食但小小食之亦可通○米部氣饋客芻米也引春秋傳齊人來氣諸侯重文爲槩爲餼中庸既廩稱事注既讀爲餼是既爲餼之假借故槩亦从既邵氏瑛則謂此既字當即用既之本義蓋小食對禮食言猶言常食百工原不過與以常食耳不必定改既爲餼○禹貢沱潛既道荆岐既旅史記夏本紀既俱作巳此以巳訓既既即巳之假借今既字多如此義罕有本義者○史記五帝紀溉執中而徧天下集解引徐

廣曰溉古既字此因溉从既遂爲既之轉借既亦已義也○周禮閭胥既比則讀灋注故書既爲暨杜子春讀暨爲既是暨亦既之轉借○詩常武徐方既來荀子議兵篇作其來其有忌音爲語辭既當爲其之假借其已見箕部

鬯部

以秬釀鬱艸芬芳攸服以降神也从凵凵器也中象米匕所以扱之易曰不喪匕鬯

借瑒已見玉部○雜記鬯臼以椈釋文鬯本作暢是暢可爲鬯之假借文選羽獵賦於是醑洪鬯之

德注鬯與暢同則鬯又暢之假借詩江漢箋謂之
鬯者芬香條鬯也周禮鬯人注鬯芬香條暢於上
下也蓋鬯本從暢得義○韋部韔弓衣也引詩交
韔二弓詩采綠言韔其弓釋文韔本作鬯閟宮毛
傳重弓重於鬯中釋文鬯本作韔又大叔于田抑
鬯弓忌鬯皆爲韔之假借許所引詩見小戎篇而
虎韔下釋文韔本亦作暢則因鬯通暢而轉借也

鬱

芳艸也十葉爲貫百廿貫築以煮之爲鬱从臼冖
缶鬯彡其飾一曰鬱鬯百艸之華遠方鬱人所貢
芳艸合釀之以降神鬱今鬱林郡也

林部欝木叢生也與此爲二字經典欝鬯字當爲鬱之假借漢志鬱林郡此處作鬱之假借今不分鬱見艸部菀下○史記陳杞世家平公鬱索隱曰一作郁釐譙周云名鬱來郁與鬱聲近故可通借郁已見艸部薁下

爵禮器也象爵之形中有鬯酒又持之也所以飲器象爵者取其鳴節節足足也古文爲爵象形隸變爲爵王制云王者之制祿爵中庸序爵注謂公卿大夫士也爵本禮器通借爲爵祿字○儀禮有司徹主人受酢降注古文酢爲爵爵所以酌酒

爵酌壘韻可通借○儀禮爵弁服書顧命作雀弁孟子爲叢敺爵者晉書段灼傳作爲藪驅雀者是爵爲雀之假借三年問小者至燕雀釋文雀本作爵則雀又爲爵之假借蓋爵亦從雀得義

[篆] 列也从𡿪叀聲讀若迅

列玉篇作烈烈謂酒氣酷烈是也左傳嘉栗旨酒栗當爲烈之假借烈已見刀部列下栗見後卤部○段謂䡋引申爲迅疾之義叀聲卽史聲史與迅雙聲今所用駛疾字當作此

𠭴部

食一米也或說亼皀也

易豐月盈則食釋文食或作蝕詩十月之交日有食之漢書劉向傳引作蝕之虫部蝕敗創也史記天官書日月薄蝕集解引韋昭曰虧毀爲蝕是食爲蝕之省借莊子至樂篇斯彌爲食醯釋文食司馬本作蝕是蝕又當爲食之假借○食亦讀去聲音飼謂以食食人也爾雅釋器注見公食大夫禮釋文食本作飤本部飤糧也今或作飼然經典皆祇作食發圈讀之無作飤作飼者飤見唐韻集韻祥吏切與食之音飼同

飪　大孰也。古文爲𦝫，爲恁。

禾部稔，穀孰也。引春秋傳鮮不五稔。爾雅釋言，饙餾，稔也。釋文稔本作飪。是稔爲飪之假借。若聘禮記，唯羹飪，筮一尸。注古文飪作腍。詩楚茨毛傳，亨，飪之也。釋文飪本作腍。腍字本書所無，當卽稔字。𦝫从肉，故稔或从肉。實亦飪之異體假借也。恁字別見後心部。此複出，義又齟齬，宜刪。

飴　米糵煎也。籒文爲𩜸。

借詒，已見言部。○晉書王薈傳，以私米作饘粥，以飴餓者。注，飴音飼。集韻，飴，祥吏切。本作飤。是以飴爲飤之假借。飤已見上倉下。

餳 餳節和饊者也。

今本从易聲。徐盈切。惟相臺岳氏本作餳。从昜聲。毛居正亦以爲然。近邵氏瑛非之。段謂釋名餳洋也。李軌周禮音唐是也。案陽韻與庚清往往相通。此字唐韻徐盈切。玉篇徒當切。兩音直一音。宜從段。然則洋爲餳之假借。語轉如唐。故方言餳謂之餹。餹本部所無。又餳之異體假借矣。

餱 餱乾食也。周書曰。峙乃餱粻。

今費誓作峙乃糗糧。蓋古文今文之異。粻字不見

米部而大雅以峙其粻爾雅釋言及詩箋皆曰粻糧也大雅又云乃裹餱糧是餱粻即餱糧可爲通借說文之糧即粻也

餥 餱也陳楚之閒相謁而食麥飯曰餥

後有飵字云楚人相謁食麥曰飵又鲇字云相謁食麥也又𩞁字䬴字云秦人謂相謁而食麥曰𩞁䬴數者音雖各異而義皆相同是亦可爲通借矣

饎 酒食也詩曰可以饙饎今泂酌詩作餴饎與饙皆餴之重文重文爲𩜹爲糦

商頌[元]鳥篇作糦周禮饎人注故書饎作䭙䭙即

饎字加火耳。○詩七月甫田大田俱有田畯至喜。箋並云喜酒食也。此以喜爲饎之省借。故爾雅釋訓饎字釋文亦云舍人本作喜。已見喜部。○火部熾盛也。月令湛熾必絜。注熾炊也。周禮酒正注作湛饎必潔。饎當爲熾之假借。饎昌志切。禮記釋文。熾尺志反。昌尺亦雙聲。是音同也。

籑具食也。重文爲饌。

特牲少牢禮注皆云古文籑作餕。論語先生饌。鄭本作餕。云食餘曰餕。本部餕字在新附。當卽借籑饌字爲之。○漢書司馬遷傳仍父子相繼籑其職。

注籑讀與撰同詩卷阿箋釋文饌本作撰是撰爲籑之通借撰已見辵部選言部譔竹部算下○又元后傳爲文母籑食堂晉灼曰籑具也籑當爲饌之假借籑亦見譔下

養　供養也古文爲羧

借翔已見羽部借羊見芊部○內則苛養釋文養本作癢荀子榮辱篇彊國篇正名篇俱云疾養注養與癢同疒部無癢字惟虫部蛘字云搔蛘也是養當爲蛘之假借癢乃俗體耳今癢字或又作痒疒部痒瘍也則亦假借字矣○書大誥民養其勸

漢書翟方進傳養作長。宋夏小正時有養日。傳曰。養長也。長平上二音。養長疊韻。故可通借。

饡　以羹澆飯也。

攷工記玉人注。瓚讀爲餰𩞁之𩞁。賈疏醢人職有餰𩞁。內則注曰。狼臅膏臆中膏也。以煎稻米則似今膏𩞁矣。玉篇又云。𩞁者饡之古文。𩞁乃餰之省。𩞁卽饡也。是𩞁𩞁雖本書所無。固與饡可通借。其義則集韻云。饡說文以羹澆飦。一曰以膏煎稻爲酏也。蓋許爲本訓。鄭用引申之義。實亦相通耳。

䭔　日加申時食也。籀文爲𩚱。

口部哺哺咀也謂口中所含之食後漢書趙孝傳注哺食之也漢書高帝紀呂后因餔之注以食食人亦謂之餔是哺與餔可爲通借故釋名云餔哺也如餳而濁可哺也○文選神女賦序晡夕之後注晡日昳時也晡卽餔之或體

餐呑也重文爲湌

詩緇衣還予授予之粲兮毛傳粲餐也粲乃餐之假借○史記淮陰侯傳將傳飧如湆曰小飯曰飧漢書韓信傳注作小飯曰餐上飧字云餔也與餐俱爲食義故可通借而爾雅釋言釋文餐音飧集

韻餐與飧同直以爲一字非也

䭕 嘰也讀若風溓溓一曰廉絜也

穀梁傳一穀不升謂之嗛已見口部嗛本借字䭕

詩外傳作䭕則䭕又可爲嗛之通借錢云䭕旣爲

穀不升之名則嘰當作饑說亦近是

饟 周人謂餉曰饟

下餉字云饟也是二字可爲通借故詩良耜其饟

伊黍郊特牲注引作其餉韻會本作餉饋也饋下

亦曰餉也孟子說葛伯仇餉云老弱饋食又云有

童子以黍肉餉饋已見止部歸下

饗鄉人飲酒也。

左氏成十二年傳有享宴之禮釋文享本作饗詩烈祖來假來享唐石經作來饗段云亯燕之亯左傳作亯爲正字周禮禮記作饗爲同音假借字今二字不分○漢書禮樂志五音六律依饗注饗讀曰響是以饗爲響之假借響已見音部○聘禮壹食再饗公食大夫禮設洗如饗注皆云古文饗作鄉燕禮注主國君饗時釋文饗本作鄉是鄉爲饗之省借鄉亦見響下○黃香九宮賦狠弧彀弓而外饗注饗宜讀作嚮是饗爲嚮之假借嚮亦見響下

饒 飽也。

曲禮。大饗不饒富。王伯申曰。饒當讀爲僥。富當讀爲福。僥同徼。求也。不僥福者。謂但求神饗。不求降福也。春官大祝。掌六祝之辭。以祈福祥。五帝至尊。不敢以私意干請。故不求福也。饒僥皆从堯聲。可借饒爲僥。僥見後心部憿下。

餞 送去也。詩曰。顯父餞之。

借踐。已見足部。○書堯典。寅餞納日。釋文述馬注。餞。滅也。羣經音辨引作淺。然餞淺皆不得訓滅。段云。馬意蓋以爲戩之假借。戩。滅也。江艮庭又謂鄭

注成王政敘訓踐爲滅是馬以淺爲踐則仍爲踐之假借矣說竝通

館 客舍也周禮五十里有市市有館館有積以待朝聘之客

借管已見竹部○雜記公館復釋文館本作觀白虎通京師篇於詩公劉于幽斯館引作于邠斯觀又嫁娶篇於左氏莊元年經築王姬之館引作觀竝以觀爲館之假借○易隨官有渝疏云人心職掌與官同稱釋文官蜀才本作館是以館爲官之假借

饖飯傷熱也。饐飯傷溼也。餲飯餲也。論語曰。食饐而餲。

案字林云。饐傷熱溼也。混饐於饖。爾雅釋器。食饐謂之餲。又混饐於餲。蓋析言之爲三。統言之則可通借。故皇侃論語義疏引李巡巡誤作充云。皆飲食壞敗之名也。饖於廢切。饐乙冀切。餲乙例烏介二切。竝音近。

饑穀不熟爲饑。

下飢字云。餓也。義各別。而穀梁宣十年經。饑。釋文。本或作飢。論語。年饑。因之以饑饉。鄭本皆作飢。後

遂多通借用之韻會直謂饑飢字異而義同非也若爾雅釋文饑本作古飥字則或體耳

餒 飢也一曰魚敗曰餒

本書無餧字爾雅魚謂之餒與此曰餧同是餧即餒也但段本不應竟改餧爲餒耳今經典作餒惟楚語民之羸餒日日已甚以餧爲餒漢書亦多作餧見魏相谷永及西南夷等傳若論語魚餒釋文本又作鮾乃餒之異體字〇此釋義云飢也今本或作飤也殆字形相近而誤然亦有從飤義者月令餧獸之藥是也案艸部萎食牛也蔽以穀萎馬

置巠中。則餧之訓飤。當爲萎之假借矣。

餽 吳人謂祭曰餽。

此與上饋字義本別。今多以餽通借饋。○莊子庚桑楚。夫復謵不餽而忘人。釋文。餽。元嘉本作愧。餽當爲愧之假借。餽愧亦並見歸下。○晏子七患篇。四穀不收謂之餽。邵二雲曰。餽與匱通。月令鄭注。匱乏也。是餽爲匱之轉借矣。

餟 祭酹也。

史記武帝紀。其下四方地爲餟食。封禪書作醊食。漢書郊祀志作腏食。玉篇。醊。今作餟之或體。肉部

𣩢挑取骨間肉也讀若詩曰啜其泣矣則𣩢爲餟之假借○酉部醊餟祭也與此互訓是餟醊本可通借醊从叕聲亦餟之音轉也

𩜹食馬穀也

詩周南言秣其馬小雅摧之秣之周禮太宰芻秣之式皆以秣爲𩜹禾部別無秣字

亼部 亼讀若集

合合口也

左氏宣二年傳既合而來奔注合猶荅也爾雅釋詁合對也詩雨無正聽言則荅新序雜事篇引作

則對。是今荅問字當爲合之假借。○攴部敆。合會也。是凡會合字皆爲敆之省借。人部佮。合也。佮爲合之通借。○戰國策。意者臣愚而不闔於王心耶。注。闔佮同。是闔爲合之假借。闔已見皿部盍下。○詩大雅。尺之洽矣。毛傳。洽。合也。攷工記弓人。春液角則合。注。合讀爲洽。則二字可互借也。○史記魏世家。築雒陰合陽。注。郃水之北。是合爲郃之省借。爾雅。郃。合也。○書。協時月。史記作合時月。漢書郊祀志同。周禮大史小行人注竝云。協。合也。是合爲協之通借。○周禮司人注。蚌曰合漿。釋文。合本作

舍合當爲舍之假借雙聲字舍已見口部

舍　市居曰舍从亼屮象屋也口象築也

借釋已見米部○手部捨釋也是借釋之字本爲捨公羊襄七年傳未至乎舍而卒也注舍昨日所舍止處也案凡止於是曰舍止而不爲亦曰舍舍捨二字義相同故可通借經傳多省作舍○呂覽貴直篇王乃舍之注舍不誅也漢書朱博傳常刑不舍此以舍爲赦之假借爾雅釋詁赦舍也則義亦通赦亦見釋下

會部

會合也从亼曾省曾益也古文爲𢓊

案會本黃外切其會計字音儈古外切段云會計者謂合計之也非有異義後人分之耳○借䯤已見骨部借璯見䯤下○邑部鄶祝融之後妘姓漢書地理志號會爲大注會讀曰鄶又鄭語鄶人古今人表作會人是會爲鄶之省借○詩檜風序釋文檜本作鄶是借檜爲鄶漢志號會下注亦云字或作檜會又檜之轉借若爾雅序會稡舊說釋文會本作檜則檜乃會之假借矣檜亦見䯤下○史記貨殖傳節駔會集解引漢書音義曰會亦是儈

也人部儈字在新附索隱云儈者合市也則祇當借會字爲之

⿱辰會日月合宿爲⿱辰會从會从辰辰亦聲

左氏昭七年傳日月之會謂之辰正是義也段因廣韻十四泰有⿱辰會十七眞無⿱辰會謂說文本作會亦聲錢說同是以⿱辰會爲會之通借案日月合宿即所謂日月之會也會合同義若⿱辰會又爲會則會宿爲會殊非文義且从辰而會聲當入辰部不當入會部矣玉篇⿱辰會時眞切日月會也今作辰似宜從之仍作辰亦聲⿱辰會乃左傳辰字之通借辰已見晨部

倉部

倉 穀藏也蒼黃取而藏之故謂之倉从食省口象倉形奇字爲仺

借蒼已見艸部借商見冋部○甘泉賦東燭倉海倉爲滄之省借滄亦見蒼下○漢書谷永傳五倉之術即五臟也是倉爲臟之假借但肉部無臟字祇借臧字爲之藝文志五藏六府是也臧已見臣部○詩桑柔倉兄塡兮倉兄當爲愴怳之省借○亢倉子亦作庚桑子二字皆以音近通借

牄 鳥獸來食聲也虞書曰鳥獸牄牄

今書作蹡蹌。是蹡爲牄之假借。鄭注。飛鳥走獸蹌蹌然而舞。則即以蹡爲正字。而周禮大司樂注引仍作牄牄。蹡已見足部蹩下。○說苑辨物篇引書鳥獸鶬鶬。是以鶬爲牄之假借。鶬亦見蹩下。又見玉部瑲下。

入部

内　入也。从冂入。自外而入也。

凡自外入之爲内。所入之處亦爲内。今人分去入二聲。而入聲之内以納爲之。虞書。以出納五言。漢書律麻志作出内。禹貢納總納銍等。地理志皆作內詩烝民出納王命釋文納本作內周禮鍾師納夏注故書納作內杜云內當爲納糸部納絲溼納納也非此義則納實當爲內之假借○攷工記輪人注調其鑿內而合之釋文內本作枘莊子在宥篇仁義之不爲桎梏鑿枘也釋文枘向本作內木部無枘字當即借內字爲之

仝[篆] 完也从入从工篆文爲全[篆]从玉純玉曰全古文爲全[篆]

案仝本疾緣切與全爲一字則廣韻以仝爲古文同字云出道書者非也而今人多作同○全借牷

已見牛部。借純見牷下。借遵見辵部。○易繫辭以全身也。釋文全本亦作存。存爲全之假借。作存義亦通。○易乾注處終而能全其終。釋文全一本作令。令有憐音。故可通借。令善也。善其終於義亦合。○老子未知牝牡之合而全作。釋文全如字。河上作峻。本一作朘。說文子和反。又子壘反。赤子陰也。是說文有朘字。今肉部朘在新附。鈕云玉篇廣韻竝不引說文。陸氏往往以他書當說文。未可盡信。文選宦者傳論體非全氣。李注引老子亦作全。全是也。案朘本子回切。集韻又荀綠切。則音近全。其假借義未審。

缶部

缶 瓦器也。古者昆吾作匋。史篇讀與缶同。

段云。讀與缶同者。謂史篇以匋爲缶。古文假借也。

匋與缶古音同在三部。故得相借。○玉篇。於瓦器

上有作字。宀部。窯。燒瓦竈也。瓦部。甄。匋也。義同。則

窯可爲匋之通借。○𨸏部。陶。再成邱也。本之爾雅。

詩緜篇。陶復陶穴。箋云。復穴皆如陶然。正義引說

文。匋。燒瓦竈也。是陶爲匋之假借。亦窯之假借矣。

孟子。萬室之國一人陶。陶卽匋也。

𦈢小口罌也。

漢書高帝紀上破布軍于會缶。蘇林曰。音𦈢。師古曰。字本作𦈢。而轉寫誤爲缶。縣布傳則作垂。案漢志沛郡蘄下有垂鄉。高祖破縣布。當作坙。與𦈢形似而誤。又誤作缶。非必假借。若莊子天地篇。以二缶鍾惑。而所適不得矣。釋文云。缶應作垂。鍾應作踵。言垂脚空中。必不得有所適也。此亦當本作𦈢。爲垂之假借。而又省作缶耳。

罃備火長頸缾也。

爾雅釋器注。甂甈。小甖。釋文。甖字亦作罃。本部甖作罌缶也。罋子。救門火者各一罋水容三石以上。又用瓦木罌容十升以上者。是罌亦盛水救火之器。可爲罃之通借。○左氏僖十五年傳秦康公名罃。公羊昭五年傳注作嬰。嬰當爲罃之假借。○古今人表女罃大戴禮帝繫篇作女匽。五帝紀索隱引世本作縈。御覽引尸子作英。此未定誰爲假借。罃匽雙聲字。縈英皆疊韻字。故可通。英已見艸部。又見玉部瑛下。

[illegible]瓦器也。

段云。詩斯干載弄之瓦。毛傳瓦。紡專也。廣韻廿二𣪠。鑴紡錘。集韻鑴紡甎。然則婦人撚綫錘頭古用塼爲之。據此。是鑴與塼可爲通借。紡專已見寸部專下。

缺 器破也。

漢書司馬相如傳注引應劭曰。缺。闕也。周語單若有闕。晉語聚必有闕。注竝云。闕。缺也。二字互訓。是闕爲缺之通借。○士冠禮緇衣冠缺項。注。缺讀爲頍。頍圍髮際結中項中隅爲四綴以固冠。今未冠笄者箸冠卷。頍象之所生也。滕薛名簂爲頍。又六書故云。冠無笄者用頍以組圍頭以繫冠。缺其當項處以候繫束也案頁部頍舉頭也引詩有頍者弁頍音跬與缺音似隔而集韻缺有犬蘂切頍有窺絹切爲缺之去聲特因鄭義而通其音余謂頍之入聲與缺近此處各本作从決省聲段云當从夬聲蓋決亦从夬聲也夬與頍雙聲字音之轉殆以此故缺可爲頍之假借若𡆉與頍則音轉矣

罄器中空也从缶𣪊聲𣪊古文磬字詩云缾之罄矣所引詩見蓼莪篇穴部窒空也又引詩缾之窒矣當是兼采三家罄與窒可爲通借音義皆合故一切經音義罄古文窒○左氏僖廿六年傳室如懸

罄釋文罄本作磬是罄爲磬之假借樂記石聲磬注磬當爲罄則磬又爲罄之假借○人部俔譬諭也引詩俔天之妹今大明毛傳俔磬也釋文引韓詩作磬云譬也段云俔磬二字雙聲磬乃俔之假借不得以假借字釋正字磬罄古通用爾雅罄盡也猶言竟是天之妹也是以俔爲罄之假借矣余疑此處釋文有倒亂當是毛詩作磬傳云磬俔也韓詩作俔云譬也如此方順言其尊貴譬諸爲天之妹也不必轉借罄字

矢部

矢弓弩矢也。从入。象鏑栝羽之形。古者夷牟初作矢。

易晉六五失得勿恤。釋文失孟馬虞王肅本作矢。此字形相近。傳本不同。非必假借。矢失亦聲之轉。○易虞注。矢古誓字。詩考槃永矢弗諼。論語夫子矢之。矢皆訓誓。是矢爲誓之假借。若表記引詩信誓旦旦。釋文信本作矢。此當爲下誓字之誤。信與矢義未合也。○爾雅釋詁。矢陳也。詩江漢矢其文德。毛傳矢施也。言部設施陳也。設與施義近。晉語爲大戮施。注施陳也。是矢之訓陳。乃施之轉借也。孔子開居引詩作弛其文德。而正義仍從矢訓陳。

爾雅又云矢弛也蓋弛亦爲施之假借故轉借矢
也

䠶弓弩發于身而中于遠也篆文爲射从寸寸法
度也亦手也

借斁已見攴部借嬕見斁下○易井九二井谷射
鮒釋文射鄭王肅皆音亦厭也荀作耶案射本食
夜切轉爲食亦切荀從食夜之音故以耶爲射之
假借○左氏文六年傳狐射姑出奔狄穀梁作夜
姑此人名以音通借若荀子勸學篇西方有木焉
名曰夜干蒄即上林賦之射干則夜當爲射之假

借。○左氏桓九年傳。曹世子射姑。穀梁釋文。射孃氏作亦。古今人表曹嚴公亦姑。師古曰。卽射姑也。射音釋。與亦可通借。史記曹世家作夕姑。夕與亦音通。夕與夜義通。音又相轉。則夕姑仍可借射姑矣。○穀梁昭八年傳。以習射于射宮。注。射宮澤宮也。射爲食亦之音。與澤疊韻字。故可通借。射義云。旣射于澤。而後射于射宮。則爲二地。與此異。澤已

見釆部釋下。

撟　揉箭箝也。

手部云。撟。舉手也。一曰。撟擅也。易說卦傳。坎爲矯

輮釋文矯本作撟楚辭惜誦篇擣木蘭以撟蕙兮注撟猶揉也漢書公孫劉田等傳贊撟當世反諸正注撟讀與矯同此皆當以撟爲矯之假借若公羊僖卅年傳注撟君命聘晉釋文撟本作矯左氏哀十四年傳注知其撟命釋文同此撟命當是擅命之義則矯爲撟之假借今二字多通用故書呂刑奪攘矯虔漢書武帝紀亦作撟虔○漢書薛宣朱博傳音義引呂靖曰蟜毒蟲也今以爲矯字是蟜可爲矯之假借故左氏成十七年傳長魚矯晉語作長魚蟜詩泮水矯矯虎臣釋文一作蟜蟜○

廣雅釋訓、蟜蟜、武也。疏證云、中庸强哉矯、是蟜爲武也。重言之則曰蟜蟜、周頌酌篇蹻蹻王之造、毛傳蹻蹻、武貌、字異義同。案足部蹻、舉足小高也。引詩小子蹻蹻。彼處邱消切。蹻猶翹也。與蟜異義、則蹻當爲蟜之假借。○漢書儒林傳魯橋庇子庸、史記仲尼弟子傳作蟜庇。注、蟜、高音橋。是蟜爲橋之假借。若荀子儒效篇橋飾其性情、漢書武帝紀陳湯橋發兵斬郅支、則橋又蟜之假借。○文選長笛賦注引蒼頡云、蟜、正也。楚辭惜誓篇衆枉聚而嬌直。注、嬌、正也。嬌當爲蟜之誤、女部無嬌字。

矰　隿䠶矢也。

西都賦矰繳相纏。三輔黃圖云。佽飛具矰繳以射鳧鴈。是以繒爲矰之假借。繒已見八部曾下。○周禮男巫冬堂贈注。故書贈爲矰。杜子春云。矰當爲贈。堂贈謂逐疫也。是矰爲贈之假借。

矦　春饗所射矦也。从人从厂。象張布。矢在其下。古文爲𥎦。

借兮。已見兮部。○文選封禪文。矦不邁哉。注。矦。何也。此以矦爲何之假借。典引矦其禕而。當亦同。矦何雙聲字。何已見艸部荷下。○詩四月。矦栗矦梅。

白帖九十九作維栗維梅是矦爲維之假借爾雅釋詁伊維矦也則亦通○樂記注獮猴也釋文猴亦作矦矦爲猴之省借南都賦之矦桃當即本草所稱之獮猴桃矣

高部

高崇也象臺觀高之形从冂口與倉舍同意

月令仲春以太牢祠于高禖鄭注高辛氏之世[元]鳥遺卵娀簡狄吞之而生契後王以爲媒官而立祠變媒爲禖神之也蔡邕謂尊高之禖盧植以爲居明顯之處故謂之高王伯申曰三說竝非高誘

注呂覽云周禮媒氏以仲春之月合男女因祭其神於郊謂之郊禖郊音與高近故或言高禖此說是也大雅生民商頌[元鳥]兩傳皆作郊禖是高者郊之借字郊已見艸部蒿下○水經注廿四引京相璠說今廩邱城北有故高魚城俗謂之交魚城是交爲高之假借○爾雅釋天五月爲皐釋文皐或作高同明堂位天子皐門注皐之言高也是皐爲高之通借○素問生氣通天論高粱之變又通評虛實論肥貴人則高粱之疾也注竝云高膏也是以高粱爲膏粱之假借

𠅘 小堂也。重文爲廎。

段謂元次山唐廎，宋人多以廎爲亭字，非也，可讀如今之廳。案廳字本書所無，近人因其爲聽事之處，卽稱聽事。𠅘既从冋聲，廎又从广，則廳可爲𠅘之異體假借矣。

亭 民所安定也。亭有樓。

釋名：亭，停也，人所停集也。風俗通曰：亭，留也。留正停之義，是停字卽可借亭爲之。停已見血部甹下。

亳 京兆杜陵亭也。

借薄，已見艸部。又左氏哀四年經亳社災，公羊作蒲社災蒲當爲亳之假借蒲亳雙聲字蒲亦見薄下○左氏襄十一年經同盟于亳城北公羊穀梁作京城北杜注亳城鄭地案京城亦鄭邑公叔段稱京城太叔是也京與亳字形相似故異名非必假音○書盤庚序將治亳殷疏引束皙說孔壁尙書作將始宅殷亳字摩滅容或爲宅案二語義皆通宅與亳竝从乇聲或亦可假借也

冂部

冂邑外謂之郊郊外謂之野野外謂之林林外謂之冂象遠界也古文爲冋从口象國邑或从土爲

坰。爾雅釋地作郊外謂之牧。牧外謂之野。較此多五字。牧李巡作田。王砅注素問作甸。甸與田本通借。見後田部。○冂字今魯頌及爾雅皆作坰。

市 買賣所之也。市有垣。从冂从乁。乁象物相及也。乁古文及字。

詩東門之枌市也。婆娑潛夫論浮侈篇作女也婆娑。此相傳異本作女。義亦通。非假借也。

冘 淫淫。行皃。

玉篇別立冘部云。冘冘行皃。子虛賦。䍦乎淫淫。郭注。羣行皃。是淫爲冘之假借。冘余箴切。與淫疊韻。○段云。古籍內冘豫義同猶豫。巴東灩澦堆亦曰猶豫。坤元錄作冘豫。樂府作淫豫。案猶灩皆與冘音近。故亦可通。後漢書馬援傳。冘豫未決。竇武傳。太后冘豫未忍。皆當爲猶豫之假借也。

央 中央也。从大在冂之內。大人也。央旁同意。一曰久也。

詩出車。旂旐央央。毛傳。央央。鮮明也。六月。白旆央央。同。案豳風。我朱孔陽。傳。陽。明也。廣雅釋詁同。重言之則曰陽陽。央當爲陽之假借。○出車釋文。央

本亦作英爾雅釋天孫注引詩作英英是英
爲央之通借英華亦與明義近英已見艸部又見
缶部罃下○文選甘泉賦日月纔經於柍桭注柍
中央也此以柍爲央之假借木部柍梅也一曰江
南橦材其實謂之柍柍即爾雅釋木之時英梅
則又借英爲柍○詩載見和鈴央央文選東京賦
注引作鈴鉠金部無鉠字玉篇鉠鈴聲當即央之
加偏旁者

隺 高至也从隹上欲出冂易曰夫乾隺然
今易繫辭作確釋文引馬韓云剛皃石部有确無

確。确。磬石也。則易之確當以隺爲正字。大徐云確
乃确之俗。案土部有墧字。云堅不可拔也。與隺訓
異。易文言確乎其不可拔。確卽隺字。而其義則當
爲墧之假借。○莊子應帝王篇確乎能其事者而
已矣。釋文確崔本作𡼖。此以𡼖爲確之假借。義絕
異。疊韻字耳。

𩫏部

𩫏度也。民所度居也。从回。象城𩫏之重。兩亭相對也。
或但从口。

邑部。𩫏齊之郭氏虛也。凡以國爲姓者从此。詩皇

矣。愭其式郭。釋文郭本作廓。廓字广部所無。葢郎
借郭字爲之。今既有廓。乃以郭爲城䇭字。而䇭廢
矣。郭已見虎部號下。○水部㶁云。水在魯。錢謂齊
田嬰封靖郭君。葢以此水得稱。是郭爲㶁之省借。
也。

䦙 缺也。古者城闕其南方謂之䦙。讀若拔物爲決引
也。

公羊何注。天子周城。諸侯軒城。軒城者。缺南面以
受過也。案此與軒縣缺南方避天子同。段謂城門
上有臺曰闍。周禮匠人詩靜女所謂城隅也。三面
有臺而南方無臺則爲䦙。詩子衿。在城闕兮。毛傳。

乘城而見闕明非城墉不完如公羊疏所疑也是闕非象闕之闕當爲𣪊之假借○𣪊既訓缺亦可引申爲凡缺之稱是𣪊爲缺之通借缺已見缶部

闕見缺下

京部

京人所爲絕高丘也从高省丨象高形

檀弓以從先大夫于九京也注京當爲原晉語同是京爲原之假借高平曰原原與京之本義亦通○文選羽獵賦騎京魚注京字或爲鯨魚部䲔海大魚也引春秋傳取其䲔鯢重文爲鯨是京爲鯨之

省借。䲨乃鯀之正體。○史記高祖功臣侯年表。京侯周成。徐廣曰。京一作景。景字从京。故可通借。○山海經。北方神名禺强。莊子注作禺京。此未定誰爲假借。

高也。从京尤。尤異於凡也。籒文就。

借由已見弓部𢎘下。○史記五帝紀。就時於負夏。索隱曰。就時。猶逐時也。是就爲逐之假借。逐已見辵部。○他如爾雅釋詁。就成也。廣雅釋詁。就久也。廣韻。就迎也。即也。周禮典瑞。繅藉五采五就。司農注。五就。五帀也。此皆就之引申借義。今無用就字

本訓者。

亯部

亯 獻也。从高省。曰象進孰物形。孝經曰祭則鬼亯之。

篆文爲𠅘。

借饗。已見食部。○段謂亯許兩切。象薦孰。因以爲飪物之稱。故讀普庚切。亯之義訓薦神。誠意可通於神。故又讀許庚切。古音則皆同部。其薦神作亨。亦作享。飪物作亨。亦作烹。亨享乃小篆之隸變也。案此竝假借通用之字。以亨爲烹者。易鼎大亨以養聖賢是也。以享爲烹者。王校墨子非儒下篇子路爲享豚。謂享卽今之烹字。後人誤讀爲燕享之享。孔叢子詰墨篇。藝文類聚獸部中太平御覽人事部飲食部皆引作子路烹豚是也。亦見鬲部鬻下。又婁機漢隸字原云。漢碑元亨字皆作享。至子孫享之之類。又皆作亯。足見古人原作一字用也。案惟亨飪義必从火作烹。乃俗字耳。

𦏧孰也。讀若純。一曰鬻也。篆文爲𦎫。

此今之純熟字。或作[湻]作醕。皆當爲𦏧之假借。○周禮司裘注。侯者以虎熊豹麋之皮飾其側。又方制之以爲𦏧。𦏧謂之鵠。是以𦏧爲墉之省借。釋文本亦作準者，又𦎫之轉借也。

𦎫厚也。讀若篤。

二部竺厚也，與此音義皆同，可爲通借。○經傳凡篤厚字皆當爲𦎫之假借。𦎫既通竺。爾雅釋詁釋文竺又作篤，是篤亦竺之假借，今概用篤而𦎫竺俱廢矣。篤已見中部毒目部督下。

㫗部

㫗長味也。詩曰：實覃實吁。古文爲㫗，篆文爲㫗。

案長味之訓與後酉部醰可爲通借。惟彼專言酒異耳。○借剡，見刀部。○詩葛之覃兮，毛傳：覃，延也。

釋文。覃本亦作蕈。艸部蕈。桑萸也。是蕈爲覃之假借。○詩碩人。譚公維私。白虎通宗族篇引作覃公。生民釋文。覃本或作譚。二字互借。譚見後邑部鄿下。○爾雅釋言釋文。覃本又作[illegible]。孫叔然云。古覃字同。案艸部蕁。芜藩也。亞文爲薚。薚乃蕁之省。淮南天文訓。火生蕁。高注。蕁讀爲葛覃之覃。則是可通借矣。

𠪚山陵之厚也。古文爲垕。

郈氏瑛曰。部首㫗。厚也。从反亯。與此別。如易坤厚載物。樂記而測深厚。中庸博厚之類。𠪚爲正字。餘與薄對者當爲䓖而經典無䓖字概作厚案䓖訓厚亦可通借今厚行而䓖廢矣○莊子列禦寇篇注乃厚其身耳釋文厚本作後後當爲厚之假借釋名曰厚後也有終後也則義亦通

畗部

畗滿也从高省象高厚之形讀若伏

段云許書無偪逼字大徐附逼於辵部今乃知偪雅釋言逼迫也本又作偪皆畗之俗字○巾部幅布帛廣也喪大記絞一幅爲三釋文本作一畐畐當爲幅之假借內則偪屨著綦注偪行縢釋文本

又作幅。則幅乃偪之假借。○木部楅。以木有所逼束也。引詩夏而楅衡。周禮封人注。鮑者于楅室中糗乾之。釋文。楅本又作偪。楅爲承矢器。楅衡者。横木於牲角端。則楅室之楅當爲偪之假借。周禮封人疏。楅者相迫。楅之義。是與逼亦通也。○攷工記輈人不伏其轅。注。故書伏作偪。杜子春云。當作伏。是偪爲伏之假借。○左氏襄十年經。偪陽。穀梁作傅陽。案副从畐聲。副傅音近。畐音若伏。亦與傅近。故可通借。古今人表又作福陽。子晉書音義中偪或作福。廣韻。偪房六切。音福。福本从畐聲。則福亦

可爲偪之假借也○內則不共湢浴釋文本又作偪水部無湢字當卽畐之加水傍者

良善也古文爲[篆]爲[篆]爲[篆]

古詩良無盤石固此以良爲諒之假借正字通良音亮諒已見言部○孟子王良荀子正論篇論衡命義篇俱作王梁後漢書張衡傳注天駟旁一星爲王良名當取之則梁爲良之假借梁亦見諒下○海內北經大封國有文馬名曰吉量注量一作良唐書兵志亦作吉良是量爲良之假借釋名云良量也量力而動不敢越限也則義亦通○廣雅

釋詁。郎。君也。疏證云。郎之言良也。良與郎聲之侈弇耳。猶古者婦稱夫曰良。而今謂之郎也。案士昏禮。媵衽良席在東。詩綢繆。與孟子之良人。皆夫稱也。郎當爲良之假借。晉書列女傳謝道韞曰。天壤之間。乃有王郎。段謂凡官名稱郎者。借亦同。○史記仲尼弟子傳公良孺。索隱引鄒誕生本良作襄。此未定誰爲假借。○莊子徐無鬼篇。良位其空。釋文引司馬云。良良人。謂巡虛者也。良或作踉。是踉爲良之假借。又列禦寇篇。闔胡嘗視其良。釋文云。良者。良人。斥緩人名也。言何不試視緩墓上已化爲秋柏之實。良或作垠音浪冢也。此兩義竝存。後義以良爲垠之省借。踉垠二字皆本書所無。

㐭部

㐭 穀所振入也。宗廟粢盛蒼黃㐭而取之故謂之㐭。从入回象屋形。中有戶牖。重文爲廩。

下稟字云賜穀也。案祿稟字與倉廩本異。中庸既稟稱事。周禮宮正內宰廩人掌固注皆云稍食祿稟也。管子問篇死事之寡其餼廩何如。後漢書章帝紀恐人稍受廩。注廩給也。是以廩爲稟之通借。又凡賜穀曰稟。受賜亦曰稟。因之爲稟賦稟命字。

今㐫从禾爲从示，非也。○仌部凜，寒也。凡戒愼曰凜。凜，漢書循吏傳序廩廩庶幾，食貨志爲此廩廩，皆以廩爲凜之假借。或作懍。懍則心部所無。○又漢志注引如淳曰：牢，廩食也。古者名廩曰牢。牢廩音之轉，是亦可假借矣。牢已見牛部。○左氏莊九年傳有雍廩，史記齊世家作雍林，此人名，以聲近。

亶，多穀也。

不定誰借。

案亶訓多穀，而爾雅釋詁訓厚。郝云：亶者藏之厚也。厚義借單。已見吅部。又呂覽重已篇衣不燀熱，高注燀讀曰亶亶厚也亦以燀爲亶之假借火部燀炊也引春秋傳燀之以薪○爾雅又云亶信也誠也諴信與惇厚義近廣雅釋詁誕信也以誕爲亶之假借誕已見言部○大戴記鄉黨之閒觀其信憚也盧注云信而敬憚王伯申曰憚讀爲亶亶誠也信也故與信連文若敬憚之憚則與信爲不類矣逸周書官人篇作觀其信誠誠亦亶也亶憚古同聲亶之通憚猶單下之亶通單也○荀子議兵篇路亶者也注亶讀爲袒此以亶爲經典袒裼字之假借○文選羽獵賦亶觀夫剽禽之紲踰注

亶古但字漢書注屢見亶讀曰但皆以爲語詞亶乃但之假借但亦見誕下○疒部癉勞病也士冠禮嘉薦亶時注亶信也古文亶爲癉是癉爲亶之假借癉一作⿸疒亶禮記緇衣下民卒⿸疒亶釋文⿸疒亶本作亶則亶又⿸疒亶之省借矣○荀子彊國篇注亶讀爲擅本亦或作擅是以亶爲擅之省借○古今人表楚熊亶楚世家作熊黮三代世表作熊黮此人名不定誰爲假借黑部黮白而有黑也五原有莫黮縣黮已見艸部葚下與亶皆聲之轉

啚嗇也从口从㐭㐭受也古文爲啚

邑部鄙字云五鄰爲鄙今以爲啚吝字論語鄙夫周書鄙我周邦皆當爲啚之假借○論語子所否者論衡問孔篇作予所鄙者莊子大宗師篇不善少而否老釋文否本作鄙案釋名否鄙也鄙劣不能有所堪成也此仍以否爲啚之通借○口部圖畫計難也从口从啚啚難意也韓勑後碑改畫聖象如古啚以啚爲畫圖一切經音義八引詔定古文官書圖啚二形同此因圖字从啚遂省作啚非聲借也

嗇部

嗇 愛濇也。从來㐭。來者㐭而藏之。故田夫謂之嗇夫。古文爲𠾂。

書湯誓。舍我穡事。殷本紀作嗇事。盤庚服田力穡。漢書成帝紀作力嗇。是嗇爲穡之省借。左氏昭元年傳大國省穡而用之。則穡又嗇之假借。但以嗇夫推之。若郊特牲先嗇司嗇報嗇。嗇皆謂農於稼穡義亦通也。又詩桑柔家穡維寶。釋文穡本亦作嗇。王伯申曰。毛謂收穡也。鄭云吝嗇也。依此是毛鄭詩本作嗇。葢所傳不同。而義遂別矣。

牆 垣蔽也。籀文爲𤖣。爲𤗿。

論語辟諸宮牆漢石經殘碑作宮蘠是以蘠爲牆
之假借蘠已見艸部則又借牆爲蘠○詩常棣兄
弟鬩于牆釋文牆本或作廧左氏襄廿六年傳寺
人惠廧伊戾釋文或作牆廧卽牆之或體○左氏
哀元年傳宿有妃嬙嬪御焉釋文本又作廧或作
牆嬙卽牆也女部嬙字在新附漢書匈奴傳後宮
良家子王牆不作嬙則嬙爲俗字牆非假借也又
鈕云杜注嬪嬙婦官女部妝婦官也與杜合玉篇
嬙又音色廣韻亦有入聲與妝音近案嬙从嗇或
卽嗇聲妝从爿嗇爿體盬顯字疑嬙爲妝之別體似

可通如此則𧵳亦从䜌乃假借字矣

來部

𠅘周所受瑞麥來麰一來二縫(段作一來二夆)象芒朿之形天所來也故爲行來之來詩曰詒我來麰

漢書劉向傳引詩作釐麰釐乃來之假借少牢饋食禮來女孝孫注來讀曰釐則來又當爲釐之假借矣○禾部䅘字云齊謂麥䅘也廣韻引埤蒼來麰字作䅘是䅘爲來之通借○廣雅釋艸麰大麥麳小麥也麥部有麰無麳來即麥不應又从麥禹貢因桓是來漢書地理志作是徠禮樂志天馬徠

西極。注。徠古往來字。爾雅釋文於釋訓云來又作逨。釋木椋卽來。云椋本作來。釋鳥鶆鳩云來本作鶆。水經江水注。崍山。卭崍山也。凡此皆本書所無。當是後人於來字各加偏傍耳。

𥝩　詩曰不𥝩不來。亦文爲𢓊。

段云。毛詩無此語。釋訓曰。不𥝩不來也。爾雅多釋詩書。蓋江有汜之詩。不我以。古作不我𥝩。不我𥝩者。不我來也。許蓋兼偁詩爾雅。當云詩曰不我𥝩。不𥝩。不來也。據此。是以以爲𥝩之假借。其字不同者。殘𥝩爲三家本也。○今韻書字書以𥝩俟同竢。

訓待。段謂其非。案爾雅釋詁。竢待也。釋文。竢又作俟。俟與竢同。立部竢下正用雅訓。重文爲妃。从巳。巳本與以通。則詩之不我以。卽以以爲妃之假借。義亦順矣。○又今爾雅作不俟。不來也。郭注。不可待。是不復來。邢引馬元伯農部云。采薇詩我行不來。疑古本作我行不𢿱。𢿱與俟通。故爾雅作不俟。而以不來釋之。今詩作不來者。𢿱字脫其半耳。是以此引詩乃小雅而非召南。說似較勝。余謂𢿱來異者。𢿱本从來。卽訓來。紙通支。卽通𡕒。則來亦可爲𢿱之省借與。

麥部

麧　堅麥也。

史記陳平世家亦食糠覈耳。漢書同。孟康曰：覈，麥糠中不破者也。晉灼曰：覈音紇。京師人謂麤屑爲紇頭。是覈、紇皆麧之假借。若韓昌黎詩士不厭糠籺。籺當卽麧之或體，米部所無。或又作⿰禾乞，禾部⿰禾乞，秳也。秳下云：舂粟不潰也。⿰禾乞居气切，與麧之乎没切音義俱異。

麪　麥末也。

米部⿰米蔑，粖也。小徐本⿰麥末也。玉篇⿰米蔑或作⿰麥末，則⿰米蔑粖

一字廣雅釋器䴹謂之麪御覽引倉頡解詁云麪細麩也麪䴹語之轉䴹猶末也末麪爲雙聲則䴹與末皆可爲麪之假借末見後木部

䴺䴹麥也讀若馮

周禮籩人有䴺鄭注今河間以北煑穜麥賣之名曰逢是訓逢即䴺之遺語也荀子富國篇取其將若撥䴺段謂麥乾煎則質輕撥去之甚易故以爲況今南方蒸稉米曝乾熘之呼爲米蓬逢蓬皆可爲䴺之假借逢巳見辵部蓬見艸部

𪌉麥甘鬻也

荀子夏日則與之瓜麮。亦見富國篇。釋名曰。煮麥曰麮。麮之爲言齲也。謂齲爛也。齲字从禹。與去疊韻。是亦可假借矣。

夊部

夊 行遲曳夊夊。象人兩脛有所躧也。玉篇引詩雄狐夊夊。今南山詩作綏綏。則綏當爲夊之假借。夊思佳切。又左氏文十二年傳。乃皆出戰交綏。注古名退軍爲綏。正義曰。司馬法將軍死綏。舊説綏。卻也。與夊合。綏見冂部隋下。

夌 越也。从夊兴。兴。高大也。一日夌徲也。

檀弓喪事雖遽不陵節注陵躐也躐與越同義則陵爲夌之假借凡言陵遲陵夷者亦夌徲之假借也今字或作淩

𦤺送詣也

借質見後貝部○禮器有放而不致也釋文致本作至大學致知在格物注致或爲至廣雅釋詁致至也是至爲致之通借至亦見質下○孟子可坐而致也宋書律志致作知致當爲知之假借○詩都人士箋其情性密致釋文致本作緻聘義注縝致也釋文同糸部緻在新修字義則即致之或體

故月令必工致爲上致卽緻也○孝經釋文致从文俗作攴非

𢝊和之行也詩曰布政憂憂

今長發詩作優優毛傳優優和也則優當爲憂之假借人部優饒也一曰倡也又魏志注引書憂賢揚歷卽盤庚心腹腎腸之今文也文選魏都賦注引作優賢揚歷憂又當爲優之省借憂借嚘已見口部優亦見嚘下○心部𢝊愁也經典多借憂字爲之而𢝊廢矣○詩小弁我心憂傷文選陸士衡贈弟詩注作我心悠傷悠乃憂之轉借

竷　繇也。舞也。樂有章。从章。从夅。从夂。詩曰。竷竷舞我。
今伐木詩作坎坎鼓我。宛邱坎其擊缶。毛傳。坎坎。擊鼓聲。則舞當作鼓。坎乃竷之假借。○魏風坎坎伐輪兮。石經魯詩作欿欿。蓋欿爲坎之轉借。實亦竷之假借也。若易坎釋文。京劉本作欿。則借欿爲坎矣。

𡿺　𡿺蓋也。象皮包覆𡿺。下有兩臂。而夂在下。讀若范。
蔡邕獨斷曰。金錽者。馬冠也。高廣各五寸。上如五華形。在馬鬃前。金部無錽字。馬融廣成頌。揚金𡿺而拖玉瓖。則卽借𡿺字爲之。晉書輿服志作錽。或

作鑁玉篇又作金騣皆子公反此形似而誤音遂異非假借也

夏中國之人也从夊从頁从𦥑𦥑兩手夊兩足也古文爲[illegible]

左氏僖二年經虞師晉師滅下陽杜注下陽虢邑公穀作夏陽江愼修曰虢以國都爲上陽故謂河北稍下者爲下陽作夏陽者音同傳譌耳漢初尙公穀之學夏有大義地理志河東郡遂名大陽縣是夏當爲下之假借又水經汶水注下讙世有夏暉之名矣蓋下夏音同讙暉雙聲字故可通借○

學記夏楚二物文選廣絕交論王丹威子以檟楚馬汧督誄以檟楚之辯連之注夏與檟古今字通是夏爲檟之假借檟別見後木部○淮南說林訓大廈成而燕雀相賀文選西京賦大廈耽耽薛注屋之四下者爲廈广部廈字在新附當卽借夏字爲之詩之夏屋渠渠亦取大義也

畟　治稼畟畟進也詩曰畟畟良耜周頌毛傳畟畟猶測測也段云畟畟古語測測今語毛以今語釋古語故曰猶則測爲畟之假借○爾雅釋訓畟畟耜也釋文畟本作稷稷亦畟之假

借稷正从畟聲

夔神魖也如龍一足从夂象有角手人面之形借歸已見止部○左氏僖廿六年經楚人滅夔公羊作隗隗當爲夔之假借○中山經岷山多夔牛郭注卽爾雅所謂魏牛魏當爲夔之假借夔或作犪魏或作犩

舛部

舛對臥也从夂㐄相背重文爲踳楊雄說舛从足春

王制注釋交趾云浴則同川臥則僢足周禮典瑞

注。僢而同柢。正義云。僢謂兩足相向。人部無僢字。蓋卽舛之或體。舜本从舛。舛僢亦音近也。

舞 樂也。用足相背。古文爲𦏶。

鄭風雨驂如舞。家語好生篇引作如僢。僢卽舞之或體。○周禮鄉大夫五曰興舞。司農注。故書舞爲無。無乃舞之省借。○水部潕字云。水出南陽舞陰。東入穎。案漢志舞陽舞陰以潕水得名。舞宜爲潕之假借。而方輿紀要引舊志云。潕水出泌陽縣北自平地湧出。如飛舞然。則本取舞義也。○孔耽碑舞士茀茨。追念祖母。故舞魂構。此蓋以舞爲廡之假借。○在氏莊十年經。以蔡侯獻舞歸。穀梁作獻武。國策秦武陽。史記刺客傳作舞陽。此人名不定誰借。

𨏥車軸耑鍵也。兩穿相背。从舛。萬省聲。萬古文偰字。車部轄。車聲也。一曰轄。鍵也。左氏昭廿五年傳。昭子賦車轄。釋文本又作舝。是轄爲舝之通借。○又哀三年傳。巾車脂轄。釋文轄本又作鎋。詩節南山箋。爲周之桎鎋。釋文字又作轄。金部無鎋字。則即轄之或體。亦與舝通。以其爲軸頭金。故或从金耳。○史記載大人賦。跮踱輵轄。漢書轄作蛞。注引張揖曰。蝎蠚搔目吐舌皃。按以史記之蠚爲譪字。然許書虫部固未見有蠚字也。

舜部

舜　艸也。蔓地連華。象形。古文爲[seal]。借蕣。已見艸部。○大荒東經帝俊生中容。注。俊亦舜字。即有虞氏帝舜也。舜當爲俊之假借。若魯語。商人禘舜而祖契。注。舜當爲嚳字之誤也。大荒西經。帝俊生后稷。注亦云。俊宜爲嚳。此乃誤之偶同。非爲借字。

䑞　華榮也。讀若皇。爾雅曰。䑞華也。重文爲[seal]。

今釋言華皇也釋草又曰葟華榮則小雅之皇皇者華皇當爲葟之省借實爲雝之轉借也詩疊言之耳皇已見王部與此義異可並存

韋部

韋相背也獸皮之韋可以束枉戾相韋背故借以爲皮韋古文爲

借違已見辵部○漢書成帝紀大木十韋以上注韋與圍同是韋爲圍之省借史記曹相國世家渡圍津索隱云圍與韋同案韋津在東郡韋城則圍又當爲韋之假借戰國策信陵君曰秦有垝津垝

亦韋之借字矣。

韜 劒衣也。

鄉射禮。以鴻脰韜上二尋。注。今文韜爲翻。此以翻爲韜之假借。翻已見羽部翿下。○檀弓南宮縚。家語弟子作縚。糸部無縚字。蓋卽韜之或體。○喪大記注。所以韜尸重形也。釋文。韜一作㢧。又士昏禮。纚縚髮。釋文。縚本作㢧。同。蓋㢧爲韜之假借。而亦轉借縚也。○少儀曰。劒則啟櫝。蓋襲之。加夫襓與劒焉。注。夫襓。劒衣也。夫。發聲。衣部無襓字。襓與韜音近。當卽韜之假借。

韝　臂衣也。此依段本。

崔豹古今注。乘輿進食者服攏衣。即此韝也。後漢書馬皇后紀。倉頭衣綠褠。注。今之臂褠。以縛左右手。于事便也。字或作韝。見南都賦。皆韝之通借。

韘　射決也。所以拘弦。以象骨。韋系。著右巨指。詩曰。童子佩韘。重文爲弽。

詩芄蘭毛傳。韘決也。箋云。韘之言沓。所以彄沓手指。又大射儀。朱極三。注。極猶放也。所以韜指利放弦也。以朱韋爲之。段謂韘極沓三字雙聲。是皆可通借矣。○附案。周禮繕人注。士喪禮。抉用正王棘若檡棘。是以抉爲決之假借。

韣弓衣也。

革部韇云。弓矢韇也。韣韇音同。从革與从韋一也。當可通借。段謂韇又在韣之外。容以木爲之。又引左傳服注。冰櫝丸蓋也。然服注櫝从木不从革。韇本从革。而强言木爲之說。似未的。

緞履後帖也。重文爲𩌏。

張平子四愁詩。美人贈我錦繡段。即今之綢緞字也。與此緞之本義迥別。蓋假借緞爲段耳。段已見殳部。

鞲　軶裹也。

玉篇鞲，尻衣也。與此字同義異，殆二物而一名耳。廣韻作鞴，尻衣。鞴當卽鞲之省借。篇韻往往通也。段以爲部內本別有鞴字而佚之，恐屬肊揣。

韏　革中辨謂之韏。

語本爾雅。廣韻玉篇辨俱作辦，通借字也。衣部襞下云，韏衣也。似與爾雅別，而段通其義，引子虛賦襞積褰縐，謂縐文韏韏者曰韏。襞亦謂之襵，衣之襵如革之襵也。此說存參。惟所據廣雅，韏，曲也。又韏，詘也。殆卽卷曲字之假借與。

𩏙收束也。讀若酋。重文爲𩏙爲揫。

漢書律厤志秋。𩏙也。月令正義引作秋者揫也。是揫即𩏙矣。手部複出。揫已見辵部遒下。○鄉飲酒義秋之爲言愁也。注。愁讀爲揫。是以愁爲揫之假借。

韓井垣也。从韋取其帀也。

史漢孝武紀封禪書郊祀志枚乘傳皆作井幹。是幹爲韓之假借。莊子秋水篇跳梁于井幹之上釋文引崔譔云。井以四邊爲幹。猶築之有楨幹。則義亦通。幹已見羽部翰下。○隸省作韓。呂覽有始篇北方曰寒風淮南墬形訓作韓風是韓爲寒之假借而文選樂府名都篇寒鼈炙熊蹯七啟寒芳苓之巢龜注並云寒與韓同引釋名韓羊韓雞爲說乃以寒爲韓之假借說似未的若左氏襄八年傳寒浞古今人表作韓浞則本相通借矣○海內經昌意降居若水生韓流注韓流卽乾荒也此未定誰爲假借

弟部

弟　韋束之次弟也从古字之象古文爲弟

引伸之義爲兄弟爲豈弟今次弟字从竹作第豈

弟字从心作悌悌皆本書所無○史記五帝紀頋弟弗深考徐廣曰弟但也晉世家君弟毋會索隱訓同是以弟爲但之假借弟但雙聲字但已見言部誕㐭部亶下漢書丙吉傳西曹地忍之此以地爲弟之假借亦但義也○莊子應帝王篇因以爲弟靡釋文弟徐音穨不云一作穨而引崔云猶遜伏也義與穨靡近或亦假借字弟穨聲之轉

夊部

從後至也象人兩脛後有致之者讀若黹

此與前夂部字形極相似而音義俱異故著之

夆 啎也。讀若縫。

借條已見彳部𢓜下。○新修字義有峯字，云山耑也。此當即借夆字為之，故山部不載。○史記天官書：兒若哭若呼，其人逢俉。化言逢當為夆之假借，逄已見辵部。俉字人部所無，則啎之或體。又漢書劉向傳：逢午竝起。注引如淳曰：逢午猶雜沓也。當爲夆啎之假借。但逢起即作如逢之起，義亦通。逢午已見上部旁下，與此竝存。○上有夆字，云相遮害也，南陽新野有夆亭。此與夆字形極似，而義各別。

夃秦人市買多得爲夃从乃从夊益至也詩曰我夃酌彼金罍

今卷耳詩作姑酌毛傳姑且也夃當爲姑之假借姑夫母之稱假借爲語詞而此則轉借也又廣雅釋詁䇞且也一曰䠶息也則姑之異體通借○論語求善價而沽諸玉篇反部引作夃諸沽爲水名作夃乃與義合但未審其所據何本殆希馮之意以沽當是夃之假借故即改用本字耳

夂部

夂從後灸之象人兩脛後有距也周禮曰夂諸牆以

觀其燒。

今攷工記廬人作灸諸牆以眡其橈之均。火部灸，灼也。从火久聲。士喪禮鬲幎用疏布久之。既夕禮苞筲甕甒皆木桁久之。注並云，久讀爲灸，謂以蓋塞其口。此灸字引伸之義。久爲灸之通借。○今久字則多用爲久長字，或爲久遠字。世人知久義而不知有灸義矣。下缺。

說文假借義證卷十

嘉興張鳴珂
族曾孫 鄭 同校

第四届《安徽古籍叢書》編審委員會

主任委員

黄德寬

副主任委員

諸偉奇

丁　放

彭君華

委員（按姓氏筆畫順序）

卞　利　方錫球　牛繼清　王啓才

吴先伍　施立業　胡傳志　紀健生

陳　林　張玉才　曹小雲　曹天生

程德和　楊　軍　楊應芹　趙國華

鮑　恒　樊嘉禄

第四屆《安徽古籍叢書》編審委員會

主任委員

黄德寛

副主任委員

諸偉奇

丁　放

彭君華

委員（按姓氏筆畫順序）

卞　利　方錫球　牛繼清　王啓才

吴先伍　施立業　胡傳志　紀健生

陳　林　張玉才　曹小雲　曹天生

程德和　楊　軍　楊應芹　趙國華

鮑　恒　樊嘉禄

安徽古籍叢書萃編

説文假借義證

一

清・朱珔 撰
余國慶 黄德寬 點校

黄山書社

图书在版编目(CIP)数据

说文假借义证(全五册) / (清) 朱珔撰；余国庆,黄德宽点校. —合肥：黄山书社, 2014.1
(安徽古籍丛书萃编)
ISBN 978-7-5461-4289-0

Ⅰ.①说… Ⅱ.①朱… ②余… ③黄… Ⅲ.①《说文》-六书-研究 ②汉字-古文字-研究 Ⅳ.①H161 ②H121

中国版本图书馆 CIP 数据核字(2014)第 006218 号

说文假借义证(全五册)

出 版 人　任耕耘
策　　划　任耕耘 赵国华 汤吟菲
执行策划　汤吟菲 徐娟娟
责任编辑　汤吟菲 刘　春 周挺启

装帧设计　未　氓
责任印制　戚　帅

出版发行　时代出版传媒股份有限公司(http://www.pressmart.com)
黄山书社(http://www.hspress.cn)
官方直营书店(http://hsssbook.taobao.com)
营销部电话:0551-63533762 63533768
(合肥市政务文化新区翡翠路 1118 号出版传媒广场 7 层　邮编:230071)
经　　销　新华书店
印　　制　安徽联众印刷有限公司

开本　880×1230　1/32　印张　101.75　字数　3000 千字
版次　2014 年 9 月第 1 版　2014 年 9 月第 1 次印刷
书号　978-7-5461-4289-0　定价　1100.00 元(全五册)

序

黄德寬

值此《安徽古籍叢書萃編》編輯出版之際，欣逢新時期安徽古籍整理出版工作步入而立之年！三十年來安徽的古籍整理出版工作，很值得認真地進行一番回顧總結。

一九八一年，中共中央發布《關於整理我國古籍的指示》，成立了以李一氓同志爲組長的國家古籍整理出版規劃領導小組，正式拉開了新時期古籍整理出版工作的序幕。一九八四年，中共安徽省委決定建立安徽省古籍整理出版領導小組，由時任省人大常委會副主任魏心一同志挂帥，聯合了省新聞出版局等政府部門和安徽大學等高等院校、研究單位，正式啓動安徽省古籍整理出版工作。同年，安徽專業古籍出版單位黄山書社也宣告成立。安徽古籍整理出版工作由此翻開了嶄新的一頁。

三十年間，安徽省古籍整理出版工作堅持初衷，克服困難，在政府部門的支持和社會賢達的關心下，經過學者們的艱辛努力，取得了豐碩成果，其最有代表性的成果就是《安徽古籍叢書》的編纂出版。

《安徽古籍叢書》凝結了當代安徽傳統文化研究領域衆多學者與專家的心血和汗水。以吴孟復先生爲代表，組成《安徽古籍叢書》第一届編審委員會，賡續安徽先哲編刊地方叢書盛業，梳理文獻綫索，擬訂叢書子目，擘劃編纂體例。遵循嚴格的學術規範，《安徽古籍叢書》自一九八九年三月刊出第一種——《舊聞隨筆》，截至二〇一三年底，連同修訂再版，出版已突破百種，成爲我國當代古籍整理一個有影響力的品牌。

收入《安徽古籍叢書》的各類古籍，既有朱熹、戴震、俞正燮、凌廷堪、程瑶田、黄生、包世臣、楊仁山、吴汝綸等學術巨擘的著作，也有張孝祥、錢澄之、方苞、方文、施愚山、姚鼐、吴敬梓等文學名家的作品；此外，包拯、朱升、朱元璋、阮大鋮、姚瑩、方孝標、劉銘傳等皖籍著名歷史人物的著述也盡在其中。正是因爲歷代賢哲創造的精神財富，使得《安徽古籍叢書》一經出版即蜚聲海内外，産生了廣泛的社會影響。李一氓同志曾經撰文，欣喜地表示：

『現在有一個好現象，安徽要編印新的《安徽叢書》。』當代著名學者金克木、胡道静、張岱年、程千帆等先生稱道『這是安徽文化事業的一項盛舉』。法國漢學家戴廷傑也對《安徽古籍叢書》堅持嚴格的學術規範稱賞不已。

《安徽古籍叢書》的順利編輯出版，還因爲改革開放帶來的時代機遇。改革開放三十多年來，我國經濟文化繁榮昌盛，使得《安徽古籍叢書》能够得到有關方面的財力支持。上個世紀八十年代，《安徽古籍叢書》編纂在發軔之時，就不斷有項目入選國家古籍整理出版規劃，得到國家各方面的有力支持。最新公布的《二〇一一—二〇二〇年國家古籍整理出版規劃》中，包括《方以智全書》在内的新列《安徽古籍叢書》項目品種就多達四十八種。安徽古籍的整理編纂工作，正是在改革開放的大背景下，在全國古籍整理出版工作的大格局中，取得了突出的成就并展現着美好的未來。

《安徽古籍叢書》的編纂出版，安徽大學『省古籍整理出版辦公室』發揮了重要作用。古籍辦的同志們長期堅守在古籍整理出版崗位，甘於清苦，默默奉獻，辛勤耕耘，爲《安徽古籍叢書》的編纂和安徽古籍整理出版工作做出了突出的貢獻。二〇一〇年，在『全國專業古籍出版社社長年會暨全國優秀古籍圖書評獎會』上，時任國家新聞出版總署副署長鄔書林同志作題爲《無愧歷史 珍惜時代 出好精品》的講話，指出：『安徽是堅持地方古籍整理工作最好的省份。不少地方古籍辦幾乎都撤了，或名存實亡，安徽則堅持不輟，并做了大量工作。』

黨的『十八大』從戰略層面提出扎實推進社會主義文化强國建設，豐富人民精神文化生活，『建設優秀傳統文化傳承體系，弘揚中華優秀傳統文化』。《安徽古籍叢書》立足鄉邦文獻的整理編纂，因應了國家文化建設的宏偉規劃，是文化强省乃至文化强國建設事業的題中應有之義。這項事業遠非一兩代人所能完成，正如一九八一年中央三十七號文件所指出的，『整理古籍是一件大事，得搞上百年』。

《安徽古籍叢書》煌煌巨制，結構開放，歷時久遠。回顧過去，出版較早的圖書有些已經絶版；叢書版式、裝幀也屢經變更。爲適應集中展示、收藏和研究的需要，對已經出版的《安徽古籍叢書》進行階段性的集中梳理，適當遴選，統一版式，影印出版本套叢書是十分必要的。

作爲首套《安徽古籍叢書》選編本，我們希望通過這套書的出版發行，能使更多的讀者瞭解、認識和利用好《安徽古籍叢書》，有更多的皖籍、非皖籍專家學者參與到安徽地方歷史文獻的研究整理工作中來，讓《安徽古籍叢書》在未來不斷發展壯大。這是我們在新時期安徽古籍整理出版事業三十年之際的殷殷屬望！

二〇一四年六月

凡例

一、本編從二〇一〇年（包括二〇一〇年）以前出版的《安徽古籍叢書》中選取文獻資料價值大、校點整理質量上乘、學界仍有需求的圖書進行重印。

二、二〇一〇年以後出版者因市場上新書尚多，此次不復列入。早期所版《文學研究法》《舊聞隨筆》《桐城文學淵源考·撰述考》《桐城耆舊傳》《爾雅翼》等雖均爲叢書的中堅，因已有修訂新版，此次亦不復列入。《安徽古籍叢書附輯》整體不予列入。

三、所選圖書按初版時間先後順序編排。

四、采用原版掃描影印，不重新録排，儘量保存原書面貌。原書頁眉中的明顯編輯錯誤，逕改不出校；《竇山公家議校注》《康輶紀行 東槎紀略》兩種原書無頁眉，現統一補加。

五、重新設計製作封面，統一規格、工藝。一律采用大三十二開本，精裝。《説文假借義證》一書原版爲十六開，一個頁面放兩個中國頁，此次按統一開本重新排版，一個頁面放半個中國頁。

并新附《説文假借義證索引》於該書書末，以方便讀者檢索。《毛詩後箋》《吴汝綸全集》《田間詩學》《説文假借義證》等原書規模較大，爲方便讀者閱讀，現重新分册。另，《竇山公家議校注》保留原書西式裝訂方式。

六、收録叢書文獻由於各種原因，還存在這樣那樣的不足，請讀者批評指正。

第四屆《安徽古籍叢書》編審委員會

二〇一四年六月

（清）朱珔 撰

說文假借義證

余國慶 黃德寬 點校

黃山書社

責任編輯：楊應芹
李曉明
裝幀設計：孟獻輝

安徽古籍叢書　（第十一輯）

說文假借義證

（清）朱　珔　撰　余國慶　黄德寬　點校
陳秉新　審訂
安徽省古籍整理出版規劃委員會
安徽古籍叢書編審委員會　編
黄山書社出版（合肥市金寨路381號）
安徽新華書店經銷　合肥杏花印刷廠印刷
開本：787×1092　1/16　印張51　字數：650,000
1997年3月第1版　1997年3月第1次印刷
印數：0001—1000

ISBN7-80630-034-1/H·12　定價：126.00圓

據清光緒己亥約古閣刊本影印原書版框高一三五毫米寬九九毫米

安徽古籍叢書編印緣起

我國歷史悠久，典籍豐富。我省地處南北之交，學術尤擅其盛。數千年來，哲學、史學、文學、藝術、語言、科技之作者輩出，著述如林，或自名一家，或蔚然成派，多爲中華民族文化之菁華，有裨于社會主義文化之建設。允宜及時整理，以廣流傳。

粤自明清，以至近世，南北郡邑已有《涇川叢書》、《龍眠叢書》、《貴池先哲遺書》、《南陵叢書》諸刻。一九三一年，復有《安徽叢書》編刊，所收皆皖人著作，分期影印。出至第六期，以抗戰軍興而中止。盛業未竟，論者惜之。

今者，中央倡導整理古籍，我省領導對此尤爲關心。省古籍整理出版規劃委員會幾經商討，決定編纂《安徽古籍叢書》。編纂宗旨是在歷史唯物主義指導下，批判繼承，古爲今用，弘揚民族優秀傳統文化，爲建設有中國特色的社會主義服務。最其體例，約有數端：一、所收皆爲歷代皖人著作，時間一般以「五四」之前爲限，根據內容，分類成輯。注意稿本、稀見本之搜輯與傳布。二、整理方式包括輯、校、標點和注釋、今譯。校勘，力求采用善本爲底本，校以他書，或加補輯、編次。標點，采用新式標點。注釋，務求精確，但不作煩瑣考證。整理中，盡量吸收國內外研究的新成果。三、先秦、兩漢著作及文字、訓詁之書，皆用繁體字；其餘則多用簡體字。版皆竪排，以期一律。四、凡熱心于本叢書編印及捐資助刊者，得于書內題名。

安徽古籍叢書編審委員會

一九九四年六月修訂

說文假借義證目次

前言

一

《說文假借義證》，清朱珔撰。朱珔（一七六九——一八五〇），號蘭坡，安徽涇縣人。嘉慶七年（一八〇二）進士，選翰林院庶吉士，累擢侍讀。道光元年（一八二一），直上書房，升右春坊右贊善。後辭官歸家，歷主鐘山、正誼、紫陽書院講席三十餘年，以實學造士，成就者甚衆。朱氏淹貫經籍，精通漢學，著述甚豐，時負盛名，論者謂與桐城姚鼐、陽湖李兆洛並稱儒林三大宿望。一生所著有《文選集釋》二十四卷，《說文假借義證》二十八卷，《小萬卷齋文集》二十四卷，《詩集》三十二卷，《續稿》十二卷，《經文廣異》十二卷等。另輯有《清古文匯鈔》二百七十六卷，《清詁經文鈔》七十卷。

《說文假借義證》為朱氏晚年所著。書成於己酉（一八四九）前後，將謀付刊，次年朱氏病故。庚申（一八六〇）年間，太平軍興，兵荒戰亂，朱家書籍多毀棄，而《義證》鈔本及手稿幸存，然已破損不全。癸巳（一八九三），書稿由族曾孫朱麟成授梓刊出。後又重為釐正，再由族曾孫朱蔭成於光緒己亥（一八九九）刊行。己亥本於一九二六年又由中國圖書刊傳會影印發行。

二

《說文假借義證》卷首序文、凡例俱已散逸，無從窺見作者撰述的淵源和體例。己亥本雖有張鳴珂、朱蔭成、朱彝序文，也僅記述朱氏生平著述及本書刊成的經過。在研習、校讀本書的過程中，我們努力探索，就朱氏全書內部體例予以歸納，略有所得，謹撰述如下。

朱氏言及：「余輯此編，專為假借，豈妄欲作全部《說文》斷案耶？即編內多從段（玉裁）義，其偶違者，意有未安，不敢曲徇也」（卷二十二「霰」下注）。其撰書宗旨和原則於此可約略窺見。又張鳴珂序云：「其書憑依《說文》，專為假借，證以群經史漢、周秦諸子及漢碑、《文選》，所引旁敷曲暢，悉有依據。」也指出了本書的特點。如卷一「一」部「一」字下，先引《說文》原釋及古文異體，再依次列舉「一」假借「壹」與「揖」之例，並分別徵引《儀禮》注、《禮記·禮運》、《管子·心術篇》、《史記·秦始皇本紀》及前人有關傳箋注疏為證。全書的體例，大抵都是這樣。倘或義例難明，則廣泛徵引前賢時哲之論，分析折衷，做到窮源竟委，有所交代。

許慎在《說文序》中說：「假借者，本無其字，依聲託事，令長是也。」段玉裁曰：「許之為是書也，以漢人通借繁多，不可究詰，學者不識何字為本字，何義為本義……故為之依形以說音義，而製字之本義昭然可知。本義既明，則用此字之聲而不用此字之義者，乃可定為假借。本義明而假借亦無不明矣。」可以說，《義證》是對《說文》「明假借」之一大發揮。然而由於許慎對「六書」界說過於簡略，故後世於「假借」衆說紛呈，難定於一。朱駿聲於《說文通訓定聲》中，論及假借有「同音」、「疊韻」、「雙聲」、「合音」四例，有「託名幖識字」等八用。朱珔對於「假借」之說，想必有專門的論述，惜其撰述體例今已無見。但是研習他的著作，又不可以不明白他的理論。因而有必要尋繹全書脈絡，對其假借理論予以梳理，使之呈現出來。

《義證》於「假借」用語之例，大多是在各字下引列古書傳注異文之後，下「是某為某之假借」的斷語。如卷一「天」下云：「是天為先之假借」。考「天」，《廣韻》他前切，中古屬透母先韻開口四等平聲字。「先」，《廣韻》蘇前切，中古屬心母先韻開口四等平聲字。「天」、「先」段玉裁均歸於其音韻表第十二部，「心」、「透」同為齒音，二字通假於音理無礙。又「丕」下云：「丕」借「不」、借「負」、「邳」。考「丕」，《廣韻》敷悲切，中古屬滂母脂韻開口三等平聲字；「負」，《廣韻》房九切，中古屬並母有韻開口三等上聲字；「不」，《廣韻》分勿切，中古屬幫母物韻合口三等入聲字。「邳」以「丕」為聲符，《廣韻》符悲切，並母脂韻開口三等平聲字。以上各字中古分屬「脂」、「物」、「有」三韻，段玉裁歸「脂」、「物」為第十五部，「有」為第十三部。「不」、「丕」本為一字分化。「不」，《廣韻》又音「甫鳩切」，中古屬幫母尤韻，段氏亦歸入第三部，第三部與第十五部之字上古本有同部的，故上列諸字，在王力的古音系統里屬「之」部。「幫」、「滂」、「並」三個聲母同為重唇音。以上諸字之假借也音理諧合。王念孫曰：「詁訓之指存乎聲音，字之聲同聲近，經傳往往假借。學者以聲求義，破其假借之字而讀以本字，則渙然冰釋」（見王引之《經義述聞·序》）。朱珔承乾嘉以來諸家治文字訓詁學之風氣，專事「以聲求義，破其假借」，故書中論「某為某之假借」，與清代古音學說相合。且其稱「編內多從段義」，當亦以段氏古音分部為準則。

朱珔書中於假借字之音理關係，亦多予以注明，或指出為同音假借關係，如云「音義並同」（卷三「越」下，卷六「鞠」下）、「同音相借」（卷二「莔」下）、「同音假字」（卷二「菋」下）；或指明為「疊韻假借」，如卷二「蓫」下：「翣、蓫疊韻」，「萌」下：「萌、夢疊韻字」；或指明為「雙聲假借」，如卷一「帝」下：「蔑、定雙聲字」，卷二「落」下：「籬、落雙聲字」，「蔽」下：「潎、蔽雙聲字」；或指明為「一聲之轉」、「音近」、「聲（音）之轉」等，如卷一「祇」下：「祇、振一聲之轉」，「鬃」下：「祊、邴聲相近」，卷二「落」下：「路、落聲之轉」，「蔽」下：「革、蔽音之轉」，卷六「粮」下：「粮、椹音近」，「韐」下：「翕、合俱從合聲，相轉」等等。由此可知，朱氏之「因聲音以求假借」，實包含同音、雙聲、疊韻及音近諸例。於音近則多籠統而言，如「一聲之轉」、「聲相近」、「音（聲）之轉」等。這些用語均沿自前賢，至於相近、相轉之具體情形，則未作深論。考朱氏所稱「轉」或「近」，不僅指本字與借字之間，也或體現古今音的發展關係。如卷二「熏」下：「焯熏同音，蓋脂微韻通真文也」，「芹」下：「古讀芹若旂，蘄若芹，並同聲字，蓋殷微二韻轉移最近」；卷六「粮」下：「凡文、吻、問與脂、旨、至，古音多互相轉」等，都能從古音學得到證明。

三

《義證》中又常有「某為某之通借」、「某為某之轉借」、「某為某之省借」等諸用語。什麼是「通借」、「轉借」、「省借」，朱氏並未說明。現就書中之例，求其內證，綜述於下。或許不盡符合朱氏原意，當亦係「雖不中，不遠矣」。

所謂「通借」，是指同義、近義字之間的通用互借。如卷一「元」下云：「原為元之通借」，「元與一可為通借」。因為「原」與「元」互訓，而「元」與「一」又異文同義，可通用，故朱氏稱之為「通借」。書中凡注明為「通借」的，也常常指明其為同義、近義關係。如卷二「菩」下：「菩即蔀之省，是可通借」；「蕤」下：「甤與蕤音義皆同，但分草木耳，是可通借」。「蒔」下：「植、殖皆為蒔之通借，蓋聲近而義同」；「苾」下：「飶與苾草木之香有別，以其俱為香義，故可通借」。卷五「諶」下：「與訦、忱音義皆同，故可通借用之」。看來，朱氏所謂「通借」，似乎專指「音義皆同」或「音近義同」之類的假借。但是，「元」與「一」、「祺」與「禎」（卷一）、「謹」與「慎」（卷五）、「俱」與「偕」（卷十五）、「志」與「意」（卷二十）等，則均因字義相同或相近，在典籍或傳箋注疏中異文互用而稱之為「通借」。朱氏在卷五「諞」下明言「皆以義通，非假字音矣」。因此，「通借」實為同義、近義的通用關係，其音是否相同相近無關緊要。張行孚論「六書假借」即云：「戴氏震所謂一字具數用者，依於義以引申，依於聲而旁寄，假此以施於彼曰假借……蓋假借實兼聲義二者言之。」「夫古今精小學者，其於音同義異而通用者，因謂之假借，此非一人之私言也」。許洨長（慎）釋西、韋、朋、烏諸字，段氏明之為假借，此「固以本義之外引申之義為假借也」；徐楚金（鍇）之言通假，「謂借意與借音皆假借也」；江艮庭（聲）言「凡一字而兼兩誼三誼，除本誼之外皆假借也」；王箓友（筠）言「凡與本義不符者皆假借也」；段若膺（玉裁）言「異義同字」、「一字數義」、「引申輾轉」為假借：故「言假借者必兼音異義近、音近義異二者而其說始備」（見《說文發疑》卷一）。可見朱氏「通借」專指「音異義近」者，實有所本，與錢坫《十經文字正通書》分假借為「因聲」、「因字」兩類，而以「正、征互通」、「父、甫、斧類通」為「因字通假」的說法也相類似。

所謂「省借」，即就文字形體而言，把聲符作為同聲符形聲字的假借。如卷一「旁」下：「旁蓋膀之省借」，「祥」下：「羊為祥之省借」，「祀」下：「巳為祀之省借」，「祖」下：「且為祖之省借」等等。「省借」這一體例，就字形而言叫做「省」，就功用而論則是「借」。典籍中以聲符用作某形聲字的並不少見，就後世「形各有專」的用法而言，朱氏對上述現象採用了「省借」的說法。然而考察甲骨、金文等古文字資料，形聲字中多為後加形符之專用字，未加形符之前，所謂聲符如上舉「旁、羊、巳、且」之類，本用作「膀、祥、祀、祖」。加形符以示區别，乃是後世文字之分化，即所謂「區别文」。既有分化的專用字，有時或許不用，依然使用專用字的聲符來表述。朱氏所稱「省借」，就是指的這種現象。《義證》撰述之主旨乃為「字之用」，不考慮文字發展的先後，凡異文可資比勘的，均等而視之，無須苛求。「省借」之説，亦非朱氏之所獨創。胡秉虔稱之為「省文假借」。胡氏《説文管見》云：「貨從貝化聲，故亦省作化。《史記·弟子傳》『與時轉貨貲』，索隱云：『《家語》作化』，是其證也。《詩·唐風·采苓》『厶之為言』，『為』即『譌』字，譌從言為聲，故亦省作為……此皆省文假借也。」胡氏與朱氏生於同代，兩人異地做官，其著述在世時均未刊行，而見解相同，真可謂不謀而合，同具見地。

所謂「轉借」，即甲乙丙多字輾轉假借。如卷一「旁」下云：「『彳』部『徬，附行也』。讀去聲，今通作『傍』，《漢書》或借『旁』，見《溝洫志》、《食貨志》。又《莊子·齊物論》『旁日月』，司馬注：『旁，依也』，『旁』亦『傍』之假借。《釋文》：『旁』，崔本作『滂』，則又『旁』之轉借矣。」朱氏認為「傍」為本字，「旁」為借字，而《莊子》崔本作「滂」，乃是「旁」之借字。即「傍」借「旁」，「旁」又借「滂」，如此輾轉相借的現象就稱之為「轉借」。換言之，甲借乙，乙再借丙，乙丙二字都是甲的借字，但丙因乙而借，故稱「轉借」。類似的例子，編中都予以注明。如卷一「璱」下云：《旱麓》詩借「瑟」為省借，《周禮·典瑞》注引作「卹」，《釋文》謂「卹，本作邲」，「卹與邲當又瑟之轉借」。「琱」下云：「彫」為「琱」之通借，「《考工記》『玉、楖、雕、矢、磬』，注：故書『雕』或為『舟』。蓋『琱』、『彫』既借『雕』，『舟』又『雕』之轉借。」朱氏所分轉借，意在闡明一字輾轉借用他字的現象，闡明其先後次第及本字與借字的關係。所以書中指明的「轉借」，多就經傳異文而言。朱氏轉借一説，揭示了假借字内部的複雜性，有利於我們分析一字多借的現象。一字而借用多字雖客觀存在，但未必都是轉借。倘若没有確切的依據，對於「轉借」宜審慎言之。書中所稱「轉借」，即或有言之不當者，亦無損於本書用字之工具性。朱氏對假借之論述，由上列可略知梗概。清代文字訓詁之學成就巨大，而於先秦兩漢之書籍，漢唐諸家之注疏，貢獻尤其突出的，當推據古音以明假借。就《説文假借義證》而言，朱氏的「假借」説，可以說是綜括前賢，博采時哲，以《說文》為依據而折衷其是非。他對假借的論述，就聲音而言，凡「音同」、「音近」、「雙聲」、「疊韻」、「聲轉」、「音轉」，均在其例；對於字義，有不同義因音而假借，也有不同音因義而假借；對於字形，則有異體假借、省文假借，等等。清代假借學說的要義，均已藴含其中。至於用字假借與造字假借的分別，假借在「六書」中的地位，細讀本書，亦可意會而領悟到。

四

《義證》雖為明假借之專書，内涵卻極為豐富。朱氏在明辨古書用字假借的同時，每論及古今字、異體字、譌誤字，對於文字的古今孳乳，字義的引申變更，往往隨文討論，頗有益於古籍校讀與語言文字學的研究。雖為一鱗半爪，散見於卷帙之中，卻也彌足珍貴，值得重視。如卷十九「焞」下謂「燉」為「焞」之通借。謂漢時有「敦煌郡」，至唐乃為「燉煌」，見《元和郡縣志》，因而指出「燉」為唐人俗字，實則可理解為此係唐時出現之新字。卷十五「俊」下引《戰國策》「世無東郭俊盧氏之狗」，注：「俊，又作逡」，又云其作「㕙」者，字在《說文新附》，亦為俗體。卷二十五「繹」下引《書·高宗肜日》傳：「殷曰肜，周曰繹」，又引《釋文》作襗、襗、鐸、鐸，指出襗為假借，襗、鐸皆別體，鐸則形似而誤。卷二十三「弮」下引《漢書·司馬遷傳》：「李陵勞軍，士張空弮」。顔注：「弮，讀者以為拳，大謬。拳則曲指，不當言張。陵時矢盡，故張空弓，非手拳也。」指出作「拳」乃誤解，不為假借。卷十四「戟」下引錢坫說，謂秦方士徐福，一作徐市，後人因形似而把市認作市井之「市」，是錯誤的。卷二十七「斗」下，指出小篆「斗」字，魏晉以後形似升非升，似斤非斤，故《戰國策》「王斗」，《漢書·古今人表》作「王升」，就是因形似而異造成的。卷十八「驋」下，指出此字省作「嶓」，隸變作「岐」、作「峻」，俗作「峚」、作「岷」，均有例證。卷十五「佽」下，引《漢書·宣帝紀》顔注「佽飛，亦作茲飛」。《呂覽》又作「次非」，《荀子》楊注又作「佽飛」。為讀者提供了一批異文資料。所有這些，讀者如能細心利用，亦當獲益不小。

總之，《義證》匯集古代訓詁成果，廣泛搜求先秦兩漢書籍的假借字，不僅漢唐訓詁家之説薈萃其中，清人王念孫、王引之、段玉裁、錢大昕、錢坫、邵瑛等諸家學説也都收列，並存異義，權衡折衷，以備參考。此編在手，勤於索檢，則讀古書可不為假借所困。《義證》之蒐討假借，以古書及傳注異文為基礎。異文資料於文字發展演變、古書校勘、漢字形音義關係的研究均有重要意義。朱氏此編博採兼收，以本字為綱，相關異文一目了然，各字之間互相參見，可由此及彼，全面掌握有關材料，不僅便於考索，且亦自成系統，於語言文字學、校勘學研究均稱便利。《義證》一依《説文》而盡其用，於用字假借明辨細分，發揮頗多，且條理燦然，通貫全書，實乃假借研究難得之作。故其書價值頗大，功用甚多，從事古文化研究工作，亟須重視而利用之。

五

《義證》之不足，自亦難免。首先，其書完全立足於《説文》本義而探討借字，時或脱離古書文字使用的實際情況而失之拘泥。如「敲」與「毃」之辨，謂後人不識為二字（卷六「敲」下）；又謂「專一」當作「嫥一」（卷六「專」下）；「開拓」字當為「開袥」（卷十六「袥」下）等等，皆過於拘泥《説文》本義為説。卷五「詣」下引《三輔黄圖》注「枍詣，木名。詣或作指」，謂「指字木部所無，乃誤字」。其實「指」字《玉篇》已收，注「五計切，枍指」，説明它並非誤字。這種「飛禽即須安鳥，水族便應著魚，蟲屬要作虫旁，草類皆從兩屮」，改音易字，因木名而加「木」旁構成專用字，是由來有自的，陸德明於《經典釋文·序》中即已提及。同卷「講」下疑《史記》「蘔」字本為覯之譌，其立論也是因《説文》無「蘔」字。然而近年來出土的青銅器彝銘中屢見「蘔」字（見《五祀衛鼎》、《九年衛鼎》等），説明《史記》正保存古字，並非誤字。這些都是朱氏過份拘泥《説文》字形而立論。其次，引證偶或全憑前人傳注異文而疏於考察，如卷一「丕」下引《漢書·匡衡傳》顔注「丕字或作本」，而斷定「以本為丕之假借，丕本聲轉」。顔注「未丕揚先帝之盛功」，以為「丕」或作「本」，「言修其本業而顯揚也」。這是誤解。「本」是「丕」之誤。「丕」作「丕」，見《熹平石經》、漢《魯峻碑》、《劉熊碑》、《劉衡碑》等。《玉篇》、《龍龕手鑒》

亦收此字，作為「丕」的異體。「本」即由「丕」字致誤。宋代婁機《漢隸字源》即將漢碑諸「丕」字誤釋為「本」，宋代劉球《隸韻》、清代顧藹吉《隸辨》都曾予以辨析。朱氏沿顏注之誤而曲解為「聲轉假借」，係失之不審。同字下又引《後漢書·耿秉傳》注「丕或作平」，謂「丕、平亦音轉，或可假借」，其錯誤性質也相同，「平」也是形近譌誤字，與假借無涉。又如卷五「信」下曰：「《表記》引《詩》『信誓旦旦』，《釋文》：『信，本作矢』。矢可為信之通借，信矢雙聲字。」實則《釋文》出「信誓」，謂「本亦作矢誓」。「矢誓」之「誓」為衍文，應是「本亦作矢」，朱氏引文有誤。「矢」、「誓」相通假，典籍常見。《易·晉》「失得勿恤」，《釋文》謂「失，如字」，又引孟喜、馬融、鄭玄、虞翻、王肅本「失」作「矢」，更引虞云「矢，古誓字」，可為明證。朱氏誤引《釋文》，於其衍文失之考察，遂以為「信」之異文為「矢」，並作出「信、矢雙聲字」的結論。再次，朱氏定假借有時失之過寬，有本來不是假借卻認為是假借的，如以同義字換用為假借的，上舉「元」與「一」、「祺」與「禎」、「意」與「志」、「謹」與「慎」等皆是；有以異體字、古今字為假借的，如「訕」與「叩」、「越」與「逑」、「訢」與「欣」、「饋」與「餽」等皆是；有以互訓、遞訓為假借的，如卷二十五「繆」下：「繆，絞也。是以繆為絞之假借」，「率」下：「率，類也。是類可為率之通借」，「虫」下「螅」字云「虫也。音同，是轉注即為通借」。如此之類，略舉數端。寬定假借，於讀古書並無妨礙，甚或倒有好處。然而從現代語言文字學的角度來考察，朱氏此類立論可以說是疏而不密。

《義證》幸存於亂世，已非完璧，其中偶有不當，未必全為朱氏原作的失誤。即小有闕失，亦自當瑕不掩瑜。全書卷帙浩繁，囊括三代秦漢之文，匯總諸家傳箋注疏之說，徵引豐贍，考辨精審，讀者使用，自可擇善而從。

本書點校以中國圖書刊傳會影印本為底本。書中錯刻、誤字，於各卷後出校記。校訂用書，「十三經」用注疏本，「二十四史」用中華書局點校本，「四部」書用《四部叢刊》本，各條下不一一注明。避諱字則一仍其舊。不當之處，敬祈讀者、方家指正。

點校者　九四年清明於安徽大學

涇縣朱蘭坡先生傳

先生諱珔字玉存學者稱爲蘭坡先生安徽涇縣人生有異稟讀書數行俱下少時研究說文之學爲文千言立就未冠餼於庠尋舉於鄉嘉慶七年成進士選庶吉士累遷贊善顧先生淡於仕祿以母病歸不復出歷主鍾山正誼紫陽書院垂三十年巋然爲江左經師之冠先生治經以鄭君爲宗然一字一義必蒐討古訓不隅一家之說恥爲放言高論而必求其心之所安於經學雖未成有專書然文集中大半係說經之作而尤以腓字解爲最精是時阮芸臺退老揚州先生因粟莖林之招來揚芸臺見先生說經諸文亟稱腓字解最徵實精確足徵先生用力之深矣

其他如伐奄非武王時據逸周書及呂覽以駁毛西河之說滄浪非地名據文選注以駁閻百詩之說皆精確不穿鑿先生於經學能觀毛鄭之會通無空疏執滯之病嘗言鄭箋申毛而非改毛毛公訓詁用假借字鄭箋所改之字卽傳之假借字先生此論不僅爲高密之功臣實爲趙國紹微言之中絕蓋當時爲毛詩學者好與康成爲難雖休寧戴先生東原尚所不免先生申毛之說行後儒之訾議漢儒者皆無庸置喙先生秉性平和得一疑義必反覆研究求確實之解而後止無門戶之見無意氣之私尤好近人所著之書因採各家文集暨扎記之屬有關於經學者分類編錄集爲詁經文鈔凡易八卷書八卷春秋八卷周

禮十卷儀禮五卷禮記五卷詩八卷三禮總義十卷論孟附羣經義五卷爾雅一卷說文一卷音韵一卷先生既輯詁經文鈔以存一朝之經學別輯古文彙鈔以存一朝之文章採輯之富蒐羅之勤一代之文學賴以不墜不獨先生一人之事業也先生所著書有說文假借義證經文廣異而其最精之作尤在文選集釋一書先生之學含大入細雖由天資之美亦由功力之深蓋自先生曾祖建立培風閣藏書三萬三千卷有奇松竹軒所藏亦復七千餘卷而先生兄靜齋亦好藏書合先生小萬卷齋所藏共十萬卷而贏日坐其中手執一編積厚流光有必然也先生嘗云天下無頓悟之學逸獲之功故理必生於所積其捫腹

梬如皆畏難而畫焉者也。嗚呼。世有不讀書而詡言學者。
覛先生此言。能無愧與。當先生主講席時。會濟寧孫文定
公督兩江。安化陶文毅公撫吳中。二公皆雅負時望。以實
學造士。先生得自行其意。不復仕進。時與石琢堂、顧南雅
吳棣華、洎韓桂舲、寶應朱文定公切劘談宴。篇牘往還無
虛日。一時淵源所漸。號爲極盛。至今三吳之士尚能道之。
先生爲文。原本經術。具有根據。不事追琢。自然入古。詩卓
犖沈雄。取材甚富。而能運以清空之氣。道光二十八年戊
申。辭講席。越二年庚戌卒。年八十有二。所著有小萬卷齋
文集二十四卷。詩集三十二卷。續稿十二卷。經進稿二卷。
文選集釋二十四卷。經文廣異十二卷。說文假借義證二

十八卷輯古文彙鈔初集百七十六卷二集百卷詁經文鈔七十卷先生性孝友內行純篤以詞壇宿耆主持風會勸士以通經學古爲先論者謂與桐城姚先生姬傳陽湖李先生申耆並負儒林宿望蓋鼎足而三云

胡韞玉曰吾邑自嘉道年間學人蔚起時則經學有胡墨莊胡玉樵包季懷朱蘭坡金石學有趙琴士音學有左春谷經濟學有包愼伯皆能著書卓然成一家言有名於當世未幾丁庚申之變吾邑被蹂躪最慘先輩著述俱巳蕩爲灰塵今則除墨莊蘭坡愼伯外琴士季懷著作雖存而不爲邑人所知若春谷則姓名亦在若有若無之間墨莊惟毛詩後箋儀禮古今文疏義刋入續皇淸經解內愼伯

惟安吳四種暨國學保存會所刋之說儲流行於世然而二先生著作不僅止是其他則流行極少惟蘭坡先生所著之書蔚然悉存小萬卷齋詩文集說文假借義證文選集釋已重刋於江西但外間亦不多見反不如墨莊之後箋愼伯之四種爲人人所共知韓子有言莫爲之後雖盛不傳可慨也夫

周禮八歲入小學保氏教國子先以六書一曰指事指
事者視而可識察而可見二曰象形象形者畫成其物
隨體詰詘三曰形聲形聲者以事爲名取譬相成四曰
會意會意者比類合誼以見指撝五曰轉注轉注者建
類一首同意相受六曰假借假借者本無其字依聲託
事此六書之大旨漢南閣祭酒許叔重乃敘篆文合以
古籀博采通人稽譔其說成說文十四篇爲部五百四
十文九千三百五十三迨至南唐徐氏鉉鍇兄弟而有
解字繫傳之分其學始昌我　朝人文蔚起通許氏之
學者崑山顧氏元和惠氏高郵王氏金壇段氏曲阜桂

氏嘉定錢氏餘姚邵氏儀徵阮氏涇縣胡氏安邱王氏
類皆詳稽博攷疏通證明而未聞就一義以定指歸也
涇縣朱蘭坡宮贊博通經史著小萬卷齋詩文集若干
卷而又熟於聲音訓詁之學就說文假借一義證以羣
經史漢周秦諸子及漢碑文選所引旁敷曲暢悉有依
據以視李氏富孫說文辨字正俗錢氏坫十經文字通
正書朱氏駿孫說文通訓定聲諸書繇簡不侔精碻可
信惜經兵燹間有缺佚族孫培眞觀察曾以稿本屬勘
一過丁酉冬仲予重赴章門培眞介弟幼拙部郎正擬
開雕爰屬爲重斠閱二十月而削氏戳工予亦有鄱陽

權與之役行將就道因歎校讐雖細務亦若與作者之精神默相感召而非偶然也讀是書者於通借互借兩借連借各義尋源竟委觸類旁通亦可窺測夫指事象形形聲會意轉注之大凡而豈僅囿於假借之一端也哉光緒二十有五年夏五月嘉興後學張鳴珂

說文假借義證。族叔曾祖贊善蘭坡公輯也。公淹貫經
籍。箸述閎富。博通音義。精許鄭學。嘗謂訓詁者。說經之
樞機也。世儒忽焉不知因字釋義。因義詮經。泥執本訓
紆迴遷就。或拼部分音韻鑿枘。夫古文字少。一字常有
數音。後世字多。數字仍歸一義。况經由口授。音不必同
學守師門。義多旁訓。因推說文假借之字。爲之義證。兀
兀窮年。時懼弗克卒業。及脫稿。即陸付某前達。將謀刻
逾年公卒。旋遭寇亂。室家奔走。書籍多燬。棄公孫古漁
蔭師也。授業之餘。述公往事。蔭𢤦生也晚。不獲侍公几
杖。親聆訓誨。爰廣搜公之箸作。顧惟 國朝古文類鈔

板存蘇州沈氏。文選集釋近年族兄叔若刊於漢上。小萬卷齋經進稿及詩文集板燬。從兄樹齋爲之重刻。國朝詁經文鈔刪甫刻竣。即值亂離。板之存亡不可知。至說文假借義證及經文廣異。劫後雖搜得稿本。然多殘缺焉。蔭請讀之。見說文假借義證實包括經文廣異。而匯通數十家之說。以文證義。尤爲有益經學。因請剞劂以廣流傳。師曰。如殘缺何。蔭曰。說文之學。本就字解字。與他文不同。許氏原書。在唐已有錯落。後經二徐纂輯。仍多闕如。今之殘缺庸何傷。且卷首序文凡例既已失去。無從窺此書之淵源。即先人撰述。又豈後輩所宜補彌不及此刻恐終於散佚已師首肯爲重錄其黴爛破損者歲己丑蔭春闈試罷供職部曹淹滯數年乙未請假南旋剞書已爲從兄敵山刻成矣顧其中時以經文廣異及他氏說文有似假借者添入之殊失其眞蔭乃請其原本重爲釐正謄清復刻殘缺仍舊不敢一字增損共書二十八卷適嘉興張玉珊先生族兄小帆夫子到省因請督梭工人之謬誤復請族弟龍雛摹其篆文三閱寒暑始告成蔭非敢好事也抑恐先輩著作羼雜難永其傳耳其經文廣異僅存書經一種又缺第四卷蔭方重刻同邑趙琴士先生所輯涇川叢書并搜刻

鄉前輩著述爲後集。經文廣輿即刻以附焉。時光緒二十有五年歲在己亥陽生之月。族曾孫蔭成謹識。

是書爲　族曾祖蘭坡公所著。公好學老而彌篤。彝幼
從塾讀。猶及親瞻儀範。時見公姪培元督鈔此書。詢知
清本將寄他處。思深慮遠。錄藏其副也。庚申兵禍。里無
人煙。公季子葆元遣人搜求。獲鈔本幷手稿。俱損敗不
全。公孫之埒理手稿之叢殘。膾出三四兩篇。拳拳寶護。
懼或失墜。復摘取經文廣異中義及他說。補其缺佚。識
者病焉。光緒癸巳。族弟麟成授梓。郵畀一部。披讀間有
魯魚。以原鈔急就。未及精審故也。迨戊戌返洪都。則蔭
成弟已遵原本釐清。正在重刊。落葉之掃。復就紅本。讎
勘。週有譌誤。必檢查經典。校正其疑。係援據別本。暨無

書可攷者。姑從闕如。惟其慎也。噫。公晚年精力全萃是書。越五十年始克出而問世。緬曩著他書甫脫稿。即有交好請爲刊行。此編亦有人樂任剞劂。遭亂幾至散失。幸而不亡。則培元庋藏之力。信乎。顯晦有時。苦心孤詣。終不能湮。而蔭成與麟成均能念先型。務實學。有足重已。光緒己亥冬仲族曾孫彝謹識。

說文解字部首

說文解字弟一

一 上 示 三 王 玉

玨 气 士 丨 屮 艸

蓐 茻

說文解字弟二

小 八 釆 半 牛 犛

告 口 凵 吅 哭 走

止 癶 步 此 正 是

辵 彳 廴 㢟 行 齒

牙 足 疋 品 龠 冊

說文解字弟三

㗊 舌 干 𧮫 只 㕯

句 丩 古 十 卅 言

誩 音 䇂 丵 菐 𠬞

𠬜 共 異 舁 𦥑 䢅

爨 革 鬲 䰜 爪 丮

鬥 又 𠂇 史 支 𦘒

聿 畫 隶 臤 臣 殳

殺 𠘧 寸 皮 㼱 攴

教 卜 用 爻 㸚

說文解字弟四

𡕥 目 䀠 眉 盾 自

白 鼻 皕 習 羽 隹

奞 雈 𦫳 𥄕 羊 羴

瞿 雔 雥 鳥 烏 𠦒

冓 幺 𢆶 叀 玄 予

放 𠬪 𣦼 歺 死 冎

骨 肉 筋 刀 刃 㓞

丯 耒 角

說文解字弟五

竹 箕 丌 左 工 㠭

巫 甘 曰 乃 丂 可

兮 号 亏 旨 喜 壴

鼓 豈 豆 豊 豐 䖒

虍 虎 虤 皿 凵 去

血 丶 丹 青 井 皀

鬯 食 亼 會 倉 入

缶 矢 高 冂 𩫖 京

亯 㫗 畗 㐭 嗇 來

夊 舛 舜 韋 弟

夂 久 桀

說文解字弟六

木 東 林 才 叒 之

帀 出 𣎵 生 乇 𠂹

𠌶 華 禾 稽 巢 桼

束 橐 囗 員 貝 邑

𨛜

說文解字弟七

日 旦 倝 㫃 冥 晶

月 有 朙 囧 夕 多

毌 马 東 卤 齊 朿

片 鼎 克 彔 禾 秝

黍 香 米 毇 臼 凶

朩 林 麻 尗 耑 韭

瓜 瓠 宀 宮 呂 穴

㝱 疒 冖 𠔼 冃 㒳

网 襾 巾 巿 帛 白

㡀 黹

說文解字弟八

人 匕 匕 从 比 北

丘 㐺 𡈼 重 臥 身

㐆 衣 裘 老 毛 毳

尸 尺 尾 履 舟 方

儿 兄 兂 皃 𠑹 先

禿 見 覞 欠 㱃 㳄

旡

說文解字弟九

頁 𦣻 面 丏 首 𥄉

須 彡 彣 文 髟 后

司 卮 卩 印 色 卯
辟 勹 包 茍 鬼 甶
厶 嵬 山 屾 屵 广
厂 丸 危 石 長 勿
冄 而 豕 㣇 彑 豚
豸 𤉡 易 象

說文解字弟十

馬 廌 鹿 麤 㲋 兔
萈 犬 㹜 鼠 能 熊
火 炎 黑 囪 焱 炙

赤 大 亦 夨 夭 交

尣 壺 壹 㚔 奢 亢

夲 夰 亣 夫 立 竝

囟 思 心 惢

說文解字弟十一

水 沝 瀕 𡿨 巜 川

泉 灥 永 𠂢 谷 仌

雨 雲 魚 𩺰 燕 龍

飛 非 卂

說文解字弟十二

說文解字部首 五 汲古閣

乞 不 至 西 鹵 鹽
戶 門 耳 𦣞 手 𠦬
女 毋 民 丿 𠂆 乀
氏 氐 戈 戉 我 亅
琴 𠃊 亡 匸 匚 曲
甾 瓦 弓 弜 弦 系

說文解字第十三

糸 素 絲 率 虫 䖵
蟲 風 它 龜 黽 卵
二 土 垚 堇 里 田

畕 黃 男 力 劦

說文解字第十四

金 幵 勺 几 且 斤

斗 矛 車 𠂤 𨸏 𨺅

厽 四 宁 叕 亞 五

六 七 九 禸 嘼 甲

乙 丙 丁 戊 己 巴

庚 辛 辡 壬 癸 子

了 孨 𠫓 丑 寅 卯

辰 巳 午 未 申 酉

説文假借義證 部首 本 重刊本

酉戌亥

族曾孫駒成篆

光緒二十五年歲在己亥仲冬月族曾孫蔭成重校刊

說文假借義證總目

卷一

弟一篇上十部

卷二

弟一篇下四部

卷三

弟二篇上十六部

小八釆半牛犛告口凵
吅哭走止癶步此

卷四

第二篇下十四部

正是辵彳廴㢟行齒牙
足疋品龠冊

卷五

第三篇上二十五部

㗊舌干谷只㕯句丩古
十卅言誩音䇂丵菐廾

習羽隹奞雀𦫳苜𦍌雔

瞿雔雥鳥烏

卷八

第四篇下二十二部

𠦒冓幺丝叀玄予放𠬪

𣦼歺𣦵冎骨肉筋刀刃

㓞丰耒角

卷九

第五篇上三十二部

竹箕丌左工㠭巫甘曰

弟六篇上 一部

木

卷十二

弟六篇下 二十四部

東 林 才 叒 㞢 巿 出 米 生

乇 𠂹 𠌶 𠌶 木 稽 巢 桼 束

橐 口 員 貝 邑 𨛜

卷十三

弟七篇上 三十部

日 旦 倝 㫃 冥 晶 月 有 朙

囧夕多毌马𣐺卤𠧪朿
片鼎克彔禾秝黍香米
毇臼凶

卷十四

第七篇下二十六部

㕣𣏟𣓁朩耑韭瓜瓠宀
宮呂穴㝱疒冖冃冃网
网襾巾市帛白㡀黹

卷十五

第八篇上十三部

說文假借義證總目

人七匕从比北丘㐺王

𡈼臥身㐆

卷十六

弟八篇下 二十四部

衣裘老毛毳尸尺尾履

舟方儿兄先皃兜先秃

見覞欠㱃次旡

卷十七

弟九篇上 二十六部

頁百面丏首𥄉須彡彣

文 彡 后 司 卮 卪 印 色 卯

辟 勹 包 茍 鬼 由 厶 嵬

卷十八

第九篇下 二十部

山 屾 屵 广 厂 丸 危 石 長

勿 冄 而 豕 㣇 彑 豚 豸 舄

易 象

卷十九

第十篇上 十五部

馬 廌 鹿 麤 㲋 兔 萈 犬 㹜

鼠 能 熊 火 炎 黑

卷二十

第十篇下 二十五部

囪 焱 炙 赤 大 亦 夨 夭 交

尣 壺 壹 㚔 奢 亢 夲 夰 大

夫 立 竝 囟 恖 心 惢

卷二十一

第十一篇上 一部

水

卷二十二

第十一篇下 二十部

林 頻 く 巜 巛 泉 灥 永 𠂢

谷 仌 雨 雲 魚 𩺰 燕 龍 飛

非 卂

卷二十三

第十二篇上 十二部

乚 不 至 西 鹵 鹽 戶 門 耳

𦣝 手 𠦬

卷二十四

第十二篇下 二十四部

女毋民丿厂乀氏氐戈

戉我亅珡乚亾匸匚曲

甾瓦弓弜弦系

卷二十五

第十三篇上 五部

糸素絲率虫

卷二十六

第十三篇下 十八部

䖵蟲風它龜黽卵二土

垚堇里田畕黃男力劦

說文假借義證卷一目錄

弟一篇上

禛禨禡禂祉禓祑禫

三部文一 證見晶部曑下

王部文三 證一

皇

王部文百二十六 證五十

璙瓔玒珣瓚瑛璑玉瑢

球璧環琥瓏玪瑒瓛琁

琄珩玦瑱琫珇璓瑮瑬

瑀玼璁瑞瑕琱理珍琀

玎瑣玲琅璁琨珉瑤瑹

光緒二十五年歲在己亥仲冬月族曾孫蔭成重校刊

說文假借義證卷一

弟一篇上

涇朱珔學

一部

一 惟初太始道立於一造分天地化成萬物古文爲弌

儀禮屢見壹字注皆云古文壹作一是壹爲一之假借壹爲部首訓嫥壹也禮運欲一以窮之正義謂專一管子心術篇執一而不失注一謂精專則一又壹之假借○史記秦始皇本紀瑯邪臺石刻頌云普天之下摶心揖志索隱引左傳如琴瑟

之摶一。是以揖爲一之假借。亦壹之假借也。

元始也。从一从兀。

一本作兀聲。段氏茂堂云。以髡从兀聲。転从元聲例之。當有聲字。古昔元兀相爲平入也。○春秋繁露重政篇。元猶原也。劉熙釋名。原元也。是原爲元之通借。○史記楚世家考烈王名熊元。索隱作熊完。蓋以元爲完之省借。○文選東都賦注引春秋元命苞。元年者何。元宜爲一。公羊隱元年傳注。變一爲元。元是元與一可爲通借。

天顚也。至高無上。

呂覽本身篇以全其天也又論人篇大樂篇侈樂篇去宥篇爲欲篇注俱云天身也淮南原道訓不以人易天聖人不以人滑天注同藝文類聚引白虎通天者身也是皆以天爲身之假借身與天韻部通○禮記緇衣惟尹躬天見於西邑夏注天當爲先今書太甲作先是天爲先之假借

大也

段云丕字隸書中直引長作丕故漢石經作丕○書大誥爾丕克遠省漢書王莽傳丕作不康誥汝丕遠丕亦當爲不金縢是有丕子之責正義引鄭

注丕讀曰不此皆以丕爲不之假借若詩之不顯不承卽書之丕顯丕承則又以不爲丕之假借矣○書之丕丕子史記作負子御覽引白虎通諸侯疾稱負子者諸侯子民令不復子之也是以丕爲負之假借負讀爲借與丕聲相近○文選景福殿賦欂櫨邳張注邳或爲丕是邳爲丕之假借周語檮杌次於丕山注丕大邳山在河東丕又爲邳之假借但邳亦借字見後土部○漢書匡衡傳未丕揚先帝之盛功顔注丕大也字或作本是以本爲丕之假借丕本聲之轉○後漢書耿秉傳與太醫令

吉丕注丕或作平此當以字形相近致異但丕平亦音轉或可假借

丄部

丄

高也此古文上指事也篆文爲上八部尙曾也庶幾也覲禮尙左注古文尙作上論語草上之風孟子上作尙是以尙爲上之假借詩陟岵尙愼旃哉漢石經尙作上則又以上爲尙之假借矣釋名云尙書尙上也以堯爲上始而書其時事也蓋義亦通○爾雅釋天太歲在庚曰上章淮南天文訓同高注言陰氣上升萬物畢生故曰

上章。史記天官書作商横。則商當亦上之假借。上章與商横聲並通。

帝　諦也。王天下之號也。古文爲帝。

周禮瞽矇。世奠繫注。故書奠或作帝。杜子春云。帝讀爲定。其字爲奠。小史注略同。是以帝爲奠之假借。實當爲定之假借也。奠定雙聲字。帝與定奠亦音之轉。

旁　溥也。古文爲旁。爲旁。籀文爲旁。

釋名云。在邊曰旁。蓋以旁爲傍之假借。人部傍。近也。廣韻。側也。今人但知旁即爲傍。而旁之本義幾㕅矣。○堯典。方鳩僝功。辵部人部兩引。方俱作旁。今益稷。方施象刑。白虎通聖人篇新序節士篇竝引作旁施。呂刑。方告無辜。論衡變動篇引作旁告。是以方爲旁之假借也。又堯典。湯湯洪水方割。微子篇。小民方興。方興沈酗于酒。立政篇。方行天下。王懷祖曰。方俱讀爲旁。旁訓溥。溥者徧也。商頌囩鳥。方命厥后。鄭箋。謂徧告諸侯。是方爲徧也。則洪水方割。言洪水徧害下民也。小民方興。相爲敵讎。言小民徧起爲敵讎也。史記宋世家方作竝。竝亦徧也。方興沈酗于酒。言殷民徧起沈酗于酒也。方行天下至于海表言徧行天下至于海表也齊語君有此士也三萬人以方行於天下漢書地理志昔在黃帝作舟車以濟不通旁行天下其義一也此皆方之借爲旁矣案士喪禮牢中旁寸注今文旁爲方則旁爲古文方故通用○漢書賈山傳阿房之殿注房字或作旁說云以去咸陽近號阿旁又史記禮書房皇周浹索隱作旁皇此語正與溥義合是房爲旁之假借釋名房旁也則義亦通○考工記梓人以旁鳴者注云蜩屬旁蓋膀之省借肉部膀脅也○莊子天運篇有上彷徨釋文引司

馬注作㑂皇。是彷徨亦㑂皇之假借。○太玄中昆
侖㑂薄幽。注。㑂薄猶彭魄也。彭魄又㑂薄之假借
矣。○漢書霍光傳注。一從一横爲㑂午。即史記項
羽紀注之蠭午。蠭當爲㑂之假借。○彳部徬附行
也。讀去聲。今通作傍。漢書或借㑂爲徬。見溝洫志
食貨志。又莊子齊物論㑂日月。司馬注。㑂依也。㑂
亦徬之假借。釋文㑂崔本作滂。則又㑂之轉借矣。
○詩北風雨雪其雱。雱㑂爲一字。穆天子傳作雨
雪其霶。則雱之或體耳。

丌部

示 天垂象見吉凶所以示人也从二。三垂日月星也。觀乎天文以察時變示神事也。

莊子應帝王篇嘗試與來以予示之釋文示本作視是示爲視之假借視目部作眂云視皃也詩鹿鳴視民不恌箋視古示字曲禮幼子常視毋誑注視今之示字漢書高帝紀視項羽無東意顏注以視爲示是視又爲示之假借也○周禮大宰祀大神示亦如之釋文示本作祇廣韻祇字云示同是示爲祇之假借○詩鹿鳴示我周行箋示當爲寘中庸其如示諸斯乎注示讀如寘諸河干之寘是

以示爲賓之假借也。賓字在新附。

禮 履也。所以事神致福也。𥘵古文禮。

案示本从二。古文从一作𥘵。故𥘵字如之。段謂古文以一爲二。六書之假借也。○詩谷風無以下體。韓詩外傳作下禮。是禮爲體之假借。易繫辭知崇禮卑。釋文禮。蜀才本作體。又以行其典禮。釋文禮。姚本作體。體又爲禮之假借。○士冠禮請醴賓。又若不醴則醮用酒。士昏禮贊醴婦。又出請醴賓。注皆云。醴當作禮。是醴爲禮之假借。蓋二字多通用。古今文亦互異。故士冠禮。禮於阼。聘禮明日賓拜禮於朝。又禮玉。注皆云。今文禮爲醴。而士昏禮。賓入授如初禮。注則云。古文禮爲醴。

禧 禮吉也。

爾雅釋詁。禧。福也。漢書文帝紀。祠官祝釐。禮樂志。媼神蕃釐。注。竝云。釐。福也。讀曰禧。賈誼傳。受釐宣室。釐。福也。音禧。是釐爲禧之假借。○漢志。大矣孝熙。注。熙亦福也。又熙事備成。注。熙與禧同。是熙亦禧之假借。

祥 福也。

書呂刑。告爾祥刑。周禮大宰大司寇注。俱引書度作詳刑詳者謂審察之也是祥爲詳之假借易視履考祥釋文祥本作詳惠氏定宇周易述正文作詳而訓爲禎祥則又以詳爲祥之假借矣○易大壯不詳也釋文詳審也鄭王本作祥善也此各明一說義皆合不定誰借案左氏成十六年傳正義云詳者祥也古字同耳故孟子申詳檀弓作申祥○左氏昭十一年經盟于祲祥公羊作侵芉又元嘉刀銘宜侯王大吉芉是以芉爲祥之省借

祺 吉也籀文作禥

詩維清維周之禎此今正義本也釋文出之祺引

徐云本又作禎。爾雅釋言祺祥也。與本部禎訓合。

又祺吉也。卽此義。吉亦祥也。則二字可爲通借。○

詩騏毛傳蒼祺曰騏。釋文祺本又作騏。是祺爲騏

之假借也。

祗 敬也。

書盤庚曷震動萬民以遷。漢石經震作祗。祗當爲

震之假借。○內則祗見孺子。注訓祗爲敬。又云祗

或作振。是振爲祗之假借。若史記於書祗敬六德

作振敬。治民祗懼。作震懼。此以訓詁易經文耳。王

氏懷祖讀書志餘云。逸周書文政篇祗民之死。謂

振民之死也離騷又何芳之能祇祇之言振也王逸注釋祇爲敬并則又以祇爲振之假借矣祇振一聲之轉○左氏昭十二年傳王是以獲没於祇宮釋文祇音支又音祁正義云杜不解蓋以爲離宮之名家語作支宮支當爲祇之假借正義又引馬融云圻内遊觀之宮也則以祇爲圻之假借祇亦或作祇

祇 地祇提出萬物者也

借示已見上○本部禔安福也引易禔既平今易坎作祇既平虞翻注祇安也與許作禔訓合是祇

爲禔之假借。墨子天志篇引書棄厥先神祇不祀。非命篇作禍厥先神禔不祀。則禔又爲祇之假借也。○易坎釋文。鄭云。祇當爲坻。坻在後土部。葢鄭謂祇爲坻之借字。○易祇既平。唐石經作祗。又易復無祇悔。釋文。祇辭也。意亦以祇爲祗之假借。○易復釋文。祇。九家本作敍。廣雅。敍多也。與左氏襄廿九年傳。祇見疏也。釋文。祇本作多。同支歌韻通。可假借。敍或體字。又十四年傳。多遺秦禽。王懷祖曰。多讀爲亦祇以異之祇。祇適也。言我若不歸。則適爲秦所禽獲而已。多與祇古同聲而通用。他若定十五年多取牲焉哀八年多殺國士多亦讀爲祇此皆轉以多爲祇之假借矣○易復釋文鄭云病也此讀祇爲疧疒部疧病也與詩何人斯俾我祇也毛傳同是祇爲疧之假借也案易兩處祇字疑皆爲祇段以从氏聲者在脂部从氏聲者在支部假借必同部字故易屬祇惟坻不可通乃别爲說但鄭未言字之誤當是所據本於坎作祇故爲坻之借於復作祇故爲疧之借兩處不同義或如是近王伯申則於坎之祇既平謂說卦傳坎爲心病爲耳痛故稱疧作祇作禔皆借字三至五成艮

坎爲疾病艮以止之故其病平復也此説正通總由祇祇與祗三字最易混因之解者各別今竝存以備參考

祕 神也

詩閟宮傳閟閉也箋云祕神也文選魯靈光殿賦張注亦引詩作祕宮是以閟爲祕之假借○考工記輪人庇軹注訓庇爲覆而云故書庇作祕是祕爲庇之假借也

齋 戒絜也籀文作𩐁

經典多借齊爲之釋文每云齊本作齋案祭統云

齋（音齋）之爲言齊（如字）也。齊不齊以致齊者也。是義亦通。○附案字彙補引漢桐柏碑，禘絜沈祭，蓋齋本从示齊省，而此不省耳。

禋

絜祀也。籀文作[illegible]。

詩維清肇禋，釋文禋本作煙。生民傳禋敬，疏引袁準曰：禋者煙氣烟熅也。此煙爲禋之假借，亦以字異而通其義。○尚書大傳，湮於六宗。鄭注：湮，祭也。字當作禋，是湮爲禋之假借，疑本煙之誤。魏受禪表亚作煙於六宗。

祀

祭無巳也。重文爲禩。

周禮大宗伯小祝小子注竝云故書祀作禩杜子春鄭司農竝讀禩爲祀而不以爲一字至魏時乃入三體石經○易損祀事遄往虞注祀祭祀舊作巳是巳爲祀之省借義與許合○周禮大司樂以祀天神漢郊祀志作以竢天神竢當爲祀之假借

祡 燒柴燎祭天也虞書曰至于岱宗祡古文爲𥛚今書作柴王制柴而望祀山川釋文柴本作祡柴爲祡之假借以其燔柴故亦作柴

禷 以事類祭天神

虞書肆類于上帝詩皇矣是類是禡爾雅釋天類

作禷類爲禷之假借。此以事類祭。與類字本義亦通。

祖

始廟也。

惠云。古文祖字作且。故曾子曰。祖者且也。此以且爲祖之省借。○虞書黎民阻飢。漢書食貨志引作祖飢。馬注。祖始也。是阻爲祖之假借。鄭注阻讀曰俎。阻厄也。惠云。鄭本卽馬本。當是祖讀曰阻。則又以祖爲阻之假借矣。○古今人表。叅祖。史記集解作嫘俎。俎亦祖之假借。○詩鴟鴞予所蓄租。釋文。租又作祖。案毛傳。租爲也。正義云。祖訓始。事之初。

始必有爲之故云祖爲也此以祖爲祖之假借韓詩祖積也則祖爲祖之假借矣

鬃 門內祭先祖所旁皇也重文爲祊

周禮大司馬致禽以祀祊注祊當爲方是祊爲方之假借蓋即詩甫田以社以方毛傳所云迎四方氣於郊也○左氏隱八年鄭伯使宛來歸祊穀梁作邴祊邴聲相近則亦假借○郊特牲祊之於東方正義引釋宮云門謂之祊今爾雅作閍郭注引詩祝祭於祊門部無閍字則閍當即祊之或體

祠 春祭曰祠品物少多文詞也仲春之月祠不用犧

牲用圭璧及皮幣

案此引月令今禮記祠作祀呂覽同淮南作祭是祠爲祀之假借擬許意或因春祠而用本義○詩天保禴祠烝嘗易萃虞注引作禴祭烝嘗此以祀爲祠之假借又因而爲祭若鄭語其後皆不失祀漢地理志作皆不失祠則義可通借祀已見上○周禮大祝一曰祠注祠者交接之辭是祠爲辭之假借故司農注祠當爲辭亦因多文詞之訓而通之

礿 夏祭也

公羊桓八年傳夏曰礿釋文礿本又作禴禴卽礿也易旣濟不如西鄰之禴祭漢書郊祀志引作瀹祭瀹當爲禴禴之假借但彼注瀹祭謂瀹煮新菜以祭爾雅釋天孫炎注礿新菜可汋是義亦通

祼　灌祭也

周禮注亦云祼之言灌也則非借字惟大宗伯以下諸職經文多作果注果讀爲祼是果爲祼之省借也○水部淉淉爲水名集韻淉與祼同灌祭也則淉亦祼之假借矣

祝　祭主贊詞者从示从儿口一曰从兌省易曰兌爲

口爲巫。
詩干旄素絲祝之。箋云。祝當作屬。屬著也。釋名。祝
屬也。是祝爲屬之假借。毛傳。祝織也。亦雙聲借義。
○周禮瘍醫掌祝藥。注。祝讀如注病之注。謂附著
藥也。是祝爲注之假借。○左傳公子州吁。穀梁作
祝吁。祝當爲州之假借。州祝音近。○樂記封帝堯
之後于祝。注。祝或爲鑄。據姓苑。祝姓堯後。以國爲
氏。則鑄爲祝之假借。淮南俶眞訓。冶工之鑄器。高
注。鑄讀作祝。○詩蕩篇。侯作侯祝。毛傳。祝詛也。書
無逸。厥口詛祝。疏云。以言告神謂之祝。祝音本之

六切。轉爲職救切。集韻或作咒。是以祝爲咒之假借。但說文無咒字。書疏語亦與之六切之義通。○爾雅釋木。椀州。釋文椀本作祝。又堯廟碑。韶磬祝圉。祝皆爲柷之假借。

福

祝福也。

惠氏半農云。素問黃帝曰。古之治病可祝由而已。祝由卽祝福也。是由爲福之假借。故玉篇云。古文作䄂。○言部有詶字云。詶也。詶亦祝詛之義。則詶與䄂同。可爲福之通借。詶音直又切。當卽咒之本字。

祓　除惡祭也

繫傳曰祓之爲言拂也周語故祓除其心注祓猶拂也是拂爲祓之通借○詩卷阿茀祿爾康矣箋云弗福也爾雅釋詁祓福也注引詩祓爾康矣是弗爲祓之假借○生民以弗無子箋云弗之言祓也祓除其無子之疾是以弗爲祓之假借

祈　求福也

小雅祈父毛傳祈父司馬也書酒誥作圻父鄭注圻父謂司馬主封畿之事是祈爲圻之假借甫陽令揚著碑作頎甫頎又祈之轉借也祈已見上頎

下○周禮肆師及其祈珥注故書祈爲幾杜子春讀幾當爲祈是以幾爲祈之假借後鄭云祈當爲進禨之禨則又以祈爲禨之假借矣○又小子職祈于五祀注祈或爲刉秋官士師凡刉衈則奉犬牲蓋鄭意主釁禮故以祈爲刉之假借釋文刉音機○考工記玉人注祈沈以馬釋文引小爾雅祭山川曰祈沈祈九委反與庪同音即爾雅之庪縣是以祈爲庪之假借○禮記緇衣資冬祈寒注祈之言是也今書君牙作冬祁寒此以音同皆非本義則祁爲祈之通借若左氏成八年傳祁奚呂覽

開春篇風俗通十反篇竝作祈奚。祈當爲祁之假借。○書帝命驗。祈昌失節。注。祈讀曰哲。蓋以祈爲哲之假借。哲从折。折有制音。有提音。

禜設緜蕝爲營。以禳風雨雪霜水旱癘疫於日月星辰山川也。一曰。禜衞使災不生。

周禮族師注。蓋亦爲壇位如雩禜云。釋文。禜本亦作榮。是榮爲禜之假借。若祭法。幽宗雩宗。注以爲皆當作禜。則字之誤。非假借也。○祭法注。禜。營也。史記五帝紀。黃帝以兵師爲營衞。卽禜衞。是可通借矣。○公羊莊二十五年傳。日食以朱絲營社。周

禮太祝注禜如日食以朱絲禜社是讀營爲禜郎禜繞之義亦禜之假借矣

禳 磔禳祀除厲殃也古者燧人禜子所造

月令九門磔攘周禮占夢注引作磔禳左氏昭十七年傳注欲以禳火釋文禳本亦作攘是攘爲禳之假借周禮女祝注卻災異曰禳禳攘也則義本通〇爾雅釋訓穰穰福也釋文出禳禳云今作穰詩執競降福穰穰正義云某氏引此詩明是福豐之貌則穰當爲禳之假借又案福祿祥祺等字皆从示此禳字言除厲厲除則福至故祓亦訓福抑

或穮爲已治之黍梨兒言之謂穮而又穮故毛傳云衆也猶麀鹿麌麌謂麌而又麌爲衆多也之例似可通

禪　祭天也

漢書武帝紀脩天文襢晉灼曰襢古禪字从亶與从單通又大戴記保傅篇禪梁父注禪謂除地爲墠以祭地也變墠爲禪神之也段云古封禪字蓋祇作墠則襢與墠皆爲禪之通借別見後女部嬗下

禦　祀也

祭禦从示故爲祀鴻範五行傳若是共禦若不共禦蓋謂恭於祭祀下言六沴之禮禦貌禦言禦視禦聽禦思心禦王極並云從其禮祭之鄭注禦止也錢氏獻之謂沴卽古厲字厲者須禦止此禦之所以訓祀也他書因禦爲止相承爲守禦字而禦之本義亾矣○爾雅釋言禦禁也訓禁之字當作敔本書攴部敔禁也一切經音義禦古文敔同是禦本爲敔之假借後人用禦而敔遂專爲止樂之敔矣○詩猗嗟以禦亂兮儀禮大射儀注引作御亂御爲使馬有制馭之義是禦當爲御之假借今

通用。春秋人名華禦事。公子禦寇。宋公禦說。釋文
竝云。禦本作御。○詩烝民。不畏彊禦。漢書王莽傳
作彊圉。又蕩篇。曾是彊禦。漢書敘傳亦作彊圉。攷
周書謚法解。威德剛武曰圉。注。圉。禦也。禦蓋圉之
通借。故墨子公輸篇。守圉有餘。淮南主術訓。瘠者
可使守圉。漢書賈誼傳。守圉扞敵之臣。王云。守圉
竝與守禦同。是圉爲禦之假借。若詩桑柔。孔棘我
圉。毛傳。圉。垂也。正用本訓。說文與毛合。而箋云。圉
當作禦。乃易其義。亦以圉爲禦之假借。○趙策云。
非戰國守吾之具。墨子公孟篇。厚攻則厚吾。薄攻

則薄吾。王謂吾讀爲利禦寇之禦。是以吾爲禦之假借。案虞語部平上通韻。故圄字从吾聲。此吾之爲禦。殆卽敔之省借。○左氏桓十四年經。鄭伯使其弟語來盟。穀梁語作禦。史記東越傳。禦兒侯正義曰。禦今作語。此特以音同兩相通用。不定誰爲假借。

䊠　祭具也。

山海經離騷經並作糈。王逸曰。糈精米所以享神。郭璞曰。糈祭神之米。本書米部。糈糧也。不專指祭神所用。是糈爲䊠之假借。○繫傳云。史記日者傳司馬季主曰卜而不中不見奪糈則糈亦所以爲卜之資也案貝部有賑字云齎財卜問爲賑蓋古者卜筮必用精鑿之米以祀神是賑可爲糈之通借○楊雄反離騷費椒稰以要神稰即內則稰穛字禾部所無當亦糈之轉借耳

祳 社肉盛之以蜃故謂之祳天子所以親遺同姓春秋傳曰石尙來歸祳

此所引爲定十四年經文今作脤經典亦多作脤肉部無脤字則脤當爲祳之假借○周禮掌蜃注引石尙來歸蜃詩緜箋亦以蜃爲祳是蜃爲祳之

假借因其盛之以蜃遂作蜃蓋通其義○左氏成十七年經公孫嬰齊卒于貍脤公羊作貍軫穀梁作貍蜃此地名左穀通字公羊當爲借字音同

祴 宗廟奏祴樂

儀禮多言奏陔詩湛露箋謂陔夏也釋文陔本作祴戒也本書𨸏部陔階次也是陔爲祴之假借周禮鍾師九夏有祴夏此用本字而注引杜子春云祴讀爲陔鼓之陔當是言其音非轉以祴爲借若禮器肆夏而送之注當爲陔夏則字之誤也

禡 師行所止恐有慢其神下而祀之曰禡

周禮大司馬肆師甸祝皆作貉。詩桓序疏。禡作貉。又或爲貊古文之異也。是貉貊皆禡之假借。聲相近。○小徐本引詩既禡今吉日作既伯。周禮注。爲師祭造軍法者禱氣勢之十百增倍。蓋或貉爲百。伯與百通。亦音陌。與貉音同。則伯可爲貉之假借。又卽禡之假借矣。此本惠氏定宇九經古義說。六韜云。偃伯靈臺。伯當謂師祭。似可通。若從毛傳。則云。伯馬祖也。不以爲借字。爾雅釋天亦禡爲師祭。伯爲馬祭。

禂 禱牲馬祭也。重文爲騆。

詩吉日釋文旣禱說文作禂本部禱告事求福也泛言之則禱爲禂之假借惟甸祝禂牲禂馬杜子春云禂禱也禱與禂竝都皓切是本通○甸祝注禂讀如伏誅之誅今侏大字也爲牲祭求肥充爲馬祭求肥健是以侏爲禂之通借但禂字从示音近侏故釋其義如此非謂字可作侏也

社地主也春秋傳曰共工之子句龍爲社神周禮二十五家爲社各樹其土所宜木古文爲𥘶論語哀公問社于宰我釋文鄭本作主案問社卽社主謂樹木以爲主也則此非假借字而社與主

亦音之轉。○史記周本紀。畢在鎬東南杜中。徐廣曰。杜一作社。社當爲杜之假借。杜社形近。亦音轉也。故商頌宅殷土芒芒。史記三代世表作殷社。

禓 道上祭。从示昜聲。

郊特牲。鄉人禓。注。禓或爲獻。或爲儺。是卽論語之鄉人儺也。段氏謂昜聲與獻儺音理遠隔。當本从易聲。則與獻儺差近。亦屬尚合。釋文音禓爲傷。未審與儺所以假借之義。

祦 地反物爲祦也。

祦祦多省作祅。此解用左傳伯宗語。今傳作妖。禮運注。妖孽之疾。釋文。妖又作祅。是妖爲祅之假借。

○左氏昭廿六年傳。蔡人孽妖。釋文。妖本又作訞。

亦見漢書文帝紀楊惲谷永傳注。訞與妖同。則訞

爲妖之假借。實祅之假借也。說文無訞字。

禫 除服祭也。

士虞禮注。古文禫或爲導。喪大記注。禫或皆作道。

案道卽導字。本書於谷部㐁下。木部栝下。穴部㝐

下。三處並云讀若三年導服之導。是除服之祭名

禫。亦名導也。蓋古文禮作導。今文禮作禫。許與鄭

各有所據。異而實同。禫導音近。導可爲禫之通借

矣。

王部

皇大也。从自。自始也。始皇者。三皇大君也。自讀若鼻。今俗以始生子爲鼻子。

洪範五行傳建用王極注王極或皆爲皇極。今書皇極。史記宋世家作王極。是王爲皇之通借。聘禮記賓入門皇注古文皇皆作王。門皇與堂皇同。則王當爲皇之省借。○詩皇皇者華。毛傳皇皇猶煌煌也。假樂穆穆皇皇。後漢書班固傳引作煌煌。火部煌煌煇也。是皇爲煌之省借。○東山皇駁其馬。

爾雅釋畜注引作騜叉駉篇有驈有皇馬部引作有騜是皇爲騜之省借○楚辭離世篇征夫皇皇其孰依兮注皇皇惶遽貌心部惶恐也是皇爲惶之省借○詩泮水烝烝皇皇箋云皇皇當作暀暀猶往往也日部暀光美也爾雅釋詁暀暀美也正義云少儀祭祀之美齊齊皇皇鄭讀如歸往之往彼言皇皇則此暀暀也蓋以皇爲暀之假借○帝王世紀伏羲曰皇熊氏月令疏作黃熊氏易繫辭黃帝風俗通聲音篇作皇帝皇可爲黃之通借○羽部翌樂舞以羽䍿自翳其首以祀星辰也讀

若皇。周禮樂師有皇舞。注。故書皇作翌。鄭司農説
從故書作翌。蓋以皇爲翌之假借。後鄭云。襍五采
羽如鳳皇色。持以舞。則從今書。不以皇爲假借矣。
○詩破斧四國是皇。讀詩記引齊詩作是匡。爾雅
釋言。皇匡竝訓正。是匡爲皇之通借。○書無逸。則
皇自敬德。正義謂王肅本皇作況。蓋以況爲皇之
假借。書大傳。皇於聽獄乎。注。皇猶況也。是又以皇
爲況之假借。皇況聲相近。○世本魯惠公名弗皇。
疑取詩朱芾斯皇之義。弗與芾通。左傳文十六年
疏作弗湟。湟當爲皇之假借。○帝繫。女皇。廣韻注

作媓。女部無媓字。詩谷風。遑恤我後。表記作皇恤。殷武。不敢怠遑。左氏襄廿六年傳引作怠皇。辵部遑字在新附。昭十七年傳。獲其乘舟餘皇。文選江賦注引作艅艎。舟部艅艎字亦在新附。然則媓遑艎當皆爲皇之假借。○爾雅釋鳥。鳳其雌皇。釋文。皇本亦作凰。詩卷阿。鳳凰于飛。唐石經作鳳皇于飛。案作皇是也。鳳从凡聲。皇則無所取。今俗作凰。

王部

璓 玉也。

錢氏獻之云。詩瞻彼洛矣。毛傳。大夫鐐琫。是此字。

釋文。本又作璙。案琫惟天子用玉。諸侯卽用金。不應大夫轉用玉。鐐白金之精者。見爾雅釋器。其作璙者。殆傳寫致誤。非必假借。錢說恐未然。

瓇

玉也。讀若柔。

錢云。淮南子。厲利劍者必以柔砥。應用此字。蓋以柔爲瓇之假借。

玒

玉也。

本部新附有珙字。集韻。珙通作拱。老子道德經。雖有拱璧。拱與玒音同。拱當爲玒之假借。珙則玒之或體與。

珣 聲無閭之珣玗琪周書所謂夷玉也一曰器讀若
宣

爾雅釋器璧大六寸謂之宣宣當爲珣之假借釋
文宣本或作瑄漢書郊祀志有司奉瑄玉本部無
瑄字葢珣之或體詛楚文作䆠又宣之或體也

瓚 三玉二石也禮天子用全純玉也上公用駹四玉
一石侯用瓚伯用埒玉石半相埒也

詩棫樸箋瓚璋瓚也釋文瓚本作贊是贊爲瓚之
省借○考工記玉人侯用瓚注瓚讀爲餍饡之饡
饡卽食部饡字以羹澆飯也玉篇作饡此當擬其

音非借其字則讀爲當是讀如或曰爲衍字

瑛 玉光也

西山經黃帝乃取峚山之玉榮注玉榮謂玉華也是榮爲瑛之假借○離騷經孝經援神契雒書皆言玉英淮南鴻烈曰龍淵有玉英高注英精光也是英爲瑛之省借若綏民校尉碑攬瑛雄之迹兮郭仲奇碑翼翼瑛彥則又以瑛爲英之假借也

璑 三采玉也

周禮弁師瑉玉三采注故書瑉作璑鄭云故書與許君合聘義君子貴玉而賤瑉注瑉石似玉義同

案璠與璑似音隔，以曼之通無例之，璠曼雙聲，則璠璑亦音之轉矣。

玊　朽玉也。从王有點，讀若畜牧之畜。

古帝王字上二畫稍近，下畫稍遠，王石字則三畫齊排。隸變無別，後人以朽玉字爲王石字，以別於帝王字。復高其點爲朽玉字，點在二畫之側，而王石字點在三畫之側。又或改說文从王加點爲从王有聲，作珛，皆非古也。○阮雲臺曰：毛詩玉字皆金玉之玉。惟民勞篇王欲玉女，玉字是加點之玉。玉女者，畜女也。即孟子之畜君何尤也。玉畜音同。

玉當爲畜之假借後人不知玉爲借字是以鄭箋誤解爲金王之王矣案西銘云玉汝於成今遂爲通通語可見不識假借不可以讀經也

璿 美玉也春秋傳曰璿弁玉纓古文爲璿籀文爲叡

所引傳見僖廿八年今作瓊弁又成十八年贈我以瓊瑰穆天子傳引作璿瑰是二字可以互借蓋義本同瓊从敻聲亦與璿通故楚辭招魂瓊與先部字爲韻也○瓊赤玉也爲重文或省作琁段云當是璿之重文璿琁音同虞書之璿璣大傳作琁

云璇者還也而史記律書遂作旋旋蓋璇之假借又淮南本經訓紂爲璇室注璇石之似玉以飾室也璇或作旋言室施機關可轉旋也則亦通借耳

球 玉磬也重文爲璆

禹貢璆鐵詩鞞琫傳諸侯璆珌皆作璆案璆爲美玉字亦作球求翏聲同也說文本通玉篇則分球爲玉磬璆爲美玉後代字書因之遂爲假借○詩長發受小球大球王伯申曰球讀爲捄廣雅釋詁捄與拱皆法也毛傳於下共字云法也共通拱而解球爲玉則與共殊義案此小大字言受小事之

法大事之法於上帝故能爲下國之式上文所謂帝命式于九圍也荀子臣道篇傳曰斬而齊枉而順不同而壹詩曰受小球大球爲下國綴旒此之訓也蓋以球爲捄其从玉假借字耳廣雅始本三家詩與此說甚新而有據

璧 瑞玉圜也

白虎通辟雍篇辟者璧也象璧圜以法天也詩靈臺毛傳水旋丘如璧曰辟雍是辟本璧之假借淮南覽冥訓璧襲無理注璧讀辟璧文襲重言用之煩數皆鈍無復文理也則璧又爲辟之假借矣○

費鳳別碑諸姑咸壁踊。蓋以壁爲擗之假借。

環 璧也。肉好若一謂之環。

周禮野廬氏注。車有環轂坻閡。釋文。環本作轘。是環爲轘之假借。攷工記。環涂七軌。注。故書環或作轘。杜子春云。當爲環。則轘又環之假借。○士喪禮。布巾環幅。注。古文環作還。左氏襄十年傳。還鄭而南。注。還繞也。哀三年傳。道還公宮。注。訓還爲周币。是環亦還之假借。○系部。繯落也。落即絡字。後漢書馬融傳。繯橐四野之飛征。章懷注引國語。繯於山有牢。賈逵注云。繯遝也。今本齊語作環山於有牢。莽注。環繞也。環當爲繯之假借。○韓非子云。倉頡作書。自環者謂之私。厶部引作自營爲厶。則環爲營之假借。段云。環與營雙聲語轉。營訓帀居。環訓旋繞。義亦通。

琥 發兵瑞玉。爲虎文。春秋傳曰。賜子家子雙琥。

禮器。琥璜爵。釋文。琥本作虎。此蓋因其爲虎文。遂以虎爲琥之省借。漢之銅虎符。其遺制也。今琥珀字亦或作虎魄。

瓏 禱旱玉也。爲龍文。

左氏昭二十九年傳。公使公衍獻龍輔於齊侯。正義引此文爲證。是亦因有龍文。遂以龍爲瓏之省借耳。

玠　大圭也。周書曰。稱奉介圭。

今顧命作太保承介圭。韻會引作玠玉。詩崧高錫爾介圭。爾雅釋器注引作玠圭。是介爲玠之省借。

介本有大義。則亦通。

瑒　圭尺二寸。有瓚。以祠宗廟者也。

攷工記玉人。祼圭尺有二寸。以祀廟。是瑒圭卽祼圭也。段云。瑒讀如暢。魯語謂之鬯圭。鬯爲瑒之假借。但本用以灌鬯。則因此得義。○本部鎏金之精者與玉同色。引禮記諸侯盪琫。詩毛傳同。彼釋文盪又作瑒。漢書王莽傳瑒琫瑒珌。皆卽盪字。是瑒可爲盪之假借。从昜蓋从湯之省。

瓛　桓圭。公所執。

周禮作桓圭。瓛爲正字。則桓當是瓛之假借。大宗伯注云。雙植謂之桓。桓宮室之象。所以安其上也。桓圭以桓爲瑑飾。蓋亦從桓得義。

珽　大圭。長三尺。抒上。終葵首。

玉藻。天子搢珽。釋文珽本作珵。士喪禮天子搢珵。釋文珵本作珽。離騷經。豈珵美之能當。王逸注。珵

美玉也又引相玉書珽作珵則珵當爲珽之假借
本部無珵字殆即其或體與

瑁　諸侯執圭朝天子天子執玉以冒之似犂冠周禮
曰天子執瑁四寸古文爲玥
今攷工記玉人作冒書大傳亦云天子執冒冒圭
者天子所與諸侯爲瑞也則冒爲瑁之省借而本
因以得義

珩　佩上玉也所以節行止也
玉藻幽衡蔥衡注衡佩上之衡也則衡當爲珩之
假借衡本爲横楚語白珩注珩佩上之横者是義

正迺。珩衡盪韻字。

玦

玉佩也。

詩芄蘭童子佩韘。毛傳。韘玦也。韋部。韘射決也。所以鉤弦。以象骨韋系著右巨指。是玦爲韘之假借。詩釋文。玦本作決。內則。右佩玦。玦又可爲決之假借。白虎通曰。君子能決斷則佩玦。義亦本通。

瑱

以玉充耳也。重文爲䡝。

周禮典瑞。鎭圭。天府。玉鎭。注竝云。故書作瑱。鄭司農讀爲鎭。圭非充耳物。則瑱爲鎭之假借。○文選西都賦。雕玉瑱以居楹。注。瑱與磌古字通。廣雅。磌

碩也是以瑱爲磌之假借但石部無磌字當卽借瑱字爲之○攷工記鞄人注縳一如瑱釋文瑱本作顛是以顛爲瑱之假借

琫 佩刀上飾天子以玉諸侯以金

左氏桓二年傳藻率鞞鞛鞛字革部所無蓋卽琫之假借从音與从奉合音也詩釋文又作鞛則琫之或體

珇 琮玉之瑑

攷工記玉人作駔琮注駔讀爲組以組繫之因名焉杜子春讀故書之駔爲珇方言珇好也美也駔

字从馬非義當爲駔之假借組亦駔之假借

璂 弁飾往往冒玉也重文爲琪

周禮弁師省作琪先鄭讀如綦車轂之綦後鄭因琪爲玉名易爲綦綦結也皮弁之縫中每貫結五采玉以爲飾謂之綦此蓋以琪爲綦之假借若周書王會解王冠綦璧綦注綦玉名則綦又琪之假借矣○詩鳲鳩其弁伊騏箋云騏當爲璂是又以騏爲璂之假借騏已見示部祺下

璪 玉飾如水藻之文虞書曰璪火粉米

今書作藻段云虞書璪字衣之文也當從衣而从

衣者假借也衣文玉文皆如水藻聲義皆同非衣上爲玉文也禮經文采之訓古文多用繅字今文多用璪藻字其實三字皆假借耳棻文翰之爲華藻自是借字若藻火之藻文如水藻則正當作藻而从玉之璪爲借字至覲禮注今文繅或爲璪聘禮注古文繅或作藻今文作璪是以繅三盆水之繅爲璪藉之璪乃眞假借矣

瑬 垂玉也冕飾

周禮作斿弁師諸侯之璪斿九就是也禮記作旒玉藻十有二旒是也斿與旒本謂旌旗之垂者今

以屬之覍皆當爲瑬之假借。而旒又俗字。

璹

玉器也。讀若淑。

爾雅釋器。璋大八寸謂之琡。本部有璹無琡。則琡當爲璹之通借。琡淑音同。

玼

玉色鮮也。詩曰。新臺有玼。

今邶風作泚。釋文引韓詩作漼。云鮮貌。泚與漼皆當爲玼之假借。○後漢書黃憲傳。去玼吝。注。玼當爲疵。是以玼爲疵之假借。○上有瑳篆云玉色鮮白。段以周禮内司服注引詩君子偕老。玼瑳字兩章俱作瑳。謂玼之或體作瑳。說文不應有瑳字。阮氏校勘記亦云周禮釋文玼音此劉倉我反本亦作瑳與下瑳字同倉我反爲玼瑳一字之證案玼瑳音本相近此處既分列詩亦分用周禮注凡所引者多異字未必本書盡如此且爾雅釋器象謂之磋論衡量知篇作象曰瑳石部無磋字瑳者治象齒令其鮮白如玉也與許訓合竹竿篇亦云巧笑之瑳與玼固同義若竟云不應有瑳字則淇奥篇作如切如玼可乎當是瑳可爲玼之通借古今人表景瑳注云即景差差又瑳之省借矣〇又案麥部有麮字云䵂麥也錢謂此今磋字則䵂麮之

璲與治象之璲亦可通借。

瑳玉英華相帶如瑟弦。詩曰。瑳彼玉瓚。今旱麓詩作瑟。瑟當爲瑳之省借。但云相帶如瑟弦。則本因此得義。周禮典瑞注引作卹彼玉瓚。釋文。卹本作邺。卹與邺當又爲瑟之轉借。並疊韻字也。

璊玉經色也。禾之赤苗謂之虋。言璊玉色如之。重文爲玧。

毛部𣭈云。以毳爲罽。引詩毳衣如𣭈。今大車詩作璊。𣭈本毳衣。不得云𣭈衣如𣭈。本書當亦璊之譌。

但璑言色如蔞與此處正同則璑可爲瑞之通借也

瑕　玉小赤也

文選甘泉賦吸青雲之流瑕兮注霞與瑕古字通雨部霞字在新附蓋即借瑕字爲之霞亦赤色也又江賦壁立赮駁注如赮之駁也赮古霞字赮亦在新附當即瑕之或體○詩泉水不瑕有害毛傳瑕遠也凡訓遠者今作遐辵部遐字在新附漢隸字源引楊統碑假爾莫不隕涕云即遐邇字則瑕之訓遠當爲徦之假借郝氏蘭皋云假訓至至與

遠義相成○隰桑遐不謂矣表記引作瑕注云瑕之言胡也是以瑕爲胡之假借虛麻韻通非借遐字也○文選南都賦駮瑕委蛇注瑕與蝦古字通此以瑕爲蝦之假借○檀弓注簡子瑕也釋文瑕本又作碬瑕碬俱从叚聲可爲通借○左氏莊十四年傳傅瑕史記世家索隱瑕作假假當爲瑕之假借○又成元年傳晉侯使瑕嘉平戎于王周禮典瑞注引之釋文出叚嘉音遐本又作瑕叚蓋瑕之省借

琱 治玉也一曰石似玉

彡部彫琢文也。文選南都賦。琢琱狎獵。注。琱與彫古字通。是二字義相近。可爲通借。○爾雅釋器。玉謂之雕。孟子。必使玉人雕琢之。雕當爲琱之假借。書。峻宇雕牆。論語。不可雕也。少儀。車不雕幾。凡雕飾字皆當爲彫之假借。○仌部。凋。半傷也。左氏昭八年傳。民力彫盡。論語。然後知松柏之後彫也。此以彫爲凋之假借。史記酷吏傳。斲雕而爲朴。晉灼曰。雕。弊也。呂覽辯土篇。寒則雕。注。雕。不實也。此又以雕爲凋之假借。○攷工記。玉楖雕矢磬。注。故書雕或爲舟。蓋琱彫既借雕。舟又雕之轉借。舟與周通也。

理 治玉也。

月令命理瞻傷。注。理治獄官也。夏曰大理。管子法法篇。皋陶爲李。注。李同理。又左氏僖三十年傳。行李之往來。正義引周禮。行理以節逆之。是皆以李爲理之假借。○荀子解蔽篇。制割大理而宇宙裏矣。注。裏當爲理。是裏亦理之假借。

珣 寶也。

周禮典瑞。珍圭以徵守。注。杜子春云。珍當爲鎭。書亦或爲鎭。此以珍爲鎭之假借。但與上王執鎭圭

相混。故後鄭謂珍圭。王使之瑞節。不以爲借字。瑱
已見上瑱下。

瑲　玉聲也。詩曰。肇革有瑲。

今詩載見作有鶬。與烈祖之鶬鶬。固皆爲假借字
矣。但段云。鸞鈴鑾飾之聲。而字作瑲。玉聲而字作
鏘。皆得謂之假借。則此瑲字亦假借也。惟采芑有
瑲蔥珩。毛傳。瑲。珩聲。是用正字。鄭風佩玉將將。亦
當爲瑲之假借。○采芑八鸞瑲瑲。釋文。瑲本亦作
鎗。金部鎗。鐘聲也。凡金聲當如之。瑲蓋鎗之假借。
烝民作鏘鏘。金部無鏘字。亦宜作鎗。

玎　玉聲也。齊太公子伋謚曰玎公。

齊世家及古今人表皆云，師尚父之子丁公。汪容甫曰：案世本丁公之子稱乙公，乙公之子慈母稱癸公，丁乙癸竝从十干，不得用玎字，或古書有作玎者，許氏遂據之而爲說，爾則玎當爲丁之假借。

瑣　玉聲也。

易旅瑣瑣釋文引王肅注：瑣瑣，細小貌。詩節南山瑣瑣姻亞毛傳：瑣瑣，小貌。瑣字从𧴪，貝部𧴪，貝聲也。从小貝，則瑣亦當爲玉之小聲，二字可爲通借。○麥部麲字云：小麥屑之覈。引伸可爲凡屑之偁。

今瑣屑字當爲𧷓之假借○易詩釋文又云瑣本作璅文選東京賦既璅璅焉注璅一作瑣本部璅石之似玉者是璅爲瑣之假借璅子皓切與瑣一聲之轉○爾雅釋訓佌佌瑣瑣小也郭注皆才器細陋此正釋正月詩佌佌彼有屋蔌蔌方有穀之語是蔌當爲瑣之假借音相近○後水部溑字云讀若瑣左氏成十二年經公會晉侯衛侯于瑣澤即此是瑣爲溑之通借又瑣澤公羊作沙澤定七年傳乃盟于瑣注瑣即沙也是沙爲瑣之通借沙瑣雙聲字○廣雅釋詁瑣連也吳都賦畢罕瑣結

漢書元后傳有青瑣注刻爲連鎖文而以青塗之也金部鎖字在新附則凡關鎖字當卽借瑣字爲之

玪 玪塾石之次玉者

上琳字云美玉也與此玪爲美石本異禹貢球琳鄭本作璆玪詩韓奕箋其貢璆琳釋文琳又作玪是玪可爲琳之通借○中山經葛山其下多瑊石郭傳瑊玏石似玉子虛賦瑊玏元厲瑊蓋玪之或體玏爲塾之省

玏 石之似玉者

錢云埤倉瓔珢石似玉也山海經羭次山多嬰垣玉注垣或作短又泑山多嬰短之玉皆即此是以垣短竝爲珢之假借垣从亘與珢从艮音同短艮亦音之轉也

璁 石之似玉者讀若蔥

詩蔥珩禮蔥衡蔥皆爲璁之假借爾雅釋器青謂之蔥蓋其色似蔥也糸部繱帛青色彼言帛而此爲石殆以青色之石爲璁與

琨 石之美者夏書曰揚州貢瑤琨重文爲瑻

史記司馬相如傳琳瑉琨珸索隱云琨珸字或作

昆吾。楚辭招魂。昆蔽象棋。注。昆。玉也。是昆爲琨之省借。

珉

石之美者。

聘義。君子貴玉而賤碈。楚辭。愍命篇。藏瑉石於金匱兮。碈瑉皆與珉同。瑉已見前瑂下。○聘義注。碈或作玟。玉藻。士佩瓀玟。本部玟字云。火齊。玟瑰也。一曰石之美者。是以玟爲珉之假借。後一義本通。

瑤

石之美者。詩曰。報之以瓊瑤。

淮南本經訓。紂爲瑤臺。注。瑤或作搖。搖當爲瑤之假借。注又云。瑤光。謂北斗杓第七星也。曲禮。招搖在上正義謂瑤光即招摇也則瑤轉爲摇之假借矣若晉語荀瑤墨子作荀摇淮南脩務訓作荀繇此人名不定誰借摇繇亦通明堂位注今之步摇釋文摇本又作繇也○山海經姑媱之山女尸化爲䔄艸文選別賦惜瑤草之徒芳注䔄與瑤同䔄字艸部所無葢即借瑤字爲之

瓅 玓瓅

文選上林賦明月珠子玓瓅江靡漢書作的皪當爲玓瓅之假借本書無皪字詩淇奧箋皪皪而處釋文皪本作礫

玭珠也。宋弘云。淮水中出玭珠。玭。珠之有聲者。重文爲蠙。夏書玭从虫賓。

西山經。鴽魮之魚。其狀如覆銚。音如磬之聲。是生珠玉。魮當爲玭之通借。魚部魮在新附。則卽玭之或體。

璣珠不圜者。

尙書。璿璣大傳璣作機。馬注。機渾天儀可轉旋。鄭注。轉運者爲機。則璣當爲機之假借。故文選宋元皇后哀策文。仰陟天璣。注。璣與機同。易略例。璇璣。釋文。璣本作機。又作幾。

珋石之有光璧珋也出西胡中

璧珋卽漢書地理志及西域傳所謂璧流離也流當爲珋之假借今人單稱流離改其字爲瑠璃或作琉璃皆本部所無俗體也

琀送死口中玉也

周禮典瑞大喪共含玉檀弓使容居來弔含含蓋琀之省借本因以得義或作唅口部所無荀子禮論篇唅以槁骨當卽琀之或體漢書王褎傳薁藜唅糗者又卽含之或體也

靈靈巫以玉事神亚文爲𩆜

後龍部䨻字云龍也錢謂此神靈字靈是巫子非此義案䨻爲龍非爲神而靈以玉事神正與神靈通錢說未的○詩野有蔓草零露漙兮正義云靈作零字故爲落也是靈爲零之假借與仲山碑神零有知又以零爲靈之假借矣○書呂刑苗民弗用靈正義靈善也緇衣引作弗用命是命爲靈之假借法言淵騫篇竊國靈也注靈命也則義亦通又墨子尚同篇引作否用練練亦靈之假借靈練聲之轉○女部嫈女字也案漢婦官有娛靈靈疑爲嫈之假借

珏部

珏 二玉相合爲一珏。重文爲瑴。

左傳莊十八年以朱絲繫玉二瑴而禱。正義引蒼頡篇瑴作珏。實一字也。○段云淮南書[元]玉百工。注。二玉爲一工。是工爲珏之假借。工珏雙聲字。

班 分瑞玉。

虞書班瑞于羣后。某氏傳。班。還也。史記封禪書作還瑞。是還爲班之假借。○集韻班或作辨。士虞禮明日以其班祔。注。古文班或爲辨。漢書王莽傳注。辨讀曰班。是辨爲班之假借。聲相轉。又班祔注。今文爲胖。胖亦班之假借。○廣雅釋詁。班。分也。魏孔羨碑。班宗彝。是斑爲班之假借。太元元錯。班有文也。班又爲斑之假借。斑見後文部。○周禮太宰。匪頒注。頒讀爲班布之班。是頒爲班之假借。王制名山大澤不以盼。釋文。盼讀爲班。盼即頒之或體。○易屯乘馬班如。釋文。班如字。鄭本作般。左氏襄十八年傳。有班馬之聲。釋文云。班。別也。爾雅釋言注。引作般馬。是般爲班之假借。又易釋文引子夏傳。班如相牽不進貌。此即鄭義。則鄭以班爲般之假借也。○周禮司士掌羣臣之版注。故書版爲班。鄭司農云。班或爲版。版名籍。蓋以班爲版之假借。

𨏈車笭間皮匧。古者使奉玉所以盛之。讀與服同。

𨏈本以盛玉。漢時以藏弩。別有箙字。竹部箙弩矢箙也。引周禮仲秋獻矢箙。語出夏官司弓矢。彼注云。箙盛矢器也。以獸皮爲之。是箙可爲𨏈之通借。

○旣夕禮矢箙。釋文本亦作服。他如詩采薇之魚服。周禮巾車之小服。鄭語之箕服。子虛賦七發之夏服。蓋皆爲箙之省借。而𨏈讀爲服。則知箙本因古之𨏈也。

气部

气

雲气也。象形。

案今之氣本廩氣字。故从米。既假借爲雲气字。乃别作餼。而气之本義不行。若周禮眂祲注。煇日光炁也。釋文。炁本作氣。炁乃气之或體。○廣雅。气求也。取也。气爲雲气字之假借。故訖吃皆从气。今省作乞。○莊子人間世。息氣茀然。釋文向本作諰。器。器乃氣之假借。若樂記。然後樂氣從之。校勘記。氣閩監毛本作器。王伯申曰。器與氣通。大戴禮文王官人篇。其氣寬以柔。逸周書氣作器。記上文金石絲竹。樂之器也。故此云樂器從之。猶上言從以簫

管也則氣又當爲器之假借

氛 祥气也重文爲雰

邵氏瑛曰說文氛雰一字今經典分爲二左傳襄二十七年楚氛甚惡昭十五年喪氛也二十年梓慎望氛晉語見翟祖之氛楚語高不過望國氛臺不過望氛祥皆作氛惟詩雨雪雰雰作雰蓋假借字白六帖作雨雪紛紛是唐人所見本作紛也

士部

士 事也數始於一終於十从一从十孔子曰推十合一爲士

周禮載師士田注士讀爲仕是士爲仕之省借○鄭風豈無他士毛傳事士也蓋經文本作事以事爲士之假借若論語雖執鞭之士鹽鐵論貧富篇引作雖執鞭之事則二字義同本可通用○人部仕學也大雅武王豈不仕毛傳仕事也以仕爲事之假借即以仕通士也

壯 大也

詩君子偕老箋顏色之莊與釋文莊本又作壯是壯爲莊之省借○射義幼壯孝弟注壯或爲將將爲壯之假借詩北山鮮我方將毛傳將壯也義亦

通。○馬部駔，壯馬也。壯今誤牡。戴仲達引唐本說文作奘馬也。大部奘字云，駔大也。是奘爲壯之通借。○文選長笛賦中息更裝，注，裝束也。王懷祖曰，裝當爲壯之假借，蓋謂其聲稍息而更大也。此說得之。

壿　舞也。詩曰，壿壿舞我。

今詩伐木作蹲蹲。足部蹲，踞也。是蹲爲壿之假借。漢書楊雄傳穆穆肅肅，蹲蹲如也。作蹲與穆肅義不合，當亦借壿字。

丨部

中　和也。从口丨，上下通也。古文爲中，籀文爲中。

和也宋本作而也當以形似爲內之譌○書仲虺之誥建中釋文中本或作忠孝經中心釋文同是忠爲中之通借○呂刑于刑之中後漢書梁統傳引作衷衣部衷云裹褻衣是衷爲中之假借故左氏哀十七年傳衷甸兩牡文選東京賦作中畋晉語衷而思始注衷中也衷亦轉爲忠詩關雎序哀窈窕箋云哀當爲衷謂中心恕之正義衷與忠字異而義同○中亦讀去聲轉通仲書序仲虺般本紀作中虺孟子攸仲古今人表作攸中又堯典以殷中春等中皆卽仲白虎通姓名篇仲者中也是

中爲仲之通借。若華山廟碑。仲宗之世。則又借仲爲中矣。

㫃　旌旗杠皃。

爾雅釋天素錦韜杠。段云。杠謂旗之竿也。詩謂之干。則干旄之干爲竿之假借。實爲㫃之假借也。㫃訓爲杠。杠干雙聲字。㫃丑善切。音亦近。

說文假借義證卷一

嘉興張鳴珂

族曾孫　彝　同校

說文假借義證卷二目錄

第一篇下

屮部 文七 證六

屮 屯 毒 芬 㞢 熏

艸部 文四百四十五 證百五十

苞艾芹芸荅薺蓳鷏蘜
芳蓮茄荷蕭萩芍蕮蘠
芪苑菡菋芫薖葚薢茉
菉菭萌莱英薾蕤苙蔕
茇茂蔭䒖茲蔋蔽蓁芮
䓫芼蒼萃蒔苗苛荒落
蔽蘀蘫蔦蘗茷茶薄藪
菑蕹菿茀苾荐藉葙蕝
藩菹藾若草苴蕢茵茭
蔟蒸蕉蘸蘄菲萑葭萊

光緒二十五年，歲在己亥，仲冬月，族曾孫蔭成重校刊。

說文假借義證卷二

第一篇下　　　　　　涇朱珔學

中部

屮　艸木初生也。象丨出形有枝莖也。古文或以爲艸字。讀若徹。尹彤說。

漢書凡艸字多作屮。段云古文以爲某字者。明六書之假借。本非某字而用之爲某字也。言或者。不盡爾也。則艸之作屮。其爲假借可知。

屯　難也。象艸木之初生屯然而難。从屮貫一。一地也。尾曲。易曰屯剛柔始交而難生詩白茅純束箋云純讀如屯釋文屯聚也蓋以純爲屯之假借○文選甘泉賦敦萬騎於中營注敦與屯同是敦爲屯之假借○周禮鄉師巡其前後之屯注故書屯或爲臀鄭大夫讀屯爲課殿杜子春讀爲在後曰殿今書多從屯是以臀爲屯之假借也又後尸部屍髀也重文爲䏶爲臀臀即臋字从肉與从骨同段謂單後曰殿乃臀之假借字義亦通○一切經音義引字書云屯亦邨也邑部邨地名字本从屯音豚蓋取屯聚之義是邨爲屯之通借今則變體作村而讀此尊切矣

毒厚也。害人之艸。往往而生。古文爲𠪍。大徐本作𠞵。誤。

書微子。天毒降災。史記作天篤。是篤爲毒之假借。

蓋古文𠪍从筥。筥厚也。讀若篤。○海內經。天毒。其人水居。注。天毒卽天竺國。是毒爲竺之假借。義亦通。○道德經。亭亭毒毒。釋文。毒本作育。此當以毒爲育之假借。

芬屮初生。其香分布也。重文爲芬。

周書祭公解。汝無泯泯芬芬。孔晁注。泯芬亂也。今呂刑作泯泯棼棼。與左氏隱四年傳治絲而棼之也同。芬與棼皆當爲紛之假借。紛已見前气部氛下。

坴　菌坴。地蕈。叢生田中。籀文爲坴坴。

徐氏鍇繫傳曰。易夬之莧陸。陸卽坴也。與莧皆爲柔脆之物。案陸字从坴。坴又从六聲。似陸爲坴之假借。但許以坴爲菌。卽爾雅之中馗菌也。說易諸家如馬融鄭元王肅宋衷皆以陸爲商陸。卽艸部之募。所謂枝枝相對。葉葉相當者。故一名當陸。亦爾雅之蓫薚馬尾也。二者各物。則不得以陸爲坴。

熏　火煙上出也。从屮从黑。屮黑熏象。

詩鳧鷖。公尸來止熏熏。本書酉部引作醺醺。是熏爲醺之假借。○禮器。[元]衣熏裳。釋文。熏本作纁。士昏禮。[元]纁束帛。注。今文纁皆作熏。是熏爲纁之假借。○周禮女巫。釁浴。注。謂以香熏草藥沐浴。齊語。三釁三浴之。注。釁或爲熏。則釁爲熏之假借。○史記呂后紀。斷戚夫人手足。去眼煇耳。此以煇爲熏之假借。煇熏同音。蓋脂微韻通眞文也。○文選雪賦。燎薰爐兮炳明燭。注。薰火煙上出也。又魏都賦。蕙風如薰。薰爲熏之假借。今熏字遂通作薰。而無別矣。

艸部

萐　萐莆瑞艸也堯時生於庖廚扇暑而涼

宋書符瑞志作箑莆竹部箑扇也从艸與从竹多互用以其扇暑故作箑箑爲萐之通借箑字竹部所無殆因箑字連及之○錢謂後人作翣脯案帝王世紀堯時廚中自生肉脯其薄如翣形搖鼓自生風釋名云齊人謂扇爲翣翣萐疊韻是翣脯可爲萐莆之假借義亦通莆或省作甫或作蒲皆假借字

虋　虋赤苗嘉穀也

詩生民維穈維芑毛傳穈赤苗也穈蓋虋之假借

段以作穈爲非。余謂爾雅。蘠蘼。虋冬。蘼虋雙聲字。故赤苗之穀遂作穈耳。虋冬別見後。○玉部璊下云。禾之赤苗謂之穈。言璊玉色如之。是穈亦虋之或體字。可爲通借。

蓈 禾粟之秀生而不成者。謂之童蓈。重文爲稂。詩大田。不稂不莠。毛傳。稂童粱也。爾雅同。粱蓋蓈之假借。

萉 枲實也。重文爲黂。周禮籩人。饋蕡。草人。用蕡。爾雅。黂枲實。釋文黂或作蕡。是蕡本借黂。非謂部內蕡之本義爲雜香艸也黂即臏則蕡爲萉之假借矣萉通蕡者乃脂微與眞文合音之理○齊民要術苴麻麻之有蘊者莩麻是也一名黂是蘊亦黂之假借音相近○爾雅葖蘆萉即本部之蘆菔是萉爲菔之假借萉菔聲之轉○文選幽通賦安慆慆而不萉兮注萉避也義即易之肥遯蓋以萉爲肥之假借肥亦借字見肉部又漢書注萉本作腓音同生民毛傳腓避也則萉亦腓之轉借矣

蘇桂荏也

離騷蘇糞壤以充幃兮王逸注蘇取也史記淮陰

侯傳言樵蘇義同。禾部穌。把取禾若也。是蘇爲穌之假借。○仲虺之誥。后來其蘇。釋文蘇本作穌。玉篇穌。息也。死而更生也。然穌爲取。訓息亦非本義。或作甦者。俗字耳。惟欠部有⿰魚欠字。云欠而復生爲⿰魚欠。則蘇穌當爲⿰魚欠之假借。此錢說似得之。⿰魚欠杳四切。與蘇聲之轉。○荀子議兵篇。蘇刃者死。注蘇讀爲傃。廣韻。傃向也。人部無傃字。蓋異體假借也。○文選吳都賦。造姑蘇之高臺。注。姑胥即姑蘇也。是胥爲蘇之假借。

說文假借義證　卷二　一篇下　五

茱　茱也。

詩采菽天子葵之毛傳葵揆也爾雅釋言注引詩正作揆是葵爲揆之假借○莊子大宗師篇南伯子葵釋文引李注葵當爲綦綦蓋以葵爲綦之假借葵綦疊韻字綦已見玉部璂下

蒩　菜也

廣雅古今注蜀都賦竝作蒩本部蒩與菹分列異義則蒩可爲菹之假借音形俱相近○又廣雅釋草蒩蕺也疏證謂南都賦蓼蕺蘘荷注引風土記葅香菜根似茆根蜀人所謂蒩香葅與蕺同又古今注荊揚人謂蒩爲蕺齊民要術云菹菜紫色有

藤。唐本草注。蒩菜葉似蕎麥。江南山左好生食之。關中謂之葅菜。是葅蒩葅並可通借。葅亦即菹。惟蒩蕺二字未見本部。乃異體假借耳。

藘菜也。佀蘇者。

本草作苦苣。本部苣束葦燒也。則苣爲藘之假借。今又以苣爲萵苣菜。亦借字也。○廣韻云苦藘。江東呼爲苦蕒。賈思勰引詩義疏。藘苦葵也。此皆異名。非必假借。藘之或體亦作⿱艹虡。

⿱艹醶菜也。

齊民要術以⿱艹醶爲藏葅之⿱艹醶。內則注菜醶。不从艸。

酉部醲醞也作酒曰醲醲酒與醲茶義可通則醲卽蘸之省借與

莧 莧菜也

易夬九五莧陸夬夬釋文引馬鄭云莧陸商陸也宋衷云莧莧菜也陸商陸也虞云莧蕢也陸商也程傳本義竝以莧爲馬齒莧感陰氣之多者蓋皆用本字近惟惠氏周易述注莧說也讀如夫子莧爾而笑之莧以爲虞義未詳所據案莧𠈉今論語作莞爾當是以莧爲莞之假借釋文亦云莧一本作𦬊莞爾而笑正說之意卦體兌兌爲說也○明

何氏楷古周易訂詁引項平甫云萈山羊也陸其羣行之路猶鴻漸于陸之陸又引鄧伯羔曰兒爲羊羊角獸在陸高亢之地剛可決柔之象案說文萈字別爲部云山羊細角者从兔足从苜聲讀若丸寬字从此此其字上非从艸下非从見與莧迥異人或不知而以爲一字特形本相似萈莧又皆胡官切則音亦同遂從假借之例而別爲此說與

芋　大葉實根駭人故謂之芋也

方言訏大也注訏一作芋芋當爲訏之假借○詩斯干君子攸芋毛傳芋大也箋云芋當作幠爾雅

釋詁幠大也義本通巾部幠覆也亦見釋詁此言宮室謂所覆之大則芋爲幠之假借幠芋曡韻○王伯申曰芋當讀爲宇詩大雅緜篇桑柔篇魯頌閟宮篇竝云宇居也承上文言約之椓之於是室成而君子居之矣鄭注大司徒媺宮室曰謂約椓攻堅風雨攸除各有攸宇攸芋即攸宇也鄭注禮用韓詩蓋韓作宇也此借芋爲宇與傳箋異

莒　齊謂芋爲莒

案莒本艸名借爲國名詩皇矣以按徂旅毛傳旅地名孟子引作莒胡墨莊毛詩後箋據韓非子文

王侵孟克莒爲證是旅爲莒之假借鄭箋訓旅爲兵衆則又當以莒爲旅之假借也古旅莒同音

蘧　蘧麥也

爾雅釋草大菊蘧麥釋文蘧本作遽遽乃蘧之省借莊子天地篇遽取火而視之釋文遽本作蘧則蘧又遽之假借矣○繫傳云蘧麥今謂之瞿麥瞿亦蘧之假借○莊子齊物論蘧蘧然周也大宗師篇蘧然覺釋文並云蘧本作據此以據爲蘧之假借蘧亦借字當爲瞿之轉借矣○文選西京賦蘧藕拔薛注蘧芙蕖蘧乃蕖之假借本部無蕖字祇

借渠字爲之○檀弓蘧伯玉從釋文蘧本作璩與淮南泰族訓同璩當爲蘧之假借玉部璩字本在新附中惟魏有應璩以爲名○漢書敘傳舅氏蘧蒢注蘧蒢口柔竹部有籧篨此非必假借从艸从竹之字多混耳

蘘 蘘荷也一名葍蒩

葍蒩卽文選子虛賦之巴苴史記作猼且漢書作巴且楚辭九歎王逸注作蓴菹名醫別錄作覆葅數者皆葍蒩之假借字異而音相近○古今注作蘠苴蘠乃葍之或體

苹 蓱也。無根浮水而生者。

此與詩鹿鳴食野之苹毛傳同。箋云苹藾蕭。則以苹爲蓱當屬假借。毛許二字不分。案水部有泙字。云泙也。水艸也。與此作蓱異。邵謂彼處在部末恐係後人增入。五經文字以蓱爲正。是本一字不得爲通借。○堯典平秩。釋文馬作苹。又文選高唐賦。馳苹苹。苹皆爲平之假借。○下蕢字云大蓱也。今作蘋。

藼 萱 令人忘憂之艸也。詩曰安得藼艸。重文爲蕿爲今伯兮作焉得諼草淇奥終不可諼兮毛傳諼忘也考槃永矢勿諼箋同段云藼本令人忘憂之艸引伸之凡忘皆曰藼案言部諼詐也無忘義則以諼爲忘當爲藼之假借皆韓詩及大學作諠乃諼之或體爾雅釋文作萲草又蕿之省耳

营　营藭香草也重文芎从弓司馬相如說

左氏宣十一年傳作鞠窮段謂鞠當作幸部之𥷚漢書刑法志注以囚辭決獄爲鞫鞫者俗𥷚字古言鞫今言供語之轉也鞫與窮亦語之轉案鞫窮曡字玉篇匑邱六反曹憲音廣雅亦然是从躬之

字爲鞠音左傳釋文鞠起弓反羣經音辨同是鞠之音與營近故藭可爲营之假借蓋屋韻字正東韻之入聲也○文選子虛賦作芎藭芎卽营之或體史記作营窮窮與左傳同乃藭之省借

蘭 香艸也

詩溱洧方秉蕑兮毛傳蕑蘭也本部無蕑字惟下葌字云香艸也出吳林山則蕑當作葌音同葌可爲蘭之通借○門部闌門遮也漢書王莽傳與牛馬同蘭注蘭謂遮蘭之是以蘭爲闌之假借亦有通用者史記屈原傳令尹子蘭新序作子闌惟漢

書上蘭觀名不作闌○後漢書東夷傳徙于馬蘭注蘭卽欄今闌干字或作欄見後木部蘭亦借字也○吳志孫權傳童謠曰黃金車班蘭耳又南史張敬兒傳旣得開府又望班劒語人曰我車邊猶少班蘭物蘭或通爛此文部所無當卽借蘭字爲之

䕡 蘸屬可以香口

既夕禮實綏澤焉注綏廉薑取其香口且禦溼是綏爲䕡之假借䕡音息遺切也若文選閒居賦蓼荾芬芳注引韻略荾香菜也一切經音義引字苑

葠作蔆皆或體耳

蘺　江蘺蘪蕪

文選子虛賦江作茳玉篇同此本部所無○離騷江離與辟芷兮離乃蘺之省借○爾雅釋草作麋蕪麋亦蘪之省借○楚辭九歌作蘼蕪蘼俗字五經文字有蘪無蘼

薰　香艸也

借熏已見中部○士相見禮注古文葷作薰疏云薰香艸非葷辛之字是葷爲薰之假借○詩雨無正淪胥以鋪漢書敘傳注引齊魯韓詩淪作薰薰

當爲淪之假借通韻字也○內則注一薰一蕕釋文薰又作焄焄桼祭義焄蒿悽愴注焄謂香臭也焄字下从火而火部無之玉篇焄亦作熏是熏卽焄也薰熏本通○公食大夫禮臐膮牛炙注古文臐作薰薰當爲臐之假借孟子獯鬻史記周本紀作薰育薰亦當爲獯之假借然臐獯俱說文所無當借薰字爲之

蕩 水藹莜也

詩淇奧綠竹猗猗釋文竹韓詩作薄石經同則毛獨作竹蓋假借字矣爾雅竹藹蓄蓄又莜之𧈧韻

借字但萹茿既以之釋竹則亦得竹名也

莓 馬莓也

案後文葥山莓也字从毋則此處莓亦當作苺○郝云淮南覽冥訓入榛薄食薦梅高誘注梅草實也狀如桑葚其色赤蓋卽今之苺也是梅爲苺之假借梅本从每每从毋故與苺聲相近余謂薦字虛用固通或亦卽葥之假借歟

藎 艸也

詩文王王之藎臣毛傳藎進也藎何以訓進當是盡之假借小爾雅廣言盡止也以止爲進猶以徂

爲存古人反語耳。且盡有竭義。盡臣者。竭力之臣也。○桑柔具禍以燼。釋文。盡本作燼。燼字火部作㶳。火之餘木也。方言云。盡。餘也。盡乃㶳之假借。

蒚 艸也。

詩。㮧維師氏。漢書古今人表㮧作萬。急就篇注。㮧。木名。因樹以得姓。則萬爲㮧之假借。別見後工部。

荑 艸也。

大徐作苐。蓋从夷與从弟篆形相似。故異。集韻以荑苐爲一字。○木部。桋。赤楝也。許書無楝字。蓋古只作柬。引詩隰有杞桋。此別一木。爾雅。女桑。桋桑。即詩之猗彼女桑也。毛傳。女桑。荑桑也。謂其更生細者。則荑當爲荑之假借。○孟子。不如荑稗。長短經作稊稗。稊字禾部所無。惟此下稊字云。稊苵也。邵氏二雲謂孟子之荑稗。卽莊子知北游篇之稊稗。稊亦作蕛。則荑爲稊之通借。○易大過。枯楊生稊。釋文。鄭作荑。詩自牧歸荑。毛傳。荑。茅始生也。稊乃荑之假借。○本草有蕪荑。春秋繁露郊語篇。蕪夷生於燕。此夷爲荑之省借。

苦 大苦。苓也。

公食大夫禮。羊苦。鄭注。苦。苦荼也。今文苦爲芐。本部苄地黃也亦引禮羊苄爲證廣雅疏證謂古人飲食無用地黃者苄乃苦之假借爾雅蘦大苦郭注似地黃本草同則苦又苄之假借苄从下下有戶音○周禮鹽人共其苦鹽杜子春讀苦爲盬是苦爲盬之假借○士虞禮鉶芼用苦注古文苦爲枯是枯亦苦之假借

菩　艸也

易豐其蔀釋文蔀薛本作菩云小席也蔀字本部所無菩即蔀之省是可通借○禮記月令王瓜生注引今月令云王萯生與夏小正同呂覽作王菩

案穆天子傳茅萯注萯今菩字蓋萯菩曡韻也此下萯字云王萯也前後分列則菩當爲萯之通借非卽一字矣。

蘄 艸也。

爾雅薜山蘄釋文蘄古芹字案郭注山蘄爲當歸則非芹類芹當爲蘄之假借而本草謂水蘄卽芹菜是蘄又爲芹之假借○段云古鐘鼎款識祈多作蘄今案荀子儒效篇跨天下而無蘄注蘄求也亦屢見莊子釋文蘄訓求正祈義也是蘄爲祈之假借又莊子讓王篇單以反一日之無故而不可

得也釋文單本作蘄單乃蘄之省文韻有蘄字文寒韻通義亦祈之轉借也祈已見示部○呂覽振亂篇蘄有道注蘄讀曰祈或作勤勤又當爲蘄之轉借○文選西京賦結駟方蘄薛注蘄馬銜也蘄當爲蘄之假借

莞艸也可以作席

下䓪字云夫離也爾雅釋草莞苻蘺釋文莞本作䓪是以莞爲䓪之假借苻蘺亦夫離之通借也○列子天瑞篇老韭之爲莞也釋文莞一作萖萖當爲莞之假借萖借莞已見前

篛 蒲子可以爲平席。

楚辭招魂蒻阿拂壁。讀書志餘謂蒻當爲弱之假借。如淮南書之弱緆。

蓷 隹也。本作隹誤。

詩中谷有蓷。毛傳蓷鵻也。是蓷一名鵻。以其色似夫不也。鵻蓋蓷之假借。鵻與隹同。○爾雅釋草萑。蓷。萑爲蓷之省借。亦當作隹。

蕁 芜藩也。重文爲蕁。

段本作蕁。爾雅釋草蕁。莐藩。釋文引孫炎云蕁古藫字。侵覃韻通也。藫又以爲菭。見下文芜藩本草作沇婚。蓋假借字。本部亦有沇無沇。

諸　諸蔗也。

文選子虛賦作諸柘。卽諸蔗之假借。二字竝聲同。

○諸又爲諸萸字。山海經。景山其草多諸萸。郭注。

諸音曙。今江南單呼爲儲。是儲爲諸之假借。

𦍌　牂𦍌。可以作縻綆。

莊子在宥篇。乃始臠卷獊囊。釋文引崔注。獊作戕。

戕囊猶搶攘。是以牂𦍌爲搶攘字之假借也。戕本

與牂通。集韻。𦍌音穰。又音囊。然本書吅部。𦍌亂也。

从爻工交吅。讀若禳。此當爲搶𦍌正字。楚辭。逢此

說文假借義證卷二 一篇下 七

于蓋以酋爲猶之假借猶者酋聲之轉酋在酉部猶

子虛賦有軒于漢書音義云猶艸也爾雅作酋葽

蕕 水邊艸也

亦借字荓乃抨之轉借則見後彳部[illegible]下

釋文荓本或作拼拼卽抨字爾雅釋詁抨使也抨

詩桑柔荓云不逮毛傳荓使也小毖莫予荓蜂同

荓 馬帚也

藏下

義則䓛本毀之假借䓛从毀故叚借䓛已見而部

世之䓛䓛又䓛毀折之杜䓛鍛云䓛爲拊䓛非此

亦單名于見後漢書馬融傳注俱借音字也○左
氏定六年傳天王處于姑蕕釋文蕕又作猶案姑
猶當即左傳之姑尤尤與猶通猶蓋假借字

苓　卷耳艸

後文蘦大苦也詩采苓毛傳苓大苦與上苦下同
是苓爲蘦之通借○漢書敘傳失時者苓落注苓
與零同是苓爲零之假借○玉藻注覆苓也釋文
苓又作軨是苓爲軨之假借○荀子彊國篇則然
有苓而據松柏之塞注苓與靈同是以苓爲靈之
假借靈已見玉部○文選七發蔓艸芳苓七啟寒

芳苓之巢鑑，苓皆蓮之假借，苓蓮萃之轉。

蘈 艸也。一曰蕙苢。本草薏苡一名贛。陶注云交趾實大者名簳珠。本部無簳字，則簳爲贛之假借。贛古送切，又古禫切。與簳爲雙聲。

蓨 苗也。苗从由，非从田之苗。此與下苗蓨也互相訓。爾雅有蓨蓨，又有苗蓨，蓋蓨苗蓨三者同物。漢周勃封條侯，表作蓨，是條可爲蓨之通借。○小雅言采其蓫。蓫即苗也，苗之爲蓫與苖之爲蓫同。本部無蓫字，則蓫即苗之或體。

詩釋文遂一作蓄遂蓄疊韻蓄爲遂之假借實苗之轉借也○上文蓲艸也說者謂卽此苗故疊韻蓲有許竹丑六二切正遂之音但許書分列蓲又讀若釐其假借未審

蘡嬰薁也

漢書司馬相如傳隱夫薁棣注薁今之郁李也文選閒居賦作郁棣是郁爲薁之假借○豳風食鬱及薁本部蓷下引作食鬱及蓷宋掌禹錫蘇頌皆云出韓詩蓋許於詩用毛而不廢三家也案蓷爲爾雅之山韭與薁非一物其音則薁於六切蓷余

六切。相傳略異。亦可假借矣。

【蒬】棘蒬也。

本草。遠志一名棘菀。菀爲蒬之假借。○廣雅釋艸。棘苑遠志也。苑亦蒬之假借。棘又加艸。

【茈】茈艸也。

南山經。茈蠃。郭注。紫色蠃。上林賦。茈薑。司馬彪注。紫色之薑。是以茈爲紫之通借。蓋此茈艸亦卽紫艸也。○後漢書劉聖公傳。南方饑饉。人庶采鳧茈而食。注引續漢書作符訾。本部有芍。鳧茈。是符訾爲假借字。

藐 茈艸也。

廣雅釋詁。藐小也。左氏僖九年傳。以是藐諸孤。孟子。說大人則藐之。並與小義合。月部眇小也。則凡以藐爲小者。皆當爲眇之假借。○爾雅釋詁。藐藐。美也。詩崧高傳瞻卬箋並同。心部䫉美也。此以藐爲䫉之假借。郝云。藐又轉爲娊。詩娊釋文引韓詩。娊美貌。娊藐一聲之轉。○詩板篇。聽我藐藐。毛傳。藐藐然不入也。洪範五行傳作聽我眊眊。是眊爲藐之轉借。淮南脩務訓注作聽我邈邈。辵部邈字在新附。當即藐之或體。

蒐 茅蒐。茹藘。人血所生。可以染絳。穀梁桓四年傳。秋曰蒐。釋文。蒐本又作捜。捜隸變作搜。說苑脩文篇。春曰蒐。又云。蒐者。搜索之。是田獵名蒐。本以艸名之蒐。爲搜之假借。後凡蒐聚蒐采字皆從搜義。○又公羊。秋曰廋。釋文。廋本亦作蒐。祭義。而弟達乎廋狩矣。釋文。廋本又作獀。御覽引韓詩內傳。夏曰獀。是蒐狩之蒐。或作廋。作獀。亦搜之假借也。广部無廋字。犬部獀。南越名犬獿獀也。

茵 艸也。南陽以爲麤履。

曲禮苞屨不入公門注苞藨也段云當是藨爲正字苞是假借故喪服作藨蒯之菲南都賦說艸有藨蒯子虛賦苞荔之苞也但本部藨爲鹿藿一曰蒯之屬而苞爲苞屨字則似以藨爲假借矣○段又云斯干生民毛傳苞本也此苞之本義案爾雅苞茂豐也郝謂苞與葆聲義竝同呂覽審時篇得時之稻大本而莖葆廣雅葆茂也又葆本也然則豐茂之義苞當爲葆之假借○詩山有苞櫟爾雅釋木注作枹櫟又苞有三葉廣韻引苞作枹是枹爲苞之假借○詩匏有苦葉周禮壺涿氏注引匏

作苞。集韻。苞同匏。瓠也。是苞爲匏之假借。○周禮庖人注。庖之言苞也。裹肉曰苞苴。是苞爲庖之假借。○詩召南白茅包之釋文出苞字。易泰之包荒。姤之包瓜皆本作苞。蓋以苞爲包之假借。乃包裹包容之義也。○又易之苞蒙。今亦作包。釋文引鄭注。苞當作彪。則以苞爲彪之假借。苞與彪聲之轉。○穀梁隱五年傳。苞人民。范注。制其人民。王懷祖曰。傳注無訓苞爲制者。說非也。苞讀爲俘。俘。取也。一切經音義引賈逵國語注。伐國取人曰俘。苞古通作包。爾雅。俘。取也。漢書賈誼傳。淮陽包陳以南捷之江膂痀曰包取也叙傳包漢舉信劉德曰包取也苞與俘同訓爲取而古聲又相近故字亦相通說文捊引取也或作抱捊訓爲取而或作抱猶俘訓爲取而通作苞也是苞可爲俘之假借

仌臺也

釋名云艾乂也乂治也治事能斷割芟刈無所疑也蓋以艾爲乂刈之假借而通其義故漢書郊祀志天下艾安注云漢書例以艾爲乂○詩小毖箋懲艾也釋文字或作忿心部忿懲也是艾爲忿之假借

楚葵也。
借蘄。已見前。○前菦字云。菜類蒿。周禮有菦菹。今醢人作芹菹。釋文芹。說文作菦。菦蓋周禮故書字也。是菦卽芹。非二字。而各本俱分列。則菦當爲芹之假借矣。○又前䓯字云。菜之美者。雲夢之䓯。說者謂詩豐水有芑。卽此。䓯芑音同。固可通借。呂覽本味篇引伊尹書作雲夢之芹。高誘注。芹生水涯。郝云。芹䓯亦古字。通古讀芹若旂。蘄若芹。竝同聲字。蓋殷微二韻轉移最近也。是䓯亦可爲芹之假借。○本草。蘄一名水英。蘄音芹。蜀本注云。芹生水中葉似苢蕣。是蘄亦芹之假借字。○詩泮水。薄采其芹。白虎通辟雍篇作薄采其荇。芹荇似非一物。而俱爲水菜。正相類。音又同。故班氏即以荇爲芹之假借耳。

芸 艸也。佀目宿。

論語。植其杖而芸。釋文。芸本作耘。又孟子。人病舍其田而芸人之田。案耒部𦔳字云。除苗間穢也。重文爲⿱艹耘。蓋員即云也。語孟皆以芸爲⿱艹耘之假借。其作耘者。省艸耳。

苦 苦婁。果蓏也。

爾雅釋草。果臝之實栝樓。釋文。栝本又作苦。栝當爲苦之假借。艸部字或从木。故苦既作栝。而蔞亦借樓字爲之。○玉篇。苦蔞。齊人謂之瓜蔞。是以瓜爲苦之假借。瓜苦雙聲字。若高誘注呂覽孟夏紀。又作瓠瓤。則或體也。

薺 蒺黎也。詩曰。牆有薺。

仲尼燕居。和鸞中采薺。周禮樂師作采齊。齊乃薺之假借。○王逸注離騷。引詩楚楚者薋。本部薋。艸多兒。與薺異字。叔師所據薋當爲薺之假借。○今詩鄘風及小雅皆作茨。傳箋竝云。茨蒺蔾也。茨爲薋省。本薺之假借。故此處引詩牆有薺。而本部別有茨字。爲以茅葦蓋屋也。若周禮籩人糗餌粉餈注。故書餈作茨。則又以茨爲餈之假借矣。

董　鼎董也。杜林曰藕根。

爾雅釋草蘱薡董。釋文董本或作董。古童重通用。今作董。故續漢五行志千里草爲董。蓋董卓時民謠也。蘱薡皆後人加艸。○左傳昭三年。君若不棄敝邑而辱使董振擇之。以備嬪嬙。杜注董訓正。振訓整。王伯申曰非也。董當讀爲動。動振之言振動也。周語云。民用莫不震動。恪恭于農。震振同。振動

者職眾變動也董振撣之者言傚之至也是以董爲動之假借宗周禮大祝辨九𢬿四曰振動鄭大夫曰動讀爲董書亦或爲董則動又爲董之假借

虉綬草也詩曰卬有旨鷊今陳風作鷊鷊蓋虉之假借爾雅作虉从鷊與此从鷊異者同音字也鳥部鷊爲鶃之重文不以爲吐綬鳥

蘜日精也以秋華重文爲蘜本部菊大菊蘧麥也離騷經夕餐秋菊之落英蓋以菊爲蘜之假借今人於秋華遂專用菊而蘜之

本義幾廢○又本部蘜治牆也見爾雅釋草郭注今之秋華菊繫傳據本草駁之是也但治牆不知何物郝氏疑如秋官蟈氏之牡蘜雖非眞蘜而略相類則蘜或可爲蘜之通借若爾雅釋文蘜或作蘜又作鞠蓋數字多混亂矣○夏小正九月榮鞠月令鞠有黃華皆當爲蘜之假借別見後革部

芀葦華也

爾雅釋草葦醜芀釋文芀又作苕案詩苕之華毛詩用爾雅以苕爲陵苕郭注引本草謂之陵時本部苕艸也與芀異物是苕爲芀之假借若韓詩作

葦苘苘字本部所無蓋亦芀之異體假借蘛尤韻本可通也○詩鴟鴞毛傳荼雚苕也夏小正七月灌荼荼雚葦之秀與芀爲葦秀正同是荼可爲芀之假借芀苕荼一聲之轉○又本部蔈字云苕之黃華也一曰末也爾雅蔈荂荼郭注云即芀也郝謂荼又名蔈華在上故說文言末芀蔈聲相近則蔈亦可爲芀之假借即轉爲苕之假借矣

蓮 扶渠之實也

借萏已見前○詩澤陂有蒲與蕑箋云蕑當作蓮蓋謂三章宜一類故以蕑爲蓮之假借爾雅樊光

注引詩正作有蒲與蓮。漢書引作菅。顏注。菅蘭也。
菅蕑音同。又通蕑。是以菅爲蕑之假借。韓詩章句。
蕑蓮也。則亦以蕑借蓮矣。蕑已見前。蕑見蕑下。

茄　扶渠莖。

詩有蒲與荷。箋云。夫渠之莖曰荷。荷本葉之名。而
屬之莖。是以荷爲茄之假借。爾雅樊光注正引作
有蒲與茄。茄荷亦聲相通也。

荷　扶渠葉。

古擔負字作何。今作荷。讀上聲。易噬嗑。何校。釋文。
何本作荷。論語。荷蕢。釋文。荷本作何。是荷爲何之

假借。○檀弓。無苛政。釋文。苛本亦作荷。漢書酈食其傳。好荷禮。注。荷與苛同。史記正作苛。是荷爲苛之假借。○一切經音義十四。荷古文抲同。蓋以荷爲抲之假借。抲見後手部。○李翊碑。長柯芬芳。成人之行。此以柯爲荷之假借也。

蕭 艾蒿也。

周禮甸師。共蕭茅。先鄭云。蕭或爲莤。莤讀縮。蓋以蕭音同肅。亦訓肅。縮與蕭同音。詩有酒湑我。毛傳。湑。莤之也。莤已見前猗下。蕭非莤酒之物。則蕭爲莤之假借。縮其轉借也。杜子春從本讀。後鄭據詩取蕭。郊特牲焫蕭爲證。而茅以莤酒。謂二物竝共。不以爲借字矣。

萩 蕭也。

左氏襄十八年傳。伐雍門之萩。史漢貨殖傳竝云。山居千章之萩。蓋以萩爲楸之假借。若左傳釋文。萩本作秋。則秋又爲萩。萩之轉省借也。

芍 鳧茈也。

漢地理志。左馮翊有蓮勺。廣韻作蓮芍。芍當爲勺之假借。又文選子虛賦。芍藥之和具而後進之。芍字从艸而七命和兼勺藥。及論衡譴告篇由人勺

藥失其和皆只作勺或訓以芍藥艸調味者非也即芍藥乃可離之艸詩溱洧亦作勺藥

蔿艸也

潛夫論楚蔿氏皆芊姓也左氏襄十八年傳薳子馮釋文薳本作蔿又僖廿七年傳蔿賈漢書古今人表作薳賈薳爲蔿之或體在說文新附中○又隱十一年傳公館于寪氏宀部寪屋皃是寪爲蔿之假借亦作薳昭十一年傳孟僖子使助薳氏之薳是也○方言猶楚鄭曰蔿注云蔿亦猶聲之轉也即廣雅釋言蔿譌也之訓則猶又蔿之轉借

蘠 蘠蘼虋冬也。

郝云。蘠蘼。卽今薔薇。蘼薇古同音。本草。一名牆微。一名牆麻。蘼麻虋聲之轉。余謂本部薔虞蓼。薇菜也。此薔薇合言。蓋蘠蘼之假借。牆微牆麻。又字之轉借耳。但許云虋冬。本之釋草。當是虋冬本稱蘠蘼。後人乃以爲薔薇之名。不得轉以爾雅說文爲誤也。○中山經。絛谷之山。其艸多亹冬。郭注。今作門門。爲虋之假借。音同。作亹者。乃俗字。○郭注爾雅。門冬。一名滿冬。本草云。釋文以爲無名滿冬者。然門滿聲之轉。亦假借也。故璊字从㒼。

芪 芪母也。上文之蕁。說爾雅者以爲即此艸。郭注一曰提母。玉篇。莛母艸卽知母也。本艸一名蚳母。一名蝭母。郝蘭皋云。提蝭莛蚳知竝與芪聲借字通也。

苑 茈菀。出漢中房陵。借菀。已見前。○詩正月桑柔小弁菀柳諸篇有菀字。皆鬱之假借。鬱爲木叢生。故多訓茂。○都人士我心菀結。菀今誤作苑。菀結與素冠篇蘊結同。是菀爲蘊之假借。○管子水地篇諸生之根菀。注菀。圍城也。漢書百官表郡六牧師菀令本部菀所以養禽獸是菀爲苑之假借若晉語人皆集于苑苑又菀之轉借苑亦見菀下。

莔 貝母也。詩載馳言采其蝱毛傳蝱貝母是以蝱爲莔之假借管子地員篇其山之旁有彼黃䖟䖟又蝱之省案䖵部蝱下云齧人飛蟲與上蟁字訓同蟁一作𧍙从昏以昏時出也俗作蚊或曰蝱爲齧牛之蟲蟲類也然則蝱動物莔植物祇以同音相借耳。

菋 荎藸也。爾雅釋草有菋荎藸釋木又有味荎著釋文菋本今作味。是味爲莯之省借。周禮蔟師注。亦引莯。荎著。著乃藸之省借。釋文引舍人注。荎著作柢都。樊光本作居。皆同音借字。郭注蓋以釋木與釋草爲一物也。

芫 魚毒也。

爾雅釋木。杬。魚毒。郭注以爲大木。乃吳都賦緜杬之杬。非此也。魚毒之芫本草名。或从木作杬。蓋芫之假借。

薖 艸也。

詩考槃。碩人之薖。傳云。寬大貌。箋云。饑意。段謂毛鄭皆取空中之義。淮南書竅者主浮。注。竅。空也。讀如科條之科。科則過爲竅之假借。余謂本書穴部窠。空也。穴中曰窠。過當即窠之假借也。

葚 桑實也。

詩泮水。食我桑黮。釋文云。說文字林俱作葚。然本書黑部有黮字。云桑實之黑也。則黮爲葚之通借。○氓篇無食桑葚。釋文本又作椹。白帖引泮水亦作食我桑椹。爾雅釋宮椹謂之榩。玉篇鐵椹。斫木櫍也。是椹爲葚之假借。木部無椹字。

蕣 木堇。朝華莫落者。詩曰顏如蕣華。

今鄭風作舜華舜乃𦮙之省借若本部蕢蕢茅葍
也一名蕣見舛部此別一物今本作一名蕣則似
舜又爲舜之假借矣抑或二物不嫌同名

茮 茮莍也。莍 茮椒實裏如裘者。
唐風椒聊之實毛傳椒聊椒也阮云也上當脫莍
字蓋椒爲茮之或體聊乃莍之假借爾雅釋木朻
者聊朻正莍之通借聊莍聲相轉○又釋木椒樧
醜莍莍與此同上文云樕其實梂郭注有梂彙自
裹詩箋則作梂梂梂皆爲莍之通借○載芟有椒
其馨毛傳椒猶飶也椒本芬芳之物故與上句飶

訓香同。釋文以沈作俶爲非。則不得云假借矣。但土部埱云气出土也。段謂俶與埱皆香气突出之意。椒當爲埱之假借。非謂椒聊也。沈若作埱尤合。椒亦从叔聲。

菭水衣也。

今省作苔。又爾雅釋草。藫石衣。即此菭也。本部別無藫字。當爲菭之或體。藫楚南反。與菭聲相轉。○周禮醢人。箈菹。鄭司農注。箈水中魚衣也。是以爲箈字當本从艸。後鄭讀菭爲箈。用爾雅箈箭萌之訓。彼郭注亦引周禮箈菹鴈醢。則以菭爲竹部箈之假借矣。

萌　艸木芽也。

周禮占夢舍萌于四方。杜注讀萌爲明。又云其字當爲明。明謂歐疫也。是萌爲明之假借。○薙氏春始生而萌之。注故書萌作甍。杜子春云甍當爲萌。則甍爲萌之假借。萌甍疊韻字。○齊語首戴茅蒲。注茅或作萌。萌當爲茅之假借。茅萌音轉。○爾雅釋草葭蘆菼亂其萌虇。下接蘥字別一條。是萌爲正字。本部作蘉。灌渝。讀若萌。與郭異。則萌乃蘉之假借。亦聲轉也。本部無虇蘥字。○萌別見後民部。

䔢 華盛。一曰芣苢。

華盛之義不見經典。爨傳謂許意以此爲詩棠棣萼芣韡韡之芣。邵氏瑛曰：今詩作不，毛傳如字。孔疏解爲豈不不如，依說文作萼芣，明白了當也。是不即芣之省借，不已見一部丕下，別見後木部柎下。○上苢字云芣苢，一名馬舄，其實如李，令人宜子。周書所說，蓋出王會篇，今作康民以桴苡。桴乃芣之假借。○又芘字云艸也，一曰芘尗木。芘尗木三字當是芘芣二字之譌。詩東門之枌：視爾如荍。毛傳：荍，芘芣也。本部荍下作蚍衃，殆芘芣之假借。若爾雅釋草。菽蚍衃。衃乃蚽之轉借。仍𣎳之假借也。

英 艸榮而不實者。一曰黃英。借瑛。已見玉部。○詩白華英英白雲。釋文英英如字。韓詩作泱泱。泱則泱爲英之假借。○爾雅釋草蓉蘞細莖。釋文莖或作英。英當爲莖之假借。故風俗通聲音篇五英六莖與魏都賦注互異。是可通借也。○又釋鳥鶅肌鵽鶪。釋文鶪本今作英。鳥部無鶪字。當卽借英字爲之。

蕭 華盛。詩曰彼蕭惟何。

今采薇詩薾作爾。毛傳爾華盛皃。是爾爲薾之省借。但本書㸚部爾字云麗爾猶靡麗也。正與華盛相近。則音義亦本通。

蕤 艸木華𠂹皃。

後生部甤艸木實甤甤也。甤與蕤音義皆同。可爲通借。○周禮夏采注士冠禮及玉藻冠緌之字。故書亦有作蕤者。今禮家定作蕤。是緌爲蕤之通借。○荀子儒效篇綏綏乎其有文章也。注綏或爲葳蕤之蕤。是蕤爲綏之通借。

[illegible] 艸耑也。

本部莣杜榮也與爾雅同彼釋文莣亦作芒是芒爲莣之省借○淮南精神訓芒冥收滅又芒然仿佯注竝云芒讀王莽之莽是以芒爲莽之假借○荀子富國篇芒軔僈楛注芒或讀爲荒爾雅釋天大荒落史記作大芒落是芒爲荒之假借史記三代世表帝芒索隱芒一作荒則荒又芒之假借也○帝繫句芒史記五帝紀作句望蓋望爲芒之假借又管子五行篇艸木區萌卽句芒也萌亦芒之假借但月令句者畢出萌者盡達萌字釋文無音則作萌正通萌已見上○文選歎逝賦何視天之

芒芒注芒芒猶夢夢也是芒爲夢之假借芒夢雙聲字○戰國策芒卯淮南作孟卯是孟爲芒之假借芒孟亦音通○文選張孟陽七哀詩北芒何壘壘本書邑部邙洛陽北亾山上邑似芒爲邙之假借段云亾當作芒芒本山名山上之邑乃爲邙則不得言假借矣○詩烈祖宅殷土芒芒魏書崔宏傳作茫茫長發洪水芒芒御覽引亦作茫茫然說文無茫字若莊子天地篇諄芒將東之大壑釋文芒本或作汒又汒若于夫子之所言矣汒本或作芒此特茫之俗省耳○文選七命啟雄芒注芒鋒

刃也。蓋以苾爲鈸。苾即今之鋒鈸字。說文亦無鈸。○漢書高帝紀上注引蘇林曰。苾音怭遬之怭。廣韻作怭。怖也。皆說文所無。

蔕　瓜當也。

曲禮。削瓜士疐之。爾雅釋木棗李曰疐之。初學記引孫炎曰。疐去其柢也。是疐爲蔕之假借。○老子。深根固柢。柢亦作蔕。西京賦。蔕倒垂于藻井。蔕皆柢之假借。○相如上林賦。曾不蔕芥。賈誼鵩鳥賦作㦅薊。是㦅爲蔕之假借。心部㦅高也。一曰困劣也。樂記。則無怗懘之音。懘即㦅之譌。

茇艸根也春艸根枯引之而發土爲撥故謂之茇一曰艸之白華爲茇

詩甘棠召伯所茇毛傳茇草舍也广部废舍也引詩召伯所废是茇爲废之假借○周禮大司馬仲夏教茇舍漢書刑法志作拔舍左氏僖十五年傳晉大夫反首拔舍詩載馳疏引作茇舍此違舍言之則當作茇拔乃茇之假借○又載馳毛傳草行曰跋跋亦茇之假借案此當與後車部軷下義兩存○又周禮注茇讀如萊沛之沛楚辭九辯左朱雀之茇茇兮洪興祖補注茇有旆音蓋卽出車詩

之旗旐旆旆也。則茷爲旆之假借。

茂 艸木盛皃。

爾雅釋詁茂勉也。釋文茂亦作懋。書臯陶謨政事懋哉懋哉。董仲舒對策引作茂哉茂哉。茂乃懋之假借。○林部楙木盛也。與此音義皆同。但分艸木耳。是可通借。若爾雅釋木楙木瓜。詩木瓜釋文楙本作茂。茂又楙之假借。○國策有甘茂。說苑雜言篇作甘戊。茂本从戊聲。因省作戊。則亦假借也。

蔭 艸陰地。

詩秦風陰靷鋈續。毛傳陰揜軌也。釋名陰蔭也。橫側車前以蔭笭也。又桑柔旣之陰女。釋文。陰謂覆蔭也。陰乃蔭之省借。左氏昭元年傳。趙孟視蔭。注。蔭。日景也。蔭當爲景之假借。釋文。蔭。本作陰。則蔭又陰之轉借。○祭義。陰爲野土。注。陰讀爲依廕之廕。广部無廕字。蓋卽蔭之或體。

䔿 艸皃。

左氏昭十一年傳。孟僖子使助薳氏之簉。釋文。簉。本作造。是造爲簉之省借。簉當从艸。卽此䔿字。○左傳杜注。簉。副倅也。文選長笛賦。簉弄。注。說文。簉倅字如此。是簉爲倅之假借。○又江淹擬侍宴詩。

步櫩遙𨓜弁注說文遙褋字如此。段訓今人言集渫人多言褋倅。周禮車僕作萃。戎僕作倅。亦湊集意也。是集褋萃皆與倅通。而遙亦可爲假借字也。

蓋一聲之轉耳。

兹 艸木多益。

水部滋。益也。又水名。今訓益之字多作滋。亦有用兹者。詩常棣桑柔召旻毛傳並云。兄兹也。又管子小問篇。由由乎兹免。注。兹免與滋勉同。是兹爲滋之通借。○今文尚書金縢。是有負子之責。卽公羊傳所云屬負兹也。是兹爲子之假借。○爾雅釋詁。

茲。此也。書大誥。卜陳惟若茲。漢書翟方進傳作若此。是茲爲此之假借。釋詁又云。嵫此也。則以嵫爲茲之轉借矣。○詩下武。昭茲來許。續漢祭祀志引東觀漢記作昭哉來許。是茲爲哉之通借。聲相轉。○荀子正論篇。瑱玕龍茲。注。茲與髭同。蓋以茲爲髭之假借。或曰。卽今龍鬚席。鬚亦髭也。○孟子。雖有鎡基。漢書樊噲傳贊作茲基。茲乃鎡之省借。○左氏僖五年經。公孫茲如牟。公羊作慈。又僖八年經。宋襄公茲父。公羊作慈父。是慈爲茲之通借。故漢書西域傳龜茲國。茲亦音慈。

蔋艸旱盡也。詩曰。蔋蔋山川。

今雲漢詩作滌滌。毛傳。滌滌。旱氣也。山無木。川無水。是以滌爲蔋之假借。段謂叔聲淑聲字不轉爲徒歷切。幷詩踧踧周道。踧字亦疑誤。遂欲改蔋爲滌。未免肊造。且例以惄之从叔。宋之从尗。固亦可通。

藃艸也。周禮曰。轂獘不藃。

攷工記注。先鄭云。藃當爲秏。是藃爲秏之假借。後鄭云。藃藃㬥。陰柔後必橈減。幬革㬥起。段云。此萷卿及漢人所謂槁㬥也。橈減爲槁木之槁。則又以歊爲槁之假借矣。

蓁 艸盛皃。

詩桃夭其葉蓁蓁。毛傳蓁蓁至盛皃。通典禮門引作其葉溱溱。是以溱溱爲蓁蓁之假借。故無羊室家溱溱。潛夫論夢列篇亦引作室家蓁蓁。

芮 芮芮艸生皃。讀若汭。

詩公劉芮鞫之卽。釋文芮本又作汭。是以芮爲汭之假借。○史記蘇秦傳吠芮。索隱曰芮謂繫楯之紛綏也。則芮當爲綏之假借。綏與芮聲相近。

薈 艸多皃。詩曰薈兮蔚兮。

女部嬒女黑色也引詩嬒兮蔚兮今候人詩正作薈彼所引或出三家與嬒當爲薈之假借

芼　艸覆蔓詩曰左右芼之

毛傳芼擇也此以芼爲覒之假借見部有覒字云擇也玉篇正作左右覒之○集韻毛字云又莫報切擇也通作芼鄭康成說是毛爲芼之省借

蒼　艸色也

詩黍離彼蒼蒼者天釋文蒼本作倉月令駕倉龍周禮廋人注作蒼龍倉爲蒼之省借月令倉庚呂覽淮南作蒼庚荀子解蔽篇倉頡呂覽韓非子作蒼

頡左氏僖廿五年傳蒼葛古今人表作倉葛則二字可爲通借○禹貢滄浪之水夏本紀作蒼浪蒼爲滄之假借文選陸士衡塘上行垂影滄浪泉注滄浪水色也是作蒼亦通

萃艸皃讀若瘁

此有瘁字而艸部無篆蓋即頁部之顇詩四月盡瘁以仕出車僕夫況瘁釋文竝云瘁本作萃萃乃顇之假借○詩芄蘭垂帶悸兮釋文韓詩作萃垂貌是悸爲萃之假借○文選子虛賦蔿端鱗崒注崒與萃同崒當爲萃之假借

蒔 更別種。

虞書。播時百穀。鄭注讀時爲蒔。是以時爲蒔之省借。○方言。蒔。殖立也。又云。樹。植立也。燕之外郊朝鮮洌水之閒。凡言置立者謂之樹植。植與殖通。是植殖皆可爲蒔之通借。葢聲近而義同。

苗 艸生於田者。

士相見禮。草茅之臣。注。古文茅作苗。孟子。晝爾于茅。音義引張音云。茅或作苗。是以苗爲茅之假借。○虞書。三苗。山海經作三毛。是毛爲苗之假借。公羊桓四年傳注。苗。毛也。則義亦通。毛已見上毛下。

○詩韓奕有貓有虎釋文貓本作苗豸部貓字在新附蓋祇借苗字爲之○左氏宣十七年傳苗賁皇說苑善說篇作釁蚠黃釁當作𧖴𧖴爲赤苗蓋𧖴爲苗之假借𧖴苗音之轉𧖴已見前

苛 小艸也

借荷已見前○周禮閽人注則苛其出入王制注譏苛察釋文竝云苛本亦作呵呵卽言部之訶廣雅釋詁苛訶俱訓怒是苛爲訶之假借○內則疾痛苛養注苛疥也呂覽審時篇身無苛殃注苛病是苛爲痾之假借○攷工記妢胡之笴笴字竹部

所無錢云卽此苛字案从艸从竹往往相亂則笴
幹之笴或本借苛爲之但彼處杜注笴讀爲稾謂
箭稾又矢人以笴注讀爲稾謂矢幹古文假借字
是笴卽爲苛亦當爲稾之假借聲相轉也

荒 蕪也一曰艸掩地也

借茲已見前○易泰包荒本書川部引作包巟巟
水廣也許意蓋以爲包括之廣是荒乃巟之假借
詩天作大王荒之毛傳荒大也大與廣義同是亦
借荒爲巟若左氏桓十三年傳莫敖縊於荒谷釋
文荒本或作巟則又借巟爲荒卽以爲廣谷亦通

○易之包荒，釋文引鄭注，荒讀爲康，蓋以荒爲康之假借。穀梁襄廿四年傳，四穀不升謂之康。正義云，康是虛荒之名，則荒康義本通。○爾雅釋詁，漮，虛也。釋文，漮或作荒。是荒亦可爲漮之假借。水部，漮，水虛也。引伸卽凡虛之偁，則漮康通。○禾部，穅，虛無食也。周禮正義曰，疏穀皆不孰爲大荒，今荒年字當爲穅之省借。○詩閟宮，遂荒大東。爾雅釋詁注引荒作幠。蓋以荒爲幠之通借。荒幠聲之轉。毛傳，荒，有也。卽幠字之義。幠已見上芋下。

落　凡艸曰零，木曰落。

左氏閔元年傳盟于落姑公穀作洛姑洛爲落之省借○爾雅釋天太歲在巳曰大荒落史記作荒駱駱蓋落之假借○詩斯干箋歌詩以落之釋文落本作樂是落可爲樂之假借○文選西京賦揩枳落注落亦籬也是落爲籬之假借籬落雙聲字○景福殿賦落帶金釭注落與絡古字通是落爲絡之假借○羽獵賦虎路三嵕注路音落落纍也路落聲之轉落既借絡路又落之轉借也○後雨部有零字云雨零也是雨之零當爲零落乃零之假借今通用落幾不知有零字矣

蔽　蔽蔽小艸也

爾雅釋木蔽者翳郭注樹蔭翳相覆蔽者王伯申曰蔽即上文木自獘之獘大雅皇矣正義引作斃者翳釋言曰獘踣也釋文獘字又作斃皇矣傳自斃爲翳釋文斃本或作蔽左傳襄廿七年以誣道蔽諸侯釋文蔽服虔王肅董遇竝作獘云踣也獘斃竝與蔽通翳讀爲殪皇矣篇其菑其翳釋文翳韓詩作殪是則蔽爲獘之假借翳爲殪之假借翳見後羽部○史記刺客傳跪而蔽席索隱蔽猶拂也是蔽爲拂之假借若屈原傳脩路幽拂楚辭懷

沙篇拂作蔽則拂爲蔽之假借矣又手部擎別也
段謂當從文選洞簫賦注引作飾也飾者今之拭
字拭拂義同是蔽席字亦可爲擎之假借擎蔽雙
聲字也○蔽爲隱蔽之義漢書韓信傳從間道萆
山而望趙軍注蔽隱於山閒使敵不見是以萆爲
蔽之假借萆蔽音之轉

蘀 艸木凡皮葉落陊地爲蘀詩曰十月殞蘀
詩鶴鳴其下維蘀毛傳蘀落也王伯申曰上檀穀
皆木名則蘀亦木名非落葉也蘀當讀爲檡廣雅
檡棗檡也士喪禮決用正王棘若檡棘夏官繕人

釋文檡一音徒洛反與擇近檡與櫝穀皆適於用
者也是擇爲檡之假借

薀積也春秋傳曰薀利生孼

薀今作蘊借廣借菀已見前○禮運竝行而不苑
釋文苑積也管子地員篇其葉若苑注苑謂蘊結
蓋苑爲薀之假借苑亦見菀下○荀子富國篇使
民夏不宛暍注宛讀曰薀是宛爲薀之假借又云
富有天下而無怨財注怨同蘊是怨爲蘊之假借
卽作怨義亦通○內則柔色以溫之釋文溫本作
薀禮器溫之至也釋文溫紆運反溫皆爲薀之假

借。○詩雲漢蘊隆。釋文蘊本作煴。韓詩作鬱隆火部煴。鬱煙也。則蘊爲煴之假借。○文選百辟勸進牋。以朝命蘊策。注。蘊與韞同。韋部無韞字。當卽蘊之異體假借。論語。韞匵集解引馬注。韞藏也。文選登江中孤嶼詩注亦引馬注。蘊藏也。是本通矣。○本部莙。牛藻也。从艸君聲。讀若威。段疑左傳蘋蘩薀藻之菜。薀卽莙字。案蘋蘩爲二。則薀藻亦當爲二。與下筐筥錡釜之器正同。是薀可爲莙之假借。聲相近。

蔫菸也。

下釋菸字云。鬱也。詩王風。暵其乾矣。毛傳。暵。菸皃。
陸艸生於谷中。傷於水。按暵亦訓乾。不應疊言之。
段云。暵卽蔫之假借。方與毛義合。○大戴禮用兵
篇草木殨黃。殨乃蔫之或體。本處菸一訓殘。殘从
歺。故殨亦可从歺。

䕲　艸旋皃也。詩曰。葛藟䕲之。
今詩䕲作縈。毛傳。旋也。糸部。縈。收韏也。非草木之
義。是縈當爲䕲之假借。釋文作帶。則又或體字矣。
縈已見示部禜下。

茷　艸葉多。春秋傳曰。晉糴茷。

詩六月。白茷央央。釋文。茷本作旆。左傳定四年。綪茷。東京賦作旆。是茷爲旆之假借。旆已見前犮下。○小弁。萑葦淠淠。水部淠爲水名。廣雅釋訓淠淠。茂也。淠當爲茷之假借。○泮水。其旂茷茷。羣經音辨作伐伐。茷从伐聲。故省借作伐。○又廣雅釋訓。芾芾盛也。陳風。其葉肺肺。大雅。荏菽旆旆。皆當爲茷之假借也。

艸 艸之可食者。

月令。習舞釋菜。周禮。大胥作舍采。注。采讀爲菜。卽蘋蘩之屬。是采爲菜之假借。大學注。有采地者也。

釋文采本作菜公羊哀十四年傳薪采即管子輕重甲篇之薪菜則菜爲采之假借也○荀子大略篇爲蠶菜儆而不反其常注菜讀爲菑是菜又爲菑之假借菑與菜聲相近

薄 林薄也一曰蠶薄

借魄已見上部○郊特牲薄社北牖釋文薄本作亳荀子議兵篇古者湯以薄注薄與亳同是薄爲亳之假借若漢書郊祀志上亳人謬忌注引如湻曰亳亦薄也則亳又薄之假借矣○書序將遷其君于薄姑釋文馬作薄左傳薄姑氏因之則薄爲

蒲之假借○漢書宣帝紀㬋室嗇夫注薄亦㬋也

今俗語亦云薄曬蓋薄爲㬋之假借○文選謝靈

運富春渚詩赤亭無淹薄注薄與泊同泊水部作

洦凡厚薄字皆爲帛洦之假借○詩車攻搏獸于

敖文選東京賦注引作薄狩是薄爲搏之假借○

淮南書具撲曲高注薄三輔謂之撲蓋撲爲薄之

假借○爾雅釋訓注凡以薄爲魚笱者釋文薄今

作簿又廣雅釋器笛謂之簿簿當爲薄之譌

藪大澤也

周禮太宰九日藪以富得民釋文引干注藪作叟

蓋以叟爲藪之假借○木部棷木薪也禮運鳳皇麒麟皆在郊棷此以棷爲藪之假借○手部搜衆意也一曰求也段謂與攷工記注之藪略同鄭司農云藪讀爲蜂藪之藪後鄭云蜂藪者衆輻之所趨也與搜訓衆意合則藪可爲搜之假借

甾不耕田也易曰不菑畬重文爲甾

案陳氏鱣云不當作才才耕田謂始耕田也此說與爾雅田一歲曰菑合廣雅釋地緇耕也緇乃菑之或體○禹貢濰淄漢書地理志作惟甾周禮職方氏其浸菑時似菑爲淄之假借水部無淄字而

濰下引書濰淄其道當本作菑。○詩皇矣其菑毛
傳：木立死曰菑。爾雅釋木：立死菑。荀子非相篇：周
公狀如斷菑。注：菑與椔同。是菑為椔之假借。木部
亦兼椔字。○詩閟宮：無災無害。釋文：災又作菑。書
微子：天毒降災。宋世家災作菑。是菑為災之假借。
而菑與災烖皆川部𡿧之假借也。○考工記輪人：
察其菑蚤不齵。司農注：菑讀如雜廁之廁，謂建輻
也。泰山平原所樹立物為菑，聲如胾。是菑為廁之
假借。○公羊昭廿五年傳：以人為菑。注：菑，周埒垣
也。所以分別內外，衛威儀。今大學辟雍作側字。是

菑爲側之假借菑側音之轉○漢書溝洫志隤林竹兮揵石菑注菑亦甾耳義與傳同廣雅疏證云菑之言傳也漢書蒯通傳注東方人以甾地中爲傳是以菑爲傳之假借甾則或體字也○詩大田俶載箋讀爲熾菑云民以其利耜熾菑發所受之地此又以載爲菑之假借矣○借菑已見上

薙　除艸也明堂月令曰季夏燒薙

周禮薙氏注薙讀如鬀書或作夷月令疏引皇氏云夷音薙是夷爲薙之假借先鄭引左傳芟夷薀崇之以證則義亦通○釋文薙字或作雉同宅計

反是雉爲雉之假借段謂從鄭從雉雉乃俗字月令燒雉蓋亦本作燒雉說文雉字乃後人羼入此說未敢遽以爲然今周禮禮記倶作雉竝不作雉惟周禮夏日至而雉之耳且鄭從雉亦假借也

菿艸大也今誤作莪

詩倬彼甫田釋文韓詩作菿今誤从竹云卓也案菿訓大倬亦有大義棫樸倬彼雲漢毛傳倬大也今詩既作倬毛訓明不訓大韓又訓爲卓則謂菿爲倬之假借可也倬菿聲相通故效部罩淖字皆从卓

茀道多艸不可行

借祓已見示部○有司徹厞用席注古文厞作茀
厂部厞隱也茀有蔽義隱亦蔽也是茀爲厞之假
借○詩采芑朱芾斯皇釋文出朱茀云本又作芾
或作紱下篇赤茀同案茀當爲芾之假借亦卽爲
韍之假借見後市部○生民茀厥豐草韓詩茀作
拂毛傳茀治也治義與手部拂過擊也相近是茀
爲拂之假借拂亦見祓下又見前蔽下○易旣濟
婦喪其茀虞翻注作髴髴髮謂鬒髮也一名婦人
之首飾是以茀爲髴之假借○周禮司弓矢矰矢
茀矢注茀之言刜也是茀爲刜之假借○左氏宣

八年傳始用葛茀注茀所以引柩是茀爲綍之假借○文選范蔚宗樂游應詔詩探已謝丹黻注黻與茀古字通蓋以丹黻即朱茀故謂黻爲茀之假借實當爲韍之假借也○詩甘棠蔽芾毛傳小貌爾雅釋言芾小也卷阿毛傳茀小也說文有茀無芾則芾當爲茀之假借家語廟制篇引正作蔽茀芾已見上夜下○漢書古今人表茀肸集注曰即佛肸也是茀爲佛之假借○穀梁昭十七年經有星茀于大辰釋文茀本亦作孛是茀爲孛之假借

[illegible]馨香也

詩楚茨苾芬孝祀苾韓詩作馥香部馥字在新附則馥爲苾之假借○載芟有飶其香釋文飶又作苾食部飶食之香也與苾爲艸木之香有別以其俱爲香義故可通借

荐　薦席也

段謂薦席所以爲承藉釋言云荐原再也荐薦同音故承藉字多假借爲之如節南山傳薦重也說文薦且也皆作荐乃合案詩雲漢饑饉薦臻魯語及春秋繁露郊祀篇竝作飢饉荐臻是薦爲荐之假借若左氏襄四年傳戎狄荐居服注荐艸也則

荐又爲薦之假借。○易。洊雷震。疏云。洊者重也。因仍也。是洊亦荐之假借。易坎。水洊至。陸注。洊再也。劉注。洊仍也。皆荐之訓。故坎釋文。洊干作荐。爾雅釋言郭注引亦作荐。蓋水之至本相因疊赴義亦通。洊所以从荐也。讀若尊。尊與臻同音。坎釋文又云。京作臻。臻者至也。

𦽋（篆）祭藉也。一曰艸不編狼藉。

案藉爲承藉。又爲假藉之義。今借字人部末列藉即借也。○耒部耤字云。帝耤千畝也。古者使民如借。故謂之藉。周語。不藉千畝。風俗通祀典篇古者使民如借，故曰藉田。耤多作藉，蓋本通。若漢書游俠傳，以軀耤友報仇，則耤爲藉之假借也。○詩載芟序，春籍田而祈社稷也。箋云，籍之言借，竹部籍，簿書也。漢書文帝紀，其開籍田，注引應劭曰，籍者，帝王典籍之常也。此說非，籍當爲藉之假借。詩韓奕，實畝實籍，唐石經作實藉，蓋艸部竹部多通用。故蹈藉字亦作蹈籍。

蒩 茅藉也。禮曰，封諸侯以土，蒩以白茅。

周禮司巫，祭祀共鉏館。杜子春云，鉏讀爲蒩，蒩，藉也。是鉏爲蒩之假借。○士虞禮，苴刌茅，長五寸，實于筐。段云。儀禮之苴。卽周禮之葅。又白虎通獨斷言封諸侯俱作苴以白茅。是苴亦爲葅之假借也。

○借蒩。已見前。

蕝朝會束茅表位曰蕝。春秋國語曰。致茅蕝表坐。史記漢書叔孫通傳。爲緜蕞。注。蕞與蕝同。如淳曰。蕞謂以茅翦樹地。爲纂位尊卑之次也。是蕞爲蕝之假借。蕞蕝聲之轉。本部無蕞字。葢卽蕝耳。○蕝又音纂。史記索隱引何氏纂文云。蕝今之纂字。糸部纂。似組而赤。是纂亦蕝之假借。○樂記。綴兆舒疾。注。綴。謂酇舞者之位也。釋名讚纂也。酇讚音同。

則綴鄭皆蕝之假借矣。○史記夏本紀。泥行蹈橇。徐廣曰。橇他書或爲蕝。今書正義引尸子正作蕝。案橇本音蹻聲既不同字亦說文所無漢書溝洫志作毳。如[湻]曰。毳音茅蕝之蕝。則橇與毳皆當爲蕝之假借。師古曰。毳讀如本字。與蕝亦近。

藩　屏也。

明堂位注。藩服釋文藩本作蕃。是蕃爲藩之假借。○左氏昭廿六年傳。以藩屏周。釋文藩本作番。番亦藩之假借。○詩東方未明。樊圃。毛傳。樊藩也。青蠅。止於樊。漢書昌邑王傳及論衡商蟲篇竝作止於藩是樊爲藩之假借○周禮巾車漆車藩蔽注藩今時小車藩漆席以爲之漢書景帝紀車朱兩轓注引如淳曰轓小車兩屏也車部無轓字轓當爲藩之假借○洪範五行傳播國率相行祀注播讀曰藩是播爲藩之假借周禮大司樂播之以八音注故書播爲藩杜子春云藩讀如后稷播百穀之播則藩又爲播之假借矣○竹部籓大箕也一曰蔽也後一義與藩同可爲通借

菹 酢菜也重文爲𦼮或爲𧖻後血部有𧖻醢也重文爲𦼮二字不應複出或疑

此處蘁蘁乃後人所增。故玉篇艸部無之。當是也。
段謂少儀云。麋鹿爲菹。野豕爲軒。皆牒而不切。麇
爲辟雞。兔爲宛脾。皆牒而切之。切葱若薤。實之醯
以柔之。則菹本兼菜與肉。按菹亦爲肉稱。故其字
又作蘁。是可通借矣。○後漢書馬融傳注。菹卽巴
苴。一名芭蕉。蓋菹與蕉皆當爲苴之假借。苴蕉雙
聲字。○孟子。驅蛇龍而放之菹。趙注。菹。澤生艸者
也。今青州謂澤有艸者爲菹。王制云。山川沮澤。本
書水部有沮水。水經沔水注引闞駰曰。以其初出
沮洳然。故一名沮水。則孟子菹字當爲沮之假借。

○周禮醢人注凡醢醬所和細切爲韲全物若牒爲菹公食大夫禮注昌蒲本菹也疏云菹即是韲則菹與韲可爲通借○詩關雎箋荇菜之菹少牢饋食禮韭菹在南釋文竝云菹本作葅葅或體字

藙煎茱萸漢律會稽獻藙一斗本艸圖經曰食茱萸蜀人呼其子曰艾子艾爲藙之假借○內則三牲用藙鄭云藙煎茱萸也藙蓋藙之或體

若擇菜也从艸右右手也一日杜若香艸今若字多作虛用有司徹若是以辯注今文若爲

如是若爲如之假借○莊子至樂篇若果養乎釋文若本作汝是若爲汝之假借○左氏襄二年傳病未及死晉語作若死是若爲及之假借○案若字本在藥韻惟蘭若之若入馬韻音義俱異亦假借也○又僖廿五年傳秦晉伐鄀杜注鄀本在商密秦楚界上小國後遷於南郡郡鄀縣漢書地理志南郡下有若縣邑部無鄀字是本當作若矣

萆雨衣一曰衰衣一曰萆歷似烏韭

齊語身衣襏襫韋昭注蓑薜衣也是薜爲草之假借又山海經小華之山其草有萆荔萆一作薜當

爲此萆歷也本部薜牡贊見爾雅郝氏義疏云或謂即薜荔恐非則薜荔亦萆歷之假借矣○月令王瓜生注云萆挈本艸作菝葜音同廣雅菝挈狗脊也本部無菝字則菝乃萆之假借○借薇已見前

苴 履中艸

苴之借字已見前蘘下蒩下菹下○爾雅釋草蓾蔖郭注履苴草是蔖爲苴之假借本部無蔖字○詩大雅如彼棲苴毛傳苴水中浮艸一切經音義引作棲柤集韻柤音菹是柤爲苴之假借○禮運

飯腥而苴孰注苴或爲俎釋文苴苞也疏云用苞裹孰肉法中古修火化之利是俎爲苴之假借俎疑作葅○漢書郊祀志席用苴稭注苴字本作葅假借用之葅已見葅下○史記張儀傳苴蜀相攻擊索隱云譙周言益州天苴讀爲芭黎之芭遂以苴爲巴是苴蜀卽巴蜀苴乃巴之假借○莊子讓王篇苴布之衣而自飯牛釋文引李注苴本作麤案士喪禮注苴麻者其貌苴以爲絰服重者尙麤惡是苴布卽麻布以其麤惡故或作麤麤當爲苴之假借別見後麤部○荀子大略篇藍苴路作似

知而非非注未詳其義或曰苴讀爲姐慢也趙㵎注長短經知人篇姐者類智而非智或讀爲狚何也是苴可爲姐與狚之假借然姐亦借字也○高頤碑閼斷苞組苞組卽苞苴組爲苴之假借矣門

蕢 艸器也古文爲臾論語曰有荷臾而過孔氏之門

禮運蕢桴而土鼓注蕢讀爲凷聲之誤謂摶土爲桴也是蕢爲凷之假借○左氏昭九年傳屠蒯檀弓作杜蕢又蒯聵史記作蕢聵是蕢爲蒯之假借檀弓有蕢尙人名蕢爲姓當亦爲蒯之假借漢有

蒯通蒯本部作蔽正字也蒯乃隸變

茵 車重席也重文爲鞇司馬相如說

釋名云鞇因也因與下輿相連著也字亦从革漢書霍光傳加畫繡絪絪字从糸糸部所無如淳曰絪亦茵也蓋通借也廣雅釋器鞋鞴謂之鞇則異名耳

芵 乾芵一曰牛蘄艸

攷工記弓人今夫芵解中有變焉司農注芵讀爲激發之激是以芵爲激之假借芵激音相轉後鄭云芵讀如齊人名手足擥爲骹之骹謂接中也案

骨部骹，脛也。爾雅釋草葝茭，釋文字又作骹，故茭與骹亦可通借。

蔟　行蠶蓐。

西京賦乂蔟之所攙捔，此以蔟爲矠之假借。矛部云：矠，矛屬也。〇一切經音義十六引廣蒼云：胡餅家用簇簇，刺也。簇卽蔟字，訓刺者，蓋爲矠之假借。

借籍，見後手部。

蒸　析麻中榦也。重文爲[illegible]。

火部烝字云：火气上行也。與从艸之蒸往往易混。今核之，如弟子職蒸間容蒸，然者處下。楚辭謬諫蔦蓲路雜於廢蒸兮漢書楊雄傳樵蒸焜上注蒸麻榦也皆烝之本義餘凡言薪蒸竝同詩生民烝之浮浮此烝之本義段云烝引申之義則進也如詩信南山甫田傳泮水箋是也又久也如釋詁烝塵也東山傳烝寘也常棣傳烝塡也皆是又眾也如東山烝在栗薪傳烝民傳是也又引申之則君也釋詁及文王有聲傳是也又厚也泮水傳烝烝厚也是也余謂冬祭曰烝爾雅釋天孫注烝進也進品物也白虎通宗廟篇烝之爲言眾也冬之物成者眾則字不从艸餘凡烝鬱烝熱字竝同若爾

雅釋詁。烝祭也。詩烝民。孟子引作蒸民。文選琴賦。蒸靈液以播雲。注。蒸氣上貌。王仲宣公讌詩。涼風徹蒸暑。注。蒸熱氣也。此類皆以蒸爲烝之假借。○易小過。注。則蒸而爲雨。釋文。蒸本又作烝。或作脀字。脀當爲烝之假借。非蒸之假借也。○儀禮既夕記注。燭用蒸。疏云。爇即蒸也。是爇爲蒸之通借。爇蒸聲之轉。○火部貟字云。置魚筩中炙也。錢謂今用蒸字代之。非是。蓋其事與烝相類也。則烝可爲貟之假借矣。

借苴已見前。○列子周穆王篇覆之以蕉。注。蕉與樵同。謂所樵之薪也。是蕉爲樵之假借。○廣雅釋器。蕉。黑也。蕉蓋爲焦之假借。焦。火部作𤓰。云火所傷也。

貍　瘞也。

周禮大宗伯以貍沈祭山林川澤。校人及葬貍之。又鼈人凡貍物。注。龜鼈之屬。自貍藏伏於泥中者。貍皆爲薶之省借。經傳有作埋字者。乃俗體也。○雨部霾。風雨土也。引詩終風且霾。淮南俶眞訓塵垢弗能薶。注。薶。污也。是以霾爲薶之假借。

折斷也从斤斷艸譚長説籀文爲折从艸在仌中仌寒故折篆文爲折从手

書呂刑制以刑墨子尙同中篇引作折則刑論語片言可以折獄鄭注魯讀折爲制是折多爲制之假借制訓裁與斷義近則亦通○又呂刑折民惟刑墨子尙賢中篇作哲民惟刑哲又爲折之假借

菲芴也

曾子問不杖不菲注菲草屨喪服傳菅屨者菅菲也尸部屝屨屬是菲爲屝之假借○荀子禮論篇無幬絲歶縷翣其須以象菲帷幬尉也注菲謂編

草爲薇。非當爲屝。屝隱也。或曰非讀爲扉。扉戶扇也。是非爲屝與扉之假借。屝已見茀下。○詩巷伯萋兮斐兮。毛傳萋斐文章相錯也。釋文斐本作非。是非爲斐之假借。○非亦借萉。已見前。

萑　艸也。从艸雈聲。

雈爲部首。雖屬讀若和。和音同桓。故萑以爲聲。雈从𥫗音乖非从艸。艸也。經典與雈萑字多作雈。蓋以雖屬之雈爲雈之假借。隸變从𥫗與从艸無別。遂誤作本部艸多貌之萑。音職追切者矣。此本段說。

蔑　葦之未秀者。

左氏定十三年經齊侯衞侯次于垂葭公羊作垂瑕此地名不知孰爲假借瑕已見玉部○爾雅釋草荷其葉蘧釋文蘧或作葭蘧乃葭之或體○文選李陵答蘇武書胡笳互動注笳說文作葭是以笳爲葭之假借案竹部無笳字其箛字云吹鞭也吹鞭蓋葭爲之宋書樂志晉先蠶注吹小箛大箛箛即笳也則葭當爲箛之假借以其用蘆管故亦謂之葭葭在麻韻箛在虞韻音本通笳乃箛之或體

萊蔓華也

爾雅釋艸作釐蔓華釐蓋萊之假借萊與釐古同聲○詩北山有萊齊民要術引義疏云萊藜也兗州人蒸以為茹謂之萊蒸玉篇廣韻竝以萊為藜是藜為萊之通借聲亦相近

荔艸也似蒲而小根可作㕞

借歷已見前草下○上林賦荅遝荔支于祿字書云離支俗作荔枝是以荔為離之假借○本草蠡實別錄一名荔實又名劇實荔蠡聲同荔劇聲轉是蠡與劇皆可為荔之假借

蒙王女也

冡从冢聲。冃部冢。覆也。凡蒙覆僮蒙之字。依古當作冢。今以蒙爲冢之假借。○易序卦傳。物生必蒙。鄭注。齊人謂萌爲蒙也。是蒙爲萌之假借。蒙萌音同。萌已見上。○詩靈臺。矇瞍奏公。白帖六十七引作矇瞍奏功。是以蒙爲矇之省借。又禮記。昭然若發矇。段謂如發其覆。則以矇爲蒙之假借。但即作矇之本義亦合。故文選長楊賦。適今日發矇。注。矇與蒙古字通。○詩東山。零雨其濛。楚辭章句十二引作其蒙。是蒙爲濛之省借。爾雅釋地。西至日所入爲太蒙。釋文。蒙作濛。則濛又當爲蒙之假借矣。

○詩小戎蒙伐有苑毛傳蒙雜也箋云畫雜羽之文於伐故曰厖伐厖亦雜也是厖爲蒙之通借若荀子榮辱篇爲下國駿蒙注蒙讀爲厖詩長發正作厖毛傳厖厚也則蒙爲厖之假借東江韻通也○爾雅釋地有雲夢釋文本作蒙是以蒙爲夢之假借○荀子勸學篇南方有鳥焉名曰蒙鳩注蒙當爲蔑是以蒙爲蔑蔑之假借蒙蔑雙聲字○爾雅蔓華郭注一名蒙華是蒙爲蔓之通借蒙蔓亦聲轉○孟子逢蒙漢書藝文志及王褒傳皆作逢門是門爲蒙之假借蒙門音同

菉 王芻也。詩曰：菉竹猗猗。

此與大學引同。今詩作綠。菉與竹爲二物，非綠色也。綠蓋菉之假借。小雅：終朝采綠。王逸注楚辭亦引作菉。○逸周書王會解：堂下之東郭叔掌爲天子菉幣焉。注：錄諸侯之幣也。是以菉爲錄之假借。

范 艸也。

竹部：笵，法也。竹簡書也。古法有竹刑。案禮運：范金合土。注：范，鑄作器用。荀子彊國篇：刑范正。注：范，法也。范蓋笵之假借。○爾雅釋詁：範，法也。釋文：範本作笵。此以范爲範之假借，實則範當爲笵之假借。

今範模範圍之義皆以範爲正字矣○藝文類聚引廣雅范蜂也集韻引作蠆檀弓范則冠而蟬有緌內則爵鷃蜩范鄭注竝云范蜂也虫部無蠆字蓋卽借范字爲之

茆 鳧葵也詩曰言采其茆

今泮水詩作茆又周禮醢人茆菹先鄭讀爲茅杜子春讀爲茆後鄭謂茆爲鳧葵是茆與茅皆茆之假借菅茅字亦或借茆爲之茅已見前萌下苗下

荼 苦荼也

易困來徐徐子夏傳作荼荼是荼爲徐之假借○

玉藻諸侯荼注荼讀舒遲之舒攷工記弓人寬緩以荼注荼古文舒是荼爲舒之假借○洪範曰豫五行傳作荼鄭王本作舒是豫爲舒之假借轉借作荼也○左傳哀六年齊陳乞弑其君荼公羊作舍史記律書舍者舒氣也此亦借舍爲舒而轉爲荼也舒舍音轉故舒从舍○爾雅荼接余釋文余本作荼是荼爲余之假借也○文選孫子荆爲石仲容與孫皓書生人附荼炭之艱注荼與塗通是荼爲塗之假借○借艻已見前

蒿菣也

祭義焄蒿悽愴注蒿謂氣烝出皃也蒿或爲藨是以藨爲蒿之通借實歊之轉借字也見後欠部歊已見前苞下○周禮載師近郊遠郊注故書郊或爲蒿杜子春讀爲郊壺本以蒿爲郊之假借

蓬 蒿也籀文爲𦿒

詩采菽其葉蓬蓬毛傳蓬蓬盛皃本部芃艸盛也引詩芃芃黍苗則蓬當爲芃之假借○大荒西經有猷左右有首名曰屏蓬郭傳屏蓬卽屏封也語有輕重耳是以蓬爲封之假借

藜 艸也

借莱已見上。○爾雅釋蟲。蒺藜。蝍蛆。釋文。藜本作螯。螯字亦見論衡。食合螯之肉。卽今之蛤蜊也。虫部所無。玉篇作蛛蟍。特因其爲虫而加虫旁。寶當借蒺藜字爲之。○孔子世家。葬魯城北泗上。集解引皇覽。其樹雜離。索隱曰。離音藜。藜草名也。是以離爲藜之假借。○城堪碑之藜首。卽黎首也。是以藜爲黎之假借。

葆 艸盛皃。

借苞已見前。○禮器。不樂葆大。釋文。葆本作保。莊子田子方篇。虛緣而葆眞。釋文亦云。葆本作保。是以葆爲保之假借。○史記留侯世家。取而葆祠之。徐廣曰。史記珍寶字皆作葆。如書。天之降寶命。周本紀作葆命是也。則葆爲寶之假借。

蕃 艸茂也。

借藩。已見上。○前蘋字云。青蘋似莎而大者。西山經。陰山其草多茆蕃。注。蕃青蕃。此以蕃爲蘋之假借。○大戴記。爭鬭之獄繁矣。漢書禮樂志引此語繁作蕃。蕃繁之義爲多。艸茂亦多也。是蕃爲繁之通借。○左傳襄四年注。鄱國番縣東南。釋文。番本作蕃。漢書地理志。鄱國蕃。注。鄱國也。是番爲蕃之省借。○明堂位。周人黃馬蕃鬛。正義云。蕃赤也。周尚赤。熊氏以蕃爲黑色。非。王伯申曰。魯頌駉篇傳。騂黃曰黃。是黃馬色在騂黃之閒。已兼赤色。若蕃字古無訓黑訓赤者。蕃蓋白色也。讀若老人髮白曰皤。白蒿謂之蘩。白鼠謂之鼶。馬之白鬛謂之蕃鬛。其義一也。是以蕃爲皤之假借。案據此則禮記釋文蕃本作番。番卽皤之省。皤番本相通也。可轉借矣。番亦見藩下。○詩椒聊蕃衍盈升。文選景福殿賦注引作蔓延。蓋蔓爲蕃之假借。而音近義亦通也。蔓已見上蒙下。

茸　艸茸茸皃。

後手部搑字云推擣也。漢書司馬遷傳而僕又茸之蠶室。顏注茸音人勇反推也。謂推致蠶室之中也。是以茸爲搑之假借。○詩旄邱狐裘蒙戎。毛傳蒙戎以言亂也。左氏僖五年傳作狐裘尨茸。服注言亂皃。蒙與尨皆有雜訓。艸茸茸正亂皃也。則蒙尨本可通借。戎當爲茸之假借。又莊子應帝王紛而封戎。釋文引崔注封戎散亂也。封亦蒙尨之借音。蒙已見上。封見蓬下。○髟部髶亂髮也。東京賦髶髦被繡。注髶髦髦頭茸騎也。茸類篇或作髶。是髳與茸可爲通借。

葏艸皃。

詩菁菁者莪。毛傳。菁菁。盛皃。集韻一先引李舟說作葏葏者莪。本部菁。韭華也。則菁當爲葏之假借。音同。釋文引韓詩作蓁蓁。葏與蓁亦可通借。蓁已見前。

草草斗。櫟實也。一曰象斗。

今人借草斗字爲艸木字。而別製皁字。或作皂。象當爲木部樣之假借。俗亦作橡。○周禮大司徒。其植物宜早物。釋文。早本作皂。蓋以早晚字爲皂之

假借實草之假借也

菆

麻蒸也

楚辭七諫有黀蒸王逸注枲翮曰黀一作菆麻部黀麻藍也是黀爲菆之通借○漢書五行志民驚走持藁或掫一枚如淳曰掫麻幹也是以掫爲菆黀之假借○檀弓菆塗龍輴正義菆叢也謂以木叢棺而四面塗之也喪大記注欑猶菆也釋文菆本亦作叢又急就篇祠祀社稷叢臘奉叢一本作菆是菆爲叢之假借太元經鳥託巢于菆人寄命于公亦以菆爲叢故與公韻見後丵部○既夕記

御以蒲萑注蒲萑牡蒲莖古文萑作騅蓋以騅爲萑之假借○酉陽雜俎鷹巢一名萑鷹呼萑子者雛鷹也是以萑爲雛之假借萑音鄒與雛聲相轉

蓐部

蓐陳艸復生也一曰蔟也籀文爲蓐月令其神蓐收左氏昭廿九年傳金正曰蓐收釋文竝云蓐本作辱辱蓋蓐之省借○方言蓐厚也廣雅釋詁同王云蓐與縟同義糸部縟繁采飾也蓐亦頻蓐之意是蓐爲縟之通借○一切經音義引三蒼蓐薦也又云褥薦也爾雅釋器蓐謂之茲

郭注茲者蓐席也若蓐字乃衣部所無今之茵蓐字當卽借蓐字爲之

薅 拔去田艸也籀文爲蓐重文爲茠詩曰既茠荼蓼

今良耜詩作以薅荼蓼爾雅注作以茠蒤蓼茠卽薅字不爲假借若廣雅釋詁拺除也則茠之異體矣○淮南精神訓得茠越下注茠蔭也三輔人謂休華樹下爲茠此以茠爲休之假借茠本从休音之轉

艸部

茻眾艸也。从四屮。讀若與冈同。

段謂經傳艸莽字當用此。而下有莽字。云南昌謂犬善逐兔艸中爲莽。是莽卽茻之通借。莽已見前茻下。

莫日且冥也。从日在茻中。

案旦莫字今或加日爲暮。經典俱作莫。詩臣工維莫之春。正義古暮字作莫是也。其餘多作無訓。蓋卽口部啾嗼字之省借。○水部漠字後一義一曰清也。卽詩毛傳之莫莫言清靜也。又莊子齊物論注。取其寂莫之情耳。釋文莫本作漠。是莫爲漠之省借。寂漠亦與嘁嘆通。又即宀部之宋募。莫乃募之省借。○爾雅釋言。幕暮也。幕本即莫字。是以幕爲莫之假借。而史記張釋之馮唐傳。上功莫府。注。莫當爲幕。又漢書李廣傳。莫府省文書。注。莫府者。以軍幕爲義。則莫爲幕之省借矣。○詩皇矣。求民之莫。漢書作求民之瘼。莫亦瘼之省借。○又貊其德音。毛傳。貊靜也。釋文引韓詩。貊作莫。莫定也。貊當爲莫之轉借。○詩巧言。聖人莫之。漢書敘傳注引作謨之。與毛傳莫謀也義合。是莫爲謨之省借。○內則。去其皽。注。皽謂皮肉之上魄莫也。蓋以莫爲膜之省借。○荀子彊國篇。剖刑而莫邪已。注。莫邪。古之良劒。他書多言莫邪者。惟金部鏌。鏌釾也。是莫邪當爲鏌釾之假借。○左氏昭七年傳注。東北至河間鄚縣。釋文。鄚本作莫。邑部鄚。涿郡縣。則莫亦鄚之省借。○爾雅釋蟲。莫貈蟷蜋蛑。釋文。莫或作蟆。今虫部無蟆字。郝云。方言。螳蜋謂之髦。蟷蜋即螳蜋。莫貈合聲爲髦。則莫殆即髦之轉借字矣。

說文假借義證卷二　　嘉興張鳴珂
族曾孫彝　同校

說文假借義證卷三目錄

弟二篇上

小部文三　證一

牛部文四十五　證十八

牡犅特牻㹊犖牟牲牷

牢㸷犪犕犛牴牼物犧

犛部文三　證三

犛氂斄

告部文二　證二

告嚳

口部文百八十　證六十七

噣喙嗿嗌咺嚛咳嗛嚌

噍啐噬嘰含啍咽呼吸

嘘吹嚏唫噤名吾哲君
命召唯唱咥咄喿哉咠
唪嗔嘯台启咸呈右啻
周唐嘾噎噦咈嚘啖哇
吺呰啓唸吚吟嗞嗁嘆
吠噑哮嘖

凵部文一　無證

吅部文六　證五

吅嚴咢單喌

哭部文二　證一　喪見㸚部爽下

走部文八十五 證二十七

丞 趣 趨 赴 越 越 趬 越 赵

趋 趣 趯 趙 趠 趫 趣 趯 趁

趙 赴 趣 趣 趯 趄 趣 趯 趕

止部文十四 證五

止 歫 歷 歸 疌

癶部文三 證三

癶 登 發

步部文二 無證

此部文三 證三此見艸部茈口部呰斤部斯下呰見口部呰下

光緒二十五年歲在己亥仲冬月族曾孫蔭成重校刊

說文假借義證卷三　二

說文假借義證卷三

第二篇上　　涇朱珔學

小部

尐　少也。讀若輟。少疑爲小之譌。

孟子。力不能勝一匹雛。趙注以爲小雛。鄒部瑤圃曰。方言。尐小也。廣雅釋詁及玉篇廣韻竝同。孫奭音義。匹丁作疋。而詁訓諸書疋訓耦訓小無文。疋乃尐之形似而譌。又轉譌爲匹也。案尐音節與小義同。正合趙注。據丁公著之音。則疋匹爲通借字。疋訓耦本匹之義。亦聲轉也。疋見後疋部。匹見十二

篇匸部

八部

尒 詞之必然也从入丨八八象气之分散

段云尒之言如此也後世多以爾字爲之凡曰果爾不爾云爾莞爾鏗爾卓爾鼎鼎爾猶猶爾聊復爾耳故人心尙爾皆訓如此是爾爲尒之假借語助亦有用耳者亦尒之假借也

曾 詞之舒也

淮南本經訓大厦曾加注曾重也尸部層重屋也是曾爲層之假借○孟子曾益其所不能音義引

丁音。依注。曾讀當作增。依字訓。義亦通也。土部增。益也。是曾爲增之假借。○禮運夏則居橧巢。鄭注。暑則聚薪柴居其上。釋文。橧本又作增。又作曾。似增曾爲橧之假借。但木部無橧字。鄭云聚薪。與增益義合。淮南覽冥訓。鳳皇曾逝萬仞之上。高注。曾猶高也。曾高亦增之義。鄭云居其上。正謂高也。後立部有竲字。云北地高樓無屋者。禮運之橧。本亦作竲。則宜竲爲正字。而增曾皆假借也。若爾雅釋獸豕所寢橧。釋文云。舊本多作繒帛字。又其轉借矣。

詹多言也。

詩閟宮魯邦所詹。說苑雅言篇作魯侯是瞻。風俗通山澤篇。初學記五。御覽卅九引俱作瞻。是詹爲瞻之假借。○莊子齊物論小言詹詹。釋文李頤云。小辯之貌。崔本作閻。是閻爲詹之假借。○呂覽適音篇不充則不詹。注。詹足也。讀如澹然無爲之澹。是以詹爲澹之省借。而水部無澹字。當卽借憺字爲之。心部憺安也。與澹義通。○文選古詩十九首。四五詹兔缺。注。詹與占同。古字通。是詹可爲占之假借。但彼注一說詹諸與兔竝缺。義較長。○淮南

說林訓蝕於詹諸注詹諸月中蝦蟆爾雅釋魚作蟾諸虫部無蟾字衹作詹諸則蟾為或體

介

畫也

借玠已見玉部○後大部有夵字云大也讀若蓋方言夵大也東齊海岱之間曰夵經傳如爾雅釋詁介大也詩生民小明傳及士冠禮注易晉虞注左傳貴介弟介麇注吳語介福注孟子不以三公易其介離騷堯舜耿介注竝同皆當為夵之省借今介行而夵廢矣○詩思文無此疆爾界釋文出介字鄭箋無此封竟於女今之疆界李善注魏都

賦引薛君章句介界也是韓詩讀介爲界介爲界之假借但畫部曰畫畍也與此合則義本通○書秦誓若有一介臣大學引作一个个釋文个本又作介是个爲介之假借月令左右个當亦作左右介个介音之轉字亦通用故左氏昭四年傳使置饋于个而退文選思[元]賦邅命謞注竝引作於介說文無个字段氏因於竹部箇下增个字未免專輒○又聘禮堂上之饌八西夾六公食大夫禮大夫立于東夾南東夾西夾鄭月令之左介右介也夾蓋介之通借介夾音同○詩清人駟介彭彭毛傳

介甲也曲禮介冑左氏成二年傳不介馬而馳之注竝同家語執轡篇介鱗夏食而冬蟄注介甲蟲也釋名云甲亦曰介是介爲甲之假借○左氏昭廿五年傳季氏介其雞釋文介本作芥介者賈注以爲甲芥者疏云擣芥子爲末播其雞羽各有義不爲假借惟孟子一介不以與人意林引作一芥後漢書孔融傳注介猶蔕芥也此則介爲芥之假借矣○詩板篇价人維藩毛傳价善也人部价正用其訓亦引詩語爾雅釋詁介善也是介當爲价之省借鄭箋价甲也被甲之人謂卿士掌軍事者

蓋以价爲介之假借，故釋詁注及漢書諸侯王表、王莽傳俱引作介人。○易豫介于石，釋文：介，馬本作扴，云觸小石聲。手部：扴，刮也。是以介爲扴之省借。又云古文作砎，鄭注：砎謂磨砎也。則石部所無，當即扴之或體矣。

𠔁

分也。从重八。八，別也。亦聲。孝經說曰：故上下有別。

虞書：分北三苗。鄭注：北猶別也。虞翻說：北，古別字。今字作南北之北，殆以爲兆之假借。韋昭吳語注：北，古之背字。背亦从北，故邶鄘之邶即爲背音。疑兆可爲背之假借。○繫傳云：兆或本音兆。段氏遂以爲兆卽兆字。未敢遽從。案本書無兆。而桃挑等字皆以爲聲。疑有脫逸。

公　平分也。从八厶。八猶背也。韓非曰。背厶爲公。

人部有伀字。與此音義同。引伸爲兄伀。卽爾雅所稱兄公。玉篇作妐。則女部無之。爾雅釋文亦作兄妐。音鍾。郭注。今俗呼兄鍾。語之轉。是皆假借字矣。○聘禮。公使卿贈。如覲幣。注。今文公爲君。左氏襄七年傳。公登亦登。漢書五行志作君登亦登。蓋諸侯之臣稱君爲公。義正通也。

余　語之舒也。

爾雅釋詁。余我也。余身也。孫炎注。余舒遲之身也。是我訓當爲余。詩書多作予。予乃賜予之義。蓋余之假借。○易困來徐徐。釋文王肅作余余。是余爲徐之假借。○爾雅釋天。四月爲余。釋文余本作舒。李注。四月萬物皆生枝布葉。故曰余。余舒也。此因余訓舒。遂作舒矣。○周禮委人凡其余聚以待頒賜。注。余當爲餘。是余爲餘之假借。○借荼已見艸部。徐舒餘俱見荼下。○北山經。涂吾之水。史記匈奴傳索隱文選長楊賦注。竝引作余吾。不加水旁。與漢書武帝紀同。涂當爲余之假借。○楊君石門頌余谷之川。卽褎斜之谷也。余乃斜之省借。〇史記匈奴傳。漢遺單于比余一。漢書作比疏。索隱引蒼頡篇。靡者爲比。麤者爲梳。疏本梳之假借。余又爲疏之轉借也。

釆部

釆　辨別也。象獸指爪分別也。讀若辨。古文爲𠂒。易剝牀以辨。鄭注。足下稱辨。虞翻曰。指間稱辨。錢謂應作此。蓋以辨爲釆之假借。義亦本通。

番　獸足謂之番。从釆田。象其掌。重文爲[illegible]。古文爲[illegible]。

借藩借蕃已見艸部○詩十月之交番維司徒箋云番氏釋文番本作潘韓詩作繁潘與繁皆番之假借○水經泿水注番禺山海經謂之賁禺者也是賁爲番之假借番賁疊韻字○楚辭九歌𠡠芳椒兮成堂王注𠡠一作播蓋以𠡠爲播之假借播見藩下○爾雅釋獸其足蹯蹯卽蹞之或體廣韻蹞蹯同○番又音薄波切元部通歌部如繁之音婆也史記秦本紀番番黃髮正義云當作皤皤是番爲皤之省借○邑部鄱字云鄱陽豫章郡楚世家昭王十二年吳伐楚取番史漢皆云番君吳芮

段謂字本作番。地理志作鄱陽者。漢字也。則鄱之爲番。非假借矣。○史記蘇秦傳秦甲渡河踰漳據番吾。徐廣曰。常山有蒲吾縣。正義疑古番吾公邑也。是本作番吾。蒲爲番之假借。番蒲聲之轉。藩已見艸部薄下。

宷 悉也。知宷諦也。篆文爲審。

周禮羽人十羽爲審。爾雅釋器作十羽謂之縛。穆天子傳作十羽爲箴。審縛箴音皆相近。此殆所傳各異。非必假借。○莊子應帝王鯢桓之審爲淵。釋文引司馬云。審當爲蟠。蟠聚也。崔本作潘。云回流所鍾之域也。二說不同。要皆以審爲假借字。審从番。故音可通。

釋　解也。从采。取其分別物也。

米部有釋字。漬米也。與此形似而義異。詩生民釋之叜叜。釋當爲釋之假借。又毛傳。釋。淅米也。釋淅音近。水部淅。汰米也。釋亦可爲淅之假借。釋與淅則通借也。○攷工記。水有時以澤。釋文。澤。李音釋。夏小正。農及雪澤。管子乘馬篇作雪釋。史記孝武紀。先振兵澤旅。徐廣曰。古釋字作澤。是澤爲釋之假借。又詩載芟。其耕澤澤。箋云。耕之則澤澤然解散釋文澤音釋爾雅作郝郝音同今釋訓郝郝耕也詩正義引作釋釋則郝亦釋之假借○史記張儀傳掠笞不服醳之索隱曰醳古釋字是醳爲釋之假借酉部無醳○詩絲衣序繹賓尸也周禮籥師注王午猶繹釋文竝云繹本作釋此釋爲繹之假借○書顧命王不懌釋文馬本作不釋詩靜女說懌女美箋云說懌當作說釋是懌爲釋之假借懌字在新附○大射儀獲而未釋獲注古文釋爲舍周禮占夢乃舍萌于四方注古書釋菜釋奠多作舍字蓋舍爲釋之假借也舍已見艸部菜下茶下

○左傳成十三年猶願赦罪於穆公王伯申曰赦與釋同釋解也杜注晉欲求解於秦釋赦古同聲赦从赤聲釋亦聲相近也是赦爲釋之假借案赦之爲釋與舍之爲釋同故昭五年傳豎牛禍叔孫氏將以赦罪家語正論篇作以求舍罪○月令冰凍消釋釋文釋如字一本作液是液當爲釋之假借冰釋則爲液矣義亦通

半部

半　物中分也从八牛牛爲物大可以分也

漢書李陵傳一半冰注引如淳曰半讀曰片是半

爲片之假借論語片言鄭注片半也則義本通

胖半體肉也一曰廣肉

周禮腊人膴胖注胖鄭大夫讀爲判杜子春讀爲版判从半版从片故與胖通後鄭皆破之謂胖析肉意也判版竝胖之假借○少牢饋食禮司馬升羊右胖注古人胖皆爲辯爾雅革中絕謂之辨孫炎注辨半分也是辨爲胖之假借○大學心廣體胖段云胖之言般也般大也惠氏半農云胖讀爲槃大也樂也康成曰行容尊者體盤卑者體蹙胖與盤通一作槃詩考槃毛傳槃樂也樂訓當作般

是胖爲般之假借。余謂人部伴，大皃。胖訓大。蓋伴之假借也。○借班，已見玨部。

叛 半也。段本作半反也。

禮記緇衣注：起，背畔也。釋文：本或作叛。論語、孟子皆作畔。畔爲叛之假借。田部：畔，田界也。○文選魏都賦：雲撤叛換。劉注：叛換猶恣睢也。詩卷阿箋：伴奐自縱弛之貌。則叛換當即伴奐之假借矣。

牛部

牡 畜父也。

魯頌：駉駉牡馬。釋文：牡本作牧。顏氏家訓書證篇云江南書皆作牝牡之牡河北本悉爲放牧之牧牡牧音相近非必假借乃傳本之異義俱可通○爾雅釋木梫木桂本草作牡桂木牡亦音近牡當爲木之假借

犅 特牛也

公羊文十三年傳魯公用騂犅詩閟宮白牡騂剛明堂位亦云周騂剛剛當爲犅之假借字

特 朴特牛父也

案特爲凡孤獨之稱少儀不特弔爾雅釋水士特舟釋文並云特本作犆犆字本部所無蓋卽特之

或體○詩柏舟實維我特韓詩特作直段謂一與
一爲耦故毛傳云特匹也則直爲特之假借呂覽
分職篇豈特宮室哉注特猶直也是義亦通○檀
弓行并植於晉國注植謂剛而專已植或作特疏
與釋文皆不及特特葢植之假借○莊子逍遙游
乃今以久特聞釋文特崔本作待案特聞獨聞也
待當爲特之假借特待聲之轉○宋世家公子特
自立是爲昭公索隱曰特一作得得特音近借字
○既夕禮特鮮獸注古文特爲俎案疏云鮮獸在
北北無偶故云特也俎特非借音作俎者承上俎

一而言。殆相傳之異。○禮器。諸侯膳以犢。釋文。犢。本亦作特。案郊特牲亦云諸侯膳用犢。注。犢者誠慤未有牝牡之情。則特爲犢之假借。聲相近。

牻 白黑襍毛牛。㹀 牻牛也。春秋傳曰。牻㹀。所引傳。見閔二年。本作尨涼。杜注。尨雜色。蓋古雜色不純爲尨。故牻字从尨。邵氏謂說文以牻㹀爲雜毛牛之稱。而衣色亦用之。案今傳尨字爲牻之省。可通。涼則假借字也。

犖 駁牛也。廣雅。牛厲。郭䚷丁犖。桓譚新論作郭椒丁櫟。是櫟

爲犖之假借。犖櫟同韻。○犖从勞省聲。故古音讀
如遼。段云。天官書。此其犖犖大者。謂寥寥甚少者
也。是犖爲寥之假借。○犖又爲卓犖字。文選左太
沖詠史詩。卓犖觀羣書。注云。孔融薦禰衡表。英才
卓躒。躒與犖同。是躒爲犖之假借。躒之爲犖。猶櫟
之爲犖也。

牟 牛鳴也。从牛。厶象其聲气從口出。
芈部。芈。芈鳴也。象气上出。與牟同意。牛鳴芈鳴本
相類。義又合。是可通借。芈縣婢切。亦牟之聲轉。○
詩思文。貽我來牟。毛傳。牟。麥也。本書麥部作麰。是

牟爲麰之假借。釋文引孟子作麰。蓋本韓詩。作嘉麰也。麰又麰之或體。○內則敦牟卮匜。注。牟讀曰堥。是以牟爲堥之假借。土部無堥字。○郊特牲。毋追。夏后氏之道也。釋文。毋音牟。疏云。毋。發聲。釋名作牟。追牟蓋毋之假借。而云牟。冒也。言其形冒髮。蓋因牟音而通其義。○後漢書禰衡傳著岑牟單絞之服。注。岑牟。鼓角士胄也。則卽兜鍪矣。牟爲鍪之假借。○詩還。子之茂兮。范氏家相三家拾遺云。茂亦地名。卽泰山之牟。牟茂古字通。是以茂爲牟之假借也。茂已見艸部。○荀子非相篇。堯舜參牟子。注。牟與眸同。釋名亦云。童子。或曰牟子。眸字在新附。蓋古祇借牟字爲之。○又荀子成相篇。湯舉牟光。注。牟與務同。務从矛。故有牟音。牟亦假借字也。○左氏昭十二年傳。王孫牟。杜預春秋世族譜作髦。牟髦聲相近。

牲 牛完全也。

書舜典。二生。漢書郊祀志作二牲。牲當爲生之假借。論語。君賜生。鄭注。魯讀生爲牲。是又以生爲牲之省借。○周禮掌客。牲三十有六。又受牲禮。注並云。牲當爲腥。是以牲爲腥之假借。

牷牛純色。周禮。犬用牷物。表記。牲牷禮樂齊盛。釋文竝云。牷本亦作全。全爲牷之省借。○曲禮注。犧牷毛也。釋文。牷一本作純。純案投壺二算爲純。釋文純音全。是純本全之通借。故又借純爲牷。純已見屮部屯下。

牢閑養牛馬圈也。从牛冬省。取其四周帀也。淮南本經訓。牢籠天地。注。牢讀屋霤。是牢爲霤之通借。霤與牢聲之轉。○荀子王霸篇。睪牢天下而制之。注。牢與漢書邱嫂轑釜之轑義同。是牢爲轑之假借。○後漢書應劭傳。多其牢賞。注。牢或作勞。

是牢爲勞之假借○文選魏都賦臨菑牢落注牢落猶遼落也則牢又可爲遼之假借矣

犓 吕芻莝養牛也楚語曰芻豢幾何

案艸部芻云刈草也象包束艸之形故芻蕘字用之其稱芻豢者皆爲犓之假借今楚語亦作芻惟祭統士執芻注芻或爲犓

犪 牛柔謹也

案手部擾煩也與此義迥異經典凡訓馴訓順訓柔之字皆當作犪故玉篇犪下云尚書犪而毅字如此今多从手爲隸變之擾或假借作犪抑偏傍

相近而誤與○史記夏本紀擾而毅徐廣曰擾一作柔此乃借訓詁字爲之擾柔聲相轉○段謂此以食獸之夒爲聲爾雅注犩牛以有角之夔爲聲陸德明誤爲一字案犪而沼切本部有犪無犩形似易混

犕

易曰犕牛乘馬

今繫辭作服服蓋犕之假借也凡以車駕牛馬之字當作犕若後漢書皇甫嵩傳義眞犕未乎注犕古服字則犕又爲服之假借玉篇犕服也義亦通服已見珏部琡下

犂耕也。

今省作犁。史記齊世家犁明至國。又尉佗傳犁旦。卽高祖紀之黎明。漢書作遲明。𥝩从黎。犁黎音同。皆邌之假借。邌徐也。遲亦徐也。○書泰誓播棄犁老。某氏傳鮐背之耇稱犁老。方言老燕代之北鄙曰梨。注言面色如凍梨。是犁爲梨之假借。而老部耇下云老人面凍黎若垢。謂凍黑也。則仍爲黎之假借矣。○論語犁牛之子。皇注犁音貍。貍雜色文也。是犁爲貍之假借。○少儀犁而不提心。釋文犁本作離。則犁又離之假借。○漢書西域傳西與犁靳係攴接注犁讀與驪同地理志正作驪靳是犁爲驪之假借○莊子山木篇犁然有當於心釋文引司馬注犁然猶栗然是犁爲栗之假借犁栗音近栗亦借義也

牴　觸也

漢書武帝紀作角抵戲注引應劭曰抵者相抵觸也是抵爲牴之假借牴亦作觝則或體也○易夬羝羊悔亡王弼注羊牴很難移之物釋文牴本作羝是羝爲牴之假借詩生民取牴以軷釋文牴本作羝牡羊也則牴又羝之假借矣

牼 牛厀下骨也。春秋傳曰宋司馬牼字牛。

考工記梓人數目顧脰。注顧長脰貌。故書或作牼。段謂劉音牼苦顏反。此雙聲合韻也。是牼爲顧之假借。案集韻牼邱耕切。音鏗。又邱閑切。音慳。故與顧通。○左氏襄十七年傳邾子牼卒。穀梁作瞯。大抵三傳左多用正字。公穀多用借字。則瞯當爲牼之假借。瞯音通牼。正與顧類。○荀子非十二子篇是墨翟宋鈃也。注孟子作宋牼。牼與鈃同。是鈃爲牼之假借。亦音轉。

物 萬物也。牛爲大物。天地之數起於牽牛。故从牛。勿舉。

書立政時則勿有間之論衡明雩篇引作物有間之物常爲勿勿之假借而下所說以爲非常之物物用本訓乃別一義也。

犧宗廟之牲也賈侍中說此非古字。

段謂犧牲字本祇假義爲之漢人乃加牛旁故賈云非古字易繫辭包犧氏釋文犧本作義是已又管子封禪篇虙義易釋文引孟京易作戲戲亦義之假借書序釋文引張揖字詁曰義古字戲今字。○禮器犧尊在西注犧周禮作獻見司尊彝司農注獻讀爲犧是以獻爲犧之假借又明堂位注犧尊以沙羽爲畫飾鄭荅張逸曰刻畫鳳皇之象於尊其形婆娑然故曰沙郊特牲汁獻涗於醆酒注獻讀當爲莎莎與娑沙音並同犧亦爲此音者亥部字本通歌部也蓋犧既破作獻又轉爲莎皆假借字耳若周語奉其犧象注犧尊飾以犧牛王肅說亦謂畫爲牛象此用犧之本訓非古義也

犛部

犛西南夷長髦牛也又氂犛牛尾也

案犛音莫交切氂音里之切兩切音或互易段云犛牛以

其長髦也。故史記西南夷傳謂之髦牛。以其尾名
氂也。故周禮樂師注謂之犛牛。以氂可飾旄也。故
禮注。爾雅注。北山經上林賦注。漢書西南夷傳皆
謂之旄牛。據此則髦旄皆犛之假借。此處稱髦牛。
義亦本通。○漢書律[麻]志不失豪氂。注引孟康曰。
十豪爲氂。禮記經解差若豪氂。釋文氂本作釐。是
以釐爲氂之假借。但後文部有斄字云微畫也。氂
既爲犛牛尾。則氂又當爲斄之轉借矣。○墨子禽
滑釐。與孟子同。是本作釐。漢書儒林傳作禽滑氂。
則氂當轉爲釐之假借。呂覽尊師篇作黎。亦假音

字當染篇作髮乃異體耳。

斄 彊曲毛也。可已箸起衣。古文爲庲。斄从來聲。故亦入灰部。漢書地理志昔后稷封斄。注。斄讀與邰同。是斄爲邰之假借。○莊子逍遙遊今夫斄牛。注。斄旄牛。是斄爲犛之假借。○漢書王莽傳以氂裝衣。氂爲斄之假借。注。氂字或作斄。

告部

告 牛觸人角箸橫木所以告人也。易曰僮牛之告。今王弼本告作牿。牿當爲告之假借。虞翻注。告謂以木楅其角。與許合。故釋文引劉注。牿之言角也。

又引陸注牿當爲角是牿即告告角疊韻角非假借字○文王世子則告於甸人注告讀爲鞠讀書用法曰鞠蓋告爲鞠之假借鞠又窮之轉借也若詩采芑毛傳鞫告也則以鞫爲告之假借故小雅日月告凶漢書劉向傳亦作鞠凶鞫鞠已見艸部營下鞫又見窮下○書序作帝告史記殷本紀告作誥告乃誥之省借言部誥告也義亦通此告字音入號韻

嚳急告之甚也

祭法帝嚳史記三代世表及封禪書俱作帝佶人

部無俈字則告當爲嚳之假借○檀弓齊穀王姬之喪注穀當爲告聲之誤也錢云字當爲嚳凡告有急有緩王姬之喪宜急告故改告稱嚳嚳穀聲同亦字之誤案告爲易見字不應誤似嚳近是既同聲或穀可爲嚳之假借

口部

噣

喙也

後文咮鳥口也析言之詩候人不濡其咮毛傳咮喙也玉篇引作不濡其噣是咮爲噣之通借○韓奕毛傳厄烏噣也釋名小爾雅作烏啄漢書東方

朔傳鶴倪啄注啄烏觜也是咮爲噣之假借卽咮
之假借也若爾雅釋鳥生噣雛釋文噣義當作咮
則噣又爲啄之假借矣○爾雅釋天濁謂之畢畢
本星名詩盧令箋畢噣也釋文噣亦作濁小雅漸
漸之石月離于畢釋文同是皆以濁爲噣之假借
○又爾雅咮謂之柳史記及考工記注咮俱作注
是注爲咮之假借注已見示部祝下

喙口也

詩緜篇維其喙矣毛傳喙困也廣韻引作昆夷瘃
矣晉語余病喙矣韋昭注喙短氣貌方言郭注引

作余病㱼矣瘃㱼字皆說文所無蓋卽以喙字假借爲困極之義。後食部餯食臭也引爾雅餯謂之喙今爾雅作餯本書所無蓋卽借喙字爲之。漢書匈奴傳跂行喙息新語道基篇及洞簫賦俱作喘息若喙爲口喙當是喘之假借但廣雅釋詁喙與喘俱訓息蓋以義通惟周書周祝解作噦息淮南俶眞訓作噲息則俱假借字矣

噲　咽也讀若快一曰嚵噲也

詩斯干噲噲其正箋云噲噲猶快快也盧氏召弓曰淮南精神訓噲然得臥宋書樂志吳鼓吹曲我

皇多噲事皆與快同是噲爲快之假借

嗌 咽也籒文爲□上象口下象頸脈理也漢書百官公卿表曰蒜作朕虞應劭注蒜伯益也是蒜爲益之假借○齒部齸云麋鹿曰齸爾雅釋獸麋鹿曰齸釋文字或作嗌嗌蓋齸之假借惟獸所藏食必在咽喉則義亦通故郭注江東名咽爲齸

咺 朝鮮謂兒泣不止曰咺从口宣省聲詩淇奧赫兮咺兮毛傳咺威儀容止宣著也釋文引韓詩作宣顯也大學作喧則从宣不省是咺爲宣之假借本書心部引赫兮愃兮愃寬閒心腹皃

蓋許所據如此。義與毛韓異。或亦借愃爲宣也。

嶷小兒有知也。詩曰克岐克嶷。

今生民詩作嶷嶷爲嶷之假借。段云。太元作嶷。又音擬擬然有所識別也。本書心部則儗騃也。一曰惶也。與有知正相反。

咳小兒笑也。古文爲孩。

內則不敢噦噫嚏咳。莊子漁父篇幸聞咳唾之音。咳皆爲欬之假借。○晏子外篇頸尾咳於天地注。咳與該同。是咳爲該之假借。○詩角弓釋文。孩本作咳。內則咳而名之。釋文出孩字。云又作咳。此則

本一字非假借也

嗛　口有所銜也

段云嗛假借爲銜字如佞幸傳太后由此嗛韓嫣是也外戚世家景帝心嗛之漢書亦作銜之義本通○穀梁襄二十四年傳穀不升謂之嗛又商銘嗛嗛之食嗛嗛之德嗛皆爲歉之假借○子夏易傳漢藝文志謙卦作嗛是嗛爲謙之假借○戰國策齊桓公夜半不嗛注嗛快也則嗛爲慊之假借○史記文帝紀天下人民未有嗛志漢書嗛作㥦則嗛爲㥦之假借嗛㥦雙聲字○夏小正田鼠者

嗛鼠也。爾雅鼸鼠，古本亦作嗛，是嗛爲鼸之假借。郭注以頰裏藏食，與口有所銜義合。鼠部鼸，鼢也。鼢讀若含，含亦銜也。

嚌 嘗也。周書曰：太保受同祭嚌。

祭統君執鸞刀羞齊，釋文齊本亦作嚌，是齊爲嚌之省借。齊讀去聲。○文選北征賦鶡雞鳴以嚌嚌，注嚌音喈。蓋卽喈之假借。下與懷韻，蓋齊佳部通也。

噍 齧也。重文爲嚼。

三年問至于燕雀，猶有啁噍之頃焉。噍蓋啾之借字。本部啾。小兒聲也。○樂記。志微噍殺之音作。說苑修文篇作感激憔悴之音。噍宜借憔。而心部無之。

啐 小歓也。讀若啟。

雜記。主人之酢也嚌之。衆賓兄弟則皆啐之。注。嚌啐皆嘗也。嚌至齒。啐入口。本部啐。驚也。嚌啐之啐當爲啐之假借。士冠禮注。古文啐爲呼。段云。呼與啐音義皆隔。呼必啐之誤也。

噬 啗也。喙也。

考工記。梓人。攫網援簭。卽此噬字。而春官簭人以爲卜筮簭蓋筮之假借。○詩有杕之杜。噬肯適我。毛傳。噬逮也。噬卽逮之假借。爾雅釋言遾逮也。方言作噬。遾乃噬之或體。釋文引韓詩噬作逝。噬亦逝之假借。逝及也。逮亦及也。

嘰小食也。

玉藻進禨進羞。少儀禨者醮者。注。已沐飲酒曰禨。段云。皆當作此嘰。是禨爲嘰之假借。○嘰與皀部既音義竝同。可爲通借。○史記十二諸侯年表。紂爲象箸而箕子唏。索隱曰唏歎聲。卽欠部欷字。淮南繆稱訓作箕子嘰。嘰當爲唏之假借。本部唏笑也。一曰哀痛不泣曰唏。義蓋從後訓。

含　嗛也。

借琀。已見玉部。○月令羞以含桃。釋文含亦作函。
呂覽淮南注竝云含桃。鸎所含食。則函爲含之假
借。又函即马部之圅。马讀若含。乎感切。段謂圅借
爲含。如席間圅丈。圅人爲甲是也。周頌實圅斯活。
毛傳圅含也。謂假借也。○漢郊祀歌靈安留。吟青
黃。服虔曰吟音含。是以吟爲含之假借。○錢謂太
元啗函啟化。啗與含同。本部啗食也。啗蓋含之假
借。

嘽　喘息也一曰喜也詩曰嘽嘽駱馬

今詩四牡傳嘽嘽喘息之貌此前一義也崧高徒御嘽嘽傳嘽嘽喜樂也則後一義本書疒部瘏下引詩瘏瘏駱馬瘏馬病也與此異字異義當本之三家可爲通借其音則嘽他干切瘏丁可切凡單聲之字多轉入哿部故漢書大人賦瘏以陸離史記瘏作壇○廣雅釋訓嘽嘽衆也本詩采芑毛傳漢書敘傳王師驒驒即常武之王旅嘽嘽馬部驒驒騱野馬也是驒爲嘽之假借○樂記其樂心感者其聲嘽以緩注嘽寬綽皃與喜義合釋文嘽昌

善反。文選洞簫賦。嘽漫衍凱。注云。歡樂皃。嘽漫卽本之樂記嘽諧慢易。則嘽亦可爲嘽之假借。嘽與嘽俱从單聲。故相通。○嘽又通繟。別見後糸部。

呬

東夷謂息爲呬。詩曰。犬夷呬矣。

段云。大雅。混夷駾矣。維其喙矣。合二句爲一句。喙作呬。葢用三家詩。則喙當爲呬之假借。方言喙呬俱訓息。義亦通。○詩假樂民之攸塈。毛傳。塈息也。塈無息訓。爾雅某氏注引詩民之攸呬。亦三家詩。則塈當爲呬之假借。○後尸部眉字云。臥息也。與呬音義略同。可爲假借。又鼻部有齂字。亦云臥息

也。讀若𤔔。與眉通。則當兼通呬矣。○文選思元賦

怬河林之蓁蓁兮。後漢書作呬。心部無怬。蓋即呬

之或體。

呼 外息也。

錢云。此呼吸字也。又唬嘑作嘑。評召作評。嘑虖作

虖。謼咄作謼。五字不同。案本部嘑。唬也。繫傳作號

也。段謂銜枚氏䚹呼歎嗚。大雅式號式呼。及諸書

云叫呼者。皆當作嘑。是呼爲嘑之假借。嘑亦通謼。

漢書敘傳引詩式號式謼。是呼爲謼之轉借。又今

嗚呼字。或作烏虖。或作於乎。或亦作於戲。漢書東

方朔傳先生曰。於戲。注。戲讀曰呼。大學引詩於戲
前王不忘。並假借通用字。○易解卦甲坼。鄭注。坼。
呼也。釋文。呼音火亞切。蓋卽罅字。缶部罅裂也。是
呼爲罅之假借。罅从虖。故音通。○左氏文元年傳。
呼役夫。釋文。呼。好賀反。王伯申曰。非也。呼當爲吁
之假借。吁。疑怪之辭。莊子在宥篇。鴻蒙仰而視雲
將曰。吁。釋文。吁亦作呼。檀弓曾子聞之曰。呼。釋文
呼作吁。是吁呼古字通也。

吸

内息也。

詩大東。載翕其舌。玉篇引作載吸。是吸爲翕之通

借○曲禮以箕自鄉而扱之注扱讀曰吸蓋以扱爲吸之假借手部扱收也則即用扱之本義亦合○楚辭九章吸湛露之清涼甘泉賦作噏青雲之流瑕本部無噏字當卽吸之或體

噓 吹也

欠部欷吹也與此可爲通借但彼處一曰笑意故嵇康琴賦云欷愉歡釋則義別○文選七發噓唏煩酲注噓與歔通噓當爲歔之假借欠部歔欷也一曰出气也玉篇引聲類出气緩曰噓是亦略同

吹 噓也

文選樂游苑詩注引月令章句吹者所以通氣也管簫竽笙塤篪皆以鳴吹者也案龠部龥字云龥音律管壎之樂也經典如月令習吹合吹爾雅徒吹謂之和及凡鼓吹字皆當爲龥之假借周禮笙師作歈○荀子仲尼篇可炊而僓也注炊與吹同僓當爲僵言可吹之而僵仆是以炊爲吹之假借顏氏家訓書徵篇古樂府百里奚詞吹扊扅吹當作炊煮之炊又以吹爲炊之假借也

啍

口气也詩曰大車啍啍

荀子哀公篇無取口啍注啍與諄同莊子胠篋篇

而悅夫啍啍之意釋文啍啍以巳誨人之貌是啍爲諄之假借

唫口急也

詩板傳呻吟釋文吟本又作唫是唫爲吟之假借本部唫與吟異今人歌吟字亦多作唫○穀梁僖卅三年傳必於殽之巖唫之下釋文唫本作崟山部崟山之岑崟也是唫爲崟之假借

噤口閉也

呂氏春秋呿而不唫注唫閉也是唫爲噤之假借○史記淮陰侯傳雖有舜禹之智吟而不言此又

以吟爲噤之假借也。

名

自命也。从口夕。夕者冥也。冥不相見故㠯口自名。

周禮小祝注。銘今書或作名。銘字在新附當即名之假借。祭統。銘者自名也。義本通。○齊風猗嗟名兮。毛傳。目上爲名。玉篇引詩猗嗟顯兮。顯眉目間也。本亦作名。文選西京賦。眳藐流眄。薛注。眳眉睫之間。顯眳字皆說文所無。當祇借名字爲之。

吾

我自稱也。

海內北經。林氏國有珍獸。名曰騶吾。注。吾亦作虞。是吾爲虞之假借。又史記東方朔傳。遠方當來歸義而騶牙先見騶牙卽騶虞則牙通虞亦通吾故漢書地理志金城郡允吾縣應劭曰允吾音鈆牙○左氏昭三十年傳若好吳邊疆使柔服焉釋文吳一本作吾是吳爲吾之假借越紐錄越王曰寡人聞吾有千將吾卽吳則吾又爲吳之假借也○史記河渠書功無已時兮吾山平徐廣曰東郡東阿有魚山是吾爲魚之假借故晉語暇豫之吾吾注吾讀如魚○管子海王篇吾子食鹽二升少半注吾子謂小男小女也正字通云古本管子作童其假借未詳○借禦已見示部

【哲】知也。重文爲悊。古文嚞，从三吉。

借折。已見艸部斲下。○段云：心部悊，敬也。疑敬是本義。以爲哲是假借。案：詩瞻卬「懿厥哲婦」，漢書谷永傳作「悊婦」。嚞或省作喆。書伊訓「敷求哲人」，釋文本又作喆，皆假借也。

【君】尊也。从尹口，口以發號。古文爲𠱳，象君坐形。小徐本作𠱳。

爾雅釋詁：林、烝，君也。郭注引詩「有壬有林」，文王烝哉爲證。固通。王伯申則謂借君爲羣，與天帝皇王后辟公侯之君字同而義異。亦備一說。案：韓詩外傳君羣也竝見白虎通廣雅釋言是君與羣義本合郝云林烝者衆也又訓君者衆之所歸斯謂之君與君羣義同也然則二説似不必是此而非彼矣○書呂刑皇帝清問下民釋文出君字云本作皇案皇帝之稱至秦始有故宜作君此相傳之異非假借也君已見八部公下

命　使也

借靈已見玉部○大學命也鄭注命讀爲慢聲之誤也蓋以命爲慢之假借○易繫辭焉而命之釋文命孟本作明是明爲命之假借○左氏桓二年

傳命之曰仇漢五行志作名之又漢書張耳傳嘗亡命游外黃注命者名也脫名籍而逃亡是命爲名之假借廣雅釋詁命者名也則義本通名已見上○左氏襄十一年傳或間茲命釋文命本作盟此盟辭以命令諸侯故通借也

召評也

邑部邵晉邑也左氏襄廿三年傳齊戍郫邵此與周召分陝之地各異而詩序繫之召公襄廿九年傳歌周南召南釋文竝云召本作邵邵當爲召之假借今經傳多通用○力部劭勉也讀若舜樂韶

漢書郊祀志顏注。召讀曰劭。是召爲劭之省借。卪部卲高也。又與邵異。應劭之名或作卲。亦借字也。

唯 諾也。

詩敝笱其魚唯唯。釋文引韓詩作遺遺。遺蓋唯之假借。○荀子大略篇。惟惟而亡者。誹也。注。惟讀爲唯。唯唯聽從貌。是惟爲唯之假借。案廣雅釋詁。唯。獨也。今訓獨之字作惟。易文言其唯聖人乎。詩斯干。唯酒食是議。字作唯。諾之唯是以唯爲惟之假借。其實惟亦假借也。惟又轉通雖。而字仍作唯。表記。唯天子受命於天。注。唯當爲雖。少儀。雖有君賜。

雜記以喪冠者雖三年之喪可也注竝云雖或爲唯

唱 導也

樂記壹倡而三歎玉篇引作一唱是倡爲唱之假借人部倡樂也今以爲倡優字讀平聲○唱旣爲倡又轉省作昌周禮樂師教愷歌遂倡之注故書倡爲昌昌亦唱之假借也

咥 大笑也詩曰咥其笑矣

易訟有孚窒惕中吉釋文窒馬作咥云讀爲躓猶止也窒正止之義是咥爲窒之假借而鄭云咥覺

侮貌，乃別一義。○履虎尾，不咥人，亨。釋文：咥，齧也。集韻：咥或作齰。齒部：齰，齧堅也。咥當爲齰之假借。咥，許旣切，又直結切；齰，陟栗切，竝从至聲。

呭　多言也。詩曰：無然呭呭。

言部：詍，多言也。亦引詩無然詍詍。呭詍可通用。今詩作泄泄。孟子及毛傳竝云：泄泄，猶沓沓也。曰部沓字云：語多沓沓也。是泄爲呭詍之假借。水部泄爲水名。若爾雅釋訓：憲憲、洩洩，制灋則也。洩字說文所無，蓋卽泄字，唐時避諱所改。

喿　聲喿喿也。

段云。玉篇有嘂無噪。嘂古弔反。聲也。此以倒𥄉之県爲聲。卽噪字也。廣韻引漢刑法志県首。今志作梟首。地理志鉅鹿鄡縣。今說文作鄡縣。余謂噪音古堯切。與嘂微異。本部無嘂。疑嘂爲噪之假借。○錢云。東方朔曰。聲謷謷。鳥哺𣪊也。卽此字。是以謷爲噪之假借也。

𢦏　言之閒也。

爾雅釋詁。哉。閒也。哉者。語詞。王伯申曰。凡語詞皆言之閒。何獨於哉而言閒也。哉疑當讀爲廁。廁與閒同義。廣雅。廁。閒也。廁本字。哉借字。哉與菑古同聲。𢦏之爲𢊁猶菑之爲𢊁也。築許於此明以𢦏爲言之閒。蓋本爾雅。王說乃別一義。亦可通。菑已見艸部。𢊁見後广部。又釋詁。𢦏始也。疏云。𢦏古文作才。說文。才。艸木之初也。是𢦏爲才之假借。釋文。𢦏。本作栽。栽又爲𢦏之轉借。○詩文王。陳錫𢦏周。毛傳。𢦏。載也。疏云。載行周道。致有天下。左氏宣十五年昭十年傳及晉語引詩俱作陳錫載周。是以𢦏爲載之假借。鄭箋。𢦏。始也。載見毛傳。亦云載始也。書伊訓。朕𢦏自亳。孟子。𢦏作載。則又以載爲𢦏之轉借矣。○借兹。亦見艸部。

咠 聶語也。詩曰。咠咠幡幡。
段云。萋伯。三章緝緝翩翩。四章捷捷幡幡。此誤合兩章爲一。案詩作緝於義未合。邵謂咠聶語。正讒人醜態。釋文云。緝說文作咠。是陸氏以咠爲正。緝蓋咠之假借。○漢書楊雄傳注引詩唼唼幡幡。唼乃捷之假借。本部無唼字。

嗪 大笑也。讀若詩曰瓜瓞菶菶。
此與玉部玤下引同。今生民作瓜瓞唪唪。唪當爲菶之假借。

嗔 盛氣也。詩曰。振旅嗔嗔。

今采芑作闐闐。門部闐盛皃。是二字音義皆同。可爲通借。魏都賦作振旅輷輷。玉篇輷車聲。而車部無之。則輷爲嗔之異體假借也。○孟子填然鼓之。填亦當爲嗔闐之假借。○玉藻盛氣顚實。注顚讀爲闐。盛身中之氣使之闐滿。是顚爲闐之假借。亦卽借嗔也。顚已見玉部瑱下。○言部謓恚也。廣雅釋言曹憲音義云。今人作嗔字。失之。蓋俗以嗔爲謓之假借。但人怒卽盛氣相對。義亦通。又與目部瞋張目也相近。漢書項籍傳羽瞋目叱之。正合怒意。

嘯吹聲也。籀文爲歗。

內則不嘯不指。注。嘯讀爲叱。是嘯爲叱之假借。本部叱。訶也。嘯之入聲與叱近。

台說也。

書金縢。公乃爲詩以怡王。鄭注。怡。悅也。蓋台說本字。今作怡悅。心部怡。和也。則怡當爲台之假借。○虞書舜讓於德。弗嗣。今文尙書作不台。見史記自序漢書王莽傳文選典引。此相傳之義不同。而音亦通借也。○段謂湯誓高宗肜日西伯戡黎皆云如台。殷本紀皆作奈何。釋詁台予同訓我。此以雙聲爲用。何予台三字雙聲也。則何與予俱可假借台字爲之。何已見艸部荷下。予見八部余下。○台又轉入灰韻。周禮大宗伯司中注。司中三能三階也。史漢皆作三能。後漢書安帝紀郎顗傳注並作三台。能當爲台之假借。○詩行葦黃耇台背。爾雅釋訓作鮐背。郭注背皮如鮐魚。是台爲鮐之省借也。○廣雅釋詁。台失也。王云。說文駘馬銜脫也。後漢書崔寔傳馬駘其銜。駘與台聲義相近。則台可爲駘之省借。駘爲馬銜脫。卽引伸爲凡脫之義。脫。失也。台脫音亦近。○火部炱云。灰炱煤也。文選舞賦。舒恢㒰之廣度兮。注。㒰與台古字通。㒰亦台之假借也。恢台字習用。

启 開也。

爾雅釋天。明星謂之启明。詩大東作啟明。攴部啟。教也。啟蓋启之假借。後人以啟爲启。而启字幾廢。若儀禮多用啟字。注竝云今文啟爲開。史記於書啟明啟籥俱作開。夏后啟微子啟之名亦作開。又以启之訓詁字爲之耳。

咸 皆也。悉也。从口从戌。戌悉也。

周禮伊耆氏。共其杖咸。注。咸讀爲函。以藏杖也。咸本椷之省借。函又椷之通借也。椷見後木部。函已見令下。○書君奭咸劉厥敵。王伯申曰。咸劉字見逸周書世俘篇及漢律厤志引武成篇。猶言遏劉虔劉也。咸者。滅絶之名。說文曰。㦰。絶也。讀若咸。聲同而義亦相近。據此則咸當爲㦰之假借。解者訓咸爲皆。失其義矣。○左傳隱八年。陳鍼子送女。是陳有鍼氏也。公羊襄廿四年經。陳咸宜咎。釋文。咸本又作鍼。當卽鍼氏之後。族咸爲鍼之省借。○言部。諴。和也。引周書。丕能諴于小民。今召誥作咸。大禹謨。至諴感神。疏云。諴亦咸也。是咸爲諴之省借。

○周禮冢人注、大夫以咸、軸人注、大小之率、咸寸半也。釋文竝云、咸本又作減。昭廿六年左傳則有晉鄭咸黜不端。正義曰、咸諸本或作減。是咸爲減之省借。故司馬相如難蜀父老文上咸五下登三。文選咸作減。與史漢異。

呈　平也。

史記秦始皇紀、上以衡石量書、日夜有呈、不中呈、不得休息。漢書江都易王傳作中程。禾部程、品也。是呈爲程之省借。○左氏僖廿三年傳而殺人以呈。釋文、呈本或作逞。呈亦逞之省借也。

助也。

後又部亦有右字。云手口相助也。蓋重出。其解宜屬於此。○段謂今人以左右爲ナ又字。則別製佐佑爲左右字。是經傳凡取助義者。皆以左右字爲正。而加人旁爲俗體。○示部祐亦助也。析言之。神之所助爲祐。人之所助爲右。易大有自天右之。繫辭作祐之。詩大明保右命爾。御覽三百三引作保祐。則二字可爲通借。○周禮大祝以享右祭祀。注。右讀爲侑。詩形弓一朝右之。毛傳。右。勸也。楚茨以妥以侑。傳。侑。勸也。右皆爲侑之假借。右既通祐。故

槃辭可與祐神釋文苟本作侑侑又爲祐之假借矣侑爲女部姷之重文云耦也

啻 語時不啻也一曰啻諟也讀若鞮

疒部疷下云病不翅孟子奚翅食重翅爲啻之假借段云支聲帝聲同部也○戰國策疑臣者不適三人注適啻同適亦啻之假借適从啻故與啻通

周 密也 周 古文周字从古文及

詩雲漢靡人不周箋云周當作賙貝部無賙字蓋卽借周字爲之○考工記作舟以行水注故書舟作周鄭司農云周當作舟是周爲舟之假借若詩

大東舟人之子毛傳謂舟楫之人而箋云舟當作周此乃各明一義○勹部匊帀徧也凡周帀周徧字皆當作匊易周流六虛周正匊之假借詩公劉何以舟之舟亦匊之省借也○左氏襄廿三年傳華周與孟子正同說苑立節善說二篇作華舟旣可通用而古今人表作華州州當爲周之假借御覽引風俗通州周也則義亦通○史記晉世家而使人迎公子周與左傳同徐廣曰周亦作糾糾當爲周之假借周與糾平上通韻○海外南經周饒國其爲人短小一曰焦僥國桼荀子富國篇淮南

墜形訓並作焦僥則周爲焦之假借周焦䵣之轉
焦已見艸部蕉下○今之終始字見後糸部王襃
祖日月令數將幾終鄭注言日月星辰運行於此
月皆周帀於故處也左傳襄九年十二年矣是謂
一終一星終也杜注歲星十二歲而一周天昭二
十年吾將死之以周事子注周猶終竟也是終可
爲周之假借故大戴記盛德篇終而復始後漢光
武紀注引終作周史記高祖紀贊同此語漢紀作
周蓋終周一聲之轉也

□大吉也古文爲□

今陂塘字古卽借唐字爲之自部隄唐也土部塘字在新附○文選西都賦前唐中唐卽爾雅釋宮廟中路謂之唐也漢書郊祀志作商中顏注西方之庭爲商庭恐非商唐疊韻當是假借字○淮南脩務訓言山桐之琴唐牙莫之鼓也注唐猶堂蓋堂謂師堂牙謂伯牙又後漢書延篤傳從唐溪典受左傳注引風俗通吳夫槩王奔楚封堂谿因以爲氏唐與堂同是唐爲堂之假借○上林賦玟玉旁唐玢豳文磷師古曰唐字本作碭言玟玉及石並玢豳也石部碭文石也蓋小顏以唐爲碭之假

借與郭注旁唐言盤礴異解○莊子田子方篇是求馬於唐肆也釋文引司馬本作廣肆云廣庭也葢以唐爲廣之假借○詩蕩篇如蜩如螗夏小正作唐蜩鳴虫部無螗字葢卽借唐字爲之

𠷎 誰也从口𢑴又聲𢑴古文疇

後田部疇亦重文爲𢑴與此處以𢑴爲古文稍異案疇𢑴旣一字不得田旁又加𢑴後白部云𣅀詈也从白𢑴聲𢑴與疇同當是𢑴疇各字而古文重文乃以𢑴爲疇之省借耳○錢謂尚書疇咨字應作此𠷎爾雅釋詁疇誰也史記於疇咨疇若俱以

誰字代之𠷎既訓誰則今書作疇正𠷎之假借但白部𠷎下已引虞書帝曰𠷎咨是疇當爲𠷎之假借故段氏亦以𠷎字兼从又爲疑也○法言脩身篇儔克爾注訓儔爲誰儔亦當爲𠷎之假借

噎　飯窒也

詩王風中心如噎毛傳謂噎憂不能息也案憂當作嚘劉氏台拱曰欠部歍嚘也歍嚘即噎嚘是毛傳之噎憂當爲歍嚘之假借也○續漢書禮儀志鳩者不噎之鳥也廣韻噎或作咽咽乃咽喉字是咽爲噎之假借又方言云嗌噎也秦晉或曰嗌亦

曰嗌是嗌又爲嗌之假借嗌咽本互訓嗌已見前

噦气啎也

詩斯干噦噦其冥箋云噦噦猶煟煟也下言寬明之貌寬屬上句噲噲明屬煟煟釋文引字林曰煟火光貌廣雅釋訓亦云煟煟光也蓋以噦爲煟之假借但煟字本書火部所無胡墨莊曰噦又與嘒通詩嘒彼小星有嘒其星毛傳皆言嘒星貌鄭以噦噦爲光明正合嘒義案噦嘒音同則噦當爲嘒之假借矣惟內則不敢噦噫嚏咳是用本義○羽部翽字云飛聲也引詩鳳皇于飛翽翽其羽此卷

阿之文。說苑奉使篇作㖗㖗其羽。蓋以㖗爲翽之假借。

咈，違也。周書曰：咈其耇長。

周書當作商書。見微子篇。今書咈作拂。錢謂書之咈哉，是用正字。此外如易拂經于丘，詩四方以無拂，韓非子大忠無所拂亂，義皆當爲咈。荀子大學是謂拂人之性，注：拂猶佹也。大戴記易本命篇食木者多力而拂，性注：拂，戾也。荀子臣道篇謂之拂，注：拂，違君之意也。諸書拂字竝爲咈之假借。拂已見示部祓、艸部蔽茀下。○曲禮獻鳥者佛其首，學記其求之也。佛。釋文竝云。佛。本又作拂。然義取違戾。亦當爲咈之假借。後人多以拂爲咈。遂不分別。

嚘 語未定皃。

借嚘。已見上。○漢書東方朔傳。伊優亞辭未定也。優乃嚘之假借。○玉篇。嚘。气逆也。太[元]經。柔兒于號。三歲不嚘。老子作號而不嗄。嗄蓋嚘之或體。

啖 噍啖也。一曰噉。

周禮卝人注。知鹹啖也。釋文。啖。本作淡。漢書叔孫通傳。攻苦食啖。注。啖當作淡。此以啖爲淡之假借。

○晉語。主孟啗我。啗卽啖字。見前噬下。

哇 諂聲也。从口圭聲。讀若醫。

漢書王莽傳贊。紫色䵷聲。又東京賦咸池不齊度於䵷咬。匡謬正俗云。䵷者。非法之曲。不正之音。非謂水中䵷黽之聲也。是䵷爲哇之假借。○文選七命。追清哇。注引蒼頡曰。哇。謳也。謳轉爲嘔。莊子大宗師。其嗌言若哇。釋文。哇。嘔也。孟子出而哇之。蓋借此字。

吺 讘吺多言也。从口投省聲。

錢云。繫傳作殳聲。是埤蒼囁嚅多言也。卽讘吺。案本部無嚅字。當卽吺之或體。○虞書放驩兜。汗簡

云古文尙書作鴅吺此人名不定孰爲假借

呰　苛也

段云凡言呰毁當用呰喪服四制訾者莫不知禮之所生也鄭注口毁曰訾一切經音義引作呰是訾爲呰之假借○漢書地理志呰窳偷生此部呰窳也史記貨殖傳作呰窳呰乃呰之假借○漢書敘傳闒茸之呰藏我明德注呰與疵同是呰爲疵之假借疵已見玉部玼下○爾雅釋詁呰已此也注呰已皆方俗異語疏云呰已與此音相近故得爲此則呰可爲此之假借矣○郝云一切經音義

二及六竝云呰古文呰歫二形爾雅釋文呰郭音呰引廣雅呰辭也是郭以呰爲呰蓋本楚辭或讀呰爲蘇箇切非也案呰字在此部新附當卽呰之或體

嗸　衆口愁也詩曰哀鳴嗸嗸

漢書董仲舒傳嚻嚻苦不足注嚻讀與嗸同是嚻爲嗸之假借詩十月之交讒口嚻嚻劉向傳引作嗸嗸則又以嗸爲嚻之假借也○段云食貨志天下謷謷陳湯傳熬熬苦之皆嗸之同音假借字○荀子彊國篇百姓讙敖注謂叫呼之聲噭噭然也

敖亦嗸之省借。

唸 叩也。詩曰。民之方唸叩。下叩字云。唸叩。呻也。叩或作咿从伊省聲。今板篇作殿屎。毛傳。呻吟也。蓋唸叩之假借。二字聲並相近。錢云。屎乃古文徙字。爲㞎之省也。

吟 呻也。重文爲訡。爲𠯠。借含借唫。借噤。已見前。○南山經。其音如吟。注。如人呻吟聲。西山經。東山經皆有其音如欽。注。欽亦吟字。是欽爲吟之假借。

嗞 嗟也。

嗟言部作薔經傳多有嗟咨字咨當爲嗞之假借咨巳見艸部茲下○莊子則陽篇號天而哭曰子乎子乎此以子爲嗞之假借詩綢繆子兮子兮毛傳子兮者嗟茲也茲又嗞之省借

嗁 號也

嗁俗作啼雜記注若嬰兒亡母啼號釋文啼本作諦荀子禮論哭泣諦號注諦讀爲啼是諦爲嗁之假借若漢書嚴助傳孤子謕號注謕古啼字則謕卽諦嗁既或从帝故諦亦或从虒非二字也

嘆 吺嘆也

借莫。已見茻部。○古詩十九首。脈脈不得語。廣韻引作嗼嗼。蓋以脈爲嗼之假借。脈當是眽之譌。作眽亦通。

吠　犬鳴也。

段云。字林作㕹。爲形聲字。太[元]曰。鴟鳩在林。㕹彼衆。經文選注引戰國策作𠯫。亦形聲字。是㕹與𠯫皆爲吠之假借。

㚖　咆也。重文爲獆。譚長說。㚖从犬。

周禮大祝。來瞽令皋舞。注。皋讀爲卒嗥呼之嗥。來嗥者皆謂呼之入。是以皋爲嗥之假借。○文選子盧賦左烏號之雕弓注引張揖說黃帝上天小臣抱弓而號淮南原道訓及史漢俱作烏號惟家語好生篇亡烏嗥之弓則嗥爲號之假借○左氏宣二年經晉趙盾殺其君夷皐公羊作夷獋此人名不定誰爲假借

哮 豕驚聲也

詩常武闞如虓虎風俗通正失篇引作哮虎哮當爲虓之假借○集韻引字林狗豕鳴也音謞或作哮本書無狗字則爲哮之假借若吳都賦封豨蓰注蓰豨聲呼學切哮本許交切亦許角切音相近

魏殆嘷之別體。

噳 麋鹿羣口相聚皃。詩曰。麀鹿噳噳。

此語詩兩見。韓奕作噳噳。用正字。吉日作麌麌。毛傳。衆多也。鹿部無麌字。則麌當爲噳之假借。

吅部

吅 驚嘑也。讀若讙。

言部讙與此義微別。玉篇吅與讙同。則二字可爲通借。○少儀注。覆諠之也。釋文。諠或云諼。譁一切經音義。古文諼讙二形。今作諠。又云。諠古文作吅。亦作讙。據此。諼與諠皆當爲吅讙之假借。二字已見艸部蘦下。案諠亦作喧。漢書霍光傳：民間喧言是也。與諠字並說文所無。○廣韻二用：叩，爭言也。出文字音義，又宜喧二音，蓋讀叩為訟。此自古今音異，非必假借。

嚴　教命急也。古文為𠫺。

曲禮：儼若思。釋文：儼本亦作嚴。詩常武：有嚴天子。毛傳：嚴然而威。釋文：嚴，毛讀魚檢反。是嚴為儼之省借。○左氏隱元年傳：制，巖邑也。釋文：巖本作嚴。是嚴為巖之省借。故詩維石巖巖，羣經音辨亦作嚴嚴。

咢 譁訟也。

隸變作咢。漢書王褒傳。越砥斂其咢。注。咢。刃刅也。蓋以咢爲㓵之假借。今作鍔。○韋賢諷諫詩。咢咢黃髮。文選作諤諤。張良傳。愕然欲毆之。一切經音義。愕或作咢。爾雅釋天。在酉曰作噩。釋文。噩本作咢。諤愕噩皆說文所無。故竝借咢字爲之。惟愕當作遻。見後辵部。又言部。謞。疾言也。呼卦切。音義皆與諤近。諤當爲謞之假借。然未見用是字者。

單 大也。

借䵣。已見艸部。○史記春申君傳。王之威亦單矣。

徐廣曰單亦作殫經典中如書君奭丕單稱德郊特牲單出里大傳戚單於下祭義歲既單矣凡訓盡者皆當爲殫之省借又爾雅釋天在卯曰單閼史記天官書索隱單盡也而於屈原賈生傳引孫炎本作蟬焉郝云占經引孫炎作殫猶伸也閼壅之物於此盡伸也則蟬爲單之借實殫之轉借矣○詩昊天有成命單厥心毛傳單厚也周語作亶厥心書盤庚誕告用亶釋文亶馬本作單誠也詩天保俾爾單厚傳單信也凡似此訓單皆亶之假借若桑柔逢天僤怒傳僤厚也釋文僤本作亶人

部無僤字當卽單之或體○僤行注庶人單衣釋文單本作襌單亦襌之省借單爲雙之對則義通

喌 呼雞重言之讀若祝

段云夏小正雞桴粥粥也者相粥之時也一本作相喌喌呼也粥喌古今字則粥爲喌之假借○風俗通呼雞朱朱喌與朱音相近是朱爲喌之假借○博物志祝祝雞翁善養雞故呼祝祝然祝亦當爲喌之假借非必如張華所云也祝已見示部

走部

走 趨也从夭止夭止者屈也

詩緜予曰有奔奏釋文奏本作走是奏爲走之假借釋名走奏也促有所奏至也則義亦通○又來朝走馬玉篇引作趣馬本部趣疾也詩箋云言其辟惡早且疾也是走當爲趣之假借

走也

詩棫樸左右趣之毛傳趣趨也漢書賈誼傳趣中肆夏注趣讀曰趨此以趣爲趨之假借趣又爲旨趣之義孟子其趨一也音義云趨讀如趣是趨亦趣之假借也○樂記衞音趨數煩志注趨數讀爲促速管子國蓄篇則君雖彊本趣耕注趣讀爲促

趨趣本通故以音轉俱爲促之假借○左氏昭二十年傳賓將掫周禮鎛師注杜子春引作賓將趨手部掫夜戒守有所擊也是趨爲掫之假借集韻掫音鄒或作趣故音近掫已見艸部菆下○詩猗嗟巧趨蹌兮釋文趨本作趍趍本部趍字云趍趙久也淮南跌蹏而趍千里義作馳則趍爲趨之假借若周禮樂師趨以采齊注故書趨作路路足部所無當卽趍之或體○荀子正論篇騶中韶濩以養耳注騶當爲趨是以騶爲趨之假借也

趫 善緣木走之才讀若王子蹻

段云。張注列子說符篇異伎云。僑人。郭注山海經長股國言有喬國。今伎家僑人象此。是僑喬皆趫之假借。王子蹻亦卽王子喬也。

赳 輕勁有才力也。讀若鐈。

詩兔罝。赳赳武夫。後漢書桓榮傳注引作糾糾。是以糾爲赳之假借。

⿺走支 緣大木也。一曰行皃。

詩小弁。鹿斯之奔。維足伎伎。玉篇引作⿺走支⿺走支。伎蓋⿺走支之假借。○錢云。漢書東方朔傳。跂跂脈脈善緣壁。跂卽⿺走支也。此以緣壁與緣木相類耳。桼虫部蚑。

行也與䞨訓行皃正同从虫爲蟲之行引伸即通爲行義故淮南脩務訓蚑行蟯動原道訓作跂蹺注跂跂行也漢書匈奴傳跂行喙息蝡動之類注跂行凡有足而行者也且云善緣壁者正謂蟲行是跂當爲蚑之假借而蚑亦可與䞨通借矣

越 度也

辵部𨒅踰也引易雜而不𨒅今易作越是越𨒅音義竝同可爲假借○段云大誥文侯之命越字魏三體石經作粵說文引粵三日丁亥今召誥作越三日丁巳案書太甲盤庚釋文亦云越本作粵是

越爲粤之假借。○夏本紀正義東南草服葛越。越即絺布也。今作絨。案糸部絨。采彰也。一曰車馬飾。則絨非正義。但絺亦从糸。或可通借。越乃假音字耳。○文選王元長曲水詩序文鉞碧砮之琛。注云。鉞當爲越。杜篤展武論文越水震。蓋以鉞爲越之假借。○禮運越席疏布。注越席翦蒲也。越音活。廣韻或作趏。本部所無。當即借越字爲之。活趏音近也。○女部娍字云。輕也。廣雅釋詁同。疏證謂娍之言越也。荀子非相篇筋力越勁。越者輕也。即本部赼字之輕勁也。則娍可爲越之通借。

趬　行輕皃一曰趬舉足也。

史記衞將軍驃騎傳誅獟駻。索隱獟行疾皃。是獟爲趬之假借。○錢云。凡翹舉之義應爲趬。俗皆用翹。莊子翹足而陸。南都賦翹遙遷延。注翹遙輕舉皃。則翹爲趬之假借。

趀　蒼卒也。讀若資。

錢氏竹汀云。論語造次必於是。造次馬云急遽也。鄭云倉卒。則次者趀之假借字。○易夬九四其行次且。釋文次鄭作趀。王肅作趑。趄行止之礙也。本部云趑趄行不進也。則次且當爲趑趄之省借。鄭又以趦爲趑之假借也。釋文或作䟣跙者。从走與从足每相通。

疑之等趑而去也。錢云。此猜疑字。猜則猜恨字也。是今人作猜疑者。當爲趑之假借。

獨行也。讀若焭。目部睘。目驚視也。引杕杜詩。獨行睘睘。詩釋文。睘本亦作焭。文選思元賦注作獨行焭焭。案趨字从走。故爲獨行。睘焭皆假借也。别見後卂部。

安行也。

心部𢛛趣步𢛛𢛛也音義竝同論語與與如也與乃趣𢛛之省借漢書叙傳長倩𢛛𢛛即𢛛字也

疾也讀若謹

方言云儇疾也義與此同是儇可爲趮之假借錢云荀子非相篇鄉曲之儇子義爲趮○羽部翾小飛也文選思元賦翾鳥舉而魚躍兮王云翾者疾也猶言儵鳥舉而魚躍也翾與趮亦同集韻趮音翾則翾又趮之假借矣

趍趙也

荀子賦頭銛達而尾趙繚者邪注趙讀爲掉是趙

爲掉之假借○方言牀杠南楚之間謂之趙注趙當作桃聲之轉也中國亦呼杠爲桃牀廣雅釋器樹桃杠也桃與桃同是趙當爲桃之假借而本書無桃字○詩良耜其鎛斯趙毛傳趙刺也攷工記總目注作其鎛斯掲掲字亦說文所無其假借未聞

逴遠也

辵部逴遠也音義竝同可爲通借○史記貨殖傳上谷至遼東踔遠足部踔踶也是踔爲逴之假借漢書上林賦逴希間史記作踔希間則逴又爲踔

之假借也。楚辭逢尤篇世旣卓兮遠眇眇注卓遠也卓乃趠逴之省借

趫狂走也

廣雅釋詁僪狂也東京賦斮獝狂甘泉賦抶獝狂僪獝皆說文所無當爲趫之假借。禮運故鳥不獝獸不狘注獝狘飛走之貌也獝亦當爲趫周禮大司樂注作故鳥不矞矞乃趫之省借。疒部㾕狂走也公羊傳陳侯鮑卒怴也注怴者狂也怴與㾕同是㾕可爲趫之通借亦音近

趜窮也

詩小弁踧踧周道鞫爲茂草毛傳鞫窮也本書中如竆窮也䎘窮治辠人也皆有窮義而此承上周道以人所行走言之故當作趜鞫乃趜之假借

行趚趚也一曰行曲脊皃

楚辭踡跼兮寒局數注踡跼傴僂也又蜷局顧而不行注詰屈不行貌踡蜷字說文所無當皆爲𧻚之假借

行越趚也

廣雅釋宮趚犇也即詩清廟書武成之駿奔走爾雅釋詁駿速也速與趚通馬部駿云馬之良材者

則駿當爲趚之假借。禮記大傳作遬。奔走遬可通趚也。

趚 側行也。詩曰。謂地蓋厚。不敢不趚。今正月詩趚作蹐。足部亦引不敢不蹐。蹐小步也。與毛傳累足訓正合。此作趚者。當本之三家相傳異字。而音義竝通。非必假借。許君每有兩引者。

[走圭] 半步也。讀若跬同。祭義君子一頃步而不敢忘孝也。釋文頃讀爲跬。是頃爲[走圭]之假借。段云。支與清轉移次近也。若荀子勸學篇。不積蹞步。注。蹞與跬同。足部無蹞字。當

卽頊之或體。漢書息夫躬傳未有能窺左足而
先應者也注言一舉足也是窺爲𧺆之假借
𧺝距也漢令曰𧺝張百人
段云蹶弩主於跫距故曰𧺝張漢書申屠嘉傳以
材官蹶張如[湻]注材官之多力能腳蹋強弩張之
故曰蹶張字以說文爲準則蹶當是𧺝之假借義
亦本通也
𧾩動也春秋傳曰輔𧾩
今襄廿四年傳作躒又昭九年有荀躒足部無躒
字則當爲𧾩之假借。石鼓文第三有多庶𧾩𧾩

語。潘氏迺音訓引鄭氏云。𧾣與轢同。案此鼓上文言車。射。本書車部轢字云車所踐也。是𧾣當爲轢之假借。今陵轢字亦作躒。蓋可通。

趡 動也。春秋傳曰。盟于趡。

廣雅釋宮。趡。犇也。玉篇作趡。史記司馬相如傳。騰而狂趡。漢書作趡。楊雄傳。神騰鬼趡。宋祁引蕭該音義。趡或作踓。趡踓皆說文所無。蓋趡之或體。○曲禮。庶人僬僬。注。行容止之貌也。義與趡同。其字即僬僥國之僬。人部無之。當爲趡之假借。

䞶 趄田易居也。

左氏僖十五年傳晉於是乎作爰田服注爰易也爰當爲趄之假借○本書爰字籒文以爲轅故地理志云秦孝公用商君制轅田轅亦趄之假借轅田又見晉語韋注轅易也

踊 喪擗踊

段云足部踊跳也左傳曲踊三百三踊于幕庭之類當从足若卽位哭三踊而出之踊當从走今禮經俱作哭踊蓋踊之假借

⿺走畢 止行也一曰竈上祭名也

警⿺走畢字諸書多从足作蹕周禮大司寇使其屬蹕

注。故書蹕作避。杜子春云避當作辟。謂辟除姦人也。此以故書避字爲辟之假借。鄭云蹕止行也。則仍從今書以避爲趩之假借。趩避聲相轉。○玉篇廣韻皆有[礻畢]字云蹕上祭。本書不别出。蓋祇借趩字爲之。

趧　趧婁。四夷之舞。各自有曲。

段云曲當作屨。聲之誤也。案周禮有鞮鞻氏。革部鞮革履也。此趧婁專爲四夷舞者所用。今通作鞮。當是趧之假借。鞻字革部所無。蓋祇借婁字爲之。○案言部有謰謱字。卽方言之囒哰。注云。或謂之

詁謕邵謂據許義趧婁乃謰謱字無實字義鄭則爲革屨也是假借矣但無他證恐未然

止部

止下基也象艸木出有址故以止爲足

士昏禮北止注止足也古文止爲趾趾本止之假借足部無趾字○文選幽通賦姜本支乎三趾注趾禮也漢書作止此郎謂書之伯夷典三禮詩相鼠人而無止止亦禮也則止爲禮之假借禮已見示部○水部湜字下引詩湜湜其止玉篇及集韻瀕篇皆作止此毛詩舊本也傳亦用止義今詩作

沚。箋云。小渚曰沚。喻君子守初如沚然不動搖。則以止爲沚之省借矣。

岠

止也。一曰槍也。一曰超岠。

漢石經論語殘碑其不可者距之。釋文距本作拒。足部距。雞距也。則距當爲岠之假借。拒字手部所無。○又超岠。卽左氏僖廿八年傳之距躍三百也。史記。投石超距。漢書作投石拔拒。距拒亦岠之假借。案邵謂借拒之字當作岠。以从止義與拒近也。岠又借距者。以止字卽足趾之趾故也。○大學有絜矩之道也。釋文出拒字。云本亦作矩。蓋拒爲矩之假借。左氏宣十二年傳。將右拒卒。釋文。拒本作矩。此又矩爲拒之轉借矣。

歷

過也。傳也。

周禮遂師。抱磿。注。磿者。適歷。執綍者名也。又楚策。遂自棄於磿山。漢書李通傳注。引作歷山。石部有磿字。云石聲也。磿當爲歷之假借。若史記高祖功臣侯表。磿簡侯程黑。漢表作歷。春申君傳。濮磿之北。新序善謀篇作歷。樂毅傳。故鼎反乎磿室。燕策作歷。則二字相通借矣。○文選登徒子好色賦。𪁉脣歷齒。注。歷猶疏也。本書秝部云。稀疏適也。讀若歷則歷爲秝之假借○書大誥嗣無疆大歷服魏三體石經歷作鬲蓋以鬲爲歷之假借史記滑稽傳銅歷爲棺索隱歷即釜鬲也是又以歷爲鬲之假借○漢書梅福傳伏歷千駟伏歷即伏櫪是歷爲櫪之省借○攷工記㮚氏注㮚古文或作歷㮚即栗字儀禮多有栗階升即歷階也栗蓋歷之假借○廣雅釋器維車謂之歷鹿方言作轣轆車轣轆字車部所無當即歷鹿之或體歷亦或省作厤後漢列女傳鮑宣妻桓氏與宣共挽鹿車歸鄉里正謂此非以鹿駕車也而風俗通云鹿車小裁容

一鹿殆不然。

歸 女嫁也。籒文爲𢕌。

論語詠而歸。鄭注歸作饋。蓋以歸爲饋之假借。歸孔子豚。齊人歸女樂。竝同○孟子。於宋餽七十鎰。於薛餽五十鎰。論衡刺孟篇引。餽作歸。蓋餽本饋之通借。又轉借歸也○書中候讓於益歸注歸讀曰夔。水經江水注。歸卽夔。歸鄉蓋夔鄉矣。是歸爲夔之假借○緇衣私惠不歸德。注歸或爲懷。是歸可爲懷之假借。微隹韻通○秦策狀有歸色。注。歸當作愧。是歸爲愧之假借。

疌 疾也。

小爾雅廣詁。捷。疾也。衜子君子篇。事業捷成。注。捷。速也。捷當爲疌之假借。今皆以捷爲疌。○廣雅釋詁。倢。疾也。倢卽倢。人部。倢。佽也。則倢訓疾。亦當爲疌之假借。○詩還傳。便捷之貌。釋文。捷本作旋。捷當作疌。旋乃捷之轉借。捷旋雙聲字。○爾雅釋詁。疌。速也。釋文本或作疌。疌从止。故止部云。居之速也。與疌訓疾義同。此非爲假借矣。

癶部

癶 隸變作癶 足剌癶也。剌盧達切 讀若撥。

邵瑤圃曰刺𣥠俗多作剌撥淮南脩務訓琴或撥剌枉橈高注撥剌不正後漢張衡傳彎威弧之撥剌兮文選注引高語又荀子正論不能以撥弓曲矢中楊注撥弓不正之弓卽曲禮衣毋撥鄭注撥發揚貌衣發揚則多偏反亦不正之意字當作𣥠案此皆以𣥠𣥠字讀若撥故卽借撥字爲之撥見手部○犬部犮云犬走皃从犬而丿之丿余制切曳其足則剌犮也犮與𣥠音義同可爲通借○又剌𣥠與辵部之迷字音義皆同則𣥠可爲迷之假借

登上車也从𣥠豆象登車形籒文爲䒓

左氏隱五年傳。不登於俎。服注登爲升。經傳中登升互用者甚多。斗部升。十龠也。凡布數亦稱若干升。升當爲登之假借。漢書律厤志升者登合之量也。則升本從登取義。後車部𨏖云。𨏖車後登也。讀若易拯馬之拯。署陵切。錢謂此升車字。古車無不後登者。則𨏖可爲升之假借。即登之假借也。若日部新附有昇字。韻會通作陞。皆俗體耳。○公羊隱五年傳。登來之也。注登讀言得。得來之者。齊人語也。齊人名求得爲得來。作登來者。其言大而急。由口授也。是登可爲得之假借。

癹以足蹋夷艸。春秋傳曰。癹夷蘊崇之。

隱六年左傳癹作芟。形相似。或芟爲癹之假借義

亦通。○上林賦癹骪。顏注。蟠戾也。此非癹之本訓。

疑以足蹋艸則艸形蟠戾。引申之義。文選招隱士

詩林木茇骪。楚辭集注作茷骪。茇茷乃癹之假借。

俱已見艸部。

說文假借義證卷三

嘉興張鳴珂

族曾孫　彝　同校

說文假借義證卷四目録

弟二篇下

迪 遷 運 遁 遜 還 選 逮 迟

逶 逃 適 避 違 遴 逡 達 逯

迭 連 逑 退 遺 遂 追 逐 遒

近 邋 邇 遏 遮 迣 迾 遼 遯

迥 道 遽 迒

彳部文三十七　證十八

彳 亍 德 徑 復 徠 徎 循 微

徐 徬 徲 徦 待 徃 徧 徇 御

廴部文四　證一

建

躋 躍 蹴 跨 蹈 踐 踵 蹐 躄

踶 躗 躛 蹜 踤 蹷 跳 蹠 跛

蹎 躓 蹪 跋 跌 踼 踣 蹇 蹁

蹄 躧 跀 趹 趼 路 跂

疋部　文三　證三

疋 𤴔 延

品部　文三　證三

品 喦 喿

龠部　文五　證三

龠 龢 龤

冊部文三 證三

冊 嗣 扁

光緒二十五年歲在己亥仲冬月族曾孫蔭成重校刊

說文假借義證卷四

涇朱珔學

弟二篇下

正部

正 是也。从一，从止。一以止。古文爲𤴓，从二。二，古文上字。又爲𤴓，从一足，足亦止也。

書序，成王政。釋文，馬本作正。支部，政，正也。正爲政之通借，經傳中二字互用者甚多。史記秦始皇名政，徐廣曰，政一作正。因讀正月之正爲平音。○論語，正唯弟子不能學也。鄭注，魯讀正爲誠，今從古。是誠爲正之借字，義亦通。○列子黃帝篇，養正命。

注。正當爲性。是正爲性之假借。論衡命義篇正者。稟五常之性也。○齊語正卒伍。漢書刑法志作定卒伍。周禮宰夫正歲會注。正猶定也。是定爲正之通借。○石門頌眞雅以方。眞蓋正之假借。故今楷書曰正書。亦曰眞書。○詩賓筵傳舞不能自正也。釋文正本作止。正之訓所以止之。此以義通。○別見後辵部延下。

是部

是直也。籒文爲𣆞。

書惟時懋哉。史記作維是勉哉。咸若時。亦作皆若是。蓋時爲是之假借。○又洪範。時五者咸備。史記作五是來備。後漢書荀爽傳作五韙咸備。韙與是同。見下李雲傳作五氏來備。此以氏爲是之假借。若覲禮。太史是右。注。古文是爲氏。周禮射人注正作太史氏右。則又以是爲氏之假借矣。○穀梁桓六年傳。寔來者。是來也。公羊云。猶云是人來也。寔爲是之通借。○荀子解蔽篇。是其庭可以搏鼠。注。是當爲視。則是亦視之假借。○彳部徥字下引爾雅。徥。則也。今釋言作是。則也。蓋許所見作徥。以徥爲是之假借。

韙是也。春秋傳曰。犯五不韙。籀文爲愇。

文選幽通賦。違世業之可懷。曹大家注。違恨也。違或作愇。愇亦恨也。是以愇爲違之假借。案漢書敘傳。愇世業之可懷。愇字本用籀文。○又女部媁字云。不說皃。不說即恨意。是媁可通愇矣。錢謂媁即詩谷風中心有違字。左氏哀十四年傳。且其違者不過數人。注。違不從也。不說故不從。則媁亦違之假借。

辵部

辵乍行乍止也。春秋公羊傳曰。辵階而走。

公羊宣二年傳辵作躇釋文躇與踱同漢書司馬相如傳有踱踱字又有怵㚟字張注踱踱疾行互前卻也怵㚟奔走也躇踱與㚟皆當爲辵之假借竝音丑略反本書足部無躇踱字㚟即㲋部之㲋也

迹步處也或爲蹟籒文爲𨒪

今作跡周禮迹人注迹之言跡知禽獸處○詩正月有倫有脊毛傳脊理也春秋繁露作有迹案楚辭天問昏微循迹注迹道也詩沔水念彼不蹟傳亦云不蹟不道也道與理同是當作迹𠦬部脊背

呂也脊當爲迹之假借○左氏哀元年傳復禹之績釋文績本作迹糸部績緝也一切經音義績古文作勣似功績字當作勣而力部無勣字蓋祇借績字爲之亦或用迹漢書王褒傳索人求士者必樹霸迹是也楊統碑勳速藐矣則用籀文之速○速从朿匹迹切與速从束桑谷切異字段謂廣雅踈迹也卽爾雅之鹿跡速也曹憲音踈匹迹反是踈爲速之假借○爾雅釋文速本又作遬鹿部𪋻鹿迹也速當爲𪋻之省借

䢀　先道也

錢謂凡率循率遵率導率從率由等字皆應用此
案率之本義爲鳥網見後經典率字多爲䢦之省
借○率又爲帥大射儀聘禮注竝云古文帥皆作
率周禮帥都建旗於部引作率都詩采菽亦是率
從左氏襄十一年傳作帥從噫嘻率時農夫韓詩
作帥時蓋率本䢦之假借而帥又爲率之轉借也
邁遠行也重文爲邁
力部勱勉力也引周書用勱相我邦家讀與厲同
蓋勱厲皆从萬聲也左氏莊八年傳引夏書皐陶
邁種德注邁勉也邁亦萬聲是邁可爲勱之假借

○詩白華視我邁邁毛傳邁邁不說也釋文云韓詩及說文竝作怖怖韓詩云意不說好也今心部怖恨怒也引詩如是則邁當爲怖之假借

巡 視行皃

文選典引巡靖黎蒸注巡狩而安之也案白虎通巡狩篇巡者循也巡當爲循之假借循順也謂順而安之也若漢書宣帝紀遣使者循行郡國則循又當爲巡之假借矣○祭義終始相巡注巡讀如沿漢之沿案巡从川聲故可爲沿之假借○禮記三年問反巡過其故鄉荀子禮論作反鉛是以鉛

爲巡之假借。猶巡之借沿也。

䢞 行䢞徑也。

論語作行不由徑。案䢞字从辵。則凡行由字皆當爲䢞之假借。今由行而䢞廢矣。○戰國策許由古今人表作許繇。繇卽䢞之省借也。

延 正行也。重文爲征。

周禮小宰聽政役以比居。注。政謂賦也。凡其字或作政或作正或作征以多言之宜從征。故司門正其貨賄注。正讀爲征。均人掌均地政注。政讀爲征。此所假借皆征賦字也。若征伐字惟逸周書作𨒅解臨衛政殷政當爲征之假借矣。

隨 從也。詩民勞無縱詭隨毛傳詭人之善隨人之惡者似以隨爲從義王懷祖曰詭隨謂譎詐謾讀之人也詭古讀若戈見淮南說林訓與波差叶韻隨讀若譃隨字古音在歌部譃音土禾反字或作訑又作訑隨其假借字也方言僞慧也秦謂之謾楚謂之譃言部云沇州謂欺曰訑楚辭九章或忠信而死節或訑謾而不疑譃詑訑竝字異而義同。

𨒂 行皃从辵光聲。

宋本及繫傳如是今本改从𠨍禮切之𠧪而後別出迣字云前頓也據姚嚴校議當從宋本葢二篆互譌段説略同惟以彼爲迣之誤依玉篇未知孰是○𠧪字隸變作市廣韻迣北末切急走也跡蒲撥切行皃與𧼮同則迣與跡𧼮通矣○借𠲜已見卷上部首

迋

往也春秋傳曰子無我迋

案所引在昭廿一年與往訓别當引襄廿八年使子展迋勞于東門之外乃本義也許未析言耳○鄭風人實迋女毛傳迋誑也與定十年傳是我迋

吾兄也正同言部誑欺也廷爲誑之假借亦非此處所引傳義也辨見後匸部匡下○心部有㤮字云誤也廣韻惑也又誤人也此與誑可爲通借音義皆同則亦鄭風及定十年傳廷字之轉借也

逝往也讀若誓

借噬巳見口部○詩碩鼠逝將去女公羊昭十五年傳疏引作誓將去女是以誓爲逝之假借○夏小正遰鴻雁傳曰遰往也史記賈生傳鳳漂漂以高遰兮索隱云遰音逝漢書作逝是遰爲逝之通借本部遰去也去與往義本同也

𨑢往也。退齊語。重文爲𢓍。籀文爲䢐。

段謂鄭風匪我思且。箋云猶非我思存也。此謂且即徂之假借。釋詁徂往也。又徂存也。是巳。郝云詩士也既且。釋文且音徂往也。又同䶐。說文䶐且往也。玉篇作䞣。同是䞣且俱徂之假音矣。○詩閟宮徂來之松。水經汶水注引鄒山記徂徠山亦曰尤徠之山。又引詩岨徠之松。尤與岨皆當爲徂之假借。尤借徂者。虞九韻通。○虞書帝乃殂落。孟子作徂落。歺部殂往死也。引書亦作殂。是徂爲殂之假借。而義通。

述循也籀文爲遹

詩日月報我不述釋文引韓詩作不術士喪禮不述命注古文述皆作術是術爲述之假借○爾雅釋詁遹循也釋文引孫炎云遹古述字讀聿後漢書傅毅傳注聿循也是遹聿皆可爲述之假借故詩遹駿有聲鄭箋遹述也聿脩厥德毛傳聿述也述既遹聿詩蟋蟀毛傳聿遂也荀子王制篇小事殆乎遂注遂因循也遂訓循者古述遂同字遂可爲述之假借故風俗通曾大夫仲述之後左傳作仲遂

遵　循也。

少儀僎爵注。古文禮僎作遵。遵或爲騶。鄉飲酒禮。遵者降席注。遵者。謂此鄉之人仕至大夫。今來助主人樂賓。主人所榮而遵法者也。今文遵爲僎。或爲全。是僎爲遵之假借。騶遵雙聲字。全音轉純。故通遵。亦皆假借也。○史記周本紀。遵修其緒。徐廣曰。遵一作選。僎既通遵。故選亦得爲遵之假借。

適　之也。適。宋魯語。

借啻已見口部。○周禮稍人注。使勞逸遞焉。釋文。遞本又作適。本部遞更易也。蔽本作適爲均。適亦通則適可爲遞之假借適从啇聲與遞近○楚語諸侯之心惕惕焉注懼也莊子秋水篇作適適然驚是適可爲惕之假借故集韻二十三錫適又與惕同○雜記大夫訃於同國適者注適讀爲匹敵之敵又玉藻敵者不在釋文敵本作適是適爲敵之假借若論語無適也釋文適丁歷反鄭本作敵則敵轉爲適之假借○公羊隱元年傳立適以長不以賢爾雅釋親注世有爲適者釋文適本或作嫡案女部嫡孎也乃別一義嫡庶字古祇作適今皆以適爲嫡之假借矣○詩殷武勿予禍適孟子

人不足與適也。此皆以適爲讁之假借。故左氏昭卅一年傳曰始有讁。周禮占夢注作曰始有適。

習也。

手部摜。亦曰習也。引春秋傳。摜瀆鬼神。今左氏昭廿六年傳作貫。與此音義皆同。可爲通借。俗作慣。○論語。仍舊貫。集解引鄭注。貫。事也。本爾雅釋詁。習與事義相近。又孟子。我不貫與小人乘。左氏襄卅一年傳。射御貫。荀子王制篇爲之貫之。諸貫字皆遦之假借。

媟遦也。

女部作媟嬻。黑部亦有黷字。音義竝與此同。經典多作瀆。則瀆爲溝瀆。非其義。惟黷字云。握持垢也。引易再三黷。白虎通巡狩篇云。瀆者。濁也。中國垢濁發源東注海。其功著大。故稱瀆。是瀆之取義亦通黷。案今易作瀆。鄭注。瀆褻。當爲嬻媟。嬻爲正字。黷爲假借字。而瀆乃黷之轉借。至此處遺字。則與嬻又可通借矣。

進 登也。

祭統。百官進。徹之。注。進當爲餕。蓋以進爲餕之假借。但餕字在新附。鈕氏非石。謂卽饌字。論語。先生饌。釋文饌。鄭作餕。是也。○大戴記子張問入官。教不能勿搢。注。進或聲誤爲搢。搢亦在新附。是搢爲進之假借。○列子天瑞篇。終進乎不知也。注。進當爲盡。是進爲盡之假借。○貝部賮。會禮也。漢書高帝紀。蕭何爲主吏主進。注。進本作賮。是以進爲賮之假借也。

造就也。譚長說。造上士也。古文爲艁。借造。已見艸部。○示部祰。告祭也。周禮太祝六祈。二曰造。杜子春云。造祭於祖也。王制。天子諸侯將出造乎禰。造皆當爲祰之假借。○王懷祖曰。周官賸夫王卒倉以樂徹于造淮南主術訓伐鼛而倉奏雍而徹已飯而祭竈淮南之祭竈卽周官之徹于造蓋徹饌而設之於竈若祭然也史記秦本紀客卿竈秦策竈作造吳越春秋夫差內傳勒馬銜枚出火於造卽吳語所謂係馬舌出火竈也是造與竈字可通借又太祝注故書造作竈杜讀爲造次之造則以竈爲造之轉借矣○中庸君子胡不慥慥爾鄭注慥慥守實言行相應之貌案心部無慥字蓋卽借造字爲之錢竹汀謂慥慥猶蹙蹙古書造與蹙通韓子忠孝篇舜見瞽瞍其容造焉孟

子作其容有蹙。蹙又當省作戚。大戴禮保傅篇靈公造然失容。賈子新書作戚然。王伯申曰。廣雅。蹙。急也。迫也。慥慥者。黽勉不敢緩之意。言君子何事不汲汲自勉耳。廣韻。慥。言行急也。正指此言行慥慥而言。蓋出盧植王肅諸家所注。蹙見足部蹴下。

迮

迮迮。起也。

段云。公羊傳。今若迮而與季子國。何注。迮。起也。倉卒意。孟子。乍見孺子將入於井。乍者。倉卒意。即迮之省借也。案左氏定八年傳。桓子。咋謂林楚。杜注。咋。暫也。口部無咋字。當亦迮之假借。亡部。乍。止也。

一曰凶也。廣雅訓爲暫，則與倉卒義合。段疑咋當爲詐，似非。○詩雨無正箋云：急笮且危。釋文本又作迮。釋名曰：笮，迮也。編竹相連迫迮也。是笮爲迮之通借。

逪　逪遺也。段云：小雅獻醻交錯，毛傳東西爲交，邪行爲錯。儀禮交錯以辯，旅酬行禮一逪一遺也。然則交錯字當爲逪遺之假借。

速　疾也。籀文爲遬，古文爲⿱欶言。考工記總目：不微至無以爲戚速也。注：速，書或作數。釋文。戚。音促。數。音朔。戚速連文。當爲促數。故注云。不微至。無以爲戚數。是速爲數之假借。若弓人莫能以速中。注亦云。故書速或作數。此言不能疾中。則數又速之假借矣。○玉藻。見所尊者齊遬。遬蓋肅之假借。故正義引皇氏云。遬謂蹙斂。正與肅義合。別見後聿部。○詩正月。蔌蔌方有穀。毛傳。陋也。後漢書蔡邕傳作速速方穀。云韓詩亦同。郝云。蔌蓋遬之或體。爾雅釋訓。速速。蹙蹙。郭注。陋人專祿。國侵削。是蔌爲速之假借。若釋器。菜謂之蔌。非其義也。然速義亦未合。似宜轉借瑣。已見玉部。

逆　迎也。關東曰逆，關西曰迎。

禹貢：逆河。漢書溝洫志作迎河。此義通，亦假借也。逆、迎雙聲字。至順屰之屰，今人多假借逆字爲之，而屰字幾廢矣。

遇　逢也。

史記佞幸傳：善仕不如遇合。徐廣曰：遇一作偶。是以遇爲偶之假借。爾雅釋言：遇，偶也。二字竝从禺聲，則本通。○詩巧言：遇犬獲之。釋文：遇，如字。世讀爲愚，非也。案箋云：遇犬，犬之馴者。故或以遇爲愚之假借。毛無傳，當作如字解。若晏子春秋外篇：盛爲聲樂以淫愚民。墨子非儒篇愚作遇。莊子則陽篇。匿爲物而愚不識。釋文愚。一本作遇。秦策今愚惑與罪人同心。姚本愚作遇。此則皆以遇爲愚之假借矣。○書盤庚暫遇姦宄。某氏傳。暫遇人而刦奪之。爲姦於外。爲宄於內。王伯申曰。非也。暫讀曰漸。漸漸。詐欺也。莊子胠篋篇。知詐漸毒。荀子不苟篇。小人知則攫盜而漸。正論篇。上幽險則下漸詐矣。是詐謂之漸。呂刑。民興胥漸。漸亦詐也。言小民相爲詐欺也。遇讀隅。瞘智故之隅。字或作偶。淮南原道訓。偶瞘智故。曲巧僞詐。皆姦邪之稱也。本經訓。

衣無隅差之削高注隅角也差邪也全幅爲衣裳無有邪角衣邪謂之隅差人邪謂之偶嬖聲義皆相近矣呂覽勿躬篇人主知能不能之可以君民也則幽詭愚險之言無不戢矣愚亦即暫遇之遇故以幽詭愚險連文是則暫爲漸之假借遇爲隅愚之假借此義說經家罕知者

遘 遇也

易姤卦釋文姤薛注古文作遘唐開成石經雜卦傳遘遇也姤字在新附卦名當作遘姤乃或體○鄭風邂遘相遇釋文遘本作逅唐風見此邂逅釋

文本亦作解覯遘逅二字俱在新附亦或體也○柏舟覯閔既多楚辭作遘閔釋文出遘字云本作覯覯當爲遘之假借○文選王仲宣七哀詩豺虎方遘患注遘與構同是遘爲構之假借

逢

遇也

洪範子孫其逢吉王懷祖曰逢句絕逢之言豐也淮南天文訓五穀豐昌史記天官書豐作逢是逢爲豐之假借又借麷見後麥部○後漢吳延等傳贊逢掖臨師注逢本作縫褑儒行逢掖之衣注逢猶大也謂大袂禪衣也則縫當爲逢之假借故荀

子非十二子篇其衣逢儒效篇逢衣淺帶楊倞注亦竝訓逢爲大惟玉藻記深衣縫齊倍要注縫或爲逢則逢乃縫之省借○封禪文逢涌原泉漢書注逢讀曰蓬蓋以逢爲蓬之假借○逢又音蒲蒙切詩靈臺鼉鼓逢逢御覽樂器部引作蓬蓬蓬乃逢之轉借呂覽季夏注作韸韸廣雅釋訓韸韸聲也音部無韸字則卽逢之或體但逢亦非正字當爲彭之假借逢彭音之轉彭見後壴部○顏氏家訓曰逢逢之別豈可雷同匡謬正俗亦謂逢姓音龎字當从夅然孟子之逢蒙淮南子作逢蒙漢書

藝文志作逆門。本部別無逆字。是逆卽逢也。逆當以國爲姓。左氏昭二十年傳。有逢伯陵因之。注。殷諸侯。齊有逢丑父。其變爲皮江切者。殆卽借龐字耳。若莊子與吳越春秋作逢蒙。荀子王霸篇及史記龜策傳作𧓍門。此又逢之轉借矣。

遻 相遇驚也。

借愕。已見吅部。○史記五帝紀。象鄂不懌。漢書霍光傳。羣臣皆驚鄂。鄂蓋遻之假借。○楚辭懷沙篇重華不可遻兮。史記屈原傳作牾。是牾爲遻之通借。又爾雅釋詁。遻。以訓遇。釋文。一作迕。玉篇遻同

迕是迕亦遻之通借郝云遻音五各五故二反説文訓遇驚則音五各爾雅直訓遇則音五故實則二音相轉也

迪 道也

詩考槃碩人之軸毛傳軸進也蓋以軸爲迪之假借爾雅釋詁迪進也軸迪俱从由○書多方勸于帝之迪釋文迪馬本作攸所也迪从由聲故攸可爲迪之通借而訓爲所則義別○迪从由義亦爲由君奭兩言尚迪有祿猶云尚由有祿也立政迪知忱恂迪亦由也是迪爲由之假借由已見前○

迪亦訓適。語詞也。酒誥。迪畏天顯小民。卽適畏也。大誥。迪知上帝命。卽適知也。無逸。茲四人迪哲。卽適哲也。立政。迪惟有夏。卽適惟有夏也。是迪爲適之轉借。音相近。由適二義。畢大令亨之說。

遷 登也。古文爲𢪃。

舁部。䙴。升高也。重文爲𡕝。古文爲𢍰。升高卽登之義。漢書郊祀志。湯伐桀。欲䙴夏社。地理志引春秋經。衞䙴于帝邱。是遷字从䙴。卽爲通借。○詩巷伯。旣其女遷。毛傳。遷去也。如字解。箋云。遷之言訕也。將復訕誹女。則以遷爲訕之假借。○曲禮。踐而遷展注遷或爲遐還爲遷之假借○國三老袁良碑僊修城之鄭魏元丕碑畢萬僊去仕晉是僊爲遷之假借漢書王莽傳立安爲新遷王服虔曰遷音仙仙與僊同則遷又爲僊之假借

運　逐徙也

周禮保章氏注日有薄食運珥釋文運本作暈是運爲暈之假借又眡祲掌十煇之法煇亦暈之假借若太卜其經運十注運當爲煇以運爲煇之假借實則爲暈之轉借也釋文煇亦音運○莊子天運篇釋文司馬本作天員員蓋運之假借○邑部

鄆云。爵有鄆地。見左氏春秋經傳。公羊作運。運乃鄆之假借。

遁

遷也。一曰逃也。

漢書敘傳。逡遁致仕。平當傳贊。逡遁有耻。注並云。逡遁讀與巡同。段云。遁古音同循。遷延之意。凡逡遁字如此。今之逡巡也。儀禮鄭注用逡遁字十有一。是以巡爲遁之假借。巡已見前。案晏子春秋。逡循對曰。漢書萬章傳。逡循甚懼。外戚傳。逡循固讓。逡循卽逡巡。是又以循爲巡之轉借矣。○下文有遯字。云逃也。與此後一義同。古書多以遁爲遯。並徒困切。詩白駒。勉爾遯思。釋文。遯亦作遁。又楚語。晉將遁矣。婁壽碑。遁世無悶。遁皆爲遯之通借。若易遯卦。鄭注。遯者。逃去之名。而惠氏易則作遂。漢書匈奴傳贊注。遂古遁字。此本部所無。蓋或體矣。○檀弓。微子舍其孫腯而立衍也。釋文。腯。徐本作遁。此人名。不定誰借。集韻。腯與滕同。則猶遁之或作遂也。古盾聲與豕聲近。故字亦相通。

遜 遁也。

經典中如春秋。夫人孫于齊。公孫于齊。詩。公孫碩膚。書序。將孫于位等。皆當爲遜之假借。惟書微子。

吾家耄遜于荒、用本字、若大雅、孫謀、聘禮、孫而說、學記、孫其業也、論語、孫以出之等、當爲心部愻之假借、今概以爲遜、虞書、五品不遜、并用遜字、惟左氏昭廿五年經注、諱奔、故曰孫、若自孫讓而去位者、則以遜遁之義、卽爲愻順之義矣、案釋名云、孫、遜也、遜遁在後生也、段氏因謂古就孫義引伸卑下如兒孫、非別有遜字、許書遜、遁也、蓋後人據今本爾雅增之、但辵部既不宜有遜、何以心部又有愻、豈孫順字可別出、而孫遁字不可別出乎、且說文各部彼此義同者甚多、不獨此處、故至部臸字義與遜相似而稍異。亦更箸之。段說殆未然。○文選魏都賦。巽其神器。注。遜與巽同。是以巽爲遜之假借。堯典。巽朕位。正賦所本。史訓巽爲踐。則音可借而義別矣。

還 復也。

借環。已見玉部。借班。見珏部。借遷。見上。○玉藻。周還中規。折還中矩。釋文。還本亦作旋。祭義作周旋出戶。是還爲旋之假借。旋已見玉部璿下。○齊風。子之還兮。毛傳。還。便捷之貌。此以還爲趧之假借。趧已見走部。釋文引韓詩作嫙。云好貌。王云。下二章茂昌皆好意。則還亦好也。又以還爲嫙之假借。

○地理志。臨甾名營邱。引詩子之營兮。錢氏竹汀云。釋邱。水出其左營邱。郭謂淄水過其南及東。是營邱本取回環之義。營還同物。寀此以營爲地名。似非。營既通環。仍當爲還之假借。其借音則庚韻有通先者。如平之爲便。瓊之爲璇是已。

遜 遣也。从辵巽。巽遣之。巽亦聲。一曰。選擇也。

借遵。已見前。○漢書西南夷傳。恐議者選耎。後漢書清河王傳。選懦之恩。選當爲巽之假借。故史記仲尼弟子傳。邦巽。索隱引家語作選。巽已見前遜下○內則栗曰撰之注連上下數句云皆治擇之名正義釋撰之曰數數布揀撰省視之是撰當爲選之假借手部無撰字集韻以選撰爲一字○頁部顛選具也玉篇云顛古文作巽是顛爲選之通借段又謂六部巽具也顛具也人部僎具也是三字與顛義俱同亦可通借矣○海外東經五億十選注選萬也是選爲萬之假借音相近風俗通則云十秭謂之選見御覽所引

逮 唐逮及也

借嗌已見口部○公羊傳祖之所逮聞也漢石經

殘碑作遝聞。本部遝，迨也。迨，遝也。則遝爲逮之假借。爾雅釋言：逮，遝也。廣韻：遝迨，行相及也。是義亦本通。又目部：眔，目相及也。讀若與隶同。眔爲遝之省。則與逮亦可爲通借矣。○詩威儀棣棣。釋文：棣，本亦作逮。孔子閒居引作逮逮。案棣固假借，逮亦非義。前走部趩下讀若詩威儀秩秩。錢云：今詩作棣棣。蓋謂引邶風也。段氏則云：偁假樂威儀抑抑，德音秩秩。誤合二句爲一。如東方昌矣，昆夷呬矣。亦然。固有證。但此處似錢說爲得。毛傳：富而閑習也。秩訓積，積之多則富矣。秩然有序，即閑習之義。

與毛正合。然則棣與逮皆當爲秩之假借。少牢饋食禮注古文替爲秩。秩音又相近也。○錢又云廣雅釋詁搪揬也。搪與唐通。後漢書桓帝紀水所唐突。是言水之所及。蓋突爲逮之假借。突逮雙聲字。

迟　曲行也。

明堂位注。枳椇謂曲橈之枳。蓋迟之假借。○莊子人間世吾行卻曲。卽迟曲。攷工記梓人卻行同是卻爲迟之假借。迟曲雙聲。卻曲亦雙聲。若莊子釋文卻作只。則迟之省字耳。○史漢韓安國傳廷尉當恢。迟橈當斬。淮南書作屈橈。屈亦迟之通借。段

云漢書一本作逗橈逗乃光武紀逗遛字皆單法語則非以逗爲迟之假借也

逶 逶迆衺去皃或體作蟡 迆 衺行也夏書曰東迆北會于匯

詩羔羊委蛇釋文韓詩作逶迆是委蛇爲逶迆之假借○楚辭載雲旗之委移錢云本書釋委爲委隨委隨亦委移也則委可通逶而移與隨皆迆之假借○莊子田子方注遺蛇其步釋文遺本作逶漢書東方朔傳遺蛇其迹注遺蛇猶逶迆也是以遺爲逶之假借戰國策出遺遺之門注言其路逶

迆也遺遺疊字又即逶迆之假借矣○鄘風委委佗佗郝云佗爲它之聲借蛇即它之或體委佗即委蛇隸釋載衞尉衡方碑云禕隋在公禕隋即委佗之聲借案碑語正用羔羊詩則亦逶迆之假借也

遹 回辟也

借述借迻已見前借聿見述下○詩大雅謀猶回遹毛傳回邪遹辟也釋文遹韓詩作鴥又文選西征賦注引作回沇幽通賦注引作回穴是鴥沇穴皆可爲遹之假借从矞从穴音相近故潏字亦作

沆也。

（篆）回也。

禮記儒行。內舉不辟親。外舉不辟怨。乃避之省借。
經傳多借辟爲避。惟周禮杜注轉以避爲辟之假
借。見走部趩下。○莊子人間世。莫之知避。釋文。避。
本作賓。賓蓋避之假借。○列子黃帝篇。皆避而走。
釋文。避一本作棄。棄亦避之假借。

（篆）離也。

借偉。借媁。已見是部韙下。○凡離別字作違。其違
背字本作韋。堯典。庸違。宋景文校漢書王尊傳作

庸韋則違當爲韋之假借而羣經音辨引酒誥薄韋農父馬云韋違行也即以違釋韋矣○論衡恢國篇於堯典庸違作庸回蓋今文尚書與古文異詩大明厥德不回毛傳回違也是回爲違之借字○易繫辭範圍天地之化釋文圍馬王作違違當爲圍之假借

遴 行難也易曰以往遴

遴今易作吝口部吝恨惜也古文爲咳引易以往吝兩異者許偁孟氏易兼采他家也○易說卦爲吝釋文吝京本作遴漢書地理志民以貪遴爭訟

注。遴與吝同。亦見杜欽傳王莽傳。廣雅釋詁。遴貪也。後漢黃憲傳注。吝貪也。此處遴訓難。論語出納之吝。皇疏吝難惜之也。是義本合。叉吝之或體爲𠫤。漢書魯恭王傳注。遴與𠫤同。皆遴吝通借之證。○漢書高惠高后文功臣表。遴柬布章。注亦云遴讀與吝同。今以遴爲遴選字。卽遴柬之義也。

𢓊

復也。附案。復當作復。卽退字。以形近而譌。

借趨。已見走部。○山陽太守祝穆碑。鄉黨逡逡。今論語作恂恂。亦退讓之義。恂當爲逡之假借。○心部悛。止也。史記李將軍傳。悛悛如鄙人。漢書作恂恂悛亦當爲逡之假借。○劉修碑遯遯如也。遯蓋逡之通借。遯已見上。

達行不相遇也。詩曰挑兮達兮。重文爲达。或曰迭。此即通達字也。今人別以挑達字音闥。御覽人事部別離類引作撻兮撻。蓋達之假借。○詩生民先生如達。羊部羍小羊也。則達當爲羍之假借。○內則左達五右達五。鄭注達夾室也。是達可爲夾之假借。達夾音近。夾已見八部介下。○字林有澾字。云滑也。此許書所無。今滑澾字殆即借達字爲之。實則當爲泰之假借。泰訓滑。見水部。

逯　行謹逯逯也。

史記蕭相國世家贊。錄錄未有奇節。漢書灌夫傳。此特帝在。即錄錄。又蕭望之傳。不肯錄錄。蓋凡皃爲循謹。無所表箸者。當爲逯逯。錄則逯之假借也。

迭　更迭也。一曰达。

案迭达字皆爲上遾之重文。此因其異體而別箸之。○詩柏舟。胡迭而微。釋文。迭韓詩作臷。云常也。漢書孔光傳。犬馬齒臷。注。臷與耋同。耋在老部。集韻亦作臷。案臷字本書所無。惟戈部戜。云利也。一曰剔也。錢謂韓詩之臷。即戜。乃形似而誤。戜徒結切後大部載金部鐵竝以爲聲則音正與迭同韓當以或爲迭之假借矣○方言佚代也穀梁文十一年傳佚宕中國注佚猶更也此以佚爲迭之假借○史記封禪書軼興軼廢謂更迭與廢也軼亦迭之假借又呂覽蕩兵篇遞興遞廢則義與迭正同亦可爲假借矣遞迭雙聲字○後氏部有昳字云觸也錢謂此左傳迭我殽地字案廣韻昳陟栗切手拔物也凡取人邑者曰拔正與傳語合迭與昳竝从失聲是昳可爲迭之通借○樂記迭相爲經史記樂書及說苑修文篇竝作代相爲經代乃

迭之假借代迭亦雙聲○漢書禮樂志郊祀歌云天門開詄蕩蕩如淳曰詄讀如迭是詄爲迭之假借言部詄忘也案詄蕩連文與上所引穀梁佚宕字皆當與跌踢通見後足部

連

員連也

姚嚴校議云集韻類篇作負連連即輦人所負以行案易往蹇來連虞翻注連輦也後人以連爲連屬之義而別出輦字車部亦有之周禮鄉師輦輦故書輦作連大鄭讀爲輦遂以連爲輦之假借矣○周禮大宰官聯注故書聯作連蓋連爲聯之假

借耳部聯連也是義本通○金部鏈銅也史記貨殖傳金錫連徐廣曰連鉛之未鍊者又漢書食貨志殺以連錫應劭曰連似銅此皆連爲鏈之省借○木部槤擊禾連枷也釋名云或曰羅枷是羅爲連之假借羅連語之轉

逑

斂聚也虞書曰㫄逑孱功又曰怨匹曰逑

今書作方鳩僝功爾雅釋詁鳩聚也鳩爲鳥名訓聚者本勹部勼之假借逑亦訓聚則兩義通人部又引作㫄救僝功救乃逑之假借逑救俱从求聲

周禮大司徒以求地中注故書求爲救爾雅釋訓

釋文逑亦作求是求爲逑之假借○又詩桑扈萬福來求王伯申曰求與逑同逑聚也書之旁逑孱功史記五帝紀作旁聚布功大雅民勞篇以爲民逑毛傳逑合也箋曰合聚也是逑與聚同義逑求通○爾雅釋訓惟逑鞫也王又曰逑與㤈同說文㤈迫也郭云賢士永哀念窮迫此以念釋惟以窮釋鞫以迫釋逑也故釋文逑郭云迫也是逑爲㤈之假借玉篇㤈去牛渠牛二切○左氏桓二年傳作怨耦曰仇詩關雎君子好逑釋文逑本亦作仇正義引孫炎云逑相求之匹也一切經音義引李

逑云仇讎怨之匹也如孫李說則怨匹曰逑逑當爲仇之假借然古人兩字通用故毛傳但云逑匹也禮記緇衣及漢書匡衡傳引詩竝作君子好仇

䢅 數也周書曰我興受其退

今微子篇退作敗攴部敗毀也毀敗義同可爲通借若顏氏家訓音辭篇云江南學士讀左傳口相傳述自爲凡例軍自敗曰敗打破人軍曰敗補敗反此以音分非以字分也

遺 亾也

借唯已見口部○樂記有遺音者矣注遺猶餘也

此以遺爲餘之假借。○詩桑柔大風有隧。毛傳隧
道也。王伯申曰非也。楚辭九歌衝風起兮橫波。王
逸注衝隧也。蓋古謂衝風爲隧風。隧風卽遺風。呂
覽本味篇遺風之乘。高誘注行迅謂之遺風是也。
故南山經旄山之尾。其南有谷曰育遺。遺或作隧。
案角弓莫肯下遺。荀子非相篇作莫肯下隧。隧亦
遺之假借。而箋云遺讀曰隨。則以遺爲隨之假借
矣。○祭義而老窮不遺。釋文遺棄忘也。本作匱。匱
蓋遺之假借。遺匱俱从貴聲。○遺又爲餽遺之義。
詩鴟鴞序公乃爲詩以遺王。釋文本又作貽。貽字

在新附言部詒相欺詒也一曰遺也遺當爲詒之通借俗多以貽爲詒

遂亾也古文爲𨔵

借述已見前○八部有㒸字云从意也與遂音同義異邵瑤圃曰文選嵇叔夜與山巨源絕交書注遂從也潘安仁閒居賦注引聲類遂從意也皆以㒸之義訓遂案經典凡遂字當作㒸者甚多假借字也今統用遂而㒸廢矣○易震遂泥釋文遂荀本作隊遂當爲隊之假借隊即今之墜字○書費誓三郊三遂魯世家遂作隧攷工記匠人廣二尺

深二尺謂之隧。釋文。隧本作遂。自部無隧字。當即
隊也。廣雅釋宮。隊。道也。王云。隧之言遂。遂。達也。則
隧乃遂之假借。○月令。審端徑術。注。術。周禮作遂。
學記。術有序。疏。術。遂也。是以術爲遂之假借。○祭
義。陶陶遂遂。釋文。遂本作燧。據注。言相隨行之貌。
廣雅釋詁。遂。行也。燧爲遂之假借。○文選典引伊
考自遂古。蔡注。遂古。遠古也。後漢書作邃古。遂蓋
邃之假借。故考工記輿人注。遂讀如邃宇之邃。○
詩車攻。決拾既佽。毛傳。拾。遂也。鄉射禮。袒決遂。注。
遂。射韝也。以韋爲之。所以遂弦者也。其非射時則

謂之拾。是遂爲拾之通借。遂拾聲之轉。○詩晨風隰有樹檖。木部引作樣。从遂省。釋文檖本作遂。是遂爲樣之假借。○詩大東鞙鞙佩璲。毛傳璲瑞也。爾雅釋器同。衛風容兮遂兮。箋云遂瑞也。玉部無璲字。當卽借遂字爲之。○金部鐩陽鐩也。卽周禮司烜氏以夫遂取明火於日者。遂當爲鐩之假借。

追 逐也。

周禮追師注。追治玉石之名。段謂假追爲鎚。然金部無鎚字。今人以鎚爲錘。錘八銖也。義亦未合。詩追琢其章。毛傳追彫也。金曰彫。荀子富國篇作彫琢其章。則追當爲彫之假借。釋文。追。對迴反。追彫雙聲字。彫已見玉部琱下。○士冠禮。毋追。注。追猶推也。文選七發。踰岸出追。注。追亦堆字。堆乃俗體。追从𠂤聲。當卽爲𠂤之假借。○楚辭九歌。背繩墨以追曲兮。注。追。古與隨通。是追爲隨之假借。隨借透。迆。借遺。已見上。

逐追也。

易頤。其欲逐逐。釋文。子夏傳作攸攸。荀作悠悠。劉作跾跾。案虞翻注。逐逐。心煩貌。釋文引薛注。速也。攸悠跾三字相似。皆當爲逐之假借。聲相近。足部篋疾也長也也義亦通○詩考槃碩人之軸箋軸病也疏云軸讀爲逐釋詁逐病也逐與軸古今字異蓋以軸爲逐之假借軸已見上迪下逐訓病者王伯申曰逐讀爲㽔說文㽔心腹痛也讀若紂廣雅㽔病也晢㽔音胄詩小弁我心憂傷惄焉如擣毛傳擣心疾也釋文擣韓詩作㽔呂覽盡數篇鬱處腹則爲張爲㽔高注㽔跳動也是㽔爲心腹之病也易大畜良馬逐釋文逐一音胄與㽔音正同是逐當爲㽔之假借矣○文選西都賦六師發逐後漢書作發胄胄當爲逐之假借宥屋韻多通

遒 迫也。重文爲逎。

詩卷阿。似先公酋矣。正義酋作遒。是酋爲遒之省借。○長發。百祿是遒。本書手部作百祿是揫。又破斧。四國是遒。疏云。遒作揫。音義同。是揫爲遒之通借。○手部揂字云。聚也。長發毛傳作遒。聚也。是遒爲揂之通借。○左氏襄十四年傳。引夏書曰。遒人以木鐸徇于路。劉歆與楊雄書作逌人。段云。乃部逌。氣行皃。逌訓行。故逌人即漢書食貨志之行人也。則遒爲逌之假借。

近 附也。古文爲[illegible]。

祭法相近於坎壇注相近當爲禳祈近或爲祈之假借近祈俱从斤聲故注言聲之誤釋文引王肅作祖迎相祖形似近迎聲似近亦或爲迎之假借與

邇 近也

爾雅釋言馹傳也郭注本或作還段謂此以還爲馹之假借聲類云還亦馹字非也

邇 近也古文爲迩

周禮肆長實相近者相爾也特牲饋食禮祝命爾敦注薾云爾近也又燕禮南鄉爾卿注爾近也移

也揖而移之近之也爾皆爲邇之省借爾已見艸部薾八部尒下○穀梁莊十八年傳不使戎邇於我也釋文邇本亦作介此以義通草書今與尒近或轉爲迩

遏

微止也讀若桑蟲之蝎

爾雅釋言遏逮也郭注東齊曰遏蓋本方言今方言作蝎遏爲蝎音義則蝎爲遏之假借○詩文王無遏爾躬毛傳遏止也釋文遏或作謁謁爲遏之假借故左氏襄廿五年經吳子遏公穀俱作謁○皇矣以按徂旅孟子按作遏按爲遏之假借按遏

聲之轉。○長發則莫我敢曷。漢書刑法志曷作遏。曷爲遏之假借。爾雅釋詁曷遏俱訓止。則義亦通。○土部堨。壁間隙也。讀若謁。段云今義以堨爲堰。讀同壅遏。蓋俗借堨爲遏。故括地志云豐鎬二水已堨。入昆明池。○虞書遏密八音。春秋繁露遏作閼。閼蓋遏之通借。列子楊朱篇勿壅勿閼。釋文閼與遏同。○广部𢉖。屋迫也。錢云此𢉖遏字。則遏當爲𢉖之假借。○周憬功勳碑𢉖隅壅藹。卽壅遏也。蓋以藹爲遏之假借。○攴部敔字云一曰樂器椌楬也。是敔一名楬。所以止樂。遏止也。楬當爲遏之假借或謂韻會引說文作籒不應既从木又从竹今書無之恐未可據○樂記注以遏其欲釋文遏本亦作節案遏訓止易雜卦傳節止也是義同音又相近可爲通借

遮 遏也

易晉用錫馬蕃庶鄭注讀爲蕃遮謂蕃遮禽也蓋以庶爲遮之省借遮本从庶聲

迣 迾也晉趙曰迣讀若寘

漢書禮樂志體容與迣萬里此以迣爲逝之假借迣或作跇逝已見前○鮑宣傳男女遮迣晉灼曰

迣古迾字段謂假迣爲迾然迣本訓迾可云遮迾卽可云遮迣非必假借晉以迣迾爲一字亦非

迾遮也

周禮山虞澤虞卝人迹人皆言厲禁大鄭注遮列守之是厲爲迾之假借○玉藻山澤列而不賦注列之言遮列也列乃迾之省借

遼遠也

借牢已見牛部○詩小雅維其勞矣箋云邦域又勞勞廣闊疏謂勞當作遼遼之遼而作勞者以古之字少多相假借也

逖遠也。古文爲逷。

詩瞻卬。舍爾介狄。毛傳。狄。遠也。狄蓋逖之省借。郝云。漢書禮樂志。假狄合處。假狄卽遐逖。顏注以爲遠夷失之。○漢書古今人表。簡逷。大戴記帝繫。楚辭天問及殷本紀皆作狄。狄亦逷之假借。索隱引舊本作易。又作逷。易則逷之省借。淮南墬形訓作翟。與狄同。○詩抑。用逷蠻方。箋。逷當作剔。蓋以逷爲剔之假借。後漢書王渙傳。紏剔姦盜。注。剔與逖同。剔在後新修字義。

迥遠也。

詩大雅泂酌彼行潦毛傳泂遠也爾雅釋詁亦曰泂遠也郭注即引此詩此以泂爲迥之假借○邶風于嗟洵兮毛傳洵遠也郝謂洵蓋迥之假借韓詩作敻穀梁文十四年傳敻入千乘之國注敻猶遠也敻之本義則旻部云營求也是敻亦當爲迥之假借矣

道所行道也一達謂之道古文爲𧗟

荀子禮論道及士大夫注道行神也史記作蹈是蹈爲道之假借列子黃帝篇向吾見子道之注道當爲蹈則道又蹈之假借矣○左氏襄五年經會

吳于善道。公穀俱作善稻。此地名。未定誰借。但穀梁云。吳謂善伊。謂稻緩。則道當爲稻之假借。○左傳成十六年。塞井夷竈。陳於軍中而疏行首。杜注。當陳前決開營壘爲戰道。王伯申曰。首當讀爲道。疏通也。謂通陳列隊伍之道也。井竈已除。則隊伍之道疏通。無所窒礙矣。又襄廿三年。季孫召外史掌惡臣。而問盟首焉。注。盟首。載書之章首。案盟詞簡約。無篇章。不得云章首。首亦當爲道。盟惡臣之道也。古字首與道通。逸周書芮良夫篇。予小臣良夫稽道。羣書治要作稽首。史記秦始皇紀。追首高

明索隱曰會稽刻石文首作道是首爲道之省借也

遽 傳也一曰窘也

借遽已見艸部○詩庭燎夜未央箋猶言夜未渠央也顏氏家訓引古樂府調絃未遽央是遽爲渠之通借○漢書高帝紀項伯告羽曰沛公不先破關中公巨能入乎盧云服解巨音渠言公遽能入乎顏師古讀巨爲詎訓豈非則巨與渠同亦卽遽之通借○左氏桓十三年傳遂見楚子漢書五行志作遽見楚子是遽爲遂之通借遂已見前

遈至也。

詩天保神之弔矣。節南山不弔昊天。瞻卬不弔不祥。傳箋竝云弔至也。書盤庚弔由靈。逸周書祭公篇予維敬省不弔。義亦皆爲至。至又或訓善。凡此弔字。俱當爲遈之假借。

彳部

彳小步也。象人脛三屬相連也。後亍字云。步止也。从反彳。讀若畜。

邵謂彳亍與易姤爻辭之蹢躅爲古今字。其有作蹢躅者。俗體也。是蹢躅卽彳亍之通借。案此與足

部蹢下異義兩存之

德 升也

心部悳外得於人內得於己也此爲道悳字今皆借德爲之○易升以順德釋文德姚本作得詩碩鼠莫我肯德呂覽舉難篇作莫我肯得是得爲德之通借○繫辭有功而不德釋文德蜀才本作置置當爲德之假借職韻字有與寘通者故玉藻立容德集韻七志引徐邈說蓋如有所置物於前也德亦從置義○周禮太卜三曰咸陟注陟之言得讀若王德翟人之德是陟爲德之假借陟升也義

亦通。

徑 步道也。

孟子。山徑之蹊。注。山徑。山領也。徑當爲陘之假借。𨸏部陘。山絕坎也。正山領之義。楊子法言又作山陘之蹊。陘亦當爲陘之假借也。○左氏傳廿五年傳。趙衰以壺飧從徑。釋文一以從絕句。讀徑爲經。連下句。葢徑可爲經之假借。○水部涇。水名。爾雅釋水。直波爲徑。釋名作直波曰涇。涇。徑也。言如道徑也。又莊子秋水篇。徑流之大。釋文。徑。崔本作涇。涇葢徑之假借。○又逍遙遊。大有徑庭。釋文。徑。司馬本作葝。葝亦徑之假借。○月令。百官靜事毋刑。注。今月令刑爲徑。蓋謂呂覽也。淮南時則訓亦作徑。高注。無徑。當精擇而後行。是以刑爲徑之假借。徑乃徑遂之義。與鄭注刑罰之事說異。

復

往來也。

易乾。反復道也。釋文。本亦作反覆。雜卦傳曰。復。反也。則反復爲往來之義。正當作復。覆乃通借字也。覆見後襾部。○本書於復字外。夂部有夏字。云行故道也。勹部有復字。云重也。邵氏瑛曰。詳說文義。熟復習復作復。論語南容三復白圭。孔注。三反復之魚語。夕而習復。韋注。復覆也。詩蓼莪。顧我復我。鄭箋。復反覆也。皆往來之義。故許于復下訓復。徐鍇曰。復猶䟟也。往來䟟踐之也。亦此義也。復字見䟟下。若反復卽還復之義。則當作复。易復。何妥注。復者。歸本之名。彖上傳。復其見天地之心乎。王注。復者。反本之謂也。繫辭下傳。復。德之本也。韓注。復者。各反其所始。書舜典。卒乃復。孔傳。復。還也。詩黃鳥。復我邦族。我行其野。言歸思復。傳箋。復。反也。玉藻。復不過時。鄭注。復。反也。論語。克己復禮。皇疏。復猶反也。公羊襄三十年傳。死者不可復生。何注。復者。如故時晉語其卒將復楚語王止而後復韋注復反也爾雅釋言復返也此皆行故道之義也凡重復字當作復桓十七年左傳復惡已甚矣杜注復重也本爲昭公所惡而復弑君重爲惡也僖三十三年傳復與之冀釋文復重也又僖九年傳能欲復言而愛身乎杜注復言言可復也亦謂不可重復言也論語如有復我者皇疏復又也爾雅釋言狃復也郭注狃伏復爲此皆重復之義也自後人廢复復不用于是還复重復諸義統歸復字矣○案重復之義或作複衣部複重衣也一曰褚衣呂覽水

澤復注復或作複明堂位復廟重檐東京賦作複廟漢書高帝紀上從復道上望見諸將西京賦複陸重閣薜注複道閣也是複本當爲復之假借而又轉借復也○又案穴部有寝字引詩陶寝陶穴今大雅緜篇作陶復陶穴是以復爲寝之省借此皆邵所未及

㣚復也

鄭風將叔無狃毛傳狃習也箋云復也狃蓋㣚之通借玉篇㣚或與狃同○錢謂左傳莫敖狃于蒲騷之役注忕也犬部狃爲犬性驕與傳語近忕非

此義緐玉篇緐一曰伏也則亦可通

徎 徑行也

錢云國語以逞雄心左傳是以不克逞志于我當用此案辵部逞通也楚謂疾行爲逞引春秋傳何所不逞是逞爲徎之通借玉篇徎徑也廣韻雨後徑也則義別逞亦見口部呈下徎从呈故可通矣

循 行順也

借巡已見辵部○手部揗摩也廣雅曰揗順也廣韻曰手相安慰也蓋今人撫循字古作揗是揗爲循之通借○論語夫子循循然孟子章指作恂恂

然後漢書趙壹傳失恂恂善誘之意恂蓋循之假借恂已見辵部逡下○素問離合眞邪論其行於脈中循循然注循一作輴乃循之假借輴卽輴字見後車部○爾雅釋鳥春鳸鳻鶞本書鳥部作鳻盾左氏昭十七年傳疏引賈逵云春鳸分循是循爲盾之假借○易繫辭損德之脩也釋文脩馬作循莊子大宗師以德爲循釋文循本亦作脩案循脩音隔非爲假借二字隸法相似古書淆紊甚多

𢔶隱行也春秋傳曰白公其徒微之

段云敚訓眇微从彳訓隱行今假借通用微而敚

不行案凡精微纖微及微妙微賤等字俱當爲散
之假借○堯典鳥獸孳尾釋文交接曰尾史記尾
作微晉語歲之二七其靡有微兮微皆爲尾之假
借尾部云微也則義亦通故戰國策尾生高即論
語之微生高○書立政受人之徽言漢石經作微
言微當爲徽之假借案後糸部徽衺幅也一曰三
糾繩也是徽亦借字徽言爲美言又嫰之轉借也
○詩東山勿士行枚毛傳枚微也段云此與閟宮
傳枚枚礱密也皆謂枚爲微之假借胡墨莊則云
爾雅釋詁徽止也枚枚所以止言語讙譁者故亦可

訓嶶傳作微者嶶微字通也詳毛詩後箋然則枚
非借字微乃嶶之假借矣○攷工記輪人欲其微
至也司農注微至書或作危至危當爲微之假借
○殷本紀微子啟索隱曰微或作魏讀從微音蓋
以魏爲微之假借○邶風微我無酒此以微爲非
之假借又論語微管仲晉語郤至曰微我晉不戰
矣皆可作非義而馬注韋注竝云微無也微與無
聲相轉亦假借耳○水經濟水注北逕微鄉東春
秋莊公廿八年經冬築郿公羊傳謂之微微當爲
郿之假借此與邑部郿郿在右扶風縣者非一地○

爾雅釋訓旣微且尰骭瘍爲微釋文字書作㿗此疒部所無殆本借微字爲之

徐安行也

借荼已見艸部借余見八部○齊策楚威王戰勝於徐州注徐州或作舒州釋名云徐州徐舒也土氣舒緩也是舒爲徐之通借舒亦見荼下余下○周禮雍氏注伯禽以師征徐戎釋文徐劉本作郑邑部郑郑下邑地魯東郑城是郑亦徐之通借○人部有俆字緩也義本同徐齊世家田常執簡公於俆州魯世家作徐左傳作舒是徐與俆舒亦並

可通借矣。○詩北風其虛其邪箋邪讀爲徐蓋以邪爲徐之假借。○莊子應帝王其臥徐徐釋文徐如字崔本作袪袪。袪乃徐之假借。

𢕌使也。𢓜使也。讀若螽。

詩小毖毛傳莽蜂摩曳也。莽蜂乃𢕌𢓜之假借。摩。疒部作𤸰。爾雅釋訓甹夆摩曳也。甹夆又𢕌𢓜之省借。摩曳與𤸰曳同。郝云文選海賦摩摩洩洩於裸人之國。摩洩即摩曳是也。潛夫論愼微篇引詩莫與併螽亦𢕌𢓜之假借。

徯待也。重文爲𧼐。

今人以徯與蹊畫分二字。月令。塞徯徑。疏云。徯徑。細小狹路也。漢書貨殖傳。矰弋不施於徯隧。徯皆即蹊。非假借也。○爾雅釋詁。徯待也。郭注引書。徯我后。孟子作傒我后。趙注。傒待也。傒者徯之省。書釋文。徯胡啟反。則徯當爲企之假借。企與跂通。荀子勸學篇。吾嘗跂而望。歸望之斯待之矣。故孟子上文言若大旱之望雲霓。人部。企。舉踵也。司馬相如諭巴蜀檄。所謂延頸舉踵。正待澤下流之義。徯企音相近。

待　竢也。

借特。已見牛部。○周禮服不氏。以旌居乏而待獲。杜注。待當爲持。故書亦或爲持。是待爲持之假借。○士昏禮。媵侍於戶外。注。今文侍作待。荀子正論篇。五祀執薦者百人侍西房。注。侍或爲待也。人部。侍。承也。謂承奉也。則此作侍作待皆可。故通借耳。○呂覽無義篇。不窮奚待。注。待。恃也。是待可爲恃之通借。○易歸妹。有待而行也。釋文。待本作時。有時。即有待之義。亦可通借也。

徆

行徆徆也。

足部踧行平易也引詩踧踧周道踧與𨓚竝徒歷切可爲通借○錢云太[元]天宙然示人神矣當作此是以宙爲𨓚之假借玉篇則云𨓚與宙同○郭氏汗簡以𨓚爲迪俱从由聲故亦通借也迪已見辵部

徧帀也

虞書偏于羣神史記五帝紀徧作辯鄉飲酒禮衆賓辯注今文辯皆作徧是辯爲徧之假借左氏定八年傳子言辨舍爵于季氏之廟注辨猶周徧也是辨爲徧之假借又楊雄太常箴作班于羣神續

漢書祭祀志同。班亦偏之假借。班已見玨部。辨見班下。○王懷祖曰。古書多以偏爲徧。易益象偏辭也。釋文偏孟作徧。而王弼讀爲偏頗之偏。非也。曲禮。二名不偏諱。注云。謂不一一諱也。偏亦徧字。釋文無音。則誤讀。毛居正六經正誤已辨之。又大戴記勸學篇。偏與之而無私。魏策偏事三晉之吏。漢書禮樂志。海內偏知上德。外此諸子書中不可枚舉。是皆以偏爲徧之假借也。○玉藻必先徧嘗之。釋文徧本作偏。備乃徧之通借雙聲字。

行示也。司馬法。斬以徇。

周禮大司馬斬牲以左右徇小子職同徇即侚之或體○史記項羽紀徇廣陵徇下縣如淳曰徇音撫循之循是以徇爲循之假借循已見上○爾雅釋言釋文引張揖字詁徇今巡是徇爲巡之通借巡已見辵部○左氏桓六年傳注以木鐸徇曰釋文徇本作殉殉字歺部所無殉死字亦即借徇爲之韓世家將以楚徇韓索隱云徇從死也

御 使馬也古文爲馭

邵謂今經典御馭分別御之用甚多而馭專歸使馬義書五子之歌馭六馬周禮保氏五馭又爲敺

馭義。太宰。馭其神。馭其官之類。案此御馭似可通借。實則一字也。○借禦。已見示部。○曲禮。大夫士必自御之。注。御當爲迓。詩鵲巢。百兩御之。釋文。御本作訝。又作迓。迓卽訝也。是御爲訝之假借。○周禮田僕注。逆衙還之。釋文。衙本又作御。蓋衙爲御之轉借。○史記天官書。迎角而戰者不勝。徐廣曰。迎一作御。御爲迎之假借。離騷。九疑繽其竝迎。迎與下故字爲韻。則迎又御之轉借。迎御雙聲字。○詩下武。昭茲來許。續漢書祭祀志注。引作來御。毛傳。許。進也。又六月。飲御諸友。傳。御。進也。廣雅釋詁。

御許俱訓進。是許爲御之通借。

廴部

建 立朝律也。

士冠禮士昏禮俱有建柶。注。建猶扱也。是建爲扱之假借。○樂記名之曰建櫜。注。建讀曰鍵。是建爲鍵之省借。後漢書馬融傳注。引作鞬。讀爲鍵。建亦鞬之省借。○水經潕水篇注。南逕建城東。建當爲卷。郡國志。葉縣有卷城。是建可爲卷之假借。建卷音同。

㢟部

㢟 安步㢟㢟也。
錢云。此字讀如遷。左傳遷延之役。卽㢟延也。是遷
爲㢟之假借。遷已見辵部。

延 長行也。从㢟，丿聲。
大雅。施於條枚。呂氏春秋韓詩外傳新序皆作延
于條枚。段云。丿部曰。象抴引之形。余制切。故延音
讀如移。是施爲延之假借。施音肆。○文選上林賦。
虵邱陵。注引司馬彪曰。虵延也。是虵亦延之假借。
皆雙聲字。○射義使子路出延射。注。延或爲誓。誓
乃延之假借。亦聲轉。誓肆疊韻。延之爲誓。猶延之

爲施也○魯語海鳥曰爰居廣雅釋鳥作延居延又爰之通借○又部別有延字云行也與㢟部延征音義可爲通借段謂漢武帝延和如此作案今漢書作延蓋字形相似而誤

行部

術 邑中道也

借逑借遂已見辵部○左氏僖卅三年傳西乞術公羊作西乞遂晉世家作西乞秫秫亦術之通借○水部沭字云水出青州浸漢志琅邪東莞縣術水南至下邳入泗字作術又史記建元以來侯者

年表術陽侯建德索隱云在下邳蓋卽沭陽也則術爲沭之假借○墨子非儒篇儒者曰親親有術王云此卽中庸親親之殺也說文殺从杀聲而無杀字五經文字曰杀古殺字與術竝从朮聲故相近轉去聲則殺音色介反術音遂亦相近是術爲殺之假借

衢 四達謂之衢

荀子王霸篇楊朱哭衢涂淮南修務訓作逵路御覽引作歧路逵歧皆衢之通借○中山經宣山桑枝四衢少室山木曰帝休枝五衢淮南說林訓木

大則枝欋欋字木部所無蓋柢借衢字爲之

衙 行皃。

借御已見彳部○釋名釋樂器衙止也蓋以衙爲敔之假借北海相景君銘强衙改節蓋以衙爲禦之假借禦已見示部敔見禦下○衙魚舉切又音牙公羊文二年經戰于彭衙釋文衙本或作牙牙當爲衙之假借後人以所治爲衙卽此音也

衎 行喜皃。

前口部嘽下引洞簫賦嘽漫衍凱凱樂也衍凱連文衎當爲衍之假借故穀梁襄廿六年經衞侯衎

釋文衎本作衎○川部侃剛直也从㐰㐰古文信从巛取其不舍晝夜引論語子路侃侃如也段謂鄉黨篇與下大夫言侃侃如也孔注和樂皃蓋卽衎衎之假借案如剛直之訓則唐扶頌衎衎誾誾孫根碑衎譽不撓衎又當爲侃之假借

衒 行且賣也重文爲

内則奔則爲妾注奔或爲衒案廣韵衒自媒也漢書東方朔傳武帝初士多上書自衒鬻者鬻賣也此作衒則爲妾卽曲禮買妾不知其姓也則奔與衒以義通衒从元聲元先韻合亦可假借若彼注

衙字釋文本作御。周禮有女御。正妾類也。其假借未審。御見彳部。

䘙 將衞也。段云。將帥字古祇作將衞。帥行而衞廢矣。帥者。佩巾也。是帥爲衞之假借。帥已見𠂤部。達下。衞與達音義亦通。○石鼓文悉衞左右。詩作悉率。率蓋衞之假借。玉篇。衞。循也。導也。今或爲率。案。循導正達字之義。率亦見達下。

齒部

齒 本也。

曲禮笑不至矧注齒本曰矧大笑則見是以矧爲齗之假借○魯世家贊洙泗之閒齗齗如也文選運命論注引作誾誾如也齗當爲誾之假借

齻 齒相值也一曰齧也春秋傳曰晳齻

今左傳定九年作晳幘正義云齒長而白上下之齒相當也幘當爲齻之假借

齟 齬齒也 齬 齒不相值也

廣韻齟齬不相當也或作鉏鋙金部作鉏鋙與此音義俱通段引周禮注作鉏牙左傳西鉏吾以鉏吾爲名則牙吾並假借字也○又列子殷湯篇鋙

鋙之劒。集韻云。錕鋘之山出金。可作刀以切玉。鋘即鋙之或體。子虛賦省作昆吾。鉏鋙亦作岨峿。則山部所無。至金部錡字云。鉏鎁也。此義同而非借字。復云。江淮之間謂釜曰錡。召南維釜及錡是也。乃別一義。

齹　齒差跌皃。春秋傳鄭有子齹。上有齹字。云齒參差。今左傳昭十六年正作子齹。杜注。子皮之子嬰齊也。古人名字相應。或相反。齹者不齊。故爲嬰齊之字。齹與齹義既同。而音亦近。可爲通借。段本刪齹字。

齯 老人齒。爾雅釋詁黃髮齯齒壽也。此正釋閟宮詩。今詩作兒齒。兒蓋齯之省借。釋名齯齒大齒落盡更生細者如小兒齒也。故齯从兒。

齹 齒差也。讀若切。詩淇奥如切如磋。爾雅釋器骨謂之切。案切字見後刀部。似非治器之名。邵謂玉篇齹部齹治骨也。當以齹爲正。今之作切。蓋以讀若切。遂借切字爲之。

齭 齒傷酢也。讀若楚。

御覽引字林作𪘲。段云。凡言痛楚。楚澀。意皆同。文選宋孝武宣貴妃誄。鏘楚挽於槐風。鏘當爲愴。楚乃𪘲之假借。

𪙊　齧骨聲。

曲禮毋齧骨。鄭注爲有聲響不敬。則齧當爲𪙊之假借。本部齧。噬也。義相近。作齧亦通。

牙部

牙　牡齒也。象上下相錯之形。古文爲𤘅。

借吾。借虞。已見口部。借衙。見行部。借齬。見齒部。○

攷工記輪人。牙也者。以爲固抱也。司農注。牙讀如踧者訝踧者之訝疏云訝迎也此車牙亦輮之使兩頭相迎故讀從之是以牙爲訝之省借訝已見彳部御下○司農又云牙世閒或謂之网木部枒一曰車网也是牙亦枒之通借○書君牙禮記緇衣作君雅呂覽本味篇伯牙破琴絕弦注牙或作雅是牙爲雅之省借邵謂雅作牙者或即疋之形近而譌亦通疋部見後○漢書金日磾傳霍氏有事萌牙注言始有端緒若草之初生蓋牙爲芽之省借○易大畜豶豕之牙釋文牙鄭讀爲互案周禮牛人凡祭祀共其牛牲之互鄭義如是互字或

書作芽。與牙相近。經史中往往淆混。非必假借也。但漢書劉向傳。宗族磐互。注互字或作牙。謂若犬牙相交入之意也。則義亦可借互在遇韻平聲卽爲魚虞。固與麻韻通矣。

足部

足 人之足也在下。从止口。

後水部浞。小濡皃也。詩信南山。既霑既足。足當爲浞之省借。○詩卷阿正義引白虎通云。皇鳴曰足足。疑足爲𠕙之假借。鳳皇形似雞。聲當亦相類也。

𠕙已見吅部。

踦一足也。

太元經益以踦嬴。卽漢書食貨志所謂操其奇嬴也。踦當爲奇之假借。方言。踦奇也。則義亦通。○又方言。凡全物而體不具者謂之倚。亦謂之踦。韓非子亡徵篇。其强弱相踦者也。與鵩鳥賦禍兮福所倚意同。是踦亦可爲倚之通借。

跪拜也。跽長跪也。

曲禮。授立不跪。釋文。跪本又作危。危蓋跪之省借。危已見彳部微下。○方言。跪謂之⿰足長蹬。郭注。今東郡人亦呼長跽爲⿰足長蹬。是跪跽通借用之。○史記

滑稽傳髡帣韝鞠䠞徐廣曰䠞與跽同謂小跪也䠞乃跽之或體

䟽 長脛行也一曰踧踖曲禮毋踖席正義引玉藻登席不由前爲躐席本部無躐字當卽借踖字爲之猶今之臘或作腊也○詩行葦授几有緝御毛傳緝御踧踖之容也正義卽以踧踖釋之疑緝御卽爲踧踖之假借詩踧踧周道釋文踧徒歷反與緝疊韻御本音迓从昔之字或从乍酬醋之爲酬酢是也集韻踖或作䟽音藉則聲亦可轉通○左傳石碏漢石經公羊戔

碑作石踖。石部碏字在新附。當即踖之或體。

踽　踽疏行皃。詩曰。獨行踽踽。

文選登徒子好色賦。旁行踽僂。注。踽僂。傴僂也。是踽爲傴之假借。○列子力命篇。偊偊而步。釋文。偊本作踽。人部無偊字。當即踽之或體。

蹌　蹌行皃。詩曰。管磬蹌蹌。

今詩執競作磬筦將將。毛傳。將將。集也。荀子富國篇引作瑲瑲。風俗通聲音篇作鎗鎗。漢書禮樂志作鏘鏘。俱以同音通借用之。諸字亦見前玉部瑲下。○聘禮。眾介北面蹌焉。鄭注。容皃舒揚。曲禮士

蹌蹌注行容止之皃也段云本部蹌訓動則禮言行容者皆蹩爲正字蹌爲假借字案曲禮釋文蹌本又作鶬或作鏘皆當爲蹩之假借

趴

趨越皃

西京賦紛縱體而迅赴薛注赴赴節相越也錢云卽此趴字案走部越趨也則赴當爲趴之假借

跋

輕也繫傳作輕足也

玉篇跋急疾也錢謂禮運故獸不狘卽此字案犬部狘在新附則狘當爲跋之假借○跋與从女之娍訓同蓋亦越之義已見走部

躋 登也。商書曰。予顛躋。

今微子篇作隮。又顧命。由賓階隮。詩。朝隮于西南山。朝隮。凡作隮者。皆躋之或體。左氏昭十三年傳知擠于溝壑矣。杜注。擠。隊也。手部。擠。推也。謂推而墜之義。亦通。書正義引作隮于溝壑。與顛躋合。則擠可爲躋之通借。段云。升降同謂之躋。猶治亂同謂之亂也。○周禮眂祲。九曰隮。注。故書隮作資。是資爲躋之假借。○樂記。地氣上齊。公羊文二年傳。齊僖公。釋文竝云。齊本作躋。詩長發。聖敬日躋。孔子閒居注。作日齊。又至于湯齊。注。詩讀湯齊爲湯躋齊皆爲躋之省借。

趯　迅也。

爾雅釋訓赫赫躍躍迅也釋文躍樊本作趯引詩趯趯厥靈是以躍爲趯之假借○漢書李尋傳涌趯邪陰注趯與躍同涌趯卽踊躍趯當爲躍之假借走部趯躍也則義亦通故詩巧言躍躍毚兔史記春申君傳作趯趯毚兔

蹴　躡也。

史記蘇秦傳六博蹋鞠者後漢書梁冀傳作蹴鞠孟子蹴爾而與之注蹴蹋也蹋當爲蹴之通借○

曲禮以足蹙路馬芻釋文本又作足蹴蹴本部蹙字
在新附則蹙當即蹴之或體若孟子已頻顣曰文
選弔魏武帝文注作嚬蹙頁部無顣字殆又蹙之
異體而廣韻顣頻鼻頭促貌是此顣蹙實皆促之
假借耳○莊子田子方諸大夫蹙然曰釋文蹙或
作愀此與哀公問蹴然避席同上文復兩言愀然
作色而對蹴愀雙聲字固可通借但心部亦無愀
字蓋悄之或體○文選爲袁紹檄豫州文獎蹴威
柄注蹴戚也蹴即蹴蹴从就聲當爲就之假借○
玉藻蹜蹜如也釋文出宿字云本或作蹜本部無

蹜字論語足蹜蹜如有循皇疏蹜蹜猶踧踧也則宿之通蹜當爲踧之假借

跨 渡也

夂部夅跨步也玉篇夅與跨同是二字可爲通借○段云跨謂大其兩股間以有所越也因之兩股間謂之跨下史記淮陰侯傳作胯下案肉部胯云股也蓋合兩股言之胯可爲跨之通借○下有踤字云踞也邵謂跨訓渡謂越也踤訓踞猶坐也左傳昭十三年康王跨之杜注謂過其上此用本字若晉語不跨其國韋注跨猶據也言驪姬不據有

晉國則跨當爲蹮之省借矣

蹈 踐也

借道已見辵部○詩菀柳上帝甚蹈毛傳蹈動也正義曰蹈者踐履之名是如字釋之箋云蹈讀曰悼病也則以蹈爲悼之假借○列子楊朱篇則踐鋒刃釋文踐一本作蹈此以義通

踐 履也

鄭風東門之栗有踐家室毛傳踐淺也箋云栗而在淺家室之內言易竊取是以踐爲淺之假借藝文類聚引韓詩踐作靖御覽引同靖善也言有善

人可與成爲室家也則又以踐爲竫之假借踐竫雙聲字○詩崧高王纘之事箋訓纘爲繼釋文引韓詩作踐任也義不同非必假借而音相近故通中庸踐其位注踐或爲纘則纘當爲踐之假借○周禮司尊彝其朝踐用兩獻尊注故書踐作餞杜子春云餞當爲踐是餞爲踐之假借士虞禮乃餞注餞送行者之酒古文餞爲踐則踐又爲餞之假借矣○文王世子不翦其類也周禮甸師注引作不踐玉藻凡有血氣之類弗身踐也注踐當爲翦是踐爲翦之假借○書成王政序遂踐奄鄭注亦

云。踐讀曰翦。史記周本紀作殘奄。釋名。踐。殘也。使殘壞也。則殘爲踐之通借。○曲禮曰。而行事則必踐之。注。踐讀曰善。蓋以踐爲善之假借。與靖訓善同。○漢書文帝紀。自當給喪事服臨者皆無踐。孟康曰。踐。跣也。本部跣。足親地也。此以踐爲跣之假借。

踵　追也。一曰往來皃。

止部歱。跟也。與此異義。曲禮。車輪曳踵。玉藻。舉前曳踵。孟子。摩頂放踵。踵皆當爲歱之假借。今概以踵爲歱。惟張表碑。纘歱相承。用本字。○彳部有徸字云相迹也邵氏瑶圖謂左氏昭二十四年傳吳踵楚杜注云躡楚蹤迹正字當作偅廣雅釋詁偅迹也意亦以踵爲偅是假借字今俱用踵而偅字廢矣○莊子庚桑楚擁腫之與居釋文腫本作踵是以踵爲腫之假借

蹛 踶也

史記平準書蹛財役貧又留蹛無所食索隱云蹛今滯字蓋以蹛爲滯之假借○一切經音義曰蹵三蒼音帝郭訓古文奇字以爲逝字案春秋運斗樞黃龍五采負圖出置舜前蹵入水而去是蹛爲

逝之假借。逝已見辵部。

𨂿 踶也。一曰跛也。

莊子馬蹏篇蹩躠爲仁。釋文蹩躠向崔本作敝殺。是敝爲蹩之省借。殺爲躠之假音。本部無躠字。

踶 躗也。

淮南脩務訓。馬之𨂪蹏。足以破盧陷匈。又云。墨子跌蹏而趍千里。漢書武帝紀作馬或奔踶而致千里。蹏當爲踶之假借。

躗 衞也。

段謂此有脫誤。當云。躗踶也。牛部衛云。牛踶衛也。

𨗨衛義略同則可通借矣○借𠪚見本部○口部有嚱字云高气多言也引春秋傳嚱言邵瑤圃曰蓋即左傳之𨗨言杜注𨗨過也高气之言未有不過者義亦相入據說文𨗨義同傳當从口不从足案此與心部𢡚下借義異兩存之若段謂嚱言二字當云公孫蠆見公羊襄十四年經殆不然

[illegible]　楚足也

廣雅釋詁蹀履也疏證引列子黃帝篇宋康王蹀足淮南俶真訓足蹀陽阿之舞字亦作跕漢書地理志女子彈弦跕躧如淳注跕音蹀足之蹀蹀跕

字本部無之。當卽蹵之假借。又史記貨殖傳。躡利屣。躡一作跕。漢書注。跕。謂輕躡之也。本部。躡。蹈也。是跕可爲躡之假借。止部。疌。機下足所履者。跕卽疌字。疌者躡也。則跕亦可爲疌之假借。此與蹵義宜竝存。○漢書文帝紀。新喋血京師。服虔曰。喋音蹀屣履之蹀。史記作啑血。又魏豹彭越傳。喋血乘勝。徐廣曰。喋一作啑。索隱。喋猶踐也。段云。喋血者。蹵血也。謂流血滿地污足下也。案。喋啑啑三字皆口部所無。亦當爲蹵之假借。○又文選與陳伯之書。朱鮪涉血於友于。注。涉與喋同。則亦蹵之假借矣。

蹢住足也。或曰蹢躅。賈侍中說。足垢也。

禮記三年問作蹢躅。與躅同。段云。蹢躅之雙聲疊韻曰踟躕。曰跢跦。曰峙踞。曰篙箸。俗用躊躇。此數者皆當爲蹢躅之假借。案本部有䠥字。云峙䠥不前也。正踟躕之本字。

踤觸也。一曰駭也。一曰蒼踤。

文選長楊賦帥軍踤阹。注引漢書音義。踤聚也。此以踤爲萃之假借。萃已見艸部。○漢書司馬遷傳卒卒無須臾之間。文穎曰。卒卒言倉卒也。今人多用

蹵猝卒猝皆當爲踤之假借惟犬部猝犬從艸暴出逐人也與蹵踤義近則作猝亦可通借故蕭望之傳固爲軍旅卒暴之事也顔注云卒讀曰猝

蹶僵也一曰跳也重文爲蹷

借蹶已見走部○呂覽盡數篇處足則爲痿爲蹷注蹷逆疾也素問六節藏象論凝於足者爲厥注厥謂足逆冷也厥當爲蹷之省借若古今人表蹷厥由顔注作蹶由此人名不定誰借○曾子疾病篇魚鼈黿鼉以淵爲蹷穴其中孔注蹷窟也王懷祖曰古無訓蹷爲窟者蹷者穿也言更於淵中穿

土爲穴也說苑敬愼篇潛夫論貴忠篇竝作以淵爲淺而穿穴其中廣雅釋詁㳄穿也歷當爲㳄之假借案㳄爲㲋部㵒之重文㵒从㲋㲋聲○爾雅釋木蹶泄苦棗釋文蹶本亦作𨇨是𨇨爲蹶之通借○走部趆踶也廣雅釋言亦云蹶踶也則趆可爲蹶之通借蹶趆音同

𨇨 歷也一曰躍也

史記項羽紀漢王逃索隱曰漢書作跳跳當爲逃之假借○列子湯問篇跳往助之釋文跳躍也或作眺眺當爲跳之假借○爾雅釋詁竅閒也釋文

窕。舍人本作跳。云跳者躍之間。案間爲閒暇之義。跳蓋窕之假借。以間爲間隙。似迂。

𨂠 楚人謂跳躍曰蹠。

本部蹠。足下也。呂覽用衆篇。必食其蹠。注。蹠。雞足踵。淮南說山訓作必食其蹠。蹠當爲蹠之假借。又西京賦。高掌遠蹠。薛注。太華本一山。河神以手擘開其上。足蹋離其下。分爲二。以通河流。今手足之迹尚在。是高掌爲手迹。遠蹠爲足迹。蹠亦蹠之假借。今二字通用。孟子。蹠之徒也。音義。蹠與蹠同。蹠之爲蹠。猶拓之卽摭。蔗之爲柘也。○玉篇有跖字。

云足擊聲集韻音豹跳躍也又音灼跡也或作蹠案此本部所無濟南有趵突泉水自躍上正合蹠爲跳躍之義當卽蹠之或體其音轉爲豹者藥部字多與效號通故又有灼音灼蹠雙聲字也

𨂜 進足有所擷取也爾雅曰𨂜謂之擷今釋器作扱衽謂之襭詩芣苢毛傳扱衽曰襭後衣部亦云以衣衽扱物謂之襭此作𨂜當爲扱之假借而言進足有所取故字从足蓋以廣異義襭或作擷則通用

䟺 步行獵跋也

豳風狼跋其胡毛傳跋躐也本爾雅釋言郝云躐者獵之或體跋當讀爲蹎詩之狼跋卽狼蹎狼蹎字見一切經音義引聲類蓋以跋爲蹎之假借俗作狽狽非也案犬部無狽字若以狽爲別一獸則詩語殊不辭

躓　跆也詩曰載躓其尾

今豳風躓作疐毛傳疐跆也訓與躓同是疐爲躓之假借但叀部疐礙不行也从叀引而止之也叀者如叀馬之鼻从冂此與牽同意亦引詩載疐其尾則作躓者當爲三家異字躓疐音義同蓋兩通

矣。○鹽鐵論鍼石篇作載蹝其尾。本部無蹝字。又蹇之或體。○淮南原道訓先者隤陷。注楚人謂躓爲隤。隤之或體又作蹪。廣雅釋言蹪蹇也。則隤當爲躓之假借。

蹎 跋也。䟐蹎跋也。

左氏隱十一年傳子都自下射之。顚。論語顚而不扶。凡類此訓。皆當爲蹎之假借。顚已見玉部瑱曰部嗔下。○丕部有趚字。云丕趚頓也。讀若顚。與此音義俱同。可爲通借。○詩賓之初筵箋。無使顚仆。釋文顚本作傎。穀梁僖二十八年傳晉文公之行事。

爲已傎矣傎字人部所無則亦蹎之假借○淮南覽冥訓其行蹎蹎注蹎讀填寘之填是以蹎爲填之假借填亦見嗔下○詩蕩篇顛沛之揭論語顛沛必於是皆蹎跋之假借毛傳沛拔也豳風狼跋釋文本作拔拔亦跋之假借跋拔俱見艸部茇下

跌踢也一曰越也

踢跌踢也一曰槍也

錢云廣雅釋詁劮婸婬也方言佚婸婬也後漢書孔融傳注跌蕩無儀檢也文選思元賦藐以迭遏注遏突也皆字異義同是以數者爲跌踢之假借案劮與婸說文所無女部婸放也一曰淫戲則正

通。

踣僵也。春秋傳曰晉人踣之。

踣蒲北切。爾雅釋文音赴。人部仆，頓也。踣與仆音義皆同，是可通借。○走部𧻓，亦曰僵也，讀若匐。正

踣之通借字也。

𧿒跛也。

離騷余固知謇謇之為患兮。注引易王臣謇謇。今易作蹇蹇。言部無謇字，古祇借蹇字為之。○爾雅釋樂徒鼓磬謂之蹇。釋文引李巡曰：蹇，連也。又蹇或作謇，或作蹇。非。郝云：初學記引爾雅此文正作

蹇易往蹇來連馬注連亦難也是蹇連義同李本當作蹇則卷亦蹇之或體○楚辭憚蹇裳而濡足注蹇讀若褰蓋以蹇爲褰之假借

𨂜足不正也一曰拖後足馬讀若苹或曰徧

廣韻蹁𨂜旋行皃一切經音義引廣雅蹁𨂜盤姗也玉篇作蹣跚莊子大宗師作跰𨇤釋文一作邊鮮史記平原君傳作槃散散亦作跚子虛賦作媻珊又南都賦蹴蹵蹁𨂜卽上林賦之便𨇤媻㛹是此諸文皆當爲蹁𨂜之假借其中多說文所無卽本部𨂜字亦在新附鈕氏謂借僊字或遷字爲之

𨂂 脛肉也。一曰曲脛也。讀若逵。

漢書賈誼傳又苦𨂂盭。顏注𨂂古蹠字。是以𨂂爲蹠之或體。段謂足跖反戾不可行。又以爲跖之異體。錢云𨂂即跰字。桼凡从廾之字多書作大。與从火形近易譌。𨂂本無其字。似錢說爲得。此言曲脛。脛戾不可行。義亦正通。

躧 舞履也。重文爲韃。

此與革部鞮革履也。韃鞮屬音義竝通。鞮亦見走部趧下。○漢志跕躧。已見前。史記作跕屣。師古曰。躧與屣同。文選長門賦蹝履起而彷徨。蹝或省作蹝。注云。蹝與躧同。屣蹝蹝皆說文所無。當卽躧之或體。今人多用屣爲躧之假借。若一切經音義。屣古文𩌦䩥踄三形。則本部踄。蹈也。旁各切。又音步。此蓋蹝之形似而譌。非通借字也。

跀 斷足也。重文爲䟈。

刀部刖。絕也。與此異義。經傳於斷足之刑多作刖。蓋跀之假借。易从足爲从刀。猶跀之爲刖也。○莊子養生主。惡乎介也。釋文。介音戒。一音兀。司馬云。刖也。崔本作兀。亦作䟈。云斷足也。又德充符申徒嘉。兀者也。李云。刖足曰兀。是以介爲跀之假借。介

跀聲之轉其作兀者則䟆之省借也介巳見八部

○攷工記旊人髻墾薜暴不入市注髻讀爲跀蓋謂器之斲足者髻爲跀之假借

趹 馬行皃

史記張儀傳探前趹後索隱言馬之走勢疾也廣雅釋詁趉疾也是趉爲趹之通借趉亦見前蹶下○廣雅釋宮駃犇也駃本𩧐馬之名駃當爲趹之假借○莊子齊物論麋鹿見之決驟崔譔注疾走不顧爲決則決又可爲趹之假借矣

趼 獸足企也

爾雅釋嘼騉蹏趼善陞甗郭注蹏如趼而健上山釋文趼本或作研舍人云研平也李云平似研也孫炎同如諸家說是以趼爲研之假借○莊子天道篇百舍重趼而不敢息注趼胝也趼當爲䍃之假借

路

道也

荀子議兵篇路亶者也注路㬥露也蓋路爲露之假借故孟子是率天下而路也趙注訓爲羸露音義路與露同○詩式微胡爲乎中露毛傳以爲邑名列女傳作中路案朱子詩序辨說引陳氏曰衛

穆公時晉滅赤狄潞氏數之以奪黎氏之地路史炎帝紀潞子嬰兒甲氏留吁姜路之餘是路當爲潞之省借○孟子皆悅而願出於其路矣周禮司關注引路作塗塗卽路之通借爾雅釋詁路途也借落已見艸部

跂　足多指也

今字作歧與岐別歧乃跂之省止卽足亦通○借跂借蚑已見走部○莊子駢拇篇駢拇枝指枝當爲跂之假借○海外南經歧舌國注其人舌多歧或云支舌也是支爲歧之假借○孫叔敖碑少見

技首蛇。技亦歧之假借。○詩河廣。跂予望之。禮檀弓。跂而及之。又斯干。如跂斯翼。玉篇作如企。爾雅釋鳥。其踵企。釋文。企或作跂。人部企。古文爲定。跂皆當爲企之假借。企見亻部。彳下。○七部頍。頃也。引詩頍彼織女。今大東作跂。毛傳。跂。隅皃。跂當爲頍之假借。

疋部

疋 足也。上象腓腸。下从止。弟子職曰。問疋何止。古文吕爲詩大疋字。亦吕爲足字。或曰胥字。一曰疋記也。

錢云今弟子職作問所何趾本書疋讀若所是所爲疋之假借○爾雅序釋文雅本作疋案雅本楚烏之名而訓正訓素乃假借之義今因作鴉作鵶以別於大雅字則或體也疋爲雅又其轉借矣雅亦見牙部○段又謂疋之爲足者以形相似而假借變例也府史胥徒之胥可徑作疋此亦同音假借也案疋記卽疏記是疏爲疋之通借疋借匹巳見乆部○附案字書載古文正字或作疋今因以疋字上畫直者爲大雅字雅本訓正也其上畫鉤出者則爲足爲胥并爲匹此强作分別非也

𤕫 門戶疏窻也。囪象𤕫形。讀若疏。

史記禮書疏房牀第几席。索隱疏謂窻也。是疏爲𤕫之通借。○錢云此稀疏字。楚辭九歌疏緩節兮安歌。注疏稀也。祭不欲疏。此類疏字蓋假借𤕫義爲之。

𤴔 通也。

玉篇引月令其器𤴔以達。今月令作疏。諸書扶疏字太[元]作扶𤴔。疏當爲𤴔之假借。疏見後㐬部。

品部

品 眾庶也。

玉藻命之品嘗之注品徧也此以品爲徧之假借

與周禮膳夫品嘗食同品徧雙聲字徧見彳部

嵒多言也从品相連春秋傳曰次于嵒北讀與聶同

今僖元年傳作聶北許書於左氏用古文則聶當

爲嵒之假借○錢云此卽史記魏其武安傳呫囁

耳語之囁案口部無囁字言部之讘可爲嵒之通

借○此與山部嵒字上口不與下山連形近易混

故別之

喿鳥羣鳴也

一切經音義二十引廣雅譟鳴也案言部譟擾也

穀梁定十年傳齊人鼓譟而起注羣呼曰譟是譟厲人喿厲鳥義相近譟可爲喿之通借○墨子天志下竊人之金玉蚤絫者乎王云蚤絫字誤當爲布喿喿卽繰布繰卽布帛繰喿同音故通蓋以喿爲繰之假借

龠部

龠樂之竹管三孔㠯和衆聲也从品侖侖理也爾雅釋樂大籥謂之産釋文籥本作龠經典中凡於樂器言管籥羽籥者皆當爲龠之假借

龢調也讀與和同

口部咊相應也。唱咊字如此。今多書作和。其五聲之調當作龢。如書律和聲。禮鸞和之聲等。皆爲龢之假借。又龢專訓調。則凡太和協和和睦和樂之類亦當爲龢之假借。至五味之調。乃爲盉。皿部盉。調味也。以其从皿。故廣韻云。調五味器。如和羹和旨和齊。皆盉之假借。自和字行。而龢盉俱廢矣。○淮南說山訓咼氏之璧。注。咼古和字。又文選盧子諒覽古詩趙氏有和璧。注。𤦲古和字。是咼爲和之假借。玉部無𤦲。又咼之或體。○廣雅釋器。棺當謂之脉。呂覽開春論。王季葬於渦山之尾。欒水齧其蕤見椼之前和。蓋本書無脉。祇借和字爲之。

龤 樂和龤也。虞書曰。八音克龤。

今書作諧。言部諧。詥也。詥之言合也。合有和義。泛言之。此專謂樂和諧。乃龤之假借。

冊部

冊 符命也。諸侯進受於王者也。象其札一長一短。中有二編之形。古文爲𠕋。

書洛誥。王命作冊。漢書律[厤]志作命作策。策乃冊之假借。左氏定四年傳。備物典筴。筴又策之或體。竹部。策。馬箠也。亦借爲籌策字。

嗣　諸侯嗣國也古文爲孠

借台已見口部○書舜讓於德弗嗣史記作不懌

懌本書所無當卽嗣之假借○詩子衿嗣音釋文

引韓詩作詒詒可爲嗣之通借○書高宗肜日王

司敬民殷本紀司作嗣據下句罔非天〔允〕〔允〕卽嗣

也則此司字當爲主訓嗣蓋司之假借

扁　署也从戶冊戶冊者署門戶之文也

文選景福殿賦爰有禁楄注扁與楄同木部楄方

木也楄菡扁之通借○莊子盜跖篇扁虎須釋文

扁本作編扁乃編之省借與古今人表史扁宋書

符瑞志作史編同。○又天道篇。輪扁古今人表作輪邊。此人名不定誰爲假借。○詩巷伯。緝緝翩翩。釋文翩字又作扁扁亦翩之省借。

說文假借義證卷四

嘉興張鳴珂
族曾孫彝同校

安徽古籍叢書萃編

說文假借義證

五

清·朱珔 撰
余國慶 黃德寬 點校

黃山書社

說文假借義證卷二十二目錄

第十一篇下

說文假借義證卷二十二目錄　二

谷部文八　證五

谷　谿　豅　容　谸

仌部文十七　證八

仌　冰　清　滕　冶　凓　㓖　凓

雨部文四十六　證十九

雨　靁　霆　霅　震　霪　霄　霝　霢

𩂣　𩅰　霃　霣　𩆷　霧　霓　雩　需

[illegible]

雲部文二　證二

雲　霒

魚部文百三　證三十四

魚　鮞　魼　鰲　鮔　鰥　鮦　鯈　魴

鮹　鯉　鱏　鰌　鯇　鮆　鮷　鯫　鱓

魵　鰨　鮮　鰅　鱅　鮐　鮊　鮫　鮨

鮺　鮑　鰕　鮥　鮩　鯙　鮁

䲆部文二　證一　漁見魚部

燕部文一　證一

燕

龍部文五　證三

龍　龕　龖

光緒二十五年，歲在己亥，仲冬月，族曾孫蔭成重校刊。

說文假借義證卷二十二

弟十一篇下

涇朱珔學

林部

𣶒水行也。从林㐬。㐬突忽也。篆文爲流。

今祇作流字。借游。已見㫃部。借旒。見游下。○詩旄邱。流離之子。爾雅釋鳥注引作留離。桑鳥部鶹字云。鳥少美長醜爲鶹離。正本爾雅。惟離作鷅爲異。是鷅者離之假音。留即鶹之省。今詩作流。則假借字也。離已見隹部。○孟子。何其血之流杵也。論衡語增篇引作浮杵。流浮疊韻字。可爲通借。浮已見

水部汎下

瀕部

瀕水厓人所賓附顰蹙不前而止。

顰今字作濱大徐以爲誤案許釋云人所賓附則从賓正可通故召旻傳顰厓也采蘋北山傳即云濱厓也○借矉已見目部借賓見貝部○惠定宇曰今省水从步作頻訓爲數入聲乃始于廣韻盛行于唐案詩桑柔傳頻急也廣雅頻頻比也即數之義是前已有之

顰涉水顰蹙。

桼上頡𩑋字不从卑則顈卽可爲顰之通借○易頻復厲釋文本又作嚬嚬眉也此與孟子已嚬𩑋曰同嚬蓋顰之或體○易釋文頻鄭作卑音同段謂王弼虞翻侯果皆以頻𩑋釋之是鄭字作頻省下卑鄭則作卑省上頻覲晁氏以道古周易云卑古文也今文作顰呂伯恭古易音訓亦然可知今釋文鄭作顰者乃後人所改顰本在支韻不在真韻也桼顰字本从顭卑聲支韻有通真文之理據此則頻卑古同音卑可爲顰之省借卑已見三篇𠂇部

〈部

〈水小流也古文爲甽篆文爲畎六畎爲一畮

攷工記匠人注甽畎也謂甽畎古今字非假借也

○〈與涓之訓小流音義皆同可爲通借涓已見

水部○漢書匈奴傳周西伯伐畎夷注云郎混夷

混畎聲相近是以畎爲混之假借又孟子文王事

昆夷曹子建求自試表作事犬夷則犬爲畎之省

也昆已見日部混見昆下亦見水部渾下

巜部 巜已見水部澮下

粼水生厓石間粼粼也

詩揚之水。白石粼粼。釋文。粼本作磷。文選劉公幹贈從弟詩正作白石磷磷。石部無磷字。當卽借粼字爲之。磷已見邑部鄰下。○爾雅釋畜。青驪驎。驒。釋文出粼字云。本作驎。郭曰。斑駁隱鄰也。孫炎曰。似魚鱗也。案馬部驒下云。青驪白鱗。文如鼉魚。義與孫合。則粼驎鄰皆當爲鱗之假借。驎已見鹿部麟下。

巜部

巜貫穿通流水也。虞書曰。濬く巜距川。言深く巜之水會爲川也。

借聲已見眘部○易坤卦釋文坤本作巛詩天作箋巛以簡能左氏昭廿九年傳巛之剝釋文竝云巛本作坤案坤或作巛者象其卦畫六斷也元先顏本通則巛是川字亦可謂爲坤之假借矣

巠 水𣽂也从川在一下一地也王省聲一曰水冥巠也古文爲𢀛

錢謂經脈字應用此案素問金匱眞言論經有五風注云經謂經脈所以流通營衞血氣者也他篇屢見是經當爲巠之假借經已見彳部徑下○段謂冥巠水大皃今字作溟涬見莊子在宥篇案集

韻作瀴滓。大水皃。一曰。混茫皃。滓字水部所無。則異體假借也。

𡿨 水流也。

段謂此與汩字云治水也義異。上林賦。汩乎混流。又汩急漂疾。方言。汩。疾行也。注云。汩。急皃。當以汩爲𡿨之假借。案廣雅釋訓。𡿨𡿨。流也。用此字。他處皆作汩。而汩與𡿨遂不分矣。汩已見水部。瀆下滙下。

州 水中可居曰州。周繞其旁。从重川。昔堯遭洪水。民居水中高土。故曰九州。詩曰。在河之州。一曰。州疇

也各疇其土而生之古文爲𡿧

所引周南詩今作洲案州卽洲字後人別加水旁遂似異耳○借祝已見示部借周見口部○封氏聞見記古謂州爲朱是二字可通借朱已見木部○公羊成十一年經使郤州來聘釋文州本亦作犨左傳有郤犨則州當爲犨之假借州犨疊韻字○州之義爲竅爾雅釋畜馬白州驪馬部同廣雅釋親州豚臀也王懷祖曰豚與州聲相近廣韻豚尾下竅也內則鼈去醜鄭注醜謂鼈竅也醜與州亦聲近又楚語日月會于龍豬文選東京賦注引

賈逵曰䝞龍尾也玉篇作豵音丁角切義與豚相近段謂州豚同字俗作居史漢貨殖傳之馬噭即此蜀志周羣傳諸毛繞涿居署曰潞涿君語相戲謔涿亦州豚同音字也據此諸證皆可通借涿已見水部若北山經倫山有獸如麋其川在尾上川當即州以形似而誤耳

泉部

泉 水原也象水流出成川形

周禮外府注其藏曰泉其行曰布取名於水泉其流行無不徧也又泉府注鄭司農曰故書泉或作

錢。桼金部錢字云。銚也。古者田器。引詩庤乃錢鎛。小徐云。一曰貨也。後以錢爲泉之假借。錢行而泉廢矣。

𣶒泉水也。讀若飯。

淮南書莫鑒於流瀿。許注云。楚人謂水暴溢爲瀿。瀿卽𣶒字。从水與从泉稍別耳。○繫傳云。阪泉蓋本此。桼解中讀若飯。正阪之音。如小徐所說。或阪可爲𣶒之假借與。

灥部

灥三泉也。闕。讀今音詳遵切。段謂依附泉之雙聲爲之。

錢謂卽穿字。劉熙釋名。穿地而流。字作此。案穴部穿通也。巛从三く。釋爲穿通流水。灥从三泉。正相似。泉之雙聲。穿亦近。則或可通借。與集韻云。灥與泉同。

厵水泉本也。从灥出厂下。篆文爲原。辵部邍字云。高平之野。人所登。惟周禮如此作。餘凡邍厵字俱作原。而別製源字。是以原爲邍之假借也。閒有用本原字者。如孔子閒居必達於禮樂之原。注原猶本也。漢書食貨志猶塞川原爲潢洿也。注原謂水泉之本是也。○言部謜。徐語也。引孟子故謜謜而來今孟子謜作源趙注如流水之與源通是以謜爲源之假借源即原字○爾雅釋獸羱如羊羱即說文萈字見艸部萈下字林云羱野羊也見一切經音義九所引後漢書鮮卑傳注原羊似吳羊而大角出西方本爾雅郭注是以原爲羱之省借○攷工記梓人注䖣原屬釋文原本作螈螈即說文之蚖是原爲螈之省借即蚖之假借也○周禮馬質禁原蠶者注原再也爾雅釋言原再也釋文原舍人本作螈郭注從之是原亦螈之省借矣○左氏昭三年經滕子原卒公羊原作泉

此通借字。泉已見上。

永部

永　水長也。象水巠理之長永也。詩曰。江之永矣。
借詠。已見言部。○下羕字亦云水長也。引詩江之
羕矣。今周南作永。毛詩也。作羕者。當爲韓詩。故兩
舉之。案文選登樓賦川既漾而濟深。李注引韓詩
江之漾矣。薛君曰。漾長也。段以爲譌。但王仲宣既
用漾字。薛注韓詩先有此語。而李引之。不應皆誤。
當是韓詩傳有別本耳。羕。余亮切。與永爲雙聲。漾
乃漢水之名。字从羕。則羕是永之通借。漾又羕之

轉借矣。

𠂢部

𠂢水之衺流別也。从反永。讀若稗縣。

水部有派字。云別水也。與此音義皆同。可爲通借。

蓋派本从𠂢也。

衇血理分衺行體中者。重文爲脈。今作脈。永不反。籀文爲

𧖴。

方言云南楚以南凡相非議人謂之謫。或謂之衇。

此以衇爲謫之假借。言部謫罰也。釋名作衇。摘謫

摘音同。義亦近。

覛衺視也。籒文爲𧢼。

目部脈字云目財視也。廣韻作邪視。邪卽衺也。爾雅釋詁覛相也。釋文覛本作脈。是脈爲覛之通借。重言之則曰脈脈。楚辭目脈脈兮寤終朝。注云。脈脈。視貌也。脈脈已見口部嘆下。○廣雅釋詁覓視也。卽覛之移𠂢於見上者。與籒文左見右𠂢同。邵瑤圃曰。今之尋覓字。蓋卽覛也。漢書楊雄傳脈脈隆周之大寍。師古注。脈卽覓字。不知古嘗作覛爲覓。故譌作覓耳。案覛本莫狄切。正覓之音。與見部覡下借覓可兩存。而此尤近是。

谷部

谷 泉出通川爲谷。从水半見出於口。

借穀。已見禾部。○老子谷神不死。釋文谷河上本作浴。云浴者養也。是以谷爲浴之省借。水部浴。洒身也。義異。○詩桑柔進退維谷。毛傳谷窮也。此以谷爲鞫之假借。卽邶風傳之鞫窮也。鞫已見革部鞫下。

谿 山瀆無所通者。

借雞。已見隹部。○集韻於谿字外又有溪嵠磎三形。實祗一字。後引莊子外物篇則婦姑勃磎。云磎反戾也字作左谷右奚然廣雅釋水谿谷也亦左谷右奚疏證謂谿卽谿也非以左右別也近毛氏曰谿从谷谷口上阿也與山谷字異則本部所無案谿當爲謑之假借謑詬本連文詬正詬詈字也此於勃谿義庶可通矣謑已見言部

豅大長谷也讀若聾

司馬相如傳深山之谾谾晉灼曰谾古豅字蕭該曰谾或作豅長大皃也是谾卽豅之通借

𧮬深通川也从谷从𣦼𣦼殘地阬坎意也虞書曰睿畎澮距川重文爲濬古文爲濬

所引書與川部㬎者古今文之別也今書亦作濬
史記夏本紀作浚畎澮致之川是浚爲濬之通借
故易之浚恒釋文鄭作濬浚已見水部○前四篇
𣦼部叡字云𥧈明也通也从𣦼从𣦼从目从谷省古文
爲睿籒文爲壡大戴記五帝德篇幼而叡齊史記
作徇齊索隱云舊本亦作濬齊案叡爲正字濬爲
假借字徇又濬之轉借也叡本即睿濬亦从睿聲
故可通徇徇已見彳部袀下○書洪範思曰睿此
古文尚書也今文尚書作思心曰容是容爲睿之
通借而今文別作思心曰容已見宀部容下

谸望山谷谸谸青也。

文選高唐賦肅何芊芊。李注云。說文。谸望山谷千千青也。千與芊古字通。案艸部芊字在新附。廣雅釋訓。芊芊茂也。楚辭九思。藿蘼兮千眠。文選陸機文賦。清麗千眠。亦作芊眠。張衡南都賦。青冥盰瞑。瞑即眠字。謝朓游東田詩。遠樹曖阡阡。一作仟仟。

諸凡从千聲之字。皆當爲谸之假借。

仌部

仌凍也。象水凝之形。冰水堅也。俗从疑作凝。

易象傳。初六履霜。陰始凝也。馴致其道。至堅冰也。

上凝字當作冰下冰字當作仌詩膚如凝脂當作冰脂蓋今字借冰爲仌而别以凝爲堅凝字遂不可復正矣○手部掤字云所以覆矢也引詩抑釋掤忌詩大叔于田正義引左氏昭廿五年傳公徒釋甲執冰而踞服注冰櫝丸蓋疏又云掤與冰字雖異音義同是一器也則冰乃掤之假借○海內北經從極之淵維冰夷恆都焉注冰夷馮夷也是以冰爲馮之假借馮已見馬部○中庸至道不凝焉鄭注凝猶成也釋文凝本又作疑易鼎象傳君子以正位凝命釋文凝嚴貌翟元作擬是疑爲凝

之省借。而擬又其轉借也。

凊　寒也。

曲禮。冬溫而夏凊。水部瀞字云。冷寒也。廣韻以爲古文淨字。實當爲凊之假借。方言。涙淨也。注。淨冷貌。段謂涙淨二字宜从冫。涙即滄字。淨即凊字。則亦可通借矣。淨已見水部。滄見洞下。

𠗲　仌出也。詩曰。納于𠗲陰。重文爲凌。豳風作凌。

史記秦始皇紀。陵水經地。正義曰。陵作凌。漢書天文志。陵歷門食。注引韋昭曰。突掩爲凌。列子力命篇。凌誶。釋文。謂好陵罵辱人也。是陵爲凌之通借。

○爾雅釋言淩慄也水部無淩字郝謂淩者凌之假借郭注淩懍釋文云淩當作倰埤蒼倰慄也倰懍二字亦心部所無楊雄羽獵賦虎豹之淩遽小顏注淩戰栗也遽惶也則倰懍異體皆當爲淩遽之假借矣遽已見辵部

冶　銷也

荀子非相篇莫不美麗姚冶注冶妖也張衡西京賦妖蠱豔夫夏姬後漢書注蠱音冶謂妖麗也是冶爲蠱之假借慶馬韻通故齊勇士古冶子一作古蠱子見廣成頌○易繫辭冶容誨淫釋文冶陸

虞姚王肅本作野。野爲冶之假借。實亦蠱之轉借也。蠱已見人部假下。

熚 風寒也。滭 滭波也。幽風一之日觱發。毛傳觱發風寒也。案觱發當爲滭波之假借。猶水部滭沸今詩作觱沸也。已見角部。○錢訓火部亦有熚發字云火兒。蓋只取聲之同。不必從義也。

㷉 寒也。幽風二之日栗烈。毛傳氣寒也。栗當爲溧之省借。栗已見卤部㮚下。案烈字當爲洌之假借。而本部未載其字。惟下有瀨字。亦云寒也。段以瀨爲冽之誤。但烈字通厲。見刀部列下。賴字亦通厲。見厂部屆下。則作瀨正可通。似不必竟改原文。若詩下泉疏引七月篇。二之日溧洌。是以栗烈借爲溧洌。審矣。

雨部

雨 水从雲下也。一象天。冂象雲。水霝其間也。古文爲。詩大田。興雨祁祁。釋文。雨本作雲。顏氏家訓書證篇。渰已是陰雲。何勞復云興雲。雲當爲雨。俗寫誤

耳。案近人有謂當作與雲者。以下有雨我公田句也。說亦可存。○爾雅釋天。甘雨時降。論衡是應篇作甘露時降。淮南精神訓。雷爲雨。注。雨或作電。此與上雲字皆以類相傳各異。無所謂假借。

靁　陰陽薄動靁雨生物者也。从雨畾象回轉形。古文爲𩂜。又爲𩆶。籒文靁間有回。回。靁聲也。字作𩇓。今省作雷。晉語。青陽方雷氏之甥也。注。方雷。西陵氏之姓。黃帝娶西陵氏曰纍祖。實生青陽。雷纍同。是纍可爲雷之通借。○漢禮器碑。雷洗觴觚。罍作雷是以雷爲罍之假借詩卷耳我姑酌彼金罍漢書文三王傳注引作金罍蓋從雷之古文而小變之亦異體也○段謂凡古器多以回爲雷案周禮司尊彝正義言罍者取象雲雷或山雷刻而畫之雷祇作回字蓋靁本象回轉形回又靁聲古文籀文中从二回故回可爲雷之假借回已見口部○周禮職金作檜雷椎椊之屬釋文雷沈本作礌礧字石部所無當卽借雷字爲之○周禮職方氏其浸盧維注盧維當爲雷雍字之誤案盧雷聲之轉維雍則音隔自是形似致譌非假借也

霆 雷餘聲也鈴鈴所以挺出萬物

孫叔敖碑霆堅禹稷不能踰也此以霆爲庭之假借若朱龜碑威神庭電則庭又爲霆之假借矣○下電字云陰陽激燿也古文爲䨭穀梁隱九年傳電霆也是古義霆電不別霆與電一聲之轉故可通借許書乃分析言之

霅 霅霅震電兒一曰眾言也

錢謂詩十月之交爗爗震電應作此是通借字也○霅从雨聾省聲言部聾疾言也讀若沓故兼訓爲眾言則霅亦有疾義甘泉賦霅然陽開吳都賦

靸雪驚捷皆疾之意猶今語霎時間也霎者雪之俗蓋異體之假借耳

震　劈歷振物者春秋傳曰震夷伯之廟（左氏僖十五年）籀文爲震

爾雅釋天疾雷爲霆霓倉頡篇霆霹靂也蓋古謂之霆許謂之震本部無霹靂字卽借劈歷爲之釋名云劈歷劈折也所歷皆破折也劈已見刀部歷見止部○震借祇已見示部○易振恆釋文振張注本作震書震驚朕師五帝紀作振驚朕衆夏本紀震澤致定索隱曰震一作振公羊僖九年傳震之

者何猶曰振振然是振爲震之通借振亦見祇下○詩生民載震載夙釋文震有娠也左氏昭元年傳方震太叔釋文震懷妊也震本作娠女部娠下引春秋傳后緡方娠一曰官婢女隸謂之娠爾雅釋詁震動也娠亦言身動故震可爲娠之假借妊娠俱已見人部身下○口部唇驚也段謂後人以震字爲之案易繫辭釋文引馬注震驚也故可通借集韻唇音脣或卽以爲脣非也脣已見肉部

雪 凝雨說物者。今省作雪

借洒已見水部○廣韻雪拭也家語子路請見篇

黍者所以雪桃呂覽觀表篇吳起雪泣而應之注涖同又史記酈食其傳沛公遽雪足杖矛曰延客入此皆以雪爲拭之假借拭雪音相近

霄 雨霰爲霄齊語也

案此以霰釋霄是霄與霰可爲通借霄霰雙聲字下霰字云稷雪也重文爲霓爾雅釋天雨霓爲霄雪釋文霄本亦作消郭注詩曰如彼雨雪先集維霓今詩作霰霓水雪雜下者故謂之消雪頍弁釋文亦云霰消雪也又淮南原道訓乘雲陵霄注霄讀消息之消是以消爲霄之假借矣消已見水部○又

原道訓上游於霄雿之野。俶眞訓蕭條霄雿。注竝云霄讀綃紺之綃。此借義未審。疑但擬其音。當作讀如也。○爾雅雨霓釋文或作霰䨮同。下䨮字云小雨財零也。从雨鮮聲。讀若斯。斯案霰初下必兼雨與雨纔下正相類。霰鮮疊韻字。讀若斯者。段云以雙聲合音也。列子鮮而食之。卽析而食之也。斯析音義同。析巳見木部。鮮見析下。余謂析霰亦音轉。玉篇霰亦作䨮。廣韻集韻䨮竝音先去聲。與霰同。據此則䨮又可爲霰之假借也。

靁 雨零也。从雨㗊象零形。詩曰靁雨其濛。

下零字云餘雨也段本改餘爲徐但零字引申之義爲零星爲凋零則正當作餘今東山詩作零雨是零爲霝之通借玉篇霝與零同零見玉部靈下部令下○詩鄘風靈雨既零石鼓文作霝雨是靈爲霝之假借○零借苓已見艸部靈亦見苓下外若斥彰長田君斷碑永載萬零以零爲齡之假借齡字本在新附中又樊敏碑士女涕泠冀州從事郭君碑同僚涕泠張公神碑天時和兮甘露泠並以泠爲零之假借泠已見水部

䨏 霢霂小雨也

段謂霡霂者溟濛之轉語水部溟下曰小雨溟溟也濛下曰濛濛溦雨也是溟濛可爲霡霂之通借

𩅹 溦雨也讀若芟

錢謂今纖纖細雨字纖當爲𩅹之假借○下有䨜字云小雨也䨜與𩅹俱音子廉切是音義竝同䨜可爲𩅹之通借矣

霝 小雨也明堂月令曰霝雨

禮記月令季春行秋令淫雨早降注云今月令曰衆雨今月令者明堂月令也是衆爲霝之省借衆已見从部○下霢字云霢雨也南陽謂霢雨曰霢

霡上霖字云雨三日已往此本左氏隱九年傳文
霡既爲霖雨則霡當爲霖之通借案爾雅釋天久
雨謂之淫淫謂之霖是月令淫雨字正霡雨之假
借淫已見水部○又案𩅰下小雨段氏以小爲誤
字鄭氏云𩅰訓小雨霡訓霖雨依聲義當爲霡蓋
𩅰字从眾職戎切與霖淫音隔霡字从𠂢𠂢本魚
音切霡乃銀箴切正霖淫之疊韻字也然則月令
之淫雨宜爲霡霡之證不得屬𩅰矣疑傳寫者失之
○莊子大宗師篇霖雨十日釋文本又作淋是以
淋爲霖之假借

霃久陰也。月令季春行秋令，則天多沈陰。沈卽霃之省借也。今則沈行而霃廢矣。沈見水部，與霃義別。

𩃬雨聲。讀若資。段謂𩃬从真聲，而讀若資者，合音也。故廣韻作䨢。䨢蓋𩃬之異體通借。案玉篇以爲卽済濱字異文，則亦可通借矣。済已見水部濟下。

霚地气發天不應。雺籒文省。下霿字云天气下地不應曰霿。霿，晦也。此處說文與爾雅互異。胡墨莊曰：爾雅先天气後地气次序分明。說文亦先霚後霿。霿亦訓晦。皆正用爾雅。不應地气天气獨與雅誼互易。蓋霚霿二字形近易混。傳寫者從而舛譌耳。玉篇云。霚同雺。天气下。地不應也。霿。武付反。地气發。天不應也。與爾雅合。可見今本說文之爲誤倒矣。案余與墨莊夔曾詳論。著爲是說。而段氏郝氏仍主說文今本。自維學識淺。何能固執。但古來經義淆出。許人各抒已見。姑存之。以俟明者。且余輯此編。專爲假借。豈妄欲作全部說文斷案耶。卽編內多從段義。其偶違者。意有未安。不敢曲徇也。今惟舉霚霿二字之假借列後○洪範曰蒙伏生大傳作雺雺从矛聲與蒙近故蒙可爲雺之假借霧雺一字則蒙亦霧之假借借蒙已見艸部○史記宋世家引洪範曰霧霧乃俗字爾雅當本作雺文選顏延年北使洛詩李善注引爾雅曰霧謂之晦是所見本不誤也則霧當爲霿之假借霿當爲亾付反也若釋文云字林作霿者又霿字之省俗耳○大傳云王之不極厥咎瞀墨莊疑瞀字卽霿之省借案劉歆傳以眊釋瞀兩漢五行志遂皆以眊代瞀此又其轉借也瞀眊並見目部

霓 屈虹青赤或白色陰气也

爾雅釋天蜺爲挈貳郭注見離騷案楚辭悲回風篇處雌蜺之標顛遠游篇雌蜺㛹嬛以曾橈是蜺爲霓之假借蜺之从虫猶虹之从虫也若虫蜺字云寒蜩也乃蜺之本義耳郭又云挈貳其別名見尸子文選西都賦注引尸子曰虹霓爲析翳析翳與挈貳聲近則亦可假借矣○漢書天文志上集注引如淳曰蜺讀曰齧釋名云霓齧也其體斷絶見於非時此災氣也傷害於物如有所食齧也是齧亦爲蜺之借音字案沈約郊居賦雌霓連蜷王

箹讀作五的反約撫掌欣抃當以霓音近齾故耳
齾已見齒部齾下

雩夏祭樂於赤帝以祈甘雨也重文爲𦏱雩舞羽
也

案雩之从羽與皇舞字或作翌同翌已見皇部○
月令大雩帝注雩吁嗟求雨之祭也又云必先祭
其本乃雩正義曰雩音吁是吁亦雩之假音字吁
巳見亏部○穀梁僖廿一年經會于雩注雩宋地
雩或爲宇宇蓋雩之假借宇已見宀部○爾雅釋
天螮蝀謂之雩郭注江東呼雩音芌是異名耳非

必借字也。

需 𩃬也。遇雨不進。止𩃬也。易曰雲上于天需。

𩃬本需之通借字。已見須部借耎見介部借剩見耎下。○易釋文需鄭讀爲秀。其注云陽气秀而不直前者畏上坎也。卽象傳險在前也之意。惟假借義未詳。需秀則雙聲字也。莊子大宗師聶許聞之需役。釋文引李注需役儒弱爲役也。是以需爲儒之省借。儒已見人部。

⿱雨羽 水音也。

江艮庭曰。五聲羽屬水。許字作⿱雨羽。與他書不同。錢亦云。此宮商角徵羽字。案五音之羽用羽毛字。當爲霸之省。借今羽行而霸廢矣。

雲部

雲 山川气也。从雨云象回轉之形。古文爲云。又爲云。

段謂古云字皆卽假借風雲字耳。自小篆别爲雲。而二形迥判矣。○云借曰。已見曰部。借員。見員部。○司馬相如傳威武紛云。云當爲賦之省。借賦亦見員部。○管子戒篇四時云下。注云運動貌也。此以云爲運之假借。又呂覽圜道篇雲氣西行云云然注云運也周旋運布膚寸而合錢謂口部圓回也云當作此則云亦可爲囩之省借矣運已見辵部○廣雅釋詁云有也王氏疏證曰晉語其誰云弗從韋注言誰有弗從是云爲有也餘若詩桑柔并云不逮言使有不逮也如云不克言如有不克也解者多失之據此則云爲有之假借不特義通云有亦聲轉矣有本通友詩正月昏姻孔云鄭箋云猶友也此又轉借也有友俱已見又部

霒　雲覆日也古文爲侌又爲[illegible]

勿部昜開也从日一勿一曰飛揚一曰長也一曰

彊者眾皃。此與古文侌爲兩儀之正字。今人多作陰陽者。𨸏部陰。闇也。陽。高明也。陰爲水之南山之北。則山南曰陽可知。此假借字也。自借義行而侌昜字幾廢矣。陰已見艸部蔭。言部諒下。亦見歓部。陽見手部揚下。

魚部

魚 水蟲也。象形。魚尾與燕尾相似。

列子黃帝篇。魚語汝。注。魚當作吾。此以魚爲吾之假借。又晉語暇豫之吾吾不如鳥烏。韋注。吾讀如魚。水經濟水篇注。魚山卽吾山也。則吾又當爲魚之假借。吾已見口部。○下有𩺰部云二魚也。瀺捕魚也。篆文爲漁。段謂捕魚字古多作魚。如左氏隱五年傳公將如棠觀魚者。釋文本亦作漁。易繫辭以佃以漁。釋本文亦作魚。華嚴經音義下。漁聲類作䰻𩵋二體。周禮䰻人釋文䰻本作魚。是䰻爲漁之異體。漁可爲魚之通借字矣。故呂覽季冬淮南時則訓命漁師始漁。注竝云漁讀論語之語。當由本文作魚。故爲讀若以別之也。

鮞魚子也。一曰。魚之美者。東海之鮞。

魯語。魚禁鯤鮞。韋注。鯤魚子也。鮞未成魚也。爾雅

鯷鮧與鰼同字鮷當作鮷鯷當作虛盬以爲可通
記作鯷鮧鮷一作鰼錢謂觀史漢所載足證鮭與
鰼字云盬鰼也三者分列案漢書上林賦鮭鰼史
下鮷字云鮷魚似鮎無甲有尾無足口在腹下又

鮎　鮷魚也

爲魚子是亦可通借矣
已生者也籀文爲鱦案鱦字从隋與鰖鱻部又皆
或鱧字耳後一義當別出○又上有鱅字云鮞子
之部與蕬合音最近則鯷可爲鰖之通借特鯷爲
釋魚云鯷小魚許書有鰤無鯷段謂鯷从鯷省聲

借也與段說異。

鱗魚也。

周禮其動物宜鱗物。劉本作鱗。音鱗。集韻亦云鱗通作鱗。是以鱗爲鱗之假借。鱗已見巜部粼下。

鮔魧也。周禮謂之鮔。

文選上林賦作䱥鰽。鰽即魧。郭璞曰鮪也。陸璣詩疏亦云益州人謂之䱥鰽。魧鰽音近可爲通借。

鯀魚也。

上有鯀字云魚也。禹父之名古多作骸。作骸。禮記及釋文作鮌。是以鮌爲鯀之假借。鮌鯀雙聲字。○

詩敝笱其魚魴鰥毛傳鰥大魚也韓詩外傳云東海魚名鰥大盈車鄭箋乃讀鰥爲爾雅鯤魚子之鯤案鰥从魚眔聲李陽冰以爲當从𦊔省則音與鯤同固可假借太平御覽九百四十引作其魚魴鯤正用箋說但違毛義恐非○鰥多假借爲矜寡字書有鰥在下史記五帝紀作有矜在民間王制老而無妻者謂之矜釋文矜本又作鰥其餘經傳屢見段則謂矜字當从令作矜矜卽憐之假借鰥與憐刪先韻通也○書厥終智藏瘝在正義引鄭注瘝病也又恫瘝乃身鄭注刑罰及已爲痛病郝

謂瘝字字書所無。玉篇廣韻有瘝字。古頑切。云病也。疑瘝瘝形近而譌。案本書疒部亦無瘝字。當即借鰥字爲之。爾雅釋詁。鰥病也。且鰥本通矜。後漢書和帝紀云。朕寤寐恫矜。李賢注。矜病也。此其假借之義矣。○釋名云。無妻曰鰥。鰥昆也。昆明也。愁悒不寐。目恒鰥鰥然也。故其字从魚。魚目恒不閉者也。據此則鰥之本義正通。可無庸假借。

鮦 魚名。一曰鱶也。讀若絝襱。

下鱶鮦也。與此互相訓。爾雅邢疏。今鱧魚也。鮦與鱧音義同。可爲通借。○本艸經。蠡魚一名鮦魚。爾雅釋文作蠡是蠡爲鱻之省借蠡又省也○爾雅郭注鱧鮦也本詩魚麗毛傳段氏力辨鮦之非鱧案鱺鱧本同聲廣雅鱺鯣鮦也王氏疏證云鱺一作鱧一作鱺是亦以鱺鱧鮦爲一郝謂鱺爲正體餘皆假借正與王合似足解之矣

鯈魚名

借鯈已見黑部○周頌箋云鰷白鰷也鰷爲鯈之通借蓋條亦从攸聲也郝謂鯈字變爲鰷因音變爲條故莊子鯈魚出游即今小條魚也○爾雅鮂黑鰦郭注即白鯈魚江東呼爲鮂是鮂爲鯈之假

借。玉篇。䱟或作鮋。釋文。鯈本亦作鮋。音同。借字也。○埤雅云。鯈魚形狹而長。江湖之間謂之餐魚。餐與鯈聲相轉。是又轉借矣。

魴赤尾魚也。重文爲鰟。

詩汝墳。魴魚赬尾。毛傳。魚勞則尾赤。非謂尾本赤也。此偶誤耳。○上連鰱字云。鰱魚也。重文爲鯾。案爾雅。郭注。江東呼魴魚爲鯿。海內北經。大鯾居海中。郭亦云。鯾卽魴也。此殊名。非必假借。本書二篆相比。不言爲一。殆以字形異。故分箸之。猶鱮之與鰱也。○後有魾字云。大鱯也。其小者名鮡。與爾雅同而爾雅別出魴鰹嘗是鰻名鰹魴亦名鰹也郝謂魴古讀如旁鯿魴鰹聲俱相轉則可通借矣○又爾雅鰹字與下鰲鯠相屬釋文引廣雅云鰹鰲埤倉云鰲鯠鰹也蓋古讀如是郝謂廣韻鯢鯠即鰲鯠本草別錄作鰻鱺則鱺鰲亦聲借也

鰿魚也

王逸注楚辭大招及廣雅並云鰿鮒也玉篇同鰿或作鰿正廣雅字楚辭亦云煎鰿臛雀鰿鰿音同可爲通借此與爾雅貝小者鰿又蟦小而濟蓋異物也鰿今字作鯽鯽乃爲後鯽之重文鯽者烏鯽

魚即今之所謂海鰾鮹與鰽迥異不可以混俗假借用之殊誤

鰈鱧也

詩魴鱧傳鱧鮦也孔疏云本或作鱧鰈鯪謂許君以鰈爲鱧是所見詩傳與孔同也許意鱧鰈與鱶鮦當分爲二故鮦鱺鰈鱧各爲一類桊上鱧字云鱯也與鰈相連廣韻鱯胡化切鰈胡瓦切音相近則鱯與鰈亦可通借

鱏魚名傳曰伯牙鼓琴鱏魚出聽

段謂鱏今字作鱘見陳藏器本艸是鱘爲鱏之通

借鰲鱏之爲鱘猶水部潭之爲潯也○所引傳淮南作淫魚出聽淫者大也或作潛魚皆聲近假借字俱已見水部○上文鯉鱣也鱣鯉也互相訓籀文爲鱣鰲周頌有鱣有鮪衛風鱣鮪潑潑是鱣與鮪爲類矣鄭箋云鱣大鯉也蓋鱣雖同鯉名而不以爲三十六鱗之鯉據郭注鱣大魚似鱏大者長二三丈江東呼爲黃魚郝謂黃魚亦呼鱘鱑魚鱘鱣聲相轉也漢書賈誼傳橫江湖之鱣鯨與楚辭鯨鱏兮幽潛正同故顏注鱣亦作鱏則鱣爲鱘之假借卽可爲鱏之假借矣

鰌 鰼也。

上鰼鰌也。互相訓。爾雅。鰼。鰌。郭注。今泥鰌。郝謂鰼鰌雙聲。合之爲鱃。聲近爲鰍。本部有鰍字。故廣雅云。鱃鰒鰍鰒鰌也。鰒亦鰍聲之轉。玉篇。鰒。小鰌也。郭注東山經云。今蝦鰌字亦或作鱃。音秋。卽集韻之鰍。是皆可通借也。又莊子秋水篇。鰌我亦勝我。釋文。鰌藉也。亦作蹭。案以上諸字。皆古書相傳各異。假借用之。不必定說文所有。他處倣此。

鮸 魚名。

爾雅釋魚之首六字。最釋兩字一類。以爲魚有二名郭不從各析言之鱧鯇本連文許部內割分異處則郭同於許矣郭注鯇云今鯶魚似鱒而大郝謂鯶鯇聲同一讀聲轉案鯇字戸版切舊音也又胡本切今音也故郝云然鯇鯶古今字是鯶可爲鯇之通借

鮆飲而不食刀魚也

正字通曰鮆一名鱭魚錢謂今刀鱭魚也漢書音義云楚人言薺魚鱭薺音同與鮆亦可通借爾雅鮤鱴刀郭注今之鮆魚也亦呼爲魛魚御覽引魏武食制望魚側如刀郝謂望魚即鱴鱴望音轉蓋

坒古讀爲苾也是坒魚亦卽鮆魚矣。

鮷大鮎也。

段謂此字詩爾雅釋文廣韻作鮧文選蜀都賦及玉篇作鮷蓋夷弟篆體易混也案山海經傳曰今亦呼鮎爲鮷釋文引字林曰鯷青州人呼鮎也爾雅郭注鮎別名鯷江東通呼鮎爲鮧名醫別録陶注鮧卽鯷也今人皆呼慈音是數字竝可通借段以鮷鯷鮧三形一字而鮧獨別似亦未然鴺胡字重文爲鵜可證鴺見鳥部。

鮊白魚也。

段謂鯫是小魚之名故小人謂之鯫生史記項羽紀鯫生教我漢書同服虔曰鯫音淺鯫小人皃也淺鯫漢人有此語通作鄹釋名云奏者鄹也鄹狹小之言也又盾約脅而鄹者曰陷虜淺鯫即淺鄹是以鄹爲鯫之假借也鄹已見邑部

鱓 魚名皮可爲鼓

段謂即今人所食之黃鱔也案鱓从單聲常演切子賤爲單父宰亦人姓皆作善音故可通借鱔字本部無之見集韻○山海經灌河之水其中多鮰注鱓魚字此下不以爲重文見玉篇則異體通

借也○後漢書楊震傳有冠雀銜三鱣魚飛集講堂前注云續漢書謝承書鱣皆作鱓是以鱣爲鱓之假借鱣已見上鱓下鱣可借鱓者偏旁單亶字本通○淮南覽冥訓蛇鱓著泥類篇云蛇鱓黃質黑文蓋鱓似蛇故連言之虫部蟺下云非蛇鮮之穴無所庇則以鮮爲鱓之假借○古者以鼉皮冒鼓故詩稱鼉鼓夏小正傳曰剝鱓以爲鼓也書大傳江鱓注鱓或作鼉史記太史公自序鼉鱓與處索隱曰鱓音鼉又李斯上秦始皇書樹靈鱓之鼓呂覽乃令鱓先爲樂倡皆以鱓爲鼉之假借蓋鼉

鱓竝从單聲則皮可爲鼓四字當入黽部鼉下而羼於此誤也

魵魚名出薉邪頭國

郭注爾雅引字林此語蓋呂氏本之說文御覽引廣志云斑文魚出濊國獻其皮魏略云濊國出班魚即魵魚也斑當爲魵之假借案魵字符分切音轉如頒魵之爲斑猶頒之爲班也班斑俱已見珏部○爾雅魵鰕謂魵魚一名鰕魚耳郭音義以爲小鰕別名非也

鱳魚名出樂浪潘國一曰鱳魚出江東有兩乳

繫傳作一曰鰤出九江有兩乳一曰溥浮溥浮今江豚也廣雅作䱐䱥王氏疏證云溥浮與䱐䱥同玉篇䱐䱥魚一名江豚晉書夏統傳作鯆䱥引何超音義引埤倉云鯆䱥鰤魚也鯆䱥之轉語爲䱥鰤御覽引魏武四時食制云䱥鰤魚大如百斤豬一名敷常見首出淮及五湖卽今之江豬也酉陽雜俎則云奔䱥一名瀱大如船有兩乳在腹下此云鰤有兩乳是奔䱥亦卽鰤也奔䱥鯆䱥語之轉耳段又謂䱐一作鱕與東門爲鱕䱥門棨此諸文相傳各異皆以聲近展轉假借也〇又棨上鰤字

字云魚名出樂浪潘國王意所出之地與鰯同故以爲鮃鮞卽江豬然山海經云敦水東流注于鴈門之水其中多鮞鮞之魚食之殺人本草鮞鮧鮐則是今之河豚江豬江湖多有之亦不必獨出樂浪潘國也二說未知孰是

鮮 鮮魚也出貉國

借鱻已見上借析見木部○鮮本魚名世多借用爲尟少字而本義遂隱矣尟已見是部○後鱻字云新魚精也精借爲鯖从三魚不變魚也今惟周禮有鱻薧鄭注尙書眔鱻食謂魚鱻也是用本字其餘

經傳凡鮮明鮮新字皆以鮮爲鱻之假借矣若集韻尟或作鱻少也此又因鮮之借鱻轉以鱻爲尟之假借殊非○月令季夏行春令則穀實鮮落王懷祖曰鮮字正義前讀上聲訓爲鮮少後讀平聲訓爲鮮絜皆與落字義不相屬蓋鮮之言散也謂穀實散落也周語地無散陽漢白石神君碑作地無鱻陽鱻與鮮同是鮮落卽散落也呂覽季夏篇淮南時則訓竝作穀實解落高注訓爲散落義亦與鮮落同或據呂覽淮南而改鮮爲解蓋未達古訓也逸周書時訓篇亦云穀實鮮落案此以鮮爲

散之假借。散鮮音之轉。鮮別見後瓦部甗。斤部斯
下。

鰅　魚名。皮有文。出樂浪東暆。神爵四年。初捕收輸攷
工。周成王時揚州獻鰅。
案謂周成王時。蓋本周書王會解。今周書作禺禺。
是禺爲鰅之省借矣。而上林賦所列。則禺禺與鰅
爲二物。殆相傳各異耳。

鱅　魚名。
史記上林賦。鰅鱅鰬魠。漢書文選鱅皆作鰫。疑鰫
爲鱅之通借。然許書鰫與鱅隔別甚遠。是爲二物。

鰫卽内則鄭注所云今東海鰫魚有骨如篆乙食之不可出者不謂鱅魚也然則鱅作鰫當以聲同致混耳若郭云鱅似鰱而黑陸璣疏云鱮徐州人謂之鰱或謂之鱅此異名非假借也○又案山海經食水多鱅鱅之魚鱅鱅疊字與禺禺疊字正同禺漢書注音有爭[容]若之[容]聲近鱅豈二者亦可通借與

鮐海魚也

借台已見口部○後有鯸字云魚名蓋卽鯸鮐也許書不以鯸廁鮐上而各爲訓殆傳本失其次第

耳段氏因謂吳都賦之鯸鮐當本作侯鮐故與王鮪相儷既絕無左證且魏晉時豈必以侯王字似近人作此纖巧乃竟謂許鯸字不錄殊嫌臆斷○廣雅鯸鮔魺也鮔一作鮐通借字也疏證云北山經敦薨之水其中多赤鮭郭注今名鯸鮐爲鮭魚音圭論衡言毒篇人食鮭肝而死本草拾遺云鯢魚肝及子有大毒一名鶘夷魚鯢即鮭之俗體鶘夷即鯸鮔之轉聲今之河豚是也桼魺曹憲音河鶘从胡胡何聲轉蓋以其爲河豚故有此借字矣

鮐海魚名。繫傳下有讀若書白不黑六字。

鮊字旁陌切玉篇讀平亞切廣韻四十禡作鮁異體假借○廣雅鮊鱎也疏證云玉篇鱎白魚也鮊一作鰏石鼓文又鰐又鯿鄭樵云卽鮊字鱎一作橋說苑政理篇夫扱綸錯餌迎而吸之者陽橋也鮊一名鱖說文鱖白魚也古今注白魚赤尾者曰魟一曰魧案鰏爲鮊之或體橋乃鱎之假借餘則異名耳

鯋海魚皮可飾刀

今所謂沙魚卽上文魦字从沙省者也沙已見水部段謂其皮可磨錯故通謂之錯魚○中庸黿鼉

蛟龍。釋文出鮫字，云本又作蛟。觀下文魚鱉生焉，
鮫亦魚耳。則鮫當爲蛟之假借。案虫部蛟字云龍
屬。無角曰蛟。池魚滿三千六百，蛟來爲之長，能率
魚而飛。置笱水中，即蛟去。而淮南說山訓一淵不
兩鮫。注鮫魚之長，其皮有珠。今世以爲刀劍之口。
是混鮫于蛟矣。若荀子禮論篇蛟韅，注引徐廣曰
蛟韅，以蛟魚皮爲之。則蛟又當爲鮫之假借。蓋古
人鮫蛟不分也。

鮨 魚胳醬也。出蜀中。一曰鮪魚名。

公食大夫禮牛鮨。注今文鮨作鰭。段謂鰭是假借

字。說文有耆無鰭。胡墨莊曰。少儀右進鰭。注云。鰭脊也。今文借爲鮨者。以其聲同耳。○段又謂鮪當作鮨。言有魚名鮨也。案山海經。諸懷之水多鮨魚。是鮨爲醬。又爲魚名。鮪乃字之誤。

鮺 藏魚也。南方謂之魿。北方謂之鮺。

廣韻集韻竝云。鮺。側下切。音鮓。是鮓與鮺可爲通借。鮓或體字耳。錢謂今之鮺魚也。○廣雅疏證曰。藏魚。卽今之鹹魚也。周禮庖人注。若荆州之鱃魚。鱃與鮺同。春秋衞庾公差。字子魚。差亦鮺字也。曲禮鹽曰鹹鹺。鹺與鮺義亦相近。說文鹵部云。鹺。鹹也河內謂之䱹沛人言若慮釋詁從之案據此則䱇差䱹䱹俱與鮺通可爲借義也○廣雅又云鮓䱹䲆鮺也鮗即鮓之省玉篇亦作鮓案本部鮗鮺䲆本魚名已見前此也一曰大魚爲鮺小魚爲鮗䲆本魚名已見前此又釋爲鮺正與鮗爲魚相類史記貨殖傳鮐鮆千斤當亦謂鹹魚也即䲆字與鮺連舉而別爲魚名皆其例矣○疏證又云玉篇鮓字音才沇才感二切僖三十年左傳注昌歜昌蒲葅也釋文歜在感反在感與才感同音昌蒲葅謂之歜猶魚鮓謂之鮓矣然則歜與鮓亦爲同聲借字

鮑（篆）饐魚也。

段謂饐、飯傷溼也。故鹽魚溼者爲饐魚。漢書貨殖傳鯫鮑千鈞。注、今之鮑魚也。鮑、於業反。玉篇作裛魚。皆當作浥。浥、溼也。浥可爲饐通借聲相近○借鞄。已見革部。又左傳申包胥。集韻云、楚有申鮑胥。包爲鮑之省。要當以左傳爲正。鮑乃借字也。包見包部。

魵（篆）魵也。

案此釋語蓋本爾雅。魵鰕之文。但彼謂魵亦名鰕耳。非以此鰕爲出穢邪頭國之魵也。疑有誤。又爾雅。鯢大者謂之鰕。郭注。鯢魚。似鮎。四脚。前似獮猴。後似狗。聲如小兒嗁。一名鰕。非長須水蟲之鰕也。古有同名而異物者。宜析言之。惟鰕之大者名鰝。則正是此鰕。下文鰝大鰕是已。○虫部蝦。蝦蟆也。楚辭通路篇。從蝦兮遊陼。注。蝦。小魚也。蝦當爲鰕之假借。今多以蝦代鰕。又漢書天文志雷電赮虹。史記天官書作雷電蝦虹。此借蝦爲雲赮字。疑當作鰕。蓋赮爲赤色。鰕亦有赤色而蝦蟆則否也。似古鰕與蝦本不分。赮蝦已見玉部瑕下。

魱 當互也。

爾雅作當魱魱字本部所無𧉭即借互字為之釋文鮥云字林作鮥鮥云字林作鮥當是互譌集韻類篇魱字注竝云即今時魚時或作鰣或作鯯皆通借字郝謂今登萊人呼魱鮥魚為河洛魚魱郭音胡胡何聲相轉也

鮙　蚌也

繫傳曰爾雅作蠯即釋魚之螷廛也虫部蠯螷也脩為蠯圓為蠇本草陶注似今蛼螯郝謂蛼螯即蠯蠯螷聲轉螷蠯亦雙聲也此處作鮙鮙亦蠯聲之轉螷鮙疊韻虫部無螷蓋異體假借又禹貢蠙

珠說文作蚍卽蜌之省亦晷韻是皆通借字也段謂當作玭玭已見玉部

鯙 烝然鯙鯙

今小雅作烝然罩罩毛傳罩罩籗也蓋以爲捕魚之器釋文罩張教反而集韻類篇效韻皆無鯙字惟覺韻有之曰魚名非毛義或可假借與

鮁 鱣鮪鮁鮁

案衞風鱣鮪發發毛傳發發盛皃釋文補末反韓詩作鱍此鮁字未釋其義惟於聲近字可通借耳

燕部

燕 元鳥也籋口布翄枝尾象形

後乙部云燕燕乙鳥也齊魯謂之乙取其鳴自謼象形也重文爲鳦案燕乙雙聲莊子山木鷾鳥莫智於鷾鴯鷾鴯亦雙聲是皆可通借也○借宴已見宀部借嬿見宴下○又案爾雅燕白脰烏此乃烏之別種與元鳥無涉若巂周亦爲燕名已見隹部

龍部

龍 鱗蟲之長能幽能明能細能巨能短能長春分而登天秋分而潛淵从肉飛之形童省聲

借尨已見犬部借駹見尨下○詩蓼蕭爲龍爲光

毛傳。龍寵也。左氏昭十二年傳引詩作寵光。又詩長發。何天之龍。大戴記衛將軍文子篇作何天之寵。是龍爲寵之省借。○周頌酌篇。我龍受之。毛傳。龍和也。長發傳同。是以龍爲今邕和字之假借。○鄭風。隰有游龍。毛傳。龍紅草也。爾雅。紅龍古。釋文。龍本作蘢。龍當爲蘢之省借。猶之拔蘢葛。郭注。江東呼爲龍尾也。若艸部之蘢天蘥。則別是一物。○周禮廋人。馬八尺以上爲龍。爾雅釋畜。絕有力駥。郭注。即馬高八尺。釋文。駥本作戎。郝謂釋詁。戎大也。馬高大而有力。故被斯名。則戎可爲龍之通借。

馬部無駭乃或體字耳。

龕 龍皃。

爾雅釋言。洵龕也。義未詳。釋文字或作含本今作龕。案宋本說文及五音韻譜竝从含。或省从合。唐元度以爲宜从今。含亦从今也。則含可爲龕之假借。含已見口部。○文選謝朓和伏武昌登孫權故城詩。西龕收組練。注。龕與戡音義同。是以龕爲戡之假借。別見後戈部。

龖 飛龍也。从二龍。讀若沓。

玉篇从三龍。作龘。亦音沓。云龍行龘龘也。字形繁

省相傳各異可爲通借

飛部

飛 鳥翥也象形

借肥已見肉部○書序有飛雉升鼎耳而雊漢書五行志作蜚雉史記周本紀蜚鴻滿野正義云蜚古飛字蜚當爲飛之假借蜚䖵部作𧕛重文爲蜚省也蜚已見文部斐下○馬部騛字云馬逸足也司馬法曰飛衞斯輿案玉篇騛兔古之駿馬也呂覽高注飛兔馬馳若兔之飛是飛爲騛之省借○攷工記梓人且其匪色必似鳴矣注匪采貌也故

書匪作飛。鄭司農云。飛讀爲匪。此以飛爲匪之假借。匪亦見斐下。○文選盧子諒贈崔溫詩徒煩飛子御注。非與飛古字通。案非子爲秦之先世主馬政者。故飛當爲非之假借。非已見彳部微言部誹下。

㦸 猴也。篆文爲翼。

書多士。敢弋殷命。釋文。馬本作翼。取也。正義據鄭元王肅本弋作翼。某氏傳亦云。弋。取也。案取義與弋近。故孔疏直言弋射也。是翼當爲弋之假借。翼已見羽部翊下。

非部

[靡]披靡也。

借麻。已見麻部。○爾雅釋言。靡。無也。詩。靡日不思。之死矢靡他。傳並云。靡。無也。郝謂無古讀如模。靡無一聲之轉。故可通借。無已見亻部微。林部霖下。○易中孚。我與爾靡之。釋文。靡本又作縻。糸部縻字云。牛轡也。重文爲䋷。錢謂今通俗文同靡。荀子胥靡。注。靡。係也。又莊子胠篋篇。伍員靡。釋文引司馬注。靡。縻也。是縻爲靡之通借。○左氏成二年傳。師至于靡笄之下。釋文。靡。又音摩。史記淮南衡山王贊臣下漸靡使然也。漸靡卽漸摩之義。靡蓋摩之假借。摩已見石部磿下。○上林賦的皪江靡。郭璞張揖注竝云。靡涯也。案靡訓涯。當是假借湄字。靡之爲湄。猶麋之爲湄也。麋已見鹿部。○詩黍離。行邁靡靡。玉篇彳部引詩傳。行邁彳彳。此乃或體字耳。非假借也。○借糜。已見米部糜下。借彌見長部镾下。

陛 牢也。所以拘非也。

段謂法言云。狴犴使人多禮。字作狴。猶鄉亭之繫曰犴。朝廷曰獄。字皆从犬。是狴可爲陛之通借矣。

卂部

卂疾飛也。从飛而羽不見。

辵部有迅字云疾也。彼謂人之疾行。與此謂鳥之疾飛正可通借。若列子黃帝篇猶迅視而盛氣。釋文迅一本作速。此以義通耳。速亦見辵部。

㷀回疾也。

借赹。已見走部。借睘。見赹下。○段謂㷀字引伸爲㷀獨。取裵回無所依之意。卽杕杜毛傳所云睘睘無所依也。案方言云㑳特也。楚曰㑳。文選思元賦何孤行之㷀㷀兮。舊注㷀㷀獨也。二者字體稍異。

實一字耳○詩閔予小子嬛嬛在疚女部嬛字云材緊也引春秋傳嬛嬛在疚見左氏哀十六年今傳作煢煢漢書匡衡傳亦引作煢煢在疚與宀部宊下引詩同是嬛爲煢之通借○書洪範毋虐惸獨詩正月哀此惸獨詩釋文惸本又作煢孟子梁惠王篇引詩正作哀此煢獨是惸爲煢之通借文選注引韓詩惸惸在疚則周頌之嬛亦通借惸矣至正月詩又云憂心惸惸毛傳惸惸憂意也此則憂從獨生義亦相貫案本書無惸字一切經音義一煢古文⿰忄粤儝二形同是惸即兮部之⿰忄粤⿰忄粤已見

心部恂下。○又案據諸書所引。蓋竟本借字。睘嬛惸皆其轉借也。當以走部趜爲正字。

說文假借義證卷二十二

嘉興張鳴珂
族曾孫彝同校

說文假借義證卷二十三目錄

第十二篇上

鹵部 文三 證一

鹵

鹽部 文三 證一

鹽

戶部 文十 證五

戶 房 戾 尼 扆

門部 文五十七 證二十五

門 閎 閨 閤 闕 閈 閻 閣 闌

閫 闌 閾 開 閜 閒 閼 闢 闔

關 闇 闟 [illegible] 閃 閱 閔

耳部文三十二　證十六

耳 耴 耽 䎽 耿 聊 聖 聆 職

聞 聘 聉 聝 聜 聑 聶

𦣝部文二　證二

𦣝 𦣞

手部文二百六十六　證九十八

拇 指 拳 擥 攕 揖 攘 擽 招

推 擁 拉 扶 拼 挈 摯 操 擢

捦 搏 據 攝 挾 擪 攤 握 揮

搱 拏 提 掫 拈 捂 捋 撩 措

挻搣揤摕承摧接捇招
撫揣擿摽撓抎披擘掔
學揚掀揭拼振擭拚撥
抬擐捜援擣攣挺撰撣
捼揮捆扔搯抲擘撝扐
捄掘掩捐捷捲抵摼抌
擧擊撍拕抴撅摩揵

𠬞部　文二　證一

𠬞

光緒二十五年歲在己亥仲冬月族曾孫蔭成重校刊

說文假借義證卷二十三

第十二篇上　　涇朱珔學

乞部　此與甲乙字異乞已見燕部

乳　人及鳥生子曰乳獸曰產从孚乞乞者乞鳥

子部孺乳子也以食乳故稱乳子孺乳音同可通

借孺見人部儒下

不部

否　不也

否廣韻音痞塞也易卦名集韻音鄙惡也今臧否

字二義皆即借否爲之○丶部咅云相與語唾而

不受也。否从否否亦聲。釋語與孟子。否不然也。相
似。是可通借。惟重文爲𣢟。隸變作音。遂若字各別
耳。〇後丿部弗字云。撟也。今人撟弗皆作拂。而用
弗爲不。公羊傳曰。弗者不之深也。亦合撟義。則不
可爲弗之通借。弗已見示部祓下。拂見艸部茀下。

至部

至鳥飛從高下至地也。从一。一猶地也。象形。不上去
而至下來也。古文爲至。
儀禮聘禮記義之至也。注。今文至爲砥。砥當爲至。
之假借。案砥即厎之重文。厎有至義。故可通。厎已

見厂部○荀子正論篇是王者之至也注至當爲志此以至爲志之假借志已見心部意下○借致已見夊部借實見宀部

𦤶

忿戾也从至至而復遜遜遁也周書曰有夏氏之民叨𦤶𦤶讀若摯

今書多方𦤶作懫案懫从質質至雙聲又大學心有所忿懥注懥怒貌或作懫懫懥皆許書所無蓋𦤶之異體假借也𦤶亦見辵部遜下遁與忿戾義似相反未詳○錢云淮南子胡人有知利者而人謂之駤注駤忿戾也即此字案此字亦異體

臺觀四方而高者。从至。从高省。與室屋同意。㞢聲。釋名。臺持也。築土堅高能自勝持也。古臺讀同持。心曰靈臺。謂能持物。是作臺自可通。或作古文握。與臺形相似。義亦訓持。故可通借。與亦見尸部屋下。○禮記檀弓自敗於臺鮐始也。注。臺當爲壺字之誤也。春秋傳作狐鮐。桼壺狐音同。而壺與臺形似。故誤。非假借也。

䡄到也。錢云。即今所用之字也。之適也。此爲正桼。此以之爲臸之假借。之部已見八篇。

西部

西鳥在巢上。象形。日在西方而鳥西。故因以爲東西之西。重文爲棲。古文爲卤。籀文爲卥。

段云。古無東西之西。寄託於鳥在巢上之西字爲之。此許說假借之例也。案詩陳風可以棲遲。漢嚴發碑作衡門西遲。依今字則爲假借矣。棲亦作栖。或體也。○西借先。已見先部。棲借屖。見尸部。又詩碩人。齒如瓠犀。爾雅釋草注引作瓠棲。詩疏云。棲與犀字異音同。是以犀爲棲之假借。案屖犀本二字。今以形似不分。○文選甘泉賦。蠱迟迡兮。注。迟

迟卽棲遲也。又婁壽碑衡門徲遲。棲作徲。此皆異
體假借。
卤部

西方鹹地也。从西省象鹽形。安定有卤縣。東方謂
之㡿。西方謂之卤。
借魯。已見白部。借櫓。見木部杵下。○史記高帝紀。
毋得卤掠。集解引應劭曰。卤與虜同。後漢光武紀。
有出卤掠者。注亦然。是以卤爲虜之假借。○左氏
昭元年經。敗狄于大卤。公穀作大原。穀梁傳曰。中
國曰大原。夷狄曰大卤。此自方言之異。非必假借

也。

鹽部

鹽 河東鹽池也。袤五十一里，廣七里，周百十六里。

借苦。已見艸部借楛，見木部。○鹽字引申之以爲不堅固之稱。亲爾雅釋言：鹹，苦也。注：苦即大鹹。鹽本鹽池，而借苦者，當以此楛又轉借也。○詩：「搗羽」王事靡盬。毛傳：盬，不攻緻也。正義云：害器敗穀者皆謂之蠱。盬與蠱字異義同，是蠱爲盬之通借，蠱已見𠂔部冶下。

戶部

戶 護也。半門曰戶。象形。古文爲[古文]。

借扈。已見邑部鄠下。○莊子大宗師子桑戶。山木篇戶作雽。雽當爲戶之假借。音相近。又讓王篇石戶之農。釋文戶本亦作后。此當以形似而誤。非假借也。○楊雄蜀都賦戶音六成。湯之樂名濩。此以戶爲濩之假借。○淮南時則訓鳥孫國作戶孫。戶當爲鳥之假借。鳥部已見四篇。

房 室在旁也。

借旁。已見丄部。○文選月賦徘徊房露。注房與防古字通。案史記項羽紀封楊武爲吳防侯。漢書地

直轅寘阸。釋文益一云阸本作隘也。○易解注能濟
厄本訓隘，而左氏昭元年傳所遇又阸，定四年傳
難勤苦之事也。釋文厄本作阸，是二字通借矣。故
易大畜注不憂險阸。釋文阸本作厄。詩谷風箋厄
邑部有阸字，云塞也。孟子阸窮而不憫，義當作戹。

戹　隘也。

此與戾字从犬形似而異。王筠作軑，則可通借。

戾　輜車旁推戶也。讀與釱同。

宜防彖兮萬福來。防皆本作房，通借也。
班志作吳房。又武帝紀有芝生殿防內中。溝洫志

其厄渙注不在厄劇釋文俱云厄本作危危難與厄難義近危下半與厄形似但非假借耳危部已見九篇

㞬 閉也

段云雜記注既出則施其㞬㞬爲褰舉之義與東都賦袪襴帷同疑閉當作開一說㞬在開閉之間故兼此二義據此則袪可爲㞬之假借案類篇袪舉袖皃韓詩外傳孟嘗君袪衣請受業是袪亦褰舉之義故可通袪已見衣部亦見肉部胠彳部徐下

門部

門　聞也。从二戶。象形。

借亹。已見艸部薾下。亦見蒙下。○詩大雅。鳧鷖在亹。毛傳亹山絕水也。箋云。亹之言門也。亹當爲門之假借。故浩亹即合門也。已見水部浩下。朱亹字本書所無。即今之斖字。亹與勉通。段謂亹爲斖之譌體。斖爲勉之假借。又云。斖从分聲。乃忞之假借。忞正訓勉也。二者皆可通。忞已見心部。其兼通鳧鷖之亹者。門勉雙聲字。分聲亦與門近。門之借斖。猶門之借亹也。斖已見爨部。勉見後女部娓下。

閎 巷門也。

借宏。已見宀部。又月令其器閎以閎。注。閎讀如紘。紘謂中寬象土含物。此當是擬其音。非借字。下紘字疑衍。紘亦見宏下。○左傳襄卅一年高其閈閎。爾雅釋宮。所以止扉謂之閎。釋文並云。閎本亦作閣。桼段氏極辨閎之當爲閣。則此以形似而誤。非假借矣。

閨 特立之戶。上圜下方。有似圭。

左氏襄十年傳。蓽門閨竇之人。釋文。閨本作圭。閨旣从圭得義。圭亦聲。故可省借。

閤 門旁戶也。

段云。漢書公孫宏傳。起客館。開東閤。以延賢人。師古注。閤者。小門也。東向開之。避當庭門而引賓客。以別於掾史官屬也。亦有云南閤者。如許沖言臣父故太尉南閤祭酒是也。有云西閤者。如晉書衞玠爲太傅西閤祭酒是也。唐時不臨前殿御便殿謂之入閤。謂立仗於前殿。喚仗則自東西閤入也。凡上書於達官曰閤下。猶言執事也。今人乃譌爲閣下。案此亦見正字通所引毛晃及明周圻名義考。一說自漢迄宋明。凡祕閣龍圖閣天章閣寶文閤文淵閤皆非从合皆不專屬小門唐太宗引刺史入閤問民疾苦貞觀制自今中書門下及三品以下入閤議事諫官隨之宋太宗藏經史子集天文圖畫分六閤與閣同今尊稱曰閣下韓愈上宰相書皆从閤由此推之閤閣音義通也蓋閤閣亦雙聲字姑兩存之○水經河水注閤門河卽浩亹河也案集韻亹音門詩大雅鳧鷖在亹注水流峽中兩岸對出若門也閤浩音之轉故可通借亹許書所無

闛

樓上戶也

借𨍭。已見鼓部。○詩齊風。在我闥兮。毛傳。闥門內也。段云。西京賦說神明臺曰。上飛闥而仰眺。西都賦說井幹樓曰。排飛闥而上出。皆謂樓上戶。案許書無闥。闥在新附中。當卽借闒爲之。鈕非石以爲闒通作達。亦一說也。○漢書賈誼傳。闒茸尊顯兮。注。闒茸。下材不肖之人也。案廣韻有傝字。云傝㒉。下材不肖之人。或作搨。冗搨冗殆闒茸。古語本無正字。借作闒。而後人乃別爲傝字。與若司馬遷報任安書。在闒茸之中。注。闒。吐臘反。闒茸。猥賤也。當卽闒之形似而誤。闒本部所無。

閈 閭也汝南平輿里門曰閈

楚詞招魂去君之恒幹王注或作恒閈閈里也此當以幹爲閈之假借疊韻字

閭 里門也周禮五家爲比五比爲閭閭侶也二十五家相羣侶也

借胠已見肉部借盧見皿部借櫚見木部桁下○山海經縣雍之山其獸多閭麋郭注閭即羭也似驢而歧蹄角如羭羊此殆以閭爲羭之假借○爾雅釋地醫無閭漢書地理志閭作慮慮當爲閭之假借閭慮一聲之轉慮已見思部

閻 里中門也。重文爲壛。

左氏文十八年傳閻職，史記世家閻作庸。說苑復恩篇作庸織。廣韻閻姓也。則庸當爲閻之假借。閻庸雙聲字。郎餤餤借庸庸之例。已見用部。職織通借。亦見言部識下。

闕 門觀也。

借缺。已見缶部。借𩫖。見𩫏部。借屈。見尾部。○左氏隱元年傳若闕地及泉，襄廿一年傳方暑闕地下冰而牀焉。闕皆當爲掘之假借。又吳語闕爲深溝。韋注闕穿也。與二傳正同。穿義見足部蹷下。○論語。闞黨童子。漢書古今人表作厥黨。此以厥爲闕之假借。厥已見厂部。

闔門扉也。一曰閉也。

借盇。已見皿部。借合。見亼部。○周禮圉師。茨牆則翦闔。注。闔苫也。闔當爲葢之轉借。亦見盇下。○莊子人間世。顏闔。釋文。崔本作盍。盍字厂部所無。則當爲闔之假借。

闑門梱也。

借槷。已見木部。○又木部。橜。門梱也。與此訓同。曲禮。由闑右。注。玉藻。介拂闑。釋文並云。闑。門橛。闑橛音近。是蹶爲閾之通借。蹶已見厂部厥下。

閾 門榍也。論語曰。行不履閾。古文爲𨵦。

閾既訓榍。即與榍通。音亦近。榍已見木部。○士冠禮。席於門中。闑西閾外。注古文閾爲蹙。據文選西京賦。右平左墄。薛注。墄。限也。是墄與閾義同。景福殿賦。其西則有左墄右平。李注引七略。王者宮中必左墄而右平。墄猶國也。言有國當治之也。胡墨莊曰。閾國棫從或聲。蹙墄槭從戚聲。蓋古音或聲戚聲相近。墄之爲閾。猶蹙之爲閾也。蔡蹙當爲閾之假借。蹙已見足部蹶下。墄則義可通閾。但墄蹙

二字俱本書所無祇當作戚故段氏即以戚爲假借字矣戚已見心部

開 張也古文爲𨳡

易繫辭開物成務釋文開王本作闓漢書兒寬傳發祉闓門注闓讀與開同又韓勑碑前闓九頭以升言教開作闓此皆以闓爲開之假借下闓字云開也則義本通闓已見豈部○書禹貢導岍及岐釋文岍馬本作開案開本从幵聲故可借岍段云開字古音讀如攑帷之攑由後人讀同闓而定爲苦哀切耳岍字山部所無而水部有汧字山蓋因

水得名故釋文岍亦作汧或省皆作开迷誤作開
與○莊子秋水篇今吾無所開吾喙釋文開本作
閞又作閡案閞閡非開義疑是古之反語閡从亥
聲與開近闕未詳

閜 大開也大杯亦為閜
下有閜字云門傾也與閜異義惟上林賦說大木
之狀阬衡閜砢郭注揭㠑傾欹皃也此疑以閜為
闆之省借集韻闆倚可切同閜

閒 隙也古文為𨳇
今字有从日者為中間字又去聲為間隙字毛傳

閒代也釋言閒俔也人部俔閒見也厂部厝石閒
見竝爲閒其从月者爲閒暇字實則一閒而已義
亦相成也閒已見角部解竹部節下○下閑字云
闌也蓋防閑之義詩唐風桑者閑閑兮釋文閒本
作閑荀子王霸篇幽閒隱辟注閒讀爲閑餘見他
書者甚多閑皆當爲閒之假借閑亦見節下○女
部嫺雅也亦嫺習之義文選上林賦妖冶嫺都注
嫺或作閒史記索隱則云漢書本作閑是閒爲嫺
之省借而閑又轉借也○左氏昭廿二年經大蒐
于昌閒公羊作昌姦此以姦爲閒之假借○又左

傳昭二十六年單劉贊私立少以閒先王杜注閒錯先王之制王伯申曰閒之言干也謂干犯先王之人即上文所云王后無適則擇立長年均以德德均以卜是也襄十九年傳閒諸侯難太平御覽皇親部引服虔注閒犯也是閒與干同義上文王室其有閒王位謂干王位也襄十一年傳或閒茲命謂干茲命也定四年傳管蔡啟商惎閒王室謂謀干王室也哀二十年傳吳犯閒上國多矣謂犯干上國也鄭語曰姜嬴荆芈實與諸姬代相干也韋注言更相犯閒也閒與干聲相近故字通聘禮

記皮馬相閒鄭注古文閒作干是也是以閒爲干之假借案干卽奸之義並與閒疊韻干已見干部

閼

遮攤也

借遏已見辵部○廣韻閼音煙閼氏單于適妻也漢書韓王信傳乃使人厚遺閼氏注閼於連反爾雅歲在卯曰單閼讀如蟬蔫案蔫爲菸已見艸部閼亦从於故可通或省作焉見烏部

闀

門響也

段謂響疑當作鄉鄉乃今之向字爾雅釋宮兩階間謂之鄉集韻引作闀是鄉爲闀之省借鄉已見

音部響下亦見𨛜部向弁見鄉下

闇 閉門也

借盦已見皿部借暗見日部○諒陰字已見言部

其作闇者𨸏部陰闇也陽爲明即陰爲闇矣闇字从音與陰字韻部通陰已見雲部黔下○文選舞賦闇復輟已注闇猶奄也古人呼闇殆與奄同是闇可爲奄之通借奄已見廾部弇下亦見大部

關 以木橫持門戶也

借貫已見毌部借豢見豕部○詩小弁箋關弓而射之左氏昭廿一年傳豹則關矣釋文竝云關本

作彎。是以關爲彎之假借。彎亦見貫下。○禮記雜記。見輪人以其杖關轂而輠輪者。疏云。關穿也。是當爲毌之假借。

闇　常以昏閉門隸也。

易艮。厲薰心。釋文。薰荀爽本作勳。虞翻本作閽。案薰心本當作熏。即勳之省。故可借閽。乃音近假借字。若漢書百官公卿表。光祿勳。卿一人。注。勳猶閽也。閽者古主門官。更名光祿勳。是勳又閽之通借矣。熏已見中部。薰見艸部。○詩大雅。昏椓靡共。箋云。昏椓皆奄人也。此以昏爲閽之省借。昏已見攴部䟦下。

䦨　妄入宮掖也。讀若闌。周禮宮正注。若今時宮中有罪。禁止不得出。及無引籍不得入宮司馬殿門也。漢書成帝紀。闌入尙方掖門。應劭曰。無符籍妄入宮曰闌。闌當爲䦨之假借。闌又或作蘭。宋有蘭子。段謂以技妄遊也。蘭已見艸部。闌見蘭下。

𨳇　登也。从門二。二古文下字。讀若軍敶之敶。錢云。此詩乘屋。左傳乘城字。則𨳇可爲窾之通借。窾已見烌部。

閃　闚頭門中也。

借陜已見亦部夾下。借淊見水部。○玉篇閃或作睒。並失冉切。故可通借。睒已見目部。矙見部覢下。○方言貼同。式冉反。此許書所無。則異體假借也。

閱　具數於門中也。

借說已見言部。借兌見說下。又見儿部。○詩蜉蝣堀閱。閱卽穴之假借。故宋玉風賦空穴來風。莊子作空閱來風。段謂詩我躬不閱。毛傳閱容也。言我躬不能見容。如無空穴以自處也。案堀閱容閱也。傳義亦同。○漢書文帝紀閱天下之義理多矣。注閔，猶更歷也。又孔光傳注：閔，猶歷也。呂覽長攻篇越十七阨注亦云：越，歷也。是閔越音義竝同，可為通借。越已見走部。

閔 弔者在門也。古文為。

借敃，已見攴部。借旻，見日部。○禮記儒行：不閔有司。釋文：閔本作愍。閔當為愍之假借。心部：愍，痛也。又穀梁僖廿年傳：以是為閔宮也。漢書五行志上作愍公宮。閔為謚法，則愍當轉為閔之假借。若左傳閔公，史記世家作湣公。文選四子講德論：困閔於莒。注：湣與閔同。湣字水部所無，蓋異體耳。○史記范睢蔡澤傳，竊閔然不敏。索隱云，閔，猶昏闇也。鄒誕生本作惛，閔當爲惛之假借。惛已見心部愊下。○書君奭予惟用閔于天越民。某氏傳，閔，勉也。漢書五行志中，閔勉遯樂。注，閔勉猶黽勉，言不息也。谷永傳同。是以閔爲黽之假借，實當爲忞之轉借也。忞已見心部，勉亦見跂下。

耳部

耳 主聽者也。象形。

經典多借耳爲語詞，或與爾同用。○漢書惠帝紀，內外公孫耳孫。注引應劭曰，耳孫者，元孫之孫也。

去曾高遠但耳聞之此用耳之本義師古曰卽爾雅之仍孫從已而數爲八葉則[元]孫之曾孫也仍耳聲相近是以耳爲仍之假借紊耳之音轉爲仍者仍从乃聲乃亦作迺讀若仍乃在賄部通紙韻也文集韻云耳仍拯切關中河東讀耳作此音

耴

耳垂也从耳下垂象形春秋傳曰秦公子耴者其耳下垂故以爲名

段謂左傳秦無公子耴惟鄭子良之子公孫輒字子耳古本左傳當作公孫耴輒爲耴之假借〇文選吳都賦魚鳥聱耴廣韻耴魚乙切與耴字異許

書所無今以形似或致混。

耽 耳大垂也。詩曰。士之耽兮。借湛。已見水部。借媅見湛下。此處引詩。正說假借之義。○漢書陳勝傳。夥涉之爲王沈沈者。注引應劭曰。沈沈宮室深邃之貌也。文選魏都賦。耽耽帝宇。注。沈與耽音義同。耽當爲沈之假借。沈亦見湛下。○下瞻字云。垂耳也。南方有瞻耳國。淮南墜形訓。夸父耽耳在其北。瞻與耽音義皆同。可爲通借。瞻已見人部儋下。

聃 耳曼也。重文爲耼。

借南已見𣎳部又彼處聃季史記管蔡世家作冄
季冄爲聃之省借冄部已見九篇○史記老子傳
名耳字聃呂氏春秋作老耽耽當爲聃之假借耽
見上

耿 耳箸頰也从耳烓省聲杜林說耿光也从光聖省
凡字皆左形右聲杜說非也案耿之本義他無所見經傳多從杜說
借邢已見邑部○詩柏舟耿耿不寐毛傳耿耿猶
儆儆也楚辭遠遊篇夜耿耿而不寐兮注同耿儆
疊韻字是可通借矣儆已見言部警下○楚辭注
引詩作炯炯不寐火部炯光也文選顏延年登巴

陵城樓詩炯介在明淑注耿與炯同是炯爲耿之通借○火部有熲字云火光也詩小雅不出于熲毛傳熲光也集韻熲或作耿是熲爲耿之通借又火部炅見也廣韻作光也集韻耿音憬本作炅蓋炅與炯熲竝古迥切故通○書立政以覲文王之耿光蔡邕石經作鮮光案易說卦傳爲蕃鮮疏云鮮明也楚辭注又曰耿明也則此以義通非假音也

聅耳鳴也

借俚借僇俱已見人部○心部憀云憀然也段謂

詩泉水傳聊願也箋云聊且略之辭也戰國策民無所聊此皆叚聊爲憀類篇曰憀賴也且也○詩唐風椒聊之實毛傳椒聊椒也似椒聊卽椒之亲評者爾雅朻者聊朻卽菉是也正義則云聊語助也案泉水傳箋之義當借爲語助與憀賴別○羽獵賦歷五帝之寥廓漢書顏注寥廓空曠也寥音聊是但擬其音桒寥广部作廫云空虛也文選遊天台山賦恣心目之寥朗注心虛目明也又吳都賦相與聊浪乎昧莫之坰劉注聊浪放曠貌則聊浪當爲寥朗之假借矣○漢書地理志䔿騈䌦耳

之乘駟即詩之騏駟是中也集韻騮與駟同是可通借漢志誤本駟作聊或遂以聊爲騮之假借非也

聖 通也

書無逸此厥不聽漢石經作不聖聖當爲聽之假借○左氏文十七年葬我小君聲姜公羊作聖姜古今人表衞聲公索隱作聖公案風俗通曰聖者聲也言聞聲知情是義本通故可相假借聲已見石部磬下

聆 聽也

文王世子夢帝與我九齡釋文出九聆云本作齡齡字許書本無借零已見雨部案漢魯峻碑已有齡戴記亦傳自漢初似非俗字據釋文則以聆爲齡之假借○禮記疏引皇氏云九齡謂鈴鐸段聆爲鈴言夢天以九个鈴與已也案下文明云古者謂年齡齒亦齡也若作九鈴殊不合特凡人所與已所受必有其物齡乃空言耳意者夢帝與鈴而文王悟及年齒歟

識 記微也

借識已見言部借樴見木部借織見門部閾下○

莊子至樂篇萬物職職釋文引司馬注職職猶祝祝也此非有正字以音近通借耳祝已見示部亦見吅部㗊下○爾雅釋草蘵黃蒢釋文字亦作職蘵字艸部所無當卽借職字爲之

聞

知聞也古文爲䎽此與上聑字云譁語也形似而異

借文已見攴部○聞字引申之義爲令聞廣譽詩卷阿令聞令望釋文竝云聞本作問又漢書匡衡傳淑問揚乎疆外問皆當爲聞之假借○旅象傳喪牛于易終莫之聞也虞翻注坎耳入兌故終莫之聞侯果曰雖有智者莫之告也正義云終無以

一言告之使聞而悟也。王懷祖曰。聞猶問也。古字聞與問通。論語聞一以知十。聞本或作問。檀弓問喪于夫子乎。問本亦作聞。莊子庚桑楚篇因失吾問。元嘉本問作聞。並見釋文。荀子堯問篇不聞卽物少至。楊注。聞或爲問。謂相恤問也。上九居高無應。故無恤問之者。王風葛藟篇謂他人昆亦莫我聞。大雅雲漢篇羣公先正則不我聞。亦謂不相恤問也。解者多失之。是以聞爲問之假借。○玉篇聞古文作聳。虞世南廟堂碑似聳籥韶之響。聳从米古辨字。此異體耳。

聘 訪也。

左氏成十一年傳。聲伯之母不娉。釋文。娉本作聘。女部娉字云。問也。與聘義略同。是可通借。

聉 無知意也。讀若孽。

方言云。聾之甚。秦晉之間謂之聉。注曰。聉無所聞知也。段疑方言之正文本作謂之聉。當是也。下聵字云。吳楚之外。凡無耳者謂之聵。方言正同。不應複言聵。殆聉聵二字音相近。可爲通借。

聝 軍戰斷耳也。春秋傳曰。以爲俘聝。左氏成三年。重文爲馘。

字林云。截耳則作耳𢦏。獻首則作首𢦏。本一字而分義。似乎通借矣。○王制。以訊馘告。注。馘或爲國。國乃馘之假借。音同。國亦从或也。

聆 國語曰。回祿信於聆遂。闕。

周語韋注。聆遂。地名。宋庠音禽。後漢書楊賜傳引作黔遂。黔當爲聆之假借。同今聲也。○說苑引國語作亭遂。竹書。帝癸三十年。作聆遂災。則字从令。亭聆疊韻。故可通借。此殆如矜之从今亦或从令與。聆已見上。

聑 安也。

字頗罕見惟長笛賦云瓠巴聑柱此帖妥帖伏義也帖當爲聑之假借○錢謂埤蒼亦云耳垂案上有聑字云小垂耳也聑與帖皆从占聲或可通借與

聶　附耳私小語也

借嵒已見品部囁讘見嵒下○聶語爲咠已見口部訓旣同則亦可通借矣○禮少儀牛與羊魚之腥聶而切之爲膾注聶之言牒也肉部牒薄切肉也是以聶爲牒之假借音相近○木部欇木葉搖白也爾雅釋木欇虎櫐釋文欇又作聶聶當爲欇

之省借。○士冠禮再醮攝酒。注今文攝爲聶。有司
徹司宮攝酒注同。聶亦攝之省借。

𦣝部

𦣝 頤也。象形。篆文爲頤。籀文爲䪿。
史記陳涉世家。夥頤。涉之爲王宗隱引服虔曰。頤
者。助聲之辭。是頤字可假借爲語詞也。○易序卦
傳。頤者。養也。方言。台。養也。晉衛燕魏曰台。郭注。台
猶頤也。是以台爲頤之假借。台已見口部。亦見申
部闕下。○禮記玉藻。讀行頤霤如矢。注。頤或爲䨨
也。釋文。䨨。追音夷。徐音追。雨部排䨨。夷頤音同。追頤

亦疊韻故異體可借義未詳○晉梅頤或作梅賾

以形似而誤本部無賾字

巸 廣頤也古文爲戺

周頌緝熙毛傳熙廣也熙不應訓廣當爲巸之假

借熙已見火部○巸本與之切書顧命夾兩階戺

某氏傳堂廉曰戺段謂此因堂邊圻堮象人頷下

之廣闊因借名之而讀牀史切矣又爾雅釋宮落

時謂之戹卽戺之移左於上耳釋文戺本作扈疑

字形相似而誤非必假借也扈已見邑部鄠下

手部

拇 將指也。

易解而拇。咸其拇。釋文並云。拇荀作母。是以母爲拇之省借。若咸釋文。又謂子夏傳作䠜。蓋彼虞注。拇足大指也。故字从足。實異體耳。

指 手指也。

旨部云。美也。古文爲舌。詩魚麗。物其旨矣。荀子大略篇作物其指矣。注。指與旨同。是以指爲旨之假借。若書大誥。率寍人有指疆土。漢書翟方進傳作有旨疆土。則旨又當爲指之省借。旨已見只部。○心部恉。意也。禮王制。有指無簡不聽。注。有指有其意。又管子侈靡篇。承從天之指。注。指。意也。此以指爲恉之假借。若呂覽行論篇。故布衣行此指於國。注。指猶志。志卽意也。則指亦借爲恉矣。○書微子。今爾無指告予顛隮。若之何其。王伯申曰。當讀今爾無指告爲一句。予顛隮爲一句。無語辭。猶無念爾祖之無。無指告者。指告也。指告者。致告也。盤庚篇。凡爾衆。其爲致告。是也。說苑有指武篇。謂致武也。指字或作厎。襄九年左傳。無所厎告。是也。爾雅。厎。致也。又周頌武篇。耆定爾功。毛傳。耆。致也。耆亦指同。予顛隮者。予謂殷也。猶下文言我乃顛隮也。

曰今爾其致告我般將顛隮如之何則可也解者皆失之此以指爲致之假借亦厎之假借也致已見夊部厎見厂部并通者耆見老部

拳手也

借卷已見卩部○左氏莊十九年傳鬻拳後漢孔融傳作鬻權此人名不定誰借似當以左傳爲正權已見木部亦見火部爟下○漢書司馬遷傳李陵勞軍士張空弮顏注弮讀者以爲拳大謬拳則屈指不當言張陵時矢盡故張空弓非手拳也是拳乃誤字不爲假借但弓部無弮注又云弮與絭

同。絭在糸部。或可借爲絭。與弓有弦繳。義相近。

擥 手擥也。楊雄曰。擥。握也。

史記封禪書搤捥字。漢書作搤擥。捥卽擥之或體字。見左傳涉佗捘衞侯之手及捥。又士喪禮設決。麗于擥。注古文擥作捥。○玉篇腕手腕也。釋名曰。腕宛也。言可宛屈也。腕亦擥之異體。若禮記三年問。袂之長短反詘之及肘。注肘或作腕。案肉部云肘者。臂節也。儀禮既夕記槃鉤中指結于擥。注擥掌後節中也。是擥與肘本相聯。故異耳。非假音也。

孅 好手皃。詩曰。攕攕女手。

今葛屨詩作摻摻女手。鄭風。摻執子之袪兮。毛傳。摻擥也。攕與摻義異而音同。摻可爲攕之假借。葛屨傳云。摻摻猶纖纖也。古詩纖纖出素手。則纖爲攕之通借矣。故韓詩即作纖纖。○集韻。攕又或作掔。本部掔字云。人臂皃。引周禮。輻欲其掔。案攷工記輪人。欲其掔爾而纖也。注。掔纖殺小皃。是掔可爲纖之假借。即攕之假借也。掔與攕纖雙聲字。纖已見歺部纖下。

揖 攘也。一曰手箸匈曰揖。

借厭。已見厂部。○上揖字云。舉手下手也。周禮九拜九曰肅拜，先鄭注：肅拜，但俯下手，今時撎是也。
案許書分撎揖爲二，今則專用揖，幾不識有撎字，
蓋本通借也。○集韻別出揖字，音戢，聚也。詩螽斯：
揖揖兮。毛傳：會聚也。案尚書輯五瑞，漢書郊祀志
作揖五瑞。又史記秦始皇紀：普天之下，摶心揖志。
此與詩之揖皆當爲輯之假借，輯見十部卄下。○
荀子議兵篇：湯武之誅桀紂，拱挹指麾。此以挹爲
揖之假借也，挹已見卪部。

攘　推也。

此正揖讓、退讓之本字，作讓者借也，已見言部。○

借禳。見示部。借𣪠。見艸部蘘下。借襄。見衣部。又系部。有纕字。爲纕臂之義。今皆作攘臂。而纕廢矣。淮南子。短袂攘絭。亦借攘爲纕。○詩甫田。攘其左右。箋云。攘讀爲饟。是以攘爲饟之假借。饟已見食部。案箋意以攘爲攘奪之義。則攘其左右爲不辭。故破字作饟。若從攘之本義。解爲推攘。正可通也。○爾雅釋詁。儴。仍。因也。匡謬正俗引作攘。人部無儴字。則卽攘之或體耳。攘訓因。見襄下。

拜首至地也。楊雄說。拜从兩手下。作𢫵。古文拜从二手。作𢱭。

詩甘棠勿翦勿拜箋云拜之言拔也是以拜爲拔之假借拜拔音相近○廣韻引詩勿翦勿扒扒拔也是以扒爲拜之通借本部所無又集韻捌與扒同據顏注急就篇爲無齒杷字在新附亦異體耳

搯

搯也周書曰師乃搯搯者拔兵刃以習擊刺也詩曰左旋右搯

書大傳作師乃慆鄭注慆喜也許訓慆類鄭已見心部而此作搯當是古今文之異○所引詩今鄭風作左旋右抽下㨨字云引也重文爲抽爲𢯱抽與搯音義俱近可爲通借○集韻搯或作掏通俗

文云搯出曰掬本部無掬字則異體假借也〇奮
語無搯膺韋注搯叩也文選長笛賦搯膺擗摽李
善既引國語及韋注而云苦洽反蓋誤以搯爲掐
搯从舀爪刺也與掐从臽異掐字見魏書程昱傳
本書無之非可假借

推 排也

今支灰韻各別段謂古無二音二義也〇莊子天
運篇孰居無事推而行是釋文推司馬本作誰誰
當爲推之假借〇左傳介子推荊楚歲時記引琴
操介子綏綏當爲推之假借又晏子春秋推侈鞮

子作侯侈推當爲侯之假借

摧擠也一曰摑也一曰折也

人部催相擣也引詩室人交偏催我相擣猶相迫也今北門詩作摧我毛傳摧沮也蓋即折之義釋文摧或作催是許意以摧爲催之假借又釋文摧本作漼漼見水部亦假借也韓詩作誰則或體字○詩鴛鴦摧之秣之毛傳摧莝也艸部莝斬芻是摧爲莝之假借摧莝聲之轉又下有挫字云摧也攷工記揉牙內不挫注挫折也挫與莝通即可爲摧之通借矣○易晉如摧如釋文摧鄭讀南山崔

崔之崔。此當但擬其音。○糸部維。箸絲於箏車也。方言謂之維車。淮南子作摧車。此以摧爲維之假借。

拉 摧也。

公羊莊元年傳。搚幹而殺之。搚。本部省作拹。摺也。一曰。拉也。史記齊世家作拉幹。是搚爲拹之或體。拉乃拹之假借也。○史記范雎傳。折脅摺齒。索隱曰。拉折其齒也。本部摺字云。敗也。集韻摺與拉同。是摺爲拉之通借。

扶 佐也。古文爲𢪃。

借膚已見肉部臚下。○木部榑字云榑桑神木日所出也。榑音同扶。淮南天文訓日拂于扶桑。海外東經大荒東經竝言扶桑。離騷亦云總余轡乎扶桑。是皆以扶爲榑之假借。○又木部枎云枎疏四布也。上林賦垂條扶疏。劉向傳梓樹生枝葉扶疏。上出屋。楊雄傳枝葉扶疏。呂覽樹肥無使扶疏。皆以扶爲枎之假借。○禮記檀弓引詩扶服救之。今邶風作匍匐救之。又左氏昭廿一年傳扶伏而擧之。皆當爲匍匐之假借。二字竝音同。○漢書天文志昏昏爲扶。注引鄭氏曰。扶當爲蟠。齊魯之閒聲如酺。酺扶聲近。蹯止不行也。此此蓋以扶爲蹯之假借矣。○爾雅釋草荷芙渠。釋文芙本作扶。艸部芙字在新附。當卽借扶字爲之。

扶也。

廣雅釋言㨾扶也。詩樛木福履將之。那湯孫之將。烈祖我受命溥將。箋竝云將猶扶助也。又古詩好事相扶將。將皆當爲㨾之假借。段亦謂凡云將順其美。及詩百兩將之。傳曰將送也。天不我將。箋云將猶養也。俱於㨾義爲近。將已見寸部。

縣持也。

借絜。已見㓞部。借契。見絜下。借桔。見木部。○系部紲字云。樂浪挈令織。段謂漢書張湯傳有廷尉挈令。韋昭曰。在板挈也。挈當作栔。言栔於板之令也。是仍借挈爲栔。案史記作絜令。則又挈之轉借矣。至周禮挈壺氏注。挈讀如絜髮之絜。蓋但擬其音。而詩東方未明序。正義云。挈壺者。懸繫之名。是借絜爲挈可知。○又周禮草人。騂剛用牛。注云。故書騂爲挈。杜子春挈讀爲騂。此非假音義亦未詳。

摯 握持也。

本篇女部。摯至也。引商書。天命不摯。今西伯戡黎作不摯。釋文。摯本又作贄。是摯爲贄之假借。史記殷本紀作大命胡不至。贄訓至。則義可通借。至已見前。○贄下又引虞書。雉贄。今舜典作二生一死贄。五帝紀作二生一死爲摯。案周禮有六贄。而經典多作摯。贄字貝部所無。是執贄字本借摯爲之。而贄又或體轉借也。○借質。已見貝部。質亦當借贄。若左氏昭十七年傳。少皥氏名摯。周書作質。則質摯雙聲通借耳。○鳥部。鷙云。擊殺鳥也。爾雅釋鳥注。鳥鷙而有別。釋文。鷙本作摯。是以摯爲鷙之假借。禮儒行。鷙蟲攫搏。注。鷙从鳥。摯省聲。摯即摯之或體疏云，獸摯从執下著手，鳥鷙从執下著鳥，此分別似未確。○借槷，已見木部槸下。又案集韻，槷，射質也。槷既爲質，摯亦借質，故可通也。○呂覽向摯，淮南氾論訓作向藝，通典作高勢，摯與藝勢皆聲近而異，不定誰借，向與高則形近耳。高部已見五篇。○附案集韻有摰字，从执，执古埶字，摯音倪結切，與从執之摯異。似此則借槷者宜爲从埶之摯矣，但許書所無，恐不足據。

𢷾，把持也。

操字亦作去聲讀。後漢曹褒傳，樂詩曲操，以俟君子。注。操猶曲也。蔡邕有琴操。又以爲節操字。此本字之假借也。○詩兔爰箋有所操蹙也。釋文。操本亦作懆。今作躁。正義云。躁定本作操。義竝得通。案公羊莊三十年傳。蓋以操之爲已蹙矣。注。操迫也。則懆躁皆當爲操之假借。○段謂心部懆訓愁。慘訓毒。音義皆殊。而寫者多亂。案今从喿之字往往从參。或云魏晉間避曹操諱改之。本部無摻字。而鄭風正義引說文。摻參此音反。聲訓爲斂。操喿七遙反。聲訓爲奉。是唐初說文確有摻字之證。詩摻執子之袪兮。毛傳。摻。擥。猶今人言把。秋言握手。操訓把持把者握也義正相合故廣雅釋言摻操也則摻可爲操之假借摻已見上攕下○操既通摻遂變其音詩魚麗毛傳草木不折不操釋文一本作不芟操當爲芟之假借矣

擢　爪持也附案擢爲居玉切或曰瞿非聲當从矍省聲似可從大徐云今俗別作掬案後有匊字云撮也指撮與爪持義近則匊可爲擢之假借也○正字通曰从瞿非匊音爪持卽攫義當是攫字譌省錢謂玉篇無擢字其攫亦次在操字之下此恐傳寫本誤之案後攫字云扟也通俗文手把曰攫是攫可爲擢

之通借。音亦近。故集韻擢或作攫。

捦 急持衣裣也。重文爲𢹂。

此即今擒字也。後厶部禽字云。走獸總名。从厶象形。今聲。禽离兕頭相似。曲禮。不亦禽獸之心乎。正義曰。禽者擒也。訓擒者。以其爲人所捦也。是禽本从捦會意。易師卦。田有禽。釋文。禽。徐本作擒。又井卦。舊井无禽。崔憬注。禽古擒字。禽猶獲也。借擒爲禽。實捦之假借也。○漢書古今人表有禽敖。師古曰。即黔敖。此則以禽爲黔之假借。音同也。

摕 撮持也。一曰至也。

借薄已見艸部借博見十部借脅借膊見肉部借布見巾部○周禮環人搏諜賊射人注貍善搏者也士師注謂司搏盜賊也釋文竝云搏音博劉音付是搏字本有兩音後有捕字云取也蒲故切段謂古捕盜字作搏而環人釋文本房布反又音付蓋小司徒注之伺捕盜賊即士師注之司搏盜賊也是捕爲搏之通借○後一義訓至者段又謂搏亦爲今之附近字許則云駙者近也左傳作傅是搏爲付音與附駙傅三字俱可假借矣傅已見人部附見傳下付下○下又有拍字云拊也釋名曰

拍搏也手搏其上也攷工記搏埴之工注搏之言
拍也是以搏爲拍之假借虞書搏拊正與此同拍
亦見脅下膞下○荀子禮論篇縣一鐘尚拊之膈
朱絃而通越也注膈當爲搏大戴禮作搏此以膈
爲搏之假借○月令注搏勞釋文搏本作伯是搏
爲伯之假借聲相近伯已見月部霸下伯勞見鳥
部鶪下

據杖持也

漢書楊雄傳三摹九据晉灼曰据今據字也何氏
公羊傳注據亦皆作据据者拮据字也此以据爲

據之假借。

攝 引持也。

借聶。見前耳部。○國語。屏攝之位。注。攝。形如今要扇。與翣同。此以攝爲翣之假借。翣已見羽部。○史記。衛將軍傳。懾慴者弗取。集解引文穎曰。懾慴。恐懼也。漢書作攝讋。注。謂振動失志氣者則赦也。攝當爲懾之假借。懾已見言部讋下。

挾 俾持也。

挾已見亦部夾下。借夾。見大部。○漢書禮樂志。俠嘉夜。叔孫通傳。殿下郎中俠陛。注。竝云。俠與挾同。

此以俠爲挾之假借。俠亦見夾下。○周禮太宰。挾日而斂之。釋文。挾本作帀。詩大明使不挾四方。疏云。挾者。周匝之義。匝卽帀。是挾爲帀之假借。○左氏成九年傳注。浹辰十二日也。浹字在新附。當爲挾之異體假借也。○鄉射禮。兼挾乘矢。大射儀挾乘矢於弓外注。並云。古文挾皆作接。段謂禮注方持弦矢曰接。自其交會處言之。則接矢爲本字。挾矢爲假借字。胡墨莊曰。孟子。挾貴而問。趙注。挾接也。此謂有所挾持。不應訓接。廣雅。接持也。蓋交接之處必有所持而後固也。但挾之訓持是本義。

接訓持乃引申之義。故鄭從今文作挾。據此。接當
爲挾之假借。

擥 撮持也。

管子弟子職。飯必奉擥。體稍異耳。○樂記竹聲濫。
注。濫之意猶擥聚也。濫當爲擥之假借。濫已見水
部檻下。○集韻。擥或作攬。異體也。莊子在宥篇此
攬乎三王之利。釋文。攬本作覽。見部覽。觀也。可爲
假借。

擸 理持也。

崔駰達旨。無事則躐纓整襟。注。躐字宜从手。是躐

爲攕之假借。○史記日者傳。攕纓正襟危坐。索隱云。攕。攬也。義可通。實亦攕之借字矣。

握 搤持也。古文爲𡏬。

借屋。已見尸部古文臺亦見屋下。又見前至部臺下。借渥。見水部。○周禮巾車。翟車貝面組總有握。釋文。握。馬本作幄。爾雅釋言。握。具也。釋文。握。李本作幄。幄字巾部所無。帷木部楃云。木帳也。則握當爲楃之假借。○下捉字云。搤也。一曰。握也。繫傳曰。春秋傳。叔武聞君至。捉髮走出。今或作握。是捉可爲握之通借。○史記司馬相如傳。委瑣握齪。索隱

曰握齱局促也酈生陸賈傳作握齱文選難蜀父老作喔躖此本無正字但以音通借耳

撣 提持也讀若行遲驒騱

集韻撣與彈通鼓絃也鼓絃必以手撣字从手故可借○又集韻撣音蟬撣援牽引也撣援即嬋媛之假借矣

搹 把也重文爲扼

借鬲已見三篇部首○儀禮喪服苴絰大搹注盈手曰搹搹扼也喪服傳朝一溢米夕一溢米王肅劉逵皆云滿手曰溢與鄭異此以溢爲搹之假借

也。溢已見水部泆下。○漢書郊祀志。燕齊之間。方士瞋目扼掔。武帝紀作莫不搤腕。後搤字云捉也。文選西都賦搤猛噬。注。搤與扼古字通。是搤爲扼之假借。搤亦見鬲下。

拏 牽引也。

後挐字云持也。段謂二篆互譌。挐當訓牽引。今紛挐字也。拏當訓持。今攫拏字也。案史記霍去病傳匈奴相紛拏。揚雄解嘲攫拏者亾。是二字本可通借。○方言云。挐揚州會稽之語也。或謂之惹。惹字本書所無。○淮南本經訓芒繁紛挐。注。挐讀上谷茹縣之茹。此擬其音。公羊僖元年傳獲莒挐。釋文。挐本作茹。則人名不定誰借。

𢹎

挐也。

魏風。好人提提。毛傳。提提。安諦也。楚辭怨世篇引作好人媞媞。女部媞。諦也。爾雅釋訓。媞媞。安也。是提當爲媞之假借。○詩正義引孫炎曰。提提。行步之安也。彳部云。徥徥。行皃。正孫炎所本。則提亦可爲徥之假借。徥已見是部。又見人部伎下。○檀弓。吉事欲其折折爾。注。折折。安舒貌。亦引詩好人提提。案艸部䉼字隸變爲折。而或作提音。今齊韻有折字。鄭注既引詩。則折與提可通借矣。折已見艸部。○穀梁僖二年傳注。不言提其耳。釋文提本作題。題當爲提之假借。題已見頁部。○月令完隄防。釋文隄本作提。提當爲隄之假借。○史記仲尼弟子傳銅鞮伯華。大戴記衛將軍篇作桐提。疑桐提爲借字。鞮提已見走部趧下。○借祁已見邑部。

掫 拈也。拈 掫也。

錢謂掫卽今掐字。通俗文手按曰掐。掐字在新附。掫丁惬切。與掐字音義合。當可通借。鈕氏以爲掐或作陷。又疑插之俗字。似非。○釋名釋姿容云拈。

黏也兩指翕之黏著不放也黍部黏相箸也是黏可爲拈之假借○列子湯問篇汝何蚩而三招注招一本作拈指取物也招當爲拈之假借招拈聲之轉亦形近

掊 把也（把段作杷）今鹽官入水取鹽爲掊

詩大雅曾是掊克正義云定本掊作倍謂已兼倍於人而自矜伐是以掊爲倍之假借倍已見肉部背下○莊子逍遥游吾爲其無用而掊之釋文掊擊破也又胠篋篇掊斗折衡掊當爲剖之假借○史記呂后紀顧麾左右執戟者掊兵罷去集韻掊

芳遇切。與踣同。是掊爲踣之假借。踣已見足部。○史記袁盎傳乃之掊生所問占。注。秦時善術者。漢書作棓。此人名。不定誰借。○集韻。掊或作捊。下捊字云。引取也。玉篇作引聚也。詩釋文。掊克聚斂也。義正同捊。下捊。步侯切。廣韻。掊。薄侯切。音亦合。是捊爲掊之通借。案捊亦通裒。易謙釋文。裒。鄭荀董蜀才作捊。裒已見衣部。褎下。若捊之重文作抱。乃以爲褎。蓋古今字體不同如此。亦見衣部。

捋 取易也。

受部寽。五指捋也。段謂捋與寽異義。但捋既从寽。

守又訓捋是亦可通借矣○斗部料量也从米在斗中讀若遼莊子盜跖篇料虎頭編虎須注料捋也此以料爲捋之假借料捋音之轉

撩理也

廣雅釋詁亦云料理也則斗部之料并可爲撩之假借○魏志龐德傳但持長矛撩戰此以撩爲挑之假借挑已見言部誂人部佻下

措置也

樂記舉而錯之論語舉直錯諸枉釋文竝云錯本作措餘見他經甚多錯皆爲措之假借錯已見厂

部厝下彼處亦借厝爲措也○史記梁世家李太后爭門措指指注爲門扇所笮晉灼曰措字借以爲笮措笮聲之轉故漢書王莽傳迫笮青徐盜賊注亦云措讀與笮同笮已見竹部

挻長也

木部梃長木也引詩松桷有梃釋文作有挻長皃柔挻物同耳蓋挻埴字亦當作挻挻柔也陸謂柔挻與長皃無二字也白氏六帖於松柏類引松桷有埏埏正挻之俗然則梃與埏皆挻之異體假借木部不宜別出梃矣

搣　批也。附案本部有批𢪐二字，𢪐卽批之移此於上，若而義別。批捽也。𢪐下云一曰𢪐搣頰旁也。則搣訓𢪐作𢪐。

段云：玉篇廣韻皆曰搣摩其頰旁，乃養生家之一法。故莊子謂眥搣可以休老。眥搣卽𢪐搣之假借字也。

揤　捽也。魏郡有揤裴侯國。

漢書地理志作卽。王子侯表作揤。卽蓋揤之省借。卽已見皀部。

摕　撮取也。讀若詩螮蝀在東。重文爲𢹂，兩手急持人也。

儀禮有司徹乃摭于魚腊俎俎釋三个注古文摭爲攈胡墨莊曰說文拓拾也拓或作摭摭與攈本非一字因雙聲而借鄭從今文作摭○文選文賦意徘徊而不能揥段謂揥當是攈之誤案集韻有揥字詩鄘風象之揥也選注云揥猶去也徘徊之意不能硯捨其妙也是徘徊去留之閒難以撮取則揥可爲攈之異體假借與○後捎字云自關巳西凡取物之上者爲撟捎集韻攈亦音迭捎取也西京賦攈飛鼯薛注捎取之也段謂今俗語云捎帶者當作攈是亦義之假借矣

丞 奉也受也

借丞見廾部借繩見人部倂下借時見日部○詩清廟不顯不承王伯申曰承者美大之辭當讀爲武王烝哉之烝漢書地理志長沙國承陽師古曰承音烝續漢書郡國志作烝陽是承爲烝之假借烝已見艸部蒸下又孟子引書丕顯哉文王謨丕承哉武王烈王云顯承連文俱是美大之辭丕顯非創造之義而丕承獨爲紹承之解斯不類矣故立政以覲文王之耿光耿與顯同意以揚武王之大烈大與承同意此亦承之爲烝也○左氏哀四

年傳諸大夫恐共欲遷也承注承音懲蓋楚言此以承爲懲之假借懲已見丞部○列子黃帝篇使弟子竝流而承之釋文出溺爲承諸家直作拯是承爲拯之假借拯亦見丞下○方言郭注楊前几曰桯今江東呼爲承則以承借作桯也○文王世子至于賵賻承含注承讀爲贈聲之誤也此以承爲贈之假借

搆拭也

上有拒字云給也一曰約也爾雅釋詁拒拭刷清也集韻拒居㓹切音斳與攟同是拒爲攟之通借

○周禮遺人以恤民之囏阨注故書囏阨作墐阨墐當爲囏之假借墐音與囏近文删韻通也

椄交也

借萎已見艸部借翣見羽部借翜見翣下借楫見木部借挾見前○內則世子生接以太牢注接讀爲捷捷勝也謂食其毋使補虛强氣也荀子大略篇先事慮事謂之接注亦讀捷速也此皆以接爲捷之假借若文十六年經晉人納捷菑于邾公羊作接菑又公羊僖卅二年鄭文公接史記鄭世家作踕踕見玉篇則人名不定誰借○周禮稾人大祭

祀則共其接盛注接讀爲一扱再祭之扱是接爲扱之假借扱已見口部吸足部𨅒下○艸部萎萎餘也周南毛傳及陸疏並作接余是接余當爲萎餘之假借○廣雅釋詁接續也本書木部椄續木也續木者必以手扶助之則二字可爲通借矣

撻也从手朮聲普活切

段謂今人用拂拭字當作此是以拂爲𢶀之假借拂已見艸部茀下

招

手評也

借招已見前○文選吳都賦翹關舉鼎注招與翹

同廣雅釋詁。翹舉也。招當爲翹之假借。○文選甘泉賦。皐搖泰壹。注引服䖍曰。招遙泰壹。皆神名。皐五臣本作招。與漢書同。是以皐爲招之假借。皐即臯已見本部。招搖又見木部。

撫　安也。一曰。揗也。古文爲㧱。

借虞。借憮。已見虍部。借憮見心部。○前揗字云。揗也。今惟搏拊字作拊。若詩。拊我畜我。春秋傳。王巡三軍。拊而勉之。拊皆爲撫之通借。揗即循。見彳部。

揣　量也。度高曰揣。一曰。捶之。

借竱。已見立部。○漢書載賈誼服賦。忽然爲人兮。

何足控揣。注。揣與摶通。史記正作控摶。揣當爲摶之假借。摶已見寸部專下。○馬融長笛賦。冬雪揣封乎其枝。注。揣與團古通。是以揣爲團之假借。團亦見專下。又見攴部敦下。案揣字初委切。而通摶團者。从耑聲也。○木部有椯字。箠也。一曰度也。一曰。剟也。聲義皆與此同。而讀兜果切。耑之雙聲也。是後一義與椯訓箠一也。故可通借。剟者。段謂如今人語用故繳字上丁兼切下丁括切。知輕重也。剟揣聲相轉。則亦可假借矣。剟已見刀部刊下。

擿 搔也。一曰投也。

下摘字云。拓果樹實也。一曰。指近之也。二字音義殊。但鄘風毛傳。揥所以摘髮也。釋文以本又作擿爲非。而段說反之。謂同音他狄反也。小徐引列子黃帝篇指擿無痟痒。卽今指摘字。是摘可爲擿之假借矣。○莊子胠篋篇擿玉毀珠。史記刺客傳荆軻引匕首以擿秦王。注擿與擲同。本部無擲。蓋卽借擿字爲之。

摽 擊也。一曰。挈鬬牡也。

摽有平上兩音。摽落借字。已見𠬪部。借辟見九篇部首。○白帖九十九引詩標有梅。木部字多有从手者。形近也。此以標爲摽之假借。○漢書王莽傳。
摽末之切。音義引字林曰。摽。刀削末銅也。正用金
部鏢下語。是摽可爲鏢之假借。○玉篇有抛字。普
交切。本部則在新附。鈕氏謂公羊莊十二年傳。曹
子摽劒而去之。孟子。摽使者出諸大門之外。皆與
抛義合。當是異體假借。又上捊卽抱。錢竹汀曰。史
記三代世表。姜嫄生后稷。抱之山中。抱音普茅反。
抛或抱之譌。

撓　擾也。一曰捄也。

女部。嬈。苛也。一曰擾戲弄也。一曰嬥也。與此撓字

音義皆同可爲通借若嵇康與山巨源書足下若嬲之不置李善注嬲與嬈同則或體耳

抎 有所失也春秋傳曰抎子辱矣

此所引左氏成二年文傳作隕又戰國策折清風而抎矣抎皆當爲隕之假借隕巳見員部又見石部磒下○史記東粵列傳不戰而耘利莫大焉漢書作殞此以耘爲抎之假借耘已見艸部芸下

披 從旁持曰披

周禮喪祝掌大喪勸防之事注杜子春云防當爲披後鄭曰防謂執披備傾戲凡从方从旁之字古

多通。防即傍字。旁與皮通。蓋雙聲也。旁已見上部。

○史記黃帝紀。披山通道。徐廣曰。披亦作陂。漢書溝洫志作陂山通道。禮樂志。洒路陂。注。路旁也。班超傳注。陂。旁也。馮衍傳注。陂謂旁其邊側也。是旁爲披之通借。陂乃披之假借也。字又作波。漢書諸侯王表。波漢之陽。注。循漢水而往也。循與旁義同。波又陂之轉借。波已見水部。陂見波下。○儀禮旣夕禮。設披。注。今文披皆爲藩。惠定宇曰。披从皮聲。古音皮與蕃同。蕃又與藩通。故藩可爲披之假借。藩蕃俱見艸部。○借柀。已見木部。

𢴪 引縱曰𢴪。从手，瘛省聲。尺制切。

小徐曰：周易其牛𢴪。今作掣。案本部無掣，當卽借𢴪字爲之。○廣雅釋詁：掣，引也。玉篇：掣與𢴪同。是𢴪又可爲掣之通借。掣已見前。

掔 固也。讀若詩赤舄掔掔。

史記鄭世家：襄公肉袒掔羊。卽左傳之牽羊也。是以掔爲牽之假借。汗簡云：掔古牽字。音與此異。

擧 對舉也。以諸切。

中隔揚篆下復出擧字，亦曰對擧也。居許切。此擧字疑誤。玉篇作𢪏，云擧也。邱言切。但擧本从手，又作手旁且邱言切似與下掀字相亂未知孰是○段云上林賦毛詩箋漢書音義通俗文皆有揵字揵卽擧也是以揵爲擧之通借○小徐本於擧下有一曰輿也四字段謂輿卽舁左傳使五人輿豭從巳輿乃舁之假借舁者共擧也舁已見舁部○周禮師氏王擧則從注故書擧爲與杜子春曰當爲與是以擧爲與之假借疏謂義得兩通又左傳昭三年豈唯寡君擧羣臣實受其貺其自唐叔以下實寵嘉之正義云擧言擧朝羣臣也王懷祖曰擧當讀爲與擧與古字通禮運選賢與能卽大戴

禮選賢舉能也。楚辭七諫：與世皆然兮，王逸注：與，舉也。史記呂后紀：自決中野兮蒼天舉直，徐廣曰：舉一作與。此言不唯寡君與羣臣受賜而已，先君之靈亦寵嘉之。魯語曰：豈唯寡君與二三臣實受君賜，其周公太公及百辟神祇實永饗而賴之也，是也。正義失之。與亦見舁部。○內則濡炙之舉燋，注：舉或爲巨。正義云：舉，皆也。則巨當爲舉之假借。巨已見工部。○西山經：崇吾之山有獸焉，名曰舉父。郭注：或作夸父。夸在麻韻，與語韻可通。又史記范睢蔡澤傳而從唐舉游，索隱引荀卿書作唐莒。

此獸名人名。不定誰借。莒已見艸部。

揚 飛舉也。古文爲敭。後人文用敭歷者皆即今文尚書般庚之優賢揚歷也。是揚敭一字之證。○借詳。已見言部。借楊。見木部。借騰借滕。見人部倂下。○玉藻盛氣顛實揚休。注。揚讀爲陽。此以揚爲陽之假借。陽已見日部暘下。○尚書臯陶拜手颺言。夏本紀作揚。列子黃帝篇揚於地。釋文揚猶颺。物從風也。是颺爲揚之通借。○借鴹。見疒部。

掀 舉出也。春秋傳曰。掀公出於淖。

所引在左氏成十六年。又昭十八年。司馬司寇列居火道。行火所掀。下引字林云。焮火氣也。殆字林所見傳本作行火所掀。與今作焮異。

揭　高舉也。

借桀。已見桀部。借楬。見木部。借竭。見立部。借涉。見林部𣻌下。○詩檜風匪車偈兮。王應麟詩攷引韓詩作揭兮。見漢書王吉傳。人部無偈。當卽借揭字爲之。○文選景福殿賦。於是碣以高昌崇觀。注。碣揭同。碣當爲揭之假借。碣亦見楬下。

抍　上舉也。易曰。抍馬壯吉。重文爲撜。

今明夷與渙俱作拯其作抍者子夏傳也淮南齊俗訓子路撜溺作撜是三字通矣○後有拯字云止馬也疑易拯字乃接之假借丞麦疊韻也借丞見廾部借承見前

振 舉救也一曰奮也

借祇見示部借整見攴部借賑見貝部借袗見衣部借震見雨部○周禮職幣振掌事者之餘財注振猶抍也疏云以財與之謂之抍抍當爲振之假借抍已見上○士喪禮挋用巾注古文作振振當爲挋之假借挋已見上摧下○周禮大祝五曰振

祭杜注振讀爲愼禮家讀爲振旅之振此蓋以愼爲假借字故兼采禮家之說愼已見心部

擭

擎擭也一曰布擭也一曰握也

周禮雍氏春令爲阱擭注擭柞鄂也此當爲擎擭之義廣雅釋詁擭持也則與握爲搤持義合西京賦擭獑猢是也其訓布擭者集韻亦云擭音護布擭也當與劉逵吳都賦注布濩徧滿皃義同則擭爲濩之假借濩已見水部

拚

拊手也

拚今作抃借弁已見皃部○宋書何承天傳歌拚

就路。注。手舞貌。此用本義。少儀。埽席前曰拚。聘禮不腆先君之祧。既拚以俟矣。拚音奮。問韻通翰霰者。與文合寒先之例。是異音之通借也。案土部𡊅埽除也。讀若糞。曲禮作糞。又作𢷏。糞即華部之糞字。與𡊅音同義略同。則少儀之拚。當爲𡊅之假借字矣。○周頌。肇允彼桃蟲。拚飛維鳥。箋云。翻飛爲大鳥也。此以拚爲翻之假借。翻已見又部反下。○方言云。楚人凡揮棄物謂之拌。本部所無。或借用拚。史記龜策傳。鑄石拌蚌。此又以拌爲判之轉借。判已見水部泮下。

撥　治也。

借廢。已見广部。○商頌元王桓撥。釋文引韓詩作發。發爲撥之省借。發亦見廢下。○攷工記弓人居幹之道。菑栗不迆。則弓不發。鄭司農曰。菑栗謂以鋸副析幹。迆謂邪行絕理者。弓發之所從起。賈疏以發爲發傷。王伯申曰。訓發爲傷。于古無據。發當讀爲撥。撥者枉也。言析幹不邪行絕理。則弓不至于枉戾也。輪人。察其菑蚤不齵。則輪雖敝不匡。注菑與爪不相佹。乃後輪敝盡不匡刺也。與此云菑栗不迆。則弓不發。義正相近。匡亦枉也。管子輕重甲篇弓弩多匡軫者當合篇夫繩扶撥以爲正準壞險以爲平淮南本經訓扶撥以爲正高誘注撥枉也脩務訓琴或撥刺枉橈注撥刺不正也荀子正論篇羿蠭門者天下之善射者也不能以撥弓曲矢中西周策曰弓撥矢鉤是弓枉剌謂之撥也古字撥與發通是亦發之當爲撥矣○集韻撥普活切與癹同芟艸也撥當爲癹之通借癹已見址部○木部柭棓也繫傳云詩本實先撥撥字如此此以撥爲柭之假借又列女傳引詩作本實先敗敗撥雙聲字亦可通借○檀弓哀公欲設撥注撥

可撥引輴車所謂紼也是以撥爲紼之假借紼已
見艸部茀下○史記孔子世家會于夾谷矛戟劍
撥鼓譟而至索隱曰撥音伐謂大楯也是以撥爲
伐之轉借伐卽秦風之蒙伐也集韻作瞂已見盾
部伐見人部

拾 掇也

借遂已見辵部○曲禮拾級聚足鄭注拾讀爲涉
聲之誤也是拾可爲涉之假借

擐 毌也春秋傳曰擐甲執兵

王制贏股肱注謂擐衣出其臂脛釋文擐宜音宣

依字作捋集韻捋本作揎二字皆本部所無蓋異體假借也惟士虞禮鉤袒注如今捋衣則已見於鄭注又糸部纕字云援臂也段彼注云鄭作擐許作援二聲古同耳是援可爲擐之通借援見下

摢 相摢也

方氏通雅謂漢書矯虔吏即矯摢也是虔爲摢之省借○爾雅釋宮樴謂之杙釋文杙本亦作虔杙字許書所無古木部字多有與手部相亂者或杙爲摢之異體如挻之爲梃與

援 引也

借爰已見𠬪部○女部媛美女也人所欲援也引詩邦之媛兮鄘風傳曰美女爲媛媛者引也謂人所引爲已助者也與許合韓詩正作援又爾雅釋訓注所以結好援釋文援本作媛是媛爲援之通借援媛已見前撣下○詩皇矣無然畔援漢書敘傳注作無然畔換案毛傳釋爲無是畔道無是援取則換當爲援之假借○孟子嫂溺不援淮南注作嫂溺而不拯此以義通非假音也拯亦見前

擣手椎也一曰築也

詩小弁惄焉如擣毛傳擣心疾也釋文擣本或作

擣。韓詩作疛。疒部。疛。小腹病。是疛爲正字。擣當爲假借字。擣則疛之或體也。疛从肘省。陟柳切。皓有合韻。○史記龜策傳。上有擣蓍。下有神龜。索隱曰。擣古稠字。擣蓍卽聚蓍。是擣爲稠之假借。

攣 係也。

漢書外戚李夫人傳。攣攣顧念我。注。攣讀曰戀。是攣爲戀之假借。戀心部所無。

挺 拔也。

左傳引周詩。周道挺挺。言直也。爾雅釋詁。頲直也。頲字在頁部。云狹頭頲也。是頲爲挺之假借。○曲禮鮮魚曰脡。祭。鄭注。脡直也。士虞禮。腊四脡。注。古文脡爲挺。脡字肉部所無。蓋從古文。卽借挺爲之。

攓 拔取也。南楚語。楚詞曰。朝攓批楚詞作阰之木蘭。莊子至樂篇。攓蓬而取之。司馬注。攓。拔也。是攓卽搴之或體。搴。九輦切。又音騫。與攓同。今字作搴。省也。

撢 探也。周禮撢人。掌誦王志。疏云。若撢取王之志。撢取與探取同。是探卽撢之通借。○錢謂經文下又云道國之政事。是撢亦讀爲道矣。案撢道雙聲字。抑可假借與。

挼　推也。从手委聲。一曰兩手相切摩也。附案：推，玉篇作推。大徐以捼作挼爲非。段謂阮孝緒七略云頌擱猶挼莎，正從一義，是捼當作挼，委聲當作妥聲。特牲饋食禮祝命挼祭，注云：士虞禮古文祝命佐食隋祭，周禮曰既祭則藏其隋。守祧作隋，乃墮之省。隋墮與挼讀同。下又有佐食挼妥祭，注：妥亦當爲挼，今文或改妥作綏。惠半農曰：墮音近綏，曾子問、士虞記、少牢饋食皆作綏，因綏爲挼，因墮爲隋，轉相假借，失其本義，當定作墮。說文墮字。據此則挼爲墮之假借，音義皆相近。附案：此條與肉部隋下略同，特並存之。其作羞者綏之聲轉。尤未合。至古文隓有爲昕者。亦以聲近而誤。廾有作拻者。此又因挼字形近而誤也。○錢謂此推委字。三倉。手挼也。是以挼爲委之假借。委巳見言部諉下。與此說異。存疑。

揮 奮也。借翬。巳見羽部。借徽。見巾部。○易乾卦六爻發揮。釋文。揮本作輝。是輝爲揮之通借。

捆 就也。扔 因也。捆與因音義同。是二文可通借。扔字惟老子。攘臂而扔之。仍巳見前耳部。

栝 絜也。今字作括。

借格。已見木部。借髺。見髟部。○口部𠯑塞口也。古文爲昏。易坤。括囊无咎。是以括爲𠯑之假借。○釋名曰。矢末曰括。謂與弦相會也。書太甲。往省括于度。廣韻有筈字。云箭末曰筈。此本書所無。當卽借搭字爲之。

抲 抲撝也。周書曰。盡執抲。

抲字今酒誥作拘。段謂此如許所言。苛之字止句也。後漢書郡國志。滱水。譌爲苛水。正同。則抲之爲拘。當以形近而誤。非必假借矣。○借荷。已見艸部。

擘 撝也。

借劈見刀部。借辟見辟部。○禮運燔黍捭豚。釋文。捭注作擗。又作擘。皆同。擗即擘之移手於傍者。捭當爲擘之假借。下捭字云。兩手擊也。擘豚謂手裂豚肉。裂肉必用兩手。則義亦通。捭擘聲之轉。或據廣雅焷謂之烝。以捭爲焷之假借。然古無焷字。

撝 裂也。一曰手指撝也。

曲禮爲國君削瓜者華之。注。華中裂之也。華音如花。撝古音如呵。是華即撝之假借。荼易撝謙。馬注。撝離也。周禮云華離之地。則義亦通。○後一義爲指撝。詩宛邱箋舞者所持以指麾。釋文麾本作撝。是麾爲撝之假借。又上揮字亦有指撝之義。

扐　易筮再扐而後卦。王制祭用數之仂。喪用三年之仂。注皆謂數之十一。仂與扐直同字耳。○阜部阞。地理也。攷工記輪人以其圍之阞捎其藪。注以爲三分之一。是阞爲扐之假借也。

捄　盛土於梩中也。一曰擾也。當作捊也。詩曰。捄之陾陾。今詩作陑。借球。已見玉部。借莍。見艸部茮下。借斛。見角部。○

詩谷風匍匐救之漢書谷永傳作扶服捄之又薑仲舒傳將以捄弊扶衰注捄古救字是以捄爲救之假借救已見辵部逑下又見裘部

揞 揩也借屈已見尾部借厥見厂部借闕見門部○下揞字云掘也與此互訓吳語曰狐埋之而狐揞之列子說符篇扫其谷而得其鈇扫與揞同則扫亦通掘矣又玉篇欮掘也王謂逸周書周祝解貐有蚤而不敢以撅撅與欮同是並可借也欮已見足部蹷下○土部堀突也引詩蜉蝣堀閱今本曹風作

掘閱。掘當爲堀之假借。又秦策。窮巷堀門。齊策。堀穴窮巷。堀皆譌爲掘。堀已見穴部窋下。○文選廿泉賦。洪壺掘其獨出兮。注。掘亦作崛。山部。崛。山短高也。掘當爲崛之假借。○史記貨殖傳。田農掘業。集解引徐廣曰。古拙字亦作掘。掘當爲拙之假借。拙已見火部炪下。○儀禮既夕記。掘坎南順。廣尺。輪二尺。深三尺。注。今文掘爲坅。胡墨莊曰。玉篇引埤蒼。坅。坎也。坅者掘坎之名。故下文甸人築坅坎。注云。穿坎之名。一曰坅。後人以穿坎爲坅。而坎亦謂之坅。是當從古文作掘坎。下文築坅坎者。猶言築其所掘之坎耳。案埳字土部所無。集韻。埳。子感切。與坎音近。埤蒼直云。埳。坎也。不云掘坎。埳乃坎之異體。非𢴋之假借。疑注本作今文坎爲埳。而傳寫誤與。

掩 斂也。小上曰掩。

爾雅釋器。圜弇上謂之鼒。弇當爲掩之假借。弇已見廾部。掩見弇下。○前揜字云。自關以東取曰揜。一曰覆也。掩亦有覆義。則二字本通。

抈 斷也。

晉語。其爲本也固矣。故不可抈也。韋注。抈。動也。此以捐爲扤之假借。上有扤字，云動也。案凡物多動則易折。義亦相連。

撻　鄉飲酒罰不敬，撻其背。古文爲𨓈。周書曰：遽以記之。

借達。已見辵部。又商頌撻彼殷武。釋文引韓詩：撻，達也。案毛傳：撻，疾意也。與韓異。廣雅釋詁：撻，擊也。正合撻伐之義。則本當作撻。韓乃借義耳。○儀禮既夕記：設依撻焉。注：今文撻爲銛。案銛字殊未合。彼注云：撻，弣側矢道也。疏謂所以撻矢令出。胡墨莊曰：撻，猶達也。詩載芟驛驛其達。毛傳：達，射也。正

義云苗生達也則射而出故以達為射蓋禮所謂
撻卽今之箭溜以韋若骨及金玉為之大如錢嵌
入弣側以別上下射時在弓之右矢之上矢由此
而去故名溜溜亦滑達之意今文撻為銛者廣雅
銛利也與撻疾意近金部銛讀若棪棪讀若三年
導服之導導與達一聲之轉然則銛字轉借迂迴
故鄭從古文也

捲气埶也國語曰有捲勇

∴今齊語作拳勇韋注大勇為拳詩巧言亦云無拳
無勇今人徒手能搏人者曰拳似作拳原可通如

許書所據古本作捲。則拳當爲捲之假借。拳已見卩部卷下。又見本部。○五經文字木部權字下云。从手作攉者古拳握字。段謂字書韻書皆無之。惟盧令鄭箋云。鬈讀爲攉。攉。勇壯也。又吳都賦覽將帥之攉勇。二攉字雖亦譌作權。然必五經文字所謂从手之攉也。攉當爲捲之假借。其从木之權亦見前拳下。○後別一義曰。捲。收也。卩部卷字引伸之義。爲今人所用舒卷字。論語。則可卷而懷之。卷當爲捲之省借。廣韻書眷字亦當作捲。○大部又有奰字云大皃。或曰拳勇字。讀若傿。此旁引異說爲假借之例也。巽从䀠聲。䀠亦讀若卷。見䀠部。

扺 側擊也。

前有抵字。云擠也。从氐。與此从氏異。今多混。如戰國策。扺掌而談。東京賦。扺璧於谷。楊雄解嘲。介涇陽。扺穰侯。諸扺字皆作抵。譌借也。○國策。夏無且以藥囊提荊軻。史記。薄太后以冒絮提文帝。提當爲扺之假借。提已見前。○扺借牴。見牛部。

摼 擣頭也。讀若鏗爾舍瑟而作。

論語釋文。瑟作琴。玉篇有摼字。口耕切。琴聲。引論語。摼爾舍琴而作。摼本部所無。蓋異體通借也。○

上文掔字从堅省此不省而移手於旁其音已異惟彼處借牽文選校獵賦掔象犀注掔古牽字則借義同矣○廣韻掔撞也楚辭鏗鐘搖簴注鏗撞也是鏗即掔之通借

抌 深擊也讀若告言不正曰抌

史記刺客傳左手把其袖右手揕其胸本部無揕蓋即借抌字爲之抌亦竹甚切○集韻抌多感切與抌同此異體通借字

毀 傷擊也

錢謂此毀壞字案孝經身體髮膚受之父母不敢

毀傷。孟子。毀傷其薪木。毀當爲擊之省借。

擊 攴也。

借轂。已見殳部。借𣪘。見克部。○後車部轚字云。車轄相擊也。引周禮。舟輿轚互者。此野廬氏文。齊策。車轂擊。擊可爲轚之通借。○虞書。戛擊鳴球。今文尙書擊爲隔。隔乃擊之假借。○易擊蒙。釋文。擊本作繫。繫亦擊之假借。○荀子王制篇。傴巫跛擊之事。注。擊讀爲覡。此以擊爲覡之假借。覡。覡胡狄切。

𥶆 刺也。周禮曰。𥶆魚鼈。

借𥫗。已見艸部。○魯語作矠魚鼈。韋注。矠。擉也。此以措爲簎之假借。措亦見簇下。○莊子則陽篇。冬則擉鼈於江。本部無擉字。當卽簎之異體。

拕 曳也。

論語。加朝服拕紳。拖卽拕之俗。石經作拕。本書衣部引作袘。袘裾也。蓋以袘爲拕之假借。○易終朝三褫之。釋文。鄭本褫作拕。此以拕爲褫之假借。高誘注淮南。遇盜拕其衣云。拕奪也。亦借拕爲褫。衣部褫云。奪衣也。

抴 捈也。

抴訓捈者。上捈字云。臥引也。謂橫而引之也。廣雅

曰捈舒也捈舒疊韻字○後厂部云抴也象抴引之形是厂爲抴之通借○禮檀弓負手曳杖釋文曳本作抴抴亦爲曳之通借

撅 以手有所把也把段作杷與捪同義借屈已見尾部○内則不涉不撅集韻撅揭衣也即詩淺則揭之義是撅爲揭之假借○韓詩外傳草木把葼淺未必撅也飄風興暴雨墜則撅必先矣集韻撅撥也是撅爲撥之假借○逸周書獂有蚤而不敢以撅撅即掘之義集韻撅與掘同段以撅掘義別韻書淆之爲非似泥古人假借字不盡

淺之同也○以上揮摩二字俱已見前

攠 旌旗所以指攠也（今字作麾）借龐已見㫃部旗下借撝見上○上扞字云指麾也山海經有人方扞弓射黃鼬扞亦可爲麾之通借扞麾雙聲字○史記高帝紀兵罷馘下正義云馘大旗也又淮陰侯傳居馘下集解引徐廣曰馘一作麾是馘爲麾之假借馘已見犬部獻下

捷 獵也軍獲得也春秋傳曰齊人來獻戎捷（左氏莊卅一年經人作侯）借咠已見口部借建見止部緝覆見上○詩巷伯

捷捷幡幡毛傳捷捷猶緝緝也葢承上章緝緝翩翩而言案玉篇緝續也爾雅釋詁注捷謂相接續也是義正合音亦近緝與捷可為通借○文選靈光殿賦捷獵鱗集羽獵賦則云鴻絧緁獵李善注緁獵相次貌即捷之相接續也是緁亦捷之通借○士冠禮捷柶興釋文捷本作插此以捷為插之假借插已見臼部臿下○內則注猶扱也釋文扱本作捷一本作插是捷為扱之假借扱亦見接下

𠦍部

𠦍 背呂也象脅肋形讀若乖

前四篇本有⺮部，以無通借字，故未錄。今按⺮，羊角也。象形。讀若乖。下𠂢字云：戾也。从⺮兆，兆古文別。此即今之乖剌字也。玉篇乃於𠂢下云：俗作乖。豈形近音同，遂可假借與。

說文假借義證卷二十三

嘉興張鳴珂
族曾孫　彝同校

說文假借義證卷二十四目錄

弟十二篇下

女部 文二百三十八 證五十二

婚 妻 妃 姐 威 妟 媾 姼 媦

娥 嫄 婕 嬹 改 始 媪 娋 嫼

嬀 婉 嫣 孅 嫇 嫿 孌 嬥 媞

娭 娓 如 媡 嬪 嬗 嫛 婓 嬰

嫁 娶 妍 娃 婎 媥 嫚 婁 婡

姗 嫫 孃 嬾 姘 媿 姦

毋部 文二 證一 毋見网部乚部，弅牛部，牟，林部楙下。

民部文二　證二

民　岷

丿部文四　證二又見艸部艾，辟部𡰪下，弗見不部。

厂部文二　證一

弋

乁部文二　無證

氏部文二　證二

氏　氒

氐部文四　證一

䑐

戈部文二十六　證二

肇　戚

光緒二十五年，歲在己亥，仲冬月，族曾孫蔭成重校刊。

說文假借義證卷二十四

弟十二篇下

涇朱珔學

女部

[illegible]婦家也。禮娶婦以昏時，婦人侌也，故曰婚。籒文爲[illegible]。

詩谷風「宴爾新昏」，列女傳作「讌爾新婚」，宴讌通，婚昏通。

經典多作昏。蓋嫁娶恒昏夜成禮，因以昏爲婚之省借。昏已見門部。闕下。

妻婦與已齊者也。从女从屮从又，又持事，妻職也。古文爲[illegible]，尚古文貴字。

論語以其子妻之蓋以女爲人妻則妻讀去聲猶之以女女人亦讀去聲堯典女于時是也則妻可爲娶之通借上娶字云取婦也娶已見又部取下

妃 匹也

後酉部配字云酒色也詩皇矣天立厥配毛傳配媲也釋文配本作妃正義曰妃字音亦爲配爾雅釋詁妃媲也是以配爲妃之假借○下斐字云往來斐斐也一曰醜皃文選蜀都賦娉江斐與神游注江斐神女也以此斐爲妃之假借故曹景完碑大桃斐妃作斐○太元經作嬰𢫦者郎左傳之嘉

耦曰妃。怨耦曰仇也。則嬰爲妃之異體假借矣。

㜘 蜀人謂母曰姐。淮南謂之社。讀若左。

此皆方語也。社與姐音相近。故可假借。社已見示部。○集韻。姐同姊。今俗弟呼女兄曰姐。下姊字云。女兄也。是可通借。姐謂母。又爲女兄者。北齊太子稱生母爲姊姊。宋時稱嫡母爲大姊姊。殆相承如此。○後有嫭字云。驕也。文選琴賦。或怨嫭而躊躇。嵇康幽憤詩。恃愛肆姐。姐卽嫭之省借。嫭已見心部怚下。

威 姑也。漢律曰。婦告威姑。

借艮已見由部○爾雅釋親有君姑卽威姑也古讀威如君則君可爲威之通借其音蓋脂微通眞文之例君已見又部尹下○文選西征賦登峭坂之威夷李善注引韓詩周道威夷今四牡篇作周道倭遲疑倭遲卽逶迆之假借而威夷又其轉借也逶迆已見辵部若威夷漢志作郁夷屬右扶風此地名之異非借字矣○文選南都賦望翠華兮葳蕤文賦紛葳蕤以馺遝艸部無葳字卽借威字爲之故東京賦羽蓋威蕤薛注威蕤羽貌甘泉賦昭華覆之威威注威威葳蕤也

妿女師也。杜林説加教於女也。讀若阿。

列女傳華孟姬楚昭伯嬴傳皆言保阿。阿乃妿之通借。○内則擇其諸母與可者。又喪服經注竝言可者。鄭云可者賤於諸母謂傅姆之屬。蓋可者卽阿。可爲阿之省借。亦卽妿也。

媾重婚也。易曰匪寇婚媾。

借講已見言部。○易屯釋文媾本作冓。或作構。構當爲媾之假借。冓則省借也。構亦見講下。冓見四篇部首。○貝部購云以財有所求也。漢書高帝紀乃多以金購豨將。注購設賞募也。此用本義而史

記刺客傳北購於單于索隱曰今讀購與爲燕媾同媾合也則是以購爲媾之假借矣

姼　美女也重文爲𡛖

借忯已見心部○集韻姼字又巨綺切同妓案下有姑字云小弱也一曰女輕薄善走也一曰多技藝也廣韻姑姼輕薄貌輕薄多技與今稱妓女義近是姼可爲妓之通借矣妓已見人部伎下○錢謂方言云南楚人稱母妣或作婦妣曰母姼姼或从氏則詩稱母氏之氏應作𡛖字氏其省借也

媊　甘氏星經曰太白號上公妻曰女媊尻南斗食厲

天下祭之日明星

繫傳云春秋傳楚王曰姑媔滅此借蕑字案此爲成二年鞌之戰齊侯語今傳作蕑不知小徐何據訓滅之字當作揃蕑亦假借也並見羽部

帝堯之女舜妻娥皇字也秦晉謂好曰娙娥

大荒南經娥皇大戴記五帝德作倪皇是倪當爲娥之假借娥倪聲之轉倪已見人部○廣雅釋訓娥娥容也疏證云宋玉神女賦其狀峩峩峩與娥同美容謂之峩峩德容亦謂之峩峩是峩爲娥之通借故詩棫樸釋文峩本又作娥峩已見人部俄

下。

嫄部國之女。周棄母字也。

詩生民閟宫。姜嫄。史記周本紀作姜原。集解引韓詩章句曰。姜姓。原字。原當爲嫄之省借。原已見𠫐部。

婕伃二篆並云女字也。

漢書顏注。倢伃字或从女。其音同耳。案人部倢佽也。伃婦官也。據小顏說。是倢伃亦作婕妤。可通借矣。嬩讀若余。余卽予音。則嬩又可爲伃之通借。

䢅女字也。

玉篇云妲改晉語殷辛伐有蘇氏有蘇以妲己女焉集韻已姓也商頌鄭箋云顧昆吾皆己姓已與改竝居擬切是已可爲改之通借

始 女之初也

借殆已見歺部○史記夏本紀來始滑索隱曰古文尚書作在治忽始與治音形皆相近故傳本異字○孟子梁惠王篇湯一征自葛始滕文公篇作自葛載初學記引同載本訓始故尚書載采采史記亦作始事事此以義通借也○士昏禮於是與始飯之錯注古文始爲姑此特字形相似而誤非

假借也。

嬉 媚也。

漢書張敞傳注引蘇林曰。北方人謂眉好爲詡畜。段謂說苑孔子曰。夫通達之國皆人也。以道導之則吾畜也。不以道導之則吾讎也。此取嬉媚之義。畜當爲嬉之省借。案孟子畜君字亦借嬉。別用阮說。見王部。

嫿 南楚之外謂好曰嫿。

曹子建七啟形嫿服兮揚幽若。用此處本義。嫿卽嫿之省。心部㜸不敬也。引春秋傳執玉㜸。重文爲惰。古文爲婧。漢書韋元成傳。無婧爾儀。又張敞傳贊。被輕婧之名。注。婧與惰同。是訓好之嫷省之。卽可爲惰之假借。故爾雅釋鳥。鸛鶇。注。一名嬰羿。疏云。嬰古以爲懈惰字也。○下委字云。委隨也。與詩羔羊之委蛇。可爲通借。此嫷字。方言云。美也。郭注。言娃嫷也。則亦可假借爲委隨字矣。

嬽好也。

漢書載上林賦。柔嬈嬽嬽。文選作嫚嫚。段以爲譌。但寒先韻通。亦可假借也。史記作嬛嬛。嬽與嬛形相似。又上林賦。便嬛約。亦近好義。嬛已見目部瞏。

丮部𢍉下○宋玉神女賦眉聯娟以蛾揚漢武帝悼李夫人賦美連娟以修嫮本部無娟嬽委員切即娟字也

孌順也詩曰婉兮孌兮籒文爲𡣍今齊風甫田曹風候人俱作孌本部下又出孌字云慕也廣韻作戀慕也蓋許書即借孌爲戀矣戀已見手部攣下

婉順也春秋傳曰太子痤婉見左氏襄二十六年今傳作棄生佐惡而婉太子痤美而很此誤上有嫈云婉也音義皆同嫈乃省借耳○鄭風清

揚婉兮韓詩外傳作青陽宛兮青陽爲假借字宛亦省借也宛已見宀部若玉篇引韓詩作清揚婉兮則異體矣○借婉亦見宀部宴下

嫣 長皃

詩碩人毛傳頎頎長皃頎與嫣聲相近可爲通借頎已見頁部○文選宋玉登徒子好色賦嫣然一笑注引楚辭王逸注嫣笑皃今大招作嘕口部所無則異體假借也

孅 銳細也

漢書食貨志古之治天下至孅至悉也注孅與纖

同。文選上林賦嫵媚孅弱。注孅卽纖字。又史記載子虛賦纖阿爲御。文選作孅。是孅爲纖之通借。纖已見歺部殲。手部攕下。

嫇　嬰嫇也。

段謂廣韻嫈下作嫈嫇。一切經音義引字林嫈嫇。心態也。卽本部嫈下之小心態也。九思作瑩嫇。是嫈與瑩皆嬰之通借也。○錢謂莊子大宗師攖甯也者。攖而後成者也。當卽此。則亦借字矣。

孂　竦身也。讀若詩糾糾葛屨。

段謂凡言夭矯者。當用此字。是假借也。孂居夭切。

音之轉。嬌已見矢部。○錢謂廣雅。𡟑材也。詩赳赳武夫走部赳輕勁有才力也。𥫗廣雅本脱赳字。疏證補之。是𡟑赳同訓糾。赳又音同。則𡟑可爲赳之通借矣。

[illegible]材也。詩采蘋有齊季女。毛傳齊敬也。玉篇作有齌季女。弁引此材也之訓。是以齊爲齌之假借。與毛異義。殆取諸三家詩與。

嬥直好皃。一曰嬈也。下嬈字。一曰嬥也。二篆爲轉注。是直可通借矣。○

段謂嬥之言擢也。案木部櫂字在新附。據列女傳趙津女娟歌曰。呼來擢兮行勿疑。其字从手。蓋擢爲引船。所以引船之物亦卽爲擢。或作棹者。俗體也。廣韻。嬥嬥往來皃。正行舟之義。韓詩外傳。嬥歌巴人歌也。後人多作櫂歌。櫂當爲嬥之異體假借。櫂已見木部。濯下。櫂通濯。故集韻亦云。嬥直角切。音濯。好也。○借佻。已見人部。

媞

諦也。一曰妍黠也。一曰江淮之間謂母爲媞。借提。已見手部。○衣部有禔字。云衣厚禔禔。案禔禔與媞媞義略同。玉篇廣韻竝言。禔衣服端正皃。

與爾雅媞之訓爲安合。則禔可爲媞之通借。○後一義據廣雅妻之母謂之母姼。疏證云姼與媞聲義皆同。是媞可爲姼之通借。姼已見上。

娭 戲也。一曰卑賤名也。

上林賦娭遊往來。李善注娭許其切。即今嬉字之音。是以嬉爲娭之通借。今嬉行而娭廢矣。嬉已見喜部。

娓 順也。讀若媚。

詩與易之亹亹字。大徐以爲當作娓。近惠定宇從之。是亹爲娓之假借。又毛鄭釋詩皆云勉勉。鄭注易云没没。案爾雅蠠没，即黽勉之義，則亹亹可爲勉勉之假借。而娓音若媚，勉媚亦雙聲字也。亹已見門部。○借美，已見羊部。

如 從隨也。

借而已。見九篇部首。○爾雅釋詁：如，謀也。郝謂如與茹同。釋言云：茹，度也。度亦謀也。是如可爲茹之通借。

娕 謹也。讀若謹敕數數。

史記申屠嘉傳：娖娖廉謹。娖即娕之通借。或謂一字。錢竹汀曰：數數即娖娖也。○後漢書中山王焉傳。今五國各官騎百人。稱娖。唐志則云。守捉將千人。是捉亦娖之通借。捉已見手部捉下。

嬪服也。

借賓。已見貝部。○周禮大行人。其貢嬪物。注。故書嬪作頻。案。嬪物即太宰嬪貢。謂絲枲。婦人所爲也。頻當爲嬪之假借。頻亦見賓下。又見頻部。○廣雅釋訓。繽繽紛紛。衆也。漢書王莽傳。嬪然成行。注。嬪然。多皃也。蓋糸部無繽字。即借嬪字爲之耳。

嬗𩭐也。一曰傳也。

前一義。即今人所用嬋媛字。𩭐亦當可爲媛之假

借。文見手部撣下。○後一義則孟子。唐虞禪。禪爲
嬗之假借。段謂凡禪位字當作嬗。禪非其義也。今
禪行而嬗幾廢矣。案史記秦楚之際月表號令三
嬗。漢書律[麻]志堯嬗以天下。是用本字。禪已見示
部。○文選鵩鳥賦變化而嬗。注引蘇林曰。轉續相
傳與也。史記漢書俱作嬗。是以蟺爲嬗之假借。○
揚子法言云。允哲堯儃舜之重。注。儃同禪。儃字人
部所無。當卽嬗之或體。禪則轉借也。○荀子正論
篇。堯舜擅讓。注。擅與禪同。是亦當爲嬗之轉借矣。

娑者也。沙舞也。詩曰。市也婆娑。

今陳風作婆娑爾雅正義引李巡曰婆娑盤辟舞也文選神女賦注婆娑猶嫳姍也嫳婆姍娑俱音轉亦猶般旋之義段又謂子虛賦嫳姍勃窣借用爲今之蹣跚字

姕婦人小物也詩曰屢舞姕姕

段謂今人用些字取㪋細之意即姕之異體案些字已見口部呰下與此異說○所引詩今賓筵篇作傞傞此聲與差聲相近則姕可爲傞之通借○下妓字亦云婦人小物也與此義同錢謂埤倉以妓爲美女而詩傞傞傳云舞不止則又即妓藝之

妓矣。是妓亦娶之假借。妓已見上㚸下。

嬰　頸飾也。从女賏。賏其連也。

段謂嬰與賏非一字。則解不應同。別从文選注引說文改作繞也。固通。但頸飾正繞於頸。賏烏莖切。與嬰㜲韻。是賏爲嬰之省借字矣。○內則衿嬰綦屨。釋文嬰本作纓。文選遊天台山賦方解纓絡李注。纓與嬰通。案釋名云。纓頸也。自上而繫於頸也。與頸飾義亦合。是纓可爲嬰之通借。纓又見人部假下。○西山經。羭山。祠之嬰以百珪百璧。注嬰謂陳之以環祭也。是嬰爲環繞之義。而又云。嬰即古罌字則謂所陳之器皆用珪璧據後一說罌當爲罌之假借缶部有罌字○逢盛碑擲育孩嚶此以嚶爲嬰兒字之假借口部嚶鳥鳴也集韻通作罌○借嫈借罃已見前娸下○曲禮嬰母能言釋文嬰本或作鸚此後人因爲羽屬而加鳥耳

娽 隨從也

史記平原君傳公等錄錄因人成事王邵云錄錄借字說文娽娽隨從之皃也案辵部逯字下亦借錄錄是錄與逯本可通借惟此因人成事則與隨從義尤合○集韻又云碌碌鹿鹿音義並同亦借

字也。後漢馬援傳注。陸陸猶碌碌也。石部碌字在新附。莊子漁父篇。祿祿而受變於俗。此皆以音通。無正字矣。

婩 婩嫛也。

婩嫛雙聲字。韻會作陰阿。李燾本作陰嫛。陰爲婩之假借。侵韻與覃鹽合也。陰已見雲部黔下。阿有依阿之意。則省借義亦可通。

姸 技也。一曰不省錄事。一曰難侵也。一曰惠也。一曰。安也。讀若研。

釋名云。姸研也。研精於事宜。則無蚩繆也。是研可爲姸之通借。案如劉說則與不省錄事之訓相反。硏已見石部。○方言云。自關而西秦晉之故都謂好曰姸。此正今所用姸孅字。

娃 圜深目皃。或曰吳楚之間謂好曰娃。

正字通謂前一義誤以訓眭者訓娃。案目部眭字在新附。鈕氏以眭爲睢。但玉篇廣韻皆有之。娃釋爲目圜深。似未合。疑目部本有眭。脫其篆於彼而羼其解於此。抑借娃爲眭與。方言云。娃美也。則本義矣。

婎 姿婎姿也。一曰醜也。

心部恣字云縱也今人謂纍厲曰恣睢集韻及類篇皆云姿雉自縱皃此許義也蓋本作姿雉或用恣睢爲之睢已見目部○人部倠字云仳倠醜面淮南修務訓嫫母仳倠高誘注仳倠古之醜女仳讀人得風病之痱倠讀近虺雉與倠同義是可通借矣

𡤆 輕皃

文選上林賦𡤆姺徶𧙕正用此字𡤆姺一作便娟音近假借也○又洛神賦翩若驚鴻翩當爲𡤆之通借羽部翩疾飛也與驚鴻字合翩見竹部篇下

嫚侮易也易當作傷

心部慢惰也一曰不畏也易繫辭上慢下暴漢書敘傳作上嫚下暴案易語慢嫚俱可用惟樂記慢易之心入之矣慢當爲嫚之假借而廣雅釋詁慢傷也則義亦通借耳○禮記雜記注時人倨慢釋文本亦作慢又緇衣可敬不可慢表記注不褻慢也釋文竝云慢本作優案數慢字宜作嫚轉借作優優人部所無則異體也○詩蕩傳滔漫也釋文漫本作嫚漫亦異體已見巾部幕下

婁空也从母从中女婁空之意也一曰婁務愚也籀

說文假借義證卷…

文爲□古文爲□

借婁已見宀部借僂見人部○案論語屢空字即此詩角弓式居婁驕荀子非相篇作屢驕楊倞注屢讀爲婁婁斂也與鄭箋合尸部無屢字凡訓爲頻數者皆婁之假借○唐風弗曳弗婁玉篇引作弗曳弗摟手部摟亦訓曳是婁當爲摟之省借○广部廔下有麗廔字段謂此言窗牖之多孔也與人日離婁正相通皆取其明也則婁當爲廔之省借○左氏僖卅三年傳取瞢婁穀梁作瞢樓婁即樓之省樓亦見木部摟見樓下○漢婁敬賜姓爲

劉。而史漢敬傳俱云。婁者。劉也。新序善謀篇亦同。是婁本爲劉之通借矣。劉已見肉部膢。刀部劉下。○後一義。婁務爲愚。據廣雅釋詁。怐愗愚也。疏證謂婁務乃怐愗之轉。怐當作佝。已見人部。愗卽瞀之或體。見目部。

𡟭得志𡟭𡟭也。一曰𡟭息也。一曰少气也。

上𡟭字云。𡟭也。玉篇廣韻皆云。喜也。𡟭既訓喜。許列切之音亦近。當可通借。○首義。篇韻並云。邸協切。是與心部㥦。快也音義皆同。亦通借字也。㥦卽今之愜字。但移心於傍耳。

[illegible] 誹也。一曰翼便也。

漢書諸侯王表。秦自任私智。姍笑三代。顏注。姍古訕字。言部。訕。謗也。謗卽誹。是姍爲訕之通借。訕已見辵部還下。○又外戚傳。偏何姍姍其來遲。殆卽廣雅釋詁。姍。好也之義。案宋玉神女賦。動霧縠以徐步兮。拂墀聲之珊珊。前嬖字下所引嬖姍。字史記司馬相如傳作嬖珊。疑珊可爲姍之通借。○緊傳本有一曰女臭也五字。錢謂姍又與孱音義相近。故曰女臭。是亦假借字矣。

[illegible] 嫫母。古帝妃。都醜也。

漢書古今人表悔母黃帝妃四子講德論作嫫姆悔蓋嫫之異體姆母通都玉篇作鄙鄙亦可通

孃煩擾也一曰肥大也

後人用攘擾字爲孃擾攘義正相反賈誼傳作搶攘楚詞作恇攘皆假借也古則用孃今攘行而孃廢矣攘已見手部○後一義與腹字音義皆同今方言云䑋盛也郭注肥䑋多肉孃爲䑋之假借䑋已見肉部○孃又爲母偁古樂府不聞耶孃喚女聲用本字案廣韻孃女良切母稱也娘亦女良切少女之號今偁母亦曰娘本部無娘字則異體假借

也。

𥂖過差也。論語曰。小人窮斯𥂖矣。今論語作濫。又樂記。狄成滌濫之音作。注。濫僭差也。商頌。不僭不濫。左傳。刑濫則懼及善人。諸濫字皆當爲𥂖之假借。濫已見手部擥下。

姘除也。漢律。齊民與妻婢姦曰姘。

尸部屛。蔽也。詩。皇矣。作之屛之。其菑其翳。論語。屛四惡。屛皆謂除。則屛當爲姘之假借。又大學。迸諸四夷。釋文引皇云。迸。猶屛也。即王制之屛諸遠方。辵部迸字在新附。亦姘之轉借矣。○从部并。相從也。一曰。从持二干爲幷。莊子天運篇至貴。國爵幷焉。注。幷棄除也。是以幷爲姘之省借。後一義姘亦取幷合之意。幷已見木部栟下。

媿慙也。重文爲愧。

莊子駢拇篇。余愧乎道德。在宥篇。其無愧而不知恥也。釋文竝云。愧。崔本作䰎。此蓋以媿字或从恥省。故从心易爲从耳。遂有此異體。借醜。已見鬼部。

○荀子儒效篇。眾人媿之。注。媿或爲貴。蓋謂人所媿不及者。故貴之也。義相反而相成。媿貴音近。

姦私也。古文爲𢙃。

上奸字云犯婬也奸與姦異但既云犯婬則奸亦可作姦段以爲失之太泥又凡有所犯者皆爲奸與干通已見干部

民部

民 衆萌也从古文之象古文爲𠬝下㞢字云民也讀若旨

廣雅釋言民氓也與此爲轉注民既訓萌漢楊震碑凡百黎萌萌卽氓也是民氓皆與萌通惟依萌之本義則爲假借字萌已見艸部又見心部𢝊下

○田部毗民田也史記陳涉世家毗隸之人集解

引徐廣曰田民曰甿葢甿旣爲民田卽以甿爲民
矣甿與氓俱从亡故音義同周禮俱作甿而耒部
𦓤下引興𦓤利萌漢書霍去病傳及厥眾萌注萌
字與甿同是竝可通借也○楚語若民煩可教訓
蠻夷戎狄其不賓也久矣中國所不能用也韋注
煩亂也王懷祖曰民讀爲泯泯煩皆亂也昏亂之
人故不可教訓玉篇泯彌忍彌賓二切滅也又泯
泯亂也是泯與民同音康誥天惟與我民彝大泯
亂泯亦亂也呂刑民興胥漸泯泯棼棼逸周書祭
公篇女無泯泯芬芬厚顏忍醜孔晁注泯芬亂也

泯㤈與民頫聲近而義同。哀公問寡人惷愚眞頫。眞頫與民頫聲義亦相近。故賈子大政篇夫民之爲言也眞也。萌之爲言也盲也。孝經援神契亦曰。民者。眞也。此葢以民爲泯之假借。○後系部緜字云。聯㣪也。詩常武緜緜翼翼。又縣𦪺。緜緜其麃。釋文竝云。韓詩作民民。是以民爲緜之假借。眞先韻通也。○𠭁借藐。已見艸部。

厂部　厂。余制切。

𢍰 𢍰也。象折木衺銳者形。厂象物挂之也。

隸變作弋。木部𢍰下云。弋也。與此互訓。是可通借。

檿弋亦音之轉。檿已見厂部厭下。○小徐云。爾雅。檿謂之杙。今釋宮文檿作樴。樴已見木部。亦曰弋也。是樴爲弋之通借。壘韻字也。樴又見歺部殖下。○又木部杙云。劉。劉杙。見爾雅釋木。今以之訓檿。是杙爲弋之假借矣。○隹部雉云。繳射飛鳥也。今經傳多作弋。弋當爲雉之省借。弋行而雉廢矣。○女部妣。婦官也。廣韻云。漢有鉤妣夫人。漢書作弋。是弋亦妣之省借。○夏后氏姒姓。左氏襄四年經。夫人姒氏薨。公羊作弋氏。卽鄘風之美孟弋也。是弋爲姒之假借。姒从以。以弋一聲之轉。已見人部似下○漢書文帝紀贊身衣弋綈注弋黑色也疑弋爲黓之假借黓已見黑部黓本从黑又引詩羔裘羔裘亦黑色弋黓曡韻○爾雅釋草萇楚銚芅艸部無芅字

氏部

氏　巴蜀名山岸脅之𠂤旁箸欲落嶞者曰氏氏崩聲聞數百里楊雄賦響若氏隤

所引賦乃雄解嘲文文選作坻隤注引韋昭曰坻音是即吳都賦之坻頹也漢書作阺隤小顔注阺音氏案𠂤部云秦謂陵阪曰阺𠂤傍之字每亦从

土。則阺坻與氏音義皆同。可爲通借。今人但以氏爲姓氏字。而氏之本義罕知者。○氏是互借。已見是部。又禹貢西頃因桓是來。鄭注。桓是隴阪名。其道般桓旋曲而上。故曰桓是。今其下民謂阪爲是。謂曲爲桓也。此亦以是爲氏之假借矣。○楊君石門頌建定帝位。以漢詆焉。氏作詆。假借字也。言部詆苛也。一曰訶也。都禮切。帋紙韻可通。故砥抵字皆入紙韻。阺亦或从氏聲。○後漢書光武紀馮異與赤眉戰於崤底。注。底阪也。底當爲氏之假借。案淮南原道訓非謂其底滯而不發。注。底讀曰紙。是

與氏𣪠韻也底已見厂部底下

𠂆木本也从氏丅本大於末也讀若厥

段謂𠂆古多用橜字爲之列子吾處也若橜株駒

株駒木根也般敬順曰橜說文作𣐧玉篇亦作𣐧

隸變也橜當爲𠂆之假借橜已見前弋下廣韻則

以𠂆爲古文厥字亦通借也厥見厂部

氏部

氐至也从氏下箸一一地也

小徐本於至也下有本也二字是與柢義通矣借

柢已見木部○廣雅釋詁抵至也史記秦始皇紀

抵九原。正義同。以後諸篇屢見。是以抵爲氐之假借。若史記平準書。天下大抵無慮皆鑄金錢矣。索隱引劉氏曰。大抵猶大略也。漢書大抵字多作氐。則氐轉爲抵之省借矣。抵亦見柢下。○厂部底與砥同。兼有至義。則亦可爲氐之通借。已見九篇。○詩小雅。維周之氐。箋云。氐當作桎。言尹氏作太師之官。爲周之桎鎋也。案木部桎。足械也。詩正義引作車鎋也。孫說。惟孝經鉤命決曰。孝道者。萬世之桎鎋也。乃二字所本。桎與氐義迥別。如鄭說。則氐爲桎之假借。疑桎从至。卽氐之訓至。桎音質。集韻又展几切音亦近也○史記匈奴傳單于有所愛閼氏索隱曰閼氏舊音曷氏下引習鑿齒與燕王書云匈奴名妻作閼氏今可音烟支又韓王信傳厚遺閼氏正義曰閼音於連反又音燕氏音支據此則閼氏之氏本不爲承紙切則當作氏從玉篇之丁兮切矣燕支乃閼氏之假借也亦見烏部焉下○又匈奴傳云東胡彊而月氏盛後云西接月氏氐羌案詩殷武自彼氐羌箋云氐羌夷狄國在西方者也月氏正在西自是氐羌之一種氏當作氐改後漢書竇融傳注小月氐西胡國名也史記

正義於月氏下音支漢書小顏注同則支可爲氏之通借支已見支部○漢書食貨志封君皆氐首仰給焉注氐首猶俯首也案氐首卽低首人部無低字蓋借氐字爲之

戈部

肈

許氏以避和帝諱未釋其義今攴部別有肇字云擊也此卽肈之俗體蓋後人攙入者○戶部肁始開也始之義當作肁爾雅釋詁肇始也肇當爲肁之假借肈行而肁廢矣○書肇十有二州大傳作

兆鄭注兆域也爲營域以祭十二州之分星也詩后稷肇祀表記作兆祀鄭注兆四郊之祭處也又肇域彼四海箋云肇當作兆是皆以肇爲兆之假借若土部垗字云畔也爲四畔畍祭其中引周禮作兆又孝經卜其宅兆亦作垗是垗卽兆故許書不别出兆篆兆之借肇正垗之假肇也兆已見八部兆下○爾雅釋言肇敏也郝謂肇之言猶趙也穆天子傳天子北征趙行郭注趙猶超騰也超騰與敏疾義近此以肇爲趙之假借矣趙已見走部敏見攴部

戎 兵也。甲古文甲字。

隸變作戎。爾雅釋言。戎，相也。釋文。戎本或作㦰。㦰，手部所無。則異體也。又釋畜。絶有力，駥。釋文。駥本作戎。郝讀釋詁。戎，大也。馬高大而有力，故被斯名。作戎是也。其作駥者，馬部無之。當爲後人加馬耳。○集韻。戎音仍。與扔通。古今人表有扔君。或作㦰。亦省作戎。手部扔，因也。此不定誰借。○段謂戎有讀若汝者。常武之詩是也。又有讀若縣者。常棣之詩是也。案鄭箋於民勞崧高烝民韓奕江漢等篇，戎字皆云猶女也。猶之云者，特以戎汝爲雙聲字

而通之非必假借也至常棣烝也無戎劉原父七經小傳戎當作戍戍亦禦也乃與務叶段謂劉未知務之古音阜耳案蘇字人九切故可與阜叶矣

下闕

說文假借義證卷二十四

嘉興張鳴珂
族曾孫彝 同校

說文假借義證卷二十五目錄

弟十三篇上

糸部 文二百四十九 證七十二

纅 繹 純 綃 絓 織 繈 絕 續

縊 縱 紓 縎 縛 綈 緊 緵 絇

給 緀 綠 縹 絀 綪 緹 紅 綥

繞 緉 繻 纚 紞 緄 繟 纂 綸

纍 緜 縳 緐 綫 縺 組 纂 縭

緊 絭 緎 縢 維 紱 緣 紛 紂

纇 紉 紲 縭 緍 紙 繫 纑 絺

絟 紵 緆 繆 縕 紼 絘 緱 彝

素部　文六　證二

素 繛

絲部　文三　無證

率部　文一　證一

率

虫部　文百五十三　證五十三

虫 螣 蠁 螾 螝 雖 蚖 蟣 畫

蠆 蜀 蠲 蠖 蝝 螻 蛾 螘 蠜

螢 蠶 蛸 蚔 蠿 蟰 蚩 蟠 蛜

蜙 螇 蚸 蜻 蟟 蜡 蟊 螭

蝓 蠦 蠇 蜎 蟺 蚨 蜥 蜮 蚞

蜩 蠗 蚼 蛩 蠻 閩 虹 蠥

光緒二十五年歲在己亥仲冬月族曾孫蔭成重校刊

說文假借義證卷二十五

第十三篇上　涇朱珔學

糸部

繅　繹繭爲絲也。

爾雅釋草注。繅者。以取繭緒。釋文。繅本亦作繰。此以繰爲繅之假借。後繰字云。帛如紺色。或曰深繒。與繅異義而音近。繰已見水部澡下。○詩瞻卬傳。世婦之吉者使繅。釋文。繅本亦作繆。同。亦見爾雅注。後繆字云。旌旗之游所屬也。繅繆音轉。故以繆爲繅之假借。

繹 抽絲也。

借繹。已見采部。借斁。見攴部。借嶧。見山部。○詩常武徐方繹騷箋云繹當作驛。又駉篇以車繹繹釋文。繹本作驛。此以繹爲驛之假借。驛已見馬部。○書高宗肜日傳殷曰肜周曰繹。與爾雅釋天同。釋文竝云。繹本作襗。此以襗爲繹之假借。襗已見衣部。○又爾雅釋文。繹本作襗。字書爲繹繹二字。案襗繹皆別體。繹則形似而誤。○左傳宣十年伐邾取繹。公羊作取蘱。此地名不定誰借。然傳紀邾文公卜遷於繹。則邑名當爲繹。

純　絲也。論語曰。今也純儉。

借屯。已見屮部。借全。見斗部牷下。借諄。見言部。借敦。見攴部。借肫。見肉部。○借沌。附敎下。湻與醇通。見水部。漢書食貨志。自天子不能具醇駟。史記平準書索隱曰。醇與純同。是醇亦純之通借。故班固云。不變曰醇。不襍曰粹。徂覩說易。則訓不襍曰純。不變曰粹。其意一也。○禮記玉藻。大夫佩水蒼玉而純組綬。注。純當爲緇。周禮媒氏。入幣純帛。注。純實緇字也。注又云。古文緇字或作糸旁才。詩行露傳。紂帛不過五兩。丰箋。紂衣纁袡。釋文竝云。紂本作純。案純爲緇之假借。乃脂微通眞文之例。本部緇下無紂之重文。則不必以純爲紂之誤矣。惟王伯申謂純當爲黗之假借。黗从黑。即緇色也。純黗竝从屯聲。故可通。黗已見黑部。○士昏禮注。古文純爲鈞。此鄭所不從。周禮司几筵設莞筵紛純。司農注云。純讀爲均服之均。正義曰。均即準音與純同。蓋以純爲均之假借。但下又云。純緣也。則均擬其音。非易其字。鈞均已見勹部旬下。均別見衣部袗。水部洵下。○純之訓緣。於周禮注外。亦見士冠禮。青絇繶純。鄉飲酒禮。蒲筵緇布純。鄉射禮。蒲緇布純公食大夫禮緇布純及公羊定八年傳龜青純諸注本部下緣字云衣純也此眞先韻通當即以純爲緣之音近假借耳○禮記緇衣事純而祭祀是爲不敬注純猶皆也又云純或爲煩案純訓皆所解似迂迴疑當作煩即下文事煩則亂祭義所謂數則煩煩則不敬也眞元韻本通則亦可假借矣煩已見頁部

綃生絲也

借宵已見宀部借霄見雨部○詩唐風素衣朱繡箋云繡當爲綃郊特牲繡黼丹朱中衣注繡讀爲

綃此以繡爲綃之假借。綃繡雙聲字。○禮記檀弓縿幕魯也。注縿讀爲綃。案縿字不得爲幕故以縿爲綃之假借。縿綃亦音轉。縿已見前緥下。釋文綃又作緋。此或體耳。

絓　繭滓絓頭也。一曰以囊絮湅也。

案絓字引申爲挂礙之稱。故左氏桓三年成二年傳皆云。驂絓而止。漢書敘傳不絓聖人之罔。注絓讀與挂同。釋名亦曰。絓挂也。挂于枝嵩振舉也。是絓爲挂之通借。挂已見卜部卦下。○釋名又曰。賁繭曰莫。莫幕也。貧者著衣可以幕絡絮也。又謂之絓江艮庭曰此所云薾滓絓頭似卽賚薾曰萛所云以龔絮湅卽以幕絮絡也然則絓與萛亦可通借絓胡卦切與莫音近莫已見茻部○集韻有罫字通作絓文選射雉賦屬剛罫以潛擬注罫挂同是网部所無當卽可假借爲之

織作布帛之總名也

借識已見言部○下紱字云樂浪挈令織从式蓋漢幽州樂浪郡挈於板之令其織字如此作也與錄漢令之鬲作曆正相類則織紱本一字以其形別分箸之非假借矣

繦 觕纇也

漢書孟康注繦錢貫也此引申之義段謂又引申爲繦緥呂覽明理篇道多繦緥高注緥小兒被也繦褸格上繩也又直諫篇繦緥注亦曰繦褸格繩褓即縷格即絡織縷爲絡以負之案衣部有襁字段謂後人所增因其不與籀篆爲類也此說當是則繦緥之繦蓋即借觕纇之繦爲之高注固可據也

絕 斷絲也古文爲𢇍象不連體絕二絲

下繼字云續也从糸㡭一曰反㡭爲繼莊子至樂

篇得水則爲斷釋文司馬本作繼段本作㡭云从糸㡭者以糸聯其絕也亦通○海内東經濟水絕鉅鹿澤注絕猶截渡也則截可爲絕之假借

續連也古文爲賡

段謂賡字从庚貝會意言貝更迭相聯屬也唐韻以下皆作形聲字殊非案詩大東西有長庚毛傳庚續也此正庚與賡同有續義也故古文續字取以會意自俗作古行切今遂入庚韻而賡之音續不可復識矣○穀梁成五年傳伯宗其無績乎釋文績本或作續續績形相似續似足切與績亦音

近。故可通借。○史記扁鵲倉公傳。刑者不可復續。集解引徐廣曰。續一作贖。贖當爲續之假借。但作續義亦通也。○周禮巾車。歲時更續。注。故書更續爲受讀。受以形似而誤。讀當爲續之假借。○禮記深衣。續衽鉤邊。注。續猶屬也。或爲裕。棻裕爲衽之寬裕。義亦通。裕从谷聲。谷與續同韻。或可假借與。

綎　綬也。讀與聽同。重文爲綎。

錢謂詩。附假無嬴。嬴。箋云。嬴。綬也。應此字。是以嬴爲綎之假借。嬴。巳見女部嬴下。

紓　緩也。一曰舍也。

借從。已見从部。○漢書蕭何傳。發縱指示獸處者。人也。顏注以爲非蹤跡之蹤。然如漢石門頌。君其繼縱。夏承碑。紹縱先軌。郭仲奇碑。有山甫之縱。餘似此者不悉數。蓋足部無蹤。或卽可借縱字爲之。然車部有蹤字。云車迹也。段謂蹤古字祇作從。詩羔羊傳。委蛇委蛇。行可從迹也。君子偕老傳。委委行可委曲從迹也。案詩釋文。從本亦作蹤。漢書張湯傳。從迹安起。史記作蹤。蹤者從之變。又變而爲踪。則不如用許書之蹤字矣。

紓 緩也。○手部。抒。挹也。左氏文六年傳。有此四德者。

難必抒矢服虔本作紓云緩也此以抒爲紓之假借

繒帛也籒文爲綷从宰省楊雄以爲漢律祠宗廟丹書告也

借橧已見八部曾下借矰見矢部借鄫見邑部○禮運瘞繒宣祝嘏辭說注繒或作贈釋文繒本又作增贈增皆當爲繒之假借案禮運疏云繒之言贈也家語引禮運注繒謂若增封泰山則義亦通○楊雄甘泉賦上天之縡段謂卽郊祀丹書告神者此以从宰不省者也案許引楊說或卽指此但

本屬宗廟。移之郊祀。已爲借義。且云上天之縡。似不辭。疑雄賦蓋用詩上天之載語。而借縡爲載。宰與載疊韻字也。故漢書注。縡事也。讀與載同。

縳白鮮色也。色當作卮。鮮卮即鮮支也。周禮內司服。白縳紗。釋文。縳本作絹。李登聲類遂以縳爲今正絹字。案下絹字云。繒如麥稍色。與此各物。而音相近。或絹可爲縳之假借耳。絹已見网部羂下。○周禮羽人。十摶爲縳。左傳縳一如瑱。段謂此皆卷縳之義。非字之本義。案上縛字云。束也。縛與縳音隔。疑以形似而誤。

綈　厚繒也

史記范睢傳取綈袍賜之索隱曰綈乃今之絁段謂非也絁即許之纏字案下纏字云粗緒也廣韻纏俗作絁粗緒蓋亦繒名史記正義曰綈今之麤袍是綈與纏義合綈杜兮切纏式支切音又近則纏可爲綈之假借

綮　緻繒也一曰微幟信也有齒

木部棨字云傳信也漢書匈奴傳棨戟十顏注棨戟有衣之戟也以赤黑繒爲之用繒故亦从糸是以棨爲綮之通借

縵 繒無文也。漢律曰。賜衣者縵表白裏。

周禮磬師。教縵樂燕樂之鐘磬。注。杜子春讀縵爲怠慢之慢。是以縵爲慢之假借。○書大傳。禮縵縵兮。注。縵縵。教化廣遠也。案廣遠之義。當是以縵爲漫之假借。

絢 詩云。素以爲絢兮。

唐元度九經字樣。絇絢同字。云上。說文。从旬聲。下。經典相承隸省。此處不作絇。則唐氏誤也。聘禮記。絢組。注。今文絢作約。玉篇。約同上。絢。集韻。絇同絢。而許書皆不以爲重文。則是或體耳。

繪　會五采繡也。虞書曰。山龍華蟲作繪。論語曰。繪事後素。

前繢字云。織餘也。黃氏韻會補一曰畫也。四字。繢畫雙聲。段謂古者繢訓畫。繪訓繡。二事不分。統爲設色之工。案攷工記。畫繢之事。雜五采。是畫當屬繢。論語釋文。繪本又作繢。周禮司服注引書亦作繢。讀續漢書輿服志同。繪當爲繢之通借。○又此所引書。今皋陶謨繪作會。鄭注會讀爲繪。正與許合。會蓋繪之省借。會已見會部。

緀　帛文皃。詩曰。緀兮斐兮。成是貝錦。

今巷伯篇緀本作萋毛傳萋斐文章相錯也艸部萋艸盛也是萋當爲緀之假借萋已見水部淒下

綠帛青黃色也

借菉已見艸部○漢書古今人表綠圖荀子大略篇注引新序作錄圖此人名不定誰借又性惡篇文王之錄注錄與綠同錄亦見菉下○左氏成九年傳釋文綠衣本作褖褖當爲綠之假借若詩邶風綠兮衣兮箋云綠當爲褖字之誤也此蓋形似而異案褖字衣部所無周禮內司服注綠衣實則褖衣綠褖音近可借○喪大記君大夫鬊爪實於

綠中注。綠當爲角。角聲之誤也。正義云。綠卽棓角也。綠與角聲相近。是以綠爲角之假借。注又曰。綠或爲篗。此轉借字。亦音轉也。又曰。定本經中綠字皆作琢。琢又角之假借。壘韻字也。○爾雅釋畜注引穆天子傳。天子之駿。盜驪綠耳。釋文本或作騄駬。二字竝馬部所無。乃異體耳。

縹 帛青白色也。

段謂縹。禮記正義謂之碧。侯考何篇。案石部碧云。石之青美者。漢書司馬相如傳錫碧金銀。注碧謂玉之青白色者也。是色與縹同。縹碧亦雙聲字。故可通

借○釋名云縹猶漂漂淺青色也是漂可爲縹之通借漂已見水部瀲下

絳也

借詘已見言部借黜見詘下借屈見尾部又錢謂屈翟字如此此是亦絀之通屈也○段謂絀之本義已廢不行韻會絳作縫非案玉篇絀紩也史記趙世家却冠秫絀注引徐廣曰戰國策作秫縫亦縫紩之別名古字多假借故作秫絀耳此蓋言女工箴縷之麤拙也據此當以絀爲紩之假借音相近非借縫矣

䋜 赤繒也。以茜染，故謂之䋜。

左傳之䋜茷已見艸部茷下。禮雜記注作䝼旆。䝼卽茜也。是䝼茜皆與䋜通用。○後䋜字云：紡未縈繩。一曰急弦之聲。士喪禮陳襲事於房中西領南上不䋜注：䋜讀爲䋜。䋜，屈也。江沔之閒謂縈收繩索爲䋜。此以䋜爲䋜之假借。案䋜从青聲，䋜从爭聲。爭青韻通，青䝼則雙聲字也。

緹 帛丹黃色也。重文爲衹。

周禮酒正之緹齊，禮運作醍酒。醍字酉部所無，蓋異體假借也。○段謂古氏是通用，故是聲亦从氏聲。此與衣部衹裯之衹訓短衣者迥別。詩衹攪我心。亦衹以異。左傳衹見疏也。凡訓適之字皆从衣氏。張參五經文字衣部曰。衹正移切。適也。玉篇廣韻同。至集韻類篇始从示。誤也。今則改用只。讀如質矣。若史記韓安國傳禔取辱耳。乃用衹之同音字。案此與示部祇下義互異。兩存之。

紅　帛赤白色。

借工。已見工部。借紅。見米部。○史記孝文本紀。服大紅十五日。小紅十四日。索隱引劉德曰。紅。功也。漢書景帝紀顏注亦紅讀曰功。是以紅爲功之假

借功亦見工下○又漢書外戚恩澤侯表孝平二

十二人有紅侯顏注紅當爲絳此以紅爲絳之假

借劉氏攷則曰今有紅縣音降紅亦有降音○漢

周憬功勳銘自瀑亭至乎曲紅綏民校尉熊君碑

詔書除補曲紅長曲江皆作曲紅是以紅爲江之

假借字俱从工聲也

繐帛蒼艾色詩曰縞衣繐巾未嫁女所服一曰不借

綼重文爲綦

大徐補新修字義以綦爲綼之重文今鄭風正作

綦玉篇則作綨或引說文作繐誤也○借璂已見

玉部。借騏。見馬部。○荀子王霸篇。是綦定也。注。綦當爲基。是以綦爲基之假借。○張公神道碑。運置綦陽。綦水湯湯。揚清波。此以綦爲淇之假借。○段謂不借亦作薄借。薄音博。釋名作搏腊。皆音近假借字也。

纔帛雀頭色。一曰。微黑色如紺。纔。淺也。讀若讒。

錢竹汀云。此卽紺緅字也。段亦謂今經典緅字許無之。纔卽緅也。攷工記。三入爲纁。五入爲緅。緅今禮俗文作爵。言如爵頭色也。士冠禮。爵弁服。注。爵弁者。冕之次。其色赤而微黑。如爵頭然。或謂之緅。

依鄭則爵緅纔三字一也三字雙聲是緅爵皆可爲纔之假借○今多借爲語辭江氏沅曰纔用爲才字乃淺義之引伸案纔淺本於雙聲求之纔才音轉亦假借也又借財借裁借材已見木部材下

䋤帛騅色也詩曰毳衣如䋤

今王風作菼毛傳菼騅也蘆之初生者也段謂艸部云菿者萑之初生一曰騅帛色如菿故謂之騅色謂之䋤也取其與菿同音也據此知菼乃菿之省菿爲䋤之假借但引詩當作菿若既作䋤何云如也俗或作毯非

繻繒采色讀若易繻有衣衣下當脫袽字後粲彖下亦引易需有衣粲需蓋繻之省借○易旣濟注繻宜曰濡此以繻爲濡之假借○借襦已見衣部又周禮羅氏作羅襦司農注襦讀爲繻有衣袽之繻則襦轉爲繻之假借矣○左氏隱二年傳有紀裂繻漢書終軍傳關吏予軍繻注引張晏曰繻符也書帛裂而分之若券契桼裂帛之字當作㡏巾部㡏下云繒耑裂也是繻爲㡏之假借若公穀二傳作履緰後緰下云緰貲布也乃緆布之尤精者則緰亦㡏之轉借矣○左氏桓六年傳申

繻。管子大匡篇作申俞此人名相傳各異不定誰爲借字。

纚冠織也。謂以緇帛韜髮。

續漢書輿服志法冠高五寸。以纚爲展筩。注。纚今之縰。內則櫛縰笄總。注。縰韜髮者也。文選高唐賦縰縰莘莘。注。衆多之貌。縰與纚同。案本部無縰。即纚字。是可通借矣。○詩采菽紼纚維之。爾雅釋水引作紼縭。文選注引韓詩。纚。繫也。爾雅釋言注亦云。縭者繫也。是纚又與縭通借也。○笄纚已見隹部雜下。

紞冕冠塞耳者。

大徐以俗別作髧爲非。案詩柏舟髧彼兩髦。釋文。髧本作优。优疑紞之誤。髟部無髧。當卽借紞字爲之。紞乃懸瑱之繩。瑱塞耳之玉也。此與髦之垂耳正相合。○大戴禮䪥紞塞耳。東京賦薛注言以黃綿縣冠兩邊。當耳。段極辨之。謂士喪禮瑱用白纊。無生前以纊充耳之理。則大戴紞字當爲紞之形似而誤。後纊下云絮也。重文爲紞。故亦作纊耳。○士喪禮衾赬裏無紞。鄭注。紞被識也。錢竹汀曰。卽今被之當頭當紞雙聲。是假借字矣。

緄織帶也。

借昆。已見日部。借混。見昆下。借衮。見衣部。○後漢書。遺單于佩刀緄帶。東觀漢記。賜鄧遵金剛緄帶。錢謂此卽國策之師比帶也。史記作胥紕。案師胥音近假借。緄紕形近。紕乃緄之省。非假音也。比又紕之省借耳。比已見比部。

繟帶緩也。

段謂繟之言繎也。案前繎字云。偏緩也。與此音義皆同。可爲通借。又巾部幝云。車弊皃。引小雅檀車幝幝。釋文。韓詩作繎繎。是幝與繎通借。卽與繟通借矣。○集韻。緷音鏈。緷聯不絕皃。又音亶。通作嬗。是緷可爲嬗之假借。嬗已見女部。

纂 似組而赤。

前纘字云。繼也。豳風載纘武功。爾雅釋詁則曰纂。繼也。漢書敘傳。纂堯之緒。此以纂爲纘之假借。○潘岳笙賦。歌棗下之纂纂。注引古咄唶歌。棗下何攢攢。纂當爲攢之假借。○段謂近人用纂爲撰集之偁。蓋亦假借字也。

綸 青絲綬也。

本書綸字古還切。本屬刪韻。今兼入眞韻。音異字同○借論已見言部借倫見人部○文選西征賦徒觀其鼓枻迴輪注輪或爲綸輪當爲綸之假借輪亦見倫下○詩召南維絲伊緡毛傳緡綸也卽小雅言綸之繩綸當爲緡之假借○古今人表鄭成公綸師古曰左傳作睔當以傳爲正

襮頸連也

衣部襮字云黼領也引詩唐風素衣朱襮玉篇以爲暴㬥與襮同字是可通借矣

緥小兒衣也

緥褓字已見緥下集韻褓字从衣者非○借保已

見人部。○史記魯世家。成王少。在強葆之中。強乃繦之省借。葆則緥之假借也。又趙世家。衣以衣葆。借同。葆已見艸部。亦見保下。○漢書宣帝紀。曾孫雖在襁緥。師古曰。卽今小兒繃緥。緥音轉則亦可假借也。

縛 薉貉中。女子無絝。以帛爲脛空。用絮補核。名曰縛衣。狀如襜褕。

案縛字不見他處。惟急就篇。襌衣蔽膝布毋縛。是縛衣亦曰毋縛也。○荀子不苟篇。恭敬縛絀以畏事人。楊注。縛與撙同。絀與黜同。謂自撙節貶損也。

是縛爲擣之假借。擣已見人部傳下。

絛扁緒也。

廣雅作編緒。漢書及賈誼新書作偏諸。是扁字當爲編與偏之省借。緒乃諸之譌。○借絛。已見木部。○類篇。絛或从舀作縚。錢云。卽今所謂縚也。縚與縚皆絛之假借。縚已見韋部。縚見韜下。○又廣韻。帢同絛。綸絲繩也。案晉書音義中帢。綸幘也。似與絛異物。亦假借字耳。帢未見巾部。

綫縷也。古文爲線。

攷工記鮑人。察其線。注。故書線或作綜。杜子春云。

綜當爲糸旁泉。讀爲綫。謂縫革之縷。案綜乃字之誤。綫則線之異體通借。綫本部所無。鄭引杜說。是彼時已有綫字。許不用耳。

緁 緶衣也。重文爲𦂴。

借捷。已見手部。○衣部䙝緶也。喪服傳斬者何。不緝也。齊者何。緝也。段謂齊卽䙝。緝卽緁。假借字也。案玉篇云。緁縫也。亦作緝。是二字通。緝亦見捷下。

𥿮 補縫也。

案从衣之袒已見人部但下。此从糸。言以鍼補之曰𥿮。二者音同而義相因也。惟但下既云袒卽綻段謂綻字古亦作組，則組又通綻矣。故古豔歌行「故衣誰當補，新衣誰當綻」，正以綻爲縫之義。

纍　綴得理也。一曰大索也。

樂記「纍纍乎端如貫珠」，正合綴得理之義。周南「葛藟纍之」，小雅「甘瓠纍之」，亦與綴訓可通，而釋文兩言纍本作虆。虆已見木部欙下。○人部「儽，垂皃。一曰嬾懈」。樂記之纍纍，依首義，儽可爲纍之通借。○儽即傫字。廣雅「傫傫，疲也」，此後一義也。史記孔子世家「纍纍若喪家之狗」，纍當爲儽之省借。若韓詩外傳「羸乎若喪家之物」，則以羸爲儽之假借矣。羸已見羊部。○又人部儡，相敗也。讀若雷。老子云儽儽兮其不足以無所歸。釋文儽一本作儡，敗也。欺也。是以儽爲儡之假借。若文選西征賦寡位儡其降替。寡婦賦容貌儡以憔悴。注引禮記喪容儡儡。今玉藻作纍纍。是纍亦可借爲儡也。○論語雖在縲絏之中。注縲黑索也。累既从糸，又加糸旁誤也。孟子係累其子弟。累乃纍之省借。若爾雅釋言諈諉累也。釋文累本作纍。漢書佞倖傳印何纍纍注纍纍重積也。則纍當借爲累。累本絫之或體。段謂纍與絫大不同。纍借欙已見木部。

䌇以絲介履也

借纚已見上○漢書外戚傳中佩離以自思注離袿衣之帶也文選女史箴施衿結褵善注褵與離古字通是離爲褵之假借卽縭之假借也離已見隹部○案褵卽縭字詩東山親結其縭文選奏彈王源注引作其褵爾雅釋器釋文亦云縭本作褵

繄戟衣也一曰赤黑色繒

繄字假借爲語詞如左傳王室之不壞繄伯舅是賴民不易物惟德繄物是也若毛詩伊可懷也自詒伊阻所謂伊人箋竝云伊當作繄此又繄之轉

借矣。伊已見人部。○借鷖見鳥部。

絭　攘臂繩也。攘當作纕。

巾部帣字云囊也。今鹽官三斛爲一帣。史記滑稽傳[滑]于髡帣韝鞠䠊。徐廣曰帣收衣袖也。此以帣爲絭之假借。○列女傳趙津女娟攘卷操檝。卷亦當爲絭之假借。卷已見手部。

緘　束匧也。

前繃字云束也。引墨子禹葬會稽桐棺三寸葛以繃之。今墨子節葬篇此句三見皆作緘。是緘爲繃之通借。段謂古蒸侵二部音轉最近也。繃亦見上。

緘下○喪大記凡封大夫士以咸注咸讀爲緘齊
人謂棺束曰緘是咸爲緘之省借咸已見口部○
前欠部有歁字云監持意口閉也錢謂此金人三
緘其口字是歁爲緘之通借

縢 緘也

此尚書金縢字也詩閟宮朱英綠縢御覽引作綠
騰是以騰爲縢之假借騰已見馬部○檀弓注邊
無縢釋文縢本又作幐幐當爲縢之假借幐亦見
幐下○莊子胠篋篇則必攝緘縢釋文縢向崔本
作幐案巾部幐字云囊也方言曰今江東呼僧兩

頭有物爲幐。幐必束之。故行幐亦稱行縢。二字可通借矣。○儀禮士喪禮兩籩無縢。注古文縢爲甸。案鄭云縢緣也。引詩竹柲緄縢。是以甸爲縢之聲轉借字也。○爾雅釋木諸慮山櫐。注今江東呼櫐爲藤。藤。段謂凡艸之藟木之櫐爲縢。則藤乃縢之異體通借矣。

維 車蓋維也。

大射儀中離維綱。注侯有上下綱。其邪制躬舌之角者爲維。或曰維當爲絹。絹綱耳。校勘記引朱子曰綱耳卽籠綱。以布爲之。梓人謂之縜。而此謂之絹字雖異而音則同。盧召弓曰音同或是義同之譌。敖氏云絹字恐是縜字之誤。案上縜字云持綱紐也。引周禮縜寸。此注絹字應本作縜。其以維爲縜者。可援脂微通真文之例。故梓人注縜讀爲竹中皮之筠也。但周禮釋文縜于貧反。或尤粉反。劉侯犬反。或古犬反。侯犬古犬二反皆肙聲。是劉昌宗所見本縜已有作絹者。而音不分。朱子所言音同。殆據此與余謂縜與絹字形相近。直因此致誤。敖說是也。○大荒南經赤水之東有委維。注委維即委蛇也。是維爲蛇之假借。委蛇見辵部逶下。○借濰已見水部。維又爲語詞。借侯。見矢部。借惟。見心部。惟亦見濰下。

絥 車絥也。重文爲茯爲鞴。

釋名作鞦。蓋因其爲車絥。卽从車。乃異體也。○史記酷吏傳。未嘗敢均茵伏。徐廣曰。伏。式也。錢謂卽此字。是以伏爲絥之省。借伏。已見人部。

緐 馬髦飾也。春秋傳曰。可以稱旌緐乎。重文爲𦆺。从㚘。㚘。籀文弁。

案緐字本从每。後人改作繁。爲繁多之義。形異而本義亦廢矣。○借蕃。已見艸部。借番。見釆部。借樊。

見豸部。借䋣見樊下。借煩見頁部。○又艸部蘩。白蒿也。詩采蘩釋文。蘩本作緐。爾雅釋草。蘩由胡。釋文出蘩字云今作緐。緐蓋蘩之省借。○爾雅釋畜。青驪緐鬣。騥。郭注引禮記。黄馬緐鬣。緐鬣兩被髦。或云美髦鬣。王伯申以爲非。案今禮記作蕃鬣。王説借爲皤。已見蕃下。而此處作緐。玉篇。緐姓也。左傳定四年。殷民七族有緐氏。音婆。緐既有婆音。與皤同。則亦借皤也。

紛 馬尾韜也。

借雰。已見气部氛下。借芬。見中部。借棼。見芬下。案經典紛字多訓亂。前員部䰟下有紛䰟亂也之語。是許書已借此義。故廣雅釋詁遂云。紛亂也。而紛之本義廢矣。○内則。左佩紛帨。釋文。紛本作帉。周禮内司服注。紛帨綫纊之屬。釋文同。巾部帉云。楚謂大巾曰帉。帉即帉字。紛當爲帉之假借。○周禮司几筵。設莞筵紛純。後鄭云。紛如綬。有文而狹者。文選東京賦。次席紛純。薛注。紛純。謂以組爲緣。皆如字讀。周禮司農注。紛讀爲豳。又讀爲和粉之粉。正義曰。紛讀爲豳。於義不安。故又又讀爲粉。案書顧命。敷重筍席。元紛純。字亦作紛。彼釋文。紛孚云反。

與紛音微異如先鄭說則以紛爲粉之假借矣○
段謂文選羽獵賦青雲爲紛注引韋昭曰紛旗旒
也尙書敵乃干某氏傳施汝盾紛離騷用繽紛字
皆紛之引申假借也○周禮弁師注沛國人謂反
紛爲襘釋文紛本作紒紒本部無紒字當作馻已見
馬部馻與紛義略同

紂 馬緧也

商辛之名爲紂紂獨斷云殘義損善曰紂當是後加
諡耳紂或作受已見受部○秦策以同言楚威王
於側紂之間注紂當爲臑聲之誤也是紂可爲臑

之假借。紂𦈡疊韻字。○下緧字云馬紂也。互相訓。方言曰。車紂自關而東謂之緻。緻卽緧之或體。攷工記必鰌其牛後。注。鰌讀爲緧。魚部無鰌。殆卽緧字。則異體假借矣。緧與紂音分平上。實疊韻。故可通借。

顉 緐前兩足也。漢令蠻夷卒有顉。顉从須聲。相主切。向秀則云音揀集

部八
二腫

莊子馬蹏篇。連之以羈馽。釋文。司馬彪本作羈顉。此以義通。非假音也。馽已見馬部。馬下吳都賦顉麖麚。則用本字。

紖　牛系也。讀若矤。

周禮封人置其絼。注絼字以豸爲聲。祭統君執紖。注周禮爲絼。是絼卽紖之通借。又鄭司農云絼今時謂之雉。與古者名同。段謂絼池爾切。雉卽絼也。絼變作紖。而讀丈忍切。仍絼雉之雙聲。今人讀紖爲余忍切。則非也。是雉亦可爲絼之轉借。雉已見隹部。○革部靷。繫牛脛也。篇韻皆音呼結切。此與紖以義通。

紲　系也。春秋傳曰臣負羈紲。重文爲緤。

所引傳見僖廿四年。今傳作緤。卽論語縲緤字。廣韻亦作䞣是紲䞣一字也○足部跇述也述當作迭史記樂書騁容與兮跇萬里用本字漢書楊雄傳亶觀夫票禽之紲踰師古曰紲與跇同此以紲為跇之假借跇已見辵部迣下

繘綆也古文為[illegible]籀文為[illegible]

前紴字云綆一枚也乎決切集韻紴或作繘音義俱同是紴可為繘之通借○易井卦汔至亦未繘井王輔嗣注已來至而未出井也王懷祖曰注內出字正釋繘字廣雅釋詁矞出也矞與繘通矞訓為出故出井謂之矞井作繘者字之假借耳蓋水

已出井人得其用而後汲者有功今未出井故彖傳曰未有功也擬之文義此說爲長而諸家多即以繘爲綆失之矞已見冏部

緍 釣魚繁也吳人解衣相被謂之緍

案緍訓繁者上繁字云生絲縷也文選文賦注引此下又曰謂縷系矰矢而弋射也孟子思援弓繳而射之正借此字是繁以釣魚亦以射鳥可通用也○借罠已見网部借綸見上○史記平準書算賈人緍有差漢書食貨志亦云賈人之緍錢注緍謂錢貫也此以釣具爲錢緍字蓋假借也後金部

有緍字云業也賈人占緍緍與緍通因其以絲貫故爲緍因其所貫者錢故爲緍段好改字遂謂緍字宜删○莊子在宥篇當我緍乎釋文引司馬注緍無心之謂也緍本作泯緍乃泯之借字○左氏僖廿六年傳圍緍穀梁作圍閔案左傳后緍方娠注緍有仍之姓也此殆以邑爲氏則閔當爲緍之假借閔已見門部

紙 絮一苫也

此即今之紙也蓋造紙初用絲絮爲之以箈荐而成之竹部箈下云潎絮簣也苫誤字○前紙下云

絲滓也。字从氏。與此从氏異。不可通借。惟釋名曰。紙砥也。滑如砥。則以氏聲之字解之。紙或从巾作帋。異體也。

繫 繫䌌也。一曰惡絮。下䌌字一曰維也。

繫借㲄。已見殳部。借係。見人部。借擊。見手部。借系。見系部。○段謂繫䌌讀如谿黎。疊韻字。音轉爲繂䌌。繂苦堅切。廣韻十二齊一先皆曰繂䌌。惡絮是也。釋名云。煮繭曰莫。莫幕也。貧者著衣可以幕絮也。或謂之牽離。煮熟爛牽引使離散如絮也。案此皆聲轉可爲通借。莫見茻部。

絺　細葛也。

借黹。已見黹部。又書。絺繡。三禮圖引鄭注。絺讀爲紩。與今本異。案上紩字云。縫也。黹紩義合。音亦相轉。則紩爲黹之通借。即絺之轉借矣。若左氏昭廿五年傳。爲九文。疏引書。鄭注。絺讀爲繡。繡謂刺也。然書本有繡字。不應重出。此當是誤字。○大射儀。冪用錫若絺。釋文。絺。劉本作綌。本部有絘無綌。絘績所緝也。綌或絘之異體。

絟　細布也。

漢書江都王傳。繇王閩侯遺建荃葛。注引蘇林曰。

荃細布屬也。師古曰。字本作絟。千全反。又千劣反。江南簡布之屬皆爲荃。案艸部荃字云。芥脃也。楚詞用荃字。則爲香草。荃當爲絟之假借。

紵　檾屬。細者爲絟。粗者爲紵。重文爲䊶。

詩陳風。可以漚紵。釋文。紵本作苧。艸部無苧字。當即紵之或體。○段謂紵古亦借爲褚衣之褚。案褚从者。緒从者省。紵褚疊韻。故可假借。段於此等每不箸所據。非也。褚已見貝部貯下。

緆　細布也。重文爲𦃃。

儀禮喪服。錫者何也。麻之有錫者也。錫者十五升。

抽其半無事其緦有事其布曰錫燕禮羃用絲若錫注今文錫爲緆緆易也治其布使滑易也是錫當爲緆之假借故子虛賦被阿錫即列子之衣阿緆錫已見貝部賜下○檀弓鹿裘長祛祛裼之可也鄭注裼表裘也有祛而裼之備飾也王伯申曰裼當讀爲緆緆緣也祛裼之者謂緣此祛也士喪禮記縓綼緆注飾裳在幅曰綼在下曰緆是緆者飾裳邊也飾裳之邊曰緆飾袖之邊亦得曰緆裼緆古同聲豈表裘之謂乎此以裼爲緆之假借

繆枲之十絜也一曰綢繆也

借樛已見木部。借穆見禾部。○漢書趙皇后傳即自繆死。顏注。繆絞也。是以繆爲絞之假借。繆本武彪切。與絞从交聲。肴尤韻可通也。○又司馬相如傳。繆繞玉綏注。繆繞相纏結也。案繆繞即繚繞。上繚字云。纏也。是繆可爲繚之假借。與繆之通絞同。故續漢書輿服志金薄繆龍。爲輿倚較。徐廣曰。繆。交錯之形也。交錯亦繚繞之義。○荀子哀公篇。繆繆肫肫注。繆當爲膠。相加之貌。此以繆爲膠之假借。膠已見肉部。○禮大傳五者一物紕繆。釋文。繆本或作謬。繆當爲謬之假借。繆謬俱从翏聲。○唐風綢繆束薪毛傳綢繆猶纏綿也鴟鴞鄭箋同案綢繆與纏綿二字音俱相轉故可爲通借綢已見禾部稠下綿見糸部○坊記以此坊民陽侯猶殺繆侯而竊其夫人王伯申曰繆當讀爲蓼繆蓼皆以翏爲聲淮南氾論訓作陽侯殺蓼侯高注蓼侯臯陶之後偃姓之國侯也是繆爲蓼之假借案繆旣通蓼而繆又同繚蓼艸之蓼亦音了則兩音俱通也

縕紼也

借貾已見員部借壼見壺部借氳見壼下○易繫

辭乾坤其易之緼邪注緼淵奧也案淵奧即今所謂精蘊也緼當爲蘊之省借緼通蘊者亦見莊子齊物論萬物盡然而以是相蘊釋文蘊本作緼是也若漢書蒯通傳束緼師古曰緼亂麻正用本義韓詩外傳里母束蘊請火于去婦之家則蘊爲緼之假借矣蘊已見艸部蘊下○前縓字云帛赤黃色也一染謂之縓再染謂之赬三染謂之纁禮玉藻一命緼韍幽衡注緼赤黃之間色義與縓合故段以緼爲縓之假借蓋韻部通也

紼 亂系也 段謂系當作枲

借茀已見艸部借市見市部○漢書丙吉傳上將使人加紼而封之顔注紼繫印之組也堯廟碑印紼相承隸釋以紼爲韍是韍之借紼也韍亦見茀下市下○下𦃇部繂字云𦃇屬𦃇當作索段謂从素之字古亦从糸故繂字或作縴或作綍詩采菽毛傳紼繂也禮檀弓注棺以繂纏正義曰繂即紼也是繂爲紼之通借若喪大記君葬用輴四繂二碑注繂或爲率則又省借耳○禮緇衣王言如綸其出如綍周禮遂人及葬帥而屬六綍玉篇綍同紼左氏昭三十年傳先君有所助執紼矣正義曰紼禮

或作紵是紵卽紼之或體

紕　氐人繝也讀若禹貢玭珠罽字云西胡毳布也後漢書西南夷傳冄駹夷能作氂毲華陽國志同氂卽紕也乃異體通借○逸周書伊尹爲四方獻令正西以紕罽爲獻罽蓋繝之省借网部罽字云魚网也

綏　車中靶也从糸妥

借葰借䔩菈見艸部借隋見肉部借墮見手部挼下借挼借妥亦見隋下挼下借夊見夊部○禮王制天子殺則下大綏諸侯殺則下小綏注綏有虞

氏之旌旗也綏當爲緌說苑修文篇正作大緌小緌明堂位夏后氏之綏注亦易爲緌云緌謂注旄牛尾於杠首所謂大麾其餘經典類此者甚多是以綏爲緌之假借案上緌字云系冠纓也則亦非本義綏亦見緌下又書顧命今予一二伯父尚胥暨顧綏爾先公之臣服于先王某氏傳安爾先公之臣服于先王而法循之王伯申曰傳訓綏爲安讀綏爾先公之臣絕句非也綏爾先公之臣服于先王當作一句讀綏讀爲緌緌繼也繼爾先公之臣服于先王也緌與綏古通用爾雅緌繼也說苑

指武篇揖其有餘而繼其不足淮南道應訓繼作綏皆其證也○周禮夏采以乘車建綏復于四郊注故書綏爲禭杜子春云當爲綏王伯申曰非也經本言建禭禭與道車載旞之旞同从衣作禭者假借字耳據此則綏又轉借也禭衣部所無○曲禮大夫則綏之注綏讀曰妥是綏爲妥之假借許書無妥而綏从妥或女部偶遺與妥亦本借爲綏

彝　宗廟常器也从糸糸綦也廾持米器中實也彑聲此與爵相似周禮六彝雞彝鳥彝黃彝虎彝蜼彝斝彝以待祼將之禮古文爲𢑚𢑱爲𢑚

彝本常器。引申爲彝常。史記宋世家引洪範彝倫。皆作常倫。此以訓詁字代之。惟引是彝是訓。作是夷是訓。又詩烝民。民之秉彝。孟子引作秉夷。明堂位。夏后氏以雞夷。卽周禮之雞彝。是皆以夷爲彝之假借。若魏元丕碑。彝戎賓服。則又以彝爲夷之假借矣。夷已見大部。

糸部

素 白緻繒也。从糸𡍮。取其澤也。

借索。已見𣎵部。借𠍴。見水部溹下。○管子七臣七主篇。果蓏素食當十石。王伯申曰。素讀爲蔬。字或作蔬。月令。取蔬食。鄭注。草木之實爲蔬食。淮南主術訓。夏取果蓏。秋畜疏食。卽此果蓏素食也。墨子辭過篇。古之民素食而分處。亦以素爲蔬。是素爲疏之假借。疏已見疋部。蔬在艸部新附。案詩伐檀之素食。毛傳。素空也。乃別一義。○史記天官書。張素爲廚主觴客。索隱曰。素嗉也。爾雅釋鳥。亢鳥嚨。其粻嗉。口部無嗉字。此假借異體也。

繛緩也。重文爲綽。

上繛字云。白繛縞也。案莊子逍遙游篇。淖約如處子。釋文。郭音昌略反。淖約當卽此繛字之假借。

已見水部沟下稍異○𧖴𧖴也重文爲縵此二字互訓後漢書杜篤傳注緩耳耳下垂卽儋耳也西南夷傳注同阜部與咸部音近可通則亦假借矣

𡴘部

𡴘捕鳥畢也象絲网上下其竿柄也

借𨓈已見辵部借衛見行部借帥見巾部○莊子人間世注𡴘然拊之釋文𡴘本或作卒此以卒爲倉猝字見足部踤下故孟子卒然問曰與論語子路率爾而對同皆假借字也○考工記梓人注是取象𡴘也釋文𡴘本又作類史記老莊申韓傳大

抵率寓言也正義云率類也是類可爲率之通借
率類亦音轉類已見犬部○左氏桓二年傳藻率
鞞鞛匡謬正俗曰率有律音白虎通五行篇律之
言率所以律氣令生也廣雅釋言亦云律率也是
率爲律之通借故孟子變其彀率趙注率法也郎
爾雅釋詁之律法也藻率字見帥下說與此異竝
存○王伯申曰率詞也湯誓率遏眾力率割夏邑
率怠弗協之類字通作亂梓材厥亂爲民論衡效
力篇引作厥率化民爲與化皆讀若訛亂者率之
借字也古音亂字在元部率字在術部而率得作

亂者。古元術二部音讀相通。今文尚書呂刑其罰
百率。古文尚書率作鍰。是其例也。他若君奭厥亂
明我新造邦。緇衣鄭注。厥亂勸寍王德。洛誥亂爲
四輔。亂爲四方新辟。亂皆與率同。又今文尚書立
政亂謀面用丕訓德。下文率惟謀從容德。文義正
合也。亂率皆語詞。而無意義。解者輒訓亂爲治。失
之宄。亂見後乙部。

虫部

虫 一名蝮。博三寸。首大如擘指。象其臥形。物之微細。
或行或飛。或毛或臝。或介或鱗。以虫爲象。

下蝮字云虫也音同是轉注即爲通借○爾雅釋魚蝮虫釋文虫今作虺下虺字云以注鳴引詩胡爲虺蜥虺乃虫之假借

螣神它也

史記司馬相如傳騰遠射干索隱引司馬彪曰騰遠蛇也是以騰爲螣之假借螣蛇能飛騰則義亦通騰已見馬部○下蟘字云蟲食苗葉者吏乞貣則生蟘引詩去其螟蟘今大田詩作螣螣乃蟘之假借雙聲字

螾也下螾字云側行者重文爲蚓

鄭注梓人則云仄行蟹屬卻行螾衍之屬與此異。劉昌宗曰螾衍或作衍蚓今曲蟮也案衍當爲螾之假借音同衍見水部蟮卽後文蟺之異體○螼螾卽今之蚯蚓郝謂蚯蚓轉爲朐䏰後漢書吳漢傳注朐䏰縣屬巴郡十三州志朐音蠢䏰音閏其地下溼多朐䏰蟲因名焉又轉爲蠢蝡淮南時則訓高注蚯蚓蠢蝡也說山訓注則云螾一名蜿蟺也此皆通借字又廣韻蠬蚯蚓也吳楚呼爲寒蠬蠬亦螾之音轉本部無之乃異體假借矣

螝蛹也讀若潰

顏氏家訓曰莊子䖘二首䖘卽古虺字見今古字詁案䖘當爲虺之假借非一字也䖘虺疊韻虺巳見上虫下

雖 似蜥易而大

雖字經典多借爲語詞假借行而本義罕知者矣借唯巳見口部○段謂凡人窮極其欲曰恣睢雖卽睢是二字可爲通借故書五子之歌雖悔可追釋文雖本作睢睢巳見目部又見水部沮下○方言云守宮齊謂之螔蝾注似蜥易大而有鱗螔雖韻通當可假借或曰蝾疑雖之誤

[seal character] 榮蚖，它醫，以注鳴者。

爾雅釋魚：蠑螈，蜥易也。詩節南山毛傳：蜴，螈也。方言亦云：蛇醫，或謂之蠑螈。本部不別出螈字，當即蚖之或體，非假借也。榮作蠑，後人加虫耳。○黽部：黿，大鼈也。史記周本紀：龍亡而漦在櫝，化爲玄黿，以入王後宮。索隱曰：黿亦作蚖，蛭蜴也。此以黿爲蚖之假借。

[seal character] 蝨子也。一曰：齊謂蛭曰蟣。

戰國策有幾瑟字，幾即蟣之省借，瑟亦蝨之假借也。幾已見𢆶部，瑟見玨部瑟下。

蛙蠆也。

黽部鼃字云。蝦蟇屬。與蛙本別。二字皆烏蝸切。段謂孟子之蚳鼃。鼃即蛙。大夫以蚳蛙爲名。蓋兩者一物也。據此則蛙可爲鼃之通借。故稱蝦蟇亦曰蛙。○蛙下連蚳篆云。蛙也。是蛙爲蠆。蚳亦蠆也。此字从氏。後又別出蚳字云。螘子也。周禮有蚳醢。讀若祁。籀文爲𧖀。古文爲𧐐。字皆从氏。蚳巨支切。蚳直尼切。二者迥異。今孟子刻本或作蚳。當爲假借。而集韻云。蚳音墀。與蚳通。後人遂不知从氏从氐之別。竟以爲一字矣。

蠆毒蟲也。象形。重文爲[illegible]。

段謂此字上本不从萬。蓋以苗象其身首之形。若作蠆。則與牡蠣字混。案蠆丑介切。韻會蠣洛蓋切。音頼聲相近。或亦可假借與。○西京賦睚眦蠆芥。注。蠆芥刺鯁也。此以蠆爲蔕之假借。蔕已見艸部。

蜀葵中蠶也。从虫。上目象蜀頭形。中象其身蜎蜎。詩曰。蜎蜎者蜀。

借獨。已見犬部。○此所引詩今東山作蠋。釋文蠋桑蟲。又管子水地篇。欲小則化爲蠶蠋。注。藿中蟲。爾雅亦云。蚅烏蠋。案蜀既从虫。不應左旁又加虫。

而韻部列爲二專以借義作西蜀字○後漢書劉焉傳焉遣叟兵三千助之注蜀叟也漢代謂蜀爲叟是乃方語非必假借叟已見又部叜下

蠲馬蠲也从虫目益聲勹象形明堂月令曰腐艸爲蠲

借涓已見水部○馬蠲亦名馬蚿呂覽仲夏紀淮南時則訓皆曰腐艸化爲蚈與此合蠲蚈音同本部無蚈字當即蠲之或體○又名馬蚿莊子秋水篇蚿憐蛇是也蠲蚿疊韻蚿亦無篆則異體通借也○淮南兵略訓良將之卒若蚈之足注蚈馬蠸

也上蠸字云蟲也一曰大螯也爾雅有蠸輿父守
瓜此自別一物蠸當爲蠲之假借寒先韻通○爾
雅蛝馬蝬郭注馬蠲蚼俗呼馬蜒郝謂蛝即蚿之
異文蝬即蜒之聲轉案蚼音均亦蠲之聲轉又方
言馬蚿大者謂之馬蚰蚰蜒同字皆異體耳○高
注淮南云蛢一曰螢火戴記腐艸爲螢鄭注飛蟲
螢火也螢本部所無當作熒爾雅熒火即炤是也
熒火亦生腐艸中殆既化蛢又化熒火故呂覽化
爲螢蛢竝言之實二物也高注合爲一則非○詩
天保吉蠲爲饎韓詩作吉圭士虞禮注周禮蜡氏

注同。䳓當爲圭之假借。段謂益聲在十六部。故䳓之古音如圭。案先韻亦有入齊韻者。見先部圭已見門部闺下。

蠖　尺蠖屈申蟲也。

攷工記弓人：麋筋斥蠖灂。鄭注：斥蠖屈蟲也。斥當爲尺之假借。斥已見鳥部舄。广部㡿下。○爾雅釋蟲注：蚇蠖。今蝍蠘。方言云：蠀蠘謂之蚇蠖。蠀蝍音轉可爲通借。蠘殆蠘之誤。皆或體字。尺作蚇者。後人加虫耳。

蝝　復陶也。劉歆說：蝝，蚍蜉子。董仲舒說：蝗子也。

爾雅蝝蝮蜪國語蟲舍蚔蝝韋注亦云蝝蝮蜪也許書作復陶疑蝮蜪爲假借字本部無蜪字○郝謂今呼蝝爲蝮蝻子蝻讀若闌故蝗又名蝻蝻蜪亦音轉或可通借

螻

螻蛄也一曰䗆天螻

孟子蠅蚋姑嘬之蚋本蜹之省謂蟁也姑乃語詞或曰蚋一作蠕蠕姑卽螻蛄也蠕蓋螻之或體則姑字上屬爲蛄之假借矣又一說蠅蚋蛄爲三物

蛾

羅也

借俄已見人部○蚰部有蟁字云蠶化飛蟲重文

爲蛾。爾雅之蛾羅。郭注卽謂蠶蛾。而段氏郝氏皆以爲非。案𧖴亦作蛾。不必假借。郭本許說。正合。惟邵氏正義如注釋之。是也。○此處蛾字移虫於旁。稍異。段因與螘篆相連。他書有借蛾爲螘者。遂力主蛾之卽螘。案類聚引廣志云。有蠶蛾。有天蛾。凡草木蟲以蛹化爲蛾甚眾。又古今注。飛蛾善拂鐙。一名火花。一名慕光。廣雅亦云。蛘。蛾也。字皆作蛾。不作𧖴。疑許意作𧖴者。專主蠶蛾。而凡蛾屬別著之。解亦爲羅。與彼同而異。段說。蒙未敢遽從。姑俟明者。若螘是或體。何以非重文。

證　蚍蜉也。

䖵部蠪大螘也。重文爲蚍。䖵部蠹重文爲蜉。則蚍蜉乃省借耳。段以爲俗亦非。○學記蛾子時術之。鄭注蛾蚍蜉也。廣韻蛾又魚倚切，蟻上聲，與蟻同。書顧命作蟻。蛾者蟻之省。蛾當爲螘之假借。其聲則支部通歌部之例也。

[seal script]　自蠜也。

爾雅阜螽蠜。郭注引詩趯趯阜螽。又草螽負蠜。引詩喓喓草蟲。謂常羊也。常羊今未知何物。郭注分著之。案召南鄭箋云草蟲鳴阜螽躍而從之異種

同類故郝氏直以爲一物負卽阜之假借字也負蠜別見後蟠字下

𧍢 悉𧍢也

詩爾雅作蟋蟀字加虫旁从帥从率字本通也郭注今促織也陸璣詩疏曰幽州人謂之趨織里語云趨織鳴嬾婦驚趨音促促織趨織與悉𧍢音亦近則皆可通借矣

蟷 蟷蠰不過也

段謂皆螗蜋別名案爾雅不過蟷蠰孫炎注蟷蠰螳蜋一名不蝸蝸卽過加虫旁耳此下連蜋篆云

堂蜋也。螳字本部所無。蓋即借堂字爲之。爾雅又有莫貈。螳蜋蛑。鄭志答王瓚問曰。莫貈。螳蜋。同類物也。今沛魯以南謂之蟷蠰。三河之域謂之螳蜋。郝謂方言云。螳蜋謂之髦。或謂之虰。（附案爾雅蛑下接虰螳此以虰字上屬。郭所不從。）或謂之蝆蝆。（廣雅疏證作芈芈云蝆與芈同也。）貈即貉。釋文蛑郭音牟。又亡牢反。然則蛑與髦字異音同。莫貈合聲亦爲髦。蝆蝆又與髦聲相轉。據此諸字皆音近通借。其本書無者。乃異體假借也。外所傳別名甚多。以非關假借義。故略之。○蜋下又云。一名蚚父。案高誘注呂覽云。螳蜋。兗州謂之拒斧。

淮南注作巨斧以此蟲有臂如斧也斨斧音同當是假借字

蛸 蟲蛸堂蜋子

御覽引范子計然云螵蛸出三輔又引吳普本草云桑螵蛸一名冒焦此與廣雅作蟳蟭皆蟲蛸之轉聲可通借也

蛢 蟜蟥以翼鳴者

爾雅蛂蟥蛢郭注今江東呼黃蛢以蟥下屬異讀攷工記梓人注翼鳴發皇屬蓋發蛂聲近皇蟥字通釋文蛂謝音弗沈符結反符結之音與蟜亦相

轉則通借矣。爾雅釋文蟥本或作黃，又省借也。

蛘　姑蠪强羋也。

大徐本羋作蛘。爾雅蛄蠪强蛘，郭注建平人呼爲蛘子，音芊姓。案彼釋文云，說文作羊，字林作蛘。方言姑蠪謂之强羊，則郭音似非。廣雅蚟蠪蝁蟷蛘也。疏證疑或卽此。但一切經音義引禮記蛘不敢搔，義未合。則此蛘字當爲羊之假借。蛘已見食部養下。

蠣　蠣蠃蒲盧，細要土蠭也。天地之性，細要純雄無子。詩曰螟蠕有子，蠣蠃負之。重文爲蜾。

今小宛詩作蜾蠃。爾雅。果蠃蒲盧。莊子天運篇細腰者化。釋文引詩亦作果。是蜾本蠕之或體。果又蜾之省借也。果已見木部。○爾雅釋文。果一作蝸。蝸从咼音。與果近。似可假借。但蠃下云。蠕蠃也。一曰虒蝓。後蝸下云。蠃也。蠃即今之螺。蠃一爲蝸牛。蝸牛即虒蝓。俗謂之延游。則蝸當爲蠃之通借。釋文當是蠃一作蝸。今本誤也。○蠕。詩作蛉。爾雅同。下蠕字云。螟蠕。桑蟲也。蛉當爲蠕之假借。蛉則後蜻蛉字也。

𧕅蟲也。

詩蚩之蚩蚩玉篇云蚩癡也是蚩爲癡之假借又曰笑也則以蚩爲欪之假借欪已見欠部○後有蚩字云蟲曳行也从屮聲讀若騁丑善切與此形似而異

蟠

鼠婦也

鼠部𪕺字云𪕺鼠也讀若樊或曰鼠婦是蟠爲𪕺之通借○廣雅釋蟲負蠜蟠也疏證云蠜一作蟠即爾雅之蟠鼠婦是蠜爲蟠之假借韻部通故𪕺亦讀若樊也但本部蟠蟲也段錢皆謂蟲當爲蚤此乃今之蝗與廣雅異負借婦已見貝部負蠜見

上亦見木部槃下○樂記云禮樂之極乎天而蟠
乎地此讀如槃蓋舟部般旋字之假借亦見槃下
蛜　蛜威委黍委黍鼠婦也
詩東山伊威在室爾雅亦作伊威伊當爲蛜之假
借蛜已見人部本草作蛜蝛別錄一名蜲蟍皆後
人加虫耳黍與鼠古字通用
蜙　蜙蝑舂黍也以股鳴者重文爲蚣
周南之螽斯毛傳以爲蚣蝑也螽斯與蜙蝑音俱
相近可爲通借爾雅蜤螽蜙蝑郭注蜙蝬也蜙蜙
一字則蜙蝬即蜙蝑矣前有螉蝬云蟲在牛馬皮

者。與此爲二物。不應合之。蓋彼翁字从公。可以蚣爲蜙之假借。故釋文蚣亦作蜙。

螇 螇鹿。蛁蟧也。

方言云。螇蚸。秦謂之蛥蚗。自關而東謂之虭蟧。或謂之蝭蟧。段謂蛥蚗。即下文蛁蚗。蛥當音伊。蛥字本部所無。是與蛁異體假借也。又云。虭蟧音如貂料。即此蛁蟧也。案蝭蟧蝭螇疊韻。蟧蚸雙聲。是亦借字矣。郝則謂郭注江東人呼蟪蟧。夏小正作蝭蟧。廣雅作蟐蟧。淮南道應訓注作貂蟧。皆聲之轉耳。餘尙有別名。不悉及。

蚒

蚒蛈。蟬屬。讀若周天子赧。

前蝒下云。馬蜩也。馬蜩乃蟬之大者。玉篇廣韻皆曰。蚒卽蝒字。是蝒爲蚒之通借。○錢謂史記赧王延。尚書中候作然。鄭康成曰。然讀曰赧。案作㶣則與蟬疊韻。蝒蚒俱武延切。音亦同也。疑此處是讀若赧王延。

蜻

蜻蛚也。

攷工記梓人以注鳴者。鄭注。精列屬。精列卽蜻蛚之假借字也。諸書皆謂蜻蛚是蟋蟀。而蜻則爲蜻蛉。方言云。蜻蛉謂之蝍蛉。蜻蝍雙聲。可通用。爾雅又有蜻蜻。蜻蜻乃蜩屬。詩碩人之螓首。鄭箋云。螓謂蜻也。螓與蜻音近。亦借字。蓋蜻一名而分三物矣。

蠓　蠛蠓也。

此本爾雅。蠛蠓雙聲字。釋文蠓莫孔反也。○史記周本紀蜚鴻滿野。索隱引高誘曰。蠛蠓也。甘泉賦。浮蠛蠓而蔽天。段謂蠛蠓猶鴻蒙也。細至於蠓則其外皆鴻蒙矣。鴻蒙疊韻。故高注知鴻爲蠓也。是亦假借字。鴻已見鳥部。

蝊　𧑒蝊也。一曰蜉蝣。朝生莫死者。

方言云。蜉蝣。秦晉之間謂之蝶蟼。詩曹風蜉蝣之

羽毛傳渠略也釋文略本或作蜉乃異體爾雅亦作渠略案蝁强魚切蟟离灼切是渠略爲蝁蟟之假借音相近也

蜡 蠅胆也周禮蜡氏掌除骴

肉部胆云蠅乳肉中也蜡胆音義皆通蓋依廣韻蜡七慮切也蠅之生子爲蛆蛆乃胆之俗蜡者古字也爾雅釋蟲蠹醜螸蠹千據反卽蜡之異字○自大徐音鉏駕切而蜡遂爲年終祭名郊特牲八蜡是也段謂八蜡本當作昔蜡从昔聲昔老也息老物也故字林作䄍案許書雖無䄍字然不以蜡

爲祭名也字書中吕忱近古疑卽可借蜡爲䄍其
必用虫旁字者殆以八蜡中有昆蟲與

螸 蠭醜螸垂腴也
此本爾雅文小徐作螸段錢從之郝謂蠭古文作
蠭與螸形近故譌耳非必假借爾雅又有螽醜奮
乃蝗類別一物

螭 若龍而黃北方謂之地螻或曰無角曰螭
借離已見隹部借离見離下○左氏昭九年傳以
禦螭魅漢書王莽傳作魑魅鬼部魑在新附當借
螭爲之實离之假借○楊雄蜀都賦麗靡螭燭此

以螭爲摛之假借手部無摛字○史記齊世家非龍非彲彲亦彡部所無當卽借螭字○下連虯字云龍子有角者據文選甘泉賦注引說文虯龍無角者王逸注離騷天問同則此處以螭爲無角虯爲有角殆誤也虯今之虬字惟廣雅云有角曰䖢卽虬字無角曰[illegible]卽螭字乃異體耳

蜧它屬也黑色潛於神淵之中能興雲致雨讀若戾艸重文爲蜦

高氏翔麟曰郭璞江賦神蜦蝹蜧以重游一句中似不應重用疑爲二字案大徐力屯切此蜦之本

音也。又力計切。則蜧之音也。蜦蜧雙聲。固可通借矣。

蠯 蜌也。脩爲蠯。圜爲蠇。

本部無蜌。小徐借陛爲之。邵氏瑛曰。周禮鼈人醢人作蠯。儀禮既夕作蜱。蚰部蟲蟲蛸也。或作蜱。卽爾雅之蜱蛸。則蜱當爲蠯之假借。○段謂陶隱居注本艸有蜳蚽。蚽卽蠯字。又異體假借也。

蠇 蚌屬。蚌一作蜯。似螊微大。出海中。今民食之。讀若賴。

上蛤字云。蜃屬有三。皆生於海。厲千歲雀所化。秦人謂之牡厲。本艸經蟲魚上品有牡蠣。蠣卽蠇厲又蠣之省借。厲已見水部。案郭注爾雅。蚌卽蜃。龕既蜃屬。則亦類也。段謂蛤屬有厲。蚌屬有蠣。其字不必同。殆未然。○高誘注淮南道應訓云。蛤梨。海蚌也。鄉謂今海邊人呼蛤梨爲蛤刺。刺卽蠣聲之轉。是亦可通借矣。類篇蛤蜊蟲名。海蚌也。但本部無蜊字。乃或體耳。刺已見刀部。

蜎

蜎也。

肉部肙下云。小蟲也。此注蜎字當作肙。肙卽蜎之省。○前蠉字云。蟲行也。爾雅之蜎。蠉蓋借蠉爲肙。郭注。井中小蛣蟩赤蟲。一名孑孑。廣韻云。淮南說林訓孑孓爲蟨高注孑孓結蟨水上倒跂蟲案爾雅釋文孑紀列反孓九月反是孑孓卽蛣蟩之假借蛣又借結也○莊子秋水篇還虷蟹與科斗釋文虷音寒井中赤蟲也一名蜎引爾雅及郭注是虷與蠉同亦與蜎同本部無虷字則異體假借矣

蟺　夗蟺也

借嬗已見女部○夕部夗轉臥也與宛通夗蟺卽宛轉之義可相借也廣雅以夗蟺爲蚯蚓之別名亦因其屈曲耳似非許意爾雅又作豎蚕蚕卽蠶乃異體字○焦氏易林蛇行蜿蜒不能上阪漢書

楊雄傳颺翠旗之宛延亦皆夗蟺之同音假借。

蚨 青蚨水蟲可還錢。

段謂其事見鬼谷子淮南萬畢術搜神記陳藏器本艸拾遺而陶隱居釋爲螳蠰在穴中乃爾雅之王蚨蜴也。酉陽雜俎亦云青蚨鬼谷子謂之蚨母。案此以蚨與蚨字形相似而誤非假借也。螳蠰又爲顛當俱雙聲字。本部別無蚨。

螹 螹離也。

上林賦有螹離。史記文選所載俱作螹。惟漢書作漸。是以漸爲螹之假借。漸已見水部。○借蟖見鼠部𧌒下。

蜮 短狐也。短狐已見弓部弧下。似鼈三足以气䠶害人。重文爲

蟈。

周禮蟈氏注。蟈當爲蜮。鄭司農云。蟈蝦蟆也。禮月令螻蟈鳴。後鄭則曰蟈今御食蛙也。字从虫國聲。蜮乃短狐。與段謂許不從先鄭故謂蟈即蜮字之異者。國聲亦或聲也。案螻蟈即螻蛄。蛄蟈雙聲字。蟈當爲蛄之假借。不得以此蟈竟爲蝦蟆矣。○文選東京賦。況鬾蜮與畢方。注。鬾蟚古字通。案鬼部無鬾字。則異體通借也。

𧊒似蜥易。長一丈。水潛。吞人即浮。出日南。

𧊒。一作蟳。吳都賦注作鰐魚。韓昌黎有祭鱷魚文。皆異體通借字。

蛧蛧蜽。山川之精物也。淮南王說。蛧蜽。狀如三歲小兒。赤黑色。赤目。長耳。美髮。國語曰。木石之怪夔蛧蜽。

左氏宣三年傳作罔兩。莊子齊物論罔兩問景同。此省借字也。罔已見网部。兩見㒳部。○史記孔子世家作罔閬。莊子釋文引崔本作罔浪。閬與浪皆聲近假借。○周禮方相氏作方良。氏亦以聲借良已見畗部。○家語作魍魎。此鬼部所無。以其物類鬼神。遂从鬼。則異體假借字耳。

禺屬。

西山經。皋塗之山。有獸似鹿。馬足。人首。四角。名曰蠗。與此蓋同名而異物。○犬部玃大母猴也。善攫持人。好顧盼。引爾雅。玃父善顧。今釋獸寓屬作玃或體字。案蠗玃一也。蠗直角切。玃俱縛切。韻部通。可爲假借。故上林賦之蠗蝚。史記作蠗。漢書則作玃也。

北方有蚼犬。食人。

海內北經蜪犬如犬青食人從首始郭注蜪音陶或作蚼音鉤案豪尤韻本相轉蜪蚼亦形近則蜪可為蚼之通借○逸周書渠搜以䶂犬能飛食虎豹案鼠部䶂云胡地風鼠非犬類當依文選王融曲水詩序作鼩犬鼩與䶂形似致誤鼩者精鼩鼠也爾雅郭注小鼱鼩也亦名䶋鼩此蓋以鼩為䶂之同音假借鼩音其俱切大戴禮作渠搜貢虛犬虛亦音之轉也

蛩

蛩蛩獸也一曰秦謂蟬蛻曰蛩下[illegible]字云鼠也一曰西方有獸前足短與蛩蛩巨虛比其名曰蟨

子虛上林賦皆有蛩蛩。史記作邛邛。是以邛爲蛩之假借。○淮南本經訓。飛蛩滿野。注云。蛩蟬蟣蠓之屬也。此與前蠓下引史記作蛩鴻解同而字異。當是假借。○爾雅。蟋蟀蛬。蛬字本部所無。今多借蛩字爲之。○巨虛。上林賦作距虛。海外北經作駏虛。皆通借字。爾雅釋地作駏驉。當以穆天子傳云日前五百里。後人遂加馬旁。

蠻　南蠻它種。

漢書地理志。河南郡新城下。蠻中。故戎蠻子國也。後漢郡國志。河南郡新城有鄤聚。古鄤氏。今名蠻中。左氏昭十六年傳。楚子誘戎蠻子殺之。公羊作戎曼子。劉昭注後志引左傳作鄤。水經伊水注。新城縣故蠻子國也。縣有鄤聚。今名蠻中。是鄤爲蠻之假借。曼卽鄤之省也。曼已見言部䜌下。亦見又部。○又水經汝水注。蠻氏城俗以爲麻解城。蠻麻讀聲近。是麻可爲蠻之假借。蠻已見日部曫下。

閩　東南越。它種。

月令。羣鳥養羞。注引夏小正。丹鳥羞白鳥。傳曰。白鳥也者。謂閩蚋也。此以閩爲蟁之假借。○史記田完世家。田稺生湣孟莊。索隱引世本作閩孟克。是以闕爲濬之假借。闕疑閔之誤。閔借濬。已見門部。

虹 螮蝀也。狀似蟲。明堂月令曰。虹始見。籀文爲从申。申電也。

借訌。已見言部。○漢書天文志。抱珥亙蜺。如淳曰。亙或作虹。此特移工於上。非二字也。○枚乘七發。虹洞兮蒼天。馬融廣成頌。天地虹洞。此當爲鴻洞之假借。鴻洞見鳥部鴻下。又漢書楊雄傳。鴻絧緁獵。注。鴻絧直馳貌。文選注則云。相連貌。虹洞或亦爲鴻絧之假借。但絧字糸部所無。仍當作洞耳。○螮蝀。詩衛風作蝃蝀。本部別無蝃字。當即螮之或體故从帶从癹之字俱入聲韻。

䘸衣服歌謠艸木之怪謂之祅。禽獸蟲蝗之怪謂之蠥。

中庸必有妖孽。孟子引書天作孽。他書似此者甚多。皆以孽爲蠥之假借。俗作孼。○漢書五行志凡艸物之類謂之妖。妖猶夭胎言尚微。蟲豸之類謂之孽。孽則牙櫱矣。此又字借孽而釋義轉借櫱也。孽櫱俱已見木部𣝣下。

說文假借義證卷二十五

嘉興張鳴珂
族曾孫彝同校

說文假借義證卷二十六目錄

第十三篇下

蚰部文二十五　證六

蚤　蠶　蠿　蠹　蟁　蠡

蟲部文六　證三

蟲　蠹　蠱

風部文十三　證六

風　飆　飄　颯　颲　颼

它部文一　證一

它

龜部文三　證二

䶰　䶱

黽部文十三　證五

黽　鼀　黿　鼅　鼂

卵部文二　證二

卵　毈

二部文六　證二

亟　亘

土部文百三十一　證四十二

地　墺　均　墣、埴　[illegible]　坺　坄　堵

堪 堂 坫 墍 堤 對 垸 埻 墉

墊 坻 垎 坴 堙 堨 培 墇 垠

垑 圮 𡐦 塘 塿 垢 坏 埍 堋

墳 壠 壇 場 圭 坐

垚部 文二 證一

垚

堇部 文二 證二

堇 艱

里部 文三 證三

里 釐 野

田部 文二十九 證十四

田 暵 暍 畬 晦 畿 畷 畛 畤

略 疄 留 畜 疃

畕部 文二 證一

畺

黃部 文六 證二

黃 黋

男部 文三 證一 男見朩部南下

力部 文四十 證十八

勳 功 勸 勑 劼 勉 劭 勖 勁

動勶勞勮勸勤加勒飭

劦部文一　證一

劦

光緒二十五年歲在己亥仲冬月族曾孫蔭成重校刊

說文假借義證卷二十六　涇朱珔學

弟十三篇下

䖵部　䖵已見日部昆下

螽　蝗也。𠔃古文終字。重文爲[illegible]。今字从冬作螽。左氏僖十五年傳八月螽。釋文螽公羊作螺。此一字非假借也。○爾雅之蜤螽，詩作斯螽，亦曰螽斯。斯當爲蜤之假借，斯蜤音相近。螽斯已見虫部蜙下。○漢書五行志桓公五年秋螽。顏注螽即今之蝩蟲也。本部無蝩，蓋異體。

蠽　小蟬蜩也。

爾雅釋蟲䖆茅蜩郭注江東呼爲茅䖆似蟬而小又方言云蟬小者謂之麥蚻郭注今關西呼麥䖆段謂茅麥雙聲䖆蚻同字是可通借矣蚻蓋或體

蠿 蠿蟊作网鼄蟊也 側八切𢇍古文絕字

鼄部曰鼅鼄鼅鼄蟊也一物三名爾雅次蠽鼅鼄鼄鼄蝥段謂次蠽即許之蠿蟊鼄蝥即許之鼄蟊也次古音同漆故與蠿近蠽縛牟切故與蟊近爾雅字譌蠽而釋文云或作蝵郭音秋誤矣或曰蠽从出聲即郭注之蝃字 蝃見虫部蝃下 集韻之蚍字爾雅之次蠽即許之蠿字是說近之蓋皆通借字也

𧖅蠭甘飴也一曰螟子重文爲蜜

段謂𧑒字假借爲𧑒没字爾雅釋詁𧑒没勉也一作蠠没韓詩作密勿毛詩作僶勉棻𧑒即𧑒之或體𧑒没已見女部婂下𧑒密同音忽没疊韻密勿見宀部宓下僶之省借爲黽黽與勉皆𧑒之聲轉亦見娓下○又虫部螟字云蟲食穀心者吏冥冥犯法即生螟此螟子爲𧑒𧑒與螟亦雙聲字也

蟁蟁人飛蟲重文爲𧍪从昏以昏時出也俗又作

蚊

借閩已見虫部○蟲部𧕚蝨也此蚊之一名武巾

切與此亦可通借○爾雅釋鳥鶪鼠母釋文鼠或作鶪異體也

蠡 蟲齧木中也古文爲蠡段謂此與篆不別疑从豕借荔已見艸部借麗見鹿部○類篇蠡蚌屬聖人法蠡蚌而閉戶見文子此以蠡爲蠃之假借○漢書東方朔傳以蠡測海此以蠡爲蠡之假借方言云蠡瓠瓢也楚辭九歎曰瓟蠡蠹於筐簏旁从豕省也○孟子以追蠡趙注追鐘鈕也鈕擘齧處深矣蠡欲絕之貌此以蠡借離也楚辭又曰覽茝圃之蠡蠡亦借爲禾黍離離字離已見隹部案王逸

注。蠡蠡猶歷歷。歷歷行列貌也。則蠡亦可爲歷之假借。歷見止部。○方言。劙解也。又蠡分也。分解義同。蠡者劙之省段。謂蠡之言㔥也。如刀之㔥物。是蠡可爲㔥劙之假借。㔥已見刀部。劙見㔥下。○又後金部鏶下云。金屬也。一曰剝也。案方言郭注。蠡謂分割也。剝割義同。是蠡亦鏶之假借。○左氏桓六年傳。謂其不疾瘯蠡也。集韻云。蠡音裸。瘯蠡皮肥。一曰疥病。案蠡裸音轉。蠡當卽裸之假借。裸已見衣部臝下。

䖵部

豸有足謂之蟲無足謂之豸

借形已見丹部○詩雲漢藴隆蟲蟲爾雅作爞爞

或體字段謂蟲蟲薀融融之假借義因通融已見

鬲部○案韓詩作烔烔火部所無而廣韻引字林爞

氣烔烔字林多本說文且出韓詩則以蟲爲烔之

假借似無不可又釋名曰疼旱氣疼疼然煩也疼

即疒部之痋動病也義亦近足備一說今義疼訓

痛

蟊蟲食艸根者从蟲象形吏抵冒取民財則生重

文爲蝥古文爲蛑

此與䖵部蠿蟊字迥異而詩大田及其蟊賊爾雅釋蟲食苗根蟊皆以蟊爲蠹之假借今人幾不識蠹之本字矣案虫部盤蝥字即此重文之蝥蝥蟊亦可通也○竹邑相張君碑蛑賊不起是用古文本字若淮南時則訓毋或侵牟又漢書景帝紀侵牟萬民注引李奇曰牟食苗根蟲也則皆以牟爲蛑之省借牟已見牛部

蠱　腹中蟲也春秋傳曰皿蟲爲蠱晦淫之所生也梟磔死之鬼亦爲蠱从蟲从皿皿物之用也

易蠱釋文蠱事也王伯申曰釋文蠱一音故蠱之

言故也周官占人以八卦占簭之八故鄭注八故謂八事尙書大傳云乃命五史以書五帝之蠱事蠱事猶故事也是以蠱爲故之假借故已見攴部○南山經有獸焉名曰蠱雕注蠱或作纂此相傳異字非必假借蠱已見人部假下亦見鹽部鹽下

風部

八風也从虫凡聲風動蟲生故蟲八日而化借諷已見言部○淮南原道訓春風至注風或作分案春分爲節氣之名似非假音但陳氏第毛詩古音攷曰今太行之西汾晉之閒讀風如分猶存

古音。正韻云。一東收風。二十侵闕。蓋未詳風古有分音也。是風與分亦可通借矣。○周禮大宗伯以槱燎祀飌師。風俗通祀典篇作以禋燎祀風師。本部無飌字。則異體通借也。○案風从凡聲。毛詩風與心林音淫爲韻。孚金切。蓋侵覃鹽咸古通也。左氏襄廿九年傳。美哉渢渢乎。一切經音義云。古文汎作渢。同漢書地理志注。渢渢。浮貌。史記司馬相如傳索隱引廣雅。汎汎。羣浮也。此可證風與凡音合矣。本書無渢字。則渢即汎之或體。汎已見水部。

䬙 北風謂之䬙。

爾雅釋天、北風謂之涼風。釋文、涼本或作飆、是涼爲飆之通借、蓋飆从涼省、亦寒涼之義、故邶詩云北風其涼也。涼已見言部諒、虍部[illegible]下。

飆　扶搖風也。重文爲颮。段謂班固西都賦颮颮紛紛、文選及後漢書注皆引颮古飆字、是颮乃飆之古文、非假借也。借猋、已見犬部。○史記司馬相如傳、雷動熛至、此以熛爲飆之假借。

飄　回風也。

借旚、已見㫃部。借猋、見犬部。○漢書揚雄傳、風發飈拂。汪。飈。回風也。此誤以飈爲飄。但義相近。則亦可通借耳。○詩蘀兮。風其漂女。釋文。漂亦作飄。水部漂。浮也。風不得云漂。當爲飄之假借。若蓼莪飄風發發。釋文。飄本又作票。此轉省借矣。票飄見女部姚下。

颲風雨暴疾也。讀若栗。颲烈風也。讀若烈。

詩豳風二之日栗烈。借義已見仌部凓下。而詩釋文云。栗烈。說文作颲颲。此處雖未引詩。然字爲栗烈之音。則與仌部固可通。並存。栗烈亦颲颲之假借也。

宅部

虫也。从虫而長象冤曲𠂢尾形。上古艸凥患它。故相問無它乎。重文爲。

段謂相問無它。猶後人之無恙也。語言轉移。則以無別故當之。而其字或假佗爲之。又轉作他。經典多作它。猶言彼也。此以說假借之例。○蛇亦爲詩之委蛇字。已見辵部逶下。

龜部

舊也。外骨內肉者也。从它。龜頭與它頭同。天地之性。廣肩無雄。龜鼈之類。以它爲雄。龜象足甲尾之

形古文爲

白虎通龜之爲言久也耆卽久也已見隹部○列子湯問篇使巨鼇十五又一釣而連六鼇藝文類聚引鼇俱作龜釋文引元中記鼇卽巨龜也是二者爲一鼇與龜聲本相近周頌絲衣敖與休韻是巳鼇與久亦音近則鼇可爲龜之通借矣黽部鼇字在新附○龜居追切讀如基音轉讀如鳩又讀爲邱漢書西域傳龜茲國注音鳩慈地理志龜茲縣名應劭曰音邱慈後人習熟或以鳩慈邱慈爲龜茲之借字矣○莊子逍遙游宋人有善爲不龜

手之藥者。注謂湅不皸瘃也。是以龜爲皸之假借。

案皮部皸字在新附。惟足部踊瘃足也。皸當爲踊

之轉借。而莊子釋文。龜徐音居倫反。司馬云文坼

如龜文也。則卽作龜本字亦通。其音又支微通眞

文之例。○禮器。管仲鏤簋。注大夫刻爲龜耳。正義

云。龜簋聲相近。故知爲龜形也。是龜亦可爲簋之

通借矣。簋已見竹部。

𪚮 龜甲邊也。天子巨龜尺有二寸。諸侯尺。大夫八寸。

士六寸。

公羊定八年傳。龜青純。何注。純緣也。謂緣甲頿也。

千歲之龜青頾明乎吉凶也。段謂頾者羿之省。䶰之假借字也。案漢志元龜距冄長尺二寸。孟康曰。冄䶰甲緣也。冄亦䶰之省借。冄已見冄部。亦見水部染下。

黽部

黽 鼃黽也。从它。象形。黽頭與它頭同。籀文爲黽。

借鄳。已見邑部。○周禮蟈氏掌去鼃黽。後鄭注。黽耿黽也。段謂許之鼃黽。即鄭之耿黽。鼃古音圭。與耿雙聲。故得通借。案耿亦从烓省聲。已見耳部。○黽之假借爲黽勉。已見蚰部蠠下。又書洛誥汝乃

是不蘉馬注蘉勉也說文無蘉字案黽字莫杏切

古音讀如芒則蘉當卽黽之假借

鼀　圥鼀詹諸也其鳴詹諸其皮鼀鼀其行圥圥从黽

从圥圥亦聲重文爲𪓰

案圥鼀疊韻七宿切虫部云蝌鼀詹諸也蝌鼀亦

疊韻是可通借矣詹諸已見言部諸下

䵷　䵷鼀詹諸也詩曰得此䵷鼀言其行鼀鼀

今邶風新臺作戚施案鼀鼀猶蘧蘧也戚亦有蘧

音䵷鼀猶施施也王風將其來施施毛傳施施難

進之意戚施蓋䵷鼀之假借也○爾雅釋訓戚施

面柔也。釋文或作規覞。廣雅及玉篇同。此又䶈䵷之轉借矣。案見部有覞字。司人也。讀若馳。小徐以爲詩之施施。當作此覞。但彼處無規字耳。戚已見戉部。施見㫃部。

䵹 䵹屬。頭有兩角。出遼東。

上䵹字云。水蟲也。薉貉之民食之。吳都賦有鼅鼊劉注。鼊屬。如瑇瑁。則與䵹非類。豈䵹鼅異體。抑鼅鼊連文。而單名䵹者。各物與。要亦可通借耳。

鼂 匽鼂也。讀若朝。楊雄說。匽鼂蟲名。杜林以爲朝旦。非是。篆文爲鼂。

楚辭九重章甲之鼂吾以行王逸注鼂旦也又漢書嚴助傳鼂不及夕皆以鼂爲朝之假借蓋鼂字从旦即得爲旦義音亦與朝同也故左傳衞大夫史朝風俗通作史鼂之後爲鼂姓若景帝紀作晁錯與錯本傳作鼂異師古注云古朝字則晁又爲鼂之轉借矣

卵部

卵 凡物無乳者卵生象形

五經文字曰丱古患反說文以爲古卵字九經字樣亦云說文作丱隸變作卵是丱爲卵之通借○

內則濡魚卵醬。鄭注。卵讀爲鯤。鯤。魚子也。或作擱。段謂糸部綰下云讀若雞卵。是卵之古音讀如管也。亦讀如關者。關从𢇍聲。𢇍从卝聲也。管與關音皆近鯤。故卵可爲鯤之假借。○卝又爲詩總角卝兮之卝。毛傳。卝。幼穉也。此卝字卽古患反。周禮有卝人。鄭注。卝之言礦也。金玉未成器曰卝。是礦樸之礦。亦可爲卝之假借。蓋以雙聲得義耳。

毈 卵不孚也。

樂記。卵生者不殈。殈卽毈之義也。呂氏春秋。雞卵多毈。淮南原道訓。鳥卵不毈。皆是。管子五行篇則

云羽卵者不段此以段爲毈之省借字也段已見

殳部

二部

恆　常也从心从舟在二之間上下心以舟施恆也古文爲亙　引詩如月之恆

所引天保篇毛傳恆弦也釋文恆本亦作縆糸部縆大索也一曰急也與張弦義合則恆當爲縆之省借故攷工記弓人恆角而短司農注恆亦讀爲緪縆之縆又弓人後鄭注恆讀爲揯手部揯引急也與縆訓急同是恆亦可爲揯之假借揯與縆通

借耳。○詩生民。恒之秬秠。毛傳。恒。徧也。釋文。恒。本又作亙。今作亘非。案木部。櫃。竟也。古文爲亙。竟與徧義合。則恒當爲亙之假借矣。又方言云。緪。竟也。秦晉或曰櫃。是櫃與緪義亦通也。

亘 求回也。从二。从回。回古文回。象亘回之形。上下所求物也。

亘。須緣切。古音讀如桓。桓當从亘。案易屯卦。磐桓。當作般亘。凡舟之旋曰般。亘者。回也。是二字皆假借矣。般已見木部。槃下。桓亦見木部。○土部。垣。云周垣也。西京賦。繚垣綿聯。據薛注。繚亘。猶繞了也。

是垣當爲亘。魏都賦繚垣開囿亦同，案垣本从亘。則可以亘爲垣之省借矣。

土部

地 元气初分，輕清昜爲天，重濁侌爲地，萬物所敶列也。籒文爲𡔜。

案淮南有墬形訓，漢人多用其字，當从𠂤部之𡔜，較彖象字增一畫，小徐即作从彖，則非聲矣。今或不知，弁以形近譌爲墬，故箸之。若管子山權數篇故天毀埊凶旱水泆注埊古地字，此又異體耳。○史記六國表齊愍王名地，索隱作遂，左氏定十年

經宋公子地出奔陳公羊作公子池此皆人名不定誰借惟地地遂疊韻地池並从也聲耳

墺四方之土可定居者也古文爲墺

禹貢四隩玉篇引作四墺隩當爲墺之假借又周語宅爲九隩注隩內也其字从𨸏則墺隩亦可通隩已見宀部寏下

坪平偏也

借純已見糸部餘並見純下○詩節南山秉國之均漢書律厤志引作秉國之鈞莊子齊物論而休乎天鈞釋文鈞一本作均又魏大饗碑夏啟均臺

之饗。鈞亦作均。棃晉語。均是惡也。楚語。君王均之。注。菈云。均同也。孟子。鈞是人也。趙注。鈞同也。是均與鈞音義俱合。故可通借。鈞亦見純下。○文選嘯賦。音均不恒。注。均古韻字也。棃音部韻字在新附。注引裴光遠曰。與均同。是韻即均之假借。集韻云。韻或作韵。

垟　赤剛土也。

周禮草人。騂剛用牛。故書騂爲挈。杜子春挈讀爲騂。謂地色赤而土剛强也。段謂馬部無騂字。子春必易爲垟。而相承作騂。其作騂者譌。但垟。息營切。

與騂近騂本赤色騂剛義亦合似可通借惟𢍏之爲騂未審

埴 黏土也

禹貢赤埴釋文鄭本作𢧵讀爲熾熾赤皃也是𢧵爲埴之通借而熾其轉借也𢧵已見戈部○釋名云土黃而細密曰埴埴膱也黏昵如脂之膱也是膱爲埴之假借膱本借殖殖已見歺部則殖亦埴之通借矣○攷工記摶埴之工司農注埴書或爲植植當爲埴之假借植已見木部

𡋯 土也洛陽有大𡋯里

漢書王子侯表土軍侯郢客師古曰土軍西河之縣說者以爲洛陽土軍里非也段謂土軍里乃大䡅里之誤依此注疑大本作土土䡅里或有作土軍里者案軍爲䡅之省借䡅本戶昆切也而集韻由字亦作䡅類篇䡅苦會切墣也下由字亦云墣也俗作塊是以䡅爲由之通借音隔侯考由已見艸部蕢下

坺

坺土也一曰臿土謂之坺詩曰武王載坺一曰塵兒

引詩已見𣃘部旆下○耒部云耕廣五寸爲伐二

伐爲耦攷工記一耦之伐鄭注畎土曰伐伐卽坺之通借伐已見人部若周語王耕一墢墢乂坺之或體也

坄 陶竈窗也

士喪禮爲垼於西牆下注垼塊竈也既夕記垼用塊注塊塩也案役本从役省聲此不省耳若禮經古文作役則假借字矣

堵 垣也五版爲堵籒文作𩫨

借杜已見木部○禮器注堵者謂之臺釋文堵本作闍門部闍字云闉闍也詩鄭風出其闉闍毛傳

闍城臺也。是堵爲闍之假借。○魏策文侯謂覩師
贊後語作堵師贊。目部睹見也。古文爲覩。覩當爲
堵之假借。堵爲姓。左傳有堵叔堵女父。○周禮小
胥凡縣鐘磬半爲堵全爲肆。晉書王衍傳舉却阿
堵物。此皆堵之借義。

堪

地突也。大徐注地穴中出也。

借戡。借𢧢。已見戈部。○廣雅釋詁堪龕俱云盛也。
盛非盛衰字。疏證謂方言龕受也。受盛也。猶秦晉
言容盛也。凡言堪受者卽容盛之義。郭注今云龕
囊。依此名。案後人以龕爲禪龕。意亦同。堪爲地穴

中空正可容受則龕可爲堪之通借龕已見龍部亦見戕下○莊子大宗師堪坏得之釋文引司馬注堪坏神名淮南作欽負此不定誰借堪可爲欽者侵覃韻通也坏與陪音同借負已見貝部○錢謂旣夕記築坅坎注穿坎之名卽堪字則異體通借也坅已見手部掘下說異

堂殿也古文爲坣籀文爲𩫖

門部闔云闔闔盛皃也論語堂堂乎張也又文選劇秦美新況堂堂有新注堂堂盛也淮南兵略訓堂堂之陣堂皆當爲闔之省借闔已見鼓部鼖下

○魯峻碑、棠棠忠惠、嚴訢碑、棠棠㝐貌、棠並爲堂之轉借。棠已見木部、又見巾部常下、堂借棖亦見木部。○爾雅釋邱、畢堂牆、郭注、今終南山道名畢其邊若堂之牆、王伯申曰、此處自壁崖洒而高岸至谷者、𢿭皆釋水邊崖岸之名、不得雜以山間之道。堂當讀陂唐之唐、唐隄也、牆謂隄內一面障水者、以其在水之旁、故謂之牆、又謂之畢、牆之言將也。大雅皇矣篇在渭之將、毛傳將側也、釋名云、輿棺之車、其旁曰牆、似屋牆也、是牆爲旁之名、畢之言蔽、障蔽水使不外出也、說文牆、垣蔽也、唐牆蔽

水故謂之畢郊特牲謂之水庸庸亦牆也墉庸古通見後畢爲水厓故與諸水厓之名連類而舉矣是堂爲唐之假借唐已見口部

坫 屏也

爾雅垝謂之坫郭注坫端也在堂隅釋文端作墆高皃也本或作端案端墆端音皆與坫近是可假借端已見立部

墍 仰涂也

詩摽有梅頃筐墍之毛傳墍取也胡墨莊曰墍卽摡之借字玉篇引作頃筐摡之此必三家詩有作

摡者故廣雅亦云摡取也案手部摡滌也詩溉之釜鬵毛傳訓滌則當本作摡摡字从手又可爲取義耳溉已見水部

堤 滯也

此與上坻字音義皆同可爲通借坻已見氏部○國語戾久將底底箸滯淫左傳勿使有所壅閉湫底杜注底滯也是底亦堤之假借底已見厂部底下○今多以堤爲𨸏部隄防字之通借

封 爵諸侯之土也从之土从寸寸守其制度也古文爲𡊣籀文爲𡊨

借蓬已見艸部借蒙見茸下借窆見穴部○王制不封不樹注封謂聚土爲墳檀弓吾見封之若堂者矣正義云封謂墳之也封墳音相近廣雅釋詁封大也爾雅釋詁墳大也義亦合是可通借墳已見水部濆下○廣雅釋邱封冢也又檀弓注封築土爲壟冢壟皆墳也二字與封韻部通平上之別耳則亦借字矣

垸以桼和灰而䰍也一曰補垸小徐作補垣也

借丸已見丸部又㮚傳於灰下增丸字攷工記輪人注丸桼之蓋以桼合和燒骨之灰摶而丸之以

髤擦物也此則丸爲垸之通義矣垸丸疊韻若桼
數四乃塗丹雘是桼部䰍下所云桼垸已復桼之
也今或不知䰍字○周禮角人注骨入桼浣者受
之以量也是以浣爲垸之假借○檀弓華而睆孫
炎云睆桼也睆即詩之睍睆字蓋亦借睆爲垸也
○後一義如孟子父母使舜完廩左傳繕完葺牆
以待賓客完皆爲垸之省借完已見宀部

𡋝　䠶臬也讀若準
借𦎫已見亯部借準見水部○呂覽云射而不中
反修于招高注于招埻蓺也蓺已見木部臬下段

謂戰國策以其類爲招春秋後語作以其頸爲招

文選詠懷詩注引作以其頸爲旳招卽旳字案招

墫音轉招旳亦音轉故可通借招已見手部旳見

日部○後漢書劉縯傳畫伯升像於埶旦起射之

東觀漢記續漢志並作墫錢竹汀因之以墫爲埶

但墫與埶音義迥隔不得云墫卽埶字段說是也

案經典言埶者多矣許書無埶篆惟垛下云堂埶

也據白虎通云所以必有埶何欲以飾門因取其

名明臣下當見於君必執思其事是其字古祗作

執如執之卽爲熟也崔豹古今注亦同執既本不

从土故土部不載凡作墪者後人加土耳

墉城垣也古文爲𩫖

案𩫖已見𩫖部即今城郭字音古慱切此以爲墉者段謂蓋古讀如庸秦以後讀如郭如豕亥同𢑚字訓順訓慕同㜻字之比錢則謂作𩫖非依義當從𩫖字爲聲或曰汗簡有𩫖字作古文庸疑𩫖爲𩫖字之譌二說竝存俟考○借庸已見用部又易同人乘其墉釋文鄭作庸詩皇矣以伐崇墉後漢伏湛傳引作崇庸書大傳天子賁庸注牆謂之庸此皆庸借爲墉也惟爾雅釋宮釋文墉本作牗則

或體耳。𩔰亦見牖下。○書顧命傳。寢于北墉。釋文。墉本作牖。公羊定元年注。於北墉下。釋文亦云。墉本作牖。棻此形近。非必假音。似作牖爲長。牖已見羊部羑下。

墊 下也。春秋傳曰。墊隘。

𠆢部𩈹。屋傾下也。方言云。柱而下曰埕。屋而下曰墊。是𩈹與墊音義皆同。可爲通借。○雨部霵。寒也。或曰。早霜也。讀若春秋傳墊阨。案此但擬其音。而九經字様云。霵音店。寒也。傳曰。霵隘。則以霵爲墊之通借。○莊子外物篇。然則廁足而墊之。釋文。墊。

本作墊塹掘也下文塹字云阬也一曰大也後漢方術傳注亦云墊猶掘也是墊塹疊韻義竝同故可通借塹已見水部漸下○借褺已見衣部

坻

小渚也詩曰宛在水中坻重文爲汷爲⿰氵耆借祗已見示部○秦風毛傳亦云坻小渚也與許合爾雅釋水小州曰渚小渚曰沚小沚曰坻是渚與沚皆可稱坻故詩次章即言宛在水中沚沚與坻亦通借矣○前有坻字云箸也與此別彼从氏此从氐也水部又有泜字云箸止也字亦从氏可爲坻之通借音義皆同故左氏昭廿九年傳物乃

坻伏。杜注。坻止也。小徐引傳作汦伏。而開成石經於此傳坻作坻。則義迴異。段謂釋文坻音旨。又音丁禮反。後一音葢巳譌爲坻矣。案凡隴阪字名坻。一作阺。巳見氏部。而西京賦坂坻㠑嶪而成巘。乃作坻。字形易混。故傳者不能畫一也。○爾雅釋文。坻本作汦。又作墀。汦卽滍。巳見水部。上墀字云。涂地也。禮天子赤墀。則以墀爲坻之假借。

垎

水乾也。一曰堅也。

王逸九思冰凍兮垎澤。自注。垎堨也。今楚辭作洛澤。廣韻集韻引作冬冰兮洛澤。皆誤字也。○玉篇作土乾也。錢謂與涸字同。水部涸，渴也。渴卽竭也。是涸爲垎之通借。後義曰堅者。錢謂又埆同也。是埆亦垎之通借。埆已見冂部隺下。○學記則扞格而不勝。注。格讀如凍垎之垎。扞格。堅不可入之皃。正義云。言格是堅彊如地之凍。則堅彊難入也。是格可爲垎之假借。格已見木部。亦見人部假下。○管子地員篇。沙土之次曰五塥。段謂塥蓋謂堅垎也。案垎塥音同。本部無塥字。則異體假借耳。

垐　以土增大道上。古文爲堲。虞書曰。龍朕堲讒說殄行。堲疾惡也。

此蓋以垔爲疾之同聲假借字。疾已見疒部。○段
謂垐與茨同意。以艸次於屋上曰茨。以土次於道
上曰垐。是茨垐義可通。他家說垔與許異。茨已見
艸部薺下。○檀弓夏后氏垔周。釋文出即字云本
作垔。引何注。即周。治土爲甎回周于家。是即爲垔
之省借。即已見皀部。○檀弓釋文又云。即周。燭頭
燼也。正鄭注火熟曰垔之義。管子弟子職左手秉
燭。右手折垔。注作折即。而韻會小補引管子。左手
正櫛。則櫛又垔之轉借矣。若其作弆者。當爲𡍬之
異體。非假借也。大徐云。弆不成字。○小徐謂字書

云垐卽今之瓷字。

埵 堅土也。讀若朵。

錢謂堅應作垐。通俗文積土曰垛。纂文云。吳俗以積土爲垛垛堅也。卽埵字。案前垛字云。堂塾也。段謂垛从朵。朵朵者。木下垂。後代有朵殿。今謂門兩邊伸出小牆曰垛頭。其遺語也。垛埵音同。則垛可爲埵之通借。

𡋯 保也。一曰高土也。讀若毒。許時音讀如此。今都晧切。

檀弓公叔禺人遇負杖入保者息。月令四鄙入保。保壽疊韻字。是保卽壽之通借。保已見人部。今字

作堡○錢謂九章算經有方圓垛壔呂氏春秋周人爲高葆禱於王路卽此是以禱爲壔之假借矣

培

培敦土田山川也

左氏定四年傳祝鮀言分魯土田倍敦釋文倍本亦作陪案𠂤部陪重土也一曰滿也一曰陪臣陪備也左傳陪敦注陪增也義亦通此當以許所見爲是倍與陪皆假借字也倍陪已見貝部負下倍又見人部○國語趙簡子使尹鐸墮晉陽壘培韋注壘壁曰培又淮南齊俗訓顏闔鑿培而遁文選解嘲作坏此以培爲坏之假借若月令坏垣牆坏

城郭。注云。坏。益也。是又借坏爲培矣。坏見後。

𡎺。擁也。

邑部鄣云。紀邑也。祭法。鯀鄣洪水。魯語同。又周語。是鄣之也。韋注。鄣。防也。是鄣爲𡎺之假借。○𨸏部障。隔也。呂覽達鬱篇。是障之也。高注亦云。障。防也。障與𡎺義略同。是障爲𡎺之通借。若爾雅釋言障下釋文。障亦作彰。彰則假借字矣。鄣障彰並見音部章下。

垠。地垠也。一曰岸也。重文爲圻。

地垠下當有咢字。或作鄂。已見邑部。段謂周禮典瑞輤人禮記郊特牲少儀哀公問五注皆云圻鄂。圻卽垠之通借圻已見示部祇下又祈下。○圻鄂字一作沂鄂少儀車不雕幾注幾附纏爲沂鄂也。已見𢆶部沂見水部沂圻疊韻垠亦音合則圻之假借卽垠之假借也。○淮南俶真訓蘆苻之原通于無埶玉篇以埶爲古文垠字然本部無之則異體假借矣。

垑 恃也。

廣韻垑恃土地也蓋自多其土地故字从多土爾雅釋言侈恃也錢謂荀子侈然卽此字但心部所

無疑爾雅本亦作垑

圮　毁也虞書曰方命圮族重文爲酵

吳越春秋引書作負命毁族是圮與毁卽可通借

段謂酵卽尸部之屍屍字其音義皆略同則亦通

借矣○此圮字从戊己之己符鄙切後有圯字从

巳午之巳與之切云東楚謂橋二字隸變無別人

多誤圮或作汜已見水部

垔　塞也尚書曰鯀垔洪水重文爲𡋯古文爲𡌡

段謂此字多作堙作陻而眞字乃廢矣○借伊已

見人部○水部湮字云沒也廣韻音烟塞也左氏

昭廿九年傳。鬱湮不育。此以湮爲垔之通借。

𡓉裂也。詩曰。不𡓉不疈。

借𢃼。已見木部。借宅。見宀部。○詩天保。如南山之壽。不騫不崩。墨子尚賢篇引作若山之承。不坼不崩。案毛傳。騫虧也。本借騫之馬腹縶爲縶下之義。不如作坼坼尤合。騫坼亦聲轉。可爲假借。惟上句壽字。與如松柏之茂隔句叶韻。此作承。卽與崩韻。下承字複耳。騫已見馬部。○攴部𢼸字云。坼也。从攴。从厂。厂之性坼。果孰有味。亦坼。故从未。果坼者。如左思賦。𣚍栗罅發。石榴競裂也。𢼸許其切。則與𡓉音不協。此但以義通耳。

塿 塵土也。

淮南主術訓。揚堁而弭塵。錢謂堁塵塵也。楚人謂之堁。卽塿字。案塿堁雙聲。本部無堁。則異體假借也。又上塵字云。𪋿也。塿旣訓塵。塵亾果切。正堁之音。是亦可爲假借矣。錢又謂莊子野馬字當作此塿。○廣雅疏證云。塿亦高貌也。孟子。可使高於岑樓。趙注。岑樓山之銳嶺者。義與塿同。是樓爲塿之假借。但塿亦非本義耳。樓已見木部。

垢 濁也。

詩小雅。征以中垢。毛傳。中垢。言闇冥也。箋略同。王伯申曰。中得也。地官師氏。掌國中失之事。故書中爲得。齊策。是秦之計中。高注訓中爲得。垢當讀爲詬。詬。恥辱也。宣十五年左傳。國君含垢。釋文。垢本或作詬。莊子讓王篇。强力忍垢。注。垢。辱也。亦以垢爲詬。此言不順之人。行不順之事。以得恥辱。箋云。征。行也。故曰征以中詬。是以垢爲詬之假借。案濁辱韻合。汙濁與恥辱義近。似亦可通。

坻

邱再成者也。再當作一。一曰瓦未燒。

借培。已見上。○水經注。河水又東。逕成皋大伾山下爾雅山一成謂之伾今爾雅作坯郭注引書至于大坯坯當从不不與丕通也禹貢釋文伾本作岯或作駓又周語檮杌次於丕山韋昭注大邳山在河東史記夏本紀正義引作邳諸書字各異皆當爲坏之假借丕已見一部邳見丕下○缶部𦈢字云未燒瓦器也讀若筩莩同案莩音孚孚古音同浮浮與坏音近是可通借矣○又上墼字云令適也一曰未燒者字異而義亦通

𡊅 徒隸所居也一曰女牢一曰亭部

屵部岸下引韓詩鄉亭之繫曰犴即此所謂亭部

也埍幵音近是通借字○錢又謂此圛土字也圛埍㘴韻則亦可借圛已見口部

堋 喪葬下土也春秋傳曰朝而堋禮謂之封周官謂之窆虞書堋淫于家亦如是

案所引傳見左氏昭十二年葬鄭簡公事今傳作塴小司徒注亦引傳日中而塴又周禮遂人鄭司農注窆之封堋皆葬下棺也聲相近蓋蒸侵東三韻爲通轉也書臯陶謨朋淫于家許作堋淫正以說假借非易其字朋淫者段謂卽羣居終日言不及義恒舞于宮酣歌于室徇于貨色也而或因堋字

竟以楚王戊私姦服舍釋之殊屬乖剌朋巳見鳥部鳳下。

墳 墓也。

借賁巳見貝部借濆見水部借封見上○周禮司烜氏共墳燭注故書墳爲蕡先鄭云蕡燭麻燭也蕡與黂通故爲麻燭是墳爲蕡之轉借若詩桃夭有蕡其實則卽爾雅墳大也之訓蕡又當爲墳之假借蕡巳見艸部葩下○上坋字云塵也一曰大防也又廣韻坌聚也塵聚則土高故司馬相如哀秦二世賦登陂陀之長坂坌入曾宮之嵯峨坌卽

坋。則大防之墳與集韻。墳。土沸起也。皆當爲坋之假借。○廣韻有羵字。引魯語。土之怪曰羵羊。注。羊部無羵。葢卽借墳字也。○禹貢。白墳。黑墳。赤埴墳。廣韻。墳音憤。土膏肥也。此本假借字。今人或誤作平音。故附箸之。

壠 丘壠也。

曲禮。適墓不登壠。注。壠。冢也。方言云。冢秦晉之間或謂之壠。是冢爲壠之通借。○貝部買下引孟子。登壠斷而网市利。以證買从网貝之意。壠。孟子作龍。省借字。龍已見龍部。亦見玉部瓏下。丁公箸讀爲隆。釋文引陸注。謂岡壟斷而高者。段云。趙注釋爲堁斷而高者。堁塵壢也。蓋其本作龙斷。龙壟襍之皃。躐𨀁不到。地勢略高之處也。古書龙龍二字多相亂。案此附會龍字頗迂。似陸爲長。且與許合。○自部隴。天水大坂也。義與壟異。而邱壟字亦作隴。爾雅釋邱注。邱有隴界。釋文。隴本作壟。是壟爲隴之通借。○左氏文二年傳。盟于垂隴。公穀作垂斂。歛當爲隴之假借。聲相轉。斂已見攴部。

壇　祭壇場也。

前有壇字云。野土也。禮祭法注。封土曰壇。除地曰墠。此分言之也。然無封土而不除地者。二者本合。
鄭風。東門之墠。釋文。壇本作墠。毛傳云。除地町町
者。町町。平意。正墠之義。左氏襄廿八年傳。鄭伯如
楚。舍不爲壇。子產曰。大適小則爲壇。小適大。苟舍
焉而已。焉用作壇。段謂壇卽墠字。是壇墠可通借
也。故周禮大司馬。纍內陵外則壇之。注。壇讀如同
墠之墠。○又周禮𡒄人注。故書𡒄爲壇。杜子春讀
壇爲𡒄。此以壇爲𡒄之假借。實則𡒄墠音同。卽借
墠字也。○漢書禮樂志集注。壇字或作禫。禫卽禪
字。封禪之禮。必除地爲墠。故可通借。禪已見示部。

○莊子至樂篇遊之壇陸釋文壇司馬本作澶案
水部澶淵水在宋一曰衛地名子虛賦案衍壇曼
亦作澶漫是本通借字矣○周禮壇字又借墠
亦从單也已見心部

場祭神道也一曰山田不耕者一曰治穀田也
玉篇引國語壇之所除地曰場此首義也田部暘
不生也場與暘義相近是可通借此次義也幽風
九月築場圃此三義也○前有壤字云柔土也穀
梁隱三年日有食之傳吐者外壤食者内壤闕然
不見其壤有食之者也注云齊魯之間謂鑿地出

已見門部。借蠲見虫部。○田部畦云田五十畝曰
畦。飾圭故王部下灰則出。經典中圭畦錯見。○借閨。

圭

圭 瑞玉也。上圜下方。以封諸侯。楚爵有執圭。古文為
瘍下。亦見人部。
曰浮瘍也。音傷。則瘍與塲似。可借。傷已見歹部。
音者皆為傷。徐邊亦作傷。段謂方言坻塲也。李善
借瘍已見禾部穰下。○又穀梁注云塲字為穀梁
作塲。音失羊反。見方言。亦取禾意。是塲為塲之通
土頭作穴出土皆曰塲。段謂蟲頭所出字。一作塲

畦。即孟子圭田五十畝也。孟子指卿大夫之祿言之。而數正符。蓋畦从圭田會意。圭畦又疊韻。即可通借。其爲畦畛字者。引伸之義也。

垂 遠邊也。

前有𠂹部云。艸木華葉𠂹。象形。古文爲㧑。則凡垂下字當爲𠂹。𠂹之假借。今垂行而𠂹廢矣。○𨸏部陲字云。危也。與此異義。荀子臣道篇。邊境之臣處則疆垂不喪。注。垂與陲同。陲當爲垂之假借。而今邊垂字俱作陲。○書。共工名垂。荀子解蔽篇。呂覽。重已篇。俱作倕。倕字人部無之。借箠。已見竹部。

垚部

垚 土高皃。錢謂此嶕嶢字。案山部云。嶕嶢。山高皃。是垚爲嶢之通借。○下堯字亦云。高也。从垚在兀上。高遠也。古文爲𡋺。此唐帝之號。白虎通曰。堯猶嶢嶢也。堯亦嶢之通借。嶢嶢字或即作堯。墨子。王德不堯堯。

堇部

堇 黏土也。古文爲𡎹𡍮。亦爲𡏳。借謹。已見言部。錢謂此詩塞向墐戶字。墐亦見謹下。別見歺部殣下。○堇本从黄。不从艸。艸部別有蓳字云艸也根如薺葉如細柳蒸食之甘詩緜之堇荼內則之蓳萱是也爾雅芨蓳艸晉語置蓳於肉則烏頭毒艸也今經典俱省艸通用堇字遂無分別月令木堇榮爾雅釋草椴木堇櫬木堇本作槿此木部所無當即用蓳字矣○漢書地理志豫章出黃金然堇堇物之所有師古曰堇讀作僅少也是堇爲僅之省借僅巳見人部○集韻云堇子國在寍波奉化縣東境內有赤堇山見越絕書今之鄞縣因此得名亦假借字也

艱 土難治也籀文爲囏

囏字惟周禮用之借攑已見手部○虞書暨稷奏庶艱食釋文艱馬本作根案釋名云艱根也如物根也是艱與根義本同可爲通借○段謂許書無墾字疑古艱卽今墾字墾亦艮聲也是假借矣墾已見豕部

里部

里 尻也

詩十月之交悠悠我里毛傳里病也此借里爲悝義正同許悝已見心部而釋文於十月篇云里本作瘇雲漢篇云如何里亦云里本作瘇雲漢箋曰

里憂也疏謂里作悝音義同與爾雅釋詁悝憂也𤺊病也分屬者異段謂憂與病相因悝𤺊同字故疒部無𤺊則里爲悝之省借亦卽𤺊之異體假借也○禮雜記則里尹主之注里或爲士案里字从土一曰士聲也故士可爲里之通借士已見士部○攷工記匠人里爲式注里讀爲已聲之誤也是以里爲已之假借

釐　家福也

借禧已見示部借萊見艸部借釐見犛部借來見來部借僖見人部○貝部賚賜也引周書賚尒秬

釐爾雅釋詁賚予也詩大雅釐爾女士毛傳釐予也釐爾圭瓚傳釐賜也是以釐爲賚之假借賚从來聲故與釐近賚亦見來下○詩臣工王釐爾成箋云釐理也書堯典允釐百工某氏傳釐治治郎理也是以釐爲理之假借理已見玉部○水部漦順流也一曰水名國語史記有龍漦韋昭曰漦龍所吐沫左氏昭九年傳注武功所治漦城蓋因漦水得名釋文漦本作釐釐當爲漦之假借○左氏昭廿四年傳嫠不恤其緯注嫠寡婦也案女部嫠字在新附詩巷伯毛傳及韓詩外傳竝作釐婦左

氏襄廿五年傳嫠也何害昭十九年傳已爲嫠婦。又爾雅釋器嫠婦之笱謂之罶。釋文於諸處竝云嫠本作釐。則嫠字非古。當卽借釐字爲之。

野 郊外也。古文爲壄。

借字已見宀部。借冶見仌部。○文選褚淵碑文餐東野之祕寶。注野當爲杍。古序字。是以野爲序之轉借。韻部通也。序已見广部。杍見序下。○禹貢至于豬野。大野既豬。漢書地理志俱作壄。是用古文也。爾雅釋地牧外謂之野。釋文野本作埜。又壄之省借矣。○玉篇有墅字。余者切。田也。又食與切。村

也田廬也此本部所無疑即壂之異體

田部

田 陳也樹穀曰田象形口十阡陌之制也

陳當作敶已見攴部借佃見人部借畋見佃下○

詩有瞽應田縣鼓箋云田當作朄朄小鼓在大鼓

旁應鞞之屬也聲轉字誤變而作田周禮大師注

禮記明堂位注爾雅釋樂注引詩並作應朄縣鼓

鄭言聲轉者廣韻朄羊進切音引申部朄字云擊

小鼓引樂聲也正引之義引在軫韻朄从柬聲柬

在潸韻軫潸二韻之平聲皆與先韻通○禮記緇

衣周田觀文王之德注古文爲割申勸寍王之德
今博士讀爲厥亂勸寍王之德正義云田當爲申
葢申字蝕其上下卽爲田田申亦韻部通也○水
經洧水注東南逕辰亭東俗謂之田城葢田辰聲
相近辰已見晨部○下甸字云天子五百里内田
甸借乘已見椉部其餘多與田通甸借畋見畋下
亦借佃見佃下周語邦内甸服注甸王田也周禮
甸祝注職方氏又其外方五百里曰甸服正義及
漢書地理志集注竝云甸之言田也又田卽用爲
畋獵字周禮小宗伯若大甸注甸讀曰田司服凡

甸冠弁服注肆師凡師甸司几筵甸役則設以熊席兩疏皆以甸為田獵也

堧 城下田也一曰堧卻也

史記河渠書漢書溝洫志皆云故盡河堧棄地韋昭曰河堧謂緣河邊地又史記五宗世家臨江王侵廟堧垣為宮漢書申屠嘉傳並云鑿大上皇廟堧垣堧為堧之通借段謂堧堧字有从需作壖壖者玉篇以為俗體

疇 耕治之田也从田𠃬象耕田溝詰詘也亦或省作𠃬

借疇已見口部。部借譸借訓見言部。○賈逵國語注一井爲嚋。後漢書張綱傳注田竝畔曰嚋。引申之義如易否嚋離祉疏云嚋謂嚋匹。書洪範九嚋疏云嚋是輩類之名。王逸楚辭注二人爲匹四人爲嚋。以及高注國策韋注漢書皆云嚋類也。此爲正字。至荀子勸學篇草木嚋生注嚋與儔同。乃以儔爲嚋之通借。儔亦見疇下。別見羽部翿雔部雔下。○又荀子正論篇至賢嚋四海注嚋與籌同。是以嚋爲籌之假借。籌亦見譸下。○文選西征賦嚋匹婦其已泰注嚋猶酬也。此以嚋爲酬之假借。酬亦見言部讎下。又見訓下。

畬三歲治田也。易曰。不菑畬。

所引易。見无妄六二爻辭。釋文云。畬馬曰。田三歲。說文云。二歲治田。是此三字本作二。鄭注坊記虞注易皆與許合。而爾雅釋地云。一歲曰菑。二歲曰新田。三歲曰畬。小雅周頌毛傳同。乃相傳之異也。

○爾雅孫注。畬和也。田舒緩也。郝謂畬之言舒。易釋文引董遇云。悉耨曰畬。是也。則舒可爲畬之通借。舒已見艸部荼下。

畮六尺爲步。步百爲畮。重文爲畝。

繫傳下有秦田二百四十步爲畮九字。蓋步百爲畮。司馬法也。二百四十步。秦孝公之制。○史記魯周公世家。㝢母同姓。索隱曰。尚書㝢作畞。此以畝爲畮之省。借畮爲每。每亦母聲也。母已見女部㜷下。

畿 天子千里地。以遠近言之則言畿也。遠字从小徐。大徐作遠。似非。

詩邦畿千里。周禮方千里曰王畿。書大傳注俱作圻。圻爲畿之通借。圻即垠字。已見土部。太[元]元文。垠。限也。莊子逍遙遊注。託之于絕垠之外。釋文。垠。

本作限。周禮。乃以九畿之籍。注亦云。畿。猶限也。邶風。薄送我畿。毛傳。畿。門內也。謂門限也。是畿與垠義本通。垠可爲畿之假借。○借幾。已見𢆶部。又九畿注。故書畿爲近。鄭司農云。近當作畿。案畿言逮近。則近可爲畿之假借。近亦見幾下。

畷 兩陌間道也。廣六尺。

郊特牲。饗農及郵表畷。注引詩。爲下國畷郵。樂記注引同。今詩作綴旒。是畷爲綴之假借。郵亦借旒也。段謂畷之言綴也。衆涂所綴也。於此爲田畯督約百姓之處。若街彈室者然。則畷與綴義亦本通。

〇又周禮大宗伯注。鄭表畷。正義云。畷。止也。與輟
訓止同。是畷亦可爲輟之假借。輟已見心部惙下。

昣

井田閒陌也。

淮南要略訓以翺虛無之軫。注。軫。道昣也。文選謝
靈運登臨海嶠詩含酸赴脩軫。注。軫當爲昣。又詠
懷詩遠軫距阡陌。注。軫當爲昣。軫卽軫之或體。是
軫爲昣之假借。軫已見糸部紾下。〇曲禮。昣於鬼
神。注。昣或爲祇。昣當是祇之假借。聲轉也。祇已見
示部。若玉篇引禮記。眡於鬼神。亦作昣。則眡乃祇
之轉借。珍又昣之轉借矣。〇爾雅釋言。昣。殄也。郝

謂殄者。釋詁云盡也。畛者。田界之盡也。上文畛。致也。致與盡義亦近。畛殄俱从㐱聲。又以聲得義。是畛可爲殄之假借。殄已見歺部。亦見水部沴下。○釋言下文。障畛也。郝謂釋文。障又界也。文選東京賦注引宋衷太𤣥經注。畛界也。是障畛皆有界限之義。北征賦注引蒼頡篇。障小城也。城垣爲限。與田陌爲界義亦近。障畛又一聲之轉。則二字可通借也。障已見土部境下。

畤　天地五帝所基址祭地。右扶風有五畤。好畤鄜畤。皆黃帝時祭。或曰秦文公立也。

詩崧高以峙其粻。釋文峙本作峙。兩通。是畤爲峙之通借。○左氏隱三年傳。潤谿沼沚之毛。釋文出畤字云。畤本作沚。畤當爲沚之假借。沚已見水部洔下。

略

經略土地也。

借䂮。已見刀部劗下。借蝷。見虫部。○王懷祖曰。齊語犧牲不略則牛羊遂。管子小匡篇作不勞。勞略一聲之轉。皆謂奪取也。是可以勞爲略之假借。○月令仲春毋肆掠。廣雅釋詁略取也。小爾雅廣詁亦云。掠。取也。二字似可通借。但手部掠字在新附。

一切經音義引聲類掠作剠集韻剠音略奪取也刀部亦無之然則凡刧掠字祗當作略月令鄭注掠謂捶治人淮南時則訓作毋笞掠鼎臣舉唐韻或作擽固音近可借耳掠已見木部梁下

疄轢田也

足部蹸轢也廣雅釋言轔轢也蹸與轔皆可爲疄之通借○文選西都賦蹂躪其十二三躪亦與此義合而足部所無漢書司馬相如傳載上林賦徒車之所閵轢則卽借閵字爲之隹部閵似雊鵒而黃籒文作藺閵與疄皆良刃切疊韻字也

畱止也。

借鶹。借流。並見㳅部㶖下。○日部昴云。白虎宿星。詩召南維參與昴。毛傳。昴畱也。史記律書。北至於畱。畱者。言陽氣之稽畱也。詩正義引元命苞曰。昴六星。昴之爲言畱也。言物成就繫畱也。是以畱爲昴之假借。案畱从丣聲。今作留。从卯者非。昴字諸書俱从卯。蓋丣卯篆文相似。音亦相轉。故小星詩與下裯猶爲韻。以昴卽畱也。至字當何从。則說者各異。亦未敢遽定。惟附存一義。爾雅釋天。大梁昴也。西陸昴也。郝引分野略例云。自胃七度至畢十一度。於辰在酉爲大梁。昴爲大梁之次之中星也。
詩七月正義引孫炎曰。西方之宿。昴爲中。卽西陸
也。西陸屬酉。故漢書律[麻]志畱孰于酉。酉亦從畱
得義。然則惠定宇謂昴从丣。非無據也。段氏指駁
似過。○廣雅釋器。畱黃。絲也。疏證謂說文䓣。艸可
以染畱黃。此言染絲也。古樂府相逢行。中婦織流
黃。此言織絲也。玉藻正義引皇侃疏云。駵黃之色
黃黑。是駵與畱流亦可通借矣。○莊子天地篇。執
畱之狗成鬼。釋文。畱本又作貓。一作貍。案集韻。執
貓。狗名。言善執畱禽獸。蓋犬部無貓。卽借畱字爲

之莊子注又引司馬彪云貊竹鼠也廣韻貊本作
鼬本書鼠部鼬竹鼠也如犬是畱亦可爲鼬之轉
借矣其或作貍者又畱之雙聲假借也貍已見豸
部○文選吳都賦棎橊禦霜本草綱目云棎畱二
果名引薛瑩荆陽異物志畱子樹生交廣武平興
古諸郡木部無橊亦省借作畱也○爾雅釋鳥鶹
劉疾釋文劉字或作畱又淮南原道訓劉覽偏照
注劉讀畱連之畱此以劉爲畱之假借

畜 田畜也淮南子曰元田爲畜重文爲𤲸
借玉已見王部借孝見老部借慉見心部借𡢳見

攴部借嘼見後嘼部○艸部蓄積也易小畜大畜釋文竝云畜本又作蓄月令務畜菜呂覽仲秋作務蓄菜又詩谷風我有旨蓄釋文蓄本亦作畜是畜與蓄通借字也若文選高唐賦臨大阺之稸水注稸與畜同海賦澗瀆淪而滀漯注滀漯攢聚貌二字禾部水部俱無之惟見廣韻則畜蓄之別體耳○孟子云畜君者好君也呂覽引周書曰民善之則畜也不善則讎也高注畜好也此謂畜卽好之同音假借也案玉下㜅下亦用孟子呂覽所引與㜅下引說苑語略同可以互參○詩燕燕先君

之思以昜寡人釋文昜勉也禮坊記引作以畜寡人蓋用孝養之義鄭注云此衞夫人定姜之詩定姜無子立庶子衎是爲獻公獻公當思先君定公以孝於寡人與毛傳爲莊姜之詩異蓋鄭注禮時未見毛詩故從魯詩說也昜與畜音同而義別不得爲假借○畜字重文爲蓄下引魯郊禮畜从田从茲茲益也案艸部茲从艸絲省聲與从二元者音義俱別前元部已辨之今本於此處上从玆殊不合玆益之解段錢俱改之是也但小篆既省作畜而蓄轉似假借矣

疃禽獸所踐處也。詩曰。町疃鹿場。

今東山詩作疃。从重从童字往往互易。釋文本又作墥。○廣韻有暖字。同疃。此本部所無。見郡國志廣陵郡東陽下。劉昭注云。縣多麋。引博物志曰。麋暖。民人隨此暖種稻。不耕而穫。後漢書譌爲畯埤雅又譌暖。然因之知暖畯同音。與疃近。則暖爲疃之異體通借。若楚辭九思鹿蹊兮躖躖。段謂躖與疃蓋一字也。

畕部　畕音闕。大小徐俱居良切。

畺界也。从畕。三其介畫也。重文爲疆。

今畺界字俱作疆而畺廢矣惟周禮有畺○疆借
强已見弓部彊下○爾雅釋詁壃界邊衛圉釋文
云字又作畺經典作疆假借字此以畺爲正也土
部無壃乃俗體○人部僵僨也釋名云僵正直畺
然也又陳君閣道碑車馬疆頓僵作疆是以僵爲
畺之假借亦以疆爲僵之假借也

黃部

黃　地之色也从田从炗炗古文光黃古文爲𡕛
借皇已見王部借廣見广部借蟥見虫部蚌下○
文選七發黃池紆曲注黃當爲湟此以黃爲湟之

假借。湟亦見皇下。案水部湟爲水名。出金城臨羌塞外。東入河。其訓池者。宜借潢。潢見水部洼下。○禮記緇衣引詩狐裘黃黃。釋文黃徐本作横。此以横爲黃之假借。横从黃聲也。横見木部。又廣韻出黌字。音横。學也。後漢書鮑德傳修起横舍。横即黌也。本部所無。今人競稱黌門。而不知其爲横。故附箸於此。○玉部璜。璜半璧也。白虎通瑞贄篇陽氣横於黃泉。故曰璜。璜是璜本從黃得義。故呂覽舉難篇。翟璜古今人表作翟黃。可爲省借。○左氏襄廿年傳。陳侯之弟黃出奔楚。公穀作光。此人名不定誰借。

䵎赤黃色也。一曰。輕傷人䵎姁也。段謂曹大家女誡有陜輸字。蓋卽䵎姁也。語同字異耳。案此與亦部夾下兼列陜字。俱用爲借義。可以互參。

力部

勳能成王功也。古文爲勛。周禮司勳注。故書勳作勛。鄭司農云。勛讀爲勳。此蓋以今字釋古文也。○借闇已見門部。借薰見闇下。又夏承碑。策薰著于王家。轉以薰爲勳之假借。

○左氏哀十一年傳獻之以[元]纁釋文纁本作勳勳當爲纁之假借纁已見巾部熏下

功 以勞定國也

借攻已見攴部借工見工部借紅見糸部○詩六月以奏膚公毛傳公功也江漢肇敏戎公後漢書宋閎傳作肇敏戎功此以公爲功之假借若史記孝武紀申功封禪書作申公申公人名即傳魯詩者功又當爲公之假借案詩七月載纘武功毛傳功事也天保于公先王傳亦曰公事也是義本通天保之公鄭箋以公爲先公則說異公已見八部

亦見工下。

𠠫 助也。

段謂从非者，力去其非也。爾雅釋詁：導，勵也。勵即勱之省。教導所以爲贊助，導勵雙聲字，故導可爲勵之通借。導已見示部禫下、辵部道下。

勑 勞也。勞讀去聲。

借敕，已見攴部。○孟子引放勳曰：勞之來之。蓋古尙書文。周禮樂師詔來瞽皋舞，先鄭注：來，勑也。此以來爲勑之省借。又爾雅釋詁：勞、來，强事。釋文：來本作勑，又作賚。勑賚皆从來聲，故可通，其作徠者。

俗也。來已見來部。

劼 愼也。周書曰。劼毖殷獻臣。

爾雅釋詁。劼固也。書某氏傳從之。釋文。劼或作硈。硈訓石堅。堅與固義同。是硈可爲劼之通借。硈已見石部硈下。

勁 彊也。

義與勍同。故勍敵亦稱勁敵。勍勁可通借。勍已見人部倞下。○樂記。廉直勁正莊誠之音作。史記樂書勁作經。經緯字本與勁音同。經訓常訓法。與勁正義亦合。則經可爲勁之假借。經已見彳部徑下。

勉 彊也。

勉之借義已見門部閔部亦見女部娓蚰部蠠下。

○漢書薛宣傳因移書勞免之谷永傳閔免遁樂。閔免當卽黽勉也此以免爲勉之省借免已見冃部冕下亦見兔部。

劭 勉也讀若舜樂韶。

漢書成帝詔先帝劭農晉灼曰劭勸勉也義正合。段謂卪部卲高也卲與劭相似劭農當是卲農殆非也又謂爾雅方言皆云釗勉也釗當是劭之假借字案古文尙書武成昭我周王爾雅釋詁注引

逸書作釗我周王而孟子作紹我周王昭釗音同
紹劭亦音同釗可爲紹則卽可爲劭矣是通借也
釗已見刀部

勖 勉也周書曰勖哉夫子
勖从力冒聲書君奭迪見冒釋文冒馬作勖勉也
是又冒爲勖之省借冒已見冃部案勖音同茂雙
聲字也今字作朂音旭許玉切非古也字形尤舛
而世多沿誤但勖之音旭其來亦久見田部畜下
○心部懋勉也重文爲悉書般庚懋建大命予其
懋簡相爾今文尙書懋皆作勖見隸釋石經殘碑

是懋爲勖之通借○書懋遷有無漢書食貨志作楙遷注引應劭曰楙勉也是楙爲懋之省借又勖之轉借也懋楙俱已見艸部茂下

動　作也古文爲𨔝

周禮大祝四曰振動杜注動讀爲哀慟之慟此以動爲慟之省借慟已見重部慟下又借董已見艸部董下○樂記讙以立動注動或爲勳案勳本从熏今作勳上遂从動立勳勳義可通非假音也勳已見上○易繫辭言天下之至動虞注動誤作嘖案嘖或作賾釋文賾九家作冊賾當是嘖口部嘖大

呼也。冊乃嘖之同音假借。虞以嘖爲誤。則九家亦
誤矣。冊已見冊部。賾見臣部。
畾 推也。
段謂古用兵用礧石。李陵傳作壘石。晁錯傳。具藺
石。如湻曰。城上雷石。周禮注亦作雷。唐書李光弼
傳。擂石車。又作擂。實則礧爲正字。雷已見雨部。
勞 劇也。从力。熒省。熒火燒門。用力者勞。古文□从
悉。
借牢。已見牛部。借遼。見辵部。借略。見田部。○詩碩
鼠。莫我肯勞。呂覽舉難篇注作莫我肯逃。逃勞疊

韻可爲通借○廣雅釋詁勞嬾也疏證謂廣韻勞倦也倦與嬾同義嬾勞一聲之轉則嬾爲勞之假借○爾雅釋蟲虰蛵負蟧釋文蟧今本作勞蓋虫部無蟧卽借勞字爲之

勮　務也

廣雅釋詁務遽也廣韻同又廣雅勮疾也疏證謂賈逵國語注遽疾也是遽爲勮之通借○案勮字今譌从刀作劇劇入陌韻而以勮入御韻公羊宣六年傳注猶超劇釋文劇本作遽文選劇秦美新何其劇與注劇甚也漢書揚雄傳注引晉灼曰劇

或作遽。是遽亦勮之通借。遽已見辵部。○下勮字。
大徐本云。尤極也。小徐作尤勮也。言其勞之尤甚
也。勮極音近。則極亦可爲勮之假借。極已見木部。
勩勞也。詩云。莫知我勩。
此小雅雨無正文。毛傳。勩勞也。與邶谷風既詒我
肄。訓同。爾雅釋詁注引作既詒我勩。故釋詁云。倫
勩卬敕。釋文。勩亦作肄。又孫炎注。勩習事之勞也。
肄正訓習。是肄爲勩之通借。肄已見聿部。又見木
部櫱下。
勦勞也。

广部廑字云少劣之居漢書敘傳廣阿之廑注廑亦勤字也又文選長楊賦其廑至矣注引古今字詁曰廑今勤字是廑爲勤之假借廑已見人部僅下○禮祭統勤大命施於烝彝鼎正義云勤行也以勤爲行之假借

加

語相增加也

詩鵲巢傳冬至架之釋文架本作加匡謬正俗曰劉昌宗周續等音加爲架是架爲加之假借○莊子庚桑楚譬猶飲藥以加病也釋文加崔本作駕駕當爲加之假借駕已見馬部

㪍 排也。借悖。已見言部誖下。借孛。見𣎵部。借郣。見邑部。借渤。見郣下。借浡。見水部。○廣雅釋訓。勃勃。盛也。疏證謂大雅臨衝茀茀。毛傳。茀茀。彊盛也。茀茀與㪍勃同。是可假借。茀已見艸部。又謂釋詁二云。浡。盛也。淮南時則訓。㪍㪍陽陽。唯德是行。浡㪍竝與勃同。是則異體假借。浡亦見誖下。㪍見郣下。○又釋詁四。勃仂俱云勤也。勃與仂音相近。亦可通借。○荀子非十二子篇。佛然平世之俗起焉。注。佛讀爲勃。勃然。興起貌。此以佛爲勃之假借。佛已見人部。

飭 致臤也。讀若敕。

借整。借敕。已見攴部。又史記五帝紀。信飭百官。集解引徐廣曰。飭古勑字。是勑亦飭之假借。勑見上。

○巾部飾云。㕞也。一曰襐飾。飭與飾形似。又聲韻字。故多互用。易雜卦。蠱則飭也。釋文。飭王肅本作飾。樂記。合情飭貌。釋文。飭本作飾。又樂記。復亂以飭歸。史記樂書作復亂以飾歸。其以飾爲飭。則易坤注。裳下之飾也。莊子漁父篇。飾禮樂。釋文竝云。飾本作飭。飭已見工部式下。段謂彼工下云巧飾也。當作巧也。飭也。飭即記所謂飭五材。辨民器。謂之百工。不徒修飾其外而已。此義甚合。

劦部

劦同力也。山海經曰。惟號之山。其風若劦。北山經云。母逢之山。北望雞號之山。其風如飈。郭注。飈。急風皃也。音戾。與此所據不同。段謂許意蓋言其風如并力而起也。是劦爲飈之省借。劦亦力制切。故𦔻㔙字以爲聲。今爲胡頰切。下諸字竝同。

○恊。同心之龢也。勰。同思之龢也。協。衆之同龢也。協古文爲叶。或爲旪。協叶旪俱見水部汁下。案原本役計都數文一匝五。則恊下五字音義皆合。可爲通借。即劦之重文也。段改爲文四重二。似不必。

說文假借義證卷二十六

嘉興張鳴珂

族曾孫弁同校

說文假借義證卷二十七目錄

第十四篇上

金部 文百九十七 證九 有缺

鋂 鍡 鋪 鈌 鐓 錮 鉅 鐪 錭

幵部 文一 證一

幵

勺部 文二 證一

勺

几部 文四 證二

几 処

且部 文三 證二

且 俎

斤部 文十五 證六

斤 斲 所 斯 斷 新

斗部 文十七 證五

斗 斛 斞 斡 魁

矛部 文六 證一

矜

車部 文九十九 證四十四

車 軒 輜 輧 轀 輬 轒 輹 軏

光緒二十五年。歲在己亥。仲冬月。族曾孫蔭成重校刊。

說文假借義證卷二十七　　涇朱珔學

第十四篇上

金部

鐶大環也。一環毌二者。詩曰盧重鐶。

廣雅釋器。鋂。鐶。鐶也。疏證謂鐶鋂聲相近。廣韻鐶。重環也。此與釋詁。挴。䛬。慙也。音轉正同。但本部無鐶。則異體假借耳。

鍡鍡鑸不平也。

莊子庚桑楚有畏壘之山。史記作畏累。虛。玉篇。鍡。鑸亦作磈。礧。錢謂魏都賦。嵬。𡼭。埤倉。磈。硊。竝此字又莊子山林之畏佳。蓋皆假借通用字也。

鋪 箸門抪首也。

詩常武。鋪敦淮濆。釋文。鋪韓詩作敷。後漢書馮緄傳正作敷敦淮濆。又賚篇敷時繹思。左氏宣十二年傳作鋪時繹思。小爾雅廣詁。鋪布也。與敷訓同。常武箋云。陳屯其兵於淮水之上。陳即鋪。敦即屯。此以鋪爲敷之假借。敷已見寸部尃下。○詩雨無正。淪胥以鋪。釋文。鋪。病也。又江漢。淮夷來鋪。毛傳亦云。鋪。病也。此則以鋪爲痡之假借也。

[illegible] 刺也。

漢書天文志背穴注皆日旁氣也背形如背字也穴多作鐍其形如玉鐍也如淳曰有氣刺日爲鐍鐍抉傷也錢謂卽此字是鈌可爲鐍之通借鐍巳見角部觼下

銚 利也

爾雅釋器鏤鋑也錢謂鋑卽此字案廣韻鋑音涑集韻鋑本作鏉本部無鋑字蓋通借以鏉爲之

鐂 殺也

爾雅釋詁劉殺也劉與鐂通書云無盡劉詩云勝殷遏劉左傳云虔劉我邊陲皆與殺義合○小徐

云說文無劉字偏旁有之疑此即劉字也从金从丣刀字屈曲傳寫誤作田爾段亦謂竹部有劉水部有瀏皆劉聲又劉劉杙并注引劉向劉歆若無劉字劉聲無本矣今輒更正篆文作劉雖有辯終覺逞臆然則劉爲漢姓何以遺之案玉篇云鐂古文劉字東漢中葉後六書古文多不合孔氏謬於史籀詳見前自序箸說文正以救失乃當代崇尚讖緯妄造卯金刀之說既難明斥又不能依阿羼入俗體此處劉之正字宜用丣聲疑特作古文如凡帝諱闕篆之例至偏旁則但直書其字不必言

及卯金刀。故無所避忌。未識許意然否。○郝謂劉聲近膢。漢書武帝紀注引漢儀注。立秋貙膢。伏儼曰。膢音劉。劉。殺也。師古曰。續漢書作貙劉。是劉爲膢之通借也。劉已見田部畱下。

鉅 大剛也。

引申叚爲大。義禮記三年問。創鉅者其日久。釋文。鉅。大也。與巨通。巨本規矩字。見工部。廣雅釋詁。巨。大也。莊子天下篇以巨子爲聖人。釋文。巨。崔本作鉅。是以巨爲鉅之省借也。○荀子性惡篇。繁弱鉅黍。古之良弓也。注。鉅與拒同。拒當从禾作秬。鉅爲秬之假借。〇又正論篇是豈鉅知見侮之不辱哉。注鉅與遽同則以鉅爲遽之假借遽已見辵部〇戰國策臣以爲王鉅速忘矣注鉅詎通言部詎猶豈也鉅爲詎之假借詎亦見遽下〇詩大雅虡業維樅上林賦虡作鉅是以鉅爲虡之假借聲同也前丵部業下引作巨業維樅則又轉省借矣

鎕　鎕銻火齊也

玉部云玟瑰火齊也與此同訓則鎕銻即玟瑰矣鹽鐵論作唐銻蓋省借字唐已見口部

錭　鈍也

廣雅釋詁三。錭銖皆云鈍也。案前銖字云。權十絫黍之重也。是銖之本義。淮南齊俗訓。其兵戈銖而無刃。高注。楚人謂刃頓爲銖。則以銖爲錭之假借。錭銖雙聲字。又莊子庚桑楚人謂我朱愚。朱與銖通。乃轉省借也。朱巳見木部。○下鈍字云。錭也。二字互訓。鈍亦借頓爲之。漢書陳平傳如湻注。頑頓謂無廉隅也。頓與鈍同。

开部

开平也。象二干對構上平也。

段謂开字古書罕見。禹貢道岍及岐。許書無岍字。

蓋古祇名幵山後人加之山旁必岐頭平起之山也巳見門部開下○漢書趙充國傳兗靈罕幵師古注羌之别種下又云大幵小幵則幵之族姓本殊幵亦名羌羌與幵一聲之轉可通借也羌巳見羊部

勹部

𠃉

抱取也象形中有實與包同意

酉部酌盛酒行觴也漢郊祀歌勺椒漿師古曰勺讀曰酌是以勺爲酌之省借○内則十三舞勺注勺與酌同即周頌酌篇告成大武也漢書禮樂志

籥勺羣慝。注引晉灼曰。勺。周樂也。白虎通禮樂篇。周公之樂曰酌。言輔成王能斟酌文武之道而成之也。漢志亦云。勺言能勺先祖之道也。是酌與勺通借矣。酌已見酉部歠。水部汋下。○攷工記玉人黃金勺。注。勺故書或作約。杜子春云。當爲勺。詩酌序正義亦曰。酌。左傳作約。古今字耳。則約爲勺之假借。卽酌之假借也。約已見糸部。○借的。已見日部的下。○木部杓。枓柄也。史漢皆云。北斗一至四爲魁。五至七爲杓。杓甫遙切。音標。詩旱麓箋。黃金爲勺。釋文。勺本作杓。大徐云。杓以爲杯杓之杓。是

若切音勺則杓又勺之假借矣借芍已見艸部

几部

[篆]踞几也象形周禮五几玉几彫几彤几髤几纂几幽風赤舄几几毛傳几几絇貌廣雅釋訓几几盛也本書手部掔下引作赤舄掔掔已部又作赤舄已已皆同音借字○周易渙奔其机注机承物者也左氏襄十年傳投之以几昭元年傳圍布几筵釋文竝云本又作机此皆以机爲几之假借木部机木也○借簋已見竹部机亦見簋下

[篆]止也得几而止重文爲[篆]

經傳多作从虍之處。而処之正字轉爲省借矣。○

管子問篇。處器之具。注。處器謂貯庫而爲備者。此

以處爲貯之假借。處貯聲韻字。貯已見貝部。○孟

子。可以處而處。韓詩外傳作可以止則止。蓋止處

訓止。故以義通。

且部

且薦也。从几。足有二横。一。其下地也。

繫傳本下有𠀃字。云古文以爲且。又以爲几字。此

几且同字。蓋古文假借之法。几已見上。○借祖。已

見示部。大射儀。且左還。注。古文且爲阻。鄭从今文。

仍爲且義阻亦見祖下○易夬其行次且釋文且本又作趄或作跙同案走部云趑趄行不進也是次且當爲趑趄之省借足部無跙字○漢書載子虛賦有巴且文穎注卽巴蕉也且入魚韻七余切與蕉爲雙聲是且可爲蕉之假借蕉已見艸部○莊子齊物論蝍且甘帶釋文且本作蛆是且爲蛆之省借○婁壽碑榮且溺之耦耕卽論語之長沮桀溺也且亦沮之省借沮已見水部○借宜見宀部

俎 禮俎也从半肉在且上

廣雅釋器俎几也疏證謂且與俎古同聲俎之言苴也苴者藉也言所以藉牲體也案且訓薦薦亦藉也是且皆爲俎通借之義又漢書項籍傳乃爲高俎注俎所以薦肉史記索隱則云机猶俎也是机亦通俎矣○借祖借阻已見示部

斤部

斤 斫木也象形

下釿字云劑斷也六書故釿魚斤切集韻斤與釿同是可通借○說苑辨物篇十六兩爲一斤而漢書律厤志說五權云斤者明也卽爾雅釋訓周頌

毛傳之斤斤。察也。是斤可借爲明察之義。斤已見箕部。○邵謂一切經音義引埤蒼。訓忻爲察。則與爾雅斤斤可通。是忻爲斤之假借。忻已見欠部欣下。

（篆）斫也。重文爲（篆）。

斵玉篇从畫。集韻斵或作斲。廣雅釋言。斲。斫也。蓋从刀與从斤通。○淮南本經訓木工不斵注。斵或作琢。二字音同。故可通借。

（篆）伐木聲也。詩曰伐木所所。

今詩作許許。許許當爲所所之假借。聲相似也。後漢書朱穆傳注引詩伐木滸滸顏氏家訓書證篇同則滸又許之轉借矣水部滸作汻○案所與許古多通用如漢書疏廣傳問其家金餘尙幾所注幾所猶幾許也張良傳父去里所復還注里所猶里許也又文選謝[元]暉在郡臥病詩良辰竟何許注許猶所也言部許聽也亦見彳部御邑部鄦下○借疋已見疋部○禮記檀弓無所不用斯言也正義所謂處所段云所字用爲處所者假借爲処字若王所行在所之類是也用爲分別之詞者又从処所之義引申之若予所否者所不與舅氏同心者

之類是也。案此蓋假借爲語辭。經傳甚多。

斯

析也。詩曰。斧以斯之。

陳風毛傳亦云。斯。析也。斯與析音義皆合。可爲通借。析已見木部。○借期。見月部。借澌。見疒部。借嘶。見疒部。○詩皇矣。王赫斯怒。板。無獨斯畏。箋竝云。斯。盡也。鄉飲酒禮注。斯禁。正義云。斯。澌也。澌。盡之名。是斯爲澌之省借。澌亦見疒部。又見貝部賜下。○詩瓠葉有兔斯首。箋云。斯。白也。今俗語斯白之字作鮮。齊魯之間聲近斯。是鮮爲斯之假借。鮮已見魚部。亦見析下。又見瓦部甗下。○

左氏哀二年傳去斯役釋文斯本作廝後漢左雄傳職斯祿薄注斯賤也漢書陳餘傳有廝養卒正賤者之稱廝廝卽澌之異體假借也若楊雄傳蹂屍輿廝注廝破折也音斯又西域傳尚書廝畱甚衆注廝畱言其前後離廝不相還及也爾雅釋言斯離也二義皆轉以廝爲斯之假借矣○爾雅釋詁斯此也斯此疊韻此蓋借爲語辭諸書多有如周南之螽斯小雅之鹿斯鷽斯柳斯皆辭也禮玉藻二爵而言言斯注斯猶耳也正義曰耳是助句之辭○孟子庾公之斯左氏襄十四年傳作庾公差

古今人表作荖斯當爲差之假借疊韻字荖卽差
也
徵也古文爲从皀皀古文叀字周書曰㫁㫁
猗無它技又古文爲
案斷从㡭㡭已見糸部絕下今字俱从反㡭爲斷
而分上去二音以斷絕字入旱韻斷決字入翰韻
與斷从㡭本徒玩切廣韻徒管切實一義者異若
此處引書泰誓作斷斷則許所據壁中古文非假
借也○孟子有私龍斷焉音義引張音云斷如字
或讀如斷割之斷非也○儀禮有司徹取糗與腶

修。注。今文腶爲斷。公羊莊廿四年傳。斷修云乎。釋文。斷本作腶。此以斷爲腶之假借。疊韻字。腶已見殳部段下。斷亦見段下。

新 取木也。

今借爲新舊字。借信已見言部。○書金縢。惟朕小子其新迎。馬本新作親。新當爲親之假借。若大學。在親民。古注祇如字釋之。義正通。至程子始云。親當爲新。親在見部。云至也。宀部寴亦云至也。是本可通借矣。○借郇。已見邑部。

斗部

斗

十升也。象形。有柄。

許說俗字人持十爲斗。段云。魏晉以後作升。似升非升。似斤非斤。所謂人持十也。案齊策王斗。古今人表作王升。正以形似而異。○借豆。已見豆部。借枓。已見木部。○易豐。日中見斗。釋文。斗。孟喜本作主。義未詳。其音則有韻字或與語虞通。故可借也。主已見丶部。○後漢竇融傳注。斗。峻絕也。此假借爲斗陗之斗。今字乃作陡。○一切經音義引難字云。斗擻。𣫌𣫜也。江南稱斗擻。北人言𣫌𣫜。音都穀反。下古祿反。集韻。抖擻。舉也。二字皆手部所無。或是斗藪假借耳。

斛 十斗也。

攷工記陶人鬲實五觳。司農注。觳讀爲斛。案鬲部云斗二升曰觳。攷工記豆實三而成觳。四升爲豆。則亦斗二升也。數與斛異。先鄭之讀爲當是讀如。但擬其音。非謂觳卽斛也。實則觳本不爲量名。巳見角部。

斞 量也。周禮曰。求三斞。

攷工記弓人作漆三斞。漆卽桼字。與求形似。故譌耳。○廣雅釋器。鍾十曰斞。疏證云。斛六斗曰斞。六斛四斗曰鍾。今斛反大於鍾，非矣。○又云：斛字或作庾。曹憲音斛爲庾。左氏昭十三年傳「粟五千庾」。史記魯世家集解引賈逵注：「十六斗爲庾。」論語與之庾。包咸注與賈逵同。案：玉篇：「斛，今作庾。」段謂一弓之桼甚少，此三斛則與論語攷工記之庾絕異。然鄭注明言斛輕重未聞，記所云當作九和之弓所具之物，不必一弓定用如許也。說似太泥。庾已見广部，與斛音同，固可假借耳。○疏證又云：斛亦作籔。案：斛、籔疊韻。聘禮記：「十六斗曰籔。」正與庾合。是籔可爲斛之假借。籔已見竹部「籅籔」二字下。彼處别出逾字。則又轉借也。集韻。斡或作斡。

𠦝𠃊

蠡柄也。楊雄杜林說。皆以爲軺車輪斡。

段謂凡執柄樞轉運皆謂之斡。賈誼鵩鳥賦。斡流而遷。張華勵志詩。大儀斡運。是也。此本引伸假借之義。○楚辭云。筦維焉繫。蓋以筦爲斡之假借。漢書車千秋傳。自以爲國家興權筦之利。注。筦與斡同。筦即管字。漢書食貨志。欲擅斡山海之貨。又斡在縣官。注竝云。斡讀與管同。匡謬正俗亦引字林斡音管。是管爲斡之假借。管已見竹部。○後漢書竇憲傳。內斡機密。注。斡古斡字也。此以斡爲斡之假借。程易疇則云。攷工記旋蟲謂之幹。乃幹之譌。

幹已見干部。

魁　羹斗也。

借榴已見木部。借傀見人部。借頯見頁部。斗魁字見勺部。○廣雅釋詁。魁。大也。段謂引申之凡物大皆曰魁。如檀弓不爲魁。游俠傳閭里之俠原涉爲魁。翟方進傳芋魁。百官志里有里魁。皆是。亦借義也。○爾雅釋木。魁瘣。釋文謂叢攢迫而生。魁亦作魁。魁乃或體也。郝云。瘣盧罪反。與瘣木之瘣異音。磈磊本或作傀儡。然則魁瘣磈磊皆字之疊韻。俱可通借矣。瘣已見疒部。

矛部

矜 矛柄也。

矜宜从令不从今。段謂漢石經論語漂水校官碑魏受禪表皆作矜。令聲古音在眞部。毛詩矜與天臻民旬塡等字韻。讀如鄰。古音也。案凡从今聲皆入侵韻。子衿之衿。即襟字。如琴岑衾妗黔。侵韻也。含貪岑三字入覃韻。侵覃本合也。若詩鴻雁傳。矜憐也。言假借也。書多士予惟率肆矜爾。論衡雷虛篇作憐爾。此先韻也。借鰥。已見魚部。此刪韻也。刪先亦眞之通。至方言注。矜今字作穫。漢書陳勝項籍傳贊。櫌鉏棘矜。文選過秦論作棘穫。李善注及廣韻矜下竝巨巾反。可知矜之从令。是眞韻非蒸韻也。惟漢韋元成戒子孫詩。以矜韻心。尙入侵韻。而晉張華女史箴潘岳哀永逝文始入蒸韻。蓋由是沿誤。不可復返矣。

車部

車　輿輪之總名也。夏后時奚仲所造。象形。籒文𨏥。

釋名。古者曰車聲如居。言行所以居人也。今曰車。車。舍也。行者所處若屋舍也。韋昭辨之謂古惟尺遮切。自漢以來。始有居音。案車字一入魚韻。一入麻韻。二部本通。今兩音竝用。借居已見尸部。○下輿字云。車輿也。段謂車渾言之。則輿輪之總名。析言之。則惟輿偁車。以人所居也。故攷工記。輿人爲車。案車輿疊韻。是可通借。易大有。大車以載。貢舍車而徒。困。困于金車。釋文竝云。車本作輿。叉剝君子得輿。釋文。輿。董本作車。詩黃鳥傳。子車氏。正義云。輿。車字異義同。若書車服以庸。春秋繁露度制篇作轝服有庸。易大畜。輿脫輻。釋文。輿。本作轝。則車輿二字皆可作轝。特稍異其體耳。○輿已見舁部輿下。曾子問。遂輿而往。注。輿機或爲餘機。呂覽淫辭篇。前呼輿謣。注。輿謣或作邪謣。爾雅釋草。蘛車。乞輿。釋文。輿本作蕍。亦作蘛。此又輿之轉借字也。案言部。謣。妄言也。重文爲誇。邪謣疑即邪許。蕍艸部所無。詩伐木則云。釃酒有蕍。艸部有蘛。云黃蘛。職也。亦見爾雅。蘵黃蘛皆音相近。與舉亦並見手部舉下。

軒 曲輈藩車也。

段謂曲輈者。以輈穹曲而上。而後得言軒。故假借爲軒舉之義。又藩車必有總。因借爲庭軒字。文選魏都賦。周軒中天。琴賦。高軒飛觀。注竝云。軒。長廊之有牕也。○樂記。武坐致右憲左。注。憲讀爲軒。疏云。軒。起也。史記樂書正義同。是憲爲軒之假借。若內則。皆有軒。注。軒讀爲憲。憲謂藿葉切也。此轉以軒爲憲之假借。義未詳。疏亦欠明。憲已見頁部顯下。○又皆有軒。注。軒或爲胖。下文野豕爲軒。注同。軒似當爲胖之假借。經云。肉腥細者爲膾。大者爲軒。胖是半肉。則大切非細切矣。胖已見半部。軒讀去聲。與胖蓋音轉。

輜 軿車前。衣車後也。

釋名曰。輜車。載輜重。臥息其中之車也。輜。廁也。所載衣物雜廁其中也。集韻。車輻入牙曰輜。韻會與菑通。攷工記。察其菑。注。菑謂輻入轂中者也。菑亦讀如廁。是菑可爲輜之假借。菑已見艸部。

軿。輜車也。

周禮車僕。萃車之萃。鄭注。萃猶屏也。所用對敵自隱蔽之車也。杜子春云。萃車當爲軿車。是以萃爲軿之假借。萃亦見艸部。

轀。臥車也。輬。臥車也。

漢書霍光傳。載光柩以轀輬車。孟康曰。如衣車有窗牖閉之則溫開之則涼史記始皇紀崩於沙邱不發喪棺載轀涼車中輬本取涼義故可通借涼已見風部颹下〇廣雅釋器轀輬轒輓車也疏證謂玉篇轒輓兵車也輓亦作轀墨子備城門篇有轒轀車孫子謀攻篇脩櫓轒轀文選長楊賦碎轒轀李善引服虔注轒轀百二十步兵車或可寢處是輓可爲轀之假借亦聲轉也

轙　陷陬車也

詩皇矣與爾臨衝毛傳衝衝車也釋文云說文作轙左氏定八年傳主人焚衝釋文亦云爾行部衝

通道也引左氏昭元年傳及衝以戈擊之字亦从童此以衝爲䡴之假借○前輣字云兵車也一作樓車也後漢書光武紀䡴輣撞城是輣與䡴同亦可通借矣

𨎌 衣車蓋也

𨎌之言幔也巾部幔幕也此四圍爲衣上爲蓋以蔽與正與幕同晉語乘幔不舉韋注幔車無文也是幔爲𨎌之假借○周禮卿乘夏縵卽國語之乘幔也幔爲車無文與縵爲繒無文義正同是縵亦可爲𨎌之通借縵巳見糸部

軓 車軾前也。周禮曰。立當前軓。

詩匏葉。濟盈不濡軌。毛傳。由輈以上爲軌。釋文云。依傳意。宜音犯。孔疏遂改軌爲軓。蓋字形易混也。然此章軌與牡韻。若作軓。則不叶。無是理也。惟高郵李成裕曰。軌字自有二義。其訓爲車轍者。中庸。車同軌是也。其訓爲車轊頭者。少儀。祭左右軌范。鄭注是也。此與軓爲轂末。又爲輢之植者衡者異事同名。正相類。案車轍不可以濡。言水至轊頭。已深而濡。而字仍作軌。則音義俱合。說甚通。足釋從來之疑誤矣。○攷工記輈人。軓前十尺。書或作軋。

夏官大馭祭軓杜子春云軓當爲軋少儀之祭范鄭云大馭作祭軋軋與范聲同段謂其字葢古文作軓今字作軋假借作笵笵又譌范此岐出之由也范已見艸部

軥

車軨前横木也

廣雅釋器輅車也疏證云輅古通作路白虎通曰天子大路路大也道也正也下引周官巾車掌王之五路案左氏襄廿六年傳賜之先輅三命之服定四年傳分魯公以大輅大旂釋文竝云輅本作路又月令乘鸞路郊特牲卷冕路車釋文竝云路

本作輅。是輅爲車軨前横木。卽可爲車之名。經典相傳通路者尙甚多。段乃謂近代用輅爲路車字。其淺俗不足道。然如論語。乘殷之輅。倘專用輅之本義。豈可通乎。聽説未免輕倪。路已見足部。○左傳輅秦伯。輅鄭人。借訝。已見言部。段則謂車前相接。可以禦之。亦殊迂曲。○管子小匡篇服牛輅馬。注。輅一作輅。上輅字云。小車也。聲之轉。當可假借矣。○又通藝録曰。方言輪又謂之轂。郭氏注云。車輅也。輅輪一聲之轉。是輅亦可爲輪之假借。輪已見糸部綸下。

較車騎上曲銅也。

今字作較。卽衞風之重較也。段謂較之言角也。案崔豹古今注。車較重耳也。在車箱上重起如兩角然。是角爲較之假借。故孟子。魯人獵較。謂相競也。與角通。文選舞鶴賦。角睞分形。注。角猶競也。角已見角部。○借講。已見言部。借斠。借校。見講下。校又見木部。○借較爲榷。亦見木部。若攷工記輿人。以其隧之半爲之較。崇注。故書較作榷。杜子春云。當爲較。則轉以榷爲較之假借矣。○晉大傳湯誓。覺兮較兮。注。覺兮謂先知者。較兮謂直道者也。二字與韻竝言。故分其義。而詩斯干有覺其楹。箋云。覺直也。爾雅釋詁。較直也。左氏文四年傳以覺報宴。注。覺明也。廣雅釋詁亦云。較明也。則義仍通。楚辭遠逝篇服覺酷以殊俗兮。注。覺較也。左氏襄廿一年傳夫子覺者也。注。較然正直。是覺爲較之通借。覺已見木部梏下。○史記貨殖傳。此其大較也。索隱曰。大較猶大略也。文選景福殿賦注同。是較爲略之假借。略已見田部。

𨋩

車耳反出也。

漢書景帝紀。言兩轓。應劭曰。車耳反出。所以爲之藩屏翳塵泥也。二千石雙朱。其次乃偏朱。左𨊻以簟爲之。或用革。此以𨊻爲轓之通借。段謂轓與𨊻非一物。轓卽藩字。乃車之蔽。左傳以藩載欒盈。與車耳反出異。又廣雅釋器。轓箱也。疏證謂續漢書輿服志注引通俗文車箱爲䡠。卽周官巾車漆車藩蔽。太元積次四。君子積善至于車耳。測曰。君子積善。至于蕃也。是仍謂𨊻卽藩矣。俟再攷。藩䡠俱已見艸部。○疏證又云。𨊻亦作版。荀子禮論。棺椁其須象版。注版謂車上障蔽者。案片部版判也。版與反借。故與𨊻通。反已見又部。

𨋏車約𨋏也。周禮曰。孤乘夏𨋏。一曰。下棺車曰𨋏。
今巾車職作孤乘夏篆。司農注。夏。赤也。篆讀爲圭瑑之瑑。夏瑑。轂有約也。與此義同而字異。當是各有所據。非必假借。○木部欙下引虞書予乘四載。水行乘舟。陸行乘車。山行乘欙。澤行乘𨋏。欙字木部巳見。𨋏。史記作毳。亦作橇。或又作蕝。徐廣注史記作楯。僞孔傳作輴。段云。凡此諸字。皆一聲之轉。其義一也。𨋏當讀同毳。非車約𨋏之謂。則是假借矣。蕝巳見艸部。毳橇見蕝下。○次義以爲下棺車。蓋卽檀弓之菆塗龍輴也。淮南說山訓。曾子攀柩車。引輴者爲之止。注。輴。棺下輪。玉篇廣韻皆謂軔輴同字。是可通借也。若禮雜記注有載柩以楯之禮。釋文一本作輴。則輴又轉借楯。楯已見盾部。○軔。敕倫切。音與巡同。段謂軔之言巡也。巡繞之習。絫趙明誠金石錄載泰山刻石親軔遠黎。史記作親巡遠方黎民。又嶧山碑窺軔遠方。卽親巡也。此以軔爲巡之假借。巡已見辵部。窺見斤部新下。

輆 車轄閒橫木。重文爲轞。司馬相如說。

借荅。已見艸部。○曲禮。僕展輆效駕。段謂輆卽輪。亦作轔。士喪禮注所云轉轔也。展輆者。言使馬稍動車輪是斡爲輪之假借即轔之假借也本部無轔字見田部疄下○周禮巾車鳴鈴以應雞人注故書鈴或作軨杜子春云當爲鈴是以軨爲鈴之假借鈴已見金部鉦下○左氏定九年傳陽虎載蔥靈寢於其中而逃蔥本作囪靈即轜也又書大傳未命爲士不得有飛軨鄭注如今窗車也是轜與軨通靈則假借字耳靈已見玉部令下

軫 車後橫木也

詩秦風小戎俴收毛傳收軫也中庸振河海而不泄注振猶收也軫振音同則可假借振已見手部

○方言云軫謂之枕以其在車後故有枕名軫枕音亦同可通借也枕已見木部○借紾紾已見糸部借畛畛見田部○月令乘元路注云今月令曰乘軫路似當爲袗字之誤也案儀禮畢袗元與元路合故以軫爲袗之假借袗已見衣部○楚辭哀郢篇出國門而軫懷兮注軫痛也案軫非痛義廣雅釋詁胗創也創亦痛也軫當爲胗之假借肉部胗字籀文爲疹○左氏哀六年經楚子軫卒釋文軫史記作珍此人名不定誰借珍已見玉部○借賑已見貝部

轐 車伏兔也。周禮曰加軫與轐焉。

此攷工記文。先鄭注。轐讀如旃僕之僕。謂伏兔也。段云。轐之言僕也。詩既醉毛傳。僕附也。此葢爲伏兔之形。附於軸上以輅固之。則僕卽可爲轐之假借矣。僕已見丵部○下轐字云車軸縛也。引易輿說轐。大畜九二爻。馬注。車下縛也。與許合。又大壯壯於大輿之轐。案左氏僖十五年傳車說其轐。正義引子夏易傳。轐車下伏兔也。今人謂之車屐。形如伏兔。以繩縛於軸。因名縛也。釋名云。屐似人屐也。又曰伏兔在軸上似之也。又曰轐。轐伏也。伏於軸上也。廣雅釋器。轐輹俱訓爲伏兔。然則輹爲轐之通借。諸家竝同。段既謂轐輹實一字。而又以劉熙合輹於伏兔爲非。未免自相矛盾。○虞氏易於大畜作輿說腹。云腹或作輹。蓋腹爲假借字也。腹已見肉部。○下輻字云。輪轑也。老子所謂三十輻共一轂是也。易小畜九三。輿脫輻。段謂輻在轂與牙之間。非可脫者。釋文輻本亦作輹。故許引易於輹下。然則小畜輻字殆傳寫之誤。亦非假借也。

轐 車伏兔下革也。从車。𤴓聲。𤴓。古文婚字。

阮雲臺曰。轐在輿底而銜於軸上。其兩旁作半規形與軸相合。下有二長足。少鍥其軸而夾鉤之。所謂鉤心也。又有革以固之。所謂轐也。據此則與轐義通而音異。不爲假借。○下云讀若閔。段謂此言縛之緜密也。與毛詩之緜緜韓詩之民民同義。是可假音矣。若廣韻既有轐。又有輹。豈以爲通借乎。殊非。

軸 持輪也。

借迪借逐。俱見辵部。○詩大東杼軸其空。今軸或作柚。當是假借耳。而方言云。土作謂之杼。木作謂之柚。乃竟爲杼柚字矣。

輮車輞也。篇韻皆作車輞。釋名云。輞。關西曰輮。則此輞字誤也。○攷工記。行澤者反輮。行山者仄輮。輮即牙也。亦謂之渠。俗作輮。書大傳。大貝如車渠。是也。渠通牙者。魚麻韻合也。尤韻亦可通。魚則渠又輮之假借矣。牙已見牙部。渠見虫部螘下。○又輪人云。凡揉牙。內不廉而外不挫。旁不腫。謂之用火之善。亦作輮牙。見通藝錄。此揉爲輮之通借。○易說卦。坎爲矯輮。正義曰。使曲者直爲矯。使直者曲爲輮。案謂使木曲直。則輮當爲煣之假借。鹽鐵論云。古者椎車無柔。棧輿無植。柔卽輮也。柔省借字。煣已見火部。揉柔附見。輮已見戈部戎下。

軝 長轂之軝也。以朱約之。从車。氏聲。詩曰。約軝錯衡。重文爲軝。

詩語兩見。小雅采芑商頌烈祖箋云。約軝轂飾也。與許合。○下軹字云。車輪小穿也。輪當作轂。段謂攷工記軹字。卽毛詩之軝字。軹者同音假借字。說本程氏通藝錄。以爲最確。程云。軸末之軹出轂釭之外。長轂之軝在轂。置輻之外。謂軝爲軹。又謂爲轂釭之穿也。○周禮大馭祭兩軹。注。故書軹爲軒。

或讀爲簪笄之笄杜子春曰軿當爲軹案本部無軿字程謂軿軹聲亦相轉則軿卽軹之假借矣○後軧字云大車後也从氐與此从氏異

𨊻

車軸耑也从車象形杜林說重文爲轊

案𨊻字于濊切與轊同音故通亦通軹鄭司農云軹𨊻也釋名曰軹指也如指而見於轂頭也此正訓軹爲𨊻故軹又爲轊也是軹亦可爲𨊻轊之假借○木部槥棺櫝也文選陽給事誄注引漢書服虔注轊與槥古字通是以轊爲槥之假借○𨊻五經文字作𨊻是或體也又文選子虛賦轊陶駼郭

注。轊。車軸頭也。則轄亦从惠矣。

輨　轂耑沓也。

上軑字云。車輨也。方言曰。輨。軑。鍊音東鏅也。關之東西曰輨。楚南曰軑。趙魏之間曰鍊鏅。程謂輨有管東之義。沓有重疊之義。而設於轂端又謂之鍊鏅者。鍊鏅聲同輨軑。而廣雅錧鈦字亦从金。其爲東轂端鐵無疑。戴東原云。以鐵爲管。約轂外兩端是也。是鍊鏅可與輨軑通借矣。案孟子題辭五經之錧鎋。錧亦从金。與輨爲一字。○集韻輨或作斡。音管。斡本爲輪斡。則可爲輨之假借。斡已見斗部。

軶　轅前也。

段謂曰轅前者，謂衡也。自其橫言之謂之衡，自其扼制馬言之謂之軶。隸省作軛。○詩韓奕鞗革金厄。毛傳厄烏蠋也。厄卽謂此軶。儀禮旣夕記楔貌如軶。注今文軶作厄。厄爲軶之省借。○借鬲。已見鬲部。西京賦作槅。槅亦見鬲下。彼處引木部之枙當爲軶。

轙　車衡載轡者。重文爲钀。

爾雅釋器載轡謂之轙。段謂東京賦龍輈華轙，此本義也。漢郊祀歌靈禗禗，象輿轙。如淳曰：轙，音儀。

人嚴駕待發也。此引申之義。故整船亦曰檥。木部檥字已見人部儀下。史記項羽紀。烏江亭長檥船待。廣韻作艤。一車一舟。意正同。○釋器又云。鑣謂之钀。郭注。馬勒旁鐵。卽詩碩人之朱幩。釋文所謂扇汗一沫是也。玉篇。钀鑣也。此與钀異物。而許作钀之或體。未詳。案钀魚傑切。钀之音轉。段謂古獻聲與義聲合音最近。卽義尊獻尊同音之理。或假借與。

軜

驂馬內轡繫軾前者。詩曰。洪以觼軜。

釋文。軜內也。荀子正論篇。三公奉軛持納。納爲軜之借字。又大戴禮盛德篇。六官以爲轡。司會均入以爲軜。亦假借之義也。納已見入部內下。

𦾔

乘也。

借哉。已見口部。借才。訓爲始。亦與哉同。又爾雅釋天。唐虞曰載。孫注。載取萬物終而復始。仍用始義。而此字今爲上聲。入賄韻。○易泰象傳。后以財成天地之道。釋文。財音才。徐才載反。荀作裁。王伯申曰。才載之音與裁相近。裁之言載也。成也。白虎通曰。載之言成也。載成萬物終始之道也。小爾雅云。載。成也。老子。或載或墮。謂或成或墮也。載成天地之道。載卽是成。猶下文輔相天地之宜。輔卽是相也。鄭注以裁爲節。虞翻以爲坤富（闕字）裁。胥失之矣。又繫辭傳。化而裁之謂之變。釋文。裁本又作財。崔憬注。陳陰陽變化之事而裁成之。裁亦載也。化而載之。猶言化而成之。賁彖傳。觀乎人文以化成天下。離彖傳。重明以麗乎正。乃化成天下。恒彖傳。聖人久于其道而天下化成。是其義也。韓伯注以裁爲制。亦失之。此以財與裁皆爲載之假借。財裁已見木部材下。○借戴。見邑部𢦏下。異部戴云。分物得增益曰戴。籀文爲𢦔。段謂引申之義。凡加於上皆曰㦸如土山㦸石曰崔嵬石山㦸土曰䃜是也又與㦸通釋山釋文引或本作石㦸土謂之崔嵬土㦸石爲砠蓋言其上曰㦸言其下曰㦸也則與毛傳不異案周頌㦸弁俅俅箋云㦸猶㦸也爾雅釋言注正作㦸弁俅俅月令㦸青旂釋文㦸本作㦸是皆可互借矣○孟子自葛㦸趙注㦸一說當作再字詩小戎㦸寢㦸興文選注引作再寢再興今人凡書㦸拜者即再拜也是再爲㦸之通借再在冓部一舉而二也○㦸又借爲語辭詩春日㦸陽箋云㦸之言則也則語辭㦸則音亦同則已見

刀部○周禮載師注載之言事也尙書載字多作
事此通其義非假借也若詩上天之載毛傳亦訓
事與木部栽下引鄭注異兩存之○借爲丮部

軷出將有事於道必先告其神立壇四通樹茅以依
神爲軷既祭軷轢於牲而行爲範軷詩曰取羝以
軷

左氏襄廿八年傳跋涉山川聘禮注引作軷涉詩
載馳大夫跋涉聘禮疏引亦作軷涉毛傳草行曰
跋○周禮大馭鄭注行山曰軷鄭引春秋傳跋涉
山川葢本作軷後人依今傳文改之也是凡言跋

涉者皆當爲軷之假借詩與傳之跋涉殆用借字矣跋已見足部○大馭注故書軷作罰杜子春云罰當爲軷軷讀爲別異之別謂祖道轢牲礫犬也此以罰爲軷之假借讀爲當是讀如罰已見人部伐下○聘禮記釋軷注古文軷作祓此因軷爲祭而然祓亦軷之假借祓已見示部

範

範軷也从車笵省聲讀與犯同

周禮大馭作犯軷注云犯之者封土爲山象以菩芻棘柏爲神主旣祭之以車轢之而去喻無險難也案犬部犯侵也今之干犯字此以犯爲範之假

借。易繫辭範圍天地。釋文馬張王肅作犯違。亦範犯通用之證。○借范。已見艸部范下。

巘 載高貌。

衛風庶姜孽孽。釋文孽韓詩作巘。云長皃。呂覽宋王作爲櫱臺。高注櫱當作巘。引詩庶姜巘巘。高長皃。是孽與櫱皆爲巘之假借。二字見虫部蠥下。

輊 重也。

攷工記輈人大車之轅摯。鄭注摯輖也。詩六月篇如輊如軒。毛傳輊摯也。輊本部所無。當卽摯字。摯見手部。別一義。鄭以釋輖。蓋假借也。○士喪禮記志矢一乘軒輖中鄭注輖𦤺也至部亦無𦤺字段謂摯𦤺輊同字輖爲雙聲字案摯旣通借𦤺輊許書未載則輖爲正字矣段又謂軒言車輕輖言車重引申爲凡物之輕重故禮經以之言矢○下𨏈字云抵也段謂𨏈與車重之摯𦤺輊本各義而集韻總合一字爲誤案廣雅釋詁𨏈低也疏證云抵與低通淮南人間訓置之前而不𨏈錯之後而不軒則𨏈與輊摯𦤺竝通案車重必低義亦可爲輖之假借也○小徐引潘岳賦如𨏈如軒今射雉賦作⿰車蹇⿰車蹇本部所無但从蹇跲之蹇義與𨏈近則亦

可爲異體假借。

軌

車徹也。今或作轍。

軌已見前軌下。借簋。見竹部。借匭。見簋下。○宀部究字云姦也。外爲盜內爲宄。讀若軌。古文爲𡿺。又爲宄。左氏成十七年傳亂在外爲姦在內爲軌。釋文。軌本作宄。此以軌爲宄之假借。

轒

車轒鈏也。讀若論語鏗爾舍瑟而作。又讀若掔。

廣韻作轒。玉篇作輤。皆轒之異體字也。釋語未詳。鈏。槃傳作鋷。集韻作𨌤。案金部鈏。錫也。爾雅釋器。錫謂之鈏。郭注白鑞也。鋷字字書無之。疑鈏之形似而誤。本部亦無軏字。玉篇有之。云軏中。革部鞃。

軾中也。詩大雅。鞹鞃淺幭。毛傳。鞃軾中也。則鞃卽

鞃之異體。通借矣。又集韻。輴止忍切。義同軫。是輴

可爲軫之假借。軫已見上。若段本改作車輴宏聲

也。未言所據。殆非。○論語。舍瑟。陸氏釋文。瑟作琴。

小徐手部亦作舍琴。琴瑟同類之物。乃相傳之異。

世或未知。特附箸於此。

輟車小缺復合者。

輟已見网部。爲叕之或體。蓋以叕爲覆車。輟亦从

車故也。字同而義迥殊。○段謂輟與連成反對之

義。連者負車也。聯者連也。連本訓輦而爲聯合之偁其相屬也小缺而復合則謂之輟此非假借。而義可參。幷及之連已見辵部。○輟字引申爲凡作輟之偁。論語。櫌不輟。集解引鄭注。輟止也。此亦借義。櫌今論語作耰。集韻。櫌或从耒。○借惙已見心部。借掇見惙下。借啜見田部。

軻

接軸車也。

趙邠卿曰。孟子名軻。字未聞。廣韻云。車行不利曰轗軻。因之人不得志亦謂之轗軻。孟子居貧轗軻。故名軻。字子居。此本假借之義。楚辭七諫。埳軻而留

滯或作坎坷又轉借也

轚車堅也錢謂此卽硜硜字案聲从殸口莖切固與硜近但義爲車堅車行石路則輪鐵必有聲硜乃古文磬字不得竟謂卽聲也硜已見石部磬下磬下

軵反推車令有所付也讀若茸茸宋本小徐本作胥此殆从付聲魚遇韻可通也段以爲非依大徐本作茸而隴切蓋从車付會意案淮南氾論訓相戲以刃者大祖軵其肘高注軵擠也讀近茸又覽冥訓軵車奉饟注軵讀楫拊之

揹是輤字本有兩讀其義則通借矣○漢書馮奉世傳再三發輤如[淳]曰推也廣韻輤推車也或作揖是揖爲輤之假借揖已見艸部葺下若集韻輤或作輯或作軏則異體假借耳

輇 蕃車下庳輪也一曰無輻也讀若饌

儀禮既夕記注周禮蜃車雜記謂之團或作輇或作摶又雜記載以輲車注輲讀爲輇錢謂周禮蜃車天子以載柩蜃輇聲相近其制同喪大記注輇或作團並此字爲正案蜃从辰輇从全真先韻合故可通餘俱假借字也

轃 大車簀也。讀若臻。

漢書禮樂志。四極爰轃。王吉傳。則福祿其轃。又文選甘泉賦。是時未轃夫甘泉也。顏注李注竝云。轃與臻同。是轃爲臻之通借。臻已見水部溱下。

轒 淮陽名車穹隆轒。

方言云。車枸簍。宋魏陳楚之間謂之筱。或謂之篷籠。篷籠卽此穹隆之同音借字也。又云。西隴謂之榼。榼當卽轒音之轉。或省作畚。玉篇。榼卽畚車也。又枸簍。車弓也。釋名曰。畚藩也。蔽水雨也。亦作軿。皆異體字也。

輂大車駕馬也。

段謂左氏襄九年傳陳畚梮梮者土轝漢書溝洫志山行則梮五行志作輂是梮乃輂之或字也左氏正義謂梮字从手其說非是案梮可以人舉手部挶戟持也則義正通梮已見木部暴下○史記河渠書山行卽橋一作檋夏本紀正作檋檋卽輂之加木旁者其通梮蓋梮字爲橋之入聲也正字通曰橋卽轎也蓋今之肩輿謂其平如橋也案漢書嚴助傳輿轎而隃嶺是漢時已有轎注云隘路車也今竹輿考乘人車始於夏桀則肩輿固久矣

橁亦見木部○士喪禮言輁軸輁卽輂移車於㑥耳注云輁狀如長牀與輂昭漢書注楇如今舉牀正同輁九勇反輂亦从共聲居玉切者董腫之入聲多在屋沃韻是音轉也世或未知輂輁爲同字

䡝連車也一曰卻車抵堂爲䡝讀若遲

縶傳引春秋傳䡝車鮑點見左氏哀六年今傳作差杜注差車主車之官如小徐所據本則差爲省借段謂䡝者車牽連而行有等差也是義亦通次一義見東京賦皇輿宿駕䡝於東階薛注䡝之言卻也謂卻於東階下天子未乘之時也蓋亦差次

之意。差已見斤部斯下。

輓（篆）引車也。

左氏襄十四年傳。或輓之。或推之。此引申爲凡推輓之偁。又通作挽。爲挽回字。手部所無。又喪車執紼者相和爲輓歌。因之弔曰哀輓。亦借義也。○史記貨殖傳輓近世塗民耳目。索隱曰。晚輓古字通用。此以輓爲晚。晚之假借。

輴（篆）人頰車也。

大徐本以輔廁部末。專訓頰車。不爲實車。殊非。小徐本有春秋傳曰輔車相依八字。是已。段謂說左氏者仍以頰與牙車釋之乃因下文之脣齒而傳會耳蓋不知二句各義而强合之則亦非也詩小雅其車旣載乃棄爾輔又云無棄爾輔員于爾輻郝謂輔所以助車今人縛杖於輻以防傾側此卽車之輔也左氏僖五年傳語正與詩合此本義也桊酺頰自有本字已見面部此輔字何得專以借義爲正義乎當是文有脫略○人部俌輔也爾雅釋詁輔俌也互相訓是俌爲輔之通借輔已見木部椈下棐下

𨏥　軬車聲也

一切經音義轟．今作輷．字書作輷．同．呼萌切．玉篇作輷．廣雅釋訓．輷輷聲也．史記蘇秦傳．輷輷殷殷．若有三軍之衆．易林頤之大有云．轟轟輷輷．驅東逐西．此皆通借字也．輷亦音田．已見口部嗔下．字又或作輷．殆與輷形似而誤．

說文假借義證卷二十七

嘉興張鳴珂
族曾孫　⿰糸彖同校

說文假借義證卷二十八目錄

第十四篇下

𠂤部 文三 證三

𠂤 𡴎 官

𨸏部 文九十二 證三十九

𨸏 陵 阞 陸 阿 陂 阪 陬 隅

險 陮 陜 陟 陷 隰 隤 降 阤

隓 防 附 隱 隮 陭 隃 阮 陪

隔 陼 陳 陶 阽 除 際 隙 陾

陴 隍 陯

說文假借義證　卷三十六　一

㗊部　文四　證三

㗊　䨻　䨻

厽部　文三　證二

厽　絫

四部　文一　證見絫部絫馬部駟下

宁部　文二　證二

宁　䘴

叕部　文二　證一

綴

亞部　文二　證一

甲部 文一 證一

甲

乙部 文四 證三

乙 乾 亂

丙部 文一 證一

丙

丁部 文一 證一

丁

以下缺

光緒二十五年，歲在己亥，仲冬月，族曾孫蔭成重校刊。

說文假借義證卷二十八

第十四篇下　　涇朱珔學

𠂤部

𠂤 小𨸏也。象形。

周語夫高山而蕩以爲魁陵糞土。韋昭注。小阜曰魁。亦見文選海賦注引賈逵。魁當爲𠂤之假借。魁已見斗部。○段謂𠂤字俗作堆。今堆行而𠂤廢矣。爾雅釋水注。呼水中沙堆爲墠。釋文。堆本作垍。垍乃或體。墠見土部壇下。○周憬功勳銘。殄絕犁魋。堆作魋。魋爲桓魋之名。亦假借也。○借追已見辵部。借敦見攴部。堆亦見追下。

𡴀 危高也。从𠂤屮聲。讀若臬。前有𡴀字。爲部首云。岸高也。岸高則危。與此義合。𡴀五葛切。音亦近。當可假借。○錢謂臬孼字如此。案臬孼當作辥。已見木部櫱下。今以同音而義別。遠爲一字。似非。

官 吏事君也。从宀从𠂤。𠂤猶眾也。此與師同意。方氏通雅云。官秦權作官从⑧聲⑧古環字譌爲㠯古宦轉環音。環轉官音。漢張公廟碑。國無災稆。卽災患則官有宦音古文守字或从寽从寫則自臣通用。又一謚也。从自省。不如从宦省。據此是宦可爲官之假借。仕宦卽官矣。足備一義。宦已見毋部。○借工。已見工部。又史記孝文紀五帝官天下。索隱曰官猶公也。則官亦公之通借。公見工下。○王制王者之制祿爵。正義云官者管也。是官以管攝爲號。管可爲官之假借。此與竹部管下葢互借矣。管亦見斗部斡下。○官借館。見食部。

𠂤部

𠂤　大陸也。山無石者。象形。古文𨸏。

隸變作阜。秦風傳訓大。鄭風傳訓盛。晉語注訓厚。

皆引申借義也○詩召南趯趯阜螽爾雅釋蟲注作阜螽阜字本書所無蓋卽借阜字爲之阜又借負見虫部蠜下

陵 大𨸏也

借夌已見夊部借淩見仌部𧾷夌下○釋名曰陵隆也體隆高也陵隆音之轉可爲假借隆已見生部○左氏僖十四年傳諸侯城緣陵穀梁作緣林林當爲陵之假借林已見林部○史記范雎蔡澤傳至於陵水索隱曰陵水卽栗水也陵栗聲相近栗可爲陵之假借栗已見禾部秩下○左氏成二年

傳。擊馬陘。賈注。一作馬陵。史記齊世家。晉軍追齊王馬陵。徐廣曰。陵一作陘。陘爲陵之通借。相傳異字。義亦合也。○廣雅釋魚。鯪鯉也。疏證云。楚辭天問。鯪魚何所。一作陵。吳都賦。陵鯉若獸。今謂之穿山甲。以其穿穴山陵也。案魚部無鯪。蓋借陵字爲之。亦在陵。故被此名矣。

阞 地理也。

攷工記。凡溝逆地阞謂之不行。注謂脈理也。段云。凡有理之字皆从力。朸者木理也。泐者水理也。手部有扐。亦同意。是可通借矣。

陸　高平地。籀文爲𨺅。

借𡴀。已見屮部。借睦。見目部。○廣雅釋訓。陸離。參差也。疏證謂陸與流古同聲。楊雄甘泉賦。曳紅采之流離兮。流離猶陸離耳。案流離字一見玉部珋下。一見鳥部鸝下。並與此異。若楚辭逢紛篇。薜荔飾而陸離薦兮。注。陸離。美玉也。當即珋之假借。疏證又云。陸與林古聲亦相近。大人賦之林離。猶陸離也。已見林部。○土部坴下云。土凷坴坴也。讀若逯。一曰坴梁地。史記秦始皇紀。三十三年。發諸嘗逋亾人。贅壻。賈人。略取陸梁地。爲桂林。象郡。南海。

字作陸當爲坴之假借若文選西京賦怪獸陸梁薛注陸梁東西倡佯也此又借義矣○莊子馬蹄篇翹足而陸釋文陸跳也字書作踛陸本借義馬部無踛則又異體假借○爾雅釋魚魁陸即魁蛤也廣雅釋草陸英苺也此但以字爲名與商陸見艸部莧下同○易漸上九鴻漸于陸朱子本義謂陸當作逵與下儀韻叶逵亦从坴也虞翻注則以九三巳云漸陸此陸卽謂三也三坎爲平變而成坤故稱陸仍用本字

阿 大陵曰阿一曰阿曲𨸏也

借可。已見可部。借柯。見木部。借猗。見犬部。借婀。借娿。見女部。○攷工記。四阿重屋。又王宮門阿之制。本借陵阜爲宮室之名。士昏禮。賓升西階當阿。注。今文阿爲庪。胡墨莊曰。庪即厂部之𢈔字。𢈔。仰也。从人在厂上。一曰屋梠也。秦謂之楣。齊謂之𢈔。是𢈔與檐一物。庪即𢈔。亦屋檐之名。案史記梁孝王傳集解有攱閣字。攱或作庋。或作庪。皆同音字。𢈔。魚毀切。音亦近。故可通借。若阿則鄉射禮注。五架之屋。正中曰棟。次曰楣。前曰庪。孔疏。庪一名阿。此以義通。非假音也。○詩隰桑毛傳。阿然美皃。及凡

言私曲言昵近者皆借義

陂 阪也一曰沱也

錢謂沱當爲陀子虛賦罷池陂陀二字多連言但本部無陀○段謂沱當作池凡从它之字多从也左氏襄九年傳而何敢差池釋文池本作沱大徐云池沼之池通用江沱字今別作池非是惟水部訓解中每有池字○陂借爲傾邪之義易泰無平不陂周禮典同陂聲散是也○段謂陂言其外之障池言其中所蓄之水故史記劉媼嘗息大澤之陂謂大澤之陂也後漢黃憲傳叔度汪汪若千頃

陂即謂干頭池也是陂與池本可通借亦疊韻字○禮記檀弓池視重霤正義曰池者柳車之池也織竹爲籠衣以青布名之爲池象重霤方面之數又小爾雅廣名硃坎謂之池此非眞池乃池之借義耳○左氏桓十二年經盟于曲池公羊作毆蛇此地名不定誰借○借波已見水部

阪 坡者曰阪一曰澤障也一曰山脅也

爾雅釋地作陂者曰阪詩車鄰阪有漆毛傳同土部坡字云陂也是坡與陂義本通故可兩借○借反已見又部

陬　陬隅也。隅陬也。

陬與隅疊韻爲訓。廣雅釋言。陬角也。詩小雅。止于邱隅。箋亦云。隅角也。是二字本可通借。○月令注。日月會于陬訾。釋文。本又作娵。爾雅釋天亦云。娵訾之日。女部無娵字。則異體假借也。○漢書西域傳。昆莫欲使其孫岑陬尚公主。史記大宛傳作岑娶。陬與娶俱从取聲。故可假借。○文選魏都賦。蠻陬夷落。劉注。陬落。蠻夷之居處名也。一名聚居爲陬。陬當卽聚之假借字。亦从取。史記五帝紀。所居成聚。注。聚謂村落也。聚已見㐺部。○陬借鄹已見

邑部隅借嵎已見山部○段謂隅亦作湡案水部
湡云水出趙國襄國之西山東北入寖漢志作渠
水末聞他書有隅之異字○詩抑篇維德之隅毛
傳隅廉也廉隅厲人言此隅之借義也

險阻難也

廣韻集韻俱作嶮此山部所無列子楊朱篇雖山
川阻嶮釋文嶮與險同是一字也○易象上傳君
子以儉德辟難虞注儉或作險左氏襄二十九年
傳險而易行注險當作儉此以險爲儉之假借若
荀子富國篇俗儉而百姓不一注儉當作險劉修

碑動平險中險作儉儉則儉又爲險之假借矣○易坎險且枕釋文險向本作檢檢弁引鄭注木在手曰檢是以險爲檢之假借案書伊訓檢身若不及正義曰檢謂自攝斂也周禮典同險聲斂注險謂偏弇也險則聲斂不越也險與檢義亦本通檢已見攴部斂下○廣雅釋詁險衺也詩卷耳序無險詖私謁之心釋文險詖不正也楚辭怨世篇然蕪穢而險戲注險戲猶傾危也此皆險之借義

陮

陮隗高也

段謂陮隗猶崔嵬亦猶蘽䃬案下隊字云磊也磊

陝猶立部之磊𥪡。𥪡丁罪切。磊𥪡。重聚也。重聚之則高矣。此數者皆疊韻字。音相近。當可通借。

陜 隘也。

段謂俗作陿峽狹。錢云。厂部有㢨字。辟也。卽兩山之間曰峽字。淮南原道訓。仿洋乎山峽之旁。上林賦。赴隘陿之口。郭璞注。夾岸間爲陿。亦此字也。則㢨可爲正字。陿與峽皆異體假借矣。案水經江水注有赤岬山。引淮南注。岬。山旁也。文選吳都賦注亦引淮南許注。岬。山旁。似岬卽峽。許以之注淮南。而山部無峽。亦無岬。未詳。狹已見大部夾下。又爾雅釋蟲注。身脥而長。釋文。脥本今作狹。脥亦肉部所無。玉篇則以脥爲俗頰字。與狹義不合。○後陜字云。宏農陜也。古虢國王季之子所封也。从夾爲二入與陝从夾爲二人異形似易混。今陜字無不作陝者。弇陜已見亦部夾下。案曲禮注。自陝以東。釋文。陝依字當作陜。何休公羊傳注。宏農陜縣是也。一云當爲郟。古洽反。謂王城郟鄏也。又庚扶頌分郟之治陝作郟。此蓋各言其地。非以陝爲郟之音也。郟亦見夾下。

陟登也。古文爲𨸏。

借騭已見馬部。○史記封禪書。伊陟。徐廣曰。陟古作敕。敕當爲陟之假借。陟敕疊韻字。敕已見攴部。

○爾雅釋山。山三襲陟。郭注。襲亦重。又列子湯問篇。周以喬陟。張湛注。山之重壟。疑陟卽襲之假借。音近也。○周禮大卜。三曰咸陟。注。陟之言得也。讀如王德翟人之德。此陟之借義。

䧟 高下也。一曰陊也。

洪适隸續載天井碑。堅無臽瀆。云臽卽陷字。案臼部臽。小阱也。从人在臼上。陷本从臽。臽亦聲。是音義皆同。故中庸罟擭陷阱之中。疏云。陷阱。謂坑也。

廣雅釋詁臽坑也可爲通借○魯語陷而入於恭注陷猶失過也孟子滛辭知其所陷白虎通諫諍篇陷諫者義也此皆爲陷之借義

隰 阪下溼也

爾雅釋丘下溼曰隰水部溼幽溼也从水一所以覆也覆而有土故溼也溼可爲隰之通借溼俗作濕已見水部濕下故左傳哀十七年注犂丘隰也穀梁襄八年傳獲蔡公子濕釋文並云濕本作隰○土部塌字云下入也此與隰義略同亦可通借塌已見尸部屚下見下○詩載芟徂隰徂畛箋云

隰謂新發田也此隰之借義

隤 下隊也

禿部穨字云禿皃段謂隤與穨音同而義異如李
陵傳隤其家聲不可作穨但詩卷耳我馬虺隤亦
作穨爾雅釋詁虺穨病也是古亦通借雅釋天焚
輪謂之穨釋文穨本作頹又作隤詩小雅維風及
頹毛傳與釋天同檀弓頹乎其順也皆用頹字此
頁部所無則或體矣○易繫辭夫坤隤然示人簡
矣釋文隤孟作退陸董姚本作妥退妥皆隤之音
轉假借字也○帝嚳文隤古今人表作女潰潰與

隤竝从貴聲故可假借史記楚世家索隱引世本作女隤隤字女部亦無之

降下也

借洚巳見水部○禹貢導河條北過降水釋文降如字鄭戶江反漢書作洚胡東樵錐指以爲字之誤是此降水非孟子所謂洚水也錐指引宋張垍云降水卽濁漳也字或作絳地理志上黨屯留縣下云桑欽言絳水出西南東入海絳當爲降之假借酈道元曰絳瀆今無水唐人遂謂之枯洚則降混於洚矣○書正義云鄭讀降爲下江反下江卽戶江下

有戶音也聲轉爲共河內共縣洪水出焉此近𡍮水周時國於此地者惡言降故謂之共案共爲洪之省又與洪混皆展轉相借失其眞也○公羊莊八年傳郕降于齊師何注降者自伏之文穀梁莊三十年傳齊人降鄣降猶下也詩召南我心則降毛傳亦云降下也案夊部夅字云服也从夊干相承不敢竝也段謂此今人讀下江切之正字作降者皆夅之假借自降字分爲平去兩韻後人遂昧其原委矣

阤 小崩也

集韻陁爲阤之或體。廣雅釋詁阤陁竝云壞也。疏
證謂淮南繆稱訓岸𡾊者必阤。劉昌宗攷工記音
讀阤爲陀。阤陁陀三字竝通。陀已見陂下。○晉語
文公欲弛孟文子之宅。韋注弛毁也。案弓部弛弓
解也。重文爲彇。荀子王制篇大事殆乎弛。注弛廢
也。毁與廢皆卽壞之義。是弛可爲阤之假借。

隓 敗城自曰隓。从自差聲。篆文爲𡐦。
段謂許書無差字。或古有此文。或𠂇左爲聲。皆未
可知。○隓字隸變作墮。俗作隳。今用墮爲嶞落之
義。用隳爲傾壞之義。并分平上兩音。虞書萬事墮

哉此墮義引申爲凡阤壞之偁○借隨巳見山部借憜見心部○爾雅釋詁覛蓾注蓾隋更生細者釋文又作墮同是隋爲墮之省借隋亦見隨下○左氏昭四年傳將墮幣焉正義曰墮是輸之義也此以義通巳見水部渝下○下陊字云落也段謂今字借墮爲陊而借陊爲阤蓋義相近也召南毛傳盛極則隋者梅也則隋亦陊之假借矣

防　隄也重文爲埅

案陸字从𨸏又从土則省𨸏而从土作坊不得遂爲俗字王制齊八政以防淫釋文防本又作坊郊

特牲祭坊與水庸坊記云大爲之坊坊皆卽防之義今以爲坊表字又爲邑里之名則借義也○女部妨害也古今人表黍女妨史記三代世表作女防字亦通借○借方已見方部坊亦見方下借房見戶部

附

附婁小土山也春秋傳曰附婁無松柏

今左氏襄廿四年傳作部婁風俗通義引左傳而釋之曰部者阜之類齊魯之閒田中少高卬名之爲部矣是部可爲附之通借部已見邑部○廣雅釋邱培塿冢也方言云冢或謂之培小者謂之塿

今附婁亦作培塿。假借字也。二字分見土部。○案土部坿。益也。玉篇云。説文以坿爲坿益字。从土。此附作步口切。小土山也。則凡增益之義宜作坿。論語。而附益之。孟子。附之以韓魏之家。附皆如附近附麗親附阿附。又祔爲附祀。及人部傅下所列𣕭借附字爲之。而附之本義廢矣。

隱

蔽也。

借殷。已見㐆部。餘借義附見。○隱本从𢙣聲。心部𢙣。謹也。今或爲痛義。蓋即隱之省借。詩柏舟。如有隱憂。毛傳。隱。痛也。○借𢀡。已見𠬪部。借㒶。見木部。

澥　水衡官谷也。一曰小谿。

段謂天文志解谷，蓋非此。錢謂此澥谷字，案䠨谷當卽嶰谷，从山與从𨸏可通作澥者，因小谿之義故从水，雖異地不嫌同名，解但省偏旁耳，實則孟康之說原非謂谷名也，惟澥字與勃澥有別，近人辨許書無嶰字，遂專作解，弁以小山別大山，鮮易鮮爲解，而未引及𨸏部之䠨，何耶？已見角部水部。

陭　上黨陭氏阪也。

復述於此。

地理志，上黨郡有陭氏縣，蓋因陭氏阪以名郡國志作猗氏殆以河東猗氏而誤抑或可假借與史記貨殖傳猗頓用盬鹽起注以與富於猗氏故曰猗頓此亦河東之猗氏也猗已見犬部○畸或作崎爲崎嶇字異體假借崎已見危部㕣下

陜

北陵西陜鴈門是也

此本爾雅釋地史記趙世家反巠分先俞於趙正義曰西先聲相近葢陘山西陜二山之地竝在代州鴈門縣皆趙地也先俞當爲西陜之假借先已見先部俞見舟部○左氏襄二十年傳陜隘而待之上林賦陜絶梁漢書黄霸傳再陜冬踰皆爲逾

之假借。辵部遳進也。引周書無敢昬逾。逾亦作踰。

○又趙充國傳兵難隃度。師古曰。隃讀作遙。隃遙

音之轉。辵部遙字在新附。則異體假借也。

阮代郡五阮關也。

地理志。代郡有五原關。阮者正字。原者假借字也。

而成帝紀云。流民欲入五阮關者。勿苛留。則與此

同。原已見灥部驫下。

⿰阝告大自也。一曰右扶風郿有⿰阝告自。

錢謂封禪書有岳山。徐廣曰。武功有大壺山。又有

岳山。地理志岳山。古文以爲敦物。今本作垂山者。

非此字音與岳相近當卽岳山也今其地人稱之曰敖山案此非五嶽之嶽爾雅釋山河西嶽郭注云吳嶽周禮職方氏其山鎭曰嶽山鄭注嶽吳嶽也鄭郭皆以爲一山葢卽中庸之載華嶽亦名汧山漢志右扶風汧吳山在西古文以爲汧山地在右扶風正與許合㕧字苦沃切沃覺韻本通則以㕧爲岳之假借當近是

鄎

鄎地阪春秋傳曰將會鄭伯于鄎

邑部別有鄬字云地名春秋襄七年公會晉侯宋公陳侯衛侯曹伯莒子邾子于鄬三經竝同杜注

鄁鄭地則與此从𨸏之字可爲通借矣

陼 如渚者陼邱水中高者也爾雅釋邱作如陼者陼邱又水部小州曰渚爾雅作小洲曰陼文選子虛賦且齊東陼鉅海注引聲類陼或作渚是渚爲陼之通借

陳 宛邱也舜後嬀滿之所封古文爲𨻰借敶已見攴部借田見敶下段云陳本太皞之虛正字今假爲敶列之敶陳行而敶廢矣○檀弓工尹商陽與陳弃疾追吳師注陳或作陵楚人聲此以陵爲陳之假借陵已見前○漢書食貨志陳陳

相因注陳久舊也又爾雅釋宮堂塗謂之陳皆借
義也○韓詩外傳陳之富人觴於轀邱之上轀邱
當卽宛邱聲相近是轀可爲宛之假借宛已見宀
部

陶 再成邱也在濟陰夏書曰東至于陶邱陶邱有堯
城堯嘗所居故堯號陶唐氏

借匋已見缶部荀子榮辱篇陶誕突盜注陶當爲
檮杌之檮彊國篇陶誕比周以相與注同是陶爲
檮之假借檮已見木部柮下注又云陶當爲逃則
陶亦逃之假借逃見足部跳下○虞書臯陶謨本

書引作咎繇。離騷書大傳竝同。是可通借。繇當作䌛。已見系部。咎見人部。

阽

壁危也。

疒部有痁字。云有熱瘧。曾子問君子行禮。不以人之親痁患。鄭注。痁病也。王伯申曰。痁讀爲阽。王逸離騷注。阽近也。漢書文帝紀或阽於死亾。服虔注。阽音反坫之坫。文選思元賦阽焦原而跟趾。舊注。阽臨也。李善引漢書薛瓚注。臨危曰阽。痁與阽通。集韻痁阽竝都念切。然則痁患者臨於患害也。痁乃阽之假借。

除殿陛也。易萃君子以除戎器。虞注。除治也。釋文。除本作儲。除儲音同。卽作儲義亦合。是可通借。○詩小明箋。四月爲除。爾雅作余。正義云。余除字雖異音實同也。除當爲余之假借。余已見八部。○詩天保何福不除。毛傳。除開也。斯干。風雨攸除。釋文。除去也。曲禮。馳道不除。鄭注。除治也。老子。朝甚除。王注。除潔好也。漢書景帝紀。初除之官。注引如淳曰。凡言除者。除故官就新官也。此皆除之借義。

階陛會也。

詩菀柳無自瘵焉箋云瘵接也此以瘵爲際之假借易豐天際翔也釋文引鄭注際當爲瘵則際又瘵之假借矣○案凡遭際交際時與地兩相接者皆際字引申之義爾雅釋詁際捷也捷亦接也捷已見手部

隙 壁際孔也

一切經音義隙古文㡿同白部㡿際見之白也隙从㡿卽可通借○漢書孫寶傳與紅陽有郤注郤與隙同左傳襄廿八年注宋盟有叀甲之隙釋文隙本作郤又周禮薙氏注至此農隙釋文亦云隙

本作郤曲禮諸侯相見于郤地曰會注謂閒隙之地田部畯郤地此皆以郤爲隙之假借郤已見邑部郗下○案凡釁隙罅隙嫌隙閒隙等俱隙之借義也

陾築牆聲也詩云捄之陾陾

此見大雅緜篇毛傳陾陾衆也段謂陾从耎聲則與如乘切相去甚遠依玉篇作捄之陑陑則之韻而聲可轉入蒸韻如耳孫之即仍孫也案耎聲而聲或相混故耎亦作需已見大部耎下而通蒸韻見魚部鮞下

陴城上女牆俾倪也籀文𨸏𩫧
土部堞城上女垣也此以義通○段謂俾倪疊韻
字或作睥睨或作埤堄皆異體俾者裨也言裨助
城之高也已見人部俾下
隍城池也有水曰池無水曰隍易曰城復于隍
此泰上六爻辭釋文隍子夏易傳作堭姚作湟案
土部無堭字廣雅釋宮堭合殿也是異體假借
宄隍與隍可為通借已見賁部
陯山阜陷也
此商書淪喪字也玉篇陯亦作淪今則淪行而陯廢

廢矣。論已見艸部蘽下。○案論喪，宋世家作典喪。殆以論之𢆉爲侖，與典形似而誤。詩之論胥，漢書楚元王傳作論，則假借字矣。論已見言部。

𨺅部

𨺅　兩𨸏之閒也。从二𨸏。

大徐似醉切，廣韻、玉篇扶救切。錢謂此山壟水復之復字也。案扶救切即依𨸏音讀。𨸏、復聲近，或可借復。已見彳部。

𨼹　陋也。

段謂𨸏部曰：陋者，阸陜也。阸者，塞也。陜者，隘也。此四字相爲轉注。案禮器君子以爲隘矣。注。隘猶狹陋也。釋文。隘本作阨。又戰國策太子辭齊王歸齊王隘之。注。隘讀作阨。是隘與阨可通借也。阨已見戶部戹下。

𨺶 塞上亭守烽火者也。篆文爲隧。

案今𤆸火字作烽隧。亦卽用鐩燧。改火之燧。皆省借也。𤆸見辵部逢下。

厽部

厽 絫坺土爲牆壁。象形。

玉篇云。厽。尙書以爲參字。蓋西伯戡黎。乃罪多參在上叅或作厽也。案叅本从厽。故省借爲之。非以音通。○下垒字云。絫墼也。段謂塼之未燒者謂之墼。坺則又未成墼者。積坺土爲牆曰厽。積墼爲牆曰垒。案厽垒俱力軌切。義亦近。是可通借。○土部云。軍壁曰壘。儀禮喪服。翦屏柱楣。注。於中門之外壘墼爲之。又急就篇。墼壘壘皆爲垒之假借。音近也。

絫增也。絫十黍之重也。

此今之曆累字也。自隸變絫爲累。累行而絫廢矣。累已見糸部纍下。○古今人表。絫祖。大戴記帝繫纍史記五帝紀作嫘祖。史記索隱引皇甫謐作累祖。史正義作傫祖。海内經史索隱作雷祖。是以同音相傳各異。不定誰借。○經傳用累字已久。有爲糸之義者。亦有他義。曲禮言削瓜爲大夫累之。注。累。倮也。不巾覆也。此以累爲倮之假借。累倮雙聲字。月令。乃合累牛騰馬。遊牝于牧。集韻。𤛓或作累。求子牛。牛部無𤛓字。外若古文尚書旅獒。終累大德。左氏隱十三年傳。相時而動。無累後人。公羊桓二年傳。及者何。累也。蓋皆爲累之引申借義矣。

亼部

宁 辨積物也。

宁之本義與貯同。貯已見貝部。○爾雅釋宮門屏之間謂之宁。郭注人君視朝所宁立處。毛詩傳云宁立久立也。段謂凡言宁立者正積物之義之引申。案今字作佇。人部在新附。或作竚。立部所無。則佇竚皆異體假借耳。○詩齊風俟我於著。左氏昭十一年傳朝有著定。國語大夫士日恪位著。又史記秦始皇紀繆公學著人。毛葦及索隱並引爾雅。是皆以著爲宁之假借。著亦見貯下。

𡦹 輴也。所以載盛米也。

巾部㡭。載米䶕也。兩字互訓。蓋以義通。㡭从巾。正與積物合。案竹部䈆。篅也。篅以判竹圜以盛穀者。亦見淮南精神訓急就篇注。䈆之爲言屯也。物所屯聚也。故字从屯。此㡭字與䈆俱徒損切。則䈆當卽㡭之通借。屯已見屮部。篅可通圌。圌从口。有聚義也。

叕部

叕綴聯也。象形。綴合箸也。叕卽訓綴。則叕與綴本可通借。○綴一入齊韻。一入榍韻。音之轉。義亦合也。借褫。已見艸部。借䣊見

蕝下借畷見田部○書立政綴衣後漢班彪傳注
贅衣主衣之官贅綴也顧命綴路在阼階面周禮
典路巾車注引竝作贅路公羊襄十六年傳君若
贅旒然釋文贅本作綴案貝部贅云以物質錢从
敖貝敖者猶放貝當復取之史記秦始皇紀贅壻
賈人集解謂居窮有子使就其婦家爲贅壻贅當
爲綴之假借故詩桑柔具贅卒荒毛傳贅屬也正
義云繫綴而屬之則音義俱通矣贅已見尾部屬
下○樂記禮者所以綴淫也注綴猶止也荀子成
相篇春申道綴基畢輸注綴與輟同是綴亦可爲

輟之假借。輟已見車部。○士喪禮。綴足用燕几。注。今文綴爲對。案鄭以下記及禮記喪大記同此文。又檀弓毀竈以綴足。字竝作綴。故從古文則綴爲正字。對爲聲近假借字。○樂記舞行綴遠舞行綴短。史記樂書語同。綴作級。級與綴形似。舞者之位必以次列。卽級之義。綴級亦音轉。可假借也。

亞部

亞 醜也。象人局背之形。賈侍中說以爲次弟也。易繫辭言天下之至嘖而不可惡也。荀爽惡作亞。云次也。尙書大傳王升舟入水。鼓鐘亞觀臺亞將舟惡鄭注惡讀爲亞亞次也皆與賈合禮器必先有事於惡池惡音烏卽滹沱之假借秦詛楚文作亞駞則轉借也又史記盧綰孫他之封惡谷漢書作亞谷此皆亞與惡之通借也○下有晉字音義俱闕汗簡以爲古文惡出石經則仍是亞之或體故丙部字讀若晉大徐衣駕切也○爾雅釋宮牆謂之堊土部堊白涂也釋名云堊亞音惡也次也先泥之次以白灰飾之也是堊亦亞之通借或曰亞本塗飾字○集韻韻會竝有䅊稏字云稻也此禾部所無祇當作䆉亞故杜子美詩䆉亞百頃稻西

風吹半黃。

九部

九 易之變也。象其屈曲究盡之形。

借鬼。巳見鬼部。○論語。桓公九合諸侯。說者以九數之多。參差不合。當與僖廿四年左傳。故糾合宗族於成周同。又莊子天下篇而九雜天下之用。注。九讀糾。糾合錯雜也。是皆以九爲糾之假借。糾已見斗部。○莊子釋文。又云九本作鳩。鳩从九聲。鳩訓聚。仍借糾義。鳩巳見辵部逑下。○列子天瑞篇。生乎九猷。釋文。九當作久。莊子至樂篇同。是九爲久之假借。洪氏適曰。陽數九爲老久義也。或借槑玉之玖爲九。非。久已見久部。

馗

九達道也。似龜背。故謂之馗。重文爲逵。

爾雅釋草。中馗菌。釋文。馗本作頯。同音假借。已見頁部頯下。○釋文又引舍人本作中馗。云菟奚名顆東。名中鳩。是中鳩爲中馗之異稱。馗與鳩字俱从九。段謂馗古音如求。揚易夬釋文。頯蜀才本作仇。仇求音同也。是鳩爲馗之假借。○楚辭天問。靡蓱九衢。注。九交道曰衢。與爾雅不合。疑以衢爲逵之假借。故今人稱雲路曰天衢。衢亦曰逵。逵衢音

之轉衞已見行部

厹部

禸 獸足蹂地也象形爾雅曰狐貍貛貉醜其足蹞其迹厹

今釋獸貛貉作貒貈通借字也鄭注地官叉引作貂狐貒貉則所傳本異○厹篆文爲蹂釋文引字林厹或作狃案古今人表公山不狃史記孔子世家索隱作蹂借蹂卽借厹也狃已見犬部○呂覽權勲篇中山之國有厹繇者注厹繇國之近晉者也或作仇酋案史記作仇猶韓非子長短經竝作

仇由緐猶曾由俱通。厹與仇則合韻也。故小戎詩之厹矛亦作求音。仇已見辵部逑下。別見人部。○今本呂覽或作夙緐。夙與夙形似。音亦轉。此自傳述不同。未定誰借。○口部咎字云。高气也。臨淮有咎猶縣。今厹亦作咎。蓋書厶多从口。遂至相亂。不知爲二字矣。段謂韓子稱智伯伐仇猶。非此縣地。則與此厹緐亦別。○集韻。蹂與蹂通。踐也。漢書項籍傳李陵傳注竝云。蹂。踐也。是以蹂爲蹂之假借。

蹂已見車部。

禽　走獸總名。从厹。象形。今聲。禽离兕頭相似。

案許以禽專屬獸者。禽从厹。厹爲獸迹。非鳥迹也。

爾雅釋鳥則云。二足而羽謂之禽。四足而毛謂之

獸。禽可該獸。獸不可該禽。故曲禮。鸚鵡言飛鳥。而

猩猩。衆言禽獸也。○易師。田有禽。釋文。禽。徐本作

擒。而象下傳。舊井无禽。崔憬注。禽古擒字。禽猶獲

也。蓋擒是或體。即借禽爲之。○攴部斂。持也。手部

捡。急持衣衿也。重文爲襟。一切經音義引埤蒼云。

捡。捉也。今皆作擒。然斂捡襟世罕用者。○古今人

表。禽敖。師古曰。即黔敖。案禽亦姓。左傳有禽鄭。戰

國有禽滑釐。是也。此黔敖見檀弓。齊大饑。黔敖爲

食於路。禽當爲黔之假借。疊韻字。黔已見黑部黜

下。○附案。許言禽與禼相似。今禽字下全作离。惟

上今中異耳。是禽直從禼取義。禼已見隹部離下。

又見虫部螭下。故此處不複出。

禹蟲也。从厹象形。古文爲𡕝。

夏王以爲名。薛氏書古文訓禹俱作命。漢書藝文

志。雜家者流。有大命三十七篇。此正古文。惟書者

稍異耳。非假借也。

𥝢周成王時。州靡國獻𥝢。𥝢人身反踵。自笑。笑卽上

脣弇其目。食人。北方謂之土螻。爾雅云。𥝢𥝢如人

被髮。一名梟陽。从厹象形。

此所稱見王會解。彼文作費費。今爾雅作狒狒。並聲借字也。淮南氾論訓山出嘄陽。他書多作梟羊。字亦通借。若海內經謂之贛巨人也。又郭注。俗呼之曰山都。則異名耳。

嘼部

嘼 犍也。象耳頭足厹地之形。古文爲嘼。

牛部犍下云。嘼牲也。與此互訓。雙聲字自可通借。○今多用畜爲嘼之假借。而釋文云。嘼是嘼養之名。則嘼亦可借作畜矣。畜已見田部。○書武成序。

說文假借義證　卷十六　二五

歸獸釋文本或作嘼蔡武王克商放牛歸馬皆嘼
也非獸也是獸當爲嘼之假借蓋二字不分久矣
惟爾雅釋獸與釋嘼各皆

獸

守備者也

廣雅釋詁獸守也正許義也少儀有守犬守禦宅
舍者也與此同意○詩車攻搏獸于敖後漢安帝
紀注作薄狩義可通借公羊桓四年傳冬曰狩注
狩猶獸也是獸爲狩之假借漢張遷碑帝遊上林
問禽狩所有則狩又獸之假借守已見宀部狩見
守下

甲部

甲位東方之孟，陽气萌動，从木戴孚甲之象。一曰人頭宜爲甲，古文爲甲，始于一，見于十，成于木之象。

借介，已見八部价。附見借狎，見犬部。借夾，見大部。○詩大雅，會朝清明，毛傳，會，甲也。段謂會讀如檜。物之蓋也。會朝猶言第一朝。此以雙聲取義。貨殖傳，蓋一州，漢書作甲一州。蓋已見皿部盍下。○廣雅釋詁，札，甲也。粲木部札，牒也。釋名曰，札，櫛也，編之如櫛齒相比也。此札之本義。左氏成十六年傳，蹲甲而射之徹七札爲太元元掜云比札爲甲是以札爲甲之假借○又木部檢書署也廣雅檢甲也疏證云檢謂檢柙也說文柙檢柙也法言君子篇蠢迪檢押也續漢書五行志注引杜林疏檢柙其姦究柙押竝與甲通是可假借檢巳見𠂤部險下

乙部

乙　象春艸木冤曲而出侌气尙彊其出乙乙也與丨同意

車部軋輾也字从乙史記律書乙者言萬物生軋

軋也。漢書律[麻]志奮軋於乙。又文選文賦思軋軋

其若抽。軋皆爲乙之假借。

乾 上出也。从乙。乙物之達也。籒文爲𠦝

此乾坤字。卽爲乾愓之義。段謂上出爲乾。下注則

爲溼。故乾與溼相對。今別音干。古無是也。○左氏

昭廿九年傳在乾之姤。釋文本亦作軋。此省借耳。

亂 治也。从乙。乙治之也。

書亂而敬。夏本紀作治而敬。殷其弗或亂正四方。

宋世家作不有治政。不治四方。馬注。亂理也。理亦

治也。此蓋古人反借爲義之例。○𤔔部𤔔治也。幺

子相亂受治之也古文爲𤔔亂字从𤔔𤔔卽爲亂之通借○言部䜌亂也一曰治也一曰不絕也古文爲𤔔郝謂䜌字兼治亂二義經典通以亂代之亂䜌聲義同耳案後一訓乃別爲義段云治絲易棼絲亦不絕故从絲會意是也○論語武王曰予有亂臣十人亂卽治也他若關雎之亂離騷之亂曰則又引申之義○亂借欒巳見水部借率見率部

丙部

丙 位南方萬物成炳然会气初起昜气將虧从一入

冂一者昜也。

借邴。已見邑部。○月令鄭注。丙之言炳也。萬物皆炳然箸見。史記律書。丙者。言陽道箸明。漢書律厤志。明炳於丙。此郎以炳爲丙之通借。炳亦見邴下。

○淮南原道訓。昔者馮夷大丙之御也。注。丙或作自。自當爲丙之假借。丙曰亦聲轉。東京賦。大丙弭節。注。大丙。神名。

丁部

个丁夏時萬物皆丁實。象形。

借玎。已見玉部。○爾雅釋詁。丁。當也。詩雲漢。寧丁

我躬蹉躃惜賢篇丁時逢殃逢尤篇思丁文兮聖
明哲毛傳及王逸注竝同雅訓丁當雙聲字可爲
通借又凡玉珮鐵馬聲曰丁當亦曰丁東東當音
轉東已見東部○詩周南椓之丁丁小雅伐木丁
丁廣雅釋訓丁丁聲也廣韻丁中莖切此與丁之
本字同而音義異○字書有伶仃字許不收仃晉
書李密傳零丁孤苦則伶仃當爲零丁之假借○
漢書谷永傳以丁䀅陛下注謂再三告示也今字
作叮嚀竝口部所無○唐書張宏靖傳汝輩挽兩
石弓不如識一丁字續世說作一个字因篆文个字

與丁形相似。故傳寫致譌耳。个已見人部介下。

以下缺。

說文假借義證卷二十八

嘉興張鳴珂
族曾孫彝　同校

説文假借義證校勘記

序

二頁下倒四行　朱氏駿孫，孫，應作聲。
三頁下七行　即陲付某，陲，應作郵。
四頁上九行　㬥桑，桑　，應作雜。
四頁下倒一行　己亥冬仲，冬仲，應作仲冬。

卷　一

一二頁下倒七行　古昔，昔，應作音。
二〇頁下倒十行　利禦寇，利，應作列。
三〇頁上八行　元厲，元，應作玄。
三一頁下倒八行　左傳莊十八年，莊，應作襄。
三二頁上二行　元錯，元，應作玄。

卷　二

四八頁上倒五行　蟸，一作蝨。蝨，應做蟁。

卷　三

七一頁上四行　賈注，賈，應作鄭。
七八頁上二行　則告於甸人，則，應作亦。
八二頁上七行　書徵篇，徵，應作證。
八七頁下四行　周市，市，應作巿。

八九頁下三行　眥者，莫不知禮，應作眥之者，是不知禮。

九一頁上八行　覆諼之也，之下脱處字。

卷　四

一〇〇頁下二行　五是來備，是，應作者。

一〇二頁下六行　卷上，上，應作三。

一〇九頁上倒九行　布揀，揀，應作陳。

一一八頁上倒三行　狃伏，伏，應作忕。

一二〇頁上倒五行　望歸，歸，應作矣。

一二三頁下十行　殷湯篇，殷湯，應作湯問。

一二五頁上倒五行　授凡，凡應作几。

一三二頁下四行　七部，七，應作匕。

卷　五

一四九頁下八行　已之威儀，已，應作己。

一五二頁下七行　元貝，元，應作玄。

一五八頁上倒七行　美而狠，狠，應作很。

一六一頁上倒四行　牒之假借，牒，應作煠。

卷　六

一七九頁上一行　鼎象傳，象，應作彖。

一八三頁上一行　㚇部，㚇，應作走。

卷　七

二一三頁上九行　載甲入，甲下脱夜字。

二一八頁下三行　方言，應作方言郭注。

卷　八

二三三頁下九行　往敷于，敷下脱求字。
二四二頁下倒五行　析幹之，幹，應作乾。
二四三頁上倒一行　元瑩，元，應作玄。

卷　九

二五二頁下倒九行　寠衒寠籔也，上一寠字衍。
二六〇頁下二行　見已支部，見已，應作已見。
二六三頁下倒八行　詩篤公劉，篤字衍。
二六五頁上倒五行　气象之舒亐，气象，應作象气。
二六九頁下倒八行　象刑，刑，應作形。
二七一頁下倒九行　爲縱，爲，應作維。

卷　十

二九〇頁上倒四行　縕衣冠，衣，應作布。
二九〇頁上倒三行　結中項，中字衍。
二九〇頁上倒二行　箸冠卷，冠卷，應作卷幘。
二九九頁上倒一行　殘粎，殘，應作殆。
二九九頁下倒一行　穖，穌也。穌，應作麩。

卷十一

三〇九頁下七行　啬爲今之意字，啬，應作啻。槁即檍，槁，應作棓。
三〇九頁下倒八行　杻，槁也，與槁相厠。兩槁字均應作棓。

三一〇頁一行　可爲橰，橰，應作槔。

三一一頁八行　鄭注，藍、蒨，象斗之屬。鄭注，應作賈疏。蒨，應作皂。

三一五頁上倒四行　諸書所紀，紀，應作記。

三一五頁下倒一行　五技而五窮，下五字衍。

三二三頁下一行　爲瘠之假借，爲字衍。

三二五頁上倒二行　似㯳楸，㯳，應作榭。

三三一頁上倒三行　薄，持也。薄，應作撲。

三三三頁上倒九行　濟南府，府，應作郡。

三三三頁上倒五行、倒三行　兩處戕字，應作㦾。

三三五頁上二行　文九年，九，應作六。

三三六頁上倒六行　文質篇，文，應作反。

三三六頁上倒五行　之命曰橋，之字衍。

卷十二

三四四頁上七行　山林之之木，林鹿守之。第二個之字衍。林鹿，應作衡鹿。

三六五頁上四行　皆郲之之雙聲，下之字衍。

三六七頁上倒六行　卬成，卬，應作邛。

三七〇頁上倒十行　舒已𠦂部，已下脱見字。

卷十三

三七三頁下四行　虞書説，説，應作曰。

三八一頁下倒四行　且從三日，且，應作旦。

三八九頁下十行　衹見疏也，衹，應作祇。

三九二頁下九行　楗爲，楗，應作犍。

三九八頁下七行　及潞，上應有哀八年傳四字。

卷十四

四〇七頁下六行　周禮土訓，訓下脱注字。

四〇七頁下倒五行　後麻，絹也。後麻，應作𦃃。

四一二頁下倒七行　籀文爲顡，顡，應作顟。

四一三頁下倒五行　聘禮，朝服，致之以侑幣。應作公食大夫禮，朝服，以侑幣致之。

四一七頁上倒三行　篆文宎，宎，應作窔。

四二一頁上倒八行　史部弟子傳，部，應作記。

四三二頁下六行　㧗徧九訓，訓，應作州。

卷十五

四三八頁上倒六行　元王，元應作先。

四五七頁下倒六行　莊廿三年，三，應作四。

卷十六

四七八頁上倒二行　毛詩，詩，應作傳。

四七八頁下三行　在馮翊，在，應作左。

四八一頁上十行　國之儀物，儀，應作職。

四八一頁上倒二行　從梁陳詩，詩，應作作。

四八三頁上倒六行　競，敬也，競，應作兢。

四八四頁上倒一行　卞，急也。卞，應作弁。

四九〇頁上倒三行　間歌，間，應作閒。

卷十七

四九六頁下四行　當頌繫，當，應作皆。
五〇六頁上倒七行　𢧵也，𢧵，應作𢧵。
五〇九頁上六行　燗𦛗，燗應作燗。
五〇九頁下二行　以王父字爲字，後一字字，應作氏。
五一一頁上十行　角三𢍏，獫。獫，應作羷。
五一三頁下四行　詩栢舟，栢，應作柏。
五一五頁下二行　作闕叔，作，應作非。
五一七頁上倒七行　人各，各，應作名。

卷十八

五二六頁下倒二行　天準聽，聽，應作零。
五二七頁上六行　合叙其，應作合其叙。
五四二頁下倒四行　从穴聲，从下脱鼠字。

卷十九

五四八頁上倒三行　吉量，量，應作良。
五四八頁下倒三行　元命包，包，應作苞。
五五二頁上一行　疏云，疏，應作注。與組同聲之誤，組下脱馬字。
五五二頁上五行　牿、㹀、牡，雌也。牡，應作牝。
五六四頁上三行　張叔反，反，應作皮。
五七三頁下倒十行　黨宜借昌，宜，應作亦。

卷二十

五九五頁上倒三行　篆文悖，悖，應作收悖。
六〇一頁下四行　移土於下，下，應作左。

卷二十一

六〇七頁下九行　魏志引注引魏略，上引字衍。
六一〇頁下九行　褰褰涉溱，下褰字應作裳。
六一五頁下倒九行　與洪認同，認，應作㴸
六一八頁下倒九行　氿泉，氿，應作氿。
六二三頁下倒七行　隋書王邵傳，邵，應作劭。
六二五頁上七行　記註與注釋別，記註，應作註記。
六三二頁下八行　液庭尉幐，尉字衍。
六三四頁上倒六行、倒二行　沬，應作沬。
六三四頁下一行至四行　沬，應作沬。
六三四頁下倒十行　沬，應作沬。

卷二十二

六四一頁上二行　已嚬蹙　，已，應作己。
六四一頁上倒九行　六畎爲一晦，晦，應作畮。
六四二頁上倒八行　遂似異耳，似，應作以。
六四二頁下倒十行　古者田器，者字衍。
六五一頁上倒七行　釋本文，應作釋文本。
六五二頁下倒五行　鰱，魚也。也，應作名。
六五三頁下倒七行　鰱鱮，鱮字衍。

六五五頁上一行　字云，字字衍。
六五七頁上五行　雨鮫，雨，應作兩。

卷二十三

六六七頁下倒七行　詩唐風，唐，應作魏。
六六九頁上倒七行　方言貼同，貼，應作貼。
六八〇頁上三行　搤猛噬，搤，應作扼。
六八二頁下一行　恐其欲遷，欲，應作又。
六八二頁下倒三行　文十六年，六，應作四。
六八四頁上二行　摽末之切，切，應作功。
六九〇頁上三行　洪壺，壺，應作壼。
六九二頁上倒四行　把荄，把，應作根。

卷二十四

六九四頁下倒二行　以此斐，以此，應作此以。
六九七頁下三行　借婉，婉，應作婏。
七〇一頁下一行　史漢敬傳，漢下脱婁字。

卷二十五

七〇八頁下倒五行　禣篆，禣，應作褅。
七〇九頁下倒八行　續義亦通，續，應作贖。
七一四頁上倒四行　素衣未襮，未，應作朱。
七一七頁上五行　伏，式也。式，應作軾。
七一七頁下十行　字亦作紛，紛，應作粉。
七一八頁下三行　紲險，險，應作崄。

七二〇頁上四行　鹿裘，長袪。長上脱衡字。
七二一頁下五行　書顧命，顧命，應作康王之誥。
七二二頁上九行　管子七臣七主篇，七臣七主，應作禁藏。
七二三頁下倒十行　今古字詁，今古，應作古今。
七二四頁下倒九行　三千助之，三，應作五。
七二六頁下倒六行　皆蟲蛸之轉聲，轉聲，應作聲轉。
七二八頁上五行　蚒蚗，蚒，應作蚈。

卷二十六

七三八頁上倒十行　楚辭九重章，重字衍。
七三九頁下倒三行　故書騂爲挈，故上脱注字。
七四一頁上倒二行　牆爲旁之名，旁上脱在字。
七四六頁上倒四行　令適也，令，應作瓴。
七四六頁下倒一行　登陂陀之長坂，坂下脱兮字。
七四八頁上一行　字一作場，一，應作亦。
七四九頁上一行　暨稷奏庶艱食，稷下脱播字。
七五一頁上倒二行　元文，元，應作玄。
七五三頁上九行　成鬼，鬼，應作思。
七五六頁下七行　熒火燒門，門，應作门。

卷二十七

七六二頁上四行　止處訓止，上止字衍。
七七二頁上五行　扇汗一沫，應作一名扇汗，又曰排沫。
七七二頁下七行　韓伯注，韓下脱康字。

卷二十八

七七九頁上倒二行　發諸賞逋亡人，賞，應作當。

七八四頁下一行　逑進也，逑上脱逾字，應作逾，逑進也。

七八七頁下二行　史正義，史索隱，兩史字下各脱記字。

七八八頁上八行　叕綴聊也，叕字衍。

七八八頁上倒九行　綴路，路，應作輅。

七八八頁下一行　轙之假借，轙，應作輟。

七八八頁下倒八行　封惡谷，惡，應作亞。

七八八頁下倒七行　作亞谷，亞，應作惡。

七九一頁上倒七行　檢押也，也字衍。

說文假借義證索引

余國慶編

説　明

一、本索引按四角號碼檢字法排列。

二、本索引收錄《說文假借義證》全部單字。單字右面數字依次爲該字在原刻本中卷數和頁數。如：主　9（卷）/57（頁）。

三、每一單字下收列：

1. 朱氏書中所舉之假借、通借、省借、轉借諸字(兼及連綿詞)。
2. 朱氏指明之俗體字、異體字、古今字。
3. 朱氏以爲不定誰借之字。
4. 朱氏疑字形相似而誤之字。
5. 朱氏以爲乃以義通者之字。
6. 前人作爲通借,而朱氏以爲謬誤者之字。

浮 妥 扶 符
附 付 箄
受 授 更 叟 8/10
紂
爰 趄 延 韗 8/9
袁 粵 于 援
咺 暖 愋 鶢
2040_9 乎 虖 9/34
2041_4 雞 鷄 幵 桂 7/17
谿
2043_0 奚 騱 貕 嫨 20/26
傒 徯
2044_7 爯 稱 偁 8/2
2044_9 弄 搏 5/57
2059_6 悢 凉 3/11
2060_9 番 蹞 藩 蕃 3/6
潘 繁 賁 播
蹯 皤 鄱 蒲
2061_4 雊 鴝 呴 遘 7/16
雊 鴝
雒 鵅 駱 絡 7/14
額
2064_8 皎 皦 曉 皓 14/55
晧
2071_4 雝 雍 廱 邕 7/19
擁 灉 壅 饔
罋 廱 甕 罋
灉 雝 臃 噰
嗈 雝疽 雍渠
雍鉏 雍雎
毛 苗 芼 旄 16/20
髦 無
毳 竁 脆 膬 16/21
橇 蕝 毳
2074_1 犛 氂 毪 犛 16/21
2074_6 爵 酌 雀 10/8
2077_4 䍃 垂 10/21
2077_7 臿 鍤 臿 插 13/61

舀 抌 揄 挑 13/61
眈
2080_1 辵 躇 踱 奂 4/2
龟
2090_4 禾 礙 12/13
禾 和 13/42
釆 辨 3/6
采 菜 事 柔 11/62
杍 宰 採 彩
綵 寀 采
采 穗 蓫 穟 13/48
集 雧 卙 聚 7/30
輯 就 雜
雔 孽 13/57
2090_7 秉 柄 棅 卜 6/21
炳 病
2091_4 維 絹 縜 蛇 25/20
潍 侯 惟
穜 種 董 腫 13/44
2093_1 穮 麃 13/49
2093_2 穅 康 荒 濂 13/51
漮 康 欶 光
甗 瓻 轅
穅梁 康宦
穰 禳 鄉 瀼 13/53
壤
2108_6 順 訓 馴 遜 17/10
慎 循
2110_0 上 尚 商 1/3
止 趾 禮 沚 3/54
2110_7 盨 櫝盨 寠数 9/54
2111_7 歫 距 拒 矩 3/55
2116_0 黏 溓 13/55
2121_0 仁 人 民 芿 15/1
2121_2 徑 陘 崆 經 4/36
涇 莖 刑
虚 丘 墟 15/54
僊 仙 厷 蹮 15/48

2121_4 偃 㫃 匽 堰 15/41
褗 隱 癭
雃 堇 10/47
2121_6 傴 踽 嫗 15/44
貆 貒 貛 鸞 18/42
2121_7 盧 簏 臚 蘆 9/51
鸕 鑪 罏 爐
壚 膚 纑 廬
驢 濾 獹 甗
轤 雷 閭
2121_8 侸 伫 竚 樹 15/22
尌 豎 侸
衎 衎 侃 4/46
2122_1 術 述 遂 秫 4/45
沐 殺
衙 衙 奔 御 4/47
衙 御 敔 禦 4/46
牙
衛 帥 達 率 4/47
衢 逵 歧 權 4/46
衍 衍 羨 沇 21/23
延 演
2122_7 儒 濡 孺 懦 15/3
虧 虧 詭 羲 9/35
毀
2123_1 虙 伏 宓 9/46
2123_2 豦 遽 18/36
2123_4 虞 吾 牙 吴 9/45
娛 隅 度 助
误 撫 幠
2123_6 慮 録 攄 櫐 20/33
2124_0 虔 乾 榩 9/46
2124_1 處 処 貯 27/5
2126_0 偭 面 背 15/29
2126_2 偕 皆 嘉 俱 15/16
具
2128_6 須 鬚 頿 嬃 17/19
需 媭 嬬 蘇

3519$_4$ 溱 秦 潧 蓁 21/12
臻
3519$_6$ 涑 涷 21/1
涑 練 揀 篰 21/64
3521$_8$ 禮 礼 體 醴 1/6
3523$_0$ 袂 夫 16/4
3523$_2$ 襛 穠 戎 莪 16/9
3526$_0$ 袖 褎 褏 褏 16/6
褎 裒
3528$_1$ 褄 緁 縚 16/3
3529$_0$ 袾 姝 姏 16/13
3530$_0$ 迹 跡 趚 朿 4/5
連 輦 聯 鏈 4/25
羅
3530$_3$ 迭 载 戴 耊 4/24
佚 軼 遞 昳
代 詄 跌
逮 嚏 逯 罪 4/19
棣 秩 突
3530$_5$ 遘 姤 逅 覯 4/13
構
3530$_6$ 迪 軸 攸 由 4/15
逌
3530$_8$ 遺 唯 餘 隧 4/26
隨 匱 貽 詒
3530$_9$ 速 數 遬 肅 4/11
蔌 瑣
3601$_0$ 覞 瞥 割 覓 16/42
3610$_0$ 洎 溉 及 21/51
3611$_7$ 温 藴 昷 蕴 21/3
醖
3612$_7$ 涓 瀆 蠲 鋗 21/24
3613$_2$ 瀑 暴 21/45
3613$_3$ 濕 溼 漯 隰 21/17
濛 湮 潒
3614$_0$ 浡 沘 芘 21/15
3614$_1$ 澤 釋 射 襗 21/32

睪 臬 澌 醳
擇 宅 液 烏
斥
3615$_4$ 滭 滭泼 觱發 22/12
3618$_6$ 涓 汨 涀 21/13
3619$_4$ 澡 缲 慅 藻 21/60
3620$_0$ 凅 洄 幗 佪 16/9
禨 瀆 禨 綏
3621$_0$ 祝 屬 織 注 1/12
州 鑄 咒 柷
視 示 眡 眂 16/37
覛 覛 荆 桱 16/42
3621$_4$ 裎 程 綎 16/14
3622$_7$ 禓 獻 儺 1/20
禰 禰 禯 襱
3624$_0$ 裨 埤 鵧 俾 16/13
3624$_1$ 襗 澤 16/7
3625$_6$ 禪 禮 墠 1/16
3629$_4$ 祼 果 淉 1/12
3630$_2$ 遏 蝎 謁 按 4/31
曷 堨 閼 庴
藹 楬 篕 節
遇 偶 愚 隅 4/21
遌 愕 鄂 牾 4/15
迕
3630$_3$ 還 環 班 遷 4/18
旋 趯 嫙 營
3630$_8$ 迟 枳 郤 只 屈 4/20
退 敗 4/26
3681$_0$ 覞 掔 36/19
3694$_7$ 縵 慢 漫 25/8
3710$_4$ 坙 聖 疾 茨 26/20
即 榔 瓷
3711$_0$ 汎 渙 汜 泛 21/27
沮 睢 柤 濾 21/3
3711$_1$ 泥 尼 坭 甯 21/21
涅

3711$_4$ 渥 漚 沰 握 21/48
屋 剭 腥
濯 洮 祧 珧 21/26
櫂 瀹
3711$_7$ 氾 涯 圮 11/37
3712$_0$ 汈 洍 21/22
汋 杓 鬻 酌 21/30
液 淖 [灟 灟]
洞 洞 迥 頴 21/59
熒 .
洵 滬 迥 郇 21/22
恂 詢 均 旬
泫 .
潤 浼 浘 21/31
瀾 漣 灡 闌 21/29
滭 連
3712$_7$ 湑 茜 浚 漉 21/54
縮 濿 渌 盝
揖
溺 弱 休 瀑 21/4
鄢 馮 21/56
漏 扁 陋 螻 21/67
鴻 鳿 堆 洪 7/24
澒 汞 贑
灘 灘 暵 滩 21/40
攤 歎
3713$_2$ 渦 渦 過 21/15
3713$_6$ 蠠 蜜 螟 蠠没 26/2
蠠没 密勿 僶勉
3714$_7$ 汙 没 游 21/43
汲 彶 伋 級 21/60
及 没
冣 叢 聚 最 14/35
撮
浸 寖 湛 埐 21/19
溲 叟 溞 醙 21/52
廋 滫
3715$_4$ 洚 洪 降 21/23

3715_6 渾 混 昆 惲 21/31
滚
3716_1 沿 巡 沇 松 21/42
均
3716_2 溜 霤 留 流 21/13
3716_4 洛 雒 絡 路 21/6
3717_2 淈 汨 屈 滑 21/32
3718_1 濮 淏 敹 21/14
3718_2 次 趀 趑 佽 16/52
茨 漆 即
次 涎 唌 16/53
漱 涑 21/59
濇 渴 竭 愒 16/45
3718_4 涣 恒 汎 泬 21/25
灌 奂
3718_6 演 演 21/24
3721_0 祖 且 阻 組 1/11
租
3721_7 冗 复 16/31
祀 禩 已 竢 1/10
3722_0 礿 禴 瀹 1/12
祠 祀 辭 1/12
裯 騆 禱 侏 1/19
3722_1 鼏 扃 鉉 密 13/41
冪 幎 幂
3722_3 稰 糈 胥 稰 1/17
3722_7 祁 祈 祇 提 12/42
示 底 徐
袳 袲 侈 移 16/10
禍 鳥 16/10
3724_7 祋 綴 6/33
被 鞁 披 16/12
3726_0 褶 由 袖 詘 1/13
3726_1 襜 幨 裧 衻 16/7
3730_1 沮 徂 且 䶷 4/7
䞣 尤 岨 殂
3730_2 迓 弔 4/35
迴 洞 洵 洵 复
4/33
遹 述 迪 聿 4/21
䢜 泬 穴
3730_3 逯 録 4/24
3730_4 逢 豐 豒 縫 4/14
逩 蓬 韸 彭
逄 龎 䮾
3730_5 運 暈 煇 員 4/16
鄆
3730_7 追 鎚 彫 堆 4/28
自 隨
3730_8 遺 摜 貫 慣 4/9
選 遵 巽 撰 4/19
頭 巺 萬
3733_2 騾 屢 趯 騶 19/8
3741_3 冤 宛 窓 怨 19/22
3742_7 鴳 鷃 7/41
3761_4 託 吒 詫 宅 14/35
3772_7 郎 琅 廊 良 12/51
3780_0 冥 鳴 溟 瞑 13/26
榠
3780_6 資 臍 齋 貲 12/23
至 咨 諮 齊
澬
3782_7 鄍 溟 12/40
3810_0 氿 邠 豳 汧 21/1
3811_6 涚 湄 湈 21/51
3811_7 溢 泆 軼 謚 21/56
謚 恤 鎰 佾
隘
3812_1 湔 翦 21/3
渝 輸 俞 繻 21/65
3812_2 沴 殄 厲 戾 21/34
3812_7 汾 墳 盆 21/7
淪 薰 率 崙 21/30
3813_2 淰 諗 閃 21/54
漾 瀁 養 洋 21/5
3813_7 泠 伶 21/11
3814_0 溦 微 湄 21/46
瀲 擎 潎 澼 21/62
3814_7 游 斿 斿 遊 13/22
圝 旃 攸 旒
流 郵 猶
3815_7 海 澥 晦 21/23
3816_1 洽 合 郃 協 21/4
狎
3816_6 澮 巜 活 浯 21/7
3816_9 潘 翻 潒 繁 21/30
3819_4 涂 余 塗 滁 21/4
3821_7 襤 艦 襤褸 16/5
藍縷 藍蔞
3821_9 袷 衿 襟 衾 16/3
紟 禁
3822_1 褕 揄 鷂 搖 16/1
襦
3822_2 袗 裖 均 袀 16/2
振 紾 縝 珍
黺 粉 14/57
3823_3 襚 祱 稅 說 16/16
3825_1 祥 審 善 羊 1/6
3826_1 袷 裌 16/12
3826_6 襘 袷 16/5
3830_1 迮 乍 咋 詐 4/11
笮
3830_3 遂 述 豕 隊 4/27
隧 燧 邃 拾
檖 椽 璲 鐩
3830_4 遵 僎 騶 全 4/8
選
3830_6 道 蹈 稻 首 4/33
3830_7 逆 迎 屰 4/12
3890_3 綮 棨 25/7
3911_1 洸 潢 滉 恍 21/28

《安徽古籍叢書萃編》書目

定本莊子故
康輶紀行　東槎紀略
北山樓集
疑庵詩
方望溪遺集
識小録　寸陰叢録
東萊詩詞集
明太祖集
王侍郎奏議
朱楓林集
敬孚類稿
施愚山集（全四册）
吴敬梓吴烺詩文合集
張孝祥詞箋校
竇山公家議校注
翠微南征録北征録合集
阮大鋮戲曲四種
老子注三種
杜詩説
朱書集
論語解注合編
郭祥正集
皖人詩話八種
續學堂詩文鈔
唐詩評三種（上下）
鈍齋詩選
老子注譯
莊子詮詁
説文假借義證（全五册）
劉銘傳文集
包世臣全集（全三册）
田間易學
莊屈合詁
田間詩集
田間文集
古事比（上下）
安徽出土金文訂補

道聽途説
蘭茗館外史
青泥蓮花記
秋崖詩詞校注
舌華録
明語林
夜雨秋燈録（上下）
包拯集校注
毛詩後箋（上中下）
壹齋集（上下）
孟子講義
楊仁山全集
不得已（附二種）
歙事閒譚（上下）
惜抱軒詩集訓纂
張孝祥詩文集
吴汝綸全集（全六册）
青溪集
藏山閣集

田間詩學（上下）
俞正燮全集（全三册）
皖人戲曲選刊　鄭之珍卷
詠懷堂詩集
所知録
文選箋證（上下）
七頌堂集
程瑶田全集（全四册）